Matthias Sattler

Vereinbarkeit von Abschlussprüfung und Beratung

GABLER RESEARCH

Auditing and Accounting Studies

Herausgegeben von
Prof. Dr. Annette Köhler,
Universität Duisburg-Essen,
Prof. Dr. Kai-Uwe Marten,
Universität Ulm,
Prof. Dr. Reiner Quick,
Technische Universität Darmstadt,
Prof. Dr. Klaus Ruhnke,
Freie Universität Berlin,
Prof. Dr. Matthias Wolz,
Universität Dortmund

Matthias Sattler
Vereinbarkeit von Abschlussprüfung und Beratung

Mit einem Geleitwort von Prof. Dr. Reiner Quick

RESEARCH

Bibliografische Information der Deutschen Nationalbibliothek
Die Deutsche Nationalbibliothek verzeichnet diese Publikation in der
Deutschen Nationalbibliografie; detaillierte bibliografische Daten sind im Internet über
<http://dnb.d-nb.de> abrufbar.

Dissertation Technische Universität Darmstadt, 2010

D 17

1. Auflage 2011

Alle Rechte vorbehalten
© Gabler Verlag | Springer Fachmedien Wiesbaden GmbH 2011

Lektorat: Stefanie Brich | Nicole Schweitzer

Gabler Verlag ist eine Marke von Springer Fachmedien.
Springer Fachmedien ist Teil der Fachverlagsgruppe Springer Science+Business Media.
www.gabler.de

Das Werk einschließlich aller seiner Teile ist urheberrechtlich geschützt. Jede Verwertung außerhalb der engen Grenzen des Urheberrechtsgesetzes ist ohne Zustimmung des Verlags unzulässig und strafbar. Das gilt insbesondere für Vervielfältigungen, Übersetzungen, Mikroverfilmungen und die Einspeicherung und Verarbeitung in elektronischen Systemen.

Die Wiedergabe von Gebrauchsnamen, Handelsnamen, Warenbezeichnungen usw. in diesem Werk berechtigt auch ohne besondere Kennzeichnung nicht zu der Annahme, dass solche Namen im Sinne der Warenzeichen- und Markenschutz-Gesetzgebung als frei zu betrachten wären und daher von jedermann benutzt werden dürften.

Umschlaggestaltung: KünkelLopka Medienentwicklung, Heidelberg
Gedruckt auf säurefreiem und chlorfrei gebleichtem Papier
Printed in the Netherlands

ISBN 978-3-8349-2432-2

Geleitwort

Die Vereinbarkeit von Abschlussprüfung und Beratung wurde in den vergangenen Jahren infolge zahlreicher Unternehmenszusammenbrüche, denen unmittelbar zuvor noch uneingeschränkte Bestätigungsvermerke ohne Hinweise auf eine Bestandsgefährdung vorausgingen, häufig in Frage gestellt. Dabei dominierte die Auffassung, dass durch die parallel zur Prüfung erbrachte Beratung zahlreiche Risiken bestehen, welche die Unabhängigkeit des Prüfers, die Qualität der Prüfungsurteile und damit die Vertrauenswürdigkeit der im Abschluss enthaltenen Informationen beeinträchtigen. Den erwähnten Skandalen folgten umfangreiche Normänderungen auf nationaler und internationaler Ebene. Inwieweit diese von Gesetzgeber und Aufsichtsbehörden ergriffenen Maßnahmen geeignet sind, die Unabhängigkeit des Abschlussprüfers in Deutschland zu stärken, wird im Rahmen der vorliegenden Arbeit erstmals umfangreich empirisch untersucht.

Der Autor beleuchtet zunächst anhand der Agency-Theorie die Doppelagentenrolle des parallel beratenden Abschlussprüfers und zeigt die mit der Doppelfunktion einhergehenden Konflikte auf. Die Ursachen und das Ausmaß der Beratungsleistungen deutscher Wirtschaftsprüfungsgesellschaften, welche möglicherweise die Urteilsfreiheit des Prüfers beeinträchtigen könnten, sowie die gesetzlichen Grenzen der parallelen Tätigkeit werden ebenfalls ausführlich erörtert. In einer empirischen Betrachtung wird die Umsetzungsqualität der gesetzlichen Pflicht zur Honoraroffenlegung in deutschen Konzernanhängen untersucht.

Theoretische Ausführungen zur wirtschaftlichen Abhängigkeit des Abschlussprüfers werden anhand des Quasi-Renten-Ansatzes aufgezeigt und durch die Modellierung einer Reputationskostenfunktion seitens des Autors weiterentwickelt. Dabei wird vermutet, dass ein Rückgang des Vertrauens in das Prüfungsurteil aufgrund einer von den Share- und Stakeholdern wahrgenommenen Unabhängigkeitsbeeinträchtigung infolge der parallelen Beratung des Abschlussprüfers eine geringere Zahlungsbereitschaft der Mandanten für Prüfungsleistungen zur Folge haben könnte. Die Durchführung einer Untersuchung zum Einfluss der parallelen Prüfung auf die tatsächliche Unabhängigkeit, welche durch das Ausmaß der vom Abschlussprüfer akzeptierten Bilanzpolitik abgebildet wird, ist für den hiesigen Markt erforderlich, da die regulatorischen Unterschiede zwischen Deutschland und anderen Ländern aber auch die im Zeitverlauf teilweise erheblichen regulatorischen Veränderungen einen aussagefähigen Rückschluss anhand früherer überwiegend angloamerikanischer Untersuchungen auf die Wirksamkeit der aktuell bestehenden deutschen Vorschriften nicht ermöglichen.

Der empirische Forschungsbeitrag dieser Arbeit untersucht anhand der Konzernabschlüsse der Prime-Standard-Unternehmen während der Jahre 2005 bis 2007 das Ausmaß der parallelen Prüfung und Beratung deutscher Abschlussprüfer, die Ursachen für die Nachfrage von Beratungsleistungen beim Abschlussprüfer sowie die daraus resultierenden Konsequenzen für die tatsächliche Unabhängigkeit des Abschlussprüfers. Die Arbeit stellt somit eine vielschichtige empirische Betrachtung zum Ausmaß, den Ursachen und insbesondere den Auswirkungen der parallelen Beratung auf die tatsächliche Unabhängigkeit des Abschlussprüfers dar, wie sie für den deutschsprachigen Sprachraum gegenwärtig noch nicht vorliegt.

Als wesentliche Aspekte der Arbeit sind die kurze aber prägnante Analyse der ökonomischen Bedeutung der Beratung für den Berufsstand der Wirtschaftsprüfer, die aufschlussreiche Untersuchung zur Qualität der Honorarpublizität sowie die umfassende Aufbereitung und Diskussion des bisherigen weltweiten Forschungstandes zu dem Einfluss von Prüfung und Beratung auf die Unabhängigkeitswahrnehmung und auf die tatsächliche Unabhängigkeit, mit einem besonderen Schwerpunkt auf das Unabhängigkeitssurrogat „Bilanzpolitik" zu nennen. Ferner erfolgt eine nachhaltige Auseinandersetzung mit den Möglichkeiten zur Messung von Bilanzpolitik über diskretionäre Periodenabgrenzungen. Die Relevanz des Beitrages resultiert jedoch vor allem aus drei umfassenden empirischen Untersuchungen zum deutschen Prüfungsmarkt. Zunächst betrachtet der Autor die Marktkonzentration, die Höhe der Beratungshonorare und die Risiken einer Umsatzabhängigkeit des Abschlussprüfers anhand der von DAX, MDAX, SDAX und TecDax Konzernen offengelegten Abschlussprüferhonorare. Anschließend wird der Einfluss von Agency-Kosten auf die Nachfrage nach Beratungsleitungen für diese Unternehmen analysiert. Im Zentrum der Arbeit steht jedoch eine Studie zum Einfluss von Beratungshonoraren auf das Ausmaß der Bilanzpolitik, welches als Surrogat für eine beeinträchtigte Unabhängigkeit des Abschlussprüfers verwendet wird.

Die aufgegriffenen Fragen sind aufgrund der außerordentlichen Bedeutung einer unabhängig durchgeführten Abschlussprüfung sowohl für die Prüfungspraxis und die Normgeber als auch für die wissenschaftliche Diskussion des wirtschaftlichen Prüfungswesens von großer Relevanz. Zu den Zielgruppen dieser Arbeit zählen somit Praktiker und Theoretiker. Angehörige des Berufstandes werden über die Marktstrukturen und das Angebotsverhalten der Mitbewerber informiert. Zugleich werden die Folgen einer parallelen Beratung für die tatsächliche Unabhängigkeit aufgezeigt. Für den Berufsstand dürften dabei insbesondere die Erkenntnisse zur Wahrnehmung ihres Handelns seitens der Abschlussadressaten interessant sein. Auch Gesellschafter und Aufsichträte, die mit der Wahl bzw. dem Vorschlag zur Wahl des Abschlussprüfers betraut sind, sollen hinsichtlich der Risiken einer parallelen Beratung für die Abschlussprüfungsqualität sensibilisiert werden. Ferner zeigt die Arbeit vereinzelt Schwächen und Unzulänglichkeiten in der aktuellen Gesetzeslage auf. Sie kann somit auch von Normgeber und berufsrechtlichen Aufsichtsbehörden zu Rate gezogen werden. Zugleich werden insbesondere in den empirischen Studien Sachverhalte und Zusammenhänge herausgearbeitet, die den Dialog zwischen dem Berufsstand, Normgebern und der Wissenschaft über das Thema der Unabhängigkeit des Abschlussprüfers bei einer parallelen Prüfung und Beratung intensivieren sollten.

Geleitwort

Bei der Arbeit von Herrn Dr. Sattler handelt es sich um einen herausragenden wissenschaftlichen Beitrag auf dem Gebiet des wirtschaftlichen Prüfungswesens, der auch höheren internationalen Ansprüchen in vollem Umfang gerecht wird. Ich wünsche dem Werk eine gute Aufnahme im Markt.

Professor Dr. Reiner Quick

Vorwort

Die vorliegende Arbeit entstand während meiner Tätigkeit als Mitarbeiter bei Herrn Professor Dr. Reiner Quick am Fachgebiet Rechnungswesen, Controlling und Wirtschaftsprüfung an der Technischen Universität Darmstadt. Sie wurde vom Promotionsausschuss des Fachbereichs des Rechts- und Wirtschaftswissenschaften im Februar 2010 als Dissertation angenommen.

Besonderer Dank gilt meinem akademischen Lehrer, Herrn Professor Dr. Reiner Quick, der mir die Möglichkeit zur Promotion gab und die Entstehung der Arbeit mit großem Interesse und vielfältigem Engagement unterstützte. Bedanken möchte ich mich auch bei Herrn Professor Dr. Dirk Schiereck für die freundliche Übernahme des Zweitgutachtens.

Danken möchte ich der KPMG Aktiengesellschaft Wirtschaftsprüfungsgesellschaft, die mir während meiner Tätigkeit die Möglichkeit zur Promotion gab und das Vorhaben unterstützte.

Einen nennenswerten Anteil am Gelingen der Arbeit trugen auch meine Kolleginnen und Kollegen am Fachgebiet Rechnungswesen, Controlling und Wirtschaftsprüfung bei. Vor allem Frau Dr. Daniela Wiemann und Herrn Dipl. Wirtsch.-Ing. Steffen Umlauf danke ich für ihre Diskussionsbereitschaft und die konstruktive Kritik.

Mein besonderer Dank gilt meiner Familie. Ohne ihren Rückhalt und ihre Unterstützung wäre die Fertigstellung der Arbeit nicht möglich gewesen. Bedanken möchte ich mich bei meinen Eltern Gabriele und Gerhard Sattler, die mich in persönlicher wie auch beruflicher Hinsicht auf meinem Lebensweg stets uneingeschränkt unterstützt haben. Meinem Bruder Andreas Sattler danke ich für die kritische Durchsicht der Arbeit. Meiner Frau Annika Sattler, die in mannigfaltiger Weise zum Gelingen der Arbeit beigetragen hat, danke ich in besonders herzlicher Weise. Neben ihrer anhaltenden Diskussionsbereitschaft hat sie durch ihre bestärkende Motivation, ihr weitreichendes Verständnis und ihre große Rücksichtsnahme entscheidend zum erfolgreichen Abschluss der Arbeit beigetragen.

Matthias Sattler

Inhaltsübersicht

1 Einleitung — 1

    1.1 Problemstellung und Relevanz der Untersuchung — 1
    1.2 Theoretische Einordnung — 4
    1.3 Erkenntnisinteresse und Stand der Forschung — 5
    1.4 Vorgehensweise und Methodik — 6

2 Theoretische Untersuchungsgrundlagen — 11

    2.1 Prinzipal-Agenten-Beziehung - Ökonomische Grundlage der Abschlussprüfung — 11
    2.2 Interessens- und Informationsasymmetrien zwischen Aktionären und Management — 15
    2.3 Rolle des Abschlussprüfers in Prinzipal-Agenten-Beziehungen — 21
    2.4 Zusammenfassung — 24

3 Externe Rechnungslegung und unabhängige Abschlussprüfung — 27

    3.1 Externe Rechnungslegung — 27
    3.2 Unabhängige Abschlussprüfung — 32
    3.3 Zusammenfassung — 54

4 Ursachen, Ausmaß und Grenzen der Beratung des Abschlussprüfers — 55

    4.1 Abgrenzung des Prüfungs- und Beratungsbegriffs — 56
    4.2 Dienstleistungsangebot der Wirtschaftsprüfungsgesellschaften — 58
    4.3 Ökonomische Bedeutung der Beratung für den Berufsstand — 60
    4.4 Vorteile gleichzeitiger Prüfungs- und Beratungstätigkeit — 67
    4.5 Risiken gleichzeitiger Prüfungs- und Beratungstätigkeit — 78
    4.6 Grenzen gleichzeitiger Prüfungs- und Beratungstätigkeit — 84
    4.7 Risiko der Umsatzabhängigkeit — 108
    4.8 Rechtsfolgen im Falle einer Pflichtverletzung — 109
    4.9 Zusammenfassung — 111

5 Offenlegung der Prüfungs- und Beratungshonorare — 113

    5.1 Pflicht des Bilanzierenden zur Honoraroffenlegung — 113
    5.2 Pflicht des Abschlussprüfers zur Transparenzberichterstattung (gem. § 55c WPO) — 124
    5.3 Qualität der Honorarpublizität in Deutschland — 126
    5.4 Zusammenfassung — 136

6 Quasirenten durch Beratung – Konsequenzen für die Unabhängigkeit — 139

    6.1 Prüfungsmarktmodell nach *DeAngelo* (1981) — 139
    6.2 Kombinierte Prüfungs- und Beratungsmarktmodelle — 148
    6.3 Grenzen der Quasirenten-Modelle — 158
    6.4 Zusammenfassung — 162

7	**Reputation durch wahrgenommene Unabhängigkeit**	**165**
7.1	Reputation des Abschlussprüfers	165
7.2	Relevanz der Reputation	168
7.3	Reputationsaufbau durch wahrgenommene Unabhängigkeit	171
7.4	Zusammenfassung	191
8	**Die Messung der tatsächlichen Unabhängigkeit bei paralleler Beratung**	**195**
8.1	Experimentelle Studien	196
8.2	Ex-ante Beurteilungen	196
8.3	Ex-post Abschlusskorrekturen	197
8.4	Testatseinschränkungen und Going-Concern-Beurteilungen	200
8.5	Zusammenfassung	209
9	**Forschungstand zur Messung von Bilanzpolitik bei paralleler Beratung**	**211**
9.1	Systematisierung bilanzpolitischer Instrumente	211
9.2	Methoden zur Aufdeckung von Bilanzpolitik	214
9.3	Aktueller Forschungsstand zur Aufdeckung von Bilanzpolitik	239
9.4	Zusammenfassung	287
10	**Marktkonzentration, Beratungshonorare und Umsatzabhängigkeit**	**291**
10.1	Einleitung und Problemstellung	293
10.2	Ergebnisse bisheriger Forschungen	297
10.3	Untersuchungsgegenstand und Abgrenzung der Stichprobe	299
10.4	Ausmaß der Marktkonzentration	301
10.5	Anteil der Beratungsleistungen	312
10.6	Relevanz der Umsatzabhängigkeit	323
10.7	Zusammenfassung	330
11	**Einfluss von Agency-Kosten auf die Nachfrage von Beratung**	**335**
11.1	Einleitung und Problemstellung	335
11.2	Ergebnisse bisheriger Forschungen	336
11.3	Hypothesenbildung	338
11.4	Untersuchungsgegenstand und Beschreibung der Stichprobe	342
11.5	Untersuchungsergebnisse	348
11.6	Diskussion der Ergebnisse	354
11.7	Zusammenfassung und Grenzen der Untersuchung	356

12 Einfluss der Beratungshonorare auf das Ausmaß von Bilanzpolitik — 361

12.1	Einleitung und Problemstellung	361
12.2	Gang der Untersuchung	364
12.3	Hypothesenbildung	365
12.4	Untersuchungsgegenstand und Beschreibung der Stichprobe	367
12.5	Operationalisierung der verwendeten Variablen	368
12.6	Untersuchungsergebnisse und deren Diskussion	385
12.7	Zusammenfassung	414
12.8	Grenzen der Untersuchung	421

13 Zusammenfassung und Fazit — 427

Ergänzende Unterlagen — 439

Literatur — 457

Gesetze, Verordnungen und Standards — 495

Urteile — 499

Inhaltsverzeichnis

1	**Einleitung**	**1**
1.1	Problemstellung und Relevanz der Untersuchung	1
1.2	Theoretische Einordnung	4
1.3	Erkenntnisinteresse und Stand der Forschung	5
1.4	Vorgehensweise und Methodik	6
2	**Theoretische Untersuchungsgrundlagen**	**11**
2.1	Prinzipal-Agenten-Beziehung - Ökonomische Grundlage der Abschlussprüfung	11
2.2	Interessens- und Informationsasymmetrien zwischen Aktionären und Management	15
2.2.1	Interessensasymmetrie zwischen Aktionären und Management	16
2.2.2	Informationsasymmetrie zwischen Aktionären und Management	18
2.3	Rolle des Abschlussprüfers in Prinzipal-Agenten-Beziehungen	21
2.3.1	Der Abschlussprüfer als Agent der Aktionäre	21
2.3.2	Der Abschlussprüfer als Agent des Managements	22
2.4	Zusammenfassung	24
3	**Externe Rechnungslegung und unabhängige Abschlussprüfung**	**27**
3.1	Externe Rechnungslegung	27
3.1.1	Notwendigkeit und Ziele externer Rechnungslegung	27
3.1.2	Beeinträchtigung der Rechnungslegung durch Bilanzpolitik	28
3.1.2.1	Begriff der Bilanzpolitik	28
3.1.2.2	Gegenstand und Ziele der Bilanzpolitik	30
3.2	Unabhängige Abschlussprüfung	32
3.2.1	Gesetzlicher Rahmen und Nutzen von Abschlussprüfungen	32
3.2.1.1	Öffentlicher Auftrag und erwerbswirtschaftliche Ziele des Prüfers	36
3.2.1.2	Berufsgrundsätze	37
3.2.2	Relevanz der Unabhängigkeit des Abschlussprüfers	38
3.2.2.1	Independence in fact und Independence in appearance	40
3.2.2.2	Gesetzesmäßige Erfordernis der Unabhängigkeit	43
3.2.3	Unabhängigkeitsgefährdende Tatbestände	50
3.2.3.1	Personelle Verflechtungen	50
3.2.3.2	Finanzielle Interessen	52
3.2.3.3	Persönliche Beziehungen	53
3.2.3.4	Verbindung von Prüfungs- und Beratungstätigkeit	53
3.3	Zusammenfassung	54

4 Ursachen, Ausmaß und Grenzen der Beratung des Abschlussprüfers — 55

4.1		Abgrenzung des Prüfungs- und Beratungsbegriffs	56
4.2		Dienstleistungsangebot der Wirtschaftsprüfungsgesellschaften	58
4.3		Ökonomische Bedeutung der Beratung für den Berufsstand	60
4.3.1		Preisdruck im Prüfungsgeschäft	63
4.3.2		Attraktivität von Beratungsleistungen	65
4.4		Vorteile gleichzeitiger Prüfungs- und Beratungstätigkeit	67
4.4.1		Reduktion der Transaktionskosten	68
4.4.2		Synergieeffekte durch Knowledge Spillovers	69
4.4.2.1		Theoretischer Hintergrund	69
4.4.2.2		Empirische Befunde	71
4.4.3		Stärkung der Position des Abschlussprüfers	76
4.4.4		Zusammenfassung	77
4.5		Risiken gleichzeitiger Prüfungs- und Beratungstätigkeit	78
4.5.1		Risiko des Eigeninteresses	79
4.5.2		Risiko durch Drohpotenzial des Managements	80
4.5.3		Risiko der Selbstprüfung	82
4.5.4		Risiko der Interessenvertretung	83
4.5.5		Risiko der persönlichen Vertrautheit	84
4.6		Grenzen gleichzeitiger Prüfungs- und Beratungstätigkeit	84
4.6.1		Normen zur Unvereinbarkeit von Prüfung und Beratung	85
4.6.1.1		Handels- und berufsrechtliche Bestimmungen	85
4.6.1.2		Bestimmungen der Europäischen Gemeinschaft	91
4.6.1.3		Bestimmungen der IFAC	92
4.6.1.4		Bestimmungen der SEC	93
4.6.2		Inhabilität ausgewählter Beratungsleistungen	94
4.6.2.1		Buchführungstätigkeit und Abschlusserstellung	94
4.6.2.2		Entwicklung von Finanzinformationssystemen	96
4.6.2.3		Interne Revision	97
4.6.2.4		Rechtsberatung	98
4.6.2.5		Personalberatung	100
4.6.2.6		Steuerberatung	101
4.6.2.7		Finanzdienstleistungen	103
4.6.2.8		Unternehmensleitung und Personalentsendungen	104
4.6.2.9		Versicherungsmathematische Bewertungsleistungen	105
4.6.2.10		Zusammenfassung	106
4.7		Risiko der Umsatzabhängigkeit	108
4.8		Rechtsfolgen im Falle einer Pflichtverletzung	109
4.9		Zusammenfassung	111

5 Offenlegung der Prüfungs- und Beratungshonorare 113

5.1		Pflicht des Bilanzierenden zur Honoraroffenlegung	113
	5.1.1	Handelsrechtliche Regelungen	114
	5.1.1.1	Abgrenzung des Abschlussprüfers als Leistungsträger	116
	5.1.1.2	Kategorisierung der Honorare	117
	5.1.1.3	Besonderheiten für den Ausweis im Konzernabschluss	119
	5.1.2	Implikationen der Offenlegungspflicht	120
	5.1.3	Empirische Untersuchungen zur Honoraroffenlegung	122
5.2		Pflicht des Abschlussprüfers zur Transparenzberichterstattung (gem. § 55c WPO)	124
5.3		Qualität der Honorarpublizität in Deutschland	126
	5.3.1	Zielsetzung und Gang der Untersuchung	126
	5.3.2	Exemplarische Anhangangaben in deutschen Konzernabschlüssen	127
	5.3.3	Beschreibung der Stichprobe	130
	5.3.4	Festlegung der Qualitätskriterien	131
	5.3.5	Untersuchungsergebnisse	132
	5.3.5.1	Ergebnisse zu Qualitätskriterium 1	132
	5.3.5.2	Ergebnisse zu Qualitätskriterium 2	133
	5.3.5.3	Ergebnisse zu Qualitätskriterium 3	134
	5.3.6	Interpretation der Ergebnisse	135
5.4		Zusammenfassung	136

6 Quasirenten durch Beratung – Konsequenzen für die Unabhängigkeit 139

6.1		Prüfungsmarktmodell nach *DeAngelo* (1981)	139
	6.1.1	Mathematische Darstellung des Grundmodells	140
	6.1.2	Zur empirischen Evidenz von Low Balling und Quasirenten	142
	6.1.3	Modellerweiterungen und Implikationen für die Unabhängigkeit	145
6.2		Kombinierte Prüfungs- und Beratungsmarktmodelle	148
	6.2.1	Knowledge Spillovers zwischen Prüfung und Beratung	149
	6.2.2	Wiederkehrende und einmalige Beratung	151
6.3		Grenzen der Quasirenten-Modelle	158
	6.3.1	Irrelevanz der Quasirenten bei einem Mandanten	158
	6.3.2	Relevanz der Reputation für die Höhe der Quasirenten	159
6.4		Zusammenfassung	162

7	**Reputation durch wahrgenommene Unabhängigkeit**		**165**
7.1	Reputation des Abschlussprüfers		165
	7.1.1	Voraussetzung für den Reputationsaufbau	166
	7.1.2	Wirkungsweise des Reputationsmechanismus	167
7.2	Relevanz der Reputation		168
7.3	Reputationsaufbau durch wahrgenommene Unabhängigkeit		171
	7.3.1	Relevanz der wahrgenommenen Unabhängigkeit	172
		7.3.1.1 Experimentelle Studien	173
		7.3.1.2 Befragungen	174
		7.3.1.3 Archivistische Studien	178
		7.3.1.4 Schlussfolgerungen	181
	7.3.2	Kostentheoretische Analyse zur Reputation	182
		7.3.2.1 Grundmodell	182
		7.3.2.2 Relevanz der Reputationskosten für den optimalen Beratungsanteil	187
7.4	Zusammenfassung		191
8	**Die Messung der tatsächlichen Unabhängigkeit bei paralleler Beratung**		**195**
8.1	Experimentelle Studien		196
8.2	Ex-ante Beurteilungen		196
8.3	Ex-post Abschlusskorrekturen		197
8.4	Testatseinschränkungen und Going-Concern-Beurteilungen		200
8.5	Zusammenfassung		209
9	**Forschungstand zur Messung von Bilanzpolitik bei paralleler Beratung**		**211**
9.1	Systematisierung bilanzpolitischer Instrumente		211
	9.1.1	Sachverhaltsgestaltung	212
	9.1.2	Sachverhaltsdarstellung	213
9.2	Methoden zur Aufdeckung von Bilanzpolitik		214
	9.2.1	Grundlagen diskretionärer Periodenabgrenzung	215
		9.2.1.1 Bedeutung der Periodenabgrenzung für die Rechnungslegung	215
		9.2.1.2 Zusammenhang zwischen Jahresergebnis, Cashflow und Accruals	217
		9.2.1.3 Nicht-diskretionäre und diskretionäre Accruals	219
		9.2.1.4 Datenquellen und untersuchungsspezifische Grundkonzepte	221
		9.2.1.5 Langfristige und kurzfristige Accruals	224
	9.2.2	Statische Vergleichsmodelle zur Schätzung diskretionärer Accruals	225
	9.2.3	Dynamische Regressionsmodelle zur Schätzung diskretionärer Accruals	227
		9.2.3.1 Jones-Modell	227
		9.2.3.2 Modifiziertes Jones-Modell	229
		9.2.3.3 Forward-Looking-Jones-Modell	229
		9.2.3.4 Performance-Adjusted-Jones-Modelle	231

Inhaltsverzeichnis

9.2.3.5	Dechow-Dichev-Modell	232
9.2.4	Untersuchungen zu Aussagekraft und -grenzen dynamischer Modelle	234
9.2.4.1	Dechow/Sloan/Sweeny (1995)	234
9.2.4.2	Alcarria Jaime/de Albornoz Noguer (2004)	236
9.2.4.3	Jones/Krishnan/Melendrez (2008)	237
9.3	Aktueller Forschungsstand zur Aufdeckung von Bilanzpolitik	239
9.3.1	Frankel/Johnson/Nelson (2002)	242
9.3.1.1	Forschungshintergrund	242
9.3.1.2	Ergebnisse der Studie	244
9.3.1.3	Diskussion der Ergebnisse	245
9.3.2	Ashbaugh/LaFond/Mayhew (2003)	246
9.3.2.1	Forschungshintergrund	246
9.3.2.2	Ergebnisse der Studie	248
9.3.2.3	Diskussion der Ergebnisse	249
9.3.3	Chung/Kallapur (2003)	250
9.3.3.1	Forschungshintergrund	250
9.3.3.2	Ergebnisse der Studie	251
9.3.3.3	Diskussion der Ergebnisse	253
9.3.4	Reynolds/Deis/Francis (2004)	254
9.3.4.1	Forschungshintergrund	254
9.3.4.2	Ergebnisse der Studie	256
9.3.4.3	Diskussion der Ergebnisse	257
9.3.5	Larcker/Richardson (2004)	258
9.3.5.1	Forschungshintergrund	258
9.3.5.2	Ergebnisse der Studie	259
9.3.5.3	Diskussion der Ergebnisse	260
9.3.6	Antle/Gordon/Narayanamoorthy/Zhou (2006)	261
9.3.6.1	Forschungshintergrund	261
9.3.6.2	Ergebnisse der Studie	263
9.3.6.3	Diskussion der Ergebnisse	264
9.3.7	Huang/Mishra/Raghunandan (2007)	266
9.3.7.1	Forschungshintergrund	266
9.3.7.2	Ergebnisse der Studie	267
9.3.7.3	Diskussion der Ergebnisse	268
9.3.8	Lai (2007)	268
9.3.8.1	Forschungshintergrund	268
9.3.8.2	Ergebnisse der Studie	269
9.3.8.3	Diskussion der Ergebnisse	271
9.3.9	Srinidhi/Gul (2007)	272

9.3.9.1	Forschungshintergrund		272
9.3.9.2	Ergebnisse der Studie		273
9.3.9.3	Diskussion der Ergebnisse		274
9.3.10	Hoitash/Markelevich/Barragato (2007)		275
9.3.10.1	Forschungshintergrund		275
9.3.10.2	Ergebnisse der Studie		277
9.3.10.3	Diskussion der Ergebnisse		278
9.3.11	Gul/Jaggi/Krishnan (2007)		279
9.3.11.1	Forschungshintergrund		279
9.3.11.2	Ergebnisse der Studie		280
9.3.11.3	Diskussion der Ergebnisse		282
9.3.12	Cahan/Emanuel/Hay/Wong (2008)		283
9.3.12.1	Forschungshintergrund		283
9.3.12.2	Ergebnisse der Studie		285
9.3.12.3	Diskussion der Ergebnisse		286
9.4	Zusammenfassung		287
10	**Marktkonzentration, Beratungshonorare und Umsatzabhängigkeit**		**291**
10.1	Einleitung und Problemstellung		293
10.2	Ergebnisse bisheriger Forschungen		297
10.3	Untersuchungsgegenstand und Abgrenzung der Stichprobe		299
10.4	Ausmaß der Marktkonzentration		301
10.4.1	Kennzahlenbildung		301
10.4.2	Verteilung der Prüfungsmandate		302
10.4.3	Verteilung der Honorare		305
10.4.4	Konzentrationsentwicklung des Marktes im Zeitvergleich		307
10.4.5	Ergebnisinterpretation vor dem Hintergrund internationaler Entwicklungen		310
10.5	Anteil der Beratungsleistungen		312
10.5.1	Kennzahlenbildung		312
10.5.2	Nachfrage nach Beratungsleistungen		312
10.5.3	Angebot von Beratungsleistungen durch den Abschlussprüfer		319
10.5.4	Ergebnisinterpretation vor dem Hintergrund internationaler Entwicklungen		321
10.6	Relevanz der Umsatzabhängigkeit		323
10.6.1	Kennzahlenbildung		324
10.6.2	Anpassung der Stichprobe		325
10.6.3	Umsatzkonzentration bei den Unternehmen des Prime-Standards		326
10.6.4	Grenzen der Umsatzkonzentration als Unabhängigkeitssurrogat		329
10.7	Zusammenfassung		330

11 Einfluss von Agency-Kosten auf die Nachfrage von Beratung 335

11.1	Einleitung und Problemstellung	335
11.2	Ergebnisse bisheriger Forschungen	336
11.3	Hypothesenbildung	338
11.3.1	Aktionärsstruktur als Indikator des Agency-Konfliktes	338
11.3.2	Einfluss der Volatilität auf die Agency-Kosten	339
11.3.3	Einfluss der Managementvergütung auf die Agency-Kosten	340
11.3.4	Verschuldungsgrad als Indikator des Agency-Konfliktes	341
11.4	Untersuchungsgegenstand und Beschreibung der Stichprobe	342
11.4.1	Operationalisierung der verwendeten Variablen	343
11.4.2	Abhängige Variablen	343
11.4.3	Unabhängige Variablen	344
11.4.3.1	Untersuchungsvariablen	344
11.4.3.2	Kontrollvariablen	345
11.5	Untersuchungsergebnisse	348
11.5.1	Univariate Analyse	348
11.5.2	Multivariate Regressionsanalyse	349
11.5.2.1	Einfluss der Höhe der Agency-Kosten	349
11.5.2.2	Einfluss der Veränderung der Agency-Kosten	351
11.6	Diskussion der Ergebnisse	354
11.7	Zusammenfassung und Grenzen der Untersuchung	356

12 Einfluss der Beratungshonorare auf das Ausmaß von Bilanzpolitik 361

12.1	Einleitung und Problemstellung	361
12.2	Gang der Untersuchung	364
12.3	Hypothesenbildung	365
12.4	Untersuchungsgegenstand und Beschreibung der Stichprobe	367
12.5	Operationalisierung der verwendeten Variablen	368
12.5.1	Abhängige Variablen	368
12.5.1.1	Modelle zur Schätzung diskretionärer Accruals	369
12.5.1.2	Schätzung der diskretionären Accruals	371
12.5.1.3	Ausprägungen der Variable diskretionäre Accruals	376
12.5.2	Unabhängige Variablen	377
12.5.2.1	Untersuchungsvariablen	377
12.5.2.2	Kontrollvariablen	379
12.6	Untersuchungsergebnisse und deren Diskussion	385
12.6.1	Univariate Analyse	385
12.6.2	Multivariate Regressionsanalysen	391
12.6.2.1	Basismodell zum Einfluss des Beratungsanteils (zu Hypothese 1)	391

	12.6.2.2	Sektorenmodell zum Einfluss des Beratungsanteils (zu Hypothese 1)	397
	12.6.2.3	Differenzierung nach Dienstleistungskategorien (zu Hypothesen 2a-2c)	402
	12.6.2.4	Einfluss der Veränderung des Beratungsanteils (zu Hypothese 3)	409
	12.6.2.5	Einfluss des Umsatzanteils der Beratungshonorare (zu Hypothese 4)	412
12.7		Zusammenfassung	414
12.8		Grenzen der Untersuchung	421

13 Zusammenfassung und Fazit   **427**

Ergänzende Unterlagen   **439**

Anhang 1: Zulässigkeit von Beratungsleistungen im internationalen Vergleich   439

Anhang 2: Ausgewählte Honorarangaben   441

Anhang 3: Einfluss der Beratungshonorare auf das Prüfungsurteil   443

Anhang 4: Regressionsergebnisse für den Sektor *Industrial*   445

Anhang 5: Veränderung der Honoraranteile zur Vorperiode (t-1)   449

Anhang 6: Veränderung des Beratungsanteils zur Folgeperiode (t+1)   452

Literatur   **457**

Gesetze, Verordnungen und Standards   **495**

Urteile   **499**

Abkürzungsverzeichnis

2-SLS	Two-Stage-Least-Squares
a.F.	alte Fassung
Abs.	Absatz
adj.	Adjusted
AG	Aktiengesellschaft
AICPA	American Institute of Certified Public Accountants
AktG	Deutsches Aktiengesetz
AMEX	American Stock Exchange
APAG	Abschlussprüferaufsichtsgesetz
APAK	Abschlussprüferaufsichtskommission
BARefG	Berufsaufsichtsreformgesetz
BDU e.V.	Bundesverband Deutscher Unternehmensberater e.V.
BGB	Bürgerliches Gesetzbuch
BGH	Bundesgerichtshof
BilMoG	Gesetz zur Modernisierung des Bilanzrechts
BilReG	Bilanzrechtsreformgesetz
BiRiLiG	Bilanzrichtliniengesetz
BMJ	Bundesministerium der Justiz
BNE	Bruttonationaleinkommen
BR	Bundesrat
BS WP/vBP	Satzung der Wirtschaftsprüferkammer über die Rechte und Pflichten bei der Ausübung der Berufe des Wirtschaftsprüfer und des vereidigten Buchprüfers
bspw.	Beispielsweise
BT	Bundestag
bzgl.	Bezüglich
bzw.	Beziehungsweise
CEO	Chief Executive Officer
CFR	Code of Federal Regulations
Corp.	Corporation
d.h.	das heißt
DAX	Deutscher Aktien Index
DCGK	Deutscher Corporate Governance Kodex
DGMF	Deutschen Gesellschaft für Management Forschung
e.V.	eingetragener Verein
EDGAR	Electronic Data-Gathering, Analysis, and Retrieval
EG	Europäische Gemeinschaften
ERC	Earnings-Response-Coefficient
ERP	Enterprise Ressource Planning
EstG	Einkommenssteuergesetz
et al.	et altera
etc.	et cetera
EU	Europäische Union
EuroBilG	Euro-Bilanzgesetz
EWG	Europäische Wirtschaftsgemeinschaft
FASB	Financial Accounting Standard Board
FDL	Finanzdienstleister

Abkürzungsverzeichnis

FEACO	European Federation of Management Consultancies Associations
FEE	Fédération des Experts Comtables Européens
FISDI	Financial Information System Design and Implementation
FROR	Financial Reporting Oversight Role
FRS	Financial Reporting Standard
Gl.	Gleichung
GmbH	Gesellschaft mit beschränkter Haftung
GmbHG	Gesetz betreffend die Gesellschaften mit beschränkter Haftung
HGB	Handelsgesetzbuch
HGrG	Haushaltsgrundsätzegesetz
i.S.	im Sinne
i.d.R.	in der Regel
i.H.v.	in Höhe von
i.S.d.	im Sinn des
i.V.m.	in Verbindung mit
IAB	International Accounting Bulletin
IAS	International Accounting Standard
IDW	Institut der Wirtschaftsprüfer
IDW PH	IDW Prüfungshinweis
IDW PS	IDW Prüfungsstandard
IDW RH	IDW Rechnungslegungshinweis
IFAC	International Federation of Accounts
IFRS	International Financial Reporting Standard
IKS	Internes Kontrollsystem
IPO	Initial Public Offering
ISA	International Standard on Auditing
KapCoRiLiG	Kapitalgesellschaften- und Co-Richtlinien Gesetz
KonTraG	Gesetz zur Kontrolle und Transparenz im Unternehmensbereich
KPMG	Klynveld, Peat, Marwick, Goerdeler
KWG	Gesetz über das Kreditwesen
LG	Landgericht
LLP	Limited Liability Partnership
Ltd.	Limited
LuL.	Lieferungen und Leistungen
MAS	Management Advisory Services
Mio.	Millionen
NAS	Non-Audit Services
Nr.	Nummer
NYSE	New York Stock Exchange
OLG	Oberlandesgericht
OLS	Ordinary-Least-Squares
OWiG	Gesetz über Ordnungswidrigkeiten
q.e.d.	quod erat demonstrandum
PCAOB	The Public Company Accounting Oversight Board
PwC	PricewaterhouseCoopers
RBerG	Gesetz zur Verhütung von Missbräuchen auf dem Gebiete der Rechtsberatung
RDG	Gesetz über außergerichtliche Rechtsdienstleistungen
resp.	respektive

Abkürzungsverzeichnis XXV

Rn.	Randnummer
S.	Satz
S.	Seite
SEC	Securities and Exchange Commission
Sec.	Section
SIC	Standing Interpretations Committee
SOA	Sarbanes-Oxley Act
Sp.	Spalte
StBerG	Steuerberatungsgesetz
Tz.	Textziffer
u.a.	unter anderem
UK	United Kingdom
UMAG	Gesetz zur Unternehmensintegrität und Modernisierung des Anfechtungsrechts
UmwG	UmwG
US	United States
US-GAAP	United States Generally Accepted Accounting Standards
US-GAAS	United States Generally Accepted Auditing Standards
USA	United States of America
usw.	und so weiter
v.	vom
v.a.	vor allem
vBP	vereidigter Buchprüfer
VFE-Lage	Vermögens-, Finanz- und Ertragslage
vgl.	Vergleiche
VO	Verordnung
vs.	versus
WAI	World Accounting Intelligence
WP	Wirtschaftsprüfer
WPG	Wirtschaftsprüfungsgesellschaft
WpHG	Gesetz über den Wertpapierhandel
WPK	Wirschaftsprüferkammer
WPO	Wirtschaftsprüferordnung
WPOÄG	Wirschaftsprüferordnungs-Änderungsgesetz
z.B.	zum Beispiel
z.T.	zum Teil
z.Zt.	zur Zeit
zzgl.	zuzüglich

Symbolverzeichnis

$	US-Dollar
%	Prozent
Σ	Summe
§	Paragraph
€	EURO
b	Start-up Kosten des Prüfers während der Erstberatung
B	Kosten der Beratungstätigkeit
b(y)	Beratungsanteil, Proporz des Beratungs- zum Prüfungshonorar (Annahme: fixes Prüfungshonorar; variables Beratungshonorar)
B_f	Fixkosten der Beratungstätigkeit
b_S	Start-up Kosten des Prüfers während der Erstberatung mit Synergieeffekten
B_S	Kosten der Beratungstätigkeit bei Synergieeffekten
BW	Transaktionskosten des Mandanten im Falle einer Erstberatung
H_B	Honorar der Beratungstätigkeit
H_P	Honorar der Prüfungstätigkeit
i	Zinsatz
MA	Mitarbeiter
n	Anzahl
n_B	Stundensatz für Beratungsleistungen
p	Start-up Kosten des Prüfers während der Erstprüfung
P	Kosten der Prüfungstätigkeit
p	Signifikanzniveau
p_S	Start-up Kosten des Prüfers während der Erstprüfung bei Synergieeffekten
P_S	Kosten der Prüfungstätigkeit bei Synergieeffekten
PW	Transaktionskosten des Mandanten im Falle einer Erstprüfung
Q^B	Quasirenten aus der Beratungstätigkeit bei einem bestimmten Mandanten
Q^P	Quasirenten aus der Prüfungstätigkeit bei einem bestimmten Mandanten
R^2	Bestimmtheitsmaß
RK	Reputationskosten
r^Q	Faktor, welcher die Proportionalität zwischen den Quasirenten Q^B und Q^P beschreibt
r^S	Faktor, welcher die Proportionalität zwischen den Quasirenten S^B und S^P beschreibt
S^B	Quasirenten aus der Beratungstätigkeit bei allen Mandanten eines Abschlussprüfers
S^P	Quasirenten aus der Prüfungstätigkeit bei allen Mandanten eines Abschlussprüfers
T€	Tausend EURO
x_B	Volumen der Beratungsleistungen (x_B = eine Beratungseinheit)
x_P	Volumen der Prüfungsleistungen (x_P = eine Prüfungseinheit)
y	Anzahl der Beratungsstunden
z,d,e,j	Parameter, welche Eintrittswahrscheinlichkeiten oder Anteile abbilden
α	Alpha (Korrelationskoeffizient)
ß	Beta (Korrelationskoeffizient)
ε	Residuum bzw. Fehlerterm
Π	Residuum bzw. Ertrag

Abbildungsverzeichnis

Abbildung 2-1: Maßnahmen zur Reduktion von Agency-Kosten (eigene Darstellung)   21

Abbildung 2-2: Prinzipal-Agenten-Beziehungen bei einer parallelen Prüfung und Beratung   24

Abbildung 7-1: Erlös- und Kostenfunktion der Beratung   185

Abbildung 7-2: Erlös- und Kostenfunktionen von Beratung und Prüfung   186

Abbildung 7-3: Beratung und Prüfung unter Beachtung der Reputationskosten   188

Abbildung 7-4: Das optimale Beratungsvolumens bei Reputationseffekten (I)   188

Abbildung 7-5: Das optimale Beratungsvolumens bei Reputationseffekten (II)   191

Abbildung 9-1: Systematisierung der bilanzpolitischen Instrumente   212

Abbildung 9-2: Zusammenhang zwischen Jahresüberschuss, Cashflow und Accruals   217

Abbildung 10-1: Lorenz-Kurven der Mandatsverteilung im Zeitvergleich   304

Abbildung 10-2: Lorenz-Kurven der Honorarverteilung im Zeitvergleich   306

Tabellenverzeichnis

Tabelle 3-1: Ausprägungen des Unabhängigkeitsbegriffs	43
Tabelle 4-1: Synoptische Gegenüberstellung von Prüfung und Beratung	57
Tabelle 4-2: Dienstleistungsangebot der Big4	60
Tabelle 4-3: Umsatzerlöse der Big4-Gesellschaften in Deutschland	61
Tabelle 4-4: Honorarentwicklung in Prüfung und Steuerberatung	63
Tabelle 4-5: Entwicklung der Berufsstandsangehörigkeit	64
Tabelle 4-6: Umsatzerlöse pro Mitarbeiter im Dienstleistungsvergleich	66
Tabelle 4-7: Rechtsurteile zur Vereinbarkeit von Prüfung und Beratung	88
Tabelle 5-1: Finanzinformationen der Big4 für die Geschäftsjahre 2006/07 und 2007/08	125
Tabelle 5-2: Zusammensetzung der Stichprobe zur Untersuchung der Honorarpublizität	131
Tabelle 5-3: Qualitätskriterium I (Unterlassen der Honoraroffenlegung im Konzernanhang)	132
Tabelle 5-4: Qualitätskriterium II (Abgrenzung der Leistungsträger)	134
Tabelle 5-5: Qualitätskriterium III (Abgrenzung der Leistungsempfänger)	135
Tabelle 6-1: Variablen des Modells von Beck et al. (1988)	152
Tabelle 7-1: Experimentelle Studien zur wahrgenommenen Unabhängigkeit	174
Tabelle 7-2: Befragungen zur wahrgenommenen Unabhängigkeit	175
Tabelle 7-3: Archivistische Studien zur wahrgenommenen Unabhängigkeit	180
Tabelle 8-1: Prüfungsurteile mit Hinweis oder Einschränkung	208
Tabelle 9-1: Gliederung der Kapitalflussrechnung nach der indirekten Methode	216
Tabelle 9-2: Einfluss der parallelen Beratung des Abschlussprüfers auf die Bilanzpolitik	242
Tabelle 9-3: Zusammenfassung der Ergebnisse von Frankel et al. (2002)	244
Tabelle 9-4: Zusammenfassung der Ergebnisse von Ashbaugh et al. (2003)	248
Tabelle 9-5: Zusammenfassung der Ergebnisse von Chung/Kallapur (2003)	252
Tabelle 9-6: Zusammenfassung der Ergebnisse von Reynolds et al. (2004)	256
Tabelle 9-7: Zusammenfassung der Ergebnisse von Antle et al. (2006)	263
Tabelle 9-8: Zusammenfassung der Ergebnisse von Huang et al. (2007)	267
Tabelle 9-9: Zusammenfassung der Ergebnisse von Lai (2007)	270
Tabelle 9-10: Zusammenfassung der Ergebnisse von Srinidhi/Gul (2007)	273
Tabelle 9-11: Zusammenfassung der Ergebnisse von Hoitash et al. (2007)	278
Tabelle 9-12: Zusammenfassung der Ergebnisse von Gul et al. (2007)	282
Tabelle 9-13: Zusammenfassung der Ergebnisse von Cahan et al. (2008)	285

Tabellenverzeichnis

Tabelle 10-1: Stichprobenumfang der Honorarstudie — 300

Tabelle 10-2: Konzentrationsrate gemessen anhand der Anzahl der Mandate — 303

Tabelle 10-3: Konzentrationsrate gemessen anhand der Gesamthonorare — 305

Tabelle 10-4: Durchschnittliche Honorare der Abschlussprüfer — 307

Tabelle 10-5: Konzentration des deutschen Prüfungsmarktes im Zeitvergleich — 309

Tabelle 10-6: Beratungsanteil im Index- und Zeitvergleich — 314

Tabelle 10-7: Deskriptive Auswertung des Beratungsanteils im Indexvergleich — 314

Tabelle 10-8: Beratungsanteil nach Sektoren — 315

Tabelle 10-9: Honorarzusammensetzung in deutschen Konzernanhängen — 317

Tabelle 10-10: Honorarvergleich zwischen SEC-Emittenten und DAX-Unternehmen — 318

Tabelle 10-11: Honorarzusammensetzung in Abhängigkeit des Abschlussprüfers — 320

Tabelle 10-12: Beratungsanteile im internationalen Vergleich — 322

Tabelle 10-13: Vergleich der Kennzahlen am Beispiel der SAP AG — 325

Tabelle 10-14: Wirtschaftliche Bedeutung der Mandate (Umsatzabhängigkeit) — 327

Tabelle 11-1: Stichprobe zur Untersuchung des Einflusses der Agency-Kosten — 342

Tabelle 11-2: Übersicht über die Experimentalvariablen — 345

Tabelle 11-3: Kontrollvariablen zur Überprüfung des Einflusses der Agency-Kosten — 348

Tabelle 11-4: Ergebnisse der Korrelationsanalyse nach Pearson und Spearman-Rho — 348

Tabelle 11-5: Ergebnisse des Modells 1 zum Einfluss der Höhe der Agency-Kosten — 350

Tabelle 11-6: Ergebnisse des Modells 2 zum Einfluss der Veränderung der Agency-Kosten — 354

Tabelle 12-1: Stichprobenumfang der Untersuchung zum Ausmaß von Bilanzpolitik — 368

Tabelle 12-2: Working Capital Accruals und deren Determinanten im Index- und Zeitvergleich — 373

Tabelle 12-3: Working Capital Accruals und deren Determinanten im Sektorenvergleich — 374

Tabelle 12-4: Schätzkoeffizienten des Performance Adjusted-Jones-Modells (PAJ) — 375

Tabelle 12-5: Schätzkoeffizienten des Dechow-Dichev-McNichols-Modells (DDM) — 376

Tabelle 12-6: Abhängige Variablen (Diskretionäre Accruals (EDWCAVAR$_{it}$)) — 377

Tabelle 12-7: Übersicht der Untersuchungsvariablen (Honorarvariable (FEEVAR$_{it}$)) — 378

Tabelle 12-8: Transformation des Umsatzanteils der Beratungshonorare (NA$_{it}$) in Ränge — 378

Tabelle 12-9: Übersicht der Kontrollvariablen I — 384

Tabelle 12-10: Übersicht der Kontrollvariablen II — 385

Tabelle 12-11: Univariate Korrelationen — 388

Tabelle 12-12: Ergebnisse der Regression des Basismodells — 394

Tabelle 12-13: Diskretionäre Accruals im Branchenvergleich — 398

Tabellenverzeichnis

Tabelle 12-14: Ergebnisse der Regression des Sektorenmodells — 401

Tabelle 12-15: Ergebnisse der Regression zum Anteil der Bestätigungsleistungen — 403

Tabelle 12-16: Ergebnisse der Regression zum Anteil der Steuerberatungsleistungen — 405

Tabelle 12-17: Ergebnisse der Regression zum Anteil der Sonstigen Leistungen — 407

Tabelle 12-18: Einfluss der Veränderung des Beratungsanteils (ΔBA (t-1 zu t)) — 410

Tabelle 12-19: Einfluss des Anteils der Beratungshonorare am Gesamthonorar (NA_{it}) — 413

1 Einleitung

1.1 Problemstellung und Relevanz der Untersuchung

Der Berufsstand der Wirtschaftsprüfer war in den vergangenen Jahren erheblicher öffentlicher Kritik ausgesetzt, die aus den öffentlichkeitswirksamen Bilanzskandalen und Unternehmensschieflagen um die Jahrtausendwende resultierte. Zu nennen sind neben den weltweit mit hoher Aufmerksamkeit verfolgten Firmenzusammenbrüchen von Enron, WorldCom und Parmalat auch nationale Niedergänge wie die von FlowTex und Philipp Holzmann.[1] Diese sind unter anderem dadurch charakterisiert, dass noch unmittelbar vor dem Zusammenbrechen der besagten Unternehmen uneingeschränkte Bestätigungsvermerke durch den Abschlussprüfer erteilt wurden, so dass sich nach Bekanntwerden der Ereignisse bei diesen Unternehmen das Vertrauen der Öffentlichkeit in die Arbeit der Wirtschaftsprüfer und in die geprüften Jahres- und Konzernabschlüsse erheblich reduzierte.[2] Eine in diesem Zusammenhang häufig geäußerte Kritik an der Qualität der Abschlussprüfung konzentrierte sich auf die Unabhängigkeit der Abschlussprüfer, welche von den Kapitalmarktteilnehmern, Aufsichtsbehörden und der Öffentlichkeit teilweise in Frage gestellt wurde.[3] Der Berufsstand wies die öffentliche Debatte zu einer vermeintlich beeinträchtigten Unabhängigkeit als weitgehend undifferenziert zurück, da weniger die einzelnen verantwortlichen Gesellschaften, sondern der Berufsstand insgesamt in der Kritik stand. Auch wurde beklagt, dass Wirtschaftsprüfer zunehmend für Dinge verantwortlich gemacht würden, die selbst bei ordnungsgemäßer Berufsausübung außerhalb ihres Verantwortungsbereichs lägen.[4] Dieses als Erwartungslücke diskutierte Problem verstärkte sich durch die öffentliche Aufmerksamkeit im Zusammenhang mit den genannten Niedergängen der kapitalmarktorientierten Unternehmen und beschleunigte die Erosion der über Jahrzehnte entwickelten Reputation des Berufsstandes der Wirtschaftsprüfer binnen kurzer Zeit. Abschlussprüfer wurden vielfach als vom Management der Prüfungsmandanten gesteuerte Akteure wahrgenommen.[5] Insbesondere die teilweise erheblichen Beratungsumsätze der Abschlussprüfer bei ihren Prüfungsmandanten wurden vehement kritisiert.[6] Zugleich wurde die

---

[1] Vgl. *Peemöller/Hofmann* (2005), S. 7 u. 8.
[2] Vgl. *Lenz* (2002), S. 2275; *Siebenmorgen* (2004), S. 394; *Naumann* (2008), S. 97; *Eilifsen/Willekens* (2008), S. 2.
[3] Vgl. *Baetge/Heidemann* (2002), S. 20; *Stefani* (2002), S. 1; *Bauer* (2004), S. 1.
[4] Vgl. *Backhaus et al.* (2003), S. 625.
[5] Vgl. *Naumann* (2003), S. 25.
[6] So wurde beklagt, dass die von Enron an Arthur Andersen gezahlten Beratungshonorare in Höhe von 27 Mio. US-$ im Jahr vor dem Unternehmenszusammenbruch (2000) sogar die Prüfungshonorare i.H.v. 25 Mio. US-$ übertrafen.

Beratung des Verifizierenden als eine wesentliche Ursache für die Akzeptanz zweifelhafter Bilanzierungsmethoden wahrgenommen.[7]

Die Diskussion um die Beeinträchtigung der Unabhängigkeit des Abschlussprüfers durch Beratungsleistungen ist jedoch keineswegs neu. *Mautz/Sharaf* (1961) wiesen bereits vierzig Jahre zuvor daraufhin, dass die "performance of managerial services and auditing for the same client by the same accountant [is] a combination of incompatible services. This incompatibility leads to no other solution than the desirability and the necessity for a separation of these two types of services...".[8] Entgegen dieser frühen Bedenken stiegen die Umsätze mit Beratungsleistungen und deren Bedeutung für die Abschlussprüfer in den folgenden Jahrzehnten deutlich an. Während die großen US-amerikanischen Wirtschaftsprüfungsgesellschaften (WPG) im Jahr 1981 rund 13 % ihrer Umsatzerlöse mit Beratungsleistungen erzielten, erreichte der Anteil der Beratung zwölf Jahre später bereits 31 % (1993). Im Jahr 1999 entfielen sogar über die Hälfte der Gesamterlöse (51 %) der Prüfungsgesellschaften auf Beratungsdienstleistungen.[9] Die Wachstumsraten auf dem US-Markt erreichten somit Werte von bis zu 26 % jährlich, während die Prüfungsumsätze um maximal 9 % anstiegen.[10]

Im Kontext der eingangs erwähnten Skandale wurde diese Entwicklung von der Öffentlichkeit und den Aufsichtsbehörden erneut kritisch diskutiert. Dabei dominierte die Auffassung, dass durch eine parallel zur Prüfung erbrachte Beratung die wirtschaftliche Bindung zwischen Mandant und Abschlussprüfer verstärkt und die Unabhängigkeit des Prüfers, die Qualität der Prüfungsurteile und damit auch die Vertrauenswürdigkeit der im Abschluss enthaltenen Informationen beeinträchtigt werde. Um das Vertrauen in die Leistung der Wirtschaftsprüfer wiederherzustellen und nachhaltig zu stärken, wurden nach den Skandalen umfangreiche legislative Maßnahmen ergriffen.[11] Diese blieben nicht auf die gesetzliche Abschlussprüfung beschränkt, sondern umfassten auch Initiativen zur Verbesserung der Rechnungslegungsgrundsätze sowie der unternehmensinternen und -externen Überwachungsstrukturen. Insbesondere der in den USA vom 107. Kongress verabschiedete Sarbanes-Oxley Act of 2002 (SOA) begründete einschneidende Neuerungen. Neben dem Verbot zahlreicher Beratungsleistungen bei Prüfungsmandanten durch Section 201 wurde die Gründung des Public Company Accounting Oversight Boards (PCAOB) als neuer Berufsaufsicht für Abschlussprüfer

---

[7] Vgl. *Sloan* (2002), S. 18-24; *Chaney/Philipich* (2002), S. 1212-1218; *Healy/Palepu* (2003), S. 15; *Bigus/Zimmermann* (2008), S. 160.
[8] *Mautz/Sharaf* (1961), S. 223-224. Im gleichen Jahr äußerte *Linhardt* (1961), S.106-107, welcher den deutschen Markt für Wirtschaftsberatung und Wirtschaftsprüfungsleistungen betrachtet, Kritik an der parallelen Erbringung von Prüfung und Beratung (vgl. *Linhardt* (1961), S. 106-107).
[9] Vgl. *SEC* (2000a), III.B.
[10] Vgl. *SEC* (2000a), III.B. Siehe hierzu auch *Firth* (2002), S. 665; *Lai* (2007).
[11] Vgl. *Köhler et al.* (2008), S. 112-114. Eine umfassende Analyse der gesetzlichen Maßnahmen zur Stärkung der Unabhängigkeit liefert *Müller* (2006).

Problemstellung und Relevanz der Untersuchung

börsennotierter Unternehmen initiiert.[12] In ihrem Code of Ethics for Professional Accountants (*Code of Ethics*) gibt die International Federation of Accountants (IFAC), deren Ziele die Stärkung des Berufsstandes und die Vorgabe von weltweiten Standards für die Wirtschaftsprüfung sind, Verhaltensempfehlungen vor. In den Empfehlungen, zu deren Einhaltung die Mitglieder des Berufsstandes verpflichtet sind, werden die Unabhängigkeit des Abschlussprüfers und die Vereinbarkeit einer parallelen Beratungstätigkeit mit der Abschlussprüfung ausgiebig thematisiert.[13] In Europa folgte den zunächst rechtlich nicht bindenden Empfehlungen der EG-Kommission bereits wenige Jahre später die Ratifizierung der modernisierten 8. EG-Richtlinie (2006/43/EG). Deren Regelungsinhalte hatte der deutsche Gesetzgeber mit der Verabschiedung des Bilanzrechtsreformgesetzes (BilReG) bereits 2004 in wesentlichen Punkten antizipiert. Auch das Inkrafttreten des Abschlussprüferaufsichtsgesetzes (APAG) im Januar 2005, sowie das Berufsaufsichtsreformgesetz (BARefG) aus dem Jahr 2007, welches das Berufsrecht der Wirtschaftsprüfer weiterentwickelt, sind Ausdruck des Reformbemühens.

Im Zentrum der handelsrechtlichen Neuordnung der Unabhängigkeitsanforderungen stehen die Inhalte der §§ 319 u. 319a HGB. Neben einer Stärkung der tatsächlichen Unabhängigkeit zielen die Inhalte dieser Normen auf die Wiederherstellung der seitens der Anspruchsgruppen wahrgenommenen Unabhängigkeit des Abschlussprüfers. Zahlreiche Dienstleistungen werden daher untersagt. Während diese Regelungen für den deutschen Prüfungsmarkt inzwischen seit einigen Jahren verpflichtend anzuwenden sind, steht eine empirische Überprüfung von deren Wirksamkeit bedauerlicherweise noch immer aus. Mit der vorliegenden Arbeit wird ein Versuch unternommen, diese Lücke zu schließen.

Neben einer Analyse des Volumens und der Zusammensetzung der von den Abschlussprüfern großer börsennotierter Gesellschaften erbrachten Beratungsleistungen werden dazu auch unternehmensspezifische Einflussfaktoren untersucht, welche die Nachfrage nach Beratungsleistungen vor dem Hintergrund einer möglichen Beeinträchtigung der wahrgenommenen Unabhängigkeit beeinflussen könnten. Es wird vermutet, dass neben den gesetzlichen Schranken der Vereinbarkeit von Prüfung und Beratung zusätzliche, vom Kapitalmarkt ausgehende ökonomische Grenzen und Marktmechanismen die Nachfrage nach Beratungsleistungen vom Abschlussprüfer beeinflussen. Im Zentrum der Untersuchung steht jedoch die Frage, inwiefern die gegenwärtigen Regelungen zur Vereinbarkeit von Prüfung und Beratung geeignet sind, die tatsächliche Unabhängigkeit des Abschlussprüfers zu schützen und eine hinreichende Prüfungsqualität sicherzustellen. Zielsetzung der Arbeit ist es, die Wirksamkeit von regulatorischen und ökonomischen Grenzen zur Vereinbarkeit von Prüfung und Beratung für den deutschen Prüfungsmarkt zu untersuchen, kritisch zu analysieren und Handlungsempfehlungen aufzuzeigen.

---

[12] Vgl. *Marten* (2008), S. 130-133.
[13] Vgl. *IFAC* (2006a), Sec. 290.

1.2 Theoretische Einordnung

In der Literatur wird kritisiert, dass die erwähnten gesetzlichen Maßnahmen teilweise ohne ausreichende theoretische Fundierung veranlasst wurden.[14] Vielmehr sei die inhaltliche Diskussion einzelner Entscheidungsgruppen im Vorfeld der Verabschiedung von dem Bestreben dominiert gewesen, zügig entsprechende Reformgesetze zu verabschieden, um die Vertrauenswürdigkeit der gesetzlichen Abschlussprüfung wiederherzustellen.[15] So wurde in Frage gestellt, ob die rechtlichen Neuerungen tatsächlich die Ursachen und nicht vielmehr die Symptome behandeln.[16] Eine formelle Analyse der Unabhängigkeitsproblematik und wesentlicher Einflussfaktoren des Informationsgehaltes der Unternehmenspublizität wurde bedauerlicherweise nicht vorgenommen. Ferner blieben bestehende Konzeptionen zur Abbildung der institutionellen Regelungen im Bereich der Abschlussprüfung weitgehend unberücksichtigt, da diese lediglich unvollständige Annäherungsversuche darstellen.

In der vorliegenden Untersuchung wird die Abschlussprüfung als Institution und der Abschlussprüfer explizit als „economic agent" in einem komplexen Beziehungsgeflecht betrachtet, um die mit einer parallelen Prüfung und Beratung verbundenen Risiken für die Unabhängigkeit zu analysieren.[17] Eine besondere Komplexität der Vertragsbeziehungen zwischen dem beratenden Abschlussprüfer und seinen Auftraggebern ist, wie von *Antle* (1984) ausführlich dargestellt, durch eine aus der parallelen Prüfung und Beratung resultierende „Doppel-Agenten" Rolle begründet. Ebendiese kann zu dem in der Öffentlichkeit beklagten Loyalitätskonflikt des Abschlussprüfers gegenüber dem Management einerseits und den Abschlussadressaten andererseits führen.[18]

Während die Agency-Theorie, wie ein Vergleich mit anderen Ansätzen der ökonomischen Organsationstheorie in *Kapitel 2* zeigt, einen geeigneten theoretischen Rahmen liefert, kann die Funktion und Wirkungsweise der Abschlussprüfung sowie das Handeln ihrer Akteuren durch diesen Ansatz dennoch nur eingeschränkt und unvollständig abgebildet werden. Dazu kommt es, da die Agency-Theorie regelmäßig auf einer einperiodischen Betrachtung beruht. Aus den in *Kapitel 10* folgenden empirischen Untersuchungen zur Unabhängigkeitsthematik geht jedoch deutlich hervor, dass prüfungspflichtige Unternehmen nur relativ selten ihren Prüfer wechseln, d.h. die Vertragsbeziehungen zwischen Prüfern und Mandanten in der Regel langfristig sind. Dieses Merkmal der Geschäftsbeziehung zwischen Abschlussprüfer und Mandant begründet die Notwendigkeit, intertemporale Aspekte der Abschlussprüfung auch modelltheoretisch zu erfassen. Einen möglichen Ansatz hierfür bietet das sogenannte Quasi-

---

[14] *Stefani* (2002, S. 4) bemängelt eine unzureichende Beachtung theoretischer Untersuchungen im Vorfeld der Verabschiedung des KonTraG.
[15] Vgl. *Lenz* (2002), S. 2275; *Bauer* (2004), S. 2.
[16] Vgl. *Sunder* (2003), S. 141.
[17] Siehe zu dieser Betrachtung auch *Stefani* (2002, S. 5).
[18] In der Literatur wird hier auch vom „Diener zweier Herren" gesprochen (*Theisen* (2008), S. 185).

renten-Modell von *DeAngelo* (1981a). Darin werden die ökonomischen Vorteile des Prüfers aus der Fortführung bestehender Vertragsverhältnisse in einer Mehrperiodenbetrachtung hergeleitet. Während die Haftung des Abschlussprüfers auf dem hiesigen Markt lediglich von untergeordneter Bedeutung ist,[19] muss bei der Analyse ökonomischer Anreizstrukturen die Reputation des Abschlussprüfers sowie deren Bedeutung für die Abschlussadressaten und Mandanten berücksichtigt werden.[20] Bedauerlicherweise ist die Relevanz der Reputation und der daraus resultierende ökonomische Anreize nur stark abstrahiert darstellbar. Dennoch wird in der vorliegenden Arbeit ein Versuch unternommen, die möglichen Folgen einer parallelen Prüfung und Beratung für die (Unabhängigkeits-)Reputation aufzuzeigen. Anhand eines kostentheoretischen Modells soll dargelegt werden, dass die Reputation als Marktmechanismus einen wesentlichen Beitrag zur Beschränkung der gleichzeitigen Prüfung und Beratung leisten und damit zum Schutz der Unabhängigkeit des Abschlussprüfers beitragen kann.

1.3 Erkenntnisinteresse und Stand der Forschung

Zahlreiche internationale empirische Untersuchungen bestätigen eine Beeinträchtigung der wahrgenommenen Unabhängigkeit im Falle einer parallelen Beratungstätigkeit des Abschlussprüfers. *Quick/Warming-Rasmussen* (2007) belegen in einer jüngeren Untersuchung, dass dieser Zusammenhang auch für den deutschen Markt evident ist. Ob neben der wahrgenommenen Unabhängigkeit auch die tatsächliche Urteilsfreiheit der testierenden Wirtschaftsprüfer beeinträchtigt wird, d.h. der Abschlussprüfer durch die parallele Beratung befangen ist, kann anhand der vorliegenden empirischen Untersuchungen nicht abschließend beurteilt werden.[21] Für den deutschen Prüfungsmarkt liegen gegenwärtig keine umfänglich überzeugenden empirischen Studien zum Zusammenhang zwischen der Beratungstätigkeit des Abschlussprüfers und der Prüfungsqualität vor.[22] Ursächlich hierfür dürfte auch die lange Zeit unzurei-

---

[19] Vgl. *Bigus* (2007), S. 61-86.
[20] Vgl. *Quick/Solmecke* (2007), S. 178.
[21] Bisherige Forschungsbeiträge zu dieser Fragestellung stammen überwiegend aus Großbritannien (*Firth* (2002), *Antle et al.* (2006), *Basioudis/Francis* (2007)), Australien (*Ruddock et al.* (2006)), Neuseeland (*Hay et al.* (2006a), *Cahan et al.* (2008)) und den USA (*Frankel et al.* (2002), *DeFond et al.* (2002), *Geiger/Rama* (2003), *Ashbaugh et al.* (2003), *Chung/Kallapur* (2003), *Larcker/Richardson* (2004), *Reynolds et al.* (2004), *Ye et al.* (2006), *Huang et al.* (2007), *Callaghan et al.* (2009), *Lai* (2007), *Srinidhi/Gul* (2007), *Hoitash et al.* (2007), *Lim/Tan* (2008), *Gul et al.* (2007), *Mitra* (2007)) und belegen vornehmlich, dass keine Beeinträchtigung der Urteilsfreiheit vorliegt. Lediglich die Studien von *Frankel et al.* (2002), *Farag* (2005), *Dee et al.* (2006), *Hoithash et al.* (2007) und *Dickins* (2007) für den US-amerikanischen Prüfungsmarkt sowie eine Untersuchung von *Ferguson et al.* (2004) für Großbritannien zeigen eine deutliche Beeinträchtigung der tatsächlichen Unabhängigkeit des Prüfers durch dessen parallele Beratungstätigkeit auf. Konträr dazu geht aus den US-amerikanischen Studien von *Huang et al.* (2007) und *Robinson* (2008) sogar eine Steigerung der Prüfungsqualität durch die parallele Beratung hervor.
[22] Der einzige Beitrag zum deutschen Markt stammt von *Zimmermann* (2008). Diese verwendet jedoch einen aus den 1980er Jahren stammenden Ansatz zur Messung von Bilanzpolitik, welcher in der internationalen Forschung als überholt erachtet wird und seit den frühen 1990er Jahren keine Beachtung erfährt.

chende Transparenz der wirtschaftlichen Beziehung zwischen Mandant und Abschlussprüfer sein. Erst durch die mit dem BilReG verabschiedete Pflicht zur Darstellung der Honorare des Abschlussprüfers im (Konzern-) Anhang (§§ 285 S. 1. Nr. 17 u. 314 Abs. 1 S. 9 HGB) stehen den Abschlussadressaten die erforderlichen Informationen zur Verfügung, um die Tätigkeit des Prüfers einzusehen und sich ein Bild über das Risiko der Befangenheit machen zu können. Dabei wird vermutet, dass der Proporz der Beratungshonorare zu den Gesamthonoraren des Abschlussprüfers bei einem bestimmten Mandanten das Risiko der Unabhängigkeitsbeeinträchtigung widerspiegelt.[23] Zugleich ist die Offenlegung der Honorare Voraussetzung für die im Zentrum dieser Arbeit stehenden empirischen Untersuchungen. Erst durch die Honorarofenlegung sind Studien möglich, in denen der Einfluss hoher Beratungshonorare auf die tatsächliche Unabhängigkeit des Abschlussprüfers untersucht werden kann.

1.4 Vorgehensweise und Methodik

Um der im Zentrum der vorliegenden Arbeit stehenden Forschungsfrage nach der Vereinbarkeit von Prüfung und Beratung nachgehen zu können, wird in *Kapitel 2* zunächst ein systematischer Überblick über den theoretischen Rahmen der Abschlussprüfung gegeben. Dazu wird auf die aus der Trennung von Eigentum und Verfügungsmacht resultierenden Interessenkonflikte zwischen Management und Gesellschaftern eingegangen. Dieser Prinzipal-Agenten-Konflikt besteht jedoch nicht nur zwischen den Anteilseignern und der Unternehmensführung, sondern beschreibt auch den Handlungsrahmen, innerhalb dessen der Abschlussprüfer agiert. Während dessen Wahl durch die Haupt- bzw. Gesellschafterversammlung (§ 318 Abs. 1 S. 1 HGB; § 119 Abs. 1 Nr. 4 AktG) und die Auftragsvergabe durch den Aufsichtsrat (§ 111 Abs. 2 S. 3 AktG) zunächst eine Eindeutigkeit der Prinzipal-Agenten-Beziehung vermuten lässt,[24] wird die Tätigkeit als Agent der Anteilseigner und Stakeholder durch eine parallele Beratung des Prüfers im Auftrag des Managements konterkariert.

Die Folgen der parallelen Prüfung und Beratung für die Unabhängigkeit des Abschlussprüfers werden im Rahmen der vorliegenden Untersuchung anhand des Ausmaßes der vom Abschlussprüfer akzeptierten Bilanzpolitik gemessen. Die Verwendung eines solchen Surrogats ist notwendig, da die Unabhängigkeit als innere Geisteshaltung nicht beobachtbar ist. Um die Bedeutung der Bilanzpolitik für den Informationswert des Abschlusses aufzuzeigen, wird in *Kapitel 3* zunächst die Notwendigkeit der externen Rechnungslegung erörtert. Gemeinsam mit bestehenden Informationsasymmetrien führen Interessenkonflikte zwischen den Akteuren dazu, dass das Management opportunistisch persönliche Ziele zu Lasten anderer Anspruchs-

---

[23] Vgl. neben vielen *Frankel et al.* (2002); *Sharma/Sidhu* (2002); *Bigus/Zimmermann* (2008).
[24] Im Rahmen der empirischen Untersuchung werden börsennotierte Aktiengesellschaften betrachtet. Vor diesem Hintergrund werden im Folgenden überwiegend die Termini Vorstand und Aufsichtsrat verwendet. Grundsätzlich sind die Probleme der Prinzipal-Agenten-Theorie jedoch auf andere Kapitalgesellschaften übertragbar.

gruppen verfolgen kann. Erst durch die externe Rechnungslegung wird die tatsächliche Vermögens-, Finanz- und Ertragslage des Unternehmens für die Abschlussadressaten einsehbar, so dass die Arbeit des Managements kontrolliert und sanktioniert werden kann (§ 264 Abs. 2 S. 1 HGB). Da der Abschluss vom Vorstand selbst erstellt wird, unterliegt dieser der Gefahr der Manipulation und der bilanzpolitischen Einflussnahme. Folglich muss ein unabhängiger, nicht opportunistisch handelnder Dritter einbezogen werden, dessen Aufgabe darin besteht, zu überprüfen, ob bei der Buchführung, der Erstellung des Jahresabschlusses und des Lageberichts die gesetzlichen Vorschriften und ergänzende Bestimmungen des Gesellschaftsvertrages oder der Satzung beachtet worden sind und durch den Abschluss ein den tatsächlichen Verhältnissen entsprechendes Bild der Vermögens-, Finanz- und Ertragslage des Unternehmens vermittelt wird (§ 317 Abs. 1 S. 3 HGB).[25] Neben der fachlichen Expertise setzt dies eine unabhängige Urteilsbildung voraus. Eben diese Voraussetzung könnte durch die parallele Beratungstätigkeit des Abschlussprüfers gefährdet sein.

In *Kapitel 4* wird die Relevanz dieser Thematik für die Prüfungspraxis deutlich gemacht. Neben der ökonomischen Attraktivität der Beratung für den Berufsstand werden auch die potenziellen, insbesondere vom Berufsstand hervorgehobenen Vorteile der parallelen Beratung analysiert. Dabei werden denkbare Effizienzvorteile aufgrund von *knowledge spillovers* anhand ausgewählter empirischer Untersuchungen kritisch diskutiert. Anschließend werden die aus der gleichzeitigen Beratungstätigkeit resultierenden Gefahren für die Urteilsfreiheit erörtert. Schließlich bilden diese die Grundlage für die gesetzlichen Regelungen zur Begrenzung der Beratungstätigkeit des Abschlussprüfers. Deren Würdigung ist erforderlich, da anhand der empirischen Studie zum Auftreten von Bilanzpolitik bei paralleler Beratung die Wirksamkeit bestehender gesetzlicher Unabhängigkeitsanforderungen und Normen untersucht werden soll. Eine Beurteilung der Angemessenheit bestehender Regelungen setzt zunächst einen hinreichenden Kenntnisstand über die aktuelle Gesetzeslage voraus.

Voraussetzung der Einsehbarkeit der wirtschaftlichen Beziehungen zwischen Abschlussprüfer und Mandant ist die Transparenz der Honorare, wie sie der deutsche Gesetzgeber durch die §§ 285 S. 1. Nr. 17 bzw. 314 Abs. 1 S. 9 HGB vorschreibt. Auch für die empirischen Studien dieser Arbeit ist die seit dem 1. Januar 2005 bestehende Honoraroffenlegung von Relevanz. Um die Qualität der in die empirische Untersuchung einfließenden Honorarinformationen beurteilen zu können, erfolgt in *Kapitel 5* neben der Vorstellung der Offenlegungspflichten auch eine Untersuchung zur Qualität der Honorarpublizität.

Die in *Kapitel 6* dargestellten Quasirentemodelle, anhand derer die unterschiedlichen ökonomischen Anreize zur Unabhängigkeitsaufgabe und -wahrung modelltheoretisch analysiert werden, zeigen, dass Beratungsleistungen des Abschlussprüfers nicht zwangsläufig eine Be-

---

[25] Vgl. *Marten et al.* (2007), S. 18.

einträchtigung der Unabhängigkeit begründen müssen. Neben den Quasirenten bei einem bestimmten Mandanten müssen auch die Folgen des Bekanntwerdens einer Unabhängigkeitsbeeinträchtigung für die Honorare bei anderen Mandaten berücksichtigt werden. Die aus einer steigenden Beratungstätigkeit resultierenden Konsequenzen für die wahrgenommene Unabhängigkeit des Prüfers sowie mögliche Folgen für dessen Reputation bleiben in den vorliegenden Modellen unberücksichtigt. Dies ist bedauerlich, da über die gesetzlichen Grenzen der Beratung hinaus eine faktische Einschränkung der Vereinbarkeit von Prüfung und Beratung aufgrund der Relevanz der Reputation des Abschlussprüfers vermutet wird (siehe *Kapitel 7*). Die Einschränkung könnte aus der seitens der Abschlussadressaten wahrgenommenen Unabhängigkeitsaufgabe aufgrund auffallender Beratungshonorare resultieren, welche die Vertrauenswürdigkeit und damit den Wert der Abschlussprüfung gefährden. Anhand empirischer Untersuchungen zur Unabhängigkeitswahrnehmung und mittels eines kostentheoretischen Modells soll aufgezeigt werden, dass Anreize bestehen, die einen rational agierenden Abschlussprüfer unabhängig von den gesetzlichen Regelungen dazu veranlassen könnten, das Beratungsvolumen bei seinen Prüfungsmandanten zu begrenzen, um seine Vertrauenswürdigkeit gegenüber den Abschlussadressaten zu erhalten.

Ob das Interesse am Schutz der eigenen Reputation gemeinsam mit den gesetzlichen Grenzen ausreichen, um die tatsächliche Unabhängigkeit und eine hinreichende Prüfungsqualität sicherzustellen, kann nur anhand empirischer Untersuchungen überprüft werden. Diese liegen, wie in *Kapitel 8* gezeigt wird, vorrangig für den US-amerikanischen Prüfungsmarkt vor. Neben experimentellen Studien und Untersuchungen zur nachträglichen Anpassung des Jahresabschlusses wird die Vermutung der Befangenheit anhand der Ausprägungen des Prüfungsurteils erforscht. Dabei wird für Unternehmen, die sich vom Prüfer beraten lassen, ein erhöhtes Auftreten nachträglicher Abschlusskorrekturen durch die Aufsichtsbehörden bzw. eine geringere Wahrscheinlichkeit eines negativen Prüfungsurteils prognostiziert. Aufgrund uneinheitlicher Ergebnisse zahlreicher Forschungsbeiträge wird der vermutete Zusammenhang wenn überhaupt nur stark eingeschränkt bestätigt. Stattdessen werden bei der kritischen Würdigung der Forschungsbeiträge systematische Schwächen in der Methodik deutlich. Als geeignetes Surrogat für die Untersuchung einer Unabhängigkeitsbeeinträchtigung auf dem deutschen Markt wird daher vorzugsweise das Ausmaß der vom Abschlussprüfer akzeptierten Bilanzpolitik verwendet. Die zur Aufdeckung der diskretionären Einflussnahme anzuwendenden Methoden werden gemeinsam mit dem aktuellen Stand der Forschungen in *Kapitel 9* vorgestellt und kritisch diskutiert.

In *Kapitel 10* folgt die erste empirische Untersuchung zum hiesigen Prüfungsmarkt. Darin wird zunächst eine deskriptive Betrachtung des deutschen Marktes für Abschlussprüfungsleistungen bei kapitalmarktorientierten Unternehmen vorgenommen. Neben der Anbieterkonzentration steht das Ausmaß der parallel zur Abschlussprüfung erbrachten Beratungsleistun-

Vorgehensweise und Methodik

gen bei den Unternehmen des Prime-Standards im Vordergrund. Im Rahmen der Untersuchung zeigt sich, dass diese während des Zeitraums 2005, 2006 und 2007 relativ konstant durchschnittlich ein Drittel des Gesamthonorars erreichen. Während einzelne Konzerne neben der gesetzlichen Abschlussprüfung keine weiteren Dienstleistungen beziehen, erreicht der Anteil der Nichtprüfungsleistungen bei anderen Unternehmen bis zu 90 %. Welche unternehmensspezifischen Faktoren für das im Unternehmensvergleich heterogene Nachfrageverhalten ursächlich sind, wird im Rahmen der zweiten empirischen Studie überprüft (*Kapitel 11*). Im Zentrum steht dabei die Frage, ob das Ausmaß des Agency-Konfliktes zwischen Vorstand und Aktionären die Relevanz des Abschlusses als zuverlässige Informationsquelle und damit die Nachfrage nach Beratungsleistungen beeinflusst. Es wird vermutet, dass Unternehmen weniger Beratungsleistungen vom Abschlussprüfer beziehen, wenn sie hohen Agency-Kosten i.S.d. Prinzipal-Agenten-Theorie ausgesetzt sind. Zur Überprüfung der These werden als Untersuchungsvariablen zur Abbildung des Agency-Konfliktes der Verschuldungsgrad, der Grundkapitalanteil in Streubesitz, die Volatilität der Eigenkapitaltitel und der Anteil der variablen Vergütung des Managements sowie deren Veränderung im Vergleich zur Vorperiode betrachtet. Gegenstand der in *Kapitel 12* folgenden dritten empirischen Studie ist das Ausmaß der Bilanzpolitik im Falle einer parallelen Beratungstätigkeit. Anhand uni- und multivariater Regressionen wird der Einfluss einer parallelen Beratungstätigkeit des Abschlussprüfers auf das Ausmaß an diskretionärer Bilanzpolitik bei deutschen kapitalmarktorientierten Unternehmen untersucht. Beeinträchtigt die Beratung die Urteilsfreiheit des Prüfers, wird bei Unternehmen, deren Abschlussprüfer zugleich Berater des Managements ist, ein erhöhtes Auftreten von Bilanzpolitik erwartet. Neben dem Anteil der gesamten Beratungsleistungen wird zur Überprüfung des Zusammenhangs zusätzlich zwischen den unterschiedlichen Beratungsleistungen differenziert. Ferner wird die Verknüpfung der Änderung des Beratungsanteils im Zeitvergleich und des Ausmaßes der Bilanzpolitik betrachtet.

Kapitel 13 schließt die Untersuchung mit einer Zusammenfassung und einem Ausblick auf weitere Forschungsfragen ab.

2 Theoretische Untersuchungsgrundlagen

2.1 Prinzipal-Agenten-Beziehung - Ökonomische Grundlage der Abschlussprüfung

Die Neoklassik dominierte das Denken innerhalb der Wirtschaftswissenschaften bis in die zwanziger Jahre des 20. Jahrhunderts. Das durch Opportunismus geprägte Handeln der Individuen[26] kommt in dem Menschenbild des *homo oeconomicus* zum Ausdruck, welches den Menschen als ein mathematisches System aus zwei Gleichungen beschreibt: *Indifferenzkurve* und *Einkommensgerade*. Das Optimierungsproblem besteht darin, unter den zur Verfügung stehenden Alternativen jene zu wählen, welche den Nutzen des betrachteten Individuums maximiert.[27] Diese Reduktion auf die Maximierung des eigenen Nutzens als Zielfunktion stellt ein stark vereinfachtes Abbild des Menschen dar. Nicht zuletzt deshalb wird das Konzept des *homo oeconomicus* kontrovers diskutiert und aus verhaltenspsychologischer Perspektive teilweise in Frage gestellt.[28] Trotz dieser (teilweise berechtigten) Einwände gegen eine rein monetäre Motivation der Akteure wird für die nachfolgende Betrachtung der Blickwinkel auf diese ökonomische Verhaltenssteuerung reduziert. Die Nutzenmaximierung der Akteure erfolgt dabei innerhalb eines ökonomischen Umfeldes, das im Standardmodell der Neoklassik durch den Zustand des vollständigen Wettbewerbes geprägt wird.[29] Charakteristische Konvention *vollständiger Rationalität* ist die kostenfreie Verfügbarkeit sämtlicher entscheidungsrelevanter Informationen,[30] so dass der Informationsstand aller Akteure per definitionem identisch und objektiv ist.[31] *Richter/Furubotn* (1999) bezeichnen die neoklassische Theorie daher auch als *allokationsneutral*.

Die Annahme kostenloser Transaktionen stellt die Anwendbarkeit neoklassischer Modelle zur Abbildung realer Sachverhalte grundsätzlich in Frage.[32] Mag die Voraussetzung vollständiger Informationen in bestimmten Forschungsbereichen zur vereinfachten Abbildung ökonomischer Sachverhalte sinnvoll sein;[33] für Untersuchungen zur Wirkungsweise regulatorischer Rahmenbedingungen und Institutionen wie der gesetzlichen Abschlussprüfung ist sie ungeeignet; besteht die zentrale Funktion der Abschlussprüfung doch gerade darin, vorliegende Informationsasymmetrien abzubauen, indem die Qualität der externen Rechnungslegung durch das Prüfungsurteil verifiziert wird (siehe *Kapitel 3.2.1*). Würde eine symmetrische,

---

[26] Vgl. *Williamson* (1985/90), S. 54.
[27] Vgl. *Woll* (1994), S. 244-253.
[28] Vgl. *Haubl et al.* (1986), S. 128. Zur empirischen Relevanz der Agency-Theorie und deren Grenzen *Müller* (1995, S. 68 u. 69); *Elschen* (1995, S. 123-125); *Kossbiel* (1995, S. 127-130); *Spremann* (1995, S. 130-134); *Krapp* (2000, S. 1 u. 2).
[29] Vgl. *Fritsch et al.* (2001), S. 28.
[30] Vgl. *Audretsch/Wiegand* (2001), S. 87.
[31] Vgl. *Picot et al.* (2005), S. 32 u. 33.
[32] Vgl. *Richter/Furubotn* (2003), S. 10-14; *Herkendell* (2007), S. 25.
[33] Vgl. *Franck* (1995), S. 57-59; *Picot et al.* (2005), S. 34.

vollständige und kostenfreie Informationsversorgung aller Beteiligten vorliegen, wären die externe Rechnungslegung, deren Prüfung sowie die Offenlegung der Prüfungsergebnisse im Prüfungsbericht und Bestätigungsvermerk per se überflüssig.[34]

Die Neue Institutionenökonomik unterscheidet sich von der Neoklassik grundlegend, da die Unvollkommenheit des Marktes Gegenstand dieses Forschungsbereichs ist. Konsequenzen unvollständiger Verträge, beschränkter Rationalität und asymmetrischer Informationsallokation sowie die unterschiedlichen Mechanismen zur Reduzierung der aus ihnen resultierenden Probleme sind Forschungsgegenstand der Neuen Institutionenökonomik.[35] Der Begriff *Institution* beschreibt dabei ein System von Gesetzen, Regeln und Normen einschließlich erforderlicher Mechanismen zu deren Durchsetzung,[36] während der Begriff *Ökonomik* die Wissenschaft von der Generierung gemeinsamen Nutzens durch Kooperation bezeichnet. Gegenstand der Institutionenökonomik ist somit die wissenschaftliche Auseinandersetzung mit der Wirkungsweise von Institutionen auf die Ökonomie.[37] Der Anwendungsbereich ist folglich nicht nur auf die Analyse betrieblicher und organisatorischer Fragestellungen beschränkt, sondern tangiert auch die Theorie von Staat und Gesellschaft.[38]

Die einzelnen Theoriestränge, welche aus der Neuen Institutionsökonomik hervorgehen, sind wie folgt zu unterscheiden:[39]

a.) Die *property-rights theory* (Theorie der Verfügungsrechte) befasst sich mit Handlungs- und Verfügungsrechten unter der Prämisse knapper Ressourcen.[40] Der Wert eines Gutes ist dabei nicht allein durch dessen physikalische Eigenschaften definiert, sondern auch durch die an ihm bestehenden Handlungs- und Verfügungsrechte.[41]

b.) Die *transaction-costs theory* (Transaktionskostentheorie) beschäftigt sich mit den Kosten, welche aus der Übertragung von Verfügungsrechten resultieren.[42] Die Höhe der im Verlauf einer Transaktion entstehenden Kosten wirkt sich auf Organisation und Durchführung wirtschaftlicher Aktivitäten aus und umfasst sämtliche Nachteile, die von den Akteuren zur Durchführung des Güter- oder Leistungsaustausches getragen werden müssen. Transaktions-

---

[34] Vgl. *Holthausen/Leftwich* (1983), S. 80-82; *Ewert* (1993), S. 717.
[35] Vgl. *Richter/Furubotn* (2003), S. 40 u. 42.
[36] Vgl. *Schmoller* (1900), S. 61; *North* (1990/92), S. 239; *Commons* (1934, S. 69) bezeichnet Institutionen als „kollektives Handeln zur Kontrolle individuellen Handelns" (siehe auch *Richter/Furubotn* (2003), S. 34-39).
[37] Vgl. *Metthews* (1986), S. 903. *Ostrom* (1990, S. 51) begreift Institutionen i.S.d. Neuen Institutionenökonomie als die Menge von Funktionsregeln, welche notwendig sind, um festzulegen, wer für Entscheidungen in bestimmten Bereichen verantwortlich ist und welche Handlungen statthaft oder eingeschränkt sind.
[38] *Moe* (1990, S. 213-253) projiziert Fragestellungen der Neuen Institutionenökonomie auf die öffentliche Verwaltung, während *Keohane* (1984) internationale Organisationen untersucht.
[39] Vgl. *Richter/Furubotn* (2003), S. 40-45.
[40] Vgl. *Alchian* (1965), S. 816-829; *Coase* (1984), S. 229-231.
[41] Vgl. *Alchian/Demsetz* (1972), S. 783.
[42] Vgl. *Picot* (1991), S. 344; *Picot et al.* (2005), S. 57.

kosten umfassen Such-, Informations-, Verhandlungs- und Entscheidungskosten, aber auch Überwachungs- und Durchsetzungskosten. Im weiteren Verlauf der Arbeit werden diese als Agency-Kosten bezeichnet.[43]

c.) Die *principal-agent theory* (Prinzipal-Agenten-Theorie, Agency-Theorie) ist eng mit der Transaktionskostentheorie verknüpft und konferiert Probleme und Fragestellungen zur Leistungsbeziehung zwischen Prinzipal und Agent. Unterschieden wird zwischen der *Vertretungstheorie*, welche Problemstellungen im Rahmen verbaler Analysen und formaler Modelle betrachtet, und der *Theorie relationaler oder unvollständiger Verträge*, anhand derer Informationsasymmetrien zwischen vertraglich gebundenen Parteien untersucht werden.[44]

Die drei vorgestellten Theoriestränge der Neuen Institutionenökonomik stellen verschiedene Ansätze zur Erklärung des Handelns auf Märkten, „in denen unvollkommene Akteure, Menschen mit begrenzter Rationalität und Moral in ihrem ökonomischen Handeln aufeinander angewiesen sind" dar.[45] Im Zentrum stehen dabei die Auswirkungen von Institution auf das menschliche Verhalten sowie die Möglichkeiten deren effizienter Ausgestaltung. Gemeinsam sind die institutionsökonomischen Ansätze durch die Annahme individueller Nutzenmaximierung und begrenzter Rationalität der Akteure charakterisiert. Ferner stützen sich die Forschungsansätze gemeinsam auf das Konzept des methodologischen Individualismus. Die *property rights theory* richtet das Augenmerk auf Verhaltensbeziehungen zwischen Akteuren in Bezug auf die Nutzung (*usus*), Gestaltung (*abusus*) und Verteilung (*usus fructus*) von Gütern. Eine derartige Analyse von Verfügungsrechtsstrukturen ist für die Betrachtung von Dienstleistungsbeziehungen, wie die im Zentrum dieser Arbeit stehende Abschlussprüfung, jedoch ungeeignet. Auch die *transactions costs theory*, welche sich mit der Betrachtung einzelner Transaktionen beschäftigt, ist wenig hilfreich. Schließlich geht es in diesem Forschungsbereich vor allem um die Anbahnung, Vereinbarung, Abwicklung, Kontrolle und Anpassung von Tauschbeziehungen.[46] Während die Transaktionskostentheorie somit Leistungsbeziehungen in allgemeiner Form betrachet, ist die *Prinzipal-Agenten-Theorie* durch die von ihr untersuchten Beziehungen zwischen spezifischen als Auftraggeber (Prinzipal) und Auftragnehmer (Agent) bezeichneten Akteuren und deren Interessen und Informationsniveaus charakterisiert. Diese Sonderform der Leistungsbeziehung, welche aus der Aufgabendelegation resultiert, stellt, wie im Folgenden zu zeigen sein wird, einen geeigneten theoretischen Rahmen für die vorliegende Untersuchung dar.

---

[43] Zur Verwendung des Begriffs Agency-Kosten siehe *Jensen/Meckling* (1976, S. 308-310).
[44] Vgl. *Richter/Furubotn* (2003), S. 41 u. 173 - 182.
[45] *Picot et al.* (2005), S. 45.
[46] Vgl. *Picot et al.* (2005), S. 57.

Märkte, Organisationen und Unternehmen werden nicht als geschlossene Systeme mit konvergentem Ziel, sondern als Geflecht von Verträgen (*nexus of contracts*) betrachtet,[47] innerhalb dessen unterschiedliche Parteien mit inhomogenen Zielfunktionen und abweichenden Risikoneigungen bei ungleicher Informationsverteilung agieren.[48] Weiter wird in der Literatur zwischen der positiven und der normativen Prinzipal-Agenten-Theorie differenziert. Während die positive Prinzipal-Agenten-Theorie vorwiegend empirisch orientiert ist und zur Untersuchung bestimmter institutioneller Regelungen herangezogen wird,[49] befasst sich die normative Prinzipal-Agenten-Theorie mit der formalen Analyse zur optimalen Ausgestaltung von Verträgen und Institutionen. Das darin angesprochene Standardproblem beschreibt einen Interessenkonflikt zweier Parteien im institutionellen Rahmen der Aufgabendelegation: Eine Partei, der Prinzipal (Kapitalgeber oder Kapitalmarkt), delegiert die Erfüllung einer Aufgabe an eine zweite Partei, den Agenten (Kapitalnehmer).[50] Das Umfeld, in welchem die Aufgabendelegation erfolgt, ist risikobehaftet, da zahlreiche nicht vorhersehbare Faktoren das Resultat der Aufgabendelegation beeinträchtigen könnten, ohne dass der Prinzipal oder der Agent dies beeinflussen können (exogenes Risiko).

Die sehr allgemein als Agenten und Prinzipale bezeichneten Akteure der Agency-Theorie werden im Folgenden auf die Institutionen *Unternehmensführung* (Management) und *Anteilseigner* (Aktionär) eines Unternehmens übertragen. Die thematisierten Interessenkonflikte und Informationsasymmetrien bleiben jedoch nicht auf die Aktionäre und das Management beschränkt, sondern treten beispielsweise auch zwischen Darlehensgebern (Prinzipal) und -nehmern (Agent) auf. Auch zwischen Aktionären (Prinzipal) und Abschlussprüfern (Agent) sowie zwischen Managern (Prinzipal) und Beratern (Agent) sind derartige Interessenkonflikte und Informationsasymmetrien anzutreffen.[51] Dabei sind reale Prinzipal-Agent-Beziehungen häufig nicht auf bilaterale Beziehungen begrenzt, sondern umfassen multilaterale Konstrukte.[52] Eine wechselwirksame Vernetzung von mehreren Prinzipal-Agent-Beziehungen liegt auch im Fall einer gleichzeitigen Beratungstätigkeit des Abschlussprüfers im Auftrag des Ma-

---

[47] Vgl. *Jensen/Meckling* (1976), S. 310; *Fama/Jensen* (1983), S. 302.
[48] Vgl. *Kester* (1992), S. 25; *Grothe* (2005b), S. 25-26.
[49] Vgl. *Ewert/Stefani* (2001), S. 150.
[50] Neben dem nachfolgend vorgestellten eigenkapitalfinanzierungsbedingtem Interessenskonflikt treten auch fremdfinanzierungsbedingte Agency-Konflikte auf, welche aus konkurrierenden Zielen zwischen Gläubigern und Anteilseignern resultieren (vgl. *Ewert* (1990), S. 23). Diese werden anhand des *risk incentive problems* deutlich, demzufolge die Realisierung sehr risikoreicher Investitionen (selbst bei negativem Kapitalwert) für die Anteilseigner sinnvoll ist, da sie vom Erfolg derartiger Projekte profitieren, während das Ausfallrisiko weitgehend auf die Fremdkapitalgeber beschränkt bleibt (vgl. *Streim* (1988), S. 13; *Ewert* (1990), S. 24, 106; *Ewert/Stefani* (2001), S. 152; *Leippe* (2002), S. 41; *Herkendell* (2007), S. 36).
[51] Vgl. *Rasmusen* (1989), S. 168; *Terberger* (1994), S. 103.
[52] *Rees* (1985, S. 3) unterscheidet in einem instruktiven Übersichtsartikel zwischen „delegated choice" und „no formal delegation" also zwischen expliziter und konkludenter Beauftragung.

nagements vor. Die aus dieser Konstellation möglicherweise resultierenden Konflikte sind Gegenstand der vorliegenden Untersuchung.

2.2 Interessens- und Informationsasymmetrien zwischen Aktionären und Management

Die Funktionsfähigkeit des Kapitalmarktes setzt neben der *institutionellen* Funktionsfähigkeit, d.h. dem freien Marktein- und -austritt, eine *operationale* Funktionsfähigkeit voraus, welche durch die Transaktionskosten der Marktteilnahme beschränkt wird.[53] Werden beide Funktionen erfüllt, stellen kapitalmarktorientierte Gesellschaften eine sinnvolle Organisationsform dar, die es ermöglicht, die Faktoren (Eigen-) Kapital und Arbeitskraft bzw. Know-how (in Gestalt von Managementdienstleistung) ressourcenschonend zu kombinieren.[54] Gleichzeitig eröffnet sich durch die Trennung von Eigentum und Leitungskompetenz die Möglichkeit der Risikodiversifikation.

Den Vorteilen der modernen Unternehmensorganisation stehen jedoch auch Nachteile gegenüber, da die partizipierenden Parteien, d.h. die Aktionäre (Prinzipal) und das Management (Agent) unterschiedliche Interessen verfolgen.[55] Das Verhaltensmuster des *homo oeconomicus* vorausgesetzt, werden die aus heterogenen Informationsniveaus resultierenden Probleme gut erkennbar. Im Zuge des Bestrebens der besser informierten Partei bspw. des Managements, durch opportunistisches Verhalten den eigenen Nutzen zu maximieren, wird der anderen Partei, bspw. den Aktionären, Schaden zugefügt.[56] Das mit der Übertragung von Entscheidungsspielräumen auf das Management und der damit verbundenen Trennung von Eigentum und Verfügungsgewalt verbundene Risiko ist nicht zuletzt aufgrund der eingangs erwähnten Unternehmenszusammenbrüche Anknüpfungspunkt einer Vielzahl wissenschaftlicher Untersuchungen zu (potenziellen) Maßnahmen einer wirksamen Unternehmenskontrolle.[57] Die Problematik, welche auch der vorliegenden Untersuchungen zugrunde liegt, wurde bereits von *Berle/Means* (1932) anhand des damaligen Strukturwandels in der Gesellschafterzusammensetzung US-amerikanischer Aktiengesellschaften thematisiert. Die Autoren konnten empirisch nachweisen, dass die Streuung innerhalb der Aktionärsstruktur seit dem Ende des 19. Jahrhunderts signifikant zugenommen hatte, so dass ein Entgleiten der Gesellschafterkontrolle zugunsten erweiterter *Handlungsspielräume des Managements* vermutet wurde.[58] *Berle/Means* (1932) erwarteten, dass die Trennung von Eigentum und Verfügungsmacht in

---

[53] Vgl. *Assmann* (1985), S. 25; *Herkendell* (2007), S. 25-26.
[54] Vgl. *Ruffner* (2000), S. 131; *Winter* (2003), S. 336.
[55] Vgl. *Acemoglu/Gietzman* (1997), S. 356.
[56] Vgl. *Picot et al.* (2005), S. 72.
[57] „The separation of ownership and control has been blamed for spectacular business failures, the build-up of huge excess capacities, and unscrupulous managers expropriating share-holders." (*Gugler* (2001), S. V). Siehe auch die Untersuchungen von *Fama/Jensen* (1983), S. 301-325; *Gilson/Roe* (1993), S. 874; *Weston et al.* (2001), S. 596; *Pistor* (2003), S. 161; *Rohr/Wahl* (2004), S. 546.
[58] Vgl. *Berle/Means* (1932), S. 112-120; *Grothe* (2005b), S. 21.

Verbindung mit eingeschränkten Kontrollmechanismen bei gleichzeitiger Ausdehnung diskretionärer Handlungsspielräume des Managements zu negativen Folgen für die Aktionäre führt. Die Reduktion des Anteilsbesitzes des Managements bedingt somit eine Verringerung von dessen Partizipation am Unternehmensergebnis und führt damit zu einem Anreiz, den persönlichen Nutzen durch *on-the-job-consumption* zu Lasten der Gesellschafter zu maximieren.[59]

2.2.1 Interessensasymmetrie zwischen Aktionären und Management

Die grundlegenden Probleme einer Interessensdivergenz zwischen Management und Aktionären werden von *Ross* (1973/74), *Jensen/Meckling* (1976), *Harris/Raviv* (1979), *Holmström* (1979) sowie *Pratt/Zeckhausen* (1985) und *Spremann* (1988) ausführlich diskutiert.[60] Die Interessen rational agierender Investoren liegen demnach in der langfristigen Wertsteigerung ihrer Finanzinvestitionen.[61] Der ökonomische Wert eines Vermögensgegenstandes oder einer Finanzinvestition lässt sich aus Sicht des Aktionärs (dies gilt analog für andere Investoren) zunächst an dem Potential des Gegenstandes messen, zukünftige Zahlungsüberschüsse zu generieren.[62] Schließlich streben Aktionäre mit der Investitionsentscheidung eine finanzielle Wohlstandsmehrung an.[63]

Die Beteiligung an einer Aktiengesellschaft ist jedoch risikobehaftet. Neben Unsicherheiten hinsichtlich der Höhe bestehen diese auch bezüglich des Zeitpunktes der Zahlungsmittelzuflüsse. Cashflows, die dem Aktionär unverzüglich zufließen, stiften einen höheren Nutzen als solche, die in der Zukunft erfolgen. Die Summe der (erwarteten) diskontierten zukünftigen Zahlungsströme (*discounted Cashflows*) entspricht demnach dem Marktwert eines Eigenkapitaltitels.[64] Die Maximierung der Rendite als Maßstab für unternehmerische Entscheidungen wird unter dem Begriff des Shareholder-Value-Konzepts zusammengefasst.[65]

---

[59] *Dimsdale* (1994, S. 17) sieht den Unterschied in einem rein finanziellem Interesse des Aktionärs einerseits und einem breiter gestreuten Interessenbündel des Managements andererseits: „broader range of factors, such as size and growth of the company and other measures of professional prestige".

[60] Bereits *Smith* (1776/1990, S. 646) thematisiert die aus der Trennung von Eigentum und Kontrolle resultierenden Probleme ausführlich.

[61] Vgl. *Michel* (1996), S. 57.

[62] Diese Definition impliziert, dass der Wert des Bewertungsobjektes ausschließlich durch finanzielle Einflussfaktoren determiniert wird, bzw., dass das Nutzenkalkül der Anteilseigner ausschließlich monetäre Ziele berücksichtigt. Weitere Absichten, wie etwa politische Einflussnahme oder soziale Ziele, werden in betriebswirtschaftlichen Untersuchen regelmäßig ausgeblendet (vgl. *Koch* (1983), S. 32 u. 33; *Portisch* (1997), S. 34-38; *Hachmeister* (2000), S. 11; *Wellner* (2001), S. 131).

[63] Vgl. *Hill/Snell* (1988), S. 577; *Gottschlich* (1996), S. 25; *Wellner* (2001), S. 113.

[64] Vgl. *Lukarsch* (1998), S. 69; *Welge/Al Laham* (2008), S. 135.

[65] Vgl. *Peschke* (1999), S. 99. Sind die Interessen der Aktionäre grundsätzlich als Richtmaß für die Entscheidungsfindung dem Management bekannt, so können dennoch Probleme aufgrund der divergierenden Interessen innerhalb der Aktionärsgruppe auftreten. Insbesondere die unterschiedlichen Ausgangssituationen der Investoren, wie beispielsweise unterschiedliche Steuersätze oder Vermögenssituationen, bedingen konkurrierende Interessen, welche beispielsweise zu Auseinandersetzungen innerhalb des Aktionärskreises hinsichtlich der Thesaurierung oder Ausschüttung von Überschüssen führen (vgl. *Bergstresser/Philippon* (2006), S. 513). Ein in diesem Zusammenhang häufig anzutref-

Unter dem Begriff *managerialistische Unternehmenstheorie* werden Ansätze subsumiert, die sich mit den Zielfunktionen des Managements beschäftigen.[66] Grundlage hierfür sind neben der ökonomischen Motivation, welche als dominierend angenommen wird, auch psychologische und soziologische Erkenntnisse, aus welchen Schlüsse auf Verhaltensweisen der Unternehmensleitung, insbesondere von Publikumsgesellschaften, abgeleitet werden können.[67] Die Ziele des Managements konkretisieren sich dabei in einer Wohlstandssteigerung, Arbeitsplatzsicherung, Rechtfertigung gegenüber internen Überwachungsinstanzen (z.B. Aufsichtsrat), sowie in Macht- und Prestigestreben. Neben der variablen Vergütung, die oftmals direkt vom Unternehmenserfolg abhängt, ist somit auch das persönliche Ansehen stark an den Unternehmenserfolg gekoppelt.[68] Dabei wird anstelle einer Steigerung des diskontierten Cashflows, wie von den Investoren gewünscht, vom Management eher ein leicht überdurchschnittlicher und im Zeitvergleich kontinuierlich steigender Periodenerfolg angestrebt.[69] Dieser hat Signalwirkung gegenüber dem Kapitalmarkt, da Anlegern ein sicherer Mittelzufluss bei niedrigem Anlagerisiko suggeriert wird.[70] Daraus ergibt sich, dass die Interessen von Management und Investoren abweichen, d.h. eine suboptimale Allokation der Ressourcen wahrscheinlich wird.[71] Verstärkt wird dieser Effekt durch eine asymmetrische Informationsverteilung.

---

fender gesellschaftspolitischer Vorwurf bezieht sich auf die Fokussierung des Shareholder-Value-Konzeptes, welches häufig „zu Lasten insbesondere ...der Arbeitnehmer [gehe]...und die soziale Verantwortung der Unternehmen [vernachlässige] (*Raab* (2001), S. 181). Sind diese Einschätzungen in vielerlei Hinsicht berechtigt, so muss auch bedacht werden, dass die Sicherung der Ertragskraft des Unternehmens nicht nur der Steigerung des Eigenkapitalwertes dient, sondern auch Voraussetzung für den Anspruchsausgleich der anderen Interessengruppen ist. *Werder, v.* (2003, S. 10) äußert sich kritisch zur Kompatibilität der Interessen der unterschiedlichen Anspruchsgruppen (siehe auch *Bischoff* (1993), S. 180; *Kelle* (2002), S. 10-11; *Fleischer* (2003), S. 137). Im Umkehrschluss kann festgehalten werden, dass eine Gefährdung der Interessen aller Anspruchsgruppen besteht, wenn es der Unternehmensführung nicht gelingt, dauerhaft Werte zu schaffen (vgl. *Rappaport* (1999), S. 8 u. 9; *Elkart/Schmusch* (1999), S. 79). Schließlich handelt es sich bei dem Anteilseigner (lediglich) um einen Residualeinkommensbezieher, dessen Ansprüche erst nach allen anderen Anspruchsgruppen befriedigt werden (vgl. *Bühner* (1993), S. 221; *Bühner* (1994), S. 11; *Grothe* (2005b), S. 82).

[66] Vgl. *Picot/Michaelis* (1984), S. 253.
[67] Vgl. *Dutzi* (2005), S. 83 u. 84.
[68] Vgl. *Baumol* (1959), S. 46 u. 47; *Marris* (1963), S. 191; *Walsh et al.* (1991), S. 177; *Stewart/Glassman* (1988), S. 88; *Hinz* (1994), S. 56-58; *Freidank* (1998), S. 99; *McKee* (2005), S. 23; *Dutzi* (2005), S. 83 u. 84.
[69] Vgl. *Lindemann* (2004), S. 179; *Harris/Bromiley* (2007), S. 352.
[70] Vgl. *Wosnitza* (1991), S. 14; *Lukarsch* (1998), S. 93.
[71] Vgl. *Ewert/Stefani* (2001), S. 152. Eine Übertragung der daraus resultierenden Kosten auf das Management ist fragwürdig, da bei den meisten kapitalmarktorientierten Unternehmen das Management nicht an der Gesellschaft beteiligt ist. Doch auch die Vermutung, dass potenzielle Anteilseigner zum Zeitpunkt der Kapitalvergabe ein zukünftiges opportunistisches Verhalten antizipieren und somit eine entsprechende Anpassung an die Entlohnung des Manager vornehmen können, ist aufgrund der Informationsasymmetrien fraglich (vgl. *Ewert* (1990), S. 27; *Herkendell* (2007), S. 36). Letztendlich werden die Kosten einer suboptimalen Lösung durch die Gesellschafter getragen.

2.2.2 Informationsasymmetrie zwischen Aktionären und Management

Theoretisch wird das Resultat der Informationsverarbeitung unterschiedlicher Akteure auf dem annahmegemäß perfekt funktionierenden Kapitalmarkt anhand des Konzepts der Informationseffizienz beschrieben. Als informationseffizient wird ein Kapitalmarkt bezeichnet, wenn die Kurse jederzeit alle erhältlichen Informationen vollständig widerspiegeln.[72] Dies setzt voraus, dass alle Akteure über sämtliche Informationen verfügen und diese unverzüglich in korrekter Weise verarbeiten. Dieses neoklassische Konzept der Informationseffizienz ist jedoch ein theoretisches Modell, welches nur eine bedingt geeignete Annäherung an reale Marktverhältnisse darstellt.[73]

Prinzipal-Agenten-Probleme treten auf, „when the information available to the two participants is unequal."[74] Dabei wird unterstellt, dass die Kapitalgeber über weniger Informationen verfügen als das Management, so dass dem Agenten die Möglichkeit zum versteckten Handeln offen steht.[75] Ferner ist es den Anteilseignern nicht möglich, die Leistung des Managements im Arbeitsvertrag *(forcing contract)* festzulegen und dessen Einhaltung durchzusetzen. Wäre dies der Fall, würde es sich bei dem daraus resultierenden Ergebnis um eine *First-Best-Lösung* handeln.[76] Aufgrund asymmetrischer Informationsverteilungen entsteht jedoch ein diskretionärer Handlungsspielraum, innerhalb dessen das Management (Agent) ungestraft opportunistisch handeln kann.[77] *Spremann* (1990) unterscheidet zwischen drei Grundtypen der asymmetrischen Informationsallokation.[78]

Hidden Characteristics:[79] Bei dem Problem der Hidden Charcteristics besteht ein Informationsvorsprung des Agenten. Der Agent kennt seine Fähigkeiten bereits vor Eingehen einer vertraglichen Beziehung, während der Informationsstand des Prinzipals zu diesem Zeitpunkt

---

[72] Vgl. *Fama* (1970), S. 383.
[73] Vgl. *Lindemann* (2004), S. 14.
[74] In der Literatur wird die asymmetrische Informationsverteilung (teilweise) in einem zweiten Schritt in „unvollständige" und „unvollkommene" Information unterteilt (vgl. *Feess* (2004), S. 373 u. 568). Für die vorliegende Untersuchung soll die insbesondere in der Spieltheorie vorgenommene Differenzierung vernachlässigt werden, da sie im vorliegenden Fall keinen zusätzlichen Nutzen stiftet (vgl. *Feess* (2004), S. 373; *Arrow* (1986), S. 1183).
[75] Vgl. *Arrow* (1985), S. 38; *Richter/Furubotn* (2003), S. 174. Für beidseitige Anreizprobleme siehe *Al-Najjar* (1997), S. 174-195; *Gupta/Romano* (1998), S. 427-422.
[76] Die First-Best-Lösung bezeichnet den vom Prinzipal (gem. dessen Nutzenfunktion) gewünschten Output. Die Second-Best-Lösung bezeichnet im Falle der Nichtbeobachtbarkeit des Efforts unter Berücksichtigung der Verhaltensweise des Agenten maximal möglich ist (vgl. *Krapp* (2000), S. 37; *Laffont/Martimort* (2002), S. 34). Zum mathematischen Herleiten der Second-Best-Lösung und deren graphischer Illustration siehe *Laffont/Martimort* (2002), S. 41-46.
[77] Das Problem der Nutzenverschiebung wird unter der Annahme einer pareto-optimalen Nutzenverteilung deutlich; diese besagt, dass jede Güterumverteilung, welche zur Erhöhung des Nutzens einer Partei führt, automatisch zu einer Reduzierung bei der anderen Partei führt (vgl. *Picot et al.* (2005), S. 37).
[78] Vgl. *Spremann* (1990), S. 565-572; *Picot et al.* (2005), S. 88.
[79] Synonym zum Begriff *Hidden Charcteristics* wird in der Literatur häufig der Begriff *Hidden Knowledge* verwendet (vgl. *Krapp* (2000), S. 2-3; *Laffont/Martimort* (2002), S. 3).

Interessens- und Informationsasymmetrien zwischen Aktionären und Management 19

von Unsicherheit dominiert wird (Qualitätsunsicherheit).[80] Durch die Qualitätsunsicherheit des Prinzipals wird der Agent falsche Informationen verbreiten und nicht vorhandene Eigenschaften vorgeben. Für den Prinzipal ist es sehr schwierig, die tatsächlichen Fähigkeiten und Begabungen eines potenziellen Agenten vor Vertragsabschluss festzustellen.[81] Die Konsequenz derartiger Informationsasymmetrien könnte eine *Adverse Selection* sein,[82] wenn unerwünschte Vertragspartner systematisch ausgewählt werden.[83]

Hidden Action: Informationsasymmetrien treten nicht nur vor Vertragsbeginn auf, sondern können auch nach Vertragsabschluss entstehen. Dabei ist die schlechter informierte Partei (Prinzipal) zwar in der Lage, Verhaltensmerkmale der anderen Partei (Agent) vor Vertragsabschluss einzusehen, nicht jedoch deren konkretes Verhalten während der Vertragsdauer (vollständig) zu beobachten und zu sanktionieren. Resultat sind erneut diskretionäre Verhaltensspielräume des Agenten. Selbst ex-post kann der Prinzipal nicht beurteilen, ob ein bestimmter Output auf die qualifizierte Anstrengung seines Agenten oder günstige exogene Entwicklungen zurückzuführen ist.[84] Diese Unwissenheit des Prinzipals kann vom Agenten opportunistisch genutzt werden.[85] Ein aus diesen diskretionären Spielräumen resultierendes Verhalten des Agenten wird als *Moral Hazard* bezeichnet.

Hidden Intention: In diesem Fall sind die Verhaltensmerkmale eines Akteurs nach Abschluss des Kontraktes beobachtbar; allerdings stehen Verhaltensspielräume zur Verfügung, welche unter Annahme einer persönlichen Nutzenmaximierung zu Ungunsten der anderen Partei

---

[80] *Spremann* (1990, S. 567) verwendet den Begriff „Qualitätsunsicherheit" und bezieht sich damit auf die Unsicherheit des Prinzipals bei der Beurteilung der Fähigkeiten (Qualität) des Agenten.
[81] Vgl. *Laffont/Martimort* (2002), S. 28.
[82] Mit dem Begriff der *Adversen Selektion* ist die Auswahl unerwünschter Vertragspartner gemeint. Im Fall von Versicherungen muss damit gerechnet werden, dass vor allem derjenige, welcher sich selbst einem überdurchschnittlichen Risiko aussetzt, einen Vertrag abschließt. Ähnliche Probleme treten bei der Einstellung von Mitarbeitern oder auch bei der Vergabe von Krediten auf (vgl. *Picot et al.* (2005), S. 74 u. 75). Bei der Delegation einer Aufgabe an einen Agenten wählt der Prinzipal den Agenten aus, der vermeintlich über die besten Fähigkeiten verfügt. Da der Prinzipal die Fähigkeiten jedoch aufgrund von Unsicherheit nicht kennt, wird derjenige beauftragt, welcher die besten Fähigkeiten vorgibt. Wählt der Prinzipal nun denjenigen, der die höchsten Qualifikationen angibt, kann dies dazu führen, dass er denjenigen ausgewählt, der ihn getäuscht hat. Zur *Adversen Selektion* siehe auch *Richter/Furubotn* (2003, S. 239-263).
[83] Das geläufigste Beispiel für Qualitätsunsicherheiten dürfte das von *Akerlof* diskutierte Versagen des amerikanischen Gebrauchtwagenmarktes sein (vgl. *Akerlof* (1970), S. 488-500).
[84] *Spremann* (1990, S. 571) trifft in diesem Zusammenhang zwei Annahmen: a.) Neben dem Verhaltensrisiko besteht ein exogenes Risiko, welches grundsätzlich vom Prinzipal zu tragen ist. Der Erfolg eines Unternehmens ist somit nicht nur durch das Verhalten des Agenten, sondern auch durch externe Einflussgrößen bestimmt. b.) Als zweite Nebenbedingung wird angenommen, dass der Prinzipal nicht in der Lage ist, das Gesamtergebnis (Output) in die beiden Komponenten, welche aus 1.) dem Verhalten des Agenten und 2.) dem exogenen Risiko resultieren, zu selektieren. Damit ist es denkbar, dass das Output bei „Glück" und „Faulheit" dem Output bei „Pech" und „Fleiß" entspricht, ohne dass der Prinzipal in der Lage ist, das Zustandekommen des Ergebnisses nachzuvollziehen.
[85] Vgl. *Laffont/Martimort* (2002), S. 145-148.

(Prinzipal) ausgeschöpft werden könnten *(hold-up)*.[86] In diesem Fall nutzt der Agent Freiräume für die opportunistische Gestaltung seiner Gegenleistung.[87]

Durch Interessensdifferenzen und Informationsasymmetrien kommt es zu Unsicherheiten vor und während der Vertragsbeziehung. Der Agent nutzt diskretionäre Handlungsfreiräume aus, so dass eine aus Sicht des Prinzipals suboptimale Ressourcenallokation wahrscheinlich ist. Die Kosten, welche aus der Unsicherheit der Aktionäre aufgrund von Interessens- und Informationsasymmetrien resultieren und eine suboptimale Ressourcenallokation zur Folge haben, werden als *Agency-Kosten* bezeichnet. Die Möglichkeit, besagte Unsicherheiten zu eliminieren, ist in vielen Wirtschaftsbereichen durch handelbare Kontingenzverträge gegeben.[88] *Coase* (1937) und *Williamson* (1985) zeigen, dass Kontingenzverträge zwar die Konflikte reduzieren, zugleich jedoch selbst mit Kosten verbunden sind, die eine Kooperation mitunter uninteressant machen.[89] Eine Möglichkeit zur Harmonisierung der Interessen zwischen Prinzipal und Agenten können anreizwirksame Verträge (*bonding expenditures*) darstellen, welche im Falle einer sinnvollen Ausgestaltung einer Interessenharmonisierung zwischen Management und Gesellschafter dienen.[90] Simultan entstehen durch anreizwirksame Verträge zusätzliche Kosten, welche aus der Übertragung (eines Teils) des Umweltrisikos auf den Agenten resultieren. Aufsichts- und Überwachungsmaßnahmen, zu denen bspw. die externe Rechnungslegung und die gesetzliche Abschlussprüfung zählen, sind ebenfalls mit Kosten verbunden, die als *monitoring expenditures* bezeichnet werden. *Jensen* (1998) beschreibt Agency-Kosten daher auch als „costs of structuring, monitoring, and bonding a set of contracts among agents with conflicting interests, plus the residual loss incurred because the cost of full enforcement of contracts exceeds the benefit".[91] Das *Residual Loss* beschreibt, wie aus *Abbildung 2-1* hervorgeht, das trotz Interessenharmonisierung (*Bonding*) und externen Kontrollen (*Monitoring*) verbleibende, unvermeidbare Residuum zwischen der First-Best- und Second-Best-Lösung.[92] Dem Abschlussprüfer kommt als Element der externen Überwachung in diesem Zusammenhang eine wichtige Monitoring-Funktion zu. Eine Abstraktion der Abschlussprüfung auf eine reine Technik oder Methode wäre jedoch fatal. Schließlich handelt es sich bei dem Prüfer um einen Akteur, dessen Verhaltensmuster ebenfalls auf ökonomischer Rationalität beruhen.

---

[86] Vgl. *Goldberg* (1976), S. 426-430.
[87] Zur opportunistischen Ausnutzung von Vertragslücken siehe *Goldberg* (1976, S. 426-452) und *Alchian/Woodwards* (1988, S. 65-79).
[88] Als Kontingenzverträge werden vertragliche Konstrukte bezeichnet, die eine vollständige spezifizierte Regelung sämtlicher möglichen Sachverhalte ex-ante beinhalten.
[89] Vgl. *Coase* (1937), S. 386-405; *Williamson* (1985/90), S. 187-195.
[90] Vgl. *Jensen/Meckling* (1976), S. 308.
[91] Vgl. *Jensen* (1998), S. 153.
[92] Vgl. *Jensen/Meckling* (1976), S. 308.

Rolle des Abschlussprüfers in Prinzipal-Agenten-Beziehungen 21

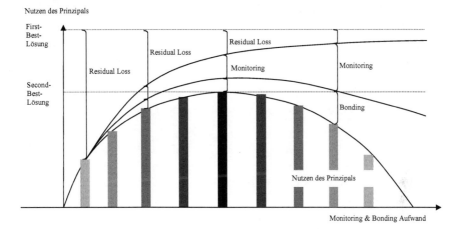

Abbildung 2-1: Maßnahmen zur Reduktion von Agency-Kosten (eigene Darstellung)

2.3 Rolle des Abschlussprüfers in Prinzipal-Agenten-Beziehungen

2.3.1 Der Abschlussprüfer als Agent der Aktionäre

Die Anwendung der *Prinzipal-Agenten-Theorie* ist nicht auf die Beziehung zwischen Kapitalgebern und Management beschränkt. Auch zwischen den Aktionären und dem Abschlussprüfer besteht eine Prinzipal-Agenten-Beziehung, welche durch den Prüfungsauftrag begründet ist.[93] Dabei wählt die Hauptversammlung (Prinzipal) den vom Aufsichtsrat zu bestellenden Abschlussprüfer (Agent), der mit der Verifizierung des Abschlusses betraut wird. Der Abschlussprüfer prüft die externe Rechnungslegung hinsichtlich ihrer Konformität zu gesetzlichen oder vertraglichen Standards und erstattet den Adressaten über das Prüfungsergebnis Bericht, so dass die Informationsunsicherheit der Investoren reduziert wird.[94] Seine Funktion liegt somit im Abbau asymmetrischer Informationsverteilungen.[95] Paradoxerweise ist die Prinzipal-Agenten-Beziehung zwischen den Aktionären und dem Abschlussprüfer ebenfalls durch ein asymmetrisches Informationsniveau geprägt. Der Abschlussprüfer verfügt aufgrund seiner Prüfungstätigkeiten über umfangreichere, präzisere und zeitnähere Informationen als die Gesellschafter, so dass diese dessen Prüfungsleistung, d.h. die Qualität der Prüfung, nicht mit Sicherheit bewerten können. Daraus resultierend erhält der Prüfer, wie bereits das Management, die Möglichkeit zum verborgenen Handeln gegenüber den Auftragsgebern (*hidden*

---

[93] Ausführlich dazu *Ballwieser* (1987a); *Ballwieser* (1987b); *Baiman et al.* (1987); *Ewert* (1990).
[94] Vgl. *Antle* (1984), S. 2.
[95] Vgl. *Ewert/Stefani* (2001), S. 148; *Marten et al.* (2007), S. 24; *Ruhnke* (2009), S. 679.

action).⁹⁶ Dies gilt, „unless we believe that auditors are somehow qualitatively different from the other types of economic agents that we study, it would seem that we should attempt the same techniques to modeling auditors that we use to model other economic agents."⁹⁷ Ein unabhängiges Prüfungsurteil, wie bei der naiven Betrachtung der Abschlussprüfung als willenlose „Technologie" unterstellt, wäre aufgrund der Rationalität des Prüfers gefährdet.⁹⁸ Stattdessen sind das opportunistische Handeln und der Nutzen bestehender Informationsvorteile seitens des Prüfers als rationalem Agent im Sinne der Agency-Theorie wahrscheinlich (*moral hazard*).⁹⁹

Um den eigenen Nutzen zu maximieren, könnte der Prüfer den Prüfungsaufwand ohne das Wissen der Aktionäre reduzieren, um bei fixem Prüfungshonorar einen höheren Deckungsbeitrag zu erzielen.¹⁰⁰ Handelt der Abschlussprüfer rational, wird er neben dem Barwert zukünftiger Renten aus der Prüfungstätigkeit auch die Eintrittswahrscheinlichkeit möglicher Haftungskosten sowie potenzieller Reputationsverluste berücksichtigen. Schließlich geht von diesen ein deutlicher Anreiz zur Erfüllung der gesetzlichen Pflichten aus.¹⁰¹ Werden darüber hinaus neben der Abschlussprüfung zusätzlich Beratungsleistungen im Auftrag des Managements erbracht, verschiebt sich die Interessenlage des Prüfers, da dieser nicht länger nur Agent der Aktionäre, sondern auch Auftragsempfänger des Managements ist.

2.3.2 Der Abschlussprüfer als Agent des Managements

Antle (1984) gibt in einer theoretischen Arbeit zu bedenken, dass die vermeintlich unabhängigen Beratungsaufträge zwischen Management und Abschlussprüfer der Bindung des Abschlussprüfers an das Management dienen könnten. Zugleich ist die Vergabe von Beratungsaufträgen ein legaler und gewöhnlicher Geschäftsvorfall, der, anders als dubiose Seitenzahlungen, als grundsätzlich zulässig erachtet wird.¹⁰² Dabei begründet der Beratungsauftrag zwischen Management und Abschlussprüfer eine weitere Prinzipal-Agenten-Beziehung, wel-

---

[96] Damit steht der Abschlussprüfer einem ähnlichem Reporting Problem gegenüber wie der Manager (vgl. *Antle* (1984), S. 4).
[97] *Baiman* (1979), S. 29. Siehe auch *Antle* (1982), S. 503-504; *Ballwieser* (1987b), S. 352; *Ewert* (1990), S. 140.
[98] Vgl. *Antle* (1984), S. 2; *Baiman et al.* (1997); *Ewert* (1993), S. 720.
[99] Vgl. *Spremann* (1990), S. 571-572.
[100] Vgl. *Magee* (1980) S. 166 sowie ebenfalls zu dieser Thematik *Fellingham/Newman* (1985), S. 634-640; *Newman/Noel* (1989); *Ewert* (1993), S. 743.
[101] Zahlreiche Untersuchungen zur Prüferhaftung zeigen, dass neben den direkten Prüfungskosten zusätzliche Haftungskosten entstehen. Diese werden als grundsätzlich steigend angenommen, wenn der Prüfungsaufwand und damit die Prüfungskosten gesenkt werden, da die Prüfungsqualität d.h. die Wahrscheinlichkeit, wesentliche Fehler im Jahresabschluss zu entdecken, fällt. Folglich wird der Prüfer bemüht sein, die Summe der Kosten, welche aufgrund von Haftungsrisiken erwartet werden, gemeinsam mit den direkten Prüfungskosten zu minimieren (vgl. *Dye* (1993), S. 892-893; *Narayanan* (1994), S. 42; *Chan/Pae* (1998), S. 463; *Hillegeist* (1999), S. 355; *Ewert et al.* (2000), S. 577; *Bigus* (2004), S. 3; *Wagenhofer/Ewert* (2007), S. 444; *Bigus/Schäfer* (2007), S. 27).
[102] Vgl. *Antle* (1984), S. 16; *Quick* (2002), S. 622.

che die Komplexität des Beziehungskonstruktes erweitert. Nun agiert der Abschlussprüfer als „Doppel-Agent" sowohl im Interesse der Aktionäre, für die er eine Schutzfunktion erfüllt, als auch für das Management im Rahmen des Beratungsprojekts.

Die in *Abbildung 2-2* dargestellte Prinzipal-Agenten-Konstellation könnte, wie *Antle* (1984) ausführt, zu erheblichen Interessenkonflikten und zu einer Beeinträchtigung der Unabhängigkeit führen, welche für die Erfüllung des gesetzlichen Auftrages *(rechtliche Perspektive)* und der vertraglichen Verpflichtungen gegenüber den Aktionären *(ökonomische Perspektive)* notwendig ist. Während das Ziel des risikoneutralen Investors darin besteht, eine hohe Arbeitsintensität der Agenten (Manager, Abschlussprüfer) durchzusetzen und unab-hängig vom Erreichungsgrad des ersten Ziels eine wahrheitsgemäße Berichterstattung über das tatsächlich realisierte Unternehmens- und Prüfungsergebnis zu erhalten, könnte der Abschlussprüfer eine gemeinsame Strategie mit dem Management verfolgen, um seine Beratungshonorare zu maximieren. Im Rahmen spieltheoretischer Analysen gelangt *Antle* (1984) zu dem Fazit, dass mehrere Nash-Gleichgewichte existieren, bei denen ein kooperatives Spielverhalten zwischen Management und Abschlussprüfer für beide Parteien nutzenmaximierend ist.[103] Auch besteht eine dominante Strategie, der zufolge es für das Management lukrativ ist, Seitenzahlungen an den Abschlussprüfer zu leisten, um dessen Berichterstattung zu beeinträchtigen. Die Zahlungen sind dabei niedriger als der ökonomische Nutzen einer daraus resultierenden positiven Berichterstattung des Abschlussprüfers. Auch für den Abschlussprüfer stellt die Akzeptanz der Zahlungen und die Anpassung der Berichterstattung in *Antles* (1984) Modell die ökonomisch sinnvollere Handlungsalternative im Vergleich zur Unabhängigkeitswahrung dar.[104] Der Autor konstatiert, dass „the auditor would be at least as well off by foregoing independence as s/he would be by maintaing it".[105] Beratungsverträge bieten sich nach *Antles* (1984) Einschätzung als Vehikel zur Einflussnahme insbesondere dann für das Management an, wenn die Vergütung der Beratungsleistungen aus Gesellschaftsmitteln erfolgt. Ein Paradoxon liegt vor, da neben dem direkten Schaden durch die unsachgemäße Darstellung der Vermögens-, Finanz-, und Ertragslage sowie eine nachfolgende Fehlallokation des Vermögens der Gesellschafter auch die für eine Unabhängigkeitsaufgabe ursächlichen Beratungshonorare aus den Mitteln der Gesellschaft gezahlt und somit von den Investoren getragen werden. Antizipiert der Kapitalmarkt ein derartiges kooperatives Verhalten des Managements und des Abschlussprüfers, werden die Aktionäre nicht auf das Urteil des Prüfers vertrauen. Die Aufgabe des Abschlussprüfers als (Informations-)Intermediär, die Glaubwürdigkeit der im Abschluss enthaltenen Informationen zu erhöhen und so zur Verringerung der Informationsa-

---

[103] Vgl. *Antle* (1984), S. 6.
[104] *Antle* (1984, S. 13) unterstellt in seinem Modell zunächst eine von mehreren Faktoren abhängige Vergütung des Abschlussprüfers. Im Verlauf der Untersuchungen wird jedoch der Tatsache Rechnung getragen, dass der Abschlussprüfer erfolgsunabhängig vergütet wird (vgl. *Antle* (1984), S. 14).
[105] *Antle* (1984), S. 16.

symmetrien durch die Rechnungslegung beizutragen, wird nicht länger erfüllt.[106] Die Prüfung stellt keine wirksame Institution zum Abbau von Informationsasymmetrien dar.

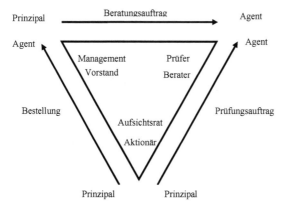

Abbildung 2-2: Prinzipal-Agenten-Beziehungen bei einer parallelen Prüfung und Beratung

2.4 Zusammenfassung

Die moderne Unternehmung ist durch die Trennung von Eigentum und Verfügungsmacht charakterisiert. Daraus resultierende Probleme ergeben sich neben den unterschiedlichen Interessen insbesondere aus ungleichen Informationsniveaus der Akteure. Dies gilt aufgrund der Trennung von Eigentum und Leistungskompetenz in besonders ausgeprägter Weise für kapitalmarktorientierte Gesellschaften.

Mit der externen Rechnungslegung als Monitoring-Mechanismus soll das Informationsdefizit der Kapitalmarktteilnehmer gegenüber dem Management reduziert werden. Zugleich bedingt die Relevanz der Rechnungslegung für den Kapitalmarkt, wie im nachfolgenden Kapitel zu zeigen sein wird, einen erheblichen Anreiz für das Management, opportunistisch auf die Darstellung der Vermögens-, Finanz- und Ertragslage einzuwirken. Neben den auf Vergütungsfunktionen beruhenden und mit der externen Rechnungslegung verknüpften Anreizen ist das Management in Hinblick auf die persönliche berufliche Entwicklung bestrebt, die eigene Reputation zu erhöhen bzw. zu erhalten sowie die soziale Stellung zu sichern und Konflikte zu vermeiden.[107] In diesem Zusammenhang geht von der Wahrnehmung am Kapitalmarkt ein erheblicher Einfluss auf den Grad des vom Management erzielbaren Nutzens aus. Dauerhaft negative Kursentwicklungen werden nicht geduldet und wirken sich auf die Vergütung des Managements und deren Wahrnehmung im Unternehmensumfeld aus. Dagegen ist durch die

---

[106] Vgl. *Ehrhardt/Nowak* (2002), S. 338.
[107] Vgl. *Herold* (2006), S. 19.

Zusammenfassung 25

Erfüllung der Erwartungen des Kapitalmarktes eine Nutzensteigerung für das Management möglich. Die Relevanz des Kapitalmarktes für die Unternehmensführung birgt die Gefahr der opportunistischen Einflussnahme. Das Management könnte den eigenen Informationsvorsprung nutzen und ein von den tatsächlichen Verhältnissen abweichendes Bild vermitteln. Die zwischen der Unternehmenleitung und den Kapitalanlegern bestehende Informationsasymmetrie ermöglicht es, beispielsweise die Kursentwicklung durch gezielte Informationspolitik zu beeinflussen.[108] Erst durch die Erteilung, Versagung oder Einschränkung des Bestätigungsvermerks durch den Abschlussprüfer (§ 322 Abs. 1 S. 3 HGB) erhält der Kapitalmarkt eine direkte Information darüber, ob das vom Management erstellte Bild der Vermögens-, Finanz- und Ertragslage im Jahres- oder Konzernabschluss den tatsächlichen Verhältnissen entspricht. Darüberhinaus erlangt der Aufsichtsrat bzw. Prüfungsausschuss aufgrund umfangreicher Auskunfts- und Informationsrechte sowie durch den Prüfungsbericht des Abschlussprüfers (§ 321 Abs. 2 S. 4 HGB) zusätzliche Informationen.[109] Da der Wirtschaftsprüfer in seiner Funktion als Abschlussprüfer ebenfalls ein rationaler Agent ist, d.h. die Abschlussprüfung keine abstrakte Technik darstellt, kann es jedoch auch hier zu Interessenskonflikten kommen. Diese Konflikte potenzieren sich, wenn der Abschlussprüfer nicht nur Agent der Aktionäre sondern zugleich Berater des Managements ist zu dessen Kontrolle er ursprünglich bestellt wurde.

Antles (1984) kritische Ausführungen zur parallelen Prüfung und Beratung suggerieren, dass eine grundsätzliche Unvereinbarkeit von Prüfung und Beratung bestehen könnte. Gegen einen solchen voreiligen Schluss spricht jedoch, dass in den agency-theoretischen Modellen stark simplifizierende Annahmen getroffen werden, die deren Allgemeingültigkeit und Übertragbarkeit auf die Prüfungspraxis in Zweifel ziehen. Neben möglichen Kosten aufgrund von Reputationseffekten, welche in den Modellen regelmäßig nicht berücksichtigt werden,[110] ist auch die Betrachtung eines einperiodischen Zeithorizontes unbefriedigend.[111] Insbesondere die Reputation, deren Abbildung, wie in *Kapital 7* zu zeigen sein wird, eine mehrperiodische Betrachtung erfordert, stellt einen ökonomischen Sanktionsmechanismus zum Schutz der Unabhängigkeit des Abschlussprüfers dar.[112] Ferner bleiben in der Betrachtung von *Antle* (1984) zivil-, straf-, und berufsrechtliche Konsequenzen unberücksichtigt. Die stark vereinfachende Annahme, die Abschlusserstellung erfolge parallel zur Berichterstattung, so dass beide Parteien eine gemeinsame Strategie nach Belieben spielen können, ist ebenfalls fraglich, da der Abschluss zum Prüfungszeitpunkt i.d.R. bereits aufgestellt ist.[113] Zusammenfassend ist festzuhal-

---

[108] Vgl. *Hax* (2003), S. 303.
[109] Vgl. *Theisen* (2004), S. 484.
[110] Vgl. *Antle* (1982), S. 526; *Antle* (1984), S. 10 u. 17.
[111] Vgl. *Ballwieser* (1987a), S. 341-342.
[112] Vgl. *Ballwieser* (1987a), S. 343.
[113] Kritisch dazu auch *Ewert/Stefani* (2001, S. 170), die davon ausgehen, dass eine Handlungsabfolge besteht, bei der ein Abschluss des Managements zum Prüfungsbeginn bereits vorliegt.

ten, dass die institutionellen Rahmenbedingungen der Abschlussprüfung in *Antles* (1984) Betrachtung, wie auch der ökonomischen Prinzipal-Agenten-Theorie durch stark abstrahierende Annahmen sowie eine unbefriedigende Abbildung institutioneller Zusammenhänge insgesamt nur unvollständig abgebildet werden.[114] Im Rahmen der vorliegenden Untersuchung kommt den theoretischen Modellen zur Untersuchung der Vereinbarkeit von Prüfung und Beratung daher lediglich eine begleitende Bedeutung zu. Schwerpunkt der Arbeit ist die Untersuchung empirisch nachweisbarer Zusammenhänge und Implikationen einer parallelen Prüfungs- und Beratungstätigkeit des Abschlussprüfers. Da die Unabhängigkeitsbeeinträchtigung des Abschlussprüfers anhand des Ausmaßes an Bilanzpolitik gemessen werden soll, werden im Folgenden die Relevanz und Wirkungsweise der Externen Rechnungslegung und der unabhängigen Abschlussprüfung diskutiert.

---

[114] Teilweise wird in der Literatur kritisiert, dass dieser Forschungsbereich in den vergangenen Jahren nur wenig grundsätzlich Neues hervorbringen könnte (vgl. *Ewert* (1999), S. 38).

3 Externe Rechnungslegung und unabhängige Abschlussprüfung

3.1 Externe Rechnungslegung

3.1.1 Notwendigkeit und Ziele externer Rechnungslegung

Die Funktionsfähigkeit des Kapitalmarktes muss aufgrund seiner außerordentlichen volkswirtschaftlichen Bedeutung für eine (annähernd) optimale Allokation finanzieller Ressourcen gewährleistet sein.[115] Die Transparenz und Effizienz des Marktes sind dabei nicht nur für die Investitionsentscheidungen der Kapitalgeber, sondern bspw. auch für die Funktionsfähigkeit des Arbeitsmarktes von großer Bedeutung.[116] Um den Akteuren hinreichende Informationen zur Verfügung zu stellen, sind die externe Rechnungslegung sowie die ergänzenden kapitalmarktrechtlichen Normen zur Zwischenberichterstattung und Ad-hoc-Publizität unabdingbar.[117] Eine unzureichende Berichterstattung oder Desinformation führt hingegen zu Ineffizienzen oder gar zu Marktversagen.[118]

Der handelsrechtliche Jahres- bzw. Konzernabschluss dient den Kapitalgebern als Informationssystem, mit dessen Hilfe das Handeln der Unternehmensführung und die daraus folgenden Implikationen sichtbar werden. Anhand von Rechnungslegungsinformationen können die Abschlussadressaten über eine Beteiligung an dem Unternehmen, eine Kreditvergabe oder die Anpassung von Finanzierungskonditionen entscheiden (*Dokumentation-/ Informationsfunktion*). Neben der Reduzierung bestehender Informationsasymmetrien ermöglicht die Rechnungslegung eine Überwachung der dem Management anvertrauten Ressourcen (*Überwachungsfunktion*).[119] Weiterhin dienen die publizierten Informationen als Bemessungsgrundlage der erfolgsabhängigen Vergütung des Managements sowie zur Bestimmung von gesetzlichen oder vertraglichen Verpflichtungen und Ansprüchen, wie bspw. Steuer- oder Dividendenzahlungen (*Steuer-/Ausschüttungsbemessungsfunktion*).[120]

Die Erstellung des Abschlusses unterliegt den gesetzlichen Vertretern des Unternehmens (§§ 264 Abs. 1 S. 1, 290 Abs. 1 HGB, § 78 AktG und §§ 35, 42a Abs. 1 GmbHG). Vor allem unternehmensexterne Personen und Institutionen, die sich einen Eindruck über die wirtschaftliche Lage des Unternehmens nur auf diesem Weg verschaffen können, sind auf die im Ab-

---

[115] Vgl. *DiPiazza/Eccles* (2003), S. 26.
[116] Vgl. *Europäischer Rat* (2000), Abs. 20.
[117] Vgl. *Assmann* (1985), S. 61; *Merkt* (2001), S. 306.
[118] Vgl. *Koch/Schmidt* (1981), S. 236; *Assmann* (1985), S. 289; *Hartmann-Wendels* (1991), S. 132; *Baetge et al.* (2004b), S. 204.
[119] Vgl. *Busse von Colbe* (1993), S. 13-14.
[120] Vgl. *Wagenhofer/Ewert* (2007), S. 5; *Herold* (2006), S. 11. Dies gilt nicht für die, im Rahmen der empirischen Untersuchung dieser Arbeit, betrachteten IFRS-Konzernabschlüsse. Deren Ziel alleine liegt in der Vermittlung entscheidungsrelevanter Informationen (*decision usefulness*) liegt (vgl. *Kleindiek* (2009), Einf. Rn. 90).

schluss enthaltenen Informationen angewiesen.[121] Zur Gewährleistung der Verwertbarkeit der Abschlussinformationen ist eine hinreichende Qualität der Abschlussangaben Voraussetzung.[122] Um die Abschlussadressaten vor falschen oder unvollständigen Informationen, die zu Fehlentscheidungen verleiten könnten, zu schützen, wurden Gesetze und Rechnungslegungsvorschriften auf nationaler und internationaler Ebene erlassen.[123] So fordert etwa die Generalklausel des § 264 Abs. 2 S. 1 HGB, der Jahresabschluss habe „[...] unter Beachtung der Grundsätze ordnungsmäßiger Buchführung ein den tatsächlichen Verhältnissen entsprechendes Bild der Vermögens-, Finanz- und Ertragslage [...] zu vermitteln". Dennoch, die Rechnungslegung ist nicht rein objektiv, da insbesondere die Bewertung wirtschaftlicher Sachverhalte an vielen Stellen subjektive Beurteilungen erfordert. Dies führt zu einer besonderen Problematik, da der Abschluss, welcher den Investoren zur Überwachung der Arbeit der Unternehmensführung dient, eben von der Unternehmensführung selbst erstellt wird,[124] so dass die Möglichkeit der bilanzpolitischen Einflussnahme besteht.[125]

3.1.2 Beeinträchtigung der Rechnungslegung durch Bilanzpolitik

3.1.2.1 *Begriff der Bilanzpolitik*

Trotz des Mangels einer normativen Eingrenzung dominiert in der deutschen Literatur ein Verständnis von *Bilanzpolitik*, welches im Gegensatz zur *Bilanzmanipulation*[126] durch Handlungen innerhalb der Gesetze und Normen charakterisiert ist.[127] *Quick* (1997) bezeichnet Bilanzpolitik als die „bewusste und in Hinblick auf die Unternehmensziele zweckorientierte Beeinflussung des Jahresabschlusses[128] im Rahmen des rechtlich Zulässigen".[129] Auch *De-*

121	Vgl. *Bieg/Kußmaul* (2006), S. 2.
122	Vgl. *Wöhe/Döring* (2008), S. 702 u. 813; *Szczesny* (2007), S. 101.
123	Vgl. *Bieg/Kußmaul* (2006), S. 49.
124	§ 264 Abs. 1 S. 1 HGB i.V.m. § 78 Abs. 1 AktG; § 264 Abs. 1 S. 1 HGB i.V.m. § 35 GmbHG; § 290 Abs. 1 HGB; *Ewert* (1990), S. 32; *Scheld* (1994), S. 93; *Sieben* (1998), S. 11-12.
125	Vgl. *Herold* (2006), S. 12.
126	Financial Fraud ist definiert als „the intentional, deliberate, misstatement or omission of material facts, or accounting data, which is misleading and, when considered with all information made available, would cause the reader to change or alter his or her judgement or decision" (zitiert nach *Dechow/Skinner* (2000), S. 238).
127	Vgl. *Hinz* (1994), S. 91-94; *Storck* (2004), S. 66; *Wagenhofer/Ewert* (2007), S. 238; *Zimmermann* (2008), S. 64; *Wöhe/Döring* (2008), S. 883; *Küting/Weber* (2009), S. 33-35.
128	Dabei bleiben die unter dem Begriff der Bilanzpolitik zusammengefassten Sachverhaltsgestaltungen/-darstellungen nicht auf die Bilanz beschränkt. Vielmehr können alle Elemente der Finanzberichterstattung, somit auch die Gewinn- und Verlustrechnung, der Anhang sowie der ggf. zu erstellende Lagebericht bilanzpolitischer Einflussnahme unterliegen. Tatsächlich ist aufgrund der Interdependenzen zwischen den einzelnen Bestandteilen des Jahresabschlusses zzgl. des Lageberichts eine Abgrenzung subjektiver Einflussnahme auf einzelne Elemente kaum möglich. Auf die Verwendung alternativer Begriffe, wie etwa Jahresabschlusspolitik, Rechnungslegungspolitik oder Gewinnmanagement, welche möglicherweise eine adäquatere Beschreibung darstellen, wird verzichtet, da diese auch in der Literatur wenig verbreitet sind (vgl. *Ziesemer* (2002), S. 11-12; *Herold* (2006), S. 29-30). Zur Begriffsabgrenzung siehe auch *Sieben* (1998, S. 5), *Matsumoto* (2002, S. 484), *Wagenhofer/Ewert* (2007, S. 239-245) und *Wöhe/Dörning* (2008, S. 883-885).

chow/Skinner (2000) verwenden die Begriffe des *Financial Frauds* (Bilanzmanipulation) und des *Earnings Management* (Bilanzpolitik) und betonen, dass zwischen „choices that are fraudulent and those that compromise aggressive, but acceptable, ways in which managers can exercise their accounting discretion" zu differenzieren sei.[130] Diesem Abgrenzungsversuch anhand des Gesetzes zuwider, verlaufen die Grenzen zwischen Manipulation und Bilanzpolitik in der Rechnungslegungspraxis bei weitem nicht so eindeutig.[131] *Healy/Wahlen* (1999) verstehen unter Earnings Management, „when managers use judgement in financial reporting and in structuring transactions to alter financial reports to either mislead some stakeholders about underlying economic performance of the company or to influence contractual outcomes that depend on reported accounting numbers".[132] Earnings Management umfasst danach die bewusste Fehlinformation der Adressaten durch eine zielgerichtete finanzpolitische Darstellung des Unternehmens. Somit wird die Pflicht zur Darstellung eines den tatsächlichen Verhältnissen entsprechendes Bildes der Vermögens-, Finanz- und Ertragslage, welche als verpflichtende Leitlinie heranzuziehen ist, wenn gesetzliche Einzelregelungen, vor dem Hintergrund von Wahlrechten und Ermessensspielräumen, auszulegen sind, nicht erfüllt (§ 264 Abs. 2 S. 1 HGB).[133] *Levitt* (1998) sieht aus Wahlrechten und Ermessensspielräumen resultierende Chancen und Risiken für die Qualität des Abschlusses und betont, dass die „flexibility in accounting allows it to keep pace with business innovations. Abuses such as Earnings Management occur when people exploit this pliancy."[134] In welchen Fällen Bilanzpolitik den Informationsgehalt des Abschluss steigert und wann eine negative Beeinträchtigung aufgrund von Opportunismus vorliegt, hängt somit von den Motiven der Akteure bei der Sachverhaltsdarstellung bzw. Sachverhaltsgestaltung ab. Diese sind für Außenstehende jedoch kaum beobachtbar.

Guay et al. (1996) differenzieren daher zwischen drei möglichen Ansätzen: Im Rahmen der *Performance Measure Hypothese* wird unterstellt, dass das Management zusätzliche Informationen zu der wirtschaftlichen Entwicklung des Unternehmens zur Verfügung hat und diese durch den Einsatz bilanzpolitischer Instrumente kommuniziert, so dass der Abschlussadressat einen Informationsgewinn erfährt. Die *Opportunistic Accrual Management Hypothese* beschreibt das Problem der Prinzipal-Agenten-Theorie und basiert auf der Annahme, dass die Unternehmensleitung den Einsatz bilanzpolitischer Instrumente wählt, um den eigenen Nutzen zu Lasten des Prinzipals zu maximieren. Der *Noise Hypothese* folgend, wird der Informationsgehalt der Rechnungslegung durch das Beisteuern unwesentlicher Informationen redu-

---

[129] *Quick* (1997), S. 726; ähnlich *Küting* (2008), S. 1330; *Göllert* (2008), S. 1165; *Küting/Weber* (2009), S. 33.
[130] *Dechow/Skinner* (2000), S. 239 ähnlich auch *Nelson et al.* (2003), S. 17.
[131] Vgl. *Hofmann* (2008), S. 150.
[132] *Healy/Wahlen* (1999), S. 368.
[133] Vgl. *Baetge et al.* (2007), S. 34-35.
[134] *Levitt* (1998).

ziert.[135] Durch die Reduktion des Informationsgehaltes erhalten konkurrierende Unternehmen weniger Kenntnisse über die Organisation des Unternehmens. Zugleich wird für die Anteileigner die Kontrolle des Managements erschwert.

Die unterschiedlichen Hypothesen zeigen, dass Earnings Management nicht nur zur Steigerung des Informationsgehaltes des Abschlusses innerhalb des rechtlichen Rahmens eingesetzt wird, sondern auch zur Erreichung opportunistischer Ziele verwendet werden kann, die teilweise bereits als Manipulation (*financial fraud*) gewertet werden müssen. Da empirische Untersuchungen gegenwärtig vor allem für den angelsächsischen und angloamerikanischen Raum vorliegen und die folgende Untersuchung zum deutschen Prüfungsmarkt im Kontext dieser Forschungen erfolgt, wird der Begriff *Bilanzpolitik* in dieser Arbeit dem englischen Terminus *Earnings Management* gleichgesetzt und synonym verwendet. Bilanzpolitik umfasst somit, abweichend von eingangs genannter Definition, auch bewusste oder unbewusste Eingriffe bzw. Verstöße des Managements gegen die Regeln der Rechnungslegung. Entscheidend ist, dass die Einflussnahme wesentlich ist und die Entscheidungsfindung der Stakeholder beeinträchtigen soll.

3.1.2.2 Gegenstand und Ziele der Bilanzpolitik

Würde ein effizienter Markt, d.h. Informationssymmetrie vorliegen, könnte von der Bilanzpolitik kein Einfluss auf die Entscheidungen der Akteure ausgehen. Da jedoch ein Informationsvorsprung des Managements gegenüber den Investoren bzw. den Fremdkapitalgebern und weiteren Stakeholdern besteht, ist die Unternehmensleitung regelmäßig in der Lage, eigene Interessen mittels Bilanzpolitik zu Lasten der anderen Akteure durchzusetzen.[136] Earnings Management i.S.d. *Opportunistic Accrual Management Hypothese* bezeichnet somit opportunistisch motivierte Handlungen des Managements, welche aus den Interessen- und Informationsdifferenzen zwischen den Akteuren i.S.d. Prinzipal-Agenten-Theorie resultieren.[137] Die Anreize zur Bilanzpolitik können dabei sowohl aus pekuniären wie auch nicht pekuniären Zielen folgen (siehe *Kapitel 2.2.1*). Neben bilanzpolitischen Maßnahmen zur Maximierung der variablen Vergütung ist die Einhaltung individueller Zielvorgaben wahrscheinlich.[138] Vordringlich die gegenüber Analysten oder Banken geäußerten Ergebnisprognosen sowie das Streben nach der Erfüllung von Erwartungshaltungen des Kapitalmarktes können zu opportunistischen Eingriffen verleiten.[139] Über die Prinzipal-Agenten-Beziehung zwischen Aktionär

---

[135] Vgl. *Guay et al.* (1996), S. 86-87.
[136] Vgl. *Wagenhofer/Ewert* (2007), S. 237.
[137] Vgl. *Healy/Wahlen* (1999), S. 368; *Dechow/Skinner* (2000), S. 240; *Pfaff/Stefani* (2003), S. 65–68; *Baetge et al.* (2004a), S. 153–159; *Herold* (2006), S. 22; *Wagenhofer/Ewert* (2007), S. 250.
[138] Vgl. *Bergstresser/Philippon* (2006); *Cohen et al.* (2008), S. 779.
[139] Vgl. *Hofmann* (2008), S. 149; *Caramanis/Lennox* (2008, S. 130) weisen anhand von 9.738 griechischen Abschlüssen nach, dass von der Gesamtheit der Unternehmen lediglich 311 einen ROA von -1 % bis 0 % erzielen. Dagegen erreichen 1.249 Gesellschaften einen gerade noch positiven ROA im Bereich von 0 % bis 1 %. Die Autoren führen das deutliche Abweichen von der Normalvertei-

Externe Rechnungslegung 31

und Management hinaus gilt dies auch in Zusammenhang mit der Erfüllung von Nebenbedingungen in Darlehensverträgen, sofern die darin vereinbarten Konditionen etwa an regelmäßig zu aktualisierende Kennzahlen, wie den Verschuldungsgrad oder die Rentabilität gebunden sind.[140] Die Anteilseigner aber auch Gläubiger nutzen die Informationen des Jahresabschlusses, um über die Fortsetzung ihres Investments bzw. über ein Neuengagement zu entscheiden und bestehende Informationsasymmetrien abzubauen.[141] Anhand publizierter Daten beurteilen Investoren die Leistungsfähigkeit des Unternehmens und treffen Tendenzaussagen bzgl. der aktuellen und zukünftigen Ergebnis- und Ausschüttungsentwicklungen. Das Augenmerk der Gläubiger richtet sich auf die Kreditwürdigkeit des Unternehmens, also die Fähigkeit, künftigen Zins- und Tilgungsverpflichtungen termingerecht nachzukommen.[142] Dabei geht von der Aussicht auf günstigere Refinanzierungskosten am Kapital- oder Geldmarkt ein Anreiz zur opportunistischen Sachverhaltsdarstellung aus.[143] Die Rechnungslegung, welche zur Kontrolle der Unternehmensleitung (*Monitoring*) dient und die Grundlage für Anreiz- und Sanktionsmechanismen (*Bonding*) bildet, kann ihre Funktion im Fall der diskretionären Einflussnahme nicht länger erfüllen.[144]

Während bei den Abschlussadressaten somit ein grundsätzlich positives Informationsinteresse besteht, ist ein negatives Informationsinteresse seitens des Managements bei Schlechtleistung denkbar.[145] Das Management ist bemüht, das Unternehmen in einem bestimmten Licht zu präsentieren, um bei den Empfängern der Information eine gewisse Wirkung zu erzielen.[146] Um der gesteuerten Einflussnahme des Managements entgegenzuwirken und die Funktionsfähigkeit des Marktes zu gewährleisten, sieht der Gesetzgeber, neben möglichen Haftungsfolgen für das Management,[147] die unabhängige Abschlussprüfung vor. Jahresabschlussinformationen, die keiner unabhängigen Verifizierung unterzogen werden, sind nicht vertrauenswürdig und somit für die Adressaten wertlos. In einem durch Unsicherheiten geprägten Umfeld

---

lung in diesem Bereich (*ROA = -1 % bis +1 %*) auf die bilanzpolitische Einflussnahme des Managements zurück. Die Unternehmensführung ist demnach bestrebt, gerade noch ein positives Ergebnis auszuweisen zu können.

[140] Vgl. *Dye* (1988), S. 195; *Lev* (2003), S. 35-36; *Hofmann et al.* (2007), S. 125.
[141] Vgl. *Schipper/Vincent* (2003), S. 98; *Bieg/Kußmaul* (2006), S. 17; *Wohlgemuth* (2007), S. 19 -20, 24-25; *Wagenhofer/Ewert* (2007), S. 3-5.
[142] Vgl. *Bieg/Kußmaul* (2006), S. 207-208; *Wohlgemuth* (2007), S. 20; *Wöhe/Döring* (2008), S. 717.
[143] Vgl. *Freidank* (1998), S. 99; *Ewert/Stefani* (2001), S. 147-148; *London Economics* (2006), S. 280; *Herkendell* (2007), S. 34; *Harris/Bromiley* (2007), S. 350-367.
[144] Vgl. *Hartmann-Wendels* (1991), S. 138 u. 140; *Marten* (1999a), S. 132.
[145] Vgl. *Freidank* (1998), S. 98; *Lachnit* (2004), S. 65; *Bieg/Kußmaul* (2006), S. 207-208; *Wagenhofer/Ewert* (2007), S. 6-7.
[146] Vgl. *Healy/Wahlen* (1999), S. 368; *Küting* (2006), S. 2753; *Wagenhofer/Ewert* (2007), S. 6 u. 245-247; *Wohlgemuth* (2007), S. 49.
[147] Das HGB regelt die allgemeine Haftung von gesetzlichen Vertretern und Aufsichtsratsmitgliedern im Falle einer „unrichtigen Darstellung" (§ 331 Nr. 1-4 HGB). Die Verletzung von Pflichten des Vorstandes wird des Weiteren in § 93 AktG geregelt.

entspricht die Funktion des unabhängigen Abschlussprüfers der des Informationsintermediärs.[148]

3.2 Unabhängige Abschlussprüfung

3.2.1 Gesetzlicher Rahmen und Nutzen von Abschlussprüfungen

Die Abschlussprüfung ist im Handelsgesetzbuch kodifiziert und muss von Kapitalgesellschaften, die nicht kleine i.S.d. § 267 Abs. 1 Nr. 1 HGB sind, gem. §§ 316 Abs. 1 S. 1, 317 Abs. 1 S. 1 HGB verpflichtend in Anspruch genommen werden.[149] Die Aufgabe des Abschussprüfers, „betriebswirtschaftliche Prüfungen, insbesondere solche von Jahresabschlüssen wirtschaftlicher Unternehmen, durchzuführen und Bestätigungsvermerke über die Vornahme und das Ergebnis solcher Prüfungen zu erteilen" ist darüber hinaus in den berufsrechtlichen Bestimmungen des Gesetzes über eine Berufsordnung der Wirtschaftsprüfer geregelt (§ 2 Abs. 1 WPO).

Neben den gesetzlichen Vorschriften ist die Einhaltung ergänzender Bestimmungen des Gesellschaftsvertrages oder der Satzung Gegenstand der Prüfung (§ 317 Abs. 1 S. 2 HGB). Ferner hat der Abschlussprüfer zu prüfen, ob der Konzern-/Lagebericht eine zutreffende Darstellung der tatsächlichen Lage der prüfungspflichtigen Gesellschaft vermittelt und mit dem Inhalt des Konzern-/Jahresabschlusses in Einklang steht (§ 317 Abs. 2 HGB). Die Darstellung möglicher Risiken aus zukünftigen Entwicklungen sind auf Plausibilität zu prüfen (§ 317 Abs. 2 S. 2 HGB). Folglich handelt es sich bei der gesetzlichen Abschlussprüfung um eine Gesetzes-, Satzungs- und Ordnungsmäßigkeitsprüfung und nicht um eine Zweckmäßigkeitskontrolle.[150] Dennoch erwartet die Öffentlichkeit häufig die Erteilung eines Güte- und Qualitätssiegels hinsichtlich der Prosperität der geprüften Gesellschaften.[151] Dieses Missverständnis tritt, wie bereits in der Einleitung angesprochen, insbesondere nach Unternehmenszusammenbrüchen und Schieflagen auf, denen ein uneingeschränkter Bestätigungsvermerk des Abschlussprüfers vorausging. Die Diskrepanz zwischen öffentlicher Wahrnehmung von Zielen und Inhalt der Abschlussprüfung und der tatsächlich durch das Gesetz vorgegebenen Funktion wird in der Literatur als *Erwartungslücke* (*expectation gap*) bezeichnet.[152]

---

[148] Vgl. *Ewert/Stefani* (2001), S. 148; *Stefani* (2002), S. 213; *Westhoff* (2003), S. 2087.
[149] Bei der nachfolgenden Untersuchung werden börsennotierte Gesellschaften betrachtet. Die Bestimmungen zur gesetzlichen Prüfung bspw. nach dem Publizitätsgesetz werden im Rahmen dieser Arbeit ausgeklammert.
[150] Vgl. *Vollmer/Maurer* (1993), S. 596; *Weiland* (1996), S. 1212; *Escher-Weingart* (1999), S. 910; *ADS* (2007), § 317.
[151] Vgl. *Schmidt* (1996), S. 54; *Dörner* (1998), S. 303; *Miß* (2006), S. 86; *ADS* (2007), § 316 Tz. 23.
[152] Vgl. *Ruhnke/Deters* (1997), S. 925; *Wolz* (1998), S. 122; *Göhner* (2000), S. 1404; *Böcking/Orth* (2002b), S. 429; *Stefani* (2002), S. 62; *Marten/Köhler* (2002), S. 1831-1841; *ADS* (2007), § 316 Tz. 23; *Marten et al.* (2007), S. 19; *Parrett* (2008), S. 23.

Die Wahl des Abschlussprüfers einer Aktiengesellschaft obliegt gem. § 318 Abs. 2 S. 1 HGB i.V.m. § 119 Abs. 1 Nr. 4 AktG der Hauptversammlung. Diese im Aktiengesetz festgelegte Kompetenzregelung ist zwingendes Recht (§ 23 Abs. 5 S. 1 AktG). Der Aufsichtsrat hat in den Bekanntmachungen zur Tagesordnung einen Vorschlag für die Wahl des Abschlussprüfers zu unterbreiten (§ 124 Abs. 3 S. 1 u. 3 AktG). Dafür hat sich der Aufsichtsrat bzw. der Prüfungsausschuss einen Überblick über den Prüfungsmarkt zu verschaffen bzw. im Falle des Vorschlages einer Wiederbestellung des bisherigen Abschlussprüfers dessen Leistung zu beurteilen und mit den Anforderungen abzugleichen.[153] Die Hauptversammlung ist jedoch nicht an den Wahlvorschlag des Aufsichtsrates gebunden, sondern kann jeden nach §§ 319 bzw. 319a, 319b HGB in Betracht kommenden Prüfer bestellen.[154] Faktisch kommt dem Wahlvorschlag des Aufsichtsrates jedoch ein besonderes Gewicht zu.[155] Nach dem Beschluss der Hauptversammlung wird der Prüfungsauftrag vom Aufsichtsrat erteilt (§ 111 Abs. 2 S. 3 AktG, § 318 Abs. 1 S. 4 HGB).

In der Literatur wird eine Reihe von unterschiedlichen, teilweise überschneidenden Funktionen der Abschlussprüfung diskutiert. Hauptzielsetzung und damit Ausgangspunkt der Prüfung ist die Sicherstellung der Rechnungslegungsfunktionen.[156] Hierzu muß der Prüfer zunächst die Einhaltung der Rechnungslegungsnormen und damit die Ordnungsmäßigkeit der externen Rechnungslegung sicherstellen (*Kontrollfunktion*).[157] Dabei ist mit hinreichender Sicherheit zu gewährleisten, dass der Abschluss insgesamt keine wesentlichen Fehler enthält (ISA 200.17; IDW PS 200.24).[158] Identifiziert der Prüfer unrichtige Darstellungen oder bilanzpolitische Eingriffe in der Rechnungslegung,[159] die sich wesentlich auf die Darstellung der Ver-

---

[153] Für börsennotierte Gesellschaften empfiehlt der Deutsche Corporate Governance Kodex (DCGK) die Einrichtung eines Prüfungsausschusses (Audit Committees). Dieser soll sich u.a. mit der Unabhängigkeit des Abschlussprüfers, der Erteilung des Prüfungsauftrages, der Auswahl bestimmter Prüfungsschwerpunkte und der Honorarverhandlung beschäftigen (vgl. *DCGK* (2008), Tz. 5.3.2). Damit konkretisieren die Regelungen des DCGK die Vorgaben der §§ 107 Abs. 3 AktG u. 318 Abs. 1 S. 4 HGB, indem die wesentlichen Aufgaben des Aufsichtsrates hinsichtlich der Bestellung des Abschlussprüfers auf den Prüfungsausschuss übertragen werden sollen (vgl. *Potthoff/Trescher* (2003), S. 337). Über diese Empfehlungen hinaus wird durch das BilMoG in § 324 Abs. 1 HGB die Einrichtung eines Prüfungsausschusses für kapitalmarktorientierte Unternehmen vorgeschrieben. Dessen Aufgabe besteht, erstmalig seit dem 1.1.2010 darin, die in § 107 Abs. 3 S. 2 AktG geregelten Aufgaben wahrzunehmen (vgl. *Erchinger/Melcher* (2009), S. 96).

[154] In § 319 Abs. 1 S. 1 HGB ist geregelt, dass Wirtschaftsprüfer als Abschlussprüfer tätig sein dürfen, wenn sie gem. § 319 Abs. 1 S. 3 HGB eine wirksame Bescheinigung über die Teilnahme an der Qualitätskontrolle gem. § 57 WPO vorweisen können. Für mittelgroße GmbHs und Personengesellschaften i.S.d. § 264a Abs. 1 HGB ist die Durchführung der Jahresabschlussprüfung auch durch vereidigte Buchprüfer oder Buchprüfungsgesellschaften zulässig (§ 319 Abs. 1 HGB) (siehe auch *Mattheus* (2002), § 319 HGB Tz. 1 u. 5. oder *Baetge/Thiele* (2006), § 319 HGB Tz. 14.).

[155] Vgl. *ADS* (2007), § 318, Rn. 107.

[156] Vgl. *Quick* (1996), S. 2; *Link* (2006), S. 10.

[157] *Levitt* (1998) bezeichnet den Abschlussprüfer als „the public's watchdog in the financial reporting progress".

[158] Vgl. *Marten et al.* (2007), S. 19; *Ruhnke* (2009), S. 679.

[159] § 321 Abs. 2 Nr. 4 HGB i.V.m. *IDW PS 450* (Tz. 74) schreibt explizit vor, dass im Hauptteil des Prüfungsberichts auf „wesentliche Bewertungsgrundlagen sowie darauf einzugehen [ist], welchen

mögens-, Finanz-, und Ertragslage auswirken, sind Implikationen für die Testaterteilung aufzuzeigen (§ 317 Abs. 1, S. 3 HGB).[160] Diese Kontrollfunktion des Abschlussprüfers wird in einem agency-thoretischen Kontext auch als *Stewardship-Hypothese* bezeichnet und dient dem Schutz der Interessen von Share- und Stakeholdern vor opportunistischen Handlungen des Managements.[161]

Dem Management der prüfungspflichtigen Gesellschaft ist bereits zum Zeitpunkt der Abschlusserstellung dessen anschließende Verifizierung durch den unabhängigen Abschlussprüfer bekannt, so dass die Abschlusserstellung sorgsam erfolgt *(Fehlerprophylaxe).*[162] Neben der Vermeidung von Normabweichungen aufgrund der Ankündigung einer Prüfung *(Präventivfunktion)*[163] wird die Qualität des Abschlusses durch die Veranlassung von Korrekturen durch den Abschlussprüfer gesteigert *(Reglerfunktion).*[164] Abschließend kommuniziert der Prüfer, im Rahmen seiner *Informations-* bzw. *Beglaubigungsfunktion,* die Konformität oder die Mängel der externen Rechnungslegung.[165] Ein zentraler Bestandteil der Informationsfunktion des Abschlussprüfers ist es, über die während der Prüfung identifizierten bestandsgefährdenden Tatsachen zu berichten *(Krisenwarnfunktion).*[166] Informationsinstrument ist der Prüfungsbericht gem. § 321 HGB, die mündliche Berichterstattung gegenüber dem Aufsichtsrat[167] sowie der Bestätigungsvermerk gem. § 322 Abs. 1 HGB.[168]

Der *Signalling-Hypothese* zufolge bestellt das Management einen Abschlussprüfer, um die Zuverlässigkeit der Abschlussinformationen zu signalisieren und die Eigen- und Fremdkapitalkosten zu senken. Ferner kann durch die unabhängige Prüfung die eigene Reputation des Abschlusserstellers gestärkt werden.[169]

Neben den genannten aus der originären Zielsetzung der Abschlussprüfung abzuleitenden Funktionen ergeben sich weitere sekundäre Prüfungsfunktionen. Diese resultieren u.a. als

---

[160] Einfluss Änderungen in den Bewertungsgrundlagen einschließlich der Ausübung von Bilanzierungs- und Bewertungswahlrechten und der Ausnutzung von Ermessensspielräumen sowie sachverhaltsgestaltender Maßnahmen insgesamt auf die Darstellung der Vermögens-, Finanz- und Ertragslage haben" (vgl. auch *Hofmann* (2008), S. 150).
[161] Vgl. *Schmid* (2007), S. 37.
[162] Vgl. *Quick/Solmecke* (2007), S. 139.
[163] Vgl. *Link* (2006), S. 10.
[164] Vgl. *Ruhnke* (2003), S. 262; *Ruhnke* (2009), S. 679.
[165] Vgl. *Quick* (1996), S. 2; *ADS* (2007), § 316, Rn. 19-21; *Link* (2006), S. 10.
[166] Vgl. *ADS* (2007), § 316 Rn. 22.
[167] Vgl. *Wolz* (1996), S. 2.
[168] Mit einer mündlichen Berichterstattung soll der Abschlussprüfer dem Aufsichtsrat bei dessen Prüfung des Jahres- und Konzernabschlusses sowie des (Konzern-) Lageberichtes gem. § 171 Abs. 1 S. 1 AktG als unabhängige sachverständige Auskunftsperson zur Verfügung stehen, um den Aufsichtsrat bei der Überwachung des Managements gem. § 111 Abs. 1 AktG zu unterstützen (vgl. *IDW PS 470* (2003), Tz. 2).
Zum Konzept der Prüfungspublizität durch Prüfungsbericht und Bestätigungsvermerk siehe *Sieben* (1977), S. 57.
[169] Vgl. *Marten* (1995), S. 708; *Quick/Solmecke* (2007), S. 139.

Nebenprodukte aus einer ordnungsgemäßen Prüfungsdurchführung. Von einer *Beraterfunktion* des Prüfers kann (ohne die explizite Erteilung eines Beratungsauftrages) gesprochen werden, wenn die während der Prüfung gewonnenen Erkenntnisse, vorrangig in den Bereichen Rechnungslegung und Risikomanagement, dem Mandanten mitgeteilt und Verbesserungsvorschläge unterbreitet werden.[170]

Ein weiterer Vorteil für die Abschlussadressaten folgt aus der auf nationalen Rechtsnormen basierenden Haftung des Abschlussprüfers. Der *Versicherungshypothese* zufolge dient die Abschlussprüfung den Investoren zur Risikodiversifikation. Das mit der Fehlallokation finanzieller Ressourcen verbundene Risiko wird durch die Abschlussprüfung reduziert, da Investoren gegenüber dem Prüfer im Falle dessen nachweislichen Fehlverhaltens Schadensersatzansprüche i.S.d. § 823 BGB geltend machen können.[171] Zugleich profitiert das Management, da potenziellen Klägern mit dem Abschlussprüfer ein zusätzlicher Schadensersatzpflichtiger gegenübersteht, auf den die Unternehmensführung eigenes Versagen überwälzen kann (*Versicherungsfunktion*).[172] Während die Dritthaftung im Bereich der gesetzlich vorgeschriebenen Prüfungen in Deutschland beschränkt ist,[173] besteht zumindest in Hinblick auf eine zunehmende Internationalisierung von Mandant und Prüfer ein steigendes Haftungsrisiko.[174] Auch kann auf Grundlage der Sanktionsmechanismen des Berufsrechts von einer Versicherungsfunktion gesprochen werden.[175] Diese besteht darin, dass der Auftraggeber des Abschlussprüfers bereit ist, eine Prämie zu zahlen, wenn dieser für den Fall, dass dessen Urteil fehlerhaft und für den Adressaten von Nachteil ist, für diesen Fehler monetär oder durch berufsrechtliche Sanktionen haftet.[176] Wie in *Kapitel 7* zu zeigen sein wird, ist insbesondere die Reputation des Prüfers ein über die handelsrechtliche Ersatzpflicht des § 323 Abs. 2 HGB hinausgehendes Pfand, welches als Haftungskapital für die Ordnungsmäßigkeit der Prüfung und des Prüfungsurteils eingesetzt wird.

Die Abschlussprüfung stellt folglich eine Monitoring-Leistung dar, welche der Reduzierung von Agency-Kosten dient und deren Wert nicht aus der Erfüllung einer gesetzlichen Pflicht resultiert.[177] In Hinblick auf das Ausmaß an Bilanzpolitik wird die Notwendigkeit der Ab-

---

[170] Vgl. *Link* (2006), S. 11.
[171] Vgl. *Quick/Solmecke* (2007), S. 139.
[172] Vgl. *Menon/Williams* (1994), S. 327; *Ruhnke* (2000), S. 28-30; *Stefani* (2002), S. 225; *Schmid* (2007), S. 39.
[173] Siehe hierzu auch *Ballwieser* (2008), S. 13.
[174] Zur Deep-Pocket-Theory und zur Reputationshaftung vgl. *Künnemann* (2008, S. 299).
[175] Vgl. *Richter* (2002), S. 32.
[176] Die Bedeutung der Versicherungsfunktion ist insbesondere in den Ländern hoch, in denen Abschlussprüfer für ihre Tätigkeit uneingeschränkt haften. Allerdings kann der Abschlussprüfer auch mit seiner Reputation haften. Wie modelltheoretisch nachgewiesen, kann die Reputation des Prüfers die scheinbar mangelnde Verhaltenskontrolle einer beschränkten Haftung kompensieren (vgl. *Bigus* (2006), S. 22-41; *Bigus* (2007), S. 61-86).
[177] Diese Einschätzung wird durch die Tatsache gestützt, dass in den USA bereits vor der Einführung einer Pflichtprüfung im Zuge der Verabschiedung des Securities (and Exchange) Acts von 1933

schlussprüfung anhand einer Studie von *Willekens* (2008) deutlich. Die Autorin kann anhand von 361 ungeprüften und 6.122 geprüften Abschlüssen nachweisen, dass „earnings management is on average 4.36 times lower in firms with an auditor as compared to firms without an auditor".[178] *DeAngelo* (1981b) bezeichnet die Abschlussprüfung daher auch als „least-cost contractual response to owner-manager and intra-owner conflicts of interests i.e. agency costs".[179]

3.2.1.1 Öffentlicher Auftrag und erwerbswirtschaftliche Ziele des Prüfers

Die Abschlussprüfung ist keine gewöhnliche Geschäftstätigkeit zur Erzielung ökonomischer Gewinne. Schließlich erfüllt der Abschlussprüfer im Rahmen seiner Tätigkeit einen öffentlichen Auftrag, d.h. er übt eine Schutzfunktion im Dienst der Gesellschaft aus. Im *Code of Ethics* der IFAC heißt es „a distinguishing mark of the accountancy profession is its acceptance of the responsibility to act in the public interest... Therefore, a professional accountant's responsibility is not exclusively to satisfy the needs of an individual client or employer. In acting in the public interest a professional accountant should observe and comply with the ethical requirements of this Code."[180] Diese Anforderung an den Abschlussprüfer begründet ein nicht unerhebliches Konfliktpotential. Zugleich wird ersichtlich, warum die Zuständigkeit für die Erteilung des Prüfungsauftrags gemäß § 318 Abs. 1 HGB bei den Gesellschaftern bzw. i.V.m. § 111 Abs. 2 S. 3 AktG beim Aufsichtsrat und nicht beim Vorstand liegt.[181] Auch ist der Prüfer durch § 318 Abs. 3 HGB vor der unberechtigten Abwahl durch den Mandanten geschützt, so dass diese nur durch gerichtlichen Beschluss möglich ist. Ebenso darf der Abschlussprüfer seinerseits gemäß § 318 Abs. 4 HGB nur aus wichtigem Anlass sein Mandat niederlegen. Meinungsverschiedenheiten über den Inhalt des Bestätigungsvermerks, seine Einschränkung oder Versagung zählen nicht zu den wichtigen Gründen (§ 318 Abs. 6 S. 2 HGB).

Obwohl der Abschlussprüfer seine Beauftragung durch die Wahl der Hauptversammlung i.V.m. der Erteilung des Auftrages durch den Aufsichtsrat erhält, nehmen Wirtschaftsprüfer häufig einen Einfluss des Managements im Rahmen ihrer Bestellung wahr.[182] Diese wahrgenommene Einflussnahme des Managements könnte die Unabhängigkeit des Prüfers bei der Verifizierung des vom Management erstellten Abschlusses gefährden. Dazu kommt es, da "an auditor is a rational economic being who has to balance professional ethics with the economic

---

[178] (und 1934) rund 82 % der an der New York Stock Exchange notierten Unternehmen durch einen unabhängigen Abschlussprüfer geprüft wurden (vgl. *Benston* (1969), S. 519, Table 1).
Willekens (2008), S. 113. Zu dieser Studie siehe auch *Ruhnke* (2009, S. 679 Fn. 21).
[179] *DeAngelo* (1981b), S. 185.
[180] *IFAC* (2006a), Sec. 100.1.
[181] Vgl. *Ring* (2002), S. 1353-1354.
[182] Vgl. *Hussey/Lan* (2001), S. 169.

practicabilities of operating a viable business".[183] Damit Abschlussprüfungsberechtigten der Balance-Akt zwischen öffentlichem Auftrag und ökonomischen Interessen gelingen kann, sind sie zur Einhaltung normierter Berufsgrundsätze verpflichtet.

3.2.1.2 Berufsgrundsätze

Bei der Durchführung von Prüfungen i.S.d. § 2 WPO sind Wirtschaftsprüfer zur Einhaltung der Berufsgrundsätze verpflichtet. Die deutschen Prüfungsgrundsätze und die berufsständischen Normen, zu denen die IDW-Prüfungsstandards (IDW PS) und die IDW-Prüfungshinweise (IDW PH) zählen, konkretisieren die gesetzlichen Regelungen.[184] Auch die "Gemeinsame Stellungnahme der Wirtschaftsprüferkammer und des IDW zur Qualitätssicherung in der Wirtschaftsprüferpraxis (VO 1/2006)", welche die beruflichen und fachlichen Pflichten des Abschlussprüfers festlegt, ist maßgebend.[185] Ferner sind die Vorschriften der §§ 318, 319, 319a, 319b, 323 und 324 HGB zu beachten.[186] Die Prüfungsnormen zum beruflichen Verhalten setzen sich aus den in §§ 43, 44 u. 49 WPO sowie den in der Berufssatzung geregelten Berufsgrundsätzen zusammen. Auf internationaler Ebene sind die Prinzipien im *Code of Ethics for Professional Accountants* der *IFAC* geregelt:[187]

Die Wahrung der *Unparteilichkeit/Unabhängigkeit* ist elementare Pflicht des Abschlussprüfers. Gemäß § 2 BS WP/vBP bedeutet Unabhängigkeit die Freiheit von Bindungen, welche die berufliche Entscheidungsfreiheit beeinträchtigen könnten. Ausprägungen des Grundsatzes der Unabhängigkeit sind insbesondere das Selbstprüfungsverbot (§ 319 Abs. 3 Nr. 3 HGB) und das Verbot der wirtschaftlichen Abhängigkeit (§ 319 Abs. 3 Nr. 5 HGB). Die Besorgnis der Befangenheit liegt vor, wenn nahe Beziehungen zwischen dem Abschlussprüfer und dem Mandanten bestehen und diese die Urteilsbildung des Abschlussprüfers beeinträchtigen könnten. Ferner ist der Abschlussprüfer bei der Durchführung seiner Prüfungshandlungen an das Gesetz und die entsprechenden für die Berufsausübung geltenden Normen und fachlichen Verlautbarungen gebunden; d.h. er darf einen Prüfungsauftrag nur dann annehmen, wenn er in der Lage ist, diesen fachlich und zeitlich zu bewältigen (*Gewissenhaftigkeit*). Daraus folgt die Verpflichtung zur fachlichen Fortbildung,[188] sowie die Einrichtung entsprechender Qualitäts-

---

[183] Windsor/Ashkanasy (1995), S. 702.
[184] Zu Prüfungsnormen siehe *Marten et al.* (2007, S. 89-93).
[185] Vgl. *IDW PS 201* (2006), Tz. 26.
[186] Vgl. *IDW* (2006b), S. 633-635.
[187] Die deutschen Berufsgrundsätze stimmen im Wesentlichen mit den Inhalten des von der IFAC herausgegebenen *Code of Ethics for Professional Accountants* überein, welcher das Verhalten der Prüfer gegenüber dem Mandanten, Berufsangehörigen sowie der Öffentlichkeit regelt. Der prinzipienbasierte Ansatz des Code of Ethics beinhaltet dabei fünf fundamentale Berufspflichten des WPs (*Integrität, Objektivität, fachliche Kompetenz* und *Sorgfalt, Verschwiegenheit* sowie *berufswürdiges Verhalten*) (vgl. *IFAC* (2006a), Sec. 100-150; *Marten et al.* (2007), S. 127-129).
[188] Weltweit sind die Regelungen zur Fortbildung im *Institutional Education Standard* (IES) 8 "*Competence Requirements for Professional Accountants*" geregelt, welche vom *Education Committee der International Federation of Accountants* (IFAC) ausgearbeitet wurden (vgl. *IFAC* (2006b)).

sicherungssysteme. Die *Verschwiegenheit* des Abschlussprüfers bildet die Grundlage des Vertrauens, welches dem Prüfer vom Mandanten aufgrund der Kommunikation sensibler Daten entgegengebracht werden muss.[189] Die Verpflichtung gilt für sämtliche Mitarbeiter eines Abschlussprüfers und besteht zeitlich unbegrenzt und gegenüber jedermann, so dass dem Abschlussprüfer auch im Falle des Vorwurfs oder der Darstellung angeblicher Schlechtleistungen eine Stellungnahme ohne Entbindung der Verschwiegenheit durch den Mandanten (weitgehend) versagt bleibt.[190] Der Abschlussprüfer hat sein Urteil in eigener Entscheidung (*Eigenverantwortlichkeit*) zu treffen (§ 44 Abs. 1 S. 1 WPO), d.h. er muss die Tätigkeit seiner Mitarbeiter so überblicken, dass sein Urteil auf eigenen fachlichen Erkenntnissen beruht. Die Auslagerung von Aktivitäten an Dritte ist abgesehen von Hilfstätigkeiten ausgeschlossen,[191] so dass die Wertschöpfungskette innerhalb einer Wirtschaftsprüfungsgesellschaft durch das Gesetz weitgehend fremdbestimmt ist.[192] Die Pflicht zu *berufswürdigem Verhalten* umfasst das Verbot von Erfolgshonoraren sowie Provisionszahlungen für Auftragsvermittlungen. Unzulässig war bis zur Verabschiedung des BARefG im September 2007 auch das initiative Ansprechen möglicher Prüfungsmandanten bzw. solcher Dritter, die als Auftragsvermittler in Frage kommen könnten.[193] Die Erfüllung der in *Kapitel 3.2.1.1* genannten Funktionen der Abschlussprüfung hängt von der Beachtung der genannten Berufsgrundsätze ab. Die Wahrung der Unabhängigkeit, welche für die vorliegende Untersuchung zur Vereinbarkeit von Prüfung und Beratung von besonderer Relevanz ist, wird im Folgenden näher betrachtet.

3.2.2 Relevanz der Unabhängigkeit des Abschlussprüfers

Aufgabe des Abschlussprüfers ist die Beurteilung der Normenkonformität des Konzern-/Jahresabschlusses und des Konzern-/Lageberichtes. Ist die Qualität der Prüfung nicht gewährleistet, kann der Adressat auf das Urteil nicht vertrauen, so dass es für diesen wertlos ist.[194] Probleme bei der Beurteilung der Prüfungsqualität entstehen, da das Handeln des Abschlussprüfers nicht einsehbar ist.[195] Die hohe Spezifikation und Komplexität, welche die

---

[189] *IDW* (2006a), A. 335.
[190] *ADS* (2007), § 323. Tz. 36.
[191] Vgl. *IDW* (2006a), A. 375.
[192] Vgl. *Schmid* (2007), S. 175.
[193] Vgl. *IDW* (2006a), A. 381. *Heidfeld* (1998, S. 1197) untersucht den Internetauftritt einzelner WPGs hinsichtlich ihrer berufsrechtlichen Zulässigkeit. Zur Thematik auch *Küting et al.* (2001, S. 837).
[194] Vgl. *Quick/Warming-Rasmussen* (2007), S. 1008; *Marten et al.* (2007), S. 157. Ähnlich auch *EG-Kommission (2002/590/EG)* (2002), L191/21.
[195] Vgl. *Bruhn* (1999), S. 27. Können die Adressaten auf das Urteil des Prüfers nicht vertrauen, kommt es zu Fehlallokationen oder höheren Risikoprämien aufgrund von Unsicherheiten. Zum Disclosure level und den Kapitalkosten (vgl. *Botosan* (1997), S. 323-349; *Botosan/Plumlee* (2002), S. 21-42).

Prüfung charakterisieren, verstärken diese Unsicherheit hinsichtlich deren Qualität,[196] welche in der Literatur nicht einheitlich definiert wird.[197] Während praxisorientierte Begriffsbestimmungen die Qualität der Prüfung häufig als relative Größe beschreiben, welche durch die Einhaltung rechtlicher bzw. berufsrechtlicher Normen und Empfehlungen determiniert ist,[198] wird in Aufsätzen mit empirischem Forschungsbezug ein abweichendes Verständnis zu Grunde gelegt.[199] Eine Definition zielt auf die Wahrscheinlichkeit, dass der Abschlussprüfer ein uneingeschränktes Testat für einen Abschluss erteilt, obwohl materielle Fehler vorliegen.[200] Titman/Trueman (1986) zufolge wird die Qualität der Abschlussprüfung durch die Genauigkeit (*accuracy*) des Prüfungsurteils bestimmt.[201] Ähnlich sieht *Wallace* (1980) eine hohe Qualität gegeben, wenn unpräzise oder irreführende Informationen (*noise*) sowie subjektive Interpretation des Erstellenden (*bias*) reduziert werden, so dass die Genauigkeit und Aussagekraft (*fineness*) des Abschlusses steigt.[202] *DeAngelo* (1981a) bezeichnet Prüfungsqualität als „market-assessed probability", „that a given auditor will both discover a breach in the client's accounting system, and report the breach".[203] Ähnlich unterscheidet *Leffson* (1988) zwischen der *Urteilsfähigkeit* und der *Urteilsfreiheit*,[204] die gemeinsame Voraussetzungen für die Vertrauenswürdigkeit des Prüfungsurteils sind.[205] Während die *Urteilsfähigkeit* durch Berufsexamina, fachliche Qualifizierungsmaßnahmen, Teilnahmen an der Qualitätskontrolle (§ 57 WPO) sowie die Verpflichtung zur ständigen Fortbildung (§ 43 Abs. 2 WPO) sichergestellt und im Folgenden als hinreichend vorhanden unter-

---

[196] Vgl. *Buchner* (1997), S. 241-242; *Stegemeyer* (2002), S. 50. Neben Unsicherheiten kann trügerische Entscheidungssicherheit auftreten (vgl. *Grieder* (2004), S. 23).
[197] Vgl. *Watkins et al.* (2004), S. 153.
[198] Vgl. *Aldhizer et al.* (1995), S. 61-62; *McConnel/Banks* (1998), S. 39-40; *Krishnan/Schauer* (2000), S. 85.
[199] *Watkins et al.* (2004, S. 153-154) tragen zahlreiche Unabhängigkeitsdefinitionen zusammen.
[200] Vgl. *Lee et al.* (1999), S. 203-205.
[201] Vgl. *Titman/Trueman* (1986), S. 159-172; *Krinsky/Rothenberg* (1989), S. 502-505; *Davidson/Neu* (1993), S. 480.
[202] Vgl. *Wallace* (1980); *Watkins et al.* (2004), S. 153.
[203] *DeAngelo* (1981b), S. 186.
[204] *Leffson* (1988, S. 61) unterscheidet hinsichtlich der Urteilsfreiheit zwischen Unabhängigkeit und Unbefangenheit. Unbefangenheit bezeichnet dabei die innere Einstellung des Abschlussprüfers, während die Unabhängigkeit auf die Wahrnehmung der Urteilsfreiheit bei den Abschlussadressaten zielt. Auch in dieser Arbeit wird eine Abgrenzung zwischen tatsächlicher und wahrgenommener Unabhängigkeit vorgenommen. Siehe hierzu *Kapitel 3.2.2* (vgl. auch *Marten et al.* (2007), S. 156). Die Begriffe Urteilsfreiheit, Unbefangenheit und Unabhängigkeit werden im Folgenden synonym verwendet (siehe auch *Stefani* (2002, S. 10).
[205] *Caramaris/Lennox* (2008, S. 116) untersuchen den Zusammenhang zwischen dem Ausmaß an Bilanzpolitik und der Urteilsfähigkeit des Prüfers anhand von 9.738 Abschlussprüfungen, während des Zeitraumes 1994-2002, für den griechischen Markt. Als Surrogat der Urteilsfähigkeit betrachten die Autoren den „Audit-Effort", welcher durch die Anzahl der Prüfungsstunden abgebildet wird. Bei einem Mandant, auf dessen Abschlussprüfung wenige Prüfungsstunden entfallen, sind (1) eine ergebnissteigernde Bilanzpolitik wahrscheinlicher als eine ergebnismindernde, (2) das Ausmaß der ergebnissteigernden Einflussnahme sowie (3) die Wahrscheinlichkeit eines gerade noch positiven Ergebnisses signifikant höher.

stellt wird,[206] kann die *Unabhängigkeit* als Geisteshaltung des Abschlussprüfers nicht von Außenstehenden vorgeschrieben, eingesehen oder durchgesetzt werden.

3.2.2.1 Independence in fact und Independence in appearance

Ein Abschlussprüfer ist unabhängig, wenn er weder Weisungen anderer unterliegt noch das Prüfungsurteil seine eigenen Interessen tangiert,[207] d.h. der Prüfer durch nichts gehindert wird, „ein ausschließlich sachgerechtes Urteil frei und vollständig abzugeben".[208] Erst durch die Entscheidungs- und Handlungsfreiheit des Prüfers ist ein Prüfungsurteil möglich, welches auf Basis objektiver Gesichtspunkte unter Abwägung aller wesentlichen Sachverhalte getroffen wird.[209] Trotz der Verankerung der Unabhängigkeit als Kardinalstugend (siehe *Kapitel 3.2.1.2*) kam es in Folge der Unternehmenszusammenbrüche zu Bedenken hinsichtlich der Vertrauenswürdigkeit der Prüfungsurteile.[210] Anhand der Relevanz der öffentlichen Unabhängigkeitswahrnehmung wird die Notwendigkeit einer differenzierten Betrachtung des Unabhängigkeitsbegriffes deutlich. Dazu wird zwischen der verborgenen tatsächlichen Unabhängigkeit (*Independence in fact*), welche die Geisteshaltung des Prüfers beschreibt, und der von den Marktakteuren wahrgenommenen Unabhängigkeit (*Independence in appearance*) unterschieden.[211]

Die *Independence in fact*[212] bezeichnet die Einstellung des Wirtschaftsprüfers zum Prüfungsobjekt. Nur wenn die innere Unabhängigkeit des Prüfers gewährleistet ist, besteht keine Ge-

---

[206] Art und Weise der Fortbildungsmaßnahmen sind nach dem Willen des Gesetzgebers dem einzelnen Berufsangehörigen nicht vorgeschrieben. Vielmehr gibt die WPO jedem Mitglied im Rahmen einer Selbstverpflichtung vor, neben dem selbstständigen Literaturstudium auch an Fortbildungsveranstaltungen teilzunehmen (§ 43 Abs. 2 S. 4 WPO). Art und Umfang liegen somit in der Eigenverantwortlichkeit des WPs, sollten jedoch einen Mindeststandard von durchschnittlich 40 Stunden pro Jahr nicht unterschreiten (vgl. *IDW* (2006a), B. 21). Kritisch gegenüber dieser Regelung äußert sich *Hachmeister* (2008, S. 58-59).

[207] Vgl. *DeAngelo* (1981b), S. 186; *Leffson* (1988), S. 67; *Sieben/Russ* (1992), Sp. 1973.

[208] *Leffson* (1988), S.67

[209] Vgl. *Forster* (1976), S. 328; *Buchner* (1997), S. 38; *Ewert* (2002), Sp. 2386.

[210] Vgl. *Dopuch et al.* (2003), S. 79-114; *Bauer* (2004), S. 117.

[211] *EG-Kommission (2002/590/EC)* (2002a), Anhang A.1.; *IFAC* (2006a), Sec. 290.8; *SEC* (2000a), III. A; *Jäckel* (1960), S. 38; *Kicherer* (1970), S. 99; *IDW* (2006a), A. 285. Eine Betrachtung der unterschiedlichen Ausprägungen der Unabhängigkeit wurde in der angelsächsischen Fachliteratur entwickelt und mit den Begriffen *Independence in fact* und *Independence in appearance* umschrieben (vgl. *Grieder* (2004), S. 34). In der deutschsprachigen Literatur konnte sich keine eindeutige terminologische Eingrenzung entwickeln. So sind neben den Begriffspaaren, *äußere* und *innere* Unabhängigkeit (vgl. *Zünd* (1982), S. 170; *Wind* (1997) , S. 77; *Demme* (2003) , S. 36 - 37) auch die Begriffe *tatsächliche Unabhängigkeit* und *Unabhängigkeit dem Anschein nach* anzutreffen (vgl. *Helbling* (1992) , S. 100; *Grieder* (2004) , S. 34). Die Unterscheidung zwischen *tatsächlicher* und *virtueller* Unabhängigkeit (*Meyer* (1996), S. 159) konnte sich ebenso wenig durchsetzen, wie die zwischen *subjektiver* und *objektiver* Unabhängigkeit (vgl. *Hasa* (1970), S. 28). Inzwischen ist im Deutschen die Verwendung der englischen Begriffe weit verbreitet (vgl. *Ewert* (2002), S. 2386; *Bauer* (2004), S. 5; *Müller* (2006), S. 33 u. 38; *Marten et al.* (2007), S. 156; *Zimmermann* (2008), S. 13).

[212] *SEC* (2000c), II.B; *SEC* (2000b), Panel 2; *EG-Kommission (2002/590/EC)* (2002a), S. 34. Zur synonymen Verwendung des Begriffs *Independence in mind* siehe *SEC* (2000a), III.A und *IFAC* (2006a), Sec. 290.8., *Schindler/Rosin* (2001), S. 126.

fahr für die Objektivität des Urteils.²¹³ In der Satzung der Wirtschaftsprüferkammer über die Rechte und Pflichten bei der Ausübung der Berufe des Wirtschaftsprüfer und des vereidigten Buchprüfers (BS WP/vBP) wird die innere Unabhängigkeit auch als „berufliche Entscheidungsfreiheit" bezeichnet, welche „gegenüber jedermann zu bewahren" ist (§ 2 Abs. 1 BS WP/vBP). Analog begreift die EG-Kommission in ihrer Empfehlung vom 16. Mai 2002 die Independence in fact als „innere Einstellung, die ausschließlich die zur Erfüllung vorliegenden auftragsrelevanten Aspekte in Betracht zieht",²¹⁴ während die IFAC innere Unabhängigkeit im Code of Ethics for Professional Accountants als „the state of mind that permits the provision of an opinion without being affected by influences that compromise professional judgment, allowing an individual to act with integrity, and exercise objectivity and professional scepticism", beschreibt.²¹⁵ Ähnlich bezeichnet auch die SEC bereits im Executive Summary des *Final Rules 33-7919* die Independence in fact als „direct evidence of the auditor's mental state".²¹⁶ Zur Wirksamkeit der Jahresabschlussprüfung muss der Prüfer jedoch nicht nur ohne geistige Bindung unvoreingenommen tätig werden, sondern auch von den Abschlussadressaten, zu deren Schutz er seine Ordnungsfunktion ausübt, als unabhängig wahrgenommen werden.²¹⁷

Independence in appearance bezeichnet die von den Abschlussadressaten wahrgenommene Unabhängigkeit des Abschlussprüfers. Die besondere Relevanz der Unabhängigkeitswahrnehmung durch die Adressaten wird anhand der von *DeAngelo* (1981a) gewählten Definition von Prüfungsqualität deutlich. Nach *DeAngelo* (1981a) ist die Höhe der Prüfungsqualität nicht von der tatsächlichen Wahrscheinlichkeit, dass ein Prüfer wesentliche Fehlaussagen im Abschluss entdeckt und über diese berichtet, abhängig, sondern wird durch die *market-assessed propability*,²¹⁸ also die von Marktteilnehmern wahrgenommene Wahrscheinlichkeit, determiniert. Damit wird ein Verständnis von Prüfungsqualität begründet, welches eng mit der Reputation des Abschlussprüfers verbunden ist.²¹⁹ Entsprechend ist „nicht [die] Realität der Unabhängigkeit, sondern [auch] die Vorstellung der Urteilsempfänger von der Realität" entschei-

---

[213] Vgl. *Jäckel* (1960), S. 38; *Kicherer* (1970), S. 99; *Sieben/Russ* (1992), Sp. 1973; *Weiland* (1996), S. 1213, *Marten et al.* (2007), S. 157.
[214] *EG-Kommission (2002/590/EC)* (2002a), S. 34.
[215] *IFAC* (2006a), Sec. 290.8.
[216] *SEC* (2000a), I.
[217] Vgl. *Marten et al.* (2007), S. 156.
[218] Vgl. *DeAngelo* (1981b), S. 186.
[219] Die Reputation eines Abschlussprüfers spiegelt dessen Ansehen bei Stake- und Shareholdern wider. In die Reputation fließt die wahrgenommene Vertrauenswürdigkeit des Abschlussprüfers bzw. dessen Prüfungsurteils ein, welche mit dessen wahrgenommener Unabhängigkeit verknüpft sind. Die Reputation bezeichnet (anders als die Unabhängigkeit) ein mandatsübergreifendes Charakteristikum des Abschlussprüfers, welches unabhängig vom Mandanten konsistent ist. Die Unabhängigkeit des Prüfers bezieht sich hingegen stets auf einen bestimmten Mandanten (vgl. *Watkins et al.* (2004), S. 153).

dend.[220] Im HGB greift der Terminus der *Besorgnis der Befangenheit* (§ 319 Abs. 2 HGB) die Relevanz der Unabhängig-keitswahrnehmung auf. Diese wird daran gemessen, ob ein sachverständiger Dritter ein Misstrauen hinsichtlich der Unabhängigkeit des Abschlussprüfers entwickelt (§ 21 Abs. 3 S. 1 BS WP/vBP).[221] Liegt die Besorgnis der Befangenheit vor, d.h. ist die Vertrauenswürdigkeit des Urteils aus Perspektive der Adressaten nicht gewährleistet, wird der Prüfer von der Abschlussprüfung ausgeschlossen. Schließlich wäre dessen Verifizierung selbst dann für die Adressaten wertlos, wenn das vom Abschlussprüfer getroffene Urteil tatsächlich unabhängig ist.[222] Die Kommission der Europäischen Gemeinschaft fordert „die Vermeidung von Tatsachen und Umständen, die so schwer ins Gewicht fallen, dass ein sachverständiger und informierter Dritter die Fähigkeit des Abschlussprüfers zur objektiven Wahrnehmung seiner Aufgaben in Zweifel ziehen würde".[223] Deckungsgleich beschreibt die IFAC die wahrgenommene Unabhängigkeit als „the avoidance of facts and circumstances that are so significant that a reasonable and informed third party, having knowledge of all relevant information, including any safeguards applied, would reasonably conclude a firm's, or a member of the assurance team's, integrity, objectivity or professional scepticism had been compromised".[224] Ähnlich führt die SEC aus: „An auditor is not independent if a reasonable investor, with knowledge of all relevant facts and circumstances, would conclude that the auditor is not capable of exercising objective and impartial judgment."[225] Somit zeigt sich eine international vergleichbare Differenzierung zwischen *Independence in fact* und *Independence in appearance*, welche in *Abbildung 3-1* zusammengefasst ist.[226]

	Independence in fact	Independence in appearance
HGB/ WPO/ BS WP/ vBP	„keine Bindungen eingehen, die ihre berufliche Entscheidungsfreiheit beeinträchtigen. Sie haben ihre persönliche und wirtschaftliche Unabhängigkeit gegenüber jedermann zu bewahren." (§ 2 Abs. 1 S. 1 u. 2 BS WP/vBP) „Der Wirtschaftprüfer hat seinen Beruf unabhängig, ... auszuüben" (§ 43 Abs. 1 S. 1 WPO)	„Ein Wirtschaftsprüfer... ist als Abschlussprüfer aus-geschlossen, wenn Gründe,..., vorliegen, nach denen die Besorgnis der Befangenheit besteht (§ 319 Abs. 2 HGB). Besorgnis der Befangenheit liegt vor, wenn Umstände... gegeben sind, die aus Sicht eines verständigen Dritten geeignet sind, die Urteilsbildung unsachgemäß zu beeinflussen." (§ 21 Abs. 3 S. 1 BS WP/vBP)
EG	„Innere Einstellung, die ausschließlich die zur Erfüllung vorliegenden relevanten Sachverhalte in Betracht zieht." *(EG-Komm. (2002/590/EC)* (2002a) A.1)	„Die Vermeidung von Tatsachen und Umständen,..., dass ein sachverständiger und informierter Dritter die Fähigkeiten des Abschlussprüfers zur objektiven Wahrnehmung ... in Zweifel ziehen würde." *(EG-Komm.* (2002/590/EC) (2002a), A.1)

---

[220] *Leffson* (1988), S. 67; ähnlich auch *Stefani* (2002), S. 10; *Grieder* (2004), S. 36.
[221] Vgl. *Jäckel* (1960), S. 39-40; *Kicherer*, (1970), S. 100-101; *Richter* (1977), S. 21; *Granobs* (1981), S. 533; *Thümmel* (1986), S. 647; *Fleischer* (1996), S. 760; *Peemöller/Oberste-Padtberg* (2001), S. 1813; *Bormann* (2002), S. 191.
[222] *Hunger* (1980, S. 21-33) gelangt in einer schriftlichen Befragung von 326 zufällig ausgewählten Personen aus Politik, Wirtschaft und Wissenschaft, sowie 203 WPs zu der Erkenntnis, dass rund 80 % der Befragten das Vertrauen in den Abschlussprüfer als unbedingte Voraussetzung für die Entwicklung von Vertrauen in den geprüften Abschluss empfinden.
[223] *EG-Kommission (2002/590/EC)* (2002a), Anhang A.1. Ähnlich auch *EG-Richtlinie (2006/43/EG)* (2006), Art. 22 Abs. 2.
[224] *IFAC* (2006a), Sec. 290.8.
[225] *SEC* (2000a), I.
[226] Vgl. *Needles* (1984), S. 26; *Grieder* (2004), S. 34-36.

IFAC	„the state of mind that permits the provision without being affected by influences that compromise professional judgement" (*IFAC* (2006a), Sec. 290.8)	„The avoidance of facts and circumstances that are so significant that a reasonable and informed third party, having knowledge of all relevant information,..., would reasonably conclude a firm's ...integrity, objectivity or professional sceptism had been compromised" (*IFAC* (2006a), Sec. 290.8)
SEC	„Direct evidence of the auditor's mental state" (*SEC* (2000a), I)	„auditor is not independent if a reasonable investor, with knowledge of all relevant facts and circumstances, would conclude that the auditor is not capable of exercising objective and impartial judgment." (*SEC* (2000a), I)

Tabelle 3-1: Ausprägungen des Unabhängigkeitsbegriffs

3.2.2.2 Gesetzesmäßige Erfordernis der Unabhängigkeit

3.2.2.2.1 Nationale Normen

Im Jahre 1986 wurden mit dem Inkrafttreten des Bilanzrichtlinien-Gesetzes (BiRiLiG) umfangreiche Vorschriften zum Ausschluss des Abschlussprüfers bei Besorgnis der Befangenheit verabschiedet, ohne dass der Begriff Unabhängigkeit explizit Verwendung fand.[227] Die Abwesenheit einer eindeutigen Unabhängigkeitsdefinition wurde in der Literatur damit begründet, dass diese „ein geistiges, ein moralisches Verständnis, das weder voll kontrollierbar noch gestaltbar, jedenfalls nicht befehlbar durch den Gesetzgeber ist. Deshalb schreibt deutsches Recht in § 319 HGB auch nicht vor, dass der Abschlussprüfer unabhängig oder unbefangen zu sein hat, sondern schreibt kasuistisch vor, wann die Besorgnis der Befangenheit vorliegt."[228] Auch nach den Änderungen bzw. der Einführung des § 319 und des § 319a HGB im Rahmen des BilReG hat diese Vorgehensweise Bestand. Dort erfolgen Neuregelungen zur Stärkung der Unabhängigkeit des Abschlussprüfers, ohne dass die Unabhängigkeit des Abschlussprüfers explizit erwähnt wird.[229] Stattdessen ist ein Wirtschaftsprüfer von der Abschlussprüfung ausgeschlossen, wenn „quasi unwiderlegbar eine Befangenheit vermutet wird".[230] Dem handelsrechtlichen Wortlaut nach ist nicht entscheidend, ob der Prüfer tatsächlich durch sachfremde Erwägungen beeinflusst wird, sondern ob bei einer vernünftigen Würdigung des Sachverhaltes der Eindruck entsteht, die Unabhängigkeit des Prüfers sei gefährdet. Durch den Begriff der Besorgnis der Befangenheit wird eine „doppelte Subjektivität" - beim Prüfer und beim außenstehenden Dritten - als entscheidendes Ausschlusskriterium herangezogen.[231] „Insbesondere Beziehungen geschäftlicher, finanzieller oder persönlicher Art", könn-

---

[227] Das BiRiLiG setzte u.a. die Regelungen der (alten) 8. EG-Richtlinie in nationales Recht um. Die Prüfung von Jahres- und Konzernabschlüssen sowie des (Konzern-)Lageberichts ist seit dem BiRiLiG für Kapitalgesellschaften in den §§ 316-324 HGB geregelt. Die bis dato bestehenden Vorschriften im AktG von 1965, §§ 162-169 AktG, wurden entsprechend gestrichen (vgl. *BT-Drucksache 10/4428*; *Müller* (2006), S. 53).
[228] *Arbeitskreis Bilanzrecht der Hochschullehrer Rechtswissenschaft* (2002), S. 2663.
[229] Vgl. *BT-Drucksache 15/3419*, S. 3166-3182; *Ferlings/Lanfermann* (2002), S. 2177; *Pfitzer et al.* (2004a), S. 2595; *IDW* (2006a), A. 281.
[230] *Ewert* (2002), S. 2390; vgl. *Förschle/Schmidt* (2006) § 319, Tz. 20, 21, 22; *ADS* (2007), § 319, Tz. 42, 45, 47; kritisch zum Begriff *Besorgnis der Befangenheit Bormann* (2002), S. 190; *Henssler* (2007), S. 13.
[231] Vgl. *Bormann* (2002), S. 191; *ADS* (2007), § 318 Tz. 353.

ten diese begründen (§ 319 Abs. 2 HGB). Neben dem allgemeinen Grundsatz wird durch die Ausschlussgründe in §§ 319 Abs. 2 u. 3 u. 319a HGB eine tatbestandliche Konkretisierung durch quantitative Merkmale vorgenommen,[232] ohne dass diese abschließend sind.[233] Die in Bezug auf die parallele Beratung des Abschlussprüfers bestehenden handelsrechtlichen Grenzen werden in *Kapitel 4.6.2* diskutiert.

Auch die Wirtschaftsprüferordnung (WPO) gibt dem Berufsträger vor „seinen Beruf unabhängig, gewissenhaft, verschwiegen und eigenverantwortlich auszuüben... sich insbesondere bei der Erstattung von Prüfungsberichten und Gutachten unparteiisch zu verhalten."[234] Ferner ist in § 49 WPO festgelegt, dass ein Wirtschaftsprüfer seine Tätigkeit versagen muss, wenn die Besorgnis der Befangenheit besteht. Neben Rechtsfolgen aufgrund der objektiv bestehenden Gefahr der Parteilichkeit ist bereits bei einer subjektiv wahrgenommenen Unabhängigkeitsbeeinträchtigung der Prüfungsausschluss erforderlich.[235] In § 2 Abs. 1 S. 1 BS WP/vBP wird der Grundsatz der Unabhängigkeit und der Unparteilichkeit konkretisiert.[236] Danach dürfen Wirtschaftsprüfer keine Bindungen eingehen, die ihre berufliche Entscheidungsfreiheit beeinträchtigen könnten. Während die Unparteilichkeit in § 20 BS WP/vBP festgeschrieben ist, wird die Unbefangenheit und die Besorgnis der Befangenheit zum Gegenstand des § 21 BS WP/vBP. Der Prüfer wird verpflichtet, alle Umstände zu vermeiden, die bei objektiver Betrachtung Misstrauen in seine neutrale Stellung begründen.[237] Eine derartige Beeinträchtigung der Unbefangenheit des Prüfers kann, wie in *Kapitel 4.5* ausführlich zu zeigen sein wird, durch Eigeninteressen (§ 23 BS WP/vBP), die Risiken der Selbstprüfung (§ 23a BS WP/vBP), eine Interessenvertretung (§ 23b BS WP/vBP) sowie persönliche Vertrautheit (§ 24 BS WP/vBP) hervorgerufen werden.

Neben dem verbindlichen Handels- und Berufsrecht beinhaltet auch der Deutsche Corporate Governance Kodex (*DCGK*) Handlungsempfehlungen zur Sicherstellung einer unabhängigen Abschlussprüfung. So sieht der Kodex unter anderem vor, dass der Aufsichtsrat bzw. Prü-

---

[232] Vgl. *Bormann* (2002), S. 190; *Förschle/Schmidt* (2006), § 319, Tz. 20; *ADS* (2007), § 319, Tz. 45-47.
[233] Vgl. *Henssler* (2007), S. 13.
[234] § 43 Abs. 1. S. 1, 2 WPO, *ADS* (2007), § 319, Tz. 27.
[235] Vgl. *WPK* (1994), S. 28.
[236] Während die im Rahmen der Berufsausübung zu beachtenden Gebote und Verbote zunächst grundlegend in der WPO geregelt sind, ist die Wirtschaftsprüferkammer aufgrund einer entsprechenden Ermächtigung (§ 57 Abs. 4 WPO) berechtigt, zur Konkretisierung der Berufspflichten eine Berufssatzung zu erlassen. Die Berufssatzung, welche aufgrund der Rechtsprechung des Bundesverfassungsgerichtes (BVerFG) zur Rechtsqualität von Standesrichtlinien von kammerangehörigen Berufen (WPK) erforderlich wurde, regelt als untergesetzliche Norm Einzelheiten bestimmter Sachverhalte. Die Satzungsbestimmungen haben für die Mitglieder der WPK materiell-rechtlich bindenden Charakter und unterscheiden sich von Gesetzten nur durch die Art des Zustandekommens (vgl. *IDW* (2006a), A. 278).
[237] Vgl. *IDW* (2006a), A. 286.

fungsausschuss börsennotierter[238] Gesellschaften vor der Unterbreitung eines Wahlvorschlages eine Erklärung des vorgesehenen Prüfers einholt und anhand dieser beurteilt, ob und ggf. welche geschäftlichen, finanziellen, persönlichen oder sonstigen Beziehungen zwischen dem Prüfer und dem Unternehmen bestehen, die Zweifel an dessen Unabhängigkeit begründen könnten.[239]

3.2.2.2.2 Vorgaben der Europäischen Union

Auf supranationaler Ebene sehen die modernisierte 8. EG-Richtlinie (2006/43/EG), sowie mehrere Empfehlungen bzw. Stellungsnahmen der EG-Kommission Maßnahmen zur Stärkung der Unabhängigkeit des Abschlussprüfers vor.[240] So hat die Kommission auf Grundlage der Arbeiten des europäischen Wirtschafts- und Sozialausschusses am 15. November 2000 die Empfehlung *Mindestanforderungen an Qualitätssicherungssysteme für die Abschlussprüfung in der EU* veröffentlicht.[241] Kurze Zeit später wurde das *Consultative Paper on Statutory Auditors' Independence in the EU: A Set of Fundamental Principles* publiziert. Darin wurde bekundet, dass „a common European approach to statutory auditors' independence is needed, which provides statutory auditors, regulators and interested public with a common understanding of what is meant by the independence requirement, and which ensures that facts and circumstances threatening a statutory auditor's independence will be interpreted and addressed consistently throughout the EU".[242] Die am 16. Mai 2002 veröffentlichte Empfehlung *Unabhängigkeit des Abschlussprüfers in der EU: Grundprinzipien*, ist Resultat des Konsultationsprozesses.[243] Darin betont die Kommission, dass der „Abschlussprüfer [...] bei der Durchführung einer Pflichtprüfung seinem Prüfungsmandanten gegenüber unabhängig sein

---

[238] Börsennotiert i.S.d. DCGK sind Gesellschaften, deren Aktien regelmäßig an einem Markt gehandelt werden, der für das Publikum mittelbar oder unmittelbar zugänglich ist und der von staatlich anerkannten Stellen geregelt und überwacht wird. In Deutschland fallen hierunter alle Gesellschaften, deren Aktien im regulierten Markt notiert sind. Nicht berücksichtigt sind dagegen Unternehmen, die zum Freiverkehr zugelassen sind.

[239] Vgl. *DCGK* (2008), Tz. 7.2.1.

[240] Durch die Umsetzung der Richtlinien werden diese Regelungsinhalte Bestandteile der nationalen Rechtsordnung. Empfehlungen der *EG-Kommission* sind hingegen nicht rechtsverbindlich; vielmehr entsprechen sie einer Aufforderung an die Mitgliedstaaten, sich im Sinne der Gemeinschaftstreue einheitlich zu verhalten. Darüber hinaus müssen die Gerichte innerhalb der Mitgliedstaaten im Rahmen der Auslegung nationaler Vorschriften die Empfehlungen und Stellungnahmen bei der Urteilsfindung berücksichtigen (vgl. Art. 249 Abs. 5 EGV; *Ruffert* (2002), Art. 249 EGV Tz. 119-120).

[241] Vgl. *EG-Kommission (2001/256/EG)* (2001), S. 91-97. Im Zuge der 4. WPO Novelle fand die Empfehlung der Kommission *Mindestanforderungen an Qualitätssicherungssysteme für die Abschlussprüfung in der EU* bspw. durch die Einfügung des § 57a WPO Berücksichtigung. Des Weiteren erfolgte der Erlass einer Satzung zur Qualitätskontrolle (§ 57c WPO) am 17. Januar 2001. Auch die Verabschiedung des IDW PS 140 sowie des entsprechenden IDW PH 9.140 stehen in Zusammenhang mit der zuvor von der *EG-Kommission* veröffentlichten Empfehlung. Zur Umsetzung der Qualitätskontrolle durch das Peer-Review siehe *Marten/Köhler* (2000, S. 867-870). Vgl. auch *Marks/Schmidt* (2000), S. 409-410; *Quick* (2001), S. 25-32; *Graumann* (2002), S. 315-319.

[242] *EG-Kommission* (2000), S. 6.

[243] Vgl. *EG-Kommission (2002/590/EG)* (2002a); *Müller* (2006), S. 71.

[muss], und zwar sowohl in Bezug auf seine innere Einstellung als auch dem äußeren Erscheinen nach."[244] Auch die verbindliche *Richtlinie (2006/43/EG) Abschlussprüfung von Jahresabschlüssen und konsolidierten Abschlüssen* vom 17. Mai 2006 enthält Bestimmungen, die eine hinreichende Prüfungsqualität gewährleisten sollen.[245] Die Richtlinie schreibt in Kapitel IV neben der Diskussion unabhängigkeitsgefährdender Sachverhalte zahlreiche Maßnahmen (Art. 22) vor, die zum Schutz der Unabhängigkeit zu ergreifen sind. Bedauerlicherweise erfolgt dabei erneut keine explizite Definition von „Unabhängigkeit",[246] so dass lediglich implizit aus den Inhalten der Richtlinie auf das Begriffsverständnis des Rates der Europäischen Union geschlossen werden kann.[247] So werden die Mitgliedstaaten verpflichtet sicherzustellen, dass Abschlussprüfer von einer Prüfung absehen, wenn „unmittelbar oder mittelbar eine finanzielle oder geschäftliche Beziehung, ein Beschäftigungsverhältnis oder eine sonstige Verbindung - wozu auch die Erbringung zusätzlicher Leistungen, die keine Prüfungsleistungen sind, zählt [besteht und]...die Unabhängigkeit gefährdet ist".[248] „Ferner kann auch die Höhe des von einem geprüften Unternehmen gezahlten Prüfungshonorars und/oder die Zusammensetzung der Honorare die Unabhängigkeit eines Abschlussprüfers oder einer Prüfungsgesellschaft gefährden."[249] Neben Dienstleistungsverboten bzw. -einschränkungen und einer (internen) Rotationspflicht werden zum Schutz der Unabhängigkeit daher auch erweiterte Offenlegungspflichten hinsichtlich der Honorare sowie die Transparenzpflicht der Abschlussprüfer vorgeschrieben.[250]

3.2.2.2.3 International Federation of Accountants (IFAC)

Die IFAC ist eine internationale Berufsorganisation,[251] deren Relevanz für deutsche Abschlussprüfer mittelbar aus der Mitgliedschaft des Instituts der Wirtschaftsprüfer in Deutsch-

---

[244] *EG-Kommission (2002/590/EG)* (2002a), S. 24.
[245] Vgl. *EG-Kommission (2004/0065 (COD))* (2004), S. 3.
[246] Dies erstaunt, da in Artikel 2 der Richtlinie (2006/43/EG) *Begriffsbestimmungen* zahlreiche, für das Verständnis und die Umsetzung der Richtlinie erforderliche Begriffe ausführlich definiert werden.
[247] Vgl. *EG-Richtlinie (2006/43/EG)* (2006), Einleitung (Abs. 11) u. Art. 22.
[248] *EG-Richtlinie (2006/43/EG)* (2006), Art. 22. Abs. 2.
[249] *EG-Richtlinie (2006/43/EG)* (2006), Einleitung Abs. 11.
[250] Vgl. *EG-Richtlinie (2006/43/EG)* (2006), Einleitung Abs. 11, 12, 17, 26; Art. 22 Abs. 2 i.V.m Art. 48 Abs. 2; Art. 42.
[251] Die IFAC umfasst rund 155 Organisationen aus 118 Ländern mit etwa 2,5 Millionen Mitgliedern (vgl. *IFAC (2007b)*, *IFAC (2007a)*). Die Aufgabe der IFAC besteht in der aktiven Unterstützung der Entwicklung des Berufsstandes sowie der Bemühung um die Harmonisierung der nationalen Standards (vgl. *Goppelt* (2002), S. 1200). Neben der Herausgabe berufsständischer Normen ist die IFAC Ansprechpartner für vielfältige Fragestellungen, die die berufsständische Expertise erfordern (vgl. *Marten et al.* (2007), S. 73). Einzelheiten zur Umsetzung dieser Ziele finden sich im strategischen Plan für die Jahre 2006-2009 (vgl. *IFAC* (2005)). Im Kontext der internationalen Harmonisierungsbestrebungen arbeitet sie eng mit dem International Accounting Standard Board (IASB) zusammen. Die IFAC hat das Recht, im Rahmen der Besetzung des Boards die Mitgliedsländer zu benennen, welche im Board vertreten sein sollen (vgl. *Wiedmann* (1996), S. 154-156; *Kleekämpfer et al.* (2002), A I, Tz. 29 u. 44; *Müller* (2006), S. 76).

land e.V. (IDW) und der WPK resultiert.[252] Dabei besteht hinsichtlich der von der IFAC herausgegebenen *Internationalen Standards on Auditing* (ISA) eine faktische Umsetzungspflicht in die nationalen Prüfungsstandards.[253] Dazu kommt es, weil die *Fédération des Experts Comtables Européens* (FEE), in der führende europäische Berufsorganisationen zusammengeschlossen sind, ohne dass ein eigenständiges Standardsetting erfolgt, die Normsetzungskompetenz der IFAC ausdrücklich anerkennt.[254] Auch wurde in Art. 26 der modernisierten 8. EG-Richtlinie festgelegt, dass die von der Kommission angenommenen ISA von den Abschlussprüfern der Mitgliedstaaten verpflichtend anzuwenden sind.[255]

Zur Gewährleistung eines hohen Qualitätsniveaus wurden vom *Ethics Committee* des IFAC internationale Berufsgrundsätze in den Sections 110-150 des IFAC Code of Ethics for Professional Accountants festgelegt.[256] Als *Fundamental Principles* werden neben der Integrität (*Integrity*), die Objektivität (*Objectivity*), die berufliche Kompetenz (*Professional Competence*), die Gewissenhaftigkeit (*Due Care*), die Verschwiegenheit (*Confidentialy*) und die Pflicht zu berufswürdigem Verhalten (*Professional Behaviour*) verankert.[257] Die Unabhängigkeit wird anders als in der WPO von der IFAC nicht als Fundamental Principle klassifiziert, da es sich bei dieser um eine Pflicht handelt, die nur im Rahmen der gesetzlichen Abschlussprüfung relevant sei.[258] Allerdings kann dem Gebot der Objektivität die Aufforderung zur Unabhängigkeit entnommen werden. Objektivität „imposes an obligation on all professional accountants not to compromise their professional or business judgement because of bias, conflict of interest or undue influence of other".[259]

Über die allgemeinen Berufsgrundsätze hinaus sind im Code of Ethics Ausführungen zur Unabhängigkeit in Sec. 290 enthalten, deren Anwendung auf Assurance-Engagements, d.h. auf gesetzliche Abschlussprüfungen sowie andere Prüfungsleistungen, beschränkt ist.[260] Dabei wird in Sec. 290.8, korrespondierend zu der in *Kapitel 3.2.2.1* vorgenommenen Begriffsabgrenzung, zwischen der *Independence in mind* und der *Independence in appearance* differenziert.[261] Die Vorstellung, der Abschlussprüfer müsse frei von sämtlichen wirtschaftlichen, finanziellen oder anderen Beziehungen sein, ist nach Einschätzung der IFAC praktisch kaum durchsetzbar.[262] Eine völlige Unabhängigkeit, welche zur Sicherstellung ausschließlich objek-

---

[252] Vgl. *Ruhnke* (1999), S. 238; *IFAC* (2004), S. 9-12 u. 31.
[253] Vgl. *WPK* (2002), S. 1; *Lanfermann* (2002), S. 1214.
[254] Vgl. *Darbyshire* (1998), S. 473; *Marten et al.* (2007), S. 72.
[255] Vgl. *EG-Kommission (2006/43/EG)* (2006), Art. 26 i.V.m. Art. 48 Abs. 2.
[256] Vgl. *IFAC* (2006a), ISA 200.4; ISA 220.8 u. Anhang A; siehe auch *Lanfermann* (2002), S. 1214.
[257] Vgl. *IFAC* (2006a), Sec. 100.4.
[258] Vgl. *Lanfermann* (2002), S. 1214.
[259] *IFAC* (2006a), Sec. 120.1.
[260] Vgl. *Eilifsen et al.* (2006), S. 596; *Marten et al.* (2007), S. 135.
[261] Vgl. *IFAC* (2006a), Sec. 290.8.
[262] „Independence on its own may create misunderstandings. Standing alone, the word may lead observers to suppose that a person exercising professional judgement ought to be free from all

tiver Einflüsse im Rahmen der Prüfung erforderlich wäre, sei in einer Gesellschaft, in der Akteure in Beziehung zu anderen Gesellschaftsmitgliedern stehen, nicht umsetzbar.[263] Ein informierter Dritter sollte daher anhand aller verfügbaren relevanten Informationen beurteilen, ob die Unabhängigkeit des Urteilenden gefährdet ist.[264] Weitere Überlegungen zur Unabhängigkeit werden in einem allgemeinen Teil, welcher den Bezugsrahmen zur Unabhängigkeit (*conceptual approach to independence*) darstellt, und einem anwendungsbezogenen Teil, in dem Beispiele diskutiert werden, aufgeführt.[265] Der Bezugsrahmen zur Unabhängigkeit wird durch exemplarische Erörterungen einer nicht abschließenden Darstellung spezifischer Situationen, in denen die Unabhängigkeit des Prüfers gefährdet sein könnte, ergänzt (Sec. 290.100-191). Diese werden in *Kapitel 3.2.3* dieser Arbeit diskutiert.

3.2.2.2.4 US-Securities and Exchange Commission (SEC)

Durch die Verabschiedung des *Securities Act* im Jahre 1933 und des *Securities and Exchange Acts* im Jahre 1934 wurde die SEC als US-amerikanische Kapitalmarktaufsicht gegründet, der neben einer exekutiven Kontrollfunktion auch legislative und judikative Aufgaben zuteil werden.[266] Um diese Aufgaben angemessen erfüllen zu können, delegiert die SEC ihre *Rule-Making-Power* an Dritte.[267] Während das *Financial Accounting Standard Board* (FASB) im Bereich der Rechnungslegung federführend ist, obliegt dem *American Institute of Certified Public Accountants* (AICPA) die Herausgabe berufsständischer Normen,[268] welche durch den SOA[269] jedoch auf *Standards for Auditors of Non-Issuer* beschränkt sind.[270] Abschlussprüfer von SEC-Emittenten unterliegen seit 2003 der Aufsicht des *Public Company Accounting Oversight Boards* (PCAOB).[271] Dessen Aufgabe besteht darin, „to oversee the auditors of

---

[263] economic, financial and other relationships. This is impossible, as every member of society has relationships with others. Therefore, the significance of economic, financial and other relationships should also be evaluated in the light of what a reasonable and informed third party having knowledge of all relevant information would reasonably conclude to be unacceptable" (*IFAC* (2006a), Sec 290.9).

[264] Vgl. *IFAC* (2006a), Sec 290.9. Ähnlich *Bauer* (2004, S. 37).

[265] Vgl. *IFAC* (2006a), Sec 290.9. Ähnlich auch die Ausführungen in Sec 150.1 u. 200.11. Dabei wird zum einen zwischen *assertion-based assurance* und *direct reporting assurance engagements* unterschieden. Des Weiteren differenziert der Code zwischen *restricted use reports* und *multiple responsible parties*, wobei sich erste an eine eingeschränkte Adressatengruppe richten, während *multiple responsible parties* mehreren Adressatengruppen zugänglich sind (*IFAC* (2006a), Sec. 290.14).

[266] Vgl. *Merkt* (2002), Sp. 2185; *Möller* (2006), S. 87; *Pellens et al.* (2006), S. 57 u. 58.

[267] Vgl. *Schrader* (2003), S. 22-24; *Arens et al.* (2006), S. 31 u. 32.

[268] Vgl. *AICPA* (2008), § 101.01; *AICPA* (2009).

[269] Der *Sarbanes-Oxley Act* (SOA) wurde vom amerikanischen Präsidenten als die weitreichendste Reform der amerikanischen Wirtschaftspraxis seit der Verabschiedung des *Securities Acts* und des *Securities and Exchange Acts* bezeichnet (hierzu *Lanfermann/Maul* (2002), S. 1725; *Lenz* (2002); S. 2270-2273; *Kamann/Simpkins* (2003), S. 184).

[270] Vgl. *Messier et al.* (2006), S. 43; *Marten et al.* (2007), S. 70.

[271] Vgl. *SAO* (2002), Sec. 101 (c); *Menzies* (2004), S. 24; *PCAOB* (2005a), S. 3; *Müller* (2006), S. 89; *Marten et al.* (2007), S. 71.

Unabhängige Abschlussprüfung 49

public companies in order to protect the interests of investors and further the public interest in the preparation of informative, fair and independent audit reports."[272] Die Relevanz des PCAOB für den deutschen Berufsstand resultiert aus der Anwendungspflicht der *United States Generally Accepted Auditing Standards* (US-GAAS) sowie des SEC-Regelwerkes bei der Prüfung SEC-registrierter Unternehmen.[273] Die Zulassung als Abschlussprüfer besagter Unternehmen verlangt den Nachweis entsprechender Expertise gegenüber dem PCAOB.[274] Neben den Prüfern deutscher SEC-Emittenten betrifft dies auch zahlreiche Abschlussprüfer von deutschen Tochterunternehmen, die im Konzernabschluss SEC-registrierter Gesellschaften konsolidiert werden. Zum 31.12.2008 unterlagen daher 43 deutsche Wirtschaftsprüfungsgesellschaften neben der WPK einer zweiten Berufsaufsicht durch das PCAOB.[275]

Die Berufsgrundsätze des Accountants sind im *Code of Federal Regulations* (CFR) festgelegt.[276] Bereits aus den Preliminary Notes des § 210.2–01 (*Qualifications of Accountants*) geht eine Unterscheidung zwischen der *Independence in fact* und der *Independence in appearance* hervor. Mit dem *Final Rule 33-8183: Strengthening the Commission's Requirements Regarding Auditor Independence* wurden die Unabhängigkeitsregelungen des 17 CFR § 210 verschärft. Im Rahmen der Diskussion der Regelungen (II.A) und des Umfangs der mit der Abschlussprüfung vereinbarten Leistungen (II.B) wird die Unabhängigkeitswahrnehmung hervorgehoben, sowie Maßnahmen zu deren Schutz vorgestellt. Eine Beeinträchtigung der Unabhängigkeit liegt demnach vor, „if the accountant is not, or a reasonable investor with knowledge of all relevant facts and circumstances would conclude that the accountant is not, capable of exercising objective and impartial judgement on all issues encompassed within the account's engagement".[277] Dabei bemerkt jedoch auch die SEC, dass „... generally mental

---

[272] *SOA* (2002), Sec. 101.
[273] Vgl. *Breker et al.* (1999), S. 191; *KPMG* (2003), S. 299-300; *Emmerich/Schaum* (2003), S. 677; *Schmidt* (2003), S. 779; *Hilber/Hartung* (2003), S. 1054; *Marten et al.* (2007), S. 71; Insbesondere hinsichtlich der Prüfungsstandards vertritt die SEC regelmäßig die Auffassung, dass ausländische Prüfungsnormen kein angemessenes Äquivalent zu den US-GAAS darstellen (vgl. *Turner/Godwin* (1999), S. 283; *Müller* (2006), S. 91).
[274] Registrierungspflichtig sind gem. Sec. 106 (a) SOA nicht nur die Abschlussprüfer der SEC-registrierten (Mutter-) Unternehmen, sondern auch die Prüfer konsolidierter Tochtergesellschaften, sobald deren Prüfungsleistung im Rahmen der Jahresabschlussprüfung einer *substantial role* entspricht (vgl. *SOA* (2002), Sec. 106 (a) 2). Gemäß der Registrierungserfordernisse des PCAOB ist das Vorliegen einer *substantial role* gegeben, sobald der Prüfer mehrheitlich an den Prüfungshandlungen für mindestens 20 % der konsolidierten Vermögenswerte (*assets*) oder Umsätze (*revenues*) des Konzernabschlusses des SEC-registrierten Unternehmens beteiligt ist oder der zeitliche Prüfungsaufwand oder das Prüfungshonorar 20 % des Honorars des Konzernabschlusses übersteigt (vgl. *PCAOB* (2003a), (p)(ii); *PCAOB* (2003b), (n) S. 52; *Emmerich/Schaum* (2003), S. 678-680; *Lanfermann/Maul* (2003), S. 1237-1239; *SAO* (2002), Sec. 106 (a); *Müller* (2006), S. 90.
[275] Vgl. *PCAOB* (2008).
[276] In Regulation CFR S-X § 210.2-01 Qualifications of Accountants wird der Accountant als „a certified public accountant...performing services in connection with an engagement for which independence is required" bezeichnet (*Regulation S-X* (2007), § 210.1-02 (f) 1).
[277] *Regulation S-X* (2007), § 210.2-01 (b).

status can be assessed only through observation of external facts".[278] Die Offenlegung der Honorare des Prüfers, welche Gegenstand von *Kapitel 5* ist, wird als ein geeigneter Indikator angesehen: „We believe that disclosure of the procedures the audit committee uses to preapprove audit services, as well as the disclosure of all non-audit services by category, …, will provide investors valuable information that may be used to evaluate the relationships that exist between the accountant and the audit client."[279] Bevor die Maßnahmen zum Schutz der Unabhängigkeit des Abschlussprüfers in Hinblick auf die Vereinbarkeit von Prüfung und Beratung diskutiert werden, müssen die Tatbestände betrachtet werden, welche eine Gefährdung für die Urteilsfreiheit des Prüfers darstellen.

3.2.3 Unabhängigkeitsgefährdende Tatbestände

Eine Bedrohung der tatsächlichen oder wahrgenommenen Unabhängigkeit des Abschlussprüfers kann aus vielfältigen Beziehungen und Verflechtungen mit dem Mandanten oder dessen Mitarbeitern resultieren, die als *Gefahrenquellen* betrachtet werden.[280] Da unabhängigkeitsgefährdende Tatbestände oftmals komplex und vielschichtig sind, können diese kaum vollständig abgebildet werden.[281] Jedoch sind die nachfolgenden typischen Situationen der Gefährdung der Unabhängigkeit des Prüfers in der Literatur unumstritten.

3.2.3.1 Personelle Verflechtungen

Eine *personelle Verflechtung* liegt vor, wenn der Urteilende als Funktionsträger bei der zu prüfenden Gesellschaft tätig ist.[282] Neben einer Aktivität des Prüfers als gesetzlicher Vertreter oder im Aufsichtsrat umfasst dies auch das Angestelltenverhältnis bei einem (potenziellen) Mandanten. Ist der Prüfer „für die Rechnungslegung des zu prüfenden Unternehmens unmittelbar verantwortlich und/oder hat dieser mittelbar oder unmittelbar mitbestimmt oder die Möglichkeit hierzu gehabt," so ist dessen Unabhängigkeit nicht gewährleistet.[283] Im Zentrum der Unabhängigkeitsproblematik steht dabei die Sorge, der Prüfer könnte im Rahmen der Abschlussprüfung Sachverhalte verifizieren, an deren Zustandekommen er zuvor maßgeblich beteiligt war (*self-review threat*). Eine personelle Verflechtung zwischen Prüfer und Mandant ist ferner gegeben, wenn der Abschlussprüfer vor seiner Prüfungstätigkeit bei der prüfungspflichtigen Gesellschaft beschäftigt und an der Entwicklung oder Implementierung von Rechnungslegungsinformationssystemen beteiligt war. Umgekehrt kann auch der (aversierte) Wechsel eines Mitarbeiters des Abschlussprüfers zum Mandanten (*revolving door*) eine Un-

---

[278] SEC (2000a), I.
[279] SEC (2003a), D.
[280] Vgl. Thümmel (1986), S. 644; Leffson (1988), S. 70-86; Sieben/Russ (1992), Sp. 1974-1975; Buchner (1997), S. 39-40; Quick/Warming-Rasmussen (2007), S. 1008.
[281] Vgl. Leffson (1988), S. 70; Buchner (1997), S. 39-40; Bauer (2004), S. 44.
[282] Vgl. Leffson (1988), S. 70.
[283] Buchner (1997), S. 40.

abhängigkeitsbeeinträchtigung begründen.[284] *Clikeman* (1998) führt hierzu aus, dass „jobhunting auditors may be more interested in winning the favour of their future employees than in critically evaluating the fairness of the financial statements."[285] Auch *Iyer/Raghanunan* (2002) vermuten, dass ein Abschlussprüfer, dem seitens des Mandanten eine Stelle angeboten wird, Prüfungshandlungen kaum mit angemessener Skepsis durchführen wird.[286]

Personelle Verflechtungen zeigten sich auch bei den teilweise bereits eingangs erwähnten Unternehmen Enron, Global Crossing, Waste Management (USA), Independent Insurance (UK), HIH Insurance (Australia) und FlowTex (Deutschland).[287] *Lennox* (2005) und *Menon/Williams* (2004) konnten anhand empirischer Studien nachweisen, dass Abschlussprüfer signifikant häufiger einen uneingeschränkten Bestätigungsvermerk erteilen bzw. dem Management bilanzpolitische Freiräume zugestehen bzw. Prüfungsrisiken niedriger bewerten, wenn sie seitens des Mandanten mit ehemaligen Kollegen konfrontiert sind.[288] *Geiger et al.* (2005), welche komplementär zu *Lennox* (2005) den Zusammenhang zwischen der Prüfungsqualität gemessen am Ausmaß der Bilanzpolitik und der Tätigkeit eines ehemaligen Mitarbeiters der amtierenden Prüfungsgesellschaft als *Senior Financial Reporting Executive* (i.S.d. Sec. 206 SOA) vermuteten, konnten anhand von 101 Beobachtungen für die Jahre 1989-1999 keinen signifikanten Zusammenhang für den US-Markt nachweisen.[289] Die Ergebnisse zur Beeinträchtigung der tatsächlichen Unabhängigkeit (*Independence in fact*) sind somit uneinheitlich. Zumindest die öffentliche Unabhängigkeitswahrnehmung (*Independence in appearance*) könnte bei Bekanntwerden eines Wechsels zu einem Vertrauensrückgang seitens der Adressaten führen.

---

[284] Vgl. *Clikeman* (1998), S. 40-43; *Dart/Chandler* (2007), S. 2.
[285] *Clikeman* (1998), S. 42.
[286] Vgl. *Iyer/Raghunandan* (2002), S. 487.
[287] Vgl. *Menon/Williams* (2004), S. 1098; *Geiger et al.* (2002a), S. 1.
[288] *Lennox* (2005) betrachtet SEC-Emittenten während der Geschäftsjahre 1995-1998 und kann einen signifikanten Zusammenhang zwischen der Ausprägung des Prüfungsurteils (*Audit Opinion*) und der personellen Verflechtung zwischen Mandant und Abschlussprüfer (*Affiliation*) anhand von 325 bzw. 535 Beobachtungen mittels multivariater Regressionsmodelle nachweisen. Ist ein ehemaliger Mitarbeiter des Abschlussprüfers in verantwortlicher Position bei dem Mandanten tätig, fällt die Anzahl der Testatseinschränkung geringer aus. *Menon/Williams* (2004) untersuchen den Zusammenhang zwischen dem Ausmaß an Bilanzpolitik und dem Wechsel eines ehemaligen Prüfungspartners. Anhand von 11.575 US-amerikanischen Abschlüssen können die Autoren nachweisen, dass das Ausmaß an diskretionärer Periodenabgrenzung signifikant höher ausfällt, wenn der ehemalige Partner als *Officer or Director* für den Mandanten tätig wird. Die Aussagekraft der Ergebnisse wird jedoch durch eine geringe Anpassungsgüte der Regressionen getrübt (adj. R^2 0,036-0,110) (vgl. *Menon/Williams* (2004), S. 1105-1116).
[289] Vgl. *Geiger et al.* (2005a), S. 10, S. 20-21. Während das deutsche Recht keine expliziten Bestimmungen zum Wechsel zwischen Mandant und Abschlussprüfer vorsieht, ist in Sec. 206 SOA festgelegt, dass ein Abschlussprüfer bzw. eine WPG nicht als unabhängig angesehen wird, wenn ein ehemaliger Mitarbeiter aus dem entsprechenden *Audit Engagement Team* vor Ablauf einer einjährigen Abkühlungsphase (*Cooling-Off-Periode*) in einer so genannten *Financial Reporting Oversight Role* des Mandanten tätig wird (vgl. *SOA* (2002), Sec. 206; *SEC* (2003a), II.B).

3.2.3.2 Finanzielle Interessen

Finanzielle Interessen könnten aus der direkten oder indirekten Beteiligung des Abschlussprüfers an einem Mandanten resultieren. Investitionen wie Aktien, Optionsscheine, Anleihen oder sonstige Wertpapiere oder Beteiligungen würden eine unwiderlegbare Gefährdung der Unabhängigkeit des Abschlussprüfers begründen (§ 319 Abs. 3 Nr. 1 HGB). Eine solche Gefahr könnte auch durch die Aufnahme eines Darlehens durch den Abschlussprüfer oder durch einen seiner Mitarbeiter bei einem zu prüfenden Kreditinstitut begründet sein.[290] Die Zweifel an der Urteilsfreiheit des Prüfers resultieren dabei aus der Verknüpfung persönlicher finanzieller Interessen mit dem Geschäftshergang des Mandanten. Aus der Erwerbstätigkeit als Abschlussprüfers resultiert ferner ein finanzielles Interesse, wenn der Prüfer einen Großteil seiner Einnahmen bei einem bestimmten Mandat erzielt und über keine Möglichkeit zur Risikodiversifikation verfügt.[291] Dabei dürfte es „dem Abschlussprüfer um so schwerer fallen, bei Meinungsverschiedenheiten über die Richtigkeit des Jahresabschlusses seine Auffassung durchzusetzen [ggf. die Bestätigung des Jahresabschlusses zu verweigern] und notfalls die Beendigung des Auftragsverhältnisses in Kauf zu nehmen, je höher die damit verbundene finanzielle Einbuße ist".[292] Ähnlich sehen *Markelevich et al.* (2005) die Gefahr gegeben, dass der Abschlussprüfer, „reluctant to make appropriate inquiries during the audit for fear of loosing high profitable fees", weniger intensiv prüft.[293] Die wirtschaftliche Abhängigkeit des Abschlussprüfers wird *Alleyne/Devonish* (2006) zufolge auch von Abschlussadressaten als zentrales Risiko für dessen Unabhängigkeit erachtet. Eine Befragung von britischen Führungskräften (*corporate finance directors* ($n = 153$)) und Abschlussprüfern (*audit partners* ($n = 244$)) durch *Beattie et al.* (1999) zeigt, dass die wahrgenommene Unabhängigkeit von zahlreichen Faktoren, wie etwa dem Prüfungshonorar, der Wettbewerbsintensität oder der Größe der Wirtschaftsprüfungsgesellschaft beeinträchtigt wird. Darüber hinaus wird von einer Teilgruppe der Befragten das individuelle wirtschaftliche Interesse des verantwortlichen Partners als maßgeblich für eine Unabhängigkeitsgefährdung wahrgenommen.[294]

---

[290] Anderer Ansicht Förschle/Schmidt (2006, § 319 Rn. 36), die bei Darlehensverträgen oder langfristigen Mietverträgen zwischen Abschlussprüfer und Mandant im Allgemeinen keinen Ausschlusstatbestand sehen, sofern die Vereinbarungen denen unter fremden Dritten entsprechen.

[291] Vgl. *Leffson* (1988), S. 82; *Schildbach* (1996), S. 642-644; *Bormann* (2002), S. 192; *Baetge/Thiele* (2006), § 319 HGB Tz. 99.

[292] *Baetge/Hense* (2006), § 319 HGB, Tz. 131; *Baetge/Thiele* (2006), § 319 HGB Tz. 99; *ADS* (2007), § 319 HGB Tz. 151.

[293] *Markelevich et al.* (2005), S. 7.

[294] Vgl. *Beattie et al.* (1999), S. 103. Zur Bedeutung der individuellen Unabhängigkeit eines Partners bei unterschiedlichen Vergütungsmodellen siehe auch eine Experimentalstudie von *Trompeter* (1994, S. 63 u. 64), der nachweist, dass die Objektivität (gemessen an spezifischen prüfungsbezogenen Sachverhaltsentscheidungen) des verantwortlichen Partners durch die Ausgestaltung dessen Vertrages (und möglicher Interpretationsfreiräume der US-GAAP) zumindest teilweise signifikant beeinflusst werden kann. Demnach führt ein kleiner Profit Pool eher zur Beeinträchtigung der Objektivität als ein großer Profit Pool.

3.2.3.3 Persönliche Beziehungen

Unter dem Begriff der *persönliche Beziehungen* werden neben familiären oder verwandtschaftlichen Beziehungen auch geschäftliche Beziehungen des Abschlussprüfers zusammengefasst und als mögliche Ursache der Besorgnis der Befangenheit aufgeführt. Insbesondere die persönliche Vertrautheit (siehe *Kapitel 4.5.5*) zwischen Prüfer und Bilanzierendem stehen einer unvoreingenommenen Urteilsbildung entgegen.[295] Eine Befangenheitsvermutung ist angemessen, wenn Familienmitglieder des Abschlussprüfers beim Prüfungsmandanten Managementpositionen bekleiden.[296] Das Risiko der Unabhängigkeitsbeeinträchtigung liegt ebenfalls vor, wenn ein Mitarbeiter des Abschlussprüfers zu dem zu prüfenden Mandanten wechselt[297] oder, wenn der Abschlussprüfer zu einem früheren Zeitpunkt eine Organtätigkeit bei der Gesellschaft ausübte, so dass eine enge soziale Bindung besteht (siehe auch *Kapitel 3.2.3.1*).

3.2.3.4 Verbindung von Prüfungs- und Beratungstätigkeit

Von Geschäftsbeziehungen, die durch eine gleichzeitige Erbringung von Prüfungs- und Beratungsleistungen gekennzeichnet sind, könnte aufgrund des erhöhten *finanziellen Interesses* eine Beeinträchtigung der Unabhängigkeit ausgehen.[298] Auch setzt die Beratungstätigkeit im Regelfall ein Vertrauensverhältnis (*persönliche Beziehung*) zwischen Unternehmensleitung und beratendem Abschlussprüfer voraus, welches die Urteilsfreiheit im Rahmen der Prüfungstätigkeit gefährden könnte.[299] Dies gilt insbesondere, wenn die personelle Trennung von Beratungs- und Prüfungsaufgaben (*chinese wall*) nicht oder nur unzureichend gewährleistet ist. Des Weiteren resultieren aus der parallelen Prüfungs- und Beratungstätigkeit Situationen, in denen der Abschlussprüfer Sachverhalte beurteilen muss, an deren Zustandekommen er bzw. seine Gesellschaft beteiligt war, so dass er diesen kaum neutral gegenüberstehen wird (siehe *Kapitel 4.5.3*).[300] Die parallele Beratung des Abschlussprüfers stellt daher eine besondere Gefahrenquelle für dessen tatsächliche Unabhängigkeit sowie die von den Abschlussadressaten wahrgenommene Unabhängigkeit dar. Die Risiken, welche für die Unabhängigkeit des Abschlussprüfers bestehen werden in Zusammenhang mit den gesetzlichen Grenzen in *Kapitel 4* diskutiert.

---

[295] Vgl. *IDW* (2006a), A. 315.
[296] Vgl. § 21 BS WP/vBP, *EG-Kommission (2002/590/EC)* (2002a) S. 46; B. 6; *IDW* (2006a), A 316.
[297] Vgl. *EG-Kommission (2002/590/EC)* (2002a), B.3; § 24 BS WP/vBP.
[298] Neben vielen für die deutsche Literatur exemplarisch *Leffson* (1988); *Marx* (2002a); *Stegemeyer* (2002); *Bauer* (2004); *Müller* (2006); *Quick* (2006); *Quick/Warming-Rasmussen* (2007); *Zimmermann* (2008).
[299] Vgl. *Leffson* (1988), S. 84.
[300] Vgl. *Linhardt* (1961), S. 106-107.

3.3 Zusammenfassung

In *Kapitel 2.1* wurde die Prinzipal-Agenten-Theorie als theoretischer Rahmen dieser Untersuchung vorgestellt. Neben Interessendifferenzen zwischen den Investoren und der Unternehmensführung wurde das unterschiedliche Informationsniveau der Akteure diskutiert. Es konnte aufgezeigt werden, dass die aus der Trennung von Eigentum und Verfügungsgewalt resultierenden Interessen- und Informationsunterschiede zwischen den Akteuren stets zu nachteiligen Ressourcenallokationen führen.

Wie in *Gliederungspunkt 2.4* verdeutlicht, dient die externe Rechnungslegung der Reduzierung von Informationsasymmetrien. Allerdings unterliegt der Jahresabschluss (zzgl. Lagebericht), der von der Unternehmensführung aufgestellt wird, selbst der Gefahr opportunistischer Einflussnahme durch das Management, so dass dessen Vertrauenswürdigkeit aus Sicht der Adressaten zunächst zweifelhaft ist. Die Verifizierung des Abschlusses durch einen unabhängigen Prüfer sowie der Erteilung oder Verweigerung des an die Öffentlichkeit gerichteten Bestätigungsvermerks ist Voraussetzung dafür, dass Investoren und Stakeholder auf diesen vertrauen können. Dabei wird unterstellt, dass die Prüfungsqualität hinreichend hoch ist, so dass wesentliche Falschaussagen ausgeschlossen werden und unter Beachtung der Grundsätze ordnungsmäßiger Buchführung ein den tatsächlichen Verhältnissen entsprechendes Bild der Vermögens-, Finanz- und Ertragslage vermittelt wird.

Das Vorliegen einer hinreichenden Prüfungsqualität ist jedoch nicht grundsätzlich gewährleistet. Insbesondere die Unabhängigkeit des Abschlussprüfers ist neben der Urteilsfähigkeit von elementarer Bedeutung für die Qualität und Vertrauenswürdigkeit der Abschlussprüfung (siehe *Kapitel 3.2.2*). Hinsichtlich der Unabhängigkeit wird international zwischen der tatsächlichen (*Independence in fact*) und der wahrgenommenen Unabhängigkeit (*Independence in appearance*) differenziert. Beide Ausprägungen der Urteilsfreiheit müssen gewährleistet sein, damit eine zuverlässige Verifizierung des Abschlusses möglich und die Vertrauenswürdigkeit des Prüfungsurteils gegenüber der Öffentlichkeit gewährleistet ist. Eine Gefährdung der Unabhängigkeit kann neben personellen Verflechtungen und persönlichen Beziehungen insbesondere aus geschäftlichen Beziehungen zwischen Abschlussprüfer und Mandant und den damit verbundenen finanziellen Interessen resultieren. Eine besondere Gefahrenquelle stellt dabei die gleichzeitige Erbringung von Prüfungs- und Beratungsdienstleistungen dar. Das Ausmaß, die Ursachen und die gesetzlichen Grenzen der parallelen Beratungstätigkeit deutscher Abschlussprüfer werden im folgenden Kapitel untersucht.

4 Ursachen, Ausmaß und Grenzen der Beratung des Abschlussprüfers

Der Markt für Wirtschaftsprüfungsleistungen unterliegt seit mehreren Jahrzehnten einem andauernden Wandel: Neben dem Aufbau internationaler Netzwerke (*Global Coverage*)[301] kam es in den 1990er Jahren zu einer Ausweitung des Dienstleistungsangebotes über die gesetzliche Abschlussprüfung und die traditionelle Steuerberatung hinaus. Diese Entwicklung wurde sowohl durch die steigenden Anforderungen der international agierenden Mandanten an ihre Abschlussprüfer als auch durch eine von den Prüfungsgesellschaften forcierte Neuorientierung hervorgerufen. Während sich Wirtschaftsprüfer seit einiger Zeit einem erheblichen Wettbewerb um die Prüfungsmandate und einem damit einhergehenden Honorardruck ausgesetzt sehen, lässt das Angebot von Nichtprüfungsleistungen höhere Honorarerwartungen zu.[302] Dabei veränderte sich das Selbstverständnis der Wirtschaftsprüfungsgesellschaften von einem Anbieter mit ausschließlicher Rechnungslegungs- und Prüfungskompetenz hin zu einem professionellen breit aufgestellten Dienstleistungsunternehmen (*Full Service Concept*).[303]

In Folge der bereits erwähnten einschneidenden Maßnahmen des Gesetzgebers und der Aufsichtsbehörden zur Stärkung der Unabhängigkeit zeigte sich seit 2000 eine Gegenbewegung zum Fusionsbestreben und zur Ausweitung des Dienstleistungsangebotes der 1990er Jahre. PricewaterhouseCoopers (PwC) veräußerte zum Ende des Geschäftsjahres 2000/01 den bis dahin als *Corporate Valuation Consulting* firmierten Beratungsbereich an Standard&Poors sowie andere Beratungsbereiche im Jahr 2002 an *IBM*.[304] Ebenso trennten sich Ernst&Young (*CapGemini*) im Jahr 2000 und KPMG (*BearingPoint*) im Jahr 2001 von einem Großteil ihres Beratungsgeschäftes.[305]

Trotz dieser öffentlichkeitswirksam vollzogenen Veräußerungen stiegen die Umsatzerlöse aus dem Beratungsgeschäft der WPGs seit dem Jahr 2003 erneut stark an. Dies hat nach Einschätzung von *Plendl* (2008), Geschäftsführer bei *Deloitte*, drei Ursachen: Zum einen werde vom Kunden zunehmend Beratungskompetenz vom Prüfer gewünscht, zum zweiten liege im Beratungsmarkt, trotz der Gesetzesänderungen, ein hohes Wachstumspotenzial, während der Prü-

---

[301] Vgl. *Lanfermann* (1995), S. 379; *Förschle* (2001), S. 273; *Schmid* (2007), S. 75.
[302] Vgl. *Nelissen* (1995), S. 521; *Wiemers* (2001), S. 101; *Schmid* (2007), S. 75; *Petersen/Zwirner* (2008), S. 279; *Ballwieser* (2008), S. 6.
[303] Vgl. *Lanfermann* (1995), S. 395; *Lenz* (1999), S. 543; *Förschle* (2001), S. 273; *Küting et al.* (2001), S. 616; Der von *Marx* (2002a, S. 40) in diesem Zusammenhang gebrauchte Begriff des „Dienstleistungssupermarktes" scheint dennoch unangemessen. Schließlich handelt es sich bei den Dienstleistungen um mandatsspezifische Leistungen.
[304] Vgl. *Kuls* (2002), S. 11.
[305] Vgl. *Lenz* (1999), S. 545; *Dries* (2002), S. 23; *Marx* (2002a), S. 48; *Schmid* (2007), S. 77.

fungsmarkt weitgehend stagniere. Drittens werde in der Beratung schlicht mehr Geld verdient.[306]

Zielsetzung dieses Kapitels ist es, die Ursachen, das Ausmaß und die Grenzen der Beratungstätigkeit deutscher Wirtschaftsprüfer aufzuzeigen. Dazu wird zunächst die allgemeine Attraktivität des Angebotes von Beratungsleistungen für Wirtschaftsprüfer nachgewiesen. Auch werden die aus einer parallelen Prüfungs- und Beratungtätigkeit möglicherweise resultierenden Vorteile diskutiert. Neben den Vorzügen ergeben sich aus einer gleichzeitigen Beratung jedoch auch erhebliche Risiken für die wahrgenommene und tatsächliche Unabhängigkeit. Dahinter steht die Vermutung, dass die parallele Prüfung und Beratung die Qualität der Abschlussprüfung negativ beeinträchtigen und zu einem Rückgang der Vertrauenswürdigkeit der geprüften Rechnungslegung führen könnte. Diese Risiken zeigen zugleich die Notwendigkeit gesetzlicher Grenzen der Beratungstätigkeit des Abschlussprüfers auf. Eine kritische Betrachtung der aktuellen Gesetzeslage in Deutschland schließt daher dieses Kapitel ab.

4.1 Abgrenzung des Prüfungs- und Beratungsbegriffs

Während die Begrifflichkeit der gesetzlichen Abschlussprüfung aufgrund handelsrechtlicher Regelungen eindeutig determiniert ist, bereitet die Eingrenzung des Begriffs der (Unternehmens-) Beratung erhebliche Probleme. Die Literatur zeigt verschiedene Abgrenzungsversuche auf, die jedoch eine eindeutige Definition vermissen lassen. Unter dem Begriff *Management Consulting* werden solche Beratungsleistungen subsumiert, die betriebswirtschaftliche Fragestellungen und Aspekte zur Führung und Organisation von Unternehmen zum Gegenstand haben.[307] *Consulting* oder *Business Consulting* umfasst hingegen jede Form des Austauschs von Wissen und Expertise; „all private sector activities providing knowledge based services to business and non-business organizations".[308] Ähnlich definiert der Bundesverband deutscher Unternehmensberater (*BDU e.V.*) Beratung als „Rat und Mithilfe bei der Erarbeitung und Umsetzung von Problemlösungen in allen unternehmerischen, betriebswirtschaftlichen und technischen Funktionsbereichen".[309] Diese unpräzisen Definitionen verdeutlichen die Schwierigkeiten bei der Abgrenzung von Beratungsleistungen und anderen Dienstleistungen. *Stegemeyer* (2002) vermisst „trotz vielfältiger Definitionen [...] eine enge und eindeutige Bestimmung des Begriffs unter funktionalen Gesichtspunkten."[310] Diesem Mangel wird für die Zwecke der anschließenden Untersuchung durch eine synoptische Gegenüberstellung von Abschlussprüfung und Unternehmensberatung in *Tabelle 4-1* begegnet.[311] Während die Ab-

---

[306] *Plendl* im Interview gegenüber der Frankfurter Allgemeinen Zeitung (vgl. *Giersberg* (2008a), S. 16).
[307] Vgl. *Glückler* (2004), S. 26.
[308] *Wood* (2002), S. 6.
[309] *BDU e.V.* (2007).
[310] *Stegemeyer* (2002), S. 18.
[311] Vgl. *Stegemeyer* (2002), S. 21; *Kitschler* (2005), S. 12-13; *Schmid* (2007), S. 63.

Abgrenzung des Prüfungs- und Beratungsbegriffs 57

schlussprüfung eine stark vergangenheitsorientierte Tätigkeit darstellt, ist die Beratung auf den zukünftigen Erfolg des Unternehmens ausgerichtet und dient der Stärkung der Wettbewerbsposition des Beratenen. Daher wird vom Berater eine Identifizierung mit den Interessen des Klienten verlangt.[312] Auch das Konfliktpotential ist bei der Abschlussprüfung unvergleichbar höher als bei der Beratung.[313] Dies ergibt sich daraus, dass die Abschlussprüfung durch den Gesetzgeber hinsichtlich des Umfangs, des Zeitpunktes und der Durchführung vorgegeben ist und der Verifizierung des von der Unternehmensleitung erstellten Abschlusses dient. Dagegen stellt die Beratungstätigkeit eine problemspezifische und aperiodische Tätigkeit dar, welche i.d.R. im Ermessen des Managements gestaltet wird.[314] Unterschiede bestehen auch hinsichtlich des Berufszugangs: Während die Tätigkeit als Wirtschaftsprüfers nach § 1 Abs. 1 S. 1 WPO den Berufstitel voraussetzt, zu dessen Führung nur derjenige berechtigt ist, der nach erfolgreichem Berufsexamen öffentlich bestellt wird, unterliegt die Tätigkeit als Berater keiner Reglementierung.[315]

Kriterium	Abschlussprüfung	Unternehmensberatung
1.) Zeitliche Orientierung	Weitgehend vergangenheitsorientiert	Zukunftsorientiert
2.) Häufigkeit	Zyklische Nachfrage	Aperiodische Nachfrage
3.) Institutionelle Reglementierung	Berufstitel § 1 Abs. 1 S. 1 WPO	Freiberufliche Tätigkeit ohne fachliche oder persönliche Voraussetzungen
4.) Konfliktpotential	Tendenziell hoch	Gering, gemeinsame Lösungssuche
5.) Kundenspezifikation	Gering, da rechtlicher Rahmen vorgegeben	Hoch, da Aufgabendefinition durch Kunden
6.) Interaktionsintensität	Während der Informationssammlung interaktionsintensiv, Urteilsbildung interaktionsarm	Generell hohe Interaktionsintensität
7.) Charakter der Dienstleistung	Teilweise repetitiv	Kreativ-problemlösend

Tabelle 4-1: Synoptische Gegenüberstellung von Prüfung und Beratung[316]

Beratungsleistungen, die der Abschlussprüfer erbringt, werden von der IFAC als *non-assurance services*[317] und von der SEC als *non-audit services* bezeichnet.[318] Der US-amerikanische Gesetzgeber versteht darunter sämtliche Leistungen, die nicht die Prüfung des „financial statements and review of financial statements included in the registrant's Form 10-Q (17 CFR 249.308a) or 10-QSB (17 CFR 249.308b) or services that are normally provided by the accountant in connection with statutory and regulatory filings" betreffen.[319] Auch die

---

[312] Vgl. *Fachverband Unternehmensberatung und Datenverarbeitung* (1996), S. 2.
[313] Siehe *Kapitel 3.2.3.4.* dieser Arbeit.
[314] Vgl. *Backhaus* (1992), S. 171; *Backhaus/Späth* (1992), S. 762; *Stegemeyer* (2002), S. 22; *Bauer* (2004), S. 52.
[315] Bei einer freiberuflichen Tätigkeit handelt es sich um eine selbstständige Berufstätigkeit, die weiteren, insbesondere steuerrechtlichen Kriterien (§ 18 EStG) genügen muss. Demnach sind jene Personen freiberuflich, die einem der Katalogberufe nach § 18 Abs. 1 Nr. 1 EStG angehören, also auch Wirtschaftsprüfer (vgl. *IDW* (2006a), A. 2).
[316] In Anlehnung an *Ziegler* (1994), S. 87; *Kudert* (1999), S. 233; *Stegemeyer* (2002), S. 21 u. 22; *Schmid* (2007), S. 63.
[317] Vgl. *IFAC* (2006a), Sec. 290.158.
[318] Vgl. *Regulation S-X* (2007), Preliminary Note to Sec. 210.2–01; *SEC* (2003a), Summary.
[319] *SEC* (2003a), Part III, Item 16 (1).

EG-Kommission verwendet in einer Empfehlung sowie in der 8. EG-Richtlinie (2006/43/EG) den Terminus der *Nichtabschlussprüfungsleistungen,* um jene Leistungen des Abschlussprüfers zu beschreiben, welche keine gesetzliche Pflichtprüfung darstellen.[320] Den handelsrechtlichen Bestimmungen der §§ 285 S. 1 Nr. 17, 314 Abs. 1 Nr. 9 HGB folgend umfassen *Abschlussprüfungsleistungen* neben der Prüfung des Konzern-/Jahresabschlusses und des Konzern-/Lageberichts i.S.d. § 316 Abs. 1 u. 2 HGB Nachtragsprüfungen (§ 316 Abs. 3 HGB), Prüfungen für Zwecke der Offenlegung (§ 325 Abs. 2a u. 2b HGB) oder die Verifizierung eines IFRS-Einzelabschlusses (§ 324a Abs. 1 HGB).[321] Auch die Prüfung des Risikofrüherkennungssystems bei börsennotierten Gesellschaften (i.S.v. § 317 Abs. 4 HGB i.V.m. § 91 Abs. 2 AktG), nach § 53 HGrG bei öffentlichen Unternehmen sowie eine ggf. erforderliche Prüfung gem. § 29 KWG sind durch den bestellten Abschlussprüfer durchzuführen und somit eine Abschlussprüfungsleistung.[322] Hat der Aufsichtsrat den Prüfungsauftrag um zusätzliche Leistungen, bspw. im Rahmen eines Prüfungsschwerpunktes, erweitert, sind diese Leistungen ebenfalls der Abschlussprüfung zuzuordnen.

Andere Dienstleistungen, die keine Vorbehaltsaufgabe des gewählten Prüfers sind, werden im Folgenden synonym als *Nichtabschlussprüfungsleistungen* oder *Beratungsleistungen* bezeichnet. Neben Gründungs-, Verschmelzungs-, Spaltungsprüfung wird auch die Prüfung des Unternehmensvertrags (§ 293b AktG) als Beratungsleistung betrachtet.[323] Der im Folgenden verwendete Begriff Beratung umfasst daher auch Prüfungsleistungen, sofern diese nicht zwangsläufig durch den Abschlussprüfer erbracht werden müssen.

4.2 Dienstleistungsangebot der Wirtschaftsprüfungsgesellschaften

Die Nachfrage nach Beratungsleistungen ist bis zum Beginn der Finanzkrise in Deutschland, Europa und der Welt stark gestiegen.[324] Der Rückgriff auf externe Ressourcen erfolgt dabei i.d.R. mit dem Ziel der Nutzung von Methodenkompetenzen und den Erfahrungen des jeweiligen Beraters.[325] Durch den Einsatz externen Know-hows können Entscheidungsgrundlagen erweitert und die Erarbeitung dezidierter Lösungsansätze sowie deren Implementierung be-

---

[320] Vgl. *EG-Kommission (2002/590/EC)* (2002a), Einleitung Abs. 5; *EG-Richtlinie (2006/43/EG)* (2006), Einleitung Abs. 33. Entsprechend der *EG-Kommission* handelt es sich bei der Pflichtprüfung um eine Prüfungsleistung, die von einer zugelassenen Person i.S.v. Art. 2 I *EG-Richtlinie (2006/43/EG)* (2006) erbracht werden muss. Sämtliche Leistungen, die keine Vorbehaltsaufgabe des Berufsstandes darstellen sind somit Nichtprüfungsleistungen (vgl. *EG-Kommission (2002/590/EC)* (2002a), Abs. 7.1.1. und Anhang Glossar *Pflichtprüfung*). Eine ähnliche Abgrenzung nimmt die IFAC im Code of Ethics vor: Leistungen, die nicht als „Financial Statement Audit Engagement," bzw. als „Statutory Audit, which is a financial statement audit engagement (required by legislation or other regulation)" klassifiziert werden, sind demnach „non-assurance services" (*IFAC* (2005), Definitions *Financial Statement Audit Engagement*).
[321] Vgl. *Pfitzer et al.* (2004a), S. 2595.
[322] Vgl. *Ellrott* (2006), § 285, Tz. 271; *Bischoff* (2006), S. 710-711.
[323] Vgl. *Bauer* (2004), S. 51; *Ellrott* (2006), § 285, Tz. 272.
[324] Vgl. *FEACO* (2007), S. 6-7; *BDU* (2008), S. 3-7.
[325] Vgl. *Krebs* (1980), S. 87 u. 92; *Exner* (1994), S. 1; *Stegemeyer* (2002), S. 1.

Dienstleistungsangebot der Wirtschaftsprüfungsgesellschaften 59

schleunigt werden.[326] Dies gilt insbesondere, wenn die benötigte Expertise im Unternehmen nicht vorhanden ist.[327] Dem Berater kommt aufgrund seines Wissens- und Erfahrungsvorsprungs gegenüber seinem Auftraggeber eine Expertenrolle zu.[328] Dessen Fachwissen, zeitliche und personelle Restriktionen des Ratsuchenden oder der Bedarf an einer neutralen Sichtweise sind ursächlich dafür, dass originär dem Management obliegende Aufgabenbereiche an Externe übertragen werden.[329] Liegt eine schwierige Entscheidungssituation vor, kann der Berater als „unparteiischer und neutraler Erkenner, Analytiker und Begleiter" zu Rate gezogen werden.[330] Umstritten, aber zweifelsohne von praktischer Relevanz, ist der Einsatz externer Berater im Zusammenhang mit strukturellen Maßnahmen. Insbesondere in Situationen, in denen Personalmaßnahmen angestrebt werden, kann das Management versucht sein, bei eigenen Mitarbeitern und der Öffentlichkeit den Eindruck zu erwecken, ein neutraler Außenstehender habe die Dringlichkeit von Restrukturierungsmaßnahmen erkannt.[331]

Einen Einblick in das breit gefächerte Dienstleistungsspektrum der WPGs bieten sowohl deren Internetpräsenzen als auch die Geschäftsberichte. Die derzeitigen Inhalte der Websites zum Dienstleistungsangebot der Big4-Wirtschaftsprüfungsgesellschaften sind in *Tabelle 4.2* zusammengestellt.[332] Dabei wird ersichtlich, dass die Abschlussprüfung lediglich eine unter zahlreichen Leistungen ist.

KPMG[333]	PwC[334]	Ernst&Young[335]	Deloitte[336]
Audit -Abschlussprüfung -Prüferische Durchsicht -Sonderprüfungen	**Assurance** -Rechnungslegung -Berichterstattung -Prüfung	**Assurance** -Abschlussprüfungen -Sonstige Prüfungen -Corporate Social Responsibility -Agenda Mittelstand -Branchen -Qualitätssicherung	**Wirtschaftsprüfung** -Abschlussprüfungen -Enterprise Risk Services -Extra-Financial Issues -Securitisation Services -Sonderprüfungen -Sonstige Leistungen -US GAAP Services

---

[326] Vgl. *Hafner/Reineke* (1992), S. 30; *Tschopp* (1995), S. 318.
[327] Vgl. *Fieten* (1979), S. 395; *Stegemeyer* (2002), S. 1.
[328] Vgl. *Bauer* (2004), S. 54.
[329] Vgl. *Hill* (1990), S. 172; *Bauer* (2004), S. 55.
[330] *Kienbaum/Meissner* (1979), S. 110.
[331] Vgl. *Bauer* (2004), S. 55.
[332] *Big8...Big6...Big5...Big4*: Die ursprünglichen *Big8* waren Arthur Andersen, Arthur Young, Coopers & Lybrand, Ernst & Whinney, Deloitte, Haskins & Sells, Peat Marwick International, Price Waterhouse, Touche Ross. Die *Big8* wurden im Jahr 1989 zu den *Big6*, als Ernst & Whinney im Juni mit Arthur Young zu Ernst & Young fusionierte und Deloitte, Haskins & Sells sich im August mit Touche Ross zu Deloitte zusammenschloss. Das Ensemble der *Big6* reduzierte sich Juli 1998 erneut zu den *Big5*, als PriceWaterhouse mit Coopers & Lybrand fusionierte und Pricewaterhouse- Coopers entstand. Infolge des Enron-Skandals ging Arthur Andersen/Deutschland im Jahr 2002 im Wesentlichen an Ernst & Young über und verschwand als Gesellschaft bzw. Marke. Die *Big5* wurden zu den *Big4*.
[333] Vgl. *KPMG* (2009a).
[334] Vgl. *PwC* (2009a).
[335] Vgl. *Ernst&Young* (2009a).
[336] Vgl. *Deloitte* (2009a).

Tax	Tax	Tax	Steuerberatung
-Corporate Tax Services -Financial Services Tax -Indirect Tax Services -International Corporate Tax -International Executive Ser. -Global Transfer Pricing Ser. -Mergers & Acquisitions Tax -Tax Management Services	-Deklaration- und Buchhaltungsleistungen -Steuerberatung für Unternehmen -Verrechnungspreise -Indirekte Steuern -Steuerberatung für Privatpersonen	-Förderberatung -Gestaltungsberatung -Global Financial Services -Human Capital -Immobilienberatung -Internationale St.-beratung -Laufende Steuerberatung -Steuerstrafrecht -Transaktionsberatung -Verrechnungspreisber.	-Allgemeine Steuerberatung -EU Tax Group -Förderberatung -Global Employer Services -Indirect Taxes -Mergers & Acquisitions -Tax Real Estate -Transfer Pricing
Advisory -Governance & Compliance -Performance -Corporate Finance -Transaction Services -Restructuring -Forensic	**Advisory** -Transaktionen -Investitionen u. Deinvest. -Finanzierung -Sanierung u. Restrukturierung -Krisenmanagement -Forensische Beratung -Projekt u. Change Manag. -Prozesse -Personal -Informationstechnologie -Immobilien -Unternehmensst. und Risikomanagement -Interne Revision -Branchenregulierung -Wissenstransfer	**Advisory** -Business Advisory Services -Business Risk Services -Customer -Finance -Financial Services Risk Management -Fraud Investigation & Dispute Services -Technology & Security Risk Services **Transaktion** -Capital Markets -M & A Advisory -Real Estate -Restructuring -Transaction Integration -Transaction Support -Transaction Tax -Valuation	**Consulting** -Enterprise Applications -Finanzen & Controlling -Human Capital -Market Strategy&Customer Relation Management -Strategie & Organisation -Supply Chain Management -Technology Integration **Corporate Finance** -Business Modelling -Corporate Finance Adv. -Forensic & Dispute Ser. -Reorganisation Services -Transaction Services -Unternehmensbewertung

Tabelle 4-2: Dienstleistungsangebot der Big4

Neben der *Steuerberatung* und Leistungen im Bereich *Corporate Finance* gehören auch Dienstleistungen im Bereich *Market Strategy & Customer Relationship Management*, *Strategie & Organisation* oder sogar des *Supply Chain Managements* zum Dienstleistungsangebot der Big4. Da diese Leistungen vom originären Auftrag des öffentlich bestellten Wirtschaftsprüfer völlig entkoppelt sind, wurde von *Levitt* (2000b), dem ehemaligen Vorsitzenden der US-amerikanischen Kapitalmarktaufsicht, der Begriff der *multi-disciplinary professional services organisations* zur Beschreibung der Wirtschaftsprüfungsgesellschaft verwendet.[337] Gleichzeitig kam die Diskussion auf, ob die Abschlussprüfung lediglich eine *commodity* darstelle, welche vorrangig als Einstiegsmöglichkeit für weitere Geschäfte diene.[338]

4.3 Ökonomische Bedeutung der Beratung für den Berufsstand

Die ökonomische Bedeutung der Beratungstätigkeit für den Berufsstand äußert sich darin, dass die deutschen Big4-Gesellschaften seit dem Jahr 2005 mehr als die Hälfte ihrer Umsatz-

---

[337] "As the biggest accounting firms have transformed themselves into multi-disciplinary professional service organizations, the debate over the role of the auditor – and the inherent pressures of practicing within a firm offering clients a range of non-audit services – has become more pressing." So der ehemalige SEC Vorsitzende *Levitt* (2000) in einer Sitzung der SEC am 27.06.2000. Siehe zu diesem Zitat auch *Schindler/Rosin* (2001), S. 118; *Marx* (2002a), S. 41.

[338] Vgl. *Ballwieser* (2008), S. 8; *Künnemann* (2008), S. 291-292; *Naumann* (2008), S. 101.

Ökonomische Bedeutung der Beratung für den Berufsstand

erlöse mit diesen Leistungen erzielen.[339] So reduzierte sich der Anteil des Bereichs Wirtschaftsprüfung (*Assurance*) relativ zu den Gesamtumsätzen bei den Gesellschaften PwC, KPMG und Ernst&Young seit 2004 um rund 8 %. Lediglich Deloitte konnte im Geschäftsjahr 2007/08 aufgrund von *Compliance-Leistungen* erhebliche absolute und relative Zuwächse im sogenannten Prüfungsbereich verzeichnen.[340] Doch auch bei diesen Umsätzen handelt es sich vor allem um prüfungsnahe Beratungsleistungen und nicht um die Ausübung einer gesetzlichen Vorbehaltsaufgabe.

Gesellschaft (Stichtag)	Umsatzerlöse in Mio. € (Anteil in %)				
	2003/04	2004/05	2005/06	2006/07	2007/08
PwC (30.06)[341]	1.037	1.138	1.230	1.348	1.470
Assurance	666 (64%)	727 (64%)	729 (59%)	784 (58%)	851 (58%)
Tax	237 (23%)	238 (21%)	301 (25%)	323 (24%)	353 (24%)
Advisory	134 (13%)	173 (15%)	200 (16%)	241 (18%)	266 (18%)
KPMG (30.09)[342]	951	1.041	1.118	1.215	1.263
Audit	509 (53%)	526 (51%)	543 (49%)	568 (47%)	580 (46%)
Tax	215 (23%)	223 (21%)	251 (22%)	272 (22%)	309 (24%)
Advisory	227 (24%)	292 (28%)	324 (29%)	375 (31%)	374 (30%)
Ernst&Young (30.06)[343]	770	833	912	1.039	1.097
Assurance/Advisory*	466 (54%)	515 (55%)	466 (49%)	518 (46%)	557 (46%)
Steuern	294 (34%)	304 (32%)	317 (33%)	358 (32%)	388 (32%)
Transaktion	101 (12%)	118 (13%)	173 (18%)	246 (22%)	256 (22%)
**	-91	-106	-44	-84	-103
Deloitte (30.06)[344]	462	488	518	579	779
Wirtschaftsprüfung	192 (42%)	226 (46%)	252 (48%)	262 (45%)	430 (55%)
Consulting	149 (32%)	127 (26%)	123 (24%)	144 (25%)	152 (20%)
Corporate Finance	30 (6%)	37 (8%)	40 (8%)	55 (10%)	64 (8%)
Tax	91 (19%)	98 (20%)	103 (20%)	118 (20%)	133 (17%)

* Ernst&Young weist die Umsatzerlöse der Bereiche Audit und Advisory nur gemeinsam aus.
** Eliminierung der Umsatzerlöse, welche doppelt, d.h. sowohl in der Transaktionsberatung als auch in Audit/Advisory erfasst wurden.

Tabelle 4-3: Umsatzerlöse der Big4-Gesellschaften in Deutschland

Während der Anteil der Steuerberatung, wie aus *Tabelle 4-3* hervorgeht, im Zeitvergleich bei allen Prüfungsgesellschaften relativ konstant ist, weisen die Big4-Gesellschaften in den vergangenen Jahren deutlich steigende Umsätze in *Advisory, Transaktion* und *Corporate Finan-*

---

[339] Dies geht aus den Studien der *World Accounting Intelligence (WAI)* hervor, welche den deutschen Prüfungsmarkt in regelmäßigen Abständen untersucht. Bei den im *International Accounting Bulletin* veröffentlichten Untersuchungen werden die jeweils 30 größten Prüfungsgesellschaften einbezogen (vgl. *Barber/Paswani* (2005), S. 13; *IAB* (2006), S. 13; *Conlon* (2007), S. 12).
[340] Vgl. *Fockenbrock* (2008), S. 12; *Deloitte* (2008a).
[341] Vgl. *PwC* (2004), *PwC* (2005), *PwC* (2006), *PwC* (2007), *PwC* (2008a).
[342] Vgl. *KPMG* (2005a), *KPMG* (2005b), *KPMG* (2007a), *KPMG* (2008).
[343] Vgl. *Ernst&Young* (2005), S. 75, *Ernst&Young* (2007), S. 86.
[344] Vgl. *Deloitte* (2005), *Deloitte* (2006), *Deloitte* (2007).

ce aus. KPMG und Deloitte erzielen regelmäßig rund 30 % der Gesamterlöse mit diesen von der originären Aufgabe eines öffentlich bestellten Wirtschaftsprüfers abgekoppelten Tätigkeiten. Bei Ernst&Young ist der Anteil deutlich höher. Während im Konzernabschluss die Umsätze der Bereiche *Assuarance* und *Advisory* nur gemeinsam ausgewiesen werden,[345] kann dem Transparenzbericht (§ 55c WPO) der Gesellschaft entnommen werden, dass in der Periode 2007/08 lediglich Mio. € 331 der Gesamterlöse (Mio. € 1.095), also rund 30,3 %, mit der gesetzlichen Abschlussprüfung erzielt wurden.[346] Der Anstieg der Beratungsleistungen in den vergangenen Jahren ist neben einer Nachfrage nach Unterstützung im Rahmen der IFRS-Implementierung,[347] der Entwicklung und Einrichtung Interner Kontrollsysteme (IKS), der Risikoberatung und forensischen Dienstleistungen auch auf eine, zumindest bis zum Beginn der Finanzkrise, zunehmende Nachfrage nach Transaktionsexpertise zurückzuführen.[348] Ebenso ist der Bedarf im Bereich *Corporate Finance* und *International Tax Services* in den vergangenen Jahren stark gestiegen.[349] *Kämpfer* (2007), Vorstand bei *PwC*, bekundet, dass die Bereiche *transaction support* und *process-related services* stärker wachsen als die Umsatzerlöse im Prüfungsbereich.[350]

Diese Entwicklung ist nicht auf die Big4 beschränkt. Der Managing Partner einer großen mittelständischen Wirtschaftsprüfungsgesellschaftem bezeichnet *tax structuring, tax consulting work* und *corporate finance* bereits als „core non-audit businesses."[351] Aus einer im *International Accounting Bulletin* (IAB) jährlich veröffentlichten Country Survey zum deutschen Prüfungsmarkt geht hervor, dass auch mittelgroße Wirtschaftsprüfungsgesellschaften im Geschäftsjahr 2005/06 teilweise weniger als ein Drittel der Gesamterlöse mit Prüfungsleistungen erzielten (*Baker Tilly International* (28 %), *DFK Germany* (29 %), *JHI* (30 %)).[352] Vor dem Hintergrund der zunehmenden Bedeutung der Beratung wird die Frage nach einer Beeinträchtigung der tatsächlichen und wahrgenommenen Unabhängigkeit, welche als Voraussetzung für eine qualitativ hinreichende Abschlussprüfung in *Kapital 3.2.2* herausgestellt wurde, mit Brisanz diskutiert.

Bei Betrachtung der in *Tabelle 4-3* dargestellten Umsatzentwicklungen sollte jedoch kein voreiliges Urteil gefällt werden, schließlich werden bei Weitem nicht alle Beratungsumsätze mit Prüfungsmandanten erzielt. Vielmehr könnte der Anstieg der Umsätze im Beratungsbereich

---

[345] Aufgrund eines aggregierten Ausweises der Umsätze in *Assurance* und *Advisory* in den betrachteten Konzernabschlüssen ist die Aussagekraft der Tabelle 4-3 an dieser Stelle eingeschränkt.
[346] Vgl. *Ernst&Young* (2009b), S. 20.
[347] Diese Entwicklung hält gegenwärtig an, auch wenn die börsennotierten Gesellschaften ihren Umstellungsprozess beendet haben. Insbesondere die zahlreichen mittelständischen Unternehmen bereiten sich gegenwärtig auf den Konversion Prozess vor (vgl. *Conlon* (2007), S. 11-12).
[348] *IAB* (2006), S. 12.
[349] Vgl. *IAB* (2006), S. 12.
[350] Vgl. *Canlon* (2007), S. 11.
[351] *IAB* (2006), S. 11.
[352] Vgl. *Conlon* (2007), S. 12.

Ökonomische Bedeutung der Beratung für den Berufsstand 63

durch die Akquisition neuer originärer Beratungsmandate begründet sein.[353] *Kämpfer* (*PwC*) und *Plendl* (*Deloitte*) führen die steigende Relevanz der Beratung vorrangig auf eine Ausweitung des Mandantenkreises zurück. Infolge der verschärften Unabhängigkeitsanforderungen sei bei den kapitalmarktorientierten Prüfungsmandanten eine Verschiebung der Beratungsleistungen zu anderen Gesellschaften vollzogen worden, die nicht gesetzlicher Abschlussprüfer seien.[354] Die Vermutung steigende Umsatzerlöse der Wirtschaftsprüfungsgesellschaften im Beratungsbereich würden per se eine Beeinträchtigung der Unabhängigkeit begründen, greift somit zu kurz. Stattdessen erfordert eine aussagefähige Unabhängigkeitsbeurteilung stets die mandatsspezifische Betrachtung, wie sie im Rahmen der empirischen Untersuchung in *Kapitel 12* erfolgt.

4.3.1 Preisdruck im Prüfungsgeschäft

Die vorausgehend dargestellte Entwicklung in der Umsatzstruktur ist deutlich und wirft die Frage nach deren Ursachen auf. Neben einer zunehmenden Nachfrage nach Beratungsleistungen seitens der Mandanten dürfte der erhebliche Druck auf die Prüfungshonorare maßgeblich für die Ausdehnung des Leistungsangebotes sein.[355] So sind in den letzten zwanzig Jahren die Honorare im Beratungsgeschäft kontinuierlich gestiegen,[356] während die Prüfungshonorare tendenziell gesunken sind.[357]

Gruppe[358]	Prüfung (Stundensätze in €)		Steuerberatung (Stundensätze in €)	
	Unterer Bereich	Oberer Bereich	Unterer Bereich	Oberer Bereich
Gruppe 1	129,00 €/h (121,00 €/h)	163,00 €/h (161,00 €/h)	138,00 €/h	173,00 €/h
Gruppe 2	104,00 €/h (100,00 €/h)	129,00 €/h (131,00 €/h)	112,00 €/h	142,00 €/h
Gruppe 3	80,00 €/h (75,00 €/h)	100,00 €/h (97,00 €/h)	81,00 €/h	104,00 €/h
Gruppe 4	66,00 €/h (62,00 €/h)	83,00 €/h (80,00 €/h)	65,00 €/h	82,00 €/h

Tabelle 4-4: Honorarentwicklung in Prüfung und Steuerberatung[359]

Neben dieser subjektiven Einschätzung des Berufsstandes belegt eine Untersuchung der WPK zur Honorarstruktur diesen Eindruck. Die Stundensätze für Prüfungsleistungen sind, wie aus *Tabelle 4-4* hervorgeht, zwischen 2002/03 und 2006/07 nominal kaum gestiegen, d.h. real

---

[353] Vgl. *Barber/Peswani* (2005), S. 12.
[354] Vgl. *Conlon* (2007), S. 13.
[355] Vgl. *Marx* (2002a), S. 40 u 42; *Schmid* (2007), S. 75.
[356] Vgl. *Grieder* (2004), S. 88; *BDU e.V.* (2008), S. 1.
[357] Rückläufige Prüfungshonorare können auch einer Trendstudie von *Lünendonk* (2006) zum deutschen Prüfungsmarkt entnommen werden. Danach wird von den Mitgliedern des Berufsstandes neben einer zunehmenden Reglementierung (55,6 %) insbesondere der Preisdruck (44,4 %) als ein wesentliches Problem wahrgenommen (vgl. *Lünendonk* (2006), S. 113).
[358] Gruppe 1 (WP/vBP als Praxisinhaber, Sozius, gesetzlicher Vertreter oder Partner); Gruppe 2 (WP/vBP, soweit bisher nicht erfasst und erfahrene Prüfer ohne WP/vBP-Qualifikation); Gruppe 3 (sonstige Prüfer und Assistenten mit mehr als zwei Jahren Berufserfahrung); Gruppe 4 (Sonstige Prüfer und Assistenten mit weniger als zwei Jahren Berufserfahrung) (vgl. *WPK* (2007), S. 2).
[359] Vgl. *WPK* (2007), S. 2 u. 3 (in Klammern: Ergebnisse der Honorarumfrage 2002/2003).

gefallen.[360] Als Ursache wird in der Literatur ausgeführt, dass die gesetzliche Abschlussprüfung trotz ihrer ökonomischen Notwendigkeit[361] oftmals als reiner Kostenfaktor oder als gebührenpflichtige Belästigung betrachtet werde,[362] von welcher (für das Management) kein Nutzen ausgehe.[363] Die Aversion des Managements aufgrund der institutionellen Verankerung der Abschlussprüfung führt dazu, dass häufig die günstigste Möglichkeit der Pflichterfüllung gewählt wird.[364] Darüber hinaus ist der Preisdruck im Prüfungsgeschäft das Resultat einer allgemein ungünstigen Wettbewerbssituation, die durch hohen Konkurrenzdruck bei gleichzeitig geringen Gewinnmargen charakterisiert ist.[365] Auch ist der Markt aufgrund der gestie-genen Mitgliederanzahl des Berufsstandes in den vergangenen Jahren weitgehend gesättigt.[366]

Jahr	1932	1961	1986	1990	1995	2000	2005	2007	2008	2009
Wirtschaftsprüfer (Stand z. 1.1)	549	1.590	4.836	6.344	7.994	9.984	12.244	12.963	13.206	13.406
Wirtschaftsprüfungsgesellschaften	76	196	991	1.215	1.541	1.879	2.221	2.361	2.444	2.496
BNE/WP in Mio. €	-	106	210	202	230	205	184	188	185	179

Tabelle 4-5: Entwicklung der Berufsstandsangehörigkeit[367]

Die Zahl der Wirtschaftsprüfer hat sich in den vergangenen 15 Jahren annähernd verdoppelt. Aus einer von *Ballwieser* (2008) gewählten Beziehung zwischen Bruttonationaleinkommen (*BNE*) und den Berufsstandsangehörigen, welche in *Tabelle 4-5* dargestellt ist, geht hervor, dass das Bruttonationaleinkommen in den letzten zehn Jahren mit rund 26 % wesentlich schwächer gewachsen ist als der Berufsstand (53 %). Bei Betrachtung des Bruttonationaleinkommens als Surrogat für die Nachfrage nach Abschlussprüfungsleistungen und der Anzahl der Wirtschaftsprüfer als Indikator der Angebotsseite wird eine Veränderung des Marktgleichgewichtes ersichtlich. Auch ist die Anzahl prüfungspflichtiger Gesellschaften begrenzt, so dass ab einer vollständigen Verteilung aller Prüfungsmandate kein nennenswertes Wachstumspotential mehr besteht.[368] Diese Einschätzung resultiert aus der gesetzlichen Vorgabe

---

[360] Siehe hierzu auch *Marten/Köhler* (2001), S. 435.
[361] Siehe *Kapitel 3.2* dieser Arbeit.
[362] Vgl. *Braun* (1996), S. 999; *Wiedmann* (1998), S. 341; *Dörner* (1998), S. 302; *Lenz* (1999), S. 546; *Marx* (2002a), S. 41.
[363] Vgl. *Richter* (1997), S. 235; *Bauer* (2004), S. 75.
[364] *Sunder* (2003, S. 143) bezeichnet den Prüfungsmarkt aufgrund des erheblichen Preisdruckes und des Desinteresses des Managements an einer hinreichenden Prüfungsqualität als *Lemon Market* (vgl. *Akerlof* (1970), S. 488-500).
[365] Vgl. *Braun* (1996), S. 999; *Wiedmann* (1998), S. 341; *Marx* (2002a), S. 42; *Marx* (2002b), S. 294; *Niehus* (2002), S. 616; *Sunder* (2003), S. 143; *Miß* (2006), S. 100.
[366] Vgl. *Nelissen* (1995), S. 521; *Schmidt* (1998), S. 319; *Wiemers* (2001), S. 675; *Marx* (2002a), S. 42; *Schmid* (2007), S. 203. Siehe auch *Lenz* (1999, S 541), der anhand einer Gegenüberstellung der WP zur Einwohnerzahl und dem Bruttoinlandsprodukt in den USA und Großbritannien ableitet, dass in Deutschland zum damaligen Zeitpunkt noch Entwicklungspotenzial bestehe.
[367] Angelehnt an *Ballwieser* (2008), S. 6; ermittelt aus *Statistisches Bundesamt* (2009); *WPK* (2009a), S. 1.
[368] Siehe hierzu *Müller* (2008), Vorstand Ernst&Young, Deutschland im Interview mit dem Handelsblatt (vgl. *Fockenbrock* (2008), S. 12). Ähnlich auch *Böcking/Löcke* (1997), S. 466; *Schmidt* (1998), S. 319; *Wiedmann* (1998), S. 342; *Miß* (2006), S. 101.

Ökonomische Bedeutung der Beratung für den Berufsstand 65

von Inhalt und Umfang der Abschlussprüfung. Abschlussprüfer bieten ein weitgehend identisches Produkt an, welches auf die Erfüllung der gesetzlichen Prüfungspflicht abzielt und zugleich auf diese beschränkt ist. Teilweise wird daher sogar die Auffassung vertreten, Wirtschaftsprüfer seien untereinander perfekt substituierbar.[369] Selbst bei Ablehnung einer vollständigen Substituierbarkeit etwa aufgrund der Reputationsunterschiede ist der Handlungsrahmen, innerhalb dessen die Qualität der Prüfung variieren kann, im Vergleich zu anderen Dienstleistungen stark begrenzt. Für den einzelnen Wirtschaftsprüfer ist es folglich schwer, sich gegenüber seinen Konkurrenten abzugrenzen, um mit einer mutmaßlich höheren Qualität seiner Dienstleistung höhere Honorare rechtfertigen zu können.[370] Bei einer vermeintlich relativ homogenen Qualität der Dienstleistung wird der Wettbewerb auf dem Prüfungsmarkt über den Preis geführt,[371] so dass ein Absinken der Honorare und ein damit einhergehender Rückgang der Profitabilität des Prüfungsgeschäftes nicht überraschen.[372] Gleichzeitig führen steigende Anforderungen der Aufsichtsbehörden zu Mehrkosten, die nur bedingt an die Mandanten weitergegeben werden können.[373]

4.3.2 Attraktivität von Beratungsleistungen

Vor dem Hintergrund konstanter bzw. real fallender Prüfungshonorare kann das Angebot von Beratungsleistungen als Diversifikations- und Differenzierungsstrategie betrachtet werden. Die Differenzierungsstrategie eines beratenden Prüfers zeigt sich in der Generierung von Zusatznutzen bspw. durch Hinweise zu Verbesserungen des Internen Kontrollsystems (IKS) (*Added Value*) (siehe *Kapitel 4.4.2*). Beratungsleistungen im Bereich *Supply Chain* oder allgemeine *Strategieberatungen* lassen hingegen eine Diversifikationsabsicht erkennen.[374]

WPG	Geschäftsbereich	Umsatzerlöse (T€)	Mitarbeiter	Umsatz / MA (T€)	Rang
Pricewaterhouse-Coopers*	Assurance	736.000	3.608	204	3
	Tax	296.000	1.403	211	2
	Advisory	199.000	935	213	1
	Σ	*1.231.000*	*5.946*	*207*	
KPMG**	Audit	542.700	2.390	227	2
	Tax	250.800	1.237	203	3
	Advisory	324.600	1.212	268	1
	Σ	*1.118.100*	*4.839*	*231*	

---

[369] Vgl. *Francis* (1984), S. 134., ähnlich auch *Künnemann* (2008), S. 291.
[370] Vgl. *Miß* (2006), S. 101.
[371] Vgl. *Steiner* (1991a), S. 472; *Braun* (1996), S. 999; *Marx* (2002a), S. 41-42; *Sunder* (2003), S. 143.
[372] Der Druck auf die Prüfungshonorare wird auch dadurch möglich, dass es für die Abschlussprüfung keine Gebührenordnung gibt (vgl. *Steiner* (1991a), S. 481; *Braun* (1996), S. 999; *Marx* (2002a), S. 42; *IDW* (2006a), A 631.
[373] Vgl. *IAB* (2006), S. 12.
[374] Vgl. *Marx* (2002a), S. 42; *Schmid* (2007), S. 75-76.

Ernst&Young***	Assurance/Advisory	518.000	2.248	230	3
	Tax	358.000	1.345	266	2
	Transaktion	246.000	660	373	1
	∑	*1.122.000*	*4.253*	*264*	
Deloitte****	Wirtschaftsprüfung	429.800	1.464	294	2
	Consulting	152.400	638	239	3
	Corporate Finance	63.900	206	310	1
	Tax	133.200	815	163	4
	∑	*779.300*	*3.123*	*250*	
* Zeitraum: Geschäftsjahr 2005/2006, fachliche Mitarbeiter zum 30.06.2006.
** Zeitraum: Geschäftsjahr 2005/2006, durchschnittliche fachliche Mitarbeiter 2005/2006.
*** Zeitraum: Geschäftsjahr 2006/2007, fachliche Mitarbeiter zum 30.06.2007.
**** Zeitraum: Geschäftsjahr 2007/2008, fachliche Mitarbeiter zum 30.06.2008.

Tabelle 4-6: Umsatzerlöse pro Mitarbeiter im Dienstleistungsvergleich

Die ökonomische Attraktivität der Beratungstätigkeit wird anhand der im Beratungsbereich erzielten Deckungsbeiträge deutlich. Zur Ermittlung einer Verhältniskennzahl wurden die Umsatzerlöse, welche in den Konzernabschlüssen der Big4-WPGs für die einzelnen Geschäftsbereiche ausgewiesen werden, in Relation zu den fachlichen Mitarbeitern des jeweiligen Segments betrachtet.[375] Dabei wird unterstellt, dass die Verhältniskennzahl *Umsatzerlöse pro Mitarbeiter* auf die wirtschaftliche Attraktivität der einzelnen Geschäftsbereiche schließen lässt, d.h., je höher der erzielte Umsatzerlös pro Mitarbeiter, desto attraktiver ist die Dienstleistung für den Anbieter. Die Bildung der Verhältniskennzahl ist zulässig, da die Personalaufwendungen den mit Abstand größten Anteil am Gesamtaufwand darstellen und eine in den einzelnen Geschäftsbereichen hinreichend homogene Kostenstruktur unterstellt werden kann.[376] Die Gegenüberstellung der Dienstleistungen in *Tabelle 4-6* zeigt, dass die erzielten Jahresumsätze im Bereich Prüfung (*Audit/Assurance*) und im Bereich Steuerberatung (*Tax*) innerhalb einer Gesellschaft in der Regel ähnlich sind.[377] Mit Beratungsleistungen (*Advisory/Transaktion/Corporate Finance*) werden unabhängig von der jeweils betrachteten Wirtschaftsprüfungsgesellschaft stets die höchsten Umsatzerlöse pro Mitarbeiter erzielt. *Deloitte* erzielte in dem zum 30. Juni 2008 endenden Geschäftsjahr durchschnittlich 310.000 €/p.a. Umsatz pro fachlichen Mitarbeiter im Bereich *Corporate Finance*. Einen höheren Umsatz pro Mitarbeiter erreichte lediglich der von Ernst&Young ausgewiesene Bereich der *Transaktions-*

---

[375] Teilweise weisen die Prüfungsgesellschaften die Mitarbeiterzahlen auf ihren Websites (vgl. *KPMG* (2007b)) oder im Konzernabschluss aus (vgl. *Ernst&Young* (2007), S. 44, 46, 58, 59, 64, 65). In den anderen Fällen wurde eine Aufteilung bei den jeweiligen Gesellschaften zu den entsprechenden Stichtagen schriftlich erfragt (*Deloitte, PricewaterhouseCoopers*) und durch die Kommunikationsabteilungen der Gesellschaften mitgeteilt.
[376] Vgl. *Statistisches Bundesamt* (2007), S. 4.
[377] Die Vergleichbarkeit zwischen den Gesellschaften ist dadurch eingeschränkt, dass die Bildung der Geschäftsbereiche keiner einheitlichen Vorgehensweise folgt. So sind bspw. für Ernst&Young lediglich die aggregierten Umsatzerlöse des Bereichs *Assurance&Advisory* verfügbar.

beratung mit 373.000 €/p.a.[378] Eine Studie von *Lünendonk* bestätigt in der Tendenz die besondere Attraktivität der Beratung. Danach beträgt der durchschnittliche Honorarumsatz je Stunde in der Rechtsberatung 226 €, in der Finanzberatung 190 € und in der Steuerberatung 171 €, während in der Wirtschaftsprüfung Beträge in Höhe von 166 € realisiert werden.[379] Eine im Vergleich zur Prüfung weniger ausgeprägte Wettbewerbssituation auf dem Markt für Beratungsleistungen könnte ursächlich für das aufgezeigte Honorargefälle sein. Auch der aus der Beratungstätigkeit für das Management unmittelbar resultierende Nutzen wird die Zahlungsbereitschaft des Mandanten begünstigen. So zeigt eine aktuelle Untersuchung zum deutschen Beratungsmarkt, dass dem Preisniveau der Beratung lediglich eine untergeordnete Bedeutung zukommt.[380] Zugleich sind bei gesetzlichen Prüfungsleistungen erfolgsabhängige Vergütungen unzulässig,[381] während Beratungsleistungen der vertraglichen Freiheit unterliegen, d.h. erfolgsabhängige Vergütungskomponenten grundsätzlich möglich sind.[382]

4.4 Vorteile gleichzeitiger Prüfungs- und Beratungstätigkeit

Aus dem *Code of Ethics for Professional Accountants* geht hervor, dass „[Accounting] Firms have traditionally provided to their assurance clients a range of non-assurance services that are consistent with their skills and expertise."[383] Dies wird von der IFAC darauf zurückgeführt, dass „assurance clients value the benefits that derive from having these firms, which have a good understanding of the business, bring their knowledge and skill to bear in other areas."[384] Die Vorteile einer parallelen Prüfungs- und Beratungstätigkeit liegen, wie im vorausgehenden Kapitel anhand der hohen Stundensätze aufgezeigt, jedoch nicht ausschließlich auf Mandantenseite.[385]

---

[378] Unter den Prüfungsumsätzen fallen die von *Deloitte* erzielten Umsatzerlöse auf. Deren außerordentliche Höhe ist mit einem deutlichen Umsatzanstieg von 64,5 % im Geschäftsjahr 2007/08 (siehe auch *Tabelle 4-3*) verknüpft. Ursächlich für diese Entwicklung sind Erlöse im Rahmen von Compliance-Dienstleistungen bei der Siemens AG, welche von der Prüfungssparte der Gesellschaft erbracht wurden (vgl. *Deloitte* (2008a)).
[379] Vgl. *Giersberg* (2008a), S. 16.
[380] Aus einer Studie der Deutschen Gesellschaft für Management Forschung (*DGMF* (2007, S. 36)) geht hervor, dass die durchschnittliche Bedeutung des *Preisniveaus* unter zehn betrachteten Auswahlkriterien lediglich den drittletzten Rang erzielt, während insbesondere *Umsetzungsfähigkeit*, *Fachwissen* und *Analytische Fähigkeiten* für potenzielle Kunden als Auswahlkriterien relevant sind.
[381] Vgl. *IDW* (2006a), A. 385; § 55a Abs. 1 WPO.
[382] Vgl. *Henssler* (2007), S. 29; *IFAC* (2006a), Sec. 240.3.
[383] *IFAC* (2006a), Sec. 290.158.
[384] *IFAC* (2006a), Sec. 290.158.
[385] Im Folgenden werden die Nützlichkeiten einer parallelen Prüfung und Beratung durch den Abschlussprüfer herausgearbeitet, ohne dass eine Differenzierung zwischen den unterschiedlichen Beratungsleistungen erfolgt. Eine solche, von der Ausprägung der Beratungstätigkeit abhängige Betrachtung einzelner Beratungsleistungen wird im Rahmen der Diskussion der regulatorischen Grenzen nachgeholt. Siehe *Kapitel 4.6* dieser Arbeit.

Die möglichen Vorteile einer parallelen Prüfungs- und Beratungstätigkeit werden in der Literatur meist anhand zweier wissenschaftlicher Ansätze erklärt. Während aus der *Transaktionskostentheorie* Kostenvorteile bei der Übertragung von Verfügungsrechten, im vorliegenden Fall also der Erteilung des Prüfungs- bzw. Beratungsauftrages vom Mandanten an den Abschlussprüfer, hergeleitet werden,[386] bieten die *Economies of Scope* Erklärungsansätze für ökonomische Vorteile aufgrund von Synergieeffekten durch *knowledge spillovers* während der parallelen Prüfungs- und Beratungstätigkeit. Neben diesen beiden theoretischen Ansätzen, welche im Wesentlichen die Veränderung der Kosten zum Gegenstand haben, wird im Folgenden kritisch diskutiert, ob die Qualität der Abschlussprüfung aufgrund des engeren Kontakts zwischen dem Prüfer und dem Management gestärkt werden kann.

4.4.1 Reduktion der Transaktionskosten

Die Theorie der Transaktionskosten, welche in *Kapitel 2.1* bereits kurz vorgestellt wurde, geht in allgemeiner Form auf *Coase* (1937) zurück.[387] Demzufolge entstehen im Vorfeld der einzelnen Transaktionen sogenannte Anbahnungskosten *(Setup Costs, Switching Costs)*.[388] Diese umfassen sämtliche Kosten, die mit der Informationssuche nach einem geeigneten Interaktionspartner verbunden sind.[389] Insbesondere für Vertrauensgüter, zu denen sowohl Prüfungs- als auch Beratungsleistungen zählen, sind diese Kosten vergleichsweise hoch, da ein Rückschluss auf die Qualität der Leistung selbst ex ante nur schwer möglich ist. Die Auswahl eines geeigneten Beraters wird zusätzlich erschwert, da der Zugang nicht durch gesetzliche Zugangsbeschränkungen reglementiert wird.[390] Während auf dem Prüfungsmarkt durch hohe Anforderungen an die Berufsausübung (praktische Erfahrung, Berufsexamina und kontinuierliche Fortbildung etc.) sowie eine Berufsaufsicht eine vergleichsweise hohe fachliche Qualifikation gewährleistet ist,[391] kommt es auf dem Beratungsmarkt aufgrund der Abwesenheit vergleichbarer Anforderungen zu stärkeren Qualitätsschwankungen und -unsicherheiten.[392] Erteilt der Mandant einen Beratungsauftrag an seinen Abschlussprüfer, so wandelt sich die Beratungsleistung von einem Vertrauens- zu einem Erfahrungsgut, d.h. das Risiko der Wahl ei-

---

[386] An dieser Stelle wird bewusst auf eine genauere Differenzierung zwischen den Vertragspartnern, d.h. den Personen, welche seitens des Mandanten für das Zustandekommen des Prüfungsauftrages und des Beratungsauftrages verantwortlich sind, verzichtet.
[387] Vgl. *Coase* (1937), S. 386-405.
[388] Vgl. *Richter/Furbotn* (2003), S. 53; *Simunic* (1984), S. 686; *Cahan et al.* (2008), S. 185.
[389] Vgl. *Bauer* (2004), S. 67.
[390] Siehe *Kapitel 4.1* dieser Arbeit.
[391] Vgl. *Jacobs* (1975), S. 2239; *Lange* (1994), S. 33; *Marx* (2002a), S. 92; *Böcking/Löcke* (1997a), S. 466; *Böcking/Orth* (2002a), S. 260; *Ballwieser* (2001), S. 105; *Miß* (2006), S. 98.
[392] Vgl. *Bauer* (2004), S. 68. Aus erhöhter Unsicherheit hinsichtlich der Qualität der Beratungsleistungen resultiert eine steigende Bedeutung der Qualitätssurrogate, so dass der Reputation der beratenden (Prüfungs-) Gesellschaft eine besondere Bedeutung zukommt. *Böcking/Löcke* (1997a, S. 468) gehen davon aus, dass WPs im Vergleich zu anderen Anbietern von Beratungsleistungen einen Vertrauensvorsprung genießen, der in der institutionalisierten Berufsanforderung begründet liegt (vgl. auch *Marx* (2002a), S. 92).

Vorteile gleichzeitiger Prüfungs- und Beratungstätigkeit 69

nes unqualifizierten Beraters reduziert sich.[393] Vorausgesetzt wird dabei, dass ein Rückschluss hinsichtlich der Eignung des Prüfers als Berater aufgrund ähnlicher Tätigkeitsanforderungen sinnvoll möglich ist.[394] Neben der Qualitätsunsicherheit wird somit auch die Gefahr der *Adversen Selektion* reduziert. Von den geringeren Transaktionskosten wird jedoch nicht nur der Mandant profitieren. Auch Abschlussprüfern wird die Akquisition von Beratungsaufträgen erleichtert, wenn diese bei bestehenden Prüfungsmandanten bereits „einen Fuß in der Tür" haben[395] und eine Qualitätsvermutung des Mandanten bezüglich der Beratungskompetenz vorliegt.[396] Der amtierende Prüfer hat somit einen Wettbewerbsvorteil, sobald eine Konkurrenzsituation um die Vergabe von Beratungsleistungen entsteht. Die Reduzierung besagter Transaktionskosten durch die parallele Tätigkeit stellt somit sowohl für den Mandanten als auch für den Abschlussprüfer einen großen Vorteil dar.[397]

4.4.2 Synergieeffekte durch Knowledge Spillovers

4.4.2.1 Theoretischer Hintergrund

Unter *Economies of Scope* werden Synergieeffekte zusammengefasst, welche zu Kostenvorteilen während des Leistungsprozesses führen.[398] Diese sind gegeben, wenn der Abschlussprüfer die während seiner Beratungstätigkeit gewonnenen mandatsspezifischen Kenntnisse im Rahmen der Prüfung nutzen kann.[399] So dürfte dem Abschlussprüfer die Einschätzung inhärenter Risiken im Rahmen der Prüfungsplanung leichter fallen, wenn dieser zuvor als Berater Einblicke in das Unternehmen gewinnen konnte.[400] Die parallele Prüfungs- und Beratungstä-

---

[393] Vgl. *Lange* (1994), S. 33. Zur Beurteilung der Beratungskompetenz von Wirtschaftsprüfern siehe auch die Befragung von *Backhaus/Späth* (1992, S. 769). Diese befragten 441 Probanden, darunter Wirtschaftsprüfer (188), Unternehmensberater (75) sowie deren Mandanten (178) und fanden heraus, dass die Beratungskompetenz insbesondere in den Bereichen Finanzierung, Investition, Recht, Unternehmensbewertung und Kostenrechnung als hoch erachtet wird. In den Bereichen Marketing, Logistik und Technologie hingegen wird keine Kompetenz des Berufsstandes wahrgenommen.

[394] Vgl. *Böcking/Löcke* (1997a), S. 466; *Schmidt* (1998), S. 323; *Steiner* (1991), S. 475.

[395] Vgl. *Hay et al.* (2006a), S. 716; *Marx* (2002b), S. 295; *Steiner* (1991), S. 472; *Schmidt* (1998), S. 320; *Miß* (2006), S. 99. *Marx* (2002a, S. 42-43) betrachtet die Abschlussprüfung sogar als „bezahlte Akquisitionsmöglichkeit". Ähnlich hierzu auch *Gillmann* (2002, S. 21), der ausführt, dass die Verflechtung von Prüfung und Beratung soweit reichen könnte, dass Prüfungsleistungen gratis angeboten werden könnten.

[396] Vgl. *Steiner* (1991), S. 440.

[397] Vgl. *Bauer* (2004), S. 65; *Böcking/Löcke* (1997a), S. 465-466; *Ballwieser* (2001), S. 106; *Ye et al.* (2006), S. 5.

[398] Vgl. *Nguyen* (2005), S. 17; *Bauer* (2004), S. 71; *Whisenant et al.* (2003), S. 722.

[399] Vgl. *Simunic* (1984), S. 684; *Backhaus/Späth* (1992), S. 765; *Dörner* (1998), S. 311; *Marx* (2002a), S. 106; *Stefani* (2002), S. 16; *Antle et al.* (2006), S. 240.

[400] Vgl. *Diehl* (1991), S. 203; *Dörner* (1997), S. 35; *Joe/Vandervelde* (2007), S. 469; *Atkinson et al.* (2003), S. 775.

tigkeit kann somit sowohl eine Kostensenkung als auch eine Steigerung der Abschlussprüfungsqualität begünstigen.[401] Formal wird der Sachverhalt wie folgt ausgedrückt:[402]

$P(x_P) > P_S(x_P|x_B)$, während $B(x_B)$ gilt

x_P, x_B: Volumen der Prüfungs- und Beratungsleistungen

$P(x_P)$, $B(x_B)$: Kosten, wenn Prüfungs- und Beratungsleitungen separat erbracht werden (4.4.1)

$P_S(x_P|x_B)$, $B(x_B)$: Kosten, wenn Prüfungs- und Beratungsleistungen parallel erbracht werden

Im Umkehrschluss ist es denkbar, dass der Prüfer Erfahrungen, welche er während seiner gesetzlichen Vorbehaltsaufgabe gewonnen hat, auch für die Beratung sinnvoll einsetzen kann.[403] Insbesondere der seit Jahren praktizierte geschäftsrisikoorientierte Prüfungsansatz, welcher ein hohes Verständnis der operativen Aktivitäten des Mandanten voraussetzt, könnte die Schnittmenge der erforderlichen Mandantenkenntnisse für Prüfung und Beratung gesteigert haben.[404] Verfügt der Prüfer über Kenntnisse hinsichtlich der Unternehmensabläufe/-organisation, kann er diese auch für die Beratungsdienstleistungen nutzen und seine Wettbewerbsposition verbessern, da er gleichwertige Dienstleistungen zu geringeren Kosten als seine Mitbewerber anbieten kann.[405] „The total costs of one firm jointly performing both non-auditing and auditing services are less than the sum of costs when each services is performed by a different firm."[406] *Knowledge spillovers* zwischen den Dienstleistungen sind formal wie folgt darzustellen:

$B(x_B) > B_S(x_B|x_P)$, während wie bereits oben $P(x_P) > P_S(x_P|x_B)$ gilt.

x_P, x_B : Volumen der Prüfungs- und Beratungsleistungen

$P(x_P)$, $B(x_B)$: Kosten, wenn Prüfungs - und Beratungsleistungen jeweils separat erbracht werden (4.4.2)

$P_S(x_P|x_B)$, $B_S(x_B|x_P)$: Kosten, wenn Prüfungs - und Beratungsleistungen parallel erbracht werden

Allerdings darf nicht unberücksichtigt bleiben, dass knowledge spillovers praktischen Grenzen unterliegen, wenn die einzelnen Dienstleistungen von unterschiedlichen Personen erbracht werden und der Austausch von Information durch die Größe der Organisation erschwert wird. Die Vorteile dürften daher gering ausfallen, wenn Beratungsleistungen, wie in

---

[401] Vgl. *Nguyen* (2005), S. 17; *Quick* (2002), S. 627; *Ring* (2002), S. 1348-1349; *Grieder* (2004), S. 143-145; *Joe/Vandervelde* (2007), S. 469.
[402] Vgl. *Bauer* (2004), S. 71.
[403] Vgl. *Böcking/Löcke* (1997a), S. 467; *Thümmel* (1986a), S. 648; *Vogel* (1988), S. 635; *Wiedmann* (1998), S. 341; *Miß* (2006), S. 97; *Cahan et al.* (2008), S. 185.
[404] Vgl. *Ruhnke* (2006), S. 189; *Lim/Tan* (2008); *Bell et al.* (2005).
[405] Vgl. *Lange* (1994), S. 213; *Marx* (2002a), S. 41, *Firth* (2002), S. 685; *Simunic* (1984, S. 687) geht davon aus, dass „MAS [Management Advisory Services] reduces the marginal costs of Auditing" (siehe auch *Backhaus/Späth* (1992), S. 765; *Dörner* (1998), S. 311; *Miß* (2006), S. 97).
[406] *DeBerg et al.* (1991), S. 20; vgl. *Loitlsberger* (2002), S. 706-707; *Miß* (2006), S. 96.

der Empfehlung der *EG-Kommission* (2002/590/EG) und im *Code of Ethics* der IFAC gefordert, von organisatorisch eigenständigen Abteilungen ausgeführt werden.[407]

4.4.2.2 Empirische Befunde

Ob und in welchem Umfang knowledge spillovers durch die gleichzeitige Erbringung von Prüfungs- und Beratungsleistungen realisiert werden können, ist umstritten.[408] *Simunic* (1984) entwickelt ein Modell, mit dessen Hilfe bei parallelem Angebot von Prüfung und Beratung Interdependenzen zwischen der Höhe der Prüfungs- und Beratungshonorare aufgezeigt werden sollen. Unter der Voraussetzung, dass knowledge spillovers geringere Beratungskosten bedingen, geht *Simunic* (1984) davon aus, dass es für die prüfungspflichtige Gesellschaft ökonomisch sinnvoll ist, eine höhere Menge an Prüfungsleistungen nachzufragen, um dadurch die Beratungseffizienz zu steigern.[409] Weiter unterstellt der Autor, dass eine Kostenreduktion durch die parallele Tätigkeit den Mandanten veranlasst, mehr Prüfungsleistungen beim Abschlussprüfer nachzufragen, als bei der reinen Prüfungstätigkeit. Fließen die knowledge spillovers in beide Richtungen, gilt dies analog für die Beratungsleistungen, so dass auch die Beratungshonorare höher ausfallen.[410] Ausgangspunkt für die empirische Untersuchung sind die von *Simunic* (1984) mittels Fragebogentechnik für 263 US-amerikanische börsennotierte Unternehmen erhobenen Honorare während der Jahre 1976 und 1977. Anhand dieser werden Regressionen durchgeführt, in denen das Prüfungshonorar jeweils als abhängige Variable betrachtet wird, welche durch das Beratungshonorar erklärt werden soll.[411] Für die Modelle geht bei einem Bestimmtheitsmaß von $R^2 = 0,36$ bzw. $0,79$[412] ein jeweils stark signifikant positiver Zusammenhang zwischen dem Prüfungs- und dem Beratungshonorar hervor ($p < 0,01$).[413] *Simunic* (1984) schließt aus der nachgewiesenen positiven Korrelation zwischen Prüfungs- und Beratungshonorar auf eine veränderte Kostenfunktionen durch die parallele Tätigkeit und erachtet das Auftreten von knowledge spillovers damit als bestätigt.[414] In welche Richtung die

---

[407] Vgl. *Quick* (2006), S. 44; *Lange* (1994), S. 32; *Richter* (1977), S. 42; *Grieder* (2004), S. 149.
[408] Vgl. *Fleischer* (1996), S. 762; *Leffson* (1988), S. 85; *Marx* (2002a), S. 126.
[409] Die Annahme, dass die Nachfrage nach Prüfungsleistungen elastisch ist, kann in Zweifel gestellt werden. Eine Abwägung der Argumente für und gegen diese Annahme wird von *Simunic* (1984) jedoch nicht vorgenommen.
[410] Die Änderung der Höhe des Prüfungshonorars ist von der Preiselastizität der Nachfrage nach Prüfungsleistungen abhängig. Grundsätzlich wäre es denkbar, dass Prüfungshonorare gegenüber einer Situation ohne knowledge spillovers niedriger, gleich oder auch höher ausfallen (vgl. *Simunic* (1984), S. 687).
[411] Im ersten Modell beträgt die erklärende Variable eins, wenn der Abschlussprüfer parallel Beratungsleistungen erbringt, ansonsten null. Im zweiten Modell wird anstelle der Dichotomen das stetige Beratungshonorar als erklärende Variable berücksichtigt.
[412] Durch das Bestimmtheitsmaß R^2 wird „die Güte der Anpassung der Regressionsfunktion an die empirischen Daten" gemessen. Je größer R^2 ist, desto besser ist also die Güte des empirischen Modells (vgl. *Backhaus et al.* (2006), S. 64 u. 97).
[413] Vgl. *Simunic* (1984), S. 693-394.
[414] Siehe auch *Palmrose* (1986b), *DeBerg et al.* (1991), *Davis et al.* (1993), *Bell et al.* (2001), die für unterschiedliche Prüfungsmärkte ebenfalls einen signifikante Zusammenhang zwischen Prüfungs-

Synergie-Effekte fließen, kann anhand der Regressionen jedoch nicht festgestellt werden. Auch müsse bei der Interpretation der Ergebnisse Vorsicht gewahrt werden, da diese nur vor dem Hintergrund Bestand haben, dass keine wesentlichen unternehmensspezifischen Faktoren unkontrolliert bleiben, die ebenfalls die Höhe von Prüfungs- und Beratungshonoraren beeinflusst haben könnten.[415]

Firth (2002) knüpft in seiner Untersuchung zum britischen Prüfungsmarkt an die Studie von *Simunic* (1984) an. Dabei berücksichtigt der Autor zusätzliche unternehmensspezifische Einflussfaktoren auf das Nachfrageverhalten nach Dienstleistungen des Abschlussprüfers für die 1.112 Beobachtungen der Stichprobe.[416] *Firth* (2002) vermutet, dass Fusionen, Akquisitionen, Unternehmensverkäufe, Kapitalerhöhungen, Veränderungen im Rechnungslegungs- und Informationssystem sowie die Bestellung eines neuen Vorstandes oder Restrukturierungen nicht nur ursächlich für zusätzlichen Beratungsbedarf sind, sondern zugleich einen erhöhten Prüfungsaufwand begründen.[417] Während die Vermutung, Beratungsleistungen seien ebenso wie der Prüfungsaufwand durch einmalige Ereignisse innerhalb der beobachteten Unternehmen beeinflusst bestätigt wird, kann das Auftreten von knowledge spillovers nicht länger empirisch belegt werden. Vielmehr zeigen die Erkenntnisse von *Firth* (2002), dass knowledge spillovers zwischen Prüfung und Beratung anhand von *Ordinary-Least-Squares*-(OLS)-Regressionen aufgrund deren methodischer Grenzen nicht zuverlässig nachweisbar sind. Eine Simultanität zwischen Prüfungs- und Beratungshonoraren,[418] welche zu verzerrten OLS-Schätzern führt ist ursächlich.[419]

---

[415] und Beratungshonoraren nachweisen können und daraus schließen, dass knowledge spillovers auftreten.
Vgl. *Simunic* (1984), S. 698. Ähnliche Ergebnisse liefert auch eine Studie von *Palmrose* (1986b). Diese differenziert bei den Beratungshonoraren jedoch zwischen a.) tax, b.) prüfungsnaher Beratung (*MAS-accounting*) und c.) sonstiger Beratung (*MAS-non-accounting*) und kann einen signifikant positiven Zusammenhang zwischen den Beratungsleistungen und dem Prüfungshonorar nachweisen. Ferner geht aus der Studie hervor, dass die Beratungsleistungen, welche von einem anderen externen Berater, also nicht dem Abschlussprüfer (*non-imcumbent*) bezogen werden, ebenfalls signifikant positiv mit dem Prüfungshonorar korrelieren, obwohl in diesem Fall keine knowledge spillovers vorliegen können (vgl. *Palmrose* (1996b), S. 410).

[416] Vgl. *Firth* (2002), S. 661.

[417] Im Falle signifikanter Interaktionsvariablen ist das Beratungshonorar über die jeweils betrachteten Ereignisse mit der Höhe des Prüfungshonorars korreliert, d.h. ein bestimmtes Ereignis führt sowohl zu einer erhöhten Nachfrage nach Beratungs- als auch nach Prüfungsleistungen. Ein Bestimmtheitsmaß von *adj. $R^2 = 0,89$* suggeriert eine hohe Erklärungskraft des Modells. Gleichzeitig sind die Koeffizienten der Interaktionsvariablen ausnahmslos signifikant, während von der Höhe des Beratungshonorars kein statistisch evidenter Einfluss auf das Prüfungshonorar ausgeht (vgl. *Firth* (2002), S. 672-682). Neben den von *Firth* (2002) untersuchten Einflussfaktoren können auch Surrogatgrößen für die Agency-Kosten eines Unternehmens, die Mandantenkomplexität und/oder die Größe des Mandanten als potenzielle Einflussfaktoren für beide Honorararten in Frage kommen (vgl. *Whisenant et al.* (2003), S. 722).

[418] Besteht zwischen der erklärenden Variable und der abhängigen Variable Simultanität, wird eine Grundvoraussetzung des linearen Regressionsmodells verletzt (vgl. *Whisenant et al.* (2003), S. 724-725).

[419] Vgl. *Hackl* (2005), S. 254; *Winker* (1997), S. 169-170; *Backhaus et al.* (2006), S. 79.

Zur Vermeidung dieses Problems wenden De Fuentes/Pucheta-Martínez (2007) ein zweistufiges Schätzverfahren (*Two-Stage-Least-Squares* (2-SLS)) an.[420] Dazu werden zwei aufeinander aufbauende OLS-Modelle regressiert und die Honorare von 135 spanischen Unternehmen, deren Eigenkapitaltitel und/oder Fremdkapitaltitel an einem organisierten Markt während der Jahre 2002 und 2003 gehandelt werden, betrachtet.[421] Für Vergleichszwecke wird neben der 2-SLS-Regression eine OLS-Schätzung durchgeführt, welche an die vorausgehenden Studien von *Simunic* (1984) und *Firth* (2002) angelehnt ist. Beide Schätzverfahren führten zu unterschiedlichen Ergebnissen.[422] Während die OLS-Schätzung einen signifikant positiven Zusammenhang zwischen dem Beratung- und dem Prüfungshonorar bei hohem Bestimmtheitsmaß (*adj. $R^2 = 0,81$*) belegt,[423] führt die 2-SLS-Schätzung zwar ebenfalls zu einem positiven, allerdings insignifikanten Koeffizienten der interessierenden Honorarvariable.[424] Stattdessen steht bei dem zweistufigen Verfahren lediglich die Anzahl der Tochtergesellschaften in einem eindeutigen Zusammenhang mit dem Prüfungshonorar. Auch weist das Bestimmtheitsmaß (*adj. $R^2 = 0,56$*) nun einen niedrigeren Wert aus. Die Autoren folgern, dass der anhand der OLS-Schätzung nachgewiesene positive Zusammenhang zwischen Prüfungs- und Beratungshonorar, wie bereits von *Firth* (2002) vermutet, auf verzerrte Schätzer zurückzuführen ist. Schließlich steht die Insignifikanz des auf das Beratungshonorar bezogenen Koeffizienten im 2-SLS-Modell in Widerspruch zur von *Simunic* (1984) geäußerten These von *knowledge spillovers*.

Abweichend zu den bisher dargestellten Honorarstudien untersuchen *Joe/Vandervelde* (2007) *knowledge spillovers* anhand kognitiver Effekte in einer US-amerikanischen Experimentalstudie. Als Probanden dienen 84 erfahrene Prüfer, die im Rahmen einer Fallstudie mehrere

---

[420] Die 2-SLS-Schätzung basiert auf sogenannten Instrument-Variablen und wird in zwei Stufen durchgeführt. Zunächst wird ein geschätzter bzw. prognostizierter Wert für das Beratungshonorar ermittelt, der mit der Störgröße der Prüfungshonorargleichung unkorreliert ist. Dieses geschätzte Beratungshonorar wird in einem zweiten Schritt als erklärende Variable in die Prüfungshonorargleichung eingesetzt (vgl. *De Fuentes/Pucheta-Martínez* (2007), S. 22 u. 28). Zur Vorgehensweise siehe auch *Hackl* (2005, S. 357-358) und *Hay et al.* (2006a, S. 720-721).

[421] Nach dem gleichen Verfahren gehen *Whisenant et al.* (2003) vor, die anhand von 2.666 Unternehmen den US-amerikanischen Markt untersuchen. Dies gilt auch für *Hay et al.* (2006a), welche eine Studie anhand von 200 Unternehmen für den neuseeländischen Prüfungsmarkt durchführen. *Antle et al.* (2006) vergleichen den britischen (2.294 Unternehmen) und den US-amerikanischen Markt (1.570 Unternehmen). In diesem Zusammenhang ist hervorzuheben, dass *Antle et al.* (2006, S. 241) sowohl eine positive als auch eine negative Korrelation zwischen den Honoraren als Indikator von *knowledge spillovers* interpretieren.

[422] Auch *Whisenant et al.* (2003, S. 722) kommen in Abhängigkeit des gewählten Verfahrens zu unterschiedlichen Ergebnissen.

[423] Zudem sind die folgenden Kontrollvariablen signifikant positiv: *Umsatzerlöse, Big4, net income before extraordinary items* sowie die *Anzahl der Tochtergesellschaften* ($p < 0,01$) (vgl. *De Fuentes/Pucheta-Martínez* (2007), S. 35).

[424] Bei *Whisenant et al.* (2003) führt das OLS-Verfahren zu einem ebenfalls signifikanten Koeffizienten ($p < 0,01$; $R^2 = 0,82$), während das 2-SLS-Verfahren ($p = 0,56$; $R^2 = 0,79$) die Vermutung von *knowledge spillovers* zwischen den Dienstleistungen nicht stützt (vgl. *Whisenant et al.* (2003), S. 734-736). *Hay et al.* (2006a, S. 722-724) gelangen zu ähnlichen.

Risiken bei einem fiktiven Prüfungsmandanten bewerten müssen. Im Zentrum der Untersuchung steht die Frage, ob Kenntnisse, die während einer vorausgehenden Beratungstätigkeit gewonnen werden, zu einer Verbesserung der Abschlussprüfungsqualität beitragen. Ist dies der Fall, bewerten die Autoren dies als Nachweis von knowledge spillovers. Neben der Personalunion von Prüfer und Berater (*same auditor*), einer Prüfung und Beratung durch die gleiche Gesellschaft (*same firm*) wird auch die Erbringung der Leistungen durch unterschiedliche Gesellschaften (*different firm*) simuliert.[425]

Zur Überprüfung der ersten Hypothese, der zufolge „the transfer of knowledge spillovers from non-audit tasks will be greater when the same auditor performs both non-audit and audit tasks than when the tasks are performed by different firms", werden als abhängige Variablen zwei Risikoeinschätzungen des Abschlussprüfers bezüglich der Bewertung des Vorratsvermögens (*inventory risk assessment*) und der Verbindlichkeiten (*accounts payable risk assessment*) betrachtet. Die Verifizierung der zweiten Hypothese, welche besagt, dass „auditors will identify fewer clients deficiencies when the same audit firm provides both audit and non-audit services", erfolgt, indem die Anzahl aller vom Abschlussprüfer identifizierten Kontrollschwächen (*number of internal control weakness*), Betrugsrisiken (*number of potential frauds*) und allgemeiner Risiken des Mandanten *(number of client risks)*, als abhängige Variable in das Modell eingeht.

Konsistent mit Hypothese 1 schätzen die Teilnehmer der Gruppe *same auditor* sowohl das Risiko hinsichtlich der Verbindlichkeiten (6,48) als auch das der Vorräte (6,67) auf einer Skala von 1-9 zunächst höher ein, als Probanden, welchen neben den Prüfungsunterlagen lediglich das Memorandum des Beraters zur Verfügung steht (*same firm* 4,88 (5,54); *different firm* 5,65 (6,04)). Auch die Kontrollgruppe *(control)* bewertet das Risiko mit 5,44 (und 5,56) geringer. Parametrische Test auf Mittelwertgleichheit (*t-Tests*) bestätigen signifikante Unterschiede zwischen dem beratenden Abschlussprüfer und der Kontrollgruppen *(control)* sowohl für die Risikoeinschätzung zu den Vorräten ($t = 2,03, p = 0,03$) als auch hinsichtlich der Verbindlichkeiten ($t = 2,53, p = 0,01$). Hypothese 1 wird entsprechend als bestätigt erachtet.[426]

Bezüglich Hypothese 2 untersuchen die Autoren, ob zwischen *same firm* und *different firm* Prüfern ein signifikanter Unterschied hinsichtlich der Risikoeinschätzung (*internal control*

---

[425] Die Differenzierung zwischen den Gruppen wird vorgenommen, indem die *same auditor* Gruppe im Vorfeld der Prüfung ein bereits begonnenes Beratungsprojekt zu den *Supply Management Operations* des Mandanten anhand von Arbeitspapieren fiktiver Teamkollegen fortsetzen muss. Die Probanden *same firm* und *different auditor* verfügen hingegen über keine persönliche Beratungserfahrung. Sie erhalten lediglich ein Memorandum des Beraters. Die Differenzierung zwischen den beiden Gruppen erfolgt, indem das Memorandum der *same auditor* Probanden durch den Hinweis *prepared by another auditor from your firm* gekennzeichnet ist, während das des *different auditor* Sample den Hinweis *prepared by another public accounting firm* enthält. Einer zusätzlichen Kontrollgruppe *(control)* wird kein Einblick in das Beratungsmemorandum gewährt (vgl. *Joe/Vandervelde* (2007), S. 468-469).

[426] Vgl. *Joe/Vandervelde* (2007), S. 478.

Vorteile gleichzeitiger Prüfungs- und Beratungstätigkeit 75

weaknesses, possible frauds, client risks) besteht. Die Durchführung einseitiger t-Tests zeigt, dass die Anzahl der aufgedeckten *possible frauds* bei den *different firm* Prüfern signifikant höher ist, als bei denen der *same firm* Gruppe ($t = 3,877, p < 0,01$).[427] Für die *internal control weaknesses* und *client risks* kann hingegen kein signifikanter Unterschied nachgewiesen werden, so dass Hypothese 2 nur eingeschränkt bestätigt wird. *Joe/Vandervelde* (2007) folgern dennoch, dass ein Prüfer weniger kritisch ist, wenn seine Gesellschaft zuvor Beratungsleistungen für den Mandanten erbracht hat.[428] Die Autoren fassen daher zusammen, dass „when the same auditor performs both tasks, the client still experiences the costs associated with a loss of objectivity, but can also realize the benefit of knowledge transfer, resulting in what should be a higher quality audit".[429] Erfolgt hingegen eine Trennung von prüfendem und beratendem Personal innerhalb einer Gesellschaft (*same firm*), „the client experiences the costs associated with the perception of a loss in objectivity without the benefit of the knowledge transfer between the tasks".[430]

Während *Joe/Vandervelde* (2007) eine Übertragbarkeit ihrer Ergebnisse auf eine Vielzahl von Prüfungs- und Beratungstätigkeiten gegeben sehen,[431] muss die Allgemeingültigkeit der Studie in Frage gestellt werden. So wurde in der vorliegenden Untersuchung das *Supply Chain Management* als Beratungstätigkeit mit dem Ziel der Effizienzsteigerung vorausgesetzt. Vorteile durch knowledge spillovers dürften bei einer solchen von der Abschlussprüfung inhaltlich entfernten Tätigkeit geringer ausfallen als bei prüfungsnahen Beratungsleistungen. Fragwürdig ist ferner, ob die gewählte Informationssymmetrie zwischen *same firm* und *different firm* und die alleinige Unterscheidung durch den Hinweis *prepared by another auditor of your firm* realistisch sind. Schließlich wird auch bei der Trennung von Prüfer und Berater ein Informationsaustausch zwischen den Mitarbeitern einer Gesellschaft stattfinden. Ferner könnte die Aussagefähigkeit dadurch beeinträchtigt sein, dass sich die Probanden während eines Experiments anders verhalten als im Rahmen ihrer täglichen Prüfungstätigkeit.[432] Eine *Response bias* der involvierten Abschlussprüfer ist wahrscheinlich, da diese sich normenkonform verhalten sobald sie unter Beobachtung stehen. Gleichzeitig sind die Anreize zur Unabhängigkeitsaufgabe sowie das Risiko eines Reputationsverlustes bei Bekanntwerden der Unabhän-

---

[427] Vgl. *Joe/Vandervelde* (2007), S. 480.
[428] Sowohl *SAS 99, ISA 240* als auch der *IDW PS 210* verlangen vom Abschlussprüfer, dass Situationen, in denen *Fraud* auftreten könnte, in der Prüfungsplanung angemessen berücksichtigt werden. Wird diese Pflicht in Zusammenhang mit einer parallelen Beratungstätigkeit des Abschlussprüfers häufiger verletzt, leidet auch die Qualität des Abschlusses unter einer parallelen Beratungstätigkeit.
[429] *Joe/Vandervelde* (2007), S. 484.
[430] *Joe/Vandervelde* (2007), S. 484.
[431] Vgl. *Joe/Vandervelde* (2007), S. 484-485.
[432] *Joe/Vandervelde* (2007) erfragen die Realitätsnähe des Experiments und erhalten auf einer Skala von 1-9 (1 not at all realistic; 9 very realistic) einen durchschnittlichen Wert von 6,4 der signifikant größer als das Mittel des Skala (5) ist ($t = 8,17; p < 0,001$).

gigkeitsaufgabe kaum realistisch simulierbar. Die Übertragbarkeit der Ergebnisse auf die Prüfungspraxis muss daher in Zweifel gezogen werden.

Zusammenfassend ist festzuhalten, dass das Auftreten von knowledge spillovers zwischen der Abschlussprüfung und der Beratung nicht eindeutig nachgewiesen ist. Die Betrachtung der von *Simunic* (1984), *Firth* (2002), *De Fuentes/Pucheta-Martínez* (2007) und *Joe/Vandervelde* (2007) durchgeführten Studien sowie deren teilweise widersprüchliche Untersuchungsergebnisse verdeutlichen, dass weiterer Forschungsbedarf hinsichtlich möglicher Synergieeffekte einer parallelen Prüfungs- und Beratungstätigkeit besteht.

4.4.3 Stärkung der Position des Abschlussprüfers

Die Funktion als Berater könnte dem Abschlussprüfer die Chance eröffnen gegenüber dem Management des Mandanten Kompetenzen zu zeigen sowie den eigenen Informationsstand und Einfluss zu steigern.[433] Die Stärkung der Position des Prüfers ergäbe sich, wenn dieser nicht nur mit der gesetzlichen, als unbehaglich empfundenen Abschlussprüfung in Verbindung gebracht wird,[434] sondern als kompetenter Ansprechpartner wahrgenommen würde. Eine Unternehmensführung, die an der erfolgreichen Beratungsleistung des Abschlussprüfers interessiert ist, wird diesen mit Informationen ausstatten, welche im Rahmen der gesetzlichen Abschlussprüfung möglicherweise nicht kommuniziert werden würden.[435] Die erhöhte Kooperationsbereitschaft des Managements kann somit eine positive Auswirkung auf den Prüfungsverlauf begründen und eine Steigerung der Prüfungsqualität begünstigen.[436] Allerdings hat dieses Argument indes auch eine Kehrseite: Während die Beratung eine kooperative Zusammenarbeit mit dem Management erfordert, stellt ein zu enges Vertrauensverhältnis, wie in *Kapitel 3.2.3.4* ausgeführt, eine Gefahr für die Unabhängigkeit des Abschlussprüfers dar. Aus der Perspektive der Unternehmensführung könnte es hingegen vorteilhaft sein, Beratungsaufträge an den Abschlussprüfer zu vergeben, da vertrauliche Unternehmensinterna gegenüber keiner weiteren externen Partei offenbart werden müssen.[437] Dazu kommt es, da der Abschlussprüfer auch während der Beratungstätigkeit den berufsrechtlichen Verhaltensbestimmungen zur Verschwiegenheit i.S.d. § 43 Abs. 1. S. 1. WPO unterliegt.[438] Die in der WPO und der BS WP/vBP verankerten berufsrechtlichen Anforderungen normieren somit nicht nur

---

[433] Vgl. *Emmerich* (1988), S. 644; *Steiner* (1991b), S. 358; *Kaminski/Marks* (1995), S. 277; *Marx* (2002a), S. 107.
[434] Vgl. *Sieben et al.* (1988), S. 606; *Richter* (1997), S. 235.
[435] Vgl. *Zempke* (1994), S. 92; *Fleischer* (1996), S. 762; *Böcking/Löcke* (1997a), S. 466; *Ballwieser* (2001), S. 105; *Miß* (2006), S. 99.
[436] Vgl. *Dörner* (1998), S. 311.
[437] Vgl. *Ostrowski/Söder* (1999), S. 554; *Miß* (2006), S. 99.
[438] Vgl. *Jacobs* (1975), S. 2239; *Marx* (2002a) S. 92; *IDW* (2006a), A. 343.

ein Mindestmaß an fachlicher Qualifikation sondern auch hinsichtlich der Integrität des beratenden Wirtschaftsprüfers.[439]

Für Prüfungsgesellschaften könnte sich ein Vorteil durch die parallele Tätigkeit ergeben, wenn die aus der stichtagbezogenen Abschlussprüfung resultierenden saisonalen Auslastungsschwankungen (*busy season*) durch Beratungsaufträge kompensiert werden.[440] Dieser Nutzen dürfte jedoch gering ausfallen, wenn Beratungsleistungen, wie in der Praxis üblich, von organisatorisch eigenständigen Abteilungen ausgeführt werden.[441] Auch sind saisonale Schwankungen in den vergangen Jahren ohnehin rückläufig, da die Prüfungshandlungen aufgrund des verbreiteten geschäftsrisikoorientierten Prüfungsansatzes zunehmend über das ganze Jahr verteilt sind.[442] Allerdings dürfte, wie Vertreter des Berufsstandes bemerken, ein breites Dienstleistungsangebot die Attraktivität des Berufes etwa für Hochschulabsolventen begründen. Ein Verbot oder eine unverhältnismäßige Einschränkung der Beratungsleistungen mindern die Attraktivität des Berufes und führen zu einem Rückgang qualifizierter Berufseinsteiger.[443] Ein Mangel an qualifiziertem Nachwuchs dürfte zugleich eine Sorge um die Qualität der Prüfungsleistungen begründen. So hebt der Vorstandsvorsitzende von KPMG, *Nonnenmacher* (2006), hervor: „The most important integration of services is in regard to audit because we need all these specialists which we have in the non-audit field to perform world class audits."[444]

4.4.4 Zusammenfassung

Die ökonomische Attraktivität des, zumindest bis zum Beginn der Finanzkrise, prosperierenden Beratungsmarktes wurde in Zusammenhang mit dem inzwischen enorm weiten Dienstleistungsspektrum der Wirtschaftsprüfungsgesellschaften vorgestellt. Die angebotenen Leistungen reichen, wie gezeigt, weit über das traditionelle Tätigkeitsfeld des Abschlussprüfers hinaus. Als wesentliche Ursache für diese Entwicklung wurde die hohe Rentabilität des Beratungsgeschäftes im Vergleich zu einem weitgehend gesättigten Prüfungsmarkt aufgezeigt. Zugleich begründet die Wahl des Abschlussprüfers als Berater niedrigere Transaktionskosten sowie eine geringere Qualitätsunsicherheit für den Mandanten. Inwieweit die Verwertbarkeit mandatsspezifischer Erfahrungen durch knowledge spillovers seitens des Abschlussprüfers Kosten- und oder Qualitätsvorteile begründen, ist umstritten. Während frühe empirische Untersuchungen das Auftreten von knowledge spillovers zunächst bestätigen, zeigen jüngere Studien anhand zweistufiger Verfahren (2-SLS) keine signifikanten Unterschiede zwischen

---

[439] Vgl. *Marx* (2002a), S. 93.
[440] Vgl. *Jacobs* (1975), S. 2239; *Fleischer* (1996), S. 762.
[441] Vgl. *Bauer* (2004), S. 76; *Quick* (2006), S. 44.
[442] Vgl. *Dörner* (1998), S. 310; *Bauer* (2004), S. 76.
[443] Vgl. *Jacobs* (1995), S. 1139; *Marx* (2002a), S. 93; *Ring* (2002), S. 1349; *IDW* (2002), S. 692-693; *Barber/Peswani* (2005), S. 15; *Conlon* (2007), S. 15.
[444] *Nonnenmacher* (CEO, KPMG) gegenüber *World Accounting Intelligence* (vgl. *IAB* (2006), S. 12).

reinen Prüfungsmandaten einerseits und kombinierten Prüfungs- und Beratungsmandanten andererseits. Auch ist es fragwürdig, ob Kostenvorteile durch knowledge spillovers, sofern sie bestehen, vom Abschlussprüfer an den Mandanten weitergegeben werden, so dass die Honorare ein geeignetes Surrogat darstellen.[445] Ein abschließendes Urteil hinsichtlich möglicher Kostenvorteile erfordert daher weniger eine Betrachtung der Honarare als vielmehr eine Untersuchung der Kostenfunktion des Abschlussprüfers. Diese sind jedoch nicht einsehbar.[446] Eine Laboruntersuchung von *Joe/Vandervelde* (2007) belegt hingegen einen Wissenstransfer zwischen Prüfung und Beratung, sofern beide Tätigkeiten von derselben Person ausgeübt werden. Erbringt hingegen ein anderer Mitarbeiter derselben Prüfungsgesellschaft die Beratungsleistungen, werden Betrugsfälle in dem von *Joe/Vandervelde* (2007) modellierten Experiment seltener identifiziert. Die Autoren schließen daraus, dass die parallele Prüfungs- und Beratungstätigkeit weniger zu Vorteilen aufgrund von knowledge spillovers führt, als dass sie Risiken für die Unabhängigkeit und damit die Prüfungsqualität begründet. Im Folgenden werden diese Risiken sowie die gesetzlichen Grenzen der Vereinbarkeit ausführlich diskutiert.

4.5 Risiken gleichzeitiger Prüfungs- und Beratungstätigkeit

Die tatsächliche und die wahrgenommene Unabhängigkeit des Abschlussprüfers sind, wie in *Kapitel 3.2.2* gezeigt, essentielle Voraussetzungen für die Wirksamkeit der gesetzlichen Abschlussprüfung. Erbringt der Abschlussprüfer Beratungsleistungen, könnte seine Unabhängigkeit aufgrund der veränderten Mandantenbeziehung beeinträchtigt sein. In diesem Zusammenhang wird zwischen unterschiedlichen Risiken differenziert.[447] Neben dem Risiko des Eigeninteresses (*self-interest threat*), dem Risiko der Selbstprüfung (*self-review threat*), dem Risiko der Interessenvertretung (*advocacy threat*) und der persönlichen Vertrautheit (*familiarity threat*) steigt auch das Risiko der Einschüchterung (*intimidation threat*) durch die parallele Beratung an.[448] Die Ursachen für das Auftreten bzw. Ansteigen dieser Risiken und die aus ihnen resultierende Gefährdung für die tatsächliche und wahrgenommene Unabhängigkeit werden nachfolgend kritisch erörtert.

---

[445] *Davis et al.* (1993, S. 143) haben den US-amerikanischen Prüfungsmarkt hinsichtlich knowledge spillovers anhand der Prüfungsstunden (*audit effort*) des Abschlussprüfers untersucht. Doch auch sie konnten keine weiteren Erkenntnisse liefern. So ist bei dem Modell zwar der Arbeitseinsatz, nicht jedoch der ohnehin schwer quantifizierbare Output gemessen worden. Damit ist ebenfalls nur eine Veränderung des Prüfungsaufwandes erfassbar, nicht jedoch eine Ergründung deren Ursachen möglich (vgl. *Davis et al.* (1993), S. 149).

[446] Vgl. *Simunic* (1984), S. 700; *Antle et al.* (2006), S. 240; *Joe/Vendervelde* (2007), S. 469.

[447] Neben vielen in der deutschen Literatur *Emmerich* (1988) S. 637; *Hellwig* (1999), S. 2217; *Lenz* (2001), S. 299; *Schwandtner* (2002), S. 323; *Zimmermann* (2008), S. 27; *Quick/Sattler* (2009), S. 217.

[448] Vgl. *EG-Kommission (IP/02/723)* (2002b), A.3.1, S. 25; *EG-Kommission (2002/590/EC)* (2002a), A.3; *IFAC* (2006a), Sec. 100.10; Sec. 200.3 und 200.4; § 21 Abs. 3, S. 1 BS WP/vBP. Ähnlich auch die Formulierungen in Kommentierungen zu § 319 HGB (vgl. *Förschle/Schmidt* (2006), § 319 Tz. 20) und die Einschätzungen der SEC in den Preliminary Notes des § 210.2-01 Regulation S-X (vgl. *Regulation S-X* (2007), § 210.2-01 No. 2).

4.5.1 Risiko des Eigeninteresses

Der Abschlussprüfer übt seinen Beruf frei aus und ist auf die Bestellung durch die prüfungspflichtige Gesellschaft angewiesen.[449] Die Gesellschafter entscheiden darüber, welchen Wirtschaftsprüfer sie mit der Durchführung der Prüfung betrauen. Die Höhe des Honorars wird dabei durch marktwirtschaftliche Gesichtspunkte festgelegt, da keine Gebührenordnung vorliegt.[450] Folglich ist der einzelne Prüfer auf den Geschäftswillen derer angewiesen, die ihn wählen bzw. bestellen.[451] Es besteht ein wirtschaftliches Interesse am Fortbestand der Mandatsträgerschaften (*self-interest threat*), so dass der Abschlussprüfer bemüht sein wird, seine Aufgabe zur Zufriedenheit der Auftraggeber zu erfüllen.[452] Erbringt der Wirtschaftsprüfer neben der Abschlussprüfung zusätzliche Beratungsdienstleistungen, steigt sein ökonomisches Eigeninteresse am Erhalt des Mandates. Auch werden die Beratungsverträge, anders als Prüfungsaufträge, nicht durch den Aufsichtsrat bzw. die Gesellschafter, sondern vom Management abgeschlossen.[453] Das Management kann die finanziellen Interessen des Abschlussprüfers durch die Vergabe oder den Entzug von Beratungsleistungen somit direkt berühren.[454] Beratungsaufträge, die von der Unternehmensleitung an den Abschlussprüfer vergeben werden, könnten eine Gefährdung der Unabhängigkeit des Prüfers begründen, wenn dessen Subordinationsfreiheit durch wirtschaftliche Interessen am Erhalt bestehender bzw. der Gewinnung weiterer Beratungsaufträge eingeschränkt ist.[455] Neben der direkten Vergabe von Beratungsaufträgen durch das Management könnte, aufgrund der in *Kapitel 4.3.2* vorgestellten, besonderen finanziellen Attraktivität der Beratung ein Risiko für die Unabhängigkeit des Abschlussprüfers vorliegen. Beratungsaufträge könnten ursächlich dafür sein, dass der Abschlussprüfer Konfliktsituationen mit dem Management scheut, d.h. tendenziell eher den Vorstellungen des Managements folgt, um diese renditeträchtigen Aufträge nicht zu gefährden.[456] Wie bereits im vorausgehenden Kapitel bemerkt, gehen Kritiker einer gleichzeitigen Prüfung

---

[449] Vgl. *Leffson* (1988), S. 82; *Faulhaber* (2004), S. 31.
[450] Vgl. *Faulhaber* (2004), S. 31.
[451] Vgl. *Miß* (2006), S. 134.
[452] Vgl. *Escher-Weingart* (1999), S. 912; *Schwarz/Holland* (2002), S. 1666; *Antle et al.* (2006), S. 241-242; *Miß* (2006), S. 134.
[453] Gegenwärtig existiert in Deutschland keine Regelung, welche die Genehmigung der Beratungsleistungen durch den Aufsichtsrat (oder das Audit Committee) vorschreibt. Es besteht lediglich eine Handlungsempfehlung im *DCGK* (2008, Tz. 7.2.1). Anders die Bestimmungen in den USA. Dort wird nicht nur die Prüfungstätigkeit durch das *Audit Committee* überwacht, sondern auch jede Beratungsleistung von der vorausgehenden Genehmigung des Audit Committees abhängig gemacht (vgl. *SOA* (2002), Sec. 301).
[454] Vgl. neben vielen *Steiner* (1991a), S. 472; *Vollmer/Mauer* (1993), S. 595; *Hellwig* (1999), S. 2122; *Faulhaber* (2004), S. 31.
[455] Vgl. *Grieder* (2004), S. 32.
[456] Vgl. *Emmerich* (1988), S. 644; *Leffson* (1988), S. 83; *Fleischer* (1996), S. 760; *Hellwig* (1999), S. 2121; *Marx* (2002a), S. 78; *Miß* (2006), S. 136. Insbesondere eine Vergütung der Beratungsleistungen oberhalb der gewöhnlichen Marktpreise könnte die Unabhängigkeit des Abschlussprüfers und damit die Qualität der Abschlussprüfung negativ beeinträchtigen (vgl. *BGH-Urteil vom 21.4.1997*, S. 347).

und Beratung davon aus, dass die finanziell weniger reizvolle Prüfungstätigkeit lediglich als Türöffner für die lukrativen Beratungsaufträge betrachtet wird.[457] Auch aus einer Stellungnahme der SEC geht hervor, dass einige US-amerikanische Prüfungsgesellschaften in der Vergangenheit Prämien zahlten, wenn es den Prüfungspartnern gelang, *Cross-selling* zu betreiben und Beratungsleistungen an Prüfungsmandanten zu verkaufen.[458] Aktuelle Unabhängigkeitsanforderungen der SEC wirken derartigen Anreizstrukturen entgegen.[459]

Neben der besonderen Attraktivität der Beratungsleistungen wird auch die mit der Beratung zunehmende wirtschaftliche Bedeutung eines Mandanten in Relation zu den Gesamtumsätzen des Abschlussprüfers kritisch betrachtet, da die mit diesem Mandanten verbundenen Interessen ansteigen.[460] Kommt es zum Konflikt, muss der Prüfer nicht nur den Verlust der Beratungsaufträge aufgrund einer Managemententscheidung befürchten,[461] sondern, sofern es dem Management gelingt, den Aufsichtsrat bzw. die Hauptversammlung zu überzeugen, auch den des Prüfungsauftrags.[462] Aufgrund der ausgeprägten wirtschaftlichen Abhängigkeit bei parallelen Beratungsleistungen wird es für den Prüfer somit besonders schwer, die Balance zwischen öffentlichem Auftrag und wirtschaftlichem Eigeninteresse zu wahren.[463] Die ohnehin bestehenden Risiken für die Unabhängigkeit gewinnen durch die gleichzeitige Beratungstätigkeit an Bedeutung.[464]

4.5.2 Risiko durch Drohpotenzial des Managements

Würden die gesetzlichen Vertreter der prüfungspflichtigen Gesellschaft den Abschlussprüfer auswählen, könnte die Androhung, in Zukunft einen anderen Abschlussprüfer zu wählen, dessen Unabhängigkeit beeinträchtigen.[465] Eine Drohung muss der Mandant dabei nicht explizit aussprechen, da den Beteiligten die wirtschaftlichen Implikationen des Prüfungsentzuges stets gegenwärtig sind (*intimidation threat*).[466] Um einer solchen Unabhängigkeitsbeeinträchtigung entgegenzuwirken, erfolgt die Erteilung des Prüfungsauftrages nicht durch das Management, sondern durch den Aufsichtsrat (§ 111 Abs. 2 S. 3 AktG, § 318 Abs. 1 S. 4 HGB), welcher der Hauptversammlung einen Prüfer vorschlagen muss (§ 124 Abs. 3 S. 1 AktG), über dessen Bestellung diese befindet (§ 318 Abs. 1 S. 1 HGB). Dennoch besteht in der Praxis oftmals

---

[457] Vgl. *Bauer* (2004), S. 80.
[458] Vgl. *Pitt* (2002), Abs. 2.2; *Grieder* (2004), S. 88.
[459] „This will further enhance the independence of the audit function since the audit partner's focus will be on the conduct of the audit rather than on effort to sell other engagements to the audit client." (*Regulation S-X* (2007), § 210.2-01, C.(8)).
[460] Vgl. *Leffson* (1988), S. 84-85; *Zempke* (1994), S. 93; *Bormann* (2002), S. 192.
[461] Vgl. *DeFond et al.* (2002), S. 1252.
[462] Vgl. *Leffson* (1988), S. 83; *Hellwig* (1999), S. 2121.
[463] Vgl. *Röhricht* (2001), S. 82; *Marx* (2002a), S. 78; *Miß* (2006), S. 136; *ADS* (2007), § 319 Rn. 151; *Petersen/Zwirner* (2008), S. 279.
[464] Vgl. *Bormann* (2002,), S. 192; *Quick* (2006), S. 44.
[465] Vgl. *Dörner/Oser* (1995), S. 1092; *Bormann* (2002), S. 190-192; *Miß* (2006), S. 134.
[466] Vgl. *Leffson* (1988), S. 82; *IFAC* (2006a), Sec. 300.12; *Miß* (2006), S. 134.

eine faktische Einflussmöglichkeit des Managements.[467] Insbesondere die traditionell engen persönlichen Verbindungen zwischen Vorstands- und Aufsichtsratsmitgliedern begründen einen mittelbaren Einfluss des Managements.[468] *Filbert/Kramarsch* (2007) zeigen auf, dass bei 25 von 30 DAX-Unternehmen die Position des Aufsichtsratsvorsitzenden von einem ehemaligen DAX-Vorstand wahrgenommen wird, davon bei 12 Unternehmen von einem ehemaligen Vorstandsmitglied desselben Unternehmens.[469] Derartig enge Verknüpfungen begründen den Verdacht, dass das Management über den Aufsichtsrat zumindest mittelbaren Einfluss auf die finanziellen Interessen des Abschlussprüfers nehmen kann, so dass dieser Konfliktsituationen mit dem Management scheut.[470]

Dieser systembedingte Interessenkonflikt ist ursächlich dafür, dass der Prüfer sich nicht auf die ordnungsgemäße Prüfungsdurchführung alleine konzentrieren kann, sondern in einem Spannungsfeld aus öffentlichem Auftrag einerseits und ökonomischen Interessen andererseits agiert (siehe *Kapitel 3.2.1.1.1*).[471] Dieses Spannungsfeld entsteht, wenn für die prüfungspflichtige Gesellschaft kein objektiver Grund vorliegt, an einem unbequemen Prüfer festzuhalten.[472] Ein besonders kritischer Abschlussprüfer setzt sich somit der Gefahr aus, bei der Mandatsvergabe in Folgeperioden faktisch ausgeschlossen zu sein (*opinion shopping*).[473] Das Potential der Einschüchterung durch die Androhung des Entzuges ist bei einer parallelen Beratungstätigkeit verstärkt gegeben, schließlich obliegt hier die Vergabe von Beratungsaufträgen ohnehin dem Management.

---

[467] *Lai* (2007, S. 3) vertritt die Auffassung, dass „it is usually the management who „hires" and „fires" the auditors". In diesem Zusammenhang ist auch eine Untersuchung von *Raghunandan* (2003, S. 155) zu nennen. Dieser betrachtet anhand von 172 Unternehmen, die den Fortune 1000 angehören, das Wahlverhalten der Aktionäre. Dabei zeigt sich, dass selbst bei den Unternehmen, bei denen der Abschlussprüfer sehr hohe Beratungsanteile erzielt, der vom *Board of Directors* vorgeschlagene Prüfer lediglich von durchschnittlich 3,3 % des anwesenden stimmberechtigten Kapitals als Abschlussprüfer abgelehnt wird. Zwar zeigt sich im Zeitvergleich ein wachsender Widerstand bei den Aktionären; ein Abstimmungsverhalten, das gegen eine maßgebliche Einflussnahme des Aufsichtsrates bzw. des Managements spricht, kann jedoch nicht erkannt werden. Während *Mishra et al.* (2005, S. 17) für das Jahr 2001 eine durchschnittliche Ablehnung von 1,6 % des stimmberechtigten Kapitals nachweisen können, waren es 2002 bereits 3,3 %, und 2003 rund 4,95 %.

[468] Vgl. *Dörner/Oser* (1995), S. 1092; *Stegemeyer* (2002), S. 118.

[469] Nach dem DCGK (Tz. 5.4.2.) sollen dem Aufsichtsrat nicht mehr als zwei ehemalige Vorstandsmitglieder angehören. Von insgesamt 274 Aufsichtsräten bei den DAX-Unternehmen sind im Jahr 2006 jedoch 177 aktive oder ehemalige Vorstandsmitglieder, so dass im Mittel mehr als drei Aufsichtsräte ehemalige Vorstandsmitglieder sind (vgl. *Filbert/Kramarsch* (2007), S. 171).

[470] Vgl. *Fleischer* (1996), S. 760; *IFAC* (2006a), Tz. 300.8.

[471] Vgl. *Emmerich* (1988), S. 644; *Röhricht* (2001), S. 80.

[472] Bei dieser Darstellung wird davon ausgegangen, dass das Management aufgrund persönlicher Verflechtungen mit dem Aufsichtsrat zumindest eingeschränkt Einfluss auf den Vorschlag des Aufsichtsrates hinsichtlich des Abschlussprüfers im Rahmen der Hauptversammlung nehmen kann.

[473] Vgl. *Marx* (2002a), S. 78.

4.5.3 Risiko der Selbstprüfung

Selbstprüfung (*self-review threat*) bezeichnet eine Situation, in welcher der Urteilende im Voraus der Prüfung Einfluss auf den später zu beurteilenden Sachverhalt nimmt.[474] Arbeitet der Abschlussprüfer während seiner Beratungstätigkeit Handlungsempfehlungen aus, die vom Mandanten umgesetzt werden und somit in den Jahresabschluss einfließen,[475] muss dieser die Konsequenzen seiner Beratungsempfehlungen im Rahmen der Prüfung beurteilen.[476] Der Abschlussprüfer ist an der Entstehung des Ist-Zustandes eines bestimmten Sachverhaltes beteiligt, den er anschließend auf dessen Normenkonformität (Soll-Zustand) hin untersuchen soll.[477] Stellt sich während der Prüfung heraus, dass der Sachverhalt nicht den Normanforderungen genügt, muss der Prüfer in rückhaltloser Weise den eigenen Fehler aufdecken, so dass sein Ansehen als kompetenter und verlässlicher Berater beeinträchtigt werden könnte.[478] Neben den mit der eigenen Reputation verbundenen wirtschaftlichen Eigeninteressen könnte auch aus einer psychologischen Schutzfunktion heraus eine Beeinträchtigung der Prüfungsqualität resultieren;[479] schließlich zeigt das Eingestehen von Beratungsfehlern Inkonsistenzen in dem persönlichen Entscheidungsfindungsprozess auf. Entsprechend der Theorie der kognitiven Dissonanz sind Menschen jedoch grundsätzlich geneigt, das Auftreten von Inkonsistenzen zu unterbinden. Informationen werden eher als relevant erachtet, wenn sie die Erwartungshaltung erfüllen.[480] Das Bestreben, Dissonanzen zu vermeiden, kann soweit ausgeprägt sein, dass Kenntnisse, welche aus Prüfungshandlungen resultieren und die in Widerspruch zur vorausgehenden Beratungsempfehlung stehen, unbewusst unterdrückt werden.[481] Eine derartige Resistenz gegenüber Erkenntnissen, die einen Antagonismus zur Erwartungshaltung darstellen, führen im Extremfall zu Prüfungsurteilen, welche der Erwartungshaltung entsprechen und weniger auf objektiven Tatbeständen basieren.[482] Empirische Untersuchungen bestätigen, dass psychologische Einflüsse Verhaltensmuster derartig beinträchtigen, ohne dass dies den Akteuren bewusst ist.[483]

Während kognitive Auswirkungen lediglich bei einer Personalunion des Prüfenden und des Beraters auftreten, welche etwa bei den Big4-Gesellschaften kaum gegeben ist,[484] kann auch

---

[474] Vgl. *IFAC* (2006a), Tz. 300.9.
[475] Vgl. *Ring* (2002), S. 1351.
[476] Vgl. *Leffson* (1988), S. 84; *Zempke* (1994), S. 88; *Böcking/Orth* (2002a), S. 258-259; *DeFond et al.* (2002), S. 1252; *Faulhaber* (2004), S. 30; *Quick* (2006), S. 43.
[477] Vgl. *Steiner* (1991), S. 479.
[478] Vgl. *Ballwieser* (2001), S. 104; *Miß* (2006), S. 116.
[479] Vgl. *Jacobs* (1975), S. 2238; *Bauer* (2004), S. 94.
[480] Vgl. *Frey/Gaska* (1998), S. 275.
[481] Vgl. *Moore et al.* (2002), S. 9; *Antle et al.* (2006), S. 237.
[482] Vgl. *Bauer* (2004), S. 85.
[483] Vgl. *Beeler/Hunton* (2002), S. 3-17; *Moore et al.* (2002), S. 1-44; *Bazerman et al.* (2002), S. 97-102.
[484] In diesem Zusammenhang ist anzumerken, dass eine vollständige Trennung des Personals nicht gewährleistet ist. Eine Personalverleihung (-entsendung) resultiert insbesondere aus den nach wie

das übergeordnete Gesamtinteresse der Prüfungsgesellschaft dazu verleiten, weniger kritisch zu prüfen oder begangene Fehler bewusst zu kaschieren, um Kontroversen mit dem Mandanten oder Reputationsverluste zu vermeiden. Die vereinzelt geäußerte These, es bestünde für den einzelnen Prüfer ein Anreiz, die Fehler seiner Kollegen aufzudecken, um die eigene Position innerhalb der Organisation zu stärken, kann hingegen nicht überzeugen.[485] Beratungsfehler dürften innerhalb einer Prüfungsgesellschaft rege diskutiert werden, spätestens auf der Kommunikationsebene mit dem Mandanten wird jedoch das einheitliche Auftreten als kompetenter und verlässlicher Berater im Vordergrund stehen. Auch würde der Abschlussprüfer bei Bekanntgabe eines Beratungsfehlers gegenüber der prüfungspflichtigen Gesellschaft mittelbar auf eventuell bestehende Schadensersatzansprüche aufmerksam machen.[486]

4.5.4 Risiko der Interessenvertretung

Eine Gefährdung der Unabhängigkeit des beratenden Abschlussprüfers kann auch aus einer Identifikation mit dem Mandanten (*advocacy threat*) resultieren. Die Beratung dient, wie aus der synoptischen Gegenüberstellung in *Kapitel 4.1* hervorgeht, der Unterstützung des Managements und verlangt subjektive Einschätzungen zu ausgewählten Sachverhalten aus der Perspektive des Auftraggebers.[487] Insbesondere wenn die Beratungstätigkeit über eine fachliche, wissenschaftliche und damit wertungsfreie Stellungnahme hinausgeht, ist eine Interessenidentifikation kaum vermeidbar.[488] Ähnlich kann auch von Treuhandfunktionen, insbesondere, wenn diese zur Interessenwahrnehmung einzelner Gesellschafter ausgeübt wird, eine Gefährdung für die Unabhängigkeit im Rahmen der Abschlussprüfung ausgehen.[489]

Für eine unparteiische und kompromissfreie Urteilsfindung darf sich der Prüfer gegenüber dem Management oder einzelnen Gesellschaftern jedoch nicht verpflichtet fühlen.[490] Stattdessen muss dieser zu jedem Zeitpunkt einen interessenneutralen Standpunkt vertreten, der ihm eine objektive Urteilsbildung ermöglicht. Die Gefahr einer „schleichenden Subjektivierung" der Abschlussprüfung",[491] wie sie bei einer langen Mandatsträgerschaft teilweise vermutet wird,[492] kann selbst dann bestehen, wenn der Prüfer die Kollusion mit dem Management be-

---

[485] vor bestehenden saisonalen Schwankungen im Prüfungsbereich. Demnach werden insbesondere bei größeren Wirtschaftprüfungsgesellschaften im Sommer Mitarbeiter von der Prüfungssparte auch zur Beratung eingesetzt, während Mitarbeiter der Beratungsabteilungen in den vergleichsweise prüfungsintensiven Wintermonaten bei Abschlussprüfungen eingesetzt werden.
Anderer Ansicht *Bauer* (2004), S. 86.
[486] Vgl. *Hellwig* (1999), S. 2118; *Bormann* (2002), S. 191.
[487] Vgl. *Hellwig* (1999), S. 2122; *Röhricht* (2001), S. 82; *Bormann* (2002), S. 193; *Marx* (2002a), S. 86; *Marx* (2002b), S. 295, *Miß* (2006), S. 146-147; *Quick* (2006), S. 43.
[488] Vgl. *IDW* (2006a), A. 309.
[489] Vgl. *Thümmel* (1986), S. 647; *Leffson* (1988), S. 85; *Lange* (1994), S. 41; *Ludewig* (1995), S. 407; *IDW* (2006a), A. 311; § 43. Abs. 1 S. 2 BS WP/vBP; § 17 BS WP/vBP.
[490] Vgl. *Stefani* (2002), S. 10.
[491] *Miß* (2006), S. 147.
[492] Vgl. *Marten et al.* (2007), S. 173.

wusst ablehnt.[493] Die Interessenangleichung resultiert dabei aus einem meist unterschwellig verlaufendem Prozess, der außerhalb einer Willensentscheidung des Prüfers erfolgt.[494] Die persönliche Integrität ist für die Bedrohung der Unabhängigkeit dabei irrelevant.[495]

4.5.5 Risiko der persönlichen Vertrautheit

Die persönliche Beziehung zwischen Abschlussprüfer und Mandant wird in § 319 Abs. 2 HGB als Ursache für die Besorgnis der Befangenheit explizit genannt. Gemäß § 24 BS WP/vBP liegt persönliche Vertrautheit vor, wenn der Abschlussprüfer „in anderer Sache beauftragt war, Interessen für oder gegen das zu prüfende, das zu begutachtende oder das den Auftrag erteilende Unternehmen zu vertreten."[496] Ausgeprägte Vertrauensverhältnisse zwischen Abschlussprüfer und Mandant können demnach die Urteilfreiheit beeinträchtigen *(familiarity threat)*.[497] Insbesondere die Beratungstätigkeit setzt ein Vertrauensverhältnis zwischen Berater und Management voraus,[498] da die Unternehmensleitung auf Basis der aufgezeichneten Handlungsempfehlung Entscheidungen trifft, die sowohl für das Unternehmen als auch für ihre persönliche Karriereentwicklung von nachhaltiger Bedeutung sind. Während die erfolgreiche Beratung gegenseitiges Vertrauen der Beteiligten voraussetzt, stellt die persönliche Vertrautheit zwischen dem Management und dem Abschlussprüfer einen Risikofaktor für die objektive Urteilsfindung dar und könnte dazu führen,[499] dass der Urteilende seine Prüfungshandlungen einschränkt und über entdeckte Fehler nicht berichtet. Eine verminderte Prüfungsqualität könnte ferner aus einer unterbewussten Einschränkung der Unabhängigkeit resultieren, die auf ein ausgeprägtes Vertrauen des Urteilenden in die Integrität der Unternehmensleitung zurückzuführen ist.[500]

Somit bestehen vielfältige Risiken für die Unabhängigkeit, welche aus einer parallelen Prüfungs- und Beratungstätigkeit resultieren könnten. Aufgrund dieser Risiken sind gesetzliche Grenzen der Vereinbarkeit erforderlich, welche im folgenden Kapitel vorgestellt und kritisch diskutiert werden.

4.6 Grenzen gleichzeitiger Prüfungs- und Beratungstätigkeit

Vor dem Hintergrund der möglichen Folgen einer parallelen Beratungstätigkeit für die Unabhängigkeit des Abschlussprüfers sah ein von der SPD-Fraktion im Bundestag gestellter An-

---

[493] Vgl. *Lange* (1994), S. 41; *Marx* (2002a), S. 86.
[494] Vgl. *Moore et al.* (2002), S. 7-9; *Antle et al.* (2006), S. 243.
[495] Vgl. *Miß* (2006), S. 147.
[496] *IDW* (2006a), A 315.
[497] Vgl. *Fleischer* (1996), S. 760; *Hellwig* (1999), S. 2122; *Bauer* (2004), S. 95.
[498] Vgl. *Leffson* (1988), S. 84; *Fleischer* (1996), S. 760, *Hellwig* (1999), S. 2122; *Marx* (2002a), S. 85; *Miß* (2006), S. 146.
[499] Vgl. *Faulhaber* (2004), S. 32.
[500] Ähnlich zur externen Rotation *Marten et al.* (2007), S. 173.

trag zum Gesetzgebungsverfahren des am 19. Dezember 1986 verabschiedeten Bilanzrichtliniengesetz (BiRiLiG) ein vollständiges Beratungsverbot für den Abschlussprüfer vor. Diesem zufolge sollte „bei ein und demselben Auftraggeber [darf] für ein und dasselbe Geschäftsjahr allein oder in Zusammenarbeit mit einem anderen Auftraggeber entweder nur geprüft oder nur beraten werden."[501] Während dieser Antrag weder im Rechtsausschuss noch im Plenum des Bundestages eine Mehrheit fand,[502] wurden in den Folgejahren dennoch handelsrechtliche Regelungen im Rahmen des BiRiLiG, KonTraG und des BilReG verabschiedet, welche die Beratung durch den Abschlussprüfer wesentlich begrenzen. Die Vorgaben des deutschen Gesetzgebers sowie die ebenfalls maßgeblichen Bestimmungen der EG und der IFAC werden im Folgenden diskutiert. Aufgrund der Ausstrahlungswirkung der US-amerikanischen Regelungen und deren Relevanz für zahlreiche SEC-emittierte deutsche Gesellschaften werden auch diese Bestimmungen zur Vereinbarkeit von Prüfung und Beratung vorgestellt und mit den hiesigen Vorgaben verglichen.[503] Zunächst folgt eine Darstellung der wesentlichen Normen, ehe einzelne Beratungsleistungen hinsichtlich ihrer Vereinbarkeit mit der Abschlussprüfung untersucht werden.

4.6.1 Normen zur Unvereinbarkeit von Prüfung und Beratung

4.6.1.1 Handels- und berufsrechtliche Bestimmungen

Die aus den bestehenden Regelungen und den zahlreichen Unternehmenszusammenbrüchen zu Beginn des 21. Jahrhunderts resultierende öffentliche Diskussion zur Vereinbarkeit von Prüfung und Beratung zeigt nach Ansicht des deutschen Gesetzgebers, „dass klare und eindeutige Regelungen erforderlich sind, um das Vertrauen in das Funktionieren der Kapitalmärkte herzustellen und die Unabhängigkeit des Abschlussprüfers wiederherzustellen".[504] Bereits zuvor war in § 43 Abs. 1 WPO die Pflicht zur unabhängigen Berufsausübung als erste Berufspflicht verankert. Dieser zufolge hat sich der Wirtschaftsprüfer bei der Erstattung von Prüfungsberichten und Gutachten persönlich und wirtschaftlich unabhängig gegenüber jedermann zu verhalten. Weiter wird in § 21 Abs. 2 S. 1 BS WP/vBP ausgeführt, dass nur jener „unbefangen ist, wer sich sein Urteil unbeeinflusst von unsachgemäßen Erwägungen bildet." Bei gesetzlichen und freiwilligen Abschlussprüfungen müssen, sofern ein Bestätigungsvermerk i.S.d. § 322 HGB erteilt werden soll, die in §§ 319, 319a und 319b HGB geregelten Voraussetzungen erfüllt werden.[505] So wird in der aktuell gültigen Fassung des § 319 HGB

---

[501] *BT-Drucksache 10/4428*, S. 1.
[502] Vgl. *Moxter* (1996), S. 683; *Dörner* (1997), S. 84-85; *Hommelhoff* (1997), S. 552; *Schwandtner* (2002), S. 326; *Quick* (2002), S. 624.
[503] Zum Einfluss der SEC auf die handelsrechtlichen Normen vgl. *BT-Drucksache 15/3419*, S. 29; *Förschle/Schmidt* (2006), § 319 Rd. 46; *Henssler* (2007), S. 14.
[504] *BT-Drucksache 15/3419*, S. 27.
[505] Darüber hinaus verweisen zahlreiche weitere Vorschriften auf entsprechende Voraussetzungen. Dies betrifft die Prüfung von Versicherungsunternehmen gem. § 341k Abs. 1 S. 1 HGB, Kreditin-

der Personenkreis der zur Abschlussprüfung Berechtigten vorgegeben (§ 319 Abs. 1 S. 1 u. 2 HGB) sowie die Teilnahme an der Qualitätskontrolle vorgeschrieben (§ 319 Abs. 1 S. 3 HGB).[506] Ferner bestehen Ausschlussgründe, die spezifisch für jedes Mandatsverhältnis zu prüfen sind. Danach ist ein Wirtschaftsprüfer von der Abschlussprüfung ausgeschlossen, „wenn Gründe geschäftlicher, finanzieller oder persönlicher Art vorliegen, nach denen die Besorgnis der Befangenheit besteht" (§ 319 Abs. 2 HGB). Eine Konkretisierung dieser allgemeinen Formulierung folgt in § 319 Abs. 3 HGB. Dort werden kasuistisch enumerative Ausschlusstatbestände aufgeführt, bei denen der Prüfer unwiderlegbar als abhängig erachtet wird.[507] Von besonderer Bedeutung ist die Unvereinbarkeit zahlreicher Tätigkeiten mit der Abschlussprüfung. So ist ein Wirtschaftsprüfer „von der Abschlussprüfung ausgeschlossen, wenn er oder eine Person, mit der er seinen Beruf gemeinsam ausübt ... a.) bei der Führung der Bücher oder der Aufstellung des zu prüfenden Jahresabschlusses mitgewirkt hat, b.) bei der Durchführung der internen Revision in verantwortlicher Position mitgewirkt hat, c.) Unternehmensleitungs- oder Finanzdienstleistungen erbracht hat oder d.) eigenständig versicherungsmathematische oder Bewertungsleistungen erbracht hat, die sich auf den zu prüfenden Jahresabschluss nicht nur unwesentlich auswirken" (§ 319 Abs. 3 S. 1 Nr. 3 HGB). Die Unvereinbarkeit genannter Tätigkeiten gilt auch, wenn der Wirtschaftsprüfer gesetzlicher Vertreter, Aufsichtsratsmitglied, Arbeitnehmer oder Gesellschafter mit mehr als 20 % der Stimmrechte an einem Unternehmen ist, das diese Tätigkeiten für die zu prüfende Kapitalgesellschaft erbringt.

Für kapitalmarktorientierte Unternehmen i.S.d. § 264d HGB i.V.m. § 2 Abs. 5 WpHG gelten zusätzlich die Anforderungen des § 319a HGB.[508] Die strengeren Unabhängigkeitsvoraussetzungen an die Abschlussprüfer dieser Unternehmen werden vom Gesetzgeber mit einem ge-

---

stituten gem. § 340k Abs. 1 S. 1 HGB, Sonderprüfungen i.S.d. § 143 Abs. 2 AktG, Prüfungen wegen Verdacht auf Unterbewertung i.S.d. § 258 Abs. 1 i.V.m. § 258 Abs. 4 AktG (vgl. *IDW* (2006a), A. 301), Sonderprüfungen des Abhängigkeitsberichts (§ 315 AktG), Verschmelzungsprüfungen (§ 11 Abs. 1 S. 1 UmwG), Spaltungsprüfungen (§ 125 UmwG), Vertragsprüfungen (§ 293d AktG) sowie Squeeze-Out-Prüfungen (§ 327c Abs. 2 AktG) (vgl. *OLG Stuttgart, Beschluss v. 3.12.2003*, S. 62; *Mattheus* (2002), § 319 Tz. 9-11; *Müller* (2006), S. 77). Bei Gründungsprüfungen (§ 33 Abs. 5 S. 1 AktG) und Prüfungen der Kapitalerhöhung (§ 209 Abs. 4 S. 2 AktG; § 57 Abs. 3 S. 2 GmbHG) sind die Unabhängigkeitsanforderungen der §§ 319, 319a, 319b HGB hingegen unerheblich.

[506] Die kasuistischen Regelungen wurden, wie in *Kapitel 3.2.2.2.1* gezeigt, seit dem BiRiLiG durch zahlreiche Gesetze, zuletzt das BilMoG geändert: Die zwischen dem BiRiLiG und dem BilMoG erlassenen Änderungen sind im Gesetz zur Kontrolle und Transparenz im Unternehmensbereich (KonTraG) (vgl. *KonTraG* (1998), S. 786-794), im Kapitalgesellschaften- und Co-Richtlinien Gesetz (vgl. *KapCoRiLiG* (2000), S. 154-162), im Wirschaftsprüferordnungs-Änderungsgesetztes (WPOÄG) (vgl. *WPOÄG* (2000), S. 1769-1781), im EU-Bilanzgesetz (EuroBilG) (vgl. *EuroBilG* (2001), S. 3414-3421) und im 4. Finanzmarktförderungsgesetz (vgl. *Finanzmarktförderungsgesetz* (2002), S. 2010-2072), sowie insbesondere dem BilReG (vgl. *BilReG* (2004), S. 3166-3182) geregelt.

[507] Vgl. *Müller* (2006), S. 56; *Pfitzer et al.* (2006b), S. 120-121; *Quick* (2006), S. 45-46.

[508] Siehe hierzu auch *Müller* (2006), S. 57; *Pfitzer et al.* (2004b), S. 331; *Quick* (2006), S. 47; *Petersen/Zwirner* (2009), S. 769-779.

Grenzen gleichzeitiger Prüfungs- und Beratungstätigkeit 87

steigerten öffentlichen Interesse begründet.[509] Um eine Zweiteilung des Berufsstandes der Wirtschaftsprüfer zu vermeiden, wurden die Anforderungen des § 319a HGB nicht an den Wirtschaftsprüfer, sondern an das zu prüfende Unternehmen gebunden.[510] Bei kapitalmarktorientierten Unternehmen i.S.d. § 264d HGB führt die Erbringung von Rechts- oder Steuerberatungsleistungen in dem zu prüfenden Geschäftsjahr „die über das Aufzeigen von Gestaltungsalternativen hinausgehen und die sich auf die Darstellung der Vermögens-, Finanz- und Ertragslage in dem zu prüfenden Jahresabschluss unmittelbar und nicht nur unwesentlich auswirken" (§ 319a Abs. 1 S. 1 Nr. 2 HGB) ebenso zum Prüfungsausschluss wie die Mitwirkung an der Entwicklung, Einrichtung und Einführung von Rechnungslegungsinformationssystemen, sofern diese nicht von untergeordneter Bedeutung sind (§ 319a Abs. 1 S. 1 Nr. 3 HGB).[511]

Mit dem Inkrafttreten des BilMoG am 29. Mai 2009 sind die Unabhängigkeitsanforderungen der §§ 319 u. 319a HGB aufgrund des anhaltenden Internationalisierungsprozesses und vor dem Hintergrund der Vorgaben der modernisierten 8. EG-Richtlinie vom gesamten Netzwerk des Abschlussprüfers zu erfüllen (§ 319b HGB).[512] Dies hat bspw. zur Folge, dass eine Rechtsberatungstätigkeit bei einem ausländischen Tochterunternehmen durch ein anderes Mitglied des internationalen Netzwerkes den Ausschluss des Konzernprüfers begründet, sofern die Beratungsleistung sich nicht unwesentlich auf den Abschluss auswirkt.

Probleme bei der Klassifizierung einer Befangenheitsbesorgnis durch die parallele Prüfungs- und Beratungstätigkeit resultieren aus teilweise ungenauen Formulierungen des Gesetzestextes. So sind Abschlussprüfer ausgeschlossen, wenn sie nicht nur „unwesentliche" finanzielle Interessen an der zu prüfenden Kapitalgesellschaft haben (§ 319 Abs. 3 Nr. 1 HGB). Auch ihre Mitwirkung an der Führung der Bücher oder Aufstellung des Jahresabschlusses, an der Durchführung der Revision in verantwortlicher Position, an Unternehmensleitungs-, Finanzdienstleistungen sowie die Erbringung von Bewertungsleistungen, die „nicht von untergeord-

---

[509] Vgl. *BT-Drucksache 15/3419*, S. 41; siehe hierzu auch *Petersen/Zwirner* (2009), S. 769.
[510] In den USA wurde mit dem PCAOB eine zusätzliche Berufsaufsicht für Abschlussprüfer kapitalmarktorientierter Gesellschaften installiert. Die Prüfung solcher Gesellschaften setzt eine entsprechende Registrierung beim PCAOB voraus (siehe *Kapitel 3.2.2.2.4*).
[511] Darüber hinaus schreibt der Gesetzgeber eine Rotation des Prüfers vor, wenn dieser in sieben oder mehr Fällen den Abschluss testiert hat (§ 319a Abs. 1 S. 1 Nr. 4 HGB). Ist der zeichnende Wirtschaftsprüfer innerhalb einer Gesellschaft tätig, muss nach sieben aufeinander folgenden Jahren ein anderer Wirtschaftsprüfer der gleichen Gesellschaft diese Verantwortlichkeit übernehmen (interne Rotation). Handelt es sich um einen Einzelprüfer, kommt es zwangsläufig zur externen Rotation. Erst nach neuer Abkühlungsphase (*Cooling-off-Periode*) von mindestens zwei Jahren darf der Prüfer wieder als verantwortlicher Prüfer den Abschluss des betrachteten kapitalmarktorientierten Unternehmens verifiziert (§ 319a Abs. 1 S. 1 Nr. 4 HGB) (vgl. *Ring* (2005), S. 202).
[512] Ein Netzwerk liegt vor, wenn Personen bei ihrer Berufsausübung zur Verfolgung gemeinsamer wirtschaftlicher Interessen für eine gewisse Dauer zusammenwirken (§ 319b Abs. 1 HGB). Dies ist zumindest bei den internationalen Netzwerken der Big4-Gesellschaften regelmäßig gegeben.

neter Bedeutung" sind (§ 319 Abs. 3 Nr. 3 HGB), führen zum Prüfungsausschluss.[513] Dabei lassen die Begriffe *unwesentlich* und *von untergeordneter Bedeutung* jedoch erhebliche Interpretationsfreiräume zu, so dass in einigen Fällen Gerichte über die Vereinbarkeit von Prüfung und Beratung befinden mussten.[514] Einige ausgewählte Urteile sind in *Tabelle 4-7* aufgeführt.

BGH	Oberlandesgerichte	Landgerichte
BGH-Urteil vom 25.11.2002 (II ZR 49/01)	OLG München, Urteil vom 8.11.2000 (7 U 5995/99)	LG München I, Urteil vom 21.10.1999 (5HK O 9527/99)
BGH-Urteil vom 21.4.1997 (II ZR 317/95)	OLG Karlsruhe, Urteil vom 23.11.1995 (9 U 24/95)	LG Konstanz, Urteil vom 13.1.1995 (1 HO 87/93)
	OLG Köln, Urteil vom 1.7.1992 (11 U 11/92)	LG Aachen, Urteil vom 28.11.1991 (8 O 33/90); nicht veröffentlicht
BGH-Urteil vom 30.4.1992 (III ZR 151/91)	OLG Düsseldorf, Urteil vom 16.11.1990 (22 U 147/90)	LG Krefeld, Urteil vom 20.2.1990 (12 O 134/89); nicht veröffentlicht

Tabelle 4-7: Rechtsurteile zur Vereinbarkeit von Prüfung und Beratung[515]

Das bekannteste Urteil betrifft die *Allweiler AG*, welches vor dem LG Konstanz am 13.1.1995 als erster Instanz verhandelt wurde.[516] Anlass für die Klage war die Durchführung von Steuerberatungsleistungen bzw. die „Aufbereitung des buchhalterischen Zahlenwerks" einer nach § 316 HGB (a.F.) prüfungspflichtigen Gesellschaft (Allweiler AG) durch deren damaligen Abschlussprüfer Arthur Andersen.[517] Das Verhältnis des Aufwandes zwischen Steuerberatung und Abschlussprüfung betrug bei der zu prüfenden Gesellschaft 1:5.[518] Nach Einschätzung der Klägerin (eine WPG in ihrer Eigenschaft als Aktionärin) führte dieses zu einem Widerstreit nicht vereinbarer Interessen, da eine Prüfung von selbst verursachten Sachverhalten gegeben sei (*self-review threat*).[519] Als zuständige Instanz kam das LG Konstanz zunächst zu dem Urteil, dass zwischen zulässiger Beratung und unzulässiger Mitwirkung zu unterscheiden sei und Steuerberatungsleistungen durch den Abschlussprüfer per se keinen Ausschlusstatbestand i.S.d. § 319 Abs. 2 Nr. 5 HGB (a.F.) darstellten. Erst wenn „der Abschlussprüfer gestaltend, entscheidend und/oder konkret an einzelnen Bilanzierungsvorgängen tätig wird, hat er seine Unabhängigkeit verloren, und es liegt eine unzulässige Mitwirkung vor".[520] In der Folgeinstanz stimmte das OLG Karlsruhe am 23.11.1995 der grundsätzlichen Vereinbarkeit von Steuerberatung und Abschlussprüfung zu.[521] Gleichwohl wurde beanstandet, dass die Steuerberatung durch den Wirtschaftprüfer „über den Bereich allgemeiner, abstrakter Beratung hinaus" Einfluss auf den handelsrechtlichen Abschluss genommen habe. Somit lag nach

---

[513] Ähnlich auch § 319a Abs. 1 Nr. 3 HGB
[514] Siehe hierzu auch *Ebke* (2007), § 13, S. 359.
[515] Vgl. *Müller* (2006), S. 139-140.
[516] Vgl. *Müller* (2006), S. 137.
[517] *LG Konstanz, Urteil vom 13.1.1995*, S. 102.
[518] Vgl. *Faulhaber* (2004), S. 99.
[519] Zum Verständnis des Falles ist zunächst anzumerken, dass nach damals (1995) geltendem Recht keine Regelung existierte, die dem Abschlussprüfer grundsätzlich verbot, Steuer- oder Unternehmensberatung durchzuführen (ähnlich auch *Moxter* (1996), S. 683).
[520] *LG Konstanz, Urteil v. 13.1.1995*, S. 103.
[521] Vgl. *Müller* (2006), S. 137.

Einschätzung des Gerichts ein Verstoß gegen § 319 Abs. 2 S. 1 Nr. 5 HGB (a.F.) vor.[522] Die Wirtschaftsprüfungsgesellschaft habe schon seit längerem die prüfungspflichtige Gesellschaft in einer Doppelrolle betreut.[523] Schuldig blieb das Gericht dabei eine Präzisierung was unter *unzulässiger* bzw. *abstrakter* Steuerberatung zu verstehen ist.[524] Der BGH schloss sich in seinem Urteil vom 21.4.1997[525] dem Urteil der Vorinstanz nur eingeschränkt an. Der II. Zivilsenat bemängelte, die vom OLG Karlsruhe gezogenen Grenzen der Zulässigkeit von Steuerberatung seien zu eng.[526] So sei die Unterscheidung zwischen generell abstraktem und konkretem Beratungsobjekt oder die Berücksichtigung von Kausalitätspunkten zwischen Beratung und dem zu prüfenden Jahresabschuss zur Beurteilung der Sachlage ungeeignet. Andernfalls wäre die Zulässigkeit der Beratung übermäßig eingeschränkt, da die Steuerberatung i.d.R. konkret und einzelfallbezogen sei, sowie adäquat kausal Niederschlag im Jahresabschluss finde.[527] Der Gesetzgeber habe jedoch (damals) bewusst auf die Trennung von Prüfung und Beratung durch Zurückweisung entsprechender Gesetzesanträge verzichtet.[528] Der BGH bestätigte aufgrund des damals geltenden Rechts, dass die Abschlussprüfung und die (Steuer-) Beratung generell vereinbar sind, solange der Abschlussprüfer in der Funktion des Beraters nur Handlungsalternativen aufzeigt, d.h. die Entscheidung, wie eine Empfehlung umzusetzen ist, beim Mandanten verbleibt.[529] Die *funktionale Entscheidungszuständigkeit*, welche vom BGH als ausschlaggebendes Kriterium aufgeführt wird, ist demnach überschritten, wenn der Berater selbst die Entscheidung trifft, d.h. seine Tätigkeit über das Aufzeigen von Alternativen im Sinne einer Entscheidungshilfe hinausgeht.[530] Hinsichtlich des konkret zu beurteilenden Sachverhaltes sah der BGH trotz der engen Verknüpfung von Handels- und Steuerrecht durch den Grundsatz der (umgekehrten) Maßgeblichkeit gem. § 5 Abs. 1 S. 1 u. 2 EStG keine Aufhebung der Entscheidungszuständigkeit des Beratenen gegeben.

Neben dem Allweiler-Urteil hat der BGH in einem weiteren Urteil vom 25.11.2002[531] den Grundsatz der Befangenheit des Jahresabschlussprüfers weiterentwickelt. Dem Urteil lag die Frage zu Grunde, unter welchen Voraussetzungen ein Wirtschaftsprüfer (hier KPMG) Abschlussprüfer sein kann, wenn diese Prüfungsgesellschaft zuvor Bewertungsgutachten bei der

---

[522] *OLG Karlsruhe, Urteil vom 23.11.1995*, S. 2515.
[523] Vgl. *Faulhaber* (2004), S. 100.
[524] Kritisch dazu *Benckendorff* (1996), S. 122-124; *Harder* (1996), S. 718-720; *Moxter* (1996), S. 685.
[525] Vgl. *BGH-Urteil vom 21.4.1997*, S. 1394-1396.
[526] Vgl. *BGH-Urteil vom 21.4.1997*, S. 1394; *Schmidt* (1998), S. 323.
[527] Vgl. *Faulhaber* (2004), S. 101.
[528] Vgl. *BT-Drucksache 10/4268*, S. 118.
[529] Vgl. *Ring* (2002), S. 1351.
[530] Vgl. *Ebke/Paal* (2005), S. 906. Problematisch ist die Ausarbeitung alternativloser Empfehlungen durch den Berater, so dass dem Beratenen keine echte Auswahlmöglichkeit bleibt. Wenn lediglich nur eine Lösung und keine weitere Handlungsalternative vorliegen, entspricht nach Einschätzung des BGH „der Rat einer zulässigen Teilprüfungsentscheidung im Sinne einer prüfungsvorbereitenden Beratung." (*BGH-Urteil vom 21.4.1997*, S. 1395; *ADS* (2007), § 319, Tz. 122).
[531] Vgl. *BGH-Urteil vom 25.11.2002*.

Verschmelzung (hier der Bayerischen Hypotheken- und Wechsel-Bank AG und der Bayerischen Vereinsbank AG) aufgestellt hat.[532] Aktionäre fochten aufgrund möglicher Verstöße gegen § 319 Abs. 2 S. 1 Nr. 5, Abs. 3 Nr. 4 HGB sowie § 318 Abs. 3 HGB (a.F.) die Bestellung des Prüfers an. Erstmalig gerichtlich behandelt wurde der Fall am 21.10.1999 vor dem LG München, ehe in der Berufungsinstanz das OLG München am 8.11.2000 über den Sachverhalt befand. Neben der Vereinbarkeit der Erstellung eines Bewertungsgutachtens mit der Prüfungstätigkeit musste das Gericht über die Rechtmäßigkeit von Schadensersatzforderungen vermeintlich geschädigter Aktionäre befinden. Beide Gerichte kamen vor dem Hintergrund des damals geltenden Rechtes und anhand des Kriteriums der *funktionalen Entscheidungszuständigkeit* zu dem Schluss, dass die Wahl des Abschlussprüfers normenkonform erfolgte, auch wenn dieser zuvor ein Bewertungsgutachten erstellt hatte.[533] Ähnlich entschied der BGH am 25.11.2002, dass das Aufstellen eines Verschmelzungswertgutachtens nicht grundsätzlich zur Besorgnis der Befangenheit und damit auch nicht zum Prüfungsausschluss führen müsse; „Wird eine Wirtschaftsprüfungsgesellschaft im Rahmen einer Verschmelzung mit der Erstattung eines Verschmelzungsgutachtens und der Ermittlung der Verschmelzungswertrelation beauftragt, folgt daraus nicht ohne weiteres, dass sie nicht zum Abschlussprüfer der aus der Verschmelzung hervorgegangenen Gesellschaft gewählt werden darf".[534]

Dagegen wir die Nichtigkeit des Prüfungsauftrages aufgrund der Mitwirkung des Prüfers bei der Aufstellung des Jahresabschlusses in den Urteilen des BGH vom 30.4.1992 und des OLG Köln vom 1.7.1992 festgestellt.[535] In beiden Fällen hatte der jeweilige Abschlussprüfer aufgrund von Buchführungstätigkeiten bzw. der Aufstellung des zu prüfenden Jahresabschlusses gegen die Unabhängigkeitsanforderungen des § 319 HGB a.F. verstoßen. Die Nichtigkeit des Prüfungsauftrages hat in den vorliegenden Fällen zur Folge, dass, trotz der Wirksamkeit des Jahresabschlusses, kein Anspruch des Abschlussprüfers auf eine Vergütung besteht (siehe auch *Kapitel 4.8*).

Obwohl die dargestellten Urteile den Zeitraum vor der Verabschiedung des BilReG betreffen und daher nicht uneingeschränkt auf den Zeitraum nach dessen Inkrafttreten übertragen werden dürfen, wird ersichtlich, dass ein genereller Ausschluss des Abschlussprüfers aufgrund paralleler Beratung nicht vorgesehen ist. Stattdessen ist eine Differenzierung zwischen den unterschiedlichen Dienstleistungsarten, welche zum Prüfungsausschluss führen könnten, erforderlich. Diese wird in *Kapitel 4.6.2* vorgenommen. Zuvor werden die allgemeinen Regelungen der EG, der IFAC und der SEC zur Vereinbarkeit von Prüfung und Beratung erörtert.

---

[532] Vgl. *Veltins* (2004), S. 447.
[533] Vgl. *LG München I, Urteil vom 21.10.1999*, S. 35 u. 36; *OLG München, Urteil vom 8.11.2000*, S. 259; siehe auch *Müller* (2006), S. 139.
[534] *BGH-Urteil vom 25.11.2002*, S. 462.
[535] Vgl. *BGH-Urteil vom 30.4.1992*, S. 1466; *OLG Köln, Urteil vom 1.7.1992*, S. 2108

4.6.1.2 Bestimmungen der Europäischen Gemeinschaft

Seit den 1990er Jahren wird eine Harmonisierung der Abschlussprüfung innerhalb der EG-Staaten verfolgt. Das Ziel der EG-Kommission bestand zunächst darin, allen Beteiligten der Abschlussprüfung ein einheitliches Verständnis von Unabhängigkeit zu vermitteln, so dass „Tatsachen und Umstände, die die Unabhängigkeit des Abschlussprüfers gefährden, EG-weit kohärent interpretiert und behandelt werden".[536] Die Unabhängigkeit des Abschlussprüfers wurde dazu in dem im Jahr 1996 von der EG-Kommission verabschiedeten Grünbuch über die *Rolle, Stellung und Haftung des Abschlussprüfers in der Europäischen Union*[537] ausführlich thematisiert, ohne dass ein generelles Verbot von paralleler Prüfung und Beratung forciert wurde. Stattdessen wurde eine Einschränkung in kritischen Bereichen diskutiert.[538] Konkreter als das Grünbuch ist die Empfehlung der Kommission *Unabhängigkeit des Abschlussprüfers in der EU* vom 16.5.2002.[539] Durch einen zweiteiligen prinzipienbasierten Ansatz wird der Vielzahl möglicher Konstellationen, die aufgrund unterschiedlicher Rechtssysteme innerhalb der Europäischen Union vorliegen, Rechnung getragen.[540] Im *Rahmenkonzept* (Teil A) der Empfehlung ist festgelegt, welche allgemeinen Anforderungen der Abschlussprüfer erfüllen muss, um seine Unabhängigkeit zu gewährleisten und auf welchen Personenkreis diese Anforderungen anzuwenden sind.[541] In Teil B (*Besondere Umstände*) werden exemplarische Situationen einer Gefährdung der Unabhängigkeit sowie Verhaltensweisen zu deren Vermeidung diskutiert.[542] Neben finanziellen, geschäftlichen und persönlichen Beziehungen zwischen Abschlussprüfer und Mandanten, wird dort explizit die Erbringung von Nichtabschlussprüfungsleistungen aufgeführt.[543] In der *EG-Richtlinie (2006/43/EG) über Abschlussprüfungen von Jahresabschlüssen und konsolidierten Abschlüssen, zur Änderung der Richtlinien 78/660/EWG und 83/349/EWG des Rates und zur Aufhebung der Richtlinie 84/253/EWG des Rates vom 17.5.2006* werden die Inhalte der Empfehlung aufgegriffen.[544] Die für die vorliegende Untersuchung relevanten Regelungen sind im Wesentlichen in Kapitel IV (Art. 21 bis Art. 25) enthalten.[545] Im Hinblick auf eine Unabhängigkeitsgefährdung durch gleichzeitige Prüfungs- und Beratungstätigkeit werden in der Richtlinie die Risiken der Selbstprüfung sowie die Risiken des Eigeninteresses hervorgehoben. Die Mitgliedsstaaten sind verpflichtet, Gesetze zu erlassen, die gewährleisten, dass der Gefahr des Eigeninteresses und der Selbstprüfung des Abschlussprüfers, insbesondere bei Unternehmen von öffentlichem Interesse,

---

[536] *EG-Kommission* (2002), S. 23.
[537] Vgl. *EG-Kommission* (1996).
[538] Vgl. *EG-Kommission* (1996), Tz. 4.12; siehe auch *Zimmermann* (2008), S. 28.
[539] Vgl. *EG-Kommission* (2002).
[540] Vgl. *EG-Kommission* (2002), S. 23.
[541] Vgl. *EG-Kommission* (2002), Abschn. A., S. 24-27.
[542] Vgl. *EG-Kommission* (2002), S. 27-33.
[543] Vgl. *EG-Kommission* (2002), S. 27-33. Siehe auch *Schmidt* (2003), 780.
[544] Vgl. *EG-Richtlinie (2006/43/EG)* (2006).
[545] Vgl. *Lanfermann* (2005), S. 2646.

vorgebeugt wird.[546] Auch der Abschlussprüfer wird verpflichtet, Schutzmaßnahmen zu ergreifen, um solche Risiken zu minimieren. Genügen diese nicht, darf die Abschlussprüfung gem. Art. 22 nicht parallel zur Beratungstätigkeit durchgeführt werden.[547] Neben diesen allgemeinen Formulierungen sieht die Richtlinie jedoch keinen expliziten Prüfungsausschluss bei bestimmten Dienstleistungen vor; hier sind die Regelungen des Rates deutlich hinter den Empfehlungen der EG-Kommission aus dem Jahr 2002 zurückgeblieben. Stattdessen wird die Einrichtung eines Prüfungsausschusses (*Audit Committee*) bei Unternehmen von öffentlichem Interesse in Art. 41 der Richtlinie gefordert. Dessen Aufgabe besteht unter anderem darin „die Unabhängigkeit des Abschlussprüfers oder der Prüfungsgesellschaft, d.h. die erbrachten zusätzlichen Leistungen des Abschlussprüfers, abzuwägen und zu überwachen". Damit der Ausschuss diese Aufgabe erfüllen kann, muss der Prüfer jährlich eine schriftliche Erklärung zur Unabhängigkeit abgeben, über erbrachte Leistungen informieren sowie mögliche Risiken für die Unabhängigkeit und ergriffene Gegenmaßnahmen darstellen.[548] Auch wird die Offenlegung der Honorare, wie bereits in der Empfehlung der EG-Kommission vorgeschlagen und in Deutschland durch das BilReG rechtlich verankert, in Art. 49 der EG-Richtlinie zur Umsetzung aufgegeben.[549] Gleichzeitig wird der Abschlussprüfer, sofern er ein Unternehmen von öffentlichem Interesse prüft, verpflichtet, einen jährlichen Transparenzbericht zu publizieren (siehe *Kapitel 5.2*).[550] Die modernisierte 8. EG-Richtlinie, welche am 29.6.2006 in Kraft trat, wurde innerhalb der 24 Monate, d.h. bis zum 29.6.2008, in nationales Recht ratifiziert.[551] Zentrale Vorschriften der Abschlussprüferrichtlinie, wie bspw. zur Honoraroffenlegung wurden in Deutschland bereits 2004 mit dem Bilanzrechtsreformgesetz (BilReG) antizipiert.[552] Auch das Abschlussprüferaufsichtsgesetz (APAG) transformiert wesentliche Inhalte der Richtlinie in nationales Recht. Zahlreiche berufsrechtliche Vorgaben dieser Richtline wurden im September 2007 mit dem Berufsaufsichtsreformgesetz (BARefG) umgesetzt.

4.6.1.3 Bestimmungen der IFAC

Die Regelungen der IFAC zur Unabhängigkeit sind im *Code of Ethics for Professional Accountants* geregelt.[553] Ebenso wie die EG-Kommission hat auch die IFAC einen auf Prinzipien basierten Ansatz gewählt, um den unterschiedlichen Konstellationen gerecht werden zu

---

[546] Vgl. *EG-Richtlinie (2006/43/EG)* (2006), Art 22 Abs. 2.
[547] Vgl. *EG-Richtlinie (2006/43/EG)* (2006), Art. 22 Abs. 2.
[548] Vgl. *EG-Richtlinie (2006/43/EG)* (2006), Art. 42 Abs. 1.
[549] Vgl. *EG-Richtlinie (2006/43/EG)* (2006), Art. 49 Abs. 1 a.). Diese Offenlegungspflicht wurde in Deutschland bereits im Rahmen des BilReG berücksichtigt.
[550] *EG-Richtlinie (2006/43/EG)* (2006), Art. 40 Abs. 1.
[551] Vgl. *Lanfermann* (2005), S. 2645.
[552] Vgl. *Lanfermann* (2005), S. 2650; *Tiedje* (2006), S. 593.
[553] Vgl. *IFAC* (2007b). Zur Bedeutung der IFAC für deutsche Abschlussprüfer und damit auch hinsichtlich der Tragweite des *Code of Ethics für Professional Accountants* siehe *Kapitel 3.2.2.2.3* dieser Arbeit.

Grenzen gleichzeitiger Prüfungs- und Beratungstätigkeit 93

können, die sich aufgrund der Rechtssysteme in den verschiedenen Ländern ergeben.[554] Auch die Inhalte des Codes sind denen der EG-Empfehlung ähnlich.[555] In Abschnitt A *General Application of the Code* werden zunächst der Anwendungsbereich und der konzeptionelle Bezugsrahmen vorgegeben, Abschnitt B *Professional Accountants in Public Practice* beinhaltet Verhaltensempfehlungen zur Durchführung von gesetzlichen Prüfungen, während Abschnitt C *Professional Accountants in Business* Empfehlungen zum Verhalten der Berufsstandsangehörigen außerhalb des öffentlichen Auftrages enthält. Der Bezugsrahmen (Abschnitt A) soll den Abschlussprüfer dabei unterstützen, Bedrohungen der Unabhängigkeit (*threats*) zu identifizieren und entsprechende Sicherungsmaßnahmen (*safeguards*) zu ergreifen.[556] Dabei wird zwischen berufsständischen, legislativen oder regulatorischen Maßnahmen einerseits und Maßnahmen im unmittelbaren Arbeitsumfeld des Prüfers andererseits unterschieden.[557] In Abschnitt B des Code of Ethics werden die Inhalte des Bezugsrahmens durch exemplarische Situationen der Gefährdung der Unabhängigkeit konkretisiert.[558] Hierbei unterscheidet die IFAC zunächst zwischen *Financial Statement Audit Engagement* und *Other Assertation-based Assurance Engagements*. Diese Differenzierung ist notwendig, da für die Financial Statement Audits Engagements die Wahrung der Unabhängigkeit aufgrund der „wider range of potential users" von besonderer Bedeutung ist.[559] Innerhalb der Financial Statement Audit Engagement, wird weiter zwischen *Listed Entities* und *Not Listed Entities* unterschieden.[560] Diese Unterscheidung erfolgt ähnlich den differenzierten Anforderungen der §§ 319 u. 319a HGB. Zentrale Inhalte zur Vereinbarkeit einzelner Beratungsleistungen mit der Abschlussprüfung werden in *Kapitel 4.6.2* diskutiert.

4.6.1.4 Bestimmungen der SEC

Das im November 2000 von der SEC erlassene und am 5. Februar 2001 in Kraft getretene *Final Rule: Revision of the Commission's Auditor Independence Requirements* sollte die Objektivität des Abschlussprüfers stärken und das öffentliche Vertrauen in eine unvoreingenommene Prüfung durch die Einschränkung der Beratungsleistungen des Abschlussprüfers erhöhen.[561] Ähnlich den Bestimmungen im deutschen Recht sind darin objektive Kriterien verankert, bei deren Vorliegen eine Beeinträchtigung der Unabhängigkeit vermutet wird, die zum Prüfungsausschluss führt.[562] Abweichend von den handelsrechtlichen Regelungen in

---

[554] Vgl. *Hagemeister* (2002), S. 333-334; *Schwandtner* (2002), S. 328.
[555] Vgl. *Hagemeister* (2002), S. 334; *Niehus* (2002), S. 618.
[556] Vgl. *IFAC* (2006a), Sec. 100.10, 11 u 12. Zu den *threats* siehe *Kapitel 4.5*.
[557] Vgl. *IFAC* (2006a), Sec. 100.11 (a) (b), 100.12.
[558] Vgl. *IFAC* (2006a), Sec. 200.4.
[559] *IFAC* (2006a), Sec. 290.14.
[560] Vgl. *IFAC* (2006a), Sec. 290.170 u. 171.
[561] Vgl. *SEC* (2000a), Chap. IV.C, siehe auch *Lenz* (2001), S. 300-304.
[562] Die Vorgabe objektiver Ausschlusskriterien ist aufgrund des bereits mehrfach angesprochenen Problems der Nichtüberprüfbarkeit der inneren Einstellung erforderlich (vgl. *SEC* (2000a), I; *Schindler/Rosin* (2001), S. 120).

Deutschland sieht die SEC jedoch keine Generalklausel wie etwa § 319 Abs. 2 HGB vor, sondern greift auf eine Vielzahl von Einzelvorschriften zurück.[563] Auch der in Folge der eingangs genannten Bilanzskandale am 15.7.2002 verabschiedete Sarbanes-Oxley Act (SOA) soll dazu dienen, die Ursachen der Bilanzskandale zu bekämpfen und das Vertrauen der Investoren in den Kapitalmarkt wiederherzustellen.[564] Dieser Act richtet sich mit einer Vielzahl von Maßnahmen an unterschiedliche Adressaten. Anders als die EG-Empfehlung oder der IFAC Code of Ethics wählte der US-amerikanische Gesetzgeber auch hier keinen prinzipienbasierten, sondern einen regelbasierten Ansatz (*rule-based approach*) mit etlichen Einzelfallregelungen. In Title I (Sec. 101-109) des SOA wird die Errichtung einer zusätzlichen Berufsaufsicht, das *Public Company Accounting Oversight Board* (PCAOB), vorgesehen, welches der SEC unterstellt ist. Die Selbstregulierung des Berufsstandes wird somit de facto abgeschafft.[565] Die Corporate Governance Struktur der prüfungspflichtigen Gesellschaften ist Gegenstand von Title III (Sec. 301-308 SOA). So wird in Sec. 301 SOA die Einrichtung eines *Audit Committees* verlangt. Die Unabhängigkeit des Abschlussprüfers wird insbesondere in Title II (Sec. 201-209) behandelt. Neben einer Rotation des verantwortlichen Partners nach fünf bzw. sieben Jahren werden neun Beratungsleistungen genannt, die nicht mit der Tätigkeit des gesetzlichen Abschlussprüfers vereinbar sind.[566]

Weitere Unabhängigkeitsanforderungen enthält das dem SOA nachfolgende *Final Rule: Strengthening the Commission's Requirements Regarding Auditor Independence* der SEC.[567] Die in dieser Vorschrift enthaltenen Regelungen sind zugleich ursächlich dafür, dass die US-amerikanischen Unabhängigkeitsanforderungen, wie im Folgenden gezeigt wird, deutlich über die Bestimmungen der IFAC, der EG und des deutschen Gesetzgebers hinausgehen.

4.6.2 Inhabilität ausgewählter Beratungsleistungen

4.6.2.1 Buchführungstätigkeit und Abschlusserstellung

Die Kontierung von Belegen, die Durchführung von Buchungen, die Erstellung des Abschlusses aus Kontenplänen sowie die Mitwirkung des Abschlussprüfers bei der Erstellung des Anhangs oder des Lageberichts sind aufgrund des Risikos der Selbstprüfung nicht mit der han-

---

[563] Vgl. *Schindler/Rosin* (2001), S. 123 u. 125; *Ferlings/Lanfermann* (2002), S. 2121.
[564] Vgl. *Lanfermann/Maul* (2002), S. 1725; *Lenz* (2002), S. 2270; *Ring* (2002), S. 1345; *Emmerich/Schaum* (2003), S. 677.
[565] Vgl. *Lanfermann/Maul* (2002), S. 1725; *Ferlings/Lanfermann* (2002), S. 2117-2118; *Lenz* (2002), S. 2271-2273; *Ring* (2002), S. 1347; *Emmerich/Schaum* (2003), S. 677-678.
[566] Buchführung und Jahresabschlusserstellung, Konzeption und Umsetzung von Finanzinformationssystemen, Schätz- und Bewertungsgutachten, versicherungsmathematische Dienstleistungen, Interne Revision, Übernahme von Managementfunktionen im zu prüfenden Unternehmen, Personalberatung, Finanzdienstleistungen, Rechtsberatung und -vertretung (vgl. *SOA* (2002), Sec. 201). Siehe hierzu auch *Lenz* (2002, S. 2274).
[567] Vgl. *SEC* (2003a).

delsrechtlichen Abschlussprüfung vereinbar.[568] Auch die EG-Kommission vertritt die Auffassung, dass die „Festlegung oder Änderung von Journalbuchungen, die Zuordnung von Konten oder Geschäftsvorfällen…ohne Zustimmung des Mandanten", die „Autorisierung oder Genehmigung von Geschäftsvorfällen" sowie „die Erstellung von Ursprungsbelegen" unvereinbar mit der Prüfungstätigkeit sind.[569] Dies gilt insbesondere für Unternehmen von öffentlichem Interesse.[570]

In ihrem *Code of Ethics* führt die IFAC aus, dass die in Folge von „accounting and bookkeeping services including payroll service and the preparation of financial statements…" auftretenden Risiken der Selbstprüfung durch entsprechende Maßnahmen (*safeguards*) möglicherweise reduziert werden können.[571] Zumindest bei kapitalmarktorientierten Gesellschaften sollten diese Dienstleistungen jedoch zum Prüfungsausschluss führen.[572] Lediglich in *emergency situations*[573] erachtet die IFAC die Mitwirkung bei Buchführung und Abschlusserstellung, anders als die handelsrechtlichen Bestimmungen und die Vorgaben der EG-Kommission, für zulässig.[574] Auch die „technical assistance…and advice on accounting principles" sind nach Einschätzung der IFAC ein „appropriate means to promote the fair presentation of the financial statement" und begründen keine Gefahr für die Unabhängigkeit des Prü-

---

[568] Vgl. *OLG Köln; Urteil v. 1.7.1992*, S. 2108-2109; *OLG Düsseldorf, Urteil v. 16.11.1990*, S. 321-323; *Baetge/Thiele* (2006), § 319 Tz. 75. *Förschle/Schmidt* (2006) nennen des Weiteren die Führung des Anlageverzeichnisses, die Berechnung der am Bilanzstichtag erforderlichen Rückstellungen, der Abschreibungen auf das Anlagevermögen, der erforderlichen Abwertungen zum Umlaufvermögen, sowie die Durchführung der Vorratsinventur (*Förschle/Schmidt* (2006), § 319 Tz. 50). Ähnlich *IDW* (2006a), A. 299- 300.

[569] *EG-Kommission 2002/590/EC* (2002), S. 30 u. 47. Ähnlich auch die *IFAC* (2006a, Sec. 290.167).

[570] Die Empfehlung der *EG-Kommission* enthält keine eindeutige Definition „eines Unternehmens von öffentlichem Interesse". Vielmehr ist vom „Grad des öffentlichen Interesses", die Rede, also einer relativen und nicht absoluten Betrachtung. Dieser hängt von „Größe und Struktur des Mandanten als auch von dessen Geschäftsumfeld auf lokaler, regionaler oder nationaler Ebene" ab (*EG-Kommission (2002/590/EC)* (2002a), S. 48). Dem entgegen umfassen gem. der modernisierten 8. EG-Richtlinie (*2006/43/EG*) vom 17.5.2006 „Unternehmen von öffentlichem Interesse" jene Gesellschaften, „die unter das Recht eines Mitgliedsstaates fallen und deren übertragbare Wertpapiere zum Handel auf einem geregelten Markt eines Mitgliedsstaates i.S.d. Art. 4 Abs. 1 Nr. 14 der Richtlinie 2004/39/EG zugelassen sind." Des Weiteren werden Kreditinstitute i.S.d. Art. 1 Nr. 1 der Richtlinie 2000/12/EG und Versicherungsunternehmen i.S.d. Art. 2 Abs. 1 der Richtlinie 91/674/EWG als Unternehmen von öffentlichem Interesse bezeichnet.

[571] Als Maßnahmen zur Wahrung der Unabhängigkeit schlägt die IFAC neben einer personellen Trennung von prüfenden und beratenden Mitarbeitern des Abschlussprüfers, die Vermeidung von Managemententscheidungen sowie die Bereitstellung aller erforderlichen Daten und Annahmen sowie Freigabe aller Buchungen und Journaleinträge durch den Mandanten vor (vgl. *IFAC* (2006a), Sec. 290.171).

[572] Vgl. *IFAC* (2006a), Sec. 290.170 u. 171.

[573] Eine Notfallsituation liegt nach Einschätzung der IFAC vor, wenn es für das prüfungspflichtige Unternehmen *impractical* ist, andere Vorkehrungen zu treffen (vgl. *IFAC* (2006a), Sec. 190.173).

[574] Der Abschlussprüfer darf jedoch keine Managementfunktionen übernehmen, so dass der Mandant die Verantwortung für die Arbeit des Abschlussprüfers übernehmen muss. Ferner wird eine personelle Trennung von prüfenden und beratenden Mitarbeitern gefordert (vgl. *IFAC* (2006a), Sec. 290.173).

fers.⁵⁷⁵ Diese Einschätzung wird vereinzelt auch in deutschen Kommentaren vertreten; dort heißt es, die Unterstützung bei der Entwicklung von theoretischen Hinweisen zur Arbeits- und Ablauforganisation, zur Ausgestaltung von Erfassungs-, Bearbeitungs- und Überwachungssystemen, zur Entwicklung von Kontenplänen, aber auch bei Inventur- und Bilanzierungsanweisungen, sei zulässig.⁵⁷⁶ Eine unrechtmäßige Mitwirkung ist hingegen zweifelsfrei gegeben, wenn der Abschlussprüfer eine Prüfung auf Grundlage eines nicht prüffähigen Jahresabschlusses durchführt. „In diesem Fall fehlt es an einem tauglichen Prüfungsobjekt, so dass eine Prüfung schon begrifflich ausscheidet."⁵⁷⁷ In den USA sind Buchführungstätigkeiten des Abschlussprüfers generell untersagt.⁵⁷⁸

4.6.2.2 Entwicklung von Finanzinformationssystemen

Die Mitwirkung bei der Entwicklung und Implementierung von Finanz- und Rechnungslegungsinformationssystemen wird, sofern diese nicht von untergeordneter Bedeutung sind, bei kapitalmarktorientierten Unternehmen aufgrund des erhöhten Risikos der Selbstprüfung untersagt (§ 319a Abs. 1 S. 1 Nr. 3 HGB).⁵⁷⁹ Bei anderen Unternehmen scheint das Risiko tolerierbar; vorausgesetzt, das Kriterium der funktionalen Entscheidungszuständigkeit bleibt gewahrt. Diesem zufolge muss die Spezifikation, anhand derer das System entwickelt wird, durch den Mandanten vorgegeben, sowie die Verantwortung für die Entwicklung, Implementierung und Beurteilung der durch das System generierten Daten vom Mandanten getragen werden.⁵⁸⁰ Die IFAC und die EG-Kommission räumen ein, dass die Anpassung eines Standard-Buchführungsprogramms an die Bedürfnisse des Mandanten durch den Abschlussprüfer ebenso zulässig sei, wie die Entwicklung und Implementierung eines solchen Projektes durch ein Konsortium, dem der Abschlussprüfer angehört.⁵⁸¹ Die Erstellung einer Liste mit alternativen Systemen, anhand derer der Mandant eine Auswahl trifft, ist ebenfalls mit der Abschlussprüfung vereinbar. Ein Prüfungsausschluss ist hingegen für den Fall vorgesehen, dass der Abschlussprüfer als Systementwickler bei Unternehmen von öffentlichem Interesse tätig wird.⁵⁸² Besondere Sorgfalt bei der Beurteilung der Vereinbarkeit sollte nach Einschätzung der IFAC bei solchen Informationssystemen getroffen werden, die für den Jahresabschluss relevante Daten generieren.⁵⁸³ Eine Präzisierung dieser Sorgfaltspflichten erfolgt im *Code of Ethics* bedauerlicherweise nicht. Deutlicher sind hingegen die Vorgaben der SEC. Diesen

---

⁵⁷⁵ *IFAC* (2006a), Sec. 290.168.
⁵⁷⁶ Vgl. *Förschle/Schmidt* (2006), § 319 Tz. 49.
⁵⁷⁷ *OLG Brandenburg, Urteil vom 10.7.2001*, S. 866; *IDW* (2006a), A. 301.
⁵⁷⁸ Vgl. *Regulation S-X* (2007), § 210-2-01-(c)(4)(i); *SEC* (2003a), Abs. II.B.1.
⁵⁷⁹ Vgl. *BT-Drucksache 15/3419*, S. 42, siehe auch *EG-Kommission (2002/590/EC)* (2002a), S. 30 u. 48; *Förschle/Schmidt* (2006), § 319 Tz. 51; *Ring* (2005), S. 201; *Quick* (2006), S. 48.
⁵⁸⁰ Vgl. *EG-Kommission (2002/590/EC)* (2002a), S. 30.
⁵⁸¹ Vgl. *IFAC* (2006a), Sec. 290.188; *Müller* (2006), S. 153.
⁵⁸² Vgl. *EG-Kommission (2002/590/EC)* (2002a), S. 49.
⁵⁸³ Vgl. *IFAC* (2006a), Sec. 290.190.

zufolge ist das direkte oder indirekte Betreiben sowie das Überwachen von Informationssystemen eine Inhabilität zur Abschlussprüfung.[584] Auch die Entwicklung und Implementierung von Hard- oder Software, welche zur Generierung von Jahresabschlussdaten eingesetzt wird (einschließlich ERP-Systeme), ist unzulässig.[585] Die Entwicklung und Implementierung von Informationssystemen, welche keine Bedeutung für den Abschluss haben, so dass kein Risiko der Selbstprüfung besteht, werden hingegen als zulässig erachtet, sofern diese vom *Audit Committee* genehmigt worden sind.[586] Auch die im Rahmen der Evaluierung des Internen Kontrollsystems (IKS) hinsichtlich Design, Implementierung und operativem Betrieb gewonnenen Erkenntnisse dürfen dem Management als Verbesserungsvorschläge unterbreitet werden.[587]

4.6.2.3 Interne Revision

Die Funktion der Internen Revision umfasst die Überprüfung der Eignung, Überwachung und Einhaltung der Regelungen und Anordnungen der gesetzlichen Vertreter sowie die der Ordnungsmäßigkeit von Aufbau und Funktion des IKS.[588] Die Aufgaben und Ziele der Internen Revision werden somit durch die gesetzlichen Vertreter der Unternehmen vorgegeben. Der Abschlussprüfer handelt hingegen in gesetzlichem Auftrag. Gegenstand des risikoorientierten Prüfungsvorgehens ist unter anderem auch die Evaluation des IKS,[589] dem auch die Interne Revision sowie das ggf. einzurichtende Risikofrüherkennungssystem (i.S.d. § 91 Abs. 2 AktG) zugeordnet werden kann.[590] Um der Gefahr der Selbstprüfung entgegenzuwirken, ist die Übernahme der Internen Revision seitens des Abschlussprüfers daher grundsätzlich unzulässig (§ 319 Abs. 3 S. 1 Nr. 3 b HGB).[591] Beratende Hilfestellungen werden hingegen als vereinbar erachtet, sofern „der Prüfer tatsächlich und nicht nur formal Sorge dafür trägt, dass die Entscheidung und Verantwortung für die Einrichtung und Funktionsfähigkeit bei dem Management bleiben."[592] Zulässig ist ferner die Übernahme einzelner Aufträge für die Interne Revision.[593] IDW PS 321 verpflichtet den Abschlussprüfer ohnehin, seine Tätigkeit so weit wie möglich und sinnvoll mit der Arbeit der Internen Revision zu koordinieren und deren Arbeitsergebnisse zu verwerten.[594] In der Literatur wird die Auffassung vertreten, der Ab-

---

[584] Vgl. *Regulation S-X* (2007), § 210-2-01-(c)(4)(ii).
[585] Vgl. *Regulation S-X* (2007), § 210-2-01-(c)(4)(ii)(B); *SEC* (2003a), Abs. II.B.2.
[586] Vgl. *Regulation S-X* (2007), § 210-2-01-(c)(4)(ii).
[587] Vgl. *SEC* (2003a), Abs. II.B.2.
[588] Vgl. *IDW PS 321*, Tz. 8; *Hienek* (2007), S. 698-699.
[589] Vgl. *IDW PS 261*; *IFAC ISA 315*; *IFAC ISA 330*.
[590] Vgl. *IDW PS 340*; *IDW PS 261*, Tz. 20; *Quick* (2005), S. 46; *Müller* (2006), S. 160-161.
[591] Vgl. *BT-Drucksache 15/3419*, S. 39.
[592] *Röhricht* (2001), S. 87; siehe auch *Marx* (2002a), S. 457-460; *Ring* (2005), S. 199; *Quick* (2006), S. 46.
[593] Vgl. *Förschle/Schmidt* (2006), § 319 Tz. 58; *IDW PS 321*, Tz. 28.
[594] *Förschle/Schmidt* (2006), § 319 Tz. 58; *IDW PS 321*, Tz. 2.

schlussprüfer dürfe den Prüfungsmandanten bei der Erstellung der Dokumentation zum IKS unterstützen.[595]

Analog zum deutschen Gesetzgeber sieht auch die EG-Kommission eine Gefahr für die Unabhängigkeit bei Beratungsleistungen des Abschlussprüfers zur Internen Revision gegeben,[596] die jedoch hinreichend reduziert werden kann, wenn das Management die gesamte Verantwortung für das Interne Kontrollsystem, die Festlegung des Anwendungsbereiches, die Häufigkeit der durchzuführenden Verfahren sowie für die Umsetzung der Empfehlungen trägt.[597] Die IFAC verlangt ebenfalls eine klare Trennung zwischen der Managementfunktion bzw. Kontrolle über die Tätigkeit der Internen Revision und der Durchführung der operativen Tätigkeit.[598] Nach Einschätzung der SEC ist die Gefährdung der Unabhängigkeit, wenn der Abschlussprüfer Aufgaben des Managements übernimmt und mittelbar selbst Bestandteil des IKS wird, hingegen so erheblich,[599] dass die Übernahme rechnungslegungsbezogener Kontrollfunktionen durch den Prüfer in jedem Fall unzulässig ist.[600] Ausgewählte Aufgaben der Internen Revision ohne Rechnungslegungsbezug sind hingegen tolerierbar, sofern kein substantielles Outsourcing erfolgt. Neben einer Zustimmung des *Audit Committees* muss sichergestellt sein, dass das Management die Verantwortung für Umfang und Inhalt der vom Abschlussprüfer übernommenen Aufgaben trägt.

4.6.2.4 Rechtsberatung

Nach § 5 Nr. 2 Rechtsberatungsgesetz (RBerG) durften „öffentlich bestellte Wirtschaftsprüfer und vereidigte Buchprüfer [...] in Angelegenheiten, mit denen sie beruflich befasst sind, auch die rechtliche Bearbeitung übernehmen."[601] Durch das Rechtsdienstleistungsgesetz (RDG), welches seit dem 1. Juli 2008 in Kraft steht, wurde der Bereich außergerichtlicher Beratung neu geregelt und erweitert.[602] „Rechtsdienstleistungen sind immer dann zulässig, wenn sie als Nebenleistung zum Berufs- oder Tätigkeitsbild gehören."[603] Eine rechtliche Beratungstätigkeit durch den Abschlussprüfer ist somit grundsätzlich statthaft.[604] Da die Rechtsvertretung

---

[595] Vgl. *Müller* (2006), S. 163.
[596] Die EG-Kommission verwendet den Begriff der *Innenrevision,* der in dieser Arbeit synonym zur *Internen Revision* verwendet wird.
[597] Vgl. *EG-Kommission (2002/590/EC)* (2002a), S. 31.
[598] Der Mandant muss demnach Umfang, Risiken und Häufigkeit der Arbeit der Internen Revision vorgeben, die Arbeit des Beraters evaluieren und darüber befinden, welche Empfehlungen umgesetzt werden (vgl. *IFAC* (2006a), Sec. 290.183 u. 184).
[599] Vgl. *SEC* (2003a), Abs. II.B.5.
[600] Vgl. *Regulation S-X* (2007), Sec. 210.2-01 (c) (4) (v).
[601] Der BGH stellt in diesem Zusammenhang klar, dass hier der Kern und Schwerpunkt der Tätigkeit maßgeblich ist, d.h. ob die Beratungstätigkeit auf wirtschaftlichem Gebiet erfolgt und die Wahrnehmung wirtschaftlicher Belange bezweckt oder ob die rechtliche Seite der Angelegenheit im Vordergrund steht (vgl. *BGH-Urteil vom 18.5.1995,* S. 1558).
[602] Vgl. *BMJ* (2007a).
[603] *RDG* (2007), Tz. 3.
[604] Vgl. *Hucke* (2007), S. 1157.

jedoch eine Identifikation mit dem Mandanten erfordert, könnte die objektive Urteilsbildung im Rahmen der Abschlussprüfung gefährdet sein, so dass ein Ausschlusstatbestand vorliegt.[605] Zumindest die gerichtliche Vertretung stellt nach h.M. immer einen Befangenheitsgrund dar.[606] Darüber hinaus sehen die Unabhängigkeitsanforderungen des § 319a Abs. 1 Nr. 2 HGB vor, dass Rechtsberatungsleistungen, die über das Aufzeigen von Gestaltungsalternativen hinausgehen und die Darstellung der Vermögens-, Finanz-, und Ertraglage in dem zu prüfenden Jahresabschluss unmittelbar und nicht nur unwesentlich betreffen, bei kapitalmarktorientierten Unternehmen explizit untersagt sind.[607]

Die EG-Kommission sieht in der Vertretung des Prüfungsmandanten vor einem Finanzgericht, der Steuerbehörde und der Wertpapierregulierungsbehörde hingegen keine generelle Beeinträchtigung der Unabhängigkeit begründet.[608] Allerdings müsse das Risiko der Selbstprüfung dann zum Ausschluss führen, wenn der Prüfer Chancen und Risiken eines Rechtsstreites für den Jahresabschluss anhand subjektiver Kriterien ermitteln soll, die er in einer anschließenden Abschlussprüfung verifizieren muss.[609]

Die IFAC differenziert zwischen *Litigation Support Services* und *Legal Services*.[610] Im Rahmen des *Litigation Support* wird der Abschlussprüfer als Sachverständiger eingeschaltet, um finanzielle Konsequenzen einzelner Sachverhalte abzuschätzen. Ob eine Gefährdung der Unabhängigkeit bei dieser Tätigkeit vorliegt, sollte a.) anhand der Wesentlichkeit, b.) des Grades der Subjektivität und c.) der Art des Engagements beurteilt werden.[611] *Legal Services* werden von der IFAC als Leistungen definiert, die eine entsprechende juristische Ausbildung zur Rechtsvertretung bzw. die Zulassung bei Gericht erfordern.[612] Neben dem Risiko der Selbstprüfung kann diese Tätigkeit mit einem erhöhten Risiko der Interessenvertretung verbunden sein.[613] Die Vereinbarkeit derartiger Leistungen mit der Abschlussprüfung erfordert adäquate Maßnahmen zur Wahrung der Unabhängigkeit (*safeguards*). Sind diese Maßnahmen nicht hinreichend, darf die Beratungsleistung nicht erbracht werden.[614] Ähnlich unterscheidet auch die SEC zwischen *Legal Services* und *Expert Services*. Nach Einschätzung der SEC sind Legal Services, die nur von Personen erbracht werden dürfen, die eine entsprechende Qualifikation oder öffentliche Bestellung nachweisen, mit der Abschlussprüfung generell unvereinbar,

---

[605] Vgl. *Müller* (2006), S. 164.
[606] Vgl. *Henssler* (2007), S. 22. Der Bundesrat wollte aufgrund des Risikos einer Interessenidentifikation ursprünglich, über den Vorschlag der Bundesregierung hinaus, die rechtliche Interessenvertretung untersagen (vgl. *BT-Drucksache 15/4054*, S. 77).
[607] Vgl. *BT-Drucksache 15/3419*, S. 42.
[608] Vgl. *EG-Kommission (2002/590/EC)* (2002a), S. 50.
[609] Vgl. *EG-Kommission (2002/590/EC)* (2002a), S. 50.
[610] Vgl. *IFAC* (2006a), Sec. 290.193 u. 196.
[611] Vgl. *IFAC* (2006a), Sec. 290.194.
[612] Vgl. *IFAC* (2006a), Sec. 290.196.
[613] Vgl. *IFAC* (2006a), Sec. 210.196.
[614] Vgl. *IFAC* (2006a), Sec. 290.197.

da „a lawyer's core professional obligation is to advance client's interests"[615] und „to represent a client zealously within the bounds of law".[616] Auch der *US-Supreme Court* hebt hervor, dass „if the investors were to view the accountant as an advocate for the corporate client, the value of the audit function itself might well be lost".[617] Die Tätigkeit als Experte ist nicht mit der Abschlussprüfung vereinbar,[618] wenn diese zur Verteidigung gegenüber Dritten bspw. der *Division of Enforcement* dienen soll.[619] Gleiches gilt, wenn die Beauftragung durch den Rechtsanwalt des Prüfungsmandanten erfolgt.[620] Eine Tätigkeit für interne Zwecke im Auftrag des Audit Committee ist hingegen grundsätzlich zulässig. Auch ist es nach Auffassung der SEC unschädlich, wenn die im Rahmen der Abschlussprüfung gewonnenen Erkenntnisse bei einer Rechtsstreitigkeit vom Prüfungsmandanten oder dessen rechtlichen Vertretern verwendet werden.[621]

4.6.2.5 Personalberatung

In Deutschland bestehen keine expliziten Bestimmungen zur Vereinbarkeit von Personalberatung und Prüfungstätigkeit, so dass gem. § 319 Abs. 2 HGB und dem Grundsatz der funktionalen Entscheidungszuständigkeit entsprechend dem Einzelfall entschieden werden muss.[622] Nach Einschätzung der EG-Kommission geht von Beratungsleistungen in Zusammenhang mit der Einstellung von Führungskräften ein Risiko in Hinblick auf eigene Interessen (*self-interest threat*), die Vertrautheit mit dem Mandanten (*familiarity threat*) sowie der Einschüchterung (*intimidation threat*) aus.[623] Zwar wird die Beurteilung fachlicher Qualifikationen mehrerer Bewerber anhand zuvor vom Mandanten vorgegebener Kriterien als zulässig erachtet, die Auswahl eines bestimmten Kandidaten muss jedoch durch den Mandanten erfolgen.[624] Bei Unternehmen von öffentlichem Interesse werden die Risiken einer Personalberatung als so hoch angesehen, dass auch die Erstellung einer Auswahlliste mit der Prüfungstätigkeit nicht vereinbar ist.[625] Ähnlich sieht die IFAC im *Recruiting of Seniors* eine Gefahr für die

---

[615] SEC (2003a), B.9.
[616] D.C. Rules of Professional Conduct (2006), Comment.
[617] US-Supreme Court (1984), Fn. 15; Regulation S-X (2007), 210.2-01(c)(4)(ix).
[618] Die SEC führt hierzu aus, dass sämtliche Leistungen des Abschlussprüfers als *Expert Services* wahrgenommen werden könnten. Das Verbot soll sich jedoch, wie die SEC betont, nur auf jene Leistungen erstrecken „that involve advocacy in proceedings and investigations" (*SEC* (2003a), Fn. 97).
[619] Die *Division of Enforcement* untersucht mögliche Verstöße von SEC-notierten Unternehmen gegen die US-Kapitalmarktvorschriften. Ferner empfiehlt die *Division* der SEC in Abhängigkeit von Verstößen rechtliches Intervenieren und unterstützt diese bei der Durchführung von Vergleichsverhandlungen (vgl. SEC (2007)).
[620] Vgl. SEC (2003a), B.10; Regulation S-X (2007), 210.2-01 (c)(4)(x).
[621] Vgl. SEC (2003a), B.10; Regulation S-X (2007), 210.2-01 (c)(4)(x).
[622] Vgl. *Hagemeister* (2002), S. 339; *Marx* (2002a), S. 467-468; *Müller* (2006), S. 169; *Grotherr* (2007), S. 1285.
[623] Vgl. *EG-Kommission (2002/590/EC)* (2002a), S. 32.
[624] Vgl. *EG-Kommission (2002/590/EC)* (2002a), S. 51.
[625] Vgl. *EG-Kommission (2002/590/EC)* (2002a), S. 32.

Unabhängigkeit des Prüfers, während die Durchsicht einer vom Mandanten getroffenen Auswahl potenzieller Bewerber hinsichtlich deren fachlicher Qualifikationen sowie die Aufstellung einer Liste mit geeigneten Personen für zulässig erachtet wird. Keinesfalls darf der Abschlussprüfer Managemententscheidungen treffen und eine endgültige Auswahl vornehmen.[626] Die SEC untersagt in Anlehnung an Sec. 201 SOA Personalberatungsleistungen, sofern leitende Positionen besetzt und Vorschläge oder Empfehlungen hinsichtlich eines bestimmten Kandidaten getroffen werden sollen. Eine Beurteilung der vom Mandanten ausgewählten Kandidaten hinsichtlich deren fachlicher Fähigkeiten ist hingegen zulässig, sofern das *Audit Committee* dieser Vorgehensweise vorher zustimmt.[627]

4.6.2.6 Steuerberatung

Die Steuerberatungstätigkeit gehört zum traditionellen Kerngeschäft des Wirtschaftsprüfers, wie auch anhand der Formulierungen in § 2 Abs. 2 WPO deutlich wird.[628] Demnach darf dieser in steuerlichen Angelegenheiten nach Maßgabe der bestehenden Vorschriften beraten. Auch aus der Regierungsbegründung zum BilReG ist zu entnehmen, dass der Gesetzgeber die Steuerberatungsleistungen nach wie vor weitgehend zulassen will.[629] Eine gesetzliche Einschränkung ist vorgegeben, wenn die Gefahr der Selbstprüfung besteht.[630] Diese könnte vor allem aus der Maßgeblichkeit des § 5 Abs. 1 EStG und der bis zur Verabschiedung zahlreicher gesetzlicher Neuregelungen und des BilMoG bestehenden umgekehrten Maßgeblichkeit des § 5 Abs. 2 EStG resultieren.[631] Da seit einiger Zeit die Trennung von handels- und steuerrechtlichem Abschluss zunimmt, sehen Mitglieder des Berufsstandes ein inzwischen deutlich reduziertes Risiko der Selbstprüfung.[632] Bereits vor einigen Jahren führte der BGH aus, dass eine unzulässige Mitwirkung nur dann vorliegt, wenn die Beratungsleistung des Abschlussprüfers über die Darstellung von Alternativen i.S. einer Entscheidungshilfe hinausgeht.[633] Die fortlaufende Beratung zu steuerlichen Fragestellungen ist demnach grundsätzlich zulässig, sofern die funktionale Entscheidungsmacht beim Mandanten liegt. In einem älteren Urteil aus der Zeit vor der Verabschiedung des KonTraG hielt der BGH sogar die Aufstellung einer Steuerbilanz durch den Abschlussprüfer für zulässig, da aufgrund der „getrennten Bilanzen...rechtlich nach § 5 EStG stets die Handelsbilanz maßgeblich [sei], aus der die Steuerbi-

---

[626] Vgl. *IFAC* (2006a), Sec. 290.203.
[627] Vgl. *Regulation S-X* (2007), 210.2-01 (c)(4)(vii); *SEC* (2003a), Abs. B. 7.
[628] siehe auch *Marx* (2002a), S. 442; *Müller* (2006), S. 171; *Quick* (2006), S. 47. Für den US-amerikanischen Markt (vgl. *SEC* (2003a), Abs. II.B.11; *Mishra et al.* (2005), S. 9).
[629] Vgl. *BT-Drucksache 15/3419* (2004), S. 41. Siehe auch *Petersen/Zwirner* (2009), S. 771.
[630] Vgl. *Förschle/Schmidt* (2006), § 319, Tz. 11.
[631] Vgl. *Grotherr* (2007), S. 1285.
[632] Vgl. *Petersen/Zwirner* (2009), S. 772.
[633] Vgl. *Moxter* (1996), S. 683; *Förschle/Schmidt* (2006), § 319 HGB, Tz. 52. *Heni* (1997, S. 1213) kritisiert in diesem Zusammenhang, dass der Mandant oftmals zwar über die funktionale Entscheidungszuständigkeit verfügt, nicht jedoch über die erforderlichen Fähigkeiten, welche für eine sachgerechte Beurteilung der vom Prüfer vorgeschlagenen Handlungsalternativen erforderlich ist.

lanz lediglich abzuleiten ist".[634] Die Berechnung von Steuerrückstellungen für die Handelsbilanz oder die Aufstellung einer Einheitsbilanz bei anschließender Tätigkeit als Abschlussprüfer wurde hingegen als unzulässig erachtet.[635] Die Beratung des Abschlussprüfers zu der Frage, ob eine vom Mandanten geplante Rückstellung in einer bestimmten Höhe steuerlich anerkannt wird, dürfte dagegen keine unzulässige Mitwirkung darstellen.[636] So sind „Einfluss oder Auswirkungen der Beratung nicht ... mit verbotener Mitwirkung gleichzusetzen."[637] Für kapitalmarktorientierte Unternehmen hat der Gesetzgeber die Vereinbarkeit von Abschlussprüfung und steuerlicher Beratungstätigkeit gem. § 319a Abs. 1 S. 1 Nr. 2 HGB explizit untersagt, wenn diese über das Aufzeigen von Handlungsalternativen hinausgeht und sich nicht unwesentlich auf den Jahresabschluss auswirkt. In der Literatur wird vor dem Hintergrund des Kriteriums der Wesentlichkeit teilweise die Auffassung vertreten, Hinweise auf eine vorliegende steuerrechtliche Lage zu steuerfreien oder steuerbegünstigten Veräußerungen von Vermögenswerte seien etwa auch innerhalb des Geltungsbereiches von § 319a HGB unschädlich.[638] Erstaunlich ist, dass einzelne Berufsstandsangehörige sogar die „Umsatzsteuerberatung mit Blick auf die Erfüllung und Optimierung bestehender steuerrechtlicher Verpflichtungen", sowie die „Mandantenvertretung bei Betriebsprüfungen"[639] auch bei kapitalmarktorientierten Unternehmen für zulässig erachten. Ursächlich für die teilweise erheblichen Interpretationsunterschiede dürften die mangelnde Trennschärfe für eine operationale Abgrenzung des Begriffs *unwesentlich* und *unmittelbar* sein, welche eine rechtssichere Handhabung für handelsrechtliche Zwecke gewährleisten würde (siehe *Kapitel 4.6.1.1*).[640]

Die EG-Kommission verzichtet in ihrer Empfehlung auf eine explizite Regelung zur Steuerberatung bei paralleler Prüfungstätigkeit. Stattdessen wird im Rahmen der Diskussion zu den Bewertungsleistungen und der Rechtsberatung erwähnt, dass die Berechnung von „Abschreibungssätzen für Steuerzwecke"[641] sowie die Vertretung eines Mandanten „vor den Finanzgerichten oder den Steuerbehörden"[642] die Unabhängigkeit nicht gefährdet. Ähnlich erachtet auch die IFAC Beratungsleistungen mit steuerlichen Hintergründen als grundsätzlich zulässig.[643] Dies wird damit begründet, dass Steuerberechnungen, Steuerplanungen sowie die Abgabe von Steuererklärungen ohnehin einem externen Review durch die Behörden unterzogen

---

[634] *BGH-Urteil vom 21.4.1997*, S. 1395.
[635] Vgl. *BGH-Urteil vom 21.4.1997*, S. 1395; *Thiele* (1997), S. 1397; *Röhricht* (1998) S. 161-162; *IDW* (2006a), S. 172; *Müller* (2006), S. 172; *ADS* (2007), § 319 HGB Tz. 132.
[636] Vgl. *Förschle/Schmidt* (2006), § 319 Tz. 52.
[637] *BGH-Urteil vom 21.4.1997*, S. 1395; *Förschle/Schmidt* (2006), § 319 Tz. 52.
[638] Vgl. *Grotherr* (2007), S. 1288.
[639] *Petersen/Zwirner* (2009), S. 772.
[640] Vgl. *Quick* (2006), S. 47. Auch wird bezweifelt, ob die prüfungspflichtigen Unternehmen jedes Jahr aufs Neue prüfen, ob die Durchführung der Rechts- und Steuerberatung innerhalb eines zulässigen Rahmens erfolgt (vgl. *Pfitzer et al.* (2004b), S. 334).
[641] *EG-Kommission 2002/590/EC* (2002), S. 49.
[642] *EG-Kommission 2002/590/EC* (2002), S. 50.
[643] Vgl. *IFAC* (2006a), Sec. 290.180.

werden.[644] In der Vergangenheit teilte auch die SEC diese Einschätzung und tolerierte die parallele Erbringung der Dienstleistungen; „Allowing the accountants to perform tax services both enhances the quality of the audit and provides greater independent oversight over the provision of tax services than would occur if a nonaudit firm where engaged to provide this service."[645] Erst durch die Ratifizierung eines von dem PCAOB erarbeiteten Gesetzentwurfs seitens der SEC wurde die Zulässigkeit von Steuerberatungsleistungen des Abschlussprüfers erheblich eingeschränkt.[646] Anlass hierfür war, dass „nation's largest accounting firms had...sold generic tax products to multiple corporate and individual clients despite evidence that some of those products were potentially abusive or illegal."[647] Diese von dem PCAOB als „aggressive tax position transactions"[648] bezeichneten Leistungen sind seit April 2007 ebenso untersagt wie die steuerliche Beratung von Mitarbeitern des Mandanten, sofern diese eine *Financial Reporting Oversight Role* (FROR) einnehmen. Auch der Genehmigungsprozess für Steuerberatungsleistungen durch das Audit Committee wurde erweitert. Potenzielle Konflikte für die Unabhängigkeit sowie Angaben über Umfang und Vergütung der Steuerberatung sind ausführlich zu evaluieren und im Zweifelsfall als mit der Abschlussprüfung unvereinbar zu betrachten.[649]

4.6.2.7 Finanzdienstleistungen

Finanzdienstleistungen führen gem. § 319 Abs. 3 S. 3c HGB, sofern sie nicht von untergeordneter Bedeutung sind, seit dem Inkrafttreten des BilReG zum Prüfungsausschluss.[650] Bereits im Januar 2003 hatte die SEC zahlreiche Finanzdienstleistungen definiert, welche mit der Prüfung unvereinbar sind, und damit die Bestimmung der Sec. 201 des SOA konkretisiert.[651] Neben der Treuhändertätigkeit und der Aktivität als Makler oder Händler (*broker-dealer*) sind auch Entscheidungen hinsichtlich des Erwerbs, der Verwaltung von Finanzanlagen oder der Abwicklung von Geschäften in den USA unzulässig.[652] Diese Dienstleistungen würden einen Interessenkonflikt bedingen, da der Prüfer eine Bestätigung seiner Handlungen oder Empfeh-

---

[644] Vgl. *IFAC* (2006a), Sec. 290.178.
[645] *SEC* (2003a), Abs. II.B.11.
[646] Vgl. *PCAOB* (2005b).
[647] *PCAOB* (2006), Rule 3522, siehe auch *Allen* (2007), S. 28.
[648] *PCAOB* (2006), Rule 3522. Interessant vor dem Hintergrund einer wahrgenommenen Unabhängigkeitsbeeinträchtigung durch Steuerberatungsleistungen des Abschlussprüfers ist das Abstimmungsverhalten der Aktionäre der Sprint Corp. im Jahr 2003. Nachdem Ernst&Young das Top-Management von Sprint steuerlich beraten hatte (*involvement in tax shelters*) stimmten 38 % der auf der Hauptversammlung anwesenden Aktionäre gegen eine Bestellung von Ernst&Young als Abschlussprüfer. Dies ist eine hohe Quote, betrug das Mittel der Zustimmung bei US-amerikanischen Unternehmen (S&P 1500) im Jahr 2003 doch lediglich rund 97 % (vgl. *Mishra et al.* (2005), S. 11).
[649] Vgl. *PCOAB* (2006).
[650] Vgl. *BT-Drucksache 15/3419*, S. 39.
[651] Vgl. *SEC* (2003a), Abs. II.B.8; *Henssler* (2007), S. 14.
[652] Vgl. *Förschle/Schmidt* (2006), § 319 Tz. 60; *SEC* (2003a) Abs. B.8; *Regulation S-X* (2007), 210.2-01 (c)(4)(viii).

lungen anstreben und bei der Prüfung des Abschlusses möglicherweise eigene Interessen verfolgen könnte, so die SEC.[653] Ähnlich sieht die IFAC ein Risiko für die Unabhängigkeit des Prüfers gegeben und erklärt die Tätigkeit als Wertpapierhändler, Emissionsbank, sowie die Durchführung von Transaktionen im Namen des Mandanten aufgrund des erhöhten *advocacy*- und des *self-review threat* als unvereinbar.[654] Auch die EG-Kommission bewertet die Risiken für die Unabhängigkeit im Rahmen der Abschlussprüfung als erheblich, wenn zuvor Leistungen i.R. der Zeichnung, des Angebots, der Vermarktung oder des Verkaufs von Wertpapieren erbracht wurden, die der Prüfungsmandant selbst oder ein verbundenes Unternehmen emittiert hat.[655]

Demnach soll durch den Prüfungsausschluss verhindert werden, dass eine Person Abschlussprüfer wird, die zuvor eine Verflechtung mit dem Mandanten eingegangen ist oder die sich als dessen Interessensvertreter in der Öffentlichkeit präsentiert hat.[656] Die Treuhändertätigkeit, welche gem. § 2 Abs. 3 Nr. 3 WPO im Tätigkeitsfeld des Wirtschaftsprüfers liegt, ist bei einem Prüfungsmandanten nur dann vertretbar, wenn es sich um eine Sicherungstreuhand handelt, d.h. dem Treuhänder keine Ermessens- oder Entscheidungsspielräume zustehen. Eine in einzelnen Kommentaren vertretene Auffassung, die Besorgnis der Befangenheit würde bei der Erarbeitung von Finanzierungskonzepten, der Vorbereitung von Verhandlungen mit potenziellen Investoren und der Wirtschaftlichkeitsanalysen zur Vermögensanlage nicht vorliegen, sofern diese keine Auswirkungen auf die Rechnungslegung haben, dürfte hingegen zweifelhaft sein.[657] Allerdings stellen die Leistungen jedoch keine Finanzdienstleistungen i.e.S. dar.

4.6.2.8 *Unternehmensleitung und Personalentsendungen*

Die Übernahme der Unternehmensleitung etwa im Rahmen eines Interimsmanagements begründet eine unwiderlegbare Besorgnis der Befangenheit, da eine Ausrichtung auf die Interessen des Unternehmens erforderlich ist, welche einer unabhängigen Abschlussprüfung (*advocacy threat*) entgegenstehen.[658] Gleichzeitig steigt das Risiko der Selbstprüfung bei der Übernahme der Unternehmensleitung, so dass die SEC sowohl die dauerhafte als auch die vorübergehende Tätigkeit für den Mandanten als unvereinbar mit der Abschlussprüfung erachtet.[659] Die IFAC und die EG-Kommission halten den Einsatz von Personal des Abschlussprüfers beim Mandanten hingegen in Ausnahmesituationen für vertretbar. Dabei wird vorausge-

---

[653] Vgl. *Regulation S-X* (2007), 210.2-01 (c)(1)(iv)(B); siehe hierzu auch § 23a Abs. 5 BS/WPvBP; *Veltins* (2004), S. 449; *Quick* (2006), S. 46.
[654] Vgl. *IFAC* (2006a), Sec. 290.204 u. Sec. 290.205; Anderer Ansicht *Henssler* (2007), S. 14.
[655] Vgl. *EG-Kommission 2002/590/EC (2002)*, S. 43.
[656] BT-Drucksache 15/3419, S. 39-40; vgl. *Hülsmann* (2005), S. 169; *Henssler* (2007), S. 19. Entsprechend ist auch der Erwerb von Wertpapieren des Mandanten für Dritte gem. § 319 Abs. 3 S. 1 Nr. 1 HGB untersagt (vgl. *Hagemeister* (2002), S. 339; *Marx* (2002a), S. 473; *Emmerich/Schaum* (2003), S. 688).
[657] Vgl. *Förschle/Schmidt* (2006), § 319 Tz. 60.
[658] Vgl. *Schwandtner* (2002), S. 330; *Baetge/Brötzmann* (2004), S. 729; *Quick* (2006), S. 46.
[659] Vgl. *Regulation S-X* (2007), 210.2-01 (c)(4)(vi).

setzt, dass sämtliche Managemententscheidungen beim Mandanten verbleiben und der Abschlussprüfer keine Verträge abschließt oder diskretionäre Verhaltensfreiräume erhält. Auch darf der entsandte Mitarbeiter keine Verantwortung im Rahmen der Prüfung für Sachverhalte erhalten, an deren Zustandekommen er während der Personalentsendung beteiligt war.[660] Im HGB war schon vor Inkrafttreten des BilReG geregelt, dass der Abschlussprüfer keine Managementfunktionen bei Prüfungsmandanten ausüben darf.[661] Schließlich verlangt eine solche Tätigkeit nicht nur die Interessenvertretung gegenüber Dritten,[662] sondern auch strategische Entscheidungen, welche Konsequenzen für den Abschluss bedingen können. Die Frage nach der Vereinbarkeit ist dabei nicht nur auf das Geschäftsjahr der Managementtätigkeit beschränkt, sondern umfasst auch die Folgeperioden.[663] Die in Verbindung mit § 23a Abs. 5 BS WP/vBP teilweise vertretene Auffassung, die Übernahme von Unternehmensleitungsfunktionen sei zulässig, sofern die vertragliche Beziehung ausschließlich zwischen dem beurlaubten Angestellten und dem prüfungspflichtigen Mandanten, nicht jedoch dem Abschlussprüfer bestehe, kann somit nicht überzeugen.[664] Selbst wenn keine wirtschaftlichen Interessen des Abschlussprüfers vorliegen, dürfte der persönliche Kontakt zwischen dem beurlaubten Angestellten und dem Abschlussprüfer dessen Unabhängigkeit beeinträchtigen bzw. Anlass zur Besorgnis einer Beeinträchtigung liefern. Die Übernahme einer Unternehmensleitungsfunktion sollte daher im Zweifelsfall zum Ausschluss des Abschlussprüfers führen.

4.6.2.9   Versicherungsmathematische Bewertungsleistungen

Versicherungsmathematische Gutachten wirken sich oftmals unmittelbar und wesentlich auf den Jahresabschluss aus, begründen eine Besorgnis der Befangenheit und sind daher gem. § 319 Abs. 3 S. 1 Nr. 3d HGB, sofern sie sich nicht unwesentlich auf den Abschluss auswirken, nicht mit der Abschlussprüfung vereinbar.[665] Die Erstellung eines Gutachtens etwa zur Ermittlung der Pensionsrückstellungen wurde in der Vergangenheit nicht als unabhängigkeitsgefährdend erachtet, sofern der Mandant die erforderlichen Daten, die Bewertungsmethode, den Rechnungszinsfuss sowie die zugrunde gelegten Sterbetafeln und sämtliche weiteren Parameter bestimmt. Dies wurde damit begründet, dass „die Rückstellungsberechnung mittels Computer anhand allgemein anerkannter mathematischer Formeln lediglich eine Zurverfügungstellung von Rechnungskapazitäten" darstelle.[666] Jüngere Kommentare heben hingegen hervor, dass die Entwicklung und Umsetzung der Berechnungsmethodik sowie die Festlegung der relevanten Annahmen, sofern diese im Kompetenzbereich des Prüfers liegen,

---

[660]   Vgl. *IFAC* (2006a), Sec. 290.192; *EG-Kommission 2002/590/EC* (2002), S. 44.
[661]   Vgl. *Ring* (2005), S. 199.
[662]   Vgl. *Veltins* (2004), S. 449.
[663]   Vgl. *Förschle/Schmidt* (2006), § 319 Tz. 61.
[664]   Anderer Ansicht *Förschle/Schmidt* (2006), § 319 Tz. 61.
[665]   Vgl. *Förschle/Schmidt* (2006), § 319 Tz. 62.
[666]   *Dörner* (1997), S. 97.

unabhängig davon, ob die formale Entscheidung hinsichtlich der Übernahme der Werte in den Abschluss durch die Unternehmensleitung getroffen wird, das Vorliegen der Besorgnis der Befangenheit begründen.[667] Der Auftrag zur Ermittlung des Teilwertes der Pensionsverpflichtungen gem. § 6a EStG wird somit als eine nicht mit der Abschlussprüfung zu vereinbarende Dienstleistung betrachtet, da ein Bilanzposten vom Abschlussprüfer ermittelt wird.[668] Ähnlich erachtet auch die SEC versicherungsmathematische Bewertungsleistungen für unzulässig, sofern deren Resultate im Rahmen der Abschlussprüfung beurteilt werden müssen; eine begleitende Beratung des Mandanten hinsichtlich des Verständnisses von Methoden, Modellen, Annahmen sowie die Unterstützung bei der Eingabe von Daten ist hingegen unschädlich.[669]

4.6.2.10 Zusammenfassung

Die Vorschriften des HGB, der EG-Kommission, der IFAC und der SEC zur Vereinbarkeit von Prüfung und Beratung weisen zahlreiche gemeinsame Einschränkungen aus. Dennoch bestehen, wie gezeigt werden konnte, Unterschiede zwischen den einzelnen Rechtsnormen bzw. Empfehlungen, welche in *Anhang 1* synoptisch zusammengefasst sind. Insgesamt sieht die EG-Kommission in ihrer Empfehlung *Unabhängigkeit des Abschlussprüfers in der EU* die Vereinbarkeit von Prüfungs- und Beratungsleistungen häufig als gegeben, sofern „die von der Prüfungsgesellschaft [...] beschäftigten Personen bei der Erbringung von Beratungsleistungen weder Entscheidungen des Prüfungsmandanten oder eines seiner verbundenen Unternehmen oder deren Management treffen, noch an deren Entscheidung teilnehmen" dürfen.[670] Damit wählt die Kommission, ähnlich dem BGH, als Kriterium der Zulässigkeit die *funktionale Entscheidungszuständigkeit*.[671] Auch werden zahlreiche Maßnahmen zur Sicherung der Unabhängigkeit aufgeführt. Inhalte der Empfehlung, wie etwa eine jährlich abzugebende Unabhängigkeitserklärung des Abschlussprüfers bei Unternehmen von öffentlichem Interesse sowie die Diskussion über Art und Umfang der Nichtprüfungsleistungen mit dem Audit Committee, wurden im Rahmen der Ratifizierung der modernisierten 8. EG-Richtlinie über den Empfehlungscharakter hinaus in verbindliches nationales Recht ratifiziert. Eine explizite Vorgabe hinsichtlich der Vereinbarkeit bestimmter Beratungsleistungen erfolgt in der Richtlinie jedoch nicht.

Die IFAC nimmt in ihrem *Code of Ethics* konkreten Bezug auf bestimmte Beratungsdienstleistungen und erörtert die jeweiligen Risiken, um anschließend Handlungsempfehlungen (*safeguards*) zum Schutz der Unabhängigkeit abzuleiten. Auch stellt die IFAC zunächst den Nut-

---

[667] Vgl. *Förschle/Schmidt* (2006), § 319 Tz. 63.
[668] Vgl. *Förschle/Schmidt* (2006), § 319 Tz. 62. Dazu auch *Müller* (2006), S. 177.
[669] Vgl. *Regulation S-X* (2007), § 210-2-01-(c)(4)(iv); *SEC* (2003a), Abs. II.B.4.
[670] *EG-Kommission (2002/590/EC)* (2002a), S. 27.
[671] Vgl. *Müller* (2006), S. 145.

zen einer gleichzeitigen Prüfung und Beratung heraus.[672] Im Gegensatz zum deutschen Gesetzgeber und der US-amerikanischen Kapitalmarktaufsicht sieht die IFAC bei einer Vielzahl von Beratungsleistungen die Möglichkeit gegeben, durch Schutzmaßnahmen die Gefährdung der Unabhängigkeit auf ein akzeptables Maß reduzieren zu können, so dass ein paralleles Dienstleistungsangebot weitgehend möglich sei. Insbesondere die personelle Trennung von prüfendem und beratendem Personal stellt nach Auffassung der IFAC einen wirksamen Mechanismus zur Stärkung der Unabhängigkeit dar, der die Vereinbarkeit von Prüfung und Beratung in weiten Teilbereichen ermöglicht. Besteht dennoch eine Gefährdung für die tatsächliche oder wahrgenommene Unabhängigkeit, sei im Zweifelsfall die Durchführung der gesetzlichen Abschlussprüfung abzulehnen. Der Code of Ethics gibt somit im Vergleich zum HGB deutlich geringere Restriktionen vor, bzw. erachtet Schutzmaßnahmen als hinreichend wirksam. Möglicherweise sind diese Einschätzungen auch auf den ausgeprägten Einfluss des Berufsstandes innerhalb der IFAC zurückzuführen.[673]

Die SEC untersagt Beratungsleistungen, die dazu führen könnten, dass der Abschlussprüfer seine eigene Arbeit prüfen oder unternehmerische Entscheidungen anstelle des Managements treffen muss. In Title 17 des *Code of Federal Regulations* werden die in Sec. 201 SOA untersagten Beratungsleistungen aufgeführt und hinsichtlich einer Unabhängigkeitsbeeinträchtigung detailliert diskutiert.[674] Den Unabhängigkeitsanforderungen der SEC liegt dabei, anders als den Regelungen des HGB, kein prinzipienbasierter, sondern ein regelbasierter Ansatz zugrunde. Eine schnelle Reaktion auf aktuelle Sachverhalte wird dadurch erschwert.[675] Kritiker des rein regelbasierten Ansatzes bezweifeln sogar, „ob von einem solchen Modell positive Impulse für die Qualität der Abschlussprüfung" ausgehen können.[676] Vor dem Hintergrund dieser Kritik und aufgrund der Inflexibilität des Regelwerkes ist die Vorgehensweise des deutschen Gesetzgebers insgesamt positiv hervorzuheben. So enthalten die handelsrechtlichen Vorschriften sowohl eine prinzipienorientierte Komponente zur Vereinbarkeit von Prüfung und Beratung in Gestalt des § 319 Abs. 2 HGB als auch die regelbasierten Ausschlusskriterien der §§ 319 Abs. 3 u. 319a HGB.

Inwieweit die vorgestellten handelsrechtlichen (und berufsrechtlichen) Regelungen zur Vereinbarkeit von Beratung und gesetzlicher Abschlussprüfung ausreichen, um die von der Öffentlichkeit wahrgenommene Unabhängigkeit des Prüfers sicherzustellen, kann an dieser Stelle nicht abschließend beurteilt werden. Auch kann nicht zuverlässig abgeschätzt werden, ob die tatsächliche Unabhängigkeit des Abschlussprüfers durch die einschlägigen Normen einen hinreichenden Schutz erfährt, d.h. die Qualität der Abschlussprüfung sichergestellt ist. In der

---

[672] Vgl. *IFAC* (2006a), Sec. 290.159.
[673] Siehe *Kapitel 3.2.2.2.3* dieser Arbeit.
[674] Vgl. *Regulation S-X* (2007), § 210.2-01, Preliminary Notes.
[675] Vgl. *Müller* (2006) S. 146.
[676] *Ring* (2002), S. 1348.

in *Kapitel 12* folgenden Untersuchung soll die Wirksamkeit der gegenwärtigen Regelungen zur Vereinbarkeit von Prüfung und Beratung überprüft und die Lücke zwischen Theorie und Empirie mittels Testverfahren für den deutschen Markt geschlossen werden. Neben den Beratungsleistungen wird dabei auch die wirtschaftliche Relevanz aufgrund auffallend hoher Umsätze bei bestimmten Mandanten untersucht. Die Umsatzabhängigkeit ist auch Gegenstand des anschließenden Kapitels.

4.7 Risiko der Umsatzabhängigkeit

Finanzielle Interessen des Abschlussprüfers können, wie in *Kapitel 4.5.1* dargestellt, die wahrgenommene und tatsächliche Unabhängigkeit beeinträchtigen.[677] Erzielt der Abschlussprüfer einen Großteil seiner Einnahmen bei einem bestimmten Mandanten, d.h. ist die Möglichkeit der Kompensation eines Mandatsverlustes durch die Akquisition neuer Mandanten schwierig, könnte dessen Unabhängigkeit gefährdet sein.[678] Durch eine parallel zur Prüfung erbrachte Beratungstätigkeit wird dieser Effekt verstärkt.

Um der wirtschaftlichen Abhängigkeit des Prüfers zu begegnen, empfiehlt die EG-Kommission, dass der Honoraranteil eines einzelnen Prüfermandanten in fünf aufeinander folgenden Jahren nicht „übermäßig"[679] hoch sein sollte. Eine Konkretisierung des Begriffs *übermäßig* erfolgt in der modernisierten 8. EG-Richtlinie, in der die Gefährdung der Unabhängigkeit durch die Umsatzabhängigkeit lediglich am Rande angesprochen wird, leider nicht.[680] Ähnlich thematisiert die IFAC das Gefährdungspotenzial wirtschaftlicher Abhängigkeit sowie möglicher Schutzvorkehrungen, ohne jedoch eindeutige Ausschlusskriterien vorzugeben.[681] Vor dem Hintergrund der empfindlichen Einschränkungen der parallel zur Abschlussprüfung zulässigen Beratungsleistungen verwundert, dass selbst die SEC keine Umsatzgrenze, sondern lediglich die Offenlegung der Honorare (siehe *Kapitel 5*) vorschreibt.[682] Die Beurteilung der Subordinationsfreiheit des Abschlussprüfers verbleibt somit bei den Investoren und kann nur durch diese sanktioniert werden. Für handelsrechtliche Zwecke liegt hingegen ein Ausschlusstatbestand vor, wenn der Abschlussprüfer „in den letzen fünf Jahren jeweils mehr als dreißig vom Hundert der Gesamteinnahmen aus seiner beruflichen Tätigkeit von der zu prüfenden Kapitalgesellschaft und von Unternehmen, an denen die zu prüfende Kapitalgesellschaft mehr als zwanzig vom Hundert der Anteile besitzt, bezogen hat und dies auch im laufenden Geschäftsjahr zu erwarten ist" (§ 319 Abs. 3 S. 1 Nr. 5 HGB). Bei kapitalmarktorientierten Unternehmen i.S.d. § 264 d HGB ist die kritische Umsatzgrenze bereits

---

[677] Vgl. *Bormann* (2002), S. 192.
[678] Vgl. *Buchner* (1997), S. 39-40; *Grieder* (2004), S. 85.
[679] *EG-Kommission 2002/590/EC* (2002), Abs. B.8.2.2.
[680] Vgl. *EG-Richtlinie (2006/43/EG)* (2006), Einleitung (11).
[681] Vgl. *IFAC* (2006a), Sec. 200.4 u. 290.206.
[682] Vgl. *SOA* (2002), Sec. 202; *Regulation S-X* (2007), Sec. 240.14a.

Rechtsfolgen im Falle einer Pflichtverletzung

bei fünfzehn vom Hundert der Gesamteinnahmen erreicht (§ 319a Abs. 1 S. 1 HGB). Als Gesamteinnahmen werden dabei Erlöse betrachtet, die der Abschlussprüfer im Rahmen seiner beruflichen Tätigkeit i.S.d. § 2 bzw. § 129 WPO erzielt.[683] Da Wirtschaftsprüfer gem. § 2 Abs. 3 Nr. 2 WPO befugt sind, in wirtschaftlichen Angelegenheiten zu beraten, sind auch die Beratungshonorare den Gesamteinnahmen aus beruflicher Tätigkeit zuzuordnen.[684] Entsprechend der Sozietätsklausel müssen die Einnahmen aller Personen berücksichtigt werden, die gemeinsam ihren Beruf ausüben.[685] Ferner wurde durch das BilReG klargestellt, dass auch i.S.d. § 271 Abs. 2 HGB mit dem Abschlussprüfer verbundene Unternehmen die Regelungen zur Umsatzbeschränkung erfüllen müssen.[686]

Die Höhe der Umsatzgrenze wurde in der Vergangenheit mehrfach geändert. Während durch das KonTraG zunächst eine Senkung der zulässigen Umsatzhöhe von 50 % auf 30 % erfolgte, wurde der Forderung nach einer Unterscheidung zwischen kapitalmarktorientierten und nicht kapitalmarktorientierten Unternehmen erst mit der Verabschiedung des BilReG nachgekommen.[687] Ein Bestreben, die Grenze für börsennotierte Aktiengesellschaften auf 10 % und für alle anderen prüfungspflichtigen Gesellschaften auf 15 % oder gar 5 % zu senken, konnte nicht durchgesetzt werden.[688] Insbesondere die Sorge, die Einführung extrem niedriger Umsatzgrenzen würde eine Beschleunigung des Konzentrationsprozesses auf dem Prüfungsmarkt begünstigen, dürfte ursächlich dafür gewesen sein, dass keine geringeren Umsatzgrenzen vorgegeben wurden. Während Probleme bei Überprüfungen zur Einhaltung der Umsatzgrenzen sowie Beweisschwierigkeiten bei der Geltendmachung etwaiger Verstöße in der Vergangenheit aus der Nichteinsehbarkeit der Gesamtumsätze resultierten,[689] sind seit der Pflicht zur Erstellung eines Transparenzberichtes gem. § 55c WPO durch das Gesetz zur Stärkung der Berufsaufsicht und zur Reform berufsrechtlicher Regelungen in der Wirtschaftsprüferordnung (BARefG) vom 3. September 2007 die entsprechenden Informationen öffentlich verfügbar (siehe *Kapitel 5.2*).

4.8 Rechtsfolgen im Falle einer Pflichtverletzung

Die Erteilung eines Bestätigungsvermerkes trotz Vorliegen eines Ausschlussgrundes ist ordnungswidrig und kann mit einem Bußgeld i.H.v. bis zu 50.000 € belegt werden (§ 334 Abs. 2

---

[683] Vgl. *Baetge/Thiele* (2006), § 319 HGB, Tz. 107. Besitzt der Abschlussprüfer eine Zusatzqualifikation (bspw. als Steuerberater oder Rechtsanwalt), sind Einnahmen aus entsprechenden Tätigkeiten Teil der Gesamteinnahmen (vgl. *Förschle/Schmid* (2006), § 319 Tz. 70).
[684] Vor dem Inkrafttreten des BilReG ging aus § 319 Abs. 2 Nr. 8 HGB (a.F.) explizit hervor, dass sich die Gesamteinnahmen aus der beruflichen Tätigkeit aus „Prüfung und Beratung" zusammensetzen.
[685] Vgl. *ADS* (2007), § 319 Tz. 184; *Baetge/Hense* (2006), § 319 Tz. 139 u. 141.
[686] Vgl. *Müller* (2006), S. 119.
[687] Vgl. *Lenz/Ostrowski* (1997), S. 1525.
[688] Vgl. *Braun* (1996), S. 1001; *Böcking/Orth* (1998), S. 351-358; *Hellwig* (1999), S. 2122; *Marx* (2002b), S. 302 u. 303.
[689] Vgl. *Hellwig* (1999), S. 2124; *Marx* (2002b), S. 303; *Faulhaber* (2004), S. 82.

u. 3 HGB).[690] Dies setzt voraus, dass der Abschlussprüfer mit Vorsatz gehandelt hat (§ 10 OWiG).[691] Vorsatz scheidet aus, wenn die Tatbestände, welche eine Besorgnis der Befangenheit begründen und zum Prüfungsausschluss hätten führen müssen, dem Prüfer nicht bekannt waren.[692] Hinsichtlich der Erbringung unzulässiger Beratungsleistungen ist eine Exkulpation aufgrund von Unwissenheit jedoch kaum möglich. Während bei kleinen Gesellschaften die erbrachten Dienstleistungen ohnehin überschaubar sind, weisen die großen Big4-Prüfungsgesellschaften in ihren Transparenzberichten gem. § 55c WPO ausdrücklich darauf hin, dass Datenbanksysteme bestehen, die das Auftreten von Inhabilitäten bereits im Rahmen der Auftragsannahme vermeiden.[693] Kommt es zu einem Verstoß gegen die Unabhängigkeitsanforderungen der §§ 319 Abs. 2 u. 3, 319a u. 319b HGB, führt dieser bei einer Aktiengesellschaft gem. § 256 Abs. 1 Nr. 3 AktG nicht zur Nichtigkeit des Jahresabschlusses,[694] da die Ausschlussgründe für die Kapitalgesellschaft nur schwer ersichtlich und beeinflussbar sind, so dass die Nichtigkeit des Jahresabschlusses unangemessen wäre.[695] Tritt nach der Erteilung des Prüfungsauftrages ein Ausschlusstatbestand gem. § 319 HGB auf, muss ein Gericht innerhalb von zwei Wochen auf Antrag des Aufsichtsrats, der Aktionäre oder einer Aufsichtsbehörde (§ 318 Abs. 3 HGB) einen anderen Prüfer bestellen.[696] Auch der Abschlussprüfer muss einen angenommenen Prüfungsauftrag gegebenenfalls aus wichtigem Grund niederlegen.[697] Ist der Bestätigungsvermerk hingegen erteilt, verweigert oder eingeschränkt, ist es nicht länger möglich, einen Antrag auf Ersetzung des Abschlussprüfers aufgrund von Befangenheit zu stellen (§ 318 Abs. 3 S. 7 HGB).[698] Allerdings ergeben sich im Falle eines Verstoßes gegen § 319 HGB Konsequenzen für den Prüfungsauftrag. Aufgrund der Nichtigkeit des schuldrechtlichen Prüfungsauftrages (§ 611 i.V.m. § 675 BGB) gem. § 134 BGB verliert der Abschlussprüfer seine vertraglichen Vergütungsansprüche.[699] Darüber hinaus ist die zivilrechtliche Haftung vor dem Hintergrund bisheriger Rechtsprechung von untergeordneter Be-

---

[690] Ordnungswidrig handelt, wer zu einem Jahresabschluss, zu einem Einzelabschluss nach § 325 Abs. 2a HGB oder zu einem Konzernabschluss, der aufgrund gesetzlicher Vorschriften zu prüfen ist, einen Vermerk nach § 322 HGB erteilt, obwohl nach §§ 319 Abs. 1, 2, 3, 319a Abs. 1 S. 1, Abs. 2 oder 319 Abs. 4 HGB bzw. § 319a Abs. 1 S. 2 u. 4 HGB die WPG oder die Buchführungsgesellschaft, für die er tätig ist, nicht Abschlussprüfer sein darf (§ 334 Abs. 2 HGB).
[691] Vgl. *Bormann* (2002), S. 193; *Faulhaber* (2004), S. 84; *Marx* (2002a), S. 246.
[692] Vgl. § 11 Abs. 2 OWiG; *Förschle/Schmidt* (2006), § 319 HGB Tz. 95; *ADS* (2007), § 319 Tz. 260.
[693] Vgl. *PwC* (2008b), S. 14-15; *Deloitte* (2008b), S. 9; *Ernst&Young* (2008), S. 5; *KPMG* (2008b), S.13.
[694] Vgl. *ADS* (2007), § 319 Tz. 250; *Föschle/Schmidt* (2006), § 319 HGB Tz. 92; *BT-Drucksache 15/3419*, S. 37.
[695] Vgl. *ADS* (2007), § 319 Tz. 250; *Ebke* (2001), § 319 HGB Tz. 18; *BT-Drucks 10/317*, S. 96 u. 101 u. 106; *BT-Drucksache 10/4268*, S. 127; *Faulhaber* (2004), S. 83.
[696] Vgl. *IDW* (2006a), Tz. 330-331; *ADS* (2007), § 319 Tz. 255.
[697] Vgl. § 318 Abs. 6 S. 1 HGB; §§ 43 Abs. 2 S. 1, 49 WPO.
[698] Vgl. *Gelhausen/Heinz* (2005), S. 693.
[699] Vgl. *OLG Düsseldorf v. 16.11.1990*, S. 321-323; *BGH v. 30.4.1992*, S. 1466-1468; *Röhricht* (1998), S. 155; *Faulhaber* (2004), S. 83; *Gelhausen/Heinz* (2005), S. 693; *Förschle/Schmidt* (2006), § 319 HGB Tz. 94; *IDW* (2006a), A. 327.

deutung. Gerichtsentscheidungen betrafen in der Vergangenheit ausschließlich die Befangenheitsvorschriften des HGB, nicht jedoch eine zivilrechtliche Haftung des Abschlussprüfers.[700] Schadensersatzansprüche des Mandanten aus Delikt und eine unbeschränkte Haftung des Abschlussprüfers gegenüber Dritten sind zwar grundsätzlich möglich, dürften in Anbetracht der überschaubaren wirtschaftlichen Nachteile für den Mandanten und Dritte jedoch stark beschränkt sein. In der Regel sind auch die gesetzlichen Vertreter der prüfungspflichtigen Gesellschaft eher an einem vertraulichen Umgang mit einer möglichen Abhängigkeit des Prüfers interessiert denn an der Geltendmachung unsicherer Ansprüche.[701] Dies gilt auch für den Aufsichtsrat, der bei Bekanntwerden einer über das zulässige Maß hinausgehenden Beratungstätigkeit des Abschlussprüfers selbst erheblicher Kritik ausgesetzt sein dürfte. Lediglich ein Finanzierungsschaden, der etwa darauf beruhen könnte, dass ein den Banken vorgelegter Jahresabschluss aufgrund der Inhabilität der Abschlussprüfung zurückgewiesen wird, könnte Ansprüche begründen, sofern es gelingt, den daraus resultierenden Schaden zuverlässig zu ermitteln.[702] Klagen von Dritten sind somit nur dann zu erwarten, wenn u.a. belegt werden kann, dass ein kausaler Zusammenhang zwischen der Inhabilität des Abschlussprüfers und einem entstandenen Schaden besteht.[703]

4.9 Zusammenfassung

Sämtliche Dienstleistungen des Abschlussprüfers, die nicht der handelsrechtlichen Abschlussprüfung i.S.d. § 318 Abs. 1 u. 2 HGB zuzuordnen sind, werden in dieser Studie als Nichtabschlussprüfungsleistungen oder Beratungsleistungen bezeichnet. Das Angebot dieser Dienstleistungen durch Wirtschaftsprüfer ist, wie in *Kapitel 4.2* gezeigt, in den vergangenen Jahren deutlich angestiegen und umfasst Leistungen, die inhaltlich völlig losgelöst von deren originärer Aufgabe der gesetzlichen Abschlussprüfung erbracht werden. Die ökonomische Bedeutung des ausgeweiteten Dienstleistungsangebotes wird nicht nur anhand der Zusammensetzung der Umsatzerlöse der Big4 transparent. Der Anteil der pro fachlichen Mitarbeiter realisierten Umsatzerlöse, welcher bei einer vergleichbaren Personalkostenstruktur als Surrogat des Deckungsbeitrages betrachtet wird, fällt in der Beratung unabhängig von der Prüfungsgesellschaft deutlich höher aus als im Prüfungswesen. Ursächlich hierfür dürften vor allem der erhebliche Preisdruck bei Prüfungsleistungen aufgrund einer zunehmenden Ausschreibungspraxis einerseits und ein Interesse des Managements an der Beratungsexpertise des Abschlussprüfers andererseits sein.

Während die Vorzüge einer parallelen Erbringung von Prüfungs- und Beratungsaufträgen insbesondere vom Berufsstand regelmäßig hervorgehoben werden, steht der empirische

---

[700] Siehe *Kapitel 4.6.1.1* ähnlich auch *Marx* (2002a), S. 244.
[701] Vgl. *Marx* (2002a), S. 245.
[702] Vgl. *Harder* (1996), S. 718; *Marx* (2002a), S. 245.
[703] Vgl. *Förschle/Schmidt* (2006), § 319 HGB Tz. 94; *ADS* (2007), § 319 Tz. 256.

Nachweis von Kosten- und Qualitätsvorteilen aufgrund von knowledge spillovers noch immer aus. Stattdessen kam es in Folge der eingangs aufgeführten Bilanzskandale zu einer breiten öffentlichen Diskussion hinsichtlich der Risiken paralleler Prüfungs- und Beratungstätigkeit für die Unabhängigkeit des Abschlussprüfers. Diese wurden von den Normgebern auf nationaler, internationaler und supranationaler Ebene als so erheblich erachtet, dass es zu empfindlichen Einschränkungen des Tätigkeitsfeldes des Abschlussprüfers kam. Die wichtigsten Dienstleistungen, welche nicht oder stark eingeschränkt mit der Abschlussprüfung vereinbar sind, wurden kritisch diskutiert. Neben den Bestimmungen des deutschen Gesetzgebers wurden in diesem Zusammenhang auch die der SEC sowie die Vorgaben der IFAC und der EG betrachtet. Dabei wurde deutlich, dass die Gesetz- und Normgeber deutliche Grenzen einer parallelen Beratungstätigkeit vorschreiben. Inwieweit diese dazu geeignet sind, die Unabhängigkeit deutscher Abschlussprüfer sicherzustellen, kann anhand einer isolierten Analyse der Gesetzestexte und Urteile kaum überzeugend beurteilt werden. Stattdessen sind empirische Untersuchungen zur Verifizierung der wahrgenommenen und tatsächlichen Unabhängigkeit erforderlich. Eine solche Studie, wie sie in den *Kapitel 12* vorgenommen wird, setzt eine transparente und verlässliche Darstellung der vom Abschlussprüfer für den jeweiligen Prüfungsmandanten erbrachten Leistungen bzw. seiner Honorare voraus. Die handelsrechtlichen Publizitätspflichten des Bilanzierenden (§§ 285 S. 1 Nr. 17 u. 314 Abs. 1 Nr. 9 HGB), sowie die Transparenzpflicht des Abschlussprüfers (gem. § 55c WPO) werden daher im anschließenden Kapitel vorgestellt, kritisch diskutiert und hinsichtlich ihrer Qualität in einer empirischen Untersuchung beurteilt.

5 Offenlegung der Prüfungs- und Beratungshonorare

5.1 Pflicht des Bilanzierenden zur Honoraroffenlegung

In den USA wurde die Offenlegung der Honorare des Abschlussprüfers bei kapitalmarktorientierten Unternehmen erstmalig 1978 vorgeschrieben (ASR 250).[704] Bereits 1981 wurde diese Regelung durch ASR 296 mit der Begründung außer Kraft gesetzt, dass die Honorarinformation für Investoren wenig relevant sei.[705] Tatsächlich zeichnete sich jedoch auch ein Rückgang der Beratungshonorare ab, der zu erheblichem Widerstand des Berufsstandes gegen die Honoraroffenlegung führte.[706] Seit 2001 sind die Honorare in den bei der SEC einzureichenden *Proxy Statements Files* erneut auszuweisen.[707] Der US-amerikanische Gesetzgeber verlangte zunächst, dass Prüfungshonorare (*audit fees*), Beratungshonorare für Leistungen im Bereich Finanzinformationssysteme (*financial information system design and implementation* (FISDI)) und andere Nichtprüfungshonorare (*non-audit fees*) publiziert werden.[708] Da seit dem Inkrafttreten des SOA Beratungen des Abschlussprüfers zum Finanzinformationssystem (FISDI) nicht länger zulässig sind, müssen seit dem Jahr 2003 stattdessen neben dem Prüfungshonorar (*audit fees*) die Honorare für prüfungsnahe Beratung (*audit related services*), Steuerberatung (*tax*) und andere Leistungen (*other service*) in *Form 20-F Item 16c* getrennt ausgewiesen werden.[709] Ähnlich verlangt die modernisierte 8. EG-Richtlinie, dass die Gesamthonorare des Abschlussprüfers aufgeschlüsselt nach *Abschlussprüfung, anderen Bestätigungsleistungen, Steuerberatungsleistungen* und *Sonstigen Leistungen* offen gelegt werden.[710] Auch das Handelsgesetzbuch sieht eine Honoraroffenlegung im (Konzern-)Anhang gem. § 285 S. 1. Nr. 17 (§ 314 Abs. 1 S. 9) HGB vor.

Zielsetzung dieser Regelung ist es, den Abschlussadressaten den Einblick in die wirtschaftliche Beziehung zwischen bilanzierendem Unternehmen und gesetzlichem Abschlussprüfer zu ermöglichen.[711] Neben der Beurteilung der Unabhängigkeit ex post wird mit der Offenlegung

---

[704] Die Pflicht zur Offenlegung bestand nur dann, wenn ein Abschlussprüfer mehr als 3 % seiner Einnahmen bei dem betrachteten Mandanten bezog (vgl. Marx (2002a), S. 354-355).
[705] Ausführlich hierzu *Dopuch et al.* (2003), Appendix 1.
[706] Vgl. *Marx* (2002a), S. 354; *Reynolds et al.* (2004), S. 31; *Zimmermann* (2008), S. 33.
[707] Vollmachtsübertragungsanträge (*Proxy Statements*) werden an die Anteilseiger geleitet, bzw. diesen öffentlich zugänglich gemacht. Von dieser Pflicht ausgenommen sind Gesellschaften, die in Berichten nach *Form 20-F, 40-F* oder *6-K* die Honorare des Abschlussprüfers offenlegen (vgl. hierzu auch *Marx* (2002a), S. 420).
[708] Vgl. *SEC* (2000a), Abs. III.C.5; *Whisenant* (2003), S. 724; *Krishnan et al.* (2005), S. 112; *Mishra et al.* (2005), S. 9.
[709] Vgl. *SEC* (2003a), Abs. II.H; *Hoitash et al.* (2007), S. 763-764.
[710] *EG-Richtlinie (2006/43/EG)* (2006), Art. 49 Abs. 1. Dazu auch *Lanfermann* (2005), S. 2647; *Tiedje* (2006), S. 593-596; *Bischof* (2006), S. 705; *Petersen/Zwirner* (2008), S. 281.
[711] Vgl. *BT-Drucksache 15/4054*, S. 72; *BT-Drucksache 15/3419*, S. 29. Siehe hierzu auch *Lenz* (2004), S. 711; *Bischof* (2006), S. 706, Kritisch äußerten sich: *Niehus* (2002), S. 619; *IDW* (2004), S. 144; *Pfitzer et al.* (2004b), S. 331-332; *Hülsmann* (2005), S. 166; *Petersen/Zwirner* (2008), S. 289-290. In Bezug auf die US-amerikanischen Offenlegungspflichten, betont die SEC dass

eine präventive Schutzfunktion angestrebt. Diese entfaltet Wirkung, wenn bereits die Sorge um einen möglichen Vertrauensrückgang aufgrund auffallender Honorare des Abschlussprüfers die prüfungspflichtige Gesellschaft dazu veranlasst, den Umfang der Beratungsleistungen auf ein von der Öffentlichkeit als der Unabhängigkeit unschädlich wahrgenommenes Ausmaß zu begrenzen (siehe *Kapitel 7.3*).[712] Für den Abschlussprüfer kann es demnach sinnvoll sein, die Beratungsleistungen bei Prüfungsmandanten einzuschränken, um die eigene Reputation zu schützen, d.h. zusätzliche Prüfungsaufträge zu gewinnen bzw. höhere Prüfungshonorare verlangen zu können.[713]

5.1.1 Handelsrechtliche Regelungen

Unternehmen, die einen organisierten Markt i.S.d. § 2 Abs. 5 WpHG in Anspruch nehmen, sind für alle Geschäftsjahre, die nach dem 31.12.2004 beginnen, verpflichtet, das für den Abschlussprüfer als Aufwand erfasste Honorar im Anhang offenzulegen (§ 285 Nr. 17 HGB a.F.).[714] Mit dem Inkrafttreten des Bilanzrechtsmodernisierungsgesetzes (BilMoG) wird diese Offenlegungspflicht nunmehr grundsätzlich auf alle Kapitalgesellschaften und Personenhandelsgesellschaften i.S.d. § 264a HGB ausgedehnt, wobei die Erleichterungen des § 288 HGB zu beachten sind.[715] Das Gesamthonorar ist dabei in vier Kategorien aufzugliedern (§ 285 Nr. 17 HGB):

a. Abschlussprüfungsleistungen,

b. andere Bestätigungsleistungen,[716]

c. Steuerberatungsleistungen und

d. sonstige Leistungen.

---

[712] „investors should have enough information to enable them to evaluate the independence of a company´s auditor" (*SEC* (2000d)). Ähnlich auch *SEC* (2003a), Abs. IV.B.2.3; *Mishra et al.* (2005), S. 9.
[713] Vgl. *Hellwig* (1999), S. 2123; *Kitschler* (2005), S. 150.
[714] Vgl. *Kitschler* (2005), S. 148; *Zimmermann* (2008), S. 38.
Als organisierter Markt i.S.d. § 2 Abs. 5 WpHG wird ein Markt betrachtet, der von staatlich anerkannter Stelle geregelt und überwacht wird, regelmäßig stattfindet und für das Publikum unmittelbar oder mittelbar zugänglich ist. Dies umfasst den regulierten Markt (§ 32ff BörsG), der seit dem 1.11.2007 an die Stelle des amtlichen und des geregelten Marktes getreten ist. Neben Kapitalgesellschaften können auch haftungsbeschränkte Personengesellschaften i.S.d. § 264a HGB aufgrund des PublG (§ 13 Abs. 2 PublG), Kreditinstitute und Finanzdienstleistungsinstitute (§ 340a Abs. 1 HGB, § 340i Abs. 2, S. 1 HGB) sowie Versicherungsunternehmen (§ 341a Abs. 1 HGB, § 341j Abs. 1 S. 1 HGB) zur Offenlegung der Honorare verpflichtet sein.
[715] Gemäß § 288 Abs. 1 HGB dürfen kleine Kapitalgesellschaften (i.S.d. § 267 Abs. 1 HGB) auf die Angabe zu den Honoraren des Abschlussprüfers verzichten. Mittelgroße Kapitalgesellschaften (i.S.d. § 267 Abs. 2 HGB) sind gem. § 288 Abs. 2 HGB von der Angabepflicht befreit, sofern die Höhe der Honorare gegenüber der WPK (auf deren schriftliche Anforderung hin) mitgeteilt wird.
[716] Zuvor: b.) *Andere Bestätigungs- oder Bewertungsleistungen* (a.F. vor BilMoG; die Änderung des Wortlautes in b.) *andere Bestätigungsleistungen* durch das am 29. Mai 2009 in Kraft getretene BilMoG erfolgte, da Bewertungsleistungen aufgrund des § 319 Abs. 3 Nr. 3 d. HGB ohnehin kaum noch durch den Abschlussprüfer erbracht werden dürfen. Siehe hierzu die Begründung zur Änderung des § 285 Nr. 17 HGB (vgl. *BMJ* (2007b), S. 145; *Oser et al.* (2008), S. 60).

Pflicht des Bilanzierenden zur Honoraroffenlegung

Für ein Mutterunternehmen, welches zur Erstellung eines Konzernabschlusses verpflichtet ist, finden die Vorschriften des § 314 Abs. 1 Nr. 9 HGB Anwendung. Neben Honoraren für die Leistungen gegenüber dem Mutterunternehmen, sind auch diejenigen für Tochterunternehmen zu berücksichtigen. Diese Pflicht besteht analog für den für Offenlegungszwecke erstellten IFRS-Einzel-/Konzernabschluss (gem. §§ 325 u. 315a Abs. 1-3 HGB) und den Konzernabschluss gem. § 292 S. 2 HGB i.V.m. Art. 58 Abs. 5 S. 2 EGHGB.[717] Von praktischer Relevanz ist dies für die bis 2007 nicht unerhebliche Anzahl der nach US-GAAP erstellten befreienden Konzernabschlüsse.[718]

Der Begriff „Honorar" zielte bis zur Verabschiedung des BilMoG auf die in der Gewinn- und Verlustrechnung des zu prüfenden Unternehmens als Aufwand erfasste Vergütung des Abschlussprüfers (§§ 285 Nr. 17 u. 314 Abs. 1 Nr. 9 HGB a.F.).[719] Den allgemeinen Vorschriften zur Periodisierung von Aufwendungen und Erträgen zufolge war somit auch das Honorar, welches durch die Bildung von Rückstellungen periodengerecht abgegrenzt ist, einzubeziehen.[720] Beratungshonorare, welche im Rahmen von Unternehmensakquisitionen als Transaktionskosten aktiviert wurden, waren dem Gesetzeswortlaut nach hingegen nicht zu berücksichtigen. Durch die Neufassung der §§ 285 Nr. 17 u. 314 Abs. 1 Nr. 9 HGB ist seit dem Inkrafttreten des BilMoG am 29. Mai 2009 nicht länger das vom Mandanten im Geschäftsjahr als Aufwand erfasste Honorar sondern „das vom Abschlussprüfer für das Geschäftsjahr berechnete Gesamthonorar", d.h. das in Rechnung gestellte Honorar, aufgeschlüsselt anzugeben. Dies hat zur Folge, dass zukünftig auch solche Honorare auszuweisen sind, welche das bilanzierende Unternehmen bspw. im Rahmen eines *Initial Public Offerings* (IPO) erfolgsneutral im Eigenkapital erfasst.[721] Gleiches gilt für Beratungshonorare, welche aktiviert werden und somit nicht unmittelbar im Jahr der Dienstleistung erfolgswirksam werden.[722] Da auch diese

---

[717] Bei teleologischer Auslegung des § 292 S. 3 HGB ist zur Erfüllung der geforderten Gleichwertigkeit mit einem handelsrechtlichen Abschluss der Ausweis im Anhang auch bei Abschlüssen nach anderen Rechnungslegungsstandards unabkömmlich (siehe auch *Lenz et al.* (2006), S. 1788).

[718] Im Geschäftsjahr 2005 (2004/2005) erstellten sieben DAX-Unternehmen sowie acht weitere Unternehmen des MDAX, SDAX und TecDAX einen Konzernabschluss nach US-GAAP. Für das Geschäftsjahr 2006/07 haben noch zwei Gesellschaften letztmalig von der Übergangsregelung Gebrauch gemacht.

[719] Vgl. *Ellrott* (2006), § 285 HGB, Rn. 267; *Petersen/Zwirner* (2008), S. 280.

[720] Vgl. § 252 Abs. 1 Nr. 5 HGB; *Bischof* (2006), S. 709; *Zimmermann* (2006), S. 273.

[721] Als Beispiel für eine erfolgsneutrale Honorarerfassung kann die von *Deloitte* geprüfte *Patrizia Immobilien AG* aufgeführt werden. Diese gibt in ihrem Konzernabschluss zum 31.12.2006 Folgendes freiwillig bekannt: „Ebenfalls erfasst wurden T€ 300 für Prüfungsleistungen im Zusammenhang mit dem Börsengang, die jedoch als Kosten für den Börsengang mit der Kapitalrücklage verrechnet wurden" (*Patrizia Immobilien AG Geschäftsbericht 2006* (2007), S. 100).

[722] Vgl. *BilMoG* (2009), S. 1106. Zur praktischen Relevanz der Aktivierung von Beratungshonoraren des Abschlussprüfers siehe den zum 31.12.2007 von *Ernst&Young* geprüften Konzernabschluss der *United Internet AG*. Dort heißt es: „Darüber hinaus [neben den ausgewiesenen erfolgswirksam erfassten Honoraren] sind im Geschäftsjahr Honorare des Abschlussprüfers für Steuerberatungsleistungen und sonstige Leistungen in Höhe von 46 T€ (Vorjahr 227 T€) im Konzernabschluss erfolgsneutral erfasst und im Rahmen von Unternehmensakquisitionen als Transaktionskosten aktiviert worden" (*United Internet AG Geschäftsbericht 2007* (2008), S. 117).

Honorare vom Abschlussprüfer in Rechnung gestellt werden und die Geschäftsbeziehung zwischen Mandant und Abschlussprüfer prägen, ist ihre Berücksichtigung im Honorarausweis positiv zu bewerten.

5.1.1.1 Abgrenzung des Abschlussprüfers als Leistungsträger

Die Honorare des bestellten Abschlussprüfers i.S.d. § 318 Abs. 1 u. 2 HGB, d.h. des Wirtschaftsprüfers wie in der VO 1/2006 definiert, sind angabepflichtig.[723] Vor dem Hintergrund des mit der Angabepflicht verfolgten Zwecks stellt sich die Frage, wie mit den Honoraren anderer Abschlussprüfer des gleichen internationalen Netzwerkes i.S.d. § 319b HGB zu verfahren ist.[724] In der Literatur wird die Auffassung vertreten, die Mandantenabhängigkeit sei nur dann erkennbar, wenn auch die Honorare der mit dem Prüfer verbundenen Unternehmen beim jeweiligen Mandanten berücksichtigt werden.[725] Ebenso suggeriert die Tatsache, dass die Regelung zur Offenlegung in engem inhaltlichen Zusammenhang mit den Ausschlusstatbeständen der §§ 319 u. 319a HGB steht und ein Wirtschaftsprüfer nicht Abschlussprüfer sein kann, sofern dieser oder ein verbundenes Unternehmen einen der genannten Ausschlusstatbestände erfüllt, dass die verbundenen Unternehmen i.S.d. § 271 Abs. 2 HGB bei der Honorarangabe einzubeziehen sind.[726] Andernfalls könnten Beratungsleistungen leicht auf Partnergesellschaften ausgelagert werden, um eine Offenlegung zu vermeiden.[727] Da die Teilung wirtschaftlicher Chancen und Risiken zwischen den Mitgliedern eines internationalen Netzwerkes i.S.d. § 319b HGB jedoch regelmäßig nicht gegeben ist und diese keine verbundenen Unternehmen i.S.d. § 271 Abs. 2 HGB darstellen, kann die Angabe der Honorare des gesamten Netzwerkes nicht gefordert sein.[728] Dafür spricht auch, dass § 319b HGB keine Anwendung der Umsatzgrenzen der §§ 319 Abs. 3 Nr. 5 u. 319a Abs. 1 Nr. 1 HGB für das gesamte internationale Netzwerk fordert. Erfolgt dennoch eine freiwillige Angabe der aufwandswirksam

---

[723] Vgl. Gemeinsame Stellungnahmen der WPK und des IDW: Anforderungen an die Qualitätssicherung in der Wirtschaftsprüferpraxis (VO 1/2006) (vgl. zum Entwurf VO 1/2005 Schmidt et al. (2005), S. 321; IDW (2006b), S. 629.
[724] Vgl. Bischof (2006), S. 707.
[725] Vgl. Lenz (2004), S. 711.
[726] Vgl. IDW RH HFA 1.006 (2005), Tz. 7; IDW (2006a), F. 805; Bischof (2006), S. 708; Lenz et al. (2006), S. 1788; Förschle/Schmidt (2006), § 319 HGB Rn. 78.
[727] Vgl. Lenz (2004), S. 711; Lenz et al. (2006), S. 1788.
[728] Vgl. IDW RH HFA 1.006 (2005), Tz. 5; Förschle/Schmidt (2006), § 319 Rn. 78; Ellrott (2006), § 285 Rn. 269; Bischof (2006), S. 708; IDW (2006a), F. 805; Petersen/Zwirner (2008), S. 281; IDW (2009), S. 508. Andere Ansicht die IFAC, welche in ihrem Code of Ethics die Unabhängigkeit des gesamten Netzwerkverbundes und nicht nur der mit dem Abschlussprüfer verbundenen Unternehmen i.S.d. § 271 Abs. 2 HGB mehrfach betont: „for financial statement audit clients, the members of the assurance team, the firm and network firms are required to be independent of the financial statement audit client" (vgl. IFAC (2006a), Sec 290.14). Ebenfalls anderer Ansicht Lenz et al. (2006, S. 1789), die sich auf die EG-Richtlinie 2006/43/EG beziehen.

erfassten Honorare für das internationale Netzwerk, befreit diese nicht von der Offenlegung der auf den Abschlussprüfer und dessen verbundene Unternehmen entfallenden Honorare.[729]

5.1.1.2 Kategorisierung der Honorare

Um den Abschlussadressaten eine dezidierte Beurteilung hinsichtlich einer potenziellen Befangenheit des Prüfers zu ermöglichen, erfolgt, wie bereits in *Kapitel 5.1.1* vorgestellt, die Kategorisierung des Honorarausweises nach Dienstleistungsarten. Die Kategorie *Abschlussprüfungsleistungen* umfasst den Aufwand der Prüfung des Jahresabschlusses und des Lageberichts (i.S.d § 316 Abs. 1 u. 2 HGB) inkl. einer ggf. erforderlichen Nachtragsprüfung (§ 316 Abs. 3 HGB). Honorare für die Prüfung eines für Zwecke der Offenlegung erstellten IFRS Einzel- bzw. Konzernabschlusses gem. § 324a Abs. 1 HGB sind ebenfalls der Kategorie *Abschlussprüfung* zuzuordnen. Auch sonstige Pflichtprüfungen, die in der Eigenschaft als Abschlussprüfer erbracht werden, sind in dieser Kategorie auszuweisen. Dies betrifft etwa die Prüfung des Risikofrüherkennungssystems bei börsennotierten Aktiengesellschaften i.S.d. § 91 Abs. 2 AktG (§ 317 Abs. 4 HGB) sowie des Abhängigkeitsberichtes i.S.d. § 313 AktG, eine Prüfung gem. § 53 HGrG sowie gem. § 29 Abs. 2 KWG.[730] Handelt es sich bei dem Einzelprüfer um den Konzernabschlussprüfer bzw. den Prüfer eines in den Konzernabschluss einfließenden Reporting-Packages, so sind die Honorarangaben für die Konzernabschlussprüfung bzw. für die Packages, sofern diese bei der entsprechenden Gesellschaft als Aufwand erfasst werden, ebenfalls im Anhang auszuweisen.[731] Gleiches gilt, wenn der Aufsichtsrat bzw. der Prüfungsausschuss einer Aktiengesellschaft einen Prüfungsschwerpunkt vorsieht, der unter den gesetzlichen Prüfungsauftrag fällt.[732] Prüfungshandlungen, die über den gesetzlichen Prüfungsauftrag hinausreichen, sind hingegen den *Anderen Bestätigungsleistungen* zuzuordnen.

Andere Bestätigungsleistungen umfassen Leistungen, bei denen der Prüfer gem. § 48 Abs. 1 WPO i.V.m. § 2 Abs. 1 WPO das Berufssiegel führt, ohne dass diese Abschlussprüfungsleistungen sind.[733] Der Ausweis der Honorare für Gründungs-, Verschmelzungs-, Spaltungsprüfungen, Prüfungen nach § 293 AktG, freiwillige Prüfungen analog § 53 HGrG oder analog § 317 Abs. 4 HGB, Prüfungen des Risikofrüherkennungssystems oder in Umwandlungsfällen erfolgt in dieser Kategorie, da diese Leistungen nicht zwingend vom bestellten Abschlussprü-

---

[729] Vgl. *IDW RH HFA 1.006* (2005), Tz. 5; *Bischof* (2006), S. 708; *Petersen/Zwirner* (2008), S. 280; *IDW* (2009), S. 509.
[730] Vgl. *IDW* (2009), S. 509.
[731] Vgl. *IDW RH HFA 1.006* (2005), Tz. 9; *IDW* (2006a), F. 807.
[732] Vgl. *IDW PS 220* (2001), S. 895; *Bischof* (2006), S. 711; *Ellrott* (2006), § 285 Rn. 271 fasst den Prüfungsschwerpunkt als Erweiterung des gesetzlichen Prüfungsauftrages auf.
[733] Vgl. *IDW RH HFA 1.006* (2005), Tz. 10. Das Berufssiegel muss verwendet werden, wenn der Prüfer Erklärungen aufgrund gesetzlicher Vorschriften abgibt, es darf verwendet werden, wenn er Erklärungen über Prüfungsergebnisse abgibt oder ein Gutachten erstellt (vgl. § 48 Abs. 1 WPO; *IDW* (2006a), A. 233 u. F. 808).

fer erbracht werden müssen. Honorare für freiwillige Leistungen wie Due Diligences,[734] Comfort Letters (IDW PS 910),[735] prüferische Durchsichten (IDW PS 900),[736] die Prüfung von Quartals- oder Zwischenabschlüssen,[737] von Nachhaltigkeitsberichten sowie die Erstellung eines Bewertungsgutachtens sind ebenfalls in diesem Rahmen auszuweisen.[738] Letztgenannte Leistungen scheiden, sofern sie nicht zur Prüfung der Werthaltigkeit eines Vermögensgegenstandes im Rahmen der Abschlussprüfung dienen, welche dann unter der Kategorie *Abschlussprüfung* auszuweisen wären,[739] aufgrund des Vorliegens eines Ausschlusstatbestandes i.S.d. § 319a Abs. 2 HGB jedoch weitgehend aus (siehe *Kapitel 4.6.2.9*).[740]

Der Kategorie *Steuerberatung* sind Vergütungen für Tätigkeiten im Anwendungsbereich des § 1 StBerG zugeordnet. Unter Beachtung der Vorschriften des § 319a Abs. 1 S. 1 Nr. 2 HGB könnten neben den Honoraren für laufende Steuerberatung auch Gutachtertätigkeiten im Rahmen der Steuerplanung aufzuführen sein. Honorare für die Prüfung handelsrechtlicher Anpassungsbuchungen infolge einer steuerlichen Betriebsprüfung sind der Kategorie *Abschlussprüfung* zuzuordnen.[741]

In der Residualkategorie *Sonstige Leistungen* sind alle Honorare des Abschlussprüfers auszuweisen, die keiner anderen Gruppe zugeordnet werden.[742] Grundsätzlich kann es sich jedoch nur um Leistungen handeln, die mit der Durchführung der Abschlussprüfung i.S.d. §§ 319 u. 319a HGB in Einklang stehen.[743] Darunter fallen bspw. Honorare für Schulungsmaßnahmen oder Beratungsleistungen im Bereich der IT-Systeme.[744] Aber auch Beratungsleistungen in Zusammenhang mit Unternehmenstransaktionen oder der Begebung von Anleihen sind, sofern es sich nicht um Bestätigungsleistungen handelt, in dieser Kategorie auszuweisen.

---

[734] Die in den vergangenen Jahren zunehmend an Bedeutung gewinnende Tätigkeit der Due Diligence wird entsprechend ihres freiwilligen Charakters als Nichtprüfungsleistung eingestuft, obwohl sie ein typisches Beispiel für eine Mischform zwischen Prüfungs- und Gutachterleistung darstellt (vgl. *Marten/Köhler* (1999), S. 337).

[735] Bezüglich des Comfort Letters ist explizit geregelt, dass der Wirtschaftsprüfer in Zusammenhang mit der Erteilung eines solchen nicht den Begriff des Abschlussprüfers verwenden soll (vgl. *IDW PS 910* (2004), Tz. 29.

[736] Zum Ziel und Gegenstand der prüferischen Durchsicht vgl. *IDW PS 900* (2001), Tz. 5.

[737] Der Ausweis der Honorare für die Prüfung von Quartals-/Zwischenabschlüssen ist umstritten. So befürworten *Pfitzer et al.* (2004a, S. 2595) einen Ausweis in der Honorarkategorie a.) *Bischof* (2006), S. 711; *Ellrott* (2006, § 285 Rn. 272) ordnen die Honorare hingegen Kategorie b.) zu, da Prüfer von Quartals-/Zwischenabschlüssen nicht mit dem gesetzlichen Abschlussprüfer übereinstimmen müssen.

[738] Vgl. *IDW* (2006a), F. 809.

[739] Vgl. *Pfitzer et al.* (2004a), S. 2595; *IDW* (2006a), F. 809.

[740] Siehe hierzu *Kapitel 5.4* (vgl. auch *BMJ* (2007b), S. 145).

[741] Vgl. *IDW* (2006a), F. 810.

[742] Vgl. *Ellrott* (2006), § 285, Rn. 274; *IDW* (2006a), F. 811.

[743] Vgl. *Petersen/Zwirner* (2008), S. 283.

[744] Vgl. *Bischof* (2006), S. 710-712; *Ellrott* (2006), § 314 Rn. 91; *Oser/Holzwarth* (2006), §§ 284-288 Rn. 364.

5.1.1.3 Besonderheiten für den Ausweis im Konzernabschluss

Die Anforderungen an die Anhangangaben im Konzernabschluss stimmen mit denen zur Offenlegung im Einzelabschluss grundsätzlich überein. Allerdings ergeben sich einige Besonderheiten. So wird der Honorarausweis zunächst durch den Konsolidierungskreis determiniert. Bei einem handelsrechtlichen Konzernabschluss sind entsprechend die Normen des § 290 HGB, bei einem IFRS-Abschluss die Regelungen des IAS 27 i.V.m. SIC 12 zu beachten. Unabhängig von der maßgebenden Rechnungslegung sind die Honorare des Prüfers bei nicht konsolidierten Gesellschaften (i.S.d. § 296 HGB) und assoziierten Unternehmen unerheblich. Bei quotal konsolidierten Tochterunternehmen könnte der Ausweis strittig sein.[745] Der Gesetzeswortlaut des § 314 Abs. 1 Nr. 9 HGB a.F. beschränkte die Angabepflicht explizit auf „Tochterunternehmen" und dürfte damit Bezug auf § 290 Abs. 2 HGB genommen haben.[746] Aus dem Entwurf einer IDW-Stellungnahme zur Honoraroffenlegung nach Inkrafttreten des BilMoG geht hingegen die Empfehlung hervor, dass zukünftig auch bei quotal konsolidierten Gesellschaften eine Einbeziehung der Honorare entsprechend der Beteiligungsquote vorzunehmen sei.[747] Honorare für Dienstleistungen bei Gemeinschaftsunternehmen und at-equity konsolidierten Gesellschaften seien hingegen nicht zu berücksichtigen.[748]

Handelt es sich bei dem Abschlussprüfer des Mutterunternehmens und/oder eines Tochterunternehmens um den Konzernprüfer, so sind in der Kategorie *Abschlussprüfung* sämtliche Honorare, die für die Prüfungen der Einzelabschlüsse sowie für die Prüfung der Konzern-Packages der jeweiligen Gesellschaft vom Abschlussprüfer berechnet wurden auch im Konzernanhang auszuweisen.[749] Ist der Abschlussprüfer einer Tochtergesellschaft hingegen nicht der Konzernabschlussprüfer, würde eine Berücksichtigung der Honorare des Prüfers des Einzelabschlusses die Aussagekraft der Angaben im Konzernanhang hinsichtlich einer potenziel-

---

[745] Vgl. *Petersen/Zwirner* (2008), S. 283.
[746] Das Vorliegen eines Mutter-Tochter-Verhältnisses und damit die Einbeziehungspflicht einer Gesellschaft mittels Vollkonsolidierung ist in § 290 Abs. 2 HGB geregelt. Eine einheitliche Leitung liegt vor, „wenn die Konzernleitung die Geschäftspolitik der Konzerngesellschaften und sonstige grundsätzliche Fragen ihrer Geschäftsführung aufeinander abstimmen" (*BT-Drucksache 4/171*, S. 101). Es wird die Auffassung vertreten, dass dieses Verständnis, obwohl in § 290 Abs. 1 HGB nicht explizit auf § 18 AktG a.f. verwiesen wird, anwendbar ist (vgl. *Köhler/Strauch* (2008), S. 193; *ADS* (2007), § 290 HGB, Rn. 14). Dem *Control-Konzept* entsprechend wird eine Gesellschaft gem. § 290 Abs. 2 HGB als Tochtergesellschaft klassifiziert, wenn a.) die Mehrheit der Stimmrechte der Gesellschafter, b.) das Recht, die Mehrheit der Mitglieder eines Verwaltungs-, Leitungs- oder Aufsichtsorgans zu bestellen oder abzuberufen und das Unternehmen gleichzeitig Gesellschafter ist, oder c.) das Recht, einen beherrschenden Einfluss auf dieses Unternehmen aufgrund eines Beherrschungsvertrages oder einer Satzungsbestimmung auszuüben, gegeben ist. Nach IAS 27.4 ist das Control Konzept als alleiniger Beurteilungsmaßstab für das Vorliegen einer Beherrschung maßgeblich. Ein Mutter-Tochter-Verhältnis liegt demnach vor, wenn entweder die Beherrschungsvermutung aufgrund des Haltens von mehr als 50 % der Stimmrechte oder aufgrund der Satzung oder anderweitiger Vereinbarungen erfüllt ist (vgl. *Köhler/Strauch* (2008), S. 191).
[747] Vgl. *IDW* (2009), S. 510.
[748] Vgl. *Ellrott* (2006), § 314 Rn. 91, *Bischof* (2006), S. 712.
[749] Vgl. *Ellrott* (2006), § 314 Rn. 92.

len Unabhängigkeitsbeeinträchtigung des Konzernprüfers beeinträchtigen. So hebt das IDW im relevanten Rechnungslegungshinweis IDW RH HFA 1.006 hervor, dass die Honorare anderer Wirtschaftsprüfungsgesellschaften, die bei Tochtergesellschaften als Abschlussprüfer tätig sind, für den Ausweis im Konzernanhang unerheblich sind.[750] Sofern ein prüfungspflichtiger Konzern gemeinschaftlich von zwei Abschlussprüfern geprüft wird (*Joint Audit*), sind die Honorare getrennt darzustellen.[751]

5.1.2 Implikationen der Offenlegungspflicht

Während der Gesetzgeber die Offenlegung der Honorare als geeigneten Indikator für eine mögliche Unabhängigkeitsbeeinträchtigung erachtet, äußerte der Berufsstand, vertreten durch das IDW sowie einzelne Mitglieder, Kritik an der mit dem BilRegG verbundenen Pflicht zur Honoraroffenlegung.[752] Das IDW kritisiert, dass „...nicht erkennbar [sei], inwieweit das Verhältnis des Honorars für andere erbrachte Leistungen des Abschlussprüfers einen Rückschluss auf eine Besorgnis der Befangenheit zulässt." Vielmehr erhalte ein Honorar für Abschlussprüfungs- und Beratungsleistungen eine Legitimation durch die erbrachten Dienstleistungen. „Solange diese Tätigkeiten das jeweilige Honorar rechtfertigen, besteht kein Anlass, bei einer bestimmten Relation der entsprechenden Honorare per se die Besorgnis der Befangenheit in Betracht zu ziehen."[753] Darüber hinaus verkenne der Wortlaut der §§ 285 S. 1 Nr. 17 und 314 Abs. 1 Nr. 9 HGB nach Einschätzung des IDW, dass es sich bei den *Bestätigungsleistungen* weitgehend um Prüfungsleistungen handele, von denen keine Unabhängigkeitsgefährdung ausgehe. *Niehus* (2002) konzediert, dass die Argumentation einer Unabhängigkeitsbeurteilung aufgrund auffälliger Honorare „Theorie" sei und auf einer „Irrealität der Grundannahmen" beruhe.[754] Schließlich würden rund 85 % der von der Ausweispflicht zunächst betroffenen kapitalmarktorientierten Unternehmen von einer der großen Wirtschaftsprüfungsgesellschaften geprüft, die nicht von Prüfungs- oder Beratungshonoraren bei einzelnen Mandanten abhängig seien.[755] Weiter führt das langjährige Mitglied des IDW Vorstandes aus, dass selbst im Falle eines Beratungshonorars von 200 Einheiten und einem Prüfungshonorar von nur einer

---

[750] Vgl. *IDW RH HFA 1.006* (2005), Tz. 16.
[751] Vgl. *IDW RH HFA 1.006* (2005), Tz. 11; Oser/Holzwarth (2006), §§ 284-288 Rn. 356; *IDW* (2006a), F. 813; *IDW* (2009), S. 510. Neben den DAX-Unternehmen *Deutsche Telekom AG* (31.12.2005/ 31.12.2006/ 31.12.2007) und *Metro AG* (31.12.2005) wurden auch die Abschlüsse der MDAX Unternehmen *Bilfinger & Berger AG* (31.12.2005/ 31.12.2006/ 31.12.2007) sowie EADS N.V. (31.12.2005/31.12.2006/31.12.2007) von zwei unabhängigen WPGs testiert (siehe auch Petersen/Zwirner (2007), S. 1740).
[752] Vgl. *Pfitzer et al.* (2004b), S. 331-332; *IDW* (2004), S. 144; Hülsmann (2005), S. 167.
[753] *IDW* (2004), S. 144.
[754] *Niehus* (2002), S. 623-624.
[755] Ähnlich *Strickmann* (2000), S. 231.

Pflicht des Bilanzierenden zur Honoraroffenlegung 121

Einheit keine Gefährdung der Unabhängigkeit gegeben sei, da die Umsätze bei eben diesem Mandanten relativ zu den Gesamtumsätzen des Abschlussprüfers unbeachtlich seien.[756] Dieser Argumentation sind zwei Überlegungen entgegenzuhalten: Zum einen ist ein Abschlussprüfer, der umfangreiche Beratungshonorare vom Management bezieht, nicht länger Agent der Aktionäre, sondern vielmehr Interessensvertreter des Managements (siehe *Kapitel 2.3.2* und *4.5.4*). Das zwischen Management und Prüfer bestehende Vertrauensverhältnis im Rahmen der Beratung dürfte diametral zu der für Prüfungszwecke erforderlichen kritischen Grundhaltung sein. Zweitens ist die Annahme der grundsätzlichen wirtschaftlichen Unabhängigkeit nicht plausibel. Der Verlust eines wichtigen Mandates kann durchaus auch für Big4-Gesellschaften eine unerwünschte Situation begründen. So bezeichnete der CEO der KPMG LLP, das Jahr 2008 bereits im Vorfeld als ein insgesamt schwieriges Jahr.[757] Ursächlich hierfür dürfte auch die Neuausschreibung der Abschlussprüfung des Siemens Konzerns und der damit verbundene Mandatsverlust für KPMG gewesen sein.[758] Der Wegfall der Honorare i.H.v. rund 87 Mio. € (2006/07) ist auch für eine Big4-Gesellschaft von wirtschaftlicher Bedeutung.[759] Die wirtschaftliche Relevanz des Mandats dürfte insbesondere für die betroffene Niederlassung erheblich sein und zu beträchtlichen Verschiebungen in der Personalplanung führen. Auch die in der Vergangenheit mit dem Mandanten betrauten Partner könnten aufgrund eines Abschlussprüferwechsels einen unternehmensinternen Druck verspüren. Schließlich ist der Verlust eines wichtigen Mandates prestigerelevant. Die grundsätzliche Irrelevanz jedes einzelnen Mandates, wie sie *Niehus* (2002) für gegeben erachtet, erscheint vor diesem Hintergrund betrachtet zweifelhaft.

Pfitzer et al. (2004b) befürchten, die Offenlegung der Honorare würde seitens der Öffentlichkeit eine Befangenheitsvermutung suggerieren, die grundsätzlich nicht zu entkräften sei.[760] Anstelle der gegenwärtigen Bestimmungen bedarf es nach Einschätzung der Autoren einer Regelung, die den Anschein der Befangenheit auch zu entkräften vermag. Weshalb die gegenwärtigen handelsrechtlichen Offenlegungsvorschriften dafür keine geeignete Grundlage darstellen, bleibt diskussionswürdig. Entgegen der Einschätzung der Autoren dürften Investoren bei niedrigen Honoraren in den Kategorien b.) - d.) zumindest keine Beeinträchtigung der Unabhängigkeit aufgrund der Gefahr der Selbstprüfung befürchten.[761] Diese Einschätzung scheinen auch die Audit Committees der E.on AG und der Siemens AG zu teilen. Diese haben festgelegt, dass die Nichtprüfungsleistungen des Abschlussprüfers einen Anteil von 40 % des

---

[756] Vgl. *Niehus* (2002), S. 624.
[757] Vgl. *Giersberg* (2008b), S. 20.
[758] Vgl. *Herr* (2007), S. 15.
[759] Vgl. *Siemens AG Geschäftsbericht 2006/07* (2007), S. 342.
[760] Vgl. *Pfitzer et al.* (2004b), S. 332.
[761] Vgl. *SEC* (2000a), C; *Lenz et al.* (2006), S. 1787.

Gesamthonorars nicht übersteigen dürfen.[762] Die Signalwirkung einer solchen Einschränkung wird erst durch die Überprüfbarkeit ihrer Einhaltung i.R.d. Offenlegung der Honorare möglich. Danach stellt die bewusste Reduktion von Nichtprüfungsleistungen durchaus eine Möglichkeit für den Mandanten dar, die Vertrauenswürdigkeit des Prüfungsurteils hervorzuheben.[763] Gleichzeitig bietet die Reduktion der Beratungshonorare dem Abschlussprüfer eine Möglichkeit, trotz der umfangreichen Verschwiegenheitspflichten und einer stark eingeschränkten Beobachtbarkeit der Leistung, die Vertrauenswürdigkeit des Prüfungsurteils hervorzuheben und sich von anderen Gesellschaften abzugrenzen (siehe *Kapitel 7.3*).

Diese Entkräftung der Argumentation einzelner Berufsstandsangehöriger lässt zugleich den Verdacht aufkommen, der Widerstand des Berufsstandes im Vorfeld der Verabschiedung des BilReG könnte vorrangig auf die Sorge um einen Vertrauensrückgang infolge der erneuten öffentlichen Diskussion zur Vereinbarkeit von Prüfung und Beratung und der Honorarzusammensetzung zurückzuführen sein. Insbesondere die Gefahr des Verlustes von Beratungsaufträgen durch Selbstverpflichtungen der bilanzierenden Konzerne könnte somit wahrhaftiges Motiv des Widerstandes gewesen sein. Ferner erhalten durch die Offenlegung konkurrierende Wirtschaftsprüfer Einblick in die bei den jeweiligen Mandanten erzielbaren Honorare, so dass die Honorarpublizität möglicherweise eine Verschärfung des Wettbewerbes auf dem Markt für Prüfungs- und Beratungsleistungen begründet. Anhand einer von *Jansen/Krawczyk* (2003) zur Honorarpublizität durchgeführten Befragung von 139 NonBig5-Prüfern, 83 Big5-Prüfern, 32 Investoren und 69 Studenten bezüglich ihrer Einschätzung zum Informationswert der Veröffentlichung von Nichtabschlussprüfungshonoraren wird die Relevanz der Interessenlage deutlich; während die Veröffentlichung der Honorare von 92 % der Investoren befürwortet wird, stehen lediglich 47,8 % der NonBig5-Prüfer und sogar nur 44,3 % der Big5-Prüfer einer Offenlegung positiv gegenüber.[764] Nach Einschätzung der Investoren gehen aus der Offenlegung der Honorare somit entscheidnungsrelevante Information hervor.[765]

5.1.3 Empirische Untersuchungen zur Honoraroffenlegung

Frankel et al. (2002) untersuchen die Reaktion des US-Kapitalmarktes auf die erstmalige Offenlegung der Honorare und weisen mittels Regressionsverfahren signifikant negative Kursreaktionen unmittelbar nach der erstmaligen Offenlegung der Honorare anhand von 3.074 Zwischenabschlüssen im Jahr 2001 nach.[766] Inwieweit der nachgewiesene Zusammenhang zwischen der Offenlegung und der Marktkapitalisierung tatsächlich auf eine generelle Beein-

---

[762] Vgl. *E.on AG Form 20-F* (2007b), S. 223; *Siemens AG Form 20-F* (2007b), S. 141. Für derartige Selbstverpflichtungen bei US-amerikanischen Unternehmen siehe *Mishra et al.* (2005, S. 11).
[763] Vgl. *Schwandtner* (2002), S. 328.
[764] Vgl. *Jensen/Krawczyk* (2003), S. 75-77.
[765] Vgl. *Zimmermann* (2008), S. 39.
[766] Vgl. *Frankel et al.* (2002), S. 76.

Pflicht des Bilanzierenden zur Honoraroffenlegung

trächtigung der wahrgenommenen Unabhängigkeit zurückzuführen ist, muss allerdings bezweifelt werden. So enthalten die Zwischenberichte neben den Honorarangaben doch zahlreiche weitere Informationen, die wie *Ashbaugh et al.* (2003) zu bedenken geben, ebenso für die Kapitalmarktreaktionen ursächlich sein könnten. Ein geringes Bestimmtheitsmaß der Regression von $R^2 = 0,01$ bestätigt diese Vermutung.[767] Ferner wird die Aussagekraft der Studie dadurch eingeschränkt, dass *Frankel et al.* (2002) keine Differenzierung hinsichtlich der Höhe und der Zusammensetzung der Leistungen des Prüfers und der daraus resultierenden Wahrnehmung der Investoren vornehmen. Stattdessen wird lediglich unterschieden, ob die Honorare des Abschlussprüfers oberhalb oder unterhalb des erwarteten Beratungshonorars liegen.

Francis/Ke (2006) vermuten, dass die nachgewiesene negative Reaktion des Marktes auch auf eine andere Entwicklung zurückzuführen sein könnte. Sie geben zu bedenken, dass trotz qualifizierter Beratung des Abschlussprüfers ein Rückgang der Beratungsaufträge infolge des mit der Offenlegung verknüpften öffentlichen Drucks einsetzen könnte, der zum Einsatz weniger effizienter Beratungsfirmen führen würde.[768] Die negative Reaktion des Kapitalmarktes sei demnach, so die Autoren, auf eine Missbilligung der neuen Regelungen durch die Investoren zurückzuführen. Diese Argumentation muss allerdings in Frage gestellt werden, da die Publizitätspflichten bereits im Vorfeld der erstmaligen Offenlegung bekannt waren, so dass eine Reaktion des Marktes auf die veränderten Offenlegungspflichten bereits zum Zeitpunkt der Verabschiedung der Regelungen hätte erfolgen müssen.

In einer weiteren Studie untersuchen *Francis/Ke* (2006) anhand des US-amerikanischen Marktes, ob die Höhe und Zusammensetzung der Prüfungs- und Nichtprüfungshonorare das Vertrauen der Kapitalmarktteilnehmer in die Unabhängigkeit des Abschlussprüfers und die Nachhaltigkeit der berichteten Jahresüberschüsse beeinträchtigt. Die Autoren berücksichtigen 16.910 Quartalsabschlüsse aus den Jahren 1999 und 2002, von denen 8.559 aus der Zeit vor und 8.351 aus der Zeit nach der Einführung der Offenlegungspflicht der Honorare (5. Februar 2001) stammen.[769] *Francis/Ke* (2006) können nachweisen, dass außerordentliche Unternehmensergebnisse (*earnings surprises*) in Abhängigkeit des Verhältnisses von Prüfungs- und Nichtabschlussprüfungshonoraren unterschiedlich von den Marktakteuren wahrgenommen werden.[770] Der *Earnings-Response-Coefficient* (ERC), welcher die Veränderung des Börsenwertes, d.h. die Marktkapitalisierung vor und nach dem Zeitpunkt der Ergebnisbekanntgabe misst und in ein Verhältnis setzt, fällt bei Unternehmen, die weniger Nichtprüfungsleistungen vom Abschlussprüfer beziehen, höher aus. Ein überraschend positives Ergebnis überzeugt die

---

[767] Vgl. *Frankel et al.* (2002), S. 99; *Ashbaugh et al.* (2003), S. 611-614; *Francis/Ke* (2006), S. 497.
[768] Vgl. *Francis/Ke* (2006), S. 497-498.
[769] Vgl. *Francis/Ke* (2006), S. 506-507.
[770] *Francis/Ke* (2006, S. 505-509) haben die Untersuchung sowohl für die absolute (*Nonaudit Fees > 75 % Perzentil*) als auch für die relative Höhe (*Nonaudit Fees/Total Fees*) der Nichtprüfungshonorare durchgeführt.

Kapitalmarktteilnehmer demnach nur unter der Prämisse, dass der Abschlussprüfer keine wesentlichen Beratungsleistungen für den Mandanten erbringt.[771] Für den Zeitraum vor der erstmaligen Angabepflicht konnte hingegen kein Unterschied zwischen jenen Unternehmen, welche nach der Offenlegungspflicht hohe Nichtprüfungshonorare an den Abschlussprüfer entrichteten und der Kontrollgruppe nachgewiesen werden. Endogenitätsprobleme schließen die Autoren daher aus und folgern, dass die Honorarangaben eine relevante Information für die Abschlussadressaten darstellen, welche die Bewertung der Eigenkapitaltitel beeinflusst.[772] *Francis/Wang* (2005) weisen anhand der Honorarangaben von 2.123 US-amerikanischen Unternehmen eine Reduktion der Varianz der Honorare im Zeitvergleich nach.[773] Prüfungspflichtige Unternehmen, die im Jahr 2000 auffallend hohe (niedrige) Honorare aufwandswirksam erfassten, zeigten in der Folgeperiode, relativ zur Periode der erstmaligen Offenlegung, niedrigere (höhere) Honorare. Dieser Zusammenhang bleibt nicht nur auf die Prüfungshonorare beschränkt, sondern gilt auch für die Beratung.[774] Insgesamt ist die Harmonisierung der Honorare in den Folgejahren der erstmaligen Publizität weniger durch einen Anstieg denn durch eine Reduktion charakterisiert. Die Vermutung einer Verschärfung des Wettbewerbs durch die Honorarpublizität scheint somit zumindest für den US-Markt zutreffend zu sein. Inwieweit die Befürchtung eines Honorarrückgangs auch ursächlich für den Widerstand des deutschen Berufsstandes gegen eine Offenlegung der Honorare gewesen ist, kann nicht abschließend beurteilt werden.

5.2 Pflicht des Abschlussprüfers zur Transparenzberichterstattung (gem. § 55c WPO)

Die modernisierte 8. EG-Richtlinie sieht in Art. 40 die Pflicht des Abschlussprüfers zur Offenlegung eines Transparenzberichts vor. Durch das *Gesetz zur Stärkung der Berufsaufsicht und zur Reform berufsrechtlicher Regelungen in der Wirtschaftsprüferordnung* (BARefG) wurde § 55c WPO eingeführt, der einen Transparenzbericht vorschreibt.[775] Berufsangehörige in eigener Praxis und Wirtschaftsprüfungsgesellschaften, die im Jahr mindestens eine Abschlussprüfung eines Unternehmens von öffentlichem Interesse i.S.d. § 319a HGB durchführen, sind seit dem 6. September 2007 dazu verpflichtet, jährlich einen Transparenzbericht zu erstellen. Dieser ist auf der Webseite der Gesellschaft binnen drei Monate nach Jahresende,

---

[771] Siehe hierzu auch die Untersuchung von *Higgs/Skantz* (2006, S. 20-21), die jedoch keine Beeinträchtigung der Glaubwürdigkeit der Jahresabschlussinformationen nachweisen können.
[772] Vgl. *Francis/Ke* (2006), S. 520; *Cho et al.* (2007), S. 9.
[773] Vgl. *Francis/Wang* (2005), S. 145 u. 153. Dies gilt insbesondere zwischen den Jahren 2000 und 2001, aber auch zwischen 2001 und 2002 auf hohem Signifikanzniveau ($p > 0,001$).
[774] Vgl. *Francis/Wang* (2005), S. 158.
[775] Entwurf des Gesetzes zur Stärkung der Berufsaufsicht und zur Reform berufsrechtlicher Regelungen in der WPO (BARefG) (vgl. *BT-Drucksache 16/2858*; *Naumann/Feld* (2006), S. 881; *Ostermeier* (2009), S. 133).

Pflicht des Abschlussprüfers zur Transparenzberichterstattung (gem. § 55c WPO)

d.h. erstmalig zum 31.3.2008 zu veröffentlichen.[776] Mit der Transparenzberichterstattung werden zwei Ziele verfolgt. Zum einen sollen Berufsangehörige gegenüber der Öffentlichkeit ihre Gesellschafts-, Aufsichts- und Qualitätsstruktur offenlegen, sofern sie Abschlussprüfungen bei Unternehmen von öffentlichem Interesse durchführen.[777] Neben Angaben zur Rechtsform, Hinweisen zu dem Netzwerk sowie zur Leitungsstruktur und Qualitätssicherung der Gesellschaft, muss darin eine Auflistung aller Unternehmen von öffentlichem Interesse enthalten sein, für die im vorangegangen Geschäftsjahr gesetzliche Abschlussprüfungen durchgeführt wurden. Den Berichtsadressaten soll dadurch eine diversifizierte Informationsquelle zur Verfügung gestellt werden, so dass diese sich über den Abschlussprüfer informieren können.[778] Zum anderen erweitert der Transparenzbericht die Möglichkeiten für zeitnahe und anlassunabhängige Untersuchungen der Aufsichtsbehörden zum Schutz des Kapitalmarktes.[779] Analog zu den Vorgaben der 8. EG-Richtlinie (Art. 40 Abs. 1) ist in § 55c WPO die Offenlegung von Finanzinformationen geregelt. Diese haben neben den Gesamterlösen des Abschlussprüfers auch deren Zusammensetzung zu enthalten.[780] Entsprechend den in § 285 S. 1 Nr. 17 HGB vorgeschriebenen Kategorien sind die Umsatzerlöse aufgeschlüsselt nach Honoraren für *Abschlussprüfungsleistungen, Andere Bestätigungsleistungen, Steuerberatung* und *Sonstige Leistungen* im Transparenzbericht auszuweisen (§ 55c Abs. 1 S. 3 Nr. 3 WPO). Den Aufsichtsbehörden wird damit neben einer Überprüfung der Einhaltung der in § 319 und § 319a HGB vorgeschriebenen Umsatzgrenzen auch die Einsichtnahme in das Dienstleistungsangebot der Wirtschaftsprüfungsgesellschaften erleichtert. Die von den Big4 für die vom Kalenderjahr abweichenden Geschäftsjahre 2006/07 und 2007/08 offengelegten Finanzinformationen sind in *Tabelle 5-1* zusammengestellt.

WPG	Umsatz	Abschlussprüfungsleistungen (Mio. €)	Andere Bestätigungsleistungen (Mio. €)	Steuerberatung (Mio. €)	Sonstige Leistungen (Mio. €)
PricewaterhouseCoopers	2006/07	506,1 (37,9%)	271,6 (20,3%)	318,7 (23,8%)	239,5 (17,9%)
	2007/08	570,7 (38,9%)	280,9 (19,1%)	354,2 (24,1%)	263,4 (17,9%)
KPMG	2006/07	464,9 (38,2%)	104,1 (8,6%)	272,1 (22,4%)	375,2 (30,8%)
	2007/08	453,9 (37,5%)	91,3 (7,5%)	289,1 (23,9%)	375,7 (31,1%)
Ernst&Young	2006/07	340,0 (32,9%)	153,2 (14,8%)	354,3 (34,3%)	186,3 (18,0%)
	2007/08	331,2 (30,3%)	38,9 (3,6%)	400,5 (36,6%)	324,0 (29,5%)
Deloitte	2006/07	130,0 (29,9%)	7,0 (1,6%)	111,0 (25,5%)	187,0 (43,0%)
	2007/08	138,0 (17,7%)	103,0 (13,2%)	120,0 (15,4%)	418,0 (53,7%)

Tabelle 5-1: *Finanzinformationen der Big4 für die Geschäftsjahre 2006/07 und 2007/08*[781]

---

[776] Kann die Wirtschaftsprüfungsgesellschaft keine elektronische Offenlegung vornehmen, ist der Bericht bei der Wirtschaftsprüfungskammer zu hinterlegen, wo er von Dritten eingesehen werden kann (§ 55c Abs. 2 S. 2 WPO).
[777] Vgl. *Naumann/Hamannt* (2007), S. 905.
[778] Vgl. *Petersen/Zwirner* (2008), S. 289.
[779] Vgl. *BT-Drucksache 16/2858*, S. 38; *Heininger* (2008), S. 538.
[780] Vgl. *EG-Richtlinie (2006/43/EG)* (2006), Art. 40, dazu auch *Tiedje* (2006), S. 597.
[781] Vgl. *KPMG* (2008b); *KPMG* (2009b); *PwC* (2008b); *PwC* (2009b); *Ernst&Young* (2008b); *Ernst&Young* (2009b); *Deloitte* (2008b); *Deloitte* (2009b).

Eine erste empirische Untersuchung zur Transparenzberichterstattung in Deutschland wurde von *Ostermeier* (2009) vorgelegt. Untersucht wird die Qualität der Transparenzberichterstattung anhand einer willkürlich gezogenen Stichprobe von 82 Berichten für das Jahr 2008. Der Autor gelangt zu dem Schluss, dass die Qualität der Berichterstattung in Abhängigkeit des betrachteten Abschlussprüfers stark variiert. Defizite bestehen vorrangig bei kleineren Prüfungsgesellschaften, die häufig keine eigenen Rubriken zur Veröffentlichung der Transparenzberichte anlegen, so dass die Suche auf deren Webseite erschwert wird. Darüber hinaus besteht in Einzelfällen sogar ein Kennwortschutz, der die Lesbarkeit unterbindet.[782] Dieser von *Ostermeier* (2009) gewonnene Eindruck einer stark schwankenden Berichterstattungsqualität deckt sich mit den Ergebnissen einer Untersuchung der *WPK* (2009) zur Transparenzberichterstattungspraxis aus dem Jahr 2009.[783] Ähnlich der Untersuchungen von *Ostermeier* (2009) und der *WPK* (2009) wurden bei der empirischen Untersuchung dieser Arbeit, in deren Vorfeld zahlreiche Transparenzberichte eingesehen wurden, divergierende Qualitätsniveaus identifiziert. Einzelne Prüfungsgesellschaften hielten die relevanten Finanzinformationen zunächst zurück und stellten diese erst nach einem schriftlichen Hinweis auf die ausdrückliche Pflicht zur Veröffentlichung gem. § 55c WPO zur Verfügung. Ursächlich für diesen Widerstand dürfte, wie bereits *Heininger/Bertram* (2006) in einem Beitrag im Vorfeld des BARefG konstatieren, die Neuartigkeit der Veröffentlichung bislang intimer Daten sein. Insbesondere für die mittelständischen Praxen stellt die Publizitätspflicht eine empfindliche Ausweitung der Informationspflicht dar.[784] Dementgegen zeigen die Berichte einiger Gesellschaften, dass durch die Form der Berichterstattung auch eine positive Abgrenzung zu anderen Marktteilnehmern möglich ist. *Ostermeier* (2009) vermutet diesbezüglich, dass bei einer Neuausschreibung oder einem angestrebtem Wechsel des Abschlussprüfers der Transparenzbericht als Marketing-Instrument eingesetzt werden könnte, so dass eine freiwillige Berichterstattung über das gesetzliche Berichterstattungserfordernis hinaus von potenziellen Mandanten wahrgenommen wird und zu einer erhöhten Vertrauenswürdigkeit verhelfen könnte.[785]

5.3 Qualität der Honorarpublizität in Deutschland

5.3.1 Zielsetzung und Gang der Untersuchung

Um eine Beeinträchtigung der Unabhängigkeit des Abschlussprüfers durch parallel zur Abschlussprüfung erbrachte Beratungsleistungen einsehen zu können, sind die in Transparenzberichten offengelegten Umsatzerlöse wenig hilfreich. Interessant sind vielmehr die Honorare, welche der Prüfer von den einzelnen Mandanten erhält und die in jeweiligen Jahresabschlüs-

---

[782] Vgl. *Ostermeier* (2009), S. 142.
[783] Vgl. *WPK* (2009b).
[784] Vgl. *Heininger/Bertram* (2006), S. 905.
[785] Vgl. *Ostermeier* (2009), S. 142.

sen ausgewiesen sind. Bedauerlicherweise bleibt die Qualität der Anhangangaben (Definition siehe *Kapitel 5.3.4*) in bisherigen Untersuchungen weitgehend unerforscht. Lediglich *Lenz et al.* (2006), welche eine erste Untersuchung zur Honorarstruktur anhand von 96 deutschen Konzernabschlüssen zum 31.12.2005 durchführen, identifizieren eine zwischen den untersuchten Gesellschaften divergierende Berichterstattungsqualität.[786] Ähnlich gelangen *Petersen/Zwirner* (2008), welche die Unternehmen des DAX, MDAX, SDAX und TecDAX für das Geschäftsjahr 2006 betrachten, zu dem Schluss, „dass der grundsätzlich begrüßenswerten Pflicht zur Informationsvermittlung [...] im Einzelfall eine intransparente Berichterstattungspraxis gegenübersteht."[787]

Anders als in bisherigen Studien, die relativ geringe Stichproben umfassen und die Qualität der Honorarpublizität für lediglich eine Periode beschreiben, werden in der hier folgenden Untersuchung die 160 größten kapitalmarktorientierten Unternehmen über einen Zeitraum von drei aufeinanderfolgenden Perioden analysiert. Zielsetzung ist es, den mit der Honorarpublizität verknüpften Informationsgehalt für die Abschlussadressaten sowie deren Eignung für weiterführende Studien zu beurteilen. Dazu werden zunächst charakteristische Abweichungen von regulatorischen Vorgaben in *Kapitel 5.3.2* exemplarisch dargestellt. Die Auffälligkeiten im Honorarausweis während der Geschäftsjahre 2005 bis 2007 dienen als Ausgangspunkt für die Definition kritischer Qualitätsmerkmale in *Kapitel 5.3.4*. Neben der grundsätzlichen Offenlegungspflicht (1), die bereits von einigen Unternehmen verletzt wird, richtet sich die Qualitätsbeurteilung auf eine korrekte Abgrenzung des Kreises der Leistungsempfänger (2) und der Leistungsträger (3). In *Kapitel 5.3.5* werden die Ergebnisse dargestellt. Identifizierte Unzulänglichkeiten, mögliche Ursachen und die Konsequenzen für die Aussagekraft der Honorarangaben für die Investoren sowie für weiterführende empirische Untersuchungen schließen die Untersuchung ab.

5.3.2 Exemplarische Anhangangaben in deutschen Konzernabschlüssen

Bei Betrachtung einzelner Honorarangaben in den Abschlüssen der deutschen DAX-Konzerne werden Unterschiede nicht nur hinsichtlich der gewählten Darstellungsform, sondern auch bezüglich des Informationsgehaltes deutlich. So geht aus dem exemplarisch ausgewählten Honorarangaben des Konzernanhangs der BASF AG (*Anlage 2.1*) hervor, dass der im Geschäftsjahr 2006 erfasste Aufwand für den Abschlussprüfer nach den handelsrechtlichen Kategorien a. - d. gesetzeskonform unterteilt wird. Neben dem Prüfungshonorar für die Prüfung des Konzernabschlusses und des Einzelabschlusses des Mutterunternehmens weist die BASF jedoch das erfolgswirksam erfasste Honorar der „einbezogenen Tochter- und Gemeinschaftsunternehmen" aus. Die Einbeziehung von Gemeinschaftsunternehmen ist vor dem Hinter-

---

[786] Vgl. *Lenz et al.* (2006), S. 1791.
[787] *Petersen/Zwinger* (2008), S. 280.

grund des § 314 Abs. 1 S. 9 HGB sowie des IDW RH HFA 1.006 jedoch fragwürdig. Der Ausweis von Leistungen des Abschlussprüfers für Gemeinschaftsunternehmen könnte strittig sein, da die Konzernleitung auf diese Gesellschaften regelmäßig keinen beherrschenden Einfluss ausüben kann.[788] Weiter berichtet die BASF AG freiwillig über die Hintergründe des Aufwandes und stellt die Honorarangaben des Vorjahres für Vergleichszwecke zur Verfügung. Nicht gesetzlich vorgeschrieben, aber durchaus informativ ist die Angabe der an die Mitglieder des weltweiten KPMG-Netzwerkverbundes gezahlten Honorare.[789] Der Anteil der Beratungsleistungen (Honorarkategorien b. - d.) am Gesamthonorar erreicht bei der BASF rund zehn Prozent, sofern die Vergütung der nationalen KPMG Gesellschaft betrachtet wird. Weltweit werden lediglich fünf Prozent der Gesamthonorare für Nichtabschlussprüfungsleistungen aufwandswirksam erfasst. Eine Beeinträchtigung der Unabhängigkeit durch Beratung ist somit unwahrscheinlich.[790] Ursächlich für den niedrigen Beratungsanteil könnte die noch junge geschäftliche Beziehung zwischen Abschlussprüfer und Mandant sein, schließlich testierte KPMG den Abschluss der BASF AG zum 31.12.2006 erstmalig.[791] Ein in den Folgeperioden ebenfalls niedriger Beratungsanteil suggeriert jedoch, dass die BASF AG bei der Vergabe von Beratungsleistungen an den Abschlussprüfer generell restriktiv vorgeht.[792]

In Konzernabschlüssen deutscher Aktiengesellschaften, deren Wertpapiere an einer SEC-regulierten Börse notiert sind, werden die Honorarangaben im Konzernabschluss oftmals an die bereits in *Form 20-F* für SEC-Zwecke publizierten *principal accountant fees and services* angelehnt. Dies gilt auch für den als Beispiel ausgewählten Konzernabschluss der Deutschen Bank AG zum 31.12.2007 (*Anlage 2.2*).[793] Die Übernahme bzw. Übersetzung des von der SEC verwendeten Terminus *audit related services* in *Honorare für prüfungsnahe Dienstleistungen* verdeutlicht dies. Obwohl sowohl in der Empfehlung der EG-Kommission als auch in der 8. EG-Richtlinie (2006/43/EG) der Begriff *assurance related services* Verwendung findet, sieht der deutsche Gesetzgeber in § 314 Abs. 1 Nr. 9 HGB explizit die Kategorie *Andere Bestätigungsleistungen* (bzw. *andere Bestätigungs- und Bewertungsleistungen* (a.F.)) vor. Die

---

[788] Zur Berücksichtigung der Honorare von quotenkonsolidierten Gesellschaften siehe auch *Kapitel 5.1.1.3*.

[789] Vgl. *IDW RH HFA 1.006* (2005), Tz. 5. Der für die Mitglieder des gesamten internationalen KPMG-Netzwerkes erfasste Aufwand für Abschlussprüfungsleistungen beträgt demnach 23,9 Mio. €, davon entfallen 12,8 Mio. € (53,6 %) auf den Konzernprüfer, die KPMG LLP (damals KPMG AG) und dessen verbundene Unternehmen i.S.d. § 271 Abs. 2 HGB.

[790] Zu den kritischen Grenzen eines vertretbaren Ausmaßes der Nichtprüfungshonorare siehe *Kapitel 6.3.1*.

[791] Siehe *DeFond et al.* (2002, S. 1247-1265), die einen signifikanten Zusammenhang zwischen den Prüfungshonoraren, nicht jedoch hinsichtlich der Nichtabschlussprüfungshonorare nachweisen.

[792] Im Geschäftsjahr 2007 erhält die KPMG AG für die Abschlussprüfung 6,2 Mio. €. Auf andere Leistungen entfällt ein Honorar von insgesamt 0,5 Mio. € (vgl. *BASF AG Geschäftsbericht 2007* (2008), S. 199).

[793] Vgl. *Deutsche Bank AG Form 20-F* (2007b), Item 16c. Zu einem ähnlichen Ergebnis gelangen *Lenz et al.* (2006, S. 1787-1793), welche die Offenlegung der Honorare bei DAX-Unternehmen für das Geschäftsjahr 2005 untersuchen.

von der Deutschen Bank AG gewählte Kategorisierung geht somit nicht mit den handelsrechtlichen Regelungen konform und erschwert die Interpretation und den Vergleich der Honorare mit denen anderer Konzerne. Auch freiwillige Erläuterungen im Anhang sowie weiterführende Informationen im Corporate-Governance Bericht können dies nicht heilen.[794]

Die Deutsche Telekom AG, deren Abschluss zum 31.12.2007 einem *Joint Audit* unterzogen wird, veröffentlicht im IFRS-Konzernanhang die Honorare der beiden Konzernabschlussprüfer PricewaterhouseCoopers und Ernst&Young separat (*Anhang 2.3*).[795] Der auf die Abschlussprüfung entfallende Anteil liegt jeweils unter 50 % des Gesamthonorars. Durch die umfangreichen Beratungsaufträge könnte seitens der Abschlussadressaten die Besorgnis der Befangenheit des Abschlussprüfers begründet sein. Entgegen dieser Besorgnis wird die Prüfung des Abschlusses jedoch freiwillig durch zwei unabhängige Prüfer erbracht, so dass deren Prüfungsleistung jeweils der Kontrolle der jeweils anderen Gesellschaft unterliegt.[796]

Die ebenfalls exemplarisch ausgewählte Linde AG weist in ihrem Konzernabschluss zum 31.12.2007 die erfassten Aufwendungen der „in den Konzernabschluss einbezogenen Tochtergesellschaften" aus.[797] Auch werden freiwillig die Honorare anderer Abschlussprüfer (neben denen des Konzernprüfers) offengelegt. Bedauerlicherweise geht aus den Angaben nicht hervor, ob es sich bei den Honoraren der „einbezogenen Tochtergesellschaften" für KPMG ausschließlich um die der KPMG AG (einschließlich verbundener Unternehmen i.S.d. § 271 Abs. 2 HGB) handelt, oder ob abweichend von dem Hinweis des IDW die gesamten Honorare des internationalen KPMG-Netzwerkes ausgewiesen sind.[798] Da von insgesamt 578 konsolidierten Gesellschaften lediglich 35 in Deutschland ansässig sind, dürften die Honorare der KPMG AG wesentlich niedriger ausfallen, als die des gesamten internationalen Netzwerks. Erfolgt hingegen der Ausweis für das gesamte Netzwerk, so wären die Vergleichbarkeit mit anderen Konzernen sowie eine sinnvolle Beurteilung der Unabhängigkeit des Konzernprüfers kaum möglich. Zugleich werden anhand der vorausgestellten Anhangangaben Unterschiede hinsichtlich der Berichterstattung der einzelnen Gesellschaften deutlich. Um ein allgemeingültiges Urteil über die Berichterstattungsqualität fällen zu können, ist die Betrachtung einer umfangreichen Stichprobe anhand objektiver Qualitätskriterien notwendig.

---

[794] Die im Corporate-Governance-Bericht enthaltenen Angaben sind die deutschsprachige Übersetzung der in *Form 20-F Item 16c* für SEC-Zwecke offengelegten Honorare.
[795] Zur Erfordernis eines separaten Ausweises siehe *IDW RH HFA 1.006* (2005), Tz. 4.
[796] In Frankreich ist die Abschlussprüfung von börsennotierten Gesellschaften verpflichtend durch zwei voneinander unabhängige Prüfungsgesellschaften durchzuführen. Zum Einfluss des *Joint Audits* auf die Prüfungsqualität siehe *Francis et al.* (2009).
[797] *Linde AG Geschäftsbericht 2007* (2008), S. 105.
[798] Vgl. *Linde AG Geschäftsbericht 2007* (2008), S. 105.

5.3.3 Beschreibung der Stichprobe

Die Stichprobe der Untersuchung umfasst die Konzernabschlüsse der zum 31.12.2005, zum 31.12.2006 und zum 31.12.2007 in den Auswahlindizes DAX, MDAX, SDAX und TecDAX gelisteten Unternehmen. Gesellschaften mit abweichendem Stichtag werden ebenfalls berücksichtigt, so dass 160 Konzernabschlüsse pro Geschäftsjahr, d.h insgesamt 480 Abschlüsse, zur Verfügung stehen. Die Abschlüsse von Gesellschaften, welche zum jeweiligen Stichtag ihren Firmensitz im Ausland haben, bleiben in der nachfolgenden Auswertung zur Anhangsqualität unberücksichtigt, da sie nicht an den handelsrechtlichen Honorarausweis gebunden sind. Gleiches gilt für die Konzernabschlüsse des Geschäftsjahres 2004/2005, welche vor dem 1.1.2005 begannen. Schließlich besteht die Pflicht zur handelsrechtlichen Offenlegung der Honorare erst für Geschäftsjahre, die nach dem 31.12.2004 beginnen.[799] Von der Eliminierung ausgenommen sind inländische Konzerne, die freiwillig die Honorare des Abschlussprüfers für das Geschäftsjahr 2004/05 publizieren.[800] Insgesamt ergibt sich, wie in *Tabelle 5-2* dargestellt, ein bereinigtes Untersuchungssample von 436 Unternehmen.

Index	Stichtag	31.12.2005 (2004/05)	31.12.2006 (2005/06)	31.12.2007 (2006/07)	∑ per Index
DAX	Gesamtanzahl	30	30	30	90
DAX	Bilanzstichtag vor dem 31.12.2005	-3	-	-	-3
DAX	Sitz im Ausland**	0	0	0	0
DAX	freiwillige Offenlegung*	+2	-	-	+2
DAX	∑ nach Korrektur	29	30	30	89
MDAX	Gesamtanzahl	50	50	50	150
MDAX	Bilanzstichtag vor dem 31.12.2005	-5	-	-	-5
MDAX	Sitz im Ausland**	-2	-3	-2	-7
MDAX	freiwillige Offenlegung	0	-	-	0
MDAX	∑ nach Korrektur	43	47	48	138

---

[799] Auch jene ausländische Unternehmen werden nicht berücksichtigt, welche freiwillig, bzw. den relevanten nationalen Regelungen entsprechend, die Honorare des Abschlussprüfers publizieren. Dies ist notwendig, da diese nationalen Vorschriften von den handelsrechtlichen Regelungen abweichen können. Als Beispiel kann der Honorarausweis im Abschluss der *EADS N.V* (Niederlande) genannt werden. Dort sind explizit die Honorare des weltweiten KPMG-Netzwerkes dargestellt (vgl. *EADS N.V. Geschäftsbericht 2007* (2008), S. 146). Auch die *Depfa Bank Plc.* (Irland), die *GAGFAH S.A.* (Luxemburg) und die *BB-Biotech AG* (Schweiz) weisen zwar Honorare des Abschlussprüfers aus, verzichten jedoch auf eine mit den handelsrechtlichen Vorgaben vergleichbare Kategorisierung (vgl. *Depfa Bank Plc. Geschäftsbericht 2007* (2008), S. 149; *GAGFAH S.A Geschäftsbericht 2007* (2008), S. 104; *BB-Biotech AG Geschäftsbericht 2007* (2008), S. 63). Eine Berücksichtigung dieser Gesellschaften in der Untersuchung würde aufgrund der unterschiedlichen gesetzlichen Regelungen einer hinreichenden Vergleichbarkeit entgegenstehen. Ähnlicher Ansicht *Petersen/Zwirner* (2008, S. 284).

[800] Auf eine Differenzierung zwischen Unternehmen unterschiedlicher Branchen sowie hinsichtlich einer möglichen Zweitnotiz an einer weiteren Börse, wie sie *Lenz et al.* (2006) vornehmen, wurde verzichtet. Schließlich besteht die handelsrechtliche Pflicht zur Honorarpublizität losgelöst davon, ob ein befreiender Konzernabschluss gem. § 292 HGB vorliegt. Anderer Ansicht *Lenz et al.* (2006, S. 1791).

Qualität der Honorarpublizität in Deutschland

SDAX	Gesamtanzahl	50	50	50	150
	Bilanzstichtag vor dem 31.12.2005	-5	-	-	-5
	Sitz im Ausland**	-2	-5	-3	-10
	freiwillige Offenlegung*	+1	-	-	+1
	∑ nach Korrektur	44	45	47	136
TecDAX	Gesamtanzahl	30	30	30	90
	Bilanzstichtag vor dem 31.12.2005	-1	-	-	-1
	Sitz im Ausland**	-5	-5	-6	-16
	freiwillige Offenlegung	0	-	-	0
	∑ nach Korrektur	24	25	24	73
∑ per anno		140	147	149	436

* Betrifft die Konzernabschlüsse: Siemens AG (DAX), Infineon AG (DAX), Masterflex O.N. (SDAX) jeweils zum 30.9.2005.
** Betrifft die Konzernabschlüsse der nachfolgenden Gesellschaften
a.) zum 31.12.2005: Depfa Bank Plc., EADS N.V., Highlight Communications AG, Thiel Logistik AG, AT&S AG, BB-Biotech AG, Qiagen N.V., Rofin-Sinar Technologies Inc., Tele Atlas N.V.
b.) im Geschäftsjahr 2006: Depfa Bank Plc., EADS N.V., Gagfah AG, Air Berlin Plc. & Co. KG, C.A.T Oil AG, Elexis AG, Highlight Communications AG, Thiel Logistik AG, AT&S AG, BB-Biotech AG, Qiagen N.V., Rofin-Sinar Technologies Inc., Tele Atlas N.V.
c.) im Geschäftsjahr 2007: EADS N.V., Gagfah AG, Air Berlin Plc. & Co. KG, C.A.T Oil AG, Highlight Communications AG, AT&S AG, BB-Biotech AG, BB Medtech AG, Qiagen N.V., Rofin-Sinar Technologies Inc., Tele Atlas N.V.

Tabelle 5-2: Zusammensetzung der Stichprobe zur Untersuchung der Honorarpublizität

5.3.4 Festlegung der Qualitätskriterien

Zur Beurteilung der Qualität der Anhangangaben werden anhand der im vorausgehenden Kapitel identifizierten Probleme bzw. Ungenauigkeiten die folgenden drei Qualitätskriterien definiert.[801]

Qualitätskriterium 1

Es erfolgt im Konzernanhang eine Offenlegung der Honorare des Abschlussprüfers gem. § 314 Abs. 1 S. 9 HGB.

Qualitätskriterium 2

Die Honorare beziehen sich auf den Abschlussprüfer i.S.d. § 319 Abs. 1 u. 2 HGB sowie die mit ihm verbundenen Unternehmen i.S.d. § 271 Abs. 2 HGB.

Qualitätskriterium 3

Die Leistungen des Abschlussprüfers betreffen ausschließlich die Muttergesellschaft und deren Tochterunternehmen. Leistungen des Konzernprüfers gegenüber verbundenen Unternehmen, Gemeinschaftsunternehmen und at-equity konsolidierten Gesellschaften bleiben unberücksichtigt.

---

[801] Bei der Beurteilung der Qualität der in den Konzernanhängen offengelegten Honorarangaben wurde dem Grundsatz der Unschuldsvermutung entsprochen, d.h. sofern eine Angabe im Konzernabschluss nicht den Anforderungen des § 314 Abs. 1 Nr. 9 HGB sowie des *IDW RH HFA 1.006* (2005) widersprach, wurde deren Richtigkeit unterstellt.

5.3.5 Untersuchungsergebnisse

5.3.5.1 Ergebnisse zu Qualitätskriterium 1

Die Honorare wurden für das Geschäftsjahr 2007 in sämtlichen der 149 betrachteten Konzernabschlüssen offengelegt. Zu den vorausgehenden Stichtagen 31.12.2005 und 31.12.2006 verletzte(n) jeweils zwei bzw. ein Unternehmen die Angabepflicht, indem überhaupt keine Angaben zu den Aufwendungen für Leistungen des Abschlussprüfers dargestellt wurden.

		Index	31.12.2005 (2004/05)	31.12.2006 (2005/06)	31.12.2007 (2006/07)
Ordnungsgemäß	1.a) Offenlegung der Abschlussprüfer-honorare ist erfolgt. (Pflicht für Geschäfts-jahre, die nach dem 31.12.2004 beginnen.)	DAX	29	30	30
		MDAX	42	47	48
		SDAX	44	44	47
		TecDAX	23	25	24
		Σ	138	146	149
Unvollständig	1.b) Entgegen der gesetzlichen Regelung erfolgt im Konzernanhang keine Offen-legung.	DAX	0	0	0
		MDAX	1	0	0
		SDAX	0	1	0
		TecDAX	1	0	0
		Σ	2	1	0
Fehlerquote			1,4%	0,7%	0,0%

Tabelle 5-3: Qualitätskriterium I (Unterlassen der Honoraroffenlegung im Konzernanhang)

Neben der Stada Arzneimittel AG (MDAX) erfüllte die Pfeiffer Vacuum AG (TecDAX) die Offenlegungspflicht zum 31.12.2005 nicht. Im Folgejahr weist mit der Klöckner&Co AG (SDAX) lediglich ein Unternehmen keine Honorare des Abschlussprüfers aus. Offensichtlich haben auch die Abschlussprüfer der betroffenen Konzerne das Fehlen der erforderlichen Angaben im Rahmen der Anhangprüfung nicht bemerkt. Zumindest enthält das Prüfungsurteil keine Hinweise hinsichtlich des Unterlassens dieser Pflichtangabe.[802] Eine schriftliche Anfrage nach den Ursachen für die Unterlassung der Angabe wurde von einer Gesellschaft mit „redaktionellem Versehen" entschuldigt. Eine anderes Unternehmen argumentiert, der „Verzicht" auf diese Angabe sei erfolgt, da „eine wirtschaftlich sinnvolle Interpretation derartiger Angaben [...] lediglich im Zeitvergleich möglich [sei]." „Da die Angabepflicht für die [betroffene Gesellschaft] erstmalig durch den Börsengang im Juli 2006 einschlägig wurde und in der Vergangenheit derartige Aufwendungen nicht konzernweit separat erhoben wurden, ist auf eine Angabe verzichtet worden." Die dritte Gesellschaft begründet den fehlenden Honorarausweis damit, dass „im Jahr 2005 die Angabe der Honorare für die Abschlussprüfer noch kein Pflichtbestandteil des Konzernabschlusses [gewesen sei]." Während das Eingestehen

---

[802] Gem. § 317 Abs. 3 HGB ist es die Aufgabe des Abschlussprüfer des Konzernabschlusses, den Anhang als Bestandteil des Konzernabschlusses i.S.d. § 290 HGB hinsichtlich seiner Ordnungsmäßigkeit zu prüfen.

Qualität der Honorarpublizität in Deutschland 133

eines redaktionellen Fehlers bedauerlich aber glaubwürdig ist, kann die Begründung einer Unterlassung aufgrund des Mangels einer Vergleichsperiode nicht überzeugen, schließlich sieht der Gesetzgeber ohnehin keine Angabe einer Vergleichsperiode für Anhangangaben vor. Die Begründung, eine Angabepflicht habe nicht bestanden, ist falsch. In den folgenden Teiluntersuchungen sind die betroffenen drei Abschlüsse aufgrund des Mangels eines Honorarausweises nicht einbezogen,[803] so dass die nachfolgenden Untersuchungen auf einer Stichprobe von 433 Konzernabschlüssen basieren.

5.3.5.2 Ergebnisse zu Qualitätskriterium 2

Während ein Verstoß gegen die Kategorisierung den Informationsgehalt der Anhangangaben, wie am Beispiel der Deutschen Bank AG gezeigt, nur gering beeinträchtigt, folgen aus einer unzulässigen Abgrenzung des Kreises der Leistungsträger ausgeprägte Interpretationsschwierigkeiten. Sind die ausgewiesenen Honorare nicht auf den Konzernprüfer beschränkt, sondern umfassen stattdessen das weltweite Netzwerk des Prüfers, ist die Beurteilung der Unabhängigkeit des Konzernprüfers, wie anhand des Ausweises der Linde AG gezeigt, nicht länger uneingeschränkt möglich.

Bei der betrachteten Stichprobe fällt auf, dass in zehn der 137 zum 31. Dezember 2005 untersuchten Konzernabschlüsse der Kreis der Leistungsträger abweichend von § 314 Abs. 1 Nr. 9 HGB abgegrenzt wird. Auch in den Folgeperioden, für die eine erhöhte Sensibilität aufgrund der bereits im Vorjahr bestehenden Ausweispflicht hätte erwartet werden können, wurde die Berichtspflicht von acht (2006) bzw. fünf (2007) Unternehmen nicht gem. IDW RH HFA 1.006 erfüllt. Überproportional viele DAX-Unternehmen weisen ausschließlich die Honorare des internationalen Netzwerkes aus. Neben der Daimler AG und der E.on AG veröffentlicht auch die Siemens AG, wie ein Vergleich der Angaben im Konzernanhang mit dem Honorarausweis in *Form 20-F* verdeutlicht, ausschließlich die Honorare des weltweiten Netzwerkverbundes des Abschlussprüfers.[804]

---

[803] Im Geschäftsbericht werden lediglich Angaben zu den *Aufwendungen für Prüfung und Beratung* angeführt. Da keine weiteren Details erkennbar waren und Ausweise in den *Sonstigen betrieblichen Aufwendungen* erfolgen, ist zu vermuten, dass diese Beträge nicht nur die Leistungen des Abschlussprüfers betreffen. Daher wurde dieser Konzernabschluss nicht in die weitere Untersuchung einbezogen (vgl. *Klöckner Geschäftsbericht 2006* (2007), S. 96).

[804] Im Konzernanhang der Daimler AG und in Form 20-F sind identische Honorare des Abschlussprüfers ausgewiesen (vgl. *Daimler AG Geschäftsbericht 2007* (2008a), S. 201). Ferner wird in *Form 20-F* explizit hervorgehoben, dass „[...] the following table summarizes fees charged [...] by KPMG and other independent member firms within the international KPMG network" (*Daimler AG Form 20-F* (2008b), Item 16c, S. 101). Daraus folgt, dass auch die Angaben im IFRS-Konzernabschluss die weltweiten Honorare enthalten. Ähnlich auch E.on und Siemens (vgl. *E.on AG Geschäftsbericht 2007* (2008a), S. 158; *Siemens AG Geschäftsbericht 2006/7* (2007a), S. 141; *E.on AG Form 20-F* (2007b), Item 16c, S. 222; *Siemens AG Form 20-F* (2007b), Item 16c, S. 141).

		Index	31.12.2005 (2004/05)	31.12.2006 (2005/06)	31.12.2007 (2006/07)
Ordnungsgemäß	2.a) Es wurden im Konzernabschluss die Honorare des Abschlussprüfers i.S.d. § 318 Abs. 1 u. 2 HGB sowie für verbundene Unternehmen i.S.d. § 271 Abs. 2 HGB korrekt ausgewiesen.	DAX	24	25	26
		MDAX	38	46	48
		SDAX	45	44	47
		TecDAX	21	23	23
		Σ	128	138	144
Unvollständig	2.b.) Es wurden im Konzernabschluss unzulässigerweise ausschließlich die weltweiten Honorare des Netzwerkes offen gelegt.	DAX	5	5	4
		MDAX	3	1	0
		SDAX	0	0	0
		TecDAX	2	2	1
		Σ	10	8	5
Fehlerquote			7,8%	5,8%	3,5%

Tabelle 5-4: Qualitätskriterium II (Abgrenzung der Leistungsträger)

Eine schriftliche Nachfrage zu den Hintergründen des ausschließlichen Ausweises der weltweiten Honorare wurde bspw. von der Daimler AG damit beantwortet, dass die „IDW Verlautbarung IDW RH HFA 1.006 Tz. 2.1 [...] keine Rechtsnorm dar[stelle]". Weiter heißt es, dass die Gesellschaft „der Meinung [ist], dass wir [Daimler AG] unseren Investoren sowie der interessierten Öffentlichkeit eine umfassendere und entscheidungsorientierte Information geben, insbesondere im Hinblick auf die Beurteilung der Unabhängigkeit des Abschlussprüfers." Vergleichbare Ursachen nennen auch die anderen Gesellschaften, welche abweichend von der Verlautbarung des IDW die weltweiten Honorare ausweisen. Während diese Einschätzung aus der Perspektive der bilanzierenden Unternehmen vertretbar sein mag, stellt sich die Frage, ob auch deren Abschlussprüfer diese Auffassung teilen. Diese sind angehalten, die Prüfungshinweise des IDW im Rahmen der gesetzlichen Abschlussprüfung zu beachten.

Neben den in *Tabelle 5-4* dargestellten Unternehmen dürften weitere Konzernanhänge Mängel enthalten, die hier nicht aufgedeckt wurden. Insbesondere bei Konzernen, deren Anhangangabe ohne jegliche Kommentierung erfolgt, sind Ausweisfehler möglich, die im Rahmen dieser Untersuchung nicht identifiziert werden. Allerdings dürften bei den im Vergleich zu den DAX-Unternehmen kleineren Konzernen des MDAX, SDAX und TecDAX, welche häufig keine zusätzlichen Informationen über die Honorarbeträge hinaus publizieren, ohnehin eine geringe Anzahl ausländischer Tochtergesellschaften in den Konzernabschluss einbezogen sein. Der Anteil der Honorare der nationalen Wirtschaftsprüfungsgesellschaften dürfte in Relation zum Honorar der ausländischen Gesellschaften des Verbundes bei diesen Gesellschaften dominieren, so dass ein Rückschluss auf die Unabhängigkeit des Konzernprüfers auch bei einem Ausweis der weltweiten Honorare möglich ist.

5.3.5.3 Ergebnisse zu Qualitätskriterium 3

Neben den Honoraren des Konzernprüfers bei dem Mutterunternehmen sind im Konzernanhang auch die Vergütungen bei Tochtergesellschaften zu berücksichtigen. Werden auch die

Qualität der Honorarpublizität in Deutschland

Honorare bei Gemeinschaftsunternehmen oder at-equity konsolidierter Gesellschaften berücksichtigt, ist die Unabhängigkeitsbeurteilung des Konzernprüfers für Außenstehende nur erschwert möglich und die Vergleichbarkeit der Honorarangaben unterschiedlicher Gesellschaften ist möglicherweise eingeschränkt.

		Index	31.12.2005 (2004/05)	31.12.2006 (2005/06)	31.12.2007 (2006/07)
Ordnungsgemäß	3.a) Es wurden ausschließlich die Honorare konsolidierter Tochtergesellschaften berücksichtigt.	DAX	27	28	29
		MDAX	40	47	48
		SDAX	45	44	47
		TecDAX	23	25	24
		Σ	135	144	148
Unvollständig	3.b) Es wurden auch die Honorare des Abschlussprüfers bei quotalkonsolidierten Gesellschaften (keine Tochtergesellschaften) sowie Gemeinschaftsunternehmen ausgewiesen.	DAX	2	2	1
		MDAX	1	0	0
		SDAX	0	0	0
		TecDAX	0	0	0
		Σ	3	2	1
Fehlerquote			2,2%	1,4%	0,7%

Tabelle 5-5: Qualitätskriterium III (Abgrenzung der Leistungsempfänger)

Im Abschluss der BASF AG zum 31.12.2006 sind neben den Honoraren für die Prüfung des Konzernabschlusses, des Einzelabschlusses der Muttergesellschaft und der Tochterunternehmen auch die Honorare bei Gemeinschaftsunternehmen berücksichtigt (siehe *Kapitel 5.3.2*).[805] Eine Einbeziehung von Gemeinschaftsunternehmen, welche einen Abgrenzungsfehler hinsichtlich des Kreises der Leistungsempfänger begründen könnte, tritt, wie aus *Tabelle 5-5* hervorgeht, im Zeitvergleich zunehmend selten auf.

5.3.6 Interpretation der Ergebnisse

Die Untersuchung zur Qualität der Anhangangaben zeigt, dass die dominierende Mehrzahl der zum 31.12.2005, zum 31.12.2006 und zum 31.12.2007 im DAX, MDAX, SDAX oder TecDAX gelisteten Unternehmen die handelsrechtlichen Regelungen des § 314 Abs. 1 S. 9 HGB sowie den Rechnungslegungshinweis des IDW zur Honoraroffenlegung (IDW RH HFA 1.006) beachtet. Ferner konnte eine im Zeitvergleich positive Qualitätsentwicklung anhand einer rückläufigen Fehlerquote für alle drei Qualitätskriterien nachgewiesen werden. Dennoch, die Berichterstattungsqualität in den Konzernabschlüssen ist auch zum 31.12.2007 nicht durchgängig einwandfrei. Während nach handelsrechtlichen Vorgaben die Honorare des Abschlussprüfers i.S.d § 318 Abs. 1 u. 2 HGB sowie mit diesem verbundenen Unternehmen i.S.d. § 271 Abs. 2 HGB maßgeblich sein sollten, erfolgt bei einigen Unternehmen der Honorarausweis ausschließlich für das gesamte internationale Netzwerk. Dies erschwert nicht nur die Unabhängigkeitsbeurteilung, da nicht eindeutig nachvollziehbar ist, welches Honorar der

---

[805] Vgl. *BASF AG Geschäftsbericht 2006* (2007), S. 199.

für die Konzernprüfung verantwortliche Prüfer erhält, sondern beeinträchtigt auch die Vergleichbarkeit zwischen den von unterschiedlichen Konzernen entrichteten Honoraren. Ob Unwissenheit oder eine gesteuerte Desinformation für die abweichenden Honorarangaben ursächlich ist, kann im Rahmen dieser Untersuchung nicht abschließend beurteilt werden. Die Hypothese, Mandant und Abschlussprüfer könnten gemeinsam eine bewusste Verletzung der handelsrechtlichen Angabepflichten in Kauf nehmen, um, relativ zum Gesamthonorar betrachtet, niedrigere Beratungshonorare ausweisen zu können, würde jedoch zu weit gehen.[806] Stattdessen dürfte das Nichtvorhandensein einer vollständig zweifelsfreien Abgrenzung des Kreises der Leistungsträger und Empfänger in §§ 285 S. 1 Nr. 17, bzw. 314 Abs. 1 Nr. 9 HGB sowie die Nichtbeachtung des IDW RH HFA 1.006 ursächlich für den uneinheitlichen Honorarausweis sein. Eine eindeutige Formulierung des Gesetzes, aus der hervorgeht, dass die Honorarangaben auf den Abschlussprüfer i.S.d § 319 Abs. 1 u. 2 HGB sowie verbundene Unternehmen i.S.d. § 271 Abs. 2 HGB beschränkt sind, steht nach wie vor aus und kann, wie diese Untersuchung zeigt, nicht durch Kommentierungen und Rechnungslegungshinweise des IDW ersetzt werden, die von einzelnen Unternehmen scheinbar als irrelevant gewertet werden. Auch die abweichenden Bestimmungen der SEC zum Honorarausweis in *Form 20-F Item 16c* führen dazu, dass in einigen Konzernabschlüssen ausschließlich die Angaben zu den Honoraren des internationalen Netzwerkes enthalten sind.

Trotz besagter Mängel ist ein insgesamt befriedigender Honorarausweis zu konstatieren. Eine niedrige und im Zeitvergleich rückläufige Fehlerquote lässt den Schluss zu, dass abgesehen von Einzelfällen die Honorarangaben zum Konzernprüfer von den Unternehmen des deutschen Prime-Standard weitgehend ordnungsgemäß erfolgen. Eine wichtige Voraussetzung dafür, dass die Abschlussadressaten in die Lage versetzt werden, eine eigene Beurteilung zur Besorgnis der Befangenheit des Abschlussprüfers vorzunehmen, ist somit erfüllt. Zugleich bestätigen die Ergebnisse zur Qualität der Honorarangaben, dass deren Berücksichtigung als erklärende Variable in weiterführenden empirischen Studien sinnvoll möglich ist. Dies ist insbesondere in Hinblick auf die in den *Kapiteln 10* bis *12* folgenden Untersuchungen relevant.

5.4 Zusammenfassung

Mit der Publizität der Prüferhonorare im (Konzern-)Anhang bezwecken die Gesetzgeber in den USA, Europa und Deutschland eine Verbesserung der Transparenz wirtschaftlicher Beziehungen zwischen Abschlussprüfer und Mandant. Abschlussadressaten sollen in die Lage versetzt werden, anhand der Höhe und Zusammensetzung der Honorare die Unabhängigkeit

---

[806] Siehe hierzu auch *Lenz* (2004). Dieser befürchtet, dass bewusst Honorare auf Tochtergesellschaften des Abschlussprüfers ausgegliedert werden könnten, um eine Offenlegung der entsprechenden Honorare zu vermeiden (vgl. *Lenz* (2004), S. 711; *Lenz et al.* (2006), S. 1788).

Zusammenfassung 137

des Abschlussprüfers und somit die die Verlässlichkeit der im Abschluss enthaltenen Informationen zu bewerten. Damit dies gelingen kann, muss die Qualität der Offenlegung den gesetzlichen Anforderungen genügen. Neben den handelsrechtlichen Vorgaben ist hinsichtlich des Honorarausweises auch der Rechnungslegungshinweis IDW RH HFA 1.006 zu beachten. Die Einhaltung der Vorschriften und die Kontrollfunktion des Abschlussprüfers in Hinblick auf den Honorarausweis könnten möglicherweise dadurch beeinträchtigt sein, dass Prüfer und Management eigene Interessen verfolgen. Dies gilt insbesondere, wenn ein von Adressaten negativ wahrgenommener Ausweis vermieden werden soll. Empirische Untersuchungen deuten darauf hin, dass der Berufsstand gleich in zweifacher Hinsicht durch die Offenlegungspflichten des bilanzierenden Unternehmens tangiert wird. Zum einen könnten die gesteigerte Transparenz und eine daraus resultierende wahrgenommene Unabhängigkeitsbeeinträchtigung seitens der Abschlussadressaten, wie *Francis/Ke* (2006) nachweisen, zu negativen Kapitalmarktreaktionen führen und eine Reduktion der Nachfrage von Nichtabschlussprüfungsleistungen begründen. Zum anderen zeigen *Francis/Wang* (2005) für den US-amerikanischen Markt, dass die Transparenz zu einer Verschärfung der Wettbewerbssituation auf dem Markt für Prüfungsleistungen und zu niedrigeren Honoraren führt. Der im Vorfeld der Verabschiedung des BilReG durchaus nicht unwesentliche Widerstand des deutschen Berufsstandes gegen eine Honoraroffenlegung könnte somit auch auf wirtschaftliche Interessen zurückzuführen sein. Die Aversion gegenüber der Publizität von Finanzinformationen zeigte sich auch im Rahmen der erstmaligen Transparenzberichterstattung.

Während die Aussagefähigkeit der Transparenzberichterstattung, wie *Ostermeier* (2009) aufzeigt, teilweise stark divergiert, erreicht die Qualität der Honorarangaben in den Konzernanhängen der Prime-Standard-Unternehmen ein insgesamt befriedigendes Niveau. Einer Beurteilung der Besorgnis der Befangenheit des Abschlussprüfers anhand der Honorare sowie der Verwendung der Honorarangaben für weitere empirische Untersuchungen steht somit nichts entgegen. Dieser Eindruck wird auch durch die Weiterentwicklung der Offenlegungspflicht im Rahmen des BilMoG bestätigt. Seit dem 29. Mai 2009 ist, unabhängig vom Zeitpunkt der aufwandswirksamen Erfassung seitens des Mandanten, das vom Abschlussprüfer im jeweiligen Geschäftsjahr berechnete Gesamthonorar maßgebend.[807] Damit wird der Forderung der 8. EG-Richtlinie Rechnung getragen, die vorsieht, dass die Honorarangaben keinen leistungszeitgleichen Betrag darstellen.[808] Ferner ist die Offenlegungspflicht nicht länger auf kapitalmarktorientierte Unternehmen beschränkt; fortan müssen sämtliche Unternehmen, die zur Erstellung eines Lageberichtes verpflichtet sind, entsprechende Honorarangaben im Anhang

---

[807] Vgl. *Erchinger/Melcher* (2009), S. 95.
[808] Vgl. *Petersen/Zwirner* (2008), S. 282.

offenlegen.[809] Diese Änderung ist zugleich eine Aufwertung der Anhangangaben, welche der Gesetzgeber vornimmt, um die mit der Honoraroffenlegung verbundene Schutzfunktion auszuweiten.[810]

---

[809] Vgl. *BT-Drucksache 16/10067*, S. 1106; *Oser et al.* (2008), S. 60 u. 105; *Melcher/Schaier* (2009), S. 7.
[810] Vgl. *Petersen/Zwirner* (2008), S. 280.

6 Quasirenten durch Beratung – Konsequenzen für die Unabhängigkeit

Im Rahmen der theoretischen Untersuchungsgrundlage (siehe *Kapitel 2*) wurde die Rolle des Abschlussprüfers anhand der Agency-Theorie ausführlich diskutiert. Dabei wurde, wie in der Agency-Theorie üblich, eine einperiodische Geschäftsbeziehung unterstellt. Das im Folgenden vorzustellende Quasirentenmodell *DeAngelos* (1981a,b) dient hingegen dazu, ökonomische Interessen des Abschlussprüfers über die Erstprüfung hinaus zu betrachten.[811] Ein Prüfer, der seine ökonomische Zielerreichung in einem Mehrperiodenmodell fokussiert und möglicherweise bereit ist, seine Unabhängigkeit zugunsten zukünftiger Honorare aufzugeben, wird bei der Berichterstattung ein seinen finanziellen Interessen dienliches Prüfungsurteil erteilen. Dies gilt, wie anhand von Modellerweiterungen aufgezeigt wird, insbesondere, wenn der Abschlussprüfer neben den Prüfungshonoraren zusätzliche Beratungshonorare bei einem Mandanten realisiert.

6.1 Prüfungsmarktmodell nach *DeAngelo* (1981)

Das sogenannte Low Balling bezeichnet eine Situation, in der die Prüfungshonorare während der Erstprüfung unterhalb der Prüfungskosten liegen.[812] Die Bereitschaft hierzu erscheint zunächst unplausibel, da auf Märkten, die durch konkurrierende Teilnehmer geprägt sind, eine Preisbildung in Anlehnung an die Grenzkosten des Abschlussprüfers erwartet wird. Die Motivation des Prüfers, eine Dienstleistung unterhalb der Kosten anzubieten, muss somit aus der Aussicht auf rentable Folgeprüfungen resultieren.[813] Eine solche Erwartung von zukünftigen Renten könnte eine Gefährdung für die Unabhängigkeit begründen, wenn der Abschlussprüfer in den Folgeperioden den Verlust der ersten Prüfungsperiode ausgleichen und dazu seine erneute Bestellung durch den Mandanten sicherstellen muss.[814] Es wird daher befürchtet, der Prüfer könnte sein Urteil so wählen, dass seine Wiederbestellung nicht gefährdet ist.[815]

Quasirenten entstehen, wenn der amtierende Abschlussprüfer während Folgeprüfungen im Vergleich zu konkurrierenden Prüfern über eine bessere Kostenstruktur verfügt.[816] Insbesondere mandats-spezifische Erfahrungen, welche zur Steigerung der Prüfungseffizienz einge-

---

[811] Vgl. *DeAngelo* (1981a), S. 113-127; *DeAngelo* (1981b), S. 183-199.
[812] Vgl. *DeAngelo* (1981a), S. 113; siehe auch *Bauer* (2004), S. 180; *Müller* (2006), S. 25.
[813] Ein solcher Anreiz würde nicht bestehen, wenn Prüfungsmandate jedes Jahr neu an einen anderen Abschlussprüfer vergeben werden (vgl. *Ewert* (1999), S. 42).
[814] Vgl. *Ostrowski/Söder* (1999), S. 555.
[815] Vgl. *Deis/Giroux* (1996), S. 56-57. Im Rahmen der modelltheoretischen Überlegung nach *DeAngelo* wird unterstellt, dass die Bestellung des Abschlussprüfers durch das Management erfolgt.
[816] *Ridyard/de Bolle* (1992, S. 90-91) konnten im Rahmen einer Untersuchung nachweisen, dass es zwischen einem und zwei Jahren dauert, bis der Abschlussprüfer mit einem Mandanten vertraut ist. Eine geringere Prüfungseffizienz in den ersten Jahren hat zur Folge, dass der Prüfer zunächst einen wesentlich höheren (Zeit)-Aufwand benötigt als in den Folgeperioden, um die gleiche Prüfungssicherheit zu erzielen.

140 Quasirenten durch Beratung – Konsequenzen für die Unabhängigkeit

setzt werden, dürften ursächlich sein. Darüber hinaus fallen für den Mandanten bei einem Prüferwechsel Transaktionskosten an, so dass es für diesen rational ist, am amtierenden Abschlussprüfer festzuhalten.[817] Die Rente des Abschlussprüfers ergibt sich somit aus der Differenz zwischen seinen Kosten und einem Honorar, bei dem die prüfungspflichtige Gesellschaft gerade noch einen Wechsel des Abschlussprüfers ablehnt.[818] Da der Kostenvorteil eines amtierenden Prüfers während der Folgeperioden zum Zeitpunkt vor der erstmaligen Bestellung bekannt ist, findet der Wettbewerb um die Quasirenten bereits vor der Erstprüfung statt. Es kommt zu einem Angebot des Wirtschaftsprüfers unterhalb seiner Erstprüfungskosten (*Low Balling*).[819] Somit begründet das Low Balling während der Erstprüfung eine Eliminierung der Überschüsse der Folgeperioden. Über die Gesamtdauer der geschäftlichen Beziehung betrachtet, handelt es sich bei den in Folgeperioden erzielten Überschüssen daher um keine echten Renten, sondern lediglich um Quasirenten.[820]

6.1.1 Mathematische Darstellung des Grundmodells

DeAngelo (1981a) geht in ihrem Modell von vollständiger Konkurrenz auf dem Prüfungsmarkt und einem unbegrenzten Zeithorizont ($t = 1, 2, ..., n$) aus.[821] Die Kosten der Erstprüfung betragen P_1, die der Folgeperioden sind konstant und betragen $P = P_2 = P_3 = ... = P_n$. Zu höheren Kosten während der Erstprüfung kommt es, da zusätzlich zu den normalen Prüfungskosten P Start-up-Kosten p entstehen ($P_1 = P+p$).[822] Das Honorar des Abschlussprüfers wird im Jahr der Erstprüfung H_{P1} und in den Folgeperioden $H_P = H_{P1}, ..., H_{Pn}$ betragen. Der Bar-

---

[817] Vgl. *Lenz* (1991), S. 183; *Richter/Furubotn* (1997), S. 35; *Ballwieser* (2001), S. 105-107; *Ewert* (2002), Sp. 2392; *Bauer* (2004), S. 130; *Müller* (2006), S. 25.
[818] Vgl. *Marten et al.* (2007), S. 157.
[819] *Schmidt* (1997, S. 236-237) begründet das Auftreten von Low Balling wie folgt: „In reiferen Märkten wächst die Neigung, mit Low Balling…an gute und zukunftsweisende Mandate zu gelangen. Das muss man so sehen. So sind die Marktbedingungen im Prüfungsbereich. Es hat gar keinen Zweck, davor die Augen zu verschließen". Auch *Wiedmann* (1998, S. 342) sieht durch die Sättigung des Marktes einen Grund für die erheblichen Preisnachlässe, welche auf *Low Balling* zurückzuführen sein könnten: „Aus diesem Grund wird der Wettbewerb auf dem Markt für Abschlussprüfungen im Wesentlichen über Prüfungshonorare geführt".
[820] Vgl. *DeAngelo* (1981a), S. 119; *Ewert* (1999) S. 41; *Ostrowski/Söder* (1999), S. 557; *Schneider* (2007), S. 24. Demnach antizipiert der Prüfer bei der Angebotserstellung für die Erstprüfung bereits die zukünftigen Quasirenten und verlangt für die Erstprüfung ein Honorar unterhalb der Kosten.
[821] Die folgende Modellbeschreibung ist *DeAngelo* (1981a, S. 119-122) entnommen.
[822] Diese Kosten stellen *Sunk Costs* dar und sind somit für zukünftige Entscheidungen nicht mehr relevant. Damit kann *Low Balling* eine Verminderung der Unabhängigkeit des Abschlussprüfers in den Folgeperioden nicht begründen (vgl. *Marten et al.* (2007), S. 158). „Any initial fee reduction that occurs [hier Low Balling] are sunk costs in future periods, and have no effect on either the magnitude of future rents or audit independence" (*Schatzberg* (1987), S. 1). Eine andere Auffassung vertritt das AICPA (1978, S. 121), welches eine Beeinträchtigung der Unabhängigkeit befürchtet; ähnlich *Marten* (1999a), S. 136). Auch *Simon/Francis* (1988, S. 266-267) verweisen auf Forschungsergebnisse, denen zufolge *Sunk Costs* das Interesse des Prüfers, einen Mandanten nicht zu verlieren, verstärken.

Prüfungsmarktmodell nach DeAngelo (1981)

wert der Gewinne (π_P) ergibt sich bei einem Zinssatz von $i > 0$ zum Zeitpunkt der Erstprüfung somit wie folgt:

$$\pi_p = (H_{P1} - P_1) + \frac{(H_P - P)}{i}, \text{ wobei } H_{P1} < P_1 = P + p \text{ (Low Balling) gilt.} \tag{6.1.1}$$

Der erste Term in der *Gl. 6.1.1* stellt die Residualgröße aus Prüfungshonorar und Prüfungskosten in Periode 1 dar, der zweite entspricht dem diskontierten Gewinn in den Folgeperioden (Quasirenten). Wie im Folgenden zu zeigen sein wird, müssen die Honorare in den Folgeperioden die Prüfungskosten übersteigen $H_P - P > 0$, da der ökonomisch rationale Abschlussprüfer die Prüfung ansonsten nicht durchführen würde.

Die Preisobergrenze der zukünftigen Prüfungshonorare des amtierenden Prüfers ($H_P + H_P/i$) hängt von den Prüferwechselkosten (*PW*) des Mandanten und den Honoraren konkurrierender Abschlussprüfer ab, welche ihre Leistungen zu ihren Kosten (($P+p$)+(P/i)) anbieten. Ein Mandant wird den amtierenden Abschlussprüfer, gleiche Prüfungsqualität sei unterstellt, erneut bestellen, wenn der Barwert der Prüfungshonorare des amtierenden Prüfers unter dem Barwert der Honorare des alternativen Prüfers zuzüglich den Prüferwechselkosten liegt. Somit muss gelten:

$$(H_P) + (\frac{H_P}{i}) \leq (P + p + PW) + (\frac{P}{i}) \tag{6.1.2}$$

Durch die Umstellung von *Gl. 6.1.2* und die Multipliaktion mit *i* ergibt sich das Honorar, welches der amtierende Abschlussprüfer vom Mandanten gerade noch verlangen kann, ohne einen Wechsel befürchten zu müssen. Dieses Honorar übersteigt die Kosten des amtierenden Abschlussprüfers (*P*), ohne jedoch den Betrag zu erreichen, welche der Mandant bei der erstmaligen Bestellung eines konkurrierndet Wirtschaftsprüfers tragen müsste.

$$(1+i) H_P \leq (p + PW) i + (1+i) P \tag{6.1.3}$$

$$H_P \leq P + \frac{i(PW + p)}{(1+i)} \tag{6.1.4}$$

Das Honorar des amtierenden Prüfers, der den Prüfungsauftrag zukünftig erhalten möchte, wird innerhalb des folgenden Intervalls liegen:

$$P \leq H_P < P + \frac{i(PW + p)}{(1+i)} \tag{6.1.5}$$

Das maximale, einen Prüferwechsel gerade noch verhindernde Honorar (H_P^*) beträgt:

$$H_P^* = P + \frac{i(PW + p)}{(1+i)} - \varepsilon, \text{ mit } \varepsilon \text{ als beliebig kleine positive Zahl.} \tag{6.1.6}$$

Gilt $PW > 0$ und/oder $p > 0$, so kann der Wirtschaftsprüfer das Honorar für Folgeprüfungen über seinen entsprechenden Kosten ($H_P^* - P > 0$) ansetzen. Der amtierende Prüfer realisiert eine positive Quasirente (Q^P) mit dem Barwert (BW) von:

$$BW(Q^P) = \frac{H_P^* - P}{i} \text{ bzw. } BW(Q^P) = \frac{(p + PW)}{(1+i)} - \frac{\varepsilon}{i} \quad (6.1.7)$$

Da dieser Zusammenhang im Vorfeld der erstmaligen Auftragserteilung bekannt ist, zwingt der Wettbewerb den Abschlussprüfer sein Gebot, um das Erstprüfungsmandat in $t = 1$ so weit zu senken, bis

$$\pi_P^* = BW(Q^{P1}) + BW(Q^P) = \left(H_{P1}^* - P_1\right) + \frac{\left(H_P^* - P\right)}{i} = 0 \text{ gilt.} \quad (6.1.8)$$

Dies impliziert, dass aufgrund der Bedingungen

$$\frac{\left(H_P^* - P\right)}{i} > 0 \text{ und } P_1 > 0 \text{ Low Balling auftritt: } H_{P1}^* < P_1 \quad (6.1.9)$$

Das Erstprüfungshonorar (H_{P1}) wird also genau in Höhe der Quasirenten aus den Folgeperioden unter den Erstprüfungskosten P_1 liegen.

$$H_{P1} = P_1 - BW(Q^P) \text{ bzw. } H_{P1} = P + p - \frac{p + PW}{(1+i)} + \frac{\varepsilon}{i} \quad \text{(q.e.d.)}$$

6.1.2 Zur empirischen Evidenz von Low Balling und Quasirenten

Wie eine Umfrage aus dem Jahr 2005 unter deutschen Berufsstandangehörigen zeigt, nehmen diese einen Anstieg des Preisdruckes auf dem deutschen Prüfungsmarkt seit 2003 wahr, der vermehrt zum Auftreten von Low Balling führt.[823] Der empirische Nachweis von Low Balling und Quasirenten anhand archivistischer Daten ist hingegen schwierig; erfordert dieser neben der Offenlegung der Prüfungshonorare doch auch die Einsichtnahme der mandatsspezifischen Kosten des Abschlussprüfers.[824] Selbst für den angelsächsischen Raum liegt gegenwärtig keine Studie vor, die das Auftreten von Quasirenten direkt anhand der Honorare und Kosten untersucht. Stattdessen wird in empirischen Studien als Annäherungsversuch auf das sogenannte *Price-Cutting* (*Fee-Cutting*) zurückgegriffen, welches die Honorardifferenz zwischen Erst- und Folgeprüfungen beschreibt.[825]

---

[823] Vgl. *Barber/Peswani* (2005), S. 12.
[824] Vgl. *Bauer* (2004), S. 28; *Müller* (2006), S. 27.
[825] Vgl. *Schatzberg* (1990), S. 337-362; *Schatzberg* (1994), S. 33-55; *Schatzberg/Sevcik* (1994), S. 137-174; *Calegari et al.* (1998), S. 255-275; *Beattie et al.* (2001), S. 247. Während bei *Low Balling* die Prüfungskosten das Prüfungshonorar übersteigen, bezeichnet *Price-Cutting* lediglich einen Preisabschlag im Vergleich zu den in nachfolgenden Perioden erzielten Prüfungshonoraren (vgl. *Wagenhofer/Ewert* (2007), S. 525).

Simon/Francis (1988) weisen anhand einer mittels Fragebögen durchgeführten Untersuchung zum US-amerikanischen Prüfungsmarkt ein im Vergleich zum Folgehonorar durchschnittlich um 24 % niedrigeres Erstprüfungshonorar nach.[826] Dieser Wert wird durch eine Untersuchung von *Ettredge/Greenberg* (1990) bestätigt. Aus dieser geht ein Honorarabschlag von 25,4 % in den ersten drei Jahren nach einem Prüferwechsel hervor.[827] Auch *Gregory/Collier* (1996) gelangen für den britischen Markt zu ähnlichen Ergebnissen und belegen einen signifikanten Honorarabschlag von 22,4 % im Jahr der Erstprüfung.[828] Die höchsten Werte erreichen jedoch *Craswell/Francis* (1999) für den australischen Prüfungsmarkt. Anhand von 224 börsennotierten Unternehmen, die einen Prüferwechsel vollzogen haben (und einer Kontrollgruppe von 1.244 Unternehmen) werden Preisnachlässe von durchschnittlich 30,4 % im Jahr der Erstprüfung aufgezeigt, sofern der Wechsel von einer NonBig8- zu einer Big8-Gesellschaft erfolgte.[829] Dieses Ergebnis steht zugleich der Vermutung entgegen, dass die großen internationalen Netzwerke eine Honorarprämie realisieren können. Möglicherweise ist der überdurchschnittliche Honorarnachlass der Marktführer im Vergleich zu anderen Prüfungsgesellschaften auf deren breiten Mandantenstamm zurückzuführen. Während bei kleineren Gesellschaften jedes Mandat relativ zügig rentabel sein muss, kann eine Big-Gesellschaft länger auf die Erträge bei einem neu gewonnenen Mandanten verzichten und die dort (zunächst) erlittenen Verluste mit den höheren Gebühren bei anderen Mandanten kompensieren.

Ghosh/Lustgarten (2006), die den US-Markt betrachten, differenzieren ebenfalls zwischen NonBig- und Big-Gesellschaften. Dabei zeigt sich, dass das *Fee-Cutting* bei NonBig-Prüfern mit einem Preisnachlass von 15 % im Jahr der Erstprüfung (im Vergleich zum Durchschnittshonorar) deutlicher ausfällt als bei Big-Gesellschaften (11 %).[830] Der direkte Honorarvergleich zwischen der Vergütung des abgelösten und des neu gewählten Abschlussprüfers belegt sogar einen signifikanten Unterschied zwischen den Unternehmen, deren Abschluss nach dem Wechsel von einer Big- bzw. einer NonBig-Gesellschaft geprüft wird. Im Fall eines Wechsels zu einer Big-Gesellschaft beträgt der Preisnachlass im Mittel 4 %, während NonBig-Gesellschaften einen durchschnittlichen Honorarrückgang von 24 % akzeptieren. Die Autoren führen diesen Unterschied während des betrachteten Zeitraumes (2001 bis 2003) auf eine erhebliche Marktmacht der internationalen Prüfungsgesellschaften und einen geringeren

---

[826] Vgl. *Simon/Francis* (1988), S. 255-269. Zur Untersuchung des *Price-Cutting* siehe auch *Gigler/Penno* (1995, S. 317-336). Da die meisten Untersuchungen die Einflussfaktoren auf die Höhe der Prüfungshonorare untersuchen und weniger die Unabhängigkeit des Abschlussprüfers fokussieren, wird an dieser Stelle auf eine ausführliche Darstellung verzichtet. Zur ausführlichen Diskussion siehe auch *Stefani* (2002a), S. 119-120 u. 390-396; *Wagenhofer/Ewert* (2007), S. 521-541.
[827] Vgl. *Ettredge/Greenberg* (1990), S. 198-210.
[828] Vgl. *Gregory/Collier* (1996), S. 13-28.
[829] Vgl. *Craswell/Francis* (1999), S. 201-217.
[830] Auch *Whisenant et al.* (2003, S. 737) können in einer Studie zum US-amerikanischen Prüfungsmarkt die Existenz von *Price-Cutting* nachweisen. Die Höhe des Abschlages erreichte bei den betrachteten 2.666 Unternehmen jedoch lediglich 7 % zum durchschnittlichen Prüfungshonorar.

Preiskampf zurück.[831] Möglicherweise bleibt diese Ungleichheit zwischen Big und NonBig-Gesellschaften, welche diametral zu den Ergebnissen von *Craswell/Francis* (1999) ist, temporär beschränkt. Die Auflösung der Gesellschaft Arthur Andersen und die damit verbundende Neuorientierung zahlreicher ehemaliger Andersen-Mandanten könnte bei den verbliebenen Big4-Prüfern während des betrachteten Zeitraumes (auch ohne Preisnachlässe) zahlreiche Erstmandate begründet haben.

Huang et al. (2009) prüfen eine mögliche Veränderung hinsichtlich des Auftretens von *Price-Cutting* infolge der Unternehmensskandale und der Verabschiedung des SOA in den USA. Dazu betrachten die Autoren 1.691 Honorarangaben des Jahres 2001 (pre-SOA) und 1.992 Beobachtungen der Periode 2006 (post-SOA). Ein Vergleich der Erstprüfungshonorare mit dem Durchschnittshonorar zeigt einen Abschlag von 24 % im Jahr 2001 bei den Big4-Gesellschaften. Dieser Zusammenhang deckt sich qualitativ mit den Ergebnissen oben genannter Studien sowie den Beiträgen von *Healy* (2005) und *Williams* (2007), welche ebenfalls den pre-SOA Zeitraum betrachten.[832] Konträr fallen hingegen die Resultate von *Huang et al.* (2009) für die post-SOA-Phase aus. Entgegen der Erwartung verlangen die Big4-Gesellschaften im Falle einer Erstprüfung (während der Periode 2006) einen Preisaufschlag von durchschnittlich 16 %. Diesen interpretieren die Autoren als Indikator dafür, dass die Big4-Gesellschaften bei der Annahme neuer Mandate und der Preisgestaltung im Rahmen einer Erstprüfung in der jüngsten Vergangenheit vorsichtiger geworden sind.[833] Ferner wird vermutet, dass die Abschlussprüfung aufgrund der strikten Trennung von Prüfung und Beratung nicht länger eine *Commodity* darstellt, d.h. die Prüfungstätigkeit auch ohne Quersubventionen durch die parallele Beratung frühzeitig rentabel sein muss.

Für den deutschen Prüfungsmarkt liegt eine aktuelle Sudie von *Zimmermann* (2008) vor. Anhand von 167 Beobachtungen untersucht die Autorin den Einfluss unternehmensspezifischer Faktoren auf die Höhe des Prüfungshonorars während der Berichtsperiode 2005. Sowohl mittels univariater Analysen als auch durch die Verwendung multivariater Regressionen kann kein signifikanter Zusammenhang zwischen einer Erstprüfung und dem Honorar bei den betrachteten DAX-, MDAX-, SDAX-, TecDAX- und GEX-Unternehmen nachgewiesen werden.[834] Die Verlässlichkeit der Ergebnisse ist jedoch eingeschränkt, da lediglich 16 Beoachtungen der Stichprobe ein Erstprüfungsmandat darstellen.[835] So kann es nicht verwundern, dass *Wagner* (2009), der ebenfalls den Einfluss des Prüferwechsels auf die Höhe der Honorare in Deutschland während der Periode 2005 (zzgl. 2005/06) untersucht, zu abweichenden

---

[831] Vgl. *Ghosh/Lustgarten* (2006), S. 362.
[832] *Sankaraguruswamy/Whisenant* (2005) weisen nach, dass das Auftreten von *Price-Cutting* im Jahr der Erstprüfung auch nach der Honoraroffenlegung in den USA fortbesteht.
[833] Vgl. *Huang et al.* (2009), S. 183-184.
[834] Vgl. *Zimmermann* (2008), S. 137 u. 152. Siehe hierzu auch *Bigus/Zimmermann* (2009), S. 1285.
[835] Vgl. *Zimmermann* (2008), S. 135.

Resultaten gelangt. Der Autor kann bei seiner Betrachtung von 449 kapitalmarktorientierten Unternehmen anhand multivariater Regressionen belegen, dass die Variable „Erstprüfungsjahr" signifikant negativ mit dem Prüfungshonorar korreliert.[836]

Zusammenfassend ist festzuhalten, dass die Mehrzahl empirischer Untersuchungen, darunter auch eine junge Untersuchung zum deutschen Prüfungsmarkt, den vermuteten Zusammenhang zwischen einem Prüferwechsel und dem Prüfungshonorar belegt. Im Jahr der Erstprüfung fallen die Gebühren des Abschlussprüfers regelmäßig signifikant geringer aus als in anderen Perioden.[837] Das nachgewiesene Auftreten von *Fee-Cutting* auf unterschiedlichen Prüfungsmärkten ist zugleich ein wichtiges Indiz dafür, dass *Low Balling* praktiziert wird.[838]

6.1.3 Modellerweiterungen und Implikationen für die Unabhängigkeit

Die in Zusammenhang mit Low Balling und Quasirenten auftretenden Kostenvorteile des amtierenden Prüfers begründen ein bilaterales Monopol. Im Falle eines Prüferwechsels müsste der Mandant die Wechselkosten (PW) tragen, während der Prüfer Quasirenten verliert.[839] Folglich kann jede Partei der anderen mit der Beendigung der Vertragsbeziehung drohen; der Prüfer, um höhere Quasirenten zu erwirtschaften, der Mandant, um dem Prüfer Zugeständnisse hinsichtlich der Berichterstattung zur Abschlussprüfung abzuringen.[840] Das Risiko der Unabhängigkeitsbeeinträchtigung ist offensichtlich.[841] Allerdings darf nicht vernachlässigt werden, dass der Abschlussprüfer für eine Vielzahl weiterer Mandanten Prüfungsleistungen erbringt. Der Verlust eines einzelnen Mandats stellt keinen großen wirtschaftlichen Schaden dar, sofern der Prüfer weiterhin Quasirenten von anderen Mandanten bezieht.[842] Ein Abschlussprüfer, der sich dem Druck eines bestimmten Mandanten beugt, d.h. ein falsches Prüfungsurteil abgibt, um die Quasirenten bei diesem Mandanten zu erhalten, setzt sich dem Risiko eines Reputationsverlustes aus. Schließlich dürfte das Bekanntwerden seiner Unabhängigkeitsaufgabe, welche mit der Wahrscheinlichkeit z ($0 < z < 1$) eintritt, dazu führen, dass der Kapitalmarkt seine Qualitätseinschätzung hinsichtlich des entsprechenden Prüfers revidiert. Aufgrund eines Reputationsverlustes wird der Prüfer einen Anteil d ($0 < d < 1$) seiner Manda-

---

[836] Vgl. *Wagner* (2009), S. 230-231.
[837] Vgl. *Stefani* (2002), S. 120 u. 390-396; *Bauer* (2004), S. 27.
[838] *Scheider* (2007, S. 307) untersucht anhand einer Simulation genetischer Algorithmen das Auftreten von Quasirenten. Die vermutete Gebührenstruktur von zunächst niedrigeren Prüfungsgebühren kann beobachtet werden, wenn das Lernverhalten eines Spielers im Rahmen der Erstprüfung als Gedankenexperiment modelliert wird. Auch die Behauptung, dass große Prüfungsgesellschaften tendenziell unabhängiger seien als kleine, wird, sofern fehlerhafte Prüfungsurteile aufgedeckt werden, bestätigt.
[839] Vgl. *DeAngelo* (1981a), S. 118.
[840] Vgl. *Quick/Warming-Rasmussen* (2005), S. 142.
[841] Vgl. *Lenz* (1991), S. 184; *Quick* (2002), S. 628; *Marten et al.* (2007), S. 157.
[842] Vgl. *DeAngelo* (1981b), S. 184; *Arruñada* (1999b), S. 528; *Ewert/Wagenhofer* (2000), S. 50-51.) Eine ausführliche und kritische Darstellung dieser Überlegungen erfolgt bei *Marten* (1999b, S. 49-53) und bei *Stefani* (2002, S. 110-146).

te verlieren,[843] von denen er Quasirenten in der Gesamthöhe $S^P = \sum (PW + p)/(1 + i)$ bezieht.[844] Die erwarteten Kosten eines Reputationsverlustes (RK_P) aufgrund einer nicht wahrheitsgemäßen Berichterstattung betragen somit

$$RK_{Pn} = z * d * S^P \qquad (6.1.10)$$

Kommuniziert der Prüfer ein unerwünschtes, aber normkonformes Prüfungsurteil, muss er den Verlust der Quasirente $Q^P = (PW + p)/(1 + i)$ bei dem betrachteten Unternehmen mit einer Wahrscheinlichkeit e $(0 < e < 1)$ akzeptieren. Die Kosten einer normkonformen, aber unerwünschten Berichterstattung betragen entsprechend

$$RK_{P1} = e * Q^P \qquad (6.1.11)$$

Der rational agierende Abschlussprüfer berichtet somit wahrheitsgemäß, sofern

$$RK_{Pn} \geq RK_{P1}; \text{ bzw. } z\, d\, /\, e \geq Q^P\, /\, S^P \text{ gilt.}^{845} \qquad (6.1.12)$$

Unter der Prämisse gegebener Wahrscheinlichkeiten (z, e) und des Anteils d ist eine normkonforme Berichterstattung des Abschlussprüfers wahrscheinlich, wenn die Quasirente Q^P des betrachteten Unternehmens im Vergleich zur Summe der Quasirenten, welche bei allen anderen Mandanten erzielt werden (S^P), eine untergeordnete Rolle spielt ($Q^P << S^P$). Der Prüfer befindet sich in einer *Trade-Off-Situation*, in der es zu entscheiden gilt, ob der Wert der gesicherten Quasirenten eines bestimmten Mandanten den erwarteten Verlust bei den anderen Mandanten kompensiert. Mit steigenden Quasirenten bei anderen Mandanten dürfte daher auch das Interesse der Reputationswahrung, d.h. des Schutzes der wahrgenommenen Unabhängigkeit ansteigen. Große Prüfungsgesellschaften, die für eine Vielzahl von Mandanten tätig sind, könnten somit eher über Fehler bei einem einzelnen Mandanten berichten als kleinere Prüfungsgesellschaften, die aufgrund einer geringeren Diversifikation stärker von diesem abhängen.[846] Aufgrund des Risikos der finanziellen Abhängigkeit des Abschlussprüfers (*self-*

---

[843] Wird prüferisches und berufsrechtliches Fehlverhalten aufgedeckt und eine Gefährdung der Unabhängigkeit des Prüfers von Außenstehenden wahrgenommen, so droht verbunden mit Reputationseinbußen der Verlust von Quasirenten aus den anderen Prüfungsaufträgen. Sowohl *Firth* (1990, S. 374-386) als auch *Wilson/Grimlund* (1990, S. 43-59) konnten diesen Zusammenhang nachweisen. Auch die Mandatsverluste im Falle Arthur Andersen nach Bekanntwerden der Entwicklungen bei Enron bestätigen die Auswirkungen von Reputationseinbußen (vgl. *Chany/Philipich* (2002), S. 1212-1245).

[844] Zur Reputation und Qualitätskonstanz in der Wirtschaftsprüfung vgl. *Mandler* (1995), S. 37.

[845] Vgl. *Ewert/Wagenhofer* (2003), S. 616; *Schneider* (2007), S. 27.

[846] Vgl. *Ewert* (1990), S. 192; *Marten et al.* (2007), S. 158. Weitere Nachweise, dass mit zunehmender Größe der Prüfungsgesellschaft eine geringere Beeinträchtigung der Unabhängigkeit von den Adressaten erwartet wird, liefern *Francis* (1984, S. 133-151); *Palmrose* (1986a, S. 97-110); *Gul et al.* (1991, S. 162-172); *Knapp* (1991, S. 35-52); *Lindsay* (1992, S. 1-18); *DeFond/Jiambalvo* (1993, S. 415-431); *Marten* (1994); *Dykxhoorn et al.* (1996, S. 2031-2034); *Ostrowski/Söder* (1999, S. 558) vermuten sogar, dass die Konzentration auf dem Prüfungsmarkt eine Marktreaktion auf die Unabhängigkeitsproblematik ist. Siehe hierzu auch *Kapitel 10.1*.

Prüfungsmarktmodell nach DeAngelo (1981)

interest threat) von einem bestimmten Mandanten bestehen auch die handelsrechtlichen Umsatzbeschränkungen (§§ 319 Abs. 3 S. 3 u. 319a Abs. 1 S. 1. HGB) (siehe *Kapitel 4.7*).

Anders als *DeAngelo* (1981a) unterstellt *Dye* (1991), dass die Wechselkosten des Mandanten null betragen ($p + PW = 0$) und die Verhandlungsmacht nicht bei dem Prüfer, sondern dem prüfungspflichtigen Unternehmen liegt.[847] Die Zahlung von Quasirenten erfolgt somit freiwillig durch den Mandanten, um den Abschlussprüfer zu einem bestimmten Urteil zu bewegen.[848] *Dye* (1991) konstatiert, dass durch eine Honoraroffenlegung die bewusste Einflussnahme auf den Prüfer nicht länger denkbar ist, da eine Beurteilung der Unabhängigkeit des Abschlussprüfers anhand seiner offengelegten Vergütung möglich ist (siehe *Kapitel 5*). Im Falle hoher Honorare könnten Abschlussadressaten das Vorliegen von Quasirenten und ein Abhängigkeitsverhältnis unterstellen und das Vertrauen in den geprüften Abschluss verlieren.[849] Analog zu *Dye* (1991) unterstellen *Lee/Gu* (1998), dass keine Erstprüfungs- bzw. Transaktionskosten entstehen ($p + PW = 0$). Ferner gehen sie, anders als in *DeAngelos* (1981a) Modell, von einer Beauftragung des Prüfers durch die Gesellschafter (und nicht durch das Management) aus.[850] Zum Zeitpunkt der Bestellung ist den Gesellschaftern bekannt, dass der Prüfer möglicherweise nicht verlässlich ist, da das Management diesem Seitenzahlungen anbieten könnte. Vertrauen die Gesellschafter in die Unabhängigkeit des Prüfers, werden sie keine Kontrollhandlungen vornehmen. Erachten sie das Risiko einer Aufgabe der Urteilsfreiheit des Abschlussprüfers für wesentlich, werden sie hingegen eigene Kontrollhandlungen vornehmen, anhand derer eine mögliche Kollusion zwischen Prüfer und Manager aufgedeckt wird. Des Weiteren gehen die Autoren in ihrem Modell davon aus, dass die Eigentümer über die zeitliche Verteilung der Vergütung des Abschlussprüfers frei entscheiden können, so dass der Prüfer entweder ein über alle Perioden konstantes Prüfungshonorar erhält (*Flat-fee-Kontrakt*) oder in der ersten Periode einen Honorarabschlag (*Fee-Cutting*) in Kauf nehmen muss, der in den Folgeperioden durch höhere Honorare (*Quasirenten*) kompensiert wird. Entgegen der These einer Unabhängigkeitsbeeinträchtigung durch Low Balling gelangen *Lee/Gu* (1998) zu dem Schluss, dass *Fee-Cutting* für die Gesellschafter vorteilhaft ist, da der Abschlussprüfer einen höheren Barwert zukünftiger Honorare verliert, sofern seine Unabhängigkeitsaufgabe durch die Gesellschafter aufgedeckt und seine Wiederbestellung versagt wird. Der Einsatz von Maßnahmen zur Kontrolle des Prüfers kann in Verbindung mit *Fee-Cutting*

---

[847] Die nachfolgenden Ausführungen erfolgen in Anlehnungen an *Dye* (1991), S. 347-374.
[848] Vgl. *Dye* (1991), S. 348-349.
[849] Vgl. *Dye* (1991), S. 355.
[850] Diese Modellierung ist insbesondere vor dem Hintergrund der Regelungen des § 316 HGB, welcher die Wahl des Abschlussprüfers auf Vorschlag des Aufsichtsrates durch die Hauptversammlung vorsieht, für den deutschen Prüfungsmarkt angemessen. Allerdings geben die Autoren selbstkritisch zu bedenken, dass „this assumption may not be directly observed in the institutional reality" (*Lee/Gu* (1998), S. 535). Zu den Grenzen des Modells siehe auch *Stefani* (2002, S. 155).

dieser Argumentationslinie nach auch zu einer gesteigerten Prüfungsqualität beitragen.[851] Entscheidend ist, dass die Gesellschafter nicht nur die Auswahl des Prüfers vornehmen, sondern diesen auch kontrollieren.

Die unterschiedlichen Ausprägungen der vorgestellten Modelle verdeutlichen, dass ein pauschaler Rückschluss von Quasirenten auf die Unabhängigkeit des Abschlussprüfers der Komplexität der Thematik nicht gerecht wird. Insbesondere die Reputationseinbußen und damit verbundene Mandatsverluste im Falle des Bekanntwerdens einer Kollusion zwischen Prüfer und Unternehmensführung fungieren als Pfand, welches der Unabhängigkeitswahrung förderlich ist. Möglicherweise geht eine Gefährdung der Unabhängigkeit jedoch weniger von den Quasirenten aus der Prüfungstätigkeit, denn aus denen der Beratungstätigkeit, welche direkt von der Unternehmensleitung an den Prüfer gezahlt werden, aus. Vor diesem Hintergrund werden im Folgenden die Beratungshonorare, welche vom Management an den Abschlussprüfer geleistet werden, in bestehende Modelle integriert und hinsichtlich möglicher Implikationen für die Unabhängigkeit untersucht.

6.2 Kombinierte Prüfungs- und Beratungsmarktmodelle

Von Beratungsdienstleistungen des Abschlussprüfers geht, wie in *Kapitel 4.3* gezeigt, eine hohe finanzielle Attraktivität aus. Auch ist der, zumindest bei deutschen Prime-Standard Unternehmen, auf diese Leistungen entfallende Anteil von durchschnittlich rund 34 % der Gesamthonorare nicht unwesentlich.[852] Für eine vollständige Beschreibung der Geschäftsbeziehung zwischen Abschlussprüfer und Mandant ist eine Berücksichtigung der Beratungshonorare auch in den theoretischen Quasirentenmodellen daher unabkömmlich. *Ostrowski/Söder* (1999) berücksichtigen die Beratungshonorare des Abschlussprüfers und unterstellen dabei einen Beratungsmarkt, der analog zum Prüfungsmarkt neben vollständiger Konkurrenz durch Erstberatungskosten sowie Transaktionskosten im Falle eines Beraterwechsels gekennzeichnet ist. Ferner erwarten die Autoren das Auftreten von knowledge spillovers,[853] welches einen Kostenvorteil des Prüfers bei paralleler Beratung begründet. *Bauer* (2004) erweitert dieses Modell und unterstellt neben Kostenvorteilen für die Beratung auch Synergieeffekte für die Prüfungstätigkeit. Neben den beiden Modellen der Autoren wird im Folgenden ein modelltheoretischer Ansatz von *Beck et al.* (1988a, b) vorgestellt und kritisch analysiert, der durch eine Differenzierung zwischen wiederkehrenden und einmaligen Beratungsleistungen charakterisiert ist.

---

[851] Vgl. *Stefani* (2002), S. 151-152.
[852] Vgl. *Lenz et al.* (2006), S. 1792.
[853] Siehe hierzu *Kapitel 4.4.2*.

6.2.1 Knowledge Spillovers zwischen Prüfung und Beratung

Beratungsleistungen können vom amtierenden Abschlussprüfer oder einem Außenstehenden erbracht werden. *Ostrowski/Söder* (1999) erwarten, dass der amtierende Abschlussprüfer die im Rahmen der Prüfung gewonnenen mandatsspezifischen Kenntnisse nutzen kann und über einen Wettbewerbsvorteil gegenüber anderen Beratungsunternehmen verfügt.[854] Im folgenden Modell werden das Beratungshonorar mit H_B und das Prüfungshonorar mit H_P bezeichnet. Die Kosten einer Beratungstätigkeit des amtierenden Prüfers (B_S) sind annahmegemäß geringer als die Kosten einer isolierten Beratungstätigkeit ohne Synergieeffekte (B).[855] Der Barwert der Beratungskosten für den Prüfer, welcher auf Synergievorteile zurückgreifen kann, wird für die Erst- und Folgeberatung unterhalb des Barwertes des Honorars liegen, welches sich an den Kosten der Konkurrenten orientiert.

$$(H_P + \frac{H_P}{i}) + (H_B + \frac{H_B}{i}) \leq (P + \frac{P}{i} + PW + p) + (B + \frac{B_S}{i}) \quad (6.2.1)$$

Nach der Umstellung der Gleichung (analog zu *Gl. 6.14*) ergibt sich

$$(H_P + H_B) \leq P + \frac{i(PW + p)}{1+i} + (B + \frac{B_S}{i})\frac{i}{1+i} \quad (6.2.2)$$

Das Maximalhonorar $(H_P + H_B)^*$, bei dem gerade noch kein Wegfall des Prüfungs- und Beratungshonorars droht, beträgt

$$(H_P + H_B)^* = P + \frac{i(PW + p)}{1+i} + (\frac{iB + B_S}{1+i}) - \varepsilon, \text{ mit } \varepsilon \text{ als kleine positive Zahl.} \quad (6.2.3)$$

Das optimale Honorar für Prüfung und Beratung übersteigt das optimale Honorar gegenüber einer reinen Prüfungstätigkeit (*Gl. 6.1.6*) um den dritten Term $(iB+B_S)/(1+i)$. Das Gesamthonorar der parallelen Prüfung und Beratung übersteigt das Prüfungshonorar des Ausgangsmodells somit nicht nur um die Kosten B_S der Beratung, sondern zusätzlich um:

$$(\frac{iB + B_S}{1+i}) - B_S - \varepsilon = (\frac{i(B - B_S)}{1+i}) - \varepsilon \quad (6.2.4)$$

Der Barwert der zukünftig erzielbaren Quasirenten $Q^P + Q^B$ beträgt somit in Summe:

$$BW(Q^{P+B}) = \frac{Q^P + Q^B}{i} = \left[\frac{(H_P + H_B)^* - (P + B_S)}{i}\right] = \frac{PW + p}{(1+i)} + \frac{B - B_S}{(1+i)} - \frac{\varepsilon}{i} \quad (6.2.5)$$

Dieser übersteigt den Barwert der Quasirenten des Prüfungsmodells $BW(Q^P) = (p + PW)/(1 + i)$ (siehe *Gl 6.1.7*) um $BW(Q^B) = (B - B_S)/(1 + i)$. Der amtierende Abschlussprüfer kann

---

[854] Vgl. *Ostrowski/Söder* (1999), S. 559.
[855] Knowledge-Spillover Effekte, welche zu einer Kostenreduzierung im Rahmen der Prüfungstätigkeit führen, werden dabei vernachlässigt (vgl. *Ostrowski/Söder* (1999), S. 559). Zur Berücksichtigung eines zweiseitigen Spillover-Effektes siehe auch *Bauer* (2004, S. 140-142).

demnach bei gleichzeitiger Prüfung und Beratung die Erstprüfung zu einem im Vergleich zum reinen Prüfungsmodell geringeren Honorar anbieten.[856] Zugleich verstärkt sich der Low Balling Effekt, so dass sich bei Betrachtung eines einzelnen Mandanten die Gefährdung der Unabhängigkeit erhöht, da die zu verlierende Gesamt-Quasirente gegenüber dem reinen Prüfungsmodell angestiegen ist.

Bauer (2004) erweitert das Modell von *Ostrowski/Söder* (1999) und unterstellt gegenseitige knowledge spillovers zwischen Prüfung und Beratung,[857] d.h. die Beratungstätigkeit führt auch zu einer Kostenreduktion im Prüfungsbereich.[858] Die Prüfungskosten werden aufgrund von Synergieeffekten daher nicht länger P, sondern mit P_S ($P_S < P$) betragen. Die Preisobergrenze der Honorare H_P und H_B für die gemeinsame Prüfung und Beratung, welche die Kosten der konkurrierenden Anbieter gerade noch unterbietet, ergeben sich zu

$$(H_P + \frac{H_P}{i}) + (H_B + \frac{H_B}{i}) \leq (P + \frac{P_S}{i} + PW + p) + (B + \frac{B_S}{i}) \qquad (6.2.6)$$

Nach der Umstellung dieser Gleichung ergibt sich für die Summe aus Prüfungs- und Beratungshonorar:

$$(H_P + H_B)^* = \frac{i(PW + p)}{(1+i)} + \frac{iB + B_S}{(1+i)} + \frac{iP + P_S}{(1+i)} - \varepsilon \qquad (6.2.7)$$

Gleichung 6.2.8 zeigt, dass durch gegenseitige Synergieeffekte die Summe aus optimalem Prüfungs- und Beratungshonorar geringer ausfällt als unter Berücksichtigung eines lediglich einseitigen Synergieeffektes (*Gl. 6.2.3*). Es gilt

$$P > \frac{iP + P_S}{1+i} \text{ bzw. } P > P\frac{i + \frac{P_S}{P}}{1+i}, \text{ da } \frac{i + \frac{P_S}{P}}{1+i} < 1, \text{ wegen } P_S < P \text{ und } 0 < i < 1. \qquad (6.2.8)$$

Aus diesen Zusammenhang folgt, dass die Summe aus optimalem Prüfungs- und Beratungshonorar bei der Modellerweiterung nach *Bauer* (2004) geringer ist als bei dem Modell von *Ostrowski/Söder* (1999). Bei der Betrachtung der Gesamt-Quasirente des zweiten Erweiterungsmodells, gelangt man zu folgendem Ergebnis:

$$Q^{P+B} = (H_P + H_B)^* - (P_S + B_S) = \underbrace{\frac{i(PW + p)}{(1+i)}}_{\substack{\text{Ausgangsmodell}\\\text{DeAngelos}}} + \underbrace{\frac{iB + B_S}{(1+i)}}_{\substack{\text{Modell nach}\\\text{Ostrowski/Söder}}} + \underbrace{\frac{iP + P_S}{(1+i)}}_{\substack{\text{Modell nach}\\\text{Bauer}}} - P_S - B_S - \varepsilon \qquad (6.2.9)$$

Wird die Quasirente auf ihren Barwert abgezinst ergibt sich

---

[856] Vgl. *Ostrowski/Söder* (1999), S. 561.
[857] Vgl. *Bauer* (2004), S. 140-142.
[858] Vgl. *Simunic* (1984), S. 686.

$$BW(Q^{P+B}) = \frac{\frac{i(PW+p)}{(1+i)} + \frac{iB+B_S}{(1+i)} + \frac{iP+P_S}{(1+i)} - P_S - B_S - \varepsilon}{i} \quad (6.2.10)$$

Nach einer entsprechenden Umstellung, folgt für die Gesamte-Quasirente:

$$BW(Q^{P+B}) = \frac{(PW+p)}{(1+i)} + \frac{iB+B_S}{i(1+i)} + \frac{P}{(1+i)} + \frac{P_S}{i(1+i)} - \frac{P_S}{i} - \frac{B_S}{i} - \frac{\varepsilon}{i}$$

$$= \frac{(PW+p)}{(1+i)} + \frac{B-B_S}{(1+i)} + \frac{P}{(1+i)} + \frac{P_S}{i(1+i)} - \frac{P_S}{i} - \frac{\varepsilon}{i} \quad (6.2.11)$$

Dieser Barwert übersteigt den Barwert des *Ostrowski/Söder* (1999) Modells, wenn

$$\frac{P}{(1+i)} + \frac{P_S}{i(1+i)} - \frac{P_S}{i} > 0 \text{ bzw. nach Umstellung } \frac{i(P-P_S)}{i(1+i)} > 0 \text{ gilt.} \quad (6.2.12)$$

Dieser Term ist für $P_S < P$ immer größer null. Danach ist der Barwert der Gesamt-Quasirenten in dieser Modellerweiterung stets höher als bei dem Ausgangsmodell nach *DeAngelo* (1981) und bei dem Modell von *Ostrowski/Söder* (1999), welche lediglich einseitige knowledge spillover unterstellen. Gelingt es dem Prüfer, beidseitige Synergieeffekte aus der parallelen Prüfung und Beratung zu generieren, wird der Barwert der Quasirenten weiter erhöht, so dass auch das Ausmaß des Low Ballings nochmals ansteigt.[859]

Unter der Annahme, dass Quasirenten die Unabhängigkeit des Abschlussprüfers gefährden, geben die Ergebnisse der vorgestellten Modelle im Fall paralleler Prüfung und Beratung verstärkt Anlass zur Besorgnis. Die Beeinträchtigung der Unabhängigkeit durch Beratungshonorare, wie sie insbesondere *Ostrowski/Söder* (1999) für gegeben erachten, muss jedoch, wie bereits anhand des Modells von *Lee/Gu* (1999) für Prüfungsleistungen (siehe *Kapitel 6.1.3*) deutlich wurde, nicht zwangsläufig vorliegen. Auch unterstellen die Autoren das Bestehen eines Wissenstransfers, obwohl ein entsprechender empirischer Nachweis noch immer aussteht (siehe *Kapitel 4.4.2*). Die praktische Relevanz dieser modelltheoretischen Ausführungen bleibt daher zweifelhaft.

6.2.2 Wiederkehrende und einmalige Beratung

Beck et al. (1988) betrachten ebenfalls den Einfluss von Beratungsaufträgen auf die Höhe der Quasirenten durch knowledge spillovers.[860] Abweichend zu den vorangestellten Studien erwarten die Autoren schwankende Quasirenten in Abhängigkeit von der Beratungsdauer, so dass eine Unterscheidung zwischen einmaliger und wiederkehrender Beratung gewählt wird. Wie *DeAngelo* (1981a) vermuten *Beck et al.* (1988) Initialkosten bei der erstmaligen Prü-

---

[859] Vgl. *Bauer* (2004), S. 142.
[860] Nachfolgende Darstellungen orientieren sich im Wesentlichen an den Ausführungen von *Beck et al.* (1988), S. 50-64.

fungs- (p) und Beratungstätigkeit (b). Effizienzgewinne durch knowledge spillovers reduzieren diese Zusatzkosten während der Erstprüfung auf p_S bzw. b_S. Diese und alle weiteren von den Autoren verwendeten Variablen sind in *Tabelle 6-1* dargestellt.

Parameter	Trennung von Prüfung und Beratung	Parallele Prüfung und Beratung (Knowledge Spillovers)
Prüfungskosten während der 1. Periode	P	P_S
Beratungskosten während der 1. Periode	B	B_S
Zusatzkosten bei erstmaliger Prüfung	p	p_S
Zusatzkosten bei erstmaliger Beratung	b	b_S
Prüfungshonorar in der 1. Periode	H_P^1	
Beratungshonorar in der 1. Periode	H_B^1	
Prüfungshonorar ab der 2. Periode	H_P	
Beratungshonorar ab der 2. Periode	H_B	
Wechselkosten des Mandanten (Prüfung)	PW	
Wechselkosten des Mandanten (Beratung)	BW	
Zinssatz	i	

Tabelle 6-1: Variablen des Modells von Beck et al. (1988)

Die Autoren unterstellen, dass im Falle paralleler Prüfungs- und Beratungsdienstleistungen aufgrund von knowledge spillovers zumindest eine der nachfolgenden Ungleichungen erfüllt ist.

$$p_S \leq p;\ b_S \leq b;\ P_S \leq P;\ B_S \leq B \tag{6.2.13}$$

Ferner gehen *Beck et al.* (1988) davon aus, dass der Mandant einen Prüferwechsel nicht vornehmen wird, solange die diskontierten zukünftigen Honorare des amtierenden Prüfers unterhalb der Kosten konkurrierender Abschlussprüfer liegen:

$$\underbrace{\left[(H_P + H_B)\frac{(1+i)}{i}\right]}_{\text{Honorar}} < Min \left\{ \begin{array}{l} \underbrace{p + \dfrac{P(1+i)}{i} + b + \dfrac{B(1+i)}{i} + PW + BW}_{\text{Kosten konkurrierender Abschlussprüfer (ohne Spillover-Effekte)}} \\ \underbrace{p_S + \dfrac{P_S(1+i)}{i} + b_S + \dfrac{B_S(1+i)}{i} + PW + BW}_{\text{Kosten konkurrierender Abschlussprüfer (mit Spillover-Effekte)}} \end{array} \right\} \tag{6.2.14}$$

Nach Subtraktion von $(P_S+B_S)((1+i)/i)$ ergibt sich:

$$(H_P - P_S + H_B - B_S)\frac{(1+i)}{i} < Min \left\{ \begin{array}{l} p + \dfrac{[(P-P_S)+(B-B_S)](1+i)}{i} + b + PW + BW \\ p_S + b_S + PW + BW \end{array} \right\} \tag{6.2.15}$$

Es gilt $[(P - P_S) + (B - B_S)](1 + i)/i \geq 0$, da $P_S \leq P$; $B_S \leq B$; $p_S \leq p$; $b_S \leq b$, so dass die maximale Quasirente, welche ein amtierender Abschlussprüfer bei paralleler Beratungs- und Prüfungsdienstleistung verlangen kann, ohne einen Wechsel befürchten zu müssen,

$$((H_P - P_S + H_B - B_S)\frac{(1+i)}{i})^* = (p_S + b_S + PW + BW - \varepsilon) \text{ beträgt.} \quad (6.2.16)$$

Die Diskontierung der Quasirenten aus Prüfung und Beratung führen zu folgendem Barwert:

$$BW(Q^{P+B}) = \frac{H_P - P_S + H_B - B_S}{i} = \frac{(p_S + b_S + PW + BW - \varepsilon)}{(1+i)} \quad (6.2.17)$$

daraus folgt $BW(Q^{P+B}) > 0$.

Werden die Prüfungs- und Beratungshonorare sowie die korrespondierenden Kosten der Erstprüfung (1) berücksichtigt, lautet die Gleichung:

$$\pi_{P+B} = BW(Q^{P1+B1}) + BW(Q^{P+B}) = \left[H_P^1 - (P_S + p_S) + H_B^1 - (B_S + b_S) \right] + BW(Q^{P+B}) \quad (6.2.18)$$

Unter der Annahme, dass sämtliche Quasirenten von den konkurrierenden Prüfern antizipiert werden und $\pi_{P+B} = BW(Q^{P1+B1}) + BW(Q^{P+B}) = 0$ gilt, wird es zu Low Balling kommen, d.h. der Prüfer wird in der ersten Periode Leistungen unter den eigenen Kosten bereitstellen, um den Auftrag zu erhalten:

$$BW(Q^{P1+B1}) = \left[H_P^1 - (P_S + p_S) + H_B^1 - (B_S + b_S) \right] < 0, \text{ da } BW(Q^{P+B}) > 0 \text{ gilt.} \quad (6.2.19)$$

Daraus können die folgenden Erkenntnisse gewonnen werden:

a.) Low Balling verstärkt sich durch die parallele Erbringung von Prüfungs- und Beratungsleistungen. Nach Einschätzung von *Beck et al.* (1988) verstärkt sich die Bindung zwischen Prüfer und Mandant auch ohne Effizienzgewinne (knowledge spillovers), solange entweder die Kosten der Erstberatung (b_S) und/oder die der Wechselkosten der Beratung (BW) positiv sind. Eine Gegenüberstellung der Gegenwartswerte der Quasirenten bei paralleler Prüfung und Beratung $BW(Q^{P+B})$ und der Quasirenten künftiger Aufträge bei ausschließlicher Prüfungstätigkeit $BW(Q^P)$ verdeutlicht diesen Unterschied. Für die isolierte Prüfungstätigkeit gilt:

$$BW(Q^P) = \frac{(PW + p - \varepsilon)}{(1+i)} \quad (6.2.20)$$

Bei gleichzeitiger Prüfung und Beratung steigt der Gegenwartswert künftiger Quasirenten (ohne Berücksichtigung von knowledge spillovers) gem. *Gl. 6.2.17* an.

$$BW(Q^{P+B}) = \frac{(p + b + PW + BW - \varepsilon)}{(1+i)} \quad (6.2.21)$$

Entsprechend gilt $BW(Q^{P+B}) > BW(Q^P)$, sobald $b + BW > 0$ ist. Dies impliziert, dass bei paralleler Beratung eine Verstärkung des bilateralen Monopols zwischen Mandant und Abschlussprüfer entsteht, welches die Unabhängigkeit des Abschlussprüfers gefährden könnte. Lediglich wenn b und BW null betragen, verschwindet dieser Vorteil.

Entsprechend der Nullrentabilitätsbedingung beträgt der Barwert einer reinen Prüfungstätigkeit:

$$BW(Q^{P1}) + BW(Q^P) = \underbrace{H_P^1 - (P+p)}_{<0} + \underbrace{BW(Q^P)}_{>0} = 0 \qquad (6.2.22)$$

Da $\pi_P = \pi_{P+B} = BW(Q^{P1}) + BW(Q^P) = BW(Q^{P1+B1}) + BW(Q^{P+B}) = 0$ feststeht ergibt sich

$$\underbrace{H_P^1 - (P+p)}_{<0\ (Low\ Balling\ Prüfung)} + \underbrace{H_B^1 - (B+b)}_{<0\ (Low\ Balling\ Beratung)} < \underbrace{H_P^1 - (P+p)}_{<0\ (Low\ Balling\ Prüfung)} \qquad \text{q.e.d.}$$

Durch das zusätzliche Angebot von Beratungsdienstleistungen steigen somit nicht nur die erwarteten Quasirenten, auch das *Low Balling* verstärkt sich. Schließlich kann ein Abschlussprüfer, der Beratungsleistungen erbringt, ein niedrigeres Erstprüfungshonorar verlangen, als ein Prüfer, der zukünftig lediglich durch Quasirenten aus der Prüfungstätigkeit seine Verluste der Erstprüfung kompensieren kann. Gleichzeitig wird die wirtschaftliche Bindung des beratenden Prüfers an den Mandanten enger, d.h. ein Abhängigkeitsverhältnis wird wahrscheinlicher.

b.) Die parallele Beratungs- und Prüfungstätigkeit könnte aufgrund von knowledge spillovers jedoch auch zu einer Reduzierung der Zusatzkosten bei der erstmaligen Prüfungstätigkeit führen ($p_S < p$). Nach Einschätzung von *Beck et al.* (1988) führen wiederkehrende Beratungsleistungen bei Spillover-Effekte zu einer geringeren wirtschaftlichen Bindung. Ursächlich hierfür ist, dass die Kosten eines konkurrierenden Prüfers $p_S+P_S+b_S+B_S$ betragen. Daraus folgt in Verbindung mit *Gl. 6.2.21*.

$$BW(Q^{P+B}) = \frac{p_S + b_S + PW + BW - \varepsilon}{(1+i)} < \frac{p + b + PW + BW - \varepsilon}{(1+i)} \qquad (6.2.23)$$

Dies impliziert unter der Prämisse $p_S + b_S < p + b$, dass knowledge spillovers zwischen Prüfung und Beratung zu niedrigeren Quasirenten führen, d.h. eine Unabhängigkeitsaufgabe aufgrund von Synergieeffekten weniger wahrscheinlich wird.

c.) Während in Abschnitt a.) eine Steigerung der Quasirenten und damit eine Verstärkung des bilateralen Monopols aufgrund der einmaligen Zusatzkosten p und b bei paralleler Prüfung und Beratung aufgezeigt wird, wirken gem. Abschnitt b.) knowledge spillovers der wirtschaftlichen Bindung entgegen. Fraglich ist, welcher der beiden gegenläufigen Effekte paralleler Prüfung und Beratung dominiert. Um dies zu ergründen, wird der Gegenwartswert zukünftiger Quasirenten bei gleichzeitiger Prüfung und Beratung unter Berücksichtigung von

Kombinierte Prüfungs- und Beratungsmarktmodelle

knowledge spillovers (*Gl. 6.2.23*) um den Barwert der Quasirenten der isolierten Prüfungstätigkeit (*Gl. 6.2.20*) reduziert:

$$BW(Q^{P+B}) - BW(Q^P) = \frac{p_S + b_S + PW + BW - \varepsilon}{(1+i)} - \frac{(p + PW - \varepsilon)}{(1+i)}$$

$$= \frac{p_S + b_S + BW - p}{(1+i)}$$

(6.2.24)

Die wirtschaftliche Bindung zwischen Abschlussprüfer und Mandant steigt demnach durch die gleichzeitige Prüfungs- und Beratungstätigkeit, sofern $BW(Q^{P+B}) - BW(Q^P) > 0$ gilt, d.h. $b_S + BW > p - p_S$ erfüllt wird. Für den Fall, dass $BW(Q^{P+B}) - BW(Q^P) < 0$ gilt, d.h. $b_S + BW < p-p_S$ erfüllt wird, fällt der Gegenwartswert zukünftiger Quasirenten hingegen niedriger aus, wenn der Abschlussprüfer auch als Berater tätig ist. Das bilaterale Monopol zwischen Prüfer und Mandant wäre in diesem Fall aufgrund einer parallelen Beratung weniger stark ausgeprägt.

Somit zeigen Abschnitt b.) und c.), dass Effizienzgewinne durch knowledge spillovers infolge wiederkehrender Beratungsleistungen theoretisch dazu führen können, dass die wirtschaftliche Bindung zwischen Abschlussprüfer und Mandant im Vergleich zum Nichtbestehen der Kostenvorteile vermindert ist.[861] Folglich hängen das Ausmaß der wirtschaftlichen Bindung und damit auch die Ausprägung des bilateralen Monopols maßgeblich von der Höhe der zusätzlichen Erstprüfungskosten ab.

Während eine Stärkung der Unabhängigkeit aufgrund der anhand des Modells aufgezeigten geringeren Quasirenten von *Beck et al.* (1988) vorstellbar ist, muss die Übertragbarkeit des Modells auf die Praxis in Zweifel gezogen werden. Kritikwürdig ist insbesondere die Annahme, dass es bereits im Jahr der Erstprüfung zu Synergieeffekten kommt. Auch hängen die Erstprüfungs- und Erstberatungskosten sowie die Möglichkeiten der Effizienzsteigerung von dem jeweiligen Mandanten ab, so dass eine allgemeingültige Aussage kaum möglich ist. Nicht zuletzt die Ergebnisse bisheriger empirischer Untersuchungen, welche überwiegend keine Synergieeffekte einer parallelen Prüfung und Beratung, wie bereits in *Kapitel 4.4.2* ausgeführt, belegen, begründen Zweifel an den von den Autoren getroffenen Annahmen. Ferner ist zu bedenken, ob die Beratung analog zur Prüfung in jeder Periode erbracht wird. Es dürfte vielmehr wahrscheinlich sein, dass die Nachfrage nach Beratungsleistungen aperiodisch erfolgt (siehe *Kapitel 4.1*).

Vor dem Hintergrund dieser Einschränkung treffen *Beck et al.* (1988) im Rahmen einer Ergänzung ihrer mathematischen Modellierung zwei zusätzliche Annahmen: Erstens gibt es

---

[861] Vgl. Beck et al. (1988), S. 59.

grundsätzlich nur einmalige Beratungsleistungen, die während der ersten Periode erbracht werden, so dass eine Diskontierung nicht erforderlich ist. Zweitens differenzieren die Autoren in der nachfolgenden Modellerweiterung zwischen knowledge spillovers, welche lediglich in der Periode der Beratung zu einer Kostenreduktion bei der Prüfung führen, und solchen Synergieeffekten, die auch in den Folgeperioden Kostenvorteile des amtierenden Prüfers begründen. Unter der Annahme von Effizienzvorteilen durch einmalige Beratung, welche über mehrere Perioden genutzt werden, erhöhen sich die Quasirenten und damit die wirtschaftliche Bindung des Prüfers.

Während der Gegenwartswert der Prüfungskosten in der ersten Periode $p_S + P_S$ und der Beratungskosten $b_S + B_S$ beträgt, werden die Prüfungskosten aufgrund der im Rahmen der Beratung gewonnenen Erfahrungen in den Folgeperioden lediglich $P_S(1+i)/i$ betragen. Ein konkurrierender Prüfer, der nicht auf knowledge spillovers zurückgreifen kann und die Prüfung ohne Beratung anbietet, wird hingegen mit Kosten i.H.v. $p+P(1+i)/i$ konfrontiert. Zusätzlich entstehen dem Mandanten im Falle eines Prüferwechsels Transaktionskosten i.H.v. PW. Die Mandatsübernahme durch einen Wettbewerber ist daher unwahrscheinlich, solange

$$\frac{H_P(1+i)}{i} \leq p + \frac{P(1+i)}{i} + PW \text{ bzw. } H_P \leq \frac{ip}{(1+i)} + P + \frac{iPW}{(1+i)} \text{ erfüllt ist.} \qquad (6.2.25)$$

Der diskontierte Wert künftiger Prüfungshonorare (Quasirenten) beträgt entsprechend:

$$BW(\hat{Q}^P) = \frac{H_P - P_S}{i} = \frac{p + \frac{(P - P_S)(1+i)}{i} + PW - \varepsilon}{(1+i)} \qquad (6.2.26)$$

Dabei entspricht $(P - P_S)(1 + i)/i$ dem Barwert prüfungsbezogener Kostenvorteile, welche aus den Spillover-Effekten der einmaligen Beratungstätigkeit herrühren. Bei einem Vergleich des Barwertes der Quasirenten mit dem Pendant bei einer ausschließlichen Prüfungstätigkeit (*Gl. 6.2.20*) wird deutlich, dass der Barwert der Quasirenten steigt, wenn zu den Prüfungsleistungen zusätzlich einmalige Beratungsaufträge erbracht werden, die Folgeperioden zu Kostenvorteilen führen:

$$BW(\hat{Q}^P) - BW(Q^P) = \frac{p + \frac{(P - P_S)(1+i)}{i} + PW - \varepsilon}{(1+i)} - \frac{(p + PW - \varepsilon)}{(1+i)} = \frac{P - P_S}{i} > 0 \qquad (6.2.27)$$

Kommt es nach der einmaligen Beratungstätigkeit hingegen zu keinen knowledge spillovers, wird in der Folgeperiode auch kein Kostenvorteil gegenüber anderen Prüfern bestehen. Das wirtschaftliche Abhängigkeitsverhältnis zwischen Mandant und Prüfer bleibt durch die Beratungstätigkeit unberührt. Es gilt:

Kombinierte Prüfungs- und Beratungsmarktmodelle 157

$$BW(\hat{Q}^P) - BW(Q^P) = \frac{P - P_S}{i} = 0 \quad \text{da } P = P_S \tag{6.2.28}$$

Ob Synergieeffekte vorliegen oder nicht, ist somit bei der Analyse möglicher Auswirkungen auf die Unabhängigkeit des Abschlussprüfers von zentraler Bedeutung. Liegen keine Effizienzvorteile vor, wird die Bedeutung des betrachteten Mandanten auch nicht aufgrund höherer Quasirenten beeinträchtigt. Treten knowledge spillovers hingegen auf, wird im Falle einmaliger Beratungstätigkeit in jedem Fall ein Kostenvorteil des amtierenden Prüfers vorliegen, der zu einer Verschärfung des bilateralen Monopols zwischen Prüfer und Mandant führt.

Die modelltheoretischen Ausführungen zeigen, dass Beratungsleistungen zu einer Verstärkung der ohnehin aufgrund der Prüfungstätigkeit bestehenden wirtschaftlichen Bindung zwischen Mandant und Abschlussprüfer führen können. Der Effekt von knowledge spillovers kann dabei, wie anhand des Modells von *Beck et al.* (1988) deutlich wird sowohl eine Verstärkung als auch eine Reduzierung der wirtschaftlichen Bindung begründen. Entscheidend ist, ob es sich um eine einmalige oder eine wiederholende Beratungstätigkeit handelt. So konnte gezeigt werden, dass einmalige Beratungsleistungen die Quasirenten, d.h. die wirtschaftliche Bindung in besonderem Maße stärken. Hierzu kommt es, da ein neuer Prüfer aufgrund der Einmaligkeit der Beratungstätigkeit keine Möglichkeit erhält, den vom amtierenden Prüfer erlangten, aus der Beratungstätigkeit resultierenden Wissensvorteil und die daraus entstehenden Kostenvorteile für die Prüfung zeitnah aufzuholen.

Die von *Beck et al.* (1988) getroffene Annahme, dass die bei einmaliger Beratung erlangten Kenntnisse zu einem dauerhaften Kostenvorteil gegenüber Konkurrenten führen, ist jedoch nicht uneingeschränkt auf die Prüfungspraxis übertragbar. Insbesondere bei Beratungsaufträgen, welche inhaltlich völlig losgelöst von der Prüfung erfolgen, müssen das Auftreten und die Nachhaltigkeit von Wissenstransfers in Zweifel gezogen werden. Bisherige empirische Untersuchungen, welche in *Kapitel 4.4.2.2* vorgestellt werden, liefern diesbezüglich kein eindeutiges Bild. Ferner ist die Annahme, dass der amtierende Prüfer die Initialkosten (p_S, b_S) und Prüfungs- und Beratungskosten möglicher Konkurrenten einschätzen könne, um das eigene Honorar entsprechend anzupassen und die Quasirenten zu maximieren, fragwürdig. Schließlich unterliegen die Kostenstrukturen der Akteure einem ständigen Wandel.[862] Neben diesen modellspezifischen Kritikpunkten existieren grundsätzliche Probleme bei der Modellierung des Prüfungs- und Beratungsmarktes anhand der Quasirentenmodelle. Diese werden im Folgenden diskutiert.

---

[862] Vgl. *Bauer* (2004), S. 157; *Graham* (1988), S. 93.

6.3 Grenzen der Quasirenten-Modelle

6.3.1 Irrelevanz der Quasirenten bei einem Mandanten

Die aufgrund einer parallelen Beratung im Vergleich zur isolierten Prüfungstätigkeit höheren Quasirenten ($Q^{P+B} > Q^P$) könnten, wie *Ostrowski/Söder* (1999) und *Bauer* (2004) anhand ihrer Erweiterungen des Grundmodells von *DeAngelo* (1981a) aufzeigen, zu einer Verschärfung der Unabhängigkeitsproblematik führen. Eine wesentliche Einschränkung dieser Modelle besteht jedoch darin, dass lediglich ein einzelner Mandant des Abschlussprüfers betrachtet wird. Die Quasirenten des Prüfers bei allen anderen Mandanten bleiben hingegen unberücksichtigt, obwohl von diesen ebenfalls ein wirtschaftlicher Anreiz ausgehen dürfte, welche das Verhalten des rationalen Prüfers beeinflusst. Die Vermutung, aufgrund der zusätzlichen Beratungshonorare und steigenden Quasirenten sei eine erhöhte Bereitschaft zur befangenen Berichterstattung gegeben, kann aufgrund der Trade-Off-Situation zwischen den Quasirenten bei einem bestimmten Mandanten (Q) und der Summe der Quasirenten bei allen anderen Mandanten (S) in Zweifel gezogen werden. Schließlich führt die parallele Beratungstätigkeit nicht nur zu einem Anstieg der Quasirenten von Q^P auf Q^{P+B}, bei einem bestimmten Mandanten, sondern zeitgleich auch zu einem Zuwachs der Renten von S^P auf S^{P+B} bei anderen Mandanten des Prüfers.[863] Ist das Verhältnis zwischen Q^{P+B} ($=r_Q Q^P$) und S^{P+B} ($=r_S S^P$) proportional ($r = r_Q = r_S$), wird von der Beratungstätigkeit keine zusätzliche Gefährdung für die Unabhängigkeit ausgehen (siehe *Gl. 6.3.1*).[864]

$$\frac{z*d}{e} \geq \frac{Q^{P+B}}{S^{P+B}} = \frac{rQ^P}{rS^P} = \frac{Q^P}{S^P} \qquad (6.3.1)$$

Somit ist es im Falle einer proportionalen Veränderung der Quasirenten unerheblich, ob die Prüfungsleistungen isoliert oder in Verbindung mit Beratungsleistungen erbracht werden:

$$\frac{z*d}{e} \geq \frac{1}{n}; S^P = nQ^P \text{ und } S^{P+B} = nQ^{P+B} \qquad (6.3.2)$$

Von Relevanz ist hingegen, wie aus *Gleichung 6.3.2* hervorgeht, die Mandantenbasis (n) des Prüfers, d.h. die Summe der Quasirenten (S). Diese stellt ein zuverlässiges Surrogat für eine mögliche Gefährdung der Unabhängigkeit aufgrund wirtschaftlicher Abhängigkeit von einem bestimmten Mandanten dar.[865] Ist die Anzahl (n) der Mandatsträgerschaften hoch, ist eine

---

[863] Vgl. *Ewert* (1999), S. 53.
[864] Siehe hierzu *Ewert/Wagenhofer* (2003). Dabei bezeichnet, wie bereits in *Kapitel 6.1.3* dargestellt, z die Wahrscheinlichkeit, dass der Kapitalmarkt seine Qualitätseinschätzung hinsichtlich des entsprechenden Prüfers aufgrund einer Unabhängigkeitsaufgabe revidiert und ein Anteil d der Mandate den Prüfer wechselt. Wahrt der Prüfer hingegen seine Unabhängigkeit, wird er den bestimmten Mandanten und die damit verbundenen Quasirenten mit der Wahrscheinlichkeit e verlieren.
[865] Vgl. *Ewert/Wagenhofer* (2003), S. 616-617.

Grenzen der Quasirenten-Modelle 159

Beeinträchtigung der Unabhängigkeit aufgrund der Honorare bei einem einzelnen Mandanten eher unwahrscheinlich. Für den Fall, dass die Mandanten in stark unterschiedlichem Ausmaß zusätzliche Beratungsleistungen nachfragen ($S^P = r_S S^{P+B}$; $Q^P = r_Q Q^{P+B}$; $r_Q \neq r_S$), gestaltet sich die Analyse hingegen komplexer. Nun könnte die Unabhängigkeit des Abschlussprüfers von einem bestimmten Mandanten aufgrund besonders hoher Beratungshonorare gefährdet sein.[866] Diese Situation unterscheidet sich qualitativ jedoch nicht von dem Fall hoher Prüfungshonorare.

Insgesamt ist demnach weniger die Zusammensetzung des Honorars für die Unabhängigkeit von Bedeutung als vielmehr der Anteil des Honorars bei einem Mandanten in Relation zu den Gesamtumsätzen des Prüfers. Wie die handelsrechtlichen Regelungen zur Umsatzbegrenzung in § 319 Abs. 3 S. 1 Nr. 5 und § 319a Abs. 1 S. 1 HGB (siehe *Kapitel 4.7*) zeigen, wird diese Einschätzung auch vom deutschen Gesetzgeber geteilt.

6.3.2 Relevanz der Reputation für die Höhe der Quasirenten

Ewert/Wagenhofer (2003) vermuten bei den im vorhergehenden Kapitel dargestellten Ausführungen eine Konstanz der Wahrscheinlichkeiten z, e und des Anteils d unabhängig davon, ob eine parallele Beratung erfolgt (siehe *Gl. 6.1.12* und *Gl. 6.3.1*).[867] Möglicherweise ist diese Annahme jedoch zu starr, da der Verlust von Prüfungshonoraren aufgrund von Reputationseinbußen nicht zwangsläufig mit einem proportionalen Ausfall von Beratungshonoraren verbunden sein muss.[868] Während der mit dem Bekanntwerden einer Unabhängigkeitsaufgabe einhergehende Ansehensverlust annahmegemäß einen Rückgang der Prüfungsaufträge in Höhe des Anteils d ($0<d<1$) bei anderen Mandanten zur Folge hat, könnte der Rückgang der Beratungsaufträge mit einer abweichenden Anteil j ($0<j<1$) ($j \neq d$) verknüpft sein. Aufgrund der Quasirenten aus Prüfung (S^P) und Beratung (S^{P+B}) ergeben sich erwartete Kosten einer nicht wahrheitsgemäßen Berichterstattung i.H.v. RK_{PBn}, welche die Gefahr des Mandatsverlustes bei anderen Mandanten in Folge einer Unabhängigkeitsaufgabe darstellen.[869]

$$RK_{PBn} = z(dS^P + jS^B)$$
(6.3.3)

Publiziert der Prüfer hingegen ein vom betrachteten Mandanten unerwünschtes, aber normkonformes Prüfungsurteil, riskiert dieser den Verlust der Quasirente bei eben diesem. Der Verlust der Quasirenten tritt im Falle des Konfliktes mit dem Mandanten annahmegemäß mit

---

[866] Ähnlich dazu auch *Ewert/Wagenhofer* (2003), S. 619.
[867] Vgl. *Ewert/Wagenhofer* (2003), S. 618.
[868] Eine positive Korrelation zwischen den Wahrscheinlichkeiten wird erwartet. Die Annahme der Separierbarkeit von Prüfung und Beratung wird entgegen der Annahmen hinsichtlich möglicher synergetischer Effekte aus einer parallelen Tätigkeit, welche im Rahmen des Quasirenten Modells von *Ostrowski/Söder* (1999) aufgeführt wurde, getroffen.
[869] Zur Reputation und Qualitätskonstanz in der Wirtschaftsprüfung (vgl. *Mandler* (1995), S. 37).

einer Wahrscheinlichkeit *e (0<e<1)* ein, so dass die Opportunitätskosten (K_{PB1}) sich wie folgt ergeben:

$$RK_{PB1} = e(Q^{P+B})$$ (6.3.4)

Im Zuge seiner Entscheidungsfindung wird ein rationaler Abschlussprüfer die Berichterstattung so wählen, dass seine Kosten minimal, d.h. seine Quasirenten unter Berücksichtigung der genannten Wahrscheinlichkeiten maximal sind. Der Abschlussprüfer berichtet daher wahrheitsgetreu, sofern

$$RK_{PBn} \geq K_{PB1}; \text{ bzw. } z/e \geq \frac{Q^{P+B}}{(d*S^P + j*S^B)} \text{ gilt.}$$ (6.3.5)

Eine normkonforme Berichterstattung ist wahrscheinlich, wenn die Quasirenten Q^{P+B} des betrachteten Unternehmens im Vergleich zu S^{P+B} (= $S^P + S^B$) klein sind. Ferner beeinträchtigen jedoch auch die Wahrscheinlichkeiten *d* und *j* das Ausmaß des erwarteten Verlustes von Prüfungs- und Beratungshonoraren und damit die Bereitschaft des Abschlussprüfers, seine Unabhängigkeit aufzugeben.

1.) Solange *d = j* gilt, wird die Unabhängigkeit des Abschlussprüfers (unter der Annahme, dass die Quasirenten aus der Beratungstätigkeit auf alle Mandate verteilt sind) durch zusätzliche Beratungshonorare nicht gefährdet.[870] Die Wahrscheinlichkeit des Mandatsverlustes in Folge einer Unabhängigkeitsaufgabe ist von einer parallelen Beratungstätigkeit unberührt. Der Einfluss von Prüfungs- und Beratungshonoraren auf die Unabhängigkeit ist identisch.[871]

2.) Für den Fall, dass *d > j* gilt, ist die Wahrscheinlichkeit eines Verlustes von Quasirenten aus Beratungsaufträgen (*j*) in Folge des Bekanntwerdens einer Unabhängigkeitsaufgabe geringer als bei den Prüfungshonoraren (*d*). Der Anreiz, fehlerhaft zu berichten, steigt durch die reduzierte Wahrscheinlichkeit des Verlustes von Quasirenten aus der Beratung bei anderen Mandanten, während die Wahrung der Unabhängigkeit zum Schutz der eigenen Reputation für den Abschlussprüfer weniger attraktiv ist. Schließlich führt die Aufdeckung einer Pflichtverletzung lediglich zum Verlust der Quasirenten aus der Prüfungstätigkeit bei den anderen Mandanten (S^P), während jene aus der Beratungstätigkeit (S^B) weitgehend erhalten

---

[870] Dieser These liegt die Annahme zugrunde, dass keine Veränderung der Relation von Quasirenten eines Mandanten zur Gesamtheit der Quasirenten durch die Erbringung von Beratungsleistungen erfolgt, d.h. der Anteil des Beratungshonorars bei allen Mandanten proportional zum Prüfungshonorar ansteigt.

[871] Diese Einschätzung wird von *Bigus/Zimmermann* (2009, S. 1283) vertreten, die Nachweisen, dass bei 120 betrachten DAX-, MDAC-, SDAX- und TecDAX-Unternehmen eine signifikante Korrelation zwischen dem Prüfungs- und Beratungshonorar des Abschlussprüfers bei einem Mandanten besteht. Die Autoren folgern, dass die Trennung von Prüfung und Beratung bei einem proportionalen Verhältnis von Prüfungs- und Beratungshonorar ohne Relevanz für die wirtschaftliche Abhängigkeit des Prüfers ist.

Grenzen der Quasirenten-Modelle 161

bleiben. Für die Plausibilität der Annahme $d > j$ spricht, dass ein Reputationsverlust durch Kollusion zu einem Rückgang der Vertrauenswürdigkeit des Prüfungsurteils führt und der Abschlussprüfer bei anderen Mandanten ersetzt wird. Bei der Beratung handelt es sich hingegen um eine Dienstleistung, die keine Signalwirkung gegenüber den Abschlussadressaten erfüllen muss; sie wird vom Management für unternehmensinterne Zwecke nachgefragt.[872] Die Unabhängigkeitsreputation dürfte für die Beratung daher von untergeordneter Bedeutung sein.[873]

3.) Im Fall $d < j$ wird die Unabhängigkeit des Abschlussprüfers durch die aus einer parallelen Beratungstätigkeit resultierenden Quasirenten gestärkt. Der Reputationsverlust im Fall des Aufdeckens eines fehlerhaften Prüfungsurteils führt zu überproportionalen Auftragsverlusten im Beratungsbereich (j). Inwiefern diese Annahme auf die Praxis übertragbar ist, bleibt fragwürdig. Grundsätzlich handelt es sich bei beiden Dienstleistungen um Vertrauensgüter, deren Nachfrage von der wahrgenommenen Qualität abhängt.[874] Während die Relevanz der Reputation für die Abschlussprüfung bereits ausführlich diskutiert wurde, ist die Bedeutung der Reputation für den Beratungsmarkt weitgehend unerforscht. Für eine hohe Bedeutsamkeit der Reputation spricht, dass der Markt für Beratungsleistungen im Vergleich zur Abschlussprüfung keine Vorbehaltsaufgabe darstellt und anders als der Prüfungsmarkt nicht durch eine geschützte Profession (Berufsexamina, Fortbildungsverpflichtungen, Haftungsregelungen) reglementiert wird.[875] *Stegemeyer* (2002) gelangt in einem Vergleich zwischen Abschlussprüfung und Unternehmensberatung daher zu dem Ergebnis, dass ein positives Signalling für den Beratungsmarkt noch wichtiger sei als für den Prüfungsmarkt.[876] „Der Zugriff auf Referenzen durch die Nutzung des sozialen Netzes…[bietet] Ratsuchenden vielfach die einzige, subjektiv als verlässlich eingeschätzte Informationsquelle für die Leistungsbeurteilung von Unternehmensberatern".[877] Reputationsverluste, die zu einem Rückgang der Beratungsnachfrage führen, könnten somit auch in Folge des Bekanntwerdens eines fehlerhaften Prüfungsurteils auftreten. Für die Annahme $d < j$ spricht auch, dass Reputationseinbußen des Abschlussprüfers nicht als hinreichender Grund für eine Widerrufung der Bestellung (§ 318 Abs. 2 u. 3 HGB) zulässig sind, während die Beendigung eines Beratungsauftrages, abgesehen von etwaigen vertraglichen Vereinbarungen, zu jeder Zeit erfolgen kann. Die parallele Beratung könnte,

---

[872] *Hachmeister* (2001), S. 7: „A distinguishing mark of accountancy profession is its acceptance of the responsibility to act in the public interest. Therefore, a profession accountant's responsibility is not exclusively to satisfy the needs of an individual client or employer. In acting in the public interest a professional accountant should observe and comply with the ethical requirements of this code" (*IFAC* (2006a), Sec. 100.1).

[873] Vgl. *Weiber/Adler* (1995), S. 54; *Weißenberger* (1997), S. 80; *Stefani* (2002), S. 227; *Richter* (2005), S. 40; *Schmid* (2007), S. 191.

[874] Vgl. *Stegemeyer* (2002), S. 260 u. 269.

[875] Vgl. *Stegemeyer* (2002), S. 24 u. 281; *Glückler* (2004), S. 38 u. 99-112; *Dawes et al.* (1992), S. 187-193.

[876] Vgl. *Stegemeyer* (2002), S. 281-283.

[877] *Stegemeyer* (2002), S. 282.

aufgrund einer gestiegenen Bedeutung der Reputation des Abschlussprüfers, somit auch einen erhöhten Anreiz zur Einhaltung der Berufspflicht begründen.

6.4 Zusammenfassung

DeAngelo (1981a) zeigt anhand des ursprünglichen Quasirentenmodells, welches ausschließlich die Abschlussprüfung ohne parallele Beratung beschreibt, die Wettbewerbsvorteile des amtierenden Prüfers auf. Diese führen zu einem bilateralen Monopol zwischen amtierendem Prüfer und Mandant. Zugleich wird das Auftreten von Low Balling mit der Antizipation des entstehenden Monopols und den daraus resultierenden zukünftigen Überschüssen begründet. Während die empirische Evidenz des Auftretens von Low Balling und Quasirenten auch nach der Honoraroffenlegung (siehe *Kapitel 5.1*) aufgrund der Nichteinsehbarkeit der Kosten des Abschlussprüfers aussteht, deuten empirische Untersuchungen zum Auftreten von *Fee-Cutting* auf dessen Bestehen hin. Den Ausführungen *DeAngelo* (1981a) folgend, begründen Quasirenten ein Abhängigkeitsverhältnis, welches die Unabhängigkeit der Abschlussprüfung gefährdet, sofern der Mandant dem Prüfer die Beendigung der Auftragsbeziehung zur Durchsetzung opportunistischer Interessen androht.

Eine Erweiterung des Grundmodells um die parallele Beratung nehmen *Ostrowski/Söder* (1999) und *Bauer* (2004) vor. Anhand ihrer Modelle wird deutlich, dass zusätzliche Beratungsleistungen zu einem Anstieg der Quasirenten führen, so dass die Gefährdung der Unabhängigkeit bei dem jeweiligen Mandanten steigt. *Beck et al.* (1988), welche die Zusammenhänge in Abhängigkeit davon untersuchen, ob es sich bei den Beratungsleistungen um wiederkehrende oder einmalige Dienstleistungen handelt, zeigen hingegen, dass es durch die Beratung sowohl zu einem Anstieg als auch zu einer Reduzierung der Quasirenten und damit der vermeintlichen Abhängigkeit des Prüfers in Folge von knowledge spillovers kommen kann.

Eine wesentliche Einschränkung dieser Modelle besteht darin, dass jeweils nur ein bestimmter Mandant betrachtet wird, ohne dass die Reaktionen der anderen Klienten in Folge einer Aufdeckung der Unabhängigkeitsaufgabe des Prüfers berücksichtigt werden. *Ewert/Wagenhofer* (2003) kritisieren diese Vorgehensweise, beziehen die möglichen Konsequenzen des Bekanntwerdens einer Unabhängigkeitsaufgabe ein und zeigen auf, dass das Ziel des Prüfers nicht in der Maximierung der Quasirenten bei einem bestimmten Mandanten liegen kann, sondern auf die Summe aller Quasirenten bei sämtlichen Auftraggebern zielen muss. Folglich wird die Unabhängigkeit des Abschlussprüfers nach ihrer Auffassung weniger durch die Quasirenten bei einem bestimmten Mandanten, sondern von dem Verhältnis der Quasirenten bei

Zusammenfassung

diesem Mandanten und der Summe der Quasirenten des Abschlussprüfers bei allen anderen Mandanten determiniert.[878]

Die Vermutung, Beratungshonorare würden per se ein erhöhtes Risiko der Unabhängigkeitsaufgabe begründen, muss daher verworfen werden. Auch verlangen die in den vorgestellten Modellen dargestellten qualitativen Zusammenhänge zwischen der Prüfungs- und Beratungstätigkeit und den Quasirenten die Abstrahierung komplexer Zusammenhänge. Dazu werden vereinfachende Annahmen getroffen, welche zugleich die Übertragbarkeit des Modells auf die Praxis einschränken. Insbesondere die Mutmaßung, prüfungspflichtige Gesellschaften würden bei der Vergabe des Prüfungs- und Beratungsauftrages ausschließlich die Honorare der Anbieter vergleichen, ist fragwürdig. Tatsächlich dürften, trotz der erheblichen Wettbewerbssituation (siehe *Kapitel 4.3.1*), neben dem Prüfungshonorar weitere Faktoren, wie bspw. die vermeintliche Expertise des Prüfers und die am Kapitalmarkt wahrgenommene Vertrauenswürdigkeit bei der Erteilung des Prüfungsauftrages maßgeblich sein.[879] Gerade diese Einflussfaktoren sind weniger durch das tatsächliche Handeln des Prüfers determiniert als durch die Wahrnehmung seines Verhaltens seitens der Abschlussadressaten. Eine wichtige Determinante, die in den Quasirentenmodellen unberücksichtigt bleibt, ist die Auswirkung einer Beeinträchtigung der wahrgenommenen Unabhängigkeit durch auffällige Honorare. Zwar wird in den vorgestellten Modellen ein Reputationsverlust in Folge der Aufdeckung einer tatsächlichen Unabhängigkeitsaufgabe unterstellt, eine Berücksichtigung der Implikationen einer wahrgenommenen Unabhängigkeitsbeeinträchtigung seitens der Abschlussadressaten bleibt hingegen, nicht zuletzt aufgrund der erheblichen Probleme einer angemessenen Modellierung der Kosten durch Reputationsverluste, in den vorgestellten Modellen unberücksichtigt.

---

[878] Vgl. *Ewert* (1990), S. 197-198; *Ewert* (1999), S. 53; *Ewert/Wagenhofer* (2003), S. 616; *Arruñada* (1999a), S. 84-86.
[879] Vgl. *Graham* (1988), S. 93.

7 Reputation durch wahrgenommene Unabhängigkeit

7.1 Reputation des Abschlussprüfers

Bei der Abschlussprüfung handelt es sich aufgrund bestehender Informationsasymmetrien zwischen dem Wirtschaftsprüfer und den Gesellschaftern bzw. dem Aufsichtsrat um ein Erfahrungs- bzw. Vertrauensgut. Durch *Screening*, d.h. die eigenständige Beschaffung von Auskünften über den (potenziellen) Abschlussprüfer, können diese Asymmetrien reduziert werden. Ökonomisch rational ist die Informationsbeschaffung jedoch nur dann, wenn deren Grenznutzen die damit verbundenen Grenzkosten übersteigt.[880] Zugleich könnte der Abschlussprüfer, um dem Problem asymmetrisch verteilter Information zu begegnen, Informationen über die von ihm angebotene Qualität bspw. mittels der in *Kapitel 5.2* diskutierten Transparenzberichterstattung bereitstellen (*Signalling*).[881] Auch der Reputation des Abschlussprüfers kommt, wie im Folgenden zu zeigen sein wird, eine besondere Bedeutung zu.[882] Reputation bezeichnet die Interpolation der bei den einzelnen Mandanten durch Außenstehende wahrgenommen Prüfungsqualität und umfasst den auf Basis vergangener Handlungen erarbeiteten Ruf des Akteurs in den Augen branchenkundiger Dritter.[883] Neben einer berufsstandbezogenen Komponente, welche maßgeblich durch das Verhalten der Gesamtheit der Berufsangehörigen, die Regelungen zum Berufszugang, die Prüfungsgrundsätze sowie durch berufsständische Sanktionen geprägt wird,[884] interessiert im Folgenden die individuelle bzw. prüfungsgesellschaftsbezogene Komponente der Reputation (*brand name reputation*).[885]

Neben zivil- und strafrechtlichen Konsequenzen im Falle einer Pflichtverletzung stellen die mit einem Reputationsverlust verbundenen ökonomischen Folgen einen wichtigen Sanktionsmechanismus dar. Aus einer Studie von *Strickmann* (2000) zum deutschen Prüfungsmarkt geht hervor, dass deutsche Aufsichtsräte bei der Wahl des Prüfers dessen Reputation als wichtigstes Kriterium nach dem Kriterium einer international einheitlichen Abschlussprüfung an-

---

[880] Vgl. *Picot et al.* (2003), S. 69. Die eigenständige Beschaffung von Informationen ist mit erheblichen Kosten verbunden (vgl. *Schmid* (2007), S. 187).
[881] Für eine detaillierte Diskussion der Signalling-Theorie mit Bezug auf die Abschlussprüfung (vgl. *Spremann* (1990), S. 562; *Marten* (1994), S. 152; *Breid* (1995), S. 821; *Spremann* (2002), S. 705 u. 706; *Stegemeyer* (2002), S. 260; *Schmid* (2007), S. 186.
[882] Neben vielen im deutschsprachigen Raum: *Spremann* (1988), S. 624; *Siebart* (2003), S. 238; *Schmid* (2007), S. 191.
[883] Vgl. *Francis* (1984), S. 134; *Husemann* (1992), S. 102; *Mandler* (1995), S. 36; *Marten/Schmöller* (1999), S. 172 u. 173; *Stegemeyer* (2002), S. 259; *Kitschler* (2005), S. 86. *Mandler* (1995, S.35) unterscheidet in diesem Zusammenhang zwischen Qualität (vom einzelnen Mandanten (subjektiv) wahrgenommene Zweckdienlichkeit der Dienstleistung) und Reputation (Qualitätsimage des Prüfers am Markt).
[884] Vgl. *Schneider et al.* (2002), S. 402.
[885] Vgl. *Craswell et al.* (1995), S. 292; *Mandler* (1995), S. 35; *Marten/Schmöller* (1999), S. 172 u. 173; *Stegemeyer* (2002), S. 267; *Backhaus et al.* (2003), S. 625; *Kitschler* (2005), S. 88; *Schmid* (2007), S. 187.

gegeben haben.[886] Reputation dient den Investoren demnach als Versicherung gegen prüferisches Fehlverhalten.[887] Zugleich kann eine gute Reputation für den Prüfer einen Wettbewerbsvorteil gegenüber konkurrierenden Gesellschaften begründen;[888] „A good reputation is one of a public accounting firm's most valuable assets".[889] Vor diesem Hintergrund wird im vorliegenden Kapitel zunächst die Relevanz der Reputation für die Abschlussadressaten, den Bilanzierenden und den Abschlussprüfer betrachtet. Anschließend werden die Konsequenzen eines parallelen Angebotes von Prüfungs- und Beratungsleistungen für die wahrgenommene Unabhängigkeit untersucht. Ist der Abschlussprüfer daran interessiert, von den Abschlussadressaten als unabhängige und zuverlässige Kontrollinstanz wahrgenommen zu werden, könnte dieser, wie in *Kapitel 7.3* zu zeigen sein wird, bewusst von Beratungsleistungen bei Abschlussprüfungsmandanten Abstand nehmen, um seine Unabhängigkeitsreputation zu stärken.

7.1.1 Voraussetzung für den Reputationsaufbau

Damit Reputation als Marktmechanismus funktionieren kann, müssen drei Bedingungen kumulativ erfüllt sein.[890] Reputation ist nur auf Märkten von Bedeutung, auf denen die Akteure über *unvollständige Informationen* (1) verfügen. Auf dem Prüfungsmarkt ist diese Bedingung erfüllt, da die Gesellschafter bei der Bestellung des Abschlussprüfers eine auf Erfahrungen und Eindrücken basierende Auswahl treffen.[891] Die zweite Voraussetzung ist die der *mehrfachen Transaktion* (2). Durch die Wiederkehr der jährlich stattfindenden Prüfung eröffnet sich dem Wirtschaftsprüfer die Möglichkeit, mit Hilfe einer als sorgfältig wahrgenommenen Prüfung Reputation aufzubauen. Der langwierige Aufbau von Reputation ist dabei mit Kosten verbunden und ökonomisch nur dann sinnvoll, wenn der Barwert der reputationsbedingten zukünftigen Überschüsse die Kosten des Aufbaus übersteigt.[892] Auch muss ein vom Abschlussprüfer in der Vergangenheit etabliertes Verhalten auf die Zukunft übertragbar sein.[893] Erst die Erwartung *konsistenten Verhaltens* (3) veranlasst die Marktteilnehmer dazu, die Reputation der potenziellen Prüfer im Rahmen des Auswahlprozesses zu berücksichtigen.[894]

---

[886] Vgl. *Strickmann* (2000), S. 299-302.
[887] Vgl. *Datar/Alles* (1999), S. 402.
[888] Vgl. *Datar* (1985), S. 67; *Vogelsang* (1988), S. 186; *Milgrom/Roberts* (1992), S. 263.
[889] *Wilson/Grimlund* (1990), S. 43.
[890] Vgl. *Glückler* (2004), S. 100-101.
[891] Andere Aspekte, welche die Wahl des Prüfers beeinflussen, werden an dieser Stelle bewusst ausgeblendet, obwohl auch von diesen ein erheblicher Einfluss auf die Auswahl des Prüfers resultieren kann.
[892] Folgende Studien zeigen vor einem allgemeinen Hintergrund, dass durch Reputationsaufbau Wettbewerbsvorteile entstehen: *Gemser/Wijnberg* (2001); *Roberts/Dowling* (2002), S. 1077.
[893] Vgl. *Stegemeyer* (2002), S. 259; *Datar/Alles* (1999), S. 403; *Kitschler* (2005), S. 87. In diesem Zusammenhang ist auch von der „history of behavior" die Rede (*Mayhew et al.* (2001), S. 50).
[894] Vgl. *Weizsäcker* (1984), S. 1086; *Mandler* (1995), S. 36; *Bigus* (2006), S. 22.

Reputation des Abschlussprüfers

Ferner setzt die Wirksamkeit von Reputation als ökonomischem Sanktionsmechanismus die Aufdeckung von Fehlverhalten des Abschlussprüfers und eine öffentlichkeitswirksame Kommunikation der Pflichtverletzungen voraus. Hat der Prüfer seine Sorgfaltspflichten nach Einschätzung der Abschlussadressaten nicht erfüllt, wird er von diesen nicht länger gewählt, so dass wirtschaftliche Konsequenzen drohen. Entscheidend ist, dass die Reputation im Gegensatz zu gesetzlichen Sanktionsmechanismen nicht von den tatsächlichen Ereignissen, sondern von der Wahrnehmung der Akteure abhängt. Reputation stellt somit ein Pfand dar, welches der Prüfer in die Hände der Prüfungsadressaten legt.[895]

7.1.2 Wirkungsweise des Reputationsmechanismus

Investiert ein Wirtschaftsprüfer in seine Reputation, vermuten (potenzielle) Mandanten, dass dieser längerfristig auf dem Markt für Prüfungsleistungen aufzutreten beabsichtigt.[896] Halten sie ihn zugleich für glaubwürdig, steigt die Bereitschaft, zu diesem Prüfer zu wechseln oder diesem ein höheres Honorar zu zahlen.[897] Der Anreiz zum Reputationsaufbau ist für den Prüfer umso höher, je zügiger die Honorarzuwächse realisiert werden können,[898] je länger der Reputationsvorsprung anhält und je größer der Kreis der möglicher Mandanten ist.[899] Im Umkehrschluss drohen dem Prüfer bei Bekanntwerden einer Pflichtverletzung Reputationsverluste. Diese könnten im Extremfall, losgelöst von zivil-, straf- und berufsrechtlichen Tatbeständen, alleine aufgrund der Wahrnehmung der Öffentlichkeit zu Mandatsverlusten führen.[900] Im Umfeld des Zusammenbruchs von Enron wurde dieser Zusammenhang deutlich. Als in der öffentlichen Debatte zu den Ursachen des Bilanzskandals zweifelhafte Bilanzierungsweisen bekannt wurden, welche über Jahre hinweg von Arthur Andersen nicht beanstandet wurden, wurde auch die Unabhängigkeit der Prüfungsgesellschaft in Zweifel gezogen. Neben der seit rund zwanzig Jahren andauernden Mandatsträgerschaft wurde vor allem das erhebliche Volumen der parallel zur Abschlussprüfung erbrachten Beratungsleistungen kritisiert. Diese betrugen, wie bereits in der Einleitung dargestellt, im Jahr vor dem Bekanntwerden des Skandals rund 27 Mio. US-$ und überstiegen die Erlöse der Prüfungstätigkeit i.H.v. 25 Mio. US-$.[901] Als darüber hinaus die Vernichtung von Arbeitspapieren publik wurde, reduzierte sich die Reputation von Arthur Andersen binnen weniger Tage erheblich. Nachfolgend vorgestellte

---

[895] Zu dieser Einschätzung siehe auch *Marten* (1999a), S. 135; *Kitschler* (2005), S. 92.
[896] Vgl. *Doll* (2000), S. 123.
[897] Vgl. *Mandler* (1995), S. 35; *Mandler* (1997), S. 105; *Datar/Alles* (1999), S. 406-407; *Kitschler* (2005), S. 93.
[898] Vgl. *Mayhew* (2001), S. 599.
[899] Vgl. *Datar/Alles* (1999), S. 421; *Kitschler* (2005), S. 93.
[900] Zur theoretischen Erörterung der Reputationshypothese vgl. *Ewert* (1993), S. 730-731; *Niehus* (2002), S. 624. Empirische Untersuchungen belegen diese Vermutung (vgl. *Chaney/Philipich* (2002); *Barton* (2005); *Schmidt et al.* (2007)).
[901] Zum Enron Skandal neben vielen z.B. *Sloan* (2002); *Chaney/Philipich* (2002, S. 1212-1218); *Fischermann/Klein Brockhoff* (2002, S. 9-12).

empirische Untersuchungen zeigen die Relevanz der Reputation des Abschlussprüfers für den Kapitalmarkt deutlich auf.[902]

7.2 Relevanz der Reputation

Die Prüfung des Abschlusses durch einen aus Sicht der Investoren als zuverlässig und qualifiziert erachteten Abschlussprüfer stärkt das Vertrauen der Abschlussadressaten und kann zu günstigeren Kapitalkosten des Mandanten oder eine geringeren Wahrscheinlichkeit von Organklagen beitragen.[903] Mit der Erteilung des Betätigungsvermerks erfolgt somit ein Reputationstransfer vom Abschlussprüfer auf den Mandanten.[904] Die Relevanz der Reputation des Abschlussprüfers für den Kapitalmarkt wird anhand einer empirischen Untersuchung von *Chaney/Philipich* (2002) deutlich, welche die Marktreaktionen nach Bekanntwerden der Ereignisse bei Enron analysieren. Die Reaktion des Marktes wird dazu mittels des so genannten *Earnings Response Coefficient* (ERC) gemessen, welcher die Veränderung des Aktienkurses binnen eines zuvor definierten Zeitfensters beschreibt. Mittels dieser Vorgehensweise weisen die Autoren nach, dass die Bestätigung der Vernichtung von Arbeitspapieren durch den Abschlussprüfer Arthur Andersen am 10. Januar 2002 signifikante Kursverluste bei anderen US-amerikanischen Mandanten von Arthur Andersen begründete. Mit einer durchschnittlichen Überrendite von -2,05 % bei einem betrachteten Zeitraum von 3 Tagen nach Bekanntwerden der Vernichtung von Arbeitspapieren (0/+3) verloren diese Unternehmen im statistischen Sinne signifikant an Marktkapitalisierung.[905] Eine weitere negative Kursreaktion ereignete sich mit der Veröffentlichung des *Powers-Report* am 3. Februar 2002 (i.H.v. -1,28 %, (0/+3)). Aus dem Bericht ging hervor, dass sowohl die Partner der federführenden Niederlassung in Houston als auch die Geschäftsführung von Arthur Andersen in Chicago über die Probleme bei Enron Kenntnis hatten. Die Reputation der Wirtschaftsprüfungsgesellschaft sowie die damit in Zusammenhang stehende Vertrauenswürdigkeit der Abschlüsse anderer Arthur Andersen Mandanten wurde in den USA jedoch nicht flächendeckend homogen beeinträchtigt; Mandanten der Niederlassung in Houston erfuhren einen stärkeren Rückgang der Marktkapitalisie-

---

[902] Vgl. *Leffson* (1988), S. 82; *Vogelsang* (1988), S. 185; *Mandler* (1995), S. 36; *Doll* (2000), S. 140-141; *Kitschler* (2005), S. 93. Während der Aufbau des Reputationskapitals ein langwieriger Prozess ist, kann die Verminderung des Reputationskapitals sehr schnell erfolgen (vgl. *Mayhew* (2001), S. 616; *Backhaus et al.* (2003), S. 626).
[903] Vgl. *Botosan* (1997), S. 323; *Botosan/Plumlee* (2002), S. 21-40; *Mitra et al.* (2007), S. 268.
[904] Vgl. *Mandler* (1995), S. 36; *Stegemeyer* (2002), S. 268; *Kitschler* (2005), S. 87. Umgekehrt kann auch die Wahrnehmung bestimmter Mandate als Qualitätssurrogat interpretiert werden; ist der Öffentlichkeit bekannt, dass ein Prüfer ein anerkanntes Unternehmen zu seinem Mandantenkreis zählt, so erfolgt der Reputationstransfer vom Mandanten auf den Prüfer (vgl. hierzu auch *Niehus* (2002), S. 623); ähnlich auch *Lenz/Ostrowski* (1999, S. 400.)
[905] *Chaney/Philipich* (2002) betrachten in ihren Untersuchungen die Kursentwicklung vom Zeitpunkt einen Tag vor Bekanntgabe des relevanten Ereignisses (-1) bis zu 3 Tage nach Veröffentlichung (+3) der Informationen. Die von den Autoren betrachteten Intervalle [(0,+1); (0,+2); (0,+3); (-1;+3)] belegen dabei grundsätzlich ähnliche Zusammenhänge (vgl. *Chaney/Philipich* (2002), S. 1235).

rung, wie eine durchschnittliche Überrendite i.H.v. -4,41 % im Vergleich zu -1,88 % bei Mandanten anderer Niederlassungen für den 10. Januar 2002 bestätigt.[906] *Chaney/Philipich* (2002) folgern, dass die nachgewiesenen Kursverluste durch eine negative Wahrnehmung, d.h. erhebliche Reputationsverluste von Arthur Andersen begründet seien. Obwohl diese Annahme nur eingeschränkt gültig sein dürfte, da die Kursverläufe der betrachteten Eigenkapitaltitel kaum einzelnen Sachverhalten zugeordnet werden können, dürfte ein Zusammenhang zwischen der Reputation des Abschlussprüfers, der von den Adressaten wahrgenommenen Verlässlichkeit der Abschlussinformationen und der Marktkapitalisierung grundsätzlich bestehen.[907]

Asthana et al. (2003) untersuchen ebenfalls die Konsequenzen der Ereignisse bei Enron für die Reputation von Arthur Andersen anhand der Kursentwicklung von 662 weiteren Mandanten der Prüfungsgesellschaft. Neben einer Bestätigung der Ergebnisse von *Chaney/Philipich* (2002) geht aus der Untersuchung hervor, dass die Kapitalmarktreaktionen vom Ausmaß der vom Abschlussprüfer erbrachten Beratungsleistungen abhängen. Konzerne, die umfangreiche Beratungsleistungen von Arthur Andersen bezogen haben, erleiden einen stärkeren Kursrückgang als andere Gesellschaften.[908] Die Relevanz des Reputationsverlustes von Arthur Andersen für den Kapitalmarkt zeigt auch *Barton* (2005) auf. Während von insgesamt 1.176 betrachteten Gesellschaften nach dem Bekanntwerden der Aktenvernichtung zunächst nur 2,5 %, nach der Veröffentlichung des *Powers-Report* 5,4 % (kumulativ), einen Wechsel des Abschlussprüfers ankündigten, beschlossen zum 14. März 2002 bereits 163 Gesellschaften einen Prüferwechsel. Der Wechsel wurde dabei zum überwiegenden Anteil zu einer anderen Big5-Gesellschaft vollzogen.[909] Ferner belegen *Asthana et al.* (2003) anhand von 452 (ehemaligen) Arthur Andersen Mandanten eine positive Kursreaktion binnen drei Tagen nach Bekanntgabe des Abschlussprüferwechsels (i.H.v durchschnittlich +0,72 %). Während dieses Zeitfensters unterscheidet sich der Kursverlauf der Wechsler signifikant ($p < 0,01$) von jenen Gesellschaften, die keinen Wechsel ankündigten und zunächst an ihrem Prüfer festhielten.[910]

Reputationsverluste sind nicht nur auf den Zusammenbruch von Enron beschränkt. *Schmidt et al.* (2007) untersuchen die Kursreaktionen in Folge der Aufdeckung von Prüfungsfehlern anhand 9.593 US-amerikanischer Unternehmen. Dabei werden die Zusammenhänge zwischen dem Bekanntwerden des fehlerhaften Prüfungsurteils und den Reaktionen des Marktes anhand jeweils eines Bilanzskandals für jede der Big4-Gesellschaft analysiert. Im Jahr 2002 kolla-

---

[906] Vgl. *Chaney/Philipich* (2002), S. 1240.
[907] Auch *Ballwieser/Dobler* (2003) zeigen auf, dass Unternehmen, welche von Arthur Andersen geprüft wurden, nach dem Bekanntwerden der Ereignisse bei Enron und den Vorwürfen gegen Arthur Andersen Kursverluste hinnehmen mussten (vgl. *Ballwieser/Dobler* (2003), S. 452). Zur Thematik auch *Bigus* (2006, S. 32 u. 33).
[908] Vgl. *Asthana et al.* (2003), S. 5.
[909] Vgl. *Barton* (2005), S. 565.
[910] Vgl. *Asthana et al.* (2003), S. 24 u. 36.

bierte die von Deloitte geprüfte Adelphia Communications in Folge des Bekanntwerdens nicht ausgewiesener Schulden (*off-balance-sheet arrangements*) in Höhe von 2,3 Mrd. US-$.[911] Tyco International wurde von PwC geprüft als 2001 und 2002 Betrugsvorwürfe gegen das Unternehmen erhoben wurden und Kursverluste zu Vermögensschäden i.H.v. 86 Mrd. US-$ führten.[912] Von Interesse ist hierbei insbesondere, dass PwC im Jahr 2001 neben dem Prüfungshonorar i.H.v. 13 Mil. US-$ weitere Umsatzerlöse i.H.v. 18 Mil. US-$ mit Steuerberatungsleistungen erzielte.[913] HealthSouth Corp. wurde von Ernst&Young geprüft, als bekannt wurde, dass in den Vorjahren überhöhte Jahresüberschüsse ausgewiesen wurden.[914] Als die SEC 2002 eine Untersuchung gegen Xerox Corp. einleitete und sich herausstellte, dass zwischen 1997 und 1999 die Gewinne um rund 1,6 Mrd. US-$ zu hoch ausgewiesen worden waren, war KPMG bereits seit einigen Jahren Abschlussprüfer der Gesellschaft.[915] Unabhängig von dem jeweiligen Fall und dem involvierten Abschlussprüfer können *Schmidt et al.* (2007) einen mit dem Bekanntwerden vorausgehender Skandale korrespondierenden Kursverlust bei den Mandanten des jeweiligen Abschlussprüfers mit statistischer Evidenz nachweisen.[916] Die Relevanz der *brand name reputation* des Abschlussprüfers, welche mit Bekanntwerden eines fehlerhaften Prüfungsurteils auch auf die Marktkapitalisierung anderer Klienten des verantwortlichen Prüfers ausstrahlt, bleibt somit nicht auf den Fall Enron beschränkt.

Neben dem Einfluss der Skandale wird in der Literatur diskutiert, ob die Reputation einer Prüfungsgesellschaft von ihrer Größe beeinflusst wird, da mit der Größe der Gesellschaften die Anzahl der Mandanten steigt, so dass die ökonomische Abhängigkeit von einzelnen Mandanten sinkt (siehe *Kapitel 6.3*).[917] Kleine Gesellschaften könnten dazu neigen, bei der Einhaltung der Prüfungsnormen Kompromisse einzugehen, um das Wohlwollen des Mandanten zu erhalten.[918] Ferner dürften die potenziellen Konsequenzen eines Reputationsverlustes aufgrund der Vielzahl von Mandatsbeziehungen bei großen Wirtschaftsprüfungsgesellschaften ausgeprägter als bei kleinen sein.[919] Großen Prüfungsgesellschaften wird daher ein stärkeres Interesse an der Unabhängigkeitswahrung unterstellt.[920] Auch das Management prüfungspflichtiger Gesellschaften könnte auf die Auswahl einer großen Prüfungsgesellschaft drängen, um von deren Reputation zu profitieren und den Adressaten zu signalisieren, dass die Ord-

---

[911] Vgl. *Schmidt et al.* (2007), S. 4-8.
[912] Vgl. *SEC* (2002a).
[913] Vgl. *Schmidt et al.* (2007), S. 8.
[914] Vgl. *SEC* (2003b).
[915] Vgl. *SEC* (2002b); *SEC* (2003c).
[916] Vgl. *Schmidt et al.* (2007), S. 16.
[917] Vgl. *Mandler* (1995), S. 36.
[918] Vgl. *DeAngelo* (1981b), S. 186.
[919] Vgl. *DeAngelo* (1981b), S. 186-187.
[920] Vgl. *Ewert* (1993), S. 741-742.

Reputationsaufbau durch wahrgenommene Unabhängigkeit 171

nungsmäßigkeit der Rechnungslegung gewährleistet ist.[921] Die Größe und der Name eines internationalen Netzwerkes werden somit als eigenständiges Qualitätssurrogat auf dem Prüfungsmarkt wahrgenommen.[922] Auch die Ergebnisse der empirischen Forschung unterstützen diese Vermutung weitgehend. *Feltham et al.* (1991) konnten eine höhere Marktkapitalisierung bei US-amerikanischen Unternehmen unmittelbar nach dem IPO nachweisen, sofern das Börsenprospekt von einer großen international agierenden Prüfungsgesellschaft testiert wurde.[923] Ähnliche Erkenntnisse liefert eine Untersuchung von *Pittman/Fortin* (2004) aus der hervorgeht, dass junge Gesellschaften durch das Testat eines Big6-Abschlussprüfers ihre Fremdfinanzierungskosten reduzieren können.[924] *Gul et al.* (2003a) identifizieren eine überdurchschnittliche Kursentwicklung der in Shanghai notierten Unternehmen, wenn der Abschluss von einer der großen Gesellschaften geprüft wird.[925] Aus einer frühen Studie von *Palmrose* (1988) geht hervor, dass die (damaligen) Big8-Gesellschaften in den USA vergleichsweise selten in gerichtliche Auseinandersetzungen verwickelt sind. Während *Palmrose* (1988) dies auf eine höhere Prüfungsqualität zurückführt,[926] gelangt *Lennox* (1999) in einer Studie zum britischen Prüfungsmarkt zu dem Ergebnis, dass kein signifikanter Zusammenhang zwischen dem Prozessrisiko und der Größe einer Prüfungsgesellschaft besteht. Die Annahme, die Häufigkeit der Prozesse sei ein geeignetes Surrogat für Prüfungsqualität, ist jedoch ohnehin fragwürdig, wenn die Wahrscheinlichkeit einer Klage nicht nur durch die Sachlage sondern auch durch die Werthaltigkeit etwaiger hoher Schadensersatzforderungen beeinträchtigt wird.[927] Die Aussicht auf eine Schadensersatzzahlung dürfte bei den Big4-Gesellschafte aufgrund deren finanzieller Stärke und einer etwaigen Reputationshaftung deutlich höher sein (*deeppocket-theory*) als bei kleineren Gesellschaften.[928]

7.3 Reputationsaufbau durch wahrgenommene Unabhängigkeit

Der Aufbau von Reputation verursacht zunächst irreversible Kosten (*sunk cost*).[929] Dies gilt für den Reputationsaufbau durch internes oder externes Wachstum ebenso wie für Investitionen in die Ausbildung der Mitarbeiter.[930] Auch die Wahrung der Unabhängigkeit kann, sofern

---

[921] Vgl. *Marten* (1994), S. 154.
[922] Vgl. *Schmidt* (2007), S. 74.
[923] Vgl. *Feltham et al.* (1991), S. 375.
[924] Vgl. *Pittman/Fortin* (2004), S. 113; ähnlich *Mitra et al.* (2007), S. 268.
[925] Vgl. *Gul et al.* (2003a), S. 411.
[926] Vgl. *Palmrose* (1988), S. 55; Ähnlich auch *Teoh/Wong* (1993) und *Krishnan* (2003). Diese zeigen in ihren Untersuchungen, dass die Durchführung der Abschlussprüfung durch eine der führenden (Big6 bzw. Big5) Prüfungsgesellschaften vom Kapitalmarkt positiv wahrgenommen wird. Auf dem Kapitalmarkt schlugen sich unerwartet positive Ergebnisentwicklungen von Big6- bzw. Big5-Mandanten stärker in deren Marktkapitalisierung nieder als bei Mandanten anderer Prüfungsgesellschaften (vgl. *Teoh/Wong* (1993); *Krishnan* (2003), S. 125).
[927] Siehe hierzu auch *Lennox* (1999b), S. 788.
[928] Vgl. *Melumad/Thoman* (1990), S. 101; *Lennox* (1999b), S. 780-781; *Hillegeist* (1999), S. 347-348.
[929] Vgl. *Kitschler* (2005), S. 92.
[930] Vgl. *Deis/Giroux* (1996), S. 72 u. 73; *Datar/Alles* (1999), S. 415.

sie zu Verwerfungen mit dem Management eines Mandanten und dem Verlust von Aufträgen führt, zunächst nachteilig für den Wirtschaftsprüfer sein. Gleichzeitig wird bei potenziellen Nachfragern der Eindruck erweckt, der Abschlussprüfer strebe einen längeren Verbleib auf dem Markt an. Sein Täuschungswille wird als gering, eine Gefährdung der Unabhängigkeit etwa aufgrund lukrativer Beratungshonorare für wenig wahrscheinlich erachtet.[931] Reputationsinvestitionen sind somit sinnvoll, wenn der Abschlussprüfer dadurch zusätzliche oder höhere Honorare durchsetzen kann.[932] Im Umkehrschluss drohen dem Prüfer bei unzulässigen Eingeständnissen und der Aufdeckung der Pflichtverletzung Mandatsverluste.[933] Das Reputationskapital fungiert dabei als endogene Markt- bzw. Mandatzutrittbarriere,[934] welches infolge einer wahrgenommenen Unabhängigkeitsbeeinträchtigung entwertet wird und neben dem Verlust von bestehenden auch die Akquisition neuer Mandanten erschwert.[935]

7.3.1 Relevanz der wahrgenommenen Unabhängigkeit

Das Beratungsvolumen wird nicht erst seit dem Zusammenbruch von Enron als Surrogat für Unabhängigkeit bzw. Prüfungsqualität verwendet.[936] Zahlreiche Studien der letzten 40 Jahre thematisieren die Frage nach der Vereinbarkeit paralleler Prüfung und Beratung vor dem Hintergrund der wahrgenommenen Unabhängigkeit des Abschlussprüfers.[937] Die Mehrzahl der auf Befragungen, Experimenten und archivistischen Datensätzen basierenden Untersuchungen gelangt zu dem Resultat, dass von der gleichzeitigen Beratung ein signifikant negativer Einfluss auf die wahrgenommene Unabhängigkeit ausgeht. Darüber hinaus liegen auch einige Arbeiten vor, die entweder keinen Einfluss oder vereinzelt sogar positive Effekte einer parallelen Prüfungs- und Beratungstätigkeit aus Sicht der Investoren dokumentieren. Im Folgenden wird eine Auswahl von jüngeren experimentellen Untersuchungen, Befragungen und archivistischen Studien vorgestellt und kritisch diskutiert. Auf eine detaillierte Darstellung aller früheren Forschungsergebnisse, welche den Zeitraum vor der Jahrtausendwende betrachten, wurde an dieser Stelle aufgrund der Vielzahl von Beiträgen verzichtet. Auch hat sich das re-

---

[931] Vgl. *Doll* (2000), S. 123.
[932] Vgl. *Mandler* (1995), S. 35; *Mandler* (1997), S. 105; *Datar/Alles* (1999), S. 406-407; *Kitschler* (2005), S. 93.
[933] Zur theoretischen Erörterung der Reputationshypothese siehe auch *Ewert* (1993), S. 730-731; *Niehus* (2002), S. 624.
[934] Vgl. *Stegemeyer* (2002), S. 260.
[935] Vgl. *Leffson* (1988), S. 82; *Vogelsang* (1988), S. 185; *Wilson/Grimlund* (1990), S. 43; *Firth* (1990), S. 383; *Ewert* (1993), S. 741; *Mandler* (1995), S. 36; *Tröller* (2000), S. 266; *Doll* (2000), S. 140-141; *Mayhew et al.* (2001), S. 66; *Kitschler* (2005), S. 93.
[936] Bereits 1965 untersuchte *Schulte* (1965, S. 587-593) den Einfluss von Beratungsleistungen anhand einer Befragung. Dabei nahmen über 30 % der als Probanden eingesetzten *Financial Executives* US-amerikanischer Unternehmen einen Interessenkonflikt aufgrund der parallelen Prüfungs- und Beratungstätigkeit wahr.
[937] Eine ausführliche Übersicht über internationale Studien zur wahrgenommenen Unabhängigkeit findet sich bei *Quick/Warming-Rasmussen* (2005), S. 156-163; *Quick* (2006) S. 42-61; *Pott et al.* (2009), S. 228-230. Hinsichtlich Untersuchungen für den deutschen Prüfungsmarkt siehe auch *Quick/Warming-Rasmussen* (2007), S. 1007.

gulatorische Umfeld in den letzten Jahren erheblich gewandelt, so dass frühe Ergebnisse möglicherweise nicht zur Beurteilung der aktuellen Situation geeignet sind. Zugleich wurde die in den einzelnen Beiträgen angewendete Vorgehensweise im Zeitverlauf aufgrund des wissenschaftlichen Fortschritts weiter entwickelt. Die Qualität aktueller Untersuchungen dürfte daher höher sein als die Güte früher Untersuchungen. Der Verzicht auf eine ausführliche Darstellung anfänglicher Forschungsergebnisse ist ferner damit zu begründen, dass die in der Vergangenheit nachgewiesenen Zusammenhänge auch aus aktuellen Studien hervorgehen. Weichen die Ergebnisse früher Studien hingegen qualitativ von den Resultaten aktueller Untersuchungen ab, werden die Beiträge im Folgenden dargestellt, so dass mögliche Ursachen einer im Zeitverlauf veränderten Unabhängigkeitswahrnehmung diskutiert werden können.

7.3.1.1 Experimentelle Studien

Experimentelle Studien mit unterschiedlichen Interessengruppen belegen einen überwiegend negativen Einfluss der parallelen Beratungstätigkeit auf die wahrgenommene Unabhängigkeit.[938] Unter den in *Tabelle 7-1* dargestellten Experimenten zum US-amerikanischen Prüfungsmarkt gelangen *Hill/Booker* (2007) zu dem Ergebnis, dass lediglich dann von Revisionstätigkeiten kein signifikant negativer Einfluss auf die wahrgenommene Unabhängigkeit ausgeht,[939] sofern gewährleistet ist, dass eine personelle Trennung von prüfendem und beratendem Personal erfolgt.[940] *Gaynor et al.* (2006) haben in einem Experiment mit *Corporate Board* Mitgliedern, die entweder aus Perspektive des *Audit Committees* oder aus Sicht der Investoren antworten sollten, herausgefunden, dass Audit Committee Mitglieder und Investoren eine parallele Beratungstätigkeit zwar als grundsätzlich sinnvoll erachten, wenn diese zu einer Steigerung der Urteilsfähigkeit des Prüfers beiträgt (*knowledge spillovers*). Gleichzeitig lehnen die Audit Committee Mitglieder eine parallele Beratungstätigkeit jedoch ab, sofern die Honorare offengelegt werden müssen. Die Befürchtung, aufgrund des Ausweises von Beratungshonoraren könnte es zu einer wahrgenommenen Unabhängigkeitsbeeinträchtigung bei den Investoren kommen, der einen Rückgang des Vertrauens in den Abschluss begründet, ist für diese Einschätzung maßgebend. In einer aktuellen experimentellen Studie zum deutschen Prüfungsmarkt untersuchen *Meuwissen/Quick* (2009) den Einfluss der parallelen Beratung auf die Unabhängigkeitswahrnehmung seitens der Aufsichtsräte der DAX30-, MDAX-, SDAX-

---

[938] Frühe Studien, welche einen negativen Zusammenhang belegen, liegen von *Reckers/Stagliano* (1981); *Shockley* (1981); *Peny/Reckers* (1983); *Peny/Reckers* (1984); *Knapp* (1985); *Gul* (1987); *Lindsay* (1990); *Agacer/Doupnik* (1991); *Gul* (1991); *Lindsay* (1992); *Lowe/Pany* (1995); *Teoh/Lim* (1996) und *Lowe et al.* (1999) vor (vgl. auch *Quick* (2006), S. 55).

[939] *Jenkins/Krawczyk* (2002, S. 33-34) können im Rahmen eines Experiments sogar einen positiven Effekt nachweisen. Ähnlich auch *Gul* (1989, S. 42, 48 u. 49), der anhand einer experimentellen Studie einen positiven Einfluss der Entwicklung und Implementierung von Rechnungslegungsinformationssystemen auf die wahrgenommene Unabhängigkeit neuseeländischer Bankangestellter nachweist.

[940] Vgl. *Hill/Booker* (2007), S. 52-54.

und TecDAX-Unternehmen. Neben der Steuerberatung wurden dazu auch die Personalberatung und die Beratung im Bezug auf die Finanzinformationssysteme betrachtet. Uni- und multivariate Regressionen zeigten, dass die 110 teilnehmenden Aufsichtsräte insbesondere bei der Personalberatung eine Unabhängigkeitsbeeinträchtigung wahrnehmen. Ferner konnte gezeigt werden, dass die Unabhängigkeitswahrnehmung umso stärker beeinträchtigt wird, je geringer die Erfahrung der Aufsichtsräte und deren Vertrauen in den Abschlussprüfer waren. Zwischen Aktionärs- und Arbeitnehmervertretern konnten hingegen keine Ungleichheiten nachgewiesen werden.[941] Experimentelle Studien, deren Ergebnisse in *Tabelle 7-1* zusammengestellt sind, bestätigen eine negative Unabhängigkeitswahrnehmung in Folge einer parallelen Beratungstätigkeit.

Autor (Jahr)	Land	Subjekt	Objekt	Resultat
Swanger/ Chewning (2001)	USA	Analysten	Innenrevision	Negative Beeinträchtigung
Jenkins/Krawczyk (2002)	USA	Abschlussprüfer; Investoren	Versicherungsmathe-matische Dienstleistungen, Innenrevision, Rechtsberatung	Negative Beeinträchtigung
Flaming (2002)	USA	Studenten	Beratungstätigkeit im Allgemeinen	Negative Beeinträchtigung
Davis/Hollie (2004)	USA	Studenten	Beratungstätigkeit im Allgemeinen	Negative Beeinträchtigung
Thornton/Shaub (2006)	USA	Geschworene/ Vereidigte	Beratungstätigkeit; insbesondere Steuerberatung	Negative Beeinträchtigung
Gaynor et al. (2006)	USA	Directors	Beratungstätigkeit	Negative Beeinträchtigung
Hill/Booker (2007)	USA	Mitarbeiter von 54 U.S.-Gerichtsständen	Vereinbarkeit von externer und interner Prüfung	Negative Beeinträchtigung bei personeller Überschneidung. Keine Beeinträchtigung bei personeller Trennung
Meuwissen/Quick (2009)	Deutschland	110 Aufsichtsräte	Steuerberatung, Personalberatung, Beratung in Bezug auf Finanzinformationssysteme	Negative Beeinträchtigung der Unabhängigkeit bei allen drei Dienstleistungen. Keine Unterschiede zwischen den Vertretern der Arbeitnehmer und denen der Aktionäre. Unabhängigkeitswahrnehmungen werden umso stärker beeinflusst, je geringer die Erfahrungen der Aufsichtsräte und deren Vertrauen in Abschlussprüfer sind.

Tabelle 7-1: Experimentelle Studien zur wahrgenommenen Unabhängigkeit[942]

7.3.1.2 Befragungen

Neben Experimentalstudien deuten auch Befragungen mit unterschiedlichen Probandengruppen auf eine insgesamt negative Beeinträchtigung der wahrgenommenen Unabhängigkeit des

---

[941] Vgl. *Meuwissen/Quick* (2009), S. 382.
[942] Zur Darstellung der Untersuchungen zur wahrgenommenen Unabhängigkeits siehe *Quick/Warming-Rasmussen* (2005, S. 156-163); *Quick* (2006, S. 42-61); *Meuwissen/Quick* (2009, S. 390 u. 391); *Pott et al.* (2009, S. 228).

Abschlussprüfers hin. Die Ergebnisse einiger exemplarisch ausgewählter, jüngerer Studien, welche auch für Deutschland vorliegen, sind in Tabelle 7-2 zusammengestellt.[943]

Autor (Jahr)	Land	Subjekt	Objekt	Resultat
Jenkins/ Krawczyk (2001)	USA	Abschlussprüfer, Öffentlichkeit	Rechtsberatung; Innenrevision; Buchhaltung; Allgemeine Beratung; Bewertungs- und Bestätigungsleistungen; Steuerberatung.	Negative Beeinträchtigung der wahrgenommenen Unabhängigkeit bei Rechtsberatung und Buchführungsstätigkeit; Positive Wahrnehmung bei allgemeiner Beratung und Steuerberatung
Hussey/Lan (2001)	UK	Leitende Mitarbeiter im Bereich Finanzwesen	Beratung im Allgemeinen	Negative Beeinträchtigung der wahrgenommenen Unabhängigkeit
Jaffar et al. (2003)	Malaysia	Kreditsach-bearbeiter	Beratung im Allgemeinen	Negative Beeinträchtigung der wahrgenommenen Unabhängigkeit
Mauldin (2003)	USA	Professionelle Investoren	Unterschiedliche Beratungsleistungen	Negative Beeinträchtigung der wahrgenommenen Unabhängigkeit bei Beratung der Internen Revision, M&A Beratung
Thornton et al. (2004)	USA	Abschlussprüfer; Mitarbeiter von Kreditinstituten	Beratung im Allgemeinen	Negative Beeinträchtigung der wahrgenommenen Unabhängigkeit
Zapf (2004)	Deutschland	Vorstandssprecher, Finanzvorstände, Aufsichtsratsvorsitzende	Unterschiedlicher Beratungsleistungen	Keine Beeinträchtigung; lediglich Beratungsleistungen, welche den unmittelbaren Bereich des Top-Managements betreffen, werden als eine Gefährdung wahrgenommen (Beratung bezüglich Unternehmensverkäufen, Börsengängen und Unternehmenskrisen)
Chien/Chen (2005)	Taiwan	Wirtschaftsprüfungsgesellschaften	Unterschiedliche Beratungsleistungen; Tax, Management Advisory, Investment und IT Advisory services	Negative Beeinträchtigung der wahrgenommenen Unabhängigkeit bei allen untersuchten Beratungsleistungen
Joshi et al. (2007)	Bahrain	Abschlussprüfer, Directors	Unterschiedliche Beratungsleistungen	Negative Beeinträchtigung bei einigen, nicht jedoch bei allen Beratungsleistungen in teilweise begrenztem Ausmaß.
Dart/Chandler (2007)	UK	Institutionelle und private Investoren	Unterschiedliche Beratungsdienst-leistungen	Negative Beeinträchtigung der Unabhängigkeit bei sämtlichen Beratungsleistungen in unterschiedlicher Intensität. Grundsätzlich schätzen institutionelle Investoren eine parallele Prüfungs- und Beratungstätigkeit weniger kritisch ein als Privatinvestoren.
Quick/Warming-Rasmussen (2007)	Deutschland	Mitglieder akademischer Börsenvereine (Kleinaktionäre)	Unterschiedliche Beratungsdienst-leistungen	Signifikant negative Beeinträchtigung der Unabhängigkeit bei 17 von 19 Beratungsleistungen in unterschiedlicher Intensität.

Tabelle 7-2: Befragungen zur wahrgenommenen Unabhängigkeit

Richter (1977) kann in einer Untersuchung zum Meinungsbild hinsichtlich der Vereinbarkeit von Prüfung und Beratung unter deutschen Wirtschaftsprüfern und Wirtschaftjournalisten lediglich bei letzteren eine negative Beeinträchtigung nachweisen.[944] Auch *Dykxhoorn/ Sin-*

---

[943] Forschungsbeiträge liegen ferner von *Schulte* (1965); *Briloff* (1966); *Titard* (1971); *Hartley/Ross* (1972); *Hobgood/Sciarrino* (1972); *Lavin* (1976); *Richter* (1977); *Firth* (1980); *Dykxhoorn/Sinning* (1981); *Firth* (1981); *Dykxhoorn/Sinning* (1982); *Barton* (1985); *Bartlett* (1997) und *Patel/Psaros* (2000) vor. Aus der deutlichen Mehrheit dieser Studien geht ein negativer Zusammenhang zwischen der parallelen Beratung und der wahrgenommenen Unabhängigkeit des Abschlussprüfers hervor.

[944] Vgl. *Richter* (1977), S. 21-42.

ning (1981) sehen infolge einer Befragung von deutschen Berufsstandangehörigen keine negative Beeinträchtigung der Unabhängigkeit gegeben. Aus der interessenbehafteten Perspektive des Berufsstandes wurden seinerzeit sogar Buchführungs- und IT-Leistungen, welche inzwischen als handelsrechtlicher Ausschlusstatbestand definiert sind (siehe *Kapitel 4.6.2.1* und *4.6.2.2*), als mit der Abschlussprüfung vereinbar bewertet.[945] Einer späteren Studie von *Dykxhoorn et al.* (1996) zufolge werden Steuer- und Unternehmensberatungsleistungen des Abschlussprüfers von Kreditsachbearbeitern sogar positiv, d.h. prüfungsqualität-steigernd, wahrgenommen.[946] Auch *Zapf* (2004) kann die These einer Beeinträchtigung der Unabhängigkeit durch parallele Prüfung und Beratung anhand einer Befragung von Vorständen und Aufsichtsräten für den deutschen Markt nicht bestätigen.[947] Ältere Untersuchungen zum deutschen Prüfungsmarkt stehen somit der Mehrzahl jüngerer internationaler Studien entgegen. Die von *Patel/Psaros* (2000) geäußerte These, kulturelle Einflüsse seien für eine im nationalen Vergleich unterschiedliche Sensibilität hinsichtlich der Beeinträchtigung der wahrgenommenen Unabhängigkeit ursächlich, scheint dennoch nur eingeschränkt gültig. In einer aktuellen Umfrage unter deutschen Kleinaktionären durch *Quick/Warming-Rasmussen* (2007) zeigt sich, dass 65,3 % der Befragten eine Gefährdung der Unabhängigkeit durch die parallele Beratungstätigkeit des Abschlussprüfers wahrnehmen.[948] Auch wurde von insgesamt 19 unterschiedlichen Beratungsleistungen lediglich bei zwei Dienstleistungen (Finanzinformationssysteme und Forensische Dienstleistungen) keine signifikante Beeinträchtigung nachgewiesen.[949] Dagegen wird eine deutliche Reduzierung der wahrgenommenen Unabhängigkeit bei der Durchführung von Leistungen bzgl. der Unternehmensleitung, der Übernahme von Aufgaben der Innenrevision sowie Bewertungsleistungen belegt.[950] Ferner nehmen Investoren bei Steuerberatungsleistungen eine Beeinträchtigung der Unabhängigkeit wahr.[951] *Quick/ Warming-Rasmussen* (2007) führen dies auf die vor dem Inkrafttreten des BilMoG bestehende enge Bindung zwischen dem Steuerrecht und dem handelsrechtlichen Abschluss aufgrund des zu beachtenden Grundsatzes der Maßgeblichkeit (§ 5 Abs. 2 S. 1 EStG) zurück.[952] Während dieser Einschätzung der befragten Kleinaktionäre folgend durch § 319a Abs. 1 Nr. 2 HGB

---

[945] Vgl. *Dykxhoorn/Sinning* (1981), S. 97-107.
[946] Vgl. *Dykxhoorn et al.* (1996), S. 2031-2034.
[947] Vgl. *Zapf* (2004).
[948] Vgl. *Quick/Warming-Rasmussen* (2007), S. 1016.
[949] Vgl. *Quick/Warming-Rasmussen* (2007), S. 1018.
[950] Vgl. *Quick/Warming-Rasmussen* (2007), S. 1019.
[951] Zu ähnlichen Ergebnissen gelangen auch *Jenkins/Krawczyk* (2001) und *Mishra et al.* (2005) für den US-amerikanischen Prüfungsmarkt.
[952] Vgl. *Quick/Warming-Rasmussen* (2007), S. 1019.

Steuerberatungsleistungen des Abschlussprüfers untersagt werden, sofern sie sich nicht unwesentlich auf den Abschluss auswirken, ist die parallele Steuerberatung in der Prüfungspraxis weiterhin üblich. Im Rahmen der Datenerhebung für die in *Kapitel 10* folgenden Untersuchungen zeigte sich, dass lediglich sieben von 30 DAX- und 15 von 50 MDAX-Unternehmen im Geschäftsjahr 2007 (2006/2007) keine Steuerberatungsleistungen von ihrem Abschlussprüfer bezogen haben. Das hohe Ausmaß der Steuerberatung deutscher Abschlussprüfer bei Prüfungsmandanten deckt sich auch mit den Resultaten der experimentellen Studie deutscher Aufsichtsräte kapitalmarktorientierter Unternehmen. Aus dem Experiment von *Meuwissen/ Quick* (2009) (siehe *Kapitel 7.3.1.1*) geht hervor, dass lediglich 38 % der befragten Aufsichtsräte die parallele Steuerberatung als unabhängigkeitsgefährdend wahrnehmen, während die Erbringung von Personalberatung (61 %) und Dienstleistungen im Bereich der Finanzinformationssysteme (48 %) deutlich kritischer bewertet werden.[953]

Im Vergleich zu früheren Studien hat sich die Wahrnehmung der Unabhängigkeit des Abschlussprüfers in Folge von Beratungsleistungen in Deutschland deutlich verändert.[954] Neben einer gestiegenen Sensibilität der Kapitalmarktteilnehmer dürfte dies vor allem darauf zurückzuführen sein, dass in früheren Studien zum deutschen Prüfungsmarkt überwiegend Vorstände, Aufsichtsräte und Wirtschaftsprüfer befragt wurden, welche eigene Interessen verfolgen. Die Einschätzung der Investoren, gegenüber denen der Abschlussprüfer seine Schutzfunktion ausübt, blieb hingegen unerforscht. Auch die teilweise divergierenden Ergebnisse der in *Tabelle 7-2* dargestellten internationalen Untersuchungen dürften neben den unterschiedlichen Rechtssystemen durch variierende Untersuchungsdesigns begründet sein. So unterscheiden sich die Experimente und Befragungen zum Teil erheblich hinsichtlich des Aufbaus und der Probanden. Neben Kreditsachbearbeitern, welche als typische Repräsentanten der Fremdkapitalgeber betrachtet werden, wurden Finanzanalysten und Kleinaktionäre als Vertreter der Eigenkapitalgeber, aber auch Mitglieder des Managements und Wirtschaftsprüfer befragt.[955] Da diese Gruppen zum Teil diametrale Interessen verfolgen, können abweichende Resultate kaum überraschen. So sehen Wirtschaftsprüfer die Unabhängigkeit generell

---

[953] Vgl. *Meuwissen/Quick* (2009), S. 400.
[954] Für eine ausführliche Darstellung und Diskussion der bisherigen Studien für den deutschen Prüfungsmarkt siehe *Quick/Warming-Rasmussen* (2007, S. 1014).
[955] Die Studie von *Quick/Warming-Rasmussen* (2005, S. 137-167) zeigt, dass umso stärkere Beeinträchtigungen der Unabhängigkeit wahrgenommen werden, je geringer die Rechnungslegungskenntnisse der Untersuchungsteilnehmer sind.

als am wenigsten gefährdet an.[956] Ferner ist die Vergleichbarkeit der Studien eingeschränkt, da sich die Befragungen und Experimente auf unterschiedliche Beratungsdienstleistungen beziehen. Uneinheitliche Resultate dürften auch auf die ungleichen Ausprägungen des Untersuchungsgegenstandes zurückzuführen sein. Trotz dieser Einschränkungen kann insbesondere anhand der jüngeren Studien eine negative Wahrnehmung der parallelen Beratungstätigkeit nachgewiesen werden. Eine Beeinträchtigung der Reputation des Abschlussprüfers ist durch die parallele Beratung somit wahrscheinlich.

7.3.1.3 Archivistische Studien

Anhand archivistischer Studien wird mit Hilfe von Regressionsanalysen das Vorliegen eines Zusammenhangs zwischen dem Umfang der Beratungsdienstleistungen (unabhängige Variable) und den daraus resultierenden Kapitalmarktreaktionen, gemessen anhand des *Earnings Response Coefficient* (ERC) (abhängige Variable), untersucht. Fallen die negative Kursreaktion und die Veröffentlichung hoher Beratungshonorare zeitlich zusammen, wird eine Beeinträchtigung der wahrgenommenen Unabhängigkeit des Abschlussprüfers als bestätigt erachtet.[957] Alternativ zum ERC wird in einigen Studien das Abstimmungsverhalten der Aktionäre bei der Wahl des Abschlussprüfers während der Hauptversammlung (*Ratification*) als Surrogat für die wahrgenommene Unabhängigkeit eingesetzt. Es wird vermutet, dass ein aufgrund von umfangreichen Beratungsleistungen als befangen wahrgenommener Abschlussprüfer von der Gesellschafterversammlung abgelehnt wird bzw. eine geringere Zustimmung erfährt.

Die Ergebnisse der Studien, welche auf archivistischen Daten basieren, sind in *Tabelle 7-3* zusammengestellt. Ähnlich den Ergebnissen zu Befragungen und Experimenten, bestätigen die Analysen historischer Daten mehrheitlich eine Unabhängigkeitsbeeinträchtigung. Lediglich in zwei der vorgestellten jüngeren Studien wird kein Zusammenhang zwischen der Beratungstätigkeit und der Veränderung der Marktkapitalisierung nachgewiesen.[958] *Cho et al.* (2007) können sogar einen signifikant positiven Zusammenhang zwischen dem ERC und dem Beratungsanteil belegen. Möglicherweise ist dies darauf zurückzuführen, dass die Untersuchung auf Datenmaterial basiert, welches nach dem Inkrafttreten des SOA erhoben wurde, so dass bereits gesetzliche Neuregelungen die parallele Beratungstätigkeit soweit beschränken, dass keine Beeinträchtigung der Unabhängigkeit durch den Kapitalmarkt wahrgenommen wird. Von Interesse sind auch die Ergebnisse von *Lim/Tan* (2008), aus denen zunächst her-

---

[956] Vgl. *Quick/Warming-Rasmussen* (2007), S. 1015.
[957] Anhand des *Earnings Response Coefficient* (ERC) wird auf die seitens des Kapitalmarktes wahrgenommene Nachhaltigkeit der berichteten Ergebnisse und damit auch auf die wahrgenommene Verlässlichkeit des Prüfungsurteils geschlossen (neben vielen vgl. *Krishnan et al.* (2005), S. 112).
[958] Vgl. *Ghosh et al.* (2005), S. 16; *Higgs/Skantz* (2006), S. 20.

vorgeht, dass Beratungsleistungen negativ am Kapitalmarkt wahrgenommen werden.[959] Dieser negative Einfluss der Beratung auf die wahrgenommene Verlässlichkeit der Berichterstattung fällt bei branchenspezialisierten Abschlussprüfern jedoch deutlich geringer aus als bei branchenfremden Berufsstandsangehörigen.[960] Möglicherweise erwarten die Adressaten bei branchenspezialisierten Prüfern, dass die parallele Beratung zu besonderen Synergieeffekten und zu einer gesteigerten Prüfungsqualität führt.

Autor (Jahr)	Land	Abhängige Variable	Datenquelle	Unabhängige Variable	Resultat
Chaney/ Philipich (2002)	USA	Kapitalmarktreaktionen (ERC)	Historische Kursverläufe	Beratung im Allgemeinen	Kein Einfluss, die Kurse entwickelten sich losgelöst vom Beratungsanteil des Abschlussprüfers.
Raghunandan (2003)	USA	Bestellung des Abschluss-prüfers (Ratification)	Statistiken zum Abstimmungsverhalten während der HV	Beratung im Allgemeinen	Negativer Einfluss, Anzahl der Aktionäre, welche gegen eine Bestellung (Ratification) des Prüfers stimmen, steigen mit zunehmendem Beratungsanteil (fee ratio) (Dennoch, auch bei hohen NAS-Fees stimmten 97% der Stimmberechtigten für eine Ratification).[961]
Ashbaugh et al. (2003)	USA	Kapitalmarktreaktionen (ERC)	Historische Kursverläufe	Beratung im Allgemeinen	Keine Kursreaktionen in Abhängigkeit der Honorarzusammensetzung.
Hackenbrack (2003)	USA	Kapitalmarktreaktionen (ERC)	Historische Kursverläufe	Beratung im Allgemeinen	Negativer Einfluss. Die Kurse entwickelten sich negativ, wenn das Beratungsvolumen oberhalb des erwarteten Beratungsvolumens liegt.
Brandon et al. (2004)	USA	Anleihe-Ratings (Moody's)	Rating	Beratung im Allgemeinen	Negativer Zusammenhang zwischen den Nichtprüfungshonoraren und dem Rating.
Mishra et al. (2005)	USA	Abstimmungsverhalten der Aktionäre bei der Bestellung des Abschlussprüfers (Ratification)	Statistiken zu Annual Meetings	1.) Audit related 2.) Tax 3.) Other services	1.) Positiver Einfluss 2.) Negativer Einfluss 3.) Negativer Einfluss auf die wahrgenommene Unabhängigkeit d.h. die Anzahl der Aktionäre, welche gegen eine Ratification stimmten, variiert in Abhängigkeit zur Beratungsleistung.
Parkash (2005)	USA	Kapitalmarktreaktionen (ERC)	Historische Kursverläufe	Beratung im Allgemeinen	Negativer Einfluss, ERC ist niedriger bei Unternehmen mit hohen Beratungsanteilen.
Krishnan et al. (2005)	USA	Kapitalmarktreaktionen (ERC)	Historische Kursverläufe	Beratung im Allgemeinen	Negativer Einfluss, ERC ist niedriger bei Unternehmen mit hohen Beratungsanteilen und hohen Beratungshonoraren.
Ghosh et al. (2005)	USA	Kapitalmarktreaktionen (ERC)	Historische Kursverläufe	Beratung im Allgemeinen	Kein Einfluss. Ein Zusammenhang zwischen ERC und dem Beratungsvolumen ist nicht mit hinreichender Signifikanz nachweisbar.

---

[959] Vgl. *Lim/Tan* (2008), S. 233.
[960] Vgl. *Lim/Tan* (2008), S. 233 u. 240.
[961] Teilweise wird in der Literatur die Auffassung vertreten, dass die Ergebnisse von *Raghunandan* (2003) aufgrund der hohen Zustimmungsquote von über 97 % selbst bei einem dominierenden Anteil der Nichtprüfungsleistungen nur eingeschränkt aussagekräftig sind (vgl. *Ewert* (2003), S. 531-532; *Müller* (2006), S. 36).

Gul et al. (2006)	Australien	Kapitalmarktreaktionen (ERC)	Historische Kursverläufe	Beratung im Allgemeinen	Negativer Einfluss, ERC ist niedriger bei Unternehmen mit hohen Beratungsanteilen. Bei Big6-Gesellschaften fällt der Effekt weniger stark aus als bei Non-Big6 Gesellschaften.
Francis/Ke (2006)	USA	Kapitalmarktreaktionen (ERC)	Historische Kursverläufe	Beratung im Allgemeinen	Negativer Einfluss, ERC ist niedriger bei Unternehmen mit hohen Beratungsanteilen.
Islam et al. (2006)	Bangladesh	Kapitalmarktreaktionen (ERC)	Historische Kursverläufe	Beratung im Allgemeinen	Negativer Einfluss, ERC ist niedriger bei Unternehmen mit hohen Beratungsanteilen.
Higgs/ Skantz (2006)	USA	Kapitalmarktreaktionen (ERC)	Historische Kursverläufe	Beratung im Allgemeinen	Kein Einfluss. Ein Zusammenhang zwischen ERC und dem Beratungsvolumen ist (meist) nicht mit hinreichender Signifikanz nachweisbar.
Cho et al. (2007)	USA	Kapitalmarktreaktionen (ERC)	Historische Kursverläufe	Beratung im Allgemeinen	Positiver Zusammenhang, Beratungsleistungen des Abschlussprüfers steigern den Wert von Jahresabschlussinformationen. Dies gilt insbesondere für den Zeitraum nach der Verabschiedung des SOA.
Lim/Tan (2008)	USA	Kapitalmarktreaktionen (ERC)	Historische Kursverläufe	Beratung im Allgemeinen	Negativer Zusammenhang. Die Autoren vergleichen zusätzlich die Reaktion des Kapitalmarktes in Abhängigkeit des Abschlussprüfers (industry specialist auditors compared to nonspecialist auditors) und weisen nach, dass der Zusammenhang zwischen Beratungshonorar und ERC durch den Einsatz eines Branchenspezialisten verbessert werden kann.

Tabelle 7-3: Archivistische Studien zur wahrgenommenen Unabhängigkeit

Die Hypothese, dass Beratungsleistungen die *value relevance of earnings* negativ beeinträchtigen, wird von Gul et al. (2006) anhand einer Stichprobe von 840 Unternehmen überprüft. Zunächst geht aus der Regression ein signifikant negativer Zusammenhang ($\beta = -0,728$; $p < 0,01$) zwischen dem ERC und den Beratungsanteilen hervor, der die Hypothese bestätigt. Die separate Wiederholung der Regression für die NonBig6-Unternehmen bestätigt die signifikante Verknüpfung ($\beta = -0,742$; $p = 0,02$). Dagegen fällt der Regressionskoeffizient bei der ausschließlichen Betrachtung der Big6-Gesellschaften nicht länger signifikant aus ($\beta = -0,106$; $p > 0,1$). Die Autoren folgern, dass die Kapitalmärkte auf den von einer großen internationalen Gesellschaft geprüften Abschluss auch dann vertrauen, wenn diese parallel Beratungsleistungen erbringt.[962] Ursächlich für ein höheres Vertrauen in die Unabhängigkeit dieser Gesellschaften dürfte deren Reputation sein. Schließlich sind die bei Bekanntwerden einer Unabhängigkeitsaufgabe entstehenden Reputationskosten bei den Big6-Gesellschaften aufgrund der Vielzahl der Mandate wesentlich höher (siehe *Kapitel 6.3.1*).

Die Durchführung archivistischer Studien verlangt die Verfügbarkeit von Daten bzgl. der Beratungshonorare des Abschlussprüfers und deren Zusammensetzung. Da diese für den deutschen Prüfungsmarkt erst seit wenigen Jahren zur Verfügung stehen, liegen gegenwärtig noch

---

[962] Vgl. *Gul et al.* (2006), S. 808.

keine Untersuchungen zum hiesigen Markt vor. Des Weiteren bestehen methodische Grenzen, die ursächlich dafür sein dürften, dass in der Literatur keine Untersuchungen zu den Kapitalmarktreaktionen infolge auffälliger Honorare in deutschen Konzernabschlüssen vorliegen. Insbesondere die kausale Verbindung zwischen den Kapitalmarktreaktionen einerseits und der Honorarinformation andererseits bereitet erhebliche Probleme.[963] Schließlich erfolgt die Honoraroffenlegung niemals separat, sondern stets gemeinsam mit zahlreichen weiteren Informationen im geprüften Konzernabschluss, so dass es kaum möglich ist, sämtliche Einflussfaktoren auf die Kursentwicklung (*ERC*) durch Kontrollvariablen abzubilden und die Implikationen der Honorarhöhe und –zusammensetzung angemessen zu filtern.[964] Ferner ist der Zeitversatz zwischen der Honorarveröffentlichung und der Wahrnehmung der Unabhängigkeitsbeeinträchtigung am Kapitalmarkt, d.h. der Zeitraum der Kursbewegungen, kaum antizipierbar, so dass auch bezüglich des richtigen Beobachtungszeitraumes wesentliche Unsicherheiten bestehen.

7.3.1.4 Schlussfolgerungen

Empirische Studien bezeugen die Relevanz der parallelen Beratungstätigkeit für die wahrgenommene Unabhängigkeit und die Vertrauenswürdigkeit des Abschlusses aus Sicht der Abschlussadressaten. Management, Aufsichtsrat und Abschlussprüfer sollten die aus einer parallelen Beratungstätigkeit resultierenden Konsequenzen für die Vertrauenswürdigkeit des Prüfungsurteils berücksichtigen. Negative Implikationen könnten den empirischen Befunden zufolge alleine durch die Wahrnehmung der Kapitalmarktteilnehmer auftreten, ohne dass es einer Beeinträchtigung der tatsächlichen Unabhängigkeit bedarf.

Während die vorausgehend dargestellten Kapitalmarktreaktionen unmittelbar die Interessen der Investoren berühren, könnte die Beeinträchtigung der wahrgenommenen Unabhängigkeit, welche stets auf einen bestimmten Mandanten bezogen ist, auch die Reputation des Prüfers als Summe aller mandatsspezifischen Unabhängigkeitswahrnehmungen gefährden. Dies gilt insbesondere, wenn der Abschlussprüfer bei einer Vielzahl von Mandanten Beratungsleistungen erbringt.[965] Somit ist festzuhalten, dass ein Wirtschaftsprüfer, der bei Prüfungsmandanten auffallend hohe Beratungshonorare erzielt, zugleich seine Unabhängigkeitsreputation, d.h. seine mandatsunabhängige Vertrauenswürdigkeit, gefährdet. Voraussetzung für die Wirksamkeit eines solchen Reputations-Mechanismus ist die Offenlegung der Honorare des Abschlussprüfers, wie sie im Handelsgesetzbuch vorgeschrieben ist (§§ 285 S. 1 Nr. 17, 314 Abs. 1 Nr. 9 HGB) (siehe *Kapitel 5*). Erst durch die Transparenz werden die Abschlussadres-

---

[963] Vgl. *Ashbaugh et al.* (2003), S. 634.
[964] *Ewert* (2003, S. 533) merkt in diesem Zusammenhang an, dass die tatsächlich relevanten Kontrollgrößen erst nach einer Reihe von Untersuchungen erkennbar sind (vgl. auch *Cho et al.* (2007), S. 2).
[965] Vgl. *Marten/Schmöller* (1999), S. 172; *Mandler* (1995), S. 35-36.

saten in die Lage versetzt, die Leistungen des Abschlussprüfers einzusehen und dessen Unabhängigkeit zu beurteilen. Deuten die Honorare bei einer Vielzahl der Mandate auf eine Gefährdung der Unabhängigkeit hin, kommt es zu Sanktionen durch den Markt.[966] Der Verzicht des Abschlussprüfers, umfangreiche Beratungsaufträge bei seinen Prüfungsmandanten anzunehmen, könnte, wie im Folgenden aufgezeigt wird, somit einer Investition in die eigene Unabhängigkeitsreputation entsprechen.[967]

7.3.2 Kostentheoretische Analyse zur Reputation

Wie nachfolgend mit Hilfe kostentheoretischer Überlegungen aufgezeigt wird, hat die Beeinträchtigung der wahrgenommen Unabhängigkeit aufgrund paralleler Beratungstätigkeit negative ökonomische Konsequenzen für den Abschlussprüfer. Ein Wirtschaftsprüfer, der die Gefahr eines Vertrauensrückgangs in seine Prüfungsurteile antizipiert, könnte rational handeln, in dem er das Angebot von Beratungsleistungen bei Prüfungsmandanten begrenzt. Um die Rationalität solchen Verhaltens aufzuzeigen, werden die Beratungs- und Prüfungstätigkeit zunächst anhand autarker Kosten- und Erlösfunktionen modelliert. In einem zweiten Schritt werden die Konsequenzen einer wahrgenommenen Unabhängigkeitsbeeinträchtigung für die Prüfungstätigkeit mittels einer Reputationskostenfunktion abgebildet. Diese beschreibt die Interaktion von Prüfungs- und Beratungstätigkeit, basierend auf den Erkenntnissen empirischer Studien zur wahrgenommen Unabhängigkeit. Durch die Berücksichtigung der Reputationskosten einer parallelen Beratung wird der aus der Perspektive eines rational agierenden Abschlussprüfers optimale Beratungsanteil deutlich reduziert. Neben den in *Kapital 4.6* vorgestellten regulatorischen Grenzen der Vereinbarkeit von Prüfung und Beratung bestehen somit auch ökonomische Grenzen, die eine beliebige Ausweitung des Beratungsangebotes bei den Prüfungsmandanten, trotz der erheblichen, in *Kapitel 4.3.2* diskutierten Attraktivität, unterbinden.

7.3.2.1 Grundmodell

Das Ausmaß der Beratungstätigkeit wird im Folgenden als relative Größe im Proporz $b(y)$ zum Prüfungshonorar betrachtet. Während die Nachfrage nach Prüfungsleistungen weitgehend konstant ist, so dass das Prüfungshonorar als fix ($H_P = const.$) angenommen wird, schwankt das Beratungshonorar H_B in Abhängigkeit der erbrachten Beratungsleistungen (y). Dabei wird unterstellt, dass jede Beratungseinheit (y) mit einem unveränderlichen (Stunden-)Satz ($n_B = const.$) vergütet wird.

$$H_B(y) = n_B * y; \quad H_P = \text{const.} \tag{7.3.1}$$

---

[966] Vgl. *Kitschler* (2005), S. 93.
[967] Neben vielen *Kitschler* (2005), S. 148.

Reputationsaufbau durch wahrgenommene Unabhängigkeit 183

Der Beratungsanteil b stellt demnach eine Honorarverhältniskennzahl (*fee-ratio*) dar, die sich linear zum Beratungshonorar H_B und damit auch zur Beratungsleistung y verhält.

$$b(y) = \frac{H_B(y)}{H_P} = \frac{n_B}{H_P} * y \; ; \; H_P = \text{const.} \tag{7.3.2}$$

Die Kostenfunktion der Beratung des Abschlussprüfers entspricht in der nachfolgenden Analyse, der Umkehrfunktion einer *Cobb-Douglas*-Produktionsfunktion, wie sie in der mikroökonomischen Kostentheorie Verwendung findet:[968]

$$y = x_1^{\alpha_1} * x_2^{\alpha_2} * \ldots * x_n^{\alpha_n} = x_1^{\alpha_1} * \sum_{i=2}^{n} x_i^{\alpha_i} \tag{7.3.3}$$

Die Gleichung beschreibt somit die Reaktion der Outputmenge y auf die Variation der Inputmengen $(x_1, x_2, \ldots x_n)$. In Bezug auf den Beratungsmarkt berichtet die Funktion, inwieweit bspw. durch den Einsatz von Mitarbeitern, die über die erforderliche Beratungsexpertise verfügen, die Outputmenge, d.h. das Beratungsvolumen und damit der Beratungsanteil b, gesteigert werden kann. Nach der Multiplikation mit dem Faktor $^{(1/\alpha1)}$ und einer Umstellung kann der Gleichung entnommen werden, wie viele Einheiten von x_1 erforderlich sind, um ein bestimmtes Beratungsoutputniveau zu erreichen. Die Faktoreinsatzfunktion lautet entsprechend:

$$y = x_1^{\alpha_1} * x_2^{\alpha_2} * \ldots * x_n^{\alpha_n} = x_1^{\alpha_1} * \sum_{i=2}^{n} x_i^{\alpha_i} \Bigg|^{\frac{1}{\alpha_1}} \Rightarrow y^{\frac{1}{\alpha_1}} = x_1 * \left(\sum_{i=2}^{n} x_i^{\alpha_i} \right)^{\frac{1}{\alpha_1}}$$

$$x_1(y) = \frac{y^{\frac{1}{\alpha_1}}}{\left(\sum_{i=2}^{n} x_i^{\alpha_i} \right)^{\frac{1}{\alpha_1}}} \tag{7.3.4}$$

Da $\alpha_1 < 1$ gilt, ist der Exponent im Zähler > 1, so dass $x_1(y)$ progressiv steigt.[969]

Die steigenden Grenzkosten werden bei Anwendung der *Cobb-Douglas-Funktion* durch einen progressiven Verlauf der Faktoreinsatzfunktion beschrieben, d.h. eine immer größere Menge des Inputfaktors x_1 ist erforderlich, um eine zusätzliche Beratungseinheit y anbieten zu können.[970] Eine mögliche Ursache für steigende Grenzkosten könnte im vorliegenden Fall die begrenzte Anzahl der über eine hinreichende Expertise verfügenden Berater sein.

---

[968] Die nachfolgenden Ausführungen zur Kostentheorie orientieren sich an der in der Mikroökonomie ausführlich thematisierten Kostenfunktionen auf Grundlage der *Cobb-Douglas*-Funktion (vgl. neben vielen *Feess* (2004), S. 127-133; *Varian* (2007), S. 433).
[969] Zur Bedingung $\alpha_1 < 1$ siehe *Feess* (2004, S. 130).
[970] Alternativ zur *Cobb-Douglas-Funktion* könnte auch eine *ertragsgesetzliche Kostenfunktion* unterstellt werden. Diese unterscheidet sich von der Vorgehensweise partieller Faktorvariation auf Grundlage der *Cobb-Douglas-Funktion* darin, dass die Grenz- und variablen Durchschnittskosten

Um nun von der Faktoreinsatzfunktion zur Kostengleichung zu gelangen, werden die einzelnen Faktormengen zu ihren Preisen (Faktorpreisen) p_i bewertet.

$$B(p,x) = p_1 x_1 + p_2 x_2 + \ldots + p_n x_n \approx p_1 x_1 + \sum_{i=2}^{n} p_i x_i = p_1 x_1 + B_f \tag{7.3.5}$$

Bereits in *Kapitel 4.3.2* wurde angemerkt, dass die Kostengleichung $B(p,x)$ der Beratung (wie auch der Prüfung) überwiegend durch die Personalkosten p_1 der eingesetzten Berater x_1 determiniert ist. Der Term $p_2 x_2 + \ldots + p_n x_n$ kann daher zur Vereinfachung als ungefähr konstant betrachtet werden. Zur Beschreibung dieser Kosten, welche annäherungsweise als fix unterstellt werden, wird im Folgenden der Term $B_f (\approx p_2 x_2 + \ldots + p_n x_n)$ verwendet.

Die Kostenfunktion ergibt sich, indem x_1 in *Gl. 7.3.5* durch die in *Gl. 7.3.4* dargestellte Faktoreinsatzfunktion ersetzt wird:

$$B(p,x) = p_1 \frac{y^{\frac{1}{\alpha_1}}}{\left(\sum_{i=2}^{n} x_i^{\alpha_i}\right)^{\frac{1}{\alpha_1}}} + B_f \tag{7.3.6}$$

Unter der vereinfachenden Annahme, dass p_1 exogen determiniert ist, d.h. die Prüfungsgesellschaft eine Ausweitung ihres Beratungsvolumens aufgrund beschränkter Kapazitäten nicht durch eine höhere Vergütung erzielen kann (p_1 = const.), sondern stattdessen durch eine größere Anzahl von weniger qualifizierten Beratern mit der gegebenen Vergütung zur Durchführung des Auftrages einsetzen muss, steigt der Faktoreinsatz entsprechend auf $x_1^* > x_1$ und führt zu steigenden Grenzkosten.

Analog zu p_1 wird der Nenner des Bruchs aufgrund der Konstanz sämtlicher Faktoren außer x_1 ebenfalls als gleichbleibend betrachtet. Alle Konstanten können somit in einem Parameter z zusammengefasst werden. Die Kostenfunktion ergibt sich entsprechend zu:

---

zunächst sinken und erst später ansteigen. Hinsichtlich der Beratungstätigkeit könnte ein solcher Kostenverlauf damit begründet werden, dass zunächst eine bestimmte Menge des variablen Faktors (z.B. Arbeitszeit eines Beraters) benötigt wird, um die fixen Kosten (z.B. Angebotserstellung, Vertragsverhandlung etc.) verteilen zu können, so dass die Grenzproduktivität zunächst ansteigt und die Grenzkosten fallen. Demnach ist die Grenzproduktivität bei der ersten Beratungsstunde (Faktoreinheit) niedriger als bei der zweiten Beratungsstunde, d.h. das Beratungsvolumen wird bei einer Verdopplung der Beraterstunden zunächst mehr als verdoppelt, ehe bei höheren Mengen ein Ansteigen der Grenzkosten eintritt. Die vergleichsweise simple Cobb-Douglas-Kostenfunktion ist jedoch ausreichend, um im nachfolgenden Abschnitt die Wirkungsweise einer Beeinträchtigung der Unabhängigkeitswahrnehmung anhand von Reputationskosten abzubilden. Schließlich wird gewinnmaximierendes Angebotsverhalten des beratenden Abschlussprüfers ausschließlich durch den steigenden Abschnitt der Grenzkostenfunktion determiniert (vgl. *Feess* (2004), S. 142).

$$B(y) = z * y^{\frac{1}{\alpha_1}} + B_f \tag{7.3.7}$$

Damit weist die *Cobb-Douglas*-Kostenfunktion den in *Abbildung 7-1* dargestellten, progressiven Verlauf auf.

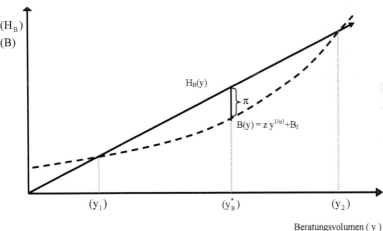

Abbildung 7-1: Erlös- und Kostenfunktion der Beratung

Aus der Abbildung geht hervor, dass der Abschlussprüfer aus der Beratungstätigkeit ein Residuum π erwirtschaftet. Dieses bezeichnet innerhalb des Intervalls $y=[y_1;\ y_2]$ einen positiven Überschuss $\pi > 0$, welcher aus der Differenz zwischen der Erlösfunktion $H_B(y)$ und der Kostenfunktion $B(y)$ resultiert und den es aus Sicht des rationalen Abschlussprüfers zu maximieren gilt.

$$\pi = (H_B(y) - B(y)) \tag{7.3.8}$$

Außerhalb des Intervalls $[y_1;\ y_2]$ übersteigen die Kosten die Erlöse, so dass der Abschlussprüfer ein derartiges Beratungsvolumen vermeiden wird. Für das optimale Beratungsvolumen y_B* ergibt sich nach dem Einsetzen der Kosten- (*Gl. 7.3.7*) und der Honorarfunktion (*Gl. 7.3.1*) sowie der Differenzierung von *Gl. 7.3.8* folgende Funktion:

$$\frac{\partial \pi}{\partial y} = \frac{\partial (H_B(y) - B(y))}{\partial y} = \frac{\partial H_B(y)}{\partial y} - \frac{\partial B(y)}{\partial y} = n_B - z\frac{1}{\alpha_1} y^{\frac{1}{\alpha_1}-1}$$
$$n_B - z\frac{1}{\alpha_1} y_B^{*\frac{1}{\alpha_1}-1} \equiv 0 \rightarrow y_B^* = \sqrt[\frac{1}{\alpha_1}-1]{\frac{n_B}{z}\alpha_1} \tag{7.3.9}$$

Das optimale Beratungsvolumen liegt demnach bei $y_B^* = \frac{1}{\alpha_1}\sqrt[{-1}]{\frac{n_B}{z}\alpha_1}$.

Während der optimale Beratungsanteil $b(y)$ somit von der Erlösfunktion H_B und der Kostenfunktion B abhängt, wird das Honorar aus der Prüfungstätigkeit vom Volumen der Beratungstätigkeit am Gesamthonorar nicht beeinträchtigt. Prüfungskosten P und Prüfungshonorar H_P werden vereinfachend als konstant angenommen (siehe *Abbildung 7.2*).

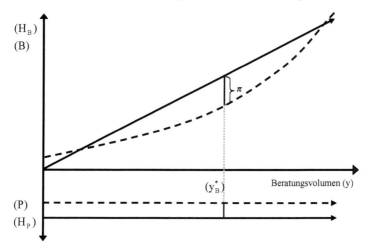

Abbildung 7-2: Erlös- und Kostenfunktionen von Beratung und Prüfung

Das aus der parallelen Prüfungs- und Beratungstätigkeit resultierende Residuum (π) ergibt sich aus den Erlösfunktionen [$H_B(y)$; H_P] abzüglich der Kostenfunktionen [$B(y)$; P]. Dabei bleibt ein mögliches Auftreten von knowledge spillovers zunächst unberücksichtigt:

$$\pi = (H_B(y) - B(y)) + (H_P - P) \tag{7.3.10}$$

Das optimale Beratungsvolumen y_B^* bleibt aufgrund der konstanten Prüfungskosten und des vom Beratungsvolumen unabhängigen Prüfungshonorars unverändert und wird ausschließlich durch die Erlös- und Kostenfunktion der Beratungstätigkeit determiniert.

$$\frac{\partial \pi}{\partial y} = \frac{\partial\left[(H_B(y) - B(y)) + (H_P - P)\right]}{\partial y} = \frac{\partial H_B(y)}{\partial y} - \frac{\partial B(y))}{\partial y} + \underbrace{\frac{\partial H_P}{\partial y}}_{0} - \underbrace{\frac{\partial P}{\partial y}}_{0} =$$

$$n_B - z\frac{1}{\alpha_1} y^{\frac{1}{\alpha_1}-1} = n_B - z\frac{1}{\alpha_1} y_B^{*\frac{1}{\alpha_1}-1} \equiv 0 \rightarrow y_B^* = \sqrt[{\frac{1}{\alpha_1}-1}]{\frac{n_B}{z}\alpha_1} \tag{7.3.11}$$

Das optimale Beratungsvolumen liegt unverändert für $y_B^* = \sqrt[{\frac{1}{\alpha_1}-1}]{\frac{n_B}{z}\alpha_1}$ vor.

7.3.2.2 Relevanz der Reputationskosten für den optimalen Beratungsanteil

Bedingt durch die von den Abschlussadressaten wahrgenommene Unabhängigkeitsgefährdung bei steigendem Beratungsvolumen und damit einhergehenden Reputationsverlusten, gestaltet sich das Optimierungsproblem des Abschlussprüfers in der Praxis komplexer als zunächst dargestellt. Eine Reduzierung der Reputation aufgrund eines aus Sicht der Abschlussadressaten unzulässigen Ausmaßes paralleler Beratungsleistungen führt zu einem Rückgang der realisierbaren Prüfungshonorare und zu einem Verlust einzelner Prüfungsmandate. Da diese Entwicklung jedoch nicht zeitgleich mit der parallelen Beratungstätigkeit erfolgt, sondern erst nach einiger Zeit durch die gefallene Reputation des Prüfers zu niedrigeren Honoraren bzw. Mandatsverlusten führt (*time-lag*), wäre die Berücksichtigung einer weiteren Dimension, nämlich die der Zeit in der graphischen Darstellung zur Abbildung von Reputationseffekten erforderlich. Aus Praktikabilitätsgründen wird im Folgenden auf die Einführung der zeitlichen Dimension zur Darstellung der Anpassung des Prüfungshonorars im Zeitverlauf verzichtet. Stattdessen wird eine zusätzliche (Reputations-) Kostenfunktion ($RK(b)$) eingeführt. Diese dient der Antizipation der Kosten, welche aus einer zunehmenden Beratungstätigkeit, also einem steigenden Beratungsanteil b und einem Rückgang der Unabhängigkeitsreputation resultieren. Da der Verlauf dieser Reputationskosten kaum eindeutig zu bestimmen ist, wird aus Darstellungsgründen zunächst simplifizierend eine, mit steigendem Beratungsanteil $b(y)$, linear zunehmende Kostenfunktion mit der Steigung a unterstellt:

$$RK(y) = a*b(y), \text{ wobei aus } b(y) = \frac{n_B}{H_P}*y \text{ ; } RK(y) = a*\frac{n_B}{H_P}*y \text{ folgt.} \qquad (7.3.12)$$

Die Grenzkosten der Reputation entsprechen bei einer Steigerung des Beratungsvolumens y:

$$\frac{\partial RK(y)}{\partial y} = a*\frac{n_B}{H_P} \qquad (7.3.13)$$

Nach Implementierung der Reputationskosten in *Gl. 7.3.10* ergibt sich ein Residuum aus der parallelen Prüfungs- und Beratungstätigkeit in Höhe von:

$$\pi^{REP} = (H_B(y) - B(y)) + (H_P - P - RK(y)) \qquad (7.3.14)$$

Daraus folgt, dass das Residuum, d.h. die Rente des Abschlussprüfers aus seiner kombinierten Prüfungs- und Beratungstätigkeit bei Berücksichtigung des Reputationseffektes immer kleiner sein wird, als ohne die Berücksichtigung der Reputationskosten. Es gilt: $\pi > \pi^{REP}$, da aus *Gl. 7.3.10* und *Gl. 7.3.14* $\pi^{REP} = \pi - RK(y)$ resultiert.

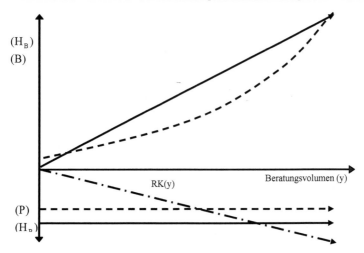

Abbildung 7-3: Beratung und Prüfung unter Beachtung der Reputationskosten

Eine Addition der (beiden) Ertragsfunktionen $H_{PB}=H_P+H_B(y)$ und der (drei) Kostenfunktionen $P+B(y)+RK(y)$ führt zu folgender aggregierten Darstellung.

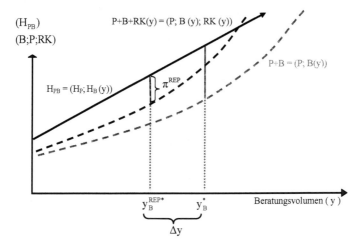

Abbildung 7-4: Das optimale Beratungsvolumens bei Reputationseffekten (I)

Aus *Abbildung 7-4* geht hervor, dass das optimale Beratungsvolumen nach der Berücksichtigung der Reputationskostenfunktion (RK) deutlich niedriger ausfällt als bei einer Vernachlässigung der ökonomischen Konsequenzen einer beeinträchtigten Unabhängigkeitswahrnehmung.

Reputationsaufbau durch wahrgenommene Unabhängigkeit

Mathematisch lässt sich dieser Zusammenhang wie folgt entwickeln:

$$\frac{\partial \pi}{\partial y} = \frac{\partial\left[(H_B(y) - B(y)) + (H_P - P - RK(y))\right]}{\partial y} =$$

$$\frac{\partial H_B(y)}{\partial y} - \frac{\partial H_B(y))}{\partial y} + \underbrace{\frac{\partial H_P}{\partial y}}_{0} - \underbrace{\frac{\partial P}{\partial y}}_{0} - \frac{\partial RK(y)}{\partial y} = n_B - z\frac{1}{\alpha_1}y^{\frac{1}{\alpha_1}-1} - a*\frac{n_B}{H_P} =$$

(7.3.14)

$$n_B - z\frac{1}{\alpha_1}y_B^{REP*\frac{1}{\alpha_1}-1} - a*\frac{n_B}{H_P} \equiv 0 \rightarrow y_B^{REP*} = \sqrt[\frac{1}{\alpha_1}-1]{\frac{n_B - \left(a*\frac{n_B}{H_P}\right)}{z}\alpha_1}$$

Wobei $a*\frac{n_B}{H_P} > 0$ gilt; da $a > 0$

Aufgrund der in *Kapitel 7.3.1* dargestellten empirischen Ergebnisse, welche überwiegend eine Beeinträchtigung der wahrgenommenen Unabhängigkeit infolge einer parallelen Beratung bezeugen, kann die Reputationskostenfunktion zunächst vereinfachend, d.h. unabhängig von einer möglichen kritischen Grenze, als streng monoton steigend angenommen werden. Es gilt $y^*_B > y^{REP*}_B$. Berücksichtigt der Abschlussprüfer bei seiner Entscheidung, Beratungsaufträge anzunehmen, die Implikationen des Reputationsverlustes für seine Abschlussprüfungstätigkeit, wird er ein optimales Beratungsvolumen wählen, das den in *Kapitel 7.3.2.1* ermittelten optimalen Beratungsanteil um Δy unterschreitet.

$$\Delta y = y_B^* - y_B^{REP*} = \sqrt[\frac{1}{\alpha_1}-1]{\frac{(n_B)}{z}\alpha_1} - \sqrt[\frac{1}{\alpha_1}-1]{\frac{n_B - \left(a*\frac{n_B}{H_P}\right)}{z}\alpha_1} = -\sqrt[\frac{1}{\alpha_1}-1]{\frac{\left(a*\frac{n_B}{H_P}\right)}{z}\alpha_1}$$ (7.3.15)

Die vorausgehende Unterstellung eines linearen Verlaufs der Reputationskosten ist eine Vereinfachung und dient der Verdeutlichung des grundsätzlichen Optimierungsproblems des Abschlussprüfers. Auch die Annahme, lediglich das Beratungsvolumen (y), nicht jedoch die Art der Beratungsleistungen, würde von den Abschlussadressaten bei der Beurteilung der Unabhängigkeit des Prüfers berücksichtigt, ist stark abstrahierend und schränkt die Übertragbarkeit des vorgestellten Modells auf die Prüfungspraxis ein. Um eine Erhöhung der Aussagekraft des Modells hinsichtlich des optimalen Beratungsanteils treffen zu können, bedarf es einer komplexeren Modellierung der Reputationskostenfunktion, der eine intensive Auswertung empirischer Erkenntnisse zur Unabhängigkeitswahrnehmung vorausgehen muss. Jüngere empirische Studien geben Anlass zur Vermutung, dass die Reputationskosten in Abhängigkeit der Art der erbrachten Dienstleistungen schwanken, d.h. die Kostenfunktion einem nicht linearen Verlauf folgt.[971] Um diese Erkenntnisse in der Reputationskostenfunktion zu berück-

---

[971] Für den deutschen Markt *Quick/Warming-Rasmussen* (2007), S. 1018.

sichtigen, könnte bspw. eine Unterscheidung anhand der, in §§ 285 Abs. 1 Nr. 17, 314 Abs. 1 Nr. 9 HGB vorgegebenen Honorarkategorien sinnvoll sein. Eine entsprechende Reputationskostenfunktion würde sich möglicherweise wie in *Gl. 7.3.16* darstellen.

$$RK(y) = \beta_1 * y^{Steuerberatung} + \beta_2 * y^{Bestätigungsleistungen} + \beta_3 * y^{Sonstige\ Leistungen} \qquad (7.3.16)$$

Die Koeffizienten β_1, β_2, β_3 beschreiben dabei den Zusammenhang zwischen den jeweiligen Honorarkategorien und den Reputationskosten einer bestimmten Beratungsleistung.

Ferner wird die Ausprägung des Reputationsverlustes aus einem weiteren Grund von der (im Vorausgehenden unterstellten) linear steigenden Kostenfunktion abweichen. Einem Forschungsbeitrag von *Quick/Warming-Rasmussen* (2007) zufolge betrachten Privatinvestoren Beratungshonoraranteile von durchschnittlich 27,9 % für gerade noch zulässig.[972] Ähnlicher Auffassung ist auch die SEC, welche einen Anteil von 25 % als angemessene Obergrenze erachtet.[973] Somit kann gefolgert werden, dass aus Sicht der Abschlussadressaten keine Gefahr für die Unabhängigkeit von unter dieser Grenze liegenden Honoraranteilen ausgeht, d.h. keine relevante Beeinträchtigung der Reputation des Abschlussprüfers droht. Liegt der Anteil des Beratungsengagements des Abschlussprüfers innerhalb eines Intervalls von bspw. 0 – 25 % des Gesamthonorars, könnten die Beratungshonorare aufgrund von erwarteten Synergieeffekten sogar als Surrogat für eine gesteigerte Prüfungsqualität interpretiert werden. Dieser Vermutung, welche auf das Bestehen von *knowledge spillovers* zurückgeht und als *Value Enhancement Hypothese* beschrieben wird, liegt die Annahme zu Grunde, „that nonaudit services improve accounting earnings quality and thus investors would rely more on accounting information as nonaudit services increases."[974] Vorliegende, in *Kapitel 4.4.2* dargestellte empirische Studien können das Vorliegen eines *Value Enhancements* durch eine parallele Beratung gegenwärtig jedoch nicht bestätigen.[975] Zweifelsfrei ist hingegen, dass nach Überschreiten eines aus Sicht der Abschlussadressaten kritischen Wertes die Beeinträchtigung der wahrgenommenen Unabhängigkeit einsetzt. Somit dürfte die Änderung des Beratungsanteils von bspw. 20 % auf 30 % aufgrund des Überschreitens eines kritischen Schwellenwertes zu einem deutlichen Ansteigen der Reputationskosten führen. Eine Änderung von 10 % auf 20 % oder von 80 % auf 90 % könnte hingegen ohne wesentliche Effekte auf die Unabhängigkeitswahrnehmung erfolgen. Dies impliziert, dass die Reputationskostenfunktion einen S-förmigen Verlauf annimmt, deren Steigung um eine kritische Größe, wie in *Abbildung 7-5* dargestellt, maximal ist.

---

[972] Vgl. *Quick/Warming-Rasmussen* (2007), S. 1022. Ähnlich auch die Ergebnisse einer Befragung dänischer Kleinaktionäre *Quick/Warming-Rasmussen* (2005).
[973] Vgl. *SEC* (2000c), II.D.2
[974] *Cho et al.* (2007), S. 4.
[975] Siehe hierzu die Ergebnisse der Studien von *Ghosh et al.* (2005); *Higgs/Skantz* (2006); *Cho et al.* (2007); *Joshi et al.* (2007); *Hill/Booker* (2007), welche keine oder nur bedingte Beeinträchtigungen der wahrgenommenen Unabhängigkeit belegen.

Zusammenfassung 191

Ein Abschlussprüfer, dessen Beratungsanteil innerhalb des als Phase 1 und 2 bezeichneten Intervalls liegt, wird eine positive Gesamtrente aus der Prüfungs- und Beratungstätigkeit erzielen. Hier ist der Überschuss aus der Beratung bereits moderat, während aus der parallelen Tätigkeit aufgrund von vermuteten *knowledge spillovers* zugleich Reputationsvorteile entstehen könnten. Selbst wenn die positive Wahrnehmung der parallelen Beratung, d.h. die wahrgenommenen Vorteile der Beratungstätigkeit in Phase 2 fallen, können die Erträge aus der Beratungstätigkeit die erwarteten Kosten des Ansehensverlustes kompensieren. Erst in Phase 3 verzehren die Reputationskosten, welche jetzt monoton ansteigen, die Renten aus der Beratungstätigkeit vollständig. Ein Abschlussprüfer der einen Beratungsanteil innerhalb des als Phase 3 bezeichneten Intervalls erbringt sollte seine Beratungstätigkeit bei Prüfungsmandanten reduzieren, um seine Mandatsträgerschaft als Abschlussprüfer bzw. seine Prüfungshonorare nicht zu gefährden. Hier führt jede Reduzierung des Beratungsanteils zu einer Steigerung der Rente.

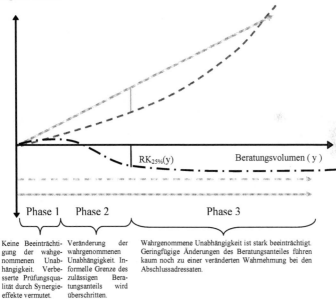

Abbildung 7-5: Das optimale Beratungsvolumens bei Reputationseffekten (II)

7.4 Zusammenfassung

Die gesetzliche Abschlussprüfung stellt aufgrund der Verborgenheit der tatsächlichen Dienstleistungsqualität ein Erfahrungs- bzw. Vertrauensgut dar. Um dem Mangel an Transparenz bei der Auswahl des Abschlussprüfers zu begegnen, treffen die Gesellschafter ihre Wahl u.a. anhand der Reputation der Anbieter. Vertrauen die Abschlussadressaten auf die Unabhängigkeit und Urteilsfähigkeit des Abschlussprüfers, so vertrauen sie auch dem Prüfungsurteil und den im geprüften Abschluss enthaltenen Informationen. Somit erfolgt durch die Abschlussprüfung ein Reputationstransfer vom Prüfer auf den Prüfungsgegenstand. Verlieren die Adressaten hingegen ihr Vertrauen in das Urteil des Abschlussprüfers bezweifeln sie auch die im geprüften Abschluss enthaltenen Informationen. Der Vertrauensverlust in das Urteil des Abschlussprüfers kann dabei so erheblich sein, wie *Chaney/Philipich* (2002) empirisch belegen, dass deutliche Kapitalmarktreaktionen auch bei anderen Mandanten des Abschlussprüfers statistisch nachweisbar sind.

Bedauerlicherweise werden die Reputationsaspekte der Abschlussprüfung in ökonomischen Modellen, trotz ihrer Relevanz, oftmals unzureichend behandelt. Die Schwierigkeiten bei einer Quantifizierung der Reputationskosten dürften dafür maßgeblich sein.[976] Dies gilt auch für die aus einer parallelen Beratungstätigkeit resultierende Beeinträchtigung der wahrgenommenen Unabhängigkeit und etwaige damit verbundene Kosten. Schließlich wird die Unabhängigkeitsreputation nicht nur durch die Höhe und/oder Zusammensetzung der bei den Prüfungsmandanten erbrachten Honorare, sondern vor allem durch die nur schwer zu modellierende subjektive Wahrnehmung der Adressaten beeinflusst. Ein Ansteigen des Beratungsanteils auf ein von den Abschlussadressaten als unabhängigkeitsgefährdend erachtetes Niveau dürfte zu einem Rückgang der Vertrauenswürdigkeit des Prüfungsurteils führen. Tritt dies bei mehreren Mandanten auf, so muss der Prüfer mit einem mandatsunabhängigen Reputationsverlust rechnen, der einen Rückgang der Prüfungsaufträge bzw. Prüfungshonorare zur Folge haben könnte.

Anhand eines kostentheoretischen Modells wurde qualitativ aufgezeigt, dass die Berücksichtigung der durch die parallele Beratung hervorgerufenen Reputationskosten zu einem aus Sicht des Abschlussprüfers optimalen Beratungsanteil führt, der unterhalb des bestmöglichen Niveaus bei Vernachlässigung des Reputationseffektes liegt. Ähnlich den gesetzlichen Grenzen stellt die Reputation somit eine faktische Limitation der Vereinbarkeit von der Prüfung und Beratung dar.[977] Denkbar wäre, dass die parallele Prüfung und Beratung dadurch auf ein Ausmaß beschränkt wird, welches die tatsächliche Unabhängigkeit des Abschlussprüfers nicht gefährdet. In diesem Fall könnte die Nichtbeachtung möglicher Reputationseffekte dazu führen, dass Prüfer bei unverhältnismäßigen Unabhängigkeitsanforderungen und Haftungsregelungen eine Prüfungssorgfalt entwickeln, welche auch aus Sicht der Anleger nicht erstrebenswert ist.[978] *Bigus* (2006), der den Einfluss von Haftungsbestimmungen und Reputationseffekten auf das gewählte Sorgfaltsniveau des Abschlussprüfers untersucht, gelangt zu dem

---

[976] Vgl. *Hachmeister* (2001), S. 101-102; *Kitschler* (2005), S. 87; *Quick/Solmecke* (2007), S. 178.
[977] Vgl. *Arruñada* (1999b), S. 514-517.
[978] Vgl. *Bigus* (2006), S. 38.

Zusammenfassung

Ergebnis, dass Reputationskapital, welches im Falle eines Bilanzskandals verloren geht, Anlass für eine moderate Ausgestaltung des Haftungssystems geben könnte. Ein Nash-Gleichgewicht, bei dem sowohl die Interessen der Anteilseigner befriedigt werden als auch der Abschlussprüfer sorgfältig prüft, ist demnach auch durch Reputationseffekte möglich.[979]

Zusammenfassend ist festzuhalten, dass die Reputation für die Verhaltenssteuerung des Abschlussprüfers von zentraler Bedeutung ist, ohne dass, anders als bei Tätigkeitseinschränkungen oder Haftungsregelungen, entsprechend hohe Kontroll- und Überwachungskosten entstehen. Um die Wirksamkeit der Reputation als Marktmechanismus zu erreichen, muss der Gesetzgeber lediglich Sorge tragen, dass die Verfügbarkeit, der Umfang und die Qualität der zur Beurteilung der Unabhängigkeit durch die Abschlussadressaten erforderlichen Informationen gewährleistet sind. Die Offenlegung der Honorare ist in diesem Zusammenhang unverzichtbar.[980] Inwieweit bestehende gesetzliche Grenzen der Vereinbarkeit von Prüfung und Beratung gemeinsam mit dem Anreiz zum Reputationsaufbau und -erhalt und deren Gefährdung durch eine wahrgenommene Unabhängigkeitsbeeinträchtigung einen hinreichenden Schutz für die tatsächliche Unabhängigkeit gewährleisten, wird in den folgenden Kapiteln dieser Arbeit untersucht.

---

[979] Vgl. *Bigus* (2006), S. 31.
[980] Vgl. *Arruñada* (1999b), S. 528.

8 Die Messung der tatsächlichen Unabhängigkeit bei paralleler Beratung

Während die regulatorischen Neuregelungen in Folge der eingangs erwähnten Bilanzskandale vorrangig der Wiederherstellung des Vertrauens der Kapitalmärkte in die Abschlussprüfung dienen sollen, d.h. die bei den Kapitalmarktteilnehmern aufgetretene Besorgnis der Befangenheit des Abschlussprüfers (*Independence in appearance*) stand im Mittelpunkt der Gesetzesinitiativen, wurde der tatsächlichen Unabhängigkeit (*Independence in fact*) eine deutlich geringere Aufmerksamkeit gewidmet. Auch erfolgte, wie bereits in der Einleitung erwähnt, die rasante Verabschiedung der gesetzlichen Maßnahmen zur Stärkung der Unabhängigkeit überwiegend ohne *academic input*.[981] Dies gilt insbesondere für Deutschland, wo die Frage nach der Vereinbarkeit von Prüfung und Beratung und deren Auswirkungen auf die tatsächliche Unabhängigkeit ein von der empirischen Forschung bisher weitgehend unberührtes Feld darstellt.[982]

Bevor eine entsprechende Untersuchung zum deutschen Markt in den *Kapiteln 10* bis *12* folgt, werden bisherige Ergebnisse der internationalen empirischen Forschung zur tatsächlichen Unabhängigkeit bei gleichzeitiger Prüfungs- und Beratungstätigkeit kritisch diskutiert. Dazu werden in diesem Kapitel unterschiedliche methodische Ansätze vorgestellt, deren Gemeinsamkeit darin besteht, dass anhand eines Surrogats für Prüfungsqualität auf die tatsächliche Unabhängigkeit des Abschlussprüfers geschlossen wird.[983] Diese Gleichsetzung von Prüfungsqualität und Unabhängigkeit setzt voraus, dass die fachliche Fähigkeit, materielle Fehler im Abschluss aufzudecken, unter den Abschlussprüfern homogen verteilt ist. Schwankungen in der Prüfungsqualität sind annahmegemäß alleine von der Unabhängigkeit des Abschlussprüfers abhängig.[984] Hinsichtlich der Methodik der Studien kann grundsätzlich zwischen Experimenten und archivistischen Regressionsanalysen unterschieden werden.[985] Neben der Diskussion und Interpretation aktueller Forschungsbeiträge zur Beeinträchtigung der tatsächlichen Unabhängigkeit durch die parallele Beratung ist die Identifikation einer geeigneten Methode für den in *Kapitel 12* folgenden Forschungsbeitrag zum deutschen Markt Zielsetzung dieses Kapitels.

---

[981] Für die USA siehe Francis et al. (2004, S. 345-368); für Norwegen vgl. *Hope/Langli* (2007, S. 3 u. 13).
[982] Vgl. *Pott et al.* (2009), S. 234-236.
[983] Der Einsatz von Surrogaten ist erforderlich, da die tatsächliche Unabhängigkeit des Abschlussprüfers von Außenstehenden nicht beobachtbar ist. Siehe hierzu auch *Kapitel 3.2.2.1*.
[984] Diese Annahme ist nicht unproblematisch, da die fachlichen Fähigkeiten, einen Fehler zu entdecken, zwischen mehreren Abschlussprüfern variieren können. Daher wird als zusätzliches Qualitätskriterium in einigen Studien zwischen Big4- und NonBig4-Gesellschaft unterschieden.
[985] Untersuchungen zu Gemeinschaftsklagen (*shareholder class action*) aufgrund von Verletzungen der Unabhängigkeitspflichten, wie sie bspw. *Bajaj et al.* (2003, S. 19-20) durchführen, werden in dieser Arbeit nicht näher betrachtet, da deren Anwendbarkeit aufgrund des verwendeten Qualitätssurrogats und der erheblichen Unterschiede in der Rechtsprechung faktisch auf den US-amerikanischen Prüfungsmarkt beschränkt bleibt.

8.1 Experimentelle Studien

Mittels experimenteller Studien wird untersucht, ob Abschlussprüfer infolge einer zusätzlichen Beratungstätigkeit die Risiken bei einem Prüfungsmandanten anders einschätzen als bei einer ausschließlichen Prüfungstätigkeit. In einer Reihe von Studien, die überwiegend in den USA und Kanada durchgeführt wurden, konnte keine Minderung der Unabhängigkeit durch Beratungsleistungen nachgewiesen werden.[986] Stattdessen weisen *Joe/Vandervelde* (2007), deren Studie bereits in *Kapitel 4.4.2* vorgestellt wurde, sogar eine verbesserte Risikobeurteilung im Rahmen der Prüfungsplanung aufgrund von *knowledge spillovers* durch eine parallele Beratung des Abschlussprüfers nach.[987]

Insgesamt ist die Aussagekraft der Experimentalanalysen jedoch begrenzt, da sehr spezielle Situationen untersucht werden, die keinen allgemeingültigen Rückschluss auf die Unabhängigkeit des Abschlussprüfers zulassen. Auch besteht die Gefahr, dass die Probanden sich im Experiment anders verhalten als bei der tatsächlichen Prüfungstätigkeit. Ein angepasstes Verhalten ist sogar wahrscheinlich, da die Teilnehmer eines Laborexperimentes einer außerordentlichen Beobachtung unterliegen und sich daher besonders normkonform verhalten. Umgekehrt fehlt bei einem anonymen Experiment der Anreiz zur intensiven Auseinandersetzung mit der Thematik; besteht im Rahmen derartiger Untersuchungen doch weder ein finanzieller Anreiz, welcher zur Unabhängigkeitsaufgabe verleiten könnte, noch ein gegenläufiger Reputationseffekt, der zur Wahrung der Unabhängigkeit beitragen könnte.[988] Experimentalstudien dürften zur Untersuchung einer Beeinträchtigung der tatsächlichen Unabhängigkeit daher insgesamt wenig aufschlussreich sein, so dass auf eine ausführliche Diskussion an dieser Stelle verzichtet werden kann.

8.2 Ex-ante Beurteilungen

Eine weitere Gruppe von Untersuchungen zur Beeinträchtigung der Unabhängigkeit basiert auf der Idee, dass bereits bei der Prüfungsplanung und -durchführung und nicht erst im Rahmen der Berichterstattung eine Unabhängigkeitsaufgabe nachweisbar ist. *Waller/Kizirian* (2004) vermuten eine Minderung der Urteilsfreiheit aufgrund einer ausgeprägten Beratungstätigkeit und können anhand archivistischer Daten einen signifikant negativen Zusammenhang zwischen dem Beratungsanteil des Abschlussprüfers und der hinsichtlich bestimmter Bilanzpositionen getroffenen Risikoeinschätzung nachweisen.[989] Die Gründe für eine Beeinträchti-

---

[986] Sowohl *Corless/Parker* (1987) als auch *Dopuch et al.* (2003), die den US-amerikanischen Prüfungsmarkt untersuchen, konnten keine Beeinträchtigung der Unabhängigkeit durch Beratungsleistungen feststellen. Gleiches gilt für eine Untersuchung von *Davidson/Emby* (1996), die für den kanadischen Markt eine Experimentalstudie durchführten.
[987] Vgl. *Joe/Vandervelde* (2007), S. 485. Zu den Grenzen dieser Untersuchung siehe *Kapitel 4.4.2*.
[988] Vgl. *Quick* (2006), S. 48.
[989] Die von *Waller/Kizirian* (2004, S. 16) untersuchte Hypothese lautet: „There is a negative association between the firm's provision of non-audit services and its auditors' risk judgements".

gung der Risikoeinschätzung vermuten *Waller/Kizirian* (2004) weniger in der bewussten Verfolgung wirtschaftlicher Ziele als in „an unintentional downward bias in judgement risk".[990] Die Aussagekraft derartiger ex-ante-Untersuchungen dürfte jedoch fraglich sein, da die in diesen Studien verwendeten Qualitätssurrogate (*Risikoeinschätzung, Prüfungsstunden* etc.) kaum zuverlässige Rückschlüsse auf die Unabhängigkeit des Abschlussprüfers erlauben. Möglicherweise ist eine Reduktion der Prüfungsstunden und damit des Prüfungsaufwandes weniger auf eine Beeinträchtigung der Unabhängigkeit als auf Effizienzsteigerung zurückzuführen. So stellt *Quick* (2006) grundsätzlich in Frage, ob eine Beeinträchtigung der Unabhängigkeit bereits im Rahmen der Prüfungsplanung auftreten kann. Während Fehlbeurteilungen meist unbewusst erfolgen, zeigt sich ein abhängiges Verhalten erst nach Abwägung unterschiedlicher Handlungsalternativen, nicht unintentional, sondern bewusst im Rahmen der Urteilsfindung nach Beendigung der Prüfungshandlungen.[991] Auch sind die vom Abschlussprüfer ermittelten Risiken, bspw. bezüglich der Werthaltigkeit einzelner Bilanzpositionen, nicht nur Grundlage für die Prüfungsplanung, sondern könnten zugleich Gegenstand von Diskussionen mit dem Mandanten sein. Ein vergleichsweise niedrig eingeschätztes Risiko bezüglich bestimmter Prüffelder könnte, sofern es mit dem Mandanten besprochen wird, nicht nur zu einem geringeren Prüfungsaufwand, sondern auch zu niedrigeren Prüfungshonoraren führen. Gerade diese stehen jedoch im Zentrum der wirtschaftlichen Interessen des Abschlussprüfers. Vor dem Hintergrund dieser Einschränkungen sind ex-ante Beurteilungen als Surrogatsgröße für die Unabhängigkeit des Abschlussprüfers ebenfalls eher ungeeignet.

8.3 Ex-post Abschlusskorrekturen

In einem wichtigen Forschungszweig zur Unabhängigkeitsbeurteilung wird der Zusammenhang zwischen der Häufigkeit nachträglicher Abschlusskorrekturen *(Restatements)* und der Vergütung des Abschlussprüfers untersucht.[992] Dabei wird erwartet, dass der Abschlussprüfer aufgrund seiner mit der Beratungstätigkeit verbundenen finanziellen Interessen zu Zugeständnissen hinsichtlich der Berichterstattung bereit ist und den Abschluss trotz materieller Fehler zunächst testiert. Erst zu einem späteren Zeitpunkt wird dieser Fehler von einer Aufsichtsbehörde aufgedeckt, so dass es zu nachträglichen Anpassungen kommt.[993] Zur Überprüfung dieser Vermutung werden Regressionsanalysen durchgeführt, in denen als abhängige Variable ein ggf. vorliegendes *Restatement* durch die dichotome Größe (1/0) abgebildet wird. Neben Unternehmen, deren Abschluss einer nachträglichen Korrektur unterzogen wurde (1), wird

---

[990] Ähnliche Forschungsansätze verfolgen auch *Hackenbrack/Knechel* (1997) und *Johnstone/Bedard* (2001).
Waller/Kizirian (2004), S. 2.
[991] Vgl. *Quick* (2006), S. 49.
[992] Vgl. *Raghunandan et al.* (2003), S. 225.
[993] Vgl. *Raghunandan et al.* (2003), S. 223.

dabei eine Kontrollgruppe von Unternehmen ausgewählt, deren Ausgangsabschluss fehlerfrei (0) ist.[994] Als Experimentalvariable wird der *Anteil des Beratungshonorars* am Gesamthonorar berücksichtigt.[995]

Weder *Raghunandan et al.* (2003) noch *Agrawal/Chadha* (2005) können für den von beiden betrachteten Zeitraum vom 1. Januar 2000 bis zum 31. Dezember 2001 eine signifikante Beeinträchtigung der Unabhängigkeit des Abschlussprüfers durch hohe Beratungshonoraranteile anhand der Anzahl der vorgenommen Korrekturen in den Abschlüssen der betrachteten US-amerikanischen Unternehmen nachweisen.[996] *Ferguson et al.* (2004) hingegen belegen einen positiven Zusammenhang zwischen den Restatements und der Höhe der Honorare bei britischen Unternehmen. Die Autoren schließen daraus auf eine Beeinträchtigung der Unabhängigkeit durch die parallele Beratungstätigkeit während des betrachteten Zeitraumes 1999 bis 2000.[997] Dieses von US-amerikanischen Studien abweichende Ergebnis ist nach Einschätzung von *Ferguson et al.* (2004) auch auf die im Vergleich zu Großbritannien erheblichen Rechtsfolgen für US-amerikanische Abschlussprüfer im Falle einer Pflichtverletzung zurückzuführen. Die Autoren vertreten daher die Auffasuung, dass die Attraktivität einer Unabhängigkeitsaufgabe durch die erhöhten Haftungsrisiken erheblich eingeschränkt wird.[998]

Kinney et al. (2004), die den US-amerikanischen Markt über einen längeren Zeitraum (1995 - 2000) beobachten, knüpfen an die Untersuchung von *Raghunandan et al.* (2003) an und differenzieren zwischen unterschiedlichen Arten von Beratungsleistungen. Während für Beratungsleistungen mit Bezug zu dem *Finanzinformationssystem* (FISDI), für *prüfungsnahe Beratung* sowie zur *Internen Revision* einerseits und der Häufigkeit von Restatements andererseits kein Zusammenhang nachgewiesen werden kann, besteht bei hohen Prüfungshonoraren

---

[994] Durch das Aufdecken der Unzulänglichkeiten seitens der Kapitalmarktaufsicht kommt es zu einer nachträglichen Korrektur des Abschlusses. Abschlüsse, die ebenfalls materielle Fehler enthalten, die jedoch nicht von der SEC als fehlerhaft identifiziert werden, sind der Kontrollgruppe zugeordnet. Während *Raghunandan et al.* (2003) eine Kontrollgruppe von 3.481 willkürlich gewählten Unternehmen einbeziehen, wählen *Agrawal/Chadha* (2005) zu jedem Unternehmen mit nachträglich korrigiertem Abschluss jeweils ein Vergleichsunternehmen ohne Abschlusskorrektur aus (vgl. *Agrawal/Chadha* (2005), S. 379). Auch *Kinney et al.* (2004) berücksichtigen jeweils ein Vergleichsunternehmen, das a. denselben Abschlussprüfer, b. der gleichen Branche angehört und c. möglichst ähnliche Umsatzerlöse erzielt haben sollte (vgl. *Kinney et al.* (2004), S. 564).

[995] *Raghunandan et al.* (2003) schätzen zunächst eine Benchmark, welche die erwarteten Beratungshonorare, d.h. den erwarteten Beratungsanteil und die erwartete Höhe der Gesamthonorare vorgibt. Die Abweichung zwischen den tatsächlichen und den erwarteten Honoraren (bzw. Honoraranteilen) werden folgend als unerwartet bezeichnet und fließen als erklärende Variable in das Regressionsmodell ein (vgl. *Raghunandan et al.* (2003), S. 226-227).

[996] Vgl. *Agrawal/Chadha* (2005), S. 403; *Raghunandan et al.* (2003), S. 233.

[997] Die wirtschaftliche Bindung wurde anhand folgender Kennzahlen ermittelt: 1. Beratungshonorar/ Gesamthonorar, 2. Logarithmus naturalis des Beratungshonorars und 3. Umsatzanteile der Beratungshonorare einzelner Mandate auf Niederlassungs-ebene gemessen (vgl. *Ferguson et al.* (2004), S. 823).

[998] Vgl. *Ferguson et al.* (2004), S. 834. Bspw. sind in Großbritannien Gemeinschaftsklagen unzulässig.

($\beta = 0{,}02$; $p = 0{,}015$) und *sonstigen Beratungsleistungen* ($\beta = 0{,}02$; $p = 0{,}017$) ein signifikant positiver Einfluss.[999] Ferner führen Steuerberatungsleistungen des Abschlussprüfers, entgegen der Vermutung, zu einer signifikant niedrigeren Wahrscheinlichkeit ($\beta = -0{,}014$, $p = 0{,}039$) nachträglicher Abschlusskorrekturen, d.h. eine Steigerung der Prüfungsqualität scheint durch die parallele Steuerberatungstätigkeit gegeben.[1000] *Kinney et al.* (2004) führen diesen Zusammenhang darauf zurück, dass prüfungspflichtige Gesellschaften, die qualitativ hochwertige Prüfungsleistungen nachfragen, eher geneigt sein könnten, denselben Abschlussprüfer auch mit der Steuerberatung zu beauftragen.[1001] Ob die nachgewiesene Korrelation auf die Big4-Prüfungsgesellschaften beschränkt ist oder auch auf andere Gesellschaften zutrifft, untersuchen die Autoren bedauerlicherweise nicht. Dennoch zeigt die Studie, dass neben der Höhe auch die Art der Beratungsleistungen für das Ausmaß einer Unabhängigkeitsgefährdung ausschlaggebend sein könnte, so dass eine differenzierte Betrachtung einzelner Beratungsleistungen hinsichtlich deren tatsächlichen Unabhängigkeitsbeeinträchtigung notwendig ist. Dies setzt voraus, dass die Offenlegung der Honorare für die einzelnen Dienstleistungskategorien separat erfolgt.[1002]

Problematisch an der Betrachtung nachträglicher Abschlusskorrekturen als Surrogat der tatsächlichen Unabhängigkeit ist die Unterstellung, dass ausschließlich die Kapitalmarktaufsicht nachträgliche Korrekturen des Abschlusses veranlasst. Tatsächlich kann dies auch durch den Mandanten oder den Abschlussprüfer initiiert werden. Denkbar wäre, dass erst aufgrund der während einer parallelen Beratungstätigkeit des Abschlussprüfers gewonnenen Erkenntnis die Notwendigkeit einer nachträglichen Korrektur des Abschlusses für den Prüfer sichtbar wird. In diesem Fall wäre die parallele Beratungstätigkeit der Abschlussqualität förderlich. Ein weiteres Manko des verwendeten Qualitätssurrogats wird anhand der bisherigen Beschränkung derartiger Studien auf den US-amerikanischen bzw. britischen Prüfungsmarkt deutlich. So setzt die Verwendung von Restatements als Qualitätssurrogat neben einer wirksamen Kapitalmarktaufsicht auch eine für statistische Untersuchungen hinreichende Anzahl nachträglicher Korrekturen voraus. Die von *Raghunandan et al.* (2003) für den US-amerikanischen Markt betrachtete Stichprobe umfasst, obwohl sie sich über mehrere Jahre erstreckt, nur 110 Beobachtungen mit einer nachträglichen Korrektur.[1003] Auf eine vergleichbar niedrige Anzahl stützen sich auch die Beiträge von *Agrawal/Chadha* (2005) ($n=172$) und *Ferguson et al.* (2004) ($n=123$).[1004] *Kinney et al.* (2004) konnten in ihrer Untersuchung für den Zeitraum 1995 bis 2000 zwar auf 617 Unternehmen mit insgesamt 979 nachträglichen Abschlusskorrekturen

---

[999] Vgl. *Kinney et al.* (2004), S. 581 u. 585.
[1000] Vgl. *Kinney et al.* (2004), S. 584.
[1001] Vgl. *Kinney et al.* (2004), S. 564.
[1002] Vgl. *Kinney et al.* (2004), S. 585.
[1003] Vgl. *Raghunandan et al.* (2003), S. 223.
[1004] Vgl. *Ferguson et al.* (2004), S. 829.

zurückgreifen, die Anzahl der Unternehmen, welche in den jeweils betrachteten Dienstleistungskategorien einen Honorarausweis vornehmen, ist jedoch ebenfalls teilweise sehr gering. So leidet die Aussagekraft des Modells darunter, dass weniger als 5 % der betrachteten Unternehmen Beratungsleistungen zum FISDI oder zur Internen Revision vom Abschlussprüfer beziehen.[1005]

Für kleinere Kapitalmärkte, wie etwa den deutschen, ist eine derartige Studie aufgrund der geringen Grundgesamtheit nachträglich korrigierter Abschlüsse impraktikabel. Unter den im Prime-Standards der Deutschen Börse AG gelisteten Unternehmen wurde bspw. im Geschäftsjahr 2007 (2006/2007) lediglich der Abschluss der IKB Deutsche Industriebank AG nachträglich geändert.[1006] Während bei nicht-kapitalmarktorientierten Unternehmen die Anzahl der Restatements zwar deutlich höher sein dürfte, stehen hier für den Zeitraum vor Inkrafttreten des BilMoG keine Honorarinformationen der Abschlussprüfer dieser Gesellschaften zur Verfügung. Dadurch kann die für eine entsprechende Untersuchung zum deutschen Markt erforderliche Stichprobe erst nach der Honoraroffenlegung nicht-kapitalmarktorientierter Unternehmen erfolgen.[1007]

8.4 Testatseinschränkungen und Going-Concern-Beurteilungen

Zahlreiche Beiträge untersuchen den Zusammenhang zwischen der Höhe der Beratungshonorare und der Wahrscheinlichkeit einer *Testatseinschränkung (Qualified Audit Opinion).*[1008] Dabei wird vermutet, dass bei hohen Beratungshonoraren eine Testatseinschränkung weniger wahrscheinlich ist.[1009] Es wird unterstellt, dass ein Abschlussprüfer bei umfangreichen Beratungsleistungen zögert, ein negatives Prüfungsurteil zu erteilen, um die wirtschaftlich attraktiven Beratungsleistungen durch einen möglichen Mandatsverlust nicht zu gefährden (*self-interest threat*) (siehe *Kapitel 4.5.1*). Ferner dürfte der Prüfer zögern, ein negatives Prüfungsurteil zu erteilen, wenn die Ursache des Versagungsvermerkes oder der Einschränkung in Zu-

---

[1005] Vgl. *Ferguson et al.* (2004), S. 584.
[1006] Die Änderungen betreffen die Konsolidierung einer Tochtergesellschaft sowie die Bewertung von ursprünglich unter den Finanzanlagen ausgewiesenen festverzinslichen Wertpapieren, die ihrerseits jeweils ein Portfolio von Pfandbriefen und Derivaten verbriefen. Erst durch die Konsolidierung wurden die Pfandbriefe und Derivate einzeln bilanziert, was zu einer Bewertung zum Fair Value statt zu fortgeführten Anschaffungskosten im Rahmen nachträglicher Anpassungen führte. Die Änderung der Bilanzierung zum 31. März 2007 führte im Geschäftsjahr 2006/07 zu einer erheblichen Veränderung des operativen Ergebnisses (vgl. *IKB AG Geschäftsbericht 2008* (2008), S. 17).
[1007] Durch das BilMoG werden auch nicht-kapitalmarktorientierte Unternehmen verpflichtet, für Geschäftsjahre, die nach dem 31.12.2008 beginnen, das Honorar des Abschlussprüfers offen zu legen (siehe *Kapitel 5*).
[1008] Aufgrund der Vielzahl von Studien, welche einen möglichen Zusammenhang zwischen dem Beratungsanteil und der Ausprägung des Prüfungsurteils betrachten, erfolgte eine tabellarische Zusammenfassung der Ergebnisse in *Anhang 3*.
[1009] Vgl. *Wines* (1994), S. 75.

sammenhang zu den aus seiner Beratungsempfehlung resultierenden Managemententscheidungen stehen (*self-review threat*) (siehe *Kapitel 4.5.3*).[1010] Die Studien zur *Going-Concern-Beurteilung* sind denen zur *Testatseinschränkung* hinsichtlich Aufbau und Methodik sehr ähnlich. Abschlussprüfer sind, sofern es die Vermögens-, Finanz- und Ertragslage des Mandanten erfordert, dazu verpflichtet, auf eine mögliche Gefährdung des Unternehmensfortbestandes hinzuweisen.[1011] Stellt der Bilanzierende eine ggf. vorliegende Gefährdung der Gesellschaft im Lagebericht dar, sind bestehende Risiken und ihre möglichen Auswirkungen vom Abschlussprüfer darzulegen (*US-GAAP CON 1.42; UK Financial Reporting Standard (FRS) 18; IFAC ISA 570 Tz. 31; IFAC ISA 700 Tz. 63; § 252 Abs. 1 Nr. 2 HGB; IDW PS 400.77 und IDW PS 270.40*).[1012] Wird eine vom Mandanten getroffene Going-Concern-Annahme vom Prüfer als nicht angemessen erachtet, muss ein Versagungsvermerk erteilt werden.[1013] In den nachfolgend vorgestellten Studien zur Going-Concern-Beurteilung wird unterstellt, dass der Bilanzierende eine negative Going-Concern-Berichterstattung unbedingt vermeiden möchte, da die Going-Concern-Beurteilung oftmals eine sich selbsterfüllende Prophezeiung *(self-fulfilling prophecy)* begründet.[1014] Der in Folge einer Going-Concern-Beurteilung in der Öffentlichkeit vollzogene Vertrauensverlust ist ursächlich dafür, dass eine negative Unternehmensentwicklung beschleunigt wird.[1015] Die Ergebnisse zahlreicher Studien zur Einschränkung des Bestätigungsvermerks und zur Going-Concern-Berichterstattung, von denen im Folgenden eine Auswahl vorgestellt und diskutiert wird, sind in *Anhang 3* zusammengestellt und weisen ein insgesamt widersprüchliches Bild aus.

Wines (1994) und *Sharma/Sidhu* (2001) gelangen in ihren Untersuchungen zum australischen Prüfungsmarkt zu dem Ergebnis, dass eine erhöhte Wahrscheinlichkeit eines positiven Prüfungsurteils bei hohen Beratungshonoraren gegeben ist, d.h. eine Unabhängigkeitsbeeinträch-

---

[1010] Vgl. *Barkess/Simnett* (1994), S. 102.
[1011] Als Beispiel kann der im Konzernabschluss WCM AG zum 31.12.2005 enthaltene uneingeschränkte Bestätigungsvermerk aufgeführt werden. Darin heißt es: „Ohne diese Beurteilung einzuschränken, weisen wir auf die Ausführungen im Konzernanhang und im Konzernlagebericht hin. Im Konzernlagebericht ist [...] ausgeführt, dass die bestehenden Verpflichtungen der Obergesellschaft [...] nur durch umfangreiche Verkäufe von Vermögenswerten eingehalten werden können. [...] Sofern die nachvollziehbaren Prognosen des Vorstandes diesbezüglich nicht eintreten, ist eine Zahlungsunfähigkeit oder bilanzielle Überschuldung nicht auszuschließen. Trotz dieser Bestandsgefährdung wurde der Konzernabschluss aufgrund der positiven Signale der Kreditgeber weiterhin unter Fortführungsgesichtspunkten aufgestellt" (*WCM AG Geschäftsbericht 2005* (2006), S. 115). Anmerkung: Am 22.11.2006 wurde das Insolvenzverfahren gegen die bis dahin im SDAX notierte WCM AG eröffnet (vgl. *WCM AG* (2006)).
[1012] Vgl. *IDW PS 400* (2005); *IDW PS 270* (2003); *Marten et al.* (2007), S. 441.
[1013] Für Deutschland geregelt in *IDW PS 400.65* und *PS 270.41*. Vgl. *Marten et al.* (2007), S. 441.
[1014] Die sich selbsterfüllende Prophezeiung beschreibt eine Vorhersage, die sich deshalb selbst erfüllt, weil der Vorhersagende mit seiner Aussage ein Verhalten anderer Akteure verursacht, das zum Eintreten der Vorhersage führt.
[1015] Vgl. *Marten et al.* (2007), S. 441-442.

tigung durch die parallele Beratung vorliegt. *Barkess/Simnett* (1994) können für den gleichen Markt hingegen keine signifikanten Zusammenhänge nachweisen.[1016] Auch die Untersuchungen von *Craswell* (1999), *Craswell et al.* (2002)[1017] und *Fargher/Jiang* (2007) zeigen keinen signifikanten Einfluss auf. *Ye et al.* (2006), die ebenfalls den australischen Markt betrachten, können in einer jüngeren Untersuchung nachweisen, dass das Ausmaß der Beratungshonorare bei einem geringen Bestimmtheitsmaß ($R^2 = 0,247$) in einem (schwach) signifikanten Zusammenhang mit dem Prüfungsurteil steht ($\beta = -1,67; p < 0,1$).[1018] Dies ist erstaunlich, da die von *Ye et al.* (2006) untersuchten Daten bereits aus der *Post-Enron-Phase* stammen, für welche *Carey et al.* (2007) und *Carson et al.* (2006) aufgrund des infolge der Bilanzskandale gesteigerten öffentlichen Interesses und der verschärften gesetzlichen Vorschriften eine zunehmend konservative Berichterstattung nachweisen konnten.[1019] *Fargher/Jiang* (2007), welche die Ausprägungen der Prüfungsurteile in den Zeiträumen 1998 bis 1999 und 2003 bis 2005 anhand von 1.769 Abschlüssen vergleichen, konnten einen signifikanten Anstieg der Going-Concern-Beurteilungen von 8 % (1998-1999) auf 12 % (2003-2005) anhand von t-Tests ($t = -4,385; p < 0,01$) nachweisen.[1020] Eine Beeinträchtigung der Unabhängigkeit durch hohe Beratungsanteile konnte jedoch weder für die Jahre 1998 bis 1999 noch für den Zeitraum 2003 bis 2005 bestätigt werden ($\beta = 0,006; p = 0,584; R^2 = 0,37$).[1021] Deutlich wurde hingegen, dass die Summe der Honorare bei einem bestimmten Mandanten relativ zu den Gesamtumsätzen des Abschlussprüfers einerseits und die Wahrscheinlichkeit eines positiven Prüfungsurteils andererseits ($\beta = -0,799; p = 0,003, R^2 = 0,37$) in einem empirisch evidenten Zusammenhang stehen.[1022]

Hay et al. (2006a) betrachten die Situation in Neuseeland zwischen 1999 und 2001 anhand von 644 Abschlüssen.[1023] Die Regressionen der Autoren zeigen auf, dass der Koeffizient des Anteils der Beratungshonorare am Gesamthonorar als erklärende Variable entgegen der Erwartungen insignifikant ist. Stattdessen kann ein Zusammenhang zwischen der Ausprägung des Prüfungsurteils und der Größe des Mandanten nachgewiesen werden ($\beta = -0,507; p < 0,1$;

[1016] Vgl. *Barkess/Simnett* (1994), S. 99-108.
[1017] *Craswell et al.* (2002) untersuchen zusätzlich zu den Beratungshonoraren auch die Höhe der von einem Mandanten bezogenen Honorare in Relation zu den gesamten nationalen Umsätzen der Prüfungsgesellschaft sowie in Relation zu den Umsätzen auf Niederlassungsebene. Siehe auch *Kapitel 10* dieser Arbeit.
[1018] Dementgegen scheint zwischen der Dauer einer Mandatsbeziehung und dem Prüfungsurteil kein Zusammenhang zu bestehen (vgl. *Ye et al.* (2006), S. 28 u. 32, sowie Table 7).
[1019] Vgl. *Carey et al.* (2007); *Carson et al.* (2006), S. 94.
[1020] Vgl. *Fargher/Jiang* (2007), S. 12.
[1021] Vgl. *Fargher/Jiang* (2007), S. 16.
[1022] Vgl. *Fargher/Jiang* (2007), S. 17.
[1023] In der ersten OLS-Regression werden die Determinanten hoher Prüfungshonorare bzw. ein möglicher Zusammenhang zwischen Prüfungs- und Beratungshonoraren untersucht und nachgewiesen ($\beta = 0,186; p < 0,00; R^2 = 0,792$) (vgl. *Hay et al.* (2006a), S. 718 u. 725).

$R^2 = 0,26$).[1024] Dieser wird von den Autoren darauf zurückgeführt, dass bei großen Unternehmen neben personellen Ressourcen auch ausgereifte IT-Systeme vorhanden sind, welche die Qualität des Berichtswesens stärken und die Wahrscheinlichkeit materieller Fehler im Jahresabschluss reduzieren. Ein signifikant positiver Koeffizient des Verschuldungsgrades ($\beta = 5,76$; $p < 0,01$; $R^2 = 0,45$) suggeriert, dass die Abschlüsse von Gesellschaften mit einer ausgeprägten Fremdfinanzierung eher materielle Fehler enthalten als diejenigen eigenkapitalfinanzierter Unternehmen. Eine bilanzpolitische Einflussnahme des Managements, welche vom Abschlussprüfer zunächst nicht erkannt wird, könnten ursächlich für diesen Zusammenhang sein (siehe *Kapitel 3.1.2.2*). Zur Erfassung der wirtschaftlichen Abhängigkeit haben *Hay et al.* (2006a) die relative Bedeutung eines Mandanten anhand seines Anteils an den Gesamterlösen des Abschlussprüfers abgebildet. Würden Abschlussprüfer aufgrund finanzieller Interessen ihre Unabhängigkeit preisgeben und trotz wesentlicher Fehler ein positives Prüfungsurteil abgegeben, müsste der Koeffizient der Variable signifikant sein. Die Regression zeigt entgegen der Erwartung für alle drei Zeiträume insignifikante Zusammenhänge. Die Vermutung einer Beeinträchtigung der Unabhängigkeit durch eine hohe Honorarabhängigkeit vom Mandanten muss daher verworfen werden.

DeFond et al. (2002) betrachten 1.158 US-amerikanische Unternehmen, die aufgrund eines negativen operativen Ergebnisses oder eines negativen Cashflows während des betrachteten Geschäftsjahres 2000 als „financially distressed" klassifiziert wurden.[1025] Die Eliminierung prosperierender Unternehmen ist sinnvoll, da bei diesen eine Going-Concern-Beurteilung ohnehin unwahrscheinlich ist. Zunächst wird, wie bei den vorausgehenden Studien, eine Ordinary-Last-Square (OLS)-Regression zur Ermittlung signifikanter Zusammenhang zwischen der Ausprägung des Prüfungsurteils und unternehmensspezifischen Charakteristiken durchgeführt. Um die Gefahr von Endogenität zu reduzieren, erfolgt zusätzlich die Modellierung eines 2-SLS-Gleichungssystems (siehe *Kapitel 4.4.2.2*). Dabei berücksichtigen die Autoren zahlreiche Unternehmensspezifika, welche die Ausprägung des Prüfungsurteils beeinträchtigen könnten. Neben der Insolvenzwahrscheinlichkeit wird die Veränderung des Verschuldungsgrades in die Regression aufgenommen, da in früheren Studien ein positiver Zusammenhang zwischen der Verletzung von Verpflichtungen aus Kreditverträgen und der Going-Concern-Beurteilung nachgewiesen werden konnte.[1026] Auch das Engagement in kurzfristigen und langfristigen Wertpapieren wird abgebildet, da diese maßgebliche Determinanten der Zahlungsfähigkeit sind. Die Aufnahme von Fremdkapital oder eine Kapitalerhöhung in der Folgeperiode, welche durch dichotome Variablen erfasst werden, dienen ebenfalls als Liquidi-

---

[1024] Vgl. *Hay et al.* (2006a), S. 727, Table 4.
[1025] Vgl. *DeFond et al.* (2002), S. 1255.
[1026] Vgl. *Mutchler et al.* (1997), S. 296.

tätsproxy.[1027] Entgegen der Erwartung steht keine der interessierenden Honorarvariablen (*Beratungsanteil, Gesamthonorar, Prüfungshonorar, Beratungshonorar*) in einem signifikanten Zusammenhang zu dem Prüfungsurteil.[1028] Die These einer Unabhängigkeitsaufgabe durch die parallele Beratungstätigkeit, auffällige Umsatzanteile oder besonders hohe Prüfungshonorare wird somit nicht bestätigt. *DeFond et al.* (2002) führen die Insignifikanzen ihrer Ergebnisse auf exogene Faktoren, wie bspw. eine schlechte wirtschaftliche Lage zurück, die neben dem Prüfungsurteil auch das Prüfungs- und das Beratungshonorar beeinträchtigen dürfte. Zum einen könnten Unternehmen in Liquiditätsnot weniger Beratungsaufträge vergeben, um die zur Verfügung stehenden Zahlungsmittel zu schonen. Andere Unternehmen hingegen könnten aufgrund einer Schieflage strukturelle Veränderungen anstreben, welche die Einbeziehung externer Expertise erfordern. Derartige Zusammenhänge werden in bisherigen Modellen nach Einschätzung der Autoren nicht hinreichend berücksichtigt, so dass Endogenität nicht ausgeschlossen ist.[1029] Um diesem Problem zu begegnen, modellieren *DeFond et al.* (2002) ein *Two-Stage-Least-Square*-(2-SLS)-Regressionssystem aus drei Gleichungen.[1030] Dabei erklärt jeweils eine Gleichung die Höhe einer der drei endogenen Variablen *Ausprägung des Prüfungsurteils, Höhe des Prüfungshonorars* und *Höhe des Beratungshonorars*.[1031] In einem ersten Schritt werden die drei endogenen Variablen durch jeweils eine Funktion der beiden anderen sowie diverse Kontrollvariablen geschätzt (*reduced-form-model*).[1032] Im zweiten Schritt wird eine gewöhnliche OLS-Regression des Strukturmodells durchgeführt, wobei die endogenen erklärenden Variablen (d.h. die jeweils zwei unabhängigen Experimentalvariablen) durch die zuvor geschätzten Werte ersetzt werden.[1033] Erneut zeigen die Ergebnisse der Gleichung zur Going-Concern-Beurteilung insignifikante Regressionskoeffizienten der unabhängigen Variablen *Prüfungshonorar* und *Beratungshonorar*. Entgegen den Vermutungen weist der Koeffizient des *Beratungshonorars* sogar ein positives Vorzeichen ($\beta = 0{,}373$; $p = 0{,}20$) aus. Die Hypothese eines Zusammenhangs zwischen dem Prüfungsurteil und der Vergütung des Abschlussprüfers wird daher erneut verworfen.[1034]

[1027] Vgl. *DeFond et al.* (2002), S. 1258.
[1028] Vgl. *DeFond et al.* (2002), S. 1267, Table 5.
[1029] Vgl. *DeFond et al.* (2002), S. 1268.
[1030] Vgl. *Nelson/Olsen* (1978), S. 695; *DeFond et al.* (2002), S. 1269.
[1031] Die separate Modellierung von Prüfungs- und Beratungshonorar wird vorgenommen, da *DeFond et al.* (2002) zusätzlich den Einfluss der Prüfungsgebühren auf das Prüfungsurteil untersuchen.
[1032] Während das Going-Concern-Modell mit einer Probit-Regression geschätzt wird, erfolgt die Schätzung der beiden Honorarmodelle anhand zweier OLS-Regressionen. Die Verwendung einer Probit-Regression ist erforderlich, da bei Verwendung eines simultanen Systems die Normalverteilung der Residuen vorausgesetzt ist (vgl. *DeFond et al.* (2002), S. 1269).
[1033] Zusätzlich führen die Autoren einen Hausman-Test durch, um das Bestehen von Endogenitäten ausschließen zu können. Insbesondere zwischen dem Prüfungs- und dem Beratungshonorar kann trotz unterschiedlicher Schätzmodelle Endogenität nicht vollständig ausgeschlossen werden (vgl. *DeFond et al.* (2002), S. 1269).
[1034] Vgl. *DeFond et al.* (2002), S. 1269.

Testatseinschränkungen und Going-Concern-Beurteilungen

Aufbauend auf der Untersuchung von *DeFond et al.* (2002) können auch *Geiger/Rama* (2003) und *Geiger et al.* (2005b) keine Beeinträchtigung der Unabhängigkeit aufgrund von Beratungsleistungen des Abschlussprüfers für den US-amerikanischen Markt für die Jahre 2000 und 2001 nachweisen.[1035] Dies gilt auch für die Post-Enron-Phase (2001-2005), welche von *Callaghan et al.* (2009) analysiert wird.[1036] Von Interesse ist ferner eine Studie von *Lim/Tan* (2008) zum US-Markt. Die Autoren belegen, dass branchenspezialisierte Prüfer, im Gegensatz zu nicht branchenspezialisierten Prüfern, häufiger eine Going-Concern-Beurteilung erteilen, wenn sie höhere Beratungshonorare von einem Mandanten erhalten ($\beta = 6{,}36$; $p < 0{,}01$; $R^2 = 0{,}38$).[1037] Der branchenspezialisierte Prüfer scheint somit durch die Beratung zusätzliche Informationen zu erlangen, welche das Erkennen einer Bestandsgefährdung erleichtern und somit die Prüfungsqualität verbessern. Ebenfalls konträr zur vermuteten Unabhängigkeitsbeeinträchtigung sind die Ergebnisse einer Studie von *Lai/Yim* (2002). Deren Ergebnissen zufolge ist im Falle einer Erstprüfung die Wahrscheinlichkeit, dass ein negatives Prüfungsurteils erteilt wird, positiv mit der Höhe der Beratungshonorare korreliert. Es kann daher auch hier vermutet werden, dass erst durch die parallele Beratungstätigkeit dem Abschlussprüfer Sachverhalte bekannt werden, die zur Einschränkung des Bestätigungsvermerkes führen.[1038] Eine mögliche Unabhängigkeitsbeeinträchtigung wird demnach durch eine verbesserte Urteilsfähigkeit des Abschlussprüfers infolge von *knowledge spillovers* überkompensiert (siehe Kapitel 4.4.2). Diese Vermutung wird durch einen aktuellen Beitrag von *Robinson* (2008) bestätigt. Die Autorin weist einen statistisch positiven und signifikanten Zusammenhang zwischen dem Prüfungsurteil, d.h. der Häufigkeit der Going-Concern-Beurteilung und der parallel erbrachten Steuerberatung des Abschlussprüfers für den weltweit größten Prüfungsmarkt anhand von 209 Beobachtungen nach.[1039] Ihre Resultate führt *Robinson* (2008) darauf zurück, dass Unternehmen in wirtschaftlichen Schwierigkeiten einen gesteigerten Beratungsbedarf für Steuerplanzwecke entwickeln und vermehrt Beratungsleistungen beim Abschlussprüfer nachfragen, welche zugleich zu Erkenntnisgewinnen des Prüfers und einer Erhöhung der Prüfungsqualität beitragen. Hinsichtlich der Honorare für andere Beratungsleistungen und der Ausprägung des Prüfungsurteils zeigen sich keine signifikanten Zusammenhänge.

[1035] Vgl. *Geiger et al.* (2005b), S. 21.
[1036] Diese Untersuchungen unterscheiden sich methodisch kaum von den vorausgehenden, so dass auf eine ausführliche Darstellung an dieser Stelle verzichtet wird. *Callaghan et al.* (2009, S. 153-158), die insbesondere die unterschiedlichen Resultate für den australischen und US-amerikanischen Prüfungsmarkt diskutieren, berücksichtigten in ihrer Untersuchung ausschließlich Unternehmen, die in der Folgeperiode Insolvenz anmeldeten.
[1037] Neben dem Beratungshonorar haben die Autoren die wirtschaftliche Bindung auch anhand des Ranges der Perzentile des bei einem bestimmten Mandanten bezogenen Beratungshonorars in Relation zu den Gesamterlösen des Abschlussprüfers ($\beta = 4{,}83$, $p < 0{,}05$; $R^2 = 0{,}37$) und dem Gesamthonorar ($\beta = 13{,}29$, $p < 0{,}01$; $R^2 = 0{,}387$) untersucht (vgl. *Lim/Tan* (2008), S. 216).
[1038] Vgl. *Lai/Yim* (2002), S. 13-14.
[1039] Vgl. *Robinson* (2008), S. 31-54.

Während aus der Mehrzahl australischer Studien somit eine Beeinträchtigung der Unabhängigkeit durch die parallele Beratung hervorgeht, führen die Resultate US-amerikanischer Arbeiten zum Einfluss der Honorare auf das Prüfungsurteil zur Verwerfung der Hypothese. Ursächlich für die divergierenden Ergebnisse könnten die unterschiedlichen institutionellen Rahmenbedingungen sein.[1040] So betonen *Geiger/Rama* (2003) dass „transference of these overseas results [Australien] to the U.S. audit markets is problematic in that U.S. auditors might respond differently to litigation and reputation concerns than Australian auditors".[1041] Vor diesem Hintergrund muss auch der Gedanke einer Übertragbarkeit der Ergebnisse vorgestellter Studien auf die europäischen Prüfungsmärkte, für welche bisher wenige Beiträge vorliegen, verworfen werden.

In einer Untersuchung zum britischen Prüfungsmarkt kann *Lennox* (1999c) keinen Zusammenhang zwischen der Beratungsaktivität des Prüfers und der Ausprägung des Prüfungsurteils nachweisen. *Ferguson et al.* (2004), die ebenfalls die Beratungsleistungen der Abschlussprüfer in Großbritannien betrachten, weisen hingegen Unabhängigkeitsbeeinträchtigungen durch die parallele Beratung nach. Auch *Firth* (2002) untersucht bei 1.112 Unternehmen eine mögliche Unabhängigkeitsbeeinträchtigung anhand der Testatseinschränkungen für das Geschäftsjahr 1996. Aus multivariaten Analysen geht ein signifikant negativer Regressionskoeffizient zwischen der Experimentalvariable *Beratungshonorar* ($\beta = -0,71; p < 0,01; R^2 = 0,32$) und der Ausprägung des Prüfungsurteils hervor, welcher die Hypothese einer Beeinträchtigung bestätigt. Auch der Koeffizient des Honorars bei einem Mandanten relativ zu den Umsatzerlösen des Abschlussprüfers (Umsatzabhängigkeit) weist ein signifikant negatives Vorzeichen aus ($\beta = -2,32; p < 0,05; R^2 = 0,32$).[1042] Lediglich das Prüfungshonorar steht in keinem statistisch validen Zusammenhang zum Prüfungsurteil.[1043] *Basidous et al.* (2008), die ebenfalls den britischen Prüfungsmarkt hinsichtlich des Auftretens von Going-Concern-Beurteilungen untersuchen und sich am Untersuchungsdesign von *DeFond et al.* (2002) anlehnen, können eine Beeinträchtigung der Unabhängigkeit anhand des negativen Zusammenhangs ($\beta = -1,0292; p = 0,013; R^2 = 0,64$) zwischen der Going-Concern-Beurteilung und der Höhe der Beratungshonorare anhand von 643 Unternehmen nachweisen.[1044] Dem entgegen zeigt der Koeffizient der Prüfungshonorare ein signifikant positives Vorzeichen ($\beta = 16,1955; p = 0,018; R^2 = 0,64$) auf. Hohe Prüfungshonorare deuten demzufolge auf einen gesteigerten Prüfungsaufwand und eine damit korrespondierende Prüfungsqualität hin, während Beratungsleistungen die Urteilsfreiheit britischer Prüfer negativ zu beeinträchtigen scheinen.[1045]

[1040] Vgl. *Schneider et al.* (2006), S. 205.
[1041] Vgl. *Geiger/Rama* (2003), S. 57 siehe auch *Basioudis et al.* (2008), S. 284-309.
[1042] Vgl. *Firth* (2002), S. 684 Table 4.
[1043] Vgl. *Firth* (2002), S. 683.
[1044] Bereits *Ferguson et al.* (2004, S. 830-831) hatten für den britischen Markt während der Jahre 1996-1998 eine derartige Unabhängigkeitsbeeinträchtigung nachweisen können.
[1045] Vgl. *Basioudis et al.* (2007), S. 44.

Hope/Langli (2007), die anhand von 51.614 norwegischen Unternehmen einen vermeintlichen Zusammenhang zwischen der Going-Concern-Opinion und einer parallelen Beratungstätigkeit des Abschlussprüfers untersuchen, können hingegen keine Beeinträchtigung der Unabhängigkeit des Abschlussprüfers bei nicht kapitalmarktorientierten Unternehmen nachweisen.[1046] Stattdessen geht aus der Studie sogar hervor, dass die Gesamthöhe der Honorare ($\beta = 0{,}303$; $p = 0{,}00$; $R^2 = 0{,}23$), der Prüfungshonorare ($\beta = 0{,}302$; $p = 0{,}00$; $R^2 = 23{,}2$) und der Beratungshonorare ($\beta = 0{,}041$; $p = 0{,}01$; $R^2 = 23{,}1$) positiv mit der Wahrscheinlichkeit eines eingeschränkten Prüfungsurteils korrelieren.[1047] Diese qualifizierte Ablehnung einer Unabhängigkeitsbeeinträchtigung durch auffällige Honorare hat auch bei separater Betrachtung der in finanzielle Schieflage geratenen Unternehmen sowie bei einer Wiederholung der OLS-Regressionen unter Berücksichtigung unerwarteter Honorare Bestand.[1048]

Die Studien von *Hope/Langli* (2007) und *Basidous et al.* (2008) zeigen, dass nicht nur die Forschungsergebnisse im interkontinentalen Vergleich zwischen Australien und Amerika sondern bereits innerhalb Europas kein einheitliches Bild aufweisen. Ob die divergierenden Ergebnisse trotz einer anhaltenden Harmonisierung der gesetzlichen Rahmenbedingungen auf unzureichende Modellspezifikationen zurückzuführen ist, kann hier nicht abschließend beurteilt werden. Offen beleibt ferner, ob die von *Hope/Lingli* (2007) nachgewiesene Wahrung der Unabhängigkeit trotz hoher Beratungshonorare, wie die Autoren vorgeben, auf Anreize zur Reputationswahrung zurückzuführen ist. Schließlich betrachten *Hope/Lingli* (2007) in ihrer Untersuchung, anders als in der Mehrzahl vorgestellter Studien, ausschließlich nichtbörsennotierte Gesellschaften. Gerade bei diesen meist kleineren privaten Gesellschaften dürfte im Vergleich zu den kapitalmarktorientierten Unternehmen ein geringeres öffentliches Interesse bestehen, d.h. eine geringere öffentliche Kontrolle erfolgen. Für die Wirkungsweise eines unabhängigkeitsstärkenden Reputationsanreizes ist jedoch gerade diese Öffentlichkeitwirksamkeit elementar (siehe *Kapitel 7.1.1*).

Neben den uneinheitlichen regulatorischen Rahmenbedingungen, könnte auch eine *selectionbias* für die widersprüchlichen Ergebnisse der einzelnen Studien ursächlich sein. Entgegen der Vermutung von *Arruñada* (1999b), dass ertragsschwache Unternehmen weniger Beratungsleistungen beziehen,[1049] sprechen einige Argumente für eine umgekehrte Kausalität. Insbesondere Fremdkapitalgeber könnten den Druck auf das Management im Falle einer Schieflage erhöhen, bzw. dieses zu Restrukturierungsmaßnahmen zwingen, so dass die Nachfrage nach

---

[1046] Vgl. *Hope/Langli* (2007), S. 1.
[1047] Vgl. *Hope/Langli* (2007), S. 22 u. 35.
[1048] Für den unerwarteten Anteil der Gesamthonorare ist der Koeffizient signifikant positiv ($\beta = 0{,}106$; $p = 0{,}01$; $R^2 = 23{,}1$), während die Höhe der unerwarteten Prüfungs- und Beratungshonoraren in keinem Zusammenhang zum Prüfungsurteil zu stehen scheint (vgl. *Hope/Langli* (2007), S. 23, 36).
[1049] Vgl. *Arruñada* (1999b), S. 519; Ye et al. (2006), S. 21.

Beratungsleistungen bzw. Sonderprüfungen steigt.[1050] Dabei wird auf die Beratungsexpertise des Prüfers zurückgegriffen, um die Ertragsstärke des Mandanten zu steigern oder alternative Finanzierungsmöglichkeiten aufzudecken, die eine Schieflage des Unternehmens abwenden und somit eine *Going-Concern-Beurteilung* unwahrscheinlich machen. Gleiches gilt für die *Testatseinschränkung*, welche selten notwendig sein dürfte, wenn der Abschlussprüfer bereits im Vorfeld der Prüfung in der Funktion des Beraters Unsicherheiten und Meinungsverschiedenheiten mit dem Mandanten klären kann. Die Umstände, welche eine Einschränkung des Bestätigungsvermerks notwendig machen, könnten dadurch bereits im Vorfeld der Prüfung vermieden werden.[1051] Bedauerlicherweise sind die Regressionsmodelle jedoch nicht in der Lage, hinsichtlich der Ursachen einer reduzierten Wahrscheinlichkeit der Going-Concern-Beurteilung zwischen einer Beeinträchtigung der Unabhängigkeit und einer in Folge der Beratungstätigkeit verbesserten wirtschaftlichen Situationen zu unterscheiden, so dass deren Aussagekraft, wie auch die divergierenden Ergebnisse zeigen, eingeschränkt ist.[1052] Eine weitere Einschränkung ergibt sich aus der vergleichsweise geringen Anzahl an Prüfungsurteilen, die von einem uneingeschränkten Bestätigungsvermerk abweichen oder entsprechende Hinweise zur Gefährdung der Unternehmensfortführung enthalten. *Lennox* (1999c) registrierte bei 97 % der von ihm betrachteten britischen Unternehmen ein uneingeschränktes Prüfungsurteil.[1053] Dies deckt sich mit den sehr niedrigen Stichprobenumfängen bei der Mehrzahl der anderen vorgestellten Studien (siehe *Anlage 3*). Auch bei deutschen kapitalmarktorientierten Unternehmen ist eine Einschränkung des Bestätigungsvermerks zum Konzernabschluss durch den Abschlussprüfer selten. Zum 31.12.2005, 31.12.2006 und 31.12.2007 (sowie abweichenden Stichtagen) erhielten von jeweils 160 im DAX, MDAX, TecDAX oder SDAX gelisteten Unternehmen lediglich 1 - 3 % ein von dem uneingeschränkten Bestätigungsvermerk ohne Hinweis abweichendes Prüfungsurteil (siehe *Tabelle 8-1*).

Index	31.12.2005 (2004/05)	31.12.2006 (2005/06)	31.12.2007 (2006/07)
DAX	-	-	-
MDAX	-	-	-
SDAX	1.) Curanum AG (Ernst&Young), 2.) BHW Holding AG (Deloitte), 3.) Indus Holding AG (Treuh.-u.Rev.), 4.) Kloeckner-Werke AG (BDO), 5.) WCM O.N. (HansaPartner)*	1.) Indus Holding AG (Treuh.-u.Rev.)	1.) Indus Holding AG (Treuh- u. Rev), 2.) IKB Dt. Industriebank O.N (KPMG)*
TecDAX	-	2.) Rofin Sinar AG (KPMG)*	3.) Rofin Sinar AG (Deloitte)*
* Die Gesellschaften haben einen uneingeschränkten Bestätigungsvermerk mit Hinweis erhalten.			

Tabelle 8-1: *Prüfungsurteile mit Hinweis oder Einschränkung*[1054]

[1050] Um die Gefahr einer unberücksichtigten Einflussgröße *(omitted variable)* zu reduzieren, schlägt *Craswell* (1999, S. 38) vor „to compare companies with qualified opinions with a group of companies with clean opinions but which experienced problems likely to give rise to qualification".
[1051] Vgl. *Hay et al.* (2006a), S. 718.
[1052] Vgl. *Firth* (2002), S. 687; *Basioudis et al.* (2007), S. 29.
[1053] Vgl. *Lennox* (1999a), S. 243.
[1054] Vgl. *Indus Holding AG Geschäftsbericht 2005* (2006), S. 101-102; *Indus Holding AG Geschäftsbericht 2006* (2007), S. 115-116; *Indus Holding AG Geschäftsbericht 2007* (2008), S. 112-113; *IKB*

Zusammenfassung

Aufgrund der geringen Anzahl eingeschränkter bzw. mit einem Hinweis versehener Konzernabschlüsse seit der Offenlegung der Honorarangaben ist eine aussagefähige Untersuchung zum Einfluss von Nichtprüfungsleistungen auf das Prüfungsurteil für den hiesigen Prüfungsmarkt z.Zt. nicht praktikabel. Ein durchschnittlicher Anteil der Nichtprüfungsleistungen von 24,8 %, der sich aus Anteilen zwischen 0 % bei der WCM O.N. (2005) und 51,6 % bei der Curanum AG (2005) ergibt, ist zwar unterdurchschnittlich (siehe *Kapitel 10*), weicht jedoch nicht wesentlich von dem Beratungsanteil bei Gesellschaften mit uneingeschränktem Bestätigungsvermerk ab.[1055] Erwähnenswert ist in diesem Zusammenhang jedoch, dass nach Erteilung eines eingeschränkten bzw. mit Hinweisen versehenen Bestätigungsvermerks (bis auf die Indus Holding AG) sämtliche Gesellschaften einen Wechsel des Abschlussprüfers in der Folgeperiode vornahmen. Dies suggeriert, dass ein Abschlussprüfer das Verhalten seines Mandanten antizipieren und die mit dem Verlust des jeweiligen Mandates verbundenen wirtschaftlichen Interessen bereits bei der Urteilsfindung berücksichtigen kann.

8.5 Zusammenfassung

Die vorgestellten Untersuchungen zur Verifizierung des vermuteten Zusammenhangs zwischen der tatsächlichen Unabhängigkeit des Abschlussprüfers und dessen Beratungstätigkeit zeigen ein uneinheitliches Bild. Während *Raghunandan et al.* (2003) und *Agrawal/Chadha* (2005) für den US-amerikanischen Markt keine signifikanten Zusammenhänge zwischen der Vergütung der Prüfer und einer nachträglichen Abschlusskorrektur nachweisen, belegen *Kinney et al.* (2004), die zwischen den unterschiedlichen Beratungsleistungen differenzieren, für die parallele Steuerberatung sogar eine reduzierte Wahrscheinlichkeit nachträglicher Anpassungen des Abschlusses. Konträr dazu geht aus einer Untersuchung von *Ferguson et al.* (2004) zum britischen Markt eine deutliche Beeinträchtigung der Unabhängigkeit hervor. Ähnlich uneinheitlich fallen auch die Ergebnisse zur Ausprägung des Prüfungsurteils (Testatseinschränkung/Going-Concern-Beurteilung) aus (siehe *Anlage 3*). Während *DeFond et al.* (2002), *Geiger/Rama* (2003) und *Callaghan et al.* (2009) keine Beeinträchtigung der tatsächlichen Unabhängigkeit durch die parallele Beratung für den US-amerikanischen Markt

---

[1055] *Industriebank AG Geschäftsbericht 2007* (2007), S. 169-170; *Curanum AG Geschäftsbericht 2005* (2006), S. 134-137; *BHW Holding AG Geschäftsbericht 2005* (2006), S. 94; *Klöckner-Werke O.N. Geschäftsbericht 2005* (2006), S. 107-108; *WCM BET.-U.G. O.N. Geschäftsbericht 2005* (2006), S. 115; *ROFIN SINAR AG Geschäftsbericht 2006* (2007), F-2; *ROFIN SINAR AG Geschäftsbericht 2007* (2008), F-2.
Der durchschnittliche Beratungsanteil der Unternehmen des Prime-Standards beträgt rund 34 % des Gesamthonorars (siehe *Kapitel 10*) (Zu den Honoraren der Gesellschaften siehe *Indus Holding AG Geschäftsbericht 2005* (2006), S. 100; *Indus Holding AG Geschäftsbericht 2006* (2007), S. 113; *Indus Holding AG Geschäftsbericht 2007* (2008), S. 110; *IKB Industriebank AG Geschäftsbericht 2007* (2007), S. 122; *Curanum AG Geschäftsbericht 2005* (2006), S. 132; *BHW Holding AG Geschäftsbericht 2005* (2006), S.86; *Klöckner-Werke O.N. Geschäftsbericht 2005* (2006), S. 106; *WCM BET.-U.G. O.N. Geschäftsbericht 2005* (2006), S. 113; *ROFIN SINAR AG Geschäftsbericht 2006* (2007), S. 39; *ROFIN SINAR AG Geschäftsbericht 2007* (2008), S. 43).

nachweisen, belegen *Lai/Yim* (2002) im Fall einer Erstprüfung sogar eine erhöhte Anzahl eingeschränkter Bestätigungsvermerke, wenn der Abschlussprüfer Beratungsleistungen erbringt.[1056] Auch aus der Untersuchung von *Robinson* (2008) geht entgegen der ursprünglichen Vermutung ein positiver, d.h. die Prüfungsqualität steigernder Einfluss durch Steuerberatungsleistungen hervor. Untersuchungen zum australischen Prüfungsmarkt zeigen eine weitgehende Insignifikanz des Zusammenhangs auf.[1057] Lediglich in den Untersuchungen von *Wines* (1994) und *Ye et al.* (2006) wird die These einer Beeinträchtigung des Prüfungsurteils bestätigt. Für den britischen Prüfungsmarkt weisen *Firth* (2002), *Ferguson et al.* (2004) und *Basidous et al.* (2008) negative Implikationen der Beratung für die Unabhängigkeit nach. Daraus zu folgern, in Europa würde eher eine Beeinträchtigung der tatsächlichen Unabhängigkeit des Prüfers durch Beratungsleistungen auftreten als in den USA, ist jedoch verfrüht. *Hope/Langli* (2007) gelangen in einer Studie zum norwegischen Markt zu dem Ergebnis, dass keine Beeinträchtigung vorliegt.

Eine empirische Untersuchung zu den Folgen einer gleichzeitigen Beratung des Abschlussprüfers für den deutschen Markt kann aufgrund der stark unterschiedlichen Ergebnisse nicht durch die Übertragung der Ergebnisse einzelner Studien zu anderen Märkten ersetzt werden. Neben den abweichenden gesetzlichen Rahmenbedingungen ist die Übertragbarkeit der vorgestellten Ergebnisse zur Beeinträchtigung der tatsächlichen Unabhängigkeit dadurch limitiert, dass die Mehrzahl der Studien den Zeitraum vor Inkrafttreten der in *Kapitel 4.6* vorgestellten, weltweiten Neuregelungen zur Vereinbarkeit von Prüfung und Beratung betrachten. Die Durchführung einer entsprechenden Studie zum deutschen Markt scheitert gegenwärtig an der Anwendbarkeit der vorgestellten Surrogate zur Messung der tatsächlichen Unabhängigkeit des Abschlussprüfers (nachträgliche Abschlusskorrektur/Testatseinschränkung/Going-Concern-Beurteilung). Aufgrund der sehr geringen Anzahl eingeschränkter Prüfungsurteile bei börsennotierten Konzernen und der Seltenheit nachträglicher Abschlusskorrekturen bei Unternehmen, die bereits vor Inkrafttreten des BilMoG zur Offenlegung der Honorare verpflichtet sind, ist die Anwendung der vorgestellten Surrogate gegenwärtig impraktikabel. Stattdessen wird zur Untersuchung des hiesigen Marktes ein alternativer Ansatz zur Verifizierung einer möglichen Beeinträchtigung der tatsächlichen Unabhängigkeit gewählt. Im Folgenden wird das Ausmaß der Bilanzpolitik (siehe *Kapitel 3.1.2*), welches der Abschlussprüfer akzeptiert, als Surrogat seiner tatsächlichen Urteilsfreiheit herangezogen. Da dieser Zusammenhang zugleich Forschungsgegenstand der in *Kapitel 12* folgenden empirischen Untersuchung zum deutschen Prüfungsmarkt ist und die Messung von Bilanzpolitik von einigen Schwierigkeiten begleitet wird, ist diesem Surrogat und den bisherigen Forschungsbeiträgen zum Auftreten von Bilanzpolitik bei einer parallelen Beratung ein eigenes Kapitel gewidmet.

[1056] Vgl. *Lai/Yim* (2002), S. 13-14.
[1057] *Fargher/Jaing* (2007); *Craswell et al.* (2002); *Sharma/Sidhu* (2001); *Barkess/Simnett* (1994).

9 Forschungstand zur Messung von Bilanzpolitik bei paralleler Beratung

In einer Vielzahl empirischer Forschungsbeiträge erfolgt die Verifizierung einer möglichen Beeinträchtigung der tatsächlichen Unabhängigkeit infolge paralleler Beratung anhand des Ausmaßes der Bilanzpolitik im geprüften Abschluss als Surrogat für die Prüfungsqualität.[1058] Dabei wird unterstellt, dass das Management diskretionäre Bilanzpolitik systematisch nutzt, um opportunistische Ziele zu erreichen (siehe *Kapitel 3.1.2.1*).[1059] Dagegen ist es die Aufgabe des Abschlussprüfers, opportunistische Einflussnahme aufzudecken, bzw. auf ein gesetzlich zulässiges Maß zu beschränken, so dass die Informationsfunktion des Abschlusses gegenüber den Adressaten gewährleistet ist (siehe *Kapitel 3.2*). In zahlreichen Forschungsbeiträgen wird der Verdacht geäußert, dass aufgrund einer parallelen Beratungstätigkeit die Unabhängigkeit des Prüfers gefährdet sein könnte, so dass das Management Bilanzpolitik über das zulässige Maß hinaus betreiben kann, d.h. die Darstellung der Vermögens-, Finanz- und Ertragslage des Unternehmens im Abschluss diskretionär beeinflusst ist.[1060] Zur Überprüfung des vermuteten Zusammenhangs muss daher eine zuverlässige Methode zur Messung und Quantifizierung der Bilanzpolitik zur Verfügung stehen.

Im Folgenden werden zunächst die rechnungslegungspolitischen Instrumente systematisiert (*Kapitel 9.1*),[1061] bevor Verfahren, welche zur Aufdeckung von Bilanzpolitik geeignet sein könnten, vorgestellt und hinsichtlich ihrer Spezifikation und Erklärungsmacht analysiert werden (*Kapitel 9.2*). Erst anschließend ist eine kritische Diskussion des gegenwärtigen Forschungsstandes (*State of the Art*) sinnvoll möglich. In *Kapitel 9.3* werden einschlägige Studien der jüngeren Vergangenheit, welche entweder aufgrund der gewählten Methodik oder aufgrund interessanter Ergebnisse von wissenschaftlicher Relevanz sind, vorgestellt und kritisch diskutiert.

9.1 Systematisierung bilanzpolitischer Instrumente

In der betriebswirtschaftlichen Literatur erfolgt die Systematisierung bilanzpolitischer Instrumente anhand von zwei grundsätzlichen Differenzierungskriterien. In zeitlicher Hinsicht wird zunächst zwischen der realen *Sachverhaltsgestaltung* vor dem Bilanzstichtag und der buchmäßigen *Sachverhaltsdarstellung* nach dem Stichtag unterschieden. Zweitens wird innerhalb

---

[1058] Siehe *Tabelle 9-2*.
[1059] Neben vielen *Healy* (1985); *Jones* (1991); *Cohen et al.* (2008), S. 757.
[1060] Vgl. *Reynolds et al.* (2004), S. 33.
[1061] Aufgrund ihrer Vielzahl scheitert eine vollständige Aufzählung (vgl. *Bieg/Kussmaul* (2006), S. 227).

der Sachverhaltsdarstellung zwischen *materiellen*, d.h. ergebniswirksamen, und *formellen* (nicht ergebniswirksamen) bilanzpolitischen Maßnahmen differenziert.[1062]

Abbildung 9-1: Systematisierung der bilanzpolitischen Instrumente[1063]

9.1.1 Sachverhaltsgestaltung

Unter Sachverhaltsgestaltung sind alle realwirtschaftlichen Maßnahmen vor dem Ende der Berichtsperiode zu verstehen, die das Mengengerüst mittels Durchführung, Modifizierung oder Unterlassung ausgewählter Geschäftsvorfälle beeinflussen.[1064] Durch den Einsatz realer bilanzpolitischer Instrumente kann angesichts deren Erfolgs- und Zahlungswirksamkeit sowohl der Jahresüberschuss als auch der Cashflow des Unternehmens beeinflusst werden.[1065] Ziel ist somit eine Veränderung der Unternehmensdarstellung anhand *tatsächlicher Transaktionen*.[1066] Während dem Management zur realen Sachverhaltsgestaltung Spielräume zur Verfügung stehen, da die Gestaltung von Geschäftsvorfällen ohnehin als originäre Managementsaufgabe angesehen wird, ist es für Jahresabschlussadressaten kaum möglich, bilanzpolitisch begründete Transaktionen von anderen Geschäftsvorfällen zu unterscheiden.[1067] Eine Grenze der bewussten Sachverhaltsgestaltung resultiert aus dem Postulat der Wirtschaftlichkeit. Die

---

[1062] Vgl. *Bieg/Kussmaul* (2006), S. 228; *Tanski* (2006), S. 31; *Küting* (2006), S. 2755; *Peemöller* (2003), S. 173; *Freidank* (1998), S. 104; *Wagenhofer/Ewert* (2007), S. 239; *Wohlgemuth* (2007), S. 63; *Sieben* (1998), S. 20.

[1063] Zu den Instrumenten der Bilanzpolitik siehe *Graw/Keller* (2004), S. 27; *Baetge et al.* (2004a), S. 33-34 u. 153; *Lachnit* (2004), S. 69; *Küting/Weber* (2009), S. 42 u. 421;

[1064] Vgl. *Küting* (2006), S. 2755; *Wagenhofer/Ewert* (2007), S. 240-241.

[1065] Vgl. *Fischer/Haller* (1993), S. 39.

[1066] Vgl. *Wöhe* (1997), S. 61. Hierunter fallen bspw. die Erhöhung oder Verminderung von Forschungs- und Entwicklungsaufwendungen, Entscheidungen zur zeitlichen Durchführung von Instandhaltungsmaßnahmen, Entscheidungen über den Auf- und Abbau von Vorratsbeständen oder die Steuerung der Ertragsrealisierung durch die Beeinflussung des Lieferzeitpunktes (vgl. *Wagenhofer/Ewert* (2007), S. 249).

[1067] Vgl. *Wöhe/Döring* (2008), S. 889; *Roychowdhury* (2006) untersucht das Ausmaß von Sachverhaltsgestaltung hinsichtlich einer Beeinflussung der Umsatzerlöse, der Verschiebung zeitlich flexibler Aufwendungen sowie der Überproduktion, d.h. des Aufbaus von Lagerbeständen. Dabei gelingt es dem Autor mit Hilfe von Regressionsmodellen nachzuweisen, dass Unternehmen eine bewusste Sachverhaltsgestaltung vornehmen, um marginal positive Ergebnisse publizieren zu können und/oder die Vorhersagen von Analysten marginal übertreffen zu können (vgl. *Roychowdury* (2006), S. 365).

Systematisierung bilanzpolitischer Instrumente

eingesetzten Maßnahmen müssen effektiv in Bezug auf die Zielerreichung und effizient sein, d.h. das gesetzte Ziel muss zu vertretbaren Kosten durchsetzbar sein.[1068] Da Maßnahmen der Sachverhaltsgestaltung in der Regel kostenintensiv sind, dürfte ihre Anwendung als bilanzpolitisches Instrument wenig attraktiv sein.[1069] Darüber hinaus ist der Einsatz realer Instrumente zeitlich restringiert; Instandhaltungsmaßnahmen können nur über wenige Perioden verschoben oder Lagerbestände nicht nach Belieben auf- und abgebaut werden. Ferner stellen Dritte, wie Kunden oder Lieferanten, eine faktische Grenze der Sachverhaltsgestaltung dar. Diese werden bilanzpolitische Maßnahmen nur dann unterstützen, wenn für sie daraus keine Nachteile resultieren.[1070] Aufgrund dieser Grenzen ist die Betrachtung sachverhaltsgestaltender Einflussnahmen zur Untersuchung einer Unabhängigkeitsbeeinträchtigung des Abschlussprüfers wenig aussagekräftig.[1071]

9.1.2 Sachverhaltsdarstellung

Von Relevanz für die nachfolgende Untersuchung sind bilanzpolitische Einflussnahmen, die den Ansatz und die Bewertung von Vermögensgegenständen betreffen und unter dem Begriff der Sachverhaltsdarstellung zusammengefasst werden. Sie erfolgen im Kontext eines gegebenen Mengengerüsts und knüpfen an reale Sachverhalte an. Die Sachverhaltsdarstellung vollzieht sich i.d.R. nach dem Bilanzstichtag und ohne Zahlungswirksamkeit, d.h. es wird ausschließlich der Jahresüberschuss/-fehlbetrag beeinflusst und nicht der Cashflow.[1072] Dabei umfasst die *formelle Bilanzpolitik* eine erfolgsunwirksame Darstellung von Sachverhalten, wie der Ausweis in der Bilanz und der Gewinn- und Verlustrechnung sowie der Erläuterungen im Anhang oder Lagebericht. Mit formeller Bilanzpolitik wird somit der Informationsgehalt des Abschlusses durch Ausweis-, Gliederungs- sowie Erläuterungswahlrechte gezielt variiert.[1073] Der Bilanzierende kann durch die Hervorhebung positiver Zahlen oder einer Vermeidung von negativen Informationen Einfluss auf das bei den Adressaten wahrgenommene Unternehmensbild anstreben.[1074] *Materielle Bilanzpolitik* hingegen dient der erfolgswirksamen Sachverhaltsdarstellung. Die Ergebniswirksamkeit wird innerhalb des gesetzlich Zulässigen durch die zielorientierte Inanspruchnahme von expliziten oder faktischen Bilanzierungs- und Bewertungswahlrechten sowie die Nutzung bestehender Ermessensspielräume möglich. Explizite Wahlrechte liegen vor, wenn ein Gesetz oder ein Standard mehr als eine Handlungsalternative aufzeigt, unter denen der Abschlusserstellende frei wählen kann.[1075] Faktische Wahl-

---

[1068] Vgl. *Heintges* (2005), S. 181-182.
[1069] Vgl. *Alcarria Jaime/de Albornoz Noguer* (2004), S. 73-74; *Wagenhofer/Ewert* (2007), S. 240.
[1070] Vgl. *Hinz* (1996), S. 116.
[1071] Vgl. *Alcarria/de Albornoz Noguer* (2004), S. 73.
[1072] Vgl. *Wohlgemuth* (2007), S. 67; *Wagenhofer/Ewert* (2007), S. 252-256; *Küting* (2006), S. 2755; *Tanski* (2006), S. 34; *Fischer/Haller* (1993), S. 39.
[1073] Vgl. *Lindemann* (2005), S. 188.
[1074] Vgl. *Wöhe* (1997), S. 60 u. 61; *Bieg/Kußmaul* (2006), S. 227; *Sieben* (1998), S. 23.
[1075] Vgl. *Bieg/Kußmaul* (2006), S. 227, 260; *Küting* (2006), S. 2755; *Sieben* (1998), S. 20.

rechte erwachsen aus Rechnungslegungsnormen, die keine ausdrückliche Normierung für die Vorgehensweise bei bestimmten Sachverhalten vorgeben. Grundlegend hierfür ist das Bestehen schwer überprüfbarer Auslegungsalternativen der Gesetze und Normen.[1076] Diese sind unvermeidbar und grundsätzlich sinnvoll, da Rechnungslegungswerke per se nicht sämtliche Abbildungsmöglichkeiten vollumfänglich erfassen können und die Unternehmensführung ausreichende Freiräume zur präziseren Abbildung realer Sachverhalte innerhalb der Generalnormen zur Verfügung haben sollte.[1077] Anders als bei expliziten, steht bei faktischen Wahlrechten nicht nur eine begrenzte Anzahl möglicher Entscheidungsalternativen, sondern eine Bandbreite von Alternativen zur Auswahl.[1078] Innerhalb dieser Bandbreite erfährt der Bilanzierende durch das handelsrechtliche Stetigkeitsprinzip (i.S.d. § 252 Abs. 1 Nr. 6 HGB) eine Einschränkung. Der Grundsatz der Stetigkeit alleine vermag es jedoch nicht, die Freiräume aufgrund von Wahlrechten soweit einzuschränken, dass eine opportunistische Einflussnahme des Managements per se nicht mehr möglich ist. Folglich ist die Trennung zwischen rechtmäßig zulässiger Bilanzpolitik und gesetzeswidriger Bilanzmanipulation oftmals, wie bereits in *Kapitel 3.1.2.1* aufgezeigt, sehr schwierig und in der Praxis kaum umsetzbar. Das in den folgenden Kapiteln diskutierte Auftreten von Auffälligkeiten in der Rechnungslegung umfasst daher sowohl opportunistische Einflussnahmen in Form von Bilanzpolitik als auch die gesetzeswidrige Bilanzmanipulation und wird synonym als *Earnings Management* bezeichnet.

9.2 Methoden zur Aufdeckung von Bilanzpolitik

Die Rechnungslegung ist diskretionären Handlungsspielräumen des Managements ausgesetzt und wird niemals frei von Bilanzpolitik sein.[1079] Dies ist zunächst auch nicht weiter problematisch. Schwierigkeiten treten jedoch auf, wenn die Bilanzpolitik über das gesetzlich zulässige Maß hinausreicht, bestehende Freiräume vom Management opportunistisch genutzt werden und der Abschluss ein von der tatsächlichen Vermögens-, Finanz-, und Ertragslage abweichendes Bild vermittelt. Insbesondere Investoren und Fremdkapitalgeber sind der Arglist des Managements ausgesetzt, wenn sie auf unpräzise Rechnungslegungsinformationen vertrauen (siehe *Kapitel 3.1.2*).[1080] Die Aufdeckung von Bilanzpolitik kann durch analytische

---

[1076] Vgl. *Wohlgemuth* (2007), S. 68; *Küting* (2006), S. 2755.
[1077] Vgl. *Bieg/Kußmaul* (2006), S. 229 u. 230; *Wohlgemuth* (2007), S. 69.
[1078] Ob die Ermessensspielräume nur bei Fragen der Bewertung oder auch hinsichtlich des Ansatzes auftreten können, ist umstritten. Einige Autoren vertreten die Auffassung, Ermessensspielräume bestünden vorrangig bei der Bewertung z.B. *Wohlgemuth* (2007), S. 69; *Küting* (2006), S. 2755. Dagegen betont *Lindemann* (2005, S. 188), dass auch Bilanzansatzwahlrechte bestehen, so dass auch beim Ansatz Möglichkeiten der Ausnutzung von Ermessensspielräumen bestehen.
[1079] Vgl. *Heintges* (2005), S. 183-184.
[1080] Ersteller von Rechnungslegungsstandards, Regulierungsbehörden und Wissenschaftler sind ebenfalls an der Aufdeckung bzw. an dem Nachweis opportunistischen Verhaltens interessiert, da dieses den Informationszwecken der Rechnungslegung zuwider läuft. Durch die Aufdeckung von opportunistischem Verhalten werden die Schwachstellen der Rechnungslegung deutlich, welche in einem nächsten Schritt durch eine Anpassung der Normen verbessert werden können.

Methoden zur Aufdeckung von Bilanzpolitik 215

und statistische Verfahren erfolgen.[1081] Bei der analytischen Herangehensweise wird die Abweichung zwischen den im Jahresabschluss enthaltenen und den prognostizierten Angaben betrachtet. Dieses Verfahren wird vorrangig zur Überprüfung auf Konsistenz, d.h. der wirtschaftlichen Plausibilität eingesetzt. Analytische Verfahren bieten sich an, wenn wenige Unternehmen, bei denen eine bilanzpolitische Einflussnahme vermutet wird, untersucht werden sollen.[1082] Wird hingegen eine Betrachtung zahlreicher Unternehmen angestrebt, stellen statistische Verfahren die bessere Alternative dar. Vor allem die Überprüfung von Hypothesen auf deren Allgemeingültigkeit hin erfolgt i.d.R. durch den Einsatz solcher Verfahren. Ursächlich hierfür ist unter anderem, dass die für eine statistische Evidenz erforderliche Anzahl von Beobachtungswerten mit Hilfe analytischer Verfahren häufig nicht bewältigt werden kann.[1083]

9.2.1 Grundlagen diskretionärer Periodenabgrenzung

9.2.1.1 Bedeutung der Periodenabgrenzung für die Rechnungslegung

Als Bemessungsgrundlage für den Unternehmenserfolg kommt zunächst die Möglichkeit des *Cash Accountings* in Betracht, welche die Aufzeichnung aller Zahlungsmittelzu- und -abflüsse innerhalb einer Periode beschreibt. Die Grenzen dieser Methode resultieren aus der zeitlichen Ausdehnung von Geschäftszyklen.[1084] Erstreckt sich die Geschäftstätigkeit eines Unternehmens, und damit auch die zeitliche Dimension einzelner Geschäftsvorfälle, über mehrere Perioden (Grundsatz der Unternehmensfortführung § 252 Abs. 1 Nr. 2 HGB), kann ein Auseinanderfallen von Erträgen und Aufwendungen einerseits und vor- bzw. nachgelagerten korrespondierenden Zahlungen (*Cashflows*) andererseits nicht vermieden werden. Der deutsche Gesetzgeber sieht daher anstelle des Cash Accountings die periodengerechte Zuordnung erfolgswirksamer Ereignisse in § 252 Abs. 1 Nr. 5 HGB vor.[1085] Dem Grundsatz der periodengerechten Erfolgsermittlung (*Gebot der Pagatorik*)[1086] steht in den IAS/IFRS sinngemäß das *Accrual Accounting* gegenüber.[1087] Der englische Begriff *Accrual* ist dabei dem deutschen Terminus *Periodenabgrenzungen* gleichzusetzen.[1088] Die Abgrenzung durch Accruals führt dazu, dass das Periodenergebnis eines Unternehmens i während der Periode t als zentrales Maß des Unternehmenserfolgs aus zwei Komponenten besteht: Der Summe aller

---

[1081] Vgl. *Goncharov* (2005), S. 37.
[1082] Vgl. *Marten et al.* (2007), S. 254 u. 293.
[1083] Die im Folgenden vorgestellten statistischen Verfahren zur Messung von Bilanzpolitik werden aufgrund ihrer methodischen Vorteile auch als fortgeschritten bzw. komplex bezeichnet (vgl. *Goncharov* (2005), S. 37).
[1084] Dies gilt insbesondere für Unternehmen mit langen Geschäftszyklen (vgl. *Dechow* (1994), S. 7; *Wagenhofer/Ewert* (2007), S. 240).
[1085] Siehe *Dechow* (1994, S.10), die dieses Problem insbesondere am Beispiel der langfristigen Auftragsfertigung verdeutlicht.
[1086] Vgl. *IDW* (2006a), E. 232; *Quick/Wolz* (2009), S. 44.
[1087] Vgl. *Pellens et al.* (2006), S. 107; *IAS 1*, Tz. 25 u. 26.
[1088] Vgl. *Wagenhofer/Ewert* (2007), S. 252-253.

Zahlungsmittelzu- und -abflüsse (*Cashflows*) und den Periodenabgrenzungen (*Accruals*). In der Literatur werden Accruals (TA_{it}) daher als Differenz zwischen Jahresergebnis (JE_{it}) und Cashflow aus operativer Geschäftstätigkeit (CFO_{it}) definiert:[1089]

$$TA_{it} = JE_{it} - CFO_{it}$$

TA_{it} = (gesamten) Accruals des Unternehmens i zum Stichtag der Periode t

JE_{it} = Jahresergebnis des Unternehmens i in Periode t (9.2.1)

CFO_{it} = (Operating) Cash Flow des Unternehmens i in Periode t

Die Zusammensetzung der Accruals geht, wie anhand der Überleitungsrechnung des Periodenergebnisses auf den Cashflow aus laufender Geschäftstätigkeit (gem. DRS 2) deutlich wird, auf unterschiedliche Sachverhalte zurück.[1090] Von besonderem Interesse für die vorliegende Untersuchung sind Periodenabgrenzungen, die das Betriebskapital (*Working Capital*) betreffen, da diese i.d.R. kurzfristig bilanzpolitisch gestaltet werden können, während langfristige Abgrenzungen der Investitions- und Finanzierungstätigkeit zuzuordnen sind.[1091]

1.		Periodenergebnis (einschließlich Ergebnisanteilen von Minderheitsgesellschaftern) vor außerordentlichen Posten
2.	+/–	Abschreibungen/Zuschreibungen auf Gegenstände des Anlagevermögens
3.	+/–	Zunahme/Abnahme der Rückstellungen
4.	+/–	Sonstige zahlungsunwirksame Aufwendungen/Erträge (bspw. Abschreibung auf ein aktiviertes Disagio)
5.	–/+	Gewinn/Verlust aus dem Abgang von Gegenständen des Anlagevermögens
6.	–/+	Zunahme/Abnahme der Vorräte, der Forderungen aus Lieferungen und Leistungen sowie anderer Aktiva, die nicht der Investitions- oder Finanzierungstätigkeit zuzuordnen sind
7.	+/–	Zunahme/Abnahme der Verbindlichkeiten aus Lieferungen und Leistungen sowie anderer Passiva, die nicht der Investitions- oder Finanzierungstätigkeit zuzuordnen sind
8.	+/–	Ein- und Auszahlungen aus außerordentlichen Posten
9.	=	**Cashflow aus laufender Geschäftstätigkeit (CFO)**

Tabelle 9-1: Gliederung der Kapitalflussrechnung nach der indirekten Methode[1092]

Die positiven und negativen Vorzeichen der Beiträge in der Kapitalflussrechnung (*Tabelle 9-1*) zeigen, dass das zeitliche Auseinanderfallen von erfolgs- und zahlungswirksamen Ereignissen sowohl Erträge und Zahlungsmittelzuflüsse als auch Aufwendungen und Zahlungsmittelabflüsse begründet. Entsprechend wird in der Literatur zwischen Ertrag- (*income increasing accruals*) und Aufwand-Accruals (*income decreasing accruals*) unterschieden.[1093] Ertrag-Accruals treten auf, wenn der Verkauf eines Produktes auf Ziel in Periode *t* entsprechend des Realisationsprinzips zur ergebniswirksamen Erfassung in Periode *t* führt, obwohl das Zahlungsziel den korrespondierenden Zahlungsmittelzufluss erst in *t+1* wahrscheinlich macht. Das zeitliche Auseinanderfallen wird im betrachteten Fall durch den Abgrenzungsposten, hier

---

[1089] Einen empirischen Beleg für diesen Zusammenhang liefern *Dechow et al.* (1995, S. 206-207).
[1090] Vgl. *Wagenhofer/Ewert* (2007), S. 253. Zu anderen Darstellungen siehe *Szczesny* (2007), S. 106.
[1091] Zu dieser Einschätzung vgl. *DeFond/Jiambalvo* (1994), S. 158; *Maijoor/Vanstraelen* (2006), S. 35; *Szczesny* (2007), S. 106.
[1092] Vgl. *DRS 2*, Tz. 27.
[1093] Vgl. *Lafeldt/Nikolay* (2004), S. 27; *Caramanis/Lennox* (2008), S. 117.

eine Zunahme der Forderungen aus Lieferungen und Leistungen (LuL) berücksichtigt. Analog treten Aufwand-Accruals auf, wenn der Zeitpunkt der aufwandswirksamen Erfassung und des Zahlungsmittelabflusses eines Geschäftsvorfalls in unterschiedliche Perioden fallen. So werden bspw. die für eine Prüfung des Abschlusses zum Stichtag t anfallenden Prüfungsgebühren bereits in der Periode t aufwandswirksam erfasst und unter den Sonstigen Rückstellungen passiviert. Der Zahlungsmittelabfluss erfolgt i.d.R. jedoch erst nach Beendigung der Prüfungshandlungen und der Aushändigung des Prüfungsberichtes in der Folgeperiode ($t+1$).

9.2.1.2 Zusammenhang zwischen Jahresergebnis, Cashflow und Accruals

Über den Zeitraum einer Unternehmung betrachtet, entspricht die Summe aller Cashflows (annahmegemäß) der Summe der Ergebnisse über alle Perioden ($\sum JE_{it} = \sum CF_{it}$). Accruals addieren sich entsprechend zu null auf, da ihre Funktion alleine in der Korrektur der mit einem Cash Accounting verbundenen zeitlichen Abgrenzung liegt. Dem Kongruenzprinzip folgend können die, in Periode t gemäß *Gl. 9.2.1*, erfassten Accruals TA_{it} über die gesamte Dauer einer Unternehmung betrachtet vollständig eliminiert werden (siehe *Abbildung 9-2*).

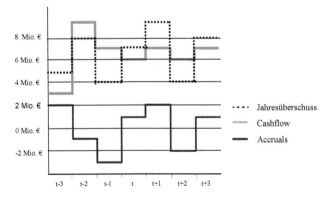

Abbildung 9-2: Zusammenhang zwischen Jahresüberschuss, Cashflow und Accruals

Ein *Opening Accrual* wird gebildet, wenn Erträge oder Aufwendungen vor dem Zahlungsmittelfluss erfolgswirksam erfasst werden oder wenn der Zahlungsmittelfluss vor der entsprechend erfolgswirksamen Buchung erfolgt. Das korrespondierende *Closing Accrual* folgt, sobald das Pendant des Geschäftsvorfalls eintritt.[1094] Das pagatorische Prinzip, d.h. die Annahme einer vollständigen Neutralisierung aller Accruals über die Lebensdauer eines Unterneh-

---

[1094] Vgl. *Dechow/Dichev* (2002), S. 38.

mens hinweg betrachtet, ist somit intuitiv einsichtig und wird als *Clean Surplus Accounting* bezeichnet.[1095]

Bei der vereinfachenden Annahme einer drei-periodischen Unternehmensdauer $(t-1, t, t+1)$ ergeben sich die Accruals zum Stichtag der Periode t, wie in *Gl. 9.2.2* dargestellt. Der tief gestellte Index zeigt dabei das Jahr des Zahlungsmittelzu- bzw. -abflusses an, der hochgestellte deklariert die Periode der Ergebniswirksamkeit *(Realisierung)*.[1096]

$$TA_t = CFO_{t-1}^t + CFO_{t+1}^t - (CFO_t^{t-1} + CFO_t^{t+1})$$ (9.2.2)

Aus der Kombination von *Gl. 9.2.1* und *9.2.2* resultiert *Gl. 9.2.3*, in der die Accruals durch die korrespondierenden Cashflows der Vor- und Folgeperioden ersetzt werden.[1097]

$$JE_t = CFO_{t-1}^t + CFO_t^t + CFO_{t+1}^t - (CFO_t^{t-1} + CFO_t^{t+1})$$ (9.2.3)

Der Jahresüberschuss setzt sich somit aus den Cashflows der aktuellen Periode (t) zuzüglich der Cashflows aus der Vor- $(t-1)$ und Folgeperiode $(t+1)$ zusammen, deren Erfolgswirksamkeit in der betrachteten Periode (t) liegt. Darüber hinaus werden die in der aktuellen Periode (t) erfolgten Zahlungsmittelzu- und abflüsse, welche in der Vor- oder Folgeperiode erfolgswirksam realisiert werden, subtrahiert. Da das Jahresergebnis somit aus den Elementen Cashflow und Accruals resultiert, wird eine Interdependenz zwischen den drei Größen erwartet.[1098]

Dechow et al. (1998), welche die Wechselwirkungen zwischen Periodenergebnis, Cashflow und Accruals in einem Modell abzubilden versuchen, erörtern theoretisch mögliche sowie empirisch evidente Korrelationen mit dem zeitlichen Auseinanderfallen von Auszahlungen und korrespondierenden Einzahlungen.[1099] Erhöht ein Unternehmen bspw. aufgrund einer exogenen Nachfragesteigerung die Lagerbestände, resultieren daraus Zahlungsmittelabflüsse zur Tilgung der Verpflichtungen gegenüber Lieferanten. Da die Zahlungsmittelabflüsse in voller Höhe sofort, d.h. noch in Periode t, die Zahlungsmittelzuflüsse aus dem Verkauf der Produkte (zu einem nicht unerheblichen Anteil α) jedoch erst in Perioden $t + 1$ erfolgen, ergibt sich zunächst ein Auszahlungsüberschuss ($\sum CFO_t < 0$). In der Folgeperiode $t+1$ folgt hingegen ein Zahlungsmittelzufluss, da die Verbindlichkeiten gegenüber Lieferanten bereits

---

[1095] Vgl. *Dechow* (1994), S. 4; *Dechow* (2000), S. 237.
[1096] Der korrespondierte Accrual-Posten des ersten Terms könnte bspw. eine Forderung aus LuL oder ein aktivischer Rechnungsabgrenzungsposten (aRAP) sein, während der zweite Term auf eine Verbindlichkeit aus LuL, eine Rückstellung oder einen passivischen Rechnungsabgrenzungsposten (pRAP) schließen lässt. Der dritte Term zeigt Cashflows, die in Periode (t) erfolgen, während die Ergebniswirksamkeit des Geschäftsvorfalls in der Vorperiode $(t-1)$ liegt. Der vierte Term stellt Mittelzu- oder Mittelabflüsse dar, die erst in der Folgeperiode als Aufwand oder Ertrag erfasst werden (vgl. *McNichols* (2002), S. 62). Ähnlich auch *Dechow/Dichev* (2002), S. 40.
[1097] Aus Darstellungsgründen wird erneut der simplifizierende Dreiperioden-Fall unterstellt.
[1098] *Dechow/Dichev* (2002), *Dechow* (1994) und *Dechow et al.* (1998) konnten nachfolgende Korrelationen zwischen den betrachteten Größen nachweisen: Corr $(JE_t; CFO_t)$=positiv; Corr $(JE_t; TA_t)$= positiv; Corr $(CFO_t; TA_t)$=negativ (vgl. *Dechow/Dichev* (2002), S. 38; *Dechow* (1994), S. 19-20).
[1099] Vgl. *Dechow et al.* (1998), S. 166.

vollständig beglichen wurden und der Anteil α der Umsatzerlöse nun einen Einzahlungsüberschuss generiert $(0 < \sum CFO_{t+1})$. Aus der negativen Korrelation zwischen den Cashflows der Periode t (CFO_{it}) mit den Cashflows der vorausgehenden (CFO_{it-1}) und nachfolgenden Periode (CFO_{it+1}) folgt, dass auch die Accruals entsprechend dem Modell von *Dechow et al.* (1998) im Zeitvergleich negativ korreliert sein müssen. Schließlich werden die zum Stichtag der Periode t ausgewiesenen Forderungen aus LuL durch Zahlungsmittelzuflüsse während der Periode $t+1$ ausgeglichen. Accruals folgen, wie bereits zu Beginn des Kapitels aufgezeigt, damit dem Prinzip der Umkehrbarkeit (siehe *Abbildung 9-1*). Lediglich die (planmäßigen) Abschreibungen nehmen eine Sonderstellung ein, da sie im Zeitverlauf nicht umkehrbar sind. So wird die Anschaffung von Vermögenswerten des Sachanlagevermögens, anderes als die korrespondierenden Abschreibungen, nicht im Cashflow aus der gewöhnlichen Geschäftstätigkeit, sondern im Cashflow aus Investitionstätigkeit dargestellt. Der Betrag der Accruals schwankt daher um den durchschnittlichen Wert der planmäßigen Abschreibung.[1100]

9.2.1.3 Nicht-diskretionäre und diskretionäre Accruals

Bereits in *Kapitel 9.1* konnte gezeigt werden, dass vor allem sachverhaltsdarstellende Bilanzpolitik in der Rechnungslegungspraxis Anwendung findet. Weicht die Darstellung des Unternehmens im Abschluss, unter Beachtung des Grundsatzes der Wesentlichkeit, von der tatsächlichen Vermögens-, Finanz- und Ertragslage ab, muss der Abschlussprüfer diese Abweichungen im Rahmen der Prüfung aufdecken (§ 317 Abs. 1 S. 3 HGB) und über diese im Prüfungsbericht (gem. § 321 Abs.1 u. 2 HGB) sowie im Bestätigungsvermerk (gem. § 322 HGB) berichten.

Akzeptiert der Abschlussprüfer sachverhaltsdarstellende Bilanzpolitik, schlägt sich diese in den Accruals nieder, da eine Beeinflussung der Cashflows seitens des Managements nach dem Stichtag kaum möglich ist. Auch erfordern zahlungsunwirksame Erträge und Aufwendungen ohnehin das Ausüben von Wahlrechten und Ermessensfreiräumen, so dass Accruals per se keine Besonderheit darstellen. Eine Beurteilung, welcher Anteil der Accruals zur Darstellung der tatsächlichen Vermögens-, Finanz- und Ertragslage notwendig und welcher auf bilanzpolitische Ziele des Managements zurückzuführen ist, kann von Außenstehenden kaum vorgenommen werden.[1101] Für die Aufdeckung bilanzpolitischer Einflussnahmen ist es daher erforderlich, dass die Accruals in eine normale (*nicht-diskretionäre* (*NDA*)) und eine *diskretionäre Komponente* (*DA*) aufgesplittet werden. Während nicht-diskretionäre Accruals aus dem gewöhnlichen Geschäftsgang resultieren, sind diskretionäre Accruals auf Earnings Management zurückzuführen. Positive diskretionäre Accruals führen dabei zu einer Ergebniserhöhung (*income increasing accruals*), während negative diskretionäre Accruals eine Ergeb-

---

[1100] Vgl. *Wagenhofer/Ewert* (2007), S. 253.
[1101] Vgl. *McNichols/Wilson* (1988), S. 4.

nisverminderung (*income decreasing accruals*) bedingen.[1102] Da aus der Kapitalflussrechnung lediglich der Gesamtbetrag der Accruals (TA_{ti}) entnommen werden kann, während normale (NDA_{ti}) und diskretionäre Accruals (DA_{ti}) unbeobachtbar sind, muss die Aufspaltung der Accruals anhand weiterer Informationen erfolgen. Mit Hilfe unternehmensspezifischer Kenngrößen und der Accruals und Cashflows aufeinanderfolgender Perioden wird zunächst ein Schätzwert der nicht-diskretionären Komponente (*expected non-discretionary accruals* ($ENDA_{ti}$)) ermittelt. Aus dem Differenzbetrag der gesamten Accruals (TA_t) und den unternehmensspezifisch geschätzten nicht-diskretionären (normalen) Accruals ($ENDA_{ti}$) kann eine Proxy-Variable berechnet werden, die als *geschätzte diskretionäre Accruals* (EDA_t) bezeichnet wird und das Ausmaß der Bilanzpolitik bezeichnet.[1103]

$$EDA_{it} = TA_{it} - ENDA_{it} \qquad (9.2.4)$$

Die Genauigkeit der geschätzten diskretionären Accruals, welche als Surrogat des Ausmaßes an Bilanzpolitik dienen, hängt maßgeblich von der Schätzqualität der nicht-diskretionären Accruals ab. Die Variablen, anhand derer die Accruals des gewöhnlichen Geschäftsverlauf ohne bilanzpolitische Einflussnahme ermittelt werden, gehen ebenso wie die totalen Accruals aus dem Jahres-/ Konzernabschluss hervor. Dabei sind die Determinanten der diskretionären Accruals keinesfalls konstant. Stattdessen wird das Ausmaß durch zahlreiche unternehmens- und branchenspezifische Einflussfaktoren determiniert, welche bei der Spezifikation des Modells zur Schätzung der normalen Accruals ($ENDA_{it}$) zu berücksichtigen sind. Dieser Anspruch setzt die Anwendung multivariater regressionsbasierter Verfahren voraus.[1104]

Damit die Koeffizienten des Regressionsmodells ermittelt werden können, muss zunächst eine bilanzpolitikfreie Schätzperiode (*T*) zur „Eichung" des Modells zur Verfügung stehen. Die gesamten Accruals (TA_{it}) entsprechen während dieser Periode den normalen Accruals (NDA_{it}), da Bilanzpolitik per definitionem nicht auftritt. Es gilt $DA_{iT} = 0$; $TA_{iT} = NDA_{iT}$. Das Regressionsmodell stellt sich in allgemeiner Form wie folgt dar:

$$TA_{iT} = NDA_{iT} = \alpha + \sum_{n=1}^{n=x} \beta_n X_{niT} \qquad (9.2.5)$$

Die Regressoren X_{niT} dienen zur Erklärung der nicht-diskretionären Accruals (NDA_{iT}). Anhand der für X_{niT} eingesetzten Größen werden die Regressionskoeffizienten α, β_n geschätzt, welche den Einfluss der einzelnen unabhängigen Variablen auf die gesamten Accruals quantifizieren. Die Ermittlung der Koeffizienten erfolgt dabei durch eine OLS-Regression. An-

---

[1102] Siehe hierzu neben vielen die Studie von *Beneish/Vargues* (2002, S. 758-759) zur Untersuchung des Zusammenhangs zwischen *Insider-Trading* und Bilanzpolitik.
[1103] Vgl. Neben vielen *Dechow et al.* (1995), S. 199; im deutschsprachigen *Wagenhofer/Ewert* (2007), S. 254-256.
[1104] Zu Beginn erster empirischer Untersuchungen wurde Bilanzpolitik mit Hilfe einfacher (paarweiser) Vergleichsverfahren gemessen (vgl. *Jones* (1991), S. 198; *Dechow et al.* (1995), S. 198).

schließend wird das in der Schätzperiode T ermittelte Regressionsmodell auf die Daten der interessierenden Ereignisperiode t, in der das Auftreten von Bilanzpolitik vermutet wird, angewendet. Für diese Perioden wird entsprechend $TA_{it} \neq NDA_{it}$; $DA_{it} \neq 0$ vermutet.

$$ENDA_{it} = \alpha + \sum \beta_n X_{nit} \qquad (9.2.6)$$

Die diskretionären Accruals (EDA_{it}), welche als Surrogat der opportunistischen Einflussnahme gewertet werden, ergeben sich, wie in *Gl. 9.2.7* dargestellt, aus der Differenz der totalen Accruals in Periode t (TA_{it}) und des anhand von *Gl. 9.2.6* geschätzten nicht-diskretionären Anteils ($ENDA_{it}$).

$$EDA_{it} = TA_{it} - ENDA_{it} = TA_{it} - \left(\alpha + \sum \beta_n X_{nit}\right) \qquad (9.2.7)$$

In einem weiteren Schritt können nun die Einflussfaktoren, welche das Auftreten der Bilanzpolitik möglicherweise begründen, untersucht werden. Das Ausmaß an Bilanzpolitik in Periode t (EDA_{it}), könnte bspw. aufgrund eines bestimmten regulatorischen Umfeldes,[1105] einer hohen variablen Vergütung des Managements[1106] oder aber bedingt durch einen Wechsel an der Unternehmensspitze (*Big-Bath*) begründet sein.[1107] Im Rahmen der vorliegenden Arbeit interessiert der Einfluss der parallelen Beratungstätigkeit des Abschlussprüfers auf das Ausmaß der diskretionären Accruals (EDA_{it}). Die diskretionären Accruals werden daher als abhängige Variable betrachtet, die vermutlich durch die Höhe der Beratungshonorare des Prüfers determiniert ist (siehe *Kapitel 9.3* und *Kapitel 9.10*).

9.2.1.4 Datenquellen und untersuchungsspezifische Grundkonzepte

Bevor ausgewählte Modelle zur Ermittlung der diskretionären Accruals vorgestellt werden, wird kurz auf die im Rahmen einer Schätzung der Regressionskoeffizienten $\alpha, \beta, ..., \beta_n$, zu berücksichtigenden Unternehmensdaten eingegangen.

Wie bereits dargestellt, ergeben sich die totalen Accruals als Differenz des operativen Periodenergebnisses und des Cashflows aus der laufenden Geschäftstätigkeit (*CFO*) (*Gl. 9.2.1*) und können der Kapitalflussrechnung entnommen werden (siehe *Tabelle 9-2*). Die Kapitalflussrechnung, welche den Abschlussadressaten Einblick in die Finanzlage des Unternehmens

---

[1105] Vgl. *Maijoor/Vanstraelen* (2006), S. 33-52; *Goncharov/Zimmermann* (2006), S. 1; *Van Tendeloo/Vanstraelen* (2005), S. 155-180.

[1106] Vgl. *Bergstresser/Philippon* (2006, S. 511-529), die nachweisen, dass das Ausmaß an Bilanzpolitik steigt, wenn die variable Vergütung des Managements an den Börsenkurs des Unternehmens angelehnt ist. Ähnlich auch *Coles et al.* (2006, S.173-200), die nachweisen, dass im Falle einer Verschiebung der Ausgabe von Stock-Options das Ausmaß positiver diskretionärer Accruals zunächst fällt und erst nach der Ausgabe der Stock-Options an den Vorstand wieder ansteigt. *Beneish/Vargues* (2002, S. 755-791) weisen einen Zusammenhang zwischen dem Ausmaß an Bilanzpolitik und dem *Insider-Trading* (*Directors-Dealing*) nach.

[1107] Vgl. *Elliott/Shaw* (1988), S. 92; *Lee* (2006), S. 281 u. 287; *Moore* (1973), S. 100-107; *Peek* (2004), S. 27 u. 42; *Healy* (1985), S. 85 u. 106.

gewährt, ist in den USA seit 1988 (gem. SFAS 95) Pflichtbestandteil des Abschlusses.[1108] In Deutschland ist diese hingegen nur für Konzernabschlüsse zwingend erforderlich (§ 297 Abs. 1 HGB).[1109] Somit sind die zur Durchführung der Schätzverfahren erforderlichen Daten lediglich in den Konzernabschlüssen durchgehend verfügbar.[1110] Ist die Datenbeschaffung gesichert, bereitet insbesondere die Bestimmung einer bilanzpolitikfreien Schätzperiode regelmäßig Schwierigkeiten, so dass auf die Verwendung sogenannter *Längs- (Time-Series-Modelle)* und *Querschnittsuntersuchungen (Cross-Sektionale-Modelle)* zurückgegriffen wird.[1111] Bei diesen Modellen wird unterstellt, dass das Ausmaß an Bilanzpolitik im Mittel aller Beobachtungen und Perioden null beträgt *(Abbildung 9-1)*. Längsschnittmodelle basieren auf unternehmensspezifischen Zeitreihen, anhand derer für jedes Unternehmen eine eigene Regressionsgleichung ermittelt wird, bzw. unternehmensspezifische Koeffizienten geschätzt werden. Schwierigkeiten bereiten bei diesen Modellen häufig die mangelnde Verfügbarkeit vergleichbarer Abschlüsse über vollständige Zeitreihen. Schließlich müssen hinreichende Beobachtungswerte für jedes Unternehmen verfügbar sein. *DeFond/Jiambalvo* (1994) beziffern die Mindestanzahl der aufeinanderfolgenden Beobachtungswerte für das Time-Series-Modell mit sechs,[1112] während *Dechow et al.* (1995) sogar zehn Perioden für eine zuverlässige Zeitreihenschätzung als erforderlich erachten.[1113] Deren Verfügbarkeit ist für deutsche Konzernabschlüsse oftmals nicht gegeben, da diese erst seit dem 1.1.2005 verpflichtend nach IFRS erstellt werden müssen und eine sinnvolle gemeinsame Betrachtung von HGB- und IFRS-Abschlüssen aufgrund teilweise unterschiedlicher Ansatz- und Bewertungsgrundsätze ausscheidet. Darüber hinaus kann die Annahme, regulatorische Einflüsse und unternehmensspezifische Sachverhalte seien über einen Zeitraum von sechs oder gar zehn Jahren konstant, kaum unterstellt werden. Es ist daher nicht unwahrscheinlich, dass Zeitreihenmodelle bei der Bestimmung der Koeffizienten unternehmensspezifische und regulatorische Veränderungen, welche sich während des betrachteten Zeitraumes ergeben und Einfluss auf die Bilanzierung nehmen, nicht hinreichend berücksichtigen, d.h. nicht-diskretionäre Accruals irrtümlich als

---

[1108] Vgl. *Lindemann* (2005), S. 219; *Dechow* (1994), S. 24.
[1109] Mit dem seit 1999 bestehenden DRS 2 existiert ein Standard, der den Aufbau der Kapitalflussrechnung vorgibt (vgl. *Pellens et al.* (2006), S. 189).
[1110] In älteren Studien, in denen bilanzpolitische Motive für einem Zeitraum vor der Pflicht zur Erstellung bzw. Offenlegung der Kapitalflussrechnung untersucht werden, gestaltet sich die Ermittlung der Accruals insofern schwierig, als dass die Forscher zunächst selbst anhand der Informationen aus GuV und Bilanz den operativen Cashflow ermitteln müssen. Gleiches gilt für Untersuchungen auf Einzelabschlussebene (vgl. *Jones* (1991), S. 207). *Hribar/Collins* (2002, S. 125) untersuchen die Relevanz der Datengrundlage für das Forschungsergebnis, indem sie eine frühe Studie, welche auf den Informationen von Bilanz und GuV beruht, anhand der Angaben in der Kapitalflussrechnung zu reproduzieren versuchen. Dabei stellt sich heraus, dass die Ergebnisse zumindest teilweise in Abhängigkeit der Informationsquelle variieren. Die Wahl der Datenquelle ist somit nicht unerheblich.
[1111] Vgl. *Jones* (1991), S. 194; *Dechow et al.* (1995), S. 200-201.
[1112] Vgl. *DeFond/Jiambalvo* (1994), S. 159.
[1113] Vgl. *Dechow et al.* (1995), S. 200-201.

Methoden zur Aufdeckung von Bilanzpolitik

Bilanzpolitik identifizieren.[1114] Diese Grenzen des Modells sind ursächlich dafür, dass die Zeitreihenmodelle in der empirischen Forschung weitgehend durch Querschnittsmodelle verdrängt wurden.[1115]

Die sogenannten Cross-Sektionalen-Regressionsmodelle basieren auf Datensätzen ähnlicher Unternehmen, die in einem Cluster gemeinsam betrachtet werden. Eine angemessene Anzahl von Beobachtungswerten, welche auch hier zur zuverlässigen Parameterschätzung erforderlich ist, wird somit durch die Berücksichtigung mehrerer Unternehmen desselben Clusters erreicht. Gegenüber den Time-Series-Modellen bietet diese Vorgehensweise den Vorteil, dass auch Unternehmen einbezogen werden können, für die lediglich relativ kurze Zeitreihen bzw. nur wenige Beobachtung zur Verfügung stehen. Zugleich kann eine größere Anzahl an Beobachtungen pro Regression berücksichtigt, die Schätzung der Parameter verbessert und die Modellgüte gegenüber Time-Series-Regressionen gesteigert werden.[1116] Entscheidend für die Qualität Cross-Sektionaler Modelle ist die Sicherstellung der Homogenität innerhalb eines Clusters.[1117]

Da Schätz- und Ereignisperiode auch bei den Cross-Sektionalen-Modellen zusammenfallen, müssen zur Ermittlung der clusterspezifischen Koeffizienten vermeintlich bilanzpolitikfreie Unternehmen betrachtet werden. Eben diese Differenzierung zwischen Schätz- und Ereignisunternehmen ist im Voraus jedoch nicht möglich, so dass die Regression in der empirischen Forschung regelmäßig für sämtliche vorhandene Unternehmensdaten eines Clusters geschätzt wird.[1118] Diesem Ansatz liegt die Annahme zugrunde, dass sich positive (Ertrags-) und negative (Aufwands-) diskretionäre Accruals in der Summe aller Unternehmen (weitgehend) aufheben und im Mittel null betragen. Anschließend wird anhand der für alle Unternehmen eines Clusters bestimmten Regressionsgleichung die Höhe der nicht-diskretionären Accruals geschätzt.[1119] Das Regressionsmodell ist dazu wie folgt aufgebaut:

[1114] Vgl. *Abbott et al.* (2006), S. 89.
[1115] Vgl. *Hribar/Nichols* (2007), S. 1021.
[1116] Vgl. *Subramanyam* (1996, S. 254) vergleicht das Streuungsmaß beider Modelle und gelangt zu dem Ergebnis, dass die Güte des Cross-Sektionalen-Modells die des Time-Series-Modells übersteigt. Auch *Bartov et al.* (2000, S. 436) gelangen zu dem Ergebnis, dass Bilanzpolitik durch Cross-Sektionale-Modelle aufgedeckt werden kann, während die Time-Series-Modelle zu auffallend hohen Standardabweichungen neigen. Darüber hinaus würde durch Cross-Sektionale-Modelle auch häufiger das richtige Vorzeichen der Accruals ermittelt. Auch *Jeter/Shivakumar* (1999, S. 300) und *Kasznik* (1999, S. 65, Fn.11) konnten in ihrer Studie zeigen, dass die im Querschnitt geschätzten Modelle den Time-Series-Modellen überlegen sind. Ähnlich *Alcarria Jaime/de Albornoz Noguer* (2004), S. 74 u. 76).
[1117] Vgl. *Larcker/Richardson* (2004), S. 633; *Dopuch et al.* (2007), S. 30; *Hribar/Nichols* (2007), S. 1025.
[1118] Vgl. *DeFond/Jiambalvo* (1994), S. 146-147; *Kasznik* (1999), S. 64-65; *Teoh et al.* (1998), S. 182-183.
[1119] Vgl. *Subramanyam* (1996), S. 253-254; *DeFond/Subramanyam* (1998), S. 47-48.

$$TA_{ijt} = \alpha_{jt} + \beta_{1jt}X_{1ijt} + \beta_{2jt}X_{2ijt} + \ldots + \beta_{njt}X_{nijt}$$

TA_{ijt} = (Gesamte) Accruals des Schätzunternehmens i (innerhalb des Clusters j) zum Zeitpunkt t

X_{nijt} = Wert der unabhängigen Variablen n des Schätzunternehmens i (innerhalb des Clusters j)

$\alpha_{njt}, \beta_{njt}$ = Koeffizient der Variablen n für Schätzunternehmen des Clusters j zum Zeitpunkt t

i = Index des Ereignisunternehmens

j = Index für das Cluster der Schätzunternehmen

t = Ereignisperiode und Schätzperiode

n = Anzahl der Regressoren

(9.2.8)

Die aus dem Modell gewonnenen clusterspezifischen Koeffizienten werden nun auf jedes einzelne Ereignisunternehmen angewendet. Die Differenz aus den gesamten Accruals (TA_{ijt}) und den geschätzten nicht-diskretionären Accruals ($ENDA_{ijt}$) stellt dabei den als diskretionär bezeichneten Anteil der Bilanzpolitik (EDA_{it}) dar.

$$EDA_{it} = TA_{it} - \left(\alpha_{jt} + \hat{\beta}_{1jt}X_{1ijt} + \hat{\beta}_{2jt}X_{2ijt} + \ldots + \hat{\beta}_{njt}X_{nijt} \right)$$

EDA_{it} = Geschätzte diskretionäre Accruals des Ereignisunternehmens i zum Zeitpunkt t

TA_{it} = Accruals des Ereignisunternehmens i zum Zeitpunkt t

(9.2.9)

9.2.1.5 Langfristige und kurzfristige Accruals

In der Mehrzahl gegenwärtig vorliegender Studien wird ein Untersuchungsansatz gewählt, der die totalen Accruals aus der gewöhnlichen Geschäftstätigkeit in nicht-diskretionäre und diskretionäre Bestandteile aufsplittet.[1120] Dabei wird der zeitlichen Ausprägung der Accruals, d.h. dem Zeitraum zwischen dem Opening Accrual und dem Closing Accrual, keine Bedeutung beigemessen. Konträr zu dieser Vorgehensweise konnten *Thomas/Zhang* (2000) nachweisen, dass Schwankungen der gesamten Accruals in hohem Maße durch Änderungen der kurzfristigen Accruals und weniger durch Veränderungen der langfristigen Accruals bedingt sind.[1121] Es wird daher vermutet, dass langfristige Accruals nur in geringem Umfang diskretionär beeinflusst werden. Übereinstimmend mit diesen Erkenntnissen werden in der Mehrzahl jüngerer Untersuchungen zunehmend die *Working Capital Accruals* (WCA_{it}) betrachtet,[1122] welche sich wie folgt ergeben:

[1120] Vgl. *Becker et al.* (1998), S. 12-13; *Bartov et al.* (2000), S. 422-423; *Frankel et al.* (2002), S. 84; *LeMaux* (2007), S. 7; *Chung/Kallapur* (2003), S. 939; *Larcker/Richardson* (2004), S. 634; *Reynolds et al.* (2004), S. 36.

[1121] Der Pearson-Korrelationskoeffizient zwischen den gesamten Accruals und den kurzfristigen Accruals ist sehr hoch ($\beta = 0,962$), derjenige zwischen den gesamten und den langfristigen Accruals hingegen niedrig ($\beta = 0,270$) (vgl. *Thomas/Zhang* (2000), S. 358, Table 5.)

[1122] Vgl. *Alcarria, Jaime/de Albornoz Noguer* (2004), S. 76; *Peasnell et al.* (2000), S. 315-316. Während kurzfristige Accruals aus Veränderlichkeiten in den kurzfristigen Vermögenswerten abzüglich der Veränderungen kurzfristiger Verbindlichkeiten resultieren, sind langfristige Accruals häufig strategisch geprägt und können nicht nach Belieben alterniert werden. Zu Verwendung der Current Ac-

Methoden zur Aufdeckung von Bilanzpolitik 225

$$WCA_{it} = \Delta[AR_{it} + INV_{it} + OCA_{it}] - \Delta[AP_{it} + TP_{it} + OCL_{it}] - \{DEP_{it}\}$$

WCA_{it} = Current Accruals

AR_{it} = Forderungen LuL

INV_{it} = Vorratsbestände

OCA_{it} = Sonstige Vermögensgegenstände, ARAP (9.2.10)

AP_{it} = Verbindlichkeiten LuL

TP_{it} = Verbindlichkeiten gegenüber dem Finanzamt

OCL_{it} = Sonstige Verbindlichkeiten, PRAP

$\{DEP_{it}\}$ = Abschreibungen auf Gegenstände des Anlagevermögens (umstritten)

Ob es sinnvoll ist, auch die Abschreibung des Anlagevermögens (DEP_{it}) zur Aufdeckung einer diskretionären Einflussnahme zu berücksichtigen, ist umstritten.[1123] Zwar begründen die Aktivierung von Vermögenswerten des Anlagevermögens und die sukzessiv folgenden Abschreibungen einen erheblichen Teil der totalen Accruals.[1124] Diskretionäre Einflussnahmen, etwa durch eine Veränderung der Bewertungsgrundlagen, sind jedoch im Anhang für Abschlussadressaten transparent darzustellen. Eine bilanzpolitische Einflussnahme auf die Bewertung des Anlagevermögens dürfte aufgrund dieser Anhangsangaben und der damit verbunden Einsehbarkeit stark eingeschränkt sein.[1125] Folglich können die Working Capital Accruals (WCA_{it}), sofern eine Kapitalflussrechnung zur Verfügung steht, auch aus dem Periodenergebnis der gewöhnlichen Geschäftstätigkeit zuzüglich der Abschreibungen auf das Anlagevermögen abzüglich des operativen Cashflows ermittelt werden.[1126]

9.2.2 Statische Vergleichsmodelle zur Schätzung diskretionärer Accruals

In frühen empirischen Untersuchungen zum Auftreten von Bilanzpolitik werden einfache (paarweise) Vergleichsverfahren angewendet. *Healy* (1985) untersucht, ob Managementvergütungssysteme, sofern sie auf Jahresabschlussgrößen basieren, einen Anreiz für bilanzpolitische Einflussnahme darstellen. Hierzu unterscheidet der Autor drei Fälle. In Fall 1 wird ein Anreiz zur Senkung des Jahresüberschusses seitens des Managements, d.h. zu negativer diskretionärer Bilanzpolitik unterstellt. Dazu kommt es, da der für die variable Vergütung relevante obere Schwellenwert, welcher die maximale Vergütung markiert, weit überschritten wird, d.h. das Management von der Höhe des Jahresüberschusses nicht vollständig profitieren

---

[1123] cruals siehe neben vielen *Maijoor/Vanstraelen* (2006), S. 38. Interessant auch die in *Kapitel 9.2.4.2* vorgestellte Studie von *Alcarria Jaime/de Albornoz Noguer* (2004), die verschiedene Schätzmodelle hinsichtlich deren Güte untersuchen und dabei ausschließlich kurzfristige Accruals betrachten.
Vgl. *Szczesny* (2007), S. 106; *Ching et al.* (2002), S. 11.
[1124] Vgl. *DeAngelo* (1986), S. 417; *Wagenhofer/Ewert* (2007), S. 266-267.
[1125] Vgl. *Beneish* (1998), S. 211; *Young* (1999), S. 842 u. 843; *Alcarria/de Albornoz Noguer* (2004), S. 76; *Quick* (2009), IAS 16 Tz. 98.
[1126] Vgl. *Huang et al.* (2007), S. 135; *Lim/Tan* (2008), S. 199-246; *Dee et al.* (2008), S. 126; *Ashbaugh et al.* (2003), S. 621; *Peasnell et al.* (2000), S. 317 Fn. 15.

kann und eine Verschiebung der Erträge in die Folgeperiode anstrebt. In Fall 3 wird ebenfalls ergebnisschmälernde Bilanzpolitik erwartet, da der untere Schwellenwert, ab dem eine variable Vergütung erfolgt, in jedem Fall nicht erreicht wird, d.h. die Verlagerung von Erträgen in die Folgeperiode erstrebenswert ist, um die Chancen auf Sonderzahlungen in der Folgeperiode zu verbessern. Im Fall 2 liegt der Jahresüberschuss innerhalb des Korridors zwischen den beiden Schwellenwerten, so dass eine ergebnissteigernde Bilanzpolitik vom Management wahrscheinlich sein dürfte. Zur Messung der Bilanzpolitik werden ergebnissteigernde (*income increasing*) bzw. neutrale Accruals der zweiten Gruppe mit den ergebnisreduzierenden (*income decreasing*) Accruals der ersten und dritten Gruppe verglichen. Bilanzpolitische Einflussnahme zur Maximierung der variablen Vergütung erachtet *Healy* (1985) als erwiesen, wenn die negativen Accruals der Gruppen 1 und 3 sich signifikant von denen der Gruppe 2 unterscheiden. Dabei wird vorausgesetzt, dass die gesamten Accruals der Gruppe 2 den nicht-diskretionären Accruals der Gruppe 1 und 3 entsprechen. Die Differenz zwischen den Accruals der Gruppe 2 und den Accruals der Gruppe 1 (3) ist den Ausführungen *Healys* (1985) zufolge Ausdruck einer diskretionären Einflussnahme.[1127]

DeAngelo (1986), die ebenfalls das Ausmaß von Bilanzpolitik untersucht, vermutet, dass die Periodenabgrenzung eines Unternehmens im Zeitverlauf einem *Random-Walk* folgt, d.h. die beste Prognose für die Höhe der nicht-diskretionären Accruals in der kommenden Periode die Höhe der (gesamten) Periodenabgrenzung der aktuellen Periode ist.[1128]

$$NDA_{it} = \frac{\sum_J TA_{jt}}{N}; \quad DA_{it} = TA_{it} - NDA_{it} = TA_{it} - \frac{\sum_J TA_{jt}}{N}$$

TA_{jt} = Accruals bei Unternehmen in Gruppe j, (keine Bilanzpolitik vermutet)

NDA_{it} = nicht diskretionäre Accruals bei Unternehmen i (9.2.11)

TA_{it} = Accruals bei Unternehmen in Gruppe i, (Bilanzpolitik vermutet)

N = Anzahl der Unternehmen in Gruppe j

DA_{it} = Diskretionäre Accruals bei Unternehmen i (Bilanzpolitik vermutet)

Sowohl *Healy* (1985) als auch *DeAngelo* (1986) setzen somit voraus, dass nicht-diskretionäre Accruals im Zeitverlauf konstant sind und der Mittelwert der diskretionären Accruals null beträgt. Wenn diese Annahme jedoch nicht zutrifft und nicht-diskretionäre Accruals im Zeitverlauf schwanken, führen beide Modelle zu erheblichen Messfehlern. Der vermeintliche Vorteil der Modelle, der darin besteht, dass keine langen historischen Zeitreihen oder umfang-

---

[1127] Vgl. *Jones* (1991), S. 198; *Goncharov* (2005), S. 50. *Dechow et al.* (1995, S.197) haben eine Version des Modells gewählt, bei der unternehmensspezifische Eigenschaften berücksichtigt werden. Die nicht-diskretionären Accruals ergeben sich somit nicht aus den Accruals einer Vergleichsgruppe (Cross-Sektionales-Modell) sondern werden für jedes Unternehmen anhand einer vermeintlich bilanzpolitikfreien Schätzperiode bestimmt.

[1128] Vgl. *Szczesny* (2007), S. 106; *Wagenhofer/Ewert* (2007), S. 255.

reiche Unternehmensinformationen zur Schätzung situationsbezogener Accruals benötigen werden, schränkt zugleich die Aussagekraft der Modelle erheblich ein. Dies gilt auch für das von *Dechow/Sloan* (1991) entwickelte Branchenmodell, dem die Annahme zugrunde liegt, dass die nicht-diskretionäre Periodenabgrenzung aus der Differenz zwischen den gesamten Accruals eines bestimmten Unternehmens und dem Median der Branche ermittelt werden können.[1129] Statische Modelle beruhen somit auf stark vereinfachten Annahmen hinsichtlich der Verteilung der normalen Accruals und lassen unternehmensspezifische Sachverhalte, welche für das Ausmaß der Accruals maßgeblich sind, unberücksichtigt. Die Vernachlässigung wichtiger Einflussfaktoren, wie etwa die Größe, das Wachstum des Unternehmens oder die Höhe des erzielten Cashflows, welche die nicht-diskretionären Accruals beeinträchtigen, limitiert die Aussagefähigkeit der Modelle erheblich.[1130] Somit ist die Verdrängung der Vergleichs- und Durchschnittsmodelle durch komplexere, regressionsbasierte Ansätze in der empirischen Forschung einleuchtend.[1131]

9.2.3 Dynamische Regressionsmodelle zur Schätzung diskretionärer Accruals

9.2.3.1 Jones-Modell

Das erste forschungsrelevante dynamische Modell zur Schätzung nicht-diskretionärer Accruals wurde von *Jones* (1991) entwickelt. Die Autorin unterstellt, anders als in den statischen Modellen, einen Zusammenhang zwischen der Veränderung der Umsatzerlöse und den gesamten Accruals. Während die Veränderung der Umsatzerlöse aufgrund des Verkaufs von Waren auf Ziel über eine nicht unwesentliche Erklärungskraft hinsichtlich der Höhe der Accruals verfügt, vermutet *Jones* (1991) auch eine Einflussnahme der Abschreibungen auf das Anlagevermögen.[1132] Dies wird damit begründet, dass je nach Abschreibungsdauer teilweise erhebliche zeitliche Differenzen zwischen der Zahlungswirksamkeit (zum Zeitpunkt der Investition) und der Erfolgswirksamkeit während einer über mehrere Perioden verteilten Nutzung des Anlagegegenstandes bestehen. Die Veränderungen der Umsatzerlöse (ΔREV) sowie die Höhe des aktuellen Bruttoanlagevermögens (*PPE*) werden daher in dem Regressionsmodell als erklärende Variable für das nicht-diskretionäre Ausmaß der Accruals berücksichtigt.[1133]

[1129] Vgl. *Dechow et al.* (1995), S. 199-200.
[1130] Vgl. *Dechow et al.* (1995), S. 197-198; *Thomas/Zang* (2000), S. 372.
[1131] Vgl. *Jones* (1991), S. 198; *Dechow et al.* (1995), S. 198; *Szczesny* (2007), S. 106.
[1132] *Jones* (1991) nimmt keine Unterscheidung zwischen kurzfristigen und langfristigen Accruals vor.
[1133] Vgl. *Jones* (1991), S. 212.

$$TA_{it}/A_{it-1} = \alpha_i(1/A_{it-1}) + \beta_{1i}(\Delta REV_{it}/A_{it-1}) + \beta_{2i}(PPE_{it}/A_{it-1}) + \varepsilon$$

TA_{it} = Total Accruals in year t for firm i

ΔREV_{it} = Änderung der Umsatzerlöse (Revenues) von Periode t-1 zu t für Unternehmen i (9.2.12)

PPE_{it} = Bruttosachanlagevermögen (gross property, plant, equipment) des Unternehmens i

A_{it-1} = Bilanzsumme (total assets) des Unternehmens i zum Stichtag der Periode t-1

Wie aus *Gl. 9.2.12* hervorgeht, werden sämtliche Variablen durch die Bilanzsumme (A_{it-1}) dividiert. Durch diese Vorgehensweise soll das Auftreten von Heteroskedastizitätsproblemen, d.h. eine durch die Unternehmensgröße bedingte systematische Verzerrung der Residuen, vermieden werden.[1134] Zur Ermittlung der nicht-diskretionären Accruals werden zunächst die Koeffizienten für jedes Unternehmen separat anhand der verfügbaren Daten für eine unternehmensbezogene Zeitreihe (*Time-Series-Modell*) geschätzt:[1135]

$$ENDA_{it}/A_{it-1} = \alpha_i(1/A_{it-1}) + \hat{\beta}_{1i}(\Delta REV_{it}/A_{it-1}) + \hat{\beta}_{2i}(PPE_{it}/A_{it-1}) + \varepsilon \qquad (9.2.13)$$

Anschließend werden durch Einsatz der Koeffizienten in die Schätzfunktion die nicht-diskretionäre Accruals ($ENDA_{it}$) ermittelt. Durch die Subtraktion der nicht-diskretionären Accruals von den gesamten Accruals (*TA*) ergeben sich, wie bereits in *Gl. 9.2.7* aufgezeigt, die diskretionären Accruals (EDA_{it}), welche als Surrogat des Ausmaßes an Bilanzpolitik dienen.

$$EDA_{it} = TA_{it} - ENDA_{it} \qquad (9.2.14)$$

Jones (1991) begründet die Verwendung der Änderung der Umsatzerlöse als erklärende Variable in dem Regressionsmodell (*Gl. 9.2.14*) wie folgt: „Total accruals include changes in working capital accounts, such as accounts receivable, inventory and accounts payable, that depend to some extent on changes in revenues. Revenues are used to control for the economic environment of the firm, because they are an objective measure of the firms operations before managers manipulation, but they are not completely exogenous."[1136] Dabei unterstellt die Autorin, dass die Umsatzerlöse von einer bilanzpolitischen Einflussnahme ausgeschlossen sind. Während die Ausführungen von *Jones* (1991) zunächst intuitiv richtig erscheinen, da von den Umsatzerlösen eine Erklärungskraft auch bezüglich der Veränderung anderer GuV- und Bilanzpositionen ausgeht, muss jedoch bedacht werden, dass auch die Umsatzerlöse bilanzpolitisch beeinträchtigt sein könnten.[1137] Umsatzerlöse, die bilanzpolitisch motiviert nicht periodengerecht erfasst werden, haben bei dem Jones-Modell zur Folge, dass diskretionäre Ac-

---

[1134] Vgl. *Backhaus et al.* (2003), S. 84-85; *Hoitash et al.* (2007), S. 769.
[1135] *DeFond/Jiambalvo* (1994, S. 146) verwenden das Jones-Modell als Querschnittsmodell (Cross-Sektionales-Modell) für einzelne Branchen und Indizes.
[1136] *Jones* (1991), S. 211-212.
[1137] Aus einer Untersuchung von *Dechow et al.* (1995, S. 222) geht hervor, dass von 32 betrachteten nachträglichen Jahresabschlusskorrekturen mehr als die Hälfte (18) hinsichtlich der Umsatzerlöse fehlerhaft waren.

Methoden zur Aufdeckung von Bilanzpolitik 229

cruals irrtümlich als nicht-diskretionär klassifiziert werden.[1138] Das ursprüngliche Jones-Modell ist aufgrund dieser Ungenauigkeit nur bedingt zur Aufdeckung bilanzpolitischer Einflussnahme geeignet und findet in der jüngeren Literatur nur noch selten Anwendung. Zugleich ist es jedoch die Grundlage für die nachfolgend vorzustellenden Weiterentwicklungen.

9.2.3.2 Modifiziertes Jones-Modell

Das modifizierte Jones-Modell unterscheidet sich vom ursprünglichen Modell dadurch, dass eine bilanzpolitische Einflussnahme auf die Umsatzerlöse nicht ausgeschlossen wird. *Dechow et al.* (1995) erwarten, dass die Manipulation der Umsatzerlöse zu einer Veränderung des Forderungsbestandes führt.[1139] Zu dieser Einschätzung gelangen die Autoren, da dem fingierten Anstieg der Erlöse kein erhöhter Zahlungsmittelzufluss entgegensteht. Die von *Dechow et al.* (1995) gewählte Regressionsgleichung zur Bestimmung der nicht-diskretionären Accruals weicht daher wie folgt vom Ursprungsansatz ab:

$$TA_{it}/A_{it-1} = \alpha_i(1/A_{it-1}) + \beta_{1i}((\Delta REV_{it} - \Delta REC_{it})/A_{it-1}) + \beta_{2i}(PPE_{it}/A_{it-1}) + \varepsilon \quad (9.2.15)$$

ΔREC_{it} = Änderung der Forderungen aus LuL (Accounts Receivable) in Periode t zu t-1

Allerdings birgt auch diese Regressionsgleichung das Risiko von Schätzfehlern.[1140] So unterstellen *Dechow et al.* (1995), dass die gesamte Änderung des Forderungsbestandes während der Ereignisperiode im Vergleich zur Vorperiode (ΔREC_{it}) auf Bilanzpolitik zurückzuführen ist. Tatsächlich könnte ein Ansteigen der Forderungen aus LuL als korrespondierende Periodenabgrenzung auch auf nicht-diskretionäre Gründe zurückzuführen sein.[1141] Eine Veränderung des Zahlungsziels zwischen Schätz- und Ereignisperioden ist bspw. mit einer Veränderung des Forderungsbestandes verknüpft. Solche Einflussfaktoren bleiben in dem Modell unberücksichtigt, so dass das Schätzmodell diskretionäre Accruals identifiziert, die irrtümlich als bilanzpolitische Einflussnahme interpretiert werden. Umgekehrt stellt sich die Situation im Falle eines Forderungsverkaufs (*Factoring*) dar.[1142] Trotz dieser Ungenauigkeit, die zu beträchtlichen Schätzfehlern führen kann, findet das modifizierte Jones-Modell in jüngeren Untersuchungen regelmäßig Anwendung.[1143]

9.2.3.3 Forward-Looking-Jones-Modell

Das Forward-Looking-Jones-Modell ist ebenfalls eine Weiterentwicklung des Jones-Modells und geht auf *Dechow et al.* (2003) zurück, welche die Kritik am modifizierten Jones-Modell aufgreifen und eine zusätzliche Variable berücksichtigen. Um die nicht-diskretionäre Forde-

---

[1138] Vgl. *Alcarria Jaime/de Albornoz Noguer* (2004), S. 76.
[1139] Vgl. *Dechow et al.* (1995), S. 199; *Szczesny* (2007), S. 107.
[1140] Vgl. *Kothari et al.* (2005), S. 174.
[1141] Vgl. *McNichols* (2000), S. 327.
[1142] Vgl. *McNichols* (2000), S. 326 u. 327.
[1143] Siehe etwa *LeMaux* (2007, S. 7), der den französischen Prüfungsmarkt betrachtet.

rungsentwicklung des gewöhnlichen Geschäftsverlaufes zu antizipieren, wird zusätzlich eine Verhältniszahl κ ermittelt. Diese bildet das unternehmensspezifische Verhältnis zwischen den Forderungen aus LuL und den Umsatzerlösen ab.

$$\Delta REC_{it} = \alpha + \kappa\ \Delta REV_{it} \tag{9.2.16}$$

Die Änderung der Forderungen aus LuL sollte sich demnach, sofern keine Bilanzpolitik vorliegt, proportional zur Änderung der Umsatzerlöse verhalten.[1144] Steigen die Forderungen im Zeitvergleich hingegen überproportional zu den Umsatzerlösen an ($\kappa_{t-1} < \kappa_t$), deutet dies auf diskretionäre Bilanzpolitik hin. Ferner berücksichtigen die Autoren die gesamten Accruals der Vorperiode (TA_{it-1}) in ihrem Regressionsmodell, da ein Teil der Accruals, wie bereits in *Kapitel 9.2.1.5* erörtert, langfristig begründet ist und somit Erklärungskraft für die Höhe der Accruals in den Folgeperioden besitzt.[1145]

Der Wachstumsrate der Umsatzerlöse $GRREV_{it}$ wird Erklärungskraft zugesprochen, da bei stark wachsenden Unternehmen ein Ansteigen der Accruals vermutet wird. Anhand des Surrogates soll die Auswirkung eines besonderen Wachstums auf das Working Capital und damit auch die nicht-diskretionären Working Capital Accruals erfasst werden. Die Wachstumsrate ergibt sich aus der Änderung der Umsatzerlöse relativ zur Folgeperiode.

$$GRREV_{it+1} = \frac{REV_{it+1} - REV_{it}}{REV_{it}} \tag{9.2.17}$$

Diese von *Dechow et al.* (2003) vorgenommene Ergänzung hat zur Folge, dass eine Aufteilung der Accruals in diskretionäre und nicht-diskretionäre mittels der nachfolgend dargestellten Gleichung erst nach der Offenlegung des Abschlusses der Folgeperiode möglich ist.[1146]

$$TA_{it}/A_{it-1} = \alpha_i 1/A_{it-1} + \beta_{1i}((1+\kappa_i)\Delta REV_{it} - \Delta REC_{it})/A_{it-1} + \beta_{2i}PPE_{it}/A_{it-1} + \beta_{3i}TA_{it-1}/A_{it-1} + \beta_{4i}GRREV_{it}/A_{it-1} \tag{9.2.18}$$

Durch die Antizipation der Forderungsentwicklung (relativ zu den Umsatzerlösen) sowie die Berücksichtigung des Wachstums ($GRREV_{t+1}$) können *Dechow et al.* (2003), die Kritik am modifizierten Jones-Modell hinsichtlich einer unbefriedigenden Differenzierung zwischen fingierter und faktischer Umsatzveränderung für das Forward-Looking-Jones-Modell entkräften.

[1144] Vgl. *Dechow et al.* (2003), S. 359.
[1145] Vgl. *Chambers* (1999), S. 10.
[1146] Zur Berücksichtigung des Wachstums siehe auch *Dechow et al.* (2003, S. 359) und *McNichols* (2000, S. 331-332).

Methoden zur Aufdeckung von Bilanzpolitik 231

9.2.3.4 Performance-Adjusted-Jones-Modelle

Der Zusammenhang zwischen Accruals und Cashflow wurde bereits in *Kapitel 9.2.1.2* ausführlich diskutiert. Vor dem Hintergrund der bestehenden Verknüpfung zwischen den beiden Größen berücksichtigen einige Autoren den operativen Cashflow nicht nur bei der Ermittlung der Accruals, sondern auch als erklärende Variable im Regressionsmodell.[1147] Während *Subramanyam* (1996) den Cashflow *(CFO_{it})* als Regressor berücksichtigt (*Gl. 9.19*), vermutet *Kasznik* (1999), dass vor allem die Änderung des Cashflows im Zeitvergleich (ΔCFO_{it}) aufgrund der von *Dechow* (1994) nachgewiesenen negativen Korrelation zwischen Accruals und Cashflow innerhalb einer Periode (siehe *Fn. 1098*) notwendig ist, um einer unzureichenden Spezifikation des Modells entgegenzuwirken.[1148]

$$TA_{it}/A_{it-1} = \alpha_i\ 1/A_{it-1} + \beta_{1i}(\Delta REV_{it} - \Delta REC_{it})/A_{it-1} + \beta_{2i}\ PPE_{it}/A_{it-1} + \beta_{3i}\ CFO_t/A_{it-1} + \varepsilon \quad (9.2.19)$$

Kasznik (1999) schlägt ferner vor, die geschätzten diskretionären Accruals *(DA_{it})* jedes Unternehmens in Relation zum Median der diskretionären Accruals *$MED(DA_{it})$* eines Kontrollsamples zu betrachten. Der Autor führt aus, dass durch diese Vorgehensweise mögliche Verzerrungen aufgrund von Korrelationen zwischen den geschätzten diskretionären Accruals und dem Periodenergebnis, wie von *Dechow et al.* (1995) nachgewiesen, vermieden werden können. Weiter unterstellt *Kasznik* (1999), dass mögliche Schätzfehler innerhalb des entsprechenden Kontrollsamples, welches anhand der Unternehmensperformance (Perzentile (Jahresüberschuss/Bilanzsumme)) ermittelt werden, in der Summe null betragen. Durch Subtraktion des Median der diskretionären Accruals (MED(DA_g)) eines Perzentils von den diskretionären Accruals *(DA_{it})* des interessierenden Unternehmens ergeben sich die bereinigten diskretionären Accruals *($ADJDA_{it}$)*, welche von *Kasznik* (1999) als Surrogat für Bilanzpolitik verwendet werden.[1149]

$$ADJDA_{it} = DA_{it} - MED(DA_g) \quad (9.2.20)$$

Auch *Kothari et al.* (2005) beschäftigen sich mit den Implikationen der Unternehmensperformance auf die geschätzten diskretionären Accruals und schlagen vor, den *Return on Asset* (ROA_{it-1} bzw. ROA_{it}) als erklärende Variable in das Regressionsmodell aufzunehmen. Dies erscheint vor dem Hintergrund eines von *McNichols* (2000) nachgewiesenen Zusammenhangs zwischen dem Überschuss und den Accruals sinnvoll.[1150]

$$TA_{it}/A_{it-1} = \alpha_i\ 1/A_{it-1} + \beta_{1i}(\Delta REV_{it} - \Delta REC_{it})/A_{it-1} + \beta_{2i}\ PPE_{it}/A_{it-1} + \beta_{3i}\ ROA_t + \varepsilon \quad (9.2.21)$$

[1147] Vgl. *Young* (1999), S. 840.
[1148] Vgl. *Kasznik* (1999), S. 65-66; *Garza-Gómez et al.* (1999), S. 19.
[1149] Vgl. *Kasznik* (1999), S. 68.
[1150] Vgl. *McNichols* (2000), S. 329.

Das Performance-Adjusted-Jones-Modell findet in dieser Form in den empirischen Arbeiten zur Unabhängigkeitsforschung häufig Anwendung (siehe *Kapitel 9.3*).[1151] Erfolgt die Schätzung der diskretionären Accruals mit dem Performance-Adjusted-Jones-Modell (*ROA*), fallen deren Mittelwert und Median niedriger aus als im modifizierten Jones-Modell.[1152] Weitere Tests zur Verifizierung der Schätzqualität bestätigen, dass die fehlerhafte Messung scheinbar diskretionärer Accruals durch die Implementierung eines entsprechenden Performance-Regressors erheblich reduziert werden kann.[1153] Trotz des insgesamt positiven Einflusses weisen *Kothari et al.* (2005) darauf hin, dass durch die Berücksichtigung des ROA eine bilanzpolitische Einflussnahme als nicht-diskretionär klassifiziert werden könnte, da die erklärende Variable (*ROA*) selbst Gegenstand opportunistischer Einflussnahme sei.[1154]

9.2.3.5 Dechow-Dichev-Modell

Im Rahmen diverser Beiträge wurde die Eignung der vorgestellten Modelle hinsichtlich der Separierung diskretionärer und nicht-diskretionäre Accruals diskutiert. Neben *Dechow et al.* (1995) kritisieren weitere Autoren das Jones-Modell in seinen unterschiedlichen Ausprägungen. *Francis et al.* (2005), *Shrindhi/Gul* (2007) und *Hoitash et al.* (2007) bekunden, dass die mit dem Jones-Modell ermittelten diskretionären Accruals mit erheblichen Unsicherheiten behaftet seien, da die Erklärungskraft des Sachanlagevermögens (*PPE*) und der Änderung der Umsatzerlöse relativ zur Veränderung der Forderungen aus LuL (ΔREV-ΔREC) für eine Aufdeckung von Bilanzpolitik unzureichend und zahlreiche relevante unternehmensspezifische Faktoren unberücksichtigt seien.[1155] Als überlegenes Modell betrachten die Autoren den von *Dechow/Dichev* (2002) entwickelten Ansatz.

In dem Modell (*DD-Modell*) wird ebenfalls der Zusammenhang zwischen den Accruals (*Working Capital Accruals* (*WCA*)) und dem Cashflow der gewöhnlichen Geschäftstätigkeit (*CFO*) betrachtet. In Anlehnung an *Garza-Gómes et al.* (1999) vermuten die Autoren, dass die Höhe der Working Capital Accruals der aktuellen Periode (WCA_{it}) von den operativen Cashflows der aktuellen (CFO_{it}), vorangehenden (CFO_{it-1}) und nachfolgenden Periode (CFO_{it+1}), determiniert wird. Das Schätzmodell stellt sich entsprechend wir folgt dar:

[1151] Alternativ können die diskretionären Accruals des Ereignisunternehmens (DA_{it}) mit denen eines anhand des *ROA* ausgewählten Kontrollunternehmens (DA_{jt}) verglichen werden. Das Kontrollunternehmen *j* sollte dabei der gleichen Branche (*two-digit-SIC-Code*) zugeordnet sein und möglichst den gleichen Return on Assets ($ROA_{it} \approx ROA_{jt}$) aufweisen. *Kothari et al.* (2005, S.174) ermitteln den ROA anhand des Ergebnisses vor Steuern, da die Schätzung des Unternehmenssteuersatzes für die betrachteten Unternehmen zu Verzerrungen führen könnte.

[1152] Auch *McNichols* (2000, S.329) schlägt vor, die Variable ROA in die Modelle zu integrieren.

[1153] Vgl. *Kothari et al.* (2005), S. 195.

[1154] Vgl. *Kothari et al.* (2005), S. 178 u. 195; *Chung/Kallapur* (2003, S.942) bemerken ebenfalls, dass eine Berücksichtigung des ROA möglicherweise wenig hilfreich seien, da Earnings Management neben dem Periodenerfolg auch die Höhe des ROA maßgeblich beeinflusst.

[1155] Vgl. *Srinidhi/Gul* (2007), S. 625 Fn. 1; *Francis et al.* (2005), S. 302.

Methoden zur Aufdeckung von Bilanzpolitik 233

$$WCA_{it}/A_{it-1} = \alpha_i/A_{it-1} + \beta_{1i}(CFO_{it-1})/A_{it-1} + \beta_{2i}\ (CFO_{it})/A_{it-1} + \beta_{3i}\ (CFO_{it+1})/A_{it-1} + \varepsilon \quad (9.2.22)$$

Erwartungsgemäß weisen die Koeffizienten β_1, β_3 ein positives, der Koeffizient β_2 ein negatives Vorzeichen auf. Daraus folgern die Autoren, dass hohe positive Accruals insbesondere dann auftreten, wenn die Cashflows der aktuellen Periode niedrig und die Cashflows der Vor- und Folgeperiode hoch sind.[1156] Unter der Prämisse, dass Cashflows keiner bilanzpolitischen Einflussnahme unterliegen, ist der Anteil der Accruals, welcher aus Schwankungen des Cashflows im Zeitvergleich resultiert, per definitionem nicht diskretionär. Treten hingegen keine Schwankungen der Cashflows im Zeitvergleich auf, dürften, der Überlegung von *Dechow/ Dichev* (2002) folgend, auch die Accruals im Zeitvergleich stabil sein (siehe *Abbildung 9-1*).

Doch auch diese Annahmen sind nicht frei von Restriktionen; zu Schätzfehlern kommt es, wenn die Cashflows CFO_{it-1} und CFO_{it+1}, welche mit den Accruals der Ereignisperiode t in Zusammenhang gesetzt werden, Geschäftsvorfälle betreffen, deren Ertragswirksamkeit in einer anderen Periode liegen. Ein Zahlungsmittelzufluss in Periode $t+1$ für einen ebenfalls in Periode $t+1$ ergebniswirksamen Geschäftsvorfall wird in der erklärenden Variable CFO_{it+1} berücksichtigt, obwohl dieser in keinem Zusammenhang mit den Accruals der Periode t steht. Da die Cashflows und Accruals jedoch nicht korrespondierend betrachtet werden können, gibt es zur Berücksichtigung der vollständigen CFO einer Periode keine Alternative. Verzerrungen der Schätzung sind somit auch bei dem Modell nach *Dechow/Dichev* (2002) nicht vollständig vermeidbar.[1157]

Eine Verbesserung des Modells kann, wie *McNichols* (2002) zeigt, erreicht werden, indem die aus dem Jones-Modell bekannten Regressoren ΔREV und PPE zusätzlich berücksichtigt werden.[1158] Die Regressionsgleichung des *Dechow-Dichev-McNichols* (DDM)-Modells stellt sich nun wie folgt dar.

$$WCA_{it}/A_{it-1} = \alpha_i/A_{it-1} + \beta_{1i}CFO_{it-1}/A_{it-1} + \beta_{2i}\ CFO_{it}/A_{it-1} + \beta_{3i}\ CFO_{it+1}/A_{it-1} + \beta_{4i}\ \Delta REV_{it}/A_{it-1} +$$
$$\beta_{5i}\ PPE_{it}/A_{it-1} \quad (9.2.23)$$

Eine Verbesserung hinsichtlich Spezifikation und Erklärungsmacht durch die Berücksichtigung der zusätzlichen Regressoren wird auch von *Jones et al.* (2008) belegt, welche zahlreiche Modelle in einer vergleichenden Studie hinsichtlich deren Fähigkeit, Earnings Management aufzudecken untersuchen. Die Studie von *Jones et al.* (2008) sowie zwei weitere Vergleichsuntersuchungen werden im Folgenden vorgestellt und dienen zur Auswahl eines ge-

---

[1156] Vgl. *Dechow/Dichev* (2002), S. 39-40.
[1157] Vgl. *Dechow/Dichev* (2002), S. 41.
[1158] Die Modellgüte kann durch die Berücksichtigung der zusätzlicher Erklärenden von $R^2 = 0,201$ auf $R^2 = 0,301$ gesteigert werden (vgl. *McNichols* (2002), S. 66-68; ähnlich auch *Srinidhi/Gul* (2007), S. 610).

eigneten Modells für die anschließende empirische Untersuchung zum deutschen Prüfungsmarkt.

9.2.4 Untersuchungen zu Aussagekraft und -grenzen dynamischer Modelle

Während die statischen Modelle aufgrund der Annahme unveränderter Unternehmensabläufe in der empirischen Forschung weitgehend verdrängt wurden, finden gegenwärtig vor allem die Weiterentwicklungen der Jones-Modelle sowie vereinzelt auch das Dechow-Dichev-Modell in der empirischen Forschung Anwendung. Doch auch bei diesen besteht die Gefahr der Verwendung korrelierter exogener Variablen, die bei positiver (negativer) Korrelation zu einer Überschätzung (Unterschätzung) der abhängigen Variable führen.[1159] Die als nichtdiskretionär klassifizierten Periodenabgrenzungen könnten dadurch irrtümlich zu hoch, die diskretionären zu gering sein. Vor dem Hintergrund dieser allgemeinen Kritik ist nicht mit Sicherheit festzulegen, welche Modelle in welchem Anwendungsfall befriedigende Schätzergebnisse liefern. In den nachfolgend vorgestellten Studien werden die in *Abschnitt 9.2.3* vorgestellten Modelle hinsichtlich ihrer Erklärungsmacht und Spezifikation untersucht.

9.2.4.1   Dechow/Sloan/Sweeny (1995)

Dechow et al. (1995) evaluieren die Zuverlässigkeit unterschiedlicher Accrual-Schätzmodelle. Dazu wird die Häufigkeit des Auftretens von Typ-I- und Typ-II-Fehlern analysiert. Ein Typ-I-Fehler liegt vor, wenn das Modell das Vorliegen von Bilanzpolitik, d.h. hohen diskretionären Accruals, indiziert, obwohl keine Bilanzpolitik betrieben wurde. Ist das Modell hingegen nicht in der Lage, tatsächlich vorhandene Bilanzpolitik aufzudecken, liegt ein Typ-II-Fehler vor. Als Gütemaßstab wird die vom jeweiligen Modell produzierte Häufigkeit des Eintretens eines Fehlers herangezogen. Ein Modell wird als hinreichend „spezifiziert" bezeichnet, wenn die Wahrscheinlichkeit eines Fehlers vom Typ-I gering ist. Eine hohe „(Erklärungs-) Macht" bezeugt eine geringe Wahrscheinlichkeit von Fehlern des Typs-II.

Die Untersuchung von *Dechow et al.* (1995) erfolgt in vier Abschnitten und berücksichtigt neben den statischen Modellen nach *Healy* (1985) und *DeAngelo* (1986) das Jones- und das modifizierte Jones-Modell. Im Rahmen der ersten Untersuchung wird ein Sample von 1.000 Unternehmensabschlüssen durch ein Zufallsverfahren aus den in COMPUSTAT für den Zeitraum 1950 bis 1991 verfügbaren Abschlüssen ausgewählt. Bei diesen Unternehmen wird kein besonderer Anreiz zur Bilanzpolitik vermutet (*Random Sample of Firm-Years*). Übereinstimmend mit der Erwartungshaltung der Autoren weist keines der Modelle eine erhöhte bilanzpolitische Einflussnahme auf. *Dechow et al.* (1995) folgern, dass „none of the models are expected to produce powerful tests for earnings management of economically plausible

---

[1159]   Vgl. *Steyer* (2003), S. 64-65 u. 130-131.

Methoden zur Aufdeckung von Bilanzpolitik 235

magnitudes."[1160] Bilanzpolitik ist demnach nur identifizierbar, wenn ein wesentliches Ausmaß erreicht wird, bzw. die Höhe der gesamten Accruals vor dem Hintergrund des Geschäftsverlaufes unplausibel ist. Es kann daraus geschlossen werden, dass die Gefahr falscher Schlussfolgerungen in Folge eines Fehlers Typ-I, d.h. einer indizierten Bilanzpolitik, welche tatsächlich nicht vorliegt, unabhängig vom gewählten Verfahren relativ gering ist.

Im Rahmen einer zweiten Analyse unterscheiden die Autoren zwischen Unternehmen mit positivem und negativem Periodenergebnis (bzw. Cashflow) (*Samples of Firm-Years Experiencing Extreme Financial Performance*). Nach der Aufteilung des Samples in zwei Gruppen weisen sämtliche Modelle vermehrt Typ-I-Fehler auf, d.h. nicht-diskretionäre Accruals werden fälschlicherweise als diskretionär deklariert. *Dechow et al.* (1993) vermuten, dass entweder eine Korrelation des Gewinns mit dem Schätzfehler des Modells vorliegt, oder dass der Gewinn mit einer anderen, eigentlich ursächlichen, nicht berücksichtigten Variable (*omitted variable*) korreliert ist; „thus we have constructed a scenario which is analogenous to the case where a researcher has selected a stimulus that is correlated with firm performance, but where the stimulus is not itself a causal determinant of earnings management."[1161] Diese Fehler treten besonders häufig beim *Healy* (1985) und *DeAngelo* (1986) Modell auf.[1162]

In der dritten und vierten Untersuchung werden Unternehmensabschlüsse betrachtet, bei denen (3) Earnings Management entweder durch die Autoren selbst, d.h. durch eine nachträgliche Veränderung der Umsatzerlöse ($n = 1.000$) vorgenommen wurde (*Samples of Firm-Years with artificially induced earnings management*) oder (4) für welche die SEC in den originären Abschlüssen wesentliche Fehlaussagen nachweisen konnte ($n = 32$), so dass eine nachträgliche Korrektur des Abschlusses erforderlich wurde (*Sample of Firm-Years in which the SEC alleges earnings are overstated*). Anhand des Vergleichs der Regressionsmodelle wird deutlich, dass das modifizierte Jones-Modell von den betrachteten Modellen über die höchste Erklärungskraft verfügt.[1163] Insgesamt ist die Macht der Modelle jedoch unbefriedigend. So wird die Nullhypothese, dass keine Bilanzpolitik vorliegt (obwohl die Abschlüsse infolge einer Intervention der SEC korrigiert wurden) vom modifizierten Jones-Modell lediglich in 28 % der Fälle (Jones-Modell (19 %), vom Healy-Modell (12 %)) und vom DeAngelo-Modell sogar nur in 9 % der Fälle nicht bestätigt.[1164] Die Messung von Bilanzpolitik anhand dieser

---

[1160] Vgl. *Dechow et al.* (1995), S. 204.
[1161] Vgl. *Dechow et al.* (1995), S. 206.
[1162] Vgl. *Dechow et al.* (1995), S. 211.
[1163] Vgl. *Dechow et al.* (1995), S. 215 u. 219.
[1164] Insgesamt haben 15 der 32 Unternehmen ausschließlich die Umsatzerlöse manipuliert. 14 Unternehmen haben die Aufwendungen bilanzpolitisch beeinträchtigt, um einen besseren Periodenerfolg vorgeben zu können. Die verbleibenden drei Unternehmen haben sowohl die Umsatzerlöse als auch die Aufwendungen so verändert, dass die SEC die Notwendigkeit einer nachträglichen Abschlusskorrektur gegeben sah (vgl. *Dechow et al* (1995), S. 222).

Modelle ist demnach mit erheblichen Unsicherheiten verbunden, die deren Eignung zur Ermittlung eines Surrogates für die tatsächliche Unabhängigkeit des Prüfers in Frage stellen.

9.2.4.2 Alcarria Jaime/de Albornoz Noguer (2004)

Alcarria Jaime/de Albornoz Noguer (2004) wiederholen die von *Dechow et al.* (1995) durchgeführten Tests anhand von 1.097 Abschlüssen US-amerikanischer Unternehmen für den Zeitraum 1992 bis 1999. Dabei vergleichen die Autoren sechs cross-sektionale Accruals-Schätzmodelle hinsichtlich ihrer Eignung zur Bestimmung diskretionärer Accruals.[1165] Anders als *Dechow et al.* (1995) betrachten die Autoren ausschließlich kurzfristige Working Capital Accruals (siehe *Kapitel 9.2.1.5*).

Im Rahmen einer ersten Untersuchung zeigt sich, dass sämtliche Modelle eine hinreichende Spezifikation aufweisen, sofern eine zufällig ausgewählte Stichprobe betrachtet wird, bei der keine Bilanzpolitik vermutet wird (*Random Sample*). Qualitative Unterschiede in der Spezifikation werden jedoch im Fall extremer Cashflows ersichtlich. Bei der Betrachtung von Abschlüssen, welche durch einen sehr niedrigen Cashflow charakterisiert sind, messen sämtliche Modelle diskretionäre Accruals, deren Median signifikant positiv ist und zwischen 0,6 % und 13,2 % der Bilanzsumme erreicht.[1166] Aus den vergleichsweise geringen Median und Mittelwerten der anhand des Performance-Adjusted-(CFO)-Jones-Modells und des hier nicht näher betrachteten Accounting-Process-Modells geschätzten Accruals schließen die Autoren auf eine relativ hohe Spezifikation dieser Modelle. Die bei den anderen Modellen außerordentlich hohen diskretionären Accruals führen die Autoren auf eine unzureichende Beachtung der extremen Finanzlage zurück. *Alcarria Jaime/de Albornoz Noguer* (2004) schließen, dass bei einem extrem niedrigen Cashflow lediglich das Performance-Adjusted-(CFO)-Jones-Modell und das Accounting-Process-Modell über eine hinreichende Spezifikation verfügen, deren Ergebnisse sich nur marginal unterscheiden. Von den vorausgehend vorgestellten Modellen führt lediglich das Performance-Adjusted-(CFO)-Jones-Modell zu Schätzungen der diskretionären Accruals (relativ zur Bilanzsumme), welche nicht signifikant von null verschieden sind. Diese Einschätzung hinsichtlich der Spezifikation der Modelle wird bestätigt, wenn ausschließlich Unternehmen mit extrem hohen Cashflows betrachtet werden. Auch hier liefern das Performance-Adjusted-(CFO)-Jones-Modell und das Accounting Process-Modell die zuverlässigsten Ergebnisse. Die Autoren führen die vergleichsweise hohe Aussagekraft darauf zurück, dass der Zusammenhang zwischen der Unternehmensleistung (*Performance*) und den

---

[1165] Neben dem Jones-, modifizierten Jones-, Performance-Adjusted-(CFO)-Jones-Modell betrachten die Autoren das *Kang/Sivaramakrishnan* (1995)-Modell, das Margin-Model sowie das Accounting-Process-Modell (vgl. Garce-Gómez et al. (1999); *Alcarria Jaime/de Albornoz Noguer* (2004), S. 73-79). Die drei letztgenannten Schätzmodelle spielen in der empirischen Forschung zur Unabhängigkeit allerdings keine Bedeutung, so dass auf eine ausführliche Darstellung in dieser Arbeit verzichtet wird.

[1166] Vgl. *Alcarria Jaime/de Albornoz Noguer* (2004), S. 87-90).

Accruals angemessen berücksichtigt wird. Wird dieser Zusammenhang vernachlässigt, führt dies, wie anhand der Ergebnisse für die anderen Modelle ersichtlich, zu einer hohen negativen Korrelation zwischen den diskretionären Accruals und dem Cashflow.[1167]

In ihrer zweiten Untersuchung wird die Erklärungskraft der Modelle anhand der Häufigkeit von Typ-II-Fehlern betrachtet. Dazu nehmen die Autoren bei 25 zufällig ausgewählten Unternehmen eine Manipulation am Jahresüberschuss/-fehlbetrag in unterschiedlicher Höhe relativ zur Bilanzsumme vor. Erneut erweisen sich das Performance-Adjusted-Jones-Modell und das Accounting-Process-Modell als die am besten geeigneten Modelle, da sie die Hypothese, dass keine Bilanzpolitik vorliegt, unabhängig von der Höhe der Manipulation (2%; 4% 6% der Bilanzsumme) mit Signifikanz verwerfen. Auch die hinsichtlich der Eintrittswahrscheinlichkeit eines Typ-I-Fehlers noch als unbefriedigend kritisierten Jones- bzw. modifizierte Jones-Modelle identifizieren eine bilanzpolitische Einflussnahme von 6 % der Bilanzsumme mit mindestens 90% Sicherheit.

Alcarria Jaime/de Albornoz Noguer (2004) gelangen zu dem Schluss, dass von den vorgestellten Modellen das Performance-Adjusted-(CFO)-Jones-Modell aufgrund der Spezifikation (Typ-I-Fehler) und Erklärungsmacht (Typ-II-Fehler) zur Aufdeckung diskretionärer Accruals am ehesten geeignet ist.[1168] Bedauerlicherweise unberücksichtigt blieb in dieser Untersuchung das von *Dechow/Dichev* (2002) entwickelte und von *McNichols* (2002) ergänzte DDM-Modell. Da *Dechow/Dichev* (2002) in ihrem Modell den Cashflow als erklärende (Performance-)Variable für die nicht-diskretionären Accruals berücksichtigten, könnten die Spezifikation und Macht dieses Modells denen der hier betrachteten Verfahren überlegen sein.

9.2.4.3 Jones/Krishnan/Melendrez (2008)

Jones et al. (2008) untersuchen für neun cross-sektionale Regressionsmodelle deren Fähigkeit, das Auftreten von diskretionären Accruals zu identifizieren. Neben den Jones-Modellen betrachten die Autoren das originär von *Dechow/Dichev* (2002) entwickelte (DD-Modell) sowie das von *McNichols* (2002) erweiterte Modell (DDM-Modell) (siehe *Kapi-*

[1167] Vgl. *Alcarria Jaime/de Albornoz Noguer* (2004), S. 92. Wird nicht der Cashflow, sondern das Umsatzwachstum als Surrogat des Unternehmenswachstums herangezogen, zeigt sich, dass auch das Accounting-Process und das Performance-Adjusted (Cashflow)-Jones Modell ungenaue Schätzwerte liefern, d.h. Fehler vom Typ-I verstärkt auftreten.

[1168] Vgl. *Alcarria Jaime/de Albornoz Noguer* (2004), S. 98-99. Auch *Garza-Gómez et al.* (1999) kamen in einem Vergleich des Bestimmtheitsmaßes mehrerer Schätzmodelle zu dem Ergebnis, dass das Performance-Adjusted-(Cashflow)-Jones-Modell und das Accounting-Process-Modell dem modifizierten Jones-Modell überlegen sind. Besonders auffällig beim modifizierten Jones-Modell ist eine hohe Korrelation zwischen den gesamten und den vermeintlich diskretionären Accruals. Die Korrelation zwischen den gesamten und den nicht-diskretionären Accruals ist hingegen erstaunlich gering (vgl. *Garza-Gómez et al.* (1999), S. 12). Beim Performance-Adjusted-(Cashflow)-Jones-Modell und beim Accounting-Process-Modell verhält es sich hingegen genau umgekehrt (vgl. *Garza-Gómez et al.* (1999), S. 22).

tel 9.2.3.5).[1169] Als Datengrundlage dienen ihnen die Abschlüsse von 188 Unternehmen, die von der SEC zwischen 1988 und 2001 als in unzulässigem Maße bilanzpolitisch beeinflusst bzw. manipuliert klassifiziert wurden.

Um die Erklärungskraft der Modelle zu verifizieren, betrachten *Jones et al.* (2008) analog zu *Dechow et al.* (1995) zunächst den Zusammenhang zwischen der Höhe der mit den jeweiligen Modellen gemessenen diskretionären Accruals und dem Auftreten einer von der SEC veranlassten nachträglichen Abschlusskorrektur (*FRAUD$_{it}$* (dichotom)). Die mit dem jeweiligen Accruals-Modell geschätzten diskretionären Accruals (*DA$_{it}$*) finden in dem nachfolgenden Regressionsmodell als unabhängige Variable Berücksichtigung.

$$Fraud_{it} = \alpha + \beta_1 A_{it} + \beta_2 ROA_{it} + \beta_3 Leverage_{it} + \beta_4 Big4_{it} + \beta_5 DA_{it} + \varepsilon \quad (9.2.24)$$

Bei einem Vergleich der Accruals-Schätzmodelle stellt sich heraus, dass das Bestimmtheitsmaß der Regression (*Gl. 9.2.24*) für das Modell nach *Dechow/Dichev* (2002) am höchsten ist, d.h. dieses Modell am besten spezifiziert ist, um jene diskretionären Accruals zu identifizieren, die später zur Veranlassung einer nachträglichen Abschlusskorrektur seitens der SEC führen. Darüber hinaus fallen die mit Hilfe des Dechow-Dichev-Modells bei den Restatement-Unternehmen gemessenen positiven diskretionären Accruals mit 76 % nicht nur insgesamt, sondern auch relativ zu den diskretionären Accruals einer Kontrollgruppe (48 %) mit Δ 28 % am höchsten aus.[1170] „In other words, the DD measure appears to separate the fraud firms from the control firms better than other measures."[1171] Die Umwandlung der Koeffizienten in Wahrscheinlichkeiten (42,17 %) verdeutlicht, dass das Dechow-Dichev-Modell unter den betrachteten Modellen am ehesten geeignet ist, bilanzpolitische Einflussnahme aufzudecken.[1172]

In einer zweiten Untersuchung betrachten *Jones et al.* (2008) den Zusammenhang zwischen der Höhe der diskretionären Accruals und der Höhe des nachträglich geänderten Periodenerfolgs. Die Autoren vermuten, dass mit Hilfe der Accruals-Schätzmodelle nicht nur das Vorliegen, sondern auch das Ausmaß der Bilanzpolitik aufgedeckt werden kann. Aus der Analyse geht hervor, dass der durchschnittliche von der SEC veranlasste Korrekturbetrag des Peri-

---

[1169] Die Autoren betrachten ferner das Jones-Modell, modifizierte Jones-Modell, Performance-Adjusted-(ROA)-Jones-Modell, Performance-Adjusted-(CFO)-Jones-Modell sowie ein weiteres Performance-Adjusted-(ROA)-Jones-Modell, in dem zusätzlich die *Market-to-Book-Ratio* berücksichtigt wird (vgl. hierzu auch *Larcker/Richardson* (2004), S. 634) sowie zwei weitere Modelle, die sich weder durch eine hohe Modellspezifikation hervorheben, noch für die weitere Untersuchung von Relevanz sind (vgl. *Jones et al.*(2008), S. 499).
[1170] Vgl. *Jones et al.*(2008), S. 516.
[1171] *Jones et al.*(2008), S. 516.
[1172] Die Wahrscheinlichkeit wurde von *Jones et al.* (2008) wie folgt berechnet: Achsenabschnitt (α) + Regressionskoeffizient (β$_5$)= -5,860 + 5.544 = -0,3160. Daraus ergibt sich eine logarithmierte Steigung von $e^{-0,3160} = 0,7291$. Die Wahrscheinlichkeit für das Vorliegen von Fraud beträgt somit 0,7291/(1+0,7291) = 0,4217 (vgl. *Jones et al.* (2008), S. 520).

odenerfolges rund 14 % der Bilanzsumme erreicht, während der Median mit 4,4 % deutlich geringer ausfällt.[1173] Für ihr Vorhaben bilden die Autoren anhand des Ausmaßes der nachträglichen Ergebniskorrektur zwei Gruppen. Unternehmen mit geringerer Ergebniskorrektur werden als *small-fraud event*, die anderen als *large-fraud event* deklariert. Die separate Wiederholung der Regression *Gl. 9.2.21* für beide Teilstichproben zeigt, dass die diskretionären Accruals-Modelle bei den small-fraud-events ein unbefriedigendes Ergebnis liefern, d.h. kein statistisch signifikanter Zusammenhang zwischen den geschätzten diskretionären Accruals und dem Ergebniseffekt der nachträglichen Abschlusskorrektur besteht.[1174] Bei den large-fraud-events hingegen zeigen die Modelle befriedigende Ergebnisse. Das Modell von *Dechow/Dichev* (2002) erreicht dabei eine hohe Aufdeckungsquote und Erklärungsmacht.[1175] *Jones et al.* (2008) folgern, dass das Dechow-Dichev-Modell insgesamt über eine gute Vorhersagekraft hinsichtlich des Auftretens von Fraud verfügt, die lediglich durch die von *McNichols* (2002) vorgenommenen Modifikationen in Gestalt der zusätzlichen Berücksichtigung der Umsatzänderung und des Bruttoanlagevermögens gesteigert werden kann (*Gl. 9.2.23*).

Wie in der nachfolgenden Darstellung bisheriger Forschungen zum Einfluss der parallelen Beratung auf das Ausmaß an Bilanzpolitik gezeigt wird, findet das von *Alcarria Jaime/de Albornoz Noguer* (2004) als geeignet identifizierte Performance-Adjusted-Jones-Modell in der jüngeren Unabhängigkeitsforschung regelmäßig Anwendung. Das von *Jones et al.* (2008) empfohlene Dechow-Dichev-Modell ist hingegen bisher noch weniger stark verbreitet. In der in *Kapitel 12* anschließenden Untersuchung zum deutschen Prüfungsmarkt werden beide Modelle berücksichtigt.

9.3 Aktueller Forschungsstand zur Aufdeckung von Bilanzpolitik

Der Zusammenhang zwischen der tatsächlichen Unabhängigkeit des Abschlussprüfers, gemessen am Ausmaß der Bilanzpolitik im geprüften Abschluss einerseits und der zur Prüfung parallel erbrachten Beratung des Abschlussprüfers andererseits, wird in zahlreichen empirischen Untersuchungen betrachtet. Diese Forschungsbeiträge beschäftigen sich insbesondere mit den Prüfungsmärkten in den USA, Großbritannien, Australien und Neuseeland. Für Kontinentaleuropa liegt gegenwärtig lediglich eine relevante französische Studie von *LeMaux* (2007) vor (siehe *Tabelle 9-2*). Ein Beitrag von *Zimmermann* (2008) zum hiesigen Markt, aus der keine Beeinträchtigung der Unabhängigkeit hervorgeht, wird im Folgenden nicht näher betrachtet, da die Schätzung der diskretionären Accruals mittels der statischen Vergleichsmodelle von *Healy* (1985) und *DeAngelo* (1986) erfolgt, welche, wie in *Kapitel 9.2.2* gezeigt, keine zuverlässige Aufdeckung von Earnings Management ermöglichen. Im Folgenden wer-

---

[1173] Vgl. *Jones et al.* (2008), S. 500.
[1174] Die Autoren folgern, „that total accruals could be a low-cost alternative to many commonly used measures of discretionary accruals in detecting smaller frauds" (*Jones et al.* (2008), S. 524).
[1175] Vgl. *Jones et al.* (2008), S. 526 u. 529.

den jüngere internationale Studien vorgestellt und kritisch gewürdigt, welche die im vorausgehenden Kapitel eingeführten fortgeschrittenen dynamischen Verfahren verwenden. Dabei kann aufgrund der Vielzahl der Studien kaum dem Anspruch der Vollständigkeit entsprochen werden. Neben der repräsentativen Wiedergabe wichtiger Untersuchungsresultate zu den jeweiligen Prüfungsmärkten steht die Methodik zur Schätzung der diskretionären Accruals und deren Aussagekraft im Vordergrund. Anhand unterschiedlicher Regressionsansätze, welche zur Überprüfung der Korrelation des vermuteten Zusammenhangs verwendet werden, sollen wichtige Einflussfaktoren, die das Ausmaß der Bilanzpolitik beeinflussen, identifiziert werden. Schließlich ist neben den variierenden Untersuchungszeithorizonten und den abweichenden regulatorischen Rahmenbedingungen auch der mannigfaltige Aufbau der Regressionsmodelle, bspw. durch die Berücksichtigung unterschiedlicher Kontrollvariablen, ursächlich für die divergierenden Resultate der bisherigen Forschung.[1176] Eine Interpretation der Ergebnisse und der Vergleich der Studien setzt jedoch eine Analyse, über die Darstellung in *Tabelle 9-2* hinaus, voraus. Schließlich unterscheiden sich die Forschungsbeiträge in Bezug auf die betrachtete Stichprobe, die rechtlichen Rahmenbedingungen, das verwendete AccrualSchätzverfahren sowie zahlreichen weiteren Einflussfaktoren. Ausgewählte Beiträge (in *Tabelle 9-2* fett hinterlegt) werden im Folgenden in chronologischer Reihenfolge vorgestellt und kritisch gewürdigt, ehe eine Gesamteinschätzung zu den bisherigen Forschungsresultaten folgt.

Autoren	Zeitraum	Land	Datenquelle	Stichprobe	Experimentalvariablen	Methode	Ergebnisse
Frankel et al. (2002)	2001	USA	CompuStat	2.472	1. Beratungsanteil, 2. Beratungshonorar, 3. Gesamthonorar, 4. Prüfungshonorar	(OLS)	1. - Positiver Zusammenhang zw. disk. Accruals und Beratungsanteil. 2. - Positiver Zusammenhang zw. Beratungshonorar und disk. Accruals. 3. 0 keine Verknüpfung zw. Gesamthonorar und disk. Accruals. 4. + Negativer Zusammenhang zw. Prüfungshonorar und disk. Accruals.
Ashbaugh et al. (2003)	2000	USA	EDGAR, Global Access, CompuStat	3.069	1. Beratungsanteil/-honorar, 2. Gesamthonorar	(OLS)	1. - Positiver Zusammenhang zw. disk. Accruals und Beratungsanteil. 2. 0 keine Verknüpfung zw. Gesamthonorar und disk. Accruals. 3. 0 Unterscheidung zw. positiven und negativen Accruals zeigt keinen Zusammenhang zw. disk. Accruals und Beratungsanteil.
Chung/ Kallapur (2003)	2001	USA	CompuStat	1.853	1. Beratungsanteil, 2. Gesamthonorar zu Umsatzerlösen, 3. Beratungshonorare zu Umsatzerlösen, 4. Gesamt-/Beratungshonorar zu Umsatzerlösen pro Niederlassung	(OLS)	1. 0 kein Zusammenhang zw. disk. Accruals und Client/Rev (NonAud/Rev; Client/OfficeRev; NonAud/OfficeRev). 2. - Zusammenhang zw. NonAud/Tot, wenn Branchenzugehörigkeit vernachlässigt wird. 3. 0 Kein Zusammenhang, wenn Branchenzugehörigkeit kontrolliert.
Reynolds et al. (2004)	2001	USA	CompuStat	2.507	1. Beratungsanteil, 2. Gesamthonorar	(OLS)	1. 0 kein Zusammenhang zw. disk. Accruals und Beratungsanteil. 2. 0 kein Zusammenhang zw. disk. Accruals und dem Gesamthonorar.

[1176] Siehe hierzu auch *Quick* (2006); *Schneider et al.* (2006); *Pott et al.* (2009).

Studie	Zeitraum	Land	Datenbasis	Stichprobe	Untersuchte Variablen	Methode	Ergebnisse
Larcker/ Richardson (2004)	2000-2001	USA	Standard & Poors; CompuStat	5.103	1. Beratungsanteil, 2. Anteil des Gesamthonorars an den Umsatzerlösen, 3. Anteil der Beratungshonorare an den Umsatzerlösen	Latent Class Mixture Analysis (OLS)	1. - Positiver Zusammenhang zw. disk. Accruals und Beratungsanteil bei einer kleinen Teilmenge von stark wachsenden Unternehmen. (Möglicherweise auf unzureichende Modellspezifikation zurückzuführen) 2. 0 Kein Zusammenhang zw. Honoraranteil an Umsatzerlösen und disk. Accruals. 3. 0 Kein Zusammenhang zw. Beratungshonoraranteil an Umsatzerlösen und disk. Accruals. 4. 0 Kein Zusammenhang zw. außergewöhnlich hohen (niedrigen) Prüfungs- und Beratungshonoraren und disk. Accruals.
Ferguson et al. (2004)	1996-1998	UK	Mergent Online Lexis Nexis	610	1. Beratungsanteil, 2. Beratungshonorar, 3. Rang des Beratungshonorars	(OLS)	1. - Positiver Zusammenhang zw. disk. Accruals und Beratungsanteil. 2. - Positiver Zusammenhang zw. disk. Accruals und Beratungshonorar. 3. - Positiver Zusammenhang zw. disk. Accruals und Rang des Beratungshonorars.
Farag (2005)	2000-2002	USA	EDGAR, CompuStat	1.500	1. Beratungsanteil	(OLS)	1. - Positiver Zusammenhang zw. disk. Accruals und Beratungsanteil insbesondere bei Unternehmen mit hoher zeitlicher Konstanz des Jahresüberschusses.
Antle et al. (2006)	1994-2000	UK USA	Global Ventage CompuStat	2.294 (UK) 1.570 (USA)	1. Beratungshonorar, 2. Prüfungshonorar, 3. Diskretionäre Accruals	(OLS/ 2SLS)	1. + Beratungshonorare stehen in einem negativen Zusammenhang mit dem Ausmaß an Bilanzpolitik. 2. - Bei hohem Prüfungshonorar treten (schwach signifikant) höhere Accruals auf. 3. + Das Prüfungshonorar sinkt bei hohen Accruals.
Ruddock et al. (2006)	1993-2000	AUS	Aspect Financial Database	3.746	1. Beratungsanteil, 2. Prüfungs-/Beratungshonorar, 3. außerordentliche Prüfungs-/Beratungshonorare	(OLS)	1. 0 Die Autoren können keine signifikant negative Unabhängigkeitsbeeinträchtigung bei den Variablen einschl. der unerwarteten Honorare nachweisen. 2. - Bei Betrachtung der positiven Accruals kann ein signifikanter Zusammenhang mit den Honorarvariablen nachgewiesen werden.
Dee et al. (2006)	2001	USA	CompuStat	274	1. Beratungshonorar, 2. Beratungsanteil, 3. Prüfungshonorar, 4. Gesamthonorar	(OLS)	1. - höhere Beratungshonorare hängen mit income-increasing Accruals bei S&P500-Unternehmen zusammen. 2. 0 bei den anderen Honorarvariablen konnte kein Zusammenhang nachgewiesen werden.
Lai (2007)	2002/ 2004	USA	CompuStat	2.389	1. Veränderung des Beratungshonorars zwischen 2002 u. 2004	(OLS)	1. - Eine Reduktion des Beratungshonorars steht in einem (schwach) signifikanten Zusammenhang mit einer Reduktion der disk. Accruals.
Huang et al. (2007)	2003-2004	USA	Audit Analytics Database	6.891	1. Anteil prüfungsnaher Leistungen, 2. Anteil Steuerberatungsleistungen, 3. Anteil Sonstiger Leistungen	(OLS)	1. 0 Prüfungsnahe Beratungsleistungen haben keinen Einfluss auf das Ausmaß an Bilanzpl. 2. + Steuerberatungsanteile stehen in einem leicht positiven Zusammenhang mit negativen disk. Accruals. 3. + Sonstige Beratungsleistungen stehen in einem leicht negativen Zusammenhang mit positiven disk. Accruals.
Srinidhi/ Gul (2007)	2000-2001	USA	CompuStat	4.282	1. Beratungsanteil, 2. Prüfungshonorar, 3. Beratungshonorar	(OLS)	1.- Positiver Zusammenhang zw. disk. Accruals und Beratungsanteil. 2. + Negativer Zusammenhang zw. disk. Accruals und Prüfungshonorar. 3. - Positiver Zusammenhang zw. disk. Accruals und Beratungshonorar.
Hoitash et al. (2007)	2000-2003	USA	Standard & Poors Audit Fees Database	13.860	1. Gesamthonorar, 2. Abnormales Honorar, 3. Prüfungshonorar, 4. Beratungshonorar	(OLS)	1. - Positiver Zusammenhang zw. disk. Accruals und Gesamthonorar. 2. - Positiver Zusammenhang zw. disk. Accruals und abnormalem Gesamthonorar. 3. - Positiver Zusammenhang zw. disk. Accruals und Prüfungshonorar. 4. - Positiver Zusammenhang zw. disk. Accruals und Beratungshonorar.

Gul et al. (2007)	2000-2001	USA	Standard & Pours; Audit Fees Database	4.720	1. Beratungshonorar, 2. Beratungsanteil, 3. Dauer der Mandatsbeziehung	(OLS)	1. 0 Kein Zusammenhang zw. disk. Accruals und Beratungsanteil und Beratungshonorar. 2. - Positiver Zusammenhang zw. disk. Accruals und Beratungshonorar bei Unternehmen, welche den Abschlussprüfer vor maximal drei Jahren wechselten und die eine geringe Bilanzsumme ausweisen.
Dickins (2007)	2000/ 2004	USA	CompuStat	1.325	1. Veränderung der Beratungsanteile im Zeitvergleich	(OLS)	1. - Disk. Accruals sind bei den Unternehmen stärker zurückgegangen, die zugleich die Beratungsleistungen vom Abschlussprüfer reduzierten. Die Autorin schließt daraus, dass eine Beeinträchtigung der Unabhängigkeit durch die parallele Beratungstätigkeit gegeben ist.
LeMaux (2007)	2002-2004	F	Thomson bankers, Diane, Dafsaliens	193	1. Beratungshonorare werden gezahlt (1), werden nicht gezahlt (0)	(OLS)	1. 0 keine Beeinträchtigung nachweisbar.
Mitra (2007)	2001	USA	CompuStat	71	1. Beratungsanteil, 2. Gesamthonorar, 3. Gesamthonorare/ Beratungshonorar zu Umsatzerlösen pro Niederlassung	(OLS)	1. 0 kein Zusammenhang zw. den Honorarvariablen und den disk. Accruals.
Cahan et al. (2008)	1995-2001	NZ	Local Database	237 (64) (32)	1. Veränderung des Beratungshonorars, 2. Anzahl der aufeinanderfolgenden Jahre mit einem Beratungsanteil < Median der Branche, 3. Honorare bei Mandant *i* Umsatzerlösen des Prüfers	(OLS)	1. 0 kein Zusammenhang zw. disk. Accruals und dem Wachstum des Beratungshonorars und der Dauer der Beratungsleistungen. 2. - positiver Zusammenhang zw. disk. Accruals und der Dauer der Beratungsbeziehung und der wirtschaftlichen Abhängigkeit.
+	Es wird ein negativer Zusammenhang zwischen der abhängigen und der interessierenden Variable nachgewiesen, d.h. das Ausmaß der Bilanzpolitik fällt mit der Höhe des Honorars bzw. des Honoraranteils.						
-	Es wird ein positiver Zusammenhang zwischen der abhängigen und der interessierenden Variable nachgewiesen, d.h. das Ausmaß der Bilanzpolitik steigt mit der Höhe des Honorars bzw. des Honoraranteils.						
0	Es wird kein statistisch signifikanter Zusammenhang zwischen der abhängigen und der interessierenden Variable nachgewiesen.						

Tabelle 9-2: *Einfluss der parallelen Beratung des Abschlussprüfers auf die Bilanzpolitik*

9.3.1 Frankel/Johnson/Nelson (2002)

9.3.1.1 Forschungshintergrund

Frankel et al. (2002) untersuchen den US-amerikanischen Prüfungsmarkt anhand von 2.472 Zwischenberichten aus dem Jahr 2001 mit Hilfe eines cross-sektionalen Regressionsmodells. Die Autoren formulieren ihre Hypothese zunächst neutral und vermuten die Unabhängigkeitswahrung des Abschlussprüfers trotz paralleler Beratung aufgrund eines drohenden Reputationsverlustes bei der Aufdeckung mangelhafter Prüfungsqualität (siehe *Kapitel 6.3.2* und *7.3.2*).[1177]

Zur Schätzung der Bilanzpolitik setzen die Autoren unter Berücksichtigung langfristiger und kurzfristiger Accruals (siehe *Kapitel 9.2.1.5*) das modifizierte Jones-Modell (siehe *Kapi-*

[1177] Vgl. *Frankel et al.* (2002), S. 75; zur Thematik *siehe Kapitel 7.2* oder *Arruñada* (1999b), S. 514 u. 528.

tel 9.2.3.2) ein.[1178] Als erklärende Variable für das Auftreten von Earnings Management verwenden die Autoren vier Honorarkennzahlen (*FEEVAR$_{it}$*), welche zur Abbildung des Engagements des Abschlussprüfers bei dem jeweils betrachteten Mandanten dienen. Neben dem *Verhältnis aus Beratungshonorar und Gesamthonorar* (*FEERATIO$_{it}$*) wird die wirtschaftliche Bedeutung des jeweiligen Klienten mit Hilfe des entsprechenden *Rangs der Prüfungs-* (*RANKAUD$_{it}$*), *Beratungs-* (*RANKAUD$_{it}$*) und *Gesamthonorare* (*RANKTOT$_{it}$*) relativ zu den Honoraren anderer Unternehmen der Stichprobe erfasst.[1179]

$$DACC = \alpha_i + \beta_1 FEEVAR_{it} + \beta_2\ BIG5_{it} + \beta_3 AUDTEN_{it} + \beta_4 CFO_{it} + \beta_5 ABSCFO_{it} + \beta_6 ACC_{it} +$$
$$\beta_7 ABSACC_{it} + \beta_8 LEVERAGE_{it} + \beta_9 LITRISK_{it} + \beta_{10} M/B_{it} + \beta_{11} LOGMVE_{it} + \quad (9.3.1)$$
$$\beta_{12}\%INT_{it} + \beta_{13} LOSS_{it} + \beta_{14} FIN/ACQ_{it} + \beta_{15} ANNRET_{it} + \varepsilon$$

Als Kontrollvariablen werden neben der *BIG5*-Dummy Variable, welche als Surrogat für die Größe der Wirtschaftsprüfungsgesellschaft dient, die Dauer der Mandatsbeziehung (*AUDTEN$_{it}$*) und das mandatsspezifische Risiko in Abhängigkeit der Branchenzugehörigkeit des Mandanten (*LITRISK$_{it}$*) berücksichtigt. Dabei vermuten *Frankel et al.* (2002), dass neben der Beratungstätigkeit auch eine lang anhaltende Mandatsbeziehung eine Beeinträchtigung der Unabhängigkeit verursachen könnte. Das Wachstum des Prüfungsmandanten wird durch das *Market-to-book-ratio* (*M/B$_{it}$*) abgebildet. Die Autoren vermuten, dass das Eigenkapital stark wachsender Unternehmen aufgrund der Erwartung des Kapitalmarktes überdurchschnittlich bewertet wird. Die dichotome Variable (*LOSS*) sowie der *Cashflow* (skaliert durch die Bilanzsumme) (*CFO*) dienen zur Abbildung der wirtschaftlichen Prosperität des Unternehmens. Darüber hinaus werden die totalen Accruals als erklärende Variable in das Modell aufgenommen (*ABSDACC*).[1180] *Akquisitionen* oder *Kapitalerhöhungen*, die einen erhöhten Beratungsbedarf begründen könnten, werden ebenfalls als erklärende Variable in das Regressionsmodell integriert (*FINS/ACQ*), die Größe des Unternehmens wird durch die *logarithmierte Marktkapitalisierung* (*LOGMVE*) abgebildet. Die Beteiligung *institutioneller Investoren* (*%INST*) wurde berücksichtigt, da *Frankel et al.* (2002) vermuten, dass diese Unternehmen verstärkt Bilanzpolitik betreiben, um die Erwartungen einflussreicher Investoren erfüllen zu können.[1181]

[1178] Vgl. *Frankel et al.* (2002), S. 84.
[1179] Andere Autoren wie *DeFond et al.* (2002) oder *Ashbaugh et al.* (2002) verwenden die Log-Transformation der Prüfungs- und Beratungshonorare. Aufgrund der Tatsache, dass die nach Rängen sortierten Honorare mit dem Logarithmus der Honorare stark korreliert sind (*Spearman-Koeffizient > 0,9*) verzichten *Frankel et al.* (2002, S. 82) auf das Logarithmieren.
[1180] Zur Erklärungskraft der totalen Accruals hinsichtlich des diskretionären Anteils siehe auch *Kapitel 9.2.3.3*.
[1181] Vgl. *Frankel et al.* (2002), S. 83.

9.3.1.2 Ergebnisse der Studie

Die Ergebnisse bestätigen einen positiven Zusammenhang zwischen dem Beratungsanteil (*FEERATIO*) und dem Ausmaß an Earnings Management bei einem befriedigendem Bestimmtheitsmaß ($\beta_1 = 0,07$; $p < 0,01$; $R^2 = 0,46$). Dies lässt auf eine Beeinträchtigung der Unabhängigkeit schließen. Durch den Einsatz des Perzentilrangs des Beratungsanteils (*RANKNON*) als erklärende Variable wird das Ergebnis bei leicht verbessertem Bestimmtheitsmaß bestätigt ($\beta_1 = 0,01$; $p < 0,01$; $R^2 = 0,47$). Konträr dazu steht die Höhe der Prüfungsgebühren (*RANKAUD*) in einem negativen Zusammenhang zur Bilanzpolitik ($\beta_1 = -0,01$; $p < 0,01$; $R^2 = 0,47$). Die Vermutung, dass mit einer steigenden wirtschaftlichen Bedeutung des Mandanten (*RANKTOT*) die Abhängigkeit des Abschlussprüfers zunimmt und das Ausmaß an Bilanzpolitik wächst, kann hingegen nicht bestätigt werden ($\beta_1 = 0,01$; $p < 0,16$; $R^2 = 0,46$).

Untersuchung:	Frankel et al. (2002)					
Bestimmtheitsmaß:		$R^2=0,46$		$R^2=0,47$		$R^2=0,46$	
Abhängige Variablen:	ABSDACC = Diskretionäre Accruals (modifiziertes Jones-Modell; DACC⁺; DACC⁻	β	p	β	p	β	p
Experimentalvariablen:	FEERATIO = Beratungshonorar/Gesamthonorar	0,07	<0,01	-	-	-	-
	RANKNON = Beratungshonorar nach Perzentilen	-	-	0,01	<0,01	-	-
	RANKAUD = Prüfungshonorar nach Perzentilen	-	-	-0,01	<0,01	-	-
	RANKTOT = Gesamthonorar nach Perzentilen	-	-	-	-	0,01	-
Kontrollvariablen:	Big5 = Dichotome Variable; Big5 (1); Non Big5 (0)	-0,01	-	-0,01	-	0,01	-
	AUDTEN = Dauer der Mandatsbeziehung	-0,01	-	-0,01	-	-0,01	-
	CFO = Cashflow der gewöhnlichen Geschäftstätigkeit/Bilanzsumme	-0,19	<0,01	-0,20	<0,01	-0,20	<0,01
	ABSCFO = Cashflow der gewöhnlichen Geschäftstätigkeit	-0,26	<0,01	-0,28	<0,01	-0,27	<0,01
	ACC = Total Accruals/Bilanzsumme	0,16	<0,01	0,16	<0,01	0,16	<0,01
	ABSACC = Total Accruals	1,17	<0,01	1,18	<0,01	1,17	<0,01
	LEVERAGE = Fremdkapital/Bilanzsumme	-0,16	<0,01	-0,14	<0,01	-0,16	<0,01
	M/B = Verhältnis zw. Markt- und Buchwert des Eigenkap.	0,01	-	0,01	-	0,01	-
	LITRISK = Dichotome Industrievariable (1/0)	0,01	-	0,01	-	0,01	-
	LOGMVE = Logarithmus der Marktkapitalisierung	0,01	<0,01	0,02	<0,01	0,01	<0,01
	%INST = Anteilsbesitz institutioneller Investoren	-0,05	<0,01	-0,05	<0,01	-0,05	<0,01
	LOSS = Dichotome Variable (Fehlbetrag (1); ansonten (0))	-0,02	-	-0,02	-	-0,02	-
	FIN/ACQ = Akq./Finanz.-aktivitäten (1); ansonsten. (0)	0,01	-	0,01	-	0,01	-
	ANNRET = Jahresüberschuss/Bilanzsumme (ROA)	0,03	-	0,02	-	0,02	-

Tabelle 9-3: Zusammenfassung der Ergebnisse von Frankel et al. (2002) [1182]

Zwischen den erklärenden Variablen Cashflow (*CFO*) und Total Accruals (*ABSACC*) sowie der abhängigen Variable besteht ein signifikanter Zusammenhang. Wie aufgrund der in *Kapitel 9.2.1.2* ausgeführten Überlegungen zu vermuten, weisen deren Koeffizienten unterschiedliche Vorzeichen aus. Während der *CFO* negativ mit den diskretionären Accruals korreliert ($\beta_4 = -0,19$; $p < 0,01$; $R^2 = 0,46$), besteht zwischen den totalen und den diskretionären Accruals ein positiver Zusammenhang ($\beta_7 = 0,16$; $p < 0,01$; $R^2 = 0,46$). Auch der Verschuldungs-

---

[1182] Vgl. *Frankel et al.* (2002), S. 92 Table 6.

grad (*LEVERAGE*) hat signifikanten Einfluss auf das Ausmaß des Earnings Managements. Entgegen *Frankels et al.* (2002) Vermutung fällt das Ausmaß an Bilanzpolitik jedoch mit zunehmendem Verschuldungsgrad ($\beta_8 = -0{,}16$; $p < 0{,}01$; $R^2 = 0{,}46$) geringer aus. Der Koeffizient der Anteilskonzentration (*%INT*) weist ebenfalls ein signifikantes Vorzeichen auf ($\beta_{12} = -0{,}05$; $p < 0{,}01$; $R^2 = 0{,}46$). Bedauerlicherweise beschäftigen sich die Autoren jedoch nicht mit möglichen Ursachen. Ein Zusammenhang könnte bestehen, wenn Großaktionäre aufgrund ihres Einflusses, etwa in Bezug auf die Besetzung des Aufsichtsgremiums, einen besonderen Einblick in die Unternehmensdaten gewährt bekommen, so dass bilanzpolitische Eingriffe des Managements diesen Anteilseignern ohnehin bekannt werden würden.

9.3.1.3 Diskussion der Ergebnisse

Die von *Frankel et al.* (2002) durchgeführten multivariaten Analysen belegen, entgegen der neutral formulierten Hypothese, eine Beeinträchtigung der Unabhängigkeit und somit eine Reduktion der Prüfungsqualität in Folge einer parallelen Beratungstätigkeit des Abschlussprüfers. Dafür spricht neben einem nachgewiesenen Zusammenhang zwischen dem Ausmaß an diskretionären Accruals und dem Beratungsanteil (*FEERATIO*) auch der Koeffizient der Erklärenden (*RANKNON*). Erstaunlich ist, dass der Zusammenhang nicht nur bei Betrachtung der absoluten Accruals, wie in *Tabelle 9-3* dargestellt, und der Ertrag-Accruals (*income-increasing-accruals*), sondern auch bei Aufwand-Accruals (*income-decreasing-accruals*) signifikant ist, d.h. Bilanzpolitik sowohl ergebnissteigernd als auch ergebnismindernd betrieben wird.[1183] Dagegen geht von der Höhe des Prüfungshonorars (*RANKAUD*) ein signifikant positiver Einfluss auf die Prüfungsqualität aus, welcher auf den Zusammenhang zwischen dem Prüfungsaufwand und der Prüfungsqualität zurückzuführen sein dürfte. Für diese Vermutung spricht auch, dass von der Höhe der gesamten Honorare (*RANKTOT*), welche sowohl die Prüfungs- als auch die Beratungshonorare umfassen, keine Gefahr für die Unabhängigkeit ausgeht.

Die Aussagekraft der Untersuchung von *Frankel et al.* (2002) wird durch die Verwendung des im vorhergehenden Kapitel als unzureichend spezifiziert bewerteten modifizierten Jones-Modell eingeschränkt. Während durch die Berücksichtigung des *CFO* im Regressionsmodell die zunächst erfolgte Vernachlässigung bei der Schätzung der diskretionären-Accruals-Modelle möglicherweise kompensiert werden kann, muss die Verwendung der langfristigen Accruals vor dem Hintergrund, dass diese selten einer bilanzpolitischen Beeinflussung unterliegen, in Frage gestellt werden (siehe *Kapitel 9.2.1.5*). Der signifikante Zusammenhang zwischen den gesamten Accruals und den diskretionären Accruals sollte daher nicht als Bestätigung eines auffälligen Ausmaßes an Bilanzpolitik interpretiert werden. Die Betrachtung der kurzfristigen *Working Capital Accruals* wäre, wie die Ausführungen in *Kapitel 9.2.1.5* zeigen,

---

[1183] Zum bilanzpolitischen Ziel der Ergebnisglättung siehe auch *Kapitel 3.1.2.*

sinnvoll gewesen, da diese einer erhöhten Manipulationsgefahr ausgesetzt sind. Des Weiteren ist die Vernachlässigung einer Kontrollvariable zur Implementierung der Unternehmensperformance zu bemängeln. Schließlich könnten Unternehmen in extremen Ertragssituationen (*ROA*) zur Verbesserung ihrer Situation einen erhöhten Umfang an Beratungsleistungen beim Abschlussprüfer nachfragen, so dass dessen Honorare steigen, ohne dass die Durchsetzung diskretionärer Bilanzpolitik ursächlich sein muss. Die Nichtberücksichtigung der Ertragsstärke könnte, wie auch *Ashbaugh et al.* (2003) bemängeln, zu verzerrten Schätzern führen und stellt das größte Desiderat der Untersuchung von *Frankel et al.* (2002) dar.

9.3.2 Ashbaugh/LaFond/Mayhew (2003)

9.3.2.1 Forschungshintergrund

Ashbaugh et al. (2003) knüpfen in ihrer Untersuchung zum US-amerikanischen Prüfungsmarkt an die Arbeit von *Frankel et al.* (2002) an. Während diese eine Unabhängigkeitsbeeinträchtigung anhand des Verhältnisses von Prüfungs- und Beratungshonoraren (*FEERATIO$_{it}$*) und diversen Honorarrängen untersuchen, berücksichtigen *Ashbaugh et al.* (2003) die Beträge des Gesamthonorars (*TOTAL$_{it}$*), des Prüfungshonorars (*AUDIT$_{it}$*) und des Beratungshonorars (*NONAUDIT*). Deren Aufnahme in die Regression wird damit begründet, dass neben dem Anteil des Beratungshonorars am Gesamthonorar auch die Höhe der Gesamthonorare bei einem Mandanten die wirtschaftliche Abhängigkeit des Abschlussprüfers begründen könnten (siehe *Kapitel 6.3.1*).[1184] Bevor die Autoren den Zusammenhang zwischen den diskretionären Accruals und den Honorarvariablen betrachten, führen sie eine Regression zur Bestimmung der Honorardeterminanten durch:[1185]

$$FEE = \alpha_0 + \alpha_1 BIG5_{it} + \alpha_2 LnMVE_{it} + \alpha_3 MERGER_{it} + \alpha_4 FINANCING_{it} +$$
$$\alpha_5 MB_{it} + \alpha_6 LEVERAGE_{it} + \alpha_7 ROA_{it} + \alpha_8 AR\_IN_{it} + \alpha_9 NegativeROA_{it} + \qquad (9.3.2)$$
$$\alpha_{10} SPECIAL\_ITEM_{it} + \sum INDUSTRYDUMMIES_{it}$$

Bei einer relativ hohen Güte des Honorarschätzmodells ($R^2 \approx 0{,}70$) wird ein signifikant positiver Zusammenhang der Variablen *BIG5$_{it}$*, *MERGER$_{it}$*, *LEVERAGE$_{it}$* und *SPECIAL_ITEM$_{it}$* einerseits und den abhängigen Variablen (*AUDIT$_{it}$*, *NONAUDI$_{it}$T*, *TOTAL$_{it}$*) andererseits deutlich. Ferner zeigt sich, dass ertragsschwache Unternehmen (*MB$_{it}$ (Book-to-Market-Ratio)*, *ROA$_{it}$*, *NEGATIVE_ROA$_{it}$*) signifikant höhere Prüfungs- und Beratungshonorare entrichten als ertragsstarke Konzerne. Bezüglich der Prüfungshonorare könnte dies auf ein erhöhtes inhärentes Risiko dieser Mandanten zurückzuführen sein, während die Ursache für hohe Beratungs-

---

[1184] Vgl. *Ashbaugh et al.* (2003), S. 614; *Kothari et al.* (2005), S. 171.
[1185] Die Variablen *BIG5*, *MERGER*, *FINANCING*, *NEGATIVE_ROA*, *SPECIAL_ITEM* und *INDU-STRIE-DUMMY* sind dichotome Variablen (1/0), während die verbleibenden Variablen *MVE* (*Marktkapitalisierung*), *MB* (*Market-to-Book-Ratio*), *AR_IN* (*Accounts receivable und Inventory/total assets*), *LEVERAGE* und *ROA* als stetige Größen in die Regression einfließen.

honorare aus einer gesteigerten Restrukturierungs- bzw. Finanzierungsberatung resultieren könnte.[1186] Vor dem Hintergrund des erwarteten Zusammenhangs zwischen den Accruals und der Ertragsstärke eines Unternehmens und des nachgewiesenen Einflusses der Ertragssituation auf die Honorare, betrachten *Ashbaugh et al.* (2003) nicht die absoluten diskretionären Accruals, sondern deren relative Ausprägung im Vergleich zu einer durch ähnliche Ertragsstärke geprägten Kontrollgruppe.[1187] Zunächst unterteilen die Autoren die Unternehmen der Stichprobe anhand deren *ROA* in Perzentilen. Als *Portfolio Performance Adjusted Dis-cretionary Current Accrual (PADCA)* wird die Differenz zwischen den diskretionären Current Accruals des betrachteten Unternehmens und dem Median der entsprechenden ertragsähnlichen Kontrollgruppe bezeichnet.[1188] Ist der Unterschiedsbetrag, d.h. die Differenz zwischen den vermeintlichen diskretionären Accruals einer bestimmten Beobachtung und dem Median der Kontrollgruppe positiv, wird ein überdurchschnittliches Gesamthonorar oder ein hoher Beratungsanteil, d.h. eine Unabhängigkeitsbeeinträchtigung des Abschlussprüfers vermutet.

Alternativ berücksichtigen die Autoren, ähnlich zu *Kasznik* (1999) und *Kothari et al.* (2005), bereits bei der Schätzung der Koeffizienten die Ertragsstärke des Unternehmens durch den Regressor *ROA*.[1189] Aus den mit Hilfe des Performance-Adjusted-Jones-Modells ermittelten nicht-diskretionären (*performance adjusted current*) Accruals werden die diskretionären Accruals (*ROA in estimation discretionary current accruals (REDCA)*) ermittelt. Die Autoren erachten den Einsatz dieses Performance-Portfolio Ansatzes (*RADCA$_{it}$*) für sinnvoll, wenn der *ROA* zwischen den Unternehmen innerhalb einer Branche, für welche die Koeffizienten des Accruals Modells geschätzt werden, stark schwankt.[1190] Als Maß für die Bilanzpolitik (*DCA-PA$_{it}$*) werden im Folgenden somit entweder die diskretionären Accruals relativ zum Median des Performance-Portfolios (*PADCA$_{it}$*) oder die mit dem Performance-Adjusted-Jones-Modell geschätzten Accruals (*REDCA$_{it}$*) berücksichtigt. Die Experimentalvariable (*FEE$_{it}$*) wird in dem nachfolgenden Regressionsmodell durch Einsetzen der jeweiligen Honorarvariable (*FEERATIO$_{it}$, TOTALFEES$_{it}$, NON-AUDIT-FEES$_{it}$* oder *AUDIT FEES$_{it}$*) variiert. Neben den bekannten Kontrollvariablen werden die *Marktkapitalisierung (MVE$_{it}$)*, etwaige *Fusions-, und Akquisitionstätigkeiten (MERGER$_{it}$)* sowie *Finanzierungsaktivitäten (FINANCING$_{it}$)* berücksichtigt.

[1186] Vgl. *Ashbaugh et al.* (2003), S. 620.
[1187] Vgl. *Ashbaugh et al.* (2003), S. 612.
[1188] Vgl. *Ashbaugh et al.* (2003), S. 621.
[1189] Die Untersuchung von *Kothari et al.* (2005) wurde bereits 2002 als Working Paper unter dem gleichen Titel publiziert. *Ashbaugh et al.* (2003) nehmen in ihrer Arbeit bereits auf das Working Paper Bezug.
[1190] Vgl. *Ashbaugh et al.* (2003), S. 622.

$$DCAPA = \alpha + \beta_1 FEE_{it} + \beta_2 BIG5_{it} + \beta_3 ACCRUAL_{it} + \beta_4 lnMVE_{it} + \beta_5 MERGER_{it}$$
$$+ \beta_6 FINANCING_{it} + \beta_7 LEVERAGE_{it} + \beta_8 MB_{it} + \beta_9 LITIGATION_{it} \quad (9.3.3)$$
$$+ \beta_{10} INSTHOLDING_{it} + \beta_{11} LOSS_{it} + \beta_{12} CFO_{it} + \varepsilon$$

9.3.2.2 Ergebnisse der Studie

Aus der multivariaten Analyse geht, ähnlich zu *Frankel et al.* (2002), ein positiver Zusammenhang zwischen den diskretionären Accruals und dem Anteil des Beratungs- am Gesamthonorar (*FEERATIO*) hervor, so dass eine Beeinträchtigung der Unabhängigkeit durch die Beratungstätigkeit des Abschlussprüfers zunächst bestätigt wird. Dabei ist unerheblich, welche Schätzmethode (*REDCA* ($\beta_1 = 0,27$; $p < 0,00$), *PEDCA* ($\beta_1 = 0,229$; $p < 0,04$)) angewendet wird. Zwischen der Höhe der Gesamthonorare (*TOTAL*) und dem Ausmaß der diskretionären Accruals ist hingegen kein Zusammenhang nachweisbar (*REDCA* ($\beta_1 = -0,015$; $p = 0,59$); *PEDCA* ($\beta_1 = 0,016$; $p = 0,59$)). Die Ergebnisse des *REDCA*-Modells sind in Tabelle 9-4 dargestellt.

Untersuchung:	Ashbaugh et al. (2003)							
Bestimmtheitmaß		$R^2=0,21$		$R^2=0,21$		$R2=0,21$		$R2=0,21$
Abhängige Variable:	REDCA = Performance Adjusted-Jones-Modell (ROA)	β	p	β	p	β	p	β	p
Experimentalvariablen:	FEERATIO = Beratungs-/Gesamthonorar	0,27	***	-	-	-	-	-	-
	TOTAL = Gesamthonorar	-	-	-0,02	-	-	-	-	-
	AUDIT = Prüfungshonorar	-	-	-	-	-0,06	***	-	-
	NONAUDIT = Beratungshonorar	-	-	-	-	-	-	0,01	-
Kontrollvariablen:	BIG5 = Dichotome Variable; BIG 5 (1)	-0,16	**	-0,12	***	-0,14	***	-0,15	**
	ACCRUAL = Current Accruals des Vorjahres	-0,74	*	-0,75	*	-0,76	*	-0,75	*
	MVE = Marktkapitalisierung	-0,09	*	-0,07	*	-0,06	*	0,08	*
	MERGER = Dichotome Variable; Merger (1)	0,32	*	0,33	*	0,34	*	0,33	*
	FINANCING = Dichotome Variable; (1) wenn kein Merger vorliegt, aber die Schulden stärker als 20 % bzw. Anzahl der Aktien stärker als 10 % gestiegen ist.	0,22	*	0,22	*	0,22	*	0,23	*
	LEVERAGE = (Bilanzsumme–Eigenkap.)/Bilanzsumme	-0,73	*	-0,71	*	-0,64	*	-0,74	*
	MB = Market-to-Book Verhältnis	0,01	*	0,01	*	0,01	*	0,01	*
	LITIGATION = Dichotome Variable; High Litigation (1)	0,26	*	0,27	*	0,26	*	0,27	*
	INST_HOLDING = Anteilsbesitz inst. Anleger	-0,29	*	-0,27	**	-0,26	**	-0,29	*
	LOSS = Dichotome Variable, Periodenergebnis < 0 (1)	0,22	*	0,22	*	0,23	*	0,22	*
	CFO = Operativer Cashflow	-0,36	*	-0,37	*	-0,37	*	-0,36	*
*** p<0,01; ** p<0,05; * p<0,10									

Tabelle 9-4: Zusammenfassung der Ergebnisse von Ashbaugh et al. (2003)[1191]

Bei den Experimentalvariablen (*AUDIT*, *NONAUDIT*) hängt das Ergebnis von dem zur Ermittlung der Accruals angewendeten Schätzverfahren ab. Da die Variable $FEERATIO_{it}$ in einem positiven Zusammenhang mit den diskretionären Accruals steht, d.h. ein hoher Beratungsanteil die Unabhängigkeit beeinträchtigt, kann dem Argument des besonderen wirtschaftlichen Interesses zufolge auch ein Zusammenhang zwischen den diskretionären Accruals und dem Beratungshonorar (*NONAUDIT*) vermutet werden. Dieser liegt jedoch nur dann

---

[1191] Vgl. *Ashbaugh et al.* (2003), S. 626.

vor, wenn das *PEDCA*–Verfahren angewendet wird (*PEDCA* ($\beta_1=0,018$; $p<0,01$). Erfolgt die Ermittlung der diskretionären Accruals (*REDCA*) mit Hilfe eines Schätzmodells für eine Gruppe von Unternehmen, die eine vergleichbare Performance erzielen, muss die Hypothese einer Unabhängigkeitsbeeinträchtigung durch hohe Beratungshonorare verworfen werden (*REDCA* ($\beta_1 = 0,007$; $p = 0,34$)). Auch hohe Prüfungshonorare (*AUDIT*) führen zu keiner Beeinträchtigung der Unabhängigkeit, sondern begünstigen stattdessen, wie bereits von *Frankel et al.* (2002) nachgewiesen, die Prüfungsqualität.

Aufgrund der nach Einschätzung der Autoren inkonsistenten Ergebnisse hinsichtlich der Variablen *RATIO*$_{lt}$ und *NONAUDIT*$_{lt}$ erfolgt die Wiederholung der Regressionen nach einer Zweiteilung der Unternehmen in Abhängigkeit der Ausprägung der Accruals in *income increasing* (*PADCA* bzw. *REDCA* > 0) und *income decreasing* diskretionäre Accruals (*PADCA* bzw. *REDCA* ≤ 0). Während bei *income increasing* diskretionären Accruals eine bewusste bilanzpolitische Einflussnahme des Managements erwartet wird, werden *income decreasing accruals* als Ausdruck einer strengen Anwendung der Rechnungslegungsstandards interpretiert, bei deren Vorliegen keine Beeinträchtigung der Unabhängigkeit unterstellt wird.[1192] Die Wiederholung der Regression zeigt, dass der Zusammenhang zwischen dem Beratungsanteil (*RATIO*) und dem Ausmaß der Bilanzpolitik für das Teilsample mit *income increasing accruals* (*REDCA+*) nicht länger evident ist ($\beta_1 = 0,110$; $p = 0,48$). Die Hypothese einer Unabhängigkeitsbeeinträchtigung durch hohe Beratungsanteile muss daher verworfen werden. Entgegen der Erwartung ist der Beratungsanteil (*RATIO*) bei Unternehmen mit *income decreasing Accruals* (*REDCA-*) sogar signifikant mit den negativen Accruals verknüpft ($\beta_1 = -0,339$; $p = 0,04$). Diese Verknüpfung wird von den Autoren als Ausdruck einer durch die parallele Beratung gesteigerte Prüfungsqualität gewertet. Zugleich stellen die Ergebnisse von *Ashbaugh et al.* (2003) die Validität der Ergebnisse der vorausgehenden Untersuchung zu den Beträgen der Accruals, ebenso wie die Resultate von *Frankel et al.* (2002), aufgrund der Nichtberücksichtigung der Ertragssituation der Beobachtungen in Frage.[1193]

9.3.2.3 Diskussion der Ergebnisse

Der von *Ashbaugh et al.* (2003) gezogene Rückschluss, negative diskretionäre Accruals seien Ausdruck einer besonders hohen Prüfungsqualität, könnte jedoch zu kurz greifen, wenn Anreize zur Ergebnisglättung bestehen, so dass eine diskretionäre Minderung des Jahresüberschusses für das Management attraktiv ist. Die These, eine parallele Beratungstätigkeit würde die Prüfungsqualität aufgrund von *knowledge spillovers* steigern, so dass auch die negativen (*income decreasing accruals*) signifikant höher ausfallen, während ergebnissteigernde Peri-

---

[1192] „While income decreasing discretionary accruals can be interpreted as a form of biased financial reporting, income decreasing accruals also reflect a conservative application of generally accepted accounting principles" (*Antle et al.* (2006), S. 613).
[1193] Vgl. *Ashbaugh et al.* (2006), S. 634.

odenabgrenzungen (*income increasing accruals*) reduziert werden, kann daher nicht überzeugen. Stattdessen muss vermutet werden, dass auch die bewusste Reduktion des Jahresüberschusses auf bilanzpolitische Motive zurückzuführen ist. *McNichols* (2003) und *Jones et al.* (2008) zeigen etwa, dass sowohl Enron als auch Healthsouth kurze Zeit vor Bekanntwerden der Bilanzskandale negative totale und negative diskretionäre Accruals in ihren Konzernabschlüssen ausgewiesen haben.[1194] Somit könnten die signifikanten Koeffizienten zwischen den *negativen diskretionären Accruals* (*PADCA* (β = -0,609; $p < 0,00$; $R^2 = 0,26$); *REDCA* (β = -0,394; $p < 0,02$; $R^2 = 0,28$)) und dem *FEERATIO* weniger Ausdruck einer gesteigerten Prüfungsqualität, als Folge einer ergebnismindernden Bilanzpolitik sein. Neben steuerlichen Motiven sind weitere Anreize denkbar, welche das Management zu einer Ergebnisminderung veranlassen könnten (siehe *Kapitel 3.1.2.1*). Die Frage, ob eine parallele Beratungstätigkeit die Unabhängigkeit beeinträchtigt, kann anhand der Studie von *Ashbaugh et al.* (2003) somit nicht abschließend beantwortet werden. Neben der fragwürdigen Interpretation der nachgewiesenen Zusammenhänge ist auch die lediglich einperiodische Betrachtung ein wesentlicher Kritikpunkt.

9.3.3 Chung/Kallapur (2003)

9.3.3.1 Forschungshintergrund

Chung/Kallapur (2003) greifen die Fragestellung vorhergehender Untersuchungen auf und untersuchen einen möglichen Zusammenhang zwischen den anhand des modifizierten Jones-Modells ermittelten diskretionären Accruals und den interessierenden Honorarvariablen anhand von 1.871 US-amerikanischen kapitalmarktorientierten Unternehmen. Die zur Untersuchung des Zusammenhangs von *Chung/Kallapur* (2003) gewählte Vorgehensweise bedingt die Relevanz der Studie. Nachdem allgemein auf die Gefahr von Verzerrungen im Rahmen der Schätzung diskretionärer Accruals bei der Anwendung cross-sektionaler Modelle hingewiesen wird, führen die Autoren aus, dass vorrangig branchenspezifische Faktoren die Regressionsergebnisse beeinträchtigen. Daher berücksichtigen die Autoren in ihrem Modell die dichotomen Variablen $\sum D_j$, die den Wert eins annehmen, wenn das betrachtete Unternehmen einer bestimmten Branche *j* angehört. Ein Zusammenhang zwischen den geschätzten diskretionären Accruals und der Honorarvariable, welcher tatsächlich auf ein branchenspezifisches Nachfrageverhalten nach Nichtabschlussprüfungsleistungen bei einer ebenfalls branchenabhängigen Höhe der diskretionären Accruals zurückzuführen ist, kann durch diese Vorgehensweise ursachegerecht als branchenabhängig aufgedeckt werden. Bleibt die Branchenzugehörigkeit hingegen unberücksichtigt, steigt die Gefahr, dass das Regressionsmodell aufgrund der Nichtberücksichtigung einer wichtigen Variable (*omitted variable*) einen Zusammenhang

---

[1194] Vgl. *McNichols* (2003), S. 387; *Jones et al.* (2008), S. 516

Aktueller Forschungsstand zur Aufdeckung von Bilanzpolitik 251

zwischen diskretionären Accruals und der Honorarvariable suggeriert, der nicht kausal ist. Darüber hinaus unterscheidet sich der Beitrag von *Chung/Kallapur* (2003) von anderen Studien dadurch, dass neben dem Beratungsanteil die Relevanz einzelner Mandanten durch das Verhältnis des Honorars relativ zu den Gesamteinkünften der Prüfungsgesellschaft (*client/rev$_{it}$*) (*Umsatzabhängigkeit*) untersucht wird. Die Autoren vermuten, dass die Margen im Beratungsbereich oberhalb denen der Prüfung liegen, so dass das Verhältnis zwischen dem Beratungshonorar bei einem Mandanten und den Gesamterlösen der Prüfungsgesellschaft[1195] (*NonAud/Rev$_{it}$*) separat getestet werden sollte. Die Analyse einer Unabhängigkeitsbeeinträchtigung auf Niederlassungsebene erfolgt, indem die Mandanten anhand der Postleitzahlen (*ZIP-Codes*) des Hauptsitzes der geographisch nächstgelegenen Niederlassung der jeweiligen Prüfungsgesellschaft zugeordnet werden.[1196] *Chung/Kallapur* (2003) vermuten, dass die wirtschaftliche Bedeutung eines Mandanten auf Niederlassungsebene ebenfalls zu einer Beeinträchtigung der Unabhängigkeit führen kann (*Client/OfficeRev$_{it}$*, *NonAud/OfficeRev$_{it}$*) und betrachten das jeweilige Honorar in Relation zu den gesamten Umsatzerlösen der vermeintlich zuständigen Niederlassung.

$$|DACC_{it}| = \sum_j \alpha_j D_j + \beta_1 \log(TA_{it}) + \beta_2 CFO_{it} + \beta_3 CFO_{it}^+ + \beta_4 ACC_{it-1} + \beta_5 ACC_{it-1}^+ +$$
$$\beta_6 ROA_{it-1} + \beta_7 ROA_{it-1}^+ + \beta_8 ACQ_{it} + \beta_9 ISSUE_{it} + \beta_{10} TENURE_{it} + \beta_{11} ClientIn$$

$|DACC_{it}|$ = Absolute Value of Accruals

D_j = 1, wenn Unternehmen Branche j angehört, ansonsten 0

CFO_{it} = Operating Cashflow/TA_{t-1}

CFO_{it}^- = 0, wenn CFO<0, ansonsten CFO (9.3.4)

ACC_{it-1} = total Accruals in year$_{t-1}$/TA_{t-2}

ACQ_{it} = 1, wenn Akquistion erfolgte, ansonsten 0

$ISSUE_{it}$ = 1, wenn Kapitalerhöhung >10 % erfolgte, ansonsten 0

$TENURE_{it}$ = Anzahl der Jahre, seit dem der Abschlussprüfer amtiert (max. 26 Jahre)

Nach Schätzung der diskretionären Accruals anhand des modifizierten Jones-Modells erfolgt die Regression (*Gl. 9.3.4*), deren Ergebnisse nachfolgend vorgestellt werden.

9.3.3.2 Ergebnisse der Studie

Die Autoren können anhand univariater Analysemethoden eine hohe Korrelation zwischen den Gesamt- (*Client/Rev*) und den Beratungshonoraren (*NonAud/Rev*) nachweisen. Der Zusammenhang zwischen der Bedeutung eines Mandanten auf Ebene der Prüfungsgesellschaft

---

[1195] Siehe hierzu auch *Kapitel 4.3.2*.
[1196] Eine ähnliche Vorgehensweise wählen auch *Craswell et al.* (2002), S. 259; *Ferguson et al.* (2004), S. 832; *Ahmed et al.* (2006), S. 12 u. 13.

(*Client/Rev*) und auf Niederlassungsebene ist ebenfalls ausprägt.[1197] Die multivariate Regression zeigt hingegen, wie in *Tabelle 9-5* dargestellt, keinen signifikanten Zusammenhang zwischen dem Ausmaß an Earnings Management und den Honorarvariablen. Auch die Zuordnung der Mandate auf bestimmte Niederlassungen belegt keine Verknüpfungen. Bei Verwendung des Beratungsanteils (*Non/Tot*) als erklärender Variable kann, ähnlich zu *Frankel et al.* (2002), zunächst ein signifikanter Zusammenhang nachgewiesen werden. Dieser hat jedoch nur dann Bestand, wenn der erste Term des Regressionsmodells $\sum_j a_j D_j$ eliminiert wird (α = 0,11; $p < 0,01$; $R^2 = 0,16$). Wird die Branchenzugehörigkeit hingegen als erklärende Variable berücksichtigt, ist der Zusammenhang nicht länger evident ($\alpha = 0,047$; $p > 0,1$; $R^2 = 0,39$). Zugleich wird das Bestimmtheitsmaß durch die Beachtung der Branche verbessert.

Untersuchung:	Chung/Kallapur (2003)												
Bestimmtheitsmaß:		R^2=,260		R^2=,261		R^2=,257		R^2=,257		R^2=,16 [1)]		R^2=,39 [2)]	
Abhängige Variable:	DACC (modifiziertes Jones-Modell)	β	p	β	p	β	p	β	p	β	p	β	p
Experimentalvariable:	Client/Rev = Honorare bei Mandant/Umsatzerlösen der WPG	-2,7	-	-	-	-	-	-	-	-	-	-	-
	NonAud/Rev = Beratungshonorare bei Mandant/Umsatzerlöse der WPG	-	-	-1,5	-	-	-	-	-	-	-	-	-
	Client/OfficeRev = Beratungshonorare bei Mandant/Umsätze der Niederlassung	-	-	-	-	-,02	-	-	-	-	-	-	-
	NonAud/OfficeRev = Honorare bei Mandant/Umsätze der Niederlassung	-	-	-	-	-	-	-,03	-	-	-	-	-
	NonAud/Tot= Beratungs-/Prüfungshonorar	-	-	-	-	-	-	-	-	,11	***	,05	-
	$\sum$aD = dichotome Var. zur Branchenzugeh.	Keine Angabe											
Kontrollvariablen:	Log(TA) = Bilanzsumme	,00	-	,00	-	,00	-	,00	-	-,01	***	,00	-
	CFO = operativer Cashflow	-,19	***	-,18	***	-,18	***	-,18	***	-,19	***	-,19	***
	CFO$^+$ = operativer Cashflow (dichotom: CFO > 0 (1))	,47	***	,47	***	,50	***	,51	***	,49	***	,54	***
	ACC = Accruals t-1 /TA t-2	,00	-	,00	-	-,01	-	-,01	-	,00	-	,00	-
	ACC$^+$ = Accruals t-1 /TA t-2 (dichotom: ACC$^+$ > 0 (1)	,08	-	,08	-	,10	*	,10	*	,05	-	,05	-
	ROA = Return on Assets t-1	,00	-	,00	-	,00	-	,00	-	,00	-	,00	-
	ROA$^+$ = Return on Assets t-1; (dichotom: ROA > 0 (1))	-,09	-	-,09	-	-,11	*	-,11	*	-,03	-	-,07	-
	ACQ = (dichotom: Akquisition erfolgt (1))	,01	-	,01	-	,01	-	,00	-	,04	***	,00	-
	ISSUE = (dichotom: Anz. Aktien > 10% gestiegen (1))	,11	***	,11	***	,10	***	,10	***	,10	***	,07	***
	TENURE = Dauer der Mandatsbeziehung	-,02	*	,00	**	,00	***	,00	**	,00	-	,00	*

[1] Without industry control [2] incl. industry control*** $p<0,01$; ** $p<0,05$; * $p<0,10$

Tabelle 9-5: Zusammenfassung der Ergebnisse von Chung/Kallapur (2003)[1198]

Hinsichtlich der Kontrollvariablen kann der von *Frankel et al.* (2002) nachgewiesene negative Zusammenhang zwischen dem Cashflow der gewöhnlichen Geschäftstätigkeit (*CFO*) und der Höhe der diskretionären Accruals bestätigt werden (z.B. *Client/Rev*-Modell: β = -0,185;

[1197] Vgl. *Chung/Kallapur* (2003), S. 940.
[1198] Vgl. *Chung/Kallapur* (2003), S. 940.

$p < 0{,}01$; $R^2 = 0{,}26$). Eine Kapitalerhöhung (*ISSUE*) hat ebenfalls Einfluss auf die diskretionären Accruals (z.B. *Client/Rev-Modell*: $\beta = 0{,}107$; $p < 0{,}01$; $R^2 = 0{,}26$). Weniger deutlich, aber statistisch evident, ist die Relevanz der Dauer der Mandatsbeziehung (*TENURE*). Entgegen der Vermutung einer Unabhängigkeitsbeeinträchtigung durch lang anhaltende Geschäftsbeziehungen zeigen die Resultate von *Chung/Kallapur* (2003) einen negativen Zusammenhang zwischen der Mandatsdauer und dem Ausmaß an diskretionären Accruals auf.[1199] Die mandatsspezifische Erfahrung des Abschlussprüfers scheint somit ursächlich dafür, dass Earnings Management vom Prüfer häufiger aufgedeckt und daher im Abschluss vermieden wird.[1200]

9.3.3.3 Diskussion der Ergebnisse

Chung/Kallapur (2003) können keine Beeinträchtigung der Unabhängigkeit infolge einer parallelen Beratung oder ausgeprägter wirtschaftlicher Interessen des Abschlussprüfers nachweisen. Dies gilt auch für die Untersuchung zur Mandatsabhängigkeit auf Niederlassungsebene. Die Wiederholung der Regression unter Berücksichtigung der ausschließlich kurzfristigen Accruals (*Current Working Capital Accruals*) bestätigt diese Insignifikanz. Auch die Unterscheidung der Mandanten anhand ihrer wirtschaftlichen Relevanz für den Abschlussprüfer (I_{small}, I_{mid}, I_{large}) liefert keine weiteren Erkenntnisse. Statistisch nachweisbare Korrelationen gehen hingegen aus einer Untersuchung zur Relevanz der Branchenzugehörigkeit für die Nachfrage nach Leistungen beim Abschlussprüfer, bzw. dem Ausmaß der diskretionären Accruals hervor. Während ohne Berücksichtigung der Branchenzugehörigkeit die Ergebnisse von *Frankel et al.* (2002) reproduziert werden können, fallen die Ergebnisse nach der Kontrolle der Branchenzugehörigkeit deutlich abweichend aus. Vor dem Hintergrund des gleichzeitig stark angestiegenen Bestimmtheitsmaßes wird daran die Notwendigkeit einer angemessenen Berücksichtigung der Branchenzugehörigkeit im Regressionsmodell deutlich.

Im theoretischen Teil ihrer Arbeit gehen die Autoren ausführlich auf mögliche Determinanten des Ausmaßes von Earnings Management ein. Sie betonen ähnlich zu *DeFond/Jiambalvo* (1994), dass Unternehmen mit einem hohen Verschuldungsgrad (*Leverage*) aufgrund entsprechender Klauseln in Darlehensverträgen (*Covenants*) häufiger zu bilanzpolitischer Sachverhaltsdarstellung neigen könnten als andere Unternehmen. Auch wird in Anlehnung an *Skinner/Sloan* (2002) diskutiert, ob die Konsequenzen eines Verfehlens der Kapitalmarkterwartungen für junge, stark wachsende Unternehmen besonders schwerwiegend sind. Bei Unternehmen mit einer hohen *Market-to-Book-Ratio* und einem Ansteigen der Umsatzerlöse (*sales growth*) wird daher a priori mehr Earnings Management vermutet als bei reifen Gesellschaften. *Chung/Kallapur* (2003) erwarten in Anlehnung an *Hermalin/Weisbach* (2003) einen Zu-

---

[1199] Vgl. *Myers et al.* (2003), S. 796; *Chen et al.* (2008), S. 415.
[1200] Vgl. *Chung/Kallapur* (2003), S. 943.

sammenhang zwischen der *Corporate Governance Struktur* und dem Ausmaß an Bilanzpolitik.[1201] Bedauerlicherweise finden diese möglicherweise relevanten Unternehmensspezifika in dem vorgestellten Regressionsmodell jedoch keine Berücksichtigung. Es kann daher nicht ausgeschlossen werden, dass die Nichtnachweisbarkeit einer Verknüpfung zwischen den diskretionären Accruals und der wirtschaftlichen Abhängigkeit des Prüfers auf eine unzureichende Spezifikation bzw. Macht des Modells zurückzuführen ist. Bedenklich ist ferner, dass lediglich die Proxy-Statements aus dem Jahr 2001 in die Untersuchung einfließen. Diese Vorgehensweise trägt zwar positiv zur Vergleichbarkeit der Ergebnisse mit den Studien von *Frankel et al.* (2002) und *Ashbaugh et al.* (2003) bei, begründet jedoch zugleich die Sorge, dass das Ausmaß der betrachteten diskretionären Accruals durch Zyklen beeinträchtigt sein könnte, so dass es zu idiosynkratischen Ergebnissen kommt.[1202] *Reynolds et al.* (2004) geben etwa zu bedenken, dass es alleine zwischen den Jahren 2000 und 2001 zu einem durchschnittlichen Anstieg der Bilanzsumme von 59,9 % bei US-amerikanischen kapitalmarktorientierten Unternehmen kam.[1203]

9.3.4 Reynolds/Deis/Francis (2004)

9.3.4.1 Forschungshintergrund

Reynolds et al. (2004) untersuchen die Folgen der Beratungstätigkeit für das Ausmaß an Bilanzpolitik anhand der Abschlüsse von 2.507 US-amerikanischen Unternehmen für das Jahr 2001. Während die Verknüpfung zwischen den Honoraren und der Unabhängigkeit des Abschlussprüfers nach Einschätzung der Autoren theoretisch bereits ausgiebig diskutiert wurde, bemängeln diese eine unzureichende empirische Betrachtung und verweisen auf die konträren Ergebnisse vorausgehender Studien. *Reynolds et al.* (2004) ermitteln die diskretionären Accruals mittels des modifizierten Jones-Modells und betrachten diese in Abhängigkeit des Beratungsanteils und des Umsatzanteils. Dazu verwenden die Autoren das in *Gleichung 9.3.5* dargestellte Regressionsmodell.

[1201] Vgl. *Chung/Kallapur* (2003), S. 938.
[1202] Vgl. *Reynolds et al.* (2004), S. 30.
[1203] Vgl. *Reynolds et al.* (2004), S. 37.

Aktueller Forschungsstand zur Aufdeckung von Bilanzpolitik 255

$$|DACC_{it}| = \alpha + \beta_1 Influence_{it} + \beta_2 Big5_{it} + \beta_3 Audten_{it} + \beta_4 CFO_{it} + \beta_5 ACC_{it} + \beta_6 ABS\langle$$
$$+ \beta_7 ABSACC_{it} + \beta_8 MB_{it} + \beta_9 LogAsset_{it} + \beta_{10} Acquis_{it} + \beta_{11} Issue_{it} + \beta_{12} Lev\iota$$
$$+ \beta_{13} ZScore_{it} + \beta_{14} Loss_{it} + \beta_{15} HiTechInd_{it} + \beta_{16} AssetGrowth_{it} + \beta_{17} IPO_{it} +$$

$Influence_{it}$ = FeeRatio(totalFees)

ACC_{it} = gesamte Accruals (9.3.5)

$ZScore_{it}$ = Insolvenzwahrscheinlichkeit, gemessen anhand des Altmann Z – Scores

$HiTechInd_{it}$ = Unternehmen stark wachsender Branchen (anhand SIC - Code)

$AssetGrowth_{it}$ = Anstieg der Bilanzssumme zum Vorjahr

IPO_{it} = (dichotom), 1 wenn Börsengang während des Geschäftsjahres, ansonsten 0

Neben den aus vorausgehenden Studien bekannten Variablen werden die totalen Accruals (*ACC*) des laufenden Jahres berücksichtigt, da, wie *Ashbaugh et al.* (2003) zeigen, zwischen diskretionären und gesamten Accruals ein Zusammenhang besteht. Die Variable *Altman-Z-Score*$_{it}$ dient zur Kontrolle einer finanziellen Schieflage.[1204] Die Autoren vermuten, dass das Risiko möglicher Schadensersatzansprüche an den Prüfer sowie daraus resultierende Reputationsverluste bei Unternehmen mit niedrigem Altman-Z-Score, d.h. hohem Insolvenzrisiko, höher sein könnte. *Reynolds et al.* (2004) erwarten, dass der Prüfer bei diesen Unternehmen die bilanzpolitische Einflussnahme des Managements stärker reglementieren wird als bei prosperierenden Gesellschaften, um im Insolvenzfall bei einer öffentlichen Diskussion unbeschadet zu bleiben. Dieser Folgerung zuwider hat das Management eines angeschlagenen Mandanten jedoch auch einen erhöhten Anreiz zur bilanzpolitischen Sachverhaltsdarstellung. Somit liegen sowohl Argumente für höhere als auch für geringere diskretionäre Accruals bei einem hohen Z-Score vor. Der dichotome Regressor *HiTechInd*$_{it}$ nimmt den Wert eins an, sofern die jeweilige Beobachtung einer Branche angehört, für welche die Autoren ein erhöhtes Risiko oder eine besondere Wachstumschance erkennen. Die Berücksichtigung der dichotomen Variable ist, wie bereits *Chung/Kallapur* (2003) ausführen, notwendig, da diskretionäre Accruals in bestimmten Branchen (*Software, Computers, Biomedical, Telekommunikation und Pharma*) signifikant höhere Werte erreichen als in anderen Sektoren.[1205] Der Regressor *AssetGrowth*$_{it}$ findet Eingang, da diskretionäre Accruals-Modelle bei Unternehmen, welche durch ein erhebliches Wachstum charakterisiert sind, häufiger unzuverlässige Schätzwerte produzieren.[1206] Aufgrund des besonderen Einflusses eines Börsenganges auf die Nachfrage nach externer Beratungsexpertise wird die dichotome Variable *IPO*$_{it}$ im Jahr der Erstnotiz berücksichtigt.

[1204] Zur Ermittlung des Altman-Z-Scores siehe *Altman* (1968), S. 589-598.
[1205] Alternativ verwenden *Frankel et al.* (2002) die Variable *LITRISK* und erwarten, dass diese positiv mit dem Ausmaß diskretionärer Accruals korreliert ist.
[1206] Siehe hierzu auch *Dechow at al.* (1995); *McNichols* (2000); *Kothari et al.* (2002) und *Hribar/ Collins* (2002).

9.3.4.2 Ergebnisse der Studie

Reynolds et al. (2004) können anhand univariater Tests keine signifikante Korrelation zwischen der *Feeratio* und dem Surrogat für Bilanzpolitik (*DACC*) nachweisen. Das Gesamthonorar (*LTfee*) (Prüfungs- und Beratungshonorare) ist sogar signifikant negativ mit den diskretionären Accruals verknüpft. Das Wachstum (*AssetGrowth*) und die diskretionären Accruals korrelieren hingegen positiv und deuten auf eine unzureichende Spezifikation des modifizierten Jones-Modells hin, diskretionäre von nicht-diskretionären Accruals im Falle stark wachsender Unternehmen zuverlässig zu separieren. Ferner ist bei ausgeprägtem Wachstum ein signifikant höherer Beratungsbedarf (*Feeratio*) nachzuweisen, während das Wachstum der Bilanzsumme auf die Höhe der Gesamthonorare (*LTfee*) keinen Einfluss zu nehmen scheint.

Untersuchung:	Reynolds et al. (2004)				
Bestimmtheitsmaß:		$R^2=0,76$		$R^2=0,76$	
abhängige Variable:	ABSDACC = Modified-Jones-Modell	β	p	β	p
Experimental-variablen:	FEERATIO = Beratungs-/Gesamthonorar	-0,005	0,23	-	-
	LTFEE = Log Gesamthonorar	-	-	0,001	0,35
Kontrollvariablen:	BIG5 = Dichotome; BIG 5 (1); ansonsten (0)	-0,003	0,28	-0,004	0,25
	AUDITEN = Mandatsbeziehung in Jahren	0,000	0,13	0,000	0,13
	CFO = Operativer Cashflow/TA (t-1)	-0,080	0,00	-0,079	0,00
	ACC = Total Accruals/TA (t-1)	0,196	0,00	0,196	0,00
	ABSCFO = Betrag des operativen Cashflows /TA (t-1)	-0,072	0,00	-0,072	0,00
	ABSACC = Betrag der Total Accruals/TA (t-1)	1,062	0,00	1,061	0,00
	Growth = Marktkapitalisierung/Buchwert des Eigenkapitals	0,000	0,01	0,000	0,06
	LOGASSET = Logarithmus der Bilanzsumme	0,001	0,15	0,000	0,44
	ACQUIS = Dichotome; Akquisition (1); ansonsten (0)	0,016	0,00	0,016	0,00
	ISSUE = Dichotome; Veränderung der emittierten Eigenkapitaltitel (1)	0,010	0,00	0,010	0,05
	LEVERAGE = Fremdkapital/Bilanzsumme	-0,031	0,00	-0,031	0,00
	Z-Score = Proxy-Variable für die Insolvenzwahrscheinlichkeit	0,000	0,39	0,000	0,39
	LOSS = Dichotome; Verluste (1); ansonsten (0)	-0,010	0,00	-0,010	0,01
	HITECHIND = Dichotome; Branche mit starkem Wachstum (1); ansonsten (0)	0,004	0,11	0,004	0,12
	ASSETGROW = Veränderung der Bilanzsumme (%)	0,029	0,00	0,028	0,00
	IPO = Dichotome; IPO (1); ansonsten (0)	0,032	0,01	0,031	0,01

Tabelle 9-6: Zusammenfassung der Ergebnisse von Reynolds et al. (2004)[1207]

Die Ergebnisse eines ersten multivariaten Modells zeigen, wie zuvor jene von *Frankel et al.* (2002), einen signifikant positiven Zusammenhang zwischen der interessierenden Variable (*Feeratio*) und den diskretionären Accruals ($\beta = 0,0298$; $p < 0,001$, $R^2 = 0,63$) auf (nicht in Tabelle 9-6 dargestellt). Allerdings wurden die beiden Regressoren *Asset Growth* und *IPO* aus Gl 9.3.5 zunächst nicht berücksichtigt. In einer zweiten Untersuchung werden die Unternehmen anhand ihrer Bilanzsumme sortiert und für jedes Quantil die Regression (ohne die besagten Regressoren) wiederholt. Die Autoren vermuten, dass bei kleinen Unternehmen (aufgrund ihrer geringeren wirtschaftlichen Bedeutung) die Unabhängigkeit des Prüfers auch durch hohe Beratungsanteile (*Feeratio*) nicht beeinträchtigt wird, während bei großen Unter-

---

[1207] Vgl. *Reynolds et al.* (2004), S. 46.

nehmen das Auftreten von Bilanzpolitik aufgrund höherer Beträge wahrscheinlicher ist.[1208] Entgegen dieser Vermutung belegt die separate Regression der beiden Cluster keinen signifikanten Anstieg der Accruals in Folge umfangreicher Beratungsleistungen.

In einer dritten Regression wiederholen *Reynolds et al.* (2004) das erste Modell für das gesamte Sample und berücksichtigen zusätzlich die Variablen *AssetGrowth* und *IPO*, wie in *Gl. 9.3.5* dargestellt. Während das Bestimmtheitsmaß der Regression ($R^2 = 0,76$) deutlich ansteigt, ist der Zusammenhang zwischen dem Beratungsanteil (*Feeratio*) und den diskretionären Accruals, wie aus *Tabelle 9-6* hervorgeht, insignifikant. Die Koeffizienten der neu eingefügten Regressoren (*AssetGrowth, IPO*) bezeugen hingegen einen positiven, statistisch evidenten Zusammenhang der Variable mit den diskretionären Accruals. Das Wachstum eines Unternehmens dürfte somit sowohl für eine erhöhte Nachfrage nach Beratungsleistungen als auch für ein Ansteigen der diskretionären Accruals ursächlich sein, so dass die Nichtbeachtung dieser Variable zu Endogenitätsproblemen führt. Wie bereits von *McNichols* (2000), *Kothari et al.* (2001) und *Hribar/Collins* (2002) nachgewiesen, ist die Implementierung entsprechender Regressoren somit unbedingt erforderlich.[1209]

9.3.4.3 Diskussion der Ergebnisse

Reynolds et al. (2004) zeigen, ähnlich wie bereits *Chung/Kallapur* (2003) und *Ashbaugh et al.* (2003), die Grenzen der Untersuchung von *Frankel et al.* (2002) auf. Die Vernachlässigung außerordentlicher ökonomischer Situationen sowie die unzureichende Spezifikation der Accruals-Schätzmodelle führen zu verzerrten Ergebnissen. Die Autoren schlagen daher die Berücksichtigung des Unternehmenswachstums und etwaiger Finanzierungstätigkeiten durch zusätzliche Kontrollvariablen (*AssetGrowth, IPO*) vor.

Eingeschränkt wird die Aussagekraft der Studie dadurch, dass *Reynolds et al.* (2004) ebenfalls lediglich eine Periode berücksichtigen und die Übertragbarkeit der Ergebnisse auf andere Zeiträume somit in Frage gestellt ist. Unbefriedigend ist ferner, dass die von *Chung/Kallapur* (2003) gewonnenen Erkenntnisse hinsichtlich des Einflusses der Branchenzugehörigkeit auf den Zusammenhang zwischen den diskretionären Accruals und dem Beratungsanteil keine angemessene Berücksichtigung finden. Ein weiterer Kritikpunkt an der Vorgehensweise von *Reynolds et al.* (2004) ergibt sich aus der Vernachlässigung möglicher Unterschiede zwischen den einzelnen Beratungsdienstleistungen. Dies verwundert, da die von der SEC vergebene Honorarkategorisierung eine differenzierte Betrachtung zwischen den einzelnen Dienstleistungen bereits zum Untersuchungszeitpunkt ermöglicht hätte (siehe *Kapitel 5*). Eine solche Unterscheidung zwischen den Honorarkategorien wäre sinnvoll, um präzise Aussagen darüber treffen zu können, welche Dienstleistungen die Unabhängigkeit des Prüfers in welchem Aus-

---

[1208] Vgl. *Reynolds et al.* (2004), S. 44.
[1209] Vgl. *Reynolds et al.* (2004), S. 45.

maß gefährden, bzw. welche möglicherweise auch zu einer Steigerung der Prüfungsqualität beitragen.

9.3.5 Larcker/Richardson (2004)

9.3.5.1 Forschungshintergrund

Larcker/Richardson (2004) untersuchen ebenfalls den US-amerikanischen Prüfungsmarkt während der ereignisreichen Jahre 2000 und 2001 anhand von 5.103 Beobachtungen. Ähnlich zu *Frankel et al.* (2002), *Ashbaugh et al.* (2003) und *Reynolds et al.* (2004) vermuten sie einen Zusammenhang zwischen dem Ausmaß diskretionärer Accruals und der Vergütung des Abschlussprüfers ($RATIO_{it}$, $TOTFEE_{it}$, $NONAUDFEE_{it}$). Anders als ihre Vorgänger greifen die Autoren jedoch nicht auf das ursprüngliche oder das modifizierte Jones-Modell zurück, sondern wenden das von *Alcarria Jaime/de Albornoz Noguer* (2004) sowie *Jones et al.* (2008) als geeignet erachtete Performance-Adjusted-Jones-Modell an.

$$TA_{it}/A_{it-1} = \alpha_i \ 1/A_{it-1} + \beta_{1i}(\Delta REV_{it} - \Delta REC_{it})/A_{it-1} + \beta_{2i} \ PPE_{it}/A_{it-1} + \beta_{3i} \ BM_{it}/A_{it-1} + \beta_{4i} \ CFO_{it}/A_{it-1} + \varepsilon \qquad (9.3.6)$$

Ergänzend zu dem Performance-Adjusted-Jones-Modell von *Subramanyam* (1996) (siehe *Kapitel 9.2.3.4*) berücksichtigen die Autoren die *Book-to-Market-Ratio* (BM_{it}), welches als Proxy-Variable für das vom Kapitalmarkt erwartete Wachstum der Gesellschaft fungiert. Wie bereits *McNichols* (2002) vermutete und *Reynolds et al.* (2004) anhand des Wachstums der Bilanzsumme nachwies, erwarten auch *Larcker/Richardson* (2004) einen positiven Zusammenhang zwischen den nicht-diskretionären Accruals und dem Unternehmenswachstum, das durch das Verhältnis von buchmäßigem Eigenkapital und Marktkapitalisierung beschrieben werden soll.[1210] Ein weiteres distinktives Merkmal des gewählten Ansatzes resultiert aus der Kontrolle des Einflusses der *Corporate-Governance-Strukturen* auf die Nachfrage nach Prüfungs- und Beratungsleistungen sowie auf die Höhe der diskretionären Accruals.[1211] Anders als in bisherigen Untersuchungen werden daher, neben der Betrachtung der gesamten Stichprobe (*pooled estimation approach*), homogene Cluster gebildet (*latent class mixture models*). Die Clusterbildung erfolgt unter Berücksichtigung unternehmensspezifischer Corporate Governance Merkmale und ist nach Ansicht der Autoren erforderlich, da „the auditor is only one of many potential monitoring mechanisms designed to mitigate the inherent agency problems

---

[1210] Vgl. *Larcker/Richardson* (2004), S. 634. Das Bestimmtheitsmaß des Regressionsmodells zur Ermittlung der Accruals beträgt $R^2 = 0{,}30$.
[1211] Siehe zu diesem Zusammenhang auch die Studie von *Ahmes et al.* (2006, S. 1-36), welche sowohl für die pre-SOA als auch für die post-SOA Phase einen erheblichen Einfluss der Corporate Governance auf das Ausmaß der Accruals vor dem Hintergrund wirtschaftlicher Interessen des Abschlussprüfers belegen. Ähnlich auch *Chung/Kallapur* (2003).

in a public traded firm".[1212] Anstelle der Clusterbildung nach der Branchenzugehörigkeit, wie sie in früheren cross-sektionalen Modellen Anwendung findet, werden die Gruppen somit anhand von Verhältniskennzahlen aus den Größen *Board Compensation, Institutional Holdings, Insider Holdings, Book-to-Market-Ratio* und der *Marktkapitalisierung* ermittelt. Anschließend wird für jedes Cluster eine separate Regression durchgeführt.[1213]

$$AccrualMeasure_{it} = \alpha_0 + \beta_1 AuditFeeMeasure_{it} + \varepsilon \quad (9.3.7)$$

In einem weiteren Schritt untersuchen die Autoren die Implikationen besonders auffälliger Beratungs- und Gesamthonorare (*abnormal fees$_{it}$*), welche sie als Abweichung zwischen den erwarteten (*normal fees$_{it}$*) und den tatsächlichen Honoraren definieren.

$$Log(Fee_{it}) = \alpha_0 + \beta_1 \log(Assets_{it}) + \beta_2 \log(Segments_{it}) + \beta_3 Inventory_{it} +$$
$$\beta_4 Receivables_{it} + \beta_5 Debt_{it} + \beta_6 Income_{it} + \beta_7 Loss_{it} + \beta_8 Opinion_{it} + \varepsilon \quad (9.3.8)$$

Neben den aus früheren Studien zur Bestimmung der Honorare bekannten Regressoren werden zusätzlich die Variablen *Segments$_{it}$* und *Opinion$_{it}$* berücksichtigt. *Larcker/Richardson* (2004) vermuten, dass mit der Komplexität des Mandanten, welche durch die Anzahl der Segmente approximiert wird, das Prüfungshonorar, bzw. das Gesamthonorar des Abschlussprüfers steigt. Die Variable *Opinion$_{it}$* entspricht dem Wert eins, wenn das Prüfungsergebnis von einer *unqualified audit opinion*, d.h. einem uneingeschränkten Bestätigungsvermerk abweicht.[1214] Möglicherweise führt ein außerordentliches Ausmaß an Bilanzpolitik, unabhängig von der Vergütung des Prüfers, zur Einschränkung des Testats.

9.3.5.2 Ergebnisse der Studie

Übereinstimmend mit den Resultaten von *Frankel et al.* (2002) belegen *Larcker/Richardson* (2004) einen schwach signifikant positiven Zusammenhang zwischen den absoluten diskretionären Accruals und dem Beratungsanteil (*RATIO$_{it}$*) ($\beta = 1,69; p = 0,011, R^2 = 0,00$) im Rahmen der *Pooled Sample Regression*. Die Vernachlässigung von Kontrollvariablen sowie ein sehr niedriges Bestimmtheitsmaß stellen die gewählte Methode (*Gl. 9.3.9*) jedoch in Frage. Ein höheres Bestimmtheitsmaß liefert die *Latent Class Mixture Analysis*, in der zunächst drei Cluster anhand der Güte des Corporate Governance Systems (*Board Compensation, Institutional Holdings, Insider Holdings, Book-to-Market, Marktkapitalisierung*) gebildet werden und anschließend das OLS-Regressionsverfahren für jedes Cluster separat angewendet wird.[1215] Die Regressionen zeigen nun keinen signifikanten Zusammenhang zwischen dem Beratungsanteil (*RATIO*) und den diskretionären Accruals (sowie den separat regressierten

---

1212 *Larcker/Richardson* (2004), S. 626.
1213 Vgl. *Larcker/Richardson* (2004), S. 639-640.
1214 Vgl. *Larcker/Richardson* (2004), S. 651.
1215 Zur Ermittlung der Cluster siehe *Larcker/Richardson* (2004, S. 638-640) m.w.N.

positiven diskretionären Accruals (Ertrags-Accruals)) auf.[1216] Lediglich bei den *nichtdirektionalen*, d.h. den absoluten (als Betrag erfassten) diskretionären Accruals, ist ein positiver Zusammenhang für eines der drei gebildeten Cluster nachweisbar. Da es sich dabei um die hinsichtlich der Anzahl der Beobachtungen kleinste Gruppe handelt, welche lediglich 8,5 % der Grundgesamtheit umfasst und die durch eine besonders niedrige Book-to-Market-Ratio charakterisiert ist, kann die Vermutung einer allgemeinen Unabhängigkeitsaufgabe nicht bestätigt werden. Ähnlich zeigt sich bei der Untersuchung des Zusammenhangs zwischen negativen diskretionären Accruals (Aufwands-Accruals) und dem Beratungsanteil lediglich für das kleinste Cluster (Anteil an der Stichprobe 14,8 %) ein signifikanter Einfluss, so dass die Hypothese einer generellen Unabhängigkeitsbeeinträchtigung durch Beratungshonorare von den Autoren verworfen wird.

Auch die Regressionen der Honorarvariablen *TOTFEE* und *NONAUD* bestätigen den Eindruck der Insignifikanz. Nun sind die diskretionären Accruals sogar niedriger, wenn der Abschlussprüfer einen großen Honoraranteil von dem jeweils betrachteten Unternehmen bezieht. Während das Ergebnis zu den Gesamthonoraren (Prüfungs- und Beratungshonorare (*TOTFEE*)) auf eine prüfungsqualitätssteigernde Wirkung hoher Prüfungshonorare zurückzuführen sein könnte, entspricht es nicht der Erwartung, dass auch die Beratungshonorare (*NONAUD*) für das Ausmaß an Bilanzpolitik unerheblich sind.[1217] Sogar die Untersuchung des Einflusses außerordentlicher (anormaler) Honorare, welche aus der Differenz der tatsächlichen und der erwarteten Honorare gem. *Gl. 9.3.8* resultieren, auf das Ausmaß an Bilanzpolitik, liefert keine weiteren Erkenntnisse, so dass auf eine ausführliche Darstellung an dieser Stelle verzichtet wird. Die Autoren vermuten, dass entgegen der These einer Unabhängigkeitsbeeinträchtigung durch hohe Honorare das Interesse an der Reputation das Verhalten des Abschlussprüfers dominiert und eine bewusste Aufgabe der Unabhängigkeit verhindert.[1218]

9.3.5.3 Diskussion der Ergebnisse

Larcker/Richardson (2004) fokussieren die Bedeutung der Corporate-Governance-Struktur für die Güte des Abschlusses. Dabei stellen die Autoren fest, dass ein Zusammenhang zwischen Earnings Management und der Vergütung des Abschlussprüfers nur dann signifikant nachweisbar ist, wenn die Corporate-Governance-Struktur des Mandanten sehr schwach ist. Zu diesem Schluss gelangen *Larcker/Richardson* (2004), da Signifikanzen lediglich bei Unternehmen auftreten, die über eine geringe Anzahl unabhängiger Board Mitglieder verfügen, deren Eigenkapitaltitel sich überwiegend im Streubesitz befinden und deren Management

---

[1216] Vgl. *Larcker/Richardson* (2004), S. 641 Table 6.
[1217] Vgl. *Larcker/Richardson* (2004), S. 645 Table 7 u. 8.
[1218] Vgl. *Larcker/Richardson* (2004), S. 652.

ebenfalls wesentliche Anteile am Unternehmen hält.[1219] Auch handelt es sich bei diesen Unternehmen meist um wachstumsstarke Gesellschaften (niedrige Book-to-Market-Ratios). Die Autoren folgern, dass ein Zusammenhang zwischen dem Honorar des Abschlussprüfers und der Abschlussqualität nur dann besteht, wenn die Corporate-Governance-Struktur des Mandanten wenig entwickelt ist.

Zweifel an den Ergebnissen von *Larcker/Richardson* (2004) und deren Interpretation könnten darin begründet sein, dass bei stark wachsenden Unternehmen die Accruals-Schätzmodelle häufig versagen, d.h. nicht-diskretionäre Accruals als diskretionär indiziert werden. Vor dem Hintergrund dieser Erfahrung aus früheren Studien und der Tatsache, dass lediglich bei der Clustergruppe mit der höchsten Wachstumsrate ein signifikanter Zusammenhang besteht, muss die Verlässlichkeit des angewendeten Schätzmodells und die Aussagekraft der Ergebnisse in Frage gestellt werden. Eingeschränkt wird die Untersuchung ferner durch die Vernachlässigung weiterer Kontrollvariablen und dem Risiko von Endogenitäten bspw. zwischen den Variablen zur Corporate-Governance-Struktur und der Nachfrage nach Nichtabschlussprüfungsleistungen. Auch bleiben relevante Einflussgrößen wie etwa die Akquisitions-/Finanzierungstätigkeit, der Verschuldungsgrad oder die Ertragskraft der Beobachtungen in dem univariaten Regressionsmodell (*Gl. 9.3.7*) unberücksichtigt. Die Aufnahme weiterer Einflussgrößen hätte die teilweise sehr geringen Bestimmtheitsmaße von $R^2 = 0{,}000\text{-}0{,}011$ für die *Pooled Sample Regression* sicherlich verbessern können.[1220]

9.3.6 Antle/Gordon/Narayanamoorthy/Zhou (2006)

9.3.6.1 Forschungshintergrund

Antle et al. (2006) untersuchen mit Hilfe eines simultanen Regressionsmodells den britischen und den US-amerikanischen Prüfungsmarkt. Die Daten zum britischen Prüfungsmarkt umfassen Abschlüsse der Jahre 1994 bis 2000, so dass die Gefahr idiosynkratrischer Einflüsse gebannt ist. Die Beobachtungen zum US-Markt beschränken sich hingegen erneut ausschließlich auf das Jahr 2001. Gegenstand der Analyse ist wiederum das Auftreten von Bilanzpolitik (AA_{it}) infolge hoher Prüfungs- (AF_{it}) und/oder Beratungshonorare (NAF_{it}). Anders als die Autoren vorausgehender Studien vermuten *Antle et al.* (2006) neben einer Beeinträchtigung der tatsächlichen Unabhängigkeit auch knowledge spillovers in Folge einer parallelen Beratungstätigkeit des Abschlussprüfers (siehe *Kapitel 4.4.2*). Die Autoren erwarten, dass diese Synergieeffekte weniger am Ausmaß der Bilanzpolitik als an einer veränderten Höhe der Prüfungs- und/oder Beratungshonorare sichtbar werden. Ob knowledge spillovers zu höheren oder nied-

---

[1219] *Larcker/Richardson* (2004, S. 650) unterstellen, dass ein hoher Anteilsbesitz des Managements eine insgesamt schwächere Corporate Governance begründet.
[1220] Im Rahmen der *Latent Class Mixture Regression* erreicht das Bestimmtheitsmaß hingegen Werte von $R^2 = 0{,}086\text{-}0{,}709$.

rigeren Honoraren führen, prognostizieren *Antle et al.* (2006) jedoch nicht:[1221] „At best, economics of scope felt through costs show up directly in fees. It is difficult to specify a sign of the relation between abnormal audit and non-audit fees that arise from a cost effect. Lower costs might induce clients to buy more services, or enable a firm to reduce prices for non-audit services, and lead to a reduction in fees."[1222] Zugleich befürchten *Antle et al.* (2006) Endogenitäten zwischen den drei Experimentalvariablen, d.h. sie erwarten, dass jede der Variablen AF_{it}, NAF_{it} und AA_{it} die Ausprägung der jeweils anderen beiden Variablen beeinträchtigt.[1223] Um eine derartige Verknüpfung empirisch zu belegen, wenden die Autoren ein simultanes 2-SLS Regressionsmodell an.[1224] Dieses besteht aus den nachfolgenden Gleichungen:

$$AF_{it} = \alpha_{AFO} + \alpha_{AF1}NAF_{it} + \alpha_{AF2}AA_{it} + \sum_{p}\alpha_{AFp}ControlVariables_{it} + \varepsilon_{AF} \qquad (9.3.9)$$

$$NAF_{it} = \alpha_{NAFO} + \alpha_{NAF1}AF_{it} + \alpha_{NAF2}AA_{it} + \sum_{q}\alpha_{NAFq}ControlVariables_{it} + \varepsilon_{NAF} \qquad (9.3.10)$$

$$AA_{it} = \alpha_{AA0} + \alpha_{AA1}NAF_{it} + \alpha_{AA2}NA_{it} + \sum_{r}\alpha_{AAr}ControlVariables_{it} + \varepsilon_{AA} \qquad (9.3.11)$$

Die Autoren berücksichtigen neben der interessierenden zahlreiche Kontrollvariablen, welche im Wesentlichen denen vorausgehender Studien entsprechen, so dass auf deren ausführliche Diskussion verzichtet werden kann. Neben Surrogaten für die Agency-Kosten und die Corporate-Governance-Struktur eines Unternehmens wird bspw. auch die Ertragskraft und Größe der Gesellschaft abgebildet. Des Weiteren werden das mit dem jeweiligen Mandanten verbundene inhärente Risiko, der Prüfungsaufwand sowie die Größe der Wirtschaftsprüfungsgesellschaft als erklärende Variable herangezogen.[1225] Zusätzlich zur simultanen Schätzung (2-SLS) nehmen die Autoren eine separate Betrachtung der einzelnen OLS-Regressionen vor, um die Ergebnisse mit bisherigen Untersuchungen vergleichen zu können. Die Messung der diskretionären Accruals (AA_{it}) erfolgt mittels des modifizierten Jones-Modells.

[1221] Ähnlich auch *Simunic* (1984, S. 697). Anders *Joe/Vandervelde* (2007), die nicht die Honorare, sondern die Prüfungsqualität als Indikator für knowledge spillovers betrachten (siehe *Kapitel 4.4.2.2*).
[1222] Vgl. *Antle et al.* (2006), S. 241.
[1223] Vgl. *Antle et al.* (2006), S. 236.
[1224] Die Durchführung einer 2-SLS-Schätzung ist, wie ein Hausmann-Endogenitäts-Test belegt, aufgrund der Ablehnung von Exogenitäten zwischen den Experimentalvariablen sinnvoll. Für *Gleichung 9.3.9* beträgt der Hausmann-F-Test $F = 103,52$ ($p < 0,00$), so dass ein angemessenes Prüfungshonorarmodell erzielt werden konnte. Für *Gleichung 9.3.10* und Gleichung 9.3.11 führt der Hausmann-F-Test lediglich zu einem F-Wert von (F-Test $= 4,6$; $p = 0,01$) bzw. (F-Test $= 24,83$; $p < 0,00$), so dass zusätzlich Basmann-F-Tests durchgeführt werden. Deren Ergebnisse bestätigen die Endogenität der Experimentalvariablen (vgl. *Antle et al.* (2006), S. 252 u. 253).
[1225] Vgl. *Antle et al.* (2006), S. 245.

9.3.6.2 Ergebnisse der Studie

Die ermittelten Schätzer sind in Tabelle 9-7 für die OLS- und die 2-SLS-Regression dargestellt.[1226]

Der im *2-SLS-Prüfungshonorar-Modell* (Gl. 9.3.9) signifikant positive Koeffizient (α_{AF1} = *+0,751; t-stat = 24,62; p < 0,05*), welcher eine positive Korrelation zwischen Prüfungs- und Beratungshonorar belegt, wird von den Autoren als Indikator für knowledge spillovers zwischen Prüfung und Beratung interpretiert. Dagegen ist der Koeffizient α_{AF2} (α_{AF2} = *-0,262; t-stat = -1,58; p > 0,1*) insignifikant, so dass die Vermutung, höhere Prüfungshonorare würden (aufgrund einer wirtschaftlichen Abhängigkeit des Prüfers) mit diskretionären Accruals korrelieren, nicht bestätigt wird.

Untersuchung	Antle et al. (2006)												
Bestimmtheitsmaß	multivariate Regressionen (OLS), zweistufige Regressionen (2SLS)		R^2=0,775		R^2=0,682		R^2=0,184		R^2=0,186		Hausmann =103,5	Hausmann =4,6 Basmann =1,97	Hausmann =24,8 Basmann =1,8
		β	p	β	p	β	p	β	p	β	p	β	p
Abhängige Variable:		LOGAF		LOGNAF		AA		AA		LOGAF		LOGNAF	AA
Experimentalvariablen:	LOGNAF = Log. Beratungshon.	,425	**	-	-	,000	-	-	-	,751	**	-	-,085 **
	LOGAF = Log. Prüfungshonorar	-	-	,706	**	-,009	-	-	-	-	-	,846 **	,132 **
	RATI = Beratungs-/Prüfungsh.	-	-	-	-	-	-	,002	**	-	-	-	-
	AA = Abnormal Accruals	-,226	**	,031	**	-	-	-	-	-,262	-	,345 *	-
Kontrollvariablen:	FISDEC = Stichtag Dez. (1); ansonsten (0)	,029	**	-	-	-	-	-	-	,011	-	-	-
	LEV = Verschuldungsgrad	-,083	**	,015	-	-,038	*	-,030	**	-,024	-	,023	-,030 **
	QUICK = Quick-Ratio	,007	**	-,001	-	-,004	**	-,001	**	,004	-	-,002	-,005 **
	BMB = Verhältnis zw. Markt- und Buchwert des Eigenkapitals	,000	-	,000	-	,000	**	,000	-	,000	-	,000	,000 *
	LOSS = Jahresüberschuss im Vorjahr (1), Ansonsten (0)	,001	-	,070	**	-,002	-	,002	-	-,024	-	,061 **	-,001 -
	LITI = Bestimmte Branchen (1)	-,035	**	,000	-	-,006	**	,004	**	-,030	**	,014	,000 -
	QUAL = Prüfungsurteil (1)	-,024	-	,043	-	-,007	-	-,002	-	-,046	-	,050	-,001 -
	LOGAR = Log Forderungen	,051	**	-	-	-	-	,028	**	-	-	-	-
	LOGINV = Log Vorräte	,021	**	-,022	**	-	-	-	-	,025	**	-,027 **	-
	Big = Big5 (1), ansonsten (0)	-,029	**	,013	-	,004	-	,002	-	-,020	*	,015	,007 *
	Retain = kein Prüferwechsel (1)	,004	-	-,007	-	,001	-	,004	-	,009	-	-,009	,001 -
	BLOGTA = Log der Bilanzsumme	,035	**	,038	**	,003	**	-,005	**	-,003	-	,026 **	-,007 **
	LAA = Abnormal Accruals	-,083	-	-,040	-	,061	**	,212	**	-,020	-	-,048	,062 **
	LRAO = Return on Assets	-,043	-	,062	-	,127	**	,036	**	-,051	-	,056	,136 **
	LOGTAX = Log. der Steuern vom Einkommen und Ertrag	-	-	,313	-	-	-	-	-	,241	**	-	-
	SOCF = CFO/ Bilanzsumme	-	-	-	-	-,239	**	-,088	**	-	-	-	-,246 **

*** p<0,01; ** p<0,05; * p<0,10

Tabelle 9-7: Zusammenfassung der Ergebnisse von Antle et al. (2006)

[1226] Vgl. *Antle et al.* (2006), S. 244.

In *Gl. 9.3.10* werden die unterschiedlichen Einflussfaktoren auf die Experimentalvariable *Beratungshonorar (NAF)* untersucht. Die Autoren vermuten, dass der signifikante Koeffizient α_{NAF1} ($\alpha_{NAF1} = +0,846$; t-$stat=11,56$; $p<0,05$) analog zur vorausgehenden Ergebnisinterpretation zu *Gl. 9.3.9*, auf knowledge spillovers zwischen Prüfungs- auf die Beratungstätigkeit zurückzuführen ist. Gleichzeitig lässt der schwach signifikante positive Koeffizient für die anormalen Accruals α_{NAF2} ($\alpha_{NAF2} = +0,345$; t-$stat = 1,75$; $p < 0,1$) nach Ansicht der Autoren auf eine Beeinträchtigung der Unabhängigkeit des Abschlussprüfers schließen.[1227]

Der für *Gl. 9.3.11* ermittelte signifikant positive Koeffizient α_{AA1} ($\alpha_{AA1} = +0,132$; t-$stat = 3,88$; $p < 0,05$) bestätigt die Vermutung, hohe Prüfungshonorare würden die Unabhängigkeit des Abschlussprüfers gefährden. Dagegen erstaunt, dass der Koeffizient für Beratungsleistungen α_{AA2}, dessen Vorzeichen im Falle einer Unabhängigkeitsaufgabe ebenfalls positiv sein müsste, signifikant negativ ist ($\alpha_{AA2} = -0,085$; t-$stat = -2,93$; $p < 0,05$). Dies lässt nach Einschätzung der Autoren entgegen der Erwartung auf eine Steigerung der Prüfungsqualität durch die parallele Beratungstätigkeit des Abschlussprüfers schließen.[1228]

9.3.6.3 Diskussion der Ergebnisse

Antle et al. (2006) können anhand der 2-SLS-Regressionen keine Beeinträchtigung der Unabhängigkeit des Abschlussprüfers durch eine parallele Beratungstätigkeit nachweisen. Stattdessen scheint (schwach signifikant) von hohen Prüfungsgebühren eine Gefährdung der Unabhängigkeit auszugehen. Dies ist verwunderlich, da die Vergütung der Prüfungsleistungen mit dem Audit Committee und nicht mit dem Management verhandelt wird und von den Prüfungshonoraren aufgrund einer im Vergleich zum Beratungshonorar geringeren ökonomischen Attraktivität keine Unabhängigkeitsbeeinträchtigung erwartet wird. Stattdessen wird vermutet, dass ein hohes Prüfungshonorar unter der Prämisse, dass es im Zusammenhang mit dem Prüfungsaufwand steht, als Surrogat einer gesteigerten Prüfungsqualität betrachtet werden kann.

Ferner weisen die Autoren einen positiven Zusammenhang zwischen den Prüfungs- und Beratungshonoraren nach und führen diesen auf Effizienzvorteile durch die parallele Tätigkeit zurück. Entgegen der Auffassung der Autoren muss die Korrelation jedoch nicht zwangsläufig auf knowledge spillovers zurückzuführen sein. Wie bereits in *Kapitel 4.4.2* ausgeführt, könnten die einer Beratungsempfehlung folgenden organisatorischen und strategischen Veränderungen seitens des Mandanten ebenfalls einen Anstieg des Prüfungsaufwands bedingen.

[1227] Dieser Zusammenhang kann bei einer geringfügigen Veränderung des Modells hinsichtlich der Kontrollvariablen im Gegensatz zu den anderen Ergebnissen nicht erneut nachgewiesen werden. Die Ergebnisse eines Sensitivitätstests führen in Verbindung mit einer lediglich schwachen Signifikanz nach Einschätzung der Autoren zu einer zweifelhaften Aussagefähigkeit dieses Ergebnisses (vgl. *Antle et al.* (2006), S. 251 u. 252).

[1228] Vgl. *Antle et al.* (2006), S. 251 u. 253.

Einen wesentlich verlässlicheren Indikator für knowledge spillovers stellen die in Folge steigender Beratungstätigkeit signifikant niedrigen diskretionären Accruals dar. Diese lassen auf eine Steigerung der Prüfungsqualität, d.h. weniger Bilanzpolitik infolge einer parallelen Beratungstätigkeit, schließen.

Bei einem Vergleich der Ergebnisse der 2-SLS-Regression mit denen des OLS-Verfahrens, welche nach Ansicht der Autoren aufgrund von Endogenitäten, d.h. durch systembedingte Schätzerabweichungen, von geringerer Aussagekraft sind, fällt auf, dass die Vorzeichen der Koeffizienten für das Prüfungshonorarmodell *(AF)* *(Gl. 9.3.9)* unabhängig vom Verfahren ähnlich sind. Lediglich wenige Kontrollvariablen, deren Schätzer bei dem OLS-Verfahren signifikant sind, fallen in der 2-SLS-Regression insignifikant aus. Auch die Resultate des *NAF*-Modells *(Gl. 9.3.10)* bleiben von der methodischen Herangehensweise weitgehend unberührt. Dies gilt für die Vorzeichen, die Höhe und die Signifikanz der Koeffizienten. Lediglich das Modell zur Erklärung der diskretionären Accruals *(AA)* führt in Abhängigkeit der Methode zu abweichenden Resultaten. Während beim 2-SLS (schwach) signifikante Zusammenhänge sowohl für das Prüfungshonorar (positiv) als auch für das Beratungshonorar (negativ) nachgewiesen werden konnten, zeigen die multivariaten OLS-Regressionen keine statistisch evidenten Verknüpfungen auf.[1229] Ob der gewählte 2-SLS-Ansatz eine Alternative zu den OLS-Modellen darstellt, kann anhand der vorliegenden Studie nicht abschließend beurteilt werden. Eine deutliche Überlegenheit scheint zumindest nicht gegeben. Auch ist die von *Antle et al.* (2006) gewählte Vorgehensweise für eine Untersuchung des deutschen Marktes wenig sinnvoll, da die Honorarangaben in den Konzernanhängen nicht sämtliche konsolidierten Gesellschaften berücksichtigen, sondern auf die Honorare des Konzernprüfers beschränkt sind. Somit hängt der Honorarausweis nicht nur vom Mandanten sondern auch vom Abschlussprüfer bzw. dessen internationaler Organisation ab (siehe *Kapitel 5.1*). Der Zusammenhang zwischen den Honoraren des Konzernprüfers und den unternehmensspezifischen Kenngrößen wird daher verzerrt, sofern der Konzernprüfer bei einigen Beobachtungen alle konsolidierten Gesellschaften verifiziert, während bei anderen Konzernen lediglich der Abschluss des Mutterunternehmens durch diesen geprüft, d.h. die Testierung der konsolidierten Tochtergesellschaften durch einen anderen Wirtschaftsprüfer erfolgt. Für diesen in der Prüfungspraxis durchaus üblichen Fall scheidet ein sinnvoller Vergleich zwischen dem anhand von Konzernkennzahlen als angemessen erachtetem Honorar und den tatsächlich im Anhang ausgewiesenen Honoraren des Konzernprüfers aus.[1230] Zur Betrachtung des deutschen Prüfungsmarktes ist die Anwendung des 2-SLS-Ansatzes somit ungeeignet.

[1229] Vgl. *Antle et al.* (2006), S. 255.
[1230] Vgl. *Zimmermann* (2006), S. 275; *Wagner* (2009), S. 64-78.

9.3.7 Huang/Mishra/Raghunandan (2007)

9.3.7.1 Forschungshintergrund

Huang et al. (2007) nehmen Bezug auf die Ergebnisse von *Reynolds et al.* (2003) und berücksichtigen die Ertragsstärke eines Unternehmens als markanten Einflussfaktor auf den Zusammenhang zwischen Earnings Management und den Honoraren des Abschlussprüfers. Anders als *Reynolds et al.* (2003) betrachten *Huang et al.* (2007) jedoch den US-Markt der Post-Enron-Phase (2003-2004). Während dieses Zeitraums ist die parallele Beratung durch Sec. 201 SOA im Vergleich zu den in vorausgehenden Untersuchungen betrachteten Zeiträumen erheblich eingeschränkt (siehe *Kapitel 3.2.2.2.4*). Dass diese gesetzlichen Neuregelungen von erheblicher Bedeutung sind, zeigt sich unter anderem in einem Rückgang des Honoraranteils der Beratungsleistungen von rund 50 % vor 2001 auf 26 % in den Jahren 2003 bis 2004.[1231] Ein weiteres Alleinstellungsmerkmal der Arbeit von *Huang et al.* (2007) ist die differenzierte Betrachtung unterschiedlicher Beratungsleistungen in Anlehnung an die in FRR No. 56 vorgegebenen Kategorien (siehe *Kapitel 5.1*). Die Autoren greifen damit die Forschungsergebnisse von *Mishra et al.* (2005) auf, welche unterschiedliche Unabhängigkeitswahrnehmungen in Abhängigkeit der Art der angebotenen Nichtabschlussprüfungsleistung belegen.[1232] *Mishra et al.* (2005) zeigen, dass Abschlussadressaten bei Steuerberatungsleistungen (*TAXRATIO*) und Sonstigen Leistungen (*OTHRATIO*) eine erhöhte Unabhängigkeitsbeeinträchtigung wahrnehmen, während prüfungsnahe Dienstleistungen des Abschlussprüfers (*ARFRATIO*) weniger kritisch betrachtet werden (siehe *Tabelle 7-3*). Dies ist, wie auch die SEC vermutet, darauf zurückzuführen, dass prüfungsnahe Dienstleistungen in engem inhaltlichen Zusammenhang mit der Abschlussprüfung stehen und Leistungen darstellen, „[which] Accountants, in effect, must perform for their clients".[1233] In Anlehnung an diese Resultate zur wahrgenommenen Unabhängigkeit erwarten *Huang et al.* (2007), dass die Honorare für prüfungsnahe Dienstleistungen in keinem signifikanten Zusammenhang zu der tatsächlichen Unabhängigkeit respektive dem Ausmaß an Bilanzpolitik stehen.

Die diskretionären Accruals werden analog zum dem von *Reynolds et al.* (2003) angewendeten Performance-Adjusted-Jones-Modell sowohl relativ zu einem Cluster von Unternehmen mit ähnlicher Leistungsfähigkeit (*PEDCA*), als auch für jedes Unternehmen separat unter Berücksichtigung des operativen Cashflows (*CFO_{it}*) geschätzt (*REDCA*). Das Regressionsmodell zur Ermittlung des Zusammenhangs zwischen dem Ausmaß des Earnings Managements und den Honoraren unterscheidet sich unwesentlich von vorausgehenden Studien. Die Kontrollvariablen können *Tabelle 9-8* entnommen werden.

[1231] Vgl. *Huang et al.* (2007), S. 138.
[1232] Für den deutschen Prüfungsmarkt siehe *Quick/Warming-Rasmussen* (2007).
[1233] *SEC* (2002c), II.H.1.

9.3.7.2 Ergebnisse der Studie

Die Autoren unterscheiden zwischen positiven *(REDCA+)* und negativen diskretionären *(REDCA-)* Accruals. Dabei unterstellen sie analog zu *Larcker/Richardson* (2004), dass positive diskretionäre Accruals Ausdruck eines vermehrten Auftretens von Bilanzpolitik sind, während negative diskretionäre Accruals (*income decreasing accruals*) ein hohes Maß an Prüfungsqualität suggerieren. Entgegen ihrer Vermutung können die Autoren keinen Nachweis erbringen, dass die Honorare für Steuerberatung *(TAXRATIO)* oder Sonstige Leistungen *(OTHRATIO)* einen signifikanten Einfluss auf das Ausmaß an Bilanzpolitik nehmen. Lediglich die interessierende Variable der prüfungsnahen Beratung *(ARFRATIO)* weist im Falle der Berechnung der diskretionären Accruals mit Hilfe des Clustervergleichsmodells *(PEDCA)*, dessen Ergebnisse hier nicht ausführlich dargestellt sind, einen signifikant positiven Zusammenhang ($\beta = 0,045$; $p < 0,02$; $R^2 = 0,26$) auf.[1234] Erfolgt die Berechnung unter Berücksichtigung der wirtschaftlichen Situation anhand des *CFO* auf Unternehmensebene *(REDCA)* (siehe *Tabelle 9-8*), besteht auch dieser Zusammenhang nicht länger fort.

Untersuchung:	Huang et al. (2007)				
Bestimmtheitsmaß:			$R^2=0,31$		$R^2=0,31$
Abhängige Variable:	REDCA+ = positive Accruals (Perf.-Adjusted-Jones-Modell)		REDCA+		REDCA-
	REDCA- = negative Accruals (Perf.-Adjusted-Jones-Modell)		β	p	β	p
Experimental-variablen:	ARFRATIO = Honorare für prüfungsnahe Beratung/Gesamthonorar		0,01	-	-0,01	-
	TAXRATIO = Honorar für Steuerberatung/Gesamthonorar		-0,03	-	0,02	-
	OTHRATIO = Sonstige (Beratungs-)Leistungen/Gesamthonorar		-0,04	-	-0,01	-
unabhängige Variablen:	BIG 4 = Dichotome; BIG4-WPG (1); ansonsten (0)		-0,02	<0,01	0,04	<0,0
	L1ACCRUAL = (Total) Current Accruals des Vorjahres		-0,13	<0,01	0,21	<0,0
	LnMVE = Marktwert des Eigenkapitals		-0,01	<0,01	0,01	<0,0
	MERGER = Dichotome; Fusion erfolgte (1), ansonsten (0)		0,01	<0,10	-0,03	<0,0
	FINANCING = Dichotome; falls MERGER ≠ (1) und Anstieg der Anzahl der Aktien ≥ 10 % oder des Fremdkapitals ≥ 20 % (1), ansonsten (0)		0,01	<0,01	-0,01	-
	MB = Verhältnis zwischen Markt- und Buchwert (Market-to-Book-Ratio)		0,00	<0,01	0,00	<0,0
	LEVERAGE = (Bilanzsumme - Eigenkapital)/Bilanzsumme		-0,03	<0,01	0,08	<0,0
	LITIGATION = Dichotome; hohes Prozessrisiko (SIC-Code)(1), ansonsten (0)		0,00	-	-0,01	<0,1
	LOSS = Dichotome; Verlust in Jahr t (1), ansonsten (0)		-0,07	<0,01	-0,02	<0,0
	CFO = Cashflow from Operations/Bilanzsumme		-0,22	<0,01	0,08	<0,0

Tabelle 9-8: Zusammenfassung der Ergebnisse von Huang et al. (2007)

Sensitivitätstests, in denen die Jahre 2003 und 2004 separat betrachtet werden, bestätigen die Insignifikanz der Zusammenhänge für beide Methoden *(REDCA/PEDCA)*. Ein leicht signifikanter Zusammenhang zwischen *income decreasing accruals* *(REDCA-)* und dem *TAXRATIO* kann für das Jahr 2003 nachgewiesen werden. Dagegen weist der Korrelationskoeffizient der Variablen *OTHRATIO* für die *income increasing accruals* *(REDCA+)* des Jahres 2004, entgegen der Erwartung, ein signifikant negatives Vorzeichen auf. Sowohl von prüfungsnahen als auch von steuerlichen Beratungsleistungen scheint keine Beeinträchtigung der Unabhängigkeit während des betrachteten Zeitraumes auszugehen.

[1234] Vgl. *Huang et al.* (2007), S. 141.

9.3.7.3 Diskussion der Ergebnisse

Die Untersuchung hebt sich von den vorausgehenden Studien durch zwei wesentliche Aspekte positiv hervor. Ähnlich zu *Antle et al.* (2006) betrachten auch *Huang et al.* (2007) nicht nur eine Periode sondern erfassen mit den Jahren 2003 und 2004 die beiden ersten Jahre nach Inkrafttreten des SOA. Während die Ergebnisse von *Frankel et al* (2002), *Ashbaugh et al.* (2003), *Chung/Kallapur* (2003), *Reynolds et al.* (2004), *Larcker/Richardson* (2004) ausschließlich den Zeitraum vor den einschneidenden gesetzlichen Neuregelungen untersuchen, zeigt der Beitrag von *Huang et al.* (2007) für die Post-SOA-Phase keine unabhängigkeitsbeeinträchtigenden Auswirkungen einer parallelen Beratung auf. Zweitens ist positiv zu werten, dass die Autoren eine Differenzierung zwischen den unterschiedlichen Beratungsleistungen vornehmen. *Huang et al.* (2007) vermuten, dass die Konsequenzen der Beratungstätigkeit des Abschlussprüfers für dessen Unabhängigkeit von der Art der konkreten Dienstleistung abhängen. Entgegen der Erwartung geht von den Steuerberatungsleistungen, die mit einem Honoraranteil von durchschnittlich 15 % bei den Prüfungsmandanten die bedeutendste Einnahmequelle neben der Abschlussprüfung darstellen, teilweise sogar eine positive Wirkung auf die Prüfungsqualität aus. Diesen Zusammenhang unterstellen *Huang et al.* (2007) aufgrund einer signifikant positiven Korrelation der Honorarvariablen mit den *income decreasing accruals (RADCA-)*. Fragwürdig an dieser Interpretation ist jedoch, ob *income decreasing accruals* tatsächlich als Surrogat einer gesteigerten Prüfungsqualität betrachtet werden können. Möglicherweise ist diese Unterstellung unsachgemäß, da, wie bereits in *Kapitel 3.1.2* ausgeführt, die Glättung des Gewinns als bilanzpolitisches Ziel auch durch ergebnismindernde Bilanzpolitik erreicht werden kann. Weitere Motive für eine opportunistische Ergebnisminderung könnten in einer Reduzierung des Steueraufwandes sowie in der Minderung der Ausschüttung an die Anteilseigner begründet sein.[1235]

9.3.8 Lai (2007)

9.3.8.1 Forschungshintergrund

Lai (2007) analysiert ebenfalls den US-amerikanischen Prüfungsmarkt. Während in bisherigen Studien der Einfluss der (relativen) Höhe der Beratungshonorare untersucht wurde, betrachtet der Autor die Veränderung der Beratungshonorare (zwischen den Jahren 2002 und 2004) in Relation zur Veränderung der diskretionären Accruals.[1236] Dabei vermutet *Lai* (2007), dass „firms with higher reduction of non-audit fees are more likely to have lower discretionary accruals."[1237] Zunächst unerheblich ist, ob die Reduktion der Beratungshonorare

---

[1235] Vgl. *Lachnit* (2004), S. 63-64.
[1236] Die Schätzung erfolgt anhand der cross-sektionalen Version des Jones-Modells, des modifizierten Jones-Modells und des *Dechow et al.* (1995)-Modells (vgl. *Lai* (2007), S. 6).
[1237] Vgl. *Lai* (2007), S. 2.

Aktueller Forschungsstand zur Aufdeckung von Bilanzpolitik   269

auf die Einschränkungen der Beratungsleistungen durch Sec. 201 SOA zurückzuführen ist oder aber auf freiwilliger Basis in Folge der breiten öffentlichen Diskussion sowie der Gefahr eines Reputationsverlustes für Mandant und Abschlussprüfer erfolgt. Zur Überprüfung des vermuteten Zusammenhangs werden 2.389 Unternehmen, deren Daten für die Jahre 2002, 2003 und 2004 verfügbar sind und die während des betrachteten Zeitraums ihren Abschlussprüfers nicht wechselten,[1238] in uni- und multivariaten OLS-Regressionsverfahren untersucht.

$$ABSDA_{it} = \alpha + \beta_1 ABSAC_{it} + \beta_2 DE_{it} + \beta_3 MKTBKEQ_{it} + \beta_4 LOSS_{it} + \beta_5 LTA_{it} +$$
$$\beta_6 CHNI_{it} + \beta_7 CFLOW_{it} + \beta_8 BIG4_{it} + \beta_9 ROA_{it} + \beta_{10} LTFEE_{it} + \beta_{11} REDNAS_{it} \quad (9.3.12)$$

Als abhängige Variable dient bekanntermaßen die absolute Höhe der diskretionären Accruals ($ABSDA_{it}$),[1239] welche mit Hilfe des modifizierten Jones-Modells geschätzt werden. Die Veränderung des Beratungshonorars im Zeitvergleich ($REDNAS_{it}$) stellt die Experimentalvariable dar. Ermittelt wird diese aus dem Beratungshonorar 2002 abzüglich des Beratungshonorars 2004 skaliert durch das Beratungshonorar während des Basisjahres 2002.

$$REDNAS_{2004} = (NAS_{2004} - NAS_{2002}) / NAS_{2002} \quad (9.3.13)$$

Die verwendeten Kontrollvariablen sind in *Tabelle 9-10* dargestellt und bereits aus vorhergehenden Studien bekannt.

9.3.8.2   Ergebnisse der Studie

Im Rahmen der deskriptiven Auswertung zeigt sich, dass die Beratungshonorare der betrachteten Stichprobe zwischen 2002 und 2004 gestiegen sind. In Verbindung mit den (zunächst widersprüchlich erscheinenden) Resultaten von *Huang et al.* (2007), welche einen Rückgang zwischen 2001 und 2003/04 belegen, ergibt sich, dass im Jahr 2001 ein Maximum des Beratungsanteils erreicht worden sein muss, während die Folgeperiode 2002 durch einen erheblichen Rückgang gekennzeichnet war, ehe der relative Umsatz mit Beratungsleistungen in den Folgeperioden wieder anstieg.[1240]

[1238] Dies ist erforderlich, da davon auszugehen ist, dass in den ersten Jahren nach dem Prüferwechsel weniger Beratungsleistungen beim Abschussprüfer nachgefragt werden als in den Folgeperioden.
[1239] *Lai* (2007) betrachtet die absolute Höhe der diskretionären accruals. Entgegen der Argumentation von *Ashbaugh et al.* (2003), die lediglich *income increasing accruals* als Indikator für Bilanzpolitik betrachten, begreift *Lai* (2007), wie zuvor bereits *Warfield et al.* (1995), die Gesamthöhe der Accruals als relevante Größe zur Messung von Bilanzpolitik. Auch *Francis/Krishnan* (1999, S.143) argumentieren, dass das Einkommen sowohl durch die Steigerung der *income increasing accruals* als auch durch eine bewusste Reduktion der *income decreasing accruals* erzielt werden kann, so dass weniger das Vorzeichen als vielmehr die Existenz bzw. der Betrag der Accruals von Relevanz für Untersuchungen zum Auftreten von Bilanzpolitik sei.
[1240] Ursächlich für diese Entwicklung dürften auch die während der Jahre 2001 und 2002 erfolgten Verkäufe der Beratungsbereiche bei PwC und KPMG gewesen sein (siehe *Kapitel 10*).

Die univariate Analyse zeigt, dass Unternehmen mit hohen diskretionären Accruals (*ABSDA*) über signifikant hohe absolute Accruals (*ABSAC* ($\beta = 0,993$; $p < 0,01$)) sowie eine relativ hohe Market-to-Book Ratio (*MKTBKEQ* ($\beta = 0,047$; $p < 0,05$)) und niedrige Cashflows (*CFLOW* ($\beta = -0,112$; $p < 0,01$)) verfügen.[1241] Auch sind diese Unternehmen im Durchschnitt weniger profitabel (*LOSS* ($\beta = 0,071$; $p < 0,01$) und unterliegen starken Ergebnisschwankungen (*CHNI* ($\beta = 0,045$; $p < 0,05$)).[1242]

Untersuchung:	Lai (2007)		
Bestimmtheitsmaß:			$R^2=0,21$
Abhängige Variable:	ABSDA = Absoluter Wert der diskretionären Accruals (modifiziertes Jones-Modell)	β	p
Experimentalvariablen:	REDNAS = Beratungshonorar im Jahr 2002 abzüglich des Beratungshonorars im Jahr 2004, dividiert durch das Beratungshonorar im Jahr 2002.	-0,05	< 0,10
Unabhängige Variablen:	ABSAC = Gesamthöhe der (Total) Accruals	0,88	< 0,10
	DE = Verhältnis der langfristigen Verbindlichkeiten zur Bilanzsumme	0,31	< 0,05
	MKTBKEQ = Verhältnis von Markt- zu Buchwert des Eigenkapitals	0,01	-
	LOSS = Dichotome: Verlust in Jahr t (1), ansonsten (0)	-0,04	-
	LTA = Logarithmus der Bilanzsumme	-0,06	< 0,05
	CHNI = Dichotome: Veränderung des Überschusses im Zeitvergl. (1+2 Perzentil) (1), ansonsten (0)	0,21	< 0,01
	CFLOW = Cashflow from Operations/Bilanzsumme	-0,78	< 0,01
	BIG4 = Dichotome: BIG4- WPG (1), ansonsten (0)	-0,02	-
	ROA = Ergebnis der gewöhnlichen Geschäftstätigkeit/Bilanzsumme	-1,02	-
	LTFEE = Logarithmus der Summe aus Prüfungs- und Beratungshonorar	0,05	-

Tabelle 9-9: Zusammenfassung der Ergebnisse von Lai (2007)[1243]

Die in *Tabelle 9-9* dargestellten Ergebnisse der multivariaten Regression zeigen, dass die Experimentalvariable (*REDNAS*) über einen (schwach) signifikant negativen Koeffizienten verfügt ($\beta = -0,05$; $p < 0,10$; $R^2 = 0,21$). Lai (2007) sieht darin die Bestätigung seiner These, dass Unternehmen mit rückläufigen Beratungshonoraren niedrigere diskretionäre Accruals ausweisen.[1244] Zu vergleichbaren Resultaten gelangt auch *Dickins* (2007), welche die Entwicklung der Nichtabschlussprüfungsleistungen und des Ausmaßes an Earnings Management zwischen 2000 und 2004 für den US-Markt betrachtet und nachweist, dass nicht die Höhe der Nichtabschlussprüfungshonorare für die Prüfungsqualität entscheidend ist, sondern vielmehr deren Änderung im Zeitvergleich (siehe *Tabelle 9-2*).[1245] Eine Reduktion der Beratung im Zeitvergleich führt demzufolge zu einem geringeren Ausmaß an Bilanzpolitik.[1246]

[1241] Die Höhe der diskretionären Accruals variiert kaum in Abhängigkeit des Accrual-Schätzverfahrens. Nachfolgend werden ausschließlich die Ergebnisse zur Schätzung der diskretionären Accruals mit Hilfe des Jones-Modells angegeben (vgl. *Lai* (2007), S. 18).
[1242] Vgl. *Lai* (2007), S. 9.
[1243] Vgl. *Lai* (2007), S. 18 Table 3.
[1244] Vgl. *Lai* (2007), S. 11.
[1245] Vgl. *Dickins* (2007), S. 25.
[1246] Gesellschaften mit hohem Verschuldungsgrad haben einen zusätzlichen Anreiz, bilanzpolitische Spielräume auszunutzen, um die vertraglichen Verpflichtungen eines Kreditvertrages (debt covernant) zu erfüllen und damit günstigere Fremdkapitalkosten zu erlangen (vgl. *DeFond/Jiambalvo* (1994), S. 146).

9.3.8.3 Diskussion der Ergebnisse

Lai (2007) betrachtet in seinem Modell nicht die absolute Höhe, sondern die Veränderung des Beratungshonorars des Abschlussprüfers. Dies impliziert, dass eine Änderung des Beratungshonorars zu einer Veränderung des *Economic Bondings* zwischen Mandant und Prüfer führt und damit auch das vom Abschlussprüfer akzeptierte Ausmaß an Bilanzpolitik beeinträchtigt. Problematisch an dieser Vorgehensweise ist die aus der Modellierung resultierende Annahme, dass eine Veränderung des Beratungshonorars von 20.000 € (2002) auf 10.000 € (2004) die gleichen Auswirkungen auf das Ausmaß der diskretionären Accruals entfaltet, wie eine Reduktion von 20.000.000 € (2002) auf 10.000.000 € (2004). Eine präzisere Differenzierung durch die Bildung von Clustern oder die Verwendung dichotomer Variablen zur Abbildung der Größenordnung der Veränderung hätten hier Berücksichtigung finden und zur Verbesserung des Modells beitragen können. Die Aussagekraft der Untersuchung könnte möglicherweise gesteigert werden, indem im Rahmen von Sensitivitätstests zwischen solchen Unternehmen unterschieden wird, welche bereits in der Ausgangsperiode 2002 vergleichsweise hohe bzw. niedrige Beratungshonorare an den Abschlussprüfer zahlten.

Ferner liegt, wie der Autor selbst erkannte, die Gefahr unberücksichtigter Variablen (*omitted variables*) vor,[1247] da eine Reduktion der Beratungshonorare und der Bilanzpolitik unabhängig voneinander erfolgt sein könnte (Simultanität). So ist denkbar, dass Unternehmen aufgrund der regulatorischen Veränderungen durch den SOA und einer während des betrachteten Zeitraumes zunehmenden Sensibilität des Kapitalmarktes ein gesteigertes Interesse entwickeln, die *Independence in appearance* ihres Abschlussprüfers zu stärken und die Beratungshonorare reduzieren. Zeitgleich könnten die Unternehmen unabhängig von der Vergütung des Abschlussprüfers die Verwendung diskretionärer Accruals zur bilanzpolitischen Einflussnahme vermeiden. Eine jüngere Untersuchung von *Cohen et al.* (2008), in der das Auftreten von abgrenzungsbezogener Bilanzpolitik in den USA im Zeitverlauf untersucht wird, dokumentiert nach dem Erreichen eines Höchststandes im Jahr 2001 einen deutlichen Rückgang der diskretionären Accruals.[1248] Es ist daher nicht unwahrscheinlich, dass diese Entwicklung und ein paralleler Rückgang der Beratungshonorare im Zeitvergleich von *Lai* (2007) irrtümlich in einen kausalen Zusammenhang gesetzt werden. Die Zuverlässigkeit der Ergebnisse muss vor diesem Hintergrund, aufgrund der schwachen Signifikanz und eines relativ geringen Bestimmtheitsmaßes in Frage gestellt werden. Auch die Branchenzugehörigkeit, welche in früheren Studien als wesentliche Determinante des Ausmaßes an Bilanzpolitik identifiziert wurde, hätte möglicherweise zur Steigerung der Aussagekraft der Untersuchung beitragen können.

[1247] Vgl. *Backhaus et al.* (2006), S. 78 u. 79.
[1248] Vgl. *Cohen et al.* (2008), S. 772 u. 773.

9.3.9 Srinidhi/Gul (2007)

9.3.9.1 Forschungshintergrund

Srinidhi/Gul (2007) reihen sich in die Vielzahl der Studien zum Einfluss von Beratungshonoraren auf das Ausmaß an Bilanzpolitik ein und untersuchen die Geschäftsjahre 2000 und 2001 anhand von insgesamt 4.282 Beobachtungen für den US-amerikanischen Kapitalmarkt. Dabei werden ausschließlich solche Unternehmen berücksichtigt, die an einer der drei großen Börsen (*AMEX, NYSE, NASDAQ*) notiert sind und deren Abschlussprüfer eine Big5-Gesellschaft ist. Durch diese Vorgehensweise soll die Homogenität der untersuchten Beobachtungen gewährleistet sein. Ferner werden Unternehmen eliminiert, die sich in einer extremen Wachstumsphase befinden und deren operativer Cashflow die Bilanzsumme des Vorjahres überschreitet. Auch Gesellschaften, die einen nicht durch Eigenkapital gedeckten Fehlbetrag ausweisen, bleiben unberücksichtigt, da extreme Ertragssituationen die Zuverlässigkeit der Schätzung diskretionärer Accruals gefährden.[1249]

Als Honorarvariablen verwenden die Autoren neben dem Beratungsanteil (*FEERATIO$_{it}$*) und der Summe der Honorare (*TOTALFEES$_{it}$*) die Honorare für Prüfungs- (*AFEES$_{it}$*) und Beratungsleistungen (*NASFEES$_{it}$*) separat. Die Schätzung der diskretionären Accruals erfolgt im Gegensatz zu sämtlichen früheren Studien nicht anhand eines der Jones-Modelle, sondern mittels des in *Kapitel 9.2.3.5* vorgestellten Dechow-Dichev-Modells. Während *Dechow/ Dichev* (2002) ursprünglich Zeitreihen zur Schätzung der Accruals (*time-series-Modell*) betrachten, bilden *Srinidhi/Gul* (2007) ähnlich zu *Francis et al.* (2005) branchenspezifische Cluster (*cross-sectional-Modell*).[1250] Der anhand des Modells geschätzte Betrag der dis-kretionären Accruals wird anschließend in dem Regressionsmodell (*Gl. 9.3.14*) als abhängige Variable *ABSDA$_{it}$* berücksichtigt.

$$ABSDA_{it} = \alpha + \sum\nolimits_{k=1}^{K} \beta_{1k} EB_{itk} + \beta_2 SIZE_{it} + \beta_3 OPCYCLE_{it} + \beta_4 SALESVLT_{it} + \beta_5 LOSSDUM_{it} + \varepsilon \quad (9.3.14)$$

Für die Variable *EB$_{itk}$* wird mindestens eine der vier oben genannten interessierenden Honorarvariablen eingesetzt. Die Größe des Unternehmens findet durch die Bilanzsumme (*SIZE$_{it}$*) Berücksichtigung. Der Variable *OPCYCLE$_{it}$* wird Erklärungskraft für die Höhe der Accruals eingeräumt, da in Abhängigkeit des Operating Cycles (*OPCYCLE=[360/(Sales/Average Inventory)+360/(costs of good sold/average inventory)*)) die zeitliche Verzögerung zwischen Erfolgs- und Zahlungswirksamkeit alterniert. Problematisch ist, dass diese Kennzahl für zahlreiche Unternehmen (insbesondere im Dienstleistungs- und Finanzdienstleistungsbereich) nicht zuverlässig geschätzt werden kann. Für Unternehmen, die kein Vorratsvermögen aus-

---

[1249] Vgl. *Srinidhi/Gul* (2007), S. 602.
[1250] Vgl. *Dechow/Dichev* (2002), Fn. 2; *Francis et al.* (2005).

weisen oder bei denen die Herstellungskosten der zur Erzielung der Umsatzerlöse erbrachten Leistungen (*costs of good sold*) nicht verfügbar sind, wird der Operating Cycle anhand des ersten Terms der dargestellten Gleichung ermittelt (*OPCYCLE=[360/(Sales/ Average Inventory)*]).[1251] Die Ermittlung der Volatilität der Umsatzerlöse (*SALESVLT$_{it}$*), (Standardabweichung der Quartalsumsätze zwischen 1998 und 2002) dient zur Abbildung der Kontinuität des Geschäftsverlaufes. Die Variable *LOSSDUM$_{it}$*, welche im Falle eines Jahresfehlbetrages den Wert eins annimmt, dient zur Abbildung der Ertragssituation. Das von *Srinidhi/Gul* (2007) gewählte Regressionsmodell verfügt somit über lediglich vier Kontrollvariablen. Im Vergleich zu den bereits vorgestellten Studien ist dies eine sehr geringe Anzahl, welche auch das Bestimmtheitsmaß der Regression beeinträchtigen könnte.

9.3.9.2 Ergebnisse der Studie

Die Ergebnisse der Untersuchung belegen einen signifikanten Zusammenhang zwischen dem Beratungsanteil (*FEERATIO*) ($\beta = 0,0023; p < 0,01; adj. R^2 = 0,128$) und dem Beratungshonorar (*NASFEES*) ($\beta = 0,0086; p < 0,01; adj. R^2 = 0,136$) einerseits und der Qualität der Prüfung, gemessen am Ausmaß der diskretionären Accruals, andererseits. Die parallele Beratungstätigkeit beeinträchtigt demnach die tatsächliche Unabhängigkeit des Abschlussprüfers. Konträr dazu ist die Verknüpfung zwischen dem Prüfungshonorar (*AFEES*) und diskretionären Accruals signifikant negativ ($\beta = -0,0167; p < 0,01; adj. R^2 = 0,136$) und suggeriert eine mit der Höhe des Prüfungshonorars steigende Prüfungsqualität.

Untersuchung:	Shrinidhi/Gul (2007)						
Bestimmtheitsmaß:		$R^2=0,1289$		$R^2=0,1274$		$R^2=0,1361$	
Abhängige Variable:	ABSDACC = Diskretionäre Accruals (Dechow-Dichev)	β	p	β	p	β	p
Experimentalvariable:	FEERATIO = Beratungshonorar/Prüfungshonorar	,0023	<,01	-	-	-	-
	TOTALFEES = Gesamthonorar	-	-	,0013	-	-	-
	NASFEES = Beratungshonorar	-	-	-	-	-,0167	<,01
	AFEES = Prüfungshonorar	-	-	-	-	,0086	<,01
Kontrollvariablen:	SIZE = Bilanzsumme	-,0121	<,01	-,0119	<,01	-,0095	<,01
	OPCYCLE = Geschäftszyklus	,0002	<,01	,0002	<,01	,0002	<,01
	SALESVLT = Volatilität der Umsatzerlöse	,0944	<,01	,0970	<,01	,0094	<,01
	LOSSDUM = Dichotome: Verlust (1); ansonsten (0)	,0404	<,01	,0406	<,01	,0412	<,01

Tabelle 9-10: Zusammenfassung der Ergebnisse von Srinidhi/Gul (2007)[1252]

Der negative Zusammenhang zwischen der parallelen Beratungstätigkeit des Abschlussprüfers und dem Ausmaß an Bilanzpolitik bleibt auch nach zahlreichen Sensitivitätstests evident. So wiederholen die Autoren die Regression separat für einzelne Branchen, ohne zu einem abweichenden Ergebnis zu gelangen. Auch die Aufteilung der Vergütung des Prüfers in erwartete und unerwartete Honoraranteile führt zu keinen andersartigen Resultaten. Gleiches

---

[1251] Vgl. *Srinidhi/Gul* (2007), S. 601.
[1252] Vgl. *Srinidhi/Gul* (2007), S. 614.

gilt für die Separierung der Beobachtung anhand der jeweiligen Perioden. Sowohl für das Jahr 2000 als auch die Periode 2001 wird eine Unabhängigkeitsbeeinträchtigung durch Beratungsleistungen bestätigt.[1253]

Um ausschließen zu können, dass die von der Mehrzahl bisheriger Studien abweichenden Ergebnisse auf eine Tendenz bzw. Verzerrung (*Bias*) bei der Auswahl der Beobachtungen zurückzuführen ist, schätzen *Srinidhi/Gul* (2007) das Ausmaß diskretionärer Accruals zusätzlich anhand des von *Ashbaugh et al.* (2003) verwendeten Performance-Adjusted-Jones-Modells. Die Wiederholung der Regression führt zu Resultaten, welche sich mit denen von *Ashbaugh et al.* (2003) decken. Diese konnten, wie in *Kapitel 9.3.2* ausführlich dargestellt, keinen signifikanten Zusammenhang nachweisen. Trotz der diametralen Ergebnisse bei einer Schätzung der Accruals mit dem Performance-Adjusted-Jones-Model im Vergleich zum Dechow-Dichev-Ansatz sind die Autoren von der Aussagefähigkeit der von ihnen mit Hilfe des Dechow-Dichev-Modells nachgewiesenen Beziehungen überzeugt und stellen die Anwendbarkeit des Jones-Modells und seiner Abwandlungen zur Schätzung diskretionärer Accruals in Frage.[1254]

9.3.9.3 Diskussion der Ergebnisse

Srinidhi/Gul (2007) wählen abweichend von bisherigen Studien den von *Dechow/Dichev* (2002) entwickelten Ansatz zur Messung diskretionärer Accruals. Dabei wird ein signifikant positiver Zusammenhang zwischen dem Ausmaß an Bilanzpolitik und der Höhe der Beratungsleistungen nachgewiesen. Das von der Mehrzahl vorliegender Studien abweichende Ergebnis führen die Autoren auf eine unzureichende Güte und Spezifikation der Jones-Modelle zurück. Schließlich sei die von ihnen erstmalig gewählte Messung „more directly related to estimation errors that the auditors are entrusted to reduce, than the conventional but controversial abnormal accruals measures (Jones-Modell)."[1255] Die wesentliche Ursache für die abweichenden Resultate liegt nach Ansicht der Autoren, wie bereits *Francis et al.* (2005) anmerken, darin, dass die Ergebnisse einer Schätzung, welche neben der Änderung der Umsatzerlöse (ΔREV) und der Sachanlagen (*PPE*) auch die Cashflows (CFO_{it-1}, CFO_{it}, CFO_{it+1}) berücksichtigen, besser geeignet seien, jene Risiken abzubilden, welche bei den Investoren zu Informationsunsicherheiten führen.[1256] Insgesamt fallen die Ausführungen von *Srinidhi/Gul* (2007) hinsichtlich der Vorteile des von ihnen gewählten Schätzmodells jedoch sehr knapp aus. Einen überzeugenden Vergleich der Modelle hinsichtlich der Eignung zur Schätzung diskretionärer Accruals liefern *Jones et al.* (2008). Diese zeigen im Rahmen der in *Kapi-*

[1253] Vgl. *Srinidhi/Gul* (2007), S. 618.
[1254] Der von *Jones et al.* (2008) durchgeführte Vergleich unterschiedlicher Modelle hinsichtlich deren Güte und Erklärungsmacht bestätigt diese Einschätzung (siehe *Kapitel 9.2.4.3*).
[1255] *Srinidhi/Gul* (2007), S. 597.
[1256] Vgl. *Srindihi/Gul* (2007), S. 626 Fn. 7.

tel 9.2.4.3 dargestellten Vergleichsstudie eine hohe Spezifikation und Erklärungsmacht des hier gewählten Ansatzes von *Dechow/Dichev* (2002) auf.

Allerdings weist auch die Studie von *Srinidhi/Gul* (2007) Schwächen auf, welche für die von bisherigen Untersuchungen abweichenden Ergebnisse ursächlich sein könnten. Insbesondere die Beschränkung auf vier Kontrollvariablen wirft Zweifel an der Güte des Regressionsmodells auf. Bestätigt werden diese durch ein im Vergleich zu vorausgehenden Studien geringes Bestimmtheitsmaß. Es kann daher nicht ausgeschlossen werden, dass die Ergebnisse von *Srinidhi/Gul* (2007), ähnlich den Resultaten von *Frankel et al.* (2002), auf die Vernachlässigung relevanter Kontrollvariablen zurückzuführen sind. Insbesondere Regressoren zum Unternehmenswachstum sowie zur Ertragsstärke können, wie vorausgehende Studien zeigen, zur Steigerung des Bestimmtheitsmaßes beitragen. Ähnliches gilt für die Erfassung möglicher Finanzierungsaktivitäten der betrachteten Unternehmen. Weder die Aufnahme von Fremdkapital, noch die Begebung von Anleihen, noch ein IPO bzw. die Ausgabe neuer Aktien wurde adäquat abgebildet, obwohl diese beispielsweise in Zusammenhang mit Investitionen oder Übernahmen nicht nur erhebliche Cashflows, sondern auch ein verändertes Nachfrageverhalten nach Beratungsleistungen begründen könnten. Bedauerlich ist ferner, dass erneut ausschließlich ein Zeitraum vor den einschlägigen gesetzlichen Änderungen durch den SOA betrachtet wurde. Eine Beurteilung, ob die gegenwärtig in den USA geltenden rechtlichen Rahmenbedingungen ausreichen, um die Unabhängigkeit des Abschlussprüfers zu schützen, scheidet aus diesem Grund aus.

9.3.10 Hoitash/Markelevich/Barragato (2007)

9.3.10.1 Forschungshintergrund

Hoitash et al. (2007) vermuten, dass Honorare des Abschlussprüfers unabhängig von der Art der Dienstleistung (Prüfung oder Beratung) dessen Unabhängigkeit beeinträchtigen, sofern ein außergewöhnliches Honorarvolumen erreicht wird. Die Autoren, welche insgesamt 13.860 US-amerikanische Unternehmensdaten für den Zeitraum 2000 bis 2003 betrachten, fokussieren daher nicht den Beratungsanteil, sondern die Höhe der (anormalen) Gesamthonorare des Prüfers. Als Ursache für die gewählte Vorgehensweise führen die Autoren u.a. auch eine veränderte Honorarkategorisierung während des Untersuchungszeitraumes (siehe *Kapitel 5.1*) an, welche die Vergleichbarkeit der Honorare während der betrachteten Zeitspanne beeinträchtigt habe.[1257]

[1257] Proxy-Statements, welche nach dem 5. Februar 2001 erstellt werden, müssen, wie in *Kapitel 5.1* ausführlich beschrieben, im Vergleich zu dem vorausgehenden Zeitraum detaillierte Informationen zur Vergütung des Abschlussprüfers enthalten. Die Neuregelung wurde notwendig, da Dienstleistungen für *FISD* seit Inkrafttreten des SOAs nicht länger zulässig sind.

Zur Berechnung der diskretionären Accruals ($ABSREDCA_{it}$), deren Betrag als abhängige Variable in das Regressionsmodell eingeht, greifen die Autoren zunächst analog zu *Ashbaugh et al.* (2003) auf das Performance-Adjusted-Jones-Modell zurück. Zusätzlich wird ähnlich zu *Srinidhi/Gul* (2007) eine opportunistische Einflussnahme ($FLOSAQ_{it}$) des Managements anhand des von *Frankel et al.* (2005) und *McNichols* (2002) modifizierten Dechow-Dichev-Modells (*Dechow/Dichev* (2002)) ermittelt. Als Proxys für das Ausmaß wirtschaftlicher Abhängigkeit dienen, wie bereits angedeutet, neben den absoluten (*Total Fees*), die anormalen Honorare (*Abnormal Total Fees*), welche mit Hilfe von Honorarschätzfunktionen ermittelt werden.[1258] Die Autoren erwarten, dass der Höhe nach plausible Prüfungs- und Beratungshonorare, welche anhand unternehmensspezifischer Parameter geschätzt werden, die Unabhängigkeit des Prüfers nicht beeinträchtigen.[1259] Werden hingegen Honorare an den Abschlussprüfer gezahlt, welche das als normal erachtete Ausmaß überschreiten, ist eine Unabhängigkeitsbeeinträchtigung aufgrund wirtschaftlicher Abhängigkeit des Prüfers wahrscheinlich.[1260]

Der Zusammenhang zwischen den seitens des *Dechow-Dichev*-Modells als diskretionär klassifizierten Accruals ($FLOSAQ_{it}$) und den Honoraren ($Fees_{it}$) wird möglicherweise von der Größe des Unternehmens ($LnTA_{it}$ (*Bilanzsumme*)), dem Geschäftszyklus ($CYCLE_{it}$ (*Operating Cycle*), der Wahrscheinlichkeit eines Verlustes ($PropLoss_{it}$ [(*Anzahl der Jahre mit einem Verlust während der vergangenen zehn Jahren)/10*]) und der Volatilität der Umsatzerlöse ($StdSales_{it}$), sowie des Cashflows ($StdCFO_{it}$) beeinflusst, so dass diese als Kontrollvariable berücksichtigt werden (siehe *Gl. 9.3.15*).[1261]

$$FLOSAQ_{it} = \alpha + \beta_1 Fees_{it} + \beta_2 LnTA_{it} + \beta_3 CYCLE_{it} + \beta_4 PropLoss_{it} + \beta_5 StdSales_{it} + \beta_6 StdCFO_{it} + \varepsilon \quad (9.3.15)$$

Zur Bestimmung des Zusammenhang zwischen den Honorarvariablen ($Fees_{it}$) und den mittels des *Performance-Adjusted-Jones-Modells* berechneten diskretionären Accruals ($ABSREDCA_{it}$) wird das Regressionsmodell gem. *Gl. 9.3.18* aufgestellt.

[1258] Zur Ausgestaltung des Schätzmodells neben vielen *Simunic* (1984); *Craswell/Francis* (1999); *Hay et al.* (2006a).
[1259] Vgl. *DeFond et al.* (2002); *Hoitash et al.* (2007), S. 766. Zum Aufbau eines solchen Honorarmodells siehe auch die Ausführungen zu *Antle et al.* (2006) in *Kapitel 9.3.6.1*.
[1260] Für den deutschen Prüfungsmarkt ist eine Bestimmung der „normalen" Honorare des Konzernprüfers nicht zuverlässig möglich. Schließlich erfolgt deren Schätzung anhand von Informationen des Konzernabschlusses, welche sich auf sämtliche konsolidierte Unternehmen beziehen. Die Honorarangaben im Konzernanhang sind hingegen auf den Konzernprüfer beschränkt. Verifiziert der Konzernprüfer, wie üblich, nicht sämtliche in den Konzernabschluss einbezogene Unternehmen, treten zwangsläufig Verzerrungen bei der Schätzung der „normalen" Honorare auf. Dazu kommt es, da die als zulässig erachteten Prüfungshonorare nicht nur auf den Konzernprüfer entfallen, sondern auch auf die weiteren Abschlussprüfer der konsolidierten Tochtergesellschaften aufgeteilt werden müssen. Da dies anahnd der in den Konzernhängen offen gelegten Honorare nicht möglich ist, können die ausgewiesenen Honorare des Konzernprüfers nicht mit den für sämtliche konsolidierte Gesellschaften geschätzten Honoraren in ein sinnvolles Verhältnis gesetzt werden.
[1261] Vgl. *Hoitash et al.* (2007), S. 778.

Aktueller Forschungsstand zur Aufdeckung von Bilanzpolitik 277

$$ABSREDCA_{it} = \alpha + \beta_1 Fees_{it} + \beta_2 BIG5_{it} + \beta_3 L1Accrual_{it} + \beta_4 LnMV_{it} + \beta_5 Merger_{it} +$$
$$\beta_6 Finance_{it} + \beta_7 Leverage_{it} + \beta_8 MB_{it} + \beta_9 Litigation_{it} + \beta_{10} Instown_{it} + \quad (9.3.16)$$
$$\beta_{11} Loss_{it} + \beta_{12} CFO_{it} + \varepsilon$$

Als Kontrollvariable werden die Größe des Abschlussprüfers ($BIG5_{it}$), die Höhe der gesamten Accruals ($L1Accrual_{it}$) sowie die Marktkapitalisierung ($LnMV_{it}$) in das Regressionsmodell implementiert. Des Weiteren finden die dichotomen Variablen $Merger_{it}$, $Finance_{it}$ und $Litigation_{it}$ Eingang. Die Variable MB_{it} beschreibt das Verhältnis von Marktkapitalisierung zum buchmäßigen Wert des Eigenkapitals, während $Instown_{it}$ den Anteil der Blockholder am Grundkapital abbildet. Die ebenfalls aus vorausgehend vorgestellten Studien bekannten Variablen $Loss_{it}$ und CFO_{it} dienen zur Erfassung der wirtschaftlichen Situation.

9.3.10.2 Ergebnisse der Studie

Die Ergebnisse, welche von den Autoren bedauerlicherweise lediglich für die Honorarvariablen *Total Fees* und *Abnormal Total Fees* ausführlich dargestellt werden, sind für die *Abnormal Total Fees* in *Tabelle 9-11* zusammengefasst. Unabhängig vom Accruals-Schätzmodell besteht ein signifikant positiver Zusammenhang zwischen der abhängigen und der interessierenden Variable. Hoitash et al. (2007) führen aus, dass diese Verknüpfung nicht nur für die *Total Fees* und die *Abnormal Total Fees* evident ist, sondern auch zwischen den *Audit Fees* bzw. *Non-Audit Fees* und den diskretionären Accruals nachgewiesen werden kann.[1262]

Hoitash et al. (2007) folgern aus den in *Tabelle 9-11* dargestellten Ergebnissen, dass sowohl in der Pre- als auch in der Post-SOA-Phase die wirtschaftlichen Interessen des Prüfers (*Total Fees*) dessen Verhalten determinieren und eine Unabhängigkeitsbeeinträchtigung, welche zu einem gesteigerten Ausmaß an Bilanzpolitik führt, begründen. Auch die Betrachtung des Beratungshonorars als mögliche Erklärende für das Ausmaß an Bilanzpolitik im Rahmen von Sensitivitätstests belegt einen signifikanten Zusammenhang und suggeriert eine Unabhängigkeitsaufgabe.[1263] Die Sorge um mögliche Reputationsverluste durch eine wahrgenommene Unabhängigkeitsbeeinträchtigung seitens der Abschlussadressaten ist für das Entscheidungsverhalten des Abschlussprüfers, nach Einschätzung der Autoren, unabhängig von der betrachteten Periode, entgegen der Ausführungen in *Kapitel 7.3*, bei den hier betrachteten Unternehmen, unerheblich.

[1262] Vgl. *Hoitash et al.* (2007), S. 777.
[1263] Die Ergebnisse des entsprechenden Regressionsmodells werden leider nicht detailliert vorgestellt (vgl. *Hoitash et al.* (2007), S. 762).

Untersuchung:	Hoitash et al. (2007)								
Periode:		2000		2001		2002		2003	
Bestimmtheitsmaß:		$R^2=,4314$		$R^2=,3603$		$R^2=,3330$		$R^2=,3036$	
Schätzverfahren:	Dechow-Dichev-Modell	β	p	β	p	β	p	β	p
Experimentalvariable:	Anormales Gesamthonorar	,0061	<,01	,0048	<,01	,0125	<,01	,0109	<,01
	LNTA	-,0040	<,01	-,0043	<,01	-,0072	<,01	-,0095	<,05
	CYCLE	,0108	<,01	,0092	<,01	,0072	<0,01	,0095	<0,01
Kontrollvariablen:	PROPLOSS	,0093	<,01	,0168	<,01	,0267	<,01	,0191	<,01
	StdSALES	,0536	<,01	,0568	<,01	,0825	<,01	,0850	<,01
	StdCFO	,0992	<,01	,0809	<,01	,0741	<,01	,0725	<,01
Bestimmtheitsmaß:		$R^2=,2665$		$R^2=,0853$		$R^2=,3158$		$R^2=,1341$	
Schätzverfahren:	Perf.-Adj.-Jones-Modell	β	p	β	p	β	p	β	p
Experimentalvariable:	Anormales Gesamthonorar	,0912	-	,0516	<,01	,0526	-	,0334	<,01
	Big5	,0264	-	-,0187	-	-,0264	<,05	-,0400	<,01
	L1Accrual	-,0067	<,05	,0035	-	-,0003	-	-,0012	<,01
	LNMV	-,0136	<,01	-,0088	<,01	-,0141	<,01	-,0062	<,01
	Merger	,1446	<,01	,0383	<,10	-,0192	-	,0319	-
	Finance	,125	<,01	,0351	<,01	,0429	<,01	,0353	<,01
Kontrollvariablen:	Leverage	-,4876	<,01	,0097	-	-,0001	-	,0368	<,01
	MB	-,0003	-	-,0002	-	-,0004	-	,0000	-
	Litigation	-,0905	<,01	-,0089	-	,1522	<,01	-,0020	-
	Instown	-,0009	<,01	-,0003	<,05	-,0002	-	-,0005	<,01
	Loss	,1084	<,01	,0413	<,01	,0768	<,01	,0452	<,01
	CFO	-,3972	<,01	-,1183	<,01	-,1034	<,01	-,0304	<,01

Tabelle 9-11: Zusammenfassung der Ergebnisse von Hoitash et al. (2007)

9.3.10.3 Diskussion der Ergebnisse

Hoitash et al. (2007) leisten mit ihrer Untersuchung in mehrfacher Hinsicht einen erwähnenswerten Beitrag zur Unabhängigkeitsforschung. Die Autoren betrachten, entgegen der Mehrzahl vorliegender Studien, einen Zeitraum, der durch erhebliche gesetzliche Änderungen geprägt ist. Der Vermutung einer unabhängigkeitsschützenden Wirkung der gesetzlichen Neuregelungen des SOA zuwider, zeigen die Ergebnisse einer isolierten Betrachtung des Jahres 2003, dass auch nach dem Inkrafttreten des Verbotes von neun Dienstleistungen (Sec. 201 SOA) die Gefahr einer Beeinträchtigung der Unabhängigkeit durch die parallele Beratung nicht gebannt ist. Neben diesem unbefriedigendem Ergebnis zur Wirksamkeit der im SOA verankerten Regelungen ist vor allem die von den Autoren gewählte Methodik hervorzuheben. Zur Ermittlung der Accruals wird neben dem Performance-Adjusted-Jones-Modell der von *Francis et al.* (2005) modifizierte Ansatz des Dechow-Dichev-Modells angewendet. Die Ermittlung der Accruals mittels zweier unterschiedlicher Schätzverfahren stellt, abgesehen von der zeitgleich erschienen Untersuchung von *Srinidhi/Gul* (2007), ein Novum in der empirischen Forschung zur tatsächlichen Unabhängigkeit dar. Der signifikant positive Zusammenhang zwischen dem Auftreten von Bilanzpolitik und der Vergütung des Abschlussprüfers ist diametral zur Mehrzahl der Ergebnisse vorausgehender Untersuchungen. Dass dieser Zusammenhang, unabhängig vom gewählten Accrual-Schätzverfahren, mit statistischer Sicherheit nachgewiesen werden kann, stärkt das Vertrauen in die Resultate.

Neben diesen positiven Aspekten weist die sehr umfangreiche Studie von *Hoitash et al.* (2007) jedoch auch einige Unzulänglichkeiten auf. Die Argumentation, gesetzliche Neuregelungen zum Honorarausweis hätten den Sinn einer Untersuchung zum Einfluss der einzelnen Beratungsleistungskategorien auf die Unabhängigkeit des Abschlussprüfers verhindert, kann nicht überzeugen. Durch die Aufnahme einer dichotomen Variablen zur Abgrenzung der Beobachtungen vor und nach der Gesetzesänderung in der Regression hätten etwaige Implikationen der Änderung des Honorarausweises gefiltert werden können. Auch eine Aufteilung der Beobachtungen auf den Zeitraum vor und nach der Honoraroffenlegung wäre bei dem erheblichen Stichprobenumfang möglich und sinnvoll gewesen. Eine solche Vorgehensweise hätte neben der differenzierten Betrachtung einzelner Dienstleistungskategorien hinsichtlich einer Unabhängigkeitsbeeinträchtigung zusätzlichen Aufschluss über mögliche Konsequenzen eines veränderten Honorarausweises geben können. Denkbar wäre, dass die seit 2001 bestehende Differenzierung im Rahmen der Honoraroffenlegung die Unabhängigkeitswahrnehmung der Abschlussadressaten berührt und durch Reputationseffekte sowohl die Nachfrage der Mandanten als auch das Angebotsverhalten des Abschlussprüfers tangiert (siehe *Kapitel 7.2* und *7.3*). Fraglich ist ferner, ob weitere Kontrollvariablen der Steigerung des Bestimmtheitsmaßes dienlich gewesen wären. Die Autoren bemerken zu Recht, dass mögliche Risiken, Größeneffekte oder außerordentliche wirtschaftliche Situationen durch die verwendeten Kontrollvariablen nur eingeschränkt abgebildet sind.

9.3.11 Gul/Jaggi/Krishnan (2007)

9.3.11.1 Forschungshintergrund

Gul et al. (2007) betrachten 4.720 US-amerikanische Unternehmen während der Jahre 2000 und 2001. Abgrenzend zu bisherigen Forschungsdesigns untersuchen die Autoren nicht nur den Einfluss der Honorare auf die Bilanzpolitik, sondern beziehen die Mandatsdauer (*Tenure*) als Experimentalvariable (Interaktionsvariable) in das Regressionsmodell ein. Sie vermuten, dass Prüfer mit junger Mandatsdauer dem Erhalt zukünftiger Quasirenten aufgrund des mit Low Balling verbundenen Verlustes während der ersten Jahre einen höheren Stellenwert beimessen als dem Schutz der Reputation (siehe hierzu *Kapitel 6.1*).[1264] Auch *Geiger/Raghunandan* (2002) erwarten einen solchen Zusammenhang, da "recently acquired quasi-rents of incumbency may make new auditors more vulnerable to threats of dismissal in earlier years of auditor-client relationships".[1265] Neben der Urteilsfreiheit könnte jedoch auch die Urteilsfähigkeit von der Dauer der Mandatsbeziehung beeinträchtigt sein. Die Autoren erwarten, dass der Prüfer in den ersten Jahren seiner Tätigkeit mit dem Rechnungslegungssystem und dem Internen Kontrollsystem (IKS) des Mandanten weniger vertraut ist und der Mandant dadurch

---

[1264] Vgl. *Gul et al.* (2007), S. 118; *Johnson et al.* (2002).
[1265] Vgl. *Geiger/Raghunandan* (2002), S. 68.

leichter bilanzpolitische Ziele durchsetzen kann, ohne dass der Abschlussprüfer dies bemerkt.[1266] Erst mit der Dauer der Geschäftsbeziehung wächst das mandatsspezifische Wissen des Prüfers, welches die Aufdeckung opportunistischer Einflussnahmen des Managements und damit die Vermeidung von Bilanzpolitik wahrscheinlich macht.[1267]

Ferner vermuten *Gul et al.* (2007) eine in den ersten Jahren der Mandatsträgerschaft erhöhte Gefahr der Unabhängigkeitsaufgabe. Insbesondere die Bereitschaft des Abschlussprüfers, im Rahmen der Erstprüfung Verluste in Kauf zu nehmen (*Low Balling*), zwinge diesen zur Aufrechterhaltung der Geschäftsbeziehung in den Folgeperioden und damit möglicherweise auch zur Unabhängigkeitsaufgabe.[1268] Bei lang anhaltenden Mandatsbeziehungen dürfte der Verlust des Low Balling hingegen durch die inzwischen erzielten Quasirenten weitgehend kompensiert und der Mandatsverlust eher verkraftbar sein.[1269] Insgesamt erwarten *Gul et al.* (2007), dass höhere Nichtabschlussprüfungshonorare in einem positiven Zusammenhang mit dem Ausmaß an diskretionären Accruals stehen, sofern die Mandatsbeziehung erst seit wenigen Jahren besteht. In Anlehnung an *Ashbaugh et al.* (2003) vermuten die Autoren, dass neben den gesamten Accruals (*REDCA*) insbesondere income increasing accruals (*REDCA+*) Ausdruck einer manipulativen Einflussnahme sind.[1270] Diese werden mittels des *Performance-Adjusted-Jones-Modells* geschätzt.[1271] Anschließend erfolgt die Überprüfung des vermuteten Zusammenhangs anhand des Regressionsmodells in *Gl. 9.3.17*.

$$REDCA_{it} = \beta + \beta_1 FEE_{it} + \beta_2 BIG5_{it} + \beta_3 PRECURRACCL_{it} + \beta_4 LNMVE_{it}$$
$$+ \beta_5 MERGERACQ_{it} + \beta_6 FINANCING_{it} + \beta_7 LEV_{it} + \beta_8 MVBE_{it}$$
$$+ \beta_9 LITIGATION_{it} + \beta_{10} DLOSS_{it} + \beta_{11} CFO_{it} + \beta_{12} Inst\_Holding_{it}$$
$$+ \beta_{13} LOGTEN_{it} + \beta_{14} YEARDUM_{it} +_{it} \varepsilon$$
(9.3.17)

Als Honorarvariable (*FEE$_{it}$*) findet der Logarithmus naturalis des Prüfungshonorars (*LAF$_{it}$*), des Beratungshonorars (*LNAF$_{it}$*), des Gesamthonorars (*LTOTALFEE$_{it}$*) sowie der Beratungsanteil (*FEERATIO$_{it}$*) Berücksichtigung. Die Mandatsdauer wird anhand der Anzahl der Perioden einer ununterbrochenen Mandatsträgerschaft des Prüfers gemessen und durch die Variable *LOGTEN$_{it}$* abgebildet.

9.3.11.2 Ergebnisse der Studie

Zunächst führten *Gul et al.* (2007) für jede der interessierenden Honorarvariablen anhand der gesamten Stichprobe eine Regression durch. Dabei zeigt sich, dass die Koeffizienten der Va-

---

[1266] Vgl. *Myers et al.* (2003).
[1267] Vgl. *Gul et al.* (2007), S. 118 u. 119.
[1268] Zu den Grenzen dieser Annahme siehe *Kapitel 6.3*.
[1269] Vgl. *Geiger/Raghunandan* (2002), S. 68; *Gul et al.* (2007), S. 121.
[1270] Siehe hierzu auch *Burgstahler/Dichev* (1997); *Butler et al.* (2004).
[1271] Vgl. *Gul et al.* (2007), S. 119 u. 127.

riablen Prüfungshonorar (*LAF*) ($\beta_1 = -0,11$, $p < 0,01$, $R^2 = 0,11$) und Gesamthonorar (*LTO-TALFEE*) ($\beta_1 = -0,07$, $p < 0,01$, $R^2 = 0,03$) signifikant negativ sind. Die Koeffizienten der Regressoren Beratungshonorar (*LNAF*) ($\beta_1 = -0,02$, $p > 0,05$, $R^2 = 0,10$) und Beratungsanteil (*FEERATIO*) ($\beta_1 = 0,03$, $p > 0,05$, $R^2 = 0,10$) scheinen hingegen, entgegen der Erwartung, in keiner signifikanten Bindung mit dem Ausmaß an Bilanzpolitik zu stehen. Die Wiederholung der Regressionen unter ausschließlicher Betrachtung der positiven diskretionären Accruals (*REDCA+*) bestätigt die Robustheit dieser Ergebnisse.[1272]

Der Koeffizient des Regressors *LOGTEN* belegt hingegen unabhängig von den gewählten Honorarvariablen einen signifikant ($p < 0,01$) negativen Zusammenhang zwischen der Prüfungsdauer und der Bilanzpolitik. Daraus folgt, je länger der Abschlussprüfer einen Mandanten betreut, desto höher ist die Qualität des Abschlusses und der Abschlussprüfung.[1273] Aufgrund des Einflusses der Mandatsdauer auf die Prüfungsqualität modifizieren die Autoren das Regressionsmodell (siehe Gl. 9.3.18) und untersuchen in einem zweiten Schritt die Interaktion zwischen der Dauer der Mandatsbeziehung und dem Beratungsanteil durch die Variable $FEE_{it}*TENDUM_{it}$.

$$PREDCA_{it}+ = \beta + \beta_1 FEE_{it} + \beta_2 FEE_{it} * TENDUM_{it} + \beta_3 TENDUM_{it} + \beta_4 BIG5_{it}$$
$$+ \beta_5 PRECURRACCL_{it} + \beta_6 LNMVE_{it} + \beta_7 MERGERACQ_{it}$$
$$+ \beta_8 FINANCING_{it} + \beta_9 LEV_{it} + \beta_{10} MVBE_{it} + \beta_{11} LITIGATION_{it}$$
$$+ \beta_{12} DLOSS_{it} + \beta_{13} CFO_{it} + \beta_{14} Inst\_Holding_{it} + \beta_{15} YEARDUM_{it} + \varepsilon$$
(9.3.18)

In Anlehnung an *Johnson et al.* (2002) teilen die Autoren die Stichprobe in zwei Cluster. Die eine Gruppe umfasst jene Unternehmen, die seit mehr als drei Jahren den gleichen Abschlussprüfer bestellen (*long term > 3 Jahre*), das andere Teilsamples jene, die während der vergangenen drei Jahre einen Wechsel vollzogen (*short term ≤ 3 Jahre*). Die dichotome Variable $TENDUM_{it}$ nimmt den Wert eins an, wenn es sich um eine short-term-Beobachtung handelt und beträgt andernfalls null.

Untersuchung:	Gul et al. (2007)								
Bestimmtheitsmaß:	REDCA (disk. Accruals; Perf.-Adj.-Jones-Modell)	$R^2=,14$		$R^2=,14$		$R^2=,14$		$R^2=,14$	
		β	p	β	p	β	p	β	p
Experimentalvariablen:	LAF = LogNat. Prüfungshonorar	-,14	<,01						
	LAF x TENDUM	,08	-						
	LNAF = LogNat. Beratungshonorar			-,02	-				
	LNAF x TENDUM			,10	<,05				
	LTOTALFEE = LogNaturalis Gesamthonorar					-,06	-		
	LTOTALFEE x TENDUM					,06	-		
	FEERATIO = Beratungsanteil							,00	-
	FEERATIO x TENDUM							-,65	<,05
	TENDUM = Dauer d. Mandatsbez. ≤ 3 (1); ans. (0)	,18	-	,22	<,05	,12	-	,36	<,05

[1272] Vgl. *Gul et al.* (2007), S. 132.
[1273] Vgl. *Gul et al.* (2007), S. 130.

Unabhängige Variablen:	BIG5 = Big5 (1); ansonsten (0)	,00	-	-,02	-	-,01	-	,02	-
	PRECURRACCL = Accruals der Vorperiode	-,34	<,01	-,35	<,01	-,34	<,01	-,33	<,01
	LNMVE = Logarithmus d. Marktkapitalisierung	-,02	-	-,05	<,05	-,03	-	-,06	<,01
	MERGEAQC = Akqusition oder Fusion (1), ansonsten (0)	,13	-	,10	-	,12	-	,10	-
	FINANCING = Anstieg des Fremdkapitals > 20% oder Anstieg der Anz. der Aktien >10 % (1), ansonsten (0)	,16	<,05	,16	<,05	,16	<,05	,16	<,05
	LEV = Verschuldungsgrad	-,18	-	-,26	<,05	-,23	-	-,28	<,05
	MVBV = Market-to-Book-Ratio	,00	-	,00	-	,00	-	,00	-
	LITIGATION = Branche mit hohem Risiko (1), ans. (0)	,16	<,05	,19	<,01	,18	<,01	,19	<,01
	DLOSS = Verlust (1), ansonsten (0)	-,03	-	-,03	-	-,03	-	-,03	-
	CFO = operativer Cashflow	-,08	-	-,80	<,05	-,79	<,05	-,81	<,05
	INST-HOLDING = Anteil institutioneller Investoren	-,55	<,01	-,57	<,01	-,56	<,01	-,58	<,01
	YEARDUM = Geschäftsjahr 2000 (1), 2001 (0)	-,09	-	-,09	-	-,09	-	-,10	-

Tabelle 9-12: Zusammenfassung der Ergebnisse von Gul et al. (2007)

Aus den in *Tabelle 9-12* dargestellten Resultaten für die short-term Beobachtungen geht hervor, dass der Koeffizient des Interaktionterms (*LNAF x TENDUM*) signifikant positiv ist ($\beta_2 = 0,10$; $p < 0,05$; $R^2 = 0,14$). Auch belegen die Ergebnisse den prognostizierten Zusammenhang zwischen den Beratungshonoraren (*LNAF*) und den positiven diskretionären Accruals (*PREDCA+*), sofern die Mandatsbeziehung jung ist. Ist der Abschlussprüfer hingegen schon seit mehr als drei Jahren bei dem Mandanten tätig, geht von den Nichtabschlussprüfungsleistungen keine Gefährdung für die Unabhängigkeit aus (Ergebnisse nicht in *Tabelle 9-12* enthalten).[1274] Ein Sensitivitätstest, in dem der Grenzwert der Dichotome *TENDUM* auf neun Jahre angehoben wird (1 für *TENDUM* < 9; 0 für *TENDUM* ≥ 9, n = 1.199), validiert diese Ergebnisse ($\beta_2 = 0,04$; $p < 0,05$; $R^2 = 0,13$). Auch die Wiederholung der ursprünglichen Regression (*Gl. 9.3.17*) für Unternehmen mit einer Mandatsdauer von maximal drei Jahren bestätigt die Gültigkeit vorausgehender Ergebnisse bezüglich der Variable *LNAF* (*short tenure* < 3: ($\beta_2 = 0,12$; $p < 0,05$; $R^2 = 0,17$); *long tenure* ≥ 3: ($\beta_2 = -0,03$; $p > 0,05$; $R^2 = 0,15$)).[1275] Eine weitere Unterscheidung anhand der Größe der Unternehmen zeigt, dass der Zusammenhang zwischen dem Beratungshonorar und dem Ausmaß an Bilanzpolitik bei Unternehmen, welche ihren Abschlussprüfer jüngst wechselten, nur dann evident ist, wenn es sich um kleine Unternehmen handelt (*Bilanzsumme* < *Median der Bilanzsummen*).[1276] Der Zusammenhang zwischen Nichtabschlussprüfungshonoraren und dem Ausmaß an Bilanzpolitik wird somit nicht nur durch die Dauer der Mandatsbeziehung determiniert, sondern auch von der Größe des Mandanten beeinflusst.

9.3.11.3 Diskussion der Ergebnisse

Der Koeffizient des Beratungsanteils (*FEERATIO*) weist entgegen der Erwartung und unabhängig vom Regressionsmodell (*Gl. 9.3.17* oder *Gl. 9.3.18*) bzw. der gewählten Stichprobe

---

[1274] Vgl. *Gul et al.* (2007), S. 131-132.
[1275] Vgl. *Gul et al.* (2007), S. 133.
[1276] Vgl. *Gul et al.* (2007), S. 137-138.

(*short-term, long-term, small-firm, large-firm*) keine Signifikanzen auf. Bei einer Betrachtung der Beratungshonorare (*LNAF*) kann für Unternehmen, die bereits seit mehr als drei Jahren den gleichen Prüfer bestellen oder die eine Bilanzsumme ausweisen, die über dem Median aller Beobachtungen liegt, ebenfalls kein Zusammenhang nachgewiesen werden. Signifikante Ergebnisse werden, wie in *Tabelle 9-12* dargestellt, lediglich für das Teilsample kleiner Unternehmen, welche den amtierenden Abschlussprüfer vor weniger als drei Jahren erstmalig bestellten, erzielt. Eine allgemeine Beeinträchtigung der Unabhängigkeit durch Beratungsdienstleistungen des Abschlussprüfers wird somit nicht nachgewiesen.

Da der Zusammenhang lediglich für ein sehr kleines Subsample nachgewiesen wird, entsteht der Verdacht, dass neben der vermuteten Unabhängigkeitsbeeinträchtigung weitere Kausalitäten für die Verknüpfung maßgeblich sein könnten. Dies gilt insbesondere, da entgegen der Argumentation einer Unabhängigkeitsbeeinträchtigung aufgrund wirtschaftlicher Interessen, gerade bei kleinen Unternehmen, die Honorare tendenziell niedriger ausfallen, so dass auch der von Quasirenten ausgehende ökonomische Anreiz geringer sein dürfte. Denkbar wäre, dass die nachgewiesenen Accruals, welche eine geringe Berichterstattungsqualität suggerieren, auf ein unausgereiftes Rechnungswesen oder ein rapides Wachstum des Mandanten zurückzuführen ist.[1277] Fällt diese mit einem steigenden Bedarf an externer Beratung bspw. zum Abbau bestehender Unzulänglichkeiten seitens des Mandanten zusammen, käme es ebenfalls zu den anhand der Regressionsergebnisse nachgewiesenen Zusammenhängen, ohne dass es einer Beeinträchtigung der Unabhängigkeit des Prüfers bedarf. Auch ein bei einigen der betrachteten Unternehmen erst kürzlich erfolgtes *IPO* könnte ursächlich für die Resultate sein.[1278] Schließlich ist ein *Going Public* nicht nur mit erheblichem Beratungsbedarf, sondern i.d.R. auch mit außergewöhnlichen Cashflows verbunden.

Vor dem Hintergrund der Erkenntnisse bisheriger Forschung ist ferner unverständlich, warum *Gul et al.* (2007) die Größe des Unternehmen nicht berücksichtigen. Auch zeigten bereits *Larcker/Richardson* (2004), dass die Größe eines Unternehmens als Surrogat der Corporate Governance das Ausmaß der diskretionären Accruals ebenso beeinflusst wie die Marktkapitalisierung, die Market-to-Book-Ratio und der Anteil institutioneller Investoren.

9.3.12 Cahan/Emanuel/Hay/Wong (2008)

9.3.12.1 Forschungshintergrund

Während in den bisher vorgestellten Studien, mit Ausnahme der Untersuchung von *Antle et al.* (2006), der US-amerikanische Prüfungsmarkt betrachtet wird, liegt mit der Arbeit von *Cahan et al.* (2008) eine aktuelle Studie für Neuseeland vor. Die Autoren untersuchen anhand

---

[1277] Vgl. *Gul et al.* (2007), S. 137.
[1278] Vgl. *Gul et al.* (2007), S. 140.

von 237 Beobachtungen innerhalb des Zeitraumes von 1995 bis 2001 einen möglichen Zusammenhang zwischen dem Wachstum ($NAFGrowth_{it}$) bzw. dem Zeitraum hoher Beratungshonorare ($NASFeestrings_{it}$) und den diskretionären Accruals (DAC_{it}).[1279] Die Beachtung des Wachstums der Beratungshonorare und des Zeitraumes hoher Beratungshonorare erfolgt, da die Autoren dem Quasirentenmodell eine hohe Relevanz beimessen. Danach ist, wie in *Kapitel 6.1* dargestellt, der Gegenwartswert zukünftiger Überschüsse aus der (Beratungs-)Tätigkeit (*Quasirenten*) die maßgebliche Determinante für die bewusste Wahrung oder Aufgabe der Unabhängigkeit seitens des Abschlussprüfers.[1280] Die Fokussierung der Beratungshonorare einer einzelnen Periode stellt nach Einschätzung von *Cahan et al.* (2008) hingegen einen schwachen Indikator für zukünftige Zahlungsmittelzuflüsse und den Anreiz einer Unabhängigkeitsaufgabe dar. Die Autoren betrachten neben a. den Konsequenzen der Veränderung des Beratungshonorars im Zeitvergleich ($NAFGrowth_{it}$) b. die Implikationen dauerhaft hoher Beratungshonorare ($NAFString_{it}$) anhand von Zeitreihen.[1281] Ferner vermuten *Cahan et al.* (2008), wie bereits *Chung/Kallapur* (2003), einen signifikanten Einfluss der wirtschaftlichen Bedeutung des Mandanten für den Abschlussprüfer (*Client_{it}*). Die Autoren untersuchen den Zusammenhang zwischen dem Honoraranteil des Prüfers bei einem bestimmten Mandanten an dessen Gesamtumsätzen (*Umsatzabhängigkeit*) und dem Ausmaß der Bilanzpolitik.[1282] Zur Überprüfung des Einflusses wachsender Honorare bzw. der über einen langen Zeithorizont hohen Beratungshonorare auf die Bilanzpolitik (DAC_{it}) unter Berücksichtigung der wirtschaftlichen Bedeutung des Mandanten (*Client_{it}*) wird die nachfolgende Regression durchgeführt. Das Ausmaß diskretionärer Bilanzpolitik wird anhand des Jones-Modells ermittelt.[1283]

$$DAC_{it} = \beta + \beta_1 NAF_{it} + \beta_2 Client_{it} + \beta_3 NAF_{it} \times Client_{it} + \beta_4 Size_{it} + \beta_5 INDGrowth_{it} +$$
$$\beta_6 CFO_{it} + \beta_7 AUDTYP_{it} + \beta_8 BKMKT_{it} + \beta_9 LOSS_{it} + \beta_{10-11} INDUSTRY_{it} + \quad (9.3.19)$$
$$\beta_{12-15} Year_{it} + \varepsilon$$

Neben dem durchschnittlichen Wachstum des Beratungsanteils während eines Intervalls von zwei ($NAF_{it}=NAFGrowth2_{it}$), vier ($NAFGrowth4_{it}$) und fünf Jahren ($NAFGrowth5_{it}$) findet auch die Variable $NAFString1_{it}$ Berücksichtigung. $NAFString1_{it}$ bildet die Anzahl der aufeinanderfolgenden Jahre (*t-k*) ab, während denen ein Unternehmen einen höheren Beratungsanteil (Beratungs-/Prüfungshonorar) ausweist, als die Mehrzahl der Unternehmen der jeweilige Branche ((NAF_{it}/AF_{it}) > (Median NAF_{it}/AF_{it})).[1284] Alternativ wird die Variable $NAFString2_{it}$ verwendet, welche den Beratungsanteil der Beobachtung im aktuellen Jahr relativ zum Beratungsanteil der Branche während der Vorperiode betrachtet ((NA_{it}/AF_{it}) > Median(NAF_{jt}-

---

[1279] Vgl. *Cahan et al.* (2008), S. 190.
[1280] Zu den Grenzen dieser Annahmen siehe *Kapitel 6.3.1*.
[1281] Vgl. *Cahan et al.* (2008), S. 186. Siehe auch *Lowe/Pany* (1995), welche den Einfluss von einmaligen und wiederkehrenden Beratungsleistungen auf die *Independence in appearance* untersuchen.
[1282] Vgl. *Cahan et al.* (2008), S. 184-186.
[1283] Vgl. *Cahan et al.* (2008), S. 188.
[1284] Vgl. *Cahan et al.* (2008), S. 189.

$_1)/AF_{jt-1})$). Durch einen weiteren Experimental-Regressor ($Client1(2)$) wird das Beratungs-/Gesamthonorar bei einem Mandant relativ zu den (Beratungs-) Umsätzen des Abschlussprüfers betrachtet.

9.3.12.2 Ergebnisse der Studie

Cahan et al. (2008) führen mehrere Regressionen durch, in denen sie die Experimentalvariablen mannigfaltig kombinieren. Aufgrund der Vielzahl der Regressionen werden im Folgenden lediglich ausgewählte Ergebnisse vorgestellt, welche aufgrund der F-Statistik und des Bestimmtheitsmaßes der Regression als zuverlässig erachtet werden und das Gesamtergebnis repräsentativ wiedergeben.

Untersuchung:	Cahan et al. (2008)				
Modelle 1a und 1b:		β	p	β	p
Bestimmtheitsmaß:		$R^2=,324$		$R^2=,312$	
Experimentalvariablen:	NAFGrowth5	,098	-	,108	-
	Client1 (NAF(i)/NAF all clients)	,448	<,05	-	-
	NAFGrowth5 x Client1	-,364	-	-	-
	Client2 (TotalFees(i)/TotalFees all clients)	-	-	-,026	-
	NAFGrowth5 x Client2	-	-	-,042	-
Unabhängige Variablen:	Size = LnBilanzsumme	-,041	<,05	-,016	-
	Indgrowth = Umsatzwachstum der Branche	,213	-	,202	-
	CFO = Cashflow from Operations/Bilanzsumme	-1,243	<,01	-1,270	<,01
	AUDTYPE = Big4 (1), ansonsten (0)	,636	-	,156	-
	BK/MKT = Buch- zu Marktwert des Eigenkapitals	-,012	-	-,015	-
	LOSS = Verlust in Jahr t (1); ansonsten (0)	-,464	<,01	-,043	<,01
Modelle 2a und 2b:					
Bestimmtheitsmaß:		$R^2=,519$		$R^2=,664$	
Experimentalvariablen:	NAFString1 (NAF/AF) < median(NAF(Branche)/AF(Branche))	,013	-	-	-
	Client1 (NAF(i)/NAF all clients)	,308	-	-	-
	NAFString1 x Client1	,050	-	-	-
	NAFString2 (NAF/AF < median(NAF(Branche)/AF(Branche))	-	-	-,051	-
	Client1 (NAF(i)/NAF all clients)	-	-	-2,114	-
	NAFString2 x Client1	-	-	,951	<,01
Unabhängige Variablen:	Size = LnBilanzsumme	-,068	-	-,019	-
	Indgrowth = Umsatzwachstum der Branche	,425	-	,095	-
	CFO = operativer Cashflow/Bilanzsumme	-2,002	<,01	-1,641	<,01
	AUDTYPE = Big4 (1), ansonsten (0)	1,078	-	,141	-
	BK/MKT = Buch- zu Marktwert des Eigenkapitals	-,006	-	-,004	-
	LOSS = Verlust in Jahr t (1); ansonsten (0)	-,691	<,01	-,397	-

Tabelle 9-13: Zusammenfassung der Ergebnisse von Cahan et al. (2008)[1285]

In Modell 1a verwenden die Autoren, wie in *Tabelle 9-13* dargestellt, die Variable *NAFGrowth5* als erklärende Zeitreihenvariable, während der Regressor *Client1* die wirtschaftliche Abhängigkeit des Prüfers aufgrund der parallelen Beratung indiziert. Entgegen der Erwartung unterscheidet sich der Koeffizient der Variable *NAFGrowth5* nicht signifikant von null ($\beta_1 = 0,098$; $p > 0,05$). Der Regressor *Client1* weist hingegen einen signifikant positiven Ko-

---

[1285] Vgl. Cahan et al. (2008), S. 200-201.

effizienten auf ($\beta_2 = 0,448$; $p < 0,05$) und suggeriert eine Beeinträchtigung der Urteilsfreiheit. Erstaunlich ist, dass der Interaktionsterm beider Variablen (*NAFGrowth5x*Client1), entgegen der Erwartung, über einen negativen Koeffizienten verfügt, der jedoch insignifikant ist ($\beta_3 = -0,364$; $p > 0,05$). Cahan et al. (2008) folgern aus diesen Ergebnissen, trotz der weitgehend insignifikanten Zusammenhänge, dass mit einer steigenden ökonomischen Bedeutung des Mandanten auch die diskretionären Accruals ansteigen. Eine Einflussnahme von im Zeitvergleich steigenden Beratungshonoraren kann hingegen nicht bestätigt werden.

Aus Modell 1b, in dem die wirtschaftliche Abhängigkeit anhand der Gesamthonorare zu den Umsatzerlösen (*Client2*) des Abschlussprüfers betrachtet wird, gehen überhaupt keine signifikanten Zusammenhänge hervor. Dies lässt darauf schließen, dass weder das Wachstum des Beratungsanteils (*NAFGrowth5*) noch die wirtschaftliche Bedeutung des Mandanten (*Client2*) in einem Zusammenhang mit dem Ausmaß an Bilanzpolitik stehen. Lediglich die Koeffizienten der Kontrollvariablen *CFO* und *LOSS* weisen unabhängig vom Modell signifikante Zusammenhänge auf.

Modell 2a bestätigt die Irrelevanz der Beratungsumsätze bei einem Mandant relativ zu den gesamten Beratungserlösen des Abschlussprüfers (*Client1*) ($\beta_2 = 0,308$; $p > 0,05$) für das Ausmaß diskretionärer Accruals. Auch ein beständig hoher Beratungsanteil (relativ zum Median der Branche betrachtet (*NAFstring1*)) ($\beta_1 = 0,013$; $p > 0,05$) sowie das Produkt beider Variablen ist für das Auftreten von Bilanzpolitik unerheblich ($\beta_1 = 0,050$; $p > 0,05$).

Aus Modell 2b, in dem das Verhältnis von Beratungs- zu Prüfungshonorar eines Mandanten zum Branchendurchschnitt der Vorperiode (*NAFString2*) als Erklärende betrachtet wird, geht ebenfalls ein insignifikanter Koeffizient der Honorarvariablen hervor. Lediglich das Produkt (*NAFString2 x Client1*) weist einen positiven Korrelationskoeffizienten auf, welcher im statistischen Sinne evident ist ($\beta_3=0,951$; $p<0,01$).

Die Autoren folgern, dass die diskretionären Accruals nur dann deutlich höher ausfallen, wenn sich die Beratungsbeziehung über mehrere Perioden erstreckt, die Beratungshonorare im Zeitvergleich stark ansteigen und der Mandant gleichzeitig für den Abschlussprüfer von wirtschaftlicher Bedeutung ist. Aufgrund dieser umfangreichen Nebenbedingungen muss die Nachhaltigkeit der Ergebnisse und die Interpretation der Autoren in Frage gestellt werden. Eine Beeinträchtigung der Unabhängigkeit durch die parallele Beratung scheint nicht generell gegeben, da lediglich in einem von mehren Modellen eine von insgesamt sechs Untersuchungsvariablen einen signifikanten Koeffizienten aufweist.

9.3.12.3 Diskussion der Ergebnisse

Anders als die dominierende Mehrzahl der vorgestellten Untersuchungen (eine Ausnahme bildet *Lai* (2007)) betrachten *Cahan et al.* (2008) die Veränderung der Beratungshonorare im Zeitvergleich. Die Autoren vermuten, dass von den zukünftig bei einem Mandanten erwarteten Beratungsleistungen eine Gefahr für die Unabhängigkeit des Abschlussprüfers ausgeht (*self-interest threat*). Um die wirtschaftliche Interessenlage des Prüfers abbilden zu können, wird neben dem Wachstum die Höhe des Beratungsanteils während der vergangenen Jahre relativ zur Branche betrachtet. Auch die Umsatzabhängigkeit des Prüfers wird durch eine Variable dargestellt und in das Regressionsmodell aufgenommen.

Anhand des gewählten Regressionsmodells können *Cahan et al.* (2008) keinen Einfluss zwischen dem Wachstum des Beratungsanteils im Zeitvergleich oder der Dauer überdurchschnittlich hoher Honorare und dem Ausmaß an Bilanzpolitik nachweisen. Selbst zwischen der Bedeutung des Mandanten für den Abschlussprüfer (gemessen am Umsatzanteil) und den diskretionären Accruals kann keine Verknüpfung bei den betrachteten neuseeländischen Unternehmen mit statistischer Sicherheit belegt werden. Lediglich für die Kombination aus überdurchschnittlichen Beratungsanteilen im Zeitvergleich (*NAFString2*) und einer hohen wirtschaftlichen Bedeutung des Mandanten für den Abschlussprüfer (*Client1*) scheint eine signifikante Einflussnahme auf das Ausmaß an Bilanzpolitik zu bestehen. Allerdings lässt, neben den unterschiedlichen Ergebnissen in Abhängigkeit der betrachteten Variablen, insbesondere der geringe Stichprobenumfang an der Gültigkeit der Resultate zweifeln. So stehen aufgrund der erforderlichen Zeitreihen von bis zu fünf Jahren (*NAFGrowth5*) für die Modelle 1a) und 1b) lediglich 62 für die Modelle 2a) und 2b) sogar nur 32 Beobachtungen zur Verfügung. Während diese Einschränkung auf unzureichende Zeitreihen zurückzuführen ist und somit aus dem Forschungsdesign resultiert, ist auch die Verwendung des inzwischen einhellig überholten Jones-Modells zur Schätzung der diskretionären Accruals unverständlich. Die Resultate der Untersuchung könnten durch eine unzuverlässige Schätzung der diskretionären Accruals beeinträchtigt sein.

9.4 Zusammenfassung

Die vorgestellten Studien zur Beeinträchtigung der tatsächlichen Unabhängigkeit gelangen zu unterschiedlichen Ergebnissen, so dass ein abschließendes Urteil selbst für den US-amerikanischen Markt trotz der Vielzahl an Untersuchungen kaum möglich ist. Vielmehr konnte gezeigt werden, dass die Resultate älterer Studien (z.B. *Frankel et al.* (2002)) zumindest teilweise auf unzureichende Spezifikationen zurückzuführen sind, d.h. die Ergebnisse sind nicht unwesentlich durch eine ungünstige Auswahl der Kontrollvariablen beeinflusst. Darüber hinaus dürften die unterschiedlichen Resultate für den US-Markt auch auf im Zeitvergleich veränderte Unabhängigkeitsanforderungen der SEC in Folge der Verabschiedung des SOA zurückzuführen sein. So können *Huang et al.* (2007) in einer der wenigen Untersuchungen zur Post-SOA-Phase keine Unabhängigkeitsbeeinträchtigung nachweisen und folgern in Bezug auf die Ergebnisse von *Frankel et al.* (2002), dass die gesetzlichen Neuregelungen Wirkung zeigen. Ähnlich differenzieren *Hoitash et al.* (2007) innerhalb einer Studie zwischen dem Zeitraum vor und nach Inkrafttreten des SOA. Während für den Zeitraum 2000 und 2001 ein positiver Zusammenhang zwischen dem Ausmaß diskretionärer Accruals und dem Beratungshonorar nachgewiesen wird, ist die Verknüpfung für die Jahre 2002 bis 2003 nicht länger statistisch evident. Die Autoren vermuten, dass das Verbot zahlreicher Beratungsleistungen durch Sec. 201 SOA für den Rückgang der Honorare um rund 50 % ursächlich sei, die Unabhängigkeit des Abschlussprüfers stärke und zu einer Reduktion der diskretionären Accruals führe. Ob diese von *Hoitash et al.* (2007) vermutete Kausalität tatsächlich besteht, muss jedoch in Frage gestellt werden, da weitere Änderungen der regulatorischen und ökonomischen Rahmenbedingungen während des betrachteten Zeitraums ebenfalls für den Rückgang der als diskretionär betrachteten Accruals ursächlich sein könnten.[1286]

Neben den Veränderungen des regulatorischen Umfeldes im Zeitvergleich scheint die Beeinträchtigung der tatsächlichen Unabhängigkeit vorrangig vom jeweiligen Prüfungsmarkt abzuhängen. Während *LeMaux* (2007) für den durch *Joint-Audits* und generell niedrigere Beratungsanteile gekennzeichneten französischen Markt (siehe *Tabelle 9-2*) keine Beeinträchtigung nachweisen kann,[1287] gelangen *Ferguson et al.* (2004) und *Ruddock et al.* (2006) in ihren Untersuchungen zum britischen bzw. australischen Markt zu Ergebnissen, die eine Beeinträchtigung bestätigen.[1288] Ein möglicher Erklärungsansatz für die länderspezifischen Zusammenhänge könnten die im Haftungsfall im Vergleich zu den USA deutlich niedrigeren Schadensersatzansprüche gegenüber dem Abschlussprüfer sein.[1289] *Ferguson et al.* (2004) vermuten, dass selbst die internationalen Big4-Gesellschaften in Großbritannien aufgrund der nahezu belanglosen Haftungsrisiken einen geringeren Anreiz zur Unabhängigkeitswahrung verspüren.[1290] Eine mögliche Neigung des Prüfers, dem Druck des Mandanten nachzugeben, scheint somit auch von den gesetzlichen Rahmenbedingungen des jeweiligen Marktes abzuhängen.[1291] Zugleich impliziert diese Vermutung eine Einschränkung der Übertragbarkeit bisheriger Studien auf den deutschen Prüfungsmarkt und verdeutlicht die Notwendigkeit einer eigenständigen Untersuchung des hiesigen Marktes.

Diese Einschätzung wird auch durch eine Studie von *Maijoor/Vanstraelen* (2006) gestützt, welche das Ausmaß diskretionärer Bilanzpolitik innerhalb Europas für den Zeitraum zwischen 1992 und 2000 betrachten. Die Autoren gelangen in ihrer Vergleichsstudie zu dem Ergebnis, dass trotz anhaltender Harmonisierungsbestrebungen auf Ebene der Europäischen Union in den einzelnen Ländern ungleiche regulatorische Rahmenbedingungen vorliegen, die für ein unterschiedliches Ausmaß an Bilanzpolitik in Großbritannien, Frankreich und Deutschland ursächlich seien. Während in Großbritannien und Frankreich ein vergleichsweise

---

[1286] Vgl. *Hoitash et al.* (2007); *Cohen et al.* (2008), S. 772.
[1287] Vgl. *LeMaux* (2007), S. 12.
[1288] Vgl. *Ferguson et al.* (2004), S. 836; *Ruddock et al.* (2006).
[1289] Vgl. *Boritz/Zhang* (1999); *Ball et al.* (2000).
[1290] Vgl. *Ferguson et al.* (2004), S. 834.
[1291] Vgl. *Ferguson et al.* (2004), S. 836, *LeMaux* (2007), S. 12.

konservatives Verhalten der Bilanzierenden und der Abschlussprüfer nachgewiesen werden konnte, treten diskretionäre Accruals in den HGB-Berichten deutscher Unternehmen signifikant häufiger auf.[1292] Die Harmonisierung der Rechnungslegung im Rahmen der Einführung der IFRS sowie die Angleichung der Mindestanforderungen an den Abschlussprüfer durch die 8. EG-Richtlinie, dürften die von *Maijoor/Vanstraelen* (2006) identifizierten Unterschiede inzwischen geringer ausfallen lassen. Dennoch, die Studie verdeutlicht, dass die Beurteilung einer möglichen Unabhängigkeitsbeeinträchtigung durch eine parallele Beratungstätigkeit des Abschlussprüfers aufgrund der national unterschiedlichen Rahmenbedingungen eine dezidierte Betrachtung der einzelnen Märkte erfordert. Für den deutschen Prüfungsmarkt erfolgt dies in den anschließenden Kapiteln.

[1292] Vgl. *Maijoor/Vanstraelen* (2006), S. 45.

10 Marktkonzentration, Beratungshonorare und Umsatzabhängigkeit

Der Anreiz für das Management, zur Erzielung nicht-pekuniärer und finanzieller Vorteile Bilanzpolitik zu betreiben, wurde anhand der Agency-Theorie in *Kapitel 2* aufgezeigt. Insbesondere in einem durch Informationsasymmetrien geprägten Unternehmensumfeld ist die Gefahr der opportunistischen Einflussnahme immanent und gefährdet die Interessen der Gesellschafter und Stakeholder. Um diese zu schützen, sieht das Handelsrecht neben der externen Rechnungslegung die Verifizierung des Abschlusses durch einen unabhängigen Wirtschaftsprüfer vor (siehe *Kapitel 3*). Abschlussprüfer können ihrer Aufgabe, die Glaubwürdigkeit der Rechnungslegung zu erhöhen, jedoch nur dann gerecht werden, wenn die Adressaten in ihr Prüfungsurteil vertrauen. Dies setzt, wie in *Kapitel 4* gezeigt, nicht nur die Urteilsfähigkeit, sondern auch die Urteilsfreiheit des Verifizierenden voraus. Dabei muss zwischen der wahrgenommenen und der tatsächlichen Unabhängigkeit unterschieden werden. Beide Ausprägungen könnten durch eine parallele Beratungstätigkeit des Abschlussprüfers beeinträchtigt sein (siehe *Kapitel 4.5*).

Der Gesetzgeber erachtet die Risiken einer parallelen Beratung für die Unabhängigkeit und die Vertrauenswürdigkeit des Prüfungsurteils für so wesentlich, dass die Erbringung bestimmter Beratungsleistungen, welche die Besorgnis der Befangenheit begründen, zum Ausschluss des Wirtschaftsprüfers von der gesetzlichen Abschlussprüfung führt (*Kapitel 4.6*). Darüber hinaus werden Mandanten und Abschlussprüfer zur Transparenz ihrer Geschäftsbeziehung gegenüber den Abschlussadressaten verpflichtet. Neben der Offenlegung der Honorare im geprüften Anhang des Mandanten wird der Abschlussprüfer zur Publizität von Finanzinformationen im Rahmen eines jährlich zu erstellenden Transparenzberichtes verpflichtet (*Kapitel 5*). Erst durch die Offenlegung der Honorare werden die Abschlussadressaten in die Lage versetzt, sich ein eigenes Bild über die Vertrauenswürdigkeit des Prüfungsurteils zu machen. Zweifeln diese aufgrund hoher Beratungshonorare an der Unabhängigkeit des Testierenden, verlieren sie ihr Vertrauen in den Abschlussprüfer, das Prüfungsurteil an Aussagefähigkeit und die Abschlussprüfung an Relevanz.

Im Rahmen der Vorstellung empirischer Forschungsbeiträge zur wahrgenommenen Unabhängigkeit bei einer gleichzeitigen Beratungstätigkeit werden die aus der Wahrnehmung der Stakeholder resultierenden Grenzen der Vereinbarkeit deutlich (*Kapitel 7*). Experimentelle Studien, Befragungen und archivistische Untersuchungen zeigen eine deutliche Missbilligung der parallelen Beratung durch unterschiedliche Anspruchsgruppen auf. Aus diesen Resultaten folgt, dass Abschlussprüfer, welche umfangreiche Beratungsleistungen bei Prüfungsmandanten erbringen, d.h. deren Prüfungsurteil aus Sicht von Investoren und Gläubigern nicht vertrauenswürdig ist, nicht nur höhere Finanzierungskosten ihrer Mandanten begründen, sondern zugleich ihre eigene Prüfungsleistung entwerten. Es kommt zum Reputationsverlust. Um eine derartig negative Wahrnehmung zu verhindern, wird der rationale Abschlussprüfer auf die Annahme umfangreicher Beratungsleistungen bewusst verzichten bzw. diese auf ein Ausmaß beschränken, welches weder der wahrgenommenen noch der tatsächlichen Unabhängigkeit schädlich ist. Die hohe Relevanz der Unabhängigkeitswahrnehmung für die Vertrauenswürdigkeit des Prüfungsurteils würde somit neben den gesetzlichen Vorgaben eine weitere faktische Grenze der Vereinbarkeit von Prüfung und Beratung begründen.

Inwieweit bestehende gesetzliche Beschränkungen zur Vereinbarkeit von Prüfung und Beratung sowie der mit einer wahrgenommenen Unabhängigkeitsbeeinträchtigung verbundene Reputationsmechanismus einen hinreichenden Schutz der tatsächlichen Unabhängigkeit des Abschlussprüfers gewährleisten, bleibt für den hiesigen Prüfungsmarkt bisher unerforscht. Auch liefern die vorliegenden internationalen empirischen Studien zur Vereinbarkeit von Prüfung und Beratung kein einheitliches Bild (siehe *Kapitel 9.3*).

In den nachfolgenden drei Kapiteln werden in eine empirische Betrachtung deutscher kapitalmarktorientierter Unternehmen zunächst die Marktkonzentration, das Ausmaß der parallelen Beratung und die Gefahr einer Umsatzabhängigkeit des Abschlussprüfers betrachtet (*Kapitel 10*). Anschließend werden die Einflussfaktoren der Nachfrage von Nichtabschlussprüfungsleistungen (*Kapitel 11*) sowie die Konsequenzen eines hohen Beratungsanteils für die Abschlussqualität (*Kapitel 12*) untersucht.

Die Betrachtung des Marktes für Wirtschaftsprüfungsleistungen ist zunächst erforderlich, um das Ausmaß der parallelen Tätigkeit des Abschlussprüfers und die Relevanz der Thematik abschätzen zu können. Neben einer Verifizierung der Marktkonzentration richtet sich der Fokus bereits an dieser Stelle auf die Nichtabschlussprüfungsleistungen. Bei den von den einzelnen Gesellschaften ausgewiesenen Honoraren des Abschlussprüfers werden Unterschiede in deren Höhe und Zusammensetzung deutlich. Dabei kann aufgezeigt werden, dass sowohl die Branchenzugehörigkeit als auch besondere Ereignisse, wie etwa ein *IPO*, für signifikante Unterschiede hinsichtlich des Beratungsanteils ursächlich sind.

Inwieweit dieses nachweislich uneinheitliche Nachfrageverhalten nach Beratungsleistungen durch das unternehmensspezifische Ausmaß des Agency-Konfliktes zwischen dem Management und den Gesellschaftern beeinträchtigt ist, wird in *Kapitel 11* untersucht. Dabei wird vermutet, dass die Glaubwürdigkeit der Jahresabschlussinformationen umso wichtiger ist, je stärker die Agency-Konflikte innerhalb eines Unternehmens ausgeprägt sind. Es wird angenommen, dass Unternehmen weniger Beratungsleistungen vom Abschlussprüfer beziehen, wenn sie hohen Agency-Kosten i.S.d. Prinzipal-Agenten-Theorie ausgesetzt sind.

Die Folgen der parallelen Beratungstätigkeit für die tatsächliche Unabhängigkeit des Abschlussprüfers respektive die Qualität des Abschlusses, welche für den deutschen Markt unerforscht sind und im Zentrum der vorliegenden Arbeit stehen, werden in *Kapitel 12* untersucht.

Einleitung und Problemstellung

Ein in *Kapitel 11* nachgewiesener Zusammenhang zwischen der Veränderung der variablen Vergütung des Vorstands und dem Beratungsanteil wirft zudem die Frage auf, ob hohe Beratungshonorare Ausdruck einer gemeinsamen Strategie des Managements und des Abschlussprüfers sind. Den in *Kapitel 2.3* dargestellten Ausführungen *Antles* (1984) folgend, könnte das Management hohe Beratungshonorare an den Abschlussprüfer zahlen, um im Gegenzug bilanzpolitische Gestaltungsfreiräume zu erlangen, die zur Durchsetzung opportunistischer Ziele wie bspw. der Steigerung der variablen Vergütung eingesetzt werden. Daher wird der Zusammenhang zwischen einer Beeinträchtigung der Prüfungsqualität, d.h. dem Ausmaß an opportunistischer Bilanzpolitik als Surrogat für die tatsächliche Unabhängigkeit des Prüfers, und dem Anteil der Beratungshonorare untersucht. Von Interesse ist die Frage, ob zwischen dem Ausmaß diskretionärer Accruals und dem Anteil der Beratungsleistungen am Gesamthonorar des Abschlussprüfers trotz bestehender regulatorischer und ökonomischer Restriktionen ein signifikanter Zusammenhang besteht, d.h. die gegenwärtigen Regelungen und Rahmenbedingungen zur Vereinbarkeit von Prüfung und Beratung keinen hinreichenden Schutz für die tatsächliche Unabhängigkeit des Abschlussprüfers gewährleisten.

10.1 Einleitung und Problemstellung

Fusionen zwischen den großen internationalen Prüfungsgesellschaften während der 1980er und 1990er Jahre führten zu einer hohen Konzentration auf dem Markt für Prüfungsleistungen. Neben der Relevanz von *economies of scale* und *economies of scope* vollzog sich dieser Konzentrationsprozess im Gleichtakt mit der Internationalisierung der Mandanten, welche zunehmend weltweit vergleichbare Prüfungsleistungen von ihrem Abschlussprüfer verlangten. Die Anbieterkonzentration ist, wie empirische Untersuchungen bestätigten, auch für den hiesigen Markt evident.[1293] Aufsichtsbehörden beurteilten die Konzentrationsentwicklung vor dem Hintergrund einer Beeinträchtigung des Wettbewerbes, der Prüfungshonorare und der Prüfungsqualität zunächst kritisch.[1294] Wesentliche Bedenken konnten im Rahmen umfangreicher Studien jedoch weitgehend entkräftet werden.[1295]

Das Bekanntwerden der eingangs genannten Bilanzskandale bei Enron, WorldCom, FlowTex und Parmalat und die Verhaltensweisen einzelner Prüfungsgesellschaften wie etwa die Ver-

---

[1293] Vgl. *Helmenstein* (1996), *Lenz* (1996), *Marten/Schultze* (1998), *Gloßner* (1998), *Quick/Wolz* (1999), *Strickmann* (2000), *Bauer* (2004), *Koecke* (2006)

[1294] Vgl. *DeAngelo* (1981a) bezeichnet die Prüfungsqualität als die vom Markt bewertete Wahrscheinlichkeit, dass der Abschlussprüfer sowohl einen Fehler im Jahresabschluss des Mandanten entdeckt als auch über diesen berichtet (*DeAngelo* (1981a), S. 115; *DeAngelo* (1981b), S. 186). Während die Wahrscheinlichkeit des Entdeckens von den fachlichen Fähigkeiten des Abschlussprüfers determiniert wird (Urteilsfähigkeit), hängt die Bereitschaft des Jahresabschlussprüfers, über einen aufgedeckten Fehler zu berichten, maßgeblich von dessen Unabhängigkeit (Urteilsfreiheit) ab (vgl. *Marten et al.* (2007), S. 156-157).

[1295] Vgl. *Abidin et al.* (2008), S. 2-3; *OFT* (2002); *Goddard* (1998), S. 402-417; *Thavapalan et al.* (2002), S. 153-167. Zur ökonomischen Analyse von Marktdominanz im Allgemeinen siehe *Utton* (2003).

nichtung von Arbeitspapieren bei Arthur Andersen (siehe *Kapitel 7.1*) führten in den Jahren 2000 bis 2002 zu einem Vertrauensrückgang seitens der Kapitalmarktteilnehmer in die Institution der gesetzlichen Abschlussprüfung und zum Niedergang der Gesellschaft Arthur Andersen. Infolge dessen stieg die Konzentration auf dem Markt für Prüfungsleistungen im Jahr 2002 erneut an, so dass es zu kartellrechtlichen Untersuchungen bzw. Marktbeobachtungen kam.[1296] Das *General Accounting Office* (GAO) durchleuchtete die Auswirkungen des Konsolidierungsprozesses für den US-amerikanischen Markt und gelangte zu dem Ergebnis, dass keine negativen Folgen für die Wettbewerbssituation nachzuweisen seien.[1297] Studien in Großbritannien durch das *Department of Trade and Industry* bzw. das *Financial Reporting Council* (*FRC*) konnten ebenfalls keine Beeinträchtigung der Wettbewerbssituation durch die gesteigerte Konzentration dokumentieren.[1298] Die *EG-Kommission* (2002c), die im Vorfeld der Verschmelzungen der nationalen Arthur Andersen Gesellschaften mit anderen Wirtschaftsprüfungsgesellschaften umfangreiche Untersuchungen veranlasste, um mögliche Risiken für die Qualität der Abschlussprüfung aufzudecken, gelangte für Deutschland zu dem Fazit, dass der Zusammenschluss von Arthur Andersen und Ernst&Young zu keiner Dominanz führen würde, da die Marktführerschaft ohnehin bei KPMG und PwC läge.

Neben einer Veränderung der Anbieterkonzentration folgten den Skandalen umfangreiche Gesetzesänderungen, wie die Verabschiedung des Sarbanes-Oxley Acts (SOA) in den USA, die Ratifizierung der 8. EG-Richtlinie in Europa und das Inkrafttreten des Bilanzrechtsreformgesetzes (BilReG) in Deutschland. Gemeinsame Zielsetzung dieser Gesetze ist, wie in *Kapitel 4.6* dargestellt, die Wiederherstellung des öffentlichen Vertrauens in die Abschlussprüfung.[1299] Das Tätigkeitsspektrum des Abschlussprüfers insbesondere hinsichtlich der parallelen Beratungstätigkeit wird durch die Neuregelungen weiter eingeschränkt (§§ 319 Abs. 3 Nr. 3 und 319a Abs. 1 Nr. 2 u. 3 HGB).[1300] Ferner sind Wirtschaftsprüfer von der Prüfung ausgeschlossen, wenn sie in den letzten fünf Jahren und erwartungsgemäß auch im laufenden Geschäftsjahr jeweils mehr als 30 % ihrer Gesamteinnahmen von der zu prüfenden Kapitalgesellschaft bezogen haben bzw. beziehen werden (§ 319 Abs. 3 Nr. 5 HGB).[1301] Für Unternehmen, die kapitalmarktorientiert im Sinne des § 264d HGB sind, beschränkt § 319a Abs. 1 S. 1 Nr. 1 HGB die zulässige Umsatzgrenze sogar auf 15 % (siehe *Kapitel 4.7*).[1302] Vor dem Hintergrund dieser relativ jungen und einschneidenden gesetzlichen Neuregelungen zielt diese Untersuchung darauf ab, die den gesetzlichen Neuregelungen folgenden Konse-

---

[1296] Arthur Andersen (Deutschland) ging im Jahr 2002 im Wesentlichen auf Ernst&Young über und verschwand als Marke und Gesellschaft, so dass aus den Big5 die Big4 wurden.
[1297] Vgl. *GAO* (2003).
[1298] Vgl. *FRC* (2007a); *FRC* (2007b); *FRC* (2008).
[1299] Vgl. *DeFond/Francis* (2005), S. 5-30; *Eilifsen/Willekens* (2008).
[1300] Vgl. siehe *Kapitel 4.6*; *Marten et al.* (2007), S. 20.
[1301] Vgl. *Förschle/Schmidt* (2006), § 319 Rn. 70; *Petersen/Zwirner* (2007), S. 1739.
[1302] Vgl. *Förschle/Schmidt* (2006), § 319a Rn. 9.

Einleitung und Problemstellung 295

quenzen für das Angebot und die Nachfrage nach Beratungsleistungen, sowie die Konzentration des deutschen Prüfungsmarktes zu untersuchen.

Dazu wird zunächst die Konzentration der Anbieter von Prüfungsleistungen für börsennotierte Gesellschaften gemessen. Es wird vermutet, dass der betrachtete Teilmarkt für Abschlussprüfungsleistungen von den internationalen Prüfungsgesellschaften (Big4) dominiert wird. Wie ausgeprägt die Konzentration ist und welche Verschiebungen in den vergangenen Jahren, nicht zuletzt aufgrund des Verschwindens eines großen Anbieters aufgetreten sind, wird im Folgenden zu analysieren sein. Ferner wird untersucht, ob die im Zuge der Aufarbeitung der Ereignisse bei Enron kritisierten Beratungshonorare trotz gesetzlicher Einschränkung noch immer einen wichtigen Anteil am Gesamthonorar des Abschlussprüfers ausmachen. Möglicherweise sind diese Leistungen aufgrund der gesetzlichen Begrenzungen und einer erhöhten Sensibilität der Öffentlichkeit inzwischen von geringer Bedeutung. Wird diese Vermutung bestätigt, hätten die gesetzlichen Bestimmungen zur Vereinbarkeit von Prüfung und Beratung systematische Veränderungen im Dienstleistungsangebot der Wirtschaftsprüfer bei den Abschlussprüfungsmandanten begründet. In der letzen empirischen Analyse dieses Kapitels wird der Frage nach der praktischen Relevanz der gesetzlichen Umsatzbeschränkung nachgegangen. Während die Beschränkung der Umsatzabhängigkeit von einem bestimmten Mandanten ursprünglich, ebenso wie die Regelungen zur Vereinbarkeit von Prüfung und Beratung, der Stärkung der Unabhängigkeit dienen sollten, könnten sie zugleich ein Ansteigen der Konzentration begründet haben. Dies wäre denkbar, wenn kleinere und mittlere Wirtschaftsprüfungsgesellschaften, die über eine geringere Anzahl von Mandanten verfügen, Mandatsträgerschaften bei den betrachteten börsennotierten Gesellschaften aufgrund des erheblichen Umfangs dieser Prüfungen und der damit verbundenen hohen Honoraranteile an den Gesamtumsätzen dieser Gesellschaften dauerhaft, d.h. über einen Zeitraum von mehr als fünf Jahren, nicht übernehmen können. Die Verdrängung mittelständischer Prüfungsgesellschaften aus dem betrachteten Segment und ein Ansteigen der Marktkonzentration auf dem deutschen Prüfungsmarkt wären in diesem Fall durch den Gesetzgeber selbst initiiert. Zugleich würden die Verfolgung einer niedrigen Umsatzabhängigkeit des Prüfers einerseits und die Vermeidung einer ausgeprägten Marktkonzentration andererseits konkurrierende Ziele darstellen.

Alle drei Teiluntersuchungen basieren auf den im Konzernanhang der bilanzierenden Unternehmen offen gelegten Honoraren des Abschlussprüfers. Derartige Untersuchungen zur Konzentration, Honorarzusammensetzung und Umsatzabhängigkeit auf dem deutschen Prüfungsmarkt sind erst für Geschäftsjahre, die nach dem 31.12.2004 beginnen, möglich. Maßgeblich ist, dass seit dem Inkrafttreten des BilReG Unternehmen, die einen organisierten Markt in Anspruch nehmen, verpflichtet sind, das für den Abschlussprüfer im Geschäftsjahr als Aufwand erfasste Honorar im Anhang offen zu legen (siehe *Kapitel 5.1*). Da die Angaben in den vier Kategorien *Abschlussprüfung, andere Bestätigungsleistungen, Steuerberatungsleistungen* und *Sonstige Leistungen* aufzugliedern sind (§ 285 S. 1 Nr. 17 HGB), kann auch der Anteil der auf Beratungsleistungen entfallenden Honorare eingesehen werden. Für die im Folgenden betrachteten Mutterunternehmen, welche zur Erstellung eines Konzernabschlusses verpflichtet sind, finden analog die Vorschriften des § 314 Abs. 1 Nr. 9 HGB Anwendung. Zur Verifizierung einer möglichen Umsatzabhängigkeit werden die Gesamtumsätze der Abschlussprüfer während einer Periode in Relation zu den bei einem bestimmten Mandanten erzielten Honoraren gesetzt. Dies ist erst durch die Verabschiedung des BARefG am 3. September 2007 und der damit verbundenen Verpflichtung zur Offenlegung der Finanzinformationen im ab 2007 jährlich zu erstellenden Transparenzbericht gem. § 55c Abs. 1 S. 3. Nr. 3 WPO möglich geworden (siehe *Kapitel 5.2*).[1303]

Die Aktualität und Relevanz der folgenden Betrachtung ergibt sich somit auch aus der Neuartigkeit der verfügbaren Honorarinformationen. Ferner unterscheidet sich die vorliegende Untersuchung von bisherigen Arbeiten dadurch, dass in einer Untersuchung neben der Marktkonzentration auch die auf die Nichtabschlussprüfungsleistungen entfallenen Honoraranteile vor dem Hintergrund einer möglichen Beeinträchtigung der Unabhängigkeit des Abschlussprüfers untersucht werden.[1304] Dabei finden die Honorare für die Geschäftsjahre 2005, 2006 und 2007 Berücksichtigung, so dass neben einer vergleichsweise großen Grundgesamtheit von 480 Konzernabschlüssen, anders als in bisherigen Honorarstudien zum hiesigen Markt, auch ein intertemporärer Vergleich möglich ist.[1305] Gemeinsam bieten diese drei komplementär zu betrachtenden Untersuchungen einen Überblick über aktuelle Entwicklungen auf dem deutschen Prüfungsmarkt. Erst durch die gemeinsame Betrachtung der Teiluntersuchung können wichtige Zusammenhänge für das Verständnis des Marktes aufgezeigt werden.

Nachdem der Untersuchungsgegenstand und die Relevanz des Themas vorgestellt wurden, folgt in *Kapitel 10.2* die Diskussion bisheriger Untersuchungen, ehe die Beschreibung des Umfangs der Stichprobe der eigenen Untersuchung anschließt. In *Kapitel 10.4* wird die Konzentration des Marktes analysiert. Neben dem Mandats- und Honoraranteil der Big4-Gesellschaften interessiert, ob die Höhe der Honorare auch in Abhängigkeit vom Börsensegment oder vom Prüfer variiert. Nachfolgend wird untersucht, welcher Honoraranteil mit Bera-

---

[1303] Vgl. *Ostermeier* (2009) untersucht die Qualität der Transparenzberichterstattung und gelangt zu dem Ergebnis, dass diese in Abhängigkeit der Größe der WPG stark schwanken (vgl. *Ostermeier* (2009), S. 133-142).

[1304] Lediglich *Lenz et al.* (2006) und *Marten et al.* (2010) haben exemplarisch die in Konzernanhängen publizierten (Beratungs-) Honorarangaben untersucht und hinsichtlich möglicher Implikationen für die Unabhängigkeit des Abschlussprüfers kritisch hinterfragt.

[1305] Bisherige Forschungen bleiben, wie im Folgenden zu zeigen ist, überwiegend auf einperiodische Betrachtungen beschränkt. Während *Lenz et al.* (2006) und *Bigus/Zimmermann* (2008) jeweils die Honorarstruktur zum 31.12.2005 analysieren, betrachten *Petersen/Zwirner* (2008) die Angaben zum 31.12.2006. Lediglich *Möller/Höllbacher* (2009) und *Köhler et al.* (2010) betrachten einen mehrperiodigen Zeitraum. Allerdings ist das Augenmerk dieser Studien vorrangig auf die Prüfungshonorare gerichtet.

tungsleistungen erzielt wird und ob sich dieser Anteil im Zeitvergleich verändert. Möglicherweise divergiert die Nachfrage nach Nichtabschlussprüfungsleistungen in Abhängigkeit des Indizes oder der Sektorenzugehörigkeit der Unternehmen.[1306] Ob bei deutschen Unternehmen, deren Eigenkapitaltitel an einer US-amerikanischen Börse emittiert sind, d.h. die den Anforderungen der SEC unterliegen, Besonderheiten auftreten, wird in *Kapitel 10.5.2* nachgeprüft. Auch unternehmensspezifische Einflussfaktoren könnten die Wahl des Abschlussprüfers beeinflussen und zu höheren Beratungsleistungen führen. Ergänzend zur Betrachtung der Marktkonzentration und der parallelen Beratung wird die Umsatzabhängigkeit des Abschlussprüfers in *Abschnitt 10.6* untersucht. Dabei wird evaluiert, ob die wirtschaftliche Unabhängigkeit des Abschlussprüfers aufgrund hoher Umsatzanteile bei bestimmten Mandanten gefährdet sein könnte. Erneut wird der Einfluss der Index-Zugehörigkeit des Mandanten sowie der Größe des Abschlussprüfers auf die Umsatzabhängigkeit betrachtet, so dass eine Aussage zur Relevanz der Umsatzgrenzen des § 319a Abs. 1 S. 1 Nr. 1 HGB für das Konzentrationsniveau möglich wird. Abschließend folgen eine kritische Würdigung der Ergebnisse sowie ein Ausblick auf offene Forschungsthemen.

10.2 Ergebnisse bisheriger Forschungen

Die Konzentration auf dem Prüfungsmarkt ist Gegenstand zahlreicher wissenschaftlicher Beiträge. Während Studien des deutschen Marktes in der Vergangenheit aufgrund der Unzugänglichkeit der Honorare des Abschlussprüfers nur eingeschränkt möglich waren, liegen für die angloamerikanischen Prüfungsmärkte umfangreiche Analysen vor. In diesen schließen die Autoren regelmäßig anhand der erzielten Honorare auf das Ausmaß der Konzentration.[1307] Die zum hiesigen Markt durchgeführten Studien von *Helmenstein* (1996), *Lenz* (1996), *Marten/Schultze* (1998), *Quick/Wolz* (1999), *Strickmann* (2000), *Bauer* (2004), *Koecke* (2006) und *Möller/Höllbacher* (2009) basieren hingegen auf Surrogaten oder der Auskunftsbereitschaft des Bilanzierenden bzw. des Abschlussprüfers.[1308] Die Datengrundlagen dieser Studien stehen daher nur in einem mittelbaren Zusammenhang zu den tatsächlichen Honoraren. Dies gilt auch für die mit Hilfe von Fragebögen erhobenen Honorare, welche der Gefahr einer *selection bias* ausgesetzt sind.[1309] Betrachtungen anhand der tatsächlichen d.h. im geprüften Konzern-

---

[1306] Die Zuordnung der Unternehmen zu einem bestimmten Sektor erfolgt analog zur Klassifizierung der Deutsche Börse AG. Dabei dient die Sektorenzugehörigkeit als Surrogat für die Zugehörigkeit des Unternehmens zu einer bestimmten Branche.

[1307] Beispielhaft sei auf die Studien von *Beattie et al.* (2003), *Cameran* (2005), *Lee* (2005), *Ferguson et al.* (2006), *Pong/Burnett* (2006), *Piot* (2007), *Carson/Fargher* (2007), *Abidin et al.* (2008), *Hamilton et al.* (2008) verwiesen.

[1308] Teilweise wurde auch die Quadratwurzel oder der Logarithmus der Bilanzsumme herangezogen; dabei wird eher ein degressiver statt linearer Zusammenhang zwischen Prüfungshonorar und Bilanzsumme vermutet (vgl. *Quick/Wolz* (1999), S. 178-179; *Bauer* (2004), S. 288-298).

[1309] Diese liegt bspw. vor, wenn größere Unternehmen (aufgrund ihrer personellen Ressourcen) Fragebögen mit einer höheren Wahrscheinlichkeit beantworten als mittlere und kleine Gesellschaften.

anhang ausgewiesenen Honorare liegen von *Lenz et al.* (2006), *Petersen/Zwirner* (2008), *Bigus/Zimmermann* (2008) und *Köhler et al.* (2010) vor, deren Arbeiten im Folgenden kurz vorgestellt werden.

Lenz et al. (2006) untersuchen den deutschen Markt für Leistungen des Abschlussprüfers für das Jahr 2005 anhand 96 kapitalmarktorientierter Unternehmen. Sie identifizieren auffallend hohe Prüfungshonorare bei einzelnen Mandanten, erörtern die Ursachen und führen diese überwiegend auf einmalige Sachverhalte, wie bspw. auf Nachtragsprüfungen gem. § 316 Abs. 3 HGB zurück. Auch gelingt den Autoren der Nachweis, dass die Honorare für Prüfungsleistungen und prüfungsnahe Dienstleistungen bei SEC-Emittenten rund 7,3 % höher sind als bei nicht SEC-notierten Gesellschaften. Ein von den Verfassern ermittelter Anteil der Prüfungshonorare von rund 66 % an den Gesamthonoraren lässt die Autoren zu dem Schluss gelangen, dass der Anteil der Nichtabschlussprüfungsleistungen (34 %) insgesamt „moderat" sei.[1310]

Petersen/Zwirner (2008) analysieren die Honorare in Konzernabschlüssen der Prime-Standard Unternehmen zum 31.12.2006 (2005/06) und stellen eine ausgeprägte Konzentration des Marktes fest.[1311] Die von den Abschlussprüfern erzielten Honorare entfallen überwiegend auf KPMG (479 Mio. €) und PwC (241 Mio. €), während Ernst&Young und Deloitte deutlich geringere Umsätze erzielen.[1312] Des Weiteren betrachten die Autoren die Honorare der einzelnen Kategorien gem. § 314 Abs. 1 Nr. 9 HGB.[1313] Der durchschnittliche Honoraranteil für Abschlussprüfungsleistungen fällt mit 71 % bei den DAX-Unternehmen am höchsten aus (MDAX 63 %, SDAX 57 %, TecDAX 69 %). Die Ursachen unterschiedlich hoher Beratungshonorare werden in der Studie nur am Rande dargestellt und mögliche Konsequenzen insbesondere für die Unabhängigkeit des Prüfers nicht näher kritisch diskutiert. Außerdem ist die Aussagekraft dieser Studie eingeschränkt, da die Autoren teilweise die Honorare des weltweiten Netzwerkes in ihre Untersuchung einbeziehen.[1314] Die von *Petersen/Zwirner* (2008) betrachteten Vergütungen der Prüfer dürften daher deutlich über den tatsächlich auf den Konzernabschlussprüfer i.S.d. § 318 Abs. 2 HGB entfallenden Honoraren liegen und die Vergleichbarkeit zwischen den Unternehmen beeinträchtigen.

[1310] Darüber hinaus könnte ein *response bias* die Datenqualität beeinträchtigen, da befragte Unternehmen keinen Anreiz haben, wahre Auskünfte zu erteilen.
Vgl. *Lenz et al.* (2006), S. 1792.
[1311] Vgl. *Petersen/Zwirner* (2008), S. 279-290.
[1312] Vgl. *Petersen/Zwirner* (2008), S. 286.
[1313] Vgl. *Petersen/Zwirner* (2008), S. 285.
[1314] Eine Aussage zur wirtschaftlichen Abhängigkeit des Abschlussprüfers kann anhand der Daten von *Petersen/Zwirner* (2008) nicht getroffen werden, da bspw. die von der Deutschen Bank AG an KPMG weltweit gezahlten Honorare i.H.v. 61 Mio. € erheblich von den auf die KPMG Europe LLP entfallenden Honoraren (i.H.v. 25 Mio. €) abweichen. Auch die Honorare von Ernst&Young und PwC bei der Deutschen Telekom AG (Joint Audit) werden nur saldiert erfasst, so dass eine Beurteilung der Gefährdung der Unabhängigkeit kaum möglich ist (vgl. *Petersen/Zwirner* (2008), S. 286).

Untersuchungsgegenstand und Abgrenzung der Stichprobe 299

Bigus/Zimmermann (2008) betrachten die Honorarangaben von 172 börsennotierten Unternehmen zum 31.12.2005 und stellen eine hohe Konzentrationsrate fest.[1315] Rund 90 % der Gesamthonorare entfallen auf die Big4-Gesellschaften. Ferner ermitteln die Autoren einen Beratungsanteil von 41,9 %, welcher den von *Lenz et al.* (2006) ermittelten Anteil von rund 34 % deutlich übersteigt. Ursächlich für den erheblichen Unterschied dürfte die abweichende Stichprobe sein: Während *Lenz et al.* (2006) ausschließlich die Unternehmen des Prime-Standards betrachten, berücksichtigen *Bigus/Zimmermann* (2008) zusätzlich die Unternehmen des GEX.[1316] Diese eigentümergeführten Unternehmen beziehen demnach mehr Beratungsleistungen vom Konzernprüfer als die überwiegend im Streubesitz befindlichen Gesellschaften des Prime-Standards.[1317] Gemeinsam sind die vorgestellten empirischen Untersuchungen dadurch eingeschränkt, dass keine über eine einperiodische Betrachtung hinausreicht.

Dieses Manko überwinden *Köhler et al.* (2010) in ihrer umfangreichen Betrachtung kapitalmarktorientierter Unternehmen. Anhand von insgesamt 1.341 Beobachtungen, die sich auf die Jahre 2005 ($n = 460$), 2006 ($n = 448$), 2007 ($n = 433$) verteilen, belegen die Autoren ebenfalls eine deutliche Dominanz der Big4-Gesellschaften. Danach entfällt auf diese ein kumulierter Marktanteil von 93 % der Prüfungshonorare. Von den zum 31.12.2007 (zzgl. abweichender Stichtage) insgesamt gezahlten 430.030 T€ erzielt alleine KPMG mit 248.230 T€ einen Anteil von 57,7 % der Prüfungshonorare. Auf PwC entfällt mit 93.423 T€ ein Marktanteil von 21,7 %. Im Vergleich dazu erreichen Ernst&Young und Deloitte mit 3,5 % bzw. 2,0 % bereits deutlich geringere Werte.[1318] Von Interesse für diese Untersuchung sind ferner die von *Köhler et al.* (2010) aufgezeigten Veränderungen des Beratungsanteils. Diese sind innerhalb der betrachteten Stichprobe von 40,7 % im Jahr 2005 auf 29,0 % im Jahr 2007 gesunken. Ob dieser Rückgang auf eine erhöhte Sensibilität der Marktakteure hinsichtlich einer möglichen Beeinträchtigung der Unabhängigkeit zurückzuführen ist, kann nicht abschließend beurteilt werden. Denkbar wäre auch, dass eine erstmalige IFRS-Anwendung zahlreicher Unternehmen im Jahr 2005 für besonders umfangreiche Beratungsleistungen ursächlich ist.

10.3 Untersuchungsgegenstand und Abgrenzung der Stichprobe

Die Stichprobe der folgenden Untersuchung umfasst die Konzernabschlüsse der im Prime-Standard der Deutschen Börse AG zum 31. Dezember 2005, 2006 und 2007 gelisteten Unternehmen.[1319] Gesellschaften mit Sitz im Ausland wurden eliminiert, da diese nicht den han-

---

[1315] Vgl. *Bigus/Zimmermann* (2008), S. 159-179.
[1316] Vgl. *Bigus/Zimmermann* (2008), S. 163.
[1317] In diesem Zusammenhang sei darauf hingewiesen, dass die im GEX-notierten Unternehmen auch im Prime-Standard (DAX, MDAX, SDAX, TecDAX) notiert sein können.
[1318] Vgl. *Köhler et al.* (2010), S. 14.
[1319] Für Konzerne mit abweichendem Bilanzstichtag blieben die Abschlüsse des Geschäftsjahres 2004/05 unberücksichtigt, so dass bei diesen Unternehmen lediglich zwei Perioden (2005/06 und 2006/07) Beachtung finden.

delsrechtlichen Offenlegungspflichten gem. § 314 Abs. 1 Nr. 9 HGB unterliegen. Erfolgte die Abschlussprüfung durch zwei unabhängige Prüfer (*Joint Audit*), wurden die Honorare für jede Prüfungsgesellschaft getrennt ausgewertet.[1320]

Wie aus *Tabelle 10-1* hervorgeht, werden zum 31. Dezember 2005 von 160 Unternehmen des Prime-Standards 141 Konzernabschlüsse in die Untersuchung einbezogen.[1321] Die Stichprobe erhöhte sich durch drei Joint Audits auf 144 Honorarangaben.[1322] Neun ausländische Gesellschaften, zwei Konzerne, die ihre Berichtspflichten verletzten, sowie acht Gesellschaften, deren Geschäftsjahr 2004/05 bereits vor dem 1. Januar 2005 begann, wurden eliminiert.[1323] Zum 31. Dezember 2006 werden 145 Konzernabschlüsse in die Untersuchung einbezogen, darunter zwei Joint Audits (147 Honorarangaben). Unberücksichtigt blieben 13 ausländische Gesellschaften, sowie eine Gesellschaft, welche die Offenlegung der Honorare versäumte, während eine weitere Gesellschaft aufgrund einer Verschmelzung keinen Konzernabschluss erstellte. Zum 31. Dezember 2007 fließen 151 Anhangsangaben in die Untersuchung ein. Insgesamt umfasst die Stichprobe somit 442 Honorarangaben, die sich annähernd gleichmäßig auf die drei betrachteten Perioden verteilen.

Stichprobenumfang (Anzahl)				
Periode	2005	2006	2007	∑
Grundgesamtheit (DAX (30), MDAX (50), SDAX (50), TecDAX (30))	160	160	160	480
Honorarangaben nicht verfügbar	-10	-2	-	-12
Sitz der Gesellschaft im Ausland	-9	-13	-11	-33
Joint Audit	+3	+2	+2	+7
Bereinigte Stichprobe	144	147	151	442

Tabelle 10-1: Stichprobenumfang der Honorarstudie

[1320] Im relevanten Rechnungslegungshinweis des *IDW RH HFA 1.006* (2005), Nr. 3. (11) ist geregelt, dass im Falle eines *Joint Audits* der Honorarausweis für beide Abschlussprüfer getrennt zu erfolgen hat. Zur Gemeinschaftsprüfung und zur Verwendung der Arbeit eines anderen externen Prüfers siehe *IDW PS 208*.

[1321] Von den insgesamt 141 betrachteten Unternehmen erstellten 11 einen befreienden Konzernabschluss gem. § 292a HGB nach US-GAAP. Dies sind die Gesellschaften: *Daimler AG* (2006), *Deutsche Bank AG* (2006), *E.on AG* (2006), *Fresenius Medical Care AG* (2006), *Siemens AG* (2005), *Thyssen Krupp AG* (2005), *Fresenius AG* (2006), *Epcos AG* (2006), *GPC Biotech* (2006), *Q-Cells AG* (2006).

[1322] Betrifft die Gesellschaften *Deutsche Telekom AG*, *Metro AG* und *Bilfinger & Berger AG*.

[1323] Ein abweichender Stichtag liegt bei den Gesellschaften *MVV Energie AG* (2005), *Norddeutsche Affinerie (Aurubis) AG* (2005), *Hornbach Holding AG* (2005), *Garry Weber International AG* (2005), *Escada AG* (2005), *Wincor Nixdorf AG* (2005), *Techem AG* (2005), *Südzucker AG* (2005) vor. Bei anderen Gesellschaften mit ebenfalls abweichendem Stichtag erfolgte entweder eine freiwillige Offenlegung der Honorare z.B. *Siemens AG* (2005), *Infineon* (2005) oder es wurden im folgenden Abschluss freiwillige Angaben zur Vergleichsperiode publiziert.

10.4 Ausmaß der Marktkonzentration

10.4.1 Kennzahlenbildung

Zur Messung der Marktkonzentration werden in der Literatur unterschiedliche Kennzahlen genannt. Die *Konzentrationsrate KR(g)* und der *Herfindahl-Hirschmann-Index (HHI)* finden als absolute Messgrößen häufig Anwendung. Die relative Konzentration wird meist mittels des *Gini-Koeffizienten (G)* oder der *Lorenz-Kurve* dargestellt.[1324]

$$KR(m) = \frac{\sum_{i=1}^{m} X_i}{\sum_{i=1}^{n} X_i}; \quad KR(Big4) = \frac{\sum_{i=1}^{4} X_i}{\sum_{i=1}^{n} X_i}$$

X_i = *Ausprägung des Merkmalträgers i,* (10.4.1)

$\sum_{i=1}^{n} X_i$ = *Summe aller Merkmalsausprägungen i = 1,2,...,n*

$\sum_{i=1}^{m} X_i$ = *Summe der interessierenden Merkmalsausprägungen j = 1,2,...,m, für KR (Big4) gilt m=4*

Dem Gesetz gegen Wettbewerbsbeschränkungen *(GWB)* nach liegt ein Oligopol vor, sobald drei oder weniger Unternehmen einen Marktanteil von mehr als 50 % oder fünf oder weniger Unternehmen einen Marktanteil von mehr als 66,6 % erlangen.[1325] Im Folgenden wird die Konzentrationsrate sowohl für die Merkmalsausprägung *Anzahl der Mandate* eines Abschlussprüfers als auch mittels der Höhe der von einem Abschlussprüfer bei seinen Mandaten erzielten *Honorare,* wie folgt, ermittelt.

Der *Herfindahl-Hirschmann-Index (HHI)* resultiert aus dem Quadrieren der Anteile der Merkmalsträger an der Summe der Merkmalsausprägungen sowie der anschließenden Summierung über sämtliche Merkmalsträger.[1326]

$$HHI = \sum_{i=1}^{n} \left(\frac{X_i}{n \times \overline{X}} \right)^2$$ (10.4.2)

$\overline{X}$ = *Mittelwert der Merkmalsausprägungen i= 1,2,...,n*

Die Gewichtung der Merkmalsträger durch das Quadrieren hat zur Folge, dass die Träger mit einem großen Anteil an der Merkmalssumme entsprechend stärker gewichtet sind. Folglich wird der Index von den großen Marktpartizipanten bestimmt und verhält sich gegenüber kleinen Merkmalsträgern unsensibel. Bei einer vollständigen Konzentration gilt *HHI = 1*, bei

---

[1324] Vgl. *Marten/Schultze* (1998), S. 363-365; *Quick/Wolz* (1999), S. 177; *Lenz* (1997), S. 7, *Stefani* (2006), S. 122-124; *Abidin et al.* (2008), S. 9-10.
[1325] § 19 Abs. 3 Nr. 2 GWB; *Möller/Höllbacher* (2009), S. 654.
[1326] Vgl. *Utton* (2003), S. 178.

minimaler hingegen $1/n$.[1327] Bei einem $HHI < 0,10$ wird eine geringe Konzentration des Marktes unterstellt. Übersteigt der Wert des $HHI > 0,18$, liegt ein hohes Maß an Konzentration vor.[1328]

Die *Lorenz-Kurve* ist eine graphische Darstellung der Häufigkeitsverteilung. Dabei werden die kumulierten prozentualen Anteile der Merkmalsträger den prozentualen Anteilen an der Merkmalssumme in einem Koordinatensystem gegenübergestellt. Aus dieser Darstellungsweise resultiert, dass die Lorenz-Kurve immer eine monoton wachsende, konvexe Funktion beschreibt, deren Funktionswerte niemals die Hauptdiagonale übersteigen. Die Stärke der Konzentration ergibt sich aus der Abweichung der Lorenz-Kurve von der diagonalen Gleichverteilungsgeraden. Je ausgeprägter die Konzentration ist, desto konvexer verläuft die Lorenzkurve, d.h. desto stärker hängt diese nach unten durch und weicht von der Hauptdiagonale ab.[1329] Im Falle einer vollständigen Gleichverteilung des Marktes fallen Lorenz-Kurve und Diagonale zusammen.

Der *Gini-Koeffizient* (G) ist eine Verhältniskennzahl und ergibt sich aus der Fläche zwischen der *Lorenz-Kurve* und der Gleichverteilungsgeraden relativ zur Dreiecksfläche unterhalb der Halbdiagonalen. Entsprechend gilt:

$$G = \frac{2\sum_{i=1}^{n} i \times X_i}{n \sum_{i=1}^{n} X_i} - \frac{n+1}{n} \tag{10.4.3}$$

Die Ermittlung des *Gini-Koeffizienten* setzt eine ordinale Skalierung der Werte voraus. Ist diese gewährleistet, signalisiert ein steigender Gini-Koeffizient eine zunehmend ungleiche Verteilung der Merkmalssummen. Bei vollständiger Gleichverteilung beträgt der Gini-Koeffizient *0*. Bei einer völligen Konzentration erreicht der Koeffizient einen Maximalwert, der nur geringfügig unter dem Wert *1* liegt. Eine sehr hohe Konzentration liegt vor, wenn $G > 0,9$ gilt. Werte zwischen $0,6 < G \leq 0,9$ werden als Ausdruck einer hohen Konzentration erachtet. Erreicht der Koeffizient hingegen lediglich Werte von $0,4 < G \leq 0,6$, ist die Konzentration des betrachteten Marktes moderat.[1330]

10.4.2 Verteilung der Prüfungsmandate

Wie aus *Tabelle 10-2* hervorgeht, ist die Konzentrationsrate *KR(Big4)*, gemessen an der absoluten Anzahl der Mandate, zwischen dem 31.12.2005 und dem 31.12.2007 von 77 % auf 83 % gestiegen. Der Markt für Prüfungsleistungen entspricht (zumindest in Bezug auf den Prime-

---

[1327] Vgl. *Marten/Schultze* (1998), S. 364.
[1328] Vgl. *Everitt* (2006); *Möller/Höllbacher* (2009), S. 655.
[1329] Vgl. *Marten/Schultze* (1998), S. 364.
[1330] Vgl. *Stefani* (2006), S. 124.

Ausmaß der Marktkonzentration

Standard) somit einem Oligopol. Besonderes deutlich fällt die Konzentration bei den DAX-Unternehmen aus. Zum 31.12.2005 sind BDO und PKF Fasselt & Partner die einzigen Non-Big4-Gesellschaften unter den DAX-Prüfern.[1331] In den Geschäftsjahren 2006 und 2007 werden sogar sämtliche DAX-Konzerne von Big4-Gesellschaften geprüft. Ein Anstieg der Marktkonzentration auf bereits hohem Niveau wird auch anhand des in Tabelle 10-2 dargestellten Herfindahl-Hirschmann Index (HHI) ersichtlich. Dieser übersteigt in sämtlichen Perioden den in einschlägiger Literatur als kritisch erachteten Schwellenwert von 0,18 und nimmt im Zeitvergleich von $HHI_{2005} = 0,181$ auf $HHI_{2007} = 0,195$ zu. Ähnlich dokumentieren Gini-Koeffizienten (G) zwischen $G_{2005} = 0,696$ und $G_{2007} = 0,889$ eine hohe, im chronologischen Vergleich steigende Konzentration.

Marktanteil (Anzahl der Mandate)															
	DAX			MDAX			SDAX			TecDAX			SUMME		
Periode	2005	2006	2007	2005	2006	2007	2005	2006	2007	2005	2006	2007	2005	2006	2007
Anzahl	32	31	31	44	48	49	43	44	47	25	24	24	144	147	151
Big4	30	31	31	34	42	43	27	28	33	20	19	18	111	120	125
KPMG	18	19	20	9	12	14	7	7	6	5	5	4	39	43	44
PwC	10	11	10	15	17	17	7	6	7	6	3	3	38	37	37
Ernst&Young	1	1	1	7	8	7	7	8	11	7	9	9	22	26	28
Deloitte	1	0	0	3	5	5	6	7	9	2	2	2	12	14	16
NonBig4	2	0	0	10	6	6	16	16	14	5	5	6	33	27	26
KR(Big4)	94%	100%	100%	77%	88%	88%	63%	64%	70%	80%	79%	75%	77%	82%	83%
HHI													,181	,193	,195
Gini-Koeffizient													,696	,711	,889

Tabelle 10-2: Konzentrationsrate gemessen anhand der Anzahl der Mandate

Eine zunehmende Marktkonzentration geht auch aus der Verschiebung der Lorenz-Kurven hervor (siehe Abbildung 10-1). Während in den Jahren 2005 und 2006 noch 22 Wirtschaftprüfungsgesellschaften die Konzernabschlüsse der Unternehmen des Prime Standards prüften, waren 2007 nur noch 19 Prüfungsgesellschaften vertreten.

[1331] Betrifft die Metro AG (2006).

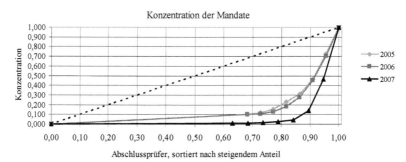

Abbildung 10-1: Lorenz-Kurven der Mandatsverteilung im Zeitvergleich

Neben dem hohen Marktanteil der Big4-Gesellschaften unterscheidet sich die Verteilung der Mandate auch innerhalb des Kreises dieser Wirtschaftsprüfungsgesellschaften erheblich. PwC und KPMG dominieren gegenüber Ernst&Young und Deloitte bei der Prüfung der DAX- und MDAX-Unternehmen, wie eine Konzentrationsrate ($KR_{(KPMG,PwC;DAX;2007)}$) von 96,7 % (30 von 31 Mandaten) bzw. $KR_{(KPMG,PwC;MDAX;2007)}$ 63,3 % (31 von 49 Mandaten) belegt. Zum 31.12.2007 prüfen die beiden Gesellschaften die Abschlüsse sämtlicher DAX-Konzerne. Ernst&Young ist lediglich im Rahmen eines Joint Audits bei der Deutschen Telekom AG involviert,[1332] während Deloitte seit dem Verlust der BASF AG an KPMG zum 31.12.2006 das zweite Jahr in Folge kein DAX-Unternehmen prüft.[1333] Somit existiert ein Duopol im wettbewerbsrechtlichen Sinne.[1334] Bei den SDAX- und TecDAX-Unternehmen liegt hingegen eine gleichmäßige Verteilung der Mandate unter den Big4-Gesellschaften vor. Auch werden die in diesen Indizes gelisteten Unternehmen zu einem Anteil von 20 % bis 37 % von großen nationalen bzw. mittelständischen Praxen (einschl. BDO, PKF, Rödl & Partner, Susat & Partner) geprüft. Diese Unterschiede in Abhängigkeit des Index könnten darauf zurückzuführen sein, dass Big4-Gesellschaften vorrangig auf die Übernahme großer, reputationsträchtiger und zugleich risikoarmer Prüfungsmandate zielen.[1335] Ferner sind sowohl die DAX-Unternehmen als auch die Big4-Gesellschaften vergleichsweise international ausgerichtet. Die Betreuung ausländischer Tochtergesellschaften kann bei der Wahl einer Big4-Gesellschaft eher vom Konzernprüfer wahrgenommen werden als durch mittelständische Praxen, die meist nicht über die Repräsentanzen bzw. die erforderlichen personellen Ressourcen im Ausland verfü-

---

[1332] Für das zum 30.09.2009 endende Geschäftsjahr wird Ernst&Young erstmalig den Konzernabschluss der *Siemens AG* prüfen.
[1333] Erst durch die Aufnahme der *K+S AG* in den DAX gegen Ende des Jahres 2008 prüft Deloitte erneut ein DAX-Unternehmen.
[1334] Vgl. § 19 Abs. 3 Nr. 2 GWB.
[1335] Vgl. *Rama/Read* (2006), S. 97-109.

Ausmaß der Marktkonzentration 305

gen. Auch könnte die bei internationalen Mandanten erforderliche branchenspezifische Expertise bei den Big4-Gesellschaften eher gegeben sein als bei mittelständischen Praxen.

10.4.3 Verteilung der Honorare

Noch deutlicher wird das Ausmaß der Konzentration bei dem in *Tabelle 10-3* dargestellten Vergleich der Gesamthonorare der Konzernprüfer. Die Betrachtung der Gesamthonorare wurde gewählt, da diese auch in Bezug auf die Regelungen zur Vermeidung der Umsatzabhängigkeit maßgeblich sind. Ferner weisen *Bigus/Zimmermann* (2008) nach, dass das in der Vergangenheit häufig gewählte Konzentrationssurrogat *Bilanzsumme* (siehe *Tabelle 10-5*) stärker mit dem *Gesamthonorar* und weniger ausgeprägt mit dem *Prüfungshonorar* korreliert. Um die Vergleichbarkeit dieses Beitrages mit den Ergebnissen früherer Studien zum hiesigen Markt zu wahren, beziehen sich die nachfolgenden Angaben daher auf das gesamte Honorar des Abschlussprüfers.[1336] Von 682.250 T€, die von den 151 betrachteten Unternehmen im Geschäftsjahr 2007 (2006/07) für Prüfungs- und Beratungsleistungen der Konzernabschlussprüfer aufgewendet wurden, entfallen lediglich 17.606 T€ auf NonBig4-Gesellschaften. Dies entspricht einem Anteil von weniger als 2,6 %. Zum 31.12.2005 betrug deren Anteil an insgesamt 626.399 T€ mit 26.829 T€ noch rund 4,3 %. Der Eindruck einer hohen Konzentration, gemessen anhand der Honorarverteilung, wird auch durch die in *Tabelle 10-3* dargestellten Herfindahl-Hirschmann Indizes (*HHI*) und Gini-Koeffizienten (*G*), welche für das Jahr 2006 jeweils Höchstwerte von $HHI_{2006} = 0,419$ bzw. $G_{2006} = 0,888$ erreichen, bestätigt.

Marktanteil (Gesamthonorar Mio. €)													
	DAX			MDAX			SDAX			TecDAX			SUMME*
Periode Anzahl	2005 32	2005 32	2007 31	2005 44	2006 48	2007 49	2005 43	2006 44	2007 47	2005 25	2006 24	2007 24	2005 2006 2007 144 147 151
Big4	471,1	532,5	529,1	96,0	85,7	88,1	17,7	18,5	30,0	14,7	11,7	17,5	599,6 648,7 664,6
KPMG	278,9	322,5	333,6	26,6	31,3	24,4	7,4	5,2	3,8	4,9	3,3	1,9	317,7 362,3 363,7
PWC	161,5	186,0	178,1	51,1	35,7	39,9	3,6	4,3	4,7	5,2	2,2	2,7	221,3 228,1 225,5
Ernst&Young	24,2	24,0	17,3	11,8	13,3	18,6	2,9	3,1	15,9	3,7	5,0	11,6	42,7 45,4 63,3
Deloitte	6,6	0,0	0,0	6,5	5,4	5,2	3,8	6,2	5,7	1,0	1,2	1,3	17,9 12,8 12,1
NonBig4	6,8	0,0	0,0	10,7	6,5	6,2	6,6	7,4	7,9	2,8	2,8	3,4	26,8 16,7 17,6
SUMME	477,9	532,5	529,1	106,6	92,2	94,3	24,3	26,2	37,9	17,5	14,6	20,9	626,4 665,4 682,3
KR(Big4)	99%	100%	100%	90%	93%	93%	73%	72%	79%	84%	81%	84%	96% 97% 97%
HHI													,399 ,419 ,403
Gini-Koeffizient													,878 ,888 ,867

Tabelle 10-3: *Konzentrationsrate gemessen anhand der Gesamthonorare*

[1336] Im Rahmen einer separaten Konzentrationsmessung anhand der Prüfungshonorare wurden keine wesentlichen Unterschied im Vergleich zur Betrachtung der Gesamthonorare sichtbar. Die Konzentrationsrate, gemessen anhand der Prüfungshonorare, erreichte für das Geschäftsjahr 2005 einen Wert von 96 %. Im Folgejahr stieg das Konzentrationsniveau auf 98 %, bevor das Konzentrationsmaß im Jahr 2007 marginal auf 97 % fiel. Somit stimmen die Werte mit denen der Konzentrationsmessung anhand der Gesamthonorare (siehe *Tabelle 10.3*) für die Geschäftsjahre 2005 und 2007 vollständig überein. Auch im Geschäftsjahr 2007 erreicht der Unterschied in der Konzentrationsmessung des Marktanteils der Big4-Gesellschaften lediglich 1 %, so dass auf eine ausführliche Darstellung verzichtet werden kann.

306   Marktkonzentration, Beratungshonorare und Umsatzabhängigkeit

Die in *Abbildung 10-2* dargestellten *Lorenz-Kurven* zeigen eine konstant hohe Konzentration auf dem Markt für Abschlussprüfungsleistungen anhand der Honorare auf. Die Verläufe der Kurven zeigen im Zeitvergleich lediglich geringfügige Abweichungen. Eine geringe Verschiebung der Kurve nach links deutet sogar auf eine leicht rückläufige Konzentration hin. Die scheinbar gleichmäßigere Verteilung der Honorare zwischen den Wirtschaftsprüfungsgesellschaften in 2007 (geringfügig) gegenüber dem Vorjahr darf jedoch zu keinen falschen Rückschlüssen verleiten. So muss bei der Interpretation bedacht werden, dass zum 31.12.2007 ein Rückgang der Anzahl der in die Untersuchung einbezogenen Abschlussprüfer von 22 auf 19 erfolgte, da drei NonBig4-Gesellschaften vollständig aus dem Marktsegment Prime-Standard verdrängt wurden.

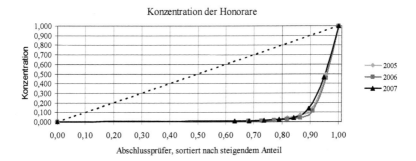

Abbildung 10-2: Lorenz-Kurven der Honorarverteilung im Zeitvergleich

Der überragende Marktanteil der Big4-Gesellschaften ($KR_{(Big4)}$) resultiert, wie aus *Tabelle 10-4* hervorgeht, nicht nur aus der hohen Anzahl der Mandate sondern auch aus den durchschnittlich höheren Honoraren. Während die Big4-Prüfer zum 31.12.2007 ein durchschnittliches Honorar von 5.317 T€ pro Mandant (5.401 T€ (2005)) erreichten, betrug die Vergütung der NonBig4-Gesellschaften, insbesondere aufgrund der Größe der von ihnen betreuten Mandate, lediglich 677 T€ (813 T€ (2005)). Neben einem Rückgang der Anzahl der von NonBig4-Gesellschaften geprüften Mandate von 33 (2005) auf 26 (2007) (*Tabelle 10-2*) begründet die Reduzierung der von NonBig4-Gesellschaften erzielten Honorare um 15,5 % (*Tabelle 10-4*) während des betrachteten Zeitraums deren abnehmenden Marktanteil.[1337] Der Rückgang des mittleren Honorars bei den Big4-Gesellschaften von 5.401 Mio. € (2005) auf 5.317 Mio. € (2007) um 1,6 % fällt im Vergleich zu dem Rückgang bei den NonBig4-Gesellschaften mode-

---

[1337] Abidin et al. (2008), S. 23 zeigen eine nennenswerte Konzentrationsentwicklung für den britischen Markt auf. Im Zeitverlauf 1998-2003 fällt der Marktanteil der Big4/5 gemessen anhand der Mandate von 76 % (1998) auf 68 % (2003). Gleichzeitig steigt jedoch die Konzentration hinsichtlich der Honorare von 95 % (1998) auf 96 % (2003).

rat aus. Vor dem Hintergrund eines während des gleichen Zeitraumes um 5,4 % gestiegenen preisbereinigten Bruttoinlandsproduktes $(BIP)^{1338}$ dürfte diese Honorarentwicklung jedoch auch für die großen internationalen Wirtschaftsprüfungsgesellschaften unbefriedigend sein.

Durchschnittliche Honorare (Mio. €)															
	DAX			MDAX			SDAX			TecDAX			Durchschnitt		
Periode	2005	2005	2007	2005	2006	2007	2005	2006	2007	2005	2006	2007	2005	2006	2007
Anzahl	32	32	31	44	48	49	43	44	47	25	24	24	144	147	151
Big4	15,70	17,18	17,07	2,82	2,04	2,05	0,66	0,67	0,91	0,74	0,62	0,97	5,40	5,41	5,32
KPMG	15,49	16,97	16,68	2,95	2,61	1,74	1,06	0,75	0,64	0,98	0,67	0,47	8,15	8,43	8,27
PwC	16,15	16,91	17,81	3,41	2,10	2,35	0,51	0,71	0,67	0,86	0,73	0,91	5,82	6,17	6,09
Ernst&Young	24,20	24,00	17,30	1,69	1,66	2,65	0,42	0,39	1,44	0,53	0,56	1,29	1,94	1,75	2,26
Deloitte	6,60	0,00	0,00	2,16	1,08	1,03	0,64	0,88	0,63	0,48	0,62	0,65	1,49	0,91	0,76
NonBig4	3,40	0,00	0,00	1,07	1,09	1,04	0,41	0,46	0,57	0,56	0,56	0,57	0,81	0,62	0,68

Tabelle 10-4: Durchschnittliche Honorare der Abschlussprüfer

Neben Honorarunterschieden zwischen den internationalen und den mittelgroßen Gesellschaften existieren, wie bereits angedeutet, auch innerhalb der Gruppe der großen Gesellschaften Unterschiede. Während KPMG zum 31.12.2007 durchschnittliche Gesamthonorar von 8.267 T€ je Mandant erzielt, fällt das mittlere Gesamthonorar von Deloitte mit 757 T€ erheblich niedriger aus. Dieser Unterschied ist jedoch nicht unmittelbar auf die Prüfungsgesellschaften zurückzuführen, sondern durch die Mandatsstruktur bedingt. Während die von KPMG und PwC geprüften DAX-Unternehmen zum 31.12.2007 Aufwendungen von durchschnittlich 17.067 T€ für Leistungen des Abschlussprüfers ausweisen,[1339] erzielten die Prüfer bei MDAX-Unternehmen mit durchschnittlich 1.925 T€ bereits deutlich niedrigere Honorare. Neben der Prestigeträchtigkeit der DAX-Mandanten dürfte somit auch ein hohes wirtschaftliches Interesse des Abschlussprüfers mit dem Erhalt dieser Mandate verbunden sein. Für Leistungen bei SDAX-Unternehmen lassen sich im Mittel Erlöse i.H.v. 806 T€ generieren, welche noch unterhalb der Honorare bei den vergleichsweise jungen Konzernen des TecDAX (866 T€) liegen.

10.4.4 Konzentrationsentwicklung des Marktes im Zeitvergleich

Der Vergleich der Mandatsverteilung zeigt, dass die Konzentration auf bereits hohem Niveau während der Perioden 2005 bis 2007 weiter angestiegen ist. Auch bezüglich der Verteilung der Honorare wird diese Entwicklung zumindest bei Betrachtung der Konzentrationsrate be-

---

[1338] Vgl. *Statistisches Bundesamt* (2008), S. 1.
[1339] Der hier vorgenommene Vergleich ist dadurch eingeschränkt, dass vier DAX-Unternehmen ausschließlich die weltweiten Honorare ausweisen. Diese Honorare dürfen daher die des handelsrechtlichen Konzernprüfers übersteigen. Nach Eliminierung der besagten vier Unternehmen, liegt das durchschnittliche Gesamthonorar bei den DAX-Unternehmen bei 10.952 Mio. €. Aufgrund der Neutralisierung von vier (hinsichtlich der Marktkapitalisierung zum 31.12.2007) großen Unternehmen *E.on AG* (90.015T€), *Siemens AG* (90.454 T€), *Daimler AG* (63.595 T€) und *BASF AG* (47.100 T€), dürfte der tatsächliche Wert des durchschnittlichen Honorars bei ca. 13-15 Mio. € liegen (zur Marktkapitalisierung der Unternehmen siehe *Deutsche Börse AG* (2008a)).

stätigt (siehe *Tabelle 10-3*). Dagegen weisen die Lorenzkurven, die Herfindahl-Hirschmann-Indizes und die Gini-Koeffizienten bei der Betrachtung der Gesamthonorare keine eindeutigen Tendenzen während der drei untersuchten Jahre auf. Ursächlich hierfür ist auch die eingeschränkte Vergleichbarkeit der Konzentrationsmaße aufgrund des Rückgangs der Anzahl einbezogener Prüfungsgesellschaften. Somit zeigen die Maße lediglich, dass die Konzentration innerhalb der Gruppe der 19 betrachteten Prüfungsgesellschaften im Jahr 2007 niedriger ist, als jene innerhalb der 22 Prüfer, welche in den Vorjahren bei den Prime-Standard Unternehmen engagiert wurden. Unberücksichtigt bleibt jedoch, dass von den insgesamt 2.496 (2.444) Wirtschaftsprüfungsgesellschaften, welche im Januar 2009 (2008) bei der Wirtschaftsprüferkammer registriert waren, über 99 % Prozent keine der betrachteten großen börsennotierten Gesellschaften prüfen.[1340] Eine weitere Grenze der Ergebnisinterpretation ergibt sich, da nicht abschließend beurteilt werden kann, ob das Ansteigen der Konzentrationsrate ($KR_{(BIG4)}$) auf ein kurzfristiges Phänomen oder eine anhaltende Entwicklung zurückzuführen ist. Frühere Studien zum deutschen Prüfungsmarkt, welche ähnlich hohe Konzentrationen dokumentieren, sind, wie bereits ausgeführt, nur bedingt vergleichbar, da die Konzentration mit Hilfe von Surrogaten (*Umsatzerlöse, Bilanzsumme*, etc.) ermittelt wurde.[1341] Auch weichen die Grundgesamtheiten dieser Studien voneinander und von dieser Studie ab.[1342] Lediglich die Forschungsergebnisse von *Bigus/Zimmermann* (2008), *Petersen/Zwirner* (2008) und *Köhler et al.* (2010) basieren bereits auf Honorarangaben in Konzernabschlüssen. Eingeschränkt wird die Vergleichbarkeit jedoch, da *Bigus/Zimmermann* (2008) neben den Blue-Chips des Prime-Standards auch familiengeführte Gesellschaften berücksichtigen,[1343] während *Petersen/ Zwir-*

[1340] Vgl. *WPK* (2009a), S. 1)
[1341] Die hohe Konzentration auf dem deutschen Prüfungsmarkt ist seit der Durchführung erster Messungen durch *Schruff* (1973) beobachtbar. Anhand aller 1967/68 im Bundesanzeiger veröffentlichten Jahresabschlüsse konnte nachgewiesen werden, dass 78,9 % der Prüfungsunternehmen nur 10 % des Marktvolumens abdecken. Die restlichen 90 % werden von 21,1 % der Gesellschaften geprüft. Bestätigt werden diese Forschungsergebnisse durch *Helmenstein* (1996), S. 44). Dem entgegen stellt *Lenz* (1996) anhand von 200 im Jahre 1990 notierten Aktiengesellschaften fest, dass sich der Konzentrationsprozess in „weniger spektakulärer und abgeschwächter Weise fortsetzt" (*Lenz* (1996), S. 279). *Marten/Schultze* (1998, S. 383) weisen anhand von 250 deutschen AG's (1990-1994) eine zunehmende Konzentration nach (Diese Einschätzung resultiert aus dem Vergleich der eigenen Studie mit den Ergebnissen von *Schruff* (1973)). Auch *Quick/Wolz* (1999, S. 181) stellen bei 200 börsennotierten Gesellschaften zwischen 1991 und 1994 eine erhöhte Anbieterkonzentration innerhalb der Gruppe der großen Prüfungsgesellschaften fest. Ferner bemerken die Autoren, dass die Konzentrationstendenz insgesamt jedoch gebremst sei. *Gloßner* (1998), S. 224 beobachtet bei börsennotierten Unternehmen (1987 und 1995) eine zunehmende Konzentration. *Lenz/Ostrowski* (1999) stellen bei einer Erhebung sämtlicher börsennotierter Unternehmen für das Jahr 1996 eine Konzentration der sechs größten Anbieter (Big6) von 83 % fest.
[1342] So betrachten *Marten/Schultze* (1998) und *Quick/Wolz* (1999) die Abschlüsse börsennotierter Gesellschaften, während *Strickmann* (2000) und *Grothe* (2005a) in ihren Studien mittelständische Unternehmen berücksichtigen. *Bauer* (2004) untersucht die Honorare kapitalmarktorientierter Unternehmen, welche er zuvor mittels Fragebogen erhob. Im Zentrum der Untersuchung von *Koecke* (2006) stehen hingegen die Bilanzsummen überwiegend mittelständischer Unternehmen. Zur Problematik der Vergleichbarkeit der Studien siehe auch *Quick/Wolz* (1999, S. 176).
[1343] Vgl. *Bigus/Zimmermann* (2008), S. 163.

Ausmaß der Marktkonzentration

ner (2008), wie bereits ausgeführt, die Honorare des weltweiten Netzwerkes des Abschlussprüfers erfassen. Auch *Köhler et al.* (2010) betrachten kleine börsennotierte Gesellschaften, so dass die Vergleichbarkeit der Ergebnisse eingeschränkt ist.

Marktkonzentration im Zeitvergleich (%)

Autoren	Marten/Schultze (1998)	Quick/Wolz (1999)	Strickmann (2000)	Bauer (2004)	Grothe (2005a)	Koecke (2006)	Bigus/Zimmermann (2008)	Petersen/Zwirner (2008)	Köhler et al. (2010)	vorliegende Studie
Kapitalmarktorientiert	Ja	Ja	Nein	Ja	Nein	Nein	Ja	Ja	Ja	Ja
Stichproben	250	200	1.525	105	2.315	1.665	172	96	1.341	435
Messung des Marktanteils	Bilanzsumme	Bilanzsumme	Bilanzsumme	Honorar	Bilanz Summe	Bilanzsumme	Honorar	Honorar	Honorar	Honorar
Untersuchungszeitraum	'90 '94	'91 '94	'89 '97	'02	'96 '00	'02	'05	'06	'05 '06 '07	'05 '06 '07
PwC (C&L) [P&W]	(33) (34)	(27) 49	(30) (36) [2] [3]	49	(43) (45) [1]	44	42	29	25 23 22	35 34 33
KPMG	21 20	34 35	32 39	35	35 36	28	32	58	46 56 58	51 54 53
Ernst&Young	13 -	5 8	4 4	8	2 2	12	11	8	10 11 10	7 7 9
Deloitte (WEDIT)	- -	3 (7)	(8) (6)	3	(7) (6)	7	8	2	7 3 4	3 2 2
BDO (PKF)	- -	10 3	5 4	3	6 6	3	4 (1)	1	5 2 2	- - -
NonBig4	- -	- -	- -	-	- -	-	-	1	7 5 5	4 3 3

Tabelle 10-5: Konzentration des deutschen Prüfungsmarktes im Zeitvergleich

Aus den in *Tabelle 10-5* zusammengefassten Studien zum deutschen Prüfungsmarkt eine traditionell starke Marktposition von PwC bzw. deren Vorgängerorganisationen Coopers&Lybrand (C&L Deutsche Revision) und KPMG hervor. Im Vergleich dazu sind Ernst&Young und Deloitte weniger präsent. Der Marktanteil von BDO als größter NonBig4-Gesellschaft ist in den jeweiligen Untersuchungen ebenfalls gering. Von Interesse ist ferner, dass bei einem Vergleich der Studien ein wachsender Marktanteil von KPMG gegenüber PwC vorzuliegen scheint. Dieser ist allerdings weniger auf eine Verschiebung der Marktkonzentration als auf eine veränderte Untersuchungsmethodik zurückzuführen. In frühen Untersuchungen wurden Finanzdienstleistungsunternehmen, Banken und Versicherungen regelmäßig eliminiert, da deren Bilanzstruktur/–summe, welche als Surrogat für die Größe des Mandanten Verwendung fanden, stark von denen anderer Gesellschaften abweicht.[1344] Erst durch die Offenlegung der Honorare muss nicht länger auf solche Surrogate zurückgegriffen werden,[1345] so dass die Notwendigkeit einer Eliminierung von Banken, Versicherungen und Finanzdienst-

---

[1344] Vgl. *Bauer* (2004), S. 268; *Quick/Wolz* (1999), S. 178-179.
[1345] Surrogate wie die Bilanzsumme oder Umsatzerlöse unterscheiden sich nicht nur zwischen den einzelnen Unternehmen in Folge unterschiedlicher Geschäftszwecke, sondern unterliegen weiteren Einflüssen, wie etwa den vom Mandanten gewählten Bilanzierungsmethoden (siehe hierzu *Quick/Wolz* (1999), S. 181).

leistungsunternehmen nicht mehr besteht.[1346] Zu der scheinbaren Verschiebung der Marktanteile zu Gunsten von KPMG kommt es, da zum 31.12.2007 alleine im DAX fünf Konzerne von KPMG geprüft werden, die besagten Branchen angehören.[1347] Auf PwC entfallen hingegen lediglich zwei Gesellschaften.[1348] Werden diese Unternehmen eliminiert, kommt es zwangsläufig zu einer Unterrepräsentation von KPMG.[1349]

10.4.5 Ergebnisinterpretation vor dem Hintergrund internationaler Entwicklungen

Ein Vergleich des deutschen mit anderen Prüfungsmärkten zeigt, dass die nachgewiesene hohe Konzentration auch in den USA, Großbritannien oder der Schweiz vorliegt. Während KPMG bei den börsennotierten Gesellschaften in Deutschland dominiert, ist der Marktanteil in den USA, wie *Bauer* (2004) für das Geschäftsjahr 2001 anhand von 100 großen US-amerikanischen Unternehmen nachweisen konnte, im Vergleich zu den anderen internationalen Gesellschaften mit insgesamt 9 % jedoch deutlich geringer als in Deutschland. PwC (51 %) und Deloitte (16 %) stellten, gemessen am Gesamthonorar, bis zur Verschmelzung von Ernst&Young (13 %) und Arthur Andersen (11 %) die beiden größten Prüfungsgesellschaften auf dem US-Markt dar.[1350] *Abidin et al.* (2008) ermittelten für 1.386 börsennotierte britische Gesellschaften anhand der Prüfungshonorare ebenfalls eine Dominanz von PwC (40,01 %) gegenüber KPMG (23,52 %), Deloitte (19,53 %) und Ernst&Young (12,83 %) für das Jahr 2003.[1351] *Stefani* (2006) konnte in einer Studie zur Marktkonzentration in der Schweiz die Dominanz von PwC (52,1 %) gegenüber Ernst&Young (24,5 %) und KPMG (21,1 %) anhand 174 kapitalmarktorientierter Unternehmen in 2002 nachweisen.[1352] Somit ist festzuhalten, dass PwC in den USA, Großbritannien und der Schweiz Marktführer ist. Deloitte kommt in den USA und Großbritannien eine große Bedeutung zu. Ernst&Young ist in den USA, Großbritannien und der Schweiz mit vergleichbaren Marktanteilen zwischen 15 % und

---

[1346] *Marten/Schultze* (1998) weisen darauf hin, dass die Surrogate *Umsatzerlöse* und *Bilanzsumme* tendenziell zu hohe Marktanteile der Abschlussprüfer großer Unternehmen und somit insbesondere der internationalen Prüfungsgesellschaften indizieren (vgl. *Marten/Schultze* (1998), S. 362). Siehe auch *Bigus/Zimmermann* (2008), S. 168.

[1347] *Deutsche Bank AG, Allianz SE, Deutsche Börse AG, Münchner Rückversicherung AG, Hypo Real Estate AG*

[1348] *Commerzbank AG, Postbank AG.*

[1349] Zur Konzentrationsmessung bei der Prüfung von Banken (vgl. *Gloßner* (1998), S. 219).

[1350] Vgl. *Bauer* (2004), S. 289 u. 290. Aus den Untersuchungen von *Chung/Kallapur* (2003) und *Frankel et al.* (2002) zum US-amerikanischen Prüfungsmarkt gehen grundsätzlich ähnliche Ergebnisse hervor, wobei der Marktanteil (gemessen anhand der Anzahl der Mandate) von KPMG höher als bei *Bauer* (2004) (10 %) ausfällt (18,6 %), *Frankel et al.* (2002), 17,5 % *Chung/Kallapur* (2003)). Dies dürfte auf die im Vergleich zu Bauer wesentlich größeren Stichproben von 3.490 bzw. 2.604 Unternehmen zurückzuführen sein. Neben den von Bauer betrachteten großen börsennotierten Unternehmen werden darin auch kleine Gesellschaften berücksichtigt. Der Vergleich dieser Studien lässt somit den Schluss zu, dass KPMG, entgegen der Dominanz unter den DAX-Prüfern, in den USA verstärkt mittelgroße und kleine Gesellschaften prüft (vgl. *Bauer* (2004), S. 287).

[1351] Vgl. *Abidin et al.* (2008), S. 37 Table 5.

[1352] Vgl. *Stefani* (2006), S. 128.

25 %, stärker vertreten als in Deutschland. Mit Anteilen von 21,1 % (Schweiz), 24,6 % (Großbritannien) und über 50 % (Deutschland) bei den großen kapitalmarktorientierten Unternehmen ist KPMG in Europa präsenter als in den USA. Ursächlich hierfür sind die ausgeprägten europäischen Wurzeln der Gesellschaft.

Die nachgewiesene Verteilung der Mandate und Honorare, welche eine ausgeprägte Konzentration auf dem untersuchten Prüfungsmarkt bestätigt ist somit kein Phänomen, sondern vielmehr das Resultat einer weltweiten Entwicklung. Ursächlich für die Dominanz der internationalen Gesellschaften dürfte eine zunehmende Internationalisierung der Mandanten sein. Suchen jene einen Abschlussprüfer, welcher (Prüfungs-) Dienstleistungen weltweit auf vergleichbarem Niveau anbietet, fällt die Wahl meist auf eine der großen internationalen Prüfungsgesellschaften.[1353] Möglicherweise sind auch eine höhere Reputation der Big4-Gesellschaften und ein daraus für das bilanzierende Unternehmen resultierender Finanzierungsvorteil ursächlich.[1354] Die Verschärfung der regulatorischen Anforderungen, die zu höheren Fixkosten in den Wirtschaftsprüfungspraxen führen und großen Wirtschaftsprüfungsgesellschaften zu Wettbewerbsvorteilen verhelfen, könnte eine weitere Ursache der hohen Konzentration sein.[1355] Ferner wird durch ein zunehmend von Ausschreibungen geprägtem Marktumfeld der Preisdruck auf die Akteure erhöht.[1356] Insgesamt scheint sich die Veränderung des Marktes jedoch nur langsam zu vollziehen. So beträgt der Anteil der Erstprüfungen aufgrund eines Prüferwechsels während der Jahre 2005-2007 durchschnittlich 6,79 % p.a. (30/442).[1357] Insgesamt ist eine weiter zunehmende Konzentration aufgrund des Wechselverhaltens der Mandanten wahrscheinlich. Von 30 Erstprüfungen wurde in zwölf Fällen der Wechsel von einer NonBig4- zu einer Big4-Gesellschaft vollzogen, während lediglich zwei Gesellschaften eine Veränderung in umgekehrte Richtung wählten.[1358] Die zu Beginn der Arbeit formulierte These einer weiter ansteigenden Konzentration auf hohem Niveau wird für den deutschen Prüfungsmarkt börsennotierter Gesellschaften bestätigt. Ob sich mit der Auswahl des Abschlussprüfers und einem Ansteigen der Marktkonzentration auch die Nachfrage nach den angebotenen Dienstleistungen verändert, wird im Folgenden untersucht. Im Vordergrund steht dabei die Frage, ob die Beratungsleistungen durch den Abschlussprüfer aufgrund gesetzlicher Neuregelungen und einer erhöhten Sensibilität der Öffentlichkeit hinsichtlich der Unabhängigkeit des Abschlussprüfers in den vergangenen Jahren gesunken sind.

[1353] Vgl. *Quick/Wolz* (1999), S. 175.
[1354] Vgl. *Jones/Raghunandan* (1998), S. 169-181; *Rama/Read* (2006), S. 97-109.
[1355] Vgl. *Petersen/Zwirner* (2007), S. 1743.
[1356] Als Beispiel ist die Ausschreibung der Prüfung des Siemens-Konzerns zum Geschäftsjahr 2008/2009 zu nennen (vgl. *Herr* (2007), S. 15).
[1357] Für Großbritannien ermitteln *Abidin et al.* (2008), S. 24 einen Wert von 5,8 % p.a.
[1358] Insgesamt 14 (2) Unternehmen wechselten innerhalb der Gruppe der (Non)Big4-Prüfer.

10.5 Anteil der Beratungsleistungen

10.5.1 Kennzahlenbildung

Neben der Marktkonzentration interessieren in dieser Studie die vom Abschlussprüfer gegenüber dem Prüfungsmandanten erbrachten Beratungsleistungen.[1359] Umfangreiche Beratungsleistungen des Prüfers könnten zu einem Interessenkonflikt führen, der die Urteilsfreiheit beeinträchtigt oder zumindest bei den Abschlussadressaten die Besorgnis weckt, der Abschlussprüfer sei befangen, sein Prüfungsurteil nicht objektiv und die Qualität der im Abschluss enthaltenen Informationen zweifelhaft.

Zur Beurteilung der Situation auf dem deutschen Prüfungsmarkt wird die Höhe der *Nichtabschlussprüfungshonorare* (NA_i) in Relation zu den *Gesamthonoraren* (GH_i) bei dem jeweiligen Mandanten betrachtet und als *Beratungsanteil* (BA_i) bezeichnet.[1360] Das Gesamthonorar (GH_i) ergibt sich als die Summe aus Nichtabschlussprüfungshonorar (NA_i) und Prüfungshonorar (PH_i). Dabei wird vermutet, dass das mit dem Aufsichtsrat (bzw. Audit Committee) vereinbarte Prüfungshonorar aufgrund der gesetzlichen Rahmenbedingung der Abschlussprüfung im Zeitverlauf relativ stabil ist, während die vom Management erteilten Beratungsaufträge volatil sind.[1361]

$$BA_i = \frac{NA_i}{GH_i}; GH_i = NA_i + PH_i \qquad (10.5.1)$$

Ein steigender Beratungsanteil *(BA_i)* deutet auf eine mögliche Gefährdung der Unabhängigkeit hin, da neben dem Risiko der wirtschaftlichen Abhängigkeit (*self-interest threat*) und der Selbstprüfung (*self-review threat*) auch die Gefahr der Interessensvertretung (*advocacy threat*) sowie der erhöhten Vertrautheit (*familiarity threat*) durch die parallele Beratung induziert werden.[1362] Auch kann das Management den Entzug der lukrativen Beratungsleistungen androhen (*intimidation threat*) und den Abschlussprüfer somit unter Druck setzen, so dass die Prüfungsqualität durch die parallele Beratung des Abschlussprüfers gefährdet sein könnte.

10.5.2 Nachfrage nach Beratungsleistungen

Der Anteil der Nichtabschlussprüfungshonorare an den Gesamthonoraren ist während des betrachteten Zeitraumes 2005, 2006 und 2007 von 32,3 %, über 33,3 % auf 33,4 % (siehe *Tabelle 10-6*) ebenso wie das 75 %-Perzentil (45,9 %, 48,5 %, 51,2 %) leicht angestiegen. Median (32,6 %, 32,7 %, 31,5 %) und 25 %-Perzentil sind hingegen leicht rückläufig. Auch die separate Betrachtung der Mittelwerte bei den Big4-Gesellschaften zeigt einen leichten

---

[1359] Vgl. *Quick* (2006), S. 42 m.w.N.
[1360] Vgl. *Chung/Kallapur* (2003), S. 934; *Larcker/Richardson* (2004), S. 624.
[1361] Vgl. *Reynolds et al.* (2004), S. 32.
[1362] Vgl. *IFAC* (2006a), Sec. 290.8.

Anteil der Beratungsleistungen 313

Anstieg von 32,9 % auf 34,2 % auf, während der Beratungsanteil der NonBig4-Gesellschaften zum 31.12.2007 (29,4 %) etwas geringer ausfällt als in den Vorperioden.[1363] Vergleichbar dazu ermittelten auch *Lenz et al.* (2006) zum 31.12.2005 bei 96 Unternehmen des Prime-Standards einen Beratungsanteil von rund 33,8 %,[1364] während *Petersen/Zwirner* (2008) einen Anteil von 31 % an den Gesamthonoraren belegen.[1365] Beziehen die Prüfungsmandanten verstärkt Beratungsleistungen vom Abschlussprüfer, müssten zwischen den Jahren 2005, 2006 und 2007 signifikante Unterschiede hinsichtlich des Beratungsanteils nachweisbar sein.[1366] Zur Überprüfung einer möglichen Veränderung werden die unabhängigen Variablen (*Beratungsanteil*) in zwei Gruppen (bspw. Gruppe 1: Beratungsanteil 2005; Gruppe 2: Beratungsanteil 2006 und 2007) aufgeteilt. Als Testverfahren bietet sich der t-Test an, sofern neben einer Intervallskalierung der abhängigen Variable die unabhängige Variable nicht metrisch skaliert ist und zwei Ausprägungen ausweist. Beide Bedingungen sind hier erfüllt. Allerdings ist die Verteilung des Beratungsanteils für die Stichprobe der 442 Honorarangaben – wie der Kolmogorov-Smirnov-Test zeigt – nicht perfekt normalverteilt, so dass anstelle des t-Tests auf den Mann-Whitney-U-Test zurückgegriffen wird.[1367] Die Tests ergeben ausnahmslos insignifikante Resultate.[1368] Eine Zu- oder Abnahme des Beratungsanteils zwischen 2005 und 2007 kann somit weder für die gesamte Stichprobe noch für die Teilsamples der Big4- und der NonBig4-Gesellschaften nachgewiesen werden.

[1363] Anhand von Mann-Whitney-U-Tests konnten sowohl für die Big4- als auch für die NonBig4-Gruppe keine Unterschiede im Zeitvergleich nachgewiesen werden (*Big4-Gesellschaft 2005 vs. 2006/2007: Z=-0,523; asym. Sig.=0,601; 2007 vs. 2005/2006: Z=-0,245; asym. Sig.=0,806; Non-Big4-Gesellschaft: 2005 vs. 2006/2007: Z=-0,164; asym. Sig.=0,869; 2007 vs. 2005/2006: Z=0,574; asym. Sig.=0,566*).

[1364] Lenz et al. (2006), S. 1787 u. 1793. Ähnlich auch *Lenz/Bauer* (2004), S. 997, die einen Beratungsanteil von 31 % (Mittelwert) für das Jahr 2002 mit Hilfe einer Fragebogenerhebung ermitteln.

[1365] Vgl. *Petersen/Zwirner* (2008), S. 287.

[1366] Im angelsächsischen Sprachraum ist der Beratungsanteil in der Vergangenheit wesentlich höher gewesen. *Beattie et al.* (2003), S. 261 zeigen für den britischen Prüfungsmarkt eine Fee-Ratio (Beratungs-/Prüfungshonorar) von durchschnittlich 208 %; dies entspricht einem Beratungsanteil von 68,6 %.

[1367] Der Kolmogorov-Smirnov-Test (Signifikanzkorrektur nach Lilliefors) erreicht einen Wert von KS=0,068 bei einer Signifikanz von p<0,00. Mit dem Verfahren wird eine Wahrscheinlichkeit errechnet, mit der das Zurückweisen der Hypothese (d.h. der Vorliegens einer Normalverteilung) falsch ist. Je größer die Irrtumswahrscheinlichkeit (p), desto wahrscheinlicher ist, dass die Werte tatsächlich normal verteilt sind (vgl. *Brosius* (2006), S. 401, 473-476).

[1368] Im Rahmen des Mann-Whitney-U-Tests wurde der Beratungsanteil des Jahres 2005 einerseits mit den Beratungsanteilen der Jahre 2006 und 2007 andererseits verglichen. Ursächlich für einen im Zeitvergleich veränderten Beratungsanteil könnten bspw. die seit dem 1.1.2005 geltenden verschärften gesetzlichen Rahmenbedingungen zur Vereinbarkeit von Prüfung und Beratung sein (§ 319 u. § 319a HGB). In diesem Zusammenhang wird vermutet, dass es durch die regulatorischen Einschränkungen zu einer erhöhten Sensitivität seitens der Investoren, des Aufsichtsgremiums und des Managements hinsichtlich möglicher Folgen einer parallelen Beratungstätigkeit des Abschlussprüfers für die Qualität der Prüfung kommt. Die Sorge um die Prüfungsqualität könnte einen Rückgang des Beratungsanteils im Zeitvergleich begründen. Entgegen der Vermutung zeigen die Tests keine Unterschiede zwischen den betrachteten Perioden auf (*2005 vs. 2006/2007: Z=-0,464; asym. Sig.=0,643*). Analog wurde der Test auf eine zeitliche Veränderung auch für 2007 durchgeführt (*2007 vs. 2005/2006: Z=-0,031; asym. Sig.=0,976*).

Beratungsanteil (BA$_{\text{Abschlussprüfer,Index}}$) (%)															
Index	DAX			MDAX			SDAX			TecDAX			Mittelwert		
Periode	2005	2006	2007	2005	2006	2007	2005	2006	2007	2005	2006	2007	2005	2006	2007
Anzahl	32	31	31	44	48	49	43	44	47	25	24	24	144	147	151
Big4	**34,2**	**34,8**	**33,1**	**30,2**	**32,3**	**34,3**	**31,0**	**34,4**	**37,0**	**38,0**	**33,3**	**30,5**	**32,9**	**33,6**	**34,2**
KPMG	26,5	30,6	29,0	29,3	31,9	34,2	38,8	36,1	23,8	41,2	29,3	16,9	31,2	31,7	28,8
PwC	44,0	41,2	39,6	34,8	38,6	34,7	26,4	37,8	41,3	45,1	34,1	34,4	37,3	38,9	37,2
Ernst&Young	74,8	42,5	50,3	25,7	26,6	42,5	32,4	31,6	51,3	39,6	35,5	35,7	34,5	31,8	44,1
Deloitte	33,3	-	-	20,1	21,3	21,8	25,5	33,0	25,1	2,8	32,4	28,1	21,0	28,7	24,5
Non-Big4	**32,1**	**-**	**-**	**32,2**	**30,2**	**32,8**	**31,6**	**37,0**	**31,1**	**23,6**	**18,7**	**21,9**	**30,6**	**32,1**	**29,4**
Ø	*34,0*	*34,8*	*33,1*	*30,6*	*32,0*	*34,1*	*31,2*	*35,3*	*35,3*	*35,1*	*30,3*	*28,3*	*32,3*	*33,3*	*33,4*

Tabelle 10-6: Beratungsanteil im Index- und Zeitvergleich

Nachfrage in Abhängigkeit von der Indexzugehörigkeit

Ähnlich dem Vergleich zwischen den Prüfungsgesellschaften zeigt auch der Vergleich der Indizes, wie aus *Tabelle 10-7* hervorgeht, eine homogene Verteilung des Beratungsanteils auf. Der Anteil der Nichtabschlussprüfungsleistungen liegt für sämtliche Perioden und Indizes zwischen 28,3 % und 35,3 %. Mittels der durchgeführten Tests auf Mittelwertgleichheit können keine signifikanten Unterschiede zwischen den Indizes nachgewiesen werden.[1369]

Beratungsanteil (BA $_{\text{Index}}$) (%)															
	Min.			Max.			Mittelwert			Standardabweichung			Median		
Periode	2005	2006	2007	2005	2006	2007	2005	2006	2007	2005	2006	2007	2005	2006	2007
Anzahl	144	147	151	144	147	151	144	147	151	144	147	151	144	147	151
DAX	0,0	0,9	4,7	82,9	60,6	62,2	34,0	34,8	33,1	19,3	16,0	16,5	32,8	37,1	33,3
MDAX	0,0	0,0	0,0	78,4	78,1	79,1	30,6	32,0	34,1	20,1	22,0	21,2	31,1	31,1	32,2
SDAX	0,0	0,0	0,0	82,0	86,2	90,7	31,2	35,3	35,3	22,2	24,1	26,0	33,8	31,9	31,8
TecDAX	0,0	0,0	0,0	83,6	54,5	89,7	35,1	29,1	28,3	25,7	19,5	23,2	36,2	32,3	23,2

Tabelle 10-7: Deskriptive Auswertung des Beratungsanteils im Indexvergleich

Bei den DAX-Konzernen ist die Nachfrage nach Nichtabschlussprüfungsleistungen mit Mittelwerten von 34,0 %, 34,8 % und 33,1 % besonders konstant. Auch der Median weicht nur unwesentlich vom Mittelwert ab und deutet gemeinsam mit der niedrigen Standardabweichung auf ein relativ homogenes Nachfrageverhalten hin. Die Unternehmen des SDAX beziehen im Geschäftsjahr 2006 und 2007 mit jeweils 35,3 % im Mittel leicht höhere Beratungsleistungen als die Unternehmen anderer Indizes. Mit 28,3 % fällt bei den Konzernen des Tec-DAX der Anteil der Nichtabschlussprüfungsleistungen im Geschäftsjahr 2007 am geringsten aus.[1370] Insbesondere bei diesen meist jungen und stark wachsenden Unternehmen hätte eine erhöhte Nachfrage nach externer Beratung vermutet werden können. Andererseits könnten die stark wachsenden Unternehmen, deren Eigenkapitaltitel i.d.R. einer erhöhten Volatilität unterliegen, in besonderem Maße daran interessiert sein, den Investoren einen vertrauenswürdigen

---

[1369] Bspw. Beratungsanteil der DAX- vs. M-, S-, TecDAX-Unternehmen: Z=-0,343; asym. Sig=0,731.
[1370] Allerdings sind auch hier die Abweichungen nur schwach ausgeprägt, so dass statistische Verfahren keine Unterschiede bei einem Test auf Mittelwertgleichheit aufzeigen: TecDAX(2007) vs. DAX, MDAX, SDAX (2007): *Z=-1,369; asym. Sig.=0,171.*

Anteil der Beratungsleistungen

Abschluss vorzulegen und daher bewusst restriktiv bei der Vergabe von Beratungsaufträgen an den Prüfer vorgehen.[1371] Auch die starken Schwankungen des Maximal- und Mittelwertes sowie des Medians im Zeitvergleich erschweren die Interpretation der für die TecDAX-Unternehmen ermittelten Werte. Die hohe Fluktuation der im Index enthaltenen Unternehmen könnte eine weitere Ursache für die starken Schwankungen sein. So wurden von 30 zum 31.12.2005 gelisteten Unternehmen binnen eines Jahres acht, im Folgejahr sieben Gesellschaften ausgewechselt.[1372]

Nachfrage in Abhängigkeit der Sektorenzugehörigkeit

Während der Beratungsanteil weder von der Periode noch von der Indexzugehörigkeit signifikant beeinflusst wird, könnte ein Zusammenhang zwischen der Sektorenzugehörigkeit eines Unternehmens und der Nachfrage nach Nichtabschlussprüfungsleistungen bestehen. Zur Überprüfung dieser Vermutung werden die Unternehmen unterschiedlicher, von der Deutschen Börse AG vorgegebenen Sektoren separat untersucht, d.h. die Beratungsanteile der Unternehmen eines bestimmten Sektors werden mit denen aller anderen Sektoren verglichen.

Beratungsanteil ($BA_{Branche}$) (%)																
Sektor \ Jahr	Consumer	Insurance	Pharma & Healthcare (*)	Automobile	Banks	Financial Services (**)	Transportation & Logistics (**)	Technology (***)	Industrial	Utilities	Retail	Software	Chemicals	Construction	Media (**)	Basic Resources	Telecommunication (***)
2005	39,6	37,8	34,2	31,2	24,9	33,5	41,8	4,6	31,8	33,9	27,8	35,2	29,6	29,5	36,4	9,8	57,8
2006	27,5	32,8	21,6	25,2	36,0	43,6	49,0	20,1	34,5	34,1	31,8	27,6	34,2	33,9	35,7	17,3	52,3
2007	18,8	28,4	23,3	27,5	36,6	38,8	40,6	16,0	33,2	40,1	33,5	27,3	29,8	32,2	56,9	33,9	56,1
Ø	28,6	33,0	26,4	28,0	32,5	38,7	43,8	13,6	33,2	36,0	31,0	30,0	31,2	31,8	43,0	20,3	55,4
Z-Koeffi.	-,92	-,25	-1,8	-,92	-,12	-2	-2,2	-3,4	-,26	-,80	-,22	-,39	-,78	-,02	-2,0	-1,1	-3,2
Asym. Sig.	,360	,805	,068	,358	,904	,046	,027	,001	,793	,426	,829	,696	,437	,981	,047	,282	,001

Die Mann-Whitney-U-Test ist auf dem Niveau von
*p< 0,10; ** p< 0,05; *** p< 0,01 (2-seitig) signifikant.

Tabelle 10-8: Beratungsanteil nach Sektoren

Unternehmen der Sektoren *Financial Services, Telecommunication, Media* und *Transportation & Logistics* beziehen, wie aus *Tabelle 10-8* hervorgeht, relativ zu anderen Branchen signifikant mehr Beratungsleistungen. Konzerne aus den Bereichen *Technology* und *Pharma & Healthcare* fragen, wie bereits die Mittelwerte vermuten lassen, hingegen signifikant weniger Leistungen nach.[1373] Möglicherweise schätzen diese Unternehmen die Beratungskompetenzen des Abschlussprüfers geringer ein als die Gesellschaften anderer Sektoren. Denkbar ist ferner, dass die Sensibilität des Kapitalmarktes in einigen Branchen höher ist, so dass ein gesteigertes Interesse der Unternehmen besteht, den Abschlussadressaten einen unabhängigen Abschluss-

---

[1371] Vgl. *Quick/Sattler* (2009), S. 226.
[1372] Bei den drei anderen Indizes ist die Fluktuation wesentlich geringer (< *10 %*).
[1373] Ähnliche Ergebnisse, ohne jedoch eine Überprüfung auf Mittelwertgleichheit durchzuführen, liefert *Zimmermann* (2008, S. 125) für Honorarangaben zum 31.12.2005.

prüfer zu präsentieren. Eine Grenze der Aussagekraft dieser Ergebnisse ergibt sich, da neben dem Beratungshonorar auch ein niedriges bzw. hohes Prüfungshonorar für einen abweichenden Beratungsanteil ursächlich sein könnte.

Extreme Beratungsanteile und deren Hintergründe

Die von KPMG geprüfte Deutsche Börse AG weist mit einem Beratungsanteil ($BA_{DAX,\,max2007}$) von 62,2 % bei einem Gesamthonorar i.H.v. 4,5 Mio. € den Maximalwert unter den DAX-Unternehmen zum 31.12.2007 aus. In diesem Zusammenhang geht aus dem Anhang der Gesellschaft hervor, dass diese Honorare ein Programm zur Optimierung der Kapitalstruktur sowie ein Effizienz- und Restrukturierungsprogramm betreffen. Der Minimalwert ($BA_{DAX,\,min2007}$) von 4,7 % betrifft die ebenfalls von KPMG geprüfte Henkel KGaA, welche neben Prüfungshonoraren i.H.v. 8,1 Mio. € keine nennenswerten Honorare für Beratungsleistungen im Geschäftsjahr 2007 aufwandswirksam erfasste. In der gleichen Periode bezog die Deutsche Wohnen AG (SDAX) Nichtabschlussprüfungsleistungen i.H.v. 971 T€ von Ernst&Young, welche die Abschlussprüfungshonorare (100 T€) bei Weitem übersteigen. Diese betreffen Bestätigungsleistungen in Zusammenhang mit dem Börsenprospekt der Gesellschaft sowie Due Diligence Leistungen. Ein vergleichbar hoher Beratungsanteil (89,7 %) weist die ebenfalls von Ernst&Young geprüfte Versatel AG aus. Hier überragen die Nichtabschlussprüfungshonorare i.H.v. 6.039 T€ die Prüfungshonorare i.H.v. 691 T€ deutlich und resultieren aus Leistungen im Rahmen des Börsengangs der Gesellschaft. Im Kontrast dazu bezogen vier Unternehmen neben der Abschlussprüfung keine weiteren Leistungen vom Konzernprüfer.[1374] In 2005 waren es sogar zwölf, 2006 acht Unternehmen, die auf Beratung durch den Abschlussprüfer vollständig verzichteten.[1375]

Dienstleistungsangebot der Abschlussprüfer

Im Geschäftsjahr 2007 (2006/07) wurden insgesamt 129.519 T€ für Bestätigungsleistungen, 39.993 T€ für Steuerberatungsleistungen und 72.643 T€ für Sonstige Leistungen von den Unternehmen des Prime-Standards aufwandswirksam erfasst.[1376] Ähnlich der Honorarverteilung übersteigt auch der durchschnittliche Anteil der Bestätigungsleistungen (12,3 %) und der Sonstigen Leistungen (12,1 %) den der Steuerberatungsleistungen signifikant (8,0 %).[1377]

[1374] Betrifft die Unternehmen *Fresenius SE, Curanum AG, Koenig & Bauer AG* und *Draegerwerk AG*.
[1375] 2005: *Infineon AG, Aareal Bank AG, Deutsche EuroShop AG, DAB Bank AG, Krones AG, Schwarz Pharma AG, Beate Uhse AG, EM.TV AG, WCM Beteiligung AG, Draegerwerk AG, IDS Scheer AG, Kontron AG*. 2006: *Curanum AG, Deutsche EuroShop AG, Draegerwerk AG, Fresenius AG, Hugo Boss AG, HochTief AG, Schwarz Pharma AG, Deutsche Wohnen AG*. Siehe hierzu auch *Petersen/Zwirner* (2008), S. 285, die jedoch die Honorare des gesamten Netzwerkes erfassen. Daher werden bei den Unternehmen *HochTief AG* und *Schwarz Pharma AG* Beratungshonorare berücksichtigt, die bei der hier vorgenommenen Betrachtung unberücksichtigt bleiben.
[1376] Ähnliche Ergebnisse liefert *Petersen/Zwirner* (2008, S. 285) zum 31.12.2006.
[1377] Die Nachfrage nach Bestätigungsleistungen unterscheidet sich von der nach Sonstigen Leistungen, wie ein Mittelwerttest (Mann-Whitney-U-Test) für den gesamten Zeitraum 2005-2007 aufzeigt,

Anteil der Beratungsleistungen

Honoraranteile der vom Abschlussprüfer erbrachten Dienstleistungen (%)

Honorarkategorie / Index	\multicolumn{4}{c}{Periode 2005}				\multicolumn{4}{c}{2006}				\multicolumn{4}{c}{2007}			
	Abschlussprüfung	Bestätigungs-leistungen	Steuerberatungs-leistungen	Sonstige Leistungen	Abschlussprüfung	Bestätigungs-leistungen	Steuerberatungs-leistungen	Sonstige Leistungen	Abschlussprüfung	Bestätigungs-leistungen	Steuerberatungs-leistungen	Sonstige Leistungen
DAX	66,0%	16,1%	5,8%	12,1%	65,3%	18,0%	6,8%	9,9%	66,9%	15,4%	6,4%	11,3%
MDAX	69,3%	13,5%	6,6%	10,6%	68,0%	12,6%	7,0%	12,4%	65,9%	15,7%	9,3%	9,1%
SDAX	69,2%	10,7%	7,1%	13,0%	67,6%	9,6%	10,5%	12,3%	66,1%	10,8%	9,6%	13,5%
TecDAX	64,9%	14,3%	9,2%	11,6%	69,7%	8,4%	10,2%	11,7%	71,7%	7,3%	6,6%	14,4%
Ø	67,4%	13,6%	7,2%	11,8%	67,6%	12,2%	8,6%	11,6%	67,6%	12,3%	8,0%	12,1%

Tabelle 10-9: Honorarzusammensetzung in deutschen Konzernanhängen

Dabei ist die Nachfrage nach Sonstigen Leistungen, wie aus *Tabelle 10-9* hervorgeht, weitgehend homogen über die betrachteten Perioden und Indizes verteilt. Trotz des relativ niedrigen Anteils der Sonstigen Leistungen bei den Unternehmen des DAX und des MDAX im Jahr 2007 kann kein signifikanter Unterschied zu den SDAX- und TecDAX-Konzernen nachgewiesen werden.[1378] Dagegen weichen die Bestätigungsleistungen bei den DAX- und MDAX-Unternehmen während der Periode 2006 und 2007 deutlich von den durchschnittlichen Anteilen der S- und TecDAX-Unternehmen ab. So konnte lediglich für das Jahr 2005 kein signifikanter Unterschied zwischen den DAX-Unternehmen und den Gesellschaften der anderen Indizes (MDAX-, SDAX- und TecDAX-Unternehmen) als Vergleichsgruppe nachgewiesen werden.[1379] Gleichzeitig beziehen die *Blue Chips* des DAX tendenziell weniger Steuerberatungsleistungen als die in anderen Indizes gelisteten Konzerne.[1380] Eine höhere steuerliche Kompetenz der DAX-Gesellschaften aufgrund unternehmenseigener Steuerabteilungen könnte für einen geringeren Bedarf an externer Beratung ursächlich sein. Möglicherweise sind DAX-Unternehmen auch stärker als die MDAX-, SDAX-, und TecDAX-Unternehmen an der Wahrung der Unabhängigkeit des Abschlussprüfers interessiert, so dass der Verzicht auf steuerliche Beratungsleistungen, welche ohnehin nur eingeschränkt zulässig sind (§ 319a Abs. 1

---

nicht signifikant ($Z= -0,403$; *asym. Sig.* $= 0,687$). Im Gegensatz dazu besteht zwischen dem Anteil der Bestätigungsleistungen (Sonstigen Leistungen) und dem Steuerberatungsanteil ein jeweils signifikanter Unterschied ($Z = -3,939$; *asym. Sig.* $= 0,000$ ($Z = -4,833$; *asym. Sig.* $= 0,000$)). Dabei erfolgte keine Gewichtung in Abhängigkeit von der Höhe des Gesamthonorars (Gleichgewichtung), so dass DAX, M-, S- und TecDAX-Unternehmen in gleichem Maße berücksichtigt wurden, obwohl die Beträge der Honorare zwischen diesen Gesellschaften stark variieren.

[1378] DAX vs. SDAX/TecDAX: $Z = -0,573$; *asym. Sig.* $= 0,567$; MDAX vs. SDAX/TecDAX: $Z = -1,450$; *asym. Sig.* $= 0,147$.

[1379] DAX vs. M-, S-, TecDAX (2005): $Z = -1,450$; *asym. Sig.* $= 0,147$; DAX vs. M-, S-, TecDAX (2006): $Z = -3,116$; *asym. Sig.* $= 0,002$; DAX vs. M-, S-, TecDAX (2007): $Z = -2,057$; *asym. Sig.* $= 0,040$.

[1380] Ein signifikanter Unterschied lässt sich jedoch nur für 2006 nachweisen (DAX vs. M-, S-, TecDAX: $Z = -3,803$; *asym. Sig.* $= 0,000$) während für 2005 ($Z = -0,619$; *asym. Sig.* $= 0,536$) und 2007 ($Z = -0,774$; *asym. Sig.* $= 0,439$) keine Gruppenunterschiede nachgewiesen werden konnten.

Nr. 2 HGB), der Signalisierung eines unabhängigen Prüfers gegenüber den Abschlussadressaten dient.[1381]

Besonderheiten bei deutschen SEC-Emittenten

Die Eigenkapitaltitel einiger deutscher Unternehmen werden zusätzlich an der New York Stock Exchange (*NYSE*)[1382] oder der Technologiebörse *NASDAQ*[1383] notiert. Aufgrund der großen Bedeutung des US-Kapitalmarktes versprechen sich die Gesellschaften von einer Zweitnotiz Vorteile bei der Kapitalbeschaffung.[1384] Neben den Vorteilen durch eine höhere Anzahl potenzieller Investoren ist die duale Notiz mit umfangreichen zusätzlichen Berichts- und internen Kontrollpflichten gegenüber der SEC verbunden.[1385] Vor dem Hintergrund bisheriger Ergebnisse wird ein Zusammenhang zwischen der Zweitnotiz an einer SEC-regulierten Börse und den Aufwendungen für Nichtabschlussprüfungsleistungen in Relation zu den Gesamthonoraren erwartet.[1386]

Nachfrage nach Beratungsleistungen der SEC-Emittenten (%)												
Honorarkategorie	∑Beratungs-leistungen	Bestätigungs-leistungen	Steuerberatung	Sonstige Leistungen	∑Beratungs-leistungen	Bestätigungs-leistungen	Steuerberatung	Sonstige Leistungen	∑Beratungs-leistungen	Bestätigungs-leistungen	Steuerberatung	Sonstige Leistungen
Periode	2005				2006				2007			
Anzahl SEC-Emittenten	12				12				8			
SEC-Emittenten	36%	23%	4%	9%	28%	18%	3%	7%	28%	18%	4%	6%
DAX-Emittenten	32%	11%	7%	14%	38%	17%	9%	12%	35%	14%	7%	14%

Tabelle 10-10: Honorarvergleich zwischen SEC-Emittenten und DAX-Unternehmen

---

[1381] Die von *Quick/Warming-Rasmussen* (2007, S. 1019 u. 1021) und *Mishra et al.* (2005, S. 9-25) nachgewiesene Beeinträchtigung der wahrgenommenen Unabhängigkeit durch Steuerberatungsleistungen stützt diese These.

[1382] Zum 31.12.2006 betrifft dies bspw. *Allianz SE, Altana AG, BASF AG, Bayer AG, Daimler (Chrysler) AG, Deutsche Bank AG, Deutsche Telekom AG, E.ON AG, Fresenius Medical Care AG & Co. KGaA, Infineon Technologies AG, SAP AG,* und *Siemens AG*. Ferner wurden die MDAX-Unternehmen *SGL Carbon AG* sowie die beiden TecDAX- Unternehmen *EPCOS AG* und *Pfeiffer Vacuum Technology AG* an der NYSE notiert.

[1383] Zum 31.12.2006 betrifft dies z.B. die TecDAX-Gesellschaften *Aixtron AG* und *GPC Biotech AG*.

[1384] Vgl. Zur Zweitnotiz am ausländischen Kapitalmarkt m.w.N.. *Glaum et al.* (2006), S. 183.

[1385] Vgl. *Schwandtner* (2002), S. 323.

[1386] Ein Vergleich der absoluten Honorare, wie ihn *Petersen/Zwirner* (2008) vornehmen, scheint dagegen wenig sinnvoll, da die SEC-Emittenten *Daimler AG, E.on AG* und *Siemens AG* ausschließlich die weltweiten Honorare ausweisen, so dass deren Honorare zwangsläufig höher sind als die Honorare der Vergleichsgruppe, welche sich ausschließlich auf die Honorare des Abschlussprüfers i.S.d. § 319 Abs. 1 und 2 HGB beziehen. Daher ist auch die Aussage, dass die „für Kategorie 1 anfallenden Beträge bei Gesellschaften mit NYSE-Listing, ...im Durchschnitt fast das Doppelte [betragen]", aufgrund einer mangelnden Vergleichbarkeit wenig aussagekräftig (*Petersen/Zwirner* (2008), S. 288).

Anteil der Beratungsleistungen

Wie aus *Tabelle 10-10* hervorgeht, unterscheiden sich die Mittelwerte des Beratungsanteils zwischen SEC-Emittenten und den anderen DAX-Unternehmen.[1387] Anhand nichtparametrischer Tests, welche aufgrund der vergleichsweise geringen Stichprobe nur beschränkt aussagekräftig sind, kann jedoch kein signifikanter Unterschied während der betrachteten Perioden aufgezeigt werden ($Z = -1,180$; *asym. Sig.* $= 0,238$). Für die Bestätigungsleistungen, welche bei den SEC-Emittenten zum 31.12.2005 mit rund 23 % deutlich höher ausfallen als bei den Vergleichsunternehmen des DAX (11 %) ist der Unterschied hingegen statistisch evident ($Z = -1,012$; *asym. Sig* $= 0,032$). Ursächlich hierfür dürfte vor allem die in den USA bestehende Pflicht zur Verifizierung der *Internal Controls over Financial Reporting* (ICOFR) (Sec. 404 SOA) sein, welche deutlich über die handelsrechtlichen Regelungen des § 91 Abs. 2 AktG hinausreicht.[1388] Die Signifikanz für die im Jahr 2005 aufgetretenen Unterschiede ist ferner darauf zurückzuführen, dass *Foreign Private Issuer* im Vorfeld der erstmaligen Anwendungspflicht des SOA (Stichtag 16. Juni 2006) hohe Honorare für die Implementierung und Verifizierung der ICOFR aufbrachten.[1389] Während signifikante Unterschiede für 2005 nachgewiesen sind, kann der Vergleich der Honoraranteile über sämtliche Perioden keine statistischen Unterschiede zwischen den Mittelwerten der Bestätigungsleistungen ($Z = -1,014$; *asym. Sig.* $= 0,255$) bestätigen. Auch die Abweichungen hinsichtlich des Anteils der Steuerberatungsleistungen sind, trotz der deutlichen Unterschiede in der Periode 2006, über sämtliche Perioden betrachtet insignifikant ($Z = -1,012$; *asym. Sig.* $= 0,311$). Lediglich bei den Sonstigen Leistungen wird ein Unterschied zwischen SEC-Emittenten und der Kontrollgruppe gemessen ($Z = -2,285$; *asym. Sig.* $= 0,022$). Ursächlich für die geringe Nachfrage der SEC-Emittenten dürfte die Unabhängigkeitsanforderung des SOA (Sec. 201) sein, welche die Anforderungen der §§ 319, 319a, 319b HGB deutlich übersteigen.

10.5.3 Angebot von Beratungsleistungen durch den Abschlussprüfer

Das Ausmaß der Nichtabschlussprüfungsleistungen wird neben der Nachfrage der Prüfungsmandanten durch das Angebot der Prüfungsgesellschaften determiniert. Hier bestehen in Abhängigkeit des gewählten Abschlussprüfers deutliche Unterschiede. Während die Mandanten von Deloitte (24,5 %) und KPMG (28,8 %), wie aus *Tabelle 10-11* hervorgeht, zum

---

[1387] Die Anzahl der SEC-Emittenten hat sich von 2006 auf 2007 aufgrund folgender Ereignisse von zwölf auf acht reduziert: Die Altana AG wurde zum 31.12.2007 nicht mehr im DAX gelistet. Die Eigenkapitaltitel der Unternehmen *BASF AG, Bayer Schering AG* und *E.on AG* wurden im Geschäftsjahr 2007 einem Delisting an der NYSE unterzogen. Neben dem Risiko enormer Haftungsansprüche der Kapitalmarktteilnehmer dürfte dabei auch der erhebliche Berichts- und Publikationsaufwand maßgeblich sein.

[1388] *Hütten/Stromann* (2003), S. 2225.

[1389] Untersuchungen zu den Folgen des SOA für den US-amerikanischen Markt, bestätigen die Vermutung eines Anstiegs der Honorare nach Inkrafttreten des Gesetzes und in Abhängigkeit vom den identifizierten Risiken (vgl. *Krishnan et al.* (2008), S. 169-186, *Hoitash et al.* (2008), S. 105-126). Zu den Auswirkungen des SOA auf deutsche Unternehmen und deren Prüfungskosten siehe *Glaum et al.* (2006, S. 75).

31.12.2007 vergleichsweise wenige Beratungsleistungen beziehen, fällt der Anteil bei Ernst&Young (44,1 %) und PwC (37,2 %) im Durchschnitt deutlich höher aus. Mann-Whitney-U-Tests bestätigen, dass Deloitte (Deloitte vs. KPMG/PwC/Ernst&Young: $Z = -2,973$; *asym. Sig.* $= 0,003$) bzw. KPMG (KPMG vs. PwC/Ernst&Young/Deloitte: $Z = -1,864$; *asym. Sig.* $= 0,062$) in den Jahren 2005-2007 einen niedrigeren Honoraranteil mit Beratungsleistungen erzielen, während der Beratungsanteil bei PwC-Mandanten signifikant höher ist (PwC vs. KPMG/Ernst&Young/Deloitte: $Z = -2,798$; *asym. Sig.* $= 0,005$).

Im Vergleich zu den Werten in den USA vor der Verabschiedung des SOA ist jedoch auch der Mittelwert der Mandanten von PwC mit 37,2 % unauffällig. *Bauer* (2004) konnte für das Jahr 2001 bei den 100 größten börsennotierten Gesellschaften Anteile zwischen 68,1 % (KPMG) und 80 % (PwC) (Deloitte: 71,3 %; Ernst&Young: 73,7 %) nachweisen.[1390] Auch in Großbritannien erzielte PwC im Jahr 2001 mit 73,9 % den im Vergleich zu anderen Big4-Gesellschaften höchsten Beratungsanteil.[1391]

Die für Deutschland nachgewiesenen Unterschiede zwischen den Gesellschaften könnten darauf zurückzuführen sein, dass Ernst&Young und PwC den Verkauf von Beratungsleistungen stärker forcieren als die anderen Prüfungsgesellschaften. Auch die Mandatsstruktur der Gesellschaften oder unterschiedliche Spezialisierungen könnten ein abweichendes Nachfrageverhalten induzieren.

Zusammensetzung der Dienstleistungen der WPG (%)												
Wirtschaftsprüfungsgesellschaft	KPMG	PwC	Ernst&Young	Deloitte	KPMG	PwC	Ernst&Young	Deloitte	KPMG	PwC	Ernst&Young	Deloitte
Periode	2005				2006				2007			
Anzahl	39	38	22	12	36	34	26	14	44	37	28	15
Abschlussprüfung	68,8	62,7	65,9	77,9	68,3	61,1	68,2	71,3	71,2	62,8	55,9	75,5
Bestätigungsleistungen	10,5	19,1	15,7	11,1	10,2	17,9	12,7	8,5	8,5	18,0	18,0	4,7
Steuerberatung	6,5	5,1	10,7	1,6	7,3	5,6	11,3	8,1	9,6	4,9	10,3	9,9
Sonstige Leistungen	14,2	13,1	7,6	9,3	14,2	15,4	7,8	12,1	10,7	14,3	15,7	9,9

Tabelle 10-11: Honorarzusammensetzung in Abhängigkeit des Abschlussprüfers

Wie bereits aufgrund der signifikant höheren Nachfrage nach Bestätigungsleistungen bei den DAX-Unternehmen, welche nahezu ausnahmslos von KPMG und PwC geprüft werden, zu vermuten, ist der Honoraranteil der Bestätigungsleistungen bei den von KPMG geprüften Gesellschaften schwach signifikant höher (KPMG vs. PwC/Ernst&Young/Deloitte: $Z = -1,901$; *asym. Sig.* $= 0,057$). Hinsichtlich der Steuerberatungshonorare (KPMG vs. PwC/Ernst&Young/Deloitte: $Z = -0,916$; *asym. Sig.* $= 0,360$) und Sonstiger Leistungen (KPMG vs.

[1390] Vgl. *Bauer* (2004), S. 290.
[1391] KPMG (67,7 %), Ernst&Young (58,7 %), Deloitte (54,5 %) (vgl. *Beattie et al.* (2003), S. 261, Table 4).

PwC/Ernst&Young/Deloitte: $Z = -0,707$; *asym. Sig.* $= 0,479$) kann hingegen kein Unterschied nachgewiesen werden.

Weitere nicht-parametrische Tests zeigen, dass die Beratungsanteile der von PwC geprüften Konzernabschlüsse für sämtliche Honorarkategorien signifikant von denen anderer WPGs abweichen. Während Bestätigungsleistungen (PwC vs. KPMG/Ernst&Young/Deloitte: $Z = -3,957$; *asym. Sig.* $= 0,000$) und Sonstige Leistungen (PwC vs. KPMG/Ernst&Young/Deloitte: $Z = -1,862$; *asym. Sig.* $= 0,063$) überdurchschnittlich häufig in Anspruch genommen werden, ist die Steuerberatung unterrepräsentiert (PwC vs. KPMG/Ernst&Young/Deloitte: $Z = -2,421$; *asym. Sig.* $= 0,015$). Im Gegensatz dazu kann anhand der 76 Beobachtungen mit Ernst&Young als Abschlussprüfer ein hoher Honoraranteil für Steuerberatungsleistungen belegt werden (Ernst&Young vs. KPMG/PwC/Deloitte: $Z = -3,229$; *asym. Sig.* $= 0,001$). Bezüglich der Bestätigungs- (Ernst&Young vs. KPMG/PwC/Deloitte: $Z = -,439$; *asym. Sig.* $= 0,660$) und Sonstigen Leistungen (Ernst&Young vs. KPMG/PwC/Deloitte: $Z = -1,605$; *asym. Sig.* $= 0,108$) bestehen keine Unterschiede. Deloitte erbringt generell deutlich weniger Beratungsleistungen als die anderen Big4-Gesellschaften (Deloitte vs. KPMG/ PwC/Ernst& Young: $Z = -2,973$; *asym. Sig.* $= 0,003$). Dieser Eindruck wird bei einer dezidierten Betrachtung sowohl für die Bestätigungsleistungen (Deloitte vs. KPMG/PwC/ Ernst&Young: $Z = -2,320$ *asym. Sig.* $= 0,020$), die Steuerberatungsleistungen (Deloitte vs. KPMG/PwC/Ernst& Young: $Z = -1,974$; *asym. Sig.* $= 0,048$) als auch für Sonstige Leistungen (Deloitte vs. KPMG/PwC/Ernst&Young: $Z = -1,689$; *asym. Sig.* $= 0,091$) bestätigt.

Es ist festzuhalten, dass KPMG und Deloitte bei Prüfungsmandanten anteilig betrachtet weniger Beratungsleistungen erbringen als PwC und Ernst&Young. Ferner konzentriert sich die Beratungstätigkeit von KPMG auf Bestätigungsleistungen, welche bspw. die Prüfung der Zwischenberichterstattung oder des Börsenprospektes umfassen. PwC bietet neben Bestätigungsleistungen vergleichsweise umfangreiche Dienstleistungen im Bereich der Residualkategorie Sonstige Leistungen an, während die Steuerberatung zumindest bei den Prüfungsmandanten von untergeordneter Bedeutung zu sein scheint. Ernst&Young erwirtschaftet im Kontrast dazu auffallend hohe Honoraranteile mit Steuerberatung, während Deloitte generell niedrige Honoraranteile für Beratungsleistungen ausweist. Eine geringere Beratungsreputation bei den Prüfungsmandanten dürfte hierfür jedoch nicht ursächlich sein. So konnte Deloitte im Geschäftsjahr 2007/08 erhebliche Honorarumsätze im Rahmen von *Compliance*-Beratungen bei der Siemens AG erzielen.

10.5.4 Ergebnisinterpretation vor dem Hintergrund internationaler Entwicklungen

Der Anteil der Beratungshonorare am Gesamthonorar der Abschlussprüfer beträgt rund 1/3 und ist im Zeitvergleich weitgehend konstant. Auch bei einem Indexvergleich konnten keine signifikanten Unterschiede zwischen DAX-, MDAX-, SDAX- und TecDAX-Unternehmen nachgewiesen werden. Stattdessen liegen Differenzen in Abhängigkeit der Sektorenzugehörigkeit der Unternehmen vor. Auch eine Zweitnotierung an einer SEC-regulierten Börse bleibt nicht ohne Einfluss auf den Beratungsanteil. Die statistisch evidenten Unterschiede zwischen SEC- Emittenten und anderen DAX-Unternehmen dürften vorrangig auf die besonderen Unabhängigkeitsanforderungen der SEC zurückzuführen sein. Schließlich hat sich das Nachfrageverhalten nach Beratungsleistungen am US-amerikanischen Kapitalmarkt durch den SOA sehr stark verändert. *Ashbaugh et al.* (2002), *Brandon et al.* (2004), *Larcker/Richardson* (2004) und *Reynolds et al.* (2004) konnten, wie aus *Tabelle 10-12* zu entnehmen ist, für den Zeitraum vor der Verabschiedung des SOA Beratungsanteile von rund 50 % nachweisen, die im Zeitverlauf deutlich gesunken sind.

Beratungsanteil unterschiedlicher Studien im Länder und Zeitvergleich								
Autor	*Ashbaugh et al.* (2003)	*Brandon et al.* (2004)	*Larcker/ Richardson* (2004)	*Reynolds et al.* (2004)	*LeMaux* (2007)	*Huang et al.* (2007)	*Dickins* (2007)		vorliegende Studie
Land	USA	USA	USA	USA	Frankreich	USA	USA		Deutschland
Periode(n)	2000	2001/02	2000/01	2001	2002-04	2003/04	2000	2004	2005-07
Stichprobe	3.170	333	5.103	2.507	639	6.891	1.325		442
Mittelwert	47 %	62 %	48 %	49 %	7 %	26 %	51%	21%	33 %
Standardabw.	24 %	19 %	22 %	24 %	10 %	19 %			22 %
Maximum		95 %		98 %	65 %				91 %
Minimum		6 %		0 %	0 %				0 %
1. Quantil		47 %	32 %	31 %	0 %	11 %			14 %
Median	48 %	64 %	50 %	51 %	0 %	24 %			32 %
3. Quantil		75 %	66 %	69 %	10 %	39 %			49 %

Tabelle 10-12: Beratungsanteile im internationalen Vergleich[1392]

Aus einer aktuellen Studie von *Huang et al.* (2007) geht ein Beratungsanteil von rund 26 % für den Zeitraum 2002-2004 hervor. Ähnlich weist *Dickins* (2007), welche börsennotierte Gesellschaften betrachtet, nach, dass von 1.325 US-amerikanischen Unternehmen rund 86 % während des Geschäftsjahres 2004 weniger Beratungsleistungen beziehen, als vier Jahre zuvor.[1393] Gleichzeitig ist der mittlere Beratungsanteil von 50,6 % auf 20,6 % deutlich gesunken.[1394] Insbesondere die regulatorischen Änderungen, aber auch eine erhöhte Sensibilität der Akteure dürften ursächlich für diesen Rückgang sein.

In Frankreich ist nicht nur der Mittelwert mit 7 % sehr niedrig; insbesondere der von *LeMaux* (2007) ermittelte Median von 0 % verdeutlicht, dass in dem Nachbarland mehr als die Hälfte der 639 betrachteten kapitalmarktorientierten Unternehmen überhaupt keine Beratungslei-

---

[1392] Vgl. *Reynolds et al.* (2004), S. 38; *Larcker/Richardson* (2004), S. 633; *Ashbaugh et al.* (2003), S. 616; *LeMaux* (2007), S. 11; *Huang et al.* (2007), S. 138. Einige Untersuchungen, wie beispielsweise *Antle et al.* (2006), S. 248, betrachten den Beratungsanteil relativ zum Prüfungshonorar. Diese wurden in *Tabelle 10-12* aufgrund der eingeschränkten Vergleichbarkeit nicht dargestellt.
[1393] Vgl. *Dickins* (2007), S. 11 und S. 29.
[1394] Ähnlich auch die Ergebnisse von *Markelevich et al.* (2005), welche den Zeitraum 2000-2004 betrachten.

stungen von ihrem Prüfer beziehen.[1395] Das *Loi de sécurité financière*, welches zahlreiche Bestimmungen zur Unabhängigkeit des Abschlussprüfers enthält und die parallele Beratung durch den Abschlussprüfer nahezu vollständig untersagt (siehe auch *Code de commerce*, Art. L822-11), dürfte hierfür ursächlich sein.[1396] Somit bestehen trotz anhaltender Harmonisierungsbestrebungen der EU, etwa im Rahmen der Empfehlungen der *EG-Kommission* (2002), sowie der modernisierten 8. EG-Richtlinie aus dem Jahr 2006, noch immer ungleiche gesetzliche Rahmenbedingungen auch innerhalb Europas.

Der im Vergleich zu den USA und Frankreich höhere Beratungsanteil in Deutschland dürfte auf unterschiedliche gesetzliche Rahmenbedingungen zurückzuführen sein. Möglicherweise sind die im Rahmen des BilReG verabschiedeten Beschränkungen der parallelen Beratungstätigkeit des Abschlussprüfers hinter den Maßnahmen zur Stärkung der Unabhängigkeit anderer Länder zurückgeblieben. Die Vermutung, hiesige Bestimmungen seien nicht geeignet, um die Unabhängigkeit des Abschlussprüfers sicherzustellen, wäre jedoch verfrüht. Vielmehr verdeutlicht der im Vergleich zu anderen Ländern hohe Beratungsanteil die Notwendigkeit weiterer Untersuchungen zur Vereinbarkeit von Prüfung und Beratung für den deutschen Markt. Dabei sollten die Beratungsanteile nicht autark, sondern im Zusammenhang mit möglichen Konsequenzen einer Unabhängigkeitsaufgabe betrachtet werden. Das Auftreten von Bilanzpolitik oder von fehlerhaften Prüfungsurteilen könnte dabei als Surrogat einer beeinträchtigten Urteilsfreiheit Berücksichtigung finden. Ist ein statistischer Zusammenhang zwischen der Höhe der Beratungshonorare und der Prüfungsqualität nachweisbar, kann gefolgert werden, dass die gegenwärtigen Bestimmungen zur Vereinbarkeit von Prüfung und Beratung unzureichend sind. Ist dieser Zusammenhang hingegen nicht evident, könnte ein besonderes Vertrauen in das deutsche Corporate-Governance-System ursächlich für die Akzeptanz der parallelen Prüfung und Beratung sein.

10.6 Relevanz der Umsatzabhängigkeit

Ein Wirtschaftsprüfer ist von der Prüfung einer kapitalmarktorientierten Gesellschaft gem. § 319a Abs. 1 Nr. 1 HGB ausgeschlossen, sofern er in den letzten fünf Jahren mehr als 15 % seiner Gesamteinnahmen von der zu prüfenden Kapitalgesellschaft bezogen hat und dies auch für das laufende Geschäftsjahr zu erwarten ist.[1397] Diese Regelung ist eine Konkretisierung des in § 319 Abs. 2 HGB allgemein formulierten Ausschlusstatbestandes, demzufolge bei Vorliegen von Gründen, insbesondere Beziehungen geschäftlicher, finanzieller oder persönli-

---

[1395] Vgl. *LeMaux* (2007), S. 11.
[1396] Vgl. *Baker et al.* (2008), S. 105.
[1397] Auch die EG-Kommission gab zu verstehen, dass eine wirtschaftliche Abhängigkeit des Abschlussprüfers vorliegt, wenn ein „übermäßig hoher Prozentsatz des Gesamtumsatzes" bei einem Mandat erzielt wird (vgl. *EG-Kommission (2002/590/EC)* (2002a), S. 32). Eine präzise Aussage, wann der Prozentsatz als „übermäßig" anzusehen ist, wurde jedoch nicht getätigt.

cher Art, die Besorgnis der Befangenheit als gegeben erachtet wird. Für Unternehmen, die den Bestimmungen des § 319 Abs. 3 Nr. 5 HGB unterliegen, ist die Grenze des maximal bei Mandanten erzielbaren Umsatzanteiles auf 30 % festgelegt.[1398] Mit vorstehenden Regelungen, welche sinngemäß auch für die Prüfung eines Konzernabschlusses gelten, soll der Gefahr einer wirtschaftlichen Abhängigkeit des Abschlussprüfers von einem Mandanten begegnet werden. Zugleich könnte diese Regelung ursächlich dafür sein, dass mittelständische Wirtschaftsprüfungsgesellschaften, die in der Regel eine geringe Anzahl von Mandanten betreuen, von der Prüfung der DAX- und MDAX-Unternehmen faktisch ausgeschlossen werden.[1399] Die in *Kapitel 10.4* nachgewiesene Konzentrationszunahme könnte daher auch auf die Bestimmungen zur Begrenzung des Umsatzanteils zurückzuführen sein. Um diese Vermutung zu verifizieren, wird im Folgenden die praktische Relevanz der gesetzlichen Vorgaben zur Umsatzbegrenzung anhand der Unternehmen des Prime-Standards und deren Abschlussprüfer untersucht und kritisch gewürdigt.

10.6.1 Kennzahlenbildung

Der *Umsatzanteil* (UA_{ij}) ist eine mandatsspezifische Verhältniskennzahl aus den Umsatzerlösen (UE_{ij}) des Abschlussprüfers bei einem bestimmten Mandanten ($i = 1,2,...,n$) und der Summe der Umsatzerlöse ($\sum UE_j$) des Abschlussprüfers j bei allen Mandanten.[1400] Ein hoher Umsatzanteil (UA_{ij}) indiziert dabei eine erhöhte Gefahr der Umsatzabhängigkeit und somit der Unabhängigkeitsaufgabe.[1401]

$$UA_{ij} = \frac{UE_{ij}}{\sum_{i=1}^{n} UE_{ij}}; \ i = Mandant\ (1,2,..,n);\ j = Abschlussprüfer \qquad (10.6.1)$$

Durch die Pflicht zur Aufstellung eines Transparenzberichtes i.S.d. § 55c Abs. 1 S. 3 Nr. 3 WPO sind Abschlussprüfer kapitalmarktorientierter Unternehmen seit 2007 verpflichtet, ihre erzielten Umsatzerlöse öffentlich zugänglich zu machen.[1402] Basierend auf den Honorarangaben im Konzernanhang des Mandanten (gem. § 314 Nr. 9 HGB) und den Finanzinformationen im Transparenzbericht des Abschlussprüfers kann dessen Umsatzabhängigkeit für einen bestimmten Mandanten für die im Jahr 2006 und 2007 endenden Geschäftsjahre ermittelt werden. Während für die Big4-Gesellschaften entsprechende Umsatzinformationen bereits für

---

[1398] Vor der Verabschiedung des BilReG und der Aufnahme des § 319a HGB galt diese Grenze auch für Unternehmen von öffentlichem Interesse. Die Senkung des Schwellenwertes erfolgte aufgrund des erhöhten Schutzbedarfes der (Minderheits-)Aktionäre kapitalmarktorientierter Unternehmen (vgl. *Petersen/Zwirner* (2007), S. 1739; *Förschle/ Schmidt* (2006), §§ 319, 319a HGB Rn. 2)).

[1399] Vgl. *Petersen/Zwirner* (2007), S. 139.

[1400] Dieser Kennzahl wird bspw. von *Chung/Kallapur* (2003), S. 934 und *Larcker/Richardson* (2004), S. 625 verwendet.

[1401] Neben vielen *Reynolds et al.* (2004), S. 30.

[1402] In diesem Zusammenhang liefert der gem. § 55c WPO zu erstellende Transparenzbericht weiteren Aufschluss (vgl. *EG-Richtlinie (2006/43/EG)* (2006), Art. 40; *Tiedje* (2006), S. 597).

das Jahr 2005 anhand von Pressemitteilungen bzw. der veröffentlichten Geschäftsberichte verfügbar sind, hielten sich die meisten NonBig4-Gesellschaften in der Vergangenheit bedeckt, so dass für diese Abschlussprüfer keine Umsatzinformationen für frühere Zeiträume verfügbar sind.[1403]

10.6.2 Anpassung der Stichprobe

Von besonderer Bedeutung für die Gewährleistung einer befriedigenden Aussagekraft der Kennzahl Umsatzanteil (UA_{ij}) ist die Qualität der Honorarangaben. Erfolgt im Konzernanhang, entgegen der Regelungen des § 314 Abs. 1 Nr. 9 HGB i.V.m. IDW RH HFA 1.006, bspw. der ausschließliche Ausweis der weltweit an den Abschlussprüfer gezahlten Honorare, kommt es zu einer Verzerrung der Kennzahl. Schließlich werden die Gesamterlöse der nationalen Gesellschaft, im Nenner erfasst, während im Zähler das vom gesamten internationalen Netzwerk weltweit bei dem jeweils betrachteten Mandanten i erzielte Honorar Berücksichtigung findet (und nicht nur der auf den nationalen Prüfer entfallende Anteil). Am Beispiel der SAP O.N., welche über die Pflicht hinaus sowohl die weltweiten Honorare des internationalen KPMG-Netzwerks als auch die Vergütung der KPMG AG im Konzernabschluss ausweist, werden die Folgen eines unzureichenden Honorarausweises, wie in *Tabelle 10-13* dargestellt, deutlich.

Implikationen der Offenlegung weltweiter Honorare am Beispiel der SAP O.N (31.12.2006)								
Honorarausweis	Dienstleistungen		Bestätigungsleistungen	Steuerberatung	Sonstige Leistungen	Prüfungshonorar	SUMME	Beratungsanteil ($BA_{SAP(w/d)}$) (%)	Umsatzanteil (UA-$_{SAP(w/d)}$) (%)
Honorare an KPMG weltweit (w)		Mio. € / %	0,641	0,057	0,375	7,435	8,508	12,61%	0,70%
davon KPMG Deutschland (d)		Mio. € / %	0,000	0,027	0,373	2,453	2,853	14,02%	0,23%
Δ Weltweit u. Deutschland		Mio. € / %	0,641	0,030	0,002	4,982	5,655	-10,05%	198,21%
*Die Umsatzerlöse der KPMG AG betrugen zum 30.09.2007 rund 1.215 Mio. €[1404]									

Tabelle 10-13: Vergleich der Kennzahlen am Beispiel der SAP AG[1405]

Die Kennzahl *Umsatzanteil* nimmt einen um 198 % (ΔUA_{SAP}) höheren Wert an, sofern den Ausführungen des IDW RH HFA 1.006 zuwider die Honorare des internationalen Netzwerkes, anstelle des Abschlussprüfers im handelsrechtlichen Sinne, ausgewiesen werden würde. Dagegen wird der Beratungsanteil (BA_{SAP}) nur geringfügig durch die Berücksichtigung der

---

[1403] Im Folgenden wird unterstellt, dass die zum 31.12.200t bei einem Mandanten aufwandswirksam erfassten Honorare des Abschlussprüfers zunächst zur Bildung von Rückstellungen führen und bei der Prüfungsgesellschaft erst in der Folgeperiode, d.h. bei gleichem Stichtag zum 31.12.200$t+1$ in den Umsatzerlösen der WPG ausgewiesen werden.
[1404] Vgl. *KPMG* (2008a), S. 23.
[1405] Vgl. Geschäftsbericht der *SAP AG* (2007), S. 181.

weltweiten Honorare beeinträchtigt. Bei dem betrachteten Beispiel SAP weicht der weltweite vom deutschen Beratungsanteil (ΔBA_{SAP}) um lediglich 10,05 % ab.

Zur Verifizierung der Vermutung einer starken Verzerrung der hier betrachteten Kennzahlen werden lineare Regressionen durchgeführt. Als Datengrundlage werden die Honorare sämtlicher Unternehmen (40) berücksichtigt, die zu einem der betrachteten Stichtage sowohl die weltweiten als auch die auf den nationalen Prüfer entfallenden Honorare im Konzernanhang offen legen. Das Regressionsmodell zur Untersuchung der vermuteten Zusammenhänge zwischen $UA_{i(W)}$ und $UA_{i(D)}$ sowie zwischen $BA_{i(W)}$ und $BA_{i(D)}$ ist wie folgt aufgebaut:

$$BA_{i(W)} = \alpha_{BA} + \beta_{BA} BA_{i(D)} + \varepsilon \quad bzw.$$
$$UA_{i(W),j} = \alpha_{UA} + \beta_{UA} UA_{i(D),j} + \varepsilon$$

(10.6.2)

Die Regressionen betätigen die Vermutung, dass ein signifikanter Zusammenhang zwischen den Beratungsanteilen $BA_{i(W)}$ und $BA_{i(D)}$ besteht (β_{BA} = 0,859, p = 0,00, R^2 = 0,732). Erstaunlich ist, dass auch die Korrelation zwischen den Umsatzanteilen $UA_{i,(W)j}$ und $UA_{i,(D)j}$ stark signifikant ist (β_{UA} = 0,929, p = 0,00, R^2 = 0,860). Allerdings schwankt der Umsatzanteil in Abhängigkeit davon, ob die nationalen oder weltweiten Honorare zur Berechnung der Kennzahl zugrunde gelegt werden, erheblich. Der Mittelwert $UA_{i(W)j}$ beträgt 0,181 %, während das Pendant $UA_{i(D)j}$ lediglich 0,0897 % erreicht. Im Vergleich dazu unterscheidet sich der Mittelwert der Kennzahl Beratungsanteil BA_i nur marginal ($BA_{i(W)}$ = 30,08 %; $BA_{i(D)}$ = 30,95 %). Aufgrund der deutlichen Unterschiede zwischen dem weltweiten ($UA_{i(W)j}$) und dem auf den deutschen Abschlussprüfer entfallenen Umsatzanteil ($UA_{i(D)j}$) werden Beobachtungen, für die ausschließlich die weltweiten Honorare verfügbar sind, eliminiert.[1406] Davon betroffen sind bspw. die Konzernabschlüsse der Siemens AG, E.on AG und Daimler AG.[1407]

10.6.3 Umsatzkonzentration bei den Unternehmen des Prime-Standards

Wie in *Kapitel 4* ausgeführt, erzielte PwC im Geschäftsjahr 2007/08 mit 1.470 Mio. € den unter den Big4-Gesellschaften höchsten Gesamtumsatz vor KPMG (1.263 Mio. €), Ernst&Young (1.097 Mio. €) und Deloitte (779 Mio. €). Die Umsatzerlöse der großen Non-Big4-Gesellschaften fallen im Vergleich dazu mit 176,7 Mio. € bei BDO und 51,4 Mio. € bei Susat&Partner bereits deutlich niedriger aus. Während KPMG, wie aus *Tabelle 10.14* hervorgeht, im Geschäftsjahr 2007/08 rund 26,5 % der Umsatzerlöse mit zwanzig DAX-Mandanten erzielte, fällt die wirtschaftliche Relevanz des Prime-Standards mit 15,5 % bei PwC bereits deutlich geringer aus. Ernst&Young erwirtschaftete während des betrachteten Zeitraums weniger als 6 % der Gesamtumsätze bei den Prüfungsmandanten in diesem Segment. Deloitte

---

[1406] Vgl. *Chung/Kallapur* (2003), Appendix.
[1407] In den Abschlüssen der genannten Gesellschaften werden ausschließlich die weltweiten Honorare ausgewiesen. Dies geht aus einem Vergleich der Anhangsangaben im befreienden Konzernabschluss gem. § 292 Abs. 3 HGB mit den Honoraren in *Form 20-F Item 16c* hervor.

Relevanz der Umsatzabhängigkeit

erreichte sogar nur 1,5 % der Gesamtumsätze mit Leistungen bei Prüfungsmandaten des Prime-Standards.

Anteil der Honorare bei einzelnen Mandanten relativ zum Gesamtumsatz (%)										
Index	DAX	MDAX	SDAX	TecDAX	DAX	MDAX	SDAX	TecDAX	DAX	MDAX	SDAX	TecDAX
Periode	2005				2006				2007			
Anteil der Honorare aller Mandanten eines Index am Gesamtumsatz des Prüfers												
KPMG	24,94%	2,38%	0,66%	0,44%	26,54%	2,58%	0,43%	0,27%	26,48%	1,94%	0,30%	0,15%
PwC	13,13%	4,15%	0,29%	0,42%	13,92%	2,67%	0,32%	0,16%	12,12%	2,72%	0,32%	0,19%
E&Y	2,40%	1,17%	0,29%	0,37%	2,32%	1,28%	0,30%	0,48%	1,58%	1,69%	1,44%	1,06%
D&T	1,28%	1,25%	0,74%	0,18%	0,00%	1,24%	1,42%	0,28%	0,00%	0,66%	0,73%	0,17%
NonBig*	-	-	-	-	0,00%	0,40%	6,36%	0,94%	0,00%	0,56%	6,63%	1,06%
Anteil des durchschnittlicher Honorars pro Index am Gesamtumsatz des Prüfers												
KPMG	1,39%	0,26%	0,09%	0,09%	1,40%	0,21%	0,06%	0,05%	1,32%	0,14%	0,05%	0,04%
PwC	1,31%	0,28%	0,04%	0,07%	1,27%	0,16%	0,05%	0,05%	1,21%	0,16%	0,05%	0,06%
E&Y	2,40%	0,17%	0,04%	0,05%	2,32%	0,16%	0,04%	0,05%	1,58%	0,24%	0,13%	0,12%
D&T	1,28%	0,42%	0,12%	0,09%	0,00%	0,25%	0,20%	0,14%	0,00%	0,13%	0,08%	0,08%
NonBig*	-	-	-	-	0,00%	0,07%	0,40%	0,19%	0,00%	0,09%	0,47%	0,18%
Maximaler Honoraranteil eines Mandats am Gesamtumsatz des Prüfers												
KPMG	3,09%	1,16%	0,22%	0,13%	2,98%	1,15%	0,13%	0,12%	2,97%	0,32%	0,13%	0,07%
PwC	2,42%	0,76%	0,09%	0,11%	2,16%	0,47%	0,11%	0,10%	1,67%	0,36%	0,10%	0,13%
E&Y	2,40%	0,31%	0,07%	0,16%	2,32%	0,27%	0,09%	0,11%	1,58%	1,69%	1,44%	1,06%
D&T	1,28%	0,78%	0,32%	0,10%	0,00%	0,59%	0,67%	0,19%	0,00%	0,66%	0,73%	0,17%
NonBig*	-	-	-	-	0,00%	2,27%	37,05%	13,50%	0,00%	3,87%	36,29%	11,06%

* Die Abschlussprüfer sind ab 2007 gem. § 55c I S. 1 WPO zur Veröffentlichung eines Transparenzberichtes verpflichtet. Umsatzangaben für den Zeitraum vor 2007 sind i.d.R. nur für die Big4-Gesellschaften verfügbar. Daher konnten für die Non-Big4-Gesellschaften zum 31.12.2005 keine entsprechenden Kennzahlen ermittelt werden.

Tabelle 10-14: Wirtschaftliche Bedeutung der Mandate (Umsatzabhängigkeit)

Während die NonBig4-Prüfer bei den DAX- und MDAX-Unternehmen praktisch keine Rolle spielen, entfallen bei einer summarischen Betrachtung aller in den Segmenten S- und TecDAX vertretenen NonBig4-Prüfer zum 31.12.2007 Umsatzanteile i.H.v. 6,63 % bzw. 1,06 % auf diese Gesellschaften. Derartige Werte sowie die hohen durchschnittlichen Honoraranteile der S- und TecDAX-Unternehmen (0,47 % bzw. 0,18 %) sind auf außerordentliche Umsatzanteile einzelner Prüfungsgesellschaften bei bestimmten Mandanten zurückzuführen. So beträgt der in *Tabelle 10.14* dargestellte Maximalwert des Umsatzanteils bei den NonBig4-Gesellschaften im Geschäftsjahr 2007, welcher von der Prüfungsgesellschaft Nörenberg Schröder Partnerschaft, Hamburg (Umsatzerlöse 1.557 T€) bei dem Mandant TAG Tegernsee Immobilien- und Beteiligungs-AG (Honorar 565 T€) erzielt wird, rund 36,3 % (i.Vj. 37,1 %).[1408] Ähnlich hoch ist nur noch der von der Prüfungsgesellschaft Hansetreuhand, Hamburg bei der im S-DAX notierten MPC Capital AG erzielte Umsatzanteil von 26,5 % (i.Vj. 34,8 %), welcher aus Honoraren bei dem besagten Mandanten i.H.v. 726 T€ und Um-

---

[1408] Geschäftsbericht der *TAG Tegernsee 2007* (2008), S. 115; Transparenzbericht gem. 55c WPO der *Nörenberg Schröder GmbH* (2009), S. 8.

sätzen der Prüfungsgesellschaft i.H.v. 2.735 T€ resultiert.[1409] Bezüglich der TecDAX- Unternehmen zeigt sich, dass die RP Richter GmbH, München, welche den Konzernabschluss der Wirecard AG zum 31.12.2007 prüft, mit 11,1 % (i. Vj. 13,5 %) einen ebenfalls auffallend hohen Umsatzanteil erreicht. Ähnlich hoch sind nur noch die von der Märkischen Revision GmbH, Essen, bei der Medion AG zum 31.12.2007 erzielten Umsatzanteile von 9,26 % (i.Vj. 9,45 %).

Die vom Gesetzgeber in § 319a Abs. 1 S. 1 HGB vorgegebene Umsatzsatzgrenze von 15 % für Unternehmen, die einen organisierten Markt in Anspruch nehmen, wird somit von zwei Prüfungsgesellschaften deutlich überschritten. Dennoch ist die Abschlussprüfung rechtmäßig, sofern der Honoraranteil der zu prüfenden Kapitalgesellschaft in den vorausgehenden fünf Jahren nicht jeweils mehr als 15 % der Gesamteinnahmen aus der beruflichen Tätigkeit des Abschlussprüfers überstieg (§ 319a Abs. 1 S. 1 HGB).[1410] Die Beurteilung, ob ein Abschlusstatbestand vorliegt, erfordert somit die Betrachtung eines Zweitraumes von mindestens fünf Jahren. Aufgrund der relativ jungen Pflicht zur Transparenzberichterstattung kann zum Gegenwärtigen Zeitpunktweder die Verletzung noch die Wahrung der Unabhängigkeitsgrenzen durch o.g. Prüfungsgesellschaften anhand öffentlich verfügbarer Finanzinformationen nachgewiesen werden. Offensichtlich ist hingegen, dass die handelsrechtlichen Umsatzgrenzen zumindest mittelfristig von Relevanz für das Tätigkeitsspektrum mittelständischer Prüfungsgesellschaften sind. Anders als die Non-Big4 Prüfer beziehen die Big4-Gesellschaften meist Honorare bei einem Mandanten, die in Relation zu ihren Umsatzerlösen unwesentlich sind.[1411] Nach Eliminierung der Unternehmen mit weltweitem Honorarausweis liegen hohe Umsatzanteile bei den DAX-Unternehmen im Jahr 2007 mit 2,97 % für KPMG bei der Allianz SE sowie mit 1,67 % (PwC) bzw. 1,58 % (Ernst&Young) bei der Deutschen Telekom AG vor, die jedoch deutlich unterhalb der handelsrechtlichen Grenzen bleiben.[1412] Eine Unabhängigkeits-beeinträchtigung ist daher unwahrscheinlich. Auch ist der maximale Umsatzanteil im Zeit-vergleich bei sämtlichen Big4-Gesellschaften rückläufig.

Zusammenfassend ist festzuhalten, dass die handelsrechtlichen Umsatzgrenzen des § 319a Abs. 1 Nr. 1 HGB vorrangig für mittelständische Kanzleien von Bedeutung sind.[1413] Neben einer möglichen Stärkung der Unabhängigkeit des Abschlussprüfers dürften die Umsatzschranken, den aufgezeigten Ergebnissen zufolge, auch Einfluss auf die Konzentration des

---

[1409] Geschäftsbericht der *MPC Capital 2007* (2008), S. 145; Transparenzbericht gem. 55c WPO der *Hansetreuhand GmbH* 2008 (2009), S. 10.
[1410] Die Umsatzbeschränkung für Unternehmen, die einen organisierten Markt in Anspruch nehmen, kann auch nicht zur Vermeidung von Härtefällen durch die WPK gelockert werden (vgl. *IDW* (2006a), A. 290; *Förschle/Schmidt* (2006), § 319 Tz. 72; *Baetge/Hense* (2002) § 319 Anm. 147).
[1411] Vgl. *Niehus* (2002), S. 624; *Petersen/Zwirner* (2009), S. 770.
[1412] Vgl. *Lenz et al.* (2006), S. 1791.
[1413] Vgl. Ähnlich auch *Petersen/Zwirner* (2009), die ihre Vermutung jedoch nicht empirisch verifizieren.

deutschen Prüfungsmarkts genommen haben und zukünftig nehmen. Die Wahrung der Unabhängigkeit in Form von niedrigen Umsatzanteilen einerseits und eine hohe Anzahl von Prüfungsleistungsanbietern andererseits stellen zumindest bei den hier betrachteten großen börsennotierten Gesellschaften konkurrierende Ziele dar. Auch besteht, wie das Wechselverhalten der betrachteten Unternehmen belegt, eine deutliche Tendenz zur Bestellung einer Big4-Gesellschaft bei der Neuausschreibung von Abschlussprüfungen. Dass diese Entwicklung nicht alleine auf das Nachfrageverhalten der Konzerne zurückzuführen ist, sondern auch den handelsrechtlichen Umsatzschranken geschuldet sein dürfte, die ursächlich dafür sind, dass faktisch mehr als 99 % der bei der Wirtschaftsprüferkammer registrierten Gesellschaften von der Prüfung börsennotierter Gesellschaften ausgeschlossen sind, konnte anhand der Schwellenwertüberschreitung zweier NonBig4-Gesellschaften aufgezeigt werden. Aufgrund bestehender Umsatzgrenzen des § 319a Abs. 1 Nr. 1 HGB liegt faktisch eine Markteintrittsbarriere vor. Darüber hinaus werden einige börsennotierte Gesellschaften, deren Abschluss von einer NonBig4-Gesellschaft verifiziert wird, nach der fünften aufeinanderfolgenden Prüfung durch deren amtierenden Abschlussprüfer zur Wahl eines anderen Wirtschaftsprüfers veranlasst sein. Schließlich kann die Umsatzbeschränkung für Unternehmen, die einen organisierten Markt in Anspruch nehmen, nicht zur Vermeidung von Härtefällen durch die WPK gelockert werden.[1414]

10.6.4 Grenzen der Umsatzkonzentration als Unabhängigkeitssurrogat

In der Literatur wird teilweise die Auffassung vertreten, die Unabhängigkeit des Abschlussprüfers sei nicht auf Ebene der Wirtschaftsprüfungsgesellschaft, sondern besser auf Ebene der einzelnen Niederlassungen zu ermitteln.[1415] Dabei wird untersucht, ob die bei einem bestimmten Mandanten erzielten Umsatzanteile für die betroffene Niederlassung insgesamt eine kritische Grenze übersteigen. Derartige Untersuchungen auf Niederlassungsebene sind insbesondere für Flächenländer wie die USA oder Australien praktikabel, für die europäischen Märkte ist eine derartige Differenzierung aufgrund der hohen geographischen Dichte der einzelnen Niederlassungen wenig sinnvoll. Diese Einschätzung gilt insbesondere für kapitalmarktorientierte Unternehmen, in deren Abschlussprüfung regelmäßig mehrere Niederlassungen involviert sind, so dass eine eindeutige Zuordnung der Mandate auf eine bestimmte Niederlassungen kaum möglich ist.[1416] Darüber hinaus sind die Umsatzerlöse des Abschlussprüfers auf Niederlassungsebene nicht öffentlich zugänglich, so dass die Bildung einer Verhältniskennzahl für empirische Analysen auch aus Praktikabilitätsgründen ausscheidet.

[1414] Vgl. *IDW* (2006a), A. 290; *Förschle/Schmidt* (2006), § 319 Tz. 72; *Baetge/Hense* (2006), § 319, Anm. 147.
[1415] Vgl. *Chung/Kallapur* (2003), S. 936; *Chan* (2009). Diese Einschätzung wird auch von der SEC geteilt (vgl. *SEC* (2000a), Fn. 82).
[1416] Vgl. *Lenz et al.* (2006), S. 1791.

Auch eine Unabhängigkeitsbeurteilung auf Partnerebene, wie sie bspw. *Beeler/Hunton* (2001) für 73 Partner vornehmen, ist denkbar. In ihrer Untersuchung weisen die Autoren eine hohe positive Korrelation zwischen den Nichtabschlussprüfungshonoraren, die bei dem partnerspezifisch betrachteten Mandanten generiert werden, und dem Einkommen des jeweiligen Partners nach ($\beta = 0,72; p < 0,001$).[1417] Obwohl die erfolgsabhängige Vergütung der Partner und der leitenden Angestellten, welche eine mögliche Unabhängigkeitsaufgabe begründen könnte, nicht vom *Cross-Selling*-Erfolg bei einem bestimmten Mandanten abhängt,[1418] könnte eine Beeinträchtigung der Unabhängigkeit vorliegen. Neben monetären Anreizen kommt der Imagebildung ein erhebliches Gewicht zu, welche die Urteilsfindung beeinträchtigen könnte. Dabei steht die Frage im Vordergrund, ob der mit dem Verlust eines wichtigen Mandates verbundene Imagerückgang für den verantwortlichen Partner persönlich tragbar ist oder nicht. Es könnte daher sinnvoll sein, die Unabhängigkeit nicht nur auf Ebene der Gesellschaft, sondern auch auf Partnerebene zu analysieren. Unter den gegenwärtigen gesetzlichen Pflichten ist eine derartige Unabhängigkeitsbeurteilung nicht zuletzt aufgrund des Mangels einer personenbezogenen Umsatzoffenlegung momentan jedoch unmöglich.

Die in dieser Untersuchung betrachteten Honorarkennzahlen könnten in Bezug auf die verwendeten Kennzahlen in ihrer Aussagekraft eingeschränkt sein. Dazu kommt es, da die Beurteilung der Konzentration und der mandatsspezifischen Unabhängigkeit aufgrund von Beratungsleistungen und Umsatzabhängigkeit mittels der Honorare beurteilt wird, die der Mandant ermittelt und der Abschlussprüfer verifiziert. Liegt eine Verletzung der handelsrechtlichen Ausweispflichten der Honorare im Konzernanhang gem. § 314 S. 1 Nr. 9 HGB oder die Nichtbeachtung des IDW RH HFA 1.006 vor, kann es zu einer Verzerrung der ermittelten Kennzahlen kommen. Insbesondere, wenn Abschlussprüfer und Management ein gemeinsames Interesse verfolgen und den Honorarausweis bewusst steuern, ist dessen Aussagekraft für eine Beurteilung der Unabhängigkeit des Abschlussprüfers nicht länger geeignet.

10.7 Zusammenfassung

Im Rahmen der vorliegenden Untersuchung konnte für den Zeitraum 2005 bis 2007 eine hohe Konzentration auf dem Markt für Abschlussprüfungs- und Beratungsleistungen bei den Unternehmen des Prime-Standards anhand unterschiedlicher Konzentrationsmaße nachgewiesen werden. Die Verteilung der Prüfungsmandate zum 31.12.2007 zeigt, dass KPMG rund 29,1 % der betrachteten Konzernabschlüsse verifiziert. Auf PwC entfällt ein Anteil von 24,5 %, während Ernst&Young (18,5 %), Deloitte (10,6 %) und die NonBig4-Gesellschaften (17,2 %)

[1417] Vgl. *Beeler/Hunton* (2001).
[1418] *PwC* (2008b), S. 16; *Ernst&Young* (2008b), S. 4; *Deloitte* (2008b), S. 11. KPMG hebt im Transparenzbericht 2007 hervor, dass bei der Vergütung der Partner des Geschäftsbereichs Audit prüfungsfremde Leistungen, die für Prüfungsmandanten dieser Partner erbracht werden, bei der Festsetzung der Vergütung unberücksichtigt bleiben (vgl. *KPMG* (2008b), S. 19).

Zusammenfassung

über eine geringere Anzahl an Mandaten in diesem Segment verfügen. Erfolgt die Messung anhand der aufwandswirksam erfassten Honorare, wird das Ausmaß der Marktkonzentration noch deutlicher. Der dominierende Anteil von 53 % der Gesamtumsätze der betrachteten Konzerne entfällt zum 31.12.2007 auf KPMG. Im Vergleich dazu erreicht PwC mit 33 % bereits einen deutlich niedrigeren Umsatz. Auch der Honoraranteil von Ernst&Young und Deloitte ist mit neun Prozent bzw. zwei Prozent wesentlich geringer. Auf die NonBig4-Gesellschaften entfallen sogar lediglich 2,6 % der zum 31.12.2007 ausgewiesenen Honorare. Insbesondere bei den DAX- und MDAX-Unternehmen liegt eine duopolistische Marktstruktur vor, da 96,7 % (DAX) bzw. 63,3 % (MDAX) der Unternehmen von KPMG oder PwC geprüft werden. Ursächlich für die hohe Konzentration dürften eine anhaltende Internationalisierung der Mandanten und die damit verbundene Nachfrage nach weltweit vergleichbaren Prüfungsleistungen sein.[1419] Auch eine steigende Bedeutung der branchenspezifischen Kenntnisse des Abschlussprüfers könnte Anlass für die nachgewiesene Konzentration sein.[1420] Mittelständische Praxen könnten aufgrund geringerer personeller Ressourcen nicht über die in diesem Marktsegment erforderliche Expertise verfügen. Zugleich nehmen die regulatorischen Anforderungen zu, so dass durch *economies of scale* und *economies of scope* Kostenvorteile für die Big4-Gesellschaften gegenüber Mitbewerbern entstehen, welche nicht ohne Einfluss auf die Marktkonzentration bleiben. Die in der BS WP/vBP und der entsprechenden Verordnung (VO 1/2006)[1421] enthaltenen Generalklauseln und Einzelregelungen für mittlere und kleine Wirtschaftsprüfungspraxen können die zunehmende Verdrängung mittelständischer Prüfer zumindest auf dem betrachteten Teilmarkt nicht verhindern.[1422] Ob die hohe Konzentration eine Beeinträchtigung des Wettbewerbs zur Folge hat und die Qualität der Abschlussprüfung mindert, kann hier nicht abschließend beurteilt werden.[1423] *Pindyck/Rubinfeld* (2005) zeigen, dass zumindest theoretisch eine perfekte Wettbewerbssituation auch auf duopolistischen Märkten (*Bertrand-Competition*) möglich ist.[1424]

Ein weiterer Gegenstand dieser Arbeit ist die Analyse des Ausmaßes der Nichtabschlussprüfungsleistungen bei den Unternehmen des Prime-Standards. Vor dem Hintergrund einer eingeschränkten Vereinbarkeit von Prüfung und Beratung durch die gesetzlichen Regelungen der §§ 319 u 319a HGB und einer seit dem Zusammenbruch von Enron erhöhten Sensibilität der Öffentlichkeit hinsichtlich der Unabhängigkeit des Abschlussprüfers wäre ein im Zeitverlauf

---

[1419] Vgl. *Marten/Schultze* (1998), S. 383; *Strickmann* (2000), S. 299-302.
[1420] Vgl. *Abidin et al.* (2008), S. 19; *Ferguson et al.* (2006); *Basioudis/Francis* (2007). Darüber hinaus konnte gezeigt werden, dass branchenspezialisierte Prüfer Earnings Management reduzieren können, so dass eine höhere Prüfungsqualität vermutet wird (*Kwon et al.* (2007), S. 25).
[1421] Zur Qualitätssicherung in der Wirtschaftsprüfungspraxis siehe *Schmidt et al.* (2005), S. 321-343.
[1422] Zu den Regelungsinhalten siehe *Schmidt et al.* (2005), S. 321-343, *IDW* (2006b), S. 629-646.
[1423] Vgl. *Gloßner* (1998), S. 224.
[1424] Vgl. *Pindyck/Rubinfeld* (2005), S. 586-607; *Varian* (2007), S. 584; *Bigus/Zimmermann* (2008), S. 161.

rückläufiger Beratungsanteil bei den untersuchten Unternehmen plausibel. Entgegen dieser Vermutung konnte ein Anteil der Nichtabschlussprüfungsleistungen am Gesamthonorar nachgewiesen werden, welcher bei den hier betrachteten Prime-Standard Unternehmen im Zeitvergleich relativ konstant ist. Zum 31.12.2007 entfällt ein Anteil des Gesamthonorars von 33,4 % auf Nichtabschlussprüfungsleistungen. Dieser Wert liegt marginal über den Werten der Vorperioden. Erstaunlich ist, dass die Relevanz der Beratungsleistungen durch den Abschlussprüfer sowohl in den USA (21 %)[1425] als auch in Frankreich (7 %)[1426] während der Post-Enron Phase deutlich geringer ausfällt als in Deutschland. Ungleiche regulatorische Rahmenbedingungen dürften hierfür ursächlich sein. Des Weiteren konnte anhand statistischer Testverfahren ein unterschiedliches Nachfrageverhalten nach Nichtabschlussprüfungsleistungen in Abhängigkeit des Sektors nachgewiesen werden. Unternehmen der Sektoren *Financial Services, Transportation & Logistics, Media & Telecommunication* beziehen signifikant mehr Beratung vom Abschlussprüfer, während Konzerne des *Pharma & Healthcare* und *Technologie* Sektors weniger Beratungsleistungen beziehen. Aktiengesellschaften mit einer Zweitnotiz an einer SEC-regulierten Börse fragen verstärkt Bestätigungsleistungen nach. Der Anteil der Sonstigen Leistungen fällt bei diesen Unternehmen hingegen signifikant niedriger aus. Die umfangreichen Beratungsverbote des SOA (Sec. 201) sowie die Unabhängigkeitsanforderungen des PCAOB dürften dabei maßgeblich sein. Neben der Relevanz der Sektorenzugehörigkeit und der Handelsplattform unterscheiden sich die aufwandswirksam erfassten Honorare sowie deren Zusammensetzung in Abhängigkeit des bestellten Abschlussprüfers. Mandanten von KPMG und Deloitte weisen deutlich niedrigere Beratungsanteile aus als jene von PwC und Ernst&Young. Somit könnte vermutet werden, dass bei Zweitgenannten häufiger eine Gefährdung der Unabhängigkeit vorliegt. Ein solcher Rückschluss ist jedoch voreilig, da die Unabhängigkeit stets die Geisteshaltung des Prüfers beschreibt, die anhand von äußeren Surrogaten nur unvollständig abgebildet werden kann. Dennoch ist das Risiko einer Beeinträchtigung der Unabhängigkeit durch wirtschaftliche Eigeninteressen des Abschlussprüfers keinesfalls irrelevant. Ergänzend zum Beratungsanteil wird daher auch der Umsatzanteil, welchen der Abschlussprüfer bei einem bestimmten Unternehmen erzielt, betrachtet. Dabei zeigt sich, dass NonBig4-Gesellschaften bei einzelnen Mandaten Umsatzanteile erzielen, welche die dauerhaft zulässigen Höchstgrenzen bei kapitalmarktorientierten Unternehmen von 15 % deutlich übersteigen. In Einzelfällen erzielen Abschlussprüfer mehr als 30 % der Gesamterlöse p.a. mit einem Mandanten. Die Urteilsfreiheit des Prüfers könnte aufgrund der mit derartig hohen Umsatzanteilen verbundenen wirtschaftlichen Eigeninteressen gefährdet sein. Zugleich suggerieren die bei den NonBig4-Prüfern nachgewiesenen hohen Umsatzanteile, dass die gegenwärtig hohe Konzentration auf dem betrachteten Prüfungsmarkt

---

[1425] Vgl. *Dickins* (2007).
[1426] Vgl. *LeMaux* (2007).

nicht zuletzt auch durch handelsrechtliche Umsatzgrenzen bedingt sein könnte. Die Reduzierung bzw. Erhaltung der gegenwärtigen Anbieterkonzentration einerseits und die Stärkung der Unabhängigkeit des Abschlussprüfers andererseits stellen demnach konkurrierende Ziele dar. Welche Implikationen sich daraus für die zukünftige Entwicklung der Marktkonzentration und die Prüfungsqualität ergeben, sollte Gegenstand künftiger Forschungsbeiträge sein.

Abschließend sei auf einige Grenzen der vorliegenden Untersuchung verwiesen. Die hier vorgestellten Resultate basieren lediglich auf den verfügbaren Daten von Unternehmen des Prime-Standards. Die Ergebnisse gelten folglich nur für diese Gruppe und sollten insbesondere nicht auf nichtbörsennotierte Unternehmen übertragen werden. Aufgrund der Tatsache, dass Honorardaten erst seit 2005 in Deutschland publiziert werden, basieren die Analysen auf Daten zu lediglich drei Geschäftsjahren. Die Aussagekraft der Ergebnisse könnte durch die Betrachtung eines längeren Zeitraumes verbessert werden. Möglicherweise führen konjunkturelle Rahmenbedingungen wie die aktuelle Finanzkrise zu einer veränderten Marktkonzentration oder zu einem Rückgang der Beratungshonorare bei den Prüfungsmandanten. Des Weiteren kann trotz der genannten Überlegungen nicht abschließend beurteilt werden, welche Ursachen kausal für die hohe Konzentration sind. In diesem Zusammenhang interessieren insbesondere die Einflussfaktoren und Kriterien, anhand derer Unternehmen ihren Abschlussprüfer auswählen. Künftige Forschungsaktivitäten sollten diese Fragestellung aufgreifen. Dabei können auch die Aussagegrenzen vorliegender Studie überwunden werden, indem weitere Gesellschaften in die Untersuchung einbezogen werden und ein längerer Zeitraum betrachtet wird.

Offen bleibt ferner, welche Einflussfaktoren die Nachfrage nach Nichtabschlussprüfungsleistungen bestimmen und die teilweise erheblichen Unterschiede im Unternehmensvergleich begründen. Während die fachliche Qualifikation des Abschlussprüfers, sowie ein grundsätzlicher Bedarf nach externer Beratung seitens des Mandanten bereits in *Kapitel 4.2* und *4.4* dargestellt wurden, wird in der anschließenden Untersuchung (*Kapitel 11*) die Bedeutung unternehmensspezifischer Einflussfaktoren auf das Nachfrageverhalten nach Beratungsleistungen untersucht. Es wird vermutete, dass von der Höhe der Agency-Kosten eines Unternehmens ein erheblicher Einfluss auf das Nachfrageverhalten ausgeht. Ursächlich hierfür dürfte sein, dass Unternehmen mit hohen Agency-Kosten gegenüber dem Kapitalmarkt ein Qualitätssignal hinsichtlich der Güte des veröffentlichten Jahresabschlusses auszusenden bemüht sind und daher an einer als unabhängig wahrgenommenen Abschlussprüfung interessiert sind, d.h. den Verifizierenden nicht zusätzlich als Berater des Managements engagieren.

11 Einfluss von Agency-Kosten auf die Nachfrage von Beratung

11.1 Einleitung und Problemstellung

Durch die im (Konzern-) Anhang auszuweisenden Honorare (gem. §§ 285 Nr. 17 u. 314 Abs. 1 Nr. 9 HGB) können Abschlussadressaten die Geschäftsbeziehungen zwischen Mandant und Abschlussprüfer einsehen. Es ist somit wahrscheinlich, dass die Stakeholder bei auffallenden Beratungshonoraren eine Beeinträchtigung der Urteilsfreiheit des Abschlussprüfers vermuten. Auch konnten *Quick/Warming-Rasmussen* (2007) nachweisen, dass Kleinaktionäre Beratungshonorare, die 25 % der Gesamthonorare übersteigen, als eine Gefährdung der Unabhängigkeit wahrnehmen.[1427] Vor diesem Hintergrund stellt sich die Frage, warum einige Unternehmen dennoch enorm hohe Honoraranteile für Beratungsleistungen des Abschlussprüfers aufbringen, während andere vollständig auf die Nachfrage derartiger Leistungen verzichten.

Die folgende empirische Untersuchung geht daher der Frage nach, ob die Nachfrage nach Beratungsleistungen vom Abschlussprüfer in Abhängigkeit der Agency-Kosten eines Unternehmens variiert.[1428] Dabei wird angenommen, dass Unternehmen mit hohen Agency-Kosten weniger Beratungsleistungen von ihrem Abschlussprüfer nachfragen, um gegenüber dem Kapitalmarkt dessen Unabhängigkeit zu signalisieren und somit ein Qualitätssignal hinsichtlich der Güte des veröffentlichten Jahresabschlusses auszusenden. Eine solche Studie auf Basis publizierter Honorare liegt für Deutschland bislang nicht vor.

Zu Beginn der Untersuchung erfolgt die Vorstellung bisheriger Forschungsergebnisse zum Einfluss der Agency-Kosten auf das Nachfrageverhalten. Anschließend werden die theoretischen Grundlagen des vermuteten Einflusses der Agency-Kosten auf das Nachfrageverhalten diskutiert. Es folgt die Vorstellung der Resultate einer empirischen Analyse zum deutschen Prüfungsmarkt. In deren Zentrum steht die Frage nach dem Einfluss unternehmensspezifischer Agency-Kosten auf den Anteil des Beratungshonorars am Gesamthonorar des Abschlussprüfers bei den im Prime-Standard der Deutschen Börse AG gelisteten Unternehmen. Mit den Variablen Volatilität des Börsenkurses und variabler Vergütungsanteil des Managements kommen dabei zwei Surrogate für Agency-Kosten zum Einsatz, die bislang auch in internationalen Studien keine Berücksichtigung fanden. Abschließend folgen eine kritische Würdigung der Ergebnisse und Hinweise auf offene Forschungsfragen.

[1427] Vgl. *Quick/Warming-Rasmussen* (2007), S. 1018.
[1428] Bedingt durch unterschiedliche Interessen und Informationsasymmetrien zwischen Agent (Geschäftsleitung/Vorstand) und Prinzipal (Gesellschafter/Aktionär) kommt es zu Kosten, welche aus der Aufgabendelegation resultieren und in der Literatur als Agency-Kosten bezeichnet werden. Siehe hierzu die Ausführungen in *Kapitel 2* (vgl. *Jensen/Meckling* (1976), S. 308).

11.2 Ergebnisse bisheriger Forschungen

Forschungen zur wahrgenommenen Unabhängigkeit zeigen, wie aus *Kapitel 7.3.1* hervorgeht, überwiegend einen negativen Einfluss der gleichzeitigen Beratungstätigkeit des Abschlussprüfers.[1429] Da die wirtschaftliche Bindung zwischen Mandant und Abschlussprüfer aufgrund der Publizität der Honorare erkennbar ist, lässt sich eine Beeinträchtigung der von den Stakeholdern wahrgenommenen Unabhängigkeit bei auffallend hohen Beratungsanteilen vermuten. Zudem könnte die Höhe der als zulässig erachteten Beratungsanteile auch von unternehmensspezifischen Faktoren abhängen. So ist es möglich, dass die Höhe der Agency-Kosten, welche die „costs of structuring, monitoring, and bonding a set of contracts among agents with conflicting interests, plus the residual loss incurred because the cost of full enforcement of contracts exceeds the benefit" beschreiben,[1430] als Indikator des Interessenkonfliktes innerhalb des Unternehmens relevant sind. Fallen diese Kosten des Konfliktes zwischen Unternehmensführung und Eigen- und Fremdkapitalgebern hoch aus, könnte der von Abschlussadressaten als zulässig erachtete Beratungsanteil des Abschlussprüfers niedriger sein. Darüber hinaus wäre auch denkbar, dass nicht die absolute Höhe von Agency-Kosten, sondern deren Veränderung im Zeitablauf, aufgrund des darin zum Ausdruck kommenden veränderten Risikos, das Nachfrageverhalten der Unternehmensleitung nach Beratungsleistungen des Abschlussprüfers beeinflusst.

Auch die im Folgenden vorgestellten Studien, welche den Einfluss der Agency-Kostenstruktur einer prüfungspflichtigen Gesellschaft auf die Nachfrage nach Beratungsleistungen untersuchen, basieren auf der Annahme einer wahrgenommenen Unabhängigkeitsbeeinträchtigung. Ihnen liegt die Hypothese zu Grunde, dass die Nachfrage der Unternehmensleitung nach Beratungsleistungen des Abschlussprüfers umso geringer ist, je höher die Agency-Kosten sind.

Parkash/Venable (1993) haben die erste Untersuchung zum Nachfrageverhalten des Managements nach Beratungsleistungen des Abschlussprüfers vor dem Hintergrund der Agency-Problematik für den amerikanischen Markt anhand der Daten von 860 kapitalmarktorientierten Unternehmen (*Fortune 500 Companies*) durchgeführt. Sie betrachten dabei den Zusammenhang zwischen den Anteilen des Managements am Unternehmen, der Konzentration der Gesellschaftsanteile und dem Verschuldungsgrad einerseits und den periodisch wiederkehrende Dienstleistungen des Abschlussprüfers anderseits. Die Ergebnisse der univariaten Ana-

---

[1429] Vgl. *Swanger/Chewning Jr.* (2001), *Brandon et al.* (2004), *Mishra et al.* (2005), *Krishnan et al.* (2005), *Gaynor et al.* (2006), *Francis/Ke* (2006), *Gaynor et al.* (2006), *Quick/Warming-Rasmussen* (2007), *Lim/Tan* (2008). Einen umfassenden Überblick über die Forschungsergebnisse zu den Auswirkungen von Prüfung und Beratung auf die wahrgenommene Unabhängigkeit des Abschlussprüfers ist in *Kapitel 7.3.1* dargestellt. Siehe dazu auch *Quick/Warming-Rasmussen* (2005), *Schneider et al.* (2006), *Quick* (2006), *Pott et al.* (2009).

[1430] *Jensen* (1998), S. 153.

lyse zeigen, dass zwischen der abhängigen Variable (wiederkehrende Beratungsleistungen) und den unabhängigen Variablen (*Managementanteile, Anteilskonzentration* und *Verschuldungsgrad*) jeweils ein signifikanter Zusammenhang besteht, d.h. dass die Nachfrage mit zunehmenden Agency-Kosten sinkt. Gleiches gilt zwischen einmaligen Beratungsleistungen und Managementanteilen am Unternehmen, während zwischen einmaligen Beratungsleistungen und dem Marktwert der Anteile des größten Eigentümers bzw. dem Verschuldungsgrad kein Zusammenhang nachgewiesen werden konnte. Die Ergebnisse der multivariaten Analyse decken sich sowohl hinsichtlich wiederkehrender Beratungsleistungen ($adj.R^2 = 0{,}260$) als auch in Bezug auf die einmaligen Beratungsleistungen ($adj.R^2 = 0{,}009$) mit den Ergebnissen der univariaten Untersuchung.[1431]

Firth (1997) untersucht für die 500 größten börsennotierten britischen Gesellschaften das Nachfrageverhalten nach Beratungsleistungen beim Abschlussprüfer. Er gelangt zu dem Ergebnis, dass zwischen der abhängigen Variable *Beratungsanteil* und den unabhängigen Variablen *Anteile des Managements* und *Aktienanteil des größten Eigentümers* ein signifikant positiver Zusammenhang besteht, während der Beratungsanteil und der Ver*schuldungsgrad* signifikant negativ korrelieren. Damit wird die Hypothese, dass die Nachfrage nach Beratungleistungen auf dem britischen Prüfungsmarkt maßgeblich vom Ausmaß des Agency-Kon-fliktes eines Unternehmens determiniert wird, bei einem Bestimmtheitsmaß von ($R^2 = 0{,}320$) bestätigt.

Bauer (2004) versucht für die 100 größten US-amerikanischen Unternehmen, einen Zusammenhang zwischen der Nachfrage nach Beratungsleistungen und der Agency-Kostenstruktur prüfungspflichtiger Unternehmen nachzuweisen. Neben den Auswirkungen des Verschuldungsgrades und der Beteiligung des Managements am Unternehmen wird dabei in Anlehnung an *Firth* (1997) der Einfluss des Anteils von Großaktionären auf das Nachfrageverhalten analysiert. Abweichend von den bisherigen Studien weist lediglich der Koeffizient des Verschuldungsgrades einen signifikanten Zusammenhang mit der abhängigen Variable aus. Das Bestimmtheitsmaß der Schätzung ($adj. R^2 = 0{,}102$) deutet auf eine vergleichsweise geringe Güte des Modells hin.[1432]

In einer ersten Studie zum deutschen Prüfungsmarkt untersucht *Bauer* (2004) für 58 Unternehmen, die im Rahmen einer Befragung freiwillig Auskunft über die Honorare des Abschlussprüfers erteilten, den Zusammenhang zwischen den Agency-Kosten und dem Beratungsanteil.[1433] Anhand von Regressionen kann für die Jahre 2001 und 2002 kein Zusammenhang zwischen dem Ausmaß der Nachfrage nach Beratungsleistungen beim amtierenden Abschlussprüfer und den bereits aus der Studie zum US-Markt bekannten Indikatoren der Agen-

---

[1431] Vgl. *Parkash/Venable* (1993), S. 127.
[1432] Vgl. *Bauer* (2004), S. 308-309.
[1433] Vgl. *Bauer* (2004), S. 321.

cy-Kosten nachgewiesen werden. Neben der vergleichsweise geringen Stichprobe könnte die Insignifikanz der Ergebnisse auch auf einen *Response Bias* zurückzuführen sein. Schließlich kann nicht ausgeschlossen werden, dass lediglich jene Gesellschaften ihre Honorare (wahrheitsgetreu) zur Verfügung stellten, die ohnehin wenig Beratungsleistungen vom Abschlussprüfer beziehen. Ob eine Beeinträchtigung der wahrgenommenen Unabhängigkeit in Abhängigkeit der Agency-Kosten-Struktur auch in Deutschland vorliegt, lässt sich nicht zuletzt aufgrund des geringen Bestimmtheitsmaßes (*adj. R^2 (2001) = 0,058; adj.R^2(2002) = 0,123*) anhand dieser Studie nicht abschließend beurteilen.

Die uneinheitlichen Ergebnisse bisheriger internationaler Forschungen und eine unzureichende Qualität vorliegender Studien zum hiesigen Prüfungsmarkt sind Motivation für die eigene Untersuchung. Dazu folgt in *Kapitel 11.3* zunächst eine Diskussion der theoretischen Grundlagen des vermuteten Einflusses der Agency-Kosten auf das Nachfrageverhalten nach Beratungsleistungen sowie eine Formulierung der Forschungsfragen. Eine detaillierte Beschreibung der Stichprobe, anhand derer die zuvor formulierten Hypothesen überprüft werden ist in *Kapitel 11.4* angeschlossen. Ehe die Modellbildung, d.h. die Vorstellung der Regressionsmodelle vorgenommen wird, müssen die verwendeten Variablen definiert werden. Dies geschieht in *Kapitel 11.4.1*. Es folgt die Vorstellung der Resultate der eigenen empirischen Analyse zum deutschen Prüfungsmarkt. Im Zentrum der durchgeführten Tests steht die Frage nach dem Einfluss unternehmensspezifischer Agency-Kosten auf die Höhe des Anteils der Beratungshonorare am Gesamthonorar des Abschlussprüfers bei den im Prime-Standard der Deutschen Börse AG gelisteten Unternehmen. Dazu sind zunächst in *Gliederungspunkt 11.5.1* die Ergebnisse univariater Testverfahren dargestellt. Bevor in *Abschnitt 11.5.2* jene zu den multivariaten Analysen folgen. Abschließend erfolgt eine kritische Würdigung der Ergebnisse und es werden Hinweise auf offene Forschungsfragen dargestellt.

11.3 Hypothesenbildung

11.3.1 Aktionärsstruktur als Indikator des Agency-Konfliktes

Die Rechte der Aktionäre sind in den §§ 118 - 147 AktG reguliert. Faktisch hängt die Wirksamkeit der Eigentümerkontrolle jedoch unter der Annahme der Rationalität der Aktionäre von dem ökonomischen Anreiz zur Wahrnehmung der Kontrollrechte ab. Kleinaktionäre nehmen deshalb ihre Kontrollfunktion weniger intensiv wahr als Großaktionäre,[1434] da die Kosten einer wirkungsvollen Überwachung, welche neben der Informationsbeschaffung und -verarbeitung auch die Koordination der eigenen mit den Handlungen anderer Aktionäre zur Einleitung notwendiger Kontrollmaßnahmen erfordert, für Privatanleger prohibitiv hoch

---

[1434] Vgl. *Kräkel* (1999), S. 292; *Dutzi* (2005), S. 15; *Grothe* (2005b), S. 31.

Hypothesenbildung

sind.[1435] Auch fehlt es den Kleinaktionären i.d.R. an den erforderlichen Mehrheiten, um die formalen Sanktionsinstrumentarien der Hauptversammlung aktiv einzusetzen. Übernimmt ein einzelner Aktionär dennoch die Kosten und Mühen der Kontrolle, so verteilt sich der Nutzen seiner Überwachung auf sämtliche Gesellschafter, also auch auf passive Aktionäre. Die Überwachung der Unternehmensführung stellt insofern ein öffentliches Gut dar, von dem kein Aktionär ausgeschlossen werden kann. *Free-Rider-Verhalten* ist bei Streubesitzaktionären als ökonomisch rationale Handlung die Folge.[1436]

Bei wachsender Anteilskonzentration steigt nicht nur der Anreiz zur Kontrolle; auch die Verfügungsgewalt, welche für eine Disziplinierung des Managements erforderlich ist, dürfte bei Großaktionären eher gegeben sein.[1437] Beansprucht ein Blockholder einen Sitz im Aufsichtsrat, um seinen Informationsstand, die Unternehmenskontrolle und den Disziplinardruck auf das Management zu steigern, kann dieser das Verhalten des Managements leichter an seine Interessen binden.[1438] Bei Unternehmen, deren Gesellschaftsanteile auf zahlreiche Kleinanleger verteilt sind, bleibt die Überwachung der Unternehmensführung hingegen überwiegend auf die Rechte der Hauptversammlung beschränkt. Auch stehen den Aktionären lediglich die öffentlich verfügbaren Informationen des Jahresabschlusses zur Verfügung. Damit der Aktionär auf diese vertrauen kann, muss der Abschlussprüfer als unabhängig wahrgenommen werden, d.h. er darf nur soweit Beratungsleistungen im Auftrag des Managements erbringen, als die Aktionäre sie für unschädlich erachten.

Hypothese 1: Zwischen dem Anteil der Aktien in Streubesitz eines Unternehmens (der Zunahme des Anteils der Aktien in Streubesitz) und dem Verhältnis der Beratungshonorare zu den Gesamthonoraren dieses Unternehmens besteht ein negativer Zusammenhang.

11.3.2 Einfluss der Volatilität auf die Agency-Kosten

Die Volatilität wird im Folgenden als Risikokennzahl betrachtet, welche als Maß für die Intensität der Schwankungen des Börsenkurses um den eigenen Mittelwert dient.[1439] Sie stellt einen systematischen Unsicherheitsfaktor dar, welcher sich der Arbitrage-Pricing-Theorie zu Folge grundsätzlich im Wert des Börsenkurses widerspiegelt.[1440] Zugleich steigt die Gefahr einer nicht sachgemäßen Preisbildung, wenn die idiosynkratische Volatilität eines Eigenkapitaltitels hoch ist.[1441] Unter der Prämisse tendenziell risikoaverser Investoren ist es daher wahr-

---

[1435] Vgl. *Mitra et al.* (2007), S. 265.
[1436] Vgl. *Boecking* (2003), S. 254.
[1437] Vgl. *Mann* (2003), S. 82.
[1438] Vgl. *Picot et al.* (2005), S. 253.
[1439] Vgl. *Deutsche Börse AG* (2008b).
[1440] Vgl. *Ang et al.* (2006), S. 259.
[1441] Vgl. *Ingersoll* (1987), Kap. 7.

scheinlich, dass die mit einer hohen Volatilität verbundene Risikoprämie positiv ist.[1442] Zugleich begründen eine steigende Volatilität des Börsenkurses und die damit verbundene Unsicherheit ein erhöhtes Informationsbedürfnis der Aktionäre. Neben der ungeprüften Ad-hoc-Publizität und der Zwischenberichterstattung muss sich der Aktionär vorrangig auf die externe Rechnungslegung als Informationsquelle verlassen können. Sind die darin enthaltenen Informationen nicht verlässlich, da die Unabhängigkeit des Abschlussprüfers aufgrund hoher Beratungshonorare zweifelhaft ist, wird der Investor eine zusätzliche Risikoprämie verlangen. Gesellschaften mit volatilen Börsenkursen dürften daher in besonderem Masse um das Vertrauen der Aktionäre in die Rechnungslegung bemüht sein, d.h. bewusst auf die Vergabe von Beratungsaufträgen an den Abschlussprüfer verzichten.

Hypothese 2: Zwischen der Volatilität des Börsenkurses (der Zunahme der Volatilität) und dem Verhältnis der Beratungshonorare zu den Gesamthonoraren dieses Unternehmens besteht ein negativer Zusammenhang.

11.3.3 Einfluss der Managementvergütung auf die Agency-Kosten

Neben dem Streubesitz und der Volatilität bietet die Vergütungsstruktur eines Unternehmens Aufschluss über das Ausmaß der Agency-Konflikte. Während die verhaltensorientierte Vergütung (*behavior-oriented-contracts*) auf unmittelbar beobachtbaren und objektiven Verhaltensweisen des Agenten, wie beispielsweise auf dessen zeitlicher Anwesenheit, beruht, sehen die ergebnisorientierten Vergütungsmodelle (*outcome-oriented-contracts*) eine Bezahlung des Agenten in Anlehnung an dessen Handlungsergebnisse vor.[1443] Ergebnisorientierte Bezüge bieten den Vorteil, dass zunächst divergierende Interessen zwischen Management und Aktionären harmonisiert werden. Dies erfolgt, indem die variable Vergütung den Anteilsbesitz des Managements simuliert.[1444] Ist das Management am Unternehmen beteiligt, fällt der Agency-Konflikt zwischen der Unternehmensführung und den übrigen Gesellschaftern geringer aus, da deren Interessen konvergieren.[1445] Die erfolgsabhängige Vergütung dient somit der Reduktion von Zielkonflikten.[1446] Neben der tatsächlichen Interessenangleichung und der damit verbundenen Verhaltenssteuerung folgt eine am Kapitalmarkt wahrgenommene Interessenharmonisierung. Den (potenziellen) Investoren wird eine Eigentümerorientierung des Managements suggeriert, welche die Notwendigkeit einer aktiven Überwachung reduziert. Neben der externen Rechnungslegung verliert dadurch auch die wahrgenommene Unabhängigkeit des

---

[1442] In einzelnen Studien konnten auch negative Risikoprämien nachgewiesen werden (vgl. *Ang et al.* (2006), S. 296).
[1443] Vgl. *Jensen* (1983), S. 326; *Eisenhardt* (1989), S. 58.
[1444] Vgl. *Kocabiyikoglu/Popescu* (2007), S. 834.
[1445] Vgl. *Bauer* (2004), S. 122.
[1446] Vgl. *Picot/Michaelis* (1984), S. 260.

Prüfers möglicherweise an Relevanz. Die aus diesen Überlegungen resultierende Hypothese lautet:

Hypothese 3: Zwischen dem Verhältnis der variablen Vergütung zur Gesamtvergütung des Vorstandes (der Zunahme des variablen Vergütungsanteils) und dem Verhältnis der Beratungshonorare zu den Gesamthonoraren dieses Unternehmens besteht ein positiver Zusammenhang.

11.3.4 Verschuldungsgrad als Indikator des Agency-Konfliktes

Kreditgeber setzen sich bei der Vergabe von Darlehen regelmäßig der Gefahr aus, durch die Unternehmensleitung bzw. die Anteilseigner getäuscht zu werden.[1447] Die Zurverfügungstellung falscher Informationen könnte dazu führen, dass Gläubiger eine Kreditvergabeentscheidung treffen, die sie bei sachgemäßer Darstellung der Unternehmenslage nicht getroffen hätten. Eine Täuschung kann durch das Verschweigen von Risiken oder eine Falschdarstellung der Unternehmenslage vor oder nach Vertragsabschluss erfolgen, so dass der klassische Fall einer asymmetrischen Informationsallokation gegeben ist.[1448] Auch sind Gläubiger einer haftungsbeschränkten Gesellschaft dem Risiko ausgesetzt, dass Vermögenswerte des Unternehmens durch Ausschüttung soweit reduziert werden, dass die Erfüllung ihrer Ansprüche gefährdet ist.[1449] Antizipieren Gläubiger diese Gefahr, wird das Risiko eines Ausfalls im Preis ihrer Leistung, d.h. im Zins berücksichtigt. Die Kosten einer asymmetrischen Informationsverteilung müssen somit von den Anteilseignern getragen werden.[1450] Bei der Beurteilung des Risikos im Rahmen der Vergabe oder Anpassung von Darlehensverträgen greifen Gläubiger auf die externe Rechnungslegung zurück. Folglich liegt es im Interesse der Anteilseigner bzw. des Managements, dass die im Abschluss enthaltenen Informationen als vertrauenswürdig wahrgenommen und durch einen unabhängigen Dritten testiert werden. Der geprüfte Abschluss dient als zuverlässige Informationsquelle und stellt somit ein geeignetes Instrument zur Reduzierung fremdfinanzierungsbedingter Konflikte dar. Kann der Gläubiger aufgrund auffälliger Beratungshonorare des Abschlussprüfers nicht auf dessen Urteilsfreiheit und damit auf die Informationen des Abschlusses vertrauen, wird er einen höheren Zins verlangen.[1451] Insbesondere Unternehmen, die zu wesentlichen Teilen fremdfinanziert sind, dürften daher auf die Vergabe von Beratungsaufträgen verzichten.

[1447] Vgl. *Streim* (1988), S. 12.
[1448] Vgl. *Gillenkirch* (1997), S. 17.
[1449] Vgl. *Black* (1976), S. 7. Durch Ausschüttungssperren soll bei Kapitalgesellschaften ein Mindesthaftungsvermögen erhalten bleiben (siehe *Baetge et al.* (2007), S. 102).
[1450] Vgl. *Watts/Zimmermann* (1986), S. 186.
[1451] Vgl. *Dhaliwal et al.* (2008).

Hypothese 4: Zwischen dem Verschuldungsgrad (dem Anstieg des Verschuldungsgrades) eines Unternehmens und dem Verhältnis der Beratungshonorare zu den Gesamthonoraren besteht ein negativer Zusammenhang.

11.4 Untersuchungsgegenstand und Beschreibung der Stichprobe

Die Stichprobe umfasst die Konzernabschlüsse der in den Börsensegmenten DAX, MDAX, SDAX und TecDAX jeweils zum 31. Dezember notierten Gesellschaften für die Geschäftsjahre 2005, 2006 und 2007 (einschl. abweichender Stichtage). Aus diesen 480 Konzernabschlüssen wurden solche von Finanzdienstleistungsunternehmen (48), Banken (23) und Versicherungen (12) eliminiert, da die Unternehmen dieser Branche gegenüber Unternehmen anderer Branchen eine abweichende Bilanzstruktur aufweisen und ihre Einbeziehung die Homogenität der Stichprobe gefährden würde.[1452] Ferner reduzierte sich die Stichprobe um Unternehmen (12), deren Stichtag im Geschäftsjahr 2004/2005 vor dem 31.12.2005 lag oder die ihre Offenlegungspflichten verletzten, so dass die Honorare des Abschlussprüfers nicht zur Verfügung stehen.

Stichprobenumfang (Anzahl)				
Periode	2005	2006	2007	Σ
Grundgesamtheit (DAX (30), MDAX (50), SDAX (50), TecDAX (30))	160	160	160	480
Banken, Versicherungen und Finanzdienstleister	-24	-29	-30	-83
Honorarangaben nicht verfügbar	-10	-2	-	-12
Sitz der Gesellschaft im Ausland	-9	-13	-11	-33
IPO während der Berichtsperiode	-10	-3	-6	-19
Angaben zur Volatilität oder Vergütung nicht (vollständig) verfügbar	-4	-4	-2	-10
Joint Audit	3	2	2	7
Bereinigte Stichprobe	106	111	113	330

Tabelle 11-1: Stichprobe zur Untersuchung des Einflusses der Agency-Kosten[1453]

Unberücksichtigt bleiben, wie aus *Tabelle 11-1* hervorgeht, ferner die am Prime-Standard der Deutschen Börse AG notierten ausländischen Gesellschaften (33), welche nicht den handelsrechtlichen Pflichten zur Offenlegung der Honorare unterliegen. Unternehmen (19), die während des betrachteten Geschäftsjahres einen Börsengang (*IPO*) vollzogen, weisen überdurchschnittlich hohe Beratungshonorare im Zusammenhang mit der Prüfung des Börsenprospektes aus (*IDW PS 910*), so dass für eine Untersuchung der vermuteten Zusammenhänge eine Eliminierung dieser Gesellschaften notwendig ist. Nach Abzug der Gesellschaften, für welche

---

[1452] Vgl. *Lenz/Ostrowski* (1999), S. 399.
[1453] Eine Abweichung dieser Stichprobe zu jener der Untersuchung zur Honorarpublizität ist auf die Berücksichtigung der Honorarangaben zur Vergleichsperiode zurückzuführen. Während in der Studie zur Qualität der Honorarangaben ausschließlich die Angaben zur jeweils betrachteten Periode berücksichtigt wurden, sind in der nachfolgenden Untersuchung auch solche Unternehmen berücksichtigt, die in einer Folgeperiode Angaben zur Vergleichsperiode offen legten. Unterschiede zur Marktkonzentrationsstudie (*Kapitel 10.3*) resultieren im Wesentlichen aus der Eliminierung von Banken, Versicherungen und Finanzdienstleistungsunternehmen.

die relevanten Börsenkursvolatilitäten oder variablen Vergütungsanteile des Vorstandes nicht vollständig verfügbar waren (10), umfasst die Untersuchung 323 Konzernabschlüsse, von denen sieben im Sinne eines *Joint Audit* geprüft wurden. Somit basieren die nachfolgenden Analysen auf 330 Beobachtungen.

11.4.1 Operationalisierung der verwendeten Variablen

Die Untersuchung basiert auf der Annahme, dass die wahrgenommene Unabhängigkeit des Abschlussprüfers durch das zusätzliche Angebot von Beratungsleistungen beeinträchtigt werden könnte.[1454] Insbesondere Unternehmen mit hohen Agency-Kosten dürften bedacht sein, einen als unabhängig wahrgenommenen Abschlussprüfer zu engagieren, um die Glaubwürdigkeit des eigenen Abschlusses gegenüber den Adressaten sicherzustellen. Daher könnte die Nachfrage nach Beratungsleistungen in Abhängigkeit von der Höhe der Agency-Kosten eines Mandanten erfolgen, d.h. mit zunehmenden Agency-Kosten sinken.

Die Auswahl der Indikatoren für Agency-Kosten orientiert sich an theoretischen Überlegungen und den Erkenntnissen vorliegender empirischer Arbeiten. Neben dem *Verschuldungsgrad*, dem *Streubesitzanteil* und dem *Verhältnis der variablen Vergütung zur Gesamtvergütung* des Vorstandes wird dabei auch die *Volatilität des Börsenkurses* als Kenngröße für das Ausmaß von Agency-Konflikten herangezogen. Die im Vergleich zu bisherigen Studien zusätzlich aufgenommene Vergütungsvariable dient als Indikator der Interessenharmonisierung zwischen Management und Aktionären. Die Volatilität des Börsenkurses wird berücksichtigt, da das Vertrauen der durch stark schwankende Kurse verunsicherten Aktionäre über eine unabhängige Abschlussprüfung gestärkt werden kann.

11.4.2 Abhängige Variablen

Als abhängige Variable dient das Verhältnis von Beratungs- zu Gesamthonorar des Abschlussprüfers bei dem entsprechenden Mandanten (*Beratungsanteil* (BA_i)) für das jeweilige Geschäftsjahr (siehe *Kapitel 10.5.1*).[1455] Die Daten wurden aus den jeweiligen Geschäftsberichten der Unternehmen entnommen. Bereits in *Kapitel 10.5.2* konnte gezeigt werden, dass die Nachfrage nach Beratungsleistungen über die Indizes betrachtet relativ homogen verteilt ist und im Mittel rund 33 % der Gesamthonorare erreicht. Tests auf Mittelwertgleichheit (Mann-Whitney-U-Tests) bestätigen, dass keine signifikanten Unterschiede hinsichtlich der Höhe des Beratungsanteils im Index- und Zeitvergleich bestehen. In Abhängigkeit von der Branchenzugehörigkeit bestehen hingegen signifikante Unterschiede. Unternehmen der Sektoren *Telecommunication* ($p < 0,001$), *Media* ($p < 0,047$) und *Transportation & Logistics*

[1454] Vgl. *Bauer* (2004), S. 194.
[1455] Vgl. Diese abhängige Variable wurde bereits von *Craswell* (1999), *Frankel et al.* (2002), *Ashbaugh et al.* (2003) und *Bauer* (2004) verwendet.

($p < 0,027$) fragen - wie Tests auf Mittelwertgleichheit belegen - signifikant mehr Beratungsleistungen (relativ zum Prüfungshonorar) bei ihrem Abschlussprüfer nach, als Unternehmen anderer Branchen. Dagegen fällt die Nachfrage bei Unternehmen des *Technology-* ($p < 0,001$) und *Pharma & Healthcare-*Sektors ($p < 0,068$) signifikant geringer aus. Bei den anderen Branchen sind keine statistisch evidenten Unterschiede messbar.

11.4.3 Unabhängige Variablen

Die unabhängigen Variablen teilen sich in Untersuchungs- (Experimental-) und Kontrollvariablen auf. Historische Kursdaten zur Berechnung der Volatilität wurden von der Deutschen Börse AG bezogen. Die Werte der übrigen Variablen sind den Geschäftsberichten der Jahre 2005 bis 2007 entnommen.

11.4.3.1 Untersuchungsvariablen

Folgende Untersuchungsvariablen werden in den nachfolgenden Modellen verwendet:

Streubesitzanteil: Den Untersuchungen von *Parkash/Venable* (1993), *Firth* (1997), *Bauer* (2004) und *Abbott et al.* (2007) folgend, wird der Aktienanteil der größten Eigner zur Abbildung der Agency-Kosten verwendet. Dabei wird unterstellt, dass Großaktionäre (*Blockholder*) aufgrund ihrer im Vergleich zu Kleinaktionären ausgeprägten finanziellen Interessen und ihres erhöhten Einflusses im Rahmen der Hauptversammlung oder gar im Aufsichtsrat eine eigenständige Kontrolle des Managements vornehmen, d.h. weniger stark als Kleinaktionäre von der Wirksamkeit der Abschlussprüfung abhängig sind. Im Umkehrschluss dürften Kleinaktionäre bzw. Aktionäre des Streubesitzes nur reduzierte Möglichkeiten zur wirksamen Unternehmenskontrolle haben, so dass aus deren Perspektive der unabhängigen Abschlussprüfung eine besonders wichtige Funktion zukommt.

Volatilität des Eigenkapitaltitels: Es wird vermutet, dass die Agency-Kosten bei Unternehmen, deren Eigenkapitaltitel einer erhöhten Volatilität unterliegen, aufgrund eines von den Investoren geforderten Risikozuschlages tendenziell höher sind. Unter der Prämisse, dass die Kontrolle des Managements aus Sicht der Investoren bei niedrigeren Volatilitäten grundsätzlich weniger ausgeprägt erforderlich ist, wird vermutet, dass die Investoren volatiler Eigenkapitaltitel in besonderer Weise auf die vertrauenswürdige Verifizierung eines unabhängigen Abschlussprüfers angewiesen sind. Da das Management dies antizipiert, fällt die Nachfrage nach Beratungsleistungen (relativ zum Prüfungshonorar) bei besagten Unternehmen niedriger aus. Die Volatilitäten wurden für einen Zeitraum von 250 Tagen unmittelbar vor dem Bilanzstichtag ermittelt.

Vergütung des Managements: Diese Variable enthält das Verhältnis von variabler (inkl. aktienbasierter) Vergütung zur Gesamtvergütung des Vorstandes. Grundsätzlich ist davon auszugehen, dass bei einem hohen variablen Vergütungsanteil eine Interessenharmonisierung zwi-

Untersuchungsgegenstand und Beschreibung der Stichprobe

schen Management und Gesellschafter wahrscheinlich ist. Infolge dessen ist die Abschlussprüfung als Instrumentarium zum Schutz der Gesellschafterinteressen bei Gesellschaften, deren Management eine hohe variable Vergütungskomponente erhält, von geringerer Bedeutung, so dass eine gesteigerte Nachfrage nach Beratungsleistungen denkbar ist.[1456]

Der *Verschuldungsgrad* ist als das Verhältnis von Fremdkapital zu Bilanzsumme definiert und wurde für die jeweiligen Geschäftsjahre berechnet.[1457] Diese Variable interessiert, da davon ausgegangen wird, dass Unternehmen mit hohem Verschuldungsgrad weniger Beratungsleistungen beim Abschlussprüfer nachfragen, um die Glaubwürdigkeit des Abschlusses gegenüber den Kreditgebern zu steigern. *Tabelle 11-2* informiert über die Untersuchungsvariablen.

Variable		Definition	+/-	Agency-Konflikt zwischen	Autoren
(Veränderung) Streubesitzanteil	1a (1b)	Summe der Aktienanteile unterhalb von 5 % des Grundkapitals	-	Management und Gesellschaftern	Parkash/Venable (1993); Firth (1997); Bauer (2004); Abbott et al. (2007)
(Veränderung) Volatilität des Börsenkurses	2a (2b)	Volatilität während der 250 Tage unmittelbar vor dem Bilanzstichtag	-	Management und Gesellschaftern	-
(Veränderung) Variable Vergütung Management	3a (3b)	variable Vergütung des Vorstandes/ Gesamtvergütung des Vorstandes	+	Management und Gesellschaftern	Ghosh et al. (2006)
(Veränderung) Verschuldungsgrad	4a (4b)	Fremdkapital /Bilanzsumme	-	Gesellschaftern (Management) und Gläubigern	Firth (1997); Bauer (2004); Ghosh et al. (2006); Abbott et al. (2007)
+ positiver Zusammenhang zwischen abhängiger und interessierender Variable					
- negativer Zusammenhang zwischen abhängiger und interessierender Variable					

Tabelle 11-2: Übersicht über die Experimentalvariablen

11.4.3.2 Kontrollvariablen

Neben den Experimentalvariablen, welche die Agency-Konflikte eines Unternehmens abbilden, und der abhängigen Variablen, sind in das Modell hinreichende Kontrollvariablen einzubeziehen, um dessen Güte zu verbessern.

Als Surrogat für die *Größe des Unternehmens* wird der Logarithmus der Bilanzsumme (*LNBilanzsumme*) in Millionen Euro verwendet.[1458] Dabei wird vermutet, dass größere Unternehmen mehr Beratungsleistungen nachfragen, d.h. dass zwischen dem Verhältnis von Beratungs- zu Prüfungshonoraren und der Bilanzsumme ein positiver Zusammenhang besteht.

[1456] Umgekehrt wäre jedoch auch denkbar, dass gerade von einer hohen variablen Vergütung ein Anreiz für Bilanzpolitik ausgeht, so dass das Management außerordentliche Beratungsleistungen vom Abschlussprüfer bezieht, um dessen Entgegenkommen im Rahmen der Ausnutzung bilanzpolitischer, d.h. einkommens-maximierender Gestaltungsspielräume durchzusetzen. Folglich könnte hier auch ein gegenteiliger Effekt vermutet werden.
[1457] Der Verschuldungsgrad wurde analog zu *Bauer* (2005) und *Firth* (1997) definiert.
[1458] Die Bilanzsumme ist ein gängiges Surrogat für die Größe eines Unternehmens (siehe bspw. *Chung/Kallapur* (2003), *Hay et al.* (2006b), S. 158).

Entgegen dieser Vermutung könnten größere Unternehmen aufgrund umfangreicher unternehmensinterner Kapazitäten aber auch geneigt sein, ihren Beratungsbedarf intern zu decken. Das *Wachstum des Unternehmens* wird als durchschnittliche prozentuale *Veränderung der Umsatzerlöse* im Vergleich zur Vorperiode berücksichtigt. Der Zusammenhang zwischen dieser und der abhängigen Variablen lässt sich nicht eindeutig prognostizieren. Ein Ansteigen der Umsatzerlöse suggeriert Wachstum, Expansion und schnelle Veränderungen des Unternehmensumfeldes. Möglicherweise erfordert dies eine Anpassung der Unternehmensstruktur und -organisation, welche durch den Einsatz externen Know-hows erreicht werden kann. Allerdings dürfte auch bei geringem oder negativem Wachstum externe Beratung notwendig werden, um die Wettbewerbsfähigkeit des Unternehmens wiederherzustellen. Grundsätzlich ist zu vermuten, dass das erst genannte Argument das zweite überkompensiert, so dass ein positiver Zusammenhang zwischen Beratungsanteil und Wachstum erwartet wird.[1459]

Die *wirtschaftliche Lage des Unternehmens* wird in Anlehnung an *Firth* (1997), *Craswell* (1999), *Frankel et al.* (2002), *Ashbaugh et al.* (2003) durch den *Return-on-Asset (ROA)* abgebildet. Des Weiteren wird zur Abbildung wirtschaftlicher Extremsituationen die dichotome Variable *Verlust* berücksichtigt, die den Wert 1 annimmt, wenn das Ergebnis der gewöhnlichen Geschäftstätigkeit negativ ist. Zwischen diesen Variablen und der abhängigen Variable ist der Zusammenhang kaum prognostizierbar. Grundsätzlich dürfte ein Unternehmen mit negativen *Earnings before interest and taxes* (*EBIT*) einen hohen Bedarf an Beratungsleistungen haben. Fraglich bleibt jedoch, ob die dafür notwendigen Zahlungsmittel zur Verfügung gestellt werden können. Vor diesem Hintergrund wird der *operative Cashflow (CFO)*, welche in einem negativen Zusammenhang mit dem Beratungsanteil stehen dürfte, als Kontrollvariable in das Modell aufgenommen. Auch könnten in einer prekären wirtschaftlichen Situation aufgrund des erhöhten Risikos und der damit verbundenen Unsicherheiten die Agency-Kosten steigen, so dass Unternehmen darauf bedacht sind, einen von Gläubigern und Investoren als unabhängig wahrgenommenen Abschlussprüfer zu engagieren. Die *Anzahl der Primärsegmente* wird als Surrogat für die *Komplexität eines Unternehmens* verwendet.[1460] Je komplexer das Tätigkeitsfeld eines Unternehmens ist, d.h. je mehr Primärsegmente ein Unternehmen ausweist, desto größer dürfte der Bedarf an Beratung sein. Die *Wahrnehmung der Ertragskraft* am Kapitalmarkt wird durch die *Market-to-book-ratio* abgebildet. Diese ist definiert als das Verhältnis von Marktkapitalisierung zu dem in der Bilanz ausgewiesenen Eigenkapital. Zwischen dieser Variable und der abhängigen Variable ist ein positiver Zusammenhang wahrscheinlich. Allerdings ist auch ein umgekehrter Zusammenhang denkbar, wenn eine negative Ertragsaussicht der Aktionäre das Management zum Einkauf externer Beratungsexpertise veranlasst.

[1459] Vgl. *Bauer* (2004), S. 303.
[1460] Vgl. *Hay et al.* (2006b), S. 158.

Untersuchungsgegenstand und Beschreibung der Stichprobe 347

Als Surrogat für die *Qualität der Jahresabschlussprüfung* dient eine Dummy Variable. Diese nimmt den Wert 1 an, falls das Unternehmen von einer der *Big4*-Prüfungsgesellschaften geprüft wird.[1461] Zwischen der Dummy Variable und der abhängigen Variable wird ein positiver Zusammenhang vermutet, da große Prüfungsgesellschaften aufgrund personeller Kapazitäten und fachlicher Kompetenzen eine höhere Beratungsqualität als mittelständische Prüfungspraxen anbieten können. Nur 65 Konzernabschlüsse der Stichprobe wurden von einer NonBig4-Gesellschaft geprüft. Für die Amtszeit des Abschlussprüfers kommt ebenfalls eine Dummy-Variable zum Einsatz, die den Wert 1 annimmt, wenn es sich um eine *Erstprüfung* handelt. Der vermutete Zusammenhang ist negativ, da ein über die Dauer der Mandatsbeziehung wachsendes Vertrauensverhältnis zwischen Prüfer und Mandant dazu führen könnte, dass mehr Beratungen bei dem amtierenden Abschlussprüfer nachgefragt werden. Die verschiedenen *Sektorenzugehörigkeiten* ($\sum Sectors$) dienen als Surrogat für die Branche in der ein Unternehmen tätig ist.[1462] Dies ist sinnvoll, da Unterschiede im Nachfrageverhalten nach Beratungsleistungen in Abhängigkeit der Sektorenzugehörigkeit bereits in *Tabelle 10-8* aufgezeigt werden konnten. Der Zusammenhang zwischen den unabhängigen Variablen und den abhängigen Variablen ($\sum Sectors$) dürfte daher bei einigen Branchen positiv und bei einigen anderen negativ sein.

In *Tabelle 11-3 s*ind die berücksichtigten Kontrollvariablen sowie deren vermuteter Zusammenhang mit der abhängigen Variablen dargestellt.

Variable		Definition	+/-	Surrogat für	Autoren
LNBilanzsumme:	5	Bilanzsumme in Mio. Euro	+	Größe des Unternehmens	*Chung/Kallapur* (2003); *Hay et al.* (2006b)
Veränderung der Umsatzerlöse:	6	Prozentuales Wachstum der Umsatzerlöse zum Vorjahr	+	Wachstum des Unternehmens	*Firth* (1997); *Bauer* (2004)
ROA:	7	EBIT/ Bilanzsumme	+/-	wirtschaftliche Lage des Unternehmens	*Firth* (1997); *Craswell* (1999); *Frankel et al.* (2002); *Ashbaugh et al.* (2003); *Bauer* (2004)
Verlust:	8	Dummy Variable: 1, wenn das Unternehmen einen Verlust erwirtschaftet (ansonsten 0)	+/-	wirtschaftliche Lage des Unternehmens	*Reynolds et al.* (2004); *Antle et al.* (2006)
CFO:	9	Cashflow der gewöhnlichen Geschäftstätigkeit/ Bilanzsumme	+	Performance Index	*Chung/Kallapur* (2003)
Segmente:	10	Anzahl der Primärsegmente	+	Komplexität eines Unternehmens	*Hay et al.* (2006b) ; *Ye et al.* (2006)
Market-to-book-ratio:	11	Marktkapitalisierung zu buchmäßigem Eigenkapital	+	Bewertung des Unternehmens am Kapitalmarkt	*Huang et al.* (2007); *Gul et al.* (2008)
Big4:	12	Dummy Variable: 1, wenn das Unternehmen von einer der Big4 geprüft wurde (ansonsten 0)	+	Qualität der Abschlussprüfung	*Barkess/Simnett* (1994); *Firth* (1997); *Craswell* (1999); *Ashbaugh et al.* (2003); *Hay et al.* (2006b)

[1461] Vgl. *Barkess/Simnett* (1994); *Firth* (1997); *Craswell* (1999); *Ashbaugh et al.* (2003); *Hay et al.* (2006b), S. 161.
[1462] Vgl. *Hay et al.* (2006b), S. 161.

Tenure:	13	Dummy Variable: 1, wenn im Vorjahr ein anderer Abschlussprüfer den Konzernabschluss prüfte	-	Amtszeit des Abschlussprüfers	Chung/Kallapur (2003); Antle et al. (2006)
∑Sectors	14 - 18	Dummy Variable: 1, wenn die Zugehörigkeit zu einer bestimmten Branche vorliegt (ansonsten 0)	+/-	Industriezweig, zu dem das Unternehmen gehört	Chung/Kallapur (2003); Hay et al. (2006b)

+ positiver Zusammenhang zwischen abhängiger und interessierender Variable
- negativer Zusammenhang zwischen abhängiger und interessierender Variable

Tabelle 11-3: Kontrollvariablen zur Überprüfung des Einflusses der Agency-Kosten

11.5 Untersuchungsergebnisse

11.5.1 Univariate Analyse

Anhand von Korrelationen wird untersucht, ob zwischen zwei Variablen ein Zusammenhang besteht. Während die Anwendung der Pearson-Korrelation im Rahmen eines optischen Tests auf Normalverteilung des Beratungsanteils als zulässig erachtet wird, geht aus dem Kolmogrov-Smirnov-Tests eine nicht perfekt normalverteilte Grundgesamtheit hervor.[1463] Daher wird zusätzlich eine Rangkorrelation nach Spearman-Rho durchgeführt. In *Tabelle 11-4* sind die Ergebnisse zusammengestellt.

Variable		Pearson		Spearman-Rho	
		Korrelation	Signifikanz	Korrelation	Signifikanz
Streubesitz	(1a)	-0,131(**)	0,014	-0,142(***)	0,008
Veränderung des Streubesitzes z. Vj.	(1b)	0,011	0,844	-0,051	0,351
Volatilität des Börsenkurses	(2a)	0,060	0,274	0,061	0,263
Veränderung der Volatilität z. Vj.	(2b)	-0,032	0,577	-0,043	0,449
Variabler Vergütungsanteil	(3a)	-0,058	0,273	-0,069	0,193
Veränderung des Anteils der. var. Vergütung z. Vj.	(3b)	0,230(***)	0,000	0,087	0,184
Fremdkapitalanteil	(4a)	0,079	0,139	0,123(**)	0,021
Veränderung des Fremdkapitalanteils z. Vj.	(4b)	-0,073	-0,172	-0,030	0,574
LNBilanzsumme	(5)	0,040	0,448	0,043	0,418
Veränderung der Umsatzerlöse	(6)	0,173(***)	0,001	0,111(**)	0,038
Return on Assets (ROA)	(7)	-0,147(***)	0,006	-0,202(***)	0,000
Verlust (1/0)	(8)	0,111(**)	0,037	0,105 (**)	0,049
Cash flow from operations (CFO)	(9)	-0,023	0,670	-0,025	0,644
Anzahl der Segmente	(10)	-0,035	0,511	-0,026	0,633
Market-to-book-ratio	(11)	0,096(*)	0,073	0,076	0,155
Big4 (1/0)	(12)	0,023	0,660	0,027	0,619
Tenure (1/0)	(13)	-0,104(**)	0,050	-0,106(**)	0,045
∑Sectors	(14-28)				

* Die Korrelation ist auf dem Niveau von 0,10 (2-seitig) signifikant.
** Die Korrelation ist auf dem Niveau von 0,05 (2-seitig) signifikant.
*** Die Korrelation ist auf dem Niveau von 0,01 (2-seitig) signifikant.

Tabelle 11-4: Ergebnisse der Korrelationsanalyse nach Pearson und Spearman-Rho

Tabelle 11-4 ist zu entnehmen, dass zwischen der abhängigen Variable (*Beratungsanteil*) und dem Streubesitz ein negativer signifikanter Zusammenhang besteht. Dies deutet daraufhin, dass der Einfluss von Blockholdern mit höheren Beratungsanteilen verknüpft ist und könnte

---

[1463] Vgl. *Brosius* (2006), S. 517 u. 521.

darauf zurückzuführen sein, dass Blockholder aufgrund eines Aufsichtsratsmandates weniger auf das unabhängige Urteil des Abschlussprüfers angewiesen sind. Aus der nichtparametrischen Korrelation nach Spearman-Rho geht darüber hinaus ein signifikanter Zusammenhang zwischen dem Ausmaß der Fremdfinanzierung und dem Beratungsanteil hervor, der sich jedoch entgegen der Erwartung verhält. Der Zusammenhang zwischen der Volatilität des Börsenkurses und der Vergütung des Managements einerseits und des Beratungsanteils andererseits ist hingegen nicht signifikant.

Ein Zusammenhang zwischen dem Beratungsanteil und der Veränderung der Agency-Kosten, welche neben der absoluten Höhe ebenfalls für das Nachfrageverhalten des Managements maßgeblich sein könnte, kann ausschließlich in der Korrelation nach Pearson für den variablen Vergütungsanteil nachgewiesen werden. Ein Anstieg der von Großaktionären gehaltenen Anteile scheint hingegen ebenso belanglos wie die Aufnahme von Fremdkapital und die Volatilität des Börsenkurses im Vergleich zur Vorperiode. Die These, dass eine Veränderung der Agency-Kostenstruktur das Management zu einer erhöhten Sensibilität bei der Vergabe von Beratungsleistungen an den Abschlussprüfer veranlassen würde, wird also lediglich für das Agency-Kosten-Surrogat variabler Vergütungsanteil gestützt.

Hinsichtlich der Kontrollvariablen kann ein signifikant positiver Einfluss des *Umsatzwachstums* und des die *Market-to-book-ratios* nachgewiesen werden. Die Koeffizienten der Variablen *Verlust* und *ROA* bestätigen hingegen signifikant negative Zusammenhänge, d.h. in schwierigen wirtschaftlichen Situationen fragen Unternehmen nachweisbar mehr Beratungsleistungen vom Abschlussprüfer nach. Auch zwischen der Erstprüfung (*Tenure*) und dem Beratungsanteil besteht, wie vermutet, ein signifikant negativer Zusammenhang. Die Größe des Abschlussprüfers (*Big4*), die Anzahl der *Segmente*, die Größe des Unternehmens gemessen an der *Bilanzsumme* und die Höhe des operativen Cashflows (*CFO*) stehen in keinem signifikanten Zusammenhang mit dem Beratungsanteil.[1464]

Neben den Korrelationsanalysen wurden für sämtliche unabhängige Variablen Einfachregressionen durchgeführt, deren Güte jedoch unbefriedigend ist, so dass ein komplexer Zusammenhang zu vermuten ist und die Durchführung einer Mehrfachregression notwendig wird.

11.5.2 Multivariate Regressionsanalyse

11.5.2.1 Einfluss der Höhe der Agency-Kosten

In ein erstes Regressionsmodell fließen die Agency-Kosten zum Stichtag sowie die Kontrollvariablen ein:

[1464] Darüber hinaus konnte auch kein Zusammenhang zwischen der Nichterfüllung von Empfehlungen des *Deutschen Corporate Governance Kodex* (DCGK) gem. der § 161 AktG jährlich zu publizierenden Entsprechenserklärung und den Beratungsanteilen nachgewiesen werden.

$$\begin{aligned}\text{Beratungsanteil } (BA_{it}) = &\ b_0 + b_1 \text{Streubesitzanteil}_{it} + b_2 \text{Volatilität der Aktie}_{it} + \\ &\ b_3 \text{Variabler Vergütungsanteil}_{it} + b_4 \text{Fremdkapitalanteil}_{it} + \\ &\ b_5 \text{LNBilanzsumme}_{it} + b_6 \text{Veränderung der Umsatzerlöse}_{it} + \\ &\ b_7 ROA_{it} + b_8 \text{Verlust}_{it} + b_9 CFO_{it} + b_{10} \text{Segmente}_{it} + b_{11} \text{Market-} \\ &\ \text{to-book-ratio}_{it} + b_{12} Big4_{it} + b_{13} \text{Tenure}_{it} + \sum_j b_j \text{Sectors} + \varepsilon\end{aligned}$$

(11.5.1)

Aus Tabelle 11-5 geht hervor, dass zwischen der abhängigen Variable und den unabhängigen Variablen *Streubesitz* und *Volatilität* entgegen den Hypothesen ein positiver Zusammenhang besteht. Auch der negative Koeffizient des *variablen Vergütungsanteils* steht der Erwartung entgegen. Lediglich der Koeffizient der Fremdkapitalfinanzierung (*Fremdkapitalanteil*) deutet auf den prognostizierten Zusammenhang hin. Allerdings werden die Koeffizienten in keinem Fall mit hinreichender Signifikanz bestätigt, so dass sämtliche Hypothesen nicht bestätigt werden konnten. Folglich scheint die Höhe der Agency-Kosten eines Unternehmens für die Vergabe von Beratungsaufträgen an den Abschlussprüfer irrelevant.

Variablen			Koeffizienten	Signifikanz
Konstante		β₀	-0,114	0,619
Streubesitz	(1a)	β₁	0,024	0,698
Volatilität der Aktie	(2a)	β₂	0,059	0,406
Variabler Vergütungsanteil	(3a)	β₃	-0,018	0,794
Fremdkapitalanteil	(4a)	β₄	-0,003	0,970
LNBilanzsumme	(5)	β₅	0,150	0,102
Veränderung der Umsatzerlöse	(6)	β₆	0,116 (*)	0,037
Return on Assets (ROA)	(7)	β₇	-0,212 (**)	0,014
Verlust (1/0)	(8)	β₈	0,036	0,622
Cash flow from operations (CFO)	(9)	β₉	0,043	0,540
Anzahl der Segmente	(10)	β₁₀	-0,100	0,110
Market-to-book-ratio	(11)	β₁₁	0,181 (***)	0,008
Big4 (1/0)	(12)	β₁₂	-0,016	0,796
Tenure (1/0)	(13)	β₁₃	-0,111 (**)	0,041
∑Sectors	(14-28)	β₁₄		
F=2,70; p<0,000; adj. R^2 = 0,126; Durbin-Watson-coefficient= 2,06; n = 330				
* Die Korrelation ist auf dem Niveau von 0,10 (2-seitig) signifikant.				
** Die Korrelation ist auf dem Niveau von 0,05 (2-seitig) signifikant.				
*** Die Korrelation ist auf dem Niveau von 0,01 (2-seitig) signifikant.				

Tabelle 11-5: Ergebnisse des Modells 1 zum Einfluss der Höhe der Agency-Kosten

Der Zusammenhang zwischen dem Wachstum (*Veränderung der Umsatzerlöse*) eines Unternehmens einerseits und dem Beratungsanteil andererseits ist signifikant positiv, während eine negative Verknüpfung zwischen einer möglichen Erstprüfung (*tenure*) und der Beratungstätigkeit bestätigt wird. Eine hohe Bewertung des Unternehmens am Kapitalmarkt (*Market-to-book-ratio*) führt zu einer erhöhten Nachfrage nach Nichtabschlussprüfungsleistungen. Zudem beziehen ertragsschwache Unternehmen (*ROA*) signifikant mehr Beratungsleistungen vom Abschlussprüfer. Des Weiteren besteht ein signifikant positiver Zusammenhang zwischen der abhängigen Variable und der Branchenzugehörigkeit für einige der insgesamt 15 Sektoren ($\sum Sectors$).[1465]

Für die Interpretation der Ergebnisse ist das korrigierte Bestimmtheitsmaß (adj. R^2) von zentraler Bedeutung, da es Aufschluss über die Anpassungsgüte der Regressionsfunktion an die empirischen Daten gibt.[1466] Das Modell weist ein korrigiertes adj. R^2 von 0,126 auf, so dass die Güte mit dem Bestimmtheitsmaß vorausgehender Studien vergleichbar ist.[1467] Aufgrund des Durbin-Watson-Koeffizients (2,06) kann eine Autokorrelation zwischen den Regressoren ebenso ausgeschlossen werden, wie die Gefahr von Multikollinearität, welche gegeben ist, wenn eine nahezu lineare Beziehung zwischen den unabhängigen Variablen besteht.[1468] Die Notwendigkeit der Eliminierung eines Regressors scheidet aus, da die Toleranzen der Kollinearitätsstatistik allesamt 0,1 übersteigen.[1469]

11.5.2.2 Einfluss der Veränderung der Agency-Kosten

Während die Ergebnisse des ersten Regressionsmodells darauf hindeuten, dass die Höhe der Agency-Kosten die Nachfrage nach Beratungsleistungen nicht beeinträchtigt, könnte die Veränderung der Agency-Kosten im Zeitvergleich die Vergabe von Beratungsaufträgen beeinflussen. So ist denkbar, dass aufgrund einer steigenden Unsicherheit am Kapitalmarkt (*Veränderung der Volatilität*), einer reduzierten Kontrollstärke der Aktionäre (*Veränderung des Streubesitzanteils*) und einer erhöhten Verschuldung (*Veränderung des Fremdkapitalanteils*) die Relevanz des Konzernabschlusses für die Adressaten als Informationsquelle steigt. Maßnahmen zur Interessenharmonisierung (*Veränderung des variablen Vergütungsanteils*) könnten dagegen diese Relevanz verringern.

Antizipiert das Management eine gesteigerte (reduzierte) Bedeutung des Konzernabschlusses als Informationsquelle für die Adressaten, könnte dies Implikationen für die Nachfrage nach Nichtabschlussprüfungsleistungen haben. Sinkt die Relevanz des Abschlusses und somit auch

---

[1465] Ein signifikant positiver Zusammenhang wird für die Sektoren *Telecommunication* ($\beta = 0,173$; $p = 0,064$) und *Media* ($\beta = 0,193$; $p = 0,090$) nachgewiesen.
[1466] Je größer das adj. R^2 ist, desto besser ist die Güte des empirischen Modells (vgl. *Backhaus et al.* (2006), S. 64).
[1467] *Bauer* (2004) für den US-amerikanischen Markt adj. $R^2 = 0,102$ (abhängige Variable: Beratungshonorare relativ zu den Prüfungshonoraren), für den deutschen Prüfungsmarkt adj. $R^2 = 0,058$ (2001) und adj. $R^2 = -0,123$ (2002) (vgl. *Bauer* (2004), S. 308 u. 365). *Firth* (1997) gibt nur ein $R^2 = 0,320$ an, das adj. R^2 dürfte aufgrund der Anzahl der Regressoren (14) wesentlich niedriger sein (vgl. *Firth* (1997), S. 17). *Parkash/Venable* (1993) erreichen mit ihren Regressionsmodellen ein adj. R^2 von 0,260 bzw. 0,007 (vgl. *Parkash/Venable* (1993), S. 127). Ähnlich auch *Mitra/Hossain* (2007), die den Zusammenhang zwischen dem Anteil institutioneller Investoren und dem Beratungsanteil anhand von 335 Unternehmen betrachten (adj. $R^2 = 0,117$) (vgl. *Mitra/Hossain* (2007), S. 354).
[1468] Vgl. *Auer* (2005), S. 473.
[1469] Kollinearität kann als nahezu sicher angenommen werden, wenn der Toleranzwert in der Kollinearitätsstatistik über *0,01* liegt (vgl. *Brosius* (2006), S. 579). Darüber hinaus wurden Tests durchgeführt, um Heteroskedastizität und Multikollinearität ausschließen zu können.

die der wahrgenommenen Unabhängigkeit des Prüfers, etwa durch eine zunehmende Kontrolle einflussreicher Blockholder, d.h. durch einen Rückgang des Streubesitzes, könnte das Management mehr Beratungsaufträge an den Abschlussprüfer vergeben. Umgekehrt dürfte bspw. die Aufnahme von Fremdkapital zu einer gesteigerten Bedeutung der wahrgenommenen Unabhängigkeit des Abschlussprüfers führen, da die Gläubiger bei der Bestimmung der Konditionen von Darlehensverträgen auf den verifizierten Konzernabschluss als maßgebliche Informationsquelle vertrauen. Die Hypothesen 1 bis 4 werden daher in einer zweiten Regression hinsichtlich eines Zusammenhangs zwischen der Veränderung der Agency-Kosten und der Nachfrage nach Beratungsleistungen überprüft. Die Veränderung wird jeweils zur Vorperiode ($t-1$) betrachtet. Da nach dem Vorstandsvergütungs-Offenlegungsgesetz (VorstOG) aus dem Jahr 2005 detaillierte Informationen zur Vergütung des Vorstandes im Anhang börsennotierter Unternehmen veröffentlicht werden, stehen für die unabhängige Variable variabler Vergütungsanteil nur die Veränderungen 2005/06 und 2006/07 zur Verfügung. Insofern fließen in das zweite Regressionsmodell lediglich Daten zweier Perioden ein.

Da der bereits in *Kapitel 10* nachgewiesene Einfluss der Sektorenzugehörigkeit durch die multivariate Analyse bestätigt wurde, wird die nachfolgende Regression für drei Cluster separat durchgeführt. Während Cluster 1 sämtliche Unternehmen aller Sektoren umfasst, werden die Unternehmen der Sektoren *Telecommunication, Transportation & Logistics und Media*, welche signifikant hohe Anteile des Gesamthonorars für Beratungsleistungen aufbringen (Cluster 2), zusätzlich getrennt betrachtet. Gleiches gilt für die Sektoren *Pharma & Healthcare* und *Technology* (Cluster 3), welche lediglich einen geringen Honoraranteil für Beratungsleistungen aufbringen.

Nach der Auffassung von Aufsichtsbehörden[1470] und den Ergebnissen empirischer Studien[1471] nehmen Abschlussadressaten eine Beeinträchtigung der Unabhängigkeit des Abschlussprüfers durch zusätzliche Beratungsleistungen erst dann wahr, wenn der Beratungsanteil eine kritische Grenze übersteigt. Diese könnte bei circa 25 % liegen. Daher wird bei Gesellschaften des Clusters 2 ein besonders deutlicher Zusammenhang zwischen der Veränderung der Agency-Kosten und dem Nachfrageverhalten vermutet. Bei Unternehmen des Clusters 3 dürfte hingegen ein weniger ausgeprägter Zusammenhang bestehen. Die Ergebnisse des zweiten Regressionsmodells, welches sich lediglich dadurch vom ersten Modell unterscheidet, dass nicht die absolute Höhe sondern die Veränderung der Agency-Kosten als erklärende Variable berücksichtigt werden, sind in *Tabelle 11-6* zusammengefasst.

Für Unternehmen des Clusters 1 besteht zwischen dem Verhältnis von Beratungs- zu Gesamthonoraren und der Veränderung der variablen Vergütung ein signifikant positiver Zusammen-

---

[1470] Vgl. *SEC* (2000a).
[1471] Vgl. *Quick/Warming-Rasmussen* (2005); *Quick/Warming-Rasmussen* (2007).

hang, d.h. Hypothese 3 wird bestätigt. Ein steigender variabler Vergütungsanteil reduziert den zwischen Management und Investoren bestehenden Agency-Konflikt durch eine Harmonisierung der Interessen, so dass die Verifizierung des Abschlusses durch einen von den Adressaten als unabhängig wahrgenommenen Abschlussprüfer weniger bedeutsam ist.

Hypothese 1 und 2 werden hingegen nicht bestätigt. Zwar weisen die Koeffizienten der Veränderung des Streubesitzes und der Veränderung der Volatilität die prognostizierten Vorzeichen auf; der Zusammenhang ist jedoch insgesamt insignifikant. Dies gilt auch für Hypothese 4, d.h. zwischen der Veränderung des Fremdkapitalanteils und der Nachfrage nach Beratungsleistungen ergibt sich erwartungsgemäß ein negativer Zusammenhang, ohne dass dieser signifikant ist. Hinsichtlich der Kontrollvariablen wurden die bereits im ersten Modell als signifikant identifizierten Zusammenhänge bestätigt.

Bei den Unternehmen des Clusters 2, das durch einen signifikant hohen Beratungsanteil charakterisiert ist, liegt ein (schwach) signifikant negativer Zusammenhang ($p < 0,1$) zwischen der Veränderung der Aktionärsstruktur und der Nachfrage nach Beratungsleistungen vor. Steigt der Anteilsbesitz der Großaktionäre, welche ihren Informationsbedarf etwa im Rahmen eines Aufsichtsratsmandats befriedigen können, sinkt die Relevanz der wahrgenommenen Unabhängigkeit für die Adressaten, so dass die Unternehmensleitung die Vergabe von Beratungsaufträgen forciert. Hypothese 1 findet somit Bestätigung. Die Hypothesen 2 bis 4 können hingegen für die Unternehmen der Branchen *Transportation & Logistics, Media* und *Telecommunication* nicht bestätigt werden.

Bei Unternehmen des Clusters 3, welche grundsätzlich wenig Beratungsleistungen in Anspruch nehmen, ist die Veränderung der Agency-Kosten für deren Nachfrageverhalten irrelevant. Die Hypothesen können für dieses Cluster ausnahmslos nicht bestätigt werden. Interessanterweise kann in diesem Cluster erstmalig kein Zusammenhang zwischen der Dauer der Mandatsbeziehung (*Tenure*) und dem Beratungsanteil nachgewiesen werden.

Das Modell weist für Cluster 1 ein *adj. R^2* von *0,202* auf, so dass die Güte der Regression durch eine Betrachtung der Veränderung der Agency-Kosten ansteigt. Dies gilt in besonderem Masse für die Unternehmen mit generell hoher Nachfrage (Cluster 2, *adj. R^2 = 0,672*). Autokorrelation kann anhand der Durbin-Watson-Koeffizienten zwischen 2,22 und 1,64 ebenso ausgeschlossen werden wie die Gefahr von Multikollinearität. Die Kollinearitätsstatistiken der Regressionen belegen, dass eine Eliminierung einzelner Regressoren nicht erforderlich ist.

Variable		Cluster 1		Cluster 2		Cluster 3	
		Adj. R^2=0,202; F= 2,834, p=0,000; Durbin-Watson-Koef.- = 2,220 n= 196		Adj. R^2=0,672; F= 4,224, p=0,001; Durbin-Watson-Koef. = 1,638 n= 22		Adj. R^2=0,297; F= 1,816, p=0,145 Durbin-Watson-Koef. = 1,936 n= 27	
Konstante	β_0	0,038	0,859	0,489(**)	0,040	0,946	0,281
Ver. d. Streub.	β_1	-0,054	0,428	-0,413(*)	0,069	0,297	0,234
Ver. d. Volatilität	β_2	-0,057	0,403	0,470	0,776	0,061	0,821
Ver. d. var. Verg.	β_3	0,147(**)	0,033	0,031	0,144	-0,282	0,173
Ver. d. Fremdkap.	β_4	0,000	0,997	0,097	0,618	-0,173	0,626
LNBilanzsumme	β_5	0,132	0,163	1,323(***)	0,003	-0,462	0,256
Veränd. d. Umsätze.	β_6	0,079	0,286	1,182(***)	0,002	0,203	0,621
ROA	β_7	-0,249(**)	0,012	0,199	0,710	1,108	0,185
Verlust (1/0)	β_8	0,194(**)	0,023	0,956(*)	0,068	0,845(*)	0,056
CFO	β_9	0,102	0,242	0,005	0,991	-0,875	0,175
Segmente	β_{10}	-0,119	0,143	-1,220(***)	0,005	0,233	0,511
Market-to-book-ratio	β_{11}	0,158(**)	0,037	-0,097	0,666	0,046	0,886
Big4 (1/0)	β_{12}	-0,051	0,506	-	-	0,604(**)	0,026
Tenure (1/0)	β_{13}	-0,205(***)	0,002	-0,714(**)	0,040	-0,135	0,586
$\sum$ Sectors (1/0)	β_{14-28}	-	-	-	-	-	-
Media (1/0)	β_{16}	-	-	0,272	0,410	-	-
Logistics (1/0)	β_{17}	-	-	0,417	0,199	-	-
Technologie (1/0)	β_{18}	-	-	-	-	-0,232	0,347

* Die Korrelation ist auf dem Niveau von 0,10 (2-seitig) signifikant.
** Die Korrelation ist auf dem Niveau von 0,05 (2-seitig) signifikant.
*** Die Korrelation ist auf dem Niveau von 0,01 (2-seitig) signifikant.

Tabelle 11-6: Ergebnisse des Modells 2 zum Einfluss der Veränderung der Agency-Kosten

11.6 Diskussion der Ergebnisse

Von den vorgestellten multivariaten Regressionsmodellen erreicht das Modell zum Einfluss der Veränderung der Agency-Kosten eine höhere Anpassungsgüte. Insbesondere die Regression zu Cluster 2, das durch einen signifikant hohen Beratungsanteil gekennzeichnet ist, weist ein im Vergleich zu früheren Studien wesentlich höheres korrigiertes R^2 aus.

Zunächst zeigte sich, dass die Höhe der Agency-Kosten, wie bereits von *Bauer* (2004) für die Jahre 2001 und 2002 anhand von mittels Fragebögen erhobenen Honoraren nachgewiesen, keinen signifikanten Einfluss auf die Entscheidung des Managements hinsichtlich der Vergabe von Nichtabschlussprüfungsleistungen ausübt. Daher wurde zusätzlich die Auswirkung der Veränderung der Agency-Kosten auf das Nachfrageverhalten des Managements betrachtet. Der vermutete Zusammenhang zwischen der Veränderung des Anteils der variablen Vergütung und der Nachfrage nach Beratungsleistungen relativ zum Gesamthonorar (Hypothese 3) kann bei Betrachtung aller Unternehmen (Cluster 1) bestätigt werden. Daraus folgt, dass Unternehmen bei ihrem Nachfrageverhalten in Bezug auf Beratungsleistungen des Abschlussprüfers die daraus resultierenden Folgen für die Unabhängigkeitswahrnehmungen der Eigenkapitalgeber mit ins Kalkül einbeziehen. Schließlich dienen variable Vergütungskomponenten der Interessenharmonisierung zwischen Investoren und Unternehmensführung.

Diskussion der Ergebnisse 355

Dagegen hat die Veränderung des Kapitalanteils in Streubesitz bei den Unternehmen des Clusters 1 keinen Einfluss auf die Nachfrage nach Beratungsleistungen (Hypothese 1). Lediglich bei den Unternehmen mit hohen Beratungsanteilen (Cluster 2) kann der vermutete Zusammenhang (schwach) signifikant ($p < 0,1$) bestätigt werden. Dies lässt auf eine Irrelevanz der Änderung der Aktionärsstruktur für Unternehmen der Sektoren schließen, die in unauffälligem Ausmaß Beratungsleistungen vom Abschlussprüfer beanspruchen. Erreicht die relative Nachfrage nach Beratungsleistungen hingegen ein überdurchschnittliches Niveau, wird der in Hypothese 1 formulierte Zusammenhang relevant. Dass Hypothese 1, anders als in den Studien von *Parkash/Venable* (1993) und *Firth* (1997), lediglich für eine Teilmenge bestätigt wird, könnte auf die, im Vergleich zu den USA und Großbritannien, geringere Bedeutung privater Investoren für den deutschen Kapitalmarkt zurückzuführen sein.

Das Management könnte die durch den Streubesitz zum Ausdruck kommenden Agency-Kosten lediglich bei privaten Investoren als relevant erachten, da andere Gruppen bspw. über Analystenkonferenzen zusätzliche Informationen erhalten und somit auf die Angaben eines durch einen unabhängigen Abschlussprüfer geprüften Konzernabschlusses weniger vertrauen müssen. Darüber hinaus ist es denkbar, dass zwar die Relevanz der Unabhängigkeitswahrnehmung durch den zunehmenden Einfluss der Großaktionäre sinkt, diese jedoch zugleich im Rahmen eines Aufsichtsratmandats zu einer Verbesserung der Corporate Governance beitragen und die Vergabe von Beratungsaufträgen an den Abschlussprüfer durch das Management stärker reglementieren.[1472] Möglicherweise verlieren diese Überlegungen an Relevanz, wenn die Beratungsanteile und damit auch der vermutete negative Einfluss auf Unabhängigkeitswahrnehmungen sehr hoch sind, so dass das Management in dieser Situation den Agency-Kosten der privaten Investoren Beachtung schenkt. Dies könnte für den in Cluster 2 beobachteten Zusammenhang zwischen dem Beratungsanteil und dem Streubesitzanteil ursächlich sein.

Der vermutete Einfluss einer Veränderung der Volatilität (Hypothese 2) wird durch die Regressionen nicht bestätigt. Die Änderung der Volatilität des Börsenkurses hat offensichtlich keinen Einfluss auf das Nachfrageverhalten. Dies ist möglicherweise darauf zurückzuführen, dass das Management die Veränderung der Volatilität nur schwer antizipieren kann.[1473] Dagegen ist die Aufnahme von Fremdkapital oder die Veränderung der Vergütungsstruktur bereits zum Zeitpunkt der Vergabe von Beratungsaufträgen bekannt. Ferner könnte die Insignifikanz der Volatilität darin begründet sein, dass Aktionäre, welche stark volatile Eigenkapitaltitel erwerben, spekulative Ziele verfolgen und der Unabhängigkeit des Abschlussprüfers eine geringere Bedeutung beimessen, als langfristig orientierte oder risikoaverse Investoren.

[1472] Vgl. *Mitra/Hossain* (2007), S. 355; *DCGK* (2008), Tz. 5.3.2.
[1473] Eine Wiederholung der Regression mit der Volatilität zum Stichtag des Vorjahres lieferte keine weiteren Erkenntnisse.

Auch die Vermutung, die Veränderung des Verschuldungsgrades (Hypothese 4) sei für das Nachfrageverhalten relevant, wird nicht bestätigt. Eine fehlende Signifikanz könnte darauf zurückzuführen sein, dass die Aufnahme von zusätzlichem Fremdkapital häufig in Zusammenhang mit Investitionen steht oder mit Übernahmen verbunden ist. Gerade diese Ereignisse erfordern eine Expertise, welche unternehmensintern möglicherweise nicht verfügbar ist und eine gesteigerte Nachfrage nach externen Beratern begründet. Dieser Effekt könnte den der Hypothese 4 zugrunde liegenden Zusammenhang zwischen der Veränderung der Agency-Kosten und dem Beratungsanteil kompensieren. Denkbar wäre für den hier betrachteten deutschen Markt ferner, dass Gläubiger zugleich (Gross-) Aktionäre des jeweiligen Unternehmens sind. Diese verfügen häufig durch ein Aufsichtsratsmandat über umfangreiche Informationen, so dass für sie ein unabhängiges Abschlussprüfertestat von geringer Bedeutung ist.

Hinsichtlich der Kontrollvariablen konnte festgestellt werden, dass das Wachstum der Umsatzerlöse, der Kurswert des Eigenkapitals relativ zum Buchwert und die Tatsache, dass der Abschluss erstmalig von dem betrachteten Abschlussprüfer verifiziert wird, das Verhältnis von Beratungs- zu Gesamthonoraren beeinträchtigen. Hinsichtlich der Richtung des Einflusses entsprechen die Ergebnisse zumeist den Erwartungen. Die negative Wirkung der ROA kann damit begründet werden, dass der Beratungsbedarf bei einer schlechten wirtschaftlichen Lage höher ist. Bei den als nicht signifikant einzustufenden Kontrollvariablen entsprechen die Vorzeichen gleichfalls weitestgehend den Erwartungen.

11.7 Zusammenfassung und Grenzen der Untersuchung

Erhält der Abschlussprüfer aus einem Prüfungsmandat hohe Beratungsvergütungen, besteht die Gefahr, dass die Adressaten des Prüfungsurteils die Unabhängigkeit des Abschlussprüfers bezweifeln. Dies würde wiederum die Glaubwürdigkeit von Abschlussinformationen beeinträchtigen. Je höher die Agency-Kosten eines Unternehmens sind, bzw. je stärker sie im Vergleich zur Vorperiode ansteigen, desto wichtiger ist es, dass Stakeholder in die Rechnungslegung und die Abschlussprüfung vertrauen. Insofern könnten die Höhe bzw. die Veränderungen der Agency-Konflikte das Volumen der Beratungsleistungen, welches das Management vom Abschlussprüfer bezieht, beeinflussen. Die hierfür einschlägigen Forschungsergebnisse sind widersprüchlich und erstrecken sich bisher lediglich auf die absoluten Beträge statt auf deren Veränderung.

Insgesamt kann für die deutschen Prime-Standard-Unternehmen kein Zusammenhang zwischen der Nachfrage nach Beratungsleistungen und der Höhe der Agency-Kosten nachgewiesen werden. Bei einer Betrachtung des Wandels der Agency-Kosten ist alleinig für die Veränderung der variablen Vergütung ein signifikanter Zusammenhang anhand des gesamten Samples (Cluster 1) nachweisbar. Ähnlich zeigt auch die Teiluntersuchung für Cluster 2 lediglich für eine Experimentalvariable einen bedeutsamen Zusammenhang auf (Veränderung des

Zusammenfassung und Grenzen der Untersuchung 357

Streubesitzanteils), während anhand von Cluster 3 keine signifikanten Verknüpfungen sichtbar werden. Daraus folgt, dass ein Anstieg der variablen Vergütung Einfluss auf das Verhältnis von Beratungs- zu Gesamthonoraren nimmt.

Möglicherweise sind die für die meisten Hypothesen beobachteten Insignifikanzen darauf zurückzuführen, dass das Management bei der Nachfrage nach Beratungsleistungen die Wahrnehmung der Abschlussadressaten nicht antizipiert und die bei den Abschlussadressaten wahrgenommene Unabhängigkeit des Abschlussprüfers bei der Vergabe der Beratungsaufträge unberücksichtigt lässt. Des Weiteren könnte vermutet werden, dass die Abschlussadressaten eine Beeinträchtigung der Unabhängigkeit durch die parallele Prüfungs- und Beratungstätigkeit erst gar nicht wahrnehmen, weil z.B. bei großen Prüfungsgesellschaften Beratungsleistungen primär durch selbstständige Abteilungen erbracht werden, so dass auch eine Antizipation des Managements ausscheidet. Für diese Erklärungsansätze spricht, dass in den meisten für Deutschland vorliegenden Studien zum Einfluss von Beratungsleistungen auf die wahrgenommene Unabhängigkeit des Abschlussprüfers keine negativen Wirkungen festgestellt wurden.[1474] Aktuelle Befunde weisen allerdings in die umgekehrte Richtung.[1475]

Zudem wäre es möglich, dass das Management und/oder die Stakeholder davon ausgehen, dass die durch Beratungstätigkeiten des Abschlussprüfers ausgelöste Beeinträchtigung der wahrgenommenen Unabhängigkeit kompensiert wird. Die parallele Prüfungs- und Beratungstätigkeit führt zu Effizienzsteigerungen durch so genannte knowledge-spillovers. Ist der Prüfer gleichzeitig als Berater beim Mandanten tätig, kann er die bei der Beratung erlangten Informationen auch im Rahmen der Prüfung nutzen und dadurch seine Prüfungskosten senken. Umgekehrt kann der Berater Synergievorteile durch seine Kenntnisse aus der Prüfungstätigkeit einsetzen und so die Kosten des Beratungsauftrages reduzieren. Der daraus resultierende, auch den Stakeholdern zu Gute kommende Nutzenzuwachs neutralisiert unter Umständen den von ihnen wahrgenommenen Nutzenverlust aus der Beeinträchtigung der Unabhängigkeit des Abschlussprüfers.

Nicht auszuschließen ist ferner, dass die in Folge zahlreicher Bilanzskandale verbesserten Prüfungsnormen und insbesondere die strengeren Regeln zur Vereinbarkeit von Prüfung und Beratung als hinreichend angesehen werden, so dass die Unternehmensführung sogar im Falle hoher oder stark ansteigender Agency-Kosten nicht davon ausgeht, dass Beratungshonorare des Abschlussprüfers das Vertrauen der Stakeholder in den Abschluss beeinträchtigen. Möglicherweise sind durch das BilReG solche Beratungsleistungen, welche nach Einschätzung von Investoren und Gläubigern einer unabhängigen Abschlussprüfung entgegenstehen, inzwischen dem Abschlussprüfer untersagt. Nehmen Stakeholder bei den weiterhin zulässigen Beratungs-

---

[1474] Vgl. *Richter* (1977); *Dykxhoorn/Sinning* (1981); *Dykxhoorn/Sinning* (1982); *Dykxhoorn et al.* (1996); *Zapf* (2004).
[1475] Vgl. *Quick/Warming-Rasmussen* (2007); *Meuwissen/Quick* (2009).

leistungen keine Gefährdung der Unabhängigkeit des Abschlussprüfers wahr, hat auch das Management keine Veranlassung, bei der Nachfrage nach Beratungsleistungen Rücksicht auf die Höhe oder die Veränderung der Agency-Kosten zu nehmen.

Ein weiterer Erklärungsansatz könnte darin liegen, dass die Unternehmensleitung von einem per se hohen Vertrauen in das deutsche Corporate Governance-System mit dem Aufsichtsrat als zentralem Überwachungsorgan ausgeht, so dass die Verknüpfung von Prüfung und Beratung zu keiner negativen Wahrnehmung führt. Gestärkt wird dieses Vertrauen durch die im DCGK enthaltene Regelung zur Kontrolle von Beratungsleistungen des Abschlussprüfers durch den Prüfungsausschuss.[1476]

Denkbar wäre auch, dass speziell der nachgewiesene positive Zusammenhang zwischen der Änderung der variablen Vergütung des Managements und dem Beratungsanteil auf die Effekte der bereits angesprochenen knowledge spillovers zurückzuführen ist. Stärkt die Beratungsleistung die Ertragskraft eines Unternehmens, so wird auch die variable Vergütung, welche an den Erfolg des Unternehmens gekoppelt ist, ansteigen.

Als weiterer Erklärungsansatz kann in Anlehnung an *Ghosh et al.* (2006) angeführt werden, dass auch ein opportunistisches Handeln des Managements für den Zusammenhang zwischen Vergütung und Beratungsanteil ursächlich sein könnte. Die Aussicht auf hohe variable Bezüge steigert den Anreiz zur bilanzpolitischen Einflussnahme.[1477] Die opportunistische Gestaltung des Abschlusses setzt jedoch voraus, dass der Abschlussprüfer die Sachverhaltsdarstellung des Managements toleriert. Damit bilanzpolitische Ziele gegenüber dem Prüfer durchsetzbar sind, könnte das Management lukrative Beratungsaufträge an den Abschlussprüfer vergeben, diesen wirtschaftlich an sich binden und somit dessen Unabhängigkeit beeinträchtigen. Die Ergebnisse von Studien, welche einen Zusammenhang zwischen dem Ausmaß an Bilanzpolitik und der variablen Vergütung (*Bergstresser/Philippon* (2006), *Kwon/Yin* (2006)) bzw. den Beratungshonoraren des Abschlussprüfers (*Frankel et al.* (2002), *Ashbaugh et al.* (2003), *Chung/Kallapur* (2003), *Ferguson et al.* (2004), *Antle et al.* (2006), *Huang et al.* (2007), *Srinidhi/Gul* (2007), *Gul et al.* (2007), *Lim/Tan* (2008)) betrachten, bestätigen die vermuteten Zusammenhänge nur eingeschränkt (*siehe Kapitel 9.3*). Ein abschließendes Urteil ist somit anhand der gegenwärtig vorliegenden Forschungen nicht möglich. Ob ein Zusammenhang zwischen der tatsächlichen Unabhängigkeit des Abschlussprüfers (*independence in fact*) und der Höhe der Beratungshonorare für den deutschen Prüfungsmarkt vorliegt, wird in der nachfolgenden Studie untersucht.

Zuvor sei jedoch auf einige Grenzen der vorliegenden Untersuchung hingewiesen. Es kann nicht ausgeschlossen werden, dass fallende Beratungshonorare nicht auf gestiegene Agency-

---

[1476] Vgl. *DCGK* (2008), Tz. 5.3.2 u. 7.2.1.
[1477] Vgl. *Healy* (1985).

Kosten, sondern auf steigende Prüfungshonorare zurückzuführen sind. Der Einfluss schwankender Prüfungshonorare kann an dieser Stelle nicht abschließend beurteilt werden und stellt somit einen Ansatzpunkt für weitere Forschungsbemühungen dar.[1478] Auch fanden, wie bereits in der vorausgehenden Untersuchung (siehe *Kapitel 10.3*), lediglich Unternehmen des Prime-Standards Berücksichtigung. Die Ergebnisse gelten folglich nur für diese Gruppe und sollten insbesondere nicht auf nicht-börsennotierte Unternehmen übertragen werden. Aufgrund der Tatsache, dass Honorardaten erst seit 2005 in Deutschland publiziert werden, basieren die Analysen auf Daten zu lediglich drei Geschäftsjahren. Die Aussagekraft der Ergebnisse könnte durch die Betrachtung eines längeren Zeitraumes verbessert werden. Möglicherweise würden z.B. andere konjunkturelle Rahmenbedingungen zu abweichenden Ergebnissen führen. Künftige Forschungsaktivitäten könnten diese Aussagegrenzen aufgreifen und eigentümergeführte Gesellschaften sowie einen längeren Zeitraum berücksichtigen. Von Interesse wäre auch eine Studie zu Banken, Versicherungen und Finanzdienstleistungsunternehmen, die - wie in vielen anderen Untersuchungen - auch hier ausgeklammert waren.

[1478] Diese Einschränkung ist gegeben, obwohl vermutet wird, dass die Schwankung der Beratungshonorare im Vergleich zu den Prüfungshonoraren wesentlich geringer ausfallen. Dies ist darauf zurückzuführen, dass es eine gesetzliche Verpflichtung für die Abschlussprüfung gibt, während Beratungsleistungen situationsbedingt und nach Belangen des Unternehmens vom Abschlussprüfer bezogen werden.

12 Einfluss der Beratungshonorare auf das Ausmaß von Bilanzpolitik

12.1 Einleitung und Problemstellung

Aus den Honorarangaben in den Abschlüssen der im Prime-Standard der Deutschen Börse AG gelisteten Konzerne geht hervor, dass über 95 % der DAX-, MDAX-, SDAX- und TecDAX-Unternehmen während der Perioden 2005, 2006 und 2007 (zzgl. abweichender Stichtage) neben der gesetzlichen Abschlussprüfung weitere Dienstleistungen vom amtierenden Prüfer in Anspruch nahmen.[1479] Bei 58,6 % der Beobachtungen überstieg deren Anteil den von der SEC und Investoren als kritisch erachteten Wert von 25 %.[1480] Gleichzeitig bestätigen empirische Studien positive Korrelationen zwischen der variablen Vergütung des Vorstandes und dem Ausmaß an Bilanzpolitik.[1481] In Verbindung mit dem in der vorausgehenden Untersuchung nachgewiesenen signifikant positivem Zusammenhang zwischen dem Ansteigen der variablen Vergütung des Managements und dem Anteil der vom Abschlussprüfer erbrachten Beratungsleistungen (siehe *Kapitel 11*), könnte sich der Verdacht einer Beeinträchtigung der tatsächlichen Unabhängigkeit durch die parallele Beratungstätigkeit erhärten. Die vom Management an den Prüfer gezahlten Beratungsleistungen werden, den Ausführungen von *Antle* (1984) folgend, als Gegenleistung für entsprechende Zugeständnisse im Rahmen der Abschlussprüfung betrachtet (*Kapitel 2.3*).

Um die Unabhängigkeit des Abschlussprüfers zu gewährleisten, schränkt das Handelsrecht die parallele Beratung, wie bereits in *Kapitel 4.6.2* gezeigt, ein. Neben den gesetzlichen Unabhängigkeitsanforderungen begründet der mit Bekanntwerden einer Pflichtverletzung verbundene Reputationsverlust des Abschlussprüfers einen Anreiz zur Unabhängigkeitswahrung (siehe *Kapitel 7.1.2*). Die Frage, ob die geltenden Bestimmungen zur Stärkung der Unabhängigkeit des Abschlussprüfers im Allgemeinen sowie zur Vereinbarkeit von Prüfung und Beratung im Speziellen gemeinsam mit den durch die Reputation verknüpften Marktmechanismen einen ausreichenden Schutz der tatsächlichen Unabhängigkeit gewährleisten, ist Gegenstand der in diesem Kapitel folgenden Untersuchung. Fällt das Ausmaß an Bilanzpolitik signifikant

---

[1479] Im Geschäftsjahr 2005 (2006 (2007)) bezogen von 144 (147 (151)) betrachteten Beobachtungen lediglich neun (acht (vier)) Konzerne keine Beratungsleistungen vom amtierenden Abschlussprüfer, d.h. 93,75 % (94,56 % (97,35 %)) der Unternehmen nahmen in den einzelnen Jahren Beratungsleitungen des Prüfers in Anspruch. *Stefani* (2006, S. 128) konnte für Schweizer Unternehmen nachweisen, dass 151 von 174 (86,8 %) Gesellschaften im Jahr 2002 Beratungsleistungen vom Abschlussprüfer bezogen haben.

[1480] Im Jahr 2005 (2006 (2007)) überstieg bei 81 (87 (91)) von 144 (147 (151)) untersuchten Abschlüssen, d.h. bei 56,25 % (59,18 % (60,26 %)) der Beobachtungen, das Beratungshonorar einen Anteil von 25 % der Gesamthonorare. Zur Grenze von 25 % siehe *SEC* (2000c), II.D.2. *Quick/Warming-Rasmussen* (2007, S. 1022) ermitteln einen von Investoren als gerade noch zulässig erachteten Beratungsanteil von 27,9 %.

[1481] Vgl. *Bergstresser/Philippon* (2006), S. 511; *Kwon/Yin* (2006), S. 119; zu modelltheoretischen Ausführungen siehe auch *Hofmann et al.* (2007), S. 123 u. 124 und *Hofmann* (2008), S. 149-163.

höher aus, wenn der Abschlussprüfer umfangreiche Beratungsleistungen erbringt, suggeriert dies eine Beeinträchtigung der tatsächlichen Unabhängigkeit. Kann hingegen kein statistisch evidenter Zusammenhang nachgewiesen werden, ergibt sich im Umkehrschluss, dass zumindest für große kapitalmarktorientierte Unternehmen keine mit den gewählten statistischen Methoden aufdeckbare Beeinträchtigung der Prüfungsqualität aus der parallelen Beratungstätigkeit des Abschlussprüfers resultiert.

Für den hiesigen Markt liegen gegenwärtig keine relevanten Studien vor, die den Zusammenhang zwischen diskretionären Accruals und dem Anteil der Beratungsleistungen verifizieren. Eine Analyse von *Zimmermann* (2008) ist in ihrer Aussagekraft eingeschränkt, da die Messung der diskretionären Accruals anhand überholter Vergleichsmodelle erfolgt. Die Autorin ermittelt die vermeintlich opportunistische Periodenabgrenzung aus der Differenz zwischen der Periodenabgrenzung zweier aufeinanderfolgender Perioden in Anlehnung an *DeAngelo* (1986).[1482] Auch der alternativ Anwendung findende Ansatz von *Healy* (1985), welcher bereits in *Kapitel 9.2.2* diskutiert wurde, kann aufgrund seiner ausschließlich statischen Betrachtungsweise nicht überzeugen.[1483] Die anhand von 102 Konzernabschlüssen kapitalmarktorientierter Unternehmen aufgezeigte Insignifikanz zwischen dem vermeintlichen Ausmaß an Bilanzpolitik und dem Beratungshonorar für das Jahr 2005 dürfte somit auch auf eine ungenaue Vorgehensweise bei der Schätzung der diskretionären Accruals zurückzuführen sein.[1484] Des Weiteren schränkt die einperiodische Betrachtung von Konzernabschlüssen die Aussagekraft dieses Beitrages stark ein, so dass an dieser Stelle auf eine ausführliche Darstellung verzichtet werden kann.

Die Abgrenzung des vorliegenden zu den internationalen Forschungsbeiträgen, welche in *Kapitel 9.3* vorgestellt wurden, ist vielschichtig. Ein wesentlicher Vorzug dieser Arbeit liegt in der Aktualität der Studie. Da die Mehrzahl früherer Untersuchungen den Zeitraum vor Inkrafttreten einschlägiger Gesetze zur Stärkung der Unabhängigkeit des Abschlussprüfers betrachtet, kann mit diesen kaum eine Beurteilung der aktuellen Situation oder gar eine Ableitung von Handlungsempfehlungen erfolgen. Ferner bleiben diese Forschungen meist auf einperiodische Betrachtungen beschränkt, so dass unikale Ereignisse die Resultate beeinträchtigen und deren Übertragbarkeit auf andere Zeiträume erheblich einschränken könnten. Dage-

---

[1482] Vgl. *Zimmermann* (2008), S. 182; *DeAngelo* (1986), S. 408-409.
[1483] Dieser Eindruck bestätigte sich in den vergleichenden Studien von *Dechow et al.* (1995), *Alcarria Jaime/de Albornoz Noguer* (2004) und *Jones et al.* (2008), welche, wie in *Kapitel 9.2.4* dargestellt, belegen, dass dynamische Modelle über eine höhere Güte und Spezifikation verfügen als die statischen Modelle von *Healy* (1985) und *DeAngelo* (1986).
[1484] *Zimmermann* (2008) weist in ihrer Untersuchung selbst auf die Aktualität des Jones-Modells hin. Als Begründung für die Verwendung der veralteten Modelle von *DeAngelo* (1986) und *Healy* (1985) wird die Notwendigkeit der Verfügbarkeit von Vergleichsjahren bzw. zahlreichen vergleichbaren Unternehmen derselben Branche bei den dynamischen Modellen aufgeführt (vgl. *Zimmermann* (2008), S. 181).

Einleitung und Problemstellung

gen betrachtet der vorliegende Beitrag die Konzernabschlüsse der jeweils 160 größten deutschen börsennotierten Unternehmen zum 31.12.2005, 31.12.2006 und 31.12.2007 (zzgl. abweichender Stichtage). Die Schätzung der diskretionären Accruals erfolgt, anderes als in früheren Untersuchungen, sowohl mittels des Performance-Adjusted-Jones-Modells (PAJ-Modell) als auch des Dechow-Dichev-McNichols-Modells (DDM-Modell). Beide Modelle sind, wie in *Kapitel 9.2.4* dargestellt, den in der internationalen Forschung verbreiteten Jones-Modellen überlegen. Darüber hinaus kann durch die parallele Anwendung zweier unterschiedlicher Accrual-Schätzverfahren das Auftreten von Typ-I und Typ-II-Fehlern leichter aufgedeckt werden.[1485] Sind die Ergebnisse des PAJ-Modells diametral zu denen des DDM-Modells, müssen die Ergebnisse beider Verfahren in Frage gestellt werden. Erst durch die gleichzeitige Anwendung der unabhängigen Accrual-Schätzverfahren ist sichergestellt, dass die Korrelationen zwischen einer vermeintlich bilanzpolitischen Einflussnahme des Managements und den Nichtabschlussprüfungsleistungen nicht bereits auf wesentliche Schätzfehler bei der Bestimmung der diskretionären Periodenabgrenzungen zurückzuführen sind. Eine solche parallele Anwendung unterschiedlicher Schätzverfahren ist in der bisherigen Forschung unüblich.[1486] Ferner grenzt sich diese Studie von früheren Forschungen dadurch ab, dass nicht nur der Beratungsanteil als Untersuchungsvariable berücksichtigt, sondern zusätzlich zwischen den unterschiedlichen Arten von Beratungsleistungen differenziert wird. Dies ist sinnvoll, da bspw. hohe Honoraranteile der prüfungsnahen Bestätigungsleistungen möglicherweise weniger stark mit der bilanzpolitischen Einflussnahme korrelieren als Steuerberatungs- oder Sonstige Leistungen i.S.d § 314 Abs. 1 Nr. 9 HGB. Eine solche Unterscheidung zwischen den Arten von Beratungshonoraren erfolgte bisher lediglich durch *Antle et al.* (2006) und *Huang et al.* (2007). Des Weiteren ist denkbar, dass nicht nur die Höhe des Beratungsanteils bzw. dessen Zusammensetzung Einfluss auf die tatsächliche Unabhängigkeit des Abschlussprüfers nehmen, sondern die Veränderung des Beratungsanteils im Zeitvergleich maßgeblich ist.[1487] Daher wird dieser Einfluss ebenfalls untersucht. Den Ausführungen zum Quasirentenmodell in *Kapitel 6.3* folgend, dürfte nicht nur die Höhe der Honorare bei einem bestimmten Mandanten, sondern vor allem die relative Bedeutung des jeweils betrachteten Mandanten im Proporz zu den Honoraren bei allen anderen Mandanten desselben Abschlussprüfers maßgeblich für die Bereitschaft zur Unabhängigkeitsaufgabe sein. Die Relevanz des Anteils der Beratungshonorare bei einem bestimmten Mandanten in Relation zu den Gesamt-

---

[1485] Ein Typ-I-Fehler liegt vor, wenn ein Zusammenhang aufgezeigt wird, der tatsächlich nicht besteht. Ein Typ-II-Fehler ist dadurch gekennzeichnet, dass kein Zusammenhang zwischen der abhängigen und der unabhängigen Variable anzeigt wird, obwohl dieser tatsächlich vorliegt (siehe *Kapitel 9.2.4.*).

[1486] Lediglich *Hoitash et al.* (2007) wenden, wie in *Kapital 9.3.10* dargestellt, ebenfalls zwei unabhängige Accrual-Schätzverfahren an.

[1487] Vgl. *Lai* (2007).

erlösen des Abschlussprüfers und deren Implikationen auf die tatsächliche Unabhängigkeit sind daher ebenfalls Gegenstand der nachfolgenden Untersuchung.

Die Bedeutung des betrachteten Prüfungsmarktes innerhalb Europas, die Berücksichtigung von Konzernabschlüssen kapitalmarktorientierter Unternehmen über drei aufeinanderfolgende Perioden sowie eine zur bisherigen Forschung deutlich erweiterte Methodik grenzen diese Untersuchung ebenso von früheren, vorrangig angloamerikanische Analysen ab, wie die Berücksichtigung zahlreicher zusätzlicher Variablen, welche im weiteren Verlauf der Arbeit vorgestellt werden.

12.2 Gang der Untersuchung

Neben den theoretischen Grundlagen der Untersuchung, welche anhand der Agency-Theorie in *Kapitel 2.3* aufgezeigt wurden, kamen die regulatorischen Rahmenbedingungen zur Vereinbarkeit von Prüfung und Beratung in *Kapitel 4.6* zur Sprache. Der Quasirentenansatz sowie ein Modell zur Relevanz der Reputation, mittels derer die Motive für und gegen eine Unabhängigkeitsaufgabe aus Perspektive des Abschlussprüfers modelltheoretisch aufgezeigt werden, wurden in *Kapitel 6* und *7* vorgestellt, so dass an dieser Stelle keine weiteren theoretischen Ausführungen erforderlich sind. Dies gilt auch für frühere Forschungsergebnisse, welche in *Kapitel 9* kritisch gewürdigt und hinsichtlich ihrer Grenzen diskutiert wurden. Zu Beginn des nachstehenden *Abschnitts 12.3* werden die Hypothesen gebildet. Anschließend folgt die Beschreibung der Stichprobe (*Kapitel 12.4*).[1488]

Die Modellbildung der Regressionsgleichung folgt in *Kapitel 12.5*. Darin werden zunächst die verwendeten Variablen operationalisiert. Abhängige Variable ist das Ausmaß an Bilanzpolitik gemessen anhand der diskretionären Accruals, welche als Surrogat für die tatsächliche Unabhängigkeit des Abschlussprüfers dienen (*Kapitel 12.5.1*). Die unabhängigen Untersuchungs- und Kontrollvariablen werden in *Gliederungspunkt 12.5.2* spezifiziert. Dabei dient die jeweils verwendete Honorarkennzahl als Untersuchungsvariable, während die Kontrollvariablen zur Optimierung des Regressionsmodells variiert werden.

Die Resultate der univariaten Korrelationen werden in *Gliederungspunkt 12.6.1* dargestellt und diskutiert, ehe in *Kapitel 12.6.2* die multivariaten Regressionsmodelle folgen. Zweitgenannte Mehrfachregressionen bilden den Schwerpunkt des Beitrags und dienen der Überprüfung der zuvor definierten Hypothesen. In Anlehnung an die bisherige Forschung wird zunächst ein branchenunspezifisches Regressionsmodell getestet. Die Zweckmäßigkeit einer Erweiterung dieses Basismodells um zusätzliche Kontrollvariablen, etwa zur Abbildung bestimmter Branchenzugehörigkeiten, wird anhand veränderter Signifikanzen bei einem insge-

---

[1488] Da die Messung der Bilanzpolitik in Abhängigkeit des Accrual-Schätzverfahrens zahlreiche Finanzinformationen für mehrere Perioden erfordert, weicht die Anzahl der Beobachtungen von denen der beiden vorausgehenden Studien (*Kapitel 10.1* und *10.2*) geringfügig ab.

samt verbesserten Bestimmtheitsmaß nach Anpassungen der Regressionsgleichung deutlich. Neben den Kontrollvariablen werden jedoch auch die Untersuchungsvariablen variiert. Es wird vermutet, dass die Implikationen der Beratungstätigkeit auf das Ausmaß an Bilanzpolitik nicht nur von der Art der Beratungsleistung, sondern auch von der Veränderung des Beratungsanteils im Zeitvergleich abhängen.[1489] Der Zusammenhang zwischen dem Anteil der Beratungshonorare bei einem bestimmten Mandanten zu den gesamten Erlösen des Abschlussprüfers und dem Ausmaß an Bilanzpolitik wird ebenfalls verifiziert. In *Gliederungspunkt 12-7* werden die Ergebnisse der Untersuchung zusammengefasst und es wird die Wirksamkeit der gegenwärtigen Regelungen zur Vereinbarkeit von Prüfung und Beratung in Deutschland beurteilt. Dabei kann auf eine kritische Würdigung der verwendeten Modelle nicht verzichtet werden. Ein Ausblick auf mögliche zukünftige Forschungsfragen schließt die Untersuchung ab.

12.3 Hypothesenbildung

Es ist die Aufgabe des Prüfers, mit einer hinreichenden Sicherheit zu gewährleisten, dass der Abschluss keine wesentlich falschen Aussagen enthält (ISA 200.17, IDW PS 200.24), sondern ein den tatsächlichen Verhältnissen entsprechendes Bild der Vermögens-, Finanz- und Ertragslage vermittelt (§ 264 Abs. 2 S. 1 HGB). Um diesem Anspruch gerecht zu werden, muss der Abschlussprüfer einen unabhängigen Blickwinkel auf das Unternehmen einnehmen. Ist die Unabhängigkeit nicht gewährleistet, besteht die Gefahr, dass auch solche Abschlüsse testiert werden, bei denen eine bilanzpolitische Einflussnahme vorliegt, welche über den gesetzlich zulässigen Rahmen hinausreicht.[1490] Ursache einer etwaigen Preisgabe der Unabhängigkeit könnten die mit einer parallelen Beratungstätigkeit verbundenen Risiken sein (siehe *Kapitel 4.5*). Zur Überprüfung des erwarteten Zusammenhangs wird die nachfolgende Hypothese formuliert.

H 1: Das Ausmaß der Bilanzpolitik steht aufgrund einer Beeinträchtigung der tatsächlichen Unabhängigkeit des Abschlussprüfers in einem positiven Zusammenhang mit der Höhe des *Beratungsanteils*.

Neben dem relativen Anteil der Beratungshonorare am Gesamthonorar (*Beratungsanteil*) dürfte das Ausmaß an Bilanzpolitik auch in Abhängigkeit der Kategorie des Honorarausweises (i.S.d. § 314 Abs. 1 Nr. 9 HGB) alternieren. Dabei wird vermutet, dass die Unabhängigkeit von den jeweiligen vom Abschlussprüfer erbrachten Dienstleistungsarten in unterschiedlichem Maße beeinträchtigt wird. Auch die prüfungsqualitätssteigernden knowledge spillovers (siehe *Kapitel 4.4.2*) dürften in Abhängigkeit der Beratungsleistung unterschiedlich ausfallen.

[1489] Vgl. *Lai* (2007).
[1490] Zu den Schwierigkeiten bei der Abgrenzung zulässiger und unzulässiger Bilanzpolitik siehe *Kapitel 3.1.2.1* dieser Arbeit.

Prüfungsnahe Dienstleistungen der Kategorie *b. Andere Bestätigungsleistungen*, wie etwa die Prüfung von Zwischenberichterstattungen, könnten die mandatsspezifische Urteilsfähigkeit des Prüfers und damit die Prüfungsqualität steigern. Eine Beeinträchtigung der Unabhängigkeit sowie eine daraus resultierende Reduktion der Prüfungsqualität, die sich in höheren diskretionären Accruals äußert, wird hingegen infolge hoher Honoraranteile für *c) Steuerberatung* und *d. Sonstige Leistungen* erwartet. Insbesondere die Leistungen der Residualkategorie stehen meist in keinem inhaltlichen Zusammenhang zur gesetzlichen Abschlussprüfung und könnten faktisch als unabhängigkeitsbeeinträchtigende Seitenzahlungen des Managements Verwendung finden. Aus dieser Vermutung ergeben sich die folgenden Hypothesen:

H 2a: Konzernabschlüsse, in denen hohe Honoraranteile in der Kategorie *Andere Bestätigungsleistungen* (i.S.d. § 314 Abs. 1 Nr. 9 HGB) ausgewiesen werden, weisen ein geringes Ausmaß an Bilanzpolitik auf.

H 2b: Konzernabschlüsse, in denen hohe Honoraranteile in der Kategorie *Steuerberatung* (i.S.d. § 314 Abs. 1 Nr. 9 HGB) ausgewiesen werden, weisen ein hohes Ausmaß an Bilanzpolitik auf.

H 2c: Konzernabschlüsse, in denen hohe Honoraranteile in der Kategorie *Sonstige Leistungen* (i.S.d. § 314 Abs. 1 Nr. 9 HGB) ausgewiesen werden, weisen ein hohes Ausmaß an Bilanzpolitik auf.

Neben dem Anteil der Beratungsleistungen am Gesamthonorar und deren Zusammensetzung während einer bestimmten Periode, könnte auch ein starker Anstieg der Beratungshonorare im Zeitvergleich Einfluss auf die Urteilsfreiheit des Prüfers nehmen.[1491] Denkbar wäre, dass sich der Abschlussprüfer aufgrund jüngst gestiegener Beratungsaufträge dem Management verpflichtet fühlt und bilanzpolitische Einflussnahmen tendenziell eher toleriert als ein Prüfer, der während der Berichtsperiode rückläufige Beratungsumsätze bei dem jeweiligen Mandanten erzielt. Auch eine umgekehrte Reihenfolge hinsichtlich der Kausalität wäre vorstellbar. Danach akzeptiert der Abschlussprüfer ein hohes Maß an opportunistischer Einflussnahme, um die Konfrontation mit dem Management zu vermeiden, bei laufenden Beratungsausschreibungen berücksichtigt zu werden und um in der Folgeperiode zusätzliche Beratungsumsätze erzielen zu können.

H 3: Ein *Anstieg des Beratungsanteils* steht in einem positiven Zusammenhang mit dem Ausmaß an Bilanzpolitik.

Anhand der Quasirentenmodelle in *Kapitel 6.3* wurde die Relevanz der relativen ökonomischen Bedeutung der Honorare bei einem bestimmten Mandanten im Proporz zu den gesamten Umsatzerlösen für die Attraktivität der Unabhängigkeitsaufgabe aufgezeigt. Es wird daher erwartet, dass hohe Beratungshonorare bei einem bestimmten Mandanten, relativ zu den ge-

---

[1491] Vgl. *Cahan et al.* (2008), S. 182; *Lai* (2007), S. 1 u. 2.

samten Umsatzerlösen des Wirtschaftsprüfers betrachtet, aufgrund der mit dem Erhalt dieses Mandats verbundenen wirtschaftlichen Interessen, eine Beeinträchtigung der Unabhängigkeit begründen.

H 4: Ein hohes Beratungshonorar bei einem Mandanten, relativ zu den Umsatzerlösen des Abschlussprüfers betrachtet (Umsatzanteil der Beratungsleistung), steht in einem positiven Zusammenhang mit dem Ausmaß an Bilanzpolitik.

12.4 Untersuchungsgegenstand und Beschreibung der Stichprobe

Zur Überprüfung der Hypothesen werden die Unternehmen, welche zum 31. Dezember 2005, 2006 und 2007 in einem der Börsensegmente DAX, MDAX, SDAX und TecDAX notiert waren, betrachtet (480).[1492] Durch die Betrachtung dreier aufeinanderfolgender Perioden kann das Auftreten idiosynkratischer Ergebnisse, welche bei einperiodischen Betrachtungen häufig auftreten, vermieden werden.[1493] Abschlüsse von Finanzdienstleistungsunternehmen (48), Banken (23) und Versicherungen (12) bleiben ebenso unberücksichtigt wie die Abschlüsse des Geschäftsjahres 2004/2005 sofern keine freiwillige Honoraroffenlegung erfolgte (9).[1494] Ferner konnten insgesamt drei Abschlüsse nicht berücksichtigt werden, da die bilanzierenden Unternehmen ihre Offenlegungspflicht verletzten. Ausländische Gesellschaften (33) sowie die gem. § 292a HGB i.V.m. Art. 58 Abs. 3 S. 4 EGHGB nach US-amerikanischen Rechnungslegungsstandards (*US-GAAP*) erstellten Abschlüsse wurden ebenfalls eliminiert (13).[1495] Eine Berücksichtigung dieser Unternehmen hätte aufgrund abweichender Ansatz- und Bewertungsvorschriften die Vergleichbarkeit der Beobachtungen gefährdet.[1496] Ferner standen die zur Durchführung nachfolgender Regressionsmodelle erforderlichen Angaben bei insgesamt fünf Beobachtungen nicht zur Verfügung. Unter Berücksichtigung von sieben Konzernprüfungen im Sinne eines *Joint Audit* basiert die nachfolgende Analyse, wie aus *Tabelle 12-1* hervorgeht, auf 341 Beobachtungen.

[1492] Neben den Konzernabschlüssen zum 31. Dezember werden auch diejenigen zu abweichenden Stichtagen (2004/05, 2005/06, 2006/07) berücksichtigt.
[1493] Vgl. *Reynolds et al.* (2004), S. 30.
[1494] Zur Eliminierung von Finanzdienstleistungsunternehmen siehe neben vielen *Cohen et al.* (2008), S. 762.
[1495] Diese Öffnungsklausel wurde mit dem BilReG gestrichen und galt lediglich im Rahmen der Übergangsvorschriften bis zum 1.1.2007 (vgl. Art. 58 Abs. 3 S. 4 EGHGB). Gemäß Art. 57 EGHGB wurde die Übergangsvorschrift der IFRS-Verordnung übernommen. Demnach müssen Gesellschaften, die lediglich Schuldtitel emittieren oder die zum Zweck der Börsennotierung in einem Drittstaat internationale Rechnungslegungsstandards angewendet haben, die IFRS erst für Berichtsjahre anwenden, die zum 1. Januar 2007 oder einem späteren Zeitpunkt beginnen. Zur Übergangsregelung siehe auch *Hüttemann* (2004), S. 205; *Pottgießer* (2008), S. 169.
[1496] Ähnlich auch *Baetge et al.* (2008), S. 417, welche die Grenzen der Vergleichbarkeit von Kennzahlen im Kontext der Erfordernisse eines Wechsels deutscher kapitalmarktorientierter Unternehmen von HGB auf IFRS für Geschäftsjahre, die nach dem 31.12.2004 beginnen, aufzeigen.

Periode	2005	2006	2007	∑
Grundgesamtheit (DAX (30), MDAX (50), SDAX (50), TecDAX (30))	160	160	160	480
Banken, Versicherungen und Finanzdienstleister	-24	-29	-30	-83
Honorarangaben nicht verfügbar	-10	-2	-	-12
Sitz der Gesellschaft im Ausland	-9	-13	-11	-33
Daten nicht vollständig verfügbar	-1	-2	-2	-5
Befreiender Konzernabschluss nach US-GAAP (gem. § 292a HGB)	-7	-4	-2	-13
Joint Audit	3	2	2	7
Bereinigte Stichprobe	112	112	117	341

Tabelle 12-1: Stichprobenumfang der Untersuchung zum Ausmaß von Bilanzpolitik

Die im Rahmen der nachfolgenden Untersuchung verwendeten Unternehmensdaten wurden den Konzernabschlüssen der betrachteten Unternehmen entnommen. Neben der manuellen Erhebung relevanter Angaben in den Konzernanhängen (Honorare des Abschlussprüfers, Vergütung des Managements, Entsprechenserklärung zum DCGK) wurden die Bilanzdatenbanken *Hoppenstedt, DAFNE* und *AMADEUS* in Anspruch genommen. Informationen zur Marktkapitalisierung sowie zur Veränderung der Anzahl emittierter Aktien und des Streubesitzanteils wurden von der Deutsche Börse AG, Frankfurt am Main, bezogen.

12.5 Operationalisierung der verwendeten Variablen

12.5.1 Abhängige Variablen

Einen heterogenen Anreiz zur Bilanzpolitik im Unternehmens- und Zeitvergleich vorausgesetzt, dienen diskretionäre Accruals als Indikator einer vom Abschlussprüfer akzeptierten opportunistischen Einflussnahme des Managements.[1497] Zu deren Schätzung werden das Performance-Adjusted-Jones-Modell (*PAJ-Modell*) und das Dechow-Dichev-McNichols-Modell (*DDM-Modell*) eingesetzt.[1498] Beide Verfahren sind, wie deren Anwendung in früheren Untersuchungen zum französischen (*LeMaux* (2007)) oder spanischen Prüfungsmarkt (*Alcarria Jaime/de Albornoz Noguer* (2004)) belegen, zur Untersuchung des Ausmaßes von Bilanzpolitik in den Abschlüssen kontinentaleuropäischer Unternehmen, welche einen Konzernabschluss nach IFRS erstellen, geeignet.[1499] *Van Tendeloo/Vanstraelen* (2005), die das Ausmaß von Earnings Management bei deutschen Unternehmen in Abhängigkeit der (freiwillig) gewählten Rechnungslegungsgrundsätze (*IFRS vs. HGB*) betrachten, bedienen sich ebenfalls eines Accrual-Schätzmodells.[1500] In Hinblick auf die Anwendbarkeit der diskretionären Accruals als Surrogat der Bilanzpolitik deutscher Unternehmen ist ferner auf eine Studie von *Maijoor/Vanstraelen* (2006) hinzuweisen, die das Ausmaß von Bilanzpolitik untersuchen und signifikante Unterschiede zwischen Frankreich, Deutschland und Großbritannien aufzei-

---

[1497] Vgl. *Geiger et al.* (2005a), S. 7. Siehe auch *Kapitel 9.2*.
[1498] Zu den Modellen siehe auch *Kapitel 9.2.3.4 bzw. 9.2.3.5*.
[1499] Vgl. *Alcarria Jaime/de Albornoz Noguer* (2004), S. 74; *LeMaux* (2007), S. 2-6.
[1500] Vgl. *Van Tendeloo/Vanstraelen* (2005), S. 163.

gen.[1501] Die Autoren führen die anhand von insgesamt 17.304 Beobachtungen nachgewiesenen Unterschiede auf ungleiche regulatorische Rahmenbedingungen zurück. Während in Frankreich börsennotierte Unternehmen einem Joint Audit unterliegen und die Wahl des Abschlussprüfers von Aufsichtsbehörden akzeptiert werden muss, ist die Erbringung von Beratungsleistungen, wie die Untersuchung von *LeMaux* (2007) zeigt, stark eingeschränkt.[1502] Auch Großbritannien verfügt der Auffassung von *Maijoor/Vanstraelen* (2006) zu Folge über ein im Vergleich zu Deutschland restriktiveres regulatorisches Prüfungsumfeld. So verlangte der britische Gesetzgeber bereits in den 1990er Jahren die interne Rotation des verantwortlichen Prüfungspartners sowie eine Offenlegung der Honorare. Beide Maßnahmen zur Unabhängigkeitsstärkung wurden in Deutschland erst durch das BilReG gesetzlich verankert (siehe *Kapitel* 4.6). Inwieweit gesetzliche Änderungen zur Stärkung der Unabhängigkeit des Abschlussprüfers auf supranationaler Ebene, wie etwa die modernisierte 8. EG-Richtlinie, diese Unterschiede mittlerweile reduzieren, kann nicht beurteilt werden. Dass diskretionäre Accruals nicht nur im angelsächsischen Sprachraum ein geeignetes Surrogat für die Messung von Bilanzpolitik darstellen, sondern auch auf kontinentaleuropäische Unternehmen übertragbar sind, steht hingegen außer Frage.

12.5.1.1 Modelle zur Schätzung diskretionärer Accruals

12.5.1.1.1 Performance-Adjusted-Jones-Modell

Während *Frankel et al.* (2002), *Chung/Kallapur* (2003), *Reynolds et al.* (2004), *Antle et al.* (2006) und *Lai* (2007) in ihren Untersuchungen auf das ursprüngliche oder Modifizierte-Jones-Modell zurückgreifen,[1503] belegen *Alcarria Jaime/de Albornoz Noguer* (2004) und *Jones et al.* (2008) eine verbesserte Spezifikation und Erklärungsmacht des Performance-Adjusted-Jones-Modells. In Anlehnung an diese Erkenntnisse erfolgt, ähnlich zu *Ashbaugh et al.* (2003), *Larcker/Richardson* (2004), *Huang et al.* (2007), *Srinidhi/Gul* (2007) und *Hoitash et al.* (2007), die Schätzung der diskretionären Accruals mittels des von *Kothari et al.* (2005) ausgiebig diskutierten und in *Gl. 12.5.1 d*argestellten Performance-Adjusted-Jones-Modells (PAJ-Modell).

$$TA_{it}/A_{it-1} = \beta_{0j}\ 1/A_{it-1} + \beta_{1j}(\Delta REV_{it} - \Delta REC_{it})/A_{it-1} + \beta_{2j}\ PPE_{it}/A_{it-1} + \beta_{3j}\ ROA_{it}/A_{it-1} \qquad (12.5.1)$$

Dabei setzen sich die Total Accruals (TA_{it}) aus zwei Komponenten zusammen. Während die Working Capital Accruals (WCA_{it}) Gegenstand bilanzpolitischer Einflussnahme sind, unter-

---

[1501] In Frankreich und Großbritannien wird während des Zeitraumes 1992 bis 2000 signifikant weniger Earnings Management betrieben als bei den deutschen Gesellschaften der Stichprobe ($p < 0,01$) (vgl. *Maijoor/Vanstraelen* (2006), S. 44).
[1502] Vgl. *Maijoor/Vanstraelen* (2006), S. 37; Siehe hierzu auch die Ergebnisse von *LeMaux* (2007), der für Frankreich einen Beratungsanteil von lediglich 7 % ermittelt (siehe *Kapitel 10.5.4*).
[1503] Siehe *Kapitel 9.3*.

liegen die Non-Working-Capital Accruals ($NWCA_{it}$) seltener diskretionären Einflüssen.[1504] *Beneish* (1998) und *Young* (1999) erachten die isolierte Berücksichtigung der Working Capital Accruals daher für „potentially more appealing since continuous earnings management via the depreciation accrual is likely to have limited potential due to its visibility and predictability".[1505] Auch *Maijoor/Vanstraelen* (2006) führen aus, dass die Verwendung von Working Capital Accruals zielführend sei, da die meist niedrigeren Stichprobenumfänge außerhalb der USA für die Abgrenzung diskretionärer und nicht-diskretionärer Accruals in Europa ohnehin schwierig sei[1506] und die Berücksichtigung langfristiger Accruals das Risiko verzerrter Schätzer erhöhe.[1507] Im Folgenden werden daher analog zu *Hoitash et al.* (2007) ausschließlich die Working Capital Accruals (WCA_{it}) betrachtet. Diese setzen sich aus dem Ergebnis der gewöhnlichen Geschäftstätigkeit (EAR_{it}) zuzüglich der Abschreibungen auf das Sachanlagevermögen (DEP_{it}), abzüglich des Cashflows aus laufender Geschäftstätigkeit (CFO_{it}) zusammen.[1508] Durch die Reduzierung der Periodenabgrenzung um die Abschreibungen (DEP_{it}) geht vom Sachanlagevermögen (PPE_{it}) nicht länger eine Erklärungskraft aus, so dass der Regressor P

$$WCA_{it}/A_{it-1} = \beta_{0j}\, 1/A_{it-1} + \beta_{1j}(\Delta REV_{it} - \Delta REC_{it})/A_{it-1} + \beta_{2j}ROA_{it}/A_{it-1} \qquad (12.5.2)$$

Die Bilanzsumme der Vorperiode (A_{it-1}), durch welche die Regressoren zur Vermeidung von Heteroskedastizitätsproblemen dividiert werden, findet auch in einem skalierten Term ($1/A_{it-1}$) Berücksichtigung. Mit dieser Vorgehensweise kann die Ablehnungsrate der Regression, wie empirische Untersuchungen bestätigen, reduziert werden.[1509] Der Regressor ΔREV_{it} beschreibt die Änderung der Umsatzerlöse, während ΔREC_{it} die Erhöhung oder Minderung der Forderungen aus LuL relativ zur Vorperiode betrachtet. Wie in *Kapitel 9.2.3.2* ausgeführt, signalisiert eine Veränderung der Umsatzerlöse mit einem korrespondierenden Anstieg der Forderungen aus LuL eine bilanzpolitische Einflussnahme. Steigen mit den Umsatzerlösen hingegen die Zahlungsmittelzuflüsse noch innerhalb der Periode an, kann ein sachverhaltsdarstellender Einfluss des Managements weitgehend ausgeschlossen werden. Die Berücksichtigung des Returns on Assets (ROA_{it}) dient zur Abbildung des von *McNichols* (2000) nachgewiesenen positiven Zusammenhangs zwischen der Rentabilität und der Höhe der Accruals eines Unternehmens. Da nicht mit Sicherheit ausgeschlossen werden kann, dass die Variable ROA_{it} selbst einer bilanzpolitischen Einflussnahme unterliegt, könnten diskretionäre Accruals

---

[1504] Siehe *Kapitel 9.2.1.5* und *9.2.1.5*
[1505] *Peasnell et al.* (2000), S. 315; ähnlich *Beneish* (1998), S. 201-221; *Young* (1999), S. 842- 843.
[1506] Vgl. *Maijoor/Vanstraelen* (2006), S. 35 u. 37.
[1507] Siehe *Kapitel 9.2.1.5*.
[1508] Die entsprechenden Werte wurden den Kapitalflussrechnungen gem. *DRS 2* entnommen.
[1509] Vgl. *Kothari et al.* (2005), S. 174; *Dickins* (2007), S. 13.

Operationalisierung der verwendeten Variablen 371

irrtümlich als nicht-diskretionär erachtet werden (*Typ-I-Fehler*).[1510] Um diese Gefahr zu reduzieren, wird neben dem PAJ-Modell auf ein zweites Schätzverfahren, das DDM-Modell zurückgegriffen.

12.5.1.1.2 Dechow-Dichev-McNichols-Modell

Die Schätzung der diskretionären Accruals anhand des von *Dechow/Dichev* (2002) begründeten und von *McNichols* (2002) und *Francis et al.* (2005) weiterentwickelten DDM-Modells erfolgt anhand der Cashflows eines Unternehmens. Wie in *Kapitel 9.2.3.5* ausführlich dargestellt, wird dazu ein Zusammenhang zwischen den Working Capital Accruals (WCA_{it}) und den Cashflows im Jahr vor (CFO_{it-1}), während (CFO_{it}) und nach (CFO_{it+1}) der Ereignisperiode t vermutet.[1511]

$$WCA_{it}/A_{it-1} = \beta_{0j}/A_{it-1} + \beta_{1j}CFO_{it-1}/A_{it-1} + \beta_{2j}CFO_{it}/A_{it-1} + \beta_{3j}CFO_{it+1}/A_{it-1} + \beta_{4j}\Delta REV_{it}/A_{it-1} \quad (12.5.3)$$

Während das DDM-Modell in der Forschung zur Unabhängigkeitsbeeinträchtigung erst in wenigen Untersuchungen Anwendung findet (*Srinidhi/Gul* (2007), *Hoitash et al.* (2007)), belegen *Jones et al.* (2008) dessen Eignung zur Aufdeckung diskretionärer Einflussnahme (siehe *Kapitel 9.2.4.3*).

12.5.1.2 Schätzung der diskretionären Accruals

12.5.1.2.1 Vorgehensweise bei der Anwendung der Schätzmodelle

Zur Bestimmung der Koeffizienten werden zunächst die für einen bestimmten Sektor *j* verfügbaren Beobachtungen entsprechend der oben aufgeführten Gleichungen regressiert.[1512] In einem zweiten Schritt werden anhand der für jeweils einen Sektor geschätzten spezifischen Regressionskoeffizienten die Expected Working Capital Accruals ($EWCA_{itPAJ(DDM)}$) berechnet. Diese nicht-diskretionären Accruals beschreiben die aus dem gewöhnlichen Geschäftshergang resultierende Periodenabgrenzung, welche als plausibel erachtet wird und nicht auf eine bi-

---

[1510] Vgl. *Kothari et al.* (2005), S. 178 u. 195; *Chung/Kallapur* (2003) bemerken ebenfalls, dass eine Berücksichtigung des ROA zu Verzerrungen führen könnte, da die Beeinflussung des Periodenerfolgs auch die Höhe des ROA beeinträchtigt (vgl. *Chung/Kallapur* (2003), S. 942).

[1511] Im Rahmen eines Pre-Tests zur Schätzung der Koeffizienten wurde der vermutete Zusammenhang zwischen den Working Capital Accruals (WCA_{it}) und den operativen Cashflows (CFO_{it-1}, CFO_{it}, CFO_{it+1}) für die DAX-Unternehmen bestätigt. Die Regression des DDM-Modells ergab für die Jahre 2005 und 2006 für $\beta_1 = 0,182$, $p = 0,141$; $\beta_2 = -0,488$, $p = 0,023$; $\beta_3 = 0,342$, $p = 0,092$. Die Vorzeichen der standardisierten Koeffizienten entsprechen damit der Erwartung. Für die gesamte Stichprobe bestätigt sich der Zusammenhang ebenfalls wie von *Dechow/Dichev* (2002) prognostiziert.

[1512] In der Literatur erfolgt die Clusterbildung regelmäßig anhand der von der SEC vergebenen SIC-Codes. Beinhaltet ein SIC-Code weniger als zehn Beobachtungen, werden die Unternehmen zweier SIC-Codes für die Schätzung der Koeffizienten häufig zusammengefasst, sofern die Geschäftszwecke und Bilanzstrukturen der darin enthaltenen Unternehmen ähnlich sind (vgl. *Jones et al.* (2008), S. 502; *Ruddock et al.* (2006), S. 742, Fn. 14; *Srinidhi/Gul* (2007) bilden bei ihrer Untersuchung Cluster von mindestens 20 Unternehmen (vgl. *Srinidhi/Gul* (2007), S. 599).

lanzpolitische Einflussnahme des Managements zurückzuführen ist. Die Schätzung der *EWCA$_{it}$* erfolgt sowohl für das PAJ- als auch für das DDM-Modell separat.

$$EWCA_{itPAJ}/A_{it-1} = \hat{\beta}_{0j}1/A_{it-1} + \hat{\beta}_{1j}(\Delta REV_{it} - \Delta REC_{it})/A_{it-1} + \hat{\beta}_{2j}ROA_t/A_{it-1} + \varepsilon \quad (12.5.4)$$

$$EWCA_{itDDM}/A_{it-1} = \hat{\beta}_{0j}1/A_{it-1} + \hat{\beta}_{1j}CFO_{it-1}/A_{it-1} + \hat{\beta}_{2j}CFO_{it}/A_{it-1} + \hat{\beta}_{3j}CFO_{it+1}/A_{it-1} + \hat{\beta}_{4j}\Delta REV_{it}/A_{it-1} + \varepsilon \quad (12.5.5)$$

Durch Subtraktion der geschätzten nicht-diskretionären Working Capital Accruals (*EWCA$_{it-PAJ(DDM)}$*) von den Working Capital Accruals (*WCA$_{it}$*), welche sich aus dem operativen Ergebnis abzüglich des Cashflows aus der gewöhnlichen Geschäftstätigkeit (*CFO*) (bereinigt um die Abschreibungen auf das Anlagevermögen) ergeben,[1513] wird das Ausmaß der bilanzpolitischen Einflussnahme (diskretionäre Working Capital Accruals (*EDWCA$_{it}$*)) für die jeweilige Beobachtung *i* ermittelt.

$$EDWCA_{itPAJ(DDM)} = WCA_{it}/A_{it-1} - EWCA_{itPAJ(DDM)}/A_{it-1} \quad (12.5.6)$$

Das Residuum (*EDWCA$_{itPAJ(DDM)}$*) bezeichnet dabei jene Accruals, welche nicht durch den Geschäftshergang, bzw. die Cashflows der vorausgehenden, aktuellen und nachfolgenden Periode erklärt, sondern als diskretionär klassifiziert werden. Sie bilden das Ausmaß an diskretionärer Bilanzpolitik ab und dienen im Folgenden als Surrogat für eine mögliche Unabhängigkeitsbeeinträchtigung des Abschlussprüfers.

12.5.1.2.2 Clusterbildung und Ermittlung der diskretionären Accruals

Der im vorausgehenden Kapitel genannten Vorgehensweise folgend werden die Working Capital Accruals (*WCA$_{it}$*) berechnet. Dabei zeigt sich, wie aus *Tabelle 12-2* hervorgeht, dass das Ergebnis der gewöhnlichen Geschäftstätigkeit (*EAR$_{it}$*) durchschnittlich 8,94 % der Bilanzsumme (*A$_{it-1}$*) erreicht. Nichtparametrische-Tests auf Mittelwertgleichheit (Mann-Whitney-U-Test) können keine signifikanten Unterschiede zwischen den Indizes aufdecken.[1514] Eine hohe Standardabweichung deutet jedoch mit Ausnahme des MDAX auf erhebliche Unterschiede hinsichtlich der operativen Ertragsstärke zwischen den Unternehmen eines Index hin. Die Abschreibungen (*DEP$_{it}$*) fallen, wie aus einer niedrigen Standardabweichung hervorgeht, verhältnismäßig homogen aus und erreichen im Mittel 5,29 % der Bilanzsumme. Auch hier kann ein Test auf Mittelwertgleichheit keine signifikanten Unterschiede im Indexvergleich aufdecken.[1515] Der Cashflow aus der operativen Tätigkeit (*CFO$_{it}$*) beträgt durchschnittlich 10,41 %

[1513] Zur Vorgehensweise bei der Ermittlung der Working Capital Accruals siehe auch die ausführlichen Darstellungen in *Kapitel 9.2*.

[1514] *DAX vs. MDAX/SDAX/TecDAX: Z = -1,726; asym. Sig. =0,084; MDAX vs. DAX/ SDAX/ TecDAX: Z = -0,654; asym. Sig. = 0,513; SDAX vs. DAX/MDAX/TecDAX: Z = -0,892; asym. Sig. = 0,373; TecDAX vs. DAX/MDAX/SDAX: Z = -0,010; asym. Sig. = 0,992.*

[1515] *DAX vs. MDAX/SDAX/TecDAX: Z = -1,908; asym. Sig. = 0,056; MDAX vs. DAX/ SDAX/ TecDAX: Z = -1,303; asym. Sig. = 0,192; SDAX vs. DAX/MDAX/TecDAX: Z = -0,653; asym. Sig. = 0,514; TecDAX vs. DAX/MDAX/SDAX: Z=-1,146; asym. Sig.=0,252.*

Operationalisierung der verwendeten Variablen 373

der Bilanzsumme und divergiert zwischen den Indizes geringfügig.[1516] Lediglich für die Accruals (WCA_{It}), welche im Mittel 3,81 % der Bilanzsumme erreichen, sind Index-Unterschiede evident. Unternehmen des DAX weisen signifikant geringere WCA_{It} aus als die Unternehmen anderer Indizes (DAX vs. MDAX/SDAX/TecDAX: $Z = -2,278$; asym. Sig. $= 0,023$).[1517] Die Working Capital Accruals der SDAX-Unternehmen liegen signifikant über denen der Vergleichsgruppe (SDAX vs. DAX/MDAX/TecDAX: $Z = -2,118$; asym. Sig. $= 0,034$). Ursächlich hierfür könnte neben einem starken Wachstum dieser Unternehmen auch eine generell höhere Diskontinuität im Geschäftsverlauf der SDAX-Unternehmen sein, welche durch ein zeitliches Auseinanderfallen von Zahlungs- und Ertragswirksamkeit hohe Accruals begründet.

Determinanten der Working Capital Accruals (WCA_{It}) im Vergleich (I)									
Koeffizienten Index/Periode	n	EAR_{It}/A_{It-1}		DEP_{It}/A_{It-1}		CFO_{It}/A_{It-1}		WCA_{It}/A_{It-1}	
		Mittelw.	St.-Abw.	Mittelw.	St.-Abw.	Mittelw.	St.-Abw.	Mittelw.	St.-Abw.
DAX	65	0,085	0,130	0,054	0,025	0,106	0,045	0,033	0,127
MDAX	108	0,081	0,071	0,045	0,021	0,109	0,117	0,017	0,118
SDAX	100	0,099	0,128	0,058	0,042	0,101	0,101	0,055	0,107
TecDAX	68	0,092	0,166	0,057	0,050	0,099	0,182	0,051	0,151
Ø	341	**0,089**	**0,125**	**0,053**	**0,036**	**0,104**	**0,119**	**0,038**	**0,125**
2005	112	0,082	0,126	0,057	0,039	0,111	0,115	0,027	0,097
2006	112	0,094	0,136	0,052	0,032	0,085	0,121	0,060	0,158
2007	117	0,092	0,112	0,051	0,036	0,115	0,119	0,028	0,108
Ø	341	**0,089**	**0,125**	**0,053**	**0,036**	**0,104**	**0,119**	**0,038**	**0,125**

Tabelle 12-2: Working Capital Accruals und deren Determinanten im Index- und Zeitvergleich

Aus dem in *Tabelle 12-2* dargestellten Zeitvergleich gehen überdurchschnittliche Working Capital Accruals (WCA_{It}/A_{It}) während des Jahres 2006 hervor. Ursächlich hierfür sind sowohl ein im Vergleich zu der Vor- und Folgeperiode höheres durchschnittliches operatives Ergebnis (EAR_{It}/A_{It}) als auch auffallend niedrigere mittlere Cashflows (CFO_{It}/A_{It}). Dennoch, ein signifikanter Unterschied zwischen der Periode 2006 und den Vergleichsjahren wird nicht bestätigt (*2006 vs. 2005/2007: Z=-1,535; asym. Sig.=0,125*). Dies suggeriert, dass eine Differenzierung nach Perioden- und Indexzugehörigkeit für die Schätzung der diskretionären Accruals nicht erforderlich ist.

[1516] *DAX vs. MDAX/SDAX/TecDAX: Z = -1,536; asym. Sig. = 0,125; MDAX vs. DAX/ SDAX/ TecDAX: Z = -0,239; asym. Sig. = 0,811; SDAX vs. DAX/MDAX/TecDAX: Z = -2,245; asym. Sig. = 0,807; TecDAX vs. DAX/MDAX/SDAX: Z = -0,992; asym. Sig. = 0,321.*

[1517] Bei den MDAX-Unternehmen sind trotz eines geringen Mittelwertes keine signifikanten Unterschiede anhand nichtparametrischer Tests nachweisbar. *MDAX vs. DAX/ SDAX/ TecDAX: Z = -0,334; asym. Sig. = 0,739.* Dies gilt auch für die *TecDAX-Gesellschaften: TecDAX vs. DAX/ MDAX/SDAX: Z = -0,428; asym. Sig. = 0,669.*

Determinanten der Working Capital Accruals (WCA$_{it}$) im Vergleich (II)

Sektoren (j)	Koeffizienten	n	EAR$_{it}$/A$_{it-1}$		DEP$_{it}$/A$_{it-1}$		CFO$_{it}$/A$_{it-1}$		WCA$_{it}$/A$_{it-1}$	
			Mittelw.	St.-Abw.	Mittelw.	St.-Abw.	Mittelw.	St.-Abw.	Mittelw.	St.-Abw.
Automobile	(1)	20	0,083	0,068	0,071	0,020	0,123	0,044	0,030	0,053
Pharma & Healthcare	(2)	34	0,092	0,202	0,048	0,023	0,094	0,073	0,045	0,177
Transportation & Logistics	(3)	15	0,036	0,032	0,082	0,068	0,057	0,064	0,062	0,120
Technology	(4)	9	-0,002	0,127	0,079	0,065	0,051	0,070	0,026	0,070
Industrial	(5)	107	0,111	0,147	0,044	0,026	0,086	0,147	0,069	0,135
Retail	(6)	24	0,092	0,060	0,046	0,027	0,113	0,062	0,025	0,054
Food & Beverages	(7)	2	0,004	0,049	0,074	0,063	0,055	0,021	0,023	0,008
Software	(8)	20	0,128	0,119	0,041	0,031	0,161	0,142	0,008	0,084
Chemicals	(9)	29	0,090	0,055	0,055	0,021	0,116	0,081	0,030	0,067
Basic Resources	(10)	5	0,192	0,099	0,038	0,011	0,076	0,074	0,155	0,099
Utilities	(11)	6	0,042	0,017	0,038	0,014	0,063	0,015	0,017	0,017
Consumer	(12)	25	0,123	0,110	0,055	0,036	0,130	0,061	0,047	0,078
Construction	(13)	17	0,063	0,054	0,043	0,018	0,082	0,033	0,023	0,045
Media	(14)	17	0,035	0,069	0,049	0,041	0,183	0,259	-0,099	0,238
Telecommunication	(15)	11	-0,001	0,076	0,124	0,051	0,128	0,050	-0,005	0,034

Tabelle 12-3: Working Capital Accruals und deren Determinanten im Sektorenvergleich

Die Unterschiede zwischen den Sektoren fallen, wie aus *Tabelle 12-3* hervorgeht, hingegen deutlicher aus.[1518] Unternehmen, die dem Sektor *Basic Ressources* zugeordnet sind, erzielen im Mittel die höchsten operativen Überschüsse, während in den Branchen *Telecommunication* und *Technologie* negative operative Ergebnisse (EAR_{it}/A_{it-1}) dominieren. Dies dürfte auch auf die in diesen Branchen auffallend hohen Abschreibungen (DEP_{it}/A_{it-1}) zurückzuführen sein. Gleichzeitig sind die Working Capital Accruals (WCA_{it}/A_{it-1}) der *Media-* (*Media vs. restl. Sektoren: Z = -2,484; asym. Sig. = 0,013*) und der *Telecommunication*-Unternehmen (Telecommunication vs. restl. Sektoren: $Z = -2,301$; *asym. Sig. = 0,021*) signifikant niedriger als die Werte der Unternehmen anderer Branchen. In den Sektoren *Basic Resources* (Basic Resources vs. restl. Sektoren: $Z = -2,637$; *asym. Sig. = 0,008*) und *Industrial* (Industrial vs. restl. Sektoren: $Z = -2,601$; *asym. Sig.= 0,009*) fallen die Working Capital Accruals hingegen überdurchschnittlich hoch aus. Insgesamt scheinen somit sektorenspezifische Unterschiede zu bestehen, welche für eine zuverlässige Schätzung der diskretionären Accruals die Bildung von Clustern ähnlicher Unternehmen erfordern.[1519]

Da für vier Sektoren jeweils weniger als 10 Beobachtungen verfügbar sind, ist die sinnvolle Durchführung der Regressionen für diese Branchen gefährdet. Um diese dennoch berücksichtigen zu können, werden die Sektoren *Food & Beverages, Basic Resources, Utilities* und

---

[1518] Die Aufteilung der Unternehmen auf einzelne Sektoren erfolgte dazu analog zu den von der Deutschen Börse AG vorgegebenen Sektoren.

[1519] Zur Verwendung dichotomer branchenspezifischer Variablen im Regressionsmodell siehe auch *Gul et al.* (2006) S. 810; *Chung/Kallapur* (2003), S. 942; *Hay et al.* (2006a), S. 720; *Huang et al.* (2007), S. 136; *Krishnan/Zhang* (2005), S. 121.

Operationalisierung der verwendeten Variablen

Technologie mit jeweils einem anderen Sektor fusioniert.[1520] Ähnliche Geschäftszwecke sowie eine verwandte Bilanzstruktur sind für die Zusammenlegung maßgeblich. Die Unternehmen des Sektors *Basic Resources* und *Utilities*, welche in der Verarbeitung oder Aufbereitung von Rohstoffen bzw. der Energieerzeugung engagiert sind,[1521] werden ebenso zusammengefasst wie die zwei Beobachtungen des Sektors *Food-Beverages* mit dem Cluster *Industrie* fusioniert werden. Gemeinsam mit den *Industrie*-Unternehmen werden auch die Konzerne des Sektors *Technology* betrachtet, welche lediglich neun Beobachtungen umfassen. In der Summe stehen somit zwölf Cluster ($j = 1, 2, 3, ..., 12$) zur Verfügung, für welche die Schätzung der Koeffizienten jeweils separat erfolgt. Diese sind für das PAJ-Modell in *Tabelle 12-4* zusammengefasst.

$$EWCA_{itPAJ}/A_{it-1} = \hat{\beta}_{0j} 1/A_{it-1} + \hat{\beta}_{1j}(\Delta REV_{it} - \Delta REC_{it})/A_{it-1} + \hat{\beta}_{2j} ROA_{it}/A_{it-1} + \varepsilon$$

Cluster (j)	Koeffizienten	n	$\hat{\beta}_{0j}$ (p) [$1/A_{it-1}$]	$\hat{\beta}_{1j}$ (p) [$(\Delta REV-\Delta REC)/A_{it-1}$]	$\hat{\beta}_{2j}$ (p) [ROA/A_{it-1}]	adj. R_j^2 (F-Stat)
Automobile	(1)	20	-0,196 (0,190)	-0,292 (0,028)	1,01 (0,000)	R_1^2=0,746 (F_1=19,569; p_1=0,000)
Pharma & Healthcare	(2)	34	-0,019 (0,912)	-0,629 (0,000)	0,091 (0,600)	R_2^2=0,342 (F_2=6,728; p_2=0,001)
Transport. & Logistics	(3)	15	1,051 (0,000)	0,043 (0,721)	-0,188 (0,284)	R_3^2=0,841 (F_3=25,629; p_3=0,000)
Indus./Technologie	(4)	118	0,028 (0,786)	0,229 (0,030)	0,251 (0,005)	R_4^2=0,125 (F_4=6,591; p_4=0,000)
Retail	(5)	24	-0,095 (0,621)	-0,393 (0,050)	0,365 (0,068)	R_5^2=0,183 (F_5=2,716; p_5=0,072)
Software	(6)	20	-0,047 (0,854)	-0,010 (0,966)	0,460 (0,097)	R_6^2=0,094 (F_6=1,653; p_6=0,217)
Chemicals	(7)	29	0,516 (0,032)	-0,141 (0,516)	-0,099 (0,625)	R_7^2=0,085 (F_7=1,862; p_7=0,162)
Basic Resources & Utilities	(8)	11	-0,375 (0,180)	-0,480 (0,097)	-0,876 (0,000)	R_8^2=0,839 (F_8=18,388; p_8=0,001)
Consumer	(9)	25	0,247 (0,181)	-0,023 (0,904)	0,823 (0,001)	R_9^2=0,442 (F_9=7,336; p_9=0,002)
Construction	(10)	17	0,478 (0,007)	-0,209 (0,111)	0,583 (0,001)	R_{10}^2=0,837 (F_{10}=28,38; p_{10}=0,000)
Media	(11)	17	0,460 (0,067)	-0,150 (0,556)	-0,425 (0,088)	R_{11}^2=0,296 (F_{11}=3,238; p_{11}=0,057)
Telecommunication	(12)	11	1,874 (0,298)	-1,136 (0,475)	0,366 (0,456)	R_{12}^2=0,095 (F_{12}=1,351; p_{12}=0,333)
Alle Beobachtungen		341	0,078 (0,166)	0,062 (0,273)	0,205 (0,000)	R^2=0,050 (F=6,917; p=0,000)

Tabelle 12-4: Schätzkoeffizienten des Performance Adjusted-Jones-Modells (PAJ)[1522]

Das DDM-Modell erfordert die Berücksichtigung des operativen Cashflows der Folgeperiode (CFO_{it+1}). Da die Cashflows für das Geschäftsjahr 2008 zum Zeitpunkt der Untersuchungsdurchführung noch nicht vollständig für alle Unternehmen der Stichprobe zur Verfügung standen, erfolgt die Schätzung der Koeffizienten zur Bestimmung der nicht-diskretionären Accruals für dieses Modell anhand der Perioden 2005 und 2006. Die Anzahl der Beobachtun-

---

[1520] Zur Bildung von Clustern siehe auch *Fn. 1488*.
[1521] Die Gesellschaften beider Sektoren zeichnen sich durch eine vergleichbare Anlagenintensität aus, wie auch anhand ähnlich hoher Abschreibungen (DEP_{it}/A_{it-1}) deutlich wird.
[1522] Es sei darauf hingewiesen, dass die Schätzung der Koeffizienten auf Clusterebene ausnahmslos ein höheres Bestimmtheitsmaß liefert, als die Schätzung der Koeffizienten für sämtliche Beobachtungen in einer Regression (*adj. $R^2 = 0,050$*).

gen reduzieren sich entsprechend auf 221.[1523] Dadurch fällt auch die Anzahl der verfügbaren Beobachtungen pro Sektor, so dass eine Anpassung der Cluster notwendig wird.

$$EWCA_{nDDM}/A_{it-1} = \hat{\beta}_{0j}/A_{it-1} + \hat{\beta}_{1j}CFO_{it-1}/A_{it-1} + \hat{\beta}_{2j}CFO_{it}/A_{it-1} + \hat{\beta}_{3j}CFO_{it+1}/A_{it-1} + \hat{\beta}_{4j}\Delta REV_{it}/A_{it-1} + \varepsilon$$

Koeffizienten Cluster (j)	n	$\hat{\beta}_{0j}$ (p) [1/A$_{it-1}$]	$\hat{\beta}_{1j}$ (p) [CFO$_{it-1}$/A$_{it-1}$]	$\hat{\beta}_{2j}$ (p) [CFO$_{it}$/A$_{it-1}$]	$\hat{\beta}_{3j}$ (p) [CFO$_{it+1}$/A$_{it-1}$]	$\hat{\beta}_{4j}$ (p) [ΔREV$_{it}$/A$_{it-1}$]	adj. R$_j^2$ (F-Stat)
Automobile	13	0,075(0,788)	0,675(0,083)	-0,547(0,130)	0,449(0,199)	-0,163(0,570)	R$_1^2$=0,305 (F$_1$=2,05, p$_1$=0,187)
Pharma&Healthc.	23	0,031(0,863)	0,283(0,274)	-0,103(0,661)	0,064(0,777)	-0,754(0,000)	R$_2^2$=0,573 (F$_2$=6,91, p$_2$=0,001)
Transport. & Log.	10	0,728(0,009)	-0,354(0,509)	-0,021(0,983)	0,002(0,997)	0,078(0,686)	R$_3^2$=0,935 (F$_3$=26,9, p$_3$=0,004)
Industrial	68	0,119(0,180)	0,377(0,000)	-0,920(0,000)	0,416(0,000)	0,673(0,000)	R$_4^2$=0,713 (F$_4$=34,35, p$_4$=0,000)
Retail	17	1,01(0,005)	-0,060(0,735)	-0,750(0,012)	1,17(0,001)	-0,401(0,049)	R$_5^2$=0,636 (F$_5$=6,59 p$_5$=0,005)
Software/Technol.	18	0,033(0,921)	0,963(0,037)	-0,755(0,196)	-0,152(0,736)	-0,272(0,322)	R$_6^2$=0,170 (F$_6$=1,69, p$_6$=0,210)
Chemicals	18	0,363(0,314)	0,348(0,232)	-0,587(0,072)	-0,190(0,505)	0,305(0,363)	R$_7^2$=0,360 (F$_7$=2,91, p$_7$=0,060)
Basic./Util./Const.	18	-0,181(0,573)	0,415(0,305)	-0,070(0,876)	0,393(0,399)	0,008(0,988)	R$_8^2$=0,215 (F$_8$=1,93, p$_8$=0,162)
Consumer	18	0,126(0,560)	0,908(0,005)	-0,472(0,069)	-0,025(0,913)	0,512(0,044)	R$_9^2$=0,442 (F$_9$=3,69, p$_9$=0,030)
Media/Telecom.	18	0,020(0,977)	1,09(0,012)	-2,32(0,001)	1,01(0,007)	0,160(0,804)	R$_{10}^2$=0,68 (F$_{10}$=8,22, p$_{10}$=0,001)
Alle Sektoren	221	0,153(0,013)	0,510(0,000)	-0,758(0,000)	0,102(0,102)	0,216(0,001)	R^2=0,310 (F=20,79, p=0,000)

Tabelle 12-5: Schätzkoeffizienten des Dechow-Dichev-McNichols-Modells (DDM)

Aus *Tabelle 12-5* geht hervor, dass der Koeffizient (β_{1i}) des Cashflows der Vorperiode (CFO_{it-1}/A_{it-1}) für die Mehrzahl der Cluster ein signifikant positives Vorzeichen aufweist. Dies gilt auch für den der Ereignisperiode nachfolgenden Stichtag (CFO_{it+1}/A_{it-1}; (β_{3i})). Dagegen ist der Zusammenhang zwischen dem Cashflow der aktuellen Periode (CFO_{it}/A_{it-1}; (β_{2i})) und den Working Capital Accruals unabhängig vom betrachteten Sektor negativ.

Anhand der clusterspezifischen Schätzmodelle können nun die nicht-diskretionären Working Capital Accruals ($EWCA_{it}$) für jede Beobachtung geschätzt werden. Die Differenz aus dem gesamten Working Capital (WCA_{it}) und den erwarteten nicht-diskretionären Working Capital Accruals ($EWCA_{it}$) ergibt gem. *Gl. 12.5.6* die diskretionären Accruals ($EDWCA_{it}$). Diese werden als Surrogat für die Unabhängigkeit des Abschlussprüfers betrachtet und gehen als abhängige Variable in die nachfolgenden Untersuchungen ein.

12.5.1.3 Ausprägungen der Variable diskretionäre Accruals

Wie bereits *Ashbaugh et al.* (2003), *Burgstahler/Dichev* (1997) und *Gul et al.* (2007) konstatieren, sind positive diskretionäre Accruals „generally a major concern to investors because managers are more likely to adjust earnings upwards to meet market expectations or convert losses into small positive earnings".[1524] Auch die Maximierung des Jahresüberschusses, etwa zur Optimierung der variablen Vergütung, kann durch income increasing Accruals ($EDWCA_{it}^+$) erreicht werden, so dass diese in der Literatur regelmäßig als Ausdruck für Bi-

---

[1523] Zu einer weiteren Reduktion der verfügbaren Beobachtungen kommt es, da für drei Unternehmen die erforderlichen Cashflows zum 31.12.2007 nicht verfügbar sind.
[1524] *Gul et al.* (2007), S. 119.

lanzpolitik wahrgenommen werden. *Huang et al.* (2007) und *Larcker/Richardson* (2004) betrachten income decreasing Accruals ($EDWCA_{it}^-$) hingegen als Ausdruck einer konservativen Bilanzierung, deren Anwendung die Interessen der Investoren nicht gefährdet. Folglich werden diese in den genannten Studien als Surrogat für eine besonders hohe Prüfungsqualität interpretiert.[1525] Im Kontrast zu diesen Annahmen zeigen *McNichols* (2003) und *Jones et al.* (2008), dass neben dem Unternehmen Enron zahlreiche weitere Unternehmen, deren Management dem Vorwurf des Bilanzbetrugs ausgesetzt wurde, kurze Zeit vor Bekanntwerden der jeweiligen Skandale negative Accruals auswiesen. Das Ziel der Ergebnisglättung könnte demnach ursächlich für diskretionäre income decreasing Accruals sein. Dies ist auch für die Beobachtungen der Stichprobe denkbar, da der betrachtete Zeitraum insgesamt durch ein überdurchschnittliches Wirtschaftswachstum des hiesigen Marktes gekennzeichnet war.[1526] Im Folgenden werden aufgrund der Nichteinsehbarkeit bilanzpolitischer Intentionen, analog zu einigen internationalen Studien,[1527] nicht nur die Beträge der diskretionären Accruals ($|EDWCA_{it}|$), sondern auch die Beobachtungen mit positiven ($EDWCA_{it}^+$) und negativen diskretionären Accruals ($EDWCA_{it}^-$) jeweils separat untersucht.[1528] Da die Schätzung der diskretionären Accruals anhand zweier verschiedener Regressionsmodelle erfolgt, stehen insgesamt, wie in *Tabelle 12-6* dargestellt, sechs abhängige Variablen ($EDWCAVAR_{it}$) zur Verfügung.

Abkürzung	Bezeichnung	Nr.	Modell
$|EDWAC_{it}|$	Betrag der diskretionären Accruals	A1	PAJ
$EDWAC_{it}^+$	Income increasing diskretionäre Accruals	A2	PAJ
$EDWAC_{it}^-$	Income decreasing diskretionäre Accruals	A3	PAJ
$|EDWAC_{it}|$	Betrag der diskretionären Accruals	B1	DDM
$EDWAC_{it}^+$	Income increasing diskretionäre Accruals	B2	DDM
$EDWAC_{it}^-$	Income decreasing diskretionäre Accruals	B3	DDM

Tabelle 12-6: Abhängige Variablen (Diskretionäre Accruals ($EDWCAVAR_{it}$))

12.5.2 Unabhängige Variablen

12.5.2.1 Untersuchungsvariablen

Neben den abhängigen Variablen ($EDWCAVAR_{it}$) werden zur Überprüfung der Hypothesen entsprechende Honorarvariablen ($FEEVAR_{it}$) als unabhängige Variablen berücksichtigt. Um eine Endogenität zwischen den Honorarvariablen ausschließen zu können, wird lediglich jeweils eine der in *Tabelle 12-7* vorgestellten Honorarvariablen ($FEEVAR_{it}$) verwendet.

[1525] Vgl. *Gul et al.* (2007), ähnlich auch *Butler et al.* (2004).
[1526] Die deutsche Wirtschaft ist in den Jahren 2006 (2,9 %) u. 2007 (2,5 %) deutlich gewachsen. Dies schlägt sich auch in den Ergebnissen der Unternehmen nieder (vgl. *Statistisches Bundesamt* (2008).
[1527] *Reynolds et al.* (2004) (*Kapitel 9.3.4*); *Lai* (2007) (*Kapitel 9.3.8*); *Hoitash et al.* (2007) (*Kapitel 9.3.10*).
[1528] Ähnlich auch *Frankel et al.* (2002) (*Kapitel 9.3.1*); *Huang et al.* (2007) (*Kapitel 9.3.7*).

Abk.	Bezeichnung	Nr.	Berechnung	+/-	Abk.	Honorar für
(BA_{it})	Beratungsanteil	(1)	$= NH_{it}/GH_{it}$	-	$NH_{it} =$	Nichtabschlussprüfungsl. bei Mandant i
(BLA_{it})	Anteil d. Bestätigungsleistungen	(2a)	$= BL_{it}/GH_{it}$	+	$UE_{it} =$	Umsatzerlöse des Abschlussprüfers j
($STbA_{it}$)	Anteil d. Steuerberatung	(2b)	$= Stb_{it}/GH_{it}$	-	$BL_{it} =$	Andere Bestätigungsl. bei Mandant i
(SLA_{it})	Anteil d. Sonstigen Leistungen	(2c)	$= SL_{it}/GH_{it}$	-	$Stb_{it} =$	Steuerberatungsl. bei Mandant i
(ΔBA_{it})	Änderung des Beratungsanteils	(3)	$= BA_{it} - BA_{it-1}/BA_{it-1}$	-	$SL_{it} =$	Sonstige Leistungen bei Mandant i
(NA_{it})	Umsatzanteil der Beratungsh.	(4)	$= NH_{it}/UE_{jt}$	-	$GH_{it} =$	Alle Leistungen des Prüfers bei Mandant i
+	Ein negativer Zusammenhang zwischen der abhängigen und der interessierenden Variable wird vermutet.
-	Ein positiver Zusammenhang zwischen der abhängigen und der interessierenden Variable wird vermutet.

Tabelle 12-7: Übersicht der Untersuchungsvariablen (Honorarvariable ($FEEVAR_{it}$))

Die Überprüfung der Hypothese 1 erfolgt anhand der Variablen Beratungsanteil (BA_{it}), welche bereits in der Untersuchung in Kapitel 10.5.1 verwendet wurde. Zur Verifizierung der Hypothesen 2a, 2b und 2c werden die Honoraranteile für die einzelnen Dienstleistungskategorien, wie in Tabelle 12-7 dargestellt, separat ermittelt. In Anlehnung an Huang et al. (2007) und Mishra et al. (2005) werden die Honorare der Kategorien Andere Bestätigungsleistungen, Steuerberatung und Sonstige Leistungen relativ zum Gesamthonorar des Abschlussprüfers betrachtet. Die Überprüfung von Hypothese 3, der zufolge ein Zusammenhang zwischen der Veränderung des Beratungsanteils (ΔBA_{it}) und der abhängigen Variable ($EDWCAVAR_{it}$) vermutet wird, erfordert die Betrachtung des Beratungsanteils des jeweiligen Unternehmens im Zeitvergleich.[1529] Der Umsatzanteil der Beratungsleistung (NA_{it}), welcher zur Verifizierung von Hypothese 4 erforderlich ist, wird analog zu Gl. 10.6.1 ermittelt. Da die Variable Umsatzanteil des Beratungshonorars (NA_{it}) eine auffallende Schiefe (skewed) von 5,688 (bei einem Standardfehler der Schiefe von 0,134) aufweist, welche aus den stark unterschiedlichen Werten zwischen NonBig4- und Big4-Prüfern resultiert, werden die Umsatzanteile des Beratungshonorars transformiert. Die Transformation erfolgt, wie in Tabelle 12-8 dargestellt, durch die Einführung von Rängen des Umsatzanteils ($r = 1,2,...,5$). Dadurch soll Heteroskedastizität vermieden werden. Die Ränge sowie deren Eigenschaft sind in Tabelle 12-8 zusammengefasst.

Rang	Intervall	Beobachtungen	Mittelwert	Median	Standardabw.
1	0% ≤ NA_{it} < 0,0083%	66	0,00306%	0,00274%	0,00268
2	0,0083% ≤ NA_{it} < 0,0297%	66	0,01593%	0,01433%	0,00582
3	0,0297% ≤ NA_{it} < 0,0720%	65	0,04729%	0,04576%	0,01145
4	0,0720% ≤ NA_{it} < 0,238%	65	0,12406%	0,10947%	0,04365
5	0,238% ≤ NA_{it} ≤ 100%	67	0,97718%	0,62918%	0,97269

Tabelle 12-8: Transformation des Umsatzanteils der Beratungshonorare (NA_{it}) in Ränge

---

[1529] Der maximale Anstieg des Beratungsanteils ist auf 200 % ($\Delta BA_{it} = 2$) beschränkt. Diese Vorgehensweise ist sinnvoll, um Verzerrungen ausschließen zu können, die auf Beobachtungen zurückzuführen sein könnten, die dadurch charakterisiert sind, dass während der Periode $t-1$ überhaupt keine Beratungsleistungen vom Abschlussprüfer erbracht wurden. Des Weiteren wurde neben der Veränderung von Periode $t-1$ zu Periode t auch die Veränderung von Periode t zu Periode $t+1$ untersucht. Die Ergebnisse sind in Anhang 6 zusammengestellt.

Operationalisierung der verwendeten Variablen 379

12.5.2.2 Kontrollvariablen

Neben den Untersuchungsvariablen, welche das Ausmaß und die Art der Beratungstätigkeit des Prüfers abbilden, sind Kontrollvariablen in das Regressionsmodell einzubeziehen, um das Bestimmtheitsmaß (*adj. R^2*) der Regression zu maximieren.[1530] Neben den in bisherigen Forschungen als aussagefähig identifizierten Kontrollgrößen werden zusätzliche Variablen berücksichtigt.

Die Größe eines Unternehmens wird durch die logarithmierte Bilanzsumme (*LNBilanzsumme$_{it}$*) sowie alternativ durch die Marktkapitalisierung (*LNMarktkap$_{it}$*) in Mio. € abgebildet.[1531] Dabei wird vermutet, dass große Unternehmen einem kontinuierlichen Geschäftsverlauf unterliegen, d.h. Accruals bei diesen generell geringer ausfallen, während kleinere, oftmals stark wachsende Gesellschaften häufiger operativen Diskontinuitäten ausgesetzt sind.[1532] Zugleich dürfte eine bei großen Konzernen gesteigerte öffentliche Kontrolle zu einer Reduzierung der Bilanzpolitik führen, sofern das Management und der Abschlussprüfer die Aufdeckung einer fehlerhaften Darstellung, etwa durch die Deutsche Prüfstelle für Rechnungslegung (DPR e.V.), und damit verbundene Reputationsverluste befürchten.

Darüber hinaus wird argumentiert, dass infolge eines hohen *Streubesitzanteils* eine ergebnissteuernde Einflussnahme eines Blockholders, etwa vor dem Hintergrund von Dividendenzahlungen, weniger wahrscheinlich ist.[1533] Allerdings fällt bei diesen Unternehmen auch die besondere Kontrolle des Großaktionärs weg (siehe *Kapitel 11.3.1*), so dass bilanzpolitische Einflussnahmen des Managements möglicherweise eher unentdeckt bleiben. Auch könnte das Management eines in Streubesitz befindlichen Unternehmens einem besonderen Druck durch kurzfristig orientierte Kapitalmarktteilnehmer ausgesetzt sein, der eher zu einer sachverhaltsdarstellenden Ergebnissteuerung verleitet. Insgesamt wird jedoch erwartet, dass der Anteil in Streubesitz und das Ausmaß an Bilanzpolitik in einem positiven Zusammenhang zueinander stehen.

Als Surrogat für die Unternehmenskomplexität, welche neben der Höhe der Accruals auch die Höhe der Prüfungshonorare und damit des Beratungsanteils beeinträchtigen könnte, wird, in Anlehnung an frühere Forschungen, die Anzahl der berichtspflichtigen Segmente (*LNSEG$_{it}$*)

[1530] Vgl. *Doyle et al.* (2007); *Dechow/Dichev* (2002); *Hoitash et al.* (2007).
[1531] Vgl. *Huang et al.* (2007), S. 136-137; *Hribar/Nichols* (2007), S. 1028-1029; *Hoitash et al.* (2007), S. 777; *Chung/Kallapur* (2003); *Hay et al.* (2006b), S. 158. *Antle et al.* (2006) betrachten die Bilanzsumme zum Beginn des Geschäftsjahres (vgl. *Antle et al.* (2006), S. 247).
[1532] Vgl. *Reynolds et al.* (2004), S. 34. Siehe hierzu auch *Tabelle 12-2*. Danach weisen DAX- und MDAX-Unternehmen relativ zur Bilanzsumme betrachtet geringere Working Capital Accruals aus als die i.d.R. kleineren S- und TecDAX-Unternehmen.
[1533] Vgl. *Ashbaugh et al.* (2003), S. 624; *Ferguson et al.* (2004), S. 825; *Larcker/Richardson* (2004), S. 635 u. 637; *Hoitash et al.* (2007), S. 777; *Frankel et al.* (2002), S. 85.

in das Modell aufgenommen.[1534] Es wird vermutet, dass mit einer steigenden Anzahl von Segmenten auch die Komplexität des Mandanten und damit die Gefahr der bilanzpolitischen Einflussnahme steigen, so dass ein positiver Zusammenhang mit der abhängigen Variable erwartet wird.

Unternehmenswachstum wird, wie bereits in der Untersuchung zum Nachfrageverhalten nach Beratungsleistungen (*Kapitel 11*), durch die Veränderung der Umsatzerlöse ($RevGrowth_{it}$)[1535] im Vergleich zur Vorperiode sowie alternativ durch die Veränderung der Bilanzsumme ($AssetGrowth_{it}$) gemessen.[1536] Der prognostizierte Zusammenhang zwischen diesen Wachstumssurrogaten und der abhängigen Variable ist positiv. Diese Erwartung ergibt sich, da bei einem deutlichen Unternehmenswachstum ein deutlicher Anstieg der Umsatzerlöse und der Forderungen aus Lieferungen und Leistungen erwartet werden kann, während die korrespondierenden Zahlungsmittelzuflüsse erst in späteren Perioden folgen. In Extremsituationen kann ein starkes Wachstum ursächlich dafür sein, dass der Anteil der nicht-diskretionären Accruals an den gesamten Accruals (aufgrund der Schätzung im Vergleich zu anderen Unternehmen der gleichen Branche) zu gering, d.h. die diskretionären Accruals zu hoch geschätzt werden. Dies hätte zur Folge, dass ein positiver Zusammenhang zwischen der interessierenden Variable und der Kontrollvariable besteht. Gleichzeitig könnte jedoch auch argumentiert werden, dass ein geringes Wachstum bei hohen Erwartungen der Investoren einen besonderen Anreiz zur bilanzpolitischen Sachverhaltsdarstellung begründet. Insgesamt wird jedoch erwartet, dass der erste Effekt dominiert.

Die vom Kapitalmarkt antizipierte Ertragskraft eines Unternehmens wird durch die *Market-to-book-ratio$_{it}$* dargestellt.[1537] Zwischen dieser Variable und den diskretionären Accruals wird eine positive Korrelation vermutet, da stark wachsende Unternehmen, welche höhere Accruals ausweisen, zugleich zu einer, den Buchwert des Eigenkapitals übersteigenden Marktkapitalisierung bewertet werden. Ferner ist es denkbar, dass das Management eines hoch bewerteten Unternehmens die beträchtlichen Erwartungen der Investoren erfüllen möchte und bilanzpolitisch auf den Abschluss einwirkt. Entspricht die Marktkapitalisierung hingegen annähernd dem buchmäßigen Wert des Eigenkapitals, dürfte die Erwartungshaltung der Investoren und somit der Anreiz für Bilanzpolitik geringer ausfallen.

Bei einer niedrigen Rentabilität (ROA_{it}) oder einem Verlust ($Loss_{it}$) könnte ein erhöhter Anreiz zur Bilanzpolitik gegeben sein, so dass ein negativer Zusammenhang zwischen der Va-

---

[1534] Vgl. *Hoitash et al.* (2007), S. 777; *Ye et al.* (2006) S. 17; *Krishnan/Zhang* (2005), S. 121. Einige andere Autoren verwenden die Anzahl der konsolidierten Tochterunternehmen als Surrogat für die Unternehmens-Komplexität (vgl. *Hay et al.* (2006a), S. 720; *Abbott et al.* (2006), S. 89-91; *Craswell et al.* (2002), S. 259 u. 260).
[1535] Vgl. *Hribar/Nichols* (2007), S. 1028; *Abbott et al.* (2006), S. 89-91.
[1536] Vgl. *Dee et al.* (2006), S. 126-128; *Reynolds et al.* (2004), S. 33-34.
[1537] Vgl. *Hribar/Nichols* (2007), S. 1027; *Antle et al.* (2006), S. 245; *Gul et al.* (2006), S. 802.

Operationalisierung der verwendeten Variablen

riable ROA_{it} und den diskretionären Accruals wahrscheinlich ist. Der Koeffizient der Dichotomen $Loss_{it}$ dürfte negativ ausfallen.

Als weitere Kontrollvariable wird der Cashflow aus gewöhnlicher Geschäftstätigkeit (CFO/A_{it-1}) in die Untersuchung einbezogen.[1538] Ein niedriger operativer Cashflow bei hohen diskretionären Accruals könnte Ausdruck einer bewussten ergebnissteigernden Einflussnahme des Managements sein. Beabsichtigt das Management hingegen eine ergebnismindernde Bilanzpolitik, wird der Zusammenhang zwischen diskretionären Accruals und dem CFO/A_{it-1} negativ sein, so dass in diesem Fall keine eindeutige Prognose getroffen werden kann.

Die Berücksichtigung der Variable (WCA/A_{it-1}) resultiert aus den Erkenntnissen vorausgehender empirischer Untersuchungen.[1539] Darin konnte gezeigt werden, dass die Höhe der Working Capital Accruals, welche, abgesehen vom diskretionären Anteil, im Zeitvergleich relativ konstant ist, eine Erklärungskraft hinsichtlich der diskretionären Accruals besitzt. Folglich werden die Working Capital Accruals als Regressor im Modell berücksichtigt.

Der $Altman$-Z-$Score_{it}$ dient zur Abbildung des Insolvenzrisikos eines Unternehmens. Es wird vermutet, dass Unternehmen in Liquiditätsnot neue Finanzierungsressourcen erschließen müssen und in diesem Zusammenhang Bilanzpolitik betreiben könnten.[1540] Konträr dazu könnte argumentiert werden, dass Unternehmen mit hohem Altman-Z-Score bereits einer besonderen Aufsicht seitens der Gläubiger unterliegen, so dass eine Einflussnahme des Managements ohnehin aufgedeckt werden würde.

Auch der Verschuldungsgrad (LEV_{it}), welcher bereits in der Untersuchung zum Nachfrageverhalten betrachtet wurde (siehe *Kapitel 11.4.3.1*) und als Verhältnis von Fremdkapital und Bilanzsumme definiert ist, wird in die Untersuchung einbezogen.[1541] Dies ist erforderlich, da von der Erfüllung bestimmter Klauseln in Kreditverträgen (*covenants*), anhand derer die Konditionen der Kreditvergabe regelmäßig angepasst werden, ein erheblicher Anreiz zur bilanzpolitischen Einflussnahme ausgehen könnte. Insbesondere zum Zeitpunkt der Fremdkapitalaufnahme dürften bilanzpolitische Motive bestehen. Umgekehrt könnten einflussreiche

---

[1538] Vgl. *Antle et al.* (2006), S. 245; *Huang et al.* (2007), S. 137; *Chung/Kallapur* (2003), S. 942; *Ashbaugh et al.* (2003), S. 624; *Frankel et al.* (2002), S. 85.

[1539] Vgl. *Ashbaugh et al.* (2003), S. 624; *Huang et al.* (2007), S. 136; *Antle et al.* (2006), S. 245; *Hoitash et al.* (2007), S. 777. Zur Berücksichtigung der Accruals der Vorperiode siehe *Chung/Kallapur* (2003), S. 943.

[1540] Der *Altman Z-Score* ergibt sich aus folgender Gleichung: $1,2X_1+1,4X_2+3,3X_3+0,6X_4+0,999X_5$. Dabei gilt: X_1=Working Capital/Bilanzsumme; X_2=Jahresüberschuss/Bilanzsumme; X_3=EBIT/Bilanzsumme; X_4= Marktkapitalisierung/Verbindlichkeiten; X_5=Umsatzerlöse/Bilanzsumme (vgl. *Altman* (1968), S. 594). Das Modell zeigt eine hohe Spezifikation bei der Vorhersage von Insolvenzfällen, wie die Korrelation belegt ($\mu = 0,94; p < 0,05$) (vgl. *Altman* (1968), S. 609). Zur Anwendung siehe bspw. auch *Ahmed et al.* (2006), S. 14; *Sharma/Sidhu* (2001), S. 607; *Callaghan et al.* (2009), S. 159; *Lim/Tan* (2008), S. 199-246; *Fargher/Jiang* (2007), S. 7 u. 9; *Reynolds et al.* (2004), S. 34.

[1541] Vgl. *Hribar/Nichols* (2007), S. 1027; *Hoitash et al.* (2007), S. 777; *Antle et al.* (2006), S. 245 u. 247; *Huang et al.* (2007), S. 136; *Ashbaugh et al.* (2003), S. 624.

Fremdkapitalgeber mit etwaigen Kontrollrechten ursächlich dafür sein, dass das Management von einer bilanzpolitischen Einflussnahme absieht. Auch der Abschlussprüfer könnte bei Vorliegen eines hohen Fremdkapitalanteils dem Gläubigerschutz einen höheren Stellenwert einräumen. Aufgrund dieser vielschichtigen Aspekte kann der Einfluss der Variablen LEV_{it} und der Dichotomen ΔLEV_{it}, welche den Wert eins annimmt, wenn der Verschuldungsgrad während der Periode um mindestens 20 % relativ zum Vorjahr angestiegen ist, auf das Ausmaß der Bilanzpolitik nicht eindeutig prognostiziert werden.[1542]

Die Ausgabe neuer Aktien wird durch die Variable $\Delta NoShares_{it}$ abgebildet. Dabei wird unterstellt, dass das Management die mit den Eigenkapitalmaßnahmen verbundenen Erwartungen der Investoren erfüllen möchte und bilanzpolitische Instrumente einsetzt. Gleichzeitig ist es wahrscheinlich, dass Investitionen oder Akquisitionen, welche mit einer Kapitalerhöhung häufig einhergehen, Sondereffekte begründen, die sich in außergewöhnlichen Accruals niederschlagen. Ein positiver Zusammenhang zwischen der Variable $\Delta NoShares_{it}$, welche den Wert eins annimmt, wenn die Anzahl der Aktien um mehr als 10 % ansteigt und den diskretionären Accruals ist daher wahrscheinlich.[1543]

Der Anteil der variablen Komponente an der Gesamtvergütung des Vorstandes (*VarVergütung$_{it}$*) wird in das Regressionsmodell aufgenommen, da von diesen ein besonderer Anreiz zur sachverhaltsdarstellenden Einflussnahme ausgehen könnte. Die Vergütung des Vorstandes wird den Konzernanhängen entnommen. Dabei wird zwischen dem monetären Anreiz, welcher von der Aussicht auf eine hohe variable Vergütung ausgeht, und dem Ausmaß an Bilanzpolitik ein positiver Zusammenhang vermutet.

Die Kennzahl *Operating Cycle$_{it}$* dient zur Abbildung des Zahlungsziels. Dauert der Operating Cycle lange an, sind überdurchschnittliche (diskretionäre) Accruals aufgrund des Auseinanderfallens der Ertrags- und Zahlungswirksamkeit von Geschäftsvorfällen wahrscheinlich. In Anlehnung an *Dechow/Dichev* (2002), *Hoitash et al.* (2007) und *Srinidhi/Gul* (2007) ist der Operating Cycle wie folgt definiert:[1544] 360/(Umsatzerlöse/Forderungen aus LuL).

Die Berücksichtigung einer Kontrollvariable für die Corporate Governance Struktur (*CorpGov$_{it}$*) erfolgt in Anlehnung an *Larcker/Richardson* (2004), welche die Abschlussprüfung als Element innerhalb der unternehmensspezifischen Corporate Governance begreifen.[1545] Verfügt ein Unternehmen über eine gute Corporate Governance i.S.d. Deutschen Corporate Go-

---

[1542] Neben vielen siehe hierzu *Hoitash et al.* (2007), S. 777.
[1543] Vgl. *Huang et al.* (2007), S. 136; *Ashbaugh et al.* (2003), S. 624; *Reynolds et al.* (2004), S. 34; *Chung/Kallapur* (2003), S. 942; *Dee et al.* (2006), S. 126-128, ähnlich auch *DeFond et al.* (2002), S. 1255-1256; *Geiger/Rama* (2003), S. 58 u. 63, welche jedoch den Zusammenhang zwischen Prüfungsurteil und Nichtabschlussprüfungsleistungen untersuchen.
[1544] Siehe hierzu auch *Srinidhi/Gul* (2007), die diese Vorgehensweise bei Dienstleistungsunternehmen wählen (vgl. *Srinidhi/Gul* (2007), S. 601).
[1545] *Larcker/Richardson* (2004), S. 626.

vernance Kodex (DCGK), d.h. über ein gutes Zusammenwirken zwischen Vorstand und Aufsichtsrat (Tz. 3), eine wirksame Kontrolle durch den Aufsichtsrat (Tz. 4) und eine hohe Transparenz (Tz. 5), so kann auch eine hohe Qualität der Unternehmensberichterstattung sowie der Abschlussprüfung (Tz. 6) vermutet werden, so dass insgesamt ein geringeres Ausmaß an Bilanzpolitik wahrscheinlich ist. Die Anzahl der Abweichungen von den Empfehlungen des zum jeweiligen Stichtag gültigen Kodex, welche gem. §161 AktG (bzw. gem. § 289a HGB) im Rahmen der jährlich zu erstellenden Entsprechenserklärung offengelegt werden müssen, dienen dabei als Gütesurrogat. Es wird erwartet, dass Unternehmen, die den Empfehlungen des DCGK in vielen Punkten nicht entsprechen, auch einen durch bilanzpolitische Eingriffe des Managements gekennzeichneten Konzernabschluss offenlegen.

Neben den vorgestellten Kontrollgrößen mit Bezug zum bilanzierenden Unternehmen werden zusätzliche Variablen zum Abschlussprüfer berücksichtigt, sofern diese für das Ausmaß an Bilanzpolitik relevant sein könnten. Die Variable $Big4_{it}$, welche aufgrund einer bei den großen internationalen Gesellschaften erwarteten höheren Prüfungsqualität in einem negativen Zusammenhang zum Ausmaß diskretionärer Accruals stehen dürfte, wird als Dichotome in das Regressionsmodell aufgenommen.[1546]

Die Relevanz der Mandatsdauer ($Tenure_{it}$) für die Prüfungsqualität wurde in zahlreichen Untersuchungen analysiert.[1547] Im Zentrum dieser Beiträge steht die Frage, ob durch eine langfristig bestehende Geschäftsbeziehung die Unabhängigkeit des Prüfers aufgrund von ökonomischen Interessen (*self-interest threat*) und einer erhöhten Vertrautheit (*familiarity threat*) beeinträchtigt wird.[1548] Dieser These entgegen zeigen einige internationale empirische Forschungsbeiträge jedoch eine positive Kausalität zwischen der Mandatsdauer und einer zunehmenden Verbesserung der Prüfungsqualität auf.[1549] Vorrangig eine im Zeitverlauf steigende mandatsspezifische Erfahrung des Prüfers dürfte hierfür ursächlich sein. Im Jahr der Erstprüfung fällt diese Erfahrung gering aus, so dass bilanzpolitische Einflussnahmen des Managements vorliegen könnten, ohne dass der Prüfer diese erkennt.[1550] Dieser mögliche Zusammenhang wird im Folgenden durch die Variable $Tenure_{it}$ abgebildet, welche bei Vorliegen einer Erstprüfung den Wert eins annimmt.

[1546] Vgl. *Antle et al.* (2006), S. 245.
[1547] Siehe etwa die Arbeiten von *Geiger/Raghunandan* (2002); *Johnson et al.* (2002); *Myers et al.* (2003); *Dopuch et al.* (2003); *Gul et al.* (2007).
[1548] Vgl. *Gul et al.* (2007), S. 121.
[1549] Vgl. *Geiger/Raghunandan* (2002); *Myers et al.* (2003); *Gul et al.* (2007).
[1550] Vgl. *Abbott et al.* (2006), S. 89-91. *Johnson et al.* (2002) fanden heraus, dass die Prüfungsqualität nur während der ersten Jahre negativ beeinträchtigt wird (vgl. *Johnson et al.* (2002), S. 654-655). Ähnlich belegen auch *Myers et al.* (2003, S. 796), dass die Prüfungsqualität mit der Dauer einer Mandatsbeziehung steigt. Siehe auch *Ferguson et al.* (2004, S. 825), welche einen Zusammenhang zwischen dem Prüfungsurteil und der Prüfungsdauer vermuten.

Weicht das Prüfungsurteil von einem uneingeschränkten Bestätigungsvermerk ohne Hinweis ab (§ 322 Abs. 3 S. 2 HGB), wird dies durch die Dichotome *Testat*$_{it}$ dargestellt. Obwohl ein positiver Zusammenhang zwischen dieser Variable und dem Ausmaß an Bilanzpolitik naheliegt, kann aufgrund der geringen Anzahl von Beobachtungen, welche von einer beanstandungslosen Beurteilung abweichen (siehe *Tabelle 8-1*), kaum ein statistisch nachweisbarer Zusammenhang erwartet werden. In *Tabelle 12-9* sind die verwendeten Variablen zusammengefasst.

Abk.	Nr	+/-	Surrogat für	Autoren
LNBilanzsumme	5	-	Größe des Unternehmens	*Chung/Kallapur* (2003); *Hay et al.* (2006b); *Reynolds et al.* (2004); *Srinidhi/Gul* (2007); *Hoitash et al.* (2007); *Cahan et al.* (2008)
LNMarktkap.	6	-	Größe des Unternehmens	*Frankel et al.* (2002); *Ashbaugh et al.* (2003); *Huang et al.* (2007); *Hoitash et al.* (2007); *Gul et al.* (2007)
Streubesitzanteil	7	+	Aktionärsstruktur	*Frankel et al.* (2002); *Ashbaugh et al.* (2003); *Hoitash et al.* (2007); *Gul et al.* (2007)
LNSeg	8	+/-	Unternehmenskomplexität	*Hay et al.* (2006b); *Ye et al.* (2006); *Larcker/Richardson* (2004)
RevGrowth	9	+	Wachstum	*Larcker/Richardson* (2004); *Cahan et al.* (2008)
AssetGrowth	10	+	Wachstum	*Reynolds et al.* (2004)
Market-to-Book-Ratio	11	+	Wachstum	*Frankel et al.* (2003); *Ashbaugh et al.* (2003); *Reynolds et al.* (2004); *Antle et al.* (2006); *Huang et al.* (2007); *Hoitash et al.* (2007); *Gul et al.* (2007); *Cahan et al.* (2008)
ROA	12	-	Ertragslage	*Frankel et al.* (2002); *Ashbaugh et al.* (2003); *Chung/Kallapur* (2003); *Antle et al.* (2006); *Lai* (2007)
LOSS	13	+	Ertragslage	*Antle et al.* (2006); *Frankel et al.* (2002); *Reynolds et al.* (2004); *Ashbaugh et al.* (2003); *Huang et al.* (2007); *Srinidhi/Gul* (2007); *Hoitash et al.* (2007); *Gul et al.* (2007); *Cahan et al.* (2008).
CFO/A$_{it-1}$	14	+/-	Finanzlage	*Chung/Kallapur* (2003); *Frankel et al.* (2002); *Ashbaugh et al.* (2003); *Huang et al.* (2007); *Lai* (2007); *Hoitash et al.* (2007); *Gul et al.* (2007); *Cahan et al.* (2008)
WCA/A$_{it-1}$	15	+	Ausmaß an Periodenabgrenzung	*Frankel et al.* (2002); *Reynolds et al.* (2004); *Huang et al.* (2007); *Lai* (2007); *Hoitash et al.* (2007)
Altman-Z-Score	16	+/-	Insolvenzrisiko	*Reynolds et al.* (2004)
Leverage	17	+/-	Verschuldungsgrad	*Frankel et al.* (2002); *Ashbaugh et al.* (2003); *Reynolds et al.* (2004); *Huang et al.* (2007); *Lai* (2007); *Gul et al.* (2007)
ΔLEV	18	+/-	Aufnahme von Fremdkapital	*Ashbaugh et al.* (2003); *Huang et al.* (2007); *Gul et al.* (2007)
ΔNoShares	19	+	Aufnahme von Eigenkapital	*Ashbaugh et al.* (2003); *Chung/Kallapur* (2003); *Reynolds et al.* (2004); *Huang et al.* (2007); *Hoitash et al.* (2007); *Gul et al.* (2007)
VarVergütung	20	+	Vergütung des Managements	
OperatingCycle	21	+	Geschäftshergang	*Srinidhi/Gul* (2007); *Hoitash et al.* (2007)
CorpGov	22	+	Güte der Corporate Governance	*Larcker/Richardson* (2004)
Big4	23	-	Größe des Abschlussprüfers	*Hay et al.* (2006b); *Ashbaugh et al.* (2003); *Frankel et al.* (2002); *Reynolds et al.* (2004); *Antle et al.* (2006); *Huang et al.* (2007); *Lai* (2007); *Hoitash et al.* (2007); *Gul et al.* (2007); *Cahan et al.* (2008)
Tenure	24	+	Amtsdauer des Abschlussprüfers	*Antle et al.* (2006); *Frankel et al.* (2002); *Chung/Kallapur* (2003); *Chung/Kallapur* (2003); *Reynolds et al.* (2004)
Testat	25	+	Ausprägung des Prüfungsurteils	*Larcker/Richardson* (2004); *Antle et al.* (2006)
+	Es wird ein positiver Zusammenhang zwischen der abhängigen und der interessierenden Variable erwartet.			
-	Es wird ein negativer Zusammenhang zwischen der abhängigen und der interessierenden Variable erwartet.			

Tabelle 12-9: Übersicht der Kontrollvariablen I

Während die Korrelation zwischen den meisten der in *Tabelle 12-9* zusammengefassten Kontrollvariablen und dem Ausmaß an Bilanzpolitik in früheren Untersuchungen weitgehend nachgewiesen wurde, kritisieren *Hribar/Nichols* (2007) die regelmäßige Vernachlässigung unternehmensspezifischer Volatilitäten im Geschäftsverlauf. Diese werden, so die Autoren, bei der Anwendung cross-sektionaler Modelle aufgrund der Annahme gleicher Parameter für die Unternehmen einer Branche regelmäßig vernachlässigt.[1551] Da die Homogenität des operativen Geschäftsverlaufes der Beobachtungen eines Clusters nicht uneingeschränkt erfüllt sein wird, besteht die Gefahr unberücksichtigter Variablen. Um diese zu reduzieren und um die Erklärungskraft des Modells zu stärken, werden ergänzend zu den Variablen früherer Forschungen die Volatilitäten der Umsatzerlöse (σ_{REVit}), des Erfolges der gewöhnlichen Geschäftstätigkeit (σ_{EARit}) und des operativen Cashflows (σ_{CFOit}) für einen Zeitraum von vier Geschäftsjahren in die Untersuchung einbezogen.[1552] Hribar/Nichols (2007), die das Auftreten von Typ-I-und Typ-II-Fehlern bei der Anwendung des Modifizierten-Jones-Modells und des Dechow-Dichev-Modells untersuchen, können durch deren Integration eine messbare Verbesserung der Spezifikation erreichen.[1553]

Abk.	Nr.	+/-	Surrogat für	Autoren
σ_{REV}	26	+	Volatilität der Umsatzerlöse (t-3, t-2, t-1, t)	Srinidhi/Gul (2007); Hoitash et al. (2007); Hribar/Nichols (2007)
σ_{EAR}	27	+	Volatilität des operativen Ergebnisses (t-3, t-2, t-1, t)	Hribar/Nichols (2007)
σ_{CFO}	28	+	Volatilität des operativen Cashflows (t-3, t-2, t-1, t)	Hoitash et al. (2007); Hribar/Nichols (2007)
+	Es wird ein positiver Zusammenhang zwischen der abhängigen und der interessierenden Variable erwartet.			
-	Es wird ein negativer Zusammenhang zwischen der abhängigen und der interessierenden Variable erwartet.			

Tabelle 12-10: Übersicht der Kontrollvariablen II

12.6 Untersuchungsergebnisse und deren Diskussion

12.6.1 Univariate Analyse

Anhand univariater Korrelationen wird eine etwaige Signifikanz des Zusammenhangs zwischen den Honoraren des Abschlussprüfers ($FEEVAR_{it}$) und dem Ausmaß an Bilanzpolitik ($EDWCAVAR_{it}$) untersucht. Während die Anwendung der Pearson-Korrelation im Rahmen optischer Tests auf Normalverteilung zunächst als zulässig erachtet wird, geht aus Kolmo-

---

[1551] Vgl. Hribar/Nichols (2007), S. 1019-1020. Auch Srinidhi/Gul (2007) weisen nach, dass die Höhe der Accruals vom Geschäftszyklus (Operating Cycle) und der Volatilität der Umsatzerlöse abhängt (vgl. Srinidhi/Gul (2007), S. 601; siehe auch Hoitash et al. (2007), S. 777 und Doyle et al. (2007)).

[1552] Vgl. Hribar/Nichols (2007), S. 1026 u. 1031. Farag (2005) berücksichtigt die Nachhaltigkeit des Periodenerfolges (earnings persistence) und kann nachweisen, dass der Zusammenhang zwischen diskretionären Accruals und Nichtabschlussprüfungshonoraren bei Unternehmen, deren Periodenerfolg im Zeitvergleich geringen Schwankungen unterliegt, besonders ausgeprägt ist. Farag (2005) folgert, dass eine geringe Volatilität des Unternehmenserfolgs auf ein erhöhtes Maß an Bilanzpolitik zurückzuführen sein könnte (vgl. Farag (2005), S. 21). Analog zu Srinidhi/Gul (2007) erfolgt die Messung der Volatilität im Folgenden anhand der Standardabweichung der Beobachtungen (vgl. Srinidhi/Gul (2007), S. 601).

[1553] Hribar/Nichols (2007) zeigen eine Verbesserung der Separierung von diskretionären und nichtdiskretionären Accruals anhand einer Vergleichsstudie sowie der Reproduktion früherer Forschungen unter Berücksichtigung der Volatilitätskennzahlen auf (vgl. Hribar/Nichols (2007), S. 1028 u. 1049).

grov-Smirnov-Tests eine teilweise nicht perfekt normalverteilte Grundgesamtheit der diskretionären Accruals und einiger der betrachteten unabhängigen Kontrollvariablen hervor.[1554] Aufgrund der Verwerfung einer Normalverteilung ist die Anwendung die Spearman-Rho-Korrelation vorzuziehen. Im Folgenden werden daher neben der Korrelation nach Pearson Rangkorrelationen nach Spearman-Rho durchgeführt.[1555] Die vermeintlich opportunistischen Accruals werden dazu anhand des PAJ- und des DDM-Modells geschätzt. Die Korrelationen zwischen den *absoluten* ($|NWCA_{it}|$), *income increasing* ($NWCA_{it}^+$) und *income decreasing Accruals* ($NWCA_{it}^-$) und den Untersuchungs- und Kontrollvariablen sind in *Tabelle 12-11* zusammengestellt.

Unabhängige Variablen			Korrelationskoeffizient	Pearson (Spearman-Rho)		Pearson (Spearman-Rho)		Pearson (Spearman-Rho)	
				$EDWCA$		$EDWCA^+$		$EDWCA^-$	
				PAJ n=341	DDM n=341	PAJ n=169	DDM n=183	PAJ n=172	DDM n=158
Beratungsanteil (BA)	1		Pearson	0,130(**)	0,152(***)	0,163(**)	0,148(**)	-0,095	-0,163(**)
			Signifikanz	0,016	0,005	0,034	0,045	0,215	0,041
			Spearman-Rho	0,100(*)	0,098(*)	0,136(*)	0,135(*)	-0,058	-0,064
			Signifikanz	0,064	0,070	0,079	0,069	0,448	0,422
Anteil d. Bestätigungsleistungen (BLA)	2a		Pearson	-0,032	0,135(**)	-0,068	0,096	0,001	-0,184(**)
			Signifikanz	0,551	0,013	0,377	0,196	0,987	0,021
			Spearman-Rho	-0,036	0,001	-0,022	0,073	0,049	0,103
			Signifikanz	0,509	0,987	0,776	0,323	0,522	0,196
Anteil d. Steuerberatung (STbA)	2b		Pearson	0,049	0,025	0,207(***)	0,119	0,118	0,082
			Signifikanz	0,370	0,649	0,007	0,108	0,124	0,308
			Spearman-Rho	0,031	0,054	0,162(**)	0,151(**)	0,100	0,055
			Signifikanz	0,570	0,317	0,035	0,042	0,192	0,489
Anteil d. Sonstigen Leistungen (SLA)	2c		Pearson	0,195(***)	0,056	0,150(*)	0,018	-0,241(***)	-0,111
			Signifikanz	0,000	0,301	0,051	0,813	0,001	0,166
			Spearman-Rho	0,144(***)	0,045	0,095	0,012	-0,194(**)	-0,098
			Signifikanz	0,008	0,408	0,220	0,871	0,011	0,222
Änderung des Beratungsanteils (ΔBA)	3		Pearson	0,043	0,064	0,006	0,071	-0,109	-0,019
			Signifikanz	0,540	0,368	0,956	0,450	0,283	0,858
			Spearman-Rho	-0,014	0,113	0,082	-0,025	0,100	0,136
			Signifikanz	0,842	0,110	0,407	0,819	0,327	0,148
Umsatzanteil (Ranked) (NA)	4		Pearson	-0,137(**)	-0,121(**)	-0,042	-0,073	0,184(**)	0,170(**)
			Signifikanz	0,013	0,028	0,601	0,355	0,015	0,029
			Spearman-Rho	-0,166(***)	-0,174(***)	-0,190(**)	-0,148(*)	0,146(*)	0,201(***)
			Signifikanz	0,003	0,002	0,018	0,060	0,055	0,009
LNBilanzsumme	5		Pearson	-0,214(***)	-0,220(***)	-0,270(***)	-0,180(**)	0,157(**)	0,284(***)
			Signifikanz	0,000	0,000	0,000	0,015	0,040	0,000
			Spearman-Rho	-0,354(***)	-0,247(***)	-0,435(***)	-0,189(**)	0,251(***)	0,336(***)
			Signifikanz	0,000	0,000	0,000	0,010	0,001	0,000

[1554] Damit auf Basis des Korrelationskoeffizienten Hypothesentests durchgeführt werden können, wäre für die Anwendung der parametrischen Pearson-Korrelation eine zweidimensionale, d.h. beide Variablen betreffende Normalverteilung der Grundgesamtheit erforderlich (vgl. *Brosius* (2006), S. 517).

[1555] Die gemeinsame Darstellung der Korrelationskoeffizienten nach Pearson und Sprearman-Rho ist in der internationalen Literatur durchaus üblich. Siehe neben vielen *Cahan et al.* (2008), S. 194-195 und *Hribar/Nichols* (2007), S. 1028.

Untersuchungsergebnisse und deren Diskussion

LNMarktkap	6	Pearson	-0,162(***)	-0,158(***)	-0,181(**)	-0,116	0,144(*)	0,219(***)
		Signifikanz	0,003	0,003	0,019	0,118	0,060	0,006
		Spearman-Rho	-0,279(***)	-0,211(***)	-0,329(***)	-0,136(*)	0,217(***)	0,321(***)
		Signifikanz	0,000	0,000	0,000	0,067	0,004	0,000
Streubesitzanteil	7	Pearson	-0,084	-0,169(***)	-0,166(**)	-0,220(***)	0,008	0,104
		Signifikanz	0,120	0,002	0,031	0,003	0,916	0,195
		Spearman-Rho	-0,092*	-0,124(**)	-0,158(**)	-0,182(**)	0,021	0,059
		Signifikanz	0,091	0,022	0,040	0,014	0,787	0,458
LNSeg	8	Pearson	-0,083	-0,058	-0,006	-0,070	0,142(*)	0,041
		Signifikanz	0,124	0,290	0,940	0,349	0,063	0,606
		Spearman-Rho	-0,173(***)	-0,092(*)	-0,175(**)	-0,112	0,162(**)	0,065
		Signifikanz	0,001	0,091	0,023	0,132	0,034	0,416
RevGrowth	9	Pearson	0,171(***)	0,509(***)	0,089	0,395(***)	-0,239(***)	-0,680(***)
		Signifikanz	0,002	0,000	0,252	0,000	0,002	0,000
		Spearman-Rho	0,239(***)	0,332(***)	0,239(***)	0,273(***)	-0,236(***)	-0,397(***)
		Signifikanz	0,000	0,000	0,002	0,000	0,002	0,000
AssetGrowth	10	Pearson	0,312(***)	0,573(***)	0,333(***)	0,726(***)	-0,353(***)	-0,599(***)
		Signifikanz	0,000	0,000	0,000	0,000	0,000	0,000
		Spearman-Rho	0,239(***)	0,264(***)	0,231(***)	0,267(***)	-0,238(***)	-0,262(***)
		Signifikanz	0,000	0,000	0,000	0,000	0,002	0,001
Market-to-Book-Ratio	11	Pearson	0,141(***)	0,151(***)	0,174(**)	0,142(*)	-0,103	-0,173(**)
		Signifikanz	0,009	0,005	0,023	0,056	0,178	0,030
		Spearman-Rho	0,126(**)	0,042	0,214(***)	0,044	-0,040	-0,057
		Signifikanz	0,020	0,439	0,005	0,556	0,600	0,474
ROA	12	Pearson	0,029	0,008	-0,045	-0,015	-0,101	-0,037
		Signifikanz	0,598	0,878	0,562	0,836	0,187	0,645
		Spearman-Rho	0,156(***)	0,054	0,188(**)	0,115	-0,111	0,024
		Signifikanz	0,004	0,323	0,014	0,120	0,147	0,769
LOSS	13	Pearson	0,050	0,030	0,132	0,099	0,026	0,066
		Signifikanz	0,357	0,583	0,087	0,183	0,731	0,408
		Spearman-Rho	0,002	-0,004	0,047	0,018	0,041	0,020
		Signifikanz	0,972	0,944	0,542	0,813	0,594	0,806
CFO/A_{it-1}	14	Pearson	0,058	0,227(***)	-0,284(***)	0,330(***)	-0,439(***)	-0,109
		Signifikanz	0,284	0,000	0,000	0,000	0,000	0,173
		Spearman-Rho	0,114(**)	0,009	-0,059	0,098	-0,303(***)	0,093
		Signifikanz	0,036	0,861	0,248	0,186	0,000	0,248
WCA/A_{it-1}	15	Pearson	0,279(***)	0,183(***)	0,699(***)	0,080	0,311(***)	-0,328(***)
		Signifikanz	0,000	0,001	0,000	0,282	0,000	0,000
		Spearman-Rho	-0,085	0,171(***)	0,216(***)	0,223(***)	0,435(***)	-0,099
		Signifikanz	0,115	0,002	0,005	0,000	0,000	0,215
Altman-Z-Score	16	Pearson	0,069	0,068	0,047	0,036	-0,087	-0,168(**)
		Signifikanz	0,207	0,208	0,547	0,629	0,258	0,035
		Spearman-Rho	0,293(***)	0,173(***)	0,326(***)	0,189(**)	-0,245(***)	-0,156(**)
		Signifikanz	0,000	0,001	0,000	0,011	0,001	0,050
LEV	17	Pearson	-0,144(***)	-0,178(***)	-0,242(***)	-0,227(***)	0,033	0,114
		Signifikanz	0,008	0,001	0,002	0,002	0,671	0,153
		Spearman-Rho	-0,236(***)	-0,125(**)	-0,322(***)	-0,199(***)	0,147(*)	0,043
		Signifikanz	0,000	0,021	0,000	0,007	0,055	0,590
ΔLEV	18	Pearson	0,039	-0,114(**)	-0,039	-0,089	-0,104	0,114(*)
		Signifikanz	0,470	0,035	0,611	0,228	0,173	0,080
		Spearman-Rho	0,003	0,005	-0,052	-0,003	-0,064	-0,020
		Signifikanz	0,953	0,927	0,501	0,971	0,406	0,803
ΔNoShares	19	Pearson	0,111(**)	0,201(***)	0,180(**)	0,170(**)	-0,047	-0,262(***)
		Signifikanz	0,041	0,000	0,019	0,021	0,541	0,001
		Spearman-Rho	0,093(*)	0,101(*)	0,068	0,122	-0,132(*)	-0,104
		Signifikanz	0,085	0,064	0,382	0,101	0,083	0,193

VarVergütung	20	Pearson	-0,048	-0,167(***)	-0,064	-0,100	0,042	0,259(***)
		Signifikanz	0,374	0,002	0,406	0,180	0,588	0,001
		Spearman-Rho	-0,065	-0,136(**)	-0,111	-0,092	0,016	0,200(**)
		Signifikanz	0,239	0,012	0,154	0,215	0,836	0,012
OperatingCycle	21	Pearson	0,144(***)	0,049	0,242(***)	0,110	-0,013	0,022
		Signifikanz	0,008	0,368	0,002	0,140	0,867	0,785
		Spearman-Rho	0,130(**)	0,041	0,210(***)	0,020	-0,048	-0,079
		Signifikanz	0,016	0,453	0,006	0,787	0,531	0,322
CorpGov	22	Pearson	0,176(***)	0,196(***)	0,194(**)	0,215(***)	-0,156(**)	-0,187(**)
		Signifikanz	0,001	0,000	0,011	0,003	0,041	0,018
		Spearman-Rho	0,234(***)	0,137(**)	0,312(***)	0,128(*)	-0,144(*)	-0,154(*)
		Signifikanz	0,000	0,012	0,000	0,084	0,060	0,053
Big4	23	Pearson	-0,059	-0,054	-0,074	-0,152(**)	0,037	-0,065
		Signifikanz	0,276	0,318	0,337	0,040	0,634	0,418
		Spearman-Rho	-0,111(**)	-0,023	-0,153(**)	-0,085	0,056	-0,033
		Signifikanz	0,041	0,671	0,048	0,252	0,466	0,678
Tenure	24	Pearson	0,034	-0,006	0,043	-0,087	-0,018	-0,113
		Signifikanz	0,526	0,906	0,574	0,241	0,813	0,156
		Spearman-Rho	-0,001	-0,073	-0,033	-0,094	-0,035	0,060
		Signifikanz	0,990	0,177	0,674	0,206	0,646	0,453
Testat	25	Pearson	-0,050	-0,037	-0,086	.(a)	0,010	0,049
		Signifikanz	0,355	0,494	0,265	0,000	0,898	0,538
		Spearman-Rho	-0,065	-0,021	-0,152(**)	.(a)	-0,039	0,007
		Signifikanz	0,232	0,698	0,050	0,000	0,614	0,933
σ_{REV}	26	Pearson	0,007	0,035	-0,008	0,400(***)	-0,214(***)	-0,024
		Signifikanz	0,898	0,519	0,920	0,000	0,005	0,765
		Spearman-Rho	0,309(***)	0,366(***)	0,433(***)	0,405(***)	-0,175(**)	-0,317(***)
		Signifikanz	0,000	0,000	0,000	0,000	0,022	0,000
σ_{EAR}	27	Pearson	0,024	0,023	0,054	0,022	0,012	-0,022
		Signifikanz	0,660	0,667	0,485	0,768	0,880	0,788
		Spearman-Rho	0,040	0,084	0,035	0,047	-0,044	-0,109
		Signifikanz	0,465	0,120	0,654	0,531	0,564	0,174
σ_{CFO}	28	Pearson	0,017	0,102(*)	-0,008	0,140	-0,104	0,011
		Signifikanz	0,761	0,061	0,921	0,059	0,176	0,891
		Spearman-Rho	0,083	0,133(**)	-0,026	0,095	-0,195(**)	-0,200(**)
		Signifikanz	0,126	0,014	0,736	0,201	0,010	0,012

* Die Korrelation ist auf dem Niveau von p<0,10 (2-seitig) signifikant.
** Die Korrelation ist auf dem Niveau von p<0,05 (2-seitig) signifikant.
*** Die Korrelation ist auf dem Niveau von p<0,01 (2-seitig) signifikant.
a. Sämtliche Konzerne mit positiven diskretionären Accruals weisen einen uneingeschränkten Bestätigungsvermerk aus.

Tabelle 12-11: Univariate Korrelationen

Die univariaten Tests zeigen, wie in Hypothese 1 vermutet, unabhängig vom gewählten Schätzverfahren einen signifikanten Zusammenhang zwischen dem Beratungsanteil (BA_{it}) und dem absoluten Wert der diskretionären Accruals ($|EDWCA_{it}|$). Während die Pearson-Korrelation eine starke Signifikanz ($p < 0,01; p < 0,05$) belegt, ist der Zusammenhang bei der nicht-parametrischen Korrelation nach Spearman-Rho zumindest auf einem 10%-Niveau ($p < 0,10$) statistisch nachweisbar. Diese Verknüpfung ist auch für die positiven diskretionären Accruals ($EDWCA_{it}^+$) evident. Die negativen diskretionären Accruals ($EDWCA_{it}^-$), deren Einfluss auf das Ausmaß an Bilanzpolitik umstritten ist (siehe *Kapitel 12.5.1.2.2*), weisen, wie erwartet, ausnahmslos negative Koeffizienten auf.[1556] Eine opportunistische Reduzierung des Jahresüberschusses durch Bilanzpolitik ist, wie die negativen Koeffizienten belegen, mit einem hohen Beratungsanteil korreliert. Allerdings ist dieser Zusammenhang mit Ausnahme des Pearson-Koeffizienten für das Dechow-Dichev-McNichols-Modell insignifikant.

Der Zusammenhang zwischen dem Anteil der Honorare für Bestätigungsleistungen (BLA_{it}) und dem Ausmaß an Bilanzpolitik ist, wie die uneinheitlichen Vorzeichen und die überwiegend insignifikante Ergebnisse in *Tabelle 12-11* bestätigen, zweifelhaft. Lediglich die Pearson-Koeffizienten der absoluten ($|EDWCA_{it}|$) ($p < 0,05$) und der negativen diskretionären Accruals ($EDWCA_{it}^-$) ($p < 0,05$) belegen einen statistisch evidenten Einfluss, sofern die Ermittlung der Accruals mittels des DDM-Modells erfolgt. Anhand des PAJ-Modells können hingegen keine statistisch validen Zusammenhänge nachgewiesen werden. Eine Steigerung der Prüfungsqualität durch Bestätigungsleistungen des Abschlussprüfers, wie in Hypothese 2a vermutet, wird ebenso wenig bestätigt, wie eine Beeinträchtigung der Unabhängigkeit nachgewiesen werden kann.

Die parallele Steuerberatung ($STbA_{it}$) ist den Vorzeichen der Korrelationskoeffizienten zufolge mit einkommenssteigernder Bilanzpolitik ($EDWCA_{it}^+$) verknüpft. Lediglich der Pearson-Koeffizient der mittels des DDM-Modells geschätzten positiven Accruals weist keinen statistisch evidenten Zusammenhang auf. Die Koeffizienten der abhängigen Variablen $|EDWCA_{it}|$ und $EDWCA_{it}^-$ sind ausnahmslos insignifikant. Hypothese 2b wird somit nur für die einkommensteigernden Accruals bestätigt.

Dagegen entsprechen die Vorzeichen der Korrelationskoeffizienten für die Sonstigen Leistungen (SLA_{it}) ausnahmslos der Erwartung gemäß Hypothese 2c. Allerdings zeigt sich, dass eine Signifikanz des Zusammenhangs lediglich für die mittels des PAJ-Modells geschätzten absoluten $|EDWCA_{it}|$ und die einkommensmindernden Accruals $EDWCA_{it}^-$ besteht. Die Vergabe von Beratungsleistungen, deren Honorare in der Residualkategorie ausgewiesen werden, führt demnach nicht zwangsläufig zu einem besonderen Ausmaß einkommenssteigernder Bilanzpolitik.

Ausnahmslos insignifikante Koeffizienten gehen aus der Untersuchung zum Einfluss der Änderung des Beratungsanteils (ΔBA_{it}) hervor, so dass Hypothese 3 nicht bestätigt wird. Ein im Vergleich zur Vorperiode stark angestiegener Beratungsanteil scheint demnach noch keine Unabhängigkeitsbeeinträchtigung zu begründen. Ursächlich hierfür könnte, wie bereits in *Kapitel 9.3.8* ausgeführt, die Nichtbeachtung der absoluten Höhe der Honorare sein.

[1556] Einkommensmindernde diskretionäre Accruals liegen vor, wenn die Expected Working Capital Accruals ($EWCA_{it}$) größer als die tatsächlichen Working Capital Accruals (WCA_{it}) sind. Sie weisen daher stets ein negatives Vorzeichen auf. Steigt das Ausmaß an einkommensmindernder Bilanzpolitik bei zunehmendem Beratungsanteil an, wird der Korrelationskoeffizient negativ sein.

Erstaunlich ist ferner, dass die Koeffizienten zur wirtschaftlichen Relevanz eines bestimmten Mandanten (NA_{it}), entgegen Hypothese 4, negative Vorzeichen ausweisen. Demnach fällt das Ausmaß an Bilanzpolitik unabhängig vom gewählten Surrogat ($|EDWCA_{it}|$; $EDWAC_{it}^+$; $EDWCA_{it}^-$) niedriger aus, wenn der Prüfer hohe Umsatzanteile mit Beratungsleistungen bei einem bestimmten Mandanten erzielt. Dies ist diametral zur Erwartung und erschwert die Ergebnisinterpretation. Vor dem Hintergrund, dass vorrangig mittelständische und kleine Prüfungsgesellschaften hohe Umsatzanteile bei einzelnen Mandanten erreichen (siehe *Kapitel 10.6.3*), stellt sich die Frage, ob diese möglicherweise eine überdurchschnittliche Prüfungsqualität erzielen. Allerdings wird dieser These durch die Koeffizienten der Kontrollvariable *Big4* widersprochen. Diese suggeriert eine gesteigerte Prüfungsqualität bei der Wahl einer Big4-Gesellschaft. Eine weitere Ursache des negativen Zusammenhangs zwischen Umsatzanteil (NA_{it}) und Bilanzpolitik könnte in der Größe der betrachteten Unternehmen liegen, welche in der univariaten Korrelationsanalyse unberücksichtigt bleibt. Neben einem bei großen Gesellschaften hohem Umsatzanteil, der aus relativ hohen Honoraren des Abschlussprüfers bei diesen Mandanten resultiert, fällt auch das Ausmaß diskretionärer Bilanzpolitik bei diesen Konzernen geringer aus, wie die signifikanten Koeffizienten der unabhängigen Variablen *LNBilanzsumme$_{it}$* und *LNMarktkap$_{it}$* belegen. Der vermeintlich negative Zusammenhang zwischen dem Umsatzanteil (NA_{it}) und den diskretionären Accruals könnte somit auch auf die Vernachlässigung der Unternehmensgröße als erklärende Variable zurückzuführen sein.

Während die Betrachtung der Einfachregressionen auf signifikante Zusammenhänge zwischen dem Ausmaß an Bilanzpolitik und einer parallelen Beratungsaktivität gemessen am Beratungsanteil (BA_{it}) schließen lässt, deuten die Koeffizienten der anderen Honorarvariablen überwiegend auf insignifikante Zusammenhänge hin. Allerdings besteht bei univariaten Verfahren ein erhebliches Risiko der Vernachlässigung wichtiger Einflussfaktoren (*omitted variable*), so dass es zu verzerrten Korrelationskoeffizienten kommen könnte. Insbesondere die Vielzahl der signifikanten Kontrollvariablen (*Tabelle 12-11*) lässt gemeinsam mit dem niedrigen Bestimmtheitsmaß der univariaten Korrelationen auf eine hohe Komplexität der Zusammenhänge schließen.[1557] Um die Hypothesen mit statistisch hinreichender Sicherheit überprüfen zu können, ist somit die Durchführung multivariater Regressionen erforderlich.

[1557] Die Durchführung von Einfachregressionen liefert identische Koeffizienten und Signifikanzen wie die Pearson-Korrelation. Darüberhinaus gibt das Bestimmtheitsmaß (*adj. R^2*) Auskunft über die Güte der Regression. Fällt dieses niedrig aus, liegt eine unzureichende Spezifikation des Modells vor, welche durch die Aufnahme weiterer unabhängiger Variablen verbessert werden kann. Für die diskutierten Zusammenhänge zwischen den Honorarvariablen und dem Ausmaß an Bilanzpolitik wurden Bestimmtheitsmaße von *adj. R^2 < 0,069* (ROA-Modell) und *adj. R^2 < 0,076* (DDM-Modell) ermittelt. Folglich muss ein komplexerer Zusammenhang vorliegen, der die Durchführung multivariater Verfahren erfordert.

Untersuchungsergebnisse und deren Diskussion 391

12.6.2 Multivariate Regressionsanalysen

12.6.2.1 Basismodell zum Einfluss des Beratungsanteils (zu Hypothese 1)

12.6.2.1.1 Modellaufbau

Zur multivariaten Untersuchung des Einflusses der parallelen Beratungsleistungen auf die tatsächliche Unabhängigkeit werden zwei unterschiedliche Regressionsmodelle konstruiert. Die Verwendung zweier ungleicher Regressionen erwies sich aufgrund der ebenfalls abweichenden Vorgehensweise bei der Schätzung der Expected Discretionery Working Capital Accruals ($EDWCA_{it}$) als notwendig. Die in *Gl. 12.6.1* und *12.6.2* (PAJ-Modell; DDM-Modell) dargestellten Modelle sind die Resultate iterativer Optimierungsprozesse, im Zuge derer die in *Tabelle 12-11* dargestellten Kontrollgrößen so variiert wurden, dass das Bestimmtheitsmaß (*adj. R^2*) der jeweiligen Regression einen Maximalwert erreichte.[1558]

Zur Überprüfung eines Zusammenhangs zwischen den anhand des PAJ-Modells geschätzten diskretionären Accruals ($EDWCAVAR_{it(PAJ)}$) und den Honorarvariablen ($FEEVAR_{it}$) wird die nachfolgende Regression angewendet.

$$EDWCAVAR_{it(PAJ)} = \beta_0 + \beta_1 FEEVAR_{it} + \beta_6 LNMarktkap_{it} + \beta_9 RevGrowth_{it}$$
$$+ \beta_{11} MarkettoBookRatio_{it} + \beta_{12} ROA_{it} + \beta_{13} LOSS_{it} + \beta_{14} CFO_{it} / A_{it-1}$$
$$+ \beta_{15} WCA_{it} / A_{it-1} + \beta_{16} AltmanZScore_{it} + \beta_{17} LEV_{it} + \beta_{18} \Delta LEV_{it} \quad (12.6.1)$$
$$+ \beta_{19} \Delta NoShares_{it} + \beta_{20} VarVergütung_{it} + \beta_{21} OperatingCycle_{it}$$
$$+ \beta_{22} CorpGov_{it} + \beta_{23} BIG4_{it} + \beta_{24} Tenure_{it} + \beta_{25} Testat_{it} + \varepsilon$$

Erfolgt die Schätzung der diskretionären Accruals hingegen, wie von *Jones et al.* (2008) propagiert, anhand des DDM-Modells ($EDWCAVAR_{it(DDM)}$), ist das in *Gl. 12.6.2* dargestellte Regressionsverfahren anzuwenden.

$$EDWCAVAR_{it(DDM)} = \beta_0 + \beta_1 FEEVAR_{it} + \beta_5 LNBilanzsumme_{it} + \beta_9 RevGrowth_{it}$$
$$+ \beta_{14} CFO_{it} / A_{it-1} + \beta_{16} AltmanZscore_{it} + \beta_{20} VarVergütung_{it} \quad (12.6.2)$$
$$+ \beta_{21} OperatingCycle_{it} + \beta_{22} CorpGov_{it} + \beta_{23} BIG4_{it} + \beta_{24} Tenure_{it}$$
$$+ \beta_{25} Testat_{it} + \beta_{26} \sigma REV_{it} + \beta_{27} \sigma CFO_{it} + \varepsilon$$

Über eine hinreichende Anpassungsgüte hinaus verlangt die lineare Regression die Beachtung weiterer Voraussetzungen. Neben *F-Tests*, welche das Bestehen eines systematischen Zusammenhangs zwischen der abhängigen und den unabhängigen Variablen bewerten,[1559] werden, um Autokorrelationen zwischen den Variablen ausschließen zu können, *Durbin-Watson*-

---

[1558] Siehe auch Gul et al. (2007) sowie Srinidhi/Gul (2007), die ebenfalls in Abhängigkeit des Accrual-Schätzmodells unterschiedliche Kontrollvariablen in den jeweiligen Regressionsgleichungen berücksichtigen.
[1559] Vgl. *Backhaus et al.* (2006), S. 97.

Tests durchgeführt. Dieser Test überprüft, ob zwischen den Residuen benachbarter Fälle systematische Zusammenhänge auftreten. Bestehen solche Beziehungen, so ist das Vorliegen von Autokorrelation wahrscheinlich, d.h. die geschätzten sind kleiner als die wahren Standardfehler und die Signifikanztests folglich verzerrt. Für das Testverfahren gilt, je näher der Durbin-Watson-Koeffizient an dem Wert 2 liegt, desto geringer ist das Ausmaß einer Autorkorrela-tion der Residuen. Insgesamt werden Werte zwischen 1,5 und 2,5 als akzeptabel erachtet.[1560] Die nachfolgend durchgeführten Regressionen liegen ausnahmslos innerhalb dieses Intervalls.

Kollinearität (Multikollinearität) bezeichnet eine deutliche Korrelation zwischen mindestens zwei unabhängigen Variablen. Eine ausgeprägte Kollinearität dürfte bspw. zwischen der unabhängigen Variable *Beratungsanteil* (BA_{it}) und dem Honoraranteil der *Bestätigungsleistungen* (BLA_{it}) vorliegen, da der Anteil der Bestätigungsleistungen (BLA_{it}) gemeinsam mit dem Anteil der *Steuerberatungsleistungen* ($STbA_{it}$) und der *Sonstigen Leistungen* (SLA_{it}) den Beratungsanteil (BA_{it}) ergibt.[1561] Um die Gefahr von Multikollinearität zwischen den interessierenden Honorarvariablen mit Sicherheit ausschließen zu können, werden diese getrennt, d.h. in separaten Regressionen untersucht. Doch auch Zusammenhänge zwischen den Kontrollvariablen sind möglich und werden mittels ihrer *Toleranzwerte* ($T=1-R_i^2$) auf Kollinearität überprüft.[1562] Während geringe Toleranzwerte ($T<0,1$) auf Kollinearität hindeuten und bei einem Toleranzwert ($T<0,01$) das Vorliegen von Kollinearität als gegeben erachtet wird,[1563] zeigen die durchgeführten Tests für keine der erklärenden Variablen Multikollinearitätsprobleme bei den unabhängigen Variablen.[1564]

Auch die Möglichkeit von Heteroskedastizität wird untersucht. Dabei wird eine Streuung innerhalb einer Datenmessung vermutet. Ist die Varianz der Residuen (und somit auch die Varianz der abhängigen Variable) für sämtliche Ausprägungen der unabhängigen Variablen nicht signifikant unterschiedlich, liegt Heteroskedastizität (Varianzhomogenität der Residuen) vor. In diesem Fall kann es sinnvoll sein, die Daten durch die Anwendung des Logarithmus oder

---

[1560] Vgl. *Brosius* (2006), S. 575; *RRZN* (2006), Tz. 6-85; *Backhaus et al.* (2006), S. 102.
[1561] Tatsächlich bestätigt ein Pearson-Korrelationskoeffizient von $\alpha = 0,590$ auf hohem Signifikanzniveau ($p < 0,00$) sowie ein hohes Bestimmtheitsmaß der Einfachregression (*adj.* $R^2 = 0,346$) einen nicht unwesentlichen Zusammenhang zwischen den Variablen BA_{it} und BLA_{it}.
[1562] Vgl. *Backhaus et al.* (2006), S. 91.
[1563] Vgl. *Brosius* (2006), S. 579; *RRZN* (2006), Tz. 6-81.
[1564] Zur Aufdeckung von Multikollinearität wurde eine Regression jeder unabhängigen Variable auf die übrigen unabhängigen Variablen durchgeführt. Dadurch konnte neben den Korrelationskoeffizienten auch das Bestimmtheitsmaß (R^2) ermittelt werden. Zwischen den Variablen *LNBilanzsumme* und *LNMarktkap*, welche beide die Unternehmensgröße abbilden, ist Multikollinearität wahrscheinlich ($\alpha = 0,897; p < 0,000; R^2 = 0,805$). Da diese Variablen jedoch alternativ in keinem Fall gemeinsam als Surrogat der Unternehmensgröße in einem Regressionsmodell Verwendung finden, kann Multikollinearität ausgeschlossen werden. Das maximale adj. R^2 der gemeinsam in eine Regression einbezogenen Variablen wurde für den Zusammenhang zwischen den Regressoren *ROA* und *Verlust* gemessen ($R^2 = 0,295$). Multikollinearität kann entsprechend der Toleranzwerte ($T > 0,705$) ausgeschlossen werden (vgl. *Backhaus et al.* (2006), S. 91).

der Quadratwurzel zu transformieren und dadurch Homoskedastizität herzustellen. Dies erfolgt für die Kontrollvariablen Bilanzsumme ($LNBilanzsumme_{it}$) und Marktkapitalisierung ($LNMarktskap_{it}$).[1565] Die Überprüfung auf Heteroskedastizität wurde durch die visuelle Betrachtung der standardisierten Residuen anhand von Streudiagrammen durchgeführt. Zusammenhänge, welche auf Heteroskedastizität hindeuten, lagen nach der Transformation der beiden genannten Kontrollvariablen nicht vor.[1566]

12.6.2.1.2 Ergebnisse

Die Regressionen weisen, wie aus *Tabelle 12-12* hervorgeht, unabhängig vom Modell befriedigende Bestimmtheitsmaße auf, welche zwischen adj. $R^2 = 0,232$ und 0,632 liegen und somit mit denen internationaler Studien vergleichbar sind. Während *Reynolds et al.* (2003) den bisherigen Maximalwert (*adj. $R^2 = 0,76$*) vorgeben, erreicht die Mehrzahl ähnlicher Forschungsbeiträge eine mit dieser Studie vergleichbare Güte.[1567] *Srinidhi/Gul* (2007) (*adj. $R^2 = 0,13$*) und *Gul et al.* (2007) (*adj. $R^2 = 0,14$*), welche in jüngeren Untersuchungen eine Unabhängigkeitsbeeinträchtigung durch die parallele Beratungstätigkeit belegen, erzielen dagegen deutlich geringere Bestimmtheitsmaße. Doch auch zwischen den hier gewählten Regressionsmodellen treten Unterschiede hinsichtlich des Bestimmtheitsmaßes (*adj. R^2*) auf. Die Determinanten absoluter diskretionärer Accruals ($|EDWCA_{it}|$) können besser erklärt werden, wenn die Schätzung der diskretionären Accruals mittels des DDM-Modells erfolgt. Das Bestimmtheitsmaß (*adj. R^2*) beträgt bei diesem Verfahren 0,346, während die Regression zum PAJ-Modell lediglich *adj. $R^2 = 0,232$* erreicht. Bei den einkommensmindernden diskretionären Accruals ($EDWCA_{it}^-$) fällt die Differenz noch deutlicher aus. Die Regression zum DDM-Modell erreicht ein *adj. R^2* von 0,480, während das PAJ-Modell lediglich über ein *adj. R^2* von 0,227 verfügt. Konträr dazu verfügt das PAJ-Modell hinsichtlich der einkommenssteigernden Accruals ($EDWCA_{it}^+$), welche nach Einschätzung von *Gul et al.* (2007) und *Ashbaugh et al.* (2003) als Surrogat einer Unabhängigkeitsbeeinträchtigung besonders geeignet sind, mit *adj. $R^2 = 0,632$* über die höhere Anpassungsgüte (DDM, *adj. $R^2 = 0,460$*). Insgesamt wird unabhängig von diesen Unterschieden eine Modellgüte nachgewiesen, welche die Angemessenheit beider Regressionsmodelle belegt.

[1565] Siehe hierzu etwa *Firth* (1997), S. 14.
[1566] Vgl. *Backhaus et al.* (2006), S. 86 u. 104.
[1567] *Frankel et al.* (2002) (*adj. $R^2 = 0,46$ u. $0,47$*); *Chung/Kallapur* (2003) (*adj. $R^2 = 0,26$ u. $0,385$*); *Ashbaugh et al.* (2003) (*adj. $R^2 = 0,21$*); *Hoitash et al.* (2007) (*adj. $R^2 = 0,33$-$0,36$*); *Lai* (2007) (*adj. $R^2 = 0,21$*); *Huang et al.* (2007) (*adj. $R^2 = 0,31$*); *Mitra* (2007) (*adj. $R^2 = 0,55$ u. $0,57$*) und *Cahan et al.* (2008) (*adj. $R^2 = 0,32$*).

EDWCAVAR	|EDWCA|		EDWCA⁺		EDWCA⁻	
Variablen	n=341	n=341	n=169	n=183	n=172	n=158
Modell:	PAJ	DDM	PAJ	DDM	PAJ	DDM
Bestimmtheitsmaß:	0,232	0,346	0,632	0,460	0,227	0,480
Durbin-Watson-Koeffizient	2,081	1,867	2,168	1,751	2,088	1,670

	β	p	β	p	β	p	β	p	β	p	β	p
F-Statistik	5,408	0,000	14,83	0,000	17,06	0,000	13,91	0,000	3,7850	0,000	12,15	0,000
(Konstante)	0,056	0,175	0,174	0,102	0,106**	0,022	-0,019	0,897	-0,068	0,215	-0,205	0,151
Beratungsanteil	0,112**	0,038	0,126***	0,005	0,108**	0,038	0,070	0,240	-0,040	0,600	-0,102*	0,092
LNBilanzsumme	-	-	-0,078	0,190	-	-	0,025	0,750	-	-	0,121	0,129
LNMarktkap.	-0,135**	0,041	-	-	-0,132*	0,063	-	-	0,155*	0,068	-	-
RevGrowth	0,080	0,121	0,479***	0,000	0,035	0,502	0,378***	0,000	-0,267***	0,001	-0,628***	0,000
Market-to-Book-R.	0,087	0,184	-	-	0,397***	0,000	-	-	0,054	0,515	-	-
ROA	-0,204***	0,009	-	-	-0,467***	0,000	-	-	-0,141	0,145	-	-
Loss	0,032	0,627	-	-	-0,046	0,510	-	-	-0,041	0,654	-	-
CFO/A$_{it-1}$	0,309***	0,000	0,232***	0,000	0,106	0,147	0,348***	0,000	-0,320***	0,005	-0,102	0,131
WCA/A$_{it-1}$	0,435***	0,000	-	-	0,757***	0,000	-	-	0,251**	0,018	-	-
Altman-Z-Score	-0,099	0,117	-0,114**	0,026	-0,235***	0,002	-0,251***	0,000	0,055	0,516	-0,027	0,698
LEV	-0,045	0,471	-	-	-0,210***	0,003	-	-	-0,063	0,448	-	-
ΔLEV	0,097*	0,070	-	-	0,034	0,554	-	-	-0,020	0,791	-	-
ΔNoShares	-0,017	0,755	-	-	-0,066	0,243	-	-	0,001	0,994	-	-
VarVergütung	0,055	0,356	-0,103**	0,040	0,087	0,156	-0,156**	0,013	0,013	0,875	0,030	0,676
OperatingCycle	0,100*	0,061	0,079*	0,092	-0,005	0,926	0,033	0,585	0,018	0,804	0,067	0,3131
CorpGov.	0,114**	0,039	0,069	0,159	0,132**	0,022	0,059	0,361	0,010	0,894	-0,064	0,325
Big4	0,040	0,467	-0,016	0,739	0,113*	0,050	-0,055	0,374	-0,043	0,560	-0,089	0,162
Tenure	0,015	0,766	-0,036	0,435	-0,018	0,729	-0,063	0,275	0,032	0,656	-0,010	0,875
Testat	-0,061	0,227	-0,028	0,537	-0,090*	0,077	a	a	-0,004	0,952	-0,006	0,921
σ$_{REV}$	-	-	0,045	0,308	-	-	0,426***	0,000	-	-	-0,036	0,546
σ$_{CFO}$	-	-	0,078*	0,083	-	-	0,134**	0,018	-	-	0,024	0,693

* Die Korrelation ist auf dem Niveau von p<0,10 (2-seitig) signifikant.
** Die Korrelation ist auf dem Niveau von p<0,05 (2-seitig) signifikant.
*** Die Korrelation ist auf dem Niveau von p<0,01 (2-seitig) signifikant.
a. Sämtliche Konzerne mit positiven diskretionären Accruals (DDM-Modell) weisen einen uneingeschränkten Bestätigungsvermerk aus.

Tabelle 12-12: Ergebnisse der Regression des Basismodells

12.6.2.1.3 Interpretation der Ergebnisse

Die Koeffizienten der multivariaten Regressionen dokumentieren sowohl für das PAJ- als auch für das DDM-Modell einen positiven Zusammenhang zwischen der Bilanzpolitik ($|EDWCA_{it}|$) und dem Beratungsanteil, so dass die Hypothese 1, wie die Korrelationskoeffizienten $β_1 = 0,112$ (PAJ) und $β_1 = 0,126$ (DDM) belegen, bestätigt wird. Das Signifikanzniveau fällt dabei für das DDM-Modell ($p = 0,005$) noch deutlicher aus als für das PAJ-Modell ($p = 0,038$). Insgesamt bestätigen jedoch beide Modelle die Vermutung einer Beeinträchtigung der Unabhängigkeit des Abschlussprüfers durch die parallele Beratungstätigkeit bei den betrachteten Unternehmen des deutschen Prime-Standards.

Untersuchungsergebnisse und deren Diskussion 395

Konsistent zu den Ergebnissen für die absoluten Beträge wird die Beeinträchtigung auch durch die separate Betrachtung der positiven ($EDWCA_{it}^{+}$) bzw. negativen ($EDWCA_{it}^{-}$) diskretionären Accruals weitgehend bestätigt. Unbeeinträchtigt vom verwendeten Schätzverfahren weisen die Koeffizienten die prognostizierten Vorzeichen auf. Das Signifikanzniveau unterscheidet sich nun jedoch deutlicher. Während mittels des PAJ-Modells ein statistisch evidenter Zusammenhang zwischen einkommenssteigernden Accruals ($EDWCA_{it}^{+}$) und der Beratungstätigkeit (BA_{it}) nachgewiesen ($\beta_1 = 0{,}108;\ p = 0{,}038$) wird, geht aus der DDM-Regression lediglich für die geschätzten negativen diskretionären Accruals ($EDWCA_{it}^{-}$) eine (schwach) signifikante Verknüpfung hervor ($\beta_1 = -0{,}102;\ p = 0{,}092$).[1568] Hinsichtlich der unterschiedlichen Bestimmtheitsmaße der Regressionen ist anzumerken, dass sowohl bei den income increasing ($EDWCA_{it}^{+}$) als auch bezüglich der income decreasing Accruals ($EDWCA_{it}^{-}$) jeweils das Regressionsmodell mit der höheren Anpassungsgüte eine Beeinträchtigung dokumentiert.

Des Weiteren geht aus *Tabelle 12-12* hervor, dass nicht nur der operative Cashflow (CFO_{it}/A_{it-1}), der ROA_{it}, die operative Periodenabgrenzung (WCA_{it}/A_{it-1}) sowie die Unternehmensgröße ($LNBilanzsumme_{it}$, $LNMarktkap._{it}$), sondern auch das Wachstum ($RevGrowth_{it}$) Einfluss auf das Ausmaß an diskretionären Accruals nehmen. Unabhängig vom Regressionsmodell betreiben wirtschaftlich angeschlagene Konzerne (niedriger $Altman\text{-}Z\text{-}Score_{it}$) häufiger Bilanzpolitik. Entgegen der Erwartung kann zwischen der variablen Vergütung des Managements ($VarVergütung_{it}$) und der Bilanzpolitik kein (PAJ-Modell) bzw. sogar ein signifikant negativer Zusammenhang (DDM-Modell) nachgewiesen werden. Die Vermutung, das Management würde verstärkt Bilanzpolitik betreiben, um die variable Vergütung zu maximieren, wird durch die vorliegende Untersuchung somit nicht bestätigt. Eine Ursache für die Insignifikanz könnte darin liegen, dass die erfolgsabhängige Vergütung kein geeignetes Maß zur Abbildung eines Anreizes für Earnings Management darstellt oder die unterstellten Motive durch andere Effekte überkompensiert werden. Erfüllt ein Unternehmen die zum jeweiligen Stichtag anzuwendenden Empfehlungen des DCGK ($CorpGov._{it}$), scheint das Ausmaß an Bilanzpolitik geringer zu sein, wie für die absoluten ($|EDWCA_{it}|$) und positiven ($EDWCA_{it}^{+}$) diskretionären Accruals anhand des PAJ-Modells aufgezeigt wird. Irrelevant ist den Ergebnissen zufolge hingegen, ob es sich bei dem Abschlussprüfer um eine *Big4*-Gesellschaft handelt.[1569] Unerheblich ist ferner, ob es sich bei der Verifizierung des Abschlusses um eine Erst- oder Folgeprüfung ($Tenure_{it}$) handelt. Diese Insignifikanz dürfte, wie bereits in *Kapitel 12.5.2.2* be-

---

[1568] Da es sich bei den income decreasing Accruals um Periodenabgrenzungen handelt, welche ein negatives Vorzeichen ausweisen, deutet in diesem Fall ein negativer Korrelationskoeffizient auf den in Hypothese 1 vermuteten Zusammenhang hin.

[1569] Dieses Ergebnis deckt sich mit den Resultaten von *Maijoor/Vanstraelen* (2006, S. 33-52), die in einer Studie zu den europäischen Prüfungsmärkten ebenfalls keinen Einfluss der Größe des Abschlussprüfers auf das Ausmaß der Bilanzpolitik nachweisen.

schrieben, auf gegenläufige Effekte zurückzuführen sein. Zum einen wird die Prüfungsqualität im Rahmen der Erstprüfung durch mangelnde mandatsspezifische Erfahrung belastet (*Urteilsfähigkeit*). Andererseits könnte die Unabhängigkeit durch eine langfristige Geschäftsbeziehung zunehmend beeinträchtigt sein (*Urteilsfreiheit*).[1570] Darüber hinaus könnte jedoch auch die geringe Anzahl von Erstprüfungen ursächlich für die Insignifikanz der Kontrollvariablen *Tenure* und *Testat* sein. Schließlich ist die Anzahl der Unternehmen, deren Konzernabschluss erstmalig einer Verifizierung durch den amtierenden Abschlussprüfer unterzogen wurde, mit lediglich 16 Beobachtungen ähnlich gering wie die der acht Gesellschaften mit eingeschränkten bzw. mit einem Hinweis versehenen Bestätigungsvermerken.

Zusammenfassend ist festzuhalten, dass die für 341 deutsche Prime-Standard-Unternehmen nachgewiesenen Zusammenhänge, welche eine Gefährdung der tatsächlichen Unabhängigkeit des Abschlussprüfers aufgrund paralleler Beratungsleistungen bei den betrachteten Prime-Standard-Unternehmen gemäß Hypothese 1 bestätigen, der Mehrzahl angloamerikanischer Studien entgegenstehen.[1571] Lediglich *Frankel et al.* (2002), *Gul et al.* (2007) und *Srinidhi/Gul* (2007) konnten ebenfalls eine umfängliche Beeinträchtigung der Unabhängigkeit des Abschlussprüfers durch Beratungsleistungen nachweisen. Vor dem Hintergrund der von *Maijoor/Vanstraelen* (2006) durchgeführten internationalen Vergleichsstudie, welche ein überdurchschnittliches Ausmaß an Bilanzpolitik in Deutschland im Vergleich zu Großbritannien und Frankreich belegt, sind die Ergebnisse dennoch plausibel. Abweichungen zu den US-amerikanischen Resultaten könnten auf abweichende regulatorische Rahmenbedingungen zurückzuführen sein.[1572] Zum Untersuchungszeitpunkt geltende Regelungen zum Ausschluss von der gesetzlichen Abschlussprüfung aufgrund einer parallelen Beratung (§§ 319 u. 319a HGB) scheinen, den vorausstehenden Ergebnissen zu Folge, nicht hinreichend, um negative Implikationen einer parallelen Beratung für die Qualität der Abschlussprüfung zu verhindern. Die aufgezeigten Zusammenhänge suggerieren, dass auch von drohenden Reputationsschäden und daraus resultierenden Mandatsverlusten durch die Aufdeckung fragwürdiger Bilanzierungsweisen seitens der DPR e.V. oder der BaFin mit zunehmendem Beratungsanteil kein hinreichender Anreiz zur Unterbindung von Earnings Management ausgeht. Selbst nach der Veräußerung der Beratungssparten der großen Wirtschaftsprüfungsgesellschaften zu Beginn des 21. Jahrhunderts, den erwähnten Unternehmenszusammenbrüchen, des Niedergangs von Arthur Andersen und den umfangreichen nationalen und internationalen gesetzlichen Neuregelungen zum Schutz der Unabhängigkeit ist das Risiko der Unabhängigkeitsbeeinträchtigung durch die parallele Beratung immanent.

[1570] Vgl. *Cahan et al.* (2008), S. 184-187.
[1571] Vgl. *Ashbaugh et al.* (2003); *Chung/Kallapur* (2003); *Reynolds et al.* (2004); *Larcker/ Richardson* (2004); *Antle et al.* (2006).
[1572] Vgl. *Maijoor/Vanstraelen* (2006), S. 44.

Bevor aus diesen empirischen Resultaten weitere Konsequenzen gezogen und Maßnahmen zum Schutz der Unabhängigkeit des Abschlussprüfers diskutiert werden, sollten die durchgeführten Regressionen noch einmal kritisch betrachtet und hinsichtlich möglicher Einschränkungen analysiert werden. Während die bereits angesprochene Anpassungsgüte und die trotz unterschiedlicher Verfahren weitreichende Konsistenz der Resultate zunächst eine Angemessenheit der Modelle suggeriert, kann die Vernachlässigung wichtiger Variablen nicht ausgeschlossen werden. Unikale Ereignisse, die sowohl die Beratungshonorare als auch die diskretionären Accruals tangieren, könnten Einfluss auf die Ergebnisse genommen haben. Mögliche Ergebnisverzerrungen werden im folgenden Kapitel diskutiert sowie eine Erweiterung des bisherigen Regressionsmodells zur Überprüfung der Validität vorausgehender Ergebnisse vorgenommen.

12.6.2.2 Sektorenmodell zum Einfluss des Beratungsanteils (zu Hypothese 1)

12.6.2.2.1 Modellaufbau

Anhand nichtparametrischer Tests konnten in der empirischen Untersuchung in *Kapitel 10.5.2* bedeutsame Branchenunterschiede hinsichtlich des Beratungsanteils (BA_{it}) nachgewiesen werden. Unternehmen der Sektoren *Telecommunication*, *Media* und *Transportation & Logistics* beziehen hohe Beratungsleistungen relativ zum Gesamthonorar, während die Nachfrage in den Sektoren *Technology* und *Pharma & Healthcare* niedrig ausfällt und sich signifikant von denen anderer Beobachtungen unterscheidet. Ferner werden bei einem deskriptiven Vergleich der diskretionären Accruals deutliche Unterschiede zwischen den Sektoren sichtbar. Diese betreffen, wie aus *Tabelle 12-13* hervorgeht, sowohl die Mittelwerte (*Mittelw.*), die Standardabweichungen (*St.-Abw.*) als auch die Extremwerte (*Min, Max*) und belegen, dass es trotz der clusterspezifischen Schätzung der Accruals zu erheblichen Unterschieden zwischen den einzelnen Sektoren kommt. Da die Ungleichheiten in der Verteilung der diskretionären Accruals in Verbindung mit divergierenden Beratungsanteilen in Abhängigkeit des betrachteten Sektors auftreten, könnte es zu Verzerrungen der Korrelationskoeffizienten kommen. Diese könnten so erheblich sein, dass die in der vorausgehenden Untersuchung dargestellten Zusammenhänge auf verzerrte Schätzer zurückzuführen sind.[1573] Um das Risiko

---

[1573] Die Beobachtungen des Sektors *Media*, für welchen bereits signifikant höhere Beratungsanteile nachgewiesen wurden, weisen (unabhängig vom Accrual-Schätzmodell) diskretionäre Accruals ($EDWCAVAR_{it}$) aus, die durch eine überdurchschnittliche Standardabweichung ($St.Abw_{PAJ}$ = 0,2032, $St.Abw._{DDM}$ = 0,2120) und auffällige Extremwerte ($Min._{PAJ}$ = -0,6864, $Max._{PAJ}$ = 0,2277, ($Min._{DDM}$ = -0,3999, $Max._{DDM}$ = 0,4812)) geprägt sind. In Verbindung mit dem hohen Beratungsanteilen suggerieren die extraordinären diskretionären Accruals den in Hypothese 1 vermuteten Zusammenhang, ohne dass eine Beeinträchtigung der Unabhängigkeit des Abschlussprüfers vorliegen muss. Stattdessen ist die Branchenzugehörigkeit ausschlaggebend für die ausgeprägte Nachfrage nach Beratungsleistungen und eine hohe Volatilität der (vermeintlich) diskretionären Accruals. Konträr dazu weisen *Technologie*-Unternehmen eine signifikant niedrige Nachfrage nach Beratungsleistungen aus. Gleichzeitig gehen aus *Tabelle 12-13* eine geringe Standardabweichung

verzerrter Verknüpfungen aufgrund unberücksichtigter Variablen zu minimieren, werden die bisherigen Regressionsgleichungen um die dichotomen Variablen $\sum Sektor_j$ erweitert. Diese bilden die Sektorenzugehörigkeit der jeweiligen Beobachtung ab, indem sie den Wert eins annehmen, wenn die Beobachtung einem bestimmten Sektor j zugeordnet ist.[1574]

Verteilung der diskretionären Accruals in Abhängigkeit von der Branchenzugehörigkeit						
	EDWCA	n	PAJ-Modell		DDM-Modell	
Sektoren (j)			Mittelw.	St.-Abw.	Mittelw.	St.-Abw.
Automobile	(1)	20	-0,0022	0,0357	0,0782	0,0607
Pharma & Healthcare	(2)	34	-0,0143	0,1402	0,0303	0,1347
Transportation & Logistics	(3)	15	0,0848	0,1234	0,0594	0,1055
Technology	(4)	9	-0,0342	0,0678	0,0635	0,0886
Industrial	(5)	107	-0,0195	0,1354	-0,0575	0,2707
Retail	(6)	24	0,0133	0,0540	0,0454	0,1158
Food & Beverages	(7)	2	-0,0128	0,0131	-0,0151	0,0597
Software	(8)	20	0,0824	0,1107	0,1219	0,1898
Chemicals	(9)	29	0,0350	0,0725	0,0176	0,0462
Basic Resources	(10)	5	-0,2655	0,0919	0,1874	0,0685
Utilities	(11)	6	-0,0096	0,0088	0,0809	0,0145
Consumer	(12)	25	0,0084	0,0590	-0,0265	0,0765
Construction	(13)	17	0,0285	0,0295	0,0750	0,0483
Media	(14)	17	-0,0085	0,2032	-0,0396	0,2120
Telecommunication	(15)	11	0,1185	0,1801	-0,0218	0,0771
Ø		341	0,0003	0,1084	0,0399	0,1046

Tabelle 12-13: Diskretionäre Accruals im Branchenvergleich

Alternativ zur Aufnahme der Variable $\sum Sektor_j$ bietet sich die Wiederholung der Regressionen für jeden Sektor separat an. Auch durch diese Vorgehensweise können Verzerrungen aufgrund systematischer Sektorenunterschiede ausgeschlossen werden. Obwohl *Mitra* (2007) bekundet, „that analyzing a single industry by implicitly factoring industry-specific effects provides a better understanding of the relation between nonaudit service fees and auditor objectivity", findet die Fokussierung einer bestimmten Branche in der bisherigen Forschung kaum Beachtung.[1575] Die Untersuchung von *Mitra* (2007), deren Forschungsgegenstand der Zusammenhang zwischen der Beratungstätigkeit des Abschlussprüfers und dem Ausmaß an Bilanzpolitik bei 71 börsennotierten Gesellschaften der US-amerikanischen Öl- und Gasindu-

---

[1574] ($St.Abw._{PAJ} = 0,0678$, $St.Abw._{DDM} = 0,0886$) sowie niedrige Extremwerte der diskretionären Accruals ($Min._{PAJ} = -0,1202$, $Max._{PAJ} = 0,0854$, $Min._{DDM} = -0,1211$, $Max._{DDM} = 0,1751$) hervor. Die relativ zum Durchschnitt (Ø) betrachtet niedrigen diskretionären Accruals der Technologie-Unternehmen sind möglicherweise jedoch weniger auf einen niedrigen Beratungsanteil als auf branchenspezifische Einflussfaktoren zurückzuführen. Eben diese wurden in der Mehrzahl bisheriger Studien sowie in der vorausgehenden Untersuchung nicht angemessen berücksichtigt.
Vgl. *Ashbaugh et al.* (2003), S. 626; *Chung/Kallapur* (2003), S. 940; *Reynolds et al.* (2004), S. 46; ähnlich auch *Cahan et al.* (2008), die das Umsatzwachstum der jeweiligen Branche betrachten (vgl. *Cahan et al.* (2008), S. 200).

[1575] *Mitra* (2007), S. 85.

strie ist, stellt gegenwärtig die einzige branchenspezifische Untersuchung dar. Entgegen der Erwartung geht aus dem Beitrag kein signifikanter Zusammenhang hervor.[1576] Für die Unternehmen des deutschen Prime-Standards scheidet diese Methodik aufgrund der geringen Anzahl von Unternehmensabschlüssen einer bestimmten Branche weitgehend aus (siehe *Tabelle 12-13*). Lediglich der Sektor *Industrial* verfügt mit 107 Beobachtungen über eine zur Durchführung multivariater Analysen hinreichende Anzahl. Neben der Aufnahme der Regressoren $\sum Sektor_j$ in die Regressionsgleichung der gesamten Stichprobe wird zusätzlich eine separate Regression für den Sektor *Industrial* durchgeführt. Die Ergebnisse sind in *Anhang 4* zusammengestellt und werden im Folgenden auszugsweise diskutiert.

Über eine vermutete Einflussnahme der Branchenzugehörigkeit hinaus zeigen nichtparametrische Tests (Mann-Whitney-U-Tests), dass Unternehmen, welche einen Börsengang (IPO_{it}) durchführen, in dem unmittelbar folgenden Konzernabschluss signifikant höhere Beratungsanteile als andere Gesellschaften ($Z = -5,048;$ *asym. Sig.* $< 0,000$). Die maßgeblichen Beratungshonorare beziehen sich dabei regelmäßig auf Bestätigungsleistungen, welche die Prüfung des Börsenprospektes (*IDW PS 910*) betreffen. Neben der Honorarstruktur könnte ein IPO auch das Ausmaß der Accruals beeinträchtigen. *Ball/Shivakumar* (2008) weisen etwa für den britischen Prüfungsmarkt nach, dass Unternehmen im zeitlichen Kontext eines IPO besonders konservativ berichten. Die Nachfrage nach einer höheren Prüfungsqualität aufgrund möglicher Haftungsrisiken während dieses Zeitraumes wird von den Autoren als ursächlich erachtet.[1577]

Mit ihren Forschungsergebnissen stellen *Ball/Shivakumar* (2008) die Resultate von *Teoh et al.* (1998) in Frage, welche diametral aufzeigen, dass Manager im zeitlichen Kontext eines IPOs den Jahresüberschuss stärker opportunistisch, insbesondere ergebnissteigernd, beeinflussen als in anderen Perioden. Dieser Zusammenhang kann auch für die betrachteten deutschen Unternehmen nachgewiesen werden. Danach sind die diskretionären Accruals im Geschäftsjahr des Börsengangs signifikant höher als in anderen Perioden. Dieser Unterschied besteht, wie ein Mann-Whitney-U-Test bestätigt, unabhängig vom Accrual-Schätzmodell ((PAJ) $Z = -2,513;$ *asym. Sig.* $= 0,012$; (DDM) $Z = -2,913;$ *asym. Sig.* $= 0,004$). Wird sowohl die Höhe der Beratungsleistungen als auch das Ausmaß diskretionärer Accruals von dem Ereignis eines Börsenganges beeinträchtigt, würde eine Vernachlässigung der Variable IPO_{it}, wie in einer Vielzahl von Untersuchungen üblich, zu einer Verzerrung der Schätzer führen.[1578] Um dieser Gefahr zu begegnen, wird neben der Variable $\sum Sektor_j$ auch der Regressor IPO_{it} in die Regressionsmodelle aufgenommen.

[1576] Vgl. *Mitra* (2007), S. 104.
[1577] Vgl. *Ball/Shivakumar* (2008), S. 324-349.
[1578] *Reynolds et al.* (2004, S. 33-37) berücksichtigen ebenfalls eine dichotome Kontrollvariable *IPO*, können allerdings keinen signifikanten Zusammenhang zwischen dem Beratungsanteil und dem Ausmaß an diskretionärer Bilanzpolitik nachweisen.

$$EDWCAVAR_{it(PAJ)} = \beta_0 + \beta_1 FEEVAR_{it} + \beta_6 LNMarktkap_{it} + \beta_9 RevGrowth_{it}$$
$$+ \beta_{11} MarkettoBookRatio_{it} + \beta_{12} ROA_{it} + \beta_{13} LOSS_{it} + \beta_{14} CFO_{it} / A_{it-1}$$
$$+ \beta_{15} WCA / A_{it-1} + \beta_{16} AltmanZScore + \beta_{17} LEV_{it} + \beta_{18} \Delta LEV_{it} \qquad (12.6.3)$$
$$+ \beta_{19} \Delta NoShares_{it} + \beta_{20} VarVergütung_{it} + \beta_{21} OperatingCycle_{it}$$
$$+ \beta_{22} CorpGov_{it} + \beta_{23} Big4_{it} + \beta_{24} Tenure_{it} + \beta_{25} Testat_{it} + \beta_{28} IPO_{it}$$
$$+ \sum_{j=29-n} \beta_j Sektor_j + \varepsilon$$

$$EDWCAVAR_{it(DDM)} = \beta_0 + \beta_1 FEEVAR_{it} + \beta_5 LNBilanzsumme_{it} + \beta_9 RevGrowth_{it}$$
$$+ \beta_{14} CFO_{it} / A_{it-1} + \beta_{16} AltmanZScore + \beta_{20} VarVergütung_{it} \qquad (12.6.4)$$
$$+ \beta_{21} OperatingCycle_{it} + \beta_{22} CorpGov_{it} + \beta_{23} BIG4 + \beta_{24} Tenure_{it}$$
$$+ \beta_{25} Testat_{it} + \beta_{26} \sigma REV_{it} + \beta_{27} \sigma CFO_{it} + \beta_{28} IPO_{it} + \sum_{j=29-n} \beta_j Sektor_j + \varepsilon$$

12.6.2.2.2 Ergebnisse

Die Wiederholung der Regression unter Berücksichtigung der Variablen IPO_{it} und $\sum Sektor_j$ liefert, unabhängig vom verwendeten Schätzmodell und der zu erklärenden Variable ($|EDWCA_{it}|$, $EDWCA_{it}^+$, $EDWCA_{it}^-$), ein im Vergleich zum Grundmodell gesteigertes Bestimmtheitsmaß (*adj. R^2*). Gleichzeitig bestätigen die F-Statistik, der Durbin-Watson-Koeffizient und die Kollinearitätsstatistik eine von der Modellerweiterung unbehelligte Eignung der linearen Regressionsmodelle. Ihre Ergebnisse sind in *Tabelle 12-14* zusammengestellt.

EDWCAVAR Variablen	$\|EDWCA\|$				$EDWCA^+$				$EDWCA^-$			
	n=341		n=341		n=169		n=183		n=172		n=158	
Modell:	PAJ		DDM		PAJ		DDM		PAJ		DDM	
Bestimmtheitsmaß:	0,272		0,394		0,752		0,517		0,465		0,543	
Durbin-Watson-Koeffizient	2,010		1,853		2,122		1,623		1,926		1,812	
	β	p	β	p	β	p	β	p	β	p	β	p
F-Statistik	4,968	0,000	9,176	0,000	16,92	0,000	8,774	0,000	5,797	0,000	8,774	0,000
(Konstante)	0,048	0,285	0,185	0,106	0,121***	0,009	0,065	0,673	-0,029	0,608	-0,181	0,263
Beratungsanteil	0,089	0,112	0,071	0,144	0,048	0,311	0,073	0,264	-0,010	0,887	-0,022	0,738
LNBilanzsumme	-	-	-0,069	0,284	-	-	0,007	0,937	-	-	0,082	0,368
LNMarktkap.	-0,165**	0,015	-	-	-0,228***	0,000	-	-	0,039	0,638	-	-
RevGrowth	0,046	0,372	0,414***	0,000	-0,029	0,536	0,390***	0,000	-0,267***	0,001	-0,511***	0,000
Market-to-Book-R.	0,132**	0,042	-	-	0,324***	0,000	-	-	-0,013	0,864	-	-
ROA	0,294***	0,000	0,250***	0,000	0,008	0,900	0,406***	0,000	-0,244**	0,016	-0,102	0,125
Loss	-0,268***	0,001	-	-	-0,374***	0,000	-	-	-0,130	0,127	-	-
CFO/A_{it-1}	-0,028	0,668	-	-	-0,053	0,434	-	-	-0,099	0,266	-	-
WCA/A_{it-1}	0,421***	0,000	-	-	0,804***	0,000	-	-	0,440***	0,000	-	-
Altman-Z-Score	-0,102	0,104	-0,105**	0,042	-0,218***	0,001	-0,281***	0,000	0,048	0,533	-0,059	0,410
LEV	-0,021	0,753	-	-	-0,160**	0,022	-	-	-0,009	0,912	-	-
ΔLEV	0,080	0,126	-	-	0,031	0,548	-	-	-0,045	0,494	-	-
ΔNoShares	0,018	0,741	-	-	0,023	0,644	-	-	0,025	0,724	-	-

Untersuchungsergebnisse und deren Diskussion

VarVergütung	0,121**	0,047	-0,095*	0,069	0,142**	0,013	-0,165**	0,013	-0,012	0,877	0,057	0,434
OperatingCycle	0,101*	0,073	0,078	0,123	-0,020	0,719	0,052	0,427	-0,031	0,675	0,079	0,248
CorpGov.	0,156***	0,004	0,072	0,137	0,093	0,963	0,073	0,261	-0,033	0,644	-0,052	0,413
Big4	0,015	0,787	-0,008	0,869	0,038	0,443	-0,013	0,838	0,016	0,825	-0,097	0,147
Tenure	0,024	0,633	-0,017	0,710	0,016	0,712	-0,082	0,151	0,012	0,848	-0,068	0,284
Testat	-0,075	0,127	-0,039	0,381	-0,070	0,106	a.	a.	-0,002	0,969	0,003	0,955
σ_{REV}	-	-	-0,001	0,987	-	-	0,383***	0,000	-	-	0,013	0,846
σ_{CFO}	-	-	0,070	0,112	-	-	0,120**	0,030	-	-	0,047	0,437
IPO	-0,047	0,410	0,208***	0,000	-0,123**	0,010	0,161***	0,006	-0,137*	0,095	-0,261***	0,000
∑ Sektor												

* Die Korrelation ist auf dem Niveau von p<0,10 (2-seitig) signifikant.
** Die Korrelation ist auf dem Niveau von p<0,05 (2-seitig) signifikant.
*** Die Korrelation ist auf dem Niveau von p<0,01 (2-seitig) signifikant.
a. Sämtliche Konzerne mit positiven diskretionären Accruals (DDM-Modell) weisen einen uneingeschränkten Bestätigungsvermerk aus.

Tabelle 12-14: Ergebnisse der Regression des Sektorenmodells

12.6.2.2.3 Interpretation der Ergebnisse

Die Vorzeichen der Korrelationskoeffizienten des Beratungsanteils (BA_{it}) entsprechen erneut ausnahmslos dem in Hypothese 1 unterstellten Zusammenhang. Allerdings ist die Verknüpfung nach Berücksichtigung der Sektorenzugehörigkeit und eines etwaigen Börsenganges unabhängig von dem verwendeten Schätzmodell und den Ausprägungen der betrachteten Accruals nicht länger signifikant. Die Hypothese, ein erhöhter Anteil des Beratungshonorars würde eine Beeinträchtigung der Unabhängigkeit des Abschlussprüfers zur Folge haben und so zu einem gesteigerten Ausmaß an Bilanzpolitik führen, wird nicht länger mit statistischer Evidenz bestätigt.[1579]

Auch die für das Teilsample der Unternehmen des Sektors *Industrial* durchgeführte Regression führt zur Verwerfung von Hypothese 1 aufgrund insignifikanter Zusammenhänge.[1580] Aus *Anhang 4.1* geht hervor, dass die Insignifikanzen zwischen dem Beratungsanteil und der jeweils betrachteten abhängigen Variable ($|EDWCA_{it}|$, $EDWCA_{it}^+$, $EDWCA_{it}^-$) unabhängig vom Accrual-Schätzmodell auftreten. Diese vom Basismodell abweichenden Resultate bestätigen, dass neben dem Beratungsanteil (BA_{it}) auch die geschätzten diskretionären Accruals ($EDWCAVAR_{it}$) von der Sektorenzugehörigkeit der jeweiligen Betrachtung beeinträchtigt werden. Eine Vernachlässigung der Sektorenzugehörigkeit als erklärende Variable, wie in zahlreichen internationalen Untersuchungen üblich, führt somit zu Verzerrungen, die in der vorliegenden Untersuchung so erheblich sind, dass es zu einer irrtümlichen Bestätigung von Hypothese 1 kommt. Wird die Sektorenzugehörigkeit der in die Stichprobe einbezogenen Unternehmen sowie ein gegebenenfalls im jeweiligen Geschäftsjahr vollzogener Börsengang hingegen angemessen berücksichtigt, kann die Hypothese nicht bestätigt werden. Der vermu-

---

[1579] Vgl. *Chung/Kallapur* (2003), welche die Sektorenzugehörigkeit sämtlicher Unternehmen kontrollieren, können ebenfalls keine Unabhängigkeitsbeeinträchtigung nachweisen (siehe *Kapitel 9.3.3*).
[1580] Die Durchführung der Regression für die Unternehmen des Sektors *Industrial* erfolgt analog unter Berücksichtigung der Variable *IPO*.

tete Zusammenhang zwischen dem Ausmaß an Bilanzpolitik und dem Anteil der Beratungsleistungen am Gesamthonorar des Abschlussprüfers wird nicht länger nachgewiesen. Daraus folgt, dass gegenwärtig geltende gesetzliche Regelungen sowie die ökonomischen Anreize zur Unabhängigkeitswahrung dem Abschlussprüfer, entgegen der zunächst formulierten Einschätzung, zumindest bei den im deutschen Prime-Standard gelisteten Unternehmen einen Verhaltensrahmen vorgeben, innerhalb dessen die Wahrung der Unabhängigkeit auch im Falle einer parallelen Beratung gewährleistet ist. Ob dies losgelöst von der Art der Beratungsleistung der Fall ist, oder aber je nach Dienstleistungskategorie Unterschiede hinsichtlich der Bereitschaft zur Aufgabe der Unabhängigkeit bestehen, wird im folgenden Abschnitt untersucht.

12.6.2.3 Differenzierung nach Dienstleistungskategorien (zu Hypothesen 2a-2c)

Während von dem Beratungsanteil nach der Kontrolle der Sektorenzugehörigkeit und einer möglichen Emission keine Beeinträchtigung der Unabhängigkeit des Abschlussprüfers ausgeht, könnten gemäß Hypothesen 2a, 2b und 2c in Abhängigkeit der Art der Dienstleistungen unterschiedliche Konsequenzen für die Prüfungsqualität auftreten. Zur Überprüfung der Hypothesen wird anhand der handelsrechtlichen Honorarkategorien (gem. § 314 Abs. 1 Nr. 14 HGB) eine Differenzierung zwischen den Beratungsdienstleistungen des Abschlussprüfers vorgenommen.

12.6.2.3.1 Andere Bestätigungsleistungen (zu Hypothese 2a)

Zwischen dem Anteil der *Anderen Bestätigungsleistungen* (BLA_{lt}) und der Höhe der diskretionären Accruals kann, wie aus *Tabelle 12-15* hervorgeht, kein signifikanter Zusammenhang aufgrund von knowledge spillovers nachgewiesen werden. Während die Koeffizienten der interessierenden Variable BLA_{lt} des DDM-Modells, wie zuvor die Koeffizienten für den Beratungsanteil (BA_{lt}) positiv korrelieren, suggerieren die Vorzeichen der Korrelationskoeffizienten des PAJ-Modells ein mit steigendem Beratungsanteil fallendes Ausmaß an Bilanzpolitik. Hypothese 2a wird jedoch nicht bestätigt, da keine Signifikanzen auftreten.

Untersuchungsergebnisse und deren Diskussion 403

EDWCAVAR Variablen	EDWCA		EDWCA⁺				EDWCA⁻			
	n=341		n=341		n=169		n=183		n=172		n=158
Modell:	PAJ		DDM		PAJ		DDM		PAJ		DDM
Bestimmtheitsmaß:	0,269		0,391		0,753		0,520		0,469		0,546
Durbin-Watson-Koeffizient	2,003		1,864		2,079		1,652		1,930		1,820
	β	p	β	p	β	p	β	p	β	p	β	p
F-Statistik	4,91***	0,000	9,09***	0,000	17,03***	0,000	8,58***	0,000	5,88***	0,000	8,77***	0,000
(Konstante)	0,071	0,119	0,186	0,113	0,134***	0,003	0,016	0,924	-0,034	0,543	-0,200	0,196
Bestätigungsl.	-0,066	0,241	0,047	0,351	-0,064	0,188	0,098	0,124	0,082	0,294	-0,017	0,803
LNBilanzsumme	-	-	-0,076	0,241	-	-	-0,002	0,979	-	-	0,091	0,314
LNMarktkap.	-0,151**	0,029	-	-	-0,218***	0,001	-	-	0,025	0,761	-	-
RevGrowth	0,037	0,471	0,412***	0,000	-0,028	0,546	0,391***	0,000	-0,255***	0,001	-0,510***	0,000
Market-to-Book-R.	0,128*	0,050	-	-	0,310***	0,000	-	-	-0,003	0,964	-	-
ROA	-0,300***	0,000	-	-	-0,417***	0,000	-	-	-0,119	0,156	-	-
Loss	-0,028	0,661	-	-	-0,079	0,245	-	-	-0,121	0,179	-	-
CFO/A_{it-1}	0,317***	0,000	0,248***	0,000	0,032	0,622	0,408***	0,000	-0,280***	0,008	-0,101	0,133
WCA/A_{it-1}	0,442***	0,000	-	-	0,822***	0,000	-	-	0,415***	0,000	-	-
Altman-Z-Score	-0,087	0,165	-0,103**	0,046	-0,188***	0,007	-0,279***	0,000	0,049	0,519	-0,055	0,442
Leverage	-0,016	0,815	-	-	-0,154**	0,027	-	-	-0,009	0,913	-	-
ΔLEV	0,089*	0,085	-	-	0,049	0,343	-	-	-0,042	0,517	-	-
ΔNoShares	0,038	0,476	-	-	0,046	0,344	-	-	0,027	0,696	-	-
VarVergütung	0,115*	0,061	-0,095*	0,070	0,133**	0,021	-0,163**	0,014	-0,008	0,912	0,055	0,455
OperatingCycle	0,083	0,139	0,075	0,139	-0,030	0,587	0,053	0,415	-0,023	0,755	0,081	0,234
CorpGov.	0,147***	0,007	0,073	0,138	0,083*	0,097	0,087	0,178	-0,022	0,758	-0,048	0,432
Big4	0,006	0,912	-0,007	0,885	0,028	0,575	-0,013	0,837	0,023	0,741	-0,099	0,143
Tenure	0,008	0,870	-0,021	0,644	0,005	0,905	-0,087	0,124	0,031	0,641	-0,070	0,274
Testat	-0,078	0,114	-0,037	0,403	-0,080*	0,065	a.	a.	-0,004	0,944	0,002	0,969
σ_{REV}	-	-	0,002	0,973	-	-	0,394***	0,000	-	-	0,012	0,855
σ_{CFO}	-	-	068	0,124	-	-	0,116**	0,035	-	-	0,046	0,440
IPO	-0,002	0,967	0,213***	0,000	-0,092*	0,057	0,145**	0,017	-0,174**	0,041	-0,261***	0,000
∑ Sektor												

* Die Korrelation ist auf dem Niveau von p<0,10 (2-seitig) signifikant.
** Die Korrelation ist auf dem Niveau von p<0,05 (2-seitig) signifikant.
*** Die Korrelation ist auf dem Niveau von p<0,01 (2-seitig) signifikant.
a. Sämtliche Konzerne mit positiven diskretionären Accruals (DDM-Modell) weisen einen uneingeschränkten Bestätigungsvermerk aus.

Tabelle 12-15: Ergebnisse der Regression zum Anteil der Bestätigungsleistungen

Konsistent mit den in *Tabelle 12-15* dargestellten Resultaten für die Gesamtstichprobe zeigt auch die branchenspezifische Analyse des Sektors Industrial, wie *Anhang 4.2* zu entnehmen ist, insignifikante Zusammenhänge auf.[1581] Lediglich die einkommensmindernden diskretionären Accruals ($EDWCA_{it}^-$) fallen, wie ein positiver Korrelationskoeffizient des PAJ-Modells belegt ($\beta_1 = 0,156; p = 0,048$), signifikant geringer aus, wenn der Honoraranteil der Bestätigungsleistungen (BLA_{it}) hoch ist. Diese Korrelation, welche eine Steigerung der Prüfungsqualität suggeriert, ist jedoch ausschließlich für das PAJ-Modell, das Teilsample der

---

[1581] Siehe *Anhang 3*.

Industrie-Unternehmen und die negativen diskretionären Accruals evident. Bei Verwendung des DDM-Modells oder anderer Accrual-Variablen ist der Einfluss hingegen insignifikant. Somit kann Hypothese 2a insgesamt auch für das Teilsample der Industrieunternehmen nicht bestätigt werden. Der Anteil der Bestätigungsleistungen (BLA_{it}) am Gesamthonorar des Abschlussprüfers steht, wie bereits von *Huang et al.* (2007) für den US-amerikanischen Markt nachgewiesen, auch bei den Unternehmen des deutschen Prime-Standards in keiner statistisch belegbaren Beziehung zur Bilanzpolitik.[1582] Ursächlich für diese Insignifikanz könnten zwei gegenläufige Effekte sein. Während knowledge spillovers zwischen der prüfungsnahen Beratung und der gesetzlichen Abschlussprüfung, wie in Hypothese 2a vermutet, eine Steigerung der Urteilsfähigkeit des Abschlussprüfers aufgrund einer Verbesserung der mandatsspezifischen Kenntnisse zur Folge haben könnte, führt ein mit der parallelen Tätigkeit steigendes wirtschaftliches Interesse, eine erhöhte Vertrautheit mit dem Mandanten oder gar dessen Interessensvertretung sowie eine aus dem Aufzeigen von Handlungsempfehlungen resultierende Gefahr der Selbstprüfung möglicherweise zu einer Beeinträchtigung der Unabhängigkeit. Diese beiden gegenläufigen Effekte einer steigenden Urteilsfähigkeit und einer reduzierten Urteilsfreiheit könnten sich gegenseitig aufheben, so dass das Ausmaß bilanzpolitischer Einflussnahme nicht von dem anderer Unternehmen abweicht.

12.6.2.3.2 Steuerberatung (zu Hypothese 2b)

Quick/Warming-Rasmussen (2007) weisen eine aus der parallelen Steuerberatung des Abschlussprüfers resultierende Beeinträchtigung der wahrgenommenen Unabhängigkeit bei deutschen Kleinaktionären nach.[1583] *Robinson* (2008), welche den Zusammenhang zwischen der Ausprägung des Prüfungsurteils und der parallelen Steuerberatungstätigkeit bei zahlungsunfähigen US-amerikanischen Unternehmen betrachtet, kann hingegen keine Beeinträchtigung der tatsächlichen Unabhängigkeit belegen. Stattdessen erteilen Abschlussprüfer häufiger ein eingeschränktes Prüfungsurteil, wenn sie zuvor in steuerlichen Fragestellungen beraten haben.[1584] Durch die steuerliche Beratung gewonnene Einblicke erweitern den mandatsspezifischen Kenntnisstand und steigern die Urteilsfähigkeit. Während *Robinson* (2008) somit einen qualitätssteigernden Einfluss der Steuerberatungstätigkeit auf die Prüfungsqualität belegt, können *Huang et al.* (2007), die ebenfalls den US-amerikanischen Markt betrachten, keinen signifikanten Zusammenhang zwischen dem Ausmaß an Bilanzpolitik und dem Steuerberatungshonorar nachweisen.[1585]

[1582] Vgl. *Huang et al.* (2007), S. 141.
[1583] Vgl. *Quick/Warming-Rasmussen* (2007), S. 1018.
[1584] Vgl. *Robinson* (2008), S. 31-54.
[1585] Vgl. *Huang et al.* (2007), S. 141. Siehe auch *Kapitel 9.3.7.*

Untersuchungsergebnisse und deren Diskussion

EDWCAVAR Variablen		EDWCA			EDWCA⁺			EDWCA⁻		
	n=341		n=341		n=169	n=183		n=172	n=158
Modell:	PAJ		DDM		PAJ	DDM		PAJ	DDM
Bestimmtheitsmaß:	0,266		0,391		0,762	0,514		0,466	0,546
Durbin-Watson-Koeffizient	1,996		1,873		2,145	1,659		1,933	1,847
	β	p	β	p	β	p	β	p	β	p
F-Statistik	4,85***	0,000	9,09***	0,000	17,80***	0,000	8,39***	0,000	5,82***	0,000	8,87***	0,000
(Konstante)	0,069	0,135	0,117	0,331	0,111**	0,013	0,045	0,773	-0,032	0,567	-0,234	0,140
Steuerberatung	0,014	0,782	0,042	0,341	0,109**	0,010	0,030	0,607	0,035	0,565	0,062	0,317
LNBilanzsumme	-	-	-0,063	0,328	-	-	0,025	0,762	-	-	0,105	0,247
LNMarktkap.	-0,162**	0,018	-	-	-0,214***	0,001	-	-	0,037	0,653	-	-
RevGrowth	0,039	0,441	0,409***	0,000	-0,032	0,479	0,385***	0,000	-0,266***	0,001	-0,511***	0,000
Market-to-Book-R.	0,136**	0,038	-	-	0,296***	0,000	-	-	-0,017	0,821	-	--
ROA	-0,290***	0,000	-	-	-0,373***	0,000	-	-	-0,124	0,139	-	-
Loss	-0,028	0,666	-	-	-0,058	0,371	-	-	-0,097	0,272	-	-
CFO/A$_{t-1}$	0,304***	0,000	0,249***	0,000	-0,002	0,970	0,405***	0,000	-0,242**	0,015	-0,100	0,133
WCA/A$_{t-1}$	0,431***	0,000	-	-	0,801**	0,000	-	-	0,437***	0,000	-	-
Altman-Z-Score	-0,094	0,135	-0,101**	0,050	-0,199***	0,003	-0,269***	0,000	0,045	0,559	-0,056	0,432
LEV	-0,015	0,820	-	-	-0,136*	0,048	-	-	-0,011	0,887	-	-
ΔLEV	0,087*	0,094	-	-	0,032	0,523	-	-	-0,049	0,458	-	-
ΔNoShares	0,032	0,547	-	-	0,036	0,446	-	-	0,019	0,783	-	-
VarVergütung	0,120*	0,050	-0,098*	0,062	0,136**	0,016	-0,168**	0,012	-0,009	0,912	0,056	0,440
OperatingCycle	0,090	0,111	0,070	0,165	-0,022	0,689	0,038	0,559	-0,033	0,657	0,085	0,215
CorpGov.	0,153***	0,005	0,068	0,165	0,082*	0,092	0,078	0,238	-0,030	0,671	-0,037	0,548
Big4	0,013	0,815	-0,008	0,868	0,040	0,419	-0,014	0,831	0,017	0,808	-0,098	0,138
Tenure	0,013	0,790	-0,024	0,603	0,012	0,781	-0,088	0,122	0,015	0,819	-0,075	0,236
Testat	-0,075	0,127	-0,039	0,380	-0,063	0,138	a.	a.	-0,009	0,883	0,003	0,965
σ$_{REV}$	-	-	-0,005	0,914	-	-	0,392***	0,000	-	-	0,018	0,788
σ$_{CFO}$	-	-	0,073	0,096	-	-	0,123**	0,026	-	-	0,044	0,452
IPO	-0,022	0,690	0,238***	0,000	-0,102**	0,025	0,185***	0,001	-0,135*	0,089	-0,262***	0,000
∑ Sektor										

* Die Korrelation ist auf dem Niveau von p<0,10 (2-seitig) signifikant.
** Die Korrelation ist auf dem Niveau von p<0,05 (2-seitig) signifikant.
*** Die Korrelation ist auf dem Niveau von p<0,01 (2-seitig) signifikant.
a. Sämtliche Konzerne mit positiven diskretionären Accruals (DDM-Modell) weisen einen uneingeschränkten Bestätigungsvermerk aus.

Tabelle 12-16: Ergebnisse der Regression zum Anteil der Steuerberatungsleistungen

Ähnlich weisen die in *Tabelle 12-16* dargestellten Korrelationen für die Unternehmen des Prime-Standards nahezu ausnahmslos insignifikante Zusammenhänge zwischen dem Anteil der Steuerberatungshonorare ($STbA_{it}$) und den diskretionären Accruals ($EDWCAVAR_{it}$) auf. Gleichzeitig weichen auch die Koeffizienten lediglich geringfügig von null ab und unterstreichen die Irrelevanz des Steuerberatungsanteils für das Ausmaß der Bilanzpolitik. Für negative diskretionäre Accruals ($EDWCA_{it}^-$) ist das Vorzeichen des Koeffizienten entgegen der Hypothese sogar positiv und deutet auf eine Reduktion des Ausmaßes an einkommensmindernder Bilanzpolitik infolge einer parallelen Steuerberatungstätigkeit hin. Während die Ergebnisse hier ebenfalls überwiegend insignifikant sind, zeigt sich alleine für die mittels des PAJ-

Modells geschätzten einkommenssteigernden diskretionären Accruals ($EDWCA_{it}^+$) eine statistisch haltbare Korrelation, welche Hypothese 2b bestätigt.

Die Durchführung der Regression anhand der 107 Beobachtungen des Sektors *Industrial* weist ebenfalls, wie in *Anhang 4.3* dargestellt, die für das Gesamtsample nachgewiesenen Insignifikanzen auf. Selbst der Koeffizient der einkommenssteigernden Accruals ($EDWCA_{it}^+$) des PAJ-Modells ist bei den Industrie-Unternehmen insignifikant. Stattdessen geht aus der Regression für die PAJ-Accruals ein (schwach) signifikant negativer Korrelationskoeffizient für die absoluten diskretionären Accruals ($|EDWCA_{it}|$) hervor, welcher in Anlehnung an *Robinson* (2008) und entgegen der Hypothese 2b als Surrogat einer gesteigerten Prüfungsqualität verstanden werden könnte.

Insgesamt ist somit festzuhalten, dass die überwiegend insignifikanten Zusammenhänge bei niedrigen Korrelationskoeffizienten zur Verwerfung der Hypothese 2b führen. Analog zu *Huang et al.* (2007) kann somit neben den *Bestätigungsleistungen* (BLA_{it}) auch für eine parallel zur Abschlussprüfung stattfindende *Steuerberatungstätigkeit* ($STbA_{it}$) kein eindeutiger Einfluss auf das Ausmaß der Bilanzpolitik nachgewiesen werden.

12.6.2.3.3 Sonstige Leistungen (zu Hypothese 2c)

Die unter den Sonstigen Leistungen (SLA_{it}) ausgewiesenen Honorare könnten möglicherweise der Legitimierung bzw. Tarnung von Seitenzahlungen des Managements an den Abschlussprüfer dienen.[1586] In Anlehnung an *Huang et al.* (2007) wird daher vermutet, dass eine Beeinträchtigung der Unabhängigkeit bei auffallenden Honoraren in dieser Kategorie wahrscheinlich ist. Ursächlich für diese Einschätzung ist insbesondere die inhaltliche Diskrepanz zwischen den hier ausgewiesenen Beratungsleistungen (siehe *Kapitel 5.1.1.2*) und der gesetzlichen Abschlussprüfung, welche das Auftreten von qualitätssteigernden *knowledge spillovers* unwahrscheinlich macht. Dieser Annahme entsprechend bestätigt die PAJ-Regression, wie aus *Tabelle 12-17* hervorgeht, zumindest teilweise eine Beeinträchtigung der tatsächlichen Unabhängigkeit des Abschlussprüfers bei hohen Honoraranteilen der unter den *Sonstigen Leistungen* (SLA_{it}) ausgewiesenen Honorare. Bei einer befriedigenden Anpassungsgüte der Modelle ($adj. R^2 = 0{,}291\text{-}0{,}751$) validieren neben den absoluten diskretionären Accruals ($|EDWAC_{it}|$), welche signifikant positiv mit dem Honoraranteil der *Sonstigen Leistungen* (SLA_{it}) korrelieren, auch die einkommensmindernden diskretionären Accruals ($EDWCA_{it}^-$) den in Hypothese 2c prognostizierten Zusammenhang, sofern die Schätzung der Accruals anhand des PAJ-Modells erfolgt. Ähnlich weisen auch die Vorzeichen der Korrelationskoeffizienten des DDM-Modells für die absoluten und negativen diskretionären Accruals ($|EDWCA_{it}|$, $EDWCA_{it}^-$) die in Hypothese 2c prognostizierten Vorzeichen auf. Die Aussagekraft der Koef-

---

[1586] Vgl. *Huang et al.* (2007)

fizienten wird jedoch dadurch eingeschränkt, dass die interessierenden Zusammenhänge des PAJ-Modells ausnahmslos insignifikant sind.

EDWCAVAR Variablen	|EDWCA|		EDWCA⁺		EDWCA⁻	
	n=341	n=341	n=169	n=183	n=172	n=158
Modell	PAJ	DDM	PAJ	DDM	PAJ	DDM
Bestimmtheitsmaß:	0,291	0,390	0,751	0,514	0,476	0,546
Durbin-Watson-Koeffizient	2,050	1,877	2,100	1,684	1,960	1,811
	β	p	β	p	β	p	β	p	β	p	β	p
F-Statistik	5,36***	0,000	9,04***	0,000	16,8***	0,000	8,40***	0,000	6,02***	0,000	8,88***	0,000
(Konstante)	0,048	0,279	0,198*	0,085	0,128***	0,005	0,046	0,768	-0,018	0,743	-0,146	0,363
Sonst. Leistung	0,167***	0,001	0,013	0,766	0,025	0,575	-0,035	0,548	-0,111*	0,084	-0,063	0,297
LNBilanzsumme	-	-	-0,066	0,308	-	-	0,027	0,747	-	-	0,063	0,491
LNMarktkap.	-0,140**	0,039	-	-	-0,226***	0,000	-	-	0,019	0,819	-	-
RevGrowth	0,049	0,328	0,410***	0,000	-0,027	0,555	0,384***	0,000	-0,259***	0,001	-0,513***	0,000
Market-to-Book-R.	0,113*	0,078	-	-	0,323***	0,000	-	-	-0,004	0,955	-	-
ROA	-0,262***	0,001	-	-	-0,392***	0,000	-	-	-0,139*	0,095	-	-
Loss	-0,026	0,679	-	-	-0,063	0,349	-	-	-0,105	0,230	-	-
CFO/A$_{it-1}$	0,314***	0,000	0,250***	0,000	0,021	0,753	0,406***	0,000	-0,256**	0,010	-0,106	0,112
WCA/A$_{it-1}$	0,441***	0,000	-	-	0,812***	0,000	-	-	0,411***	0,000	-	-
Altman-Z-Score	-0,097	0,116	-0,098*	0,056	-0,209***	0,002	-0,263***	0,000	0,061	0,426	-0,072	0,320
LEV	-0,035	0,602	-	-	-0,162**	0,021	-	-	0,002	0,984	-	-
ΔLEV	0,077	0,130	-	-	0,038	0,456	-	-	-0,048	0,457	-	-
ΔNoShares	0,012	0,814	-	-	0,030	0,539	-	-	0,031	0,653	-	-
VarVergütung	0,105*	0,081	-0,099*	0,059	0,140**	0,015	-0,168**	0,012	0,000	0,995	0,065	0,376
OperatingCycle	0,106*	0,057	0,072	0,157	-0,024	0,668	0,034	0,602	-0,039	0,595	0,075	0,271
CorpGov.	0,146***	0,006	0,068	0,164	0,090*	0,070	0,087	0,186	-0,034	0,634	-0,052	0,388
Big4	-0,004	0,938	-0,012	0,813	0,034	0,503	-0,015	0,814	0,024	0,728	-0,089	0,182
Tenure	0,026	0,603	-0,024	0,598	0,013	0,775	-0,094*	0,098	0,012	0,851	-0,068	0,284
Testat	-0,082*	0,091	-0,040	0,368	-0,076*	0,081	a.	a.	-0,003	0,957	0,007	0,908
σ$_{REV}$	-	-	-0,006	0,894	-	-	0,401***	0,000	-	-	0,018	0,779
σ$_{CFO}$	-	-	0,071	0,106	-	-	0,122**	0,028	-	-	0,046	0,439
IPO	-0,045	0,412	0,231***	0,000	-0,114**	0,015	0,184***	0,001	-0,126	0,108	-0,260***	0,000
∑ Sektor												

* Die Korrelation ist auf dem Niveau von p<0,10 (2-seitig) signifikant.
** Die Korrelation ist auf dem Niveau von p<0,05 (2-seitig) signifikant.
*** Die Korrelation ist auf dem Niveau von p<0,01 (2-seitig) signifikant.
a. Sämtliche Konzerne mit positiven diskretionären Accruals (DDM-Modell) weisen einen uneingeschränkten Bestätigungsvermerk aus.

Tabelle 12-17: Ergebnisse der Regression zum Anteil der Sonstigen Leistungen

Die Durchführung der Regressionen für das Teilsample der *Industrie*-Unternehmen bestätigt, wie aus *Anhang 4.4* hervorgeht, die Resultate in *Tabelle 12-17*. Die interessierenden Koeffizienten zeigen erneut unabhängig vom verwendeten Accrual-Schätzmodell die prognostizierten Vorzeichen für die Variablen $|EDWCA_{it}|$ und $EDWCA_{it}^-$ auf. Auch die anhand der *Industrie*-Unternehmen nachgewiesenen Signifikanzen und Insignifikanzen stimmen mit denen der Koeffizienten aller Sektoren qualitativ überein. Für einkommensmindernde diskretionäre Accruals ($EDWCA_{it}^-$) steigt das Signifikanzniveau sogar auf $p < 0,01$ an. Die Validität der

Ergebnisse wird jedoch auch bei den *Industrie*-Unternehmen aufgrund insignifikanter Zusammenhänge beim DDM-Modell eingeschränkt. Ferner ist der Zusammenhang zwischen den einkommenssteigernden diskretionären Accruals ($EDWCA_{it}^+$) und der Honorarkennzahl für das Teilsample, unabhängig vom Schätzmodell und der Stichprobe, insignifikant.

Die Konsistenz der Vorzeichen der Korrelationskoeffizienten, welche unabhängig vom Accrual-Schätzmodell bestehen, sowie die Signifikanzen des Koeffizienten der absoluten und negativen (mittels des PAJ-Modells) geschätzten Accruals können als Bestätigung von Hypothese 2c betrachtet werden. Von Interesse ist daher, welche Leistungen sich im Detail hinter denen in der Residualkategorie ausgewiesenen Honoraren verbergen. Bedauerlicherweise informieren die meisten Unternehmen der Stichprobe nicht über die Hintergründe der ausgewiesenen Honorare. Die Volkswagen AG weist bspw. zum 31.12.2006 Honorare für sonstige von PwC erbrachte Leistungen i.H.v. 2,22 Mio. € aus ($SLA_{Volkswagen,\ 2006} = 30,9\ \%$), ohne auf deren Hintergründe näher einzugehen.[1587] Lediglich wenige Konzerne informieren freiwillig über die Dienstleistungen und stellen den Abschlussadressaten zusätzliche Angaben zu den vom Abschlussprüfer bezogenen Leistungen bereit. Die Deutsche Telekom AG weist bspw. zum 31.12.2007 Honoraraufwendungen i.H.v. 4,0 Mio. € ($SLA_{Dt.Telekom,\ 2007} = 16,6\ \%$) aus, die „überwiegend Beratungsleistungen und Unterstützungen im Zusammenhang mit der Erfüllung von Anforderungen, die von der Bundesnetzagentur und anderen Behörden an die Gesellschaft gestellt werden" betreffen.[1588]

Sofern die Honorare für *Sonstige Leistungen* sich vorrangig auf Dienstleistungen beziehen, die in keinem direkten Bezug zum Jahresabschluss stehen, dürfte die Gefahr der Selbstprüfung im Vergleich zu Bestätigungsleistungen sowie der Steuerberatung relativ gering sein. Auch eine Unabhängigkeitsbeeinträchtigung aufgrund der Interessenvertretung wird bei den hier betrachteten kapitalmarktorientierten Unternehmen, nicht zuletzt aufgrund des Verbotes der Rechtsberatung (§ 319a Abs. 1 S. 1 Nr. 2 HGB), selten auftreten. Dagegen könnte der von den Leistungen ausgehende wirtschaftliche Anreiz ursächlich für eine erhöhte Kompromissbereitschaft des Abschlussprüfers sein. Während prüfungsnahe Bestätigungsleistungen bei den Big4-Gesellschaften regelmäßig von den Prüfungsabteilungen erbracht werden und steuerliche Beratung durch die Steuerabteilungen erfolgt, dürfte es sich bei den unter den *Sonstigen Leistungen* ausgewiesenen Dienstleistungen vorrangig um Beratungsleistungen der Advisory-Abteilungen handeln. Eben diese zeichnen sich, wie in *Kapitel 4.3.2* aufgezeigt, durch eine hohe Rentabilität aus, so dass vorrangig wirtschaftliche Eigeninteressen ursächlich für die anhand des PAJ-Modells nachgewiesene Unabhängigkeitsbeeinträchtigung sein dürften.

[1587] Vgl. Ähnlich auch die Situation bei der Hypo Real Estate AG, welche in der Untersuchung aufgrund ihrer Sektorenzugehörigkeit (Bank) unberücksichtigt blieb und zum 31.12.2007 Sonstige Leistungen i.H.v. 4,23 Mio. € ($SLA_{HypoRealEstate,\ 2007} = 38,1\ \%$) ausweist, ohne diese näher zu beschreiben (vgl. *Hypo Real Estate AG Geschäftsbericht 2007* (2008), S. 151).

[1588] Vgl. *Deutsche Telekom AG Geschäftsbericht 2007* (2008), S. 196.

Da anhand des DDM-Schätzmodells keine im statistischen Sinne signifikante opportunistische Einflussnahme des Managements nachgewiesen werden konnte, darf Hypothese 2c. jedoch nicht als uneingeschränkt bestätigt betrachtet werden. Ursächlich für diese zwischen den Modellen divergierenden Signifikanzen könnte ein noch moderates Ausmaß der Bilanzpolitik bei den betrachteten Unternehmen sein, welches eine zuverlässige Separierung der gesamten Working Capital Accruals (WCA_{it}) anhand des DDM-Modells noch nicht ermöglicht.[1589]

12.6.2.4 Einfluss der Veränderung des Beratungsanteils (zu Hypothese 3)

Lai (2007) untersucht den Einfluss der Veränderung des Beratungsanteils im Periodenvergleich auf die diskretionären Accruals und kann, wie in *Kapitel 9.3.8* dargestellt, einen signifikanten Zusammenhang anhand von 2.389 US-amerikanischen Kapitalgesellschaften nachweisen.[1590] Ähnlich belegt auch *Dickins* (2007), welche die Entwicklung der Nichtabschlussprüfungsleistungen zwischen 2000 und 2004 sowie das Ausmaß an Earnings Management ebenfalls bei US-amerikanischen Unternehmen analysiert, dass weniger die Höhe des Beratungsanteils, sondern deren Veränderung im Zeitvergleich signifikanten Einfluss auf das Ausmaß an Bilanzpolitik nimmt.[1591] Steigt der Beratungsanteil relativ zur Vorperiode an ($\Delta BA_{it} > 0$), weisen Unternehmen höhere diskretionäre Accruals aus als Konzerne mit fallendem Beratungsanteil ($\Delta BA_{it} < 0$). Diese anhand zweier unabhängiger Studien empirisch nachgewiesene Verbindung wird darauf zurückgeführt, dass das Management zusätzliche, über ein normales Niveau hinausreichende Beratungshonorare an den Abschlussprüfer zahlt, wenn es den eigenen Handlungsspielraum im Rahmen der Abschlusserstellung erweitern möchte. Während der Aufsichtsrat den Prüfungsauftrag erteilt (§ 111 Abs. 2 S. 3 AktG) und die Prüfungshonorare verhandelt, welche im Zeitverlauf weitgehend konstant sind, unterliegen die vom Management vergebenen Beratungsaufträge deutlichen Schwankungen im Zeitvergleich. Zur Überprüfung von Hypothese 3 wird im Folgenden der Einfluss der Veränderung des Beratungsanteils ($\Delta BA_{it} = BA_{it} - BA_{it-1}/ BA_{it-1}$) auf das Ausmaß der Bilanzpolitik untersucht.

[1589] Die bilanzpolitische Einflussnahme ist, sofern sie vorliegt, anhand des aktuellen Cashflows (CFO_{it}), der Zahlungsströme der Vor-(CFO_{it-1}) sowie der Folgeperiode (CFO_{it+1}) noch nicht erkennbar, so dass eine Klassifizierung als nicht-diskretionär anhand des DDM-Modells nicht erfolgt.
[1590] Vgl. *Lai* (2007), S. 2.
[1591] Vgl. *Dickins* (2007), S. 25.

EDWCAVAR		EDWCA			EDWCA$^+$			EDWCA$^-$		
Variablen \ Modell:	n=213 PAJ	n=213 DDM		n=107 PAJ	n=120 DDM		n=106 PAJ	n=93 DDM	
Bestimmtheitsmaß:	0,235	0,209		0,810	0,294		0,838	0,289	
Durbin-Watson-Koeffizient	2,015	1,890		2,015	1,793		1,894	1,809	
	β	p	β	p	β	p	β	p	β	p
F-Statistik	3,04***	0,000	3,07***	0,000	16,62***	0,000	2,92***	0,000	18,49***	0,000	2,70***	0,000
(Konstante)	0,044	0,467	0,226***	0,038	0,264***	0,000	0,242*	0,094	-0,050	0,177	-0,148	0,425
ΔBA(t-1 zu t)	0,079	0,245	0,044	0,517	-0,027	0,613	-0,036	0,704	0,013	0,788	-0,013	0,892
LNBilanzpolitik.	-	-	-0,134	0,150	-	-	-0,138	0,275	-	-	0,096	0,546
LNMarktkap.	-0,145	0,110	-	-	-0,089	0,214	-	-	0,019	0,765	-	-
RevGrowth	0,075	0,269	0,054	0,425	-0,093*	0,092	-0,168	0,123	-0,091*	0,092	-0,265**	0,023
Market-to-Book-R.	0,069	0,412	-	-	0,253***	0,007	-	-	-0,103**	0,049	-	-
ROA	-0,333***	0,000	-	-	-0,053	0,687	-	-	-0,211***	0,001	-	-
Loss	-0,064	0,424	-	-	-0,014	0,865	-	-	-0,099	0,132	-	-
CFO/A$_{it-1}$	0,382***	0,000	0,221***	0,004	-0,130	0,121	0,385***	0,000	-0,162*	0,076	0,047	0,704
WCA/A$_{it-1}$	0,583***	0,000	-	-	0,839***	0,000	-	-	0,853***	0,000	-	-
Altman-Z-Score	-0,095	0,247	-0,156**	0,045	-0,304***	0,009	-0,254**	0,020	0,188***	0,002	-0,018	0,870
LEV	0,022	0,803	-	-	-0,140*	0,067	-	-	0,035	0,594	-	-
ΔLEV	0,071	0,290	-	-	0,023	0,673	-	-	0,019	0,699	-	-
ΔNoShares	0,021	0,755	-	-	0,066	0,220	-	-	0,052	0,260	-	-
VarVergütung	0,112	0,200	-0,124	0,131	0,041	0,548	-0,177*	0,091	0,046	0,474	-0,005	0,969
OperatingCycle	0,058	0,438	-0,047	0,536	-0,097	0,112	0,003	0,774	-0,010	0,853	0,174	0,121
CorpGov.	0,182**	0,012	0,092	0,201	-0,027	0,633	0,077	0,419	-0,028	0,636	-0,181*	0,094
Big4	0,047	0,527	0,033	0,655	-0,025	0,647	0,003	0,976	-0,055	0,316	-0,141	0,190
Tenure	0,070	0,305	-0,024	0,722	0,000	0,995	-0,157*	0,088	0,026	0,579	-0,095	0,376
Testat	-0,011	0,869	-0,022	0,734	a.	a.	a.	a.	0,021	0,671	0,015	0,879
σ$_{REV}$	-	-	0,378***	0,000	-	-	0,357***	0,000	-	-	-0,198	0,138
σ$_{CFO}$	-	-	0,053	0,414	-	-	0,054	0,526	-	-	-0,133	0,168
IPO	-0,050	0,433	-0,021	0,738	a.	a.	-0,051	0,542	0,051	0,275	a.	a.
∑ Sektor										

* Die Korrelation ist auf dem Niveau von p<0,10 (2-seitig) signifikant.
** Die Korrelation ist auf dem Niveau von p<0,05 (2-seitig) signifikant.
*** Die Korrelation ist auf dem Niveau von p<0,01 (2-seitig) signifikant.
a. Sämtliche Konzerne mit positiven diskretionären Accruals (DDM-Modell) weisen einen uneingeschränkten Bestätigungsvermerk aus.

Tabelle 12-18: Einfluss der Veränderung des Beratungsanteils (ΔBA (t-1 zu t))

In *Tabelle 12-18* sind die Resultate der multivariaten Regression zur Veränderung des Beratungsanteils zwischen den Jahren 2005 und 2006 sowie zwischen 2006 und 2007 für insgesamt 213 Beobachtungen dargestellt. Dabei wird ein für das PAJ-Modell überdurchschnittliches Bestimmtheitsmaß (*adj. $R^2 = 0,235 - 0,838$*) erzielt. Die Anpassungsgüte des DDM-Modells fällt hingegen moderat aus (*adj. $R^2 = 0,209 - 0,294$*). Unabhängig vom Regressionsmodell besteht zwischen der Veränderung des Beratungsanteils (ΔBA_{it}) und den diskretionären Accruals ($|EDWCA_{it}|$, $EDWCA_{it}^+$, $EDWCA_{it}^-$) kein signifikanter Zusammenhang. Entgegen der Vermutung einer Unabhängigkeitsbeeinträchtigung haben die Koeffizienten der Variablen $EDWCA_{it}^+$ sogar negative Vorzeichen.

Untersuchungsergebnisse und deren Diskussion 411

Die Betrachtung der Veränderung des Beratungsanteils ergänzend, wurde eine dezidierte Betrachtung der Veränderung der in den einzelnen Kategorien *Andere Bestätigungsleistungen* (ΔBLA_{it}), *Steuerberatung* ($\Delta StBA_{it}$) und *Sonstige Leistungen* (ΔSLA_{it}) ausgewiesenen Honorare vorgenommen. Auch hier fallen die Zusammenhänge, wie aus *Anhang 5.1* hervorgeht, überwiegend insignifikant aus.

Allerdings kann für die negativen diskretionären Accruals ($EDWCA_{it}^-$) ein (schwach) signifikanter Zusammenhang nachgewiesen werden, wenn der Anteil der Bestätigungsleistungen (ΔBLA_{it}) von Periode *t-1* zu *t* ansteigt und die diskretionären Accruals anhand des PAJ-Modells geschätzt werden. Bei der Betrachtung der Veränderung des Anteils der Steuerberatungsleistungen ($\Delta STbA_{it}$) zeigt hingegen das DDM-Modell einen im statistischen Sinne evidenten Zusammenhang auf. Die absoluten ($|EDWCA_{it}|$) und positiven diskretionären ($EDWCA_{it}^+$) Accruals wachsen demnach an, wenn der Anteil der Steuerberatungsleistungen im Zeitvergleich steigt ($\Delta StBA_{it} < 0$) *(Anhang 5.2)*. Ein starkes Wachstum der vom Gesetzgeber als mit der Abschlussprüfung vereinbar erachteten steuerlichen Beratung i.S.d. § 319a Abs.1 Nr. 2 HGB könnte somit eine Beeinträchtigung der Unabhängigkeit begründen. Allerdings ist dieser Zusammenhang lediglich für das DDM-Modell, nicht jedoch für das PAJ-Modell signifikant.

Zwischen der *Veränderung der Sonstigen Leistungen* (ΔSLA_{it}) und den diskretionären Accruals ($EDWCAVAR_{it}$) kann keine Korrelation nachgewiesen werden *(Anhang 5.3)*. Dies verwundert insbesondere aufgrund des bereits nachgewiesenen Zusammenhangs zwischen den Sonstigen Leistungen und den Accruals im vorausgehenden Kapitel. Möglicherweise ist die weitgehende Insignifikanz darauf zurückzuführen, dass eine Beeinträchtigung der Unabhängigkeit aus wirtschaftlichen Eigeninteressen sowie der Androhung einer Nichtberücksichtigung bei der Vergabe von Beratungshonoraren weniger durch die Entwicklungen der Vergangenheit geprägt ist, sondern vorrangig von den erwarteten Honorarentwicklungen beeinträchtigt wird (siehe hierzu auch die Quasirentenmodelle in *Kapitel 6*). Schließlich sind die aufwandswirksam erfassten Honorare der Perioden *t-1* und *t* dem Abschlussprüfer bereits zugeflossen oder es besteht ein zivilrechtlich gesicherter Anspruch. Dagegen könnte das wirtschaftliche Eigeninteresse des Prüfers vorrangig durch die Zusicherung zukünftiger Beratungsaufträge geweckt werden, so dass eine Betrachtung der Veränderung des Beratungsanteils in der nachfolgenden Periode *(t+1)* ($\Delta BA_{it+1} = BA_{it+1} - BA_{it}/BA_{it}$) sinnvoll ist. Die Ergebnisse der Regression, welche in *Anhang 6.1* dargestellt sind, belegen jedoch abermals keine signifikanten Zusammenhänge. Das Ansteigen des Beratungsanteils in der Folgeperiode ist für das Ausmaß an Bilanzpolitik somit ebenfalls unerheblich. Auch die differenzierte Betrachtung der einzelnen Honorarkategorien bestätigt hier erneut eine weitgehende Irrelevanz der Veränderung des Anteils. Zwischen der *Veränderung der Bestätigungsleistungen* (ΔBLA_{it+1}) und den mittels des DDM-Modells geschätzten income increasing Accruals besteht, wie aus

Anhang 6.2 hervorgeht, sogar ein negativer Zusammenhang. Von der *Änderung der Steuerberatung* (ΔStb_{it-1}) und den *Sonstigen Leistungen* (ΔBLA_{it-1}) geht unabhängig vom Schätzmodell und den betrachteten Accruals kein deutlicher Zusammenhang hervor, so dass *Hypothese 3* nicht bestätigt wird.

Möglicherweise sind die Insignifikanzen auf eine unbefriedigende Aussagekraft der hier betrachteten Honorarvariablen zurückzuführen. Die Tatsache, dass die Veränderung des Beratungsanteils (ΔBA_{it}) auf sehr niedrigem Niveau von etwa $BA_{it-1} = 0,02$ auf $BA_{it} = 0,04$ zu der gleichen relativen Veränderung ($\Delta BA_{it} = 1,00$) führt wie ein Anstieg von $BA_{it-1} = 0,20$ auf $BA_{it} = 0,40$, schränkt die Aussagefähigkeit der Kennzahl ein. Auch bleiben die absolute Höhe des Honorars bzw. die der Betragsänderung unberücksichtigt. Um die ökonomische Relevanz der Beratungsleistungen für den Abschlussprüfer besser abzubilden, wird im Folgenden der Umsatzanteil des Beratungshonorars bei Mandant *i* in Relation zu den Gesamterlösen des Abschlussprüfers betrachtet.

12.6.2.5 *Einfluss des Umsatzanteils der Beratungshonorare (zu Hypothese 4)*

Erzielt der Abschlussprüfer einen erheblichen Anteil seiner Umsatzerlöse bei einem bestimmten Mandanten, könnte seine Unabhängigkeit aufgrund wirtschaftlicher Eigeninteressen gefährdet sein. Bereits in *Kapitel 10.6* wurde aufgezeigt, dass einzelne Prüfer kapitalmarktorientierter Unternehmen bis zu 35 % ihrer Umsatzerlöse mit einzelnen Mandanten erzielen und damit die vom Gesetzgeber für einen Zeitraum von mehr als fünf Jahren als zulässig erachtete Grenze von 15 % zumindest in einzelnen Perioden deutlich überschreiten (§319a Abs. 1 Nr. 1 HGB). Insbesondere wenn der Anteil der Beratungsleistungen bei einem bestimmten Mandanten relativ zu den Gesamtumsätzen des Abschlussprüfers (NA_{it}) erheblich ist, wird ein erhöhtes Ausmaß an Bilanzpolitik erwartet (*Hypothese 4*).

Wie bereits in *Kapitel 10.6.1* dargestellt, werden zur Untersuchung des vermuteten Zusammenhangs die Umsatzerlöse der Abschlussprüfer den Transparenzberichten i.S.d. § 55c Abs. 1 S. 3 Nr. 3 WPO entnommen, welche von den Abschlussprüfern kapitalmarktorientierter Unternehmen seit 2007 verpflichtend zu veröffentlichen sind. Da für die Geschäftsjahre vor 2007 keine Transparenzberichterstattung vorgeschrieben war, liegen, trotz freiwilliger Angaben und Pressemitteilungen zahlreicher Wirtschaftsprüfungsgesellschaften, für einige NonBig4-Gesellschaften nur unvollständige Umsatzinformationen vor. Die in *Tabelle 12-19* dargestellten Regressionsergebnisse basieren daher lediglich auf 329 Beobachtungen.

Untersuchungsergebnisse und deren Diskussion

EDWCAVAR		EDWCA			$EDWCA^+$				$EDWCA^-$			
Variablen	n=329		n=329		n=163		n=177		n=166		n=152	
Modell:	PAJ		DDM		PAJ		DDM		PAJ		DDM	
Bestimmtheitsmaß:	0,274		0,379		0,752		0,523		0,474		0,521	
Durbin-Watson-Koeffizient	1,970		1,856		2,066		1,703		1,936		1,932	
	β	p	β	p	β	p	β	p	β	p	β	p
F-Statistik	4,87***	0,000	8,42***	0,000	16,36***	0,000	8,43***	0,000	5,79***	0,000	7,83***	0,000
(Konstante)	0,053	0,253	0,275**	0,024	0,127***	0,008	0,107	0,543	-0,022	0,715	-0,183	0,239
NA_{it}	0,133	0,128	0,120*	0,067	0,089	0,160	0,014	0,874	-0,014	0,881	-0,034	0,682
LNBilanzsumme	-	-	-0,137*	0,068	-	-	0,002	0,986	-	-	0,100	0,300
LNMarktkap.	-0,224**	0,004	-	-	-0,261***	0,000	-	-	0,052	0,595	-	-
RevGrowth	0,029	0,570	0,411***	0,000	-0,041	0,391	0,390***	0,000	-0,269***	0,001	-0,515***	0,000
Market-to-Book-R.	0,142*	0,030	-	-	0,319***	0,000	-	-	0,001	0,994	-	-
ROA	-0,265***	0,001	-	-	-0,329***	0,001	-	-	-0,117	0,175	-	-
Loss	-0,025	0,706	-	-	-0,046	0,494	-	-	-0,960	0,284	-	-
CFO/A_{it-1}	0,283***	0,000	0,256***	0,000	-0,014	0,843	0,414***	0,000	-0,239**	0,019	-0,080	0,259
WCA/A_{it-1}	0,424***	0,000	-	-	0,782***	0,000	-	-	0,457***	0,000	-	-
Altman-Z-Score	-0,096	0,131	-0,115**	0,031	-0,210***	0,001	-0,273***	0,000	0,042	0,592	-0,065	0,384
LEV	-0,028	0,695	-	-	-0,173**	0,020	-	-	-0,019	0,818	-	-
ΔLEV	0,089	0,089	-	-	0,031	0,563	-	-	-0,046	0,489	-	-
ΔNoShares	0,030	0,584	-	-	0,030	0,536	-	-	0,006	0,933	-	-
VarVergütung	0,129**	0,040	-0,112**	0,040	0,139**	0,019	-0,163**	0,016	-0,014	0,855	0,051	0,517
OperatingCycle	0,083	0,150	0,076	0,146	-0,028	0,624	0,039	0,559	-0,031	0,685	0,099	0,177
CorpGov.	0,176***	0,002	0,078	0,124	0,090*	0,077	0,079	0,222	-0,067	0,369	-0,091	0,171
Big4	0,073	0,288	0,042	0,506	0,069	0,252	-0,041	0,593	-0,012	0,886	-0,151*	0,073
Tenure	0,022	0,670	-0,014	0,769	0,018	0,699	-0,099*	0,090	0,010	0,874	-0,075	0,255
Testat	-0,048	0,335	-0,032	0,483	-0,034	0,407	a.		0,001*	0,992	-0,004	0,949
σ_{REV}	-	-	0,007	0,875	-	-	0,378***	0,000	-	-	0,000	0,998
σ_{CFO}	-	-	0,076*	0,096	-	-	0,118**	0,034	-	-	0,047	0,444
IPO	-0,070	0,218	0,191***	0,000	-0,130***	0,008	0,175***	0,003	-0,077	0,347	-0,214***	0,002
∑ Sektor												

* Die Korrelation ist auf dem Niveau von p<0,10 (2-seitig) signifikant.
** Die Korrelation ist auf dem Niveau von p<0,05 (2-seitig) signifikant.
*** Die Korrelation ist auf dem Niveau von p<0,01 (2-seitig) signifikant.
a. Sämtliche Konzerne mit positiven diskretionären Accruals (DDM-Modell) weisen einen uneingeschränkten Bestätigungsvermerk aus.

Tabelle 12-19: Einfluss des Anteils der Beratungshonorare am Gesamthonorar (NA_{it})

Die Vorzeichen der Koeffizienten weisen unabhängig vom Accrual-Schätzverfahren die gemäß Hypothese 4 prognostizierten Vorzeichen aus. Dies suggeriert, dass Abschlussprüfer weniger stringent prüfen, wenn sie relativ zum Gesamtumsatz betrachtet hohe Beratungsumsätze bei diesem Mandanten erzielen. Trotz dieser Konsistenz hinsichtlich der Vorzeichen der Korrelationskoeffizienten kann Hypothese 4 nicht bestätigt werden, da die Zusammenhänge nahezu uneingeschränkt insignifikant sind.

12.7 Zusammenfassung

Gegenstand der Untersuchung waren die Konzernabschlüsse der in den Börsensegmenten DAX, MDAX, SDAX und TecDAX zum 31. Dezember 2005, 2006 und 2007 gelisteten Gesellschaften. Anhand von 341 Beobachtungen zeigen univariate Tests einen deutlichen Zusammenhang zwischen dem Anteil der *Beratungshonorare* am Gesamthonorar des Abschlussprüfers (BA_{it}) und dem Ausmaß an diskretionärer Bilanzpolitik ($EDWCA_{it}$) auf. Auch von den *Sonstigen Leistungen* (SLA_{it}) und den und *Steuerberatungsleistungen* ($StBA_{it}$) scheint eine Beeinträchtigung der Unabhängigkeit des Abschlussprüfers auszugehen. Die Pearson- und Spearman-Rho-Korrelationen für die Bestätigungsleistungen (BLA_{it}) deuten hingegen auf eine insignifikante Beziehung hin. Ebenso ist auch die Veränderung des Beratungsanteils im Zeitvergleich (ΔBA_{it}) für das Ausmaß der diskretionären Accruals irrelevant. Ferner geht aus den univariaten Tests hervor, dass der Anteil der Beratungshonorare des Abschlussprüfers bei einem bestimmten Mandanten, relativ zu den Gesamtumsätzen des Abschlussprüfers betrachtet (NA_{it}), unerheblich für dessen tatsächliche Unabhängigkeit ist. Im Gegenteil: Signifikant negative Korrelationskoeffizienten suggerieren sogar entgegen Hypothese 4 eine mit zunehmender Umsatzabhängigkeit steigende Prüfungsqualität.[1592] Eingeschränkt werden die Ergebnisse der univariaten Untersuchungen jedoch durch insgesamt unbefriedigende Bestimmtheitsmaße, welche die Vernachlässigung wichtiger Einflussfaktoren verdeutlichen.

Anhand des ersten multivariaten Regressionsmodells (Basismodell), welches über eine verbesserte Anpassungsgüte verfügt, werden die Ergebnisse der univariaten Korrelationen qualitativ bestätigt. So kann erneut eine signifikante Beeinträchtigung der Unabhängigkeit des Abschlussprüfers durch die parallelen Beratungsleistungen, wie in Hypothese 1 vermutet, nachgewiesen werden. Die Evidenz des Zusammenhangs scheint unstrittig, da die Verknüpfung unerheblich davon besteht, ob das PAJ- oder das DDM-Modell zur Schätzung der absoluten diskretionären Accruals ($|EDWCA_{it}|$) angewendet wird. Auch die separate Regression der Teilsamples mit positiven ($EDWCA_{it}^+$) bzw. negativen ($EDWCA_{it}^-$) diskretionären Accruals bestätigt die Beeinträchtigung der Urteilsfreiheit anhand des jeweiligen Schätzverfahrens (DDM- oder PAJ-Modell) mit dem jeweils höheren Bestimmtheitsmaß.[1593]

Während aus dem Basismodell eine Beeinträchtigung der Unabhängigkeit hervorgeht, liefert die Wiederholung der Regression unter der Berücksichtigung zusätzlicher Variablen, welche die Sektorenzugehörigkeit ($\sum Sektor_j$) sowie einen ggf. erfolgten Börsengang (IPO_{it}) abbilden, deutlich abweichende Ergebnisse. Bei einer im Vergleich zum Basismodell verbesserten An-

---

[1592] Wie im Rahmen der multivariaten Analyse aufgezeigt wird, zeichnen sich große Mandanten, welche i.d.R. ein relativ hohes Honorar an den Abschlussprüfer zahlen, auch durch ein grundsätzlich geringeres Ausmaß an diskretionärer Bilanzpolitik aus. Eben dieser Einfluss der Unternehmensgröße bleibt bei den univariaten Tests unberücksichtigt.

[1593] $EDWCA^+$: PAJ-Modell (*adj. R^2=0,632*)>DDM-Modell (*adj. R^2=0,460*); $EDWCA^-$: PAJ-Modell (*adj. R^2=0,227*) < DDM-Modell (*adj. R^2=0,480*) (siehe *Tabelle 12-12*).

passungsgüte deuten die Vorzeichen der Koeffizienten zwar erneut auf die prognostizierten Zusammenhänge hin. Bei Betrachtung des Signifikanzniveaus wird jedoch ersichtlich, dass diese hinsichtlich des Beratungsanteils (BA_{it}) und dem Auftreten von Bilanzpolitik nun insignifikant sind. Ein hoher Honoraranteil der parallelen Beratung scheint somit ohne Relevanz für das Auftreten von Bilanzpolitik. Stattdessen bestätigen die zum Basismodell abweichenden Signifikanzen die Vermutung, dass sowohl die Höhe des Beratungsanteils als auch das Ausmaß der diskretionären Accruals von der Sektorenzugehörigkeit der jeweiligen Beobachtung und einem etwaigen Börsengang beeinflusst werden.[1594] Die anhand der univariaten Tests und des Basismodells vermeintlich nachgewiesene Unabhängigkeitsaufgabe ist somit nicht auf eine tatsächliche Beeinträchtigung der Urteilsfreiheit des Prüfers, sondern auf eine unzureichende Spezifikation der Modelle zurückzuführen. Auch wird die Irrelevanz der Honorarzusammensetzung anhand einer dezidierten Betrachtung der unterschiedlichen Beratungskategorien weitgehend bestätigt. Konzernabschlüsse, welche durch einen Abschlussprüfer testiert werden, der zugleich Bestätigungsleistungen (BLA_{it}) erbringt, fallen weder durch ein reduziertes noch durch ein gesteigertes Ausmaß bilanzpolitischer Einflussnahme auf. Die parallele Steuerberatung ($StBA_{it}$) bleibt ebenfalls, mit Ausnahme der anhand des PAJ-Modells geschätzten einkommenssteigernden Accruals ($EDWCA+$), ohne Implikationen für die Qualität der Berichterstattung bei den betrachteten Unternehmen des Prime-Standards. Lediglich zwischen den Sonstigen Leistungen (SLA_{it}) und dem Auftreten von Bilanzpolitik kann ein signifikanter Zusammenhang nachgewiesen werden, welcher die in Hypothese 2c vermutete Beeinträchtigung der Unabhängigkeit bestätigt. Eine uneingeschränkte Vereinbarkeit der in dieser Kategorie ausgewiesenen Dienstleistungen mit der gesetzlichen Abschlussprüfung scheint somit nicht gegeben. Relativiert wird dieses Ergebnis jedoch dadurch, dass lediglich aus dem PAJ-Modell ein signifikanter Zusammenhang hervorgeht. Erfolgt die Schätzung der diskretionären Accruals mittels des DDM-Modells, treten zwar erneut die prognostizierten Vorzeichen zum Vorschein, die Koeffizienten der interessierenden Variable sind jedoch ausnahmslos insignifikant.

Konsistent mit der vorangestellten Zusammenfassung der Ergebnisse steht die Veränderung des Beratungsanteils (ΔBA_{it}), wie die entsprechende Untersuchung zeigt, in keinem eindeutigen Verhältnis zur Bilanzpolitik. Dies gilt losgelöst davon, ob die Veränderung der Honorare relativ zur Vorperiode oder zur Folgeperiode betrachtet wird. Selbst die Betrachtung der Veränderung der Honoraranteile auf Ebene der unterschiedlichen Dienstleistungskategorien liefert keine weiteren Erkenntnisse, so dass Hypothese 3 nicht bestätigt wird. Dieser Eindruck eines insignifikanten Zusammenhangs zwischen der Vergütung des Prüfers und dem bilanzpolitischen Einfluss des Managements wird in der Untersuchung zur Relevanz des Beratungshonorars relativ zum Gesamtumsatz des Abschlussprüfers (NA_{it}) bestätigt. Auch hier liefert

---

[1594] Dieser Zusammenhang geht auch aus signifikanten Koeffizienten der besagten Variablen hervor.

die Regression nur insignifikante Resultate. Eine Wiederholung der Regressionen für das Teilsample der *Industrie*-Unternehmen bestätigt diese Insignifikanzen.

Im Gegensatz zu den Koeffizienten der interessierenden Honorarvariablen entsprechen die Vorzeichen und Signifikanzen der Kontrollvariablen im Wesentlichen den Erwartungen. Einige über sämtliche Regressionen hinweg bestehende Zusammenhänge, welche von besonderem Interesse oder besonderer Relevanz für weitere Forschungen sein könnten, werden nachfolgend vorgestellt. So korreliert das Ausmaß an Bilanzpolitik in der Mehrzahl der Untersuchungen signifikant negativ mit der Größe (*LNBilanzsumme$_{it}$*, *LNMarktkap$_{it}$*) des betrachteten Unternehmens und deutet auf ein bei großen Konzernen ausgereifteres Rechnungswesen hin. Denkbar wäre auch, dass der Geschäftsverlauf dieser Konzerne geringeren Schwankungen unterliegt, so dass die Periodenabgrenzung im Zeitvergleich konstant, d.h. der Anteil an den gesamten Accruals, welcher von den Schätzmodellen als nicht-diskretionär klassifiziert wird, höher ist. Ein deutlicher Einfluss auf die abhängige Variable geht ferner vom *Altman-Z-Score$_{it}$* aus. Das Management von Unternehmen in schwieriger Ertrags- oder Finanzlage betreibt, dem signifikant negativen Koeffizienten nach zu urteilen, häufiger bzw. ausgeprägter Bilanzpolitik als die Vorstände anderer Gesellschaften. Vor dem Hintergrund, dass der Einfluss der Corporate Governance auf die Qualität der externen Unternehmensberichterstattung in Deutschland bisher noch nicht empirisch untersucht wurde, sind die Koeffizienten der in das Untersuchungsmodell aufgenommenen Corporate Governance Variable (*CorpGov.$_{it}$*) von besonderem Interesse. Aus den Regressionen geht hervor, dass die Variable *CorpGov.$_{it}$* in fast allen Modellen das prognostizierte Vorzeichen ausweist. Dies bestätigt ein vermehrtes Auftreten von Bilanzpolitik im Falle der Missachtung von Verhaltensempfehlung des DCGK. Anhand des PAJ-Modells ist dieser Zusammenhang sogar regelmäßig mit hoher Signifikanz belegt ($p<0,01$). Die Anzahl der Abweichungen in der jährlich offenzulegenden Entsprechenserklärung zum Corporate Governance Kodex (gem. § 161 AktG, bzw. § 289a HGB) kann somit als Proxy für die Güte des vom Management erstellten und vom Abschlussprüfer testierten Jahres-(Konzern-)abschlusses betrachtet werden.[1595] Unerheblich für die Abschlussqualität ist hingegen, ob es sich bei dem Abschlussprüfer um eine *Big4-* oder eine *NonBig4-*Gesellschaft handelt. Auch die Ausprägung des Prüfungsurteils (*Testat$_{it}$*), sowie das Vorliegen einer Erstprüfung (*Tenure$_{it}$*) beeinträchtigen das Ausmaß diskretionärer Bilanzpolitik nicht wesentlich. Die Insignifikanzen der Korrelationskoeffizienten dieser drei Kontrollvariablen könnten, wie bereits im Rahmen der Interpretation der Ergebnisse des Basismodells ausge-

---

[1595] Diese Erkenntnis deckt sich mit den Ergebnissen von *Abbott et al.* (2006). *Chung/Kallapur* (2003) und *Ferguson et al.* (2004) können entgegen ihrer Erwartung hingegen kein vermindertes Ausmaß an Bilanzpolitik in Folge einer entwickelten Corporate Governance Struktur nachweisen (vgl. *Chung/Kallapur* (2003); *Ferguson et al.* (2004), S. 834; *Abbott et al.* (2006), S. 89-91).

Zusammenfassung 417

führt, jedoch auch auf ein starkes Ungleichgewicht in der Ausprägung der drei dichotomen Kontrollvariablen innerhalb der Stichprobe zurückzuführen sein.[1596]

Zusammenfassend ist festzuhalten, dass weder eine Beeinträchtigung der tatsächlichen Unabhängigkeit noch das Auftreten von knowledge spillovers anhand der betrachteten kapitalmarktorientierten Unternehmen des Prime-Standards in Abhängigkeit einer parallelen Beratungstätigkeit des Abschlussprüfers nachgewiesen werden konnte. Eine über mehrere Perioden hinweg bestehende Insignifikanz der Honorarvariablen lässt den Schluss zu, dass die gegenwärtig in Deutschland bestehenden handelsrechtlichen und berufsrechtlichen Rahmenbedingungen grundsätzlich geeignet sind, die tatsächliche Unabhängigkeit des Abschlussprüfers zu sichern und eine über das zulässige Maß hinausreichende bilanzpolitische Einflussnahme des Managements zu unterbinden.[1597]

Lediglich für die in der Kategorie Sonstige Leistungen ausgewiesenen Honorare konnte anhand des PAJ-Modells eine signifikante Beeinträchtigung der Unabhängigkeit nachgewiesen werden. Die Vereinbarkeit der gesetzlichen Abschlussprüfung mit den in der Residualkategorie ausgewiesenen Beratungsleistungen ist somit zumindest fragwürdig. Welche Dienstleistungen im Detail für die Unabhängigkeitsaufgabe ursächlich sind, kann aufgrund der gegenwärtigen Pflichten zur Honoraroffenlegung, welche keine Präzisierung oder Kommentierung der in den einzelnen Kategorien ausgewiesenen Honorare vorsieht, nicht abschließend beurteilt werden. Auch die freiwillige Bereitstellung zusätzlicher Information über die Hintergründe der Honorare fällt, von wenigen Ausnahmen abgesehen, insgesamt zurückhaltend aus.[1598] So beinhalten von insgesamt 30 Konzernabschlüssen, aus denen jeweils ein Anteil der *Sonstigen Leistungen* von mehr als dreißig Prozent ($SLA_{it} > 30\%$) hervorgeht, lediglich neun Abschlüsse zusätzliche Informationen zu den Hintergründen dieser Leistungen. Demnach sind in drei Fällen die hohen Anteile der Sonstigen Leistungen auf Aufwendungen in Zusammenhang mit dem Börsengang der jeweiligen Gesellschaft oder der Ausgabe von Anleihen zurückzuführen.[1599] In fünf der verfügbaren freiwilligen Angaben verweisen Unternehmen auf

---

[1596] Bereits in Kapitel *10.4* konnte eine Dominanz der *Big4*-Gesellschaften in dem betrachteten Marktsegment nachgewiesen werden. Rund 85 % der in die Stichprobe einbezogenen Unternehmen werden von einer der vier größten internationalen WPGs geprüft. Die Anzahl der Erstprüfungen fällt mit 16 Beobachtungen fast so gering aus wie die Häufigkeit eines eingeschränkten oder mit einem Hinweis versehenen Prüfungsurteils (8).

[1597] Die Durchführung der Regressionen wurde auch für die einzelnen Perioden 2005, 2006 und 2007 separat durchgeführt, ohne dass dies weitere Erkenntnisse liefert. Aufgrund des in *Kapitel 10* nachgewiesenen konstanten Beratungsanteils von 33 % bis 34 % ist die Homogenität der Zusammenhänge im Zeitvergleich plausibel.

[1598] Positiv hervorzuheben sind die Angaben im Geschäftsbericht der Deutschen Bank AG. Dieser beinhaltet innerhalb des sogenannten Corporate Governance Berichts ausgiebige Informationen zu den vom Abschlussprüfer bezogenen Leistungen (vgl. *Deutsche Bank AG* (2008)).

[1599] Vgl. *Versatel AG Geschäftsbericht 2007* (2008), S. 112; *Demag Cranes AG Geschäftsbericht 2006* (2007), S. 139; *Conergy AG Geschäftsbericht 2005* (2006), S. 110.

Beratungsleistungen mit Bezug zur Vorbereitung oder Umsetzung von Fusionen und Akquisitionen ($M\&A_{lt}$) sowie strategischen Verkaufsaktivitäten.[1600] Während ein Börsengang und die in diesem Zusammenhang auftretenden Sonderberatungen bzw. höheren Versicherungen über die Haftung des § 323 Abs. 2 HGB hinaus durch die Kontrollvariable IPO_{lt} in den Regressionsmodellen Berücksichtigung finden, könnte von der lukrativen M&A-Beratung eine Beeinträchtigung der tatsächlichen Unabhängigkeit des Abschlussprüfers ausgehen, welche für die nachgewiesenen Zusammenhänge ursächlich ist. Auch werden diese Leistungen in den letzten Jahren zunehmend von den großen und mittelständischen Prüfungsgesellschaften erbracht,[1601] obwohl deren Vereinbarkeit mit der Abschlussprüfung strittig sein könnte.[1602] Schließlich sieht § 319 Abs. 3 Nr. 3c HGB vor, dass Finanzdienstleistungen des Abschlussprüfers zum Prüfungsausschluss führen. Probleme bereitet in diesem Zusammenhang jedoch die Abgrenzung des vom Gesetzgeber „unreflektiert" gewählten Begriffs der Finanzdienstleistung.[1603] Dieser Terminus, der insbesondere auch im Europarecht Erwähnung findet (Art. 57 EGV), ist sehr weit gefasst und beinhaltet nicht zuletzt aufgrund der Innovationsfreudigkeit der Märkte keine abschließende Definition. *Henssler* (2007), der die Vereinbarkeit der M&A-Beratung mit der unabhängigen Abschlussprüfung einer rechtswissenschaftlichen Analyse unterzieht, gelangt bei einem Blick „auf die wichtigsten Aufgabenfelder der M&A-Beratungspraxis" zu dem Schluss, dass dieser Bereich „weder von § 319 HGB noch von strengeren berufsrechtlichen Tätigkeitsverboten erfasst ist". Schließlich, so der Autor, seien „aus berufsrechtlicher Sicht ... von vornherein all jene Dienstleistungen nicht als unzulässige gewerbliche Maklertätigkeit [zu] qualifizieren ... bei denen die Wirtschaftsprüfungsgesellschaft weder nach außen gegenüber der Marktgegenseite in Erscheinung tritt noch eine Provision für die Vermittlung eines Vertrages bzw. den Nachweis einer Kaufgelegenheit im Sinne einer Courtage erhält, sondern interne Beratungsleistungen erbringt."[1604] Neben den berufsrechtlichen greifen somit auch die handelsrechtlichen Bestimmungen des § 319 Abs. 3 Nr. 3c u. 3d bei den M&A-Beratungen nicht, sofern der Berater keine konkreten Gestaltungen vornimmt, welche zu einem späteren Zeitpunkt in den Abschluss einfließen.[1605] Betriebswirtschaftliche Analysen, Erörterungen mit Vorschlägen zum Ablauf des (Ver-) Kaufverfahrens oder die Unterstützung bei der Erstellung von indikativen Offerten für Kaufsituationen bzw. Anforderungen an einzureichende Angebote bei Verkaufs-

---

[1600] Vgl. *Adidas AG Geschäftsbericht 2005* (2006), Tz. 34; *GFK AG Geschäftsbericht 2005* (2006), S. 69; *H+R Wasag AG Geschäftsbericht 2006* (2007), S. 149; *Singulus AG Geschäftsbericht 2006* (2007), S. 99; *Singulus AG Geschäftsbericht 2007* (2008), S. 145.
[1601] Vgl. *Giersberg* (2009a), S. 14.
[1602] Vgl. *Henssler* (2007), S. 10.
[1603] *Henssler* (2007), S. 13.
[1604] *Henssler* (2007), S. 33.
[1605] Zu vermeiden sind somit lediglich solche Konstellationen, bei denen der Abschlussprüfer selbst die Bewertung des Kaufobjektes vornimmt und der Kaufpreis möglicherweise sogar auf dessen Bewertung festgelegt wird (*Self-review threat*) (siehe *Kapitel 4.5.3*).

Zusammenfassung

fällen scheinen ebenso zulässig wie die Erarbeitung von Entscheidungshilfen bei der Auswahl des Kauf- bzw. Verkaufsobjektes.[1606] Selbst eine M&A-Beratung mit Außenwirkung stellt noch keine berufsrechtliche Inkompatibilität dar. *Henssler* (2007) vermutet daher, dass der Wirtschaftsprüfer dem Mandanten sein gesamtes M&A-Dienstleistungsspektrums anbieten kann, da die typischerweise von einer Wirtschaftsprüfungsgesellschaft auf dem M&A-Sektor erbrachten Beratungsleistungen regelmäßig nicht als Finanzdienstleistungen i.S.v. § 319 Abs. 3 Nr. 3c HGB zu werten seien.[1607]

Dieser Einschätzung entgegen suggerieren die Ergebnisse der vorausgehenden Regression durchaus ein Potenzial, die Urteilsfreiheit des Abschlussprüfers zu beeinträchtigen und die Qualität der Abschlussinformationen zu reduzieren. Um diese Spekulation empirisch verifizieren zu können, wäre jedoch eine dezidierte Betrachtung der unter den Sonstigen Leistungen subsumierten Honorare erforderlich. Diese ist gegenwärtig aufgrund der unzureichenden Angaben hinsichtlich der hinter den Sonstigen Leistungen verborgenen Dienstleistungen nicht möglich. Der Gegenstand der Beratungsleistungen, welche eine mögliche Beeinträchtigung der Unabhängigkeit begründen, kann somit nicht abschließend konkretisiert werden. Die Notwendigkeit weiterer Forschungen zu der Vereinbarkeit der M&A-Beratung mit der gesetzlichen Abschlussprüfung bei einem Mandanten ist hingegen offensichtlich.

Abgesehen von den für die Sonstigen Leistungen anhand eines Schätzmodells aufgetretenen Signifikanzen, scheinen die Einschränkungen der Beratungstätigkeit des Abschlussprüfers, die durch §§ 319 u. 319a HGB, die allgemeinen Berufspflichten des Wirtschaftsprüfers gemäß § 43 WPO sowie die Regelungen zu den besonderen Berufspflichten des Abschlussprüfers in § 21 BS WP/vBP gemeinsam mit der Kontrollfunktion der zuständigen Aufsichtsbehörden, insbesondere der WPK und der APAK, vorgegeben werden, einen regulatorischen Rahmen begründet zu haben, innerhalb dessen die Unabhängigkeit des Abschlussprüfers gewährleistet ist. Darüber hinaus dürften die weitgehend insignifikanten Ergebnisse einem infolge des eingangs erwähnten Vertrauensproblems erhöhten Bewusstsein der Wirtschaftsprüfungsgesellschaften hinsichtlich ihrer Außenwahrnehmung geschuldet sein. In *Kapitel 7.3.1* wurde die Beeinträchtigung der wahrgenommenen Unabhängigkeit durch eine parallele Beratung anhand zahlreicher Studien ausführlich diskutiert. Die dabei aufgezeigte außerordentliche Bedeutung der wahrgenommenen Unabhängigkeit für die Vertrauenswürdigkeit des Prüfungsurteils beim jeweiligen Mandanten und die Reputation des Abschlussprüfers als Interpolation der einzelnen Unabhängigkeitswahrnehmungen dürften das Verhalten des Abschlussprüfers in Hinblick auf die parallele Beratungstätigkeit beeinflussen. Anhand kostentheoretischer Analysen und der Skizzierung einer qualitativen Reputationskostenfunktion konnten in

---

[1606] Diese Leistungen sind sogar nach dem Katalog des SEC Release No. 33-8183 zulässig. (vgl. *SEC* (2003a), II.B.8).
[1607] Vgl. *Henssler* (2007), S. 37.

Kapitel 7.3.2 mögliche Verhaltensmuster des rationalen Abschlussprüfers hinsichtlich des optimalen Angebotes an Beratungsleistungen aufgezeigt werden. Dabei wurde ersichtlich, dass ein Abschlussprüfer, der das Risiko einer Beeinträchtigung seiner Unabhängigkeitswahrnehmung seitens der Abschlussadressaten durch die parallele Beratung antizipiert, die gleichzeitige Tätigkeit als Berater bei einem Prüfungsmandanten unabhängig von der gesetzlichen Rahmenbedingungen herabsetzen wird, um die von den Kapitalmarktteilnehmern wahrgenommene Unabhängigkeit dauerhaft zu stärken. Mit der Verminderung der Beratungsleistungen zur Stärkung der wahrgenommenen Unabhängigkeit reduziert sich simultan die Gefahr einer Beeinträchtigung der tatsächlichen Unabhängigkeit, so dass die Prüfungsqualität steigt und das Ausmaß an Bilanzpolitik im geprüften Konzernabschluss fällt. Ist auch das Management bzw. das Audit Committee des Mandanten von der Relevanz der Unabhängigkeitswahrnehmung des Abschlussprüfers für den Kapitalmarkt überzeugt, wird es dessen Beratungstätigkeit ebenfalls begrenzen, um das Vertrauen der Adressaten zu stärken und die Finanzierungskosten auf den Kapital- und Geldmärkten zu minimieren. Durch eine Selbstverpflichtung der Unternehmen, wie sie etwa der Aufsichtsrat der E.on AG oder Siemens AG veranlasste,[1608] könnte die Beratungstätigkeit des Prüfers auf ein Ausmaß reduziert werden, bei dem die mit der Tätigkeit verbundenen Risiken an Bedeutung verlieren und somit die Urteilsfreiheit des Abschlussprüfers nicht länger beeinträchtigen.

Doch auch wenn der Aufsichtsrat keine Restriktion bzgl. der parallelen Beratungstätigkeit vorgibt und der Abschlussprüfer, den Ausführungen zur Relevanz der wahrgenommenen Unabhängigkeit zuwider, den Umfang seiner Beratungsleistungen aufgrund deren besonderer Attraktivität nicht reduziert, dürften die im Falle der Aufdeckung einer Unabhängigkeitsaufgabe drohenden Reputationsverluste einen hinreichenden Anreiz zur Wahrung der tatsächlichen Unabhängigkeit begründen, so dass auch bei einer parallelen Beratungstätigkeit eine ordnungsgemäße Abschlussprüfung sichergestellt sein dürfte.

Wesentliche Voraussetzung für die verhaltenssteuernde Wirksamkeit der Reputation ist die Bildung einer öffentlichen Auffassung über die Unabhängigkeit des Abschlussprüfers. Schließlich geht von der Gefahr des Verlustes von Reputationskapital nach Bekanntwerden einer Pflichtverletzung der Anreiz zur Unabhängigkeitswahrung aus. Umgekehrt muss jedoch auch der Aufbau von Reputation bei vorbildlichem Verhalten möglich sein. Die Offenlegung der Honorare des Abschlussprüfers im geprüften Konzernanhang sowie die Pflicht zur jährlichen Transparenzberichterstattung gem. § 55c WPO, welche der interessierten Öffentlichkeit umfangreiche Honorarinformationen zur Verfügung stellt, sind hierfür Voraussetzung. Erst durch Transparenz wird eine Abgrenzung zu den Mitbewerbern möglich und sie kann zum Aufbau von Vertrauen gegenüber den Vertragspartnern und der Öffentlichkeit eingesetzt wer-

---

[1608] Vgl. *E.on AG Form 20-F* (2007b), S. 223; *Siemens AG Form 20-F* (2007b), S. 141. Siehe auch *Mishra et al.* (2005) zur Selbstbeschränkung US-amerikanischer Unternehmen.

den. Transparenz ist somit die wichtigste Voraussetzung für die verhaltenssteuernde Wirkung von Reputation und dem damit verknüpften Anreiz zur Wahrung der tatsächlichen Unabhängigkeit des Abschlussprüfers. Eine hinreichende Prüfungsqualität kann möglicherweise auch ohne umfangreiche ordnungspolitische Interventionen durch Marktmechanismen sichergestellt werden. Die Aufgabe des Gesetzgebers besteht somit vorrangig darin, einen Handlungsrahmen zu schaffen, innerhalb dessen das Verhalten der Abschlussprüfer einsehbar und sanktionierbar ist. Die Ausweitung der Pflicht zur Honorarpublizität auf mittelgroße und große Kapitalgesellschaften i.S.d. § 267 Abs. 2 u. 3 HGB durch das BilMoG für Geschäftsjahre, die nach dem 31.12.2008 beginnen, ist daher positiv zu bewerten. Darüberhinaus wäre eine über die Darstellung der Honorarbeträge hinausreichende Anhangskommentierung, zumindest im Falle umfangreicher Nichtabschlussprüfungsleistungen, der Transparenz dienlich.

12.8 Grenzen der Untersuchung

In der vorliegenden Untersuchung wurde die Kausalität zwischen einer interessierenden Honorarkennzahl als bilanzpolitischem Anreiz und dem Ausmaß der diskretionären Accruals untersucht. Die Ermittlung der diskretionären Accruals erfolgte anhand des PAJ- und des DDM-Modells. Obwohl beide Modelle, wie in *Kapitel 9.2.4* gezeigt, über eine im Vergleich zu anderen Verfahren überlegene Spezifikation und Güte verfügen, handelt es sich bei diesen um Schätzverfahren. Die geschätzten diskretionären Accruals sind nur eine Approximation der tatsächlichen Accruals, so dass methodische Limitationen bestehen.

Zunächst wurden die Working Capital Accruals (*WCA*) in die einzelnen Bestandteile nichtdiskretionäre Working Capital Accruals und diskretionärer Working Capital Accruals zerlegt. Da die tatsächlichen diskretionären Accruals (*DWCA*) nicht beobachtbar sind, wurde hierfür die Stellvertretervariable (*EDWCA*) eingeführt, die sich, wie in *Abschnitt 12.5.1.2* dargestellt, aus der Differenz zwischen den gesamten Working Capital Accruals (*WCA*) und einem Schätzwert für die nicht-diskretionären Accruals (*ENWCA*) ergibt. Dabei muss jedoch bedacht werden, dass der wahre Wert der nicht-diskretionären Accruals (*NWCA*) nicht einsehbar ist und von seinem Schätzwert abweicht, so dass daraus ein Schätzfehler η resultiert (η = *NWCA* − *ENWCA*). Der Schätzfehler entsteht, wenn die Determinanten der nicht-diskretionären Working Capital Accruals nicht ausreichend spezifiziert sind. In Bezugnahme auf die in der vorliegenden Untersuchung verwendeten Verfahren bedeutet dies, dass eine bei der Schätzung der *ENWCA* ausgelassene, aber tatsächlich erklärende Variable Verzerrungen begründet. Schließlich führt deren Vernachlässigung auch dazu, dass die geschätzten diskretionären Accruals *EDWCA* (*EDWCA* = *WCA* − *ENWCA*) von den wahren diskretionären Accruals (*DWCA*) um den Schätzfehler η abweichen. Bei den vorausgehenden Interpretationen muss bedacht werden, dass das Regressionsmodell stets eine Vereinfachung der Realität und daher lediglich einen Annäherungsversuch darstellt. Das Auftreten von Schätzfehlern kann bei den hier verwendeten Accrual-Modellen nicht vollständig ausgeschlossen werden.

Auch bei der anschließenden Untersuchung des Zusammenhangs zwischen den diskretionären Accruals (*EDWCA*) und den Honorarkennzahlen (*FEEVAR*), welche eine beobachtbare Größe darstellen, kann es zu verzerrten Schätzern kommen, da zur Überprüfung der aufgestellten Hypothesen erneut Regressionsgleichungen angewendet werden. Hierbei müssen zwei denkbare Fälle unterschieden werden: Die Honorarvariable (*FEEVAR*) wurde in die Regressionsgleichungen eingesetzt und nimmt einen hohen Wert für die Beobachtungen an, für welche die Kriterien der Anreizgröße zutreffen. Bei den Beobachtungswerten, für die kein Anreiz aufgrund paralleler Beratung zu erkennen ist, fällt die Honorarvariable hingegen niedrig aus. Wenn die Hypothesen 1-4 zutreffen (in diesem Fall ist β signifikant von null verschieden), würden unterschiedliche Niveaus für die geschätzten diskretionären Accruals (*DWCA*) vorliegen, so dass anhand der Regression die Unternehmen ohne Bilanzpolitik von den Unternehmen getrennt werden, die Bilanzpolitik betrieben haben. Der Umstand, dass anstelle der tatsächlichen, nicht beobachtbaren diskretionären Working Capital Accruals (*DWCA*) die Proxy-Variable *EDWCA* verwendet wird und somit Schätzfehler auftreten, führt zu einer abweichenden Regressionsgleichung. Neben der Honorarvariable *FEEVAR* trägt somit auch der Schätzfehler η zur Erklärung der diskretionären Working Capital Accruals bei. Dabei erklärt η den Anteil der *EDWCA*, der effektiv nicht-diskretionär ist, d.h. richtigerweise den *NWCA* zuzuordnen wäre. Wenn dieser Schätzfehler isoliert werden kann, da seine Determinanten bekannt sind, kann das Regressionsmodell dennoch ein zutreffendes Ergebnis für den Zusammenhang zwischen der abhängigen Variable und der interessierenden Honorarkennzahl liefern. Aufgrund der Unbeobachtbarkeit der tatsächlich erfolgten bilanzpolitischen Einflussnahme des Managements und den geschätzten *EDWCA* kann in den hier verwendeten Modellen der Schätzfehler η jedoch nicht vollständig isoliert werden.[1609] Solange der Schätzfehler nicht mit der Honorarkennzahl (*FEEVAR*) korreliert, verteilt sich der Einfluss von η gleichmäßig auf die diskretionären Accruals, ohne dass es zu Unterschieden zwischen solchen Unternehmen mit hohen oder niedrigen Beratungsanteilen kommt. Liegt hingegen eine Korrelation zwischen dem Beratungshonorar und η vor, ist der Schätzer der interessierenden Variablen und somit auch ein vermeintlich nachgewiesener Zusammenhang verzerrt. In Abhängigkeit davon, ob eine positive oder negative Korrelation zwischen dem Schätzfehler und der erklärenden Variable vorliegt, werden die Ergebnisse in die eine oder andere Richtung beeinträchtigt. In beiden Fällen ergeben sich erhebliche Konsequenzen für die Schlussfolgerungen der Untersuchung. Formal werden diese Verzerrungen als Typ-I-Fehler und Typ-II-Fehler bezeichnet. Ein Fehler vom Typ-I liegt vor, wenn die Nullhypothese „*Kein Zusammenhang*

[1609] Vgl. *McNichols/Wilson* (1988), S. 7.

Grenzen der Untersuchung

zwischen dem Ausmaß an Bilanzpolitik und dem Beratungsanteil " verworfen wird, obwohl sie eigentlich zutrifft (β ist nicht signifikant von Null verschieden). Aufgrund der Korrelation von η und der interessierenden Honorarvariablen wird der entsprechende Korrelationskoeffizient um den Fehler γ signifikant in Richtung der vermuteten Bilanzpolitik verzerrt. Ein Typ-II-Fehler ist immanent, wenn die Nullhypothese nicht abgelehnt wird, obwohl sie in Wahrheit falsch ist. Die Korrelation von η und der Honorarvariable führt in diesem Fall dazu, dass η gegen null verzerrt wird, obgleich der wahre Koeffizient β von null abweicht.[1610]

Obwohl die hier verwendeten Schätzmodelle eine im Vergleich zu anderen Ansätzen höhere Güte bewiesen haben und als am besten spezifiziert identifiziert wurden, kann das Auftreten von Typ-I oder Typ-II-Fehlern selbst durch die Verwendung zweier unterschiedlicher Verfahren nicht vollständig ausgeschlossen werden. Eine falsche Schlussfolgerung tritt auf, wenn Bilanzpolitik zwar richtigerweise erkannt, aber irrtümlich ein bzw. kein kausaler Zusammenhang zur untersuchten Honorarvariable hergestellt wird. Dies ist der Fall, wenn die Honorarkennzahl mit einer anderen Variable korreliert ist, welche die tatsächliche Ursache für das Ausmaß der Bilanzpolitik ist. Im wohl günstigsten Fehler-Fall wird Bilanzpolitik zwar richtigerweise erkannt, die Ursache hierfür jedoch einem anderen als dem eigentlichen Anreiz zugeschrieben. Im ungünstigsten Fall wird durch die Anwendung der Methode ein Zusammenhang nachgewiesen, obwohl tatsächlich keine Einflussnahme vorliegt. Darüber hinaus können auch fehlende Variablen, wie anhand der gegenüber dem Basismodell vorgenommenen Erweiterungen im Sektorenmodell ($\sum Sektor$, *IPO*) nachgewiesen, zu Schätzfehlern führen. So bleiben, wie bereits *in Kapitel 9.3* aufgezeigt, die in einigen Studien als relevant erachteten Einflussgrößen in anderen Untersuchungen unberücksichtigt, obwohl sie Erklärungskraft hinsichtlich des zu analysierenden Zusammenhangs besitzen.[1611] Um diesem Problem entgegenzutreten, wurden in der vorausgehenden Untersuchung zahlreiche Variable in unterschiedlichen Regressionsmodellen getestet. Auch die in einer jüngeren Untersuchung von *Hribar/Nichols* (2008) nachgewiesene Relevanz der in *Tabelle 12-10* dargestellten operativen Volatilitätskennzahlen sollen das Risiko unberücksichtigter Variablen reduzieren und werden deshalb in dem vorliegenden Beitrag berücksichtigt. Dennoch, trotz dieser Bemühungen und insgesamt befriedigender Bestimmtheitsmaße kann die Vernachlässigung relevanter Einflussfaktoren nicht vollständig ausgeschlossen werden.

Neben diesen methodischen Einschränkungen könnten Klassifizierungsfehler hinsichtlich der in den einzelnen Kategorien ausgewiesenen Honorare auftreten, welche die Verlässlichkeit der Ergebnisse beeinträchtigen.[1612] Dies gilt insbesondere, da die Honorarangaben zur Vergütung des Abschlussprüfers (gem. § 314 Abs. 1 Nr. 9 HGB und IDW RH HFA 1.006), welche

---

[1610] Vgl. *Dechow et al.* (1995), S. 196.
[1611] Vgl. *McNichols* (2000), S. 329.
[1612] Vgl. *Reynolds et al.* (2004), S. 30.

Auskunft über die erbrachten Leistungen geben, zugleich vom Abschlussprüfer hinsichtlich ihrer Korrektheit geprüft werden. Eine von der Öffentlichkeit wahrgenommene Unabhängigkeitsbeeinträchtigung aufgrund auffallend hoher Beratungsanteile tangiert somit sowohl die Interessen des Prüfers als auch des Managements und könnte diese veranlassen, von der vorgegebenen Kategorisierung abzuweichen. Obwohl aus der in *Abschnitt 5.3* durchgeführten Untersuchung zur Honorarpublizität in Deutschland eine insgesamt befriedigende Qualität der Honorarangaben hervorgeht, könnten der Honorarausweis und folglich die Erklärungskraft der Honorarzusammensetzung für das Ausmaß an Bilanzpolitik beeinträchtigt sein.

Auch ist die Allgemeingültigkeit der Ergebnisse durch die Auswahl der Stichprobe beschränkt. So wurden ausschließlich Konzernabschlüsse großer, börsennotierter Gesellschaften in die Untersuchung einbezogen. Gerade diese unterliegen aufgrund der breiten Gesellschafterstruktur einer besonderen öffentlichen Kontrolle, von der ein erhöhter Anreiz zur ordnungsgemäßen Berichterstattung ausgeht. Auch werden die Abschlüsse kapitalmarktorientierter Unternehmen durch die am 30. März 2005 durch das Bundesministerium der Justiz anerkannte Deutsche Prüfstelle für Rechnungslegung (DPR e.V.) i.S.d. § 342b Abs. 1 HGB verifiziert.[1613] Aufgrund des zweistufigen, kombinierten Auswahlsystems, das sowohl eine risikoorientierte als auch eine statistische Zufallsauswahl vorsieht, müssen die betrachteten Unternehmen mit einer Prüfung seitens der DPR e.V. rechnen. Gesellschaften, deren Eigenkapitaltitel nicht öffentlich gehandelt werden und die keiner Überwachung durch eine privatrechtlich organisierte Einrichtung unterliegen, könnten daher häufiger zu Sachverhaltsdarstellungen neigen, als die Unternehmen der Stichprobe dieser Untersuchung.

Obwohl in der vorliegenden Untersuchung ein Zeitraum von drei Perioden betrachtet wurde, kann nicht vollständig ausgeschlossen werden, dass die Ergebnisse der Regressionen durch Sondereffekte während dieses Zeitraumes beeinträchtigt sind. Denkbar wäre, dass aufgrund des deutlichen Wachstums in den Jahren 2005 bis 2007 ein außergewöhnliches Auseinanderfallen des Periodenerfolges und des operativen Cashflows auftritt, welches die Separierung diskretionärer und nicht-diskretionärer Periodenabgrenzungen erschwert bzw. zu verzerrten Schätzern führen könnte. Ferner zeigte sich anhand des Signifikanzniveaus des *Altman-Z-Score*, dass Konzerne mit schlechter Finanz- oder Ertragslage häufiger Bilanzpolitik betreiben als andere Gesellschaften. Vor dem Hintergrund der aktuellen Finanzkrise dürfte somit nicht nur der Anreiz, sondern auch das Ausmaß der diskretionären Bilanzpolitik in den Jahren 2008 und 2009 im Vergleich zu den untersuchten Perioden deutlich höher ausfallen. Der vermutete Zusammenhang zwischen einer parallelen Beratung des Abschlussprüfers und einer opportu-

---

[1613] Die DPR e.V. führt rund 120-140 Stichprobenprüfungen pro Jahr durch. Diese Anzahl an Prüfungen ist erforderlich, um zu gewährleisten, dass alle in einem Index gelisteten Firmen alle 4-5 Jahre und alle übrigen kapitalmarktorientierten Firmen alle 8-10 Jahre geprüft werden (vgl. *Meyer* (2009), S. 3).

nistischen Bilanzpolitik des Managements könnte während dieses Zeitraumes aufgrund diskretionärer Freiräume bspw. bei der Schätzung beizulegender Zeitwerte besonders ausgeprägt sein. Zugleich dürfte die Anwendbarkeit der Schätzverfahren zur Bestimmung der diskretionären Accruals aufgrund der erheblichen Diskontinuitäten hinsichtlich der Jahresüberschüsse/-fehlbeträge und des operativen Cashflows während der Jahre 2008 und 2009 erschwert sein.[1614] Von diesen methodischen Problemen abgesehen, wäre eine Untersuchung zum Verhalten des Managements und des Abschlussprüfers insbesondere im Zusammenhang mit der Aufnahme oder Prolongation von Fremdkapital von außerordentlichem Interesse. In einer entsprechenden Untersuchung sollten insbesondere auch Banken, Finanzdienstleister und Versicherungen Beachtung finden, die in der vorliegenden Untersuchung aufgrund einer abweichenden Bilanzstruktur unberücksichtigt blieben.

[1614] Vgl. *Hennes/Metzger* (2009), S. 14.

13 Zusammenfassung und Fazit

Mit dem Inkrafttreten des BilMoG am 29. Mai 2009 wird der Abschlussprüfer verpflichtet, seine Unabhängigkeit im Prüfungsbericht zu erklären (§ 321 Abs. 4a HGB).[1615] Dadurch soll gewährleistet werden, dass dieser seine Unabhängigkeit über die gesamte Dauer der Prüfungstätigkeit überwacht, sicherstellt und gegenüber dem Prüfungsausschuss schriftlich bekundet. Obwohl an dieser Regelung kritisiert werden kann, dass die Erklärung erst zu einem Zeitpunkt erfolgt, zu dem die Prüfung unter materiellen wie formalen Aspekten bereits abgeschlossen ist,[1616] hebt sie die Relevanz der Unabhängigkeit durch die Aufnahme in den Prüfungsbericht deutlich hervor. Zugleich fungiert die explizite Erklärung gegenüber dem Aufsichtsrat als Erinnerung für den Abschlussprüfer, sich der Einhaltung seiner elementaren Berufspflicht zu vergewissern.

Die Wahrung der Unabhängigkeit ist notwendig, da Wirtschaftsprüfer ihrer Aufgabe, die Glaubwürdigkeit der externen Rechnungslegung zu erhöhen, nur gerecht werden können, wenn die Adressaten in das Prüfungsurteil vertrauen. Neben der Urteilsfähigkeit setzt dies die Urteilsfreiheit des Abschlussprüfers voraus. Dabei muss zwischen der von den Abschlussadressaten wahrgenommenen (*independence in appearance*) und der tatsächlichen (*independence in fact*) Unabhängigkeit differenziert werden. Während die tatsächliche Unabhängigkeit die innere Geisteshaltung des Abschlussprüfers, ohne geistige Bindung unvoreingenommen tätig zu werden, bezeichnet, bezieht sich die wahrgenommene Unabhängigkeit auf die bei einem fachkundigen Dritten möglicherweise geweckte Besorgnis, der Abschlussprüfer könnte aufgrund wirtschaftlicher, rechtlicher oder faktischer Einwirkungsmöglichkeiten des zu prüfenden Unternehmens befangen sein. Auch weisen zahlreiche empirische Untersuchungen eine Beeinträchtigung der wahrgenommenen Unabhängigkeit durch die parallele Beratung des Abschlussprüfers nach, während bisherige Beiträge zur tatsächlichen Unabhängigkeit widersprüchliche Ergebnisse aufweisen.

Im Zentrum der vorliegenden Untersuchung stand die Frage nach den Folgen der gleichzeitigen Beratungstätigkeit deutscher Abschlussprüfer bei ihren Prüfungsmandanten für die tatsächliche Unabhängigkeit, welche am Ausmaß der Bilanzpolitik gemessen wurde. Dass diese Forschungsfrage von praktischer Relevanz ist, wird bereits anhand der Erlöszusammensetzung der großen Wirtschaftsprüfungsgesellschaften deutlich; seit einigen Jahren erzielen die Big4-Gesellschaften im Geschäftsbereich Wirtschaftsprüfung (Assurance/Audit etc.) meist weniger als 50 % ihrer gesamten Umsatzerlöse. Aus den Transparenzberichten (gem. § 55c WPO) geht weiter hervor, dass je nach Big4-Gesellschaft lediglich 17 % bis 39 % der in den

---

[1615] Vgl. *BT-Drucksache 16/10067*.
[1616] Vgl. *Erchinger/Melcher* (2009), S. 94.

Jahren 2007 und 2008 generierten Gesamterlöse auf gesetzliche Abschlussprüfungsleistungen entfallen. Die besondere Attraktivität der Beratung, welche für die hohen Umsatzanteile ursächlich sein dürfte, resultiert vor allem aus den im Vergleich zur Prüfung deutlich höheren Deckungsbeiträgen.

Dennoch, wesentliche Umsatzanteile und eine hohe Rentabilität der Beratung alleine erlauben noch keinen allgemeinen Rückschluss auf die Unabhängigkeit des Abschlussprüfers. Eine aussagefähige Untersuchung zu der möglicherweise bestehenden Unabhängigkeitsbeeinträchtigung bei einem Prüfungsmandanten verlangt stattdessen eine dezidierte mandatsspezifische Betrachtung der erbrachten Beratungsleistungen.

Für Geschäftsjahre, die nach dem 31.12.2004 beginnen, soll die Transparenz der wirtschaftlichen Beziehung zwischen Abschlussprüfer und Mandant bei kapitalmarktorientierten Unternehmen durch die Offenlegung der Honorare, aufgeschlüsselt nach Abschlussprüfungsleistungen, Anderen Bestätigungsleistungen, Steuerberatung und Sonstigen Leistungen, im (Konzern-)Anhang gewährleistet sein (§§ 285 S. 1 Nr. 17 bzw. 314 Abs. 1 S. 9 HGB). Die Abschlussadressaten sollen dadurch in die Lage versetzt werden, sich ein eigenes Urteil über die Unabhängigkeit des Abschlussprüfers zu bilden.

Im Rahmen einer Untersuchung zur Qualität der Honoraroffenlegung unter formalen Gesichtspunkten konnte gezeigt werden, dass die Anhangsangaben bei den betrachteten Prime-Standard Unternehmen während der Jahre 2005 bis 2007 im Wesentlichen den handelsrechtlichen Vorgaben und Empfehlungen des IDW entsprachen. Lediglich in drei von insgesamt 436 analysierten Konzernabschlüssen wurde die Pflicht bereits dadurch verletzt, dass gar kein Ausweis der Vergütung des Abschlussprüfers erfolgte. Ferner entsprach die Abgrenzung des Kreises der Leistungsempfänger (z.B. aufgrund der Berücksichtigung quotal- und at equity-konsolidierter Gemeinschaftsunternehmen) oder der Leistungsträger (z.B. durch die Berücksichtigung anderer Abschlussprüfer des gleichen internationalen Netzwerkes) vereinzelt nicht den gesetzlichen Vorgaben und/oder dem Hinweis des IDW (IDW RH HFA 1.006). Von diesen Abweichungen, die vereinzelt Verbesserungspotenziale aufzeigen, abgesehen, verdeutlicht die insgesamt befriedigende Qualität des Honorarausweises zugleich dessen grundsätzliche Eignung, die Abschlussadressaten mit Informationen über die Geschäftsbeziehung zwischen Mandant und Abschlussprüfer zu versorgen.

Bei der inhaltlichen Auswertung der Honorarangaben in den Konzernanhängen der DAX, MDAX, SDAX und TecDAX-Konzerne für die Geschäftsjahre 2005 bis 2007 zeigte sich, dass rund 95 % der prüfungspflichtigen Gesellschaften Nichtabschlussprüfungsleistungen von ihrem Prüfer beziehen. Im Mittel beträgt der Honoraranteil dieser Leistungen 33 % der Gesamthonorare. In Einzelfällen werden jedoch auch Beratungshonorare ausgewiesen, die bis zu 90 % der Erlöse bei dem jeweiligen Mandanten ausmachen. Ob ein Abschlussprüfer trotz solch umfangreicher Beratungsleistungen weiterhin ein unabhängiges Urteil über den vom

Management erstellten Abschluss fällen kann, muss bezweifelt werden. Neben wirtschaftlichen Eigeninteressen und der Androhung des Verlustes von Beratungsaufträgen seitens des Managements im Falle eines unvorteilhaften Prüfungsurteils könnte auch aufgrund des erhöhten Risikos der Selbstprüfung, einer Interessenvertretung oder einer erhöhten Vertrautheit mit der Unternehmensführung eine Unabhängigkeitsbeeinträchtigung vorliegen. Diese Risiken werden von den Normengebern, wie für die USA, Europa und Deutschland gezeigt, als so wesentlich erachtet, dass die Beratungstätigkeit durch den Abschlussprüfer teilweise empfindlich eingeschränkt wurde.

Neben den dargestellten Risiken könnten jedoch auch Vorteile aus der Beratungstätigkeit des Abschlussprüfers resultieren. Insbesondere die Berufsorganisationen beteuern, dass Synergieeffekte zur Steigerung der Urteilsfähigkeit und somit zu einer verbesserten Prüfungsqualität beitragen würden. Ein überzeugender empirischer Nachweis für das Auftreten derartiger knowledge spillovers liegt gegenwärtig jedoch nicht vor.

Stattdessen zeigen modelltheoretische Ansätze ein Ansteigen der Quasirenten des amtierenden Abschlussprüfers und damit ein erhöhtes Risiko der wirtschaftlichen Abhängigkeit durch die parallele Beratungstätigkeit auf. Zu Low Balling kommt es, da die Attraktivität der vom Amtsinhaber abschöpfbaren Quasirenten bereits im Vorfeld der Erstausschreibung eines kombinierten Prüfungs- und Beratungsmandates bekannt ist. Die potenziellen Abschlussprüfer bieten ihre Leistungen unterhalb der Erstprüfungs- und Erstberatungskosten an, nehmen einen Verlust im Jahr der Erstprüfung in Kauf und hoffen, diesen durch die Überschüsse während der nachfolgenden Perioden ausgleichen zu können. Dieses Angebotsverhalten dürfte durch die in Folge einer parallelen Beratungstätigkeit gesteigerten Quasirenten besonders ausgeprägt ausfallen. Die Rentabilität der Mandatsübernahme ist aufgrund des Low Ballings während der ersten Periode nur dann sichergestellt, wenn der Prüfer während der Folgeperioden Quasirenten abschöpfen kann. Vergibt der Mandant den Prüfungs- und/oder Beratungsauftrag jedoch bereits nach wenigen Perioden an einen anderen Prüfer, wird der amtierende Abschlussprüfer seine Verluste aus der Erstprüfung möglicherweise nicht vollständig kompensieren können. Um den aus einem Prüferwechsel resultierenden Verlust auszuschließen, könnte der amtierende Abschlussprüfer geneigt sein, Konfliktsituationen mit dem Management zu vermeiden und dabei seine Unabhängigkeit aufgeben. Dies gilt bei der parallelen Beratungstätigkeit aufgrund der im Vergleich zur reinen Prüfung gesteigerten Quasirenten in besonderem Maße. Auch kann das Management, anders als bei der gesetzlichen Prüfungstätigkeit, durch die Vergabe oder die Entziehung von Beratungsaufträgen die Interessen des Abschlussprüfers direkt ansprechen.

Die Übertragbarkeit vorausgehender Gedanken auf die Prüfungspraxis ist aufgrund der isolierten Betrachtung der Quasirenten bei lediglich einem bestimmten Mandanten eingeschränkt. Werden indessen auch die Renten bei den anderen Mandanten des Abschlussprüfers zur Abbildung des Entscheidungsproblems herangezogen, hat die Vermutung eines erhöhten Anreizes zur opportunistischen Berichterstattung aufgrund paralleler Beratung nicht länger Bestand. Schließlich droht dem Wirtschaftsprüfer im Falle des Bekanntwerdens seiner Unabhängigkeitsaufgabe ein Reputationseinbruch, der zum Verlust von Quasirenten bei anderen Auftraggebern führt. Erbringt der Wirtschaftsprüfer nun für sämtliche Mandanten Beratungsleistungen, steigen auch die Quasirenten bei den anderen Klienten, so dass sich dessen Haftungssumme erhöht. Der Anreiz zur Unabhängigkeitswahrung oder -aufgabe wird somit von dem Verhältnis zwischen den Renten bei einem bestimmten Klienten und der Summe der Quasirenten bei allen anderen Mandanten determiniert. Dieses Verhältnis muss, im Vergleich zur reinen Prüfungstätigkeit, jedoch nicht zwangsläufig durch die parallele Beratung verändert sein, so dass auch nicht per se auf eine Unabhängigkeitsbeeinträchtigung geschlossen werden kann.

Zweifeln die Abschlussadressaten an der Unabhängigkeit des Abschlussprüfers, werden sie nicht auf die im geprüften Abschluss enthaltenen Informationen vertrauen. Die Vermutung einer signifikanten Beeinträchtigung der von den Stakeholdern wahrgenommenen Unabhängigkeit des Abschlussprüfers infolge paralleler Beratung wird von der Mehrzahl vorliegender empirischer Studien bestätigt. Die von einem Berater des Managements vorgenommene Verifizierung der externen Rechnungslegung kann die Informationsunsicherheiten der Adressaten somit nicht reduzieren. Stattdessen werden Gesellschafter und Kreditgeber eine Risikoprämie verlangen, so dass die Finanzierungskosten des Unternehmens steigen. Die prüfungspflichtige Gesellschaft wird vom amtierenden Prüfer abrücken und einen vom Kapital- und Geldmarkt als vertrauenswürdig erachteten Wirtschaftsprüfer bestellen, um die Glaubwürdigkeit der Rechnungslegung wiederherzustellen und die Finanzierungskosten zu senken. Dem nicht wiederbestellten Prüfer drohen aufgrund eines reduzierten Vertrauens Reputationsverluste, so dass neben dem Verlust bestehender auch Probleme bei der Akquisition neuer Mandate wahrscheinlich sind. Die aus einem Reputationsverlust resultierenden ökonomischen Sanktionen können dabei, wie der Niedergang von Arthur Andersen belegt, erheblich sein. Antizipiert der Mandant die Missbilligung umfangreicher Beratungsleistungen durch den Kapitalmarkt wird das Audit Committee das Beratungsvolumen, wie etwa bei der E.on AG oder der Siemens AG geschehen, in Form einer Selbstverpflichtung beschränken. Auch für den Abschlussprüfer ist es ökonomisch rational, die Beratungsleistungen bei Prüfungsmandanten zu begrenzen, um so die eigene Unabhängigkeitsreputation und die Vertrauenswürdigkeit der Prüfungsleistung zu stärken. Ob dieser Reputationsmechanismus gemeinsam mit den bestehenden gesetzlichen Beschränkungen die tatsächliche Unabhängigkeit des Abschlussprüfers zu gewährleisten vermag, kann anhand modelltheoretischer Überlegungen alleine jedoch nicht abschließend beurteilt werden.

Zusammenfassung und Fazit

Im Rahmen des empirischen Forschungsbeitrags dieser Arbeit wurden das Ausmaß der Beratung und die Ursachen für die Nachfrage von Beratungsleistungen beim Abschlussprüfer sowie die daraus resultierenden Konsequenzen für die tatsächliche Unabhängigkeit des Prüfers untersucht. Dazu wurden die Beratungshonorare der Konzernprüfer der im Prime-Standard der Deutschen Börse AG (DAX, MDAX, SDAX, TecDAX) notierten Unternehmen zum 31.12.2005, zum 31.12.2006 und zum 31.12.2007 (zzgl. abweichender Stichtage) betrachtet. Der bei diesen Gesellschaften auf Beratungsleistungen entfallende Honoraranteil erreicht im Mittel etwa die Hälfte des Prüfungshonorars und ist während des betrachteten Zeitraums von 32,3 % des Gesamthonorars im Jahr 2005 über 33,3 % (2006) auf 33,4 % im Jahr 2007 leicht angestiegen. Dieser Unterschied im Periodenvergleich ist ebenso wenig signifikant wie die Divergenzen zwischen den betrachteten Indizes. Auffällig ist jedoch, dass deutsche Abschlussprüfer, relativ zum Gesamthonorar betrachtet, häufiger Beratungsleistungen bei ihren Prüfungsmandanten erbringen als ihre US-amerikanischen Kollegen (21 %). Auch konnte nachgewiesen werden, dass die Sektorenzugehörigkeit der betrachteten Unternehmen von Relevanz für die Zusammensetzung der Vergütung des Abschlussprüfers ist. Unternehmen der Branchen *Financial Services, Telecommunication, Media* und *Transportation & Logistics* beziehen signifikant mehr Beratungsleistungen vom amtierenden Abschlussprüfer als andere Gesellschaften. Konträr dazu fällt die Nachfrage bei den Unternehmen der Sektoren *Technology* und *Pharma & Healthcare* im Mittel deutlich geringer aus. Neben einem branchenabhängigen Beratungsbedarf könnte auch die Beratungsexpertise der Abschlussprüfer von den Unternehmen der einzelnen Sektoren unterschiedlich bewertet werden. Ungeachtet der Ursachen impliziert diese Erkenntnis, dass im Rahmen der empirischen Untersuchung bzgl. des Zusammenhangs zwischen dem Ausmaß an Bilanzpolitik und dem Beratungsanteil die Branchenzugehörigkeit als erklärende Variable in den Regressionen berücksichtigt werden muss.

Über die Sektorenzugehörigkeit hinaus bestehen jedoch auch zwischen den Konzernen einer Branche erhebliche Unterschiede. So verzichten einige Unternehmen vollständig auf die Beratung durch den Abschlussprüfer, während andere Gesellschaften in erheblichem Umfang auf die Expertise ihres Abschlussprüfers zurückgreifen und dafür teilweise sogar das neunfache des Prüfungshonorars aufbringen. Derartige Ungleichheiten innerhalb des Prime-Standards begründen die Vermutung, dass unternehmensspezifische Faktoren das Nachfrageverhalten der Prüfungsmandanten nach Beratungsleistungen beeinflussen. Möglicherweise ist neben dem Beratungsbedarf ein zwischen den Unternehmen schwankendes Vertrauen in die Beratungsexpertise des jeweiligen Abschlussprüfers für die uneinheitlichen Beratungsanteile maßgeblich. Auch könnten die Unterschiede zwischen den Konzernen auf eine abweichende Sensibilität für die Relevanz der Unabhängigkeitswahrnehmung zurückzuführen sein.

Im Rahmen einer weiteren Untersuchung wurde daher der Zusammenhang zwischen dem Ausmaß der unternehmensspezifischen Agency-Kosten und der Nachfrage nach Beratungsleistungen beim Abschlussprüfer verifiziert. Es wurde vermutet, dass Unternehmen mit hohen Agency-Kosten bewusst auf die Vergabe von Beratungsleistungen an den Abschlussprüfer verzichten, um die Glaubwürdigkeit des geprüften Abschlusses gegenüber den Adressaten zu stärken. Zur Abbildung der Agency-Kosten wurden als Untersuchungsvariable der Verschuldungsgrad, der Streubesitzanteil, die Volatilität des Börsenkurses und der Anteil der variablen Vergütung des Managements herangezogen. Neben der Höhe wurde auch ein Einfluss der Veränderung der Agency-Kosten im Zeitvergleich auf die Nachfrage nach Nichtabschlussprüfungsleistungen erwartet. Entgegen dieser Hypothese konnte jedoch kein Zusammenhang zwischen der Höhe der Agency-Kosten und dem Nachfrageverhalten nach Beratungsleistungen nachgewiesen werden. Lediglich zwischen der Veränderung der variablen Vergütung und der Honorarzusammensetzung wurde eine Verknüpfung mit statistischer Sicherheit gemessen. Ein Anstieg der variablen Vergütung des Managements steht demnach in einem positiven Zusammenhang mit der Nachfrage nach Beratungsleistungen. Für die Branchen, in denen generell hohe Beratungshonorare an den Abschlussprüfer gezahlt werden, konnte ein signifikanter Zusammenhang zwischen der Änderung der Gesellschafterstruktur und dem Beratungsanteil belegt werden. Die Hypothese, dass die Nachfrage nach Beratungsleistungen von der Veränderung der Agency-Kosten beeinträchtigt wird, kann jedoch allenfalls eingeschränkt bestätigt werden, da für die beiden anderen Indikatoren der Agency-Kosten kein Zusammenhang nachweisbar ist.

Die beobachteten Insignifikanzen könnten darauf zurückzuführen sein, dass das Management bei der Nachfrage nach Beratungsleistungen, entgegen der Erwartung, die Wahrnehmung der Abschlussadressaten unberücksichtigt lässt. Auch kann nicht ausgeschlossen werden, dass die Abschlussadressaten keine Beeinträchtigung der Unabhängigkeit durch die parallele Prüfungs- und Beratungstätigkeit wahrnehmen. Konträr dazu deuten aktuelle, für Deutschland vorliegende Studien zum Einfluss von Beratungsleistungen auf die wahrgenommene Unabhängigkeit des Abschlussprüfers allerdings auf eine Beeinträchtigung hin.[1617] Denkbar ist ferner, dass das Management die Steigerung der Urteilsfähigkeit aufgrund von knowledge spillovers durch die parallele Beratung bei der Entscheidung über die Vergabe von Beratungsleistungen gleichermaßen gewichtet; es also aufgrund gegenläufiger Effekte zu einer Kompensation hinsichtlich der Auswirkungen auf die Prüfungsqualität und des Nachfrageverhaltens kommt. Auch könnten die aufgrund der eingangs genannten Bilanzskandale inzwischen verbesserten Prüfungsnormen und strengeren Regeln zur Vereinbarkeit von Prüfung und Beratung als hinreichend angesehen werden, so dass die Unternehmensführung sogar im Falle hoher oder stark ansteigender Agency-Kosten nicht davon ausgeht, dass die nach dem BilReG weiterhin zulässigen Beratungsleistungen des Abschlussprüfers das Vertrauen der Stakeholder

---

[1617] Vgl. *Quick/Warming-Rasmussen* (2007); *Meuwissen/Quick* (2009).

mindern. Werden diese Beratungsleistungen nicht als eine Gefährdung der Unabhängigkeit wahrgenommen, besteht auch keine Veranlassung, bei der Nachfrage nach diesen Leistungen Rücksicht auf die Höhe oder die Veränderung der Agency-Kosten zu nehmen. Ein weiterer Erklärungsansatz für die Ergebnisse könnte darin bestehen, dass mit den Agency-Kosten nicht nur die Relevanz der Glaubwürdigkeit des Abschlusses, sondern zugleich der Anreiz zur bilanzpolitischen Sachverhaltsdarstellung seitens des Managements ansteigt. Strebt die Unternehmensführung die opportunistische Einflussnahme an, setzt dies voraus, dass der Abschlussprüfer die Sachverhaltsdarstellung toleriert. Der nachgewiesene Zusammenhang zwischen dem Anstieg der variablen Vergütung des Managements und dem Beratungsanteil könnte vor diesem Hintergrund auch als Anzeichen eines opportunistischen Handelns der Akteure interpretiert werden. Zur Maximierung der variablen Vergütung übt die Unternehmensleitung Bilanzpolitik aus und vergibt gleichzeitig attraktive Beratungsaufträge an den Abschlussprüfer, welcher im Gegenzug die diskretionäre Einflussnahme des Managements toleriert.

Die vermutete Korrelation zwischen dem Beratungshonorar des Abschlussprüfers und dem Ausmaß diskretionärer Einflussnahme als Surrogat einer beeinträchtigten tatsächlichen Unabhängigkeit wurde in der dritten Teiluntersuchung auf statistische Validität überprüft. Anhand uni- und multivariater Regressionen wurde zunächst übereinstimmend mit den Ergebnissen von *Frankel et al.* (2002), *Ferguson et al.* (2004), *Farag* (2005), *Hoitash et al.* (2007), *Srinidhi/Gul* (2007) eine Verknüpfung zwischen dem Ausmaß diskretionärer Bilanzpolitik und dem Beratungshonorar des Konzernprüfers nachgewiesen. Da der prognostizierte Zusammenhang sowohl für die anhand des Dechow-Dichev-McNichols-Modells (DDM) als auch für die mittels des Performance-Adjusted-Jones-Modells (PAJ) geschätzten diskre-tionären Accruals signifikant und selbst bei der separaten Betrachtung positiver und negativer opportunistischer Periodenabgrenzungen evident ist, scheint eine Beeinträchtigung der tatsächlichen Unabhängigkeit des Abschlussprüfers durch die parallele Beratungstätigkeit zunächst gegeben. Eingeschränkt ist die Verlässlichkeit dieser Resultate jedoch dadurch, dass die Branchenzugehörigkeit der einzelnen Beobachtungen, trotz deren Relevanz für das Nachfrageverhalten, in dem angewendeten Ausgangsmodell unkontrolliert bleibt. Im Rahmen einer weiteren, um entsprechende Kontrollvariablen zur Abbildung der Branchenzugehörigkeit und eines möglichen Börsengangs erweiterten Regression hat der zunächst nachgewiesene Zusammenhang nicht länger Bestand. Dies gilt unabhängig vom Accrual-Schätzverfahren und losgelöst vom Vorzeichen der betrachteten diskretionären Einflussnahme. Aufgrund eines gleichzeitig gestiegenen Bestimmtheitsmaßes der Regression muss die Vermutung einer durch die parallele Beratung beeinträchtigten Urteilsfreiheit des Abschlussprüfers daher verworfen werden. Der Anteil des Beratungshonorars am Gesamthonorar des Abschlussprüfers ist für die Qualität der Abschlussprüfung unerheblich.

Ursächlich für die unerwartete Insignifikanz der Resultate könnte auch hier eine aufgrund von knowledge spillovers zwischen Prüfung und Beratung gesteigerte Urteilsfähigkeit des Abschlussprüfers sein. Während die Urteilsfreiheit und die Prüfungsqualität des Abschlussprüfers durch die parallele Beratung beeinträchtigt werden, steigt möglicherweise im Gegenzug dessen Urteilsfähigkeit aufgrund eines durch die parallele Beratung erweiterten mandatsspezifischen Kenntnisstands an. Diese beiden gegenläufigen Effekte könnten die nachgewiesene Irrelevanz des Beratungsanteils für das Ausmaß der Bilanzpolitik begründen. Allerdings ist die bei dieser Argumentation zugrunde gelegte Annahme, knowledge spillovers würden per se die Prüfungsqualität steigern, stark simplifizierend. Abgesehen davon, dass der empirische Nachweis von Synergien aussteht, dürfte selbst bei Bestehen solcher Effekte von den unterschiedlichen Beratungsleistungen in ungleichem Maße die Urteilsfähigkeit des Prüfers beeinflusst werden. Während eine Erweiterung des Kenntnisstandes des beratenden Prüfers bei prüfungsnahen Bestätigungsleistungen, wie etwa dem Review zum Quartalsabschluss, wahrscheinlich ist, können prüfungsfremde Beratungsleistungen, die in keinem thematischen Zusammenhang zur Abschlussprüfung stehen und deren Honorar im Anhang unter den Sonstigen Leistungen ausgewiesen werden, kaum zur Steigerung der Prüfungsqualität beitragen.

Um den unterschiedlichen Einfluss ungleicher Beratungsleistungen verifizieren zu können, wurde die Regression für die Honoraranteile der Anderen Bestätigungsleistungen, der Steuerberatung und der Sonstigen Leistungen jeweils separat wiederholt. Dabei zeigte sich, dass zwischen dem Volumen der Bestätigungsleistungen und der Steuerberatung sowie dem Ausmaß der Bilanzpolitik kein statistisch nachweisbarer Zusammenhang besteht; eine Kompensation der gegenläufigen Effekte aus Urteilsfähigkeit und -freiheit bei den in diesen Kategorien ausgewiesenen Leistungen also wahrscheinlich ist. Dagegen zeigt das PAJ-Modell für die Sonstigen Leistungen eine signifikante Beeinträchtigung der Unabhängigkeit auf. Erfolgt die Schätzung der diskretionären Accruals mit dem DDM-Modell, sind die Ergebnisse für die Sonstigen Leistungen hingegen ebenfalls insignifikant.

Während die Höhe des Beratungsanteils, abgesehen von dem Anteil der Sonstigen Leistungen, somit ohne Folgen für die Unabhängigkeit des Abschlussprüfers bleibt, könnte ein durch die parallele Beratung gesteigerter Umsatzanteil eines bestimmten Mandaten an den gesamten Umsätzen eines Wirtschaftsprüfers (bei allen seinen Mandanten) dessen Urteilsfreiheit beeinträchtigen. Schließlich erzielen, wie im Rahmen der deskriptiven Betrachtung aufgezeigt, einige mittelständische Wirtschaftsprüfungsgesellschaften deutlich über 30 % ihrer gesamten Jahresumsätze mit einzelnen Mandanten. Der vom Gesetzgeber für kapitalmarktorientierte Unternehmen über einen Zeitraum von mehr als fünf Jahren eben noch als zulässig erachtete Schwellenwert von 15 % (§ 319a Abs. 1 S. 1 Nr. 1 HGB) wird zumindest während der jeweils betrachteten Periode von diesen Prüfungsgesellschaften deutlich überschritten. Der These einer Beeinträchtigung der Unabhängigkeit bei hohen Umsatzanteilen zuwider, zeigt auch

Zusammenfassung und Fazit

diese Regression insignifikante Korrelationskoeffizienten auf. Der Umsatzanteil eines bestimmten Mandanten an den Gesamterlösen des Abschlussprüfers ist für die Prüfungsqualität bei den hier betrachteten Prime-Standard-Unternehmen unerheblich.

Zusammenfassend ist festzuhalten, dass weder von einem erhöhten Beratungsanteil noch von einem auffälligen Umsatzanteil des Abschlussprüfers bei einem bestimmten Mandanten eine grundsätzliche Gefährdung für die Qualität der Abschlussprüfung ausgeht. Zunächst nachgewiesene Verknüpfungen fallen nach der Berücksichtigung der Branchenzugehörigkeit sowohl für das DDM- als auch das PAJ-Schätzmodelle so schwach aus, dass nicht nur für den Betrag der diskretionären Accruals, sondern auch für die beiden Teilsamples der ergebnissteigernden und -mindernden opportunistischen Periodenabgrenzung kein Zusammenhang nachgewiesen werden kann. Diese Insignifikanzen werden auch bei einer isolierten Betrachtung der Beobachtungen des Sektors *Industrial* bestätigt. Als Fazit kann festgehalten werden, dass die gesetzlichen Einschränkungen der Vereinbarkeit von Prüfung und Beratung gemeinsam mit der Offenlegung der Abschlussprüferhonorare durch den Bilanzierenden und der Pflicht zur Transparenzberichterstattung der Abschlussprüfer kapitalmarktorientierter Unternehmen geeignet sind, deren Unabhängigkeit sicherzustellen. Neben zivilrechtlichen und berufsrechtlichen Sanktionen erachten die Akteure das Risiko eines Vertrauensrückgangs infolge einer wahrgenommenen Unabhängigkeitsbeeinträchtigung aufgrund auffälliger Honorare als so wesentlich, dass Mandant und Abschlussprüfer die Beratungstätigkeit auf ein Ausmaß beschränken, das für die tatsächliche Unabhängigkeit des Wirtschaftsprüfers unschädlich ist. Doch selbst wenn der Abschlussprüfer Beratungsleistungen in beträchtlichem Umfang erbringt, geht von der Wahrscheinlichkeit des Bekanntwerdens einer Unabhängigkeitsaufgabe und des daraus resultierenden Reputationsverlustes ein erheblicher Anreiz aus, der den Abschlussprüfer zur Wahrung der tatsächlichen Unabhängigkeit veranlasst.

Lediglich von den unter den Sonstigen Leistungen subsumierten Beratungsleistungen könnte, wie die Regressionsergebnisse zeigen, eine Beeinträchtigung der Urteilsfreiheit ausgehen. Da jedoch nur das PAJ-Modell eine statistisch evidente Verknüpfung zwischen dem Honoraranteil der Sonstigen Leistungen und dem Betrag der diskretionären Accruals aufzeigt, während das DDM-Modell keinen Zusammenhang bestätigt, wird die Vermutung einer Unabhängigkeitsbeeinträchtigung allenfalls eingeschränkt bestätigt. Dennoch besteht aufgrund der in beiden Modellen konsistenten Vorzeichen der Korrelationskoeffizienten, welche auf eine Beeinträchtigung hindeuten, weiterer Forschungsbedarf bezüglich der in dieser Kategorie ausgewiesenen Honorare.

Bedauerlicherweise erlauben die gegenwärtigen handelsrechtlichen Ausweispflichten keine dezidierte Betrachtung der hinter der Residualkategorie verborgenen Dienstleistungen; schließlich müssen die unter den Sonstigen Leistungen ausgewiesenen Honorare nicht weiter aufgeschlüsselt oder gar begründet werden. Die in einzelnen Konzernanhängen freiwillig vorgelegten Kommentierungen zum Abschlussprüferhonorar deuten jedoch darauf hin, dass es sich bei den unter den Sonstigen Leistungen ausgewiesenen Honoraren regelmäßig um Beratungsleistungen handelt, die im Umfeld von Akquisitionen oder Veräußerungen von Tochtergesellschaften bzw. Geschäftsbereichen erbracht werden. Da derartige M&A-Beratungen nicht grundsätzlich als Finanzdienstleistung, welche gem. § 319a Abs. 3 Nr. 3d HGB zum Prüfungsausschluss führen, klassifiziert werden, stellt deren Erbringung gegenwärtig keine prinzipielle Inhabilität dar. Ob die Vereinbarkeit mit der gesetzlichen Abschlussprüfung jedoch tatsächlich gegeben ist, muss vor dem Hintergrund des (eingeschränkt) nachgewiesenen Zusammenhangs bezweifelt werden. Die Forderung nach einem generellen Ausschluss des Abschlussprüfers bei Vorliegen einer parallelen M&A-Beratung wäre jedoch verfrüht. Stattdessen sollten weitere Forschungsbeiträge zur Vereinbarkeit von Prüfung und Beratung verstärkt die Implikationen der M&A-Beratung des Abschlussprüfers untersuchen. Neben der tatsächlichen Unabhängigkeit muss dabei auch die von den Abschlussadressaten wahrgenommene Urteilsfreiheit analysiert werden.

Auch wäre vor dem Hintergrund der nicht zweifelsfrei geklärten Folgen der unter den Sonstigen Leistungen ausgewiesenen Honorare eine Erweiterung der Ausweispflichten um eine Kommentierung der Beträge zu überdenken. Diese sollte zumindest dann erfolgen, wenn ein wesentlicher Anteil der Gesamthonorare auf die Residualkategorie entfällt. Durch eine Kommentierung würde der Kenntnisstand der Abschlussadressaten hinsichtlich der vom Abschlussprüfer erbrachten Leistungen erweitert und eine Beurteilung der Unabhängigkeit des Abschlussprüfers für die Abschlussadressaten und die Aufsichtsbehörden erleichtert. Sollten wesentliche Anteile der unter den Sonstigen Leistungen ausgewiesenen Honorare auf M&A-Leistungen entfallen, welche von der Öffentlichkeit möglicherweise als unabhängigkeitsgefährdend erachtet werden, wird es infolge eines Vertrauensrückgangs zur Sanktionierung durch den Markt kommen. Die gesetzliche Verankerung eines Prüfungsausschlusses bei derartigen Leistungen wäre, eine entsprechende Erweiterung der Transparenzpflichten vorausgesetzt, möglicherweise überflüssig.

Abschließend sei auf einige Grenzen dieser Untersuchung hingewiesen. Es kann nicht ausgeschlossen werden, dass die überwiegende Insignifikanz der interessierenden Zusammenhänge auf die betrachtete Stichprobe und die geringere Repräsentanz von NonBig4-Gesellschaften zurückzuführen ist. Schließlich prüfen die Big4-Gesellschaften rund 77 % (2005) bis 83 % (2007) der betrachteten Abschlüsse. Bei der Analyse der Honorare fällt die Dominanz der Big4-Gesellschaften, wie eine Konzentrationsrate von 96 % (2005) bis 97 % (2007) dokumentiert, noch deutlicher aus. Ein derartig hoher Marktanteil der vier führenden Gesellschaften suggeriert, dass die Ergebnisse der empirischen Betrachtung hinsichtlich ihrer Allgemeingültigkeit eingeschränkt sein könnten und ausschließlich für solche Unternehmen Bestand haben, deren Abschlussprüfer eine Big4-Gesellschaft ist. Diese Limitation könnte nicht nur für die Untersuchung zum Beratungsanteil bestehen, sondern dürfte auch die Ergebnisse zur Umsatzabhängigkeit beeinflusst haben; besteht bei den Big4-Gesellschaften aufgrund der Vielzahl von Mandatsträgerschaften doch ein im Vergleich zu den NonBig4-Gesellschaften erhöhter Anreiz zum Reputationsaufbau und damit zur Unabhängigkeitswahrung.

In zukünftigen Forschungsbeiträgen sollten daher vermehrt auch Abschlüsse solcher Unternehmen Berücksichtigung finden, die von NonBig4-Gesellschaften geprüft werden. Die damit einhergehende Betrachtung nicht-börsennotierter Unternehmen könnte aus einem weiteren Grund zu abweichenden Resultaten führen. Schließlich unterliegen diese Gesellschaften, anders als die betrachteten Konzerne des Prime-Standards, keiner bzw. einer geringeren Kontrolle durch die DPR e.V.. Eine bilanzpolitische Einflussnahme des Managements dürfte bei diesen Gesellschaften häufiger unentdeckt und somit ohne Konsequenzen bleiben. Zugleich scheidet bei diesen Organisationen die besondere Sensibilität des Kapitalmarktes als Sanktionsmechanismus im Falle des Bekanntwerdens einer opportunistischen Einflussnahme aus. Der Anreiz, durch eine ordnungsgemäße Abschlusserstellung und -prüfung die eigene Reputation zu stärken, dürfte bei den nicht-börsennotierten Gesellschaften sowohl für das Management als auch den Abschlussprüfer daher geringer ausfallen. Eine Beurteilung, ob bei kleineren Unternehmen von der parallelen Beratung des Abschlussprüfers eine Beeinträchtigung der tatsächlichen Unabhängigkeit ausgeht, kann anhand der vorausgehenden Ergebnisse somit nicht abschließend erfolgen. Diesem Kritikpunkt entsprechend sollten zukünftige Beiträge die Betrachtung nicht-börsennotierter Unternehmen einschließen. Für Geschäftsjahre, die nach dem 31.12.2008 beginnen, gewährleistet die im BilMoG geregelte Ausweitung der Pflicht zur Honoraroffenlegung auf alle Unternehmen – unabhängig davon, ob sie kapitalmarktorientiert sind oder nicht – die Verfügbarkeit der für solche Studien erforderlichen Informationen (§§ 285 Nr. 17 u. 314 Abs. 1 Nr. 9 HGB).

Ergänzende Unterlagen

Anhang 1: Zulässigkeit von Beratungsleistungen im internationalen Vergleich

Buchführung	HGB	Unzulässig; mechanische Eingabe, Beratung bei Einzelfragen zulässig.
	EU	Mechanische oder technische Unterstützung zulässig, bei kapitalmarktorientierten Unternehmen immer unzulässig.
	IFAC	Unzulässig; technische Unterstützung bei Unternehmen ohne öffentliches Interesse zulässig, Beratung bei Einzelfragen zulässig.
	SEC	Unzulässig; sofern von Relevanz für den Abschluss.
Informationssystem	HGB	Es gilt das Kriterium der funktionalen Entscheidungszuständigkeit. Verbot der Entwicklung, Einrichtung und Implementierung bei kapitalmarktorientierten Unternehmen.
	EU	Übernahme von Verantwortungen bei der Entwicklung, Implementierung und laufenden Funktionsfähigkeit ist unzulässig.
	IFAC	Implementierung und Entwicklung stellt eine Gefährdung für die Unabhängigkeit dar, sofern nicht hinreichende Sicherheitsmaßnahmen ergriffen wurden.
	SEC	Implementierung und Entwicklung von Rechnungslegungs- und Finanzinformationssystemen sind unzulässig, es sei denn, diese unterliegen keinen Prüfungshandlungen im Rahmen der Abschlussprüfung.
Bewertungsleitungen	HGB	Unzulässig, sofern nicht von unwesentlicher Bedeutung für den Jahresabschluss.
	EU	Gefährdung der Unabhängigkeit bei Beträgen, die einzeln oder in ihrer Gesamtheit für den Abschluss wesentlich sind und deren Ermittlung durch subjektive Einflüsse geprägt ist. Routine Bewertungen sind zulässig, sofern der Mandant Annahmen und Methoden vorgibt.
	IFAC	Gefährdung der Unabhängigkeit bei Beträgen, die einzeln oder in ihrer Gesamtheit für den Abschluss wesentlich sind und deren Ermittlung durch subjektive Einflüsse geprägt ist. Bewertungen sind zulässig, sofern der Mandant zugrundeliegende Annahmen bestätigt und die Verantwortung für die Bewertung übernimmt.
	SEC	Unzulässig, sofern diese Gegenstand von Prüfungshandlungen sind. Studien zu Verrechnungspreisen.
Rechtsvertretung	HGB	Die Vertretung des Mandanten vor Gericht ist nicht explizit geregelt, aufgrund der Interessenvertretung jedoch implizit unzulässig.
	EU	Unzulässig, außer die Vertretung bei steuerlichen Angelegenheiten, Zeugenaussagen oder Stellungnahmen zu Bilanzierungsformen.
	IFAC	Unzulässig, sofern Schätzungen mit Relevanz für den Abschluss.
	SEC	Unzulässig, lediglich Zeugenaussagen sind zulässig.
Rechtsberatung	HGB	Allgemeine Rechtsberatung wird als zulässig erachtet, sofern Angelegenheiten betroffen sind mit denen sich der Prüfer im Rahmen seines gesetzlichen Auftrages befasst. Bei kapitalmarktorientierten Unternehmen ist Rechtsberatungsleistungen untersagt, sofern sie nicht unwesentlich sind.
	EU	Nicht geregelt.
	IFAC	Zulässig, sofern daraus keine wesentlichen Auswirkungen für den Abschluss resultieren.
	SEC	Unzulässig, sofern eine Zulassung zum Rechtsanwalt erforderlich ist.
Interne Revision	HGB	Unzulässig, solange nicht von untergeordneter Bedeutung. Die Erbringung ausgewählter Leistungen ist (eingeschränkt) zulässig.
	EU	Zulässig, sofern der Mandant die Verantwortung übernimmt. Allerdings ist die Nachschau durch einen unbeteiligten Partner erforderlich.
	IFAC	Zulässig, sofern kein Einfluss auf die Rechnungslegung und das Finanzwesen gegeben ist. Trennung der Teams.
	SEC	Unzulässig, ist neben Outsourcing auch die Durchführung von Leistungen, die im Rahmen der Abschlussprüfung geprüft werden.

Personalberatung	HGB	Nicht explizit geregelt.
	EU	Unzulässig, insbesondere bei Personen, die im Finanz- oder Rechnungswesen arbeiten sollen. Ansonsten ist eine Überprüfung fachlicher Kenntnisse zulässig, Kriterien müssen vom Mandanten ausgewählt werden.
	IFAC	Unabhängigkeitsgefährdend. Durchsicht von Bewerbungsunterlagen und Hinweise hinsichtlich fachlicher Eignung sind zulässig. Entscheidung immer beim Mandanten.
	SEC	Unzulässig. Lediglich die Überprüfung beruflicher Befähigung sowie die Erstellung einer Auswahlliste für nicht kapitalmarktorientierten Unternehmen zulässig.
Steuerberatung	HGB	Zulässig, sofern die funktionale Entscheidungszuständigkeit gewahrt wird. Bei kapitalmarktorientierten Unternehmen ist Steuerberatung untersagt, sofern diese über das Aufzeigen von Gestaltungsspielräumen hinausgeht und sich wesentlich auf den Abschluss auswirkt.
	EU	Keine explizite Regelung.
	IFAC	Zulässig, da Kontrolle durch Dritte bspw. Finanzbehörden erfolgt.
	SEC	Grundsätzlich zulässig. Durch das PCAOB seit 2007 erheblich eingeschränkt. Aggressive Steuerberatung mit dem Ziel der Steuersenkung, sowie die steuerliche Beratung des Managements unzulässig.
Finanzdienstleistung	HGB	Unzulässig
	EU	Unzulässig
	IFAC	Unzulässig
	SEC	Unzulässig
Personalentsendung	HGB	Nicht explizit geregelt.
	EU	Zulässig, sofern keine Managemententscheidungen getroffen werden, keine Verträge unterzeichnet werden und keine diskretionären Verhaltensfreiräume bestehen.
	IFAC	Zulässig, sofern das Personal nach der Entsendung nicht unmittelbar mit der Prüfung der Sachverhalte betraut ist.
	SEC	Unzulässig sind sowohl Funktionen im Management als auch als Angestellter des Mandanten.
Vers.math Leist.	HGB	Unzulässig, sofern nicht von untergeordneter Bedeutung.
	EU	Nicht explizit geregelt.
	IFAC	Nicht explizit geregelt.
	SEC	Unzulässig.

Anhang 1-1: Synoptischer Rechtsvergleich der Zulässigkeit von Beratungsleistungen

Ergänzende Unterlagen 441

Anhang 2: Ausgewählte Honorarangaben

Dienstleistungen des Abschlussprüfers		
Unternehmen der BASF-Gruppe haben folgende Dienstleistungen von KPMG im Jahr 2006 und Deloitte&Touche im Jahr 2005 in Anspruch genommen:		
Mio. EURO	2006	2005
Abschlussprüfung	23,9	12,8
davon Inland	8,1	4,4
Sonstige Bestätigungsleistungen	0,2	5,1
davon Inland	0,1	2,0
Steuerberatung	0,2	0,9
davon Inland	-	0,2
Sonstige Leistungen	0,8	0,5
davon Inland	0,8	-
Die Abschlussprüfung betraf Aufwendungen für die Prüfung des Abschlusses der BASF-Gruppe sowie die gesetzlich vorgeschriebenen Jahresabschlüsse der BASF Aktiengesellschaft und der in den Gruppenabschluss einbezogenen Tochter- und Gemeinschaftsunternehmen. Der Anstieg im Jahr 2006 resultiert aus der Abschlussprüfung der neu akquirierten Gesellschaften und der erstmaligen Prüfung zahlreicher voll konsolidierter Gesellschaften durch den Prüfer der BASF-Gruppe.		

Anhang 2-1: Honorarangaben der BASF Gruppe zum 31.12.2006[1618]

Wesentliche Prüfungshonorare und -leistungen		
Die Tabelle zeigt die von unserem Abschlussprüfer abgerechneten Honorare für die Geschäftsjahre 2007 und 2006 in den folgenden Kategorien.		
Kategorie in Mio. EURO	2007	2006
Prüfungshonorare	43	44
davon an KPMG Deutschland	18	18
Honorare für prüfungsnahe Dienstleistungen	8	10
davon an KPMG Deutschland	2	4
Honorare für Steuerberatung	8	7
davon an KPMG Deutschland	2	3
Summe der Honorare	*59*	*61*
Weitere Informationen zu den Prüfungshonoraren sind im Corporate-Governance-Bericht enthalten.		

Anhang 2-2: Honorarangaben der Deutschen Bank Group zum 31.12.2007[1619]

[1618] Vgl. *BASF AG Geschäftsbericht 2006* (2007), S. 158.
[1619] Vgl. *Deutsche Bank AG Geschäftsbericht 2007* (2008), S. 238.

Das für die Abschlussprüfer des Konzernabschlusses im Geschäftsjahr als Aufwand erfasste Honorar gliedert sich wie folgt:	
PricewaterhouseCoopers AG	
Honorare für Abschlussprüfungen	10,6
Honorare für sonstige Bestätigungs- oder Bewertungsleistungen	9,4
Steuerberatungshonorare	0,1
Sonstige Leistungen	4,0
Ernst&Young AG	
Honorare für Abschlussprüfungen	8,6
Honorare für sonstige Bestätigungs- oder Bewertungsleistungen	7,9
Steuerberatungshonorare	0,7
Sonstige Leistungen	0,1

Unter den Honoraren für Abschlussprüfungen werden insbesondere Honorare für die gesetzliche Prüfung des Jahres- und Konzernabschlusses ausgewiesen sowie Honorare für weitere Prüfungsleistungen vor allem im Zusammenhang mit der Prüfung des internen Kontrollsystems für die Finanzberichterstattung nach dem Sarbanes-Oxley Act 404. Bei den Honoraren für sonstige Bestätigungs- oder Bewertungsleistungen handelt es sich vor allem um Entgelte für die prüferische Durchsicht der Zwischenabschlüsse sowie der prüferischen Begleitung im Rahmen der Dokumentation des internen Kontrollsystems für die Finanzberichterstattung nach dem Sarbanes-Oxley Act 404. Steuerberatungshonorare beinhalten im Wesentlichen Honorare für erbrachte Steuerberatungsleistungen im Zusammenhang mit laufenden und geplanten Transaktionen. Die übrigen Honorare umfassen überwiegend Beratungsleistungen und Unterstützung im Zusammenhang mit der Erfüllung von Anforderungen, die von der Bundesnetzagentur und anderen Behörden an die Gesellschaft gestellt werden.

Anhang 2-3: Honorarangaben der Deutschen Telekom AG zum 31.12.2007[1620]

Honorare und Dienstleistungen des Abschlussprüfers		
Gesellschaften der Linde Group haben neben der Abschlussprüfung folgende Dienstleistungen des Konzernabschlussprüfers KPMG in Anspruch genommen		
in Mio. €	2007	2006
Abschlussprüfung (einschließlich Auslagen)	11	10
Sonstige Bestätigungsleistungen	1	4
Steuerberatung	2	1
Sonstige Leistungen	1	2
SUMME	*15*	*17*
Andere Abschlussprüfer als KPMG haben gegenüber dem Linde Konzern folgende Dienstleistungen erbracht:		
in Mio. €	2007	2006
Abschlussprüfung (einschließlich Auslagen)	-	2
Sonstige Bestätigungsleistungen	-	-
Steuerberatung	-	-
Sonstige Leistungen	-	1
SUMME	-	*3*

Die Abschlussprüfung betrifft Aufwendungen für die Prüfung des Konzernabschlusses der Linde Group und die gesetzlich vorgeschriebenen Jahresabschlüsse der Linde AG sowie der in den Konzernabschluss einbezogenen Tochtergesellschaften. Sonstige Bestätigungsleistungen betreffen überwiegend die Prüfung der Quartale, die Ausstellung eines Comfort Letter, Due-Diligence-Leistungen, Bestätigungen hinsichtlich der Einhaltung bestimmter vertraglicher Vereinbarungen sowie sonstige Prüfungshandlungen. Die für die Steuerberatung aufgewendeten Beträge beziehen sich insbesondere auf die Erstellung von Steuererklärungen, Verrechnungspreisanalysen, die Beratung von Mitarbeitern, die beruflich außerhalb ihres Heimatlandes tätig sind, sowie die steuerliche Beratung bei geplanten oder laufenden Unternehmenstransaktionen.

Anhang 2-4: Honorarangaben der Linde Group zum 31.12.2007[1621]

[1620] Vgl. *Deutsche Telekom AG Geschäftsbericht 2007* (2008), S. 196.
[1621] Vgl. *Linde AG Geschäftsbericht 2007* (2008), S. 185.

Anhang 3: Einfluss der Beratungshonorare auf das Prüfungsurteil

Autoren	Zeitraum	Land	Datenquelle	Stichprobenumfang	Experimentalvariable	Untersuchungsmethode	Ergebnisse
Wines (1994)	1989-1990	AUS	Annual reports	76	Beratungshonorare	OLS-Regression	- Beratungshonorare
Barkess/ Simnett (1994)	1986-1990	AUS	Financial Reports	2.094 (davon 308 mit GC-Opinion)	Beratungshonorare	OLS-Regression	0 Beratungshonorare
Lennox (1999c)	1988-1994	UK	Annual reports, Stock Exchange Financial, Yearbooks (SEFYs)	2.266 (davon 97% mit uneingeschränktem Bestätigungsvermerk)	Beratungshonorar, Beratungsanteil	OLS-Regression	0 Beratungshonorare, 0 Beratungsanteile
Sharma/ Sidhu (2001)	1989-1996	AUS	Annual Reports; Annual Liquidators List for the Stock market	49	Anteil des Beratungshonorars am Gesamthonorar	OLS-Regression	- Beratungsanteil
Lai/Yim (2002)	2000	USA	CompuStat	2.099	log. Nat. Beratungshonorar	OLS-Regression	+ Bei Erstprüfung korrelieren Beratungsleistungen positiv mit der Testatseinschränkung.
Firth (2002)	1996	UK	Financial Statements; Financial Times, Extel, DataStream	1.112 (davon 9% mit GC-Opinion)	Beratungshonorar/ Bilanzsumme, Prüfungshonorar/ Bilanzsumme, Anteil des Mandanten an den Gesamtumsätzen des Abschlussprüfers	OLS-Regression	- hohen Beratungsanteilen, - Anteil der Gesamtumsätze, 0 hohe Prüfungshonorare
Craswell et al. (2002)	1994, 1996	AUS	Annual Reports, Who Audits Australia?	833 (1994) 943 (1996)	Anteil des Beratungshonorars an den Gesamtumsätzen, Anteil des Mandanten an den Gesamtumsätzen des Abschlussprüfers (National), Anteil des Mandanten an den Gesamtumsätzen des Abschlussprüfers (Niederlassungsebene)	OLS-Regression	0 Beratungsanteil, 0 Umsatzanteil (National), 0 Umsatzanteil (Niederlassungsebene)
DeFond et al. (2002)	2000	USA	Proxy Statements, CompuStat, SDC, CRSP, Edgar, 10-K Filings, proxy statements	1.158 (davon 98 mit GC-Opinion)	Beratungshonorare, Anteil der Beratungshonorare an den Gesamtumsätzen Gesamthonorare	OLS-Regression, 2-SLS Regression	0 Beratungshonorare, 0 Anteil der Beratungshonorare an den Gesamtumsätzen, 0 Gesamthonorare
Geiger/ Rama (2003)	2001	USA	Compact Disclosure SEC; Edgar	132 (davon 66 mit GC-Opinion)	Beratungshonorar, Prüfungshonorar	OLS-Regression	0 Beratungshonorar - Prüfungshonorar
Ferguson et al. (2004)	1996-1998	UK	Mergent-online; Lexis-Nexis	809 (davon 123 Restatements und 76 Critics)	Beratungsanteil, Beratungshonorare, Prüfungshonorar	OLS-Regression	- Beratungshonorar, - Prüfungshonorar, - Beratungsanteil
Hay et al. (2006a)	1999, 2000, 2001	NZ	Financial Reports of Top 200 NZ companies	Ingesamt 177 (1999) 224 (2000) 243 (2000)	zwei Modelle: 1.) Beratungshonorar, Anteil des Mandanten an den Gesamtumsätzen des Abschlussprüfers 2.) Ausprägung des Prüfungsurteil, Prüfungshonorar	zwei OLS-Regressionen	zwei Modelle: 1.) 0 Beratungshonorar, 0 Anteil der Gesamthonorare 2.) 0 Opinion

Autor	Jahr	Land	Datenquelle	Stichprobe	Variablen	Methode	Ergebnis
Ye et al. (2006)	2002	AUS	Who Audits Australia? Aspect Financial Data, annual Reports	709 (davon 139 mit GC-Opinion)	Beratungsanteil	OLS-Regression	- Beratungsanteil
Hope/ Langli (2007)	2000-2001	NOR	Creditinform AS	12.281	Beratungshonorare Prüfungshonorare Gesamthonorar	OLS-Regression	0 Beratungshonorare 0 Prüfungshonorare 0 Gesamthonorar
Fargher/ Jiang (2007)	1998-1999; 2003-2005	AUS	CMCRC-UTS Australian Audit Market Database	1.769 (davon 154 mit GC-Opinion) (1998-1999) 3.344 (davon 408 mit GC-Opinion) (2003-2005)	Beratungshonorare, Anteil der Honorare bei einem Mandanten an den Gesamtumsätzen des Abschlussprüfers	OLS-Regression 2-SLS Regression	0 Beratungshonorare + Anteil der Honorare bei einem Mandanten an den Gesamtumsätzen des Abschlussprüfers
Lim/Tan (2008)	2000-2001	USA	CompuStat	1.692 (davon 120 mit GC-Opinion)	Beratungshonorare	OLS-Regression	0 Beratungshonorare (nicht branchenspezialisierter Prüfer) + Beratungshonorare (branchenspezialisierter Prüfer)
Basioudis et al. (2008)	2003	UK	Global Access FAMA	58 (davon 29 mit GC-Opinion)	Beratungshonorare Prüfungshonorare	OLS-Regression	- Beratungshonorare + Prüfungshonorare
Robinson (2008)	2001-2004	USA	Bankruptcy Datasource	209 (davon 153 mit GC-Opinion)	Steuerberatungshonorar Andere Beratungshonorare	OLS-Regression	+ Steuerberatung und Going-Concern Beurteilung stehen in einem positiven Zusammenhang. 0 andere Beratungsleistungen
Callaghan et al. (2009)	2001-2005	USA	EDGAR	92 (davon 42 mit Going Concern Opinion) Sample of bankrupt U.S. firms.	Beratungshonorare, Prüfungshonorare, Gesamthonorare, Beratungsanteil,	OLS-Regression, 2-SLS Regression	0 Beratungshonorare, 0 Beratungsanteil, 0 Gesamthonorare, 0 Prüfungshonorar
Chan (2009)	2001, 2003	USA	Audit Analytics Database; CompuStat	2001: 1.681 (davon 126 mit first time Going Concern Opinion) 2003: 1.780 (davon 108 mit first time Going Concern Opinion)	Beratungshonorar (Prüfungshonorar, Gesamthonorar) relativ zu den Umsatzerlösen der jeweiligen Niederlassung	OLS-Regression	0 keine Zusammenhänge zwischen den Honoraren und dem Prüfungsurteil in der Pre-SOA-Periode. - negativer Zusammenhang zwischen dem Anteil der Prüfungs- (Gesamthonoraren) und dem Prüfungsurteil in der Post-SOA Phase. 0 keine Zusammenhänge zwischen dem Anteil der Beratungshonorare und dem Prüfungsurteil in der Post-SOA-Periode.

- Es besteht ein signifikant positiver Zusammenhang zwischen der Beratung und dem Prüfungsurteil, d.h. ein für den Mandanten unvorteilhaftes Prüfungsurteil ist bei hohen Beratungshonoraren wenig wahrscheinlich.
0 Es besteht kein signifikanter Zusammenhang zwischen der Beratung des Prüfers und der Wahrscheinlichkeit einer Einschränkung.
+ Es besteht ein signifikant negativer Zusammenhang zwischen der Beratung und dem Prüfungsurteil, d.h. die Einschränkung ist bei hohen Beratungshonoraren wahrscheinlich.

Anhang 3-1: Einfluss der Beratungshonorare auf die Ausprägung des Prüfungsurteils

Anhang 4: Regressionsergebnisse für den Sektor *Industrial*

EDWCAVAR Variablen	EDWCA				EDWCA+				EDWCA-			
	n=107		n=107		n=32		n=27		n=75		n=80	
Modell:	PAJ		DDM		PAJ		DDM		PAJ		DDM	
Bestimmtheitsmaß:	0,325		0,658		0,972		0,937		0,771		0,727	
Durbin-Watson-Koeffizient	2,067		2,485		1,465		1,967		2,075		2,264	
	β	p	β	p	β	p	β	p	β	p	β	p
F-Statistik	3,68***	0,000	15,54***	0,000	57,63**	0,000	30,99***	0,000	14,13***	0,000	15,99***	0,000
(Konstante)	0,159***	0,007	-0,136	0,647	0,136**	0,041	0,325	0,444	-0,043	0,462	0,093	0,720
Beratungsanteil	0,049	0,623	0,046	0,494	0,054	0,326	0,024	0,739	-0,013	0,856	-0,059	0,396
LNBilanzsumme	-	-	0,009	0,907	-	-	-0,044	0,601	-	-	-0,016	0,844
LNMarktkap.	-0,010	0,925	-	-	-0,040	0,458	-	-	0,055	0,456	-	-
RevGrowth	-0,071	0,541	0,342***	0,000	-0,393***	0,000	-0,295	0,212	-0,698***	0,000	-0,597***	0,000
Market-to-Book R	0,484***	0,004	-	-	-0,190	0,306	-	-	-0,018	0,848	-	-
ROA	-0,058	0,672	-	-	0,042	0,867	-	-	-0,264***	0,001	-	-
Loss	-0,037	0,726	-	-	-0,052	0,549	-	-	-0,079	0,333	-	-
CFO/A$_{it-1}$	0,206	0,196	0,178**	0,021	-0,512***	0,005	0,007	0,969	-0,371***	0,001	-0,188**	0,023
WCA/A$_{it-1}$	0,559***	0,001	-	-	0,765***	0,000	-	-	0,764***	0,000	-	-
Altman-Z-Score	-0,647***	0,003	0,039	0,625	0,180	0,386	0,106	0,412	0,014	0,912	-0,070	0,382
LEV	-0,256**	0,031	-	-	0,045	0,577	-	-	-0,074	0,517	-	-
ΔLEV	-0,079	0,453	-	-	0,000	0,997	-	-	0,175**	0,030	-	-
ΔNoShares	0,023	0,830	-	-	0,078	0,325	-	-	0,063	0,404	-	-
VarVergütung	0,018	0,871	-0,061	0,410	-0,078*	0,093	-0,064	0,443	0,140	0,132	0,109	0,179
OperatingCycle	0,100	0,296	0,048	0,451	-0,033	0,543	-0,091	0,256	-0,055	0,372	0,007	0,919
CorpGov.	-0,052	0,629	-0,016	0,827	-0,159**	0,011	-0,094	0,327	0,162*	0,094	0,018	0,815
Big4	-0,149	0,136	0,053	0,449	-0,204**	0,010	-0,044	0,566	0,020	0,757	-0,135*	0,068
Tenure	0,082	0,375	0,046	0,466	-0,024	0,564	-0,025	0,674	0,013	0,856	-0,104	0,163
Testat	-0,158*	0,089	0,074	0,265	-0,090*	0,052	a.		0,021	0,787	-0,074	0,302
σ$_{REV}$	-	-	0,440***	0,000	-	-	0,282*	0,084	-	-	-0,123	0,178
σ$_{CFO}$	-	-	0,304***	0,000	-	-	0,219*	0,054	-	-	0,030	0,642
IPO	-0,010	0,934	0,226***	0,003	0,057	0,258	0,976***	0,000	-0,186*	0,053	-0,165**	0,030
∑ Sektor												

* Die Korrelation ist auf dem Niveau von 0,10 (2-seitig) signifikant.
** Die Korrelation ist auf dem Niveau von 0,05 (2-seitig) signifikant.
*** Die Korrelation ist auf dem Niveau von 0,01 (2-seitig) signifikant.
a. Alle Unternehmen mit positiven diskretionären Accruals gem. DDM-Modell weisen einen uneingeschränkten Bestätigungsvermerk aus

Anhang 4-1: Einfluss des Beratungsanteils (BA) bei Unternehmen des Sektors „Industrial"

EDWCAVAR Variablen	EDWCA n=107		EDWCA n=107		EDWCA+ n=32		EDWCA+ n=27		EDWCA- n=75		EDWCA- n=80	
Modell:	PAJ		DDM		PAJ		DDM		PAJ		DDM	
Bestimmtheitsmaß:	0,326		0,656		0,970		0,946		0,787		0,723	
Durbin-Watson-Koeffizient	2,118		2,493		1,501		1,921		2,201		2,297	
	β	p	β	p	β	p	β	p	β	p	β	p
F-Statistik	3,70***	0,000	15,44***	0,000	53,11***	0,000	35,92***	0,000	15,38***	0,000	15,76***	0,000
(Konstante)	0,167*	0,058	-0,091	0,755	0,137*	0,048	0,423	0,285	-0,026	0,645	0,041	0,871
Bestätigungsl.	-0,065	0,541	0,016	0,825	0,012	0,858	0,151	0,168	0,156**	0,048	-0,001	0,993
LNBilanzsumme	-	-	0,001	0,991	-	-	-0,073	0,363	-	-	-0,005	0,955
LNMarktkap.	-0,005	0,959	-	-	-0,029	0,605	-	-	0,038	0,594	-	-
RevGrowth	-0,080	0,484	0,342***	0,000	-0,407***	0,000	-0,148	0,510	-0,679***	0,000	-0,588***	0,000
Market-to-Book R	0,505***	0,002	-	-	-0,109	0,559	-	-	0,009	0,919	-	-
ROA	-0,077	0,575	-	-	0,070	0,828	-	-	-0,235***	0,002	-	-
Loss	-0,039	0,716	-	-	-0,027	0,779	-	-	-0,104	0,194	-	-
CFO/A$_{t-1}$	0,232	0,154	0,179**	0,022	-0,508**	0,022	-0,022	0,888	-0,443***	0,000	-0,195**	0,019
WCA/A$_{t-1}$	0,571***	0,000	-	-	0,758***	0,000	-	-	0,730***	0,000	-	-
Altman-Z-Score	-0,665***	0,002	0,033	0,683	0,083	0,659	0,118	0,325	-0,014	0,907	-0,062	0,450
LEV	-0,266**	0,025	-	-	0,010	0,899	-	-	-0,111	0,319	-	-
ΔLEV	-0,074	0,479	-	-	0,008	0,871	-	-	0,180**	0,020	-	-
ΔNoShares	0,030	0,780	-	-	0,083	0,313	-	-	0,075	0,308	-	-
VarVergütung	0,032	0,776	-0,060	0,418	-0,073	0,139	-0,098	0,235	0,108	0,226	0,104	0,200
OperatingCycle	0,105	0,276	0,051	0,433	-0,033	0,567	-0,094	0,189	-0,056	0,346	0,006	0,926
CorpGov.	-0,052	0,626	-0,025	0,731	-0,144**	0,019	-0,076	0,390	0,138	0,141	0,030	0,687
Big4	-0,153	0,125	0,052	0,462	-0,180**	0,020	-0,012	0,875	0,046	0,474	-0,131*	0,082
Tenure	0,071	0,437	0,041	0,513	-0,024	0,584	-0,052	0,376	0,042	0,529	-0,100	0,182
Testat	-0,168*	0,073	0,073	0,276	-0,082*	0,093	-	-	0,025	0,734	-0,069	0,347
σ$_{REV}$	-	-	0,442***	0,000	-	-	0,381**	0,027	-	-	-0,133	0,146
σ$_{CFO}$	-	-	0,302***	0,000	-	-	0,317**	0,019	-	-	0,032	0,618
IPO	0,041	0,736	0,237***	0,003	0,059	0,289	0,705**	0,018	-0,268***	0,006	-0,190**	0,022
∑ Sektor												

* Die Korrelation ist auf dem Niveau von 0,10 (2-seitig) signifikant.
** Die Korrelation ist auf dem Niveau von 0,05 (2-seitig) signifikant.
*** Die Korrelation ist auf dem Niveau von 0,01 (2-seitig) signifikant.

Anhang 4-2: Einfluss der Bestätigungsleistungen (BLA) bei Unternehmen des Sektors „Industrial"

EDWCAVAR Variablen		EDWCA			EDWCA+				EDWCA-			
	n=107		n=107		n=32		n=27		n=75		n=80	
Modell:	PAJ		DDM		PAJ		DDM		PAJ		DDM	
Bestimmtheitsmaß:	0,347		0,656		0,970		0,937		0,776		0,723	
Durbin-Watson-Koeffizient	2,165		2,495		1,561		2,002		2,100		2,296	
	β	p	β	p	β	p	β	p	β	p	β	p
F-Statistik	3,963	0,000	15,468	0,000	53,140	0,000	30,717	0,000	14,486	,000	15,765	0,000
(Konstante)	0,202**	0,023	-0,112	0,704	0,133*	0,059	0,344	0,441	-0,049	0,400	0,046	0,857
Steuerberatung	-0,158*	0,077	0,024	0,699	0,011	0,843	0,004	0,953	0,070	0,279	-0,008	0,904
LNBilanzsumme	-	-	0,005	0,948	-	-	-0,046	0,608	-	-	-0,006	0,946
LNMarktkap.	-0,028	0,784	-	-	-0,024	0,652	-	-	0,057	0,434	-	-
RevGrowth	-0,088	0,437	0,343***	0,000	-0,394***	0,000	-0,332	0,116	-0,685***	0,000	-0,588***	0,000
Market-to-Book-R	0,582***	0,000	-	-	-0,095	0,555	-	-	-0,042	0,661	-	-
ROA	-0,069	0,604	-	-	0,015	0,958	-	-	-0,250***	0,001	-	-
Loss	-0,057	0,589	-	-	-0,039	0,671	-	-	-0,071	0,379	-	-
CFO/A$_{t-1}$	0,179	0,254	0,185**	0,017	-0,469**	0,018	0,023	0,887	-0,370***	0,000	-0,196**	0,018
WCA/A$_{t-1}$	0,545***	0,001	-	-	0,776***	0,000	-	-	0,738***	0,000	-	-
Altman-Z-Score	-0,700***	0,001	0,031	0,695	0,080	0,664	0,098	0,444	0,030	0,806	-0,063	0,433
LEV	-0,287**	0,014	-	-	0,007	0,926	-	-	-0,073	0,518	-	-
ΔLEV	-0,079	0,445	-	-	0,016	0,773	-	-	0,161**	0,042	-	-
ΔNoShares	0,016	0,880	-	-	0,081	0,321	-	-	0,066	0,381	-	-
VarVergütung	0,012	0,909	-0,056	0,454	-0,070	0,140	-0,059	0,469	0,137	0,131	0,104	0,203
OperatingCycle	0,133	0,166	0,046	0,479	-0,038	0,529	-0,085	0,338	-0,070	0,264	0,007	0,918
CorpGov.	-0,090	0,401	-0,019	0,802	-0,141**	0,020	-0,099	0,295	0,158*	0,097	0,028	0,715
Big4	-0,163*	0,098	0,052	0,456	-0,176**	0,017	-0,049	0,522	0,034	0,609	-0,132*	0,077
Tenure	0,068	0,449	0,042	0,506	-0,022	0,612	-0,023	0,712	0,022	0,741	-0,099	0,184
Testat	-0,188**	0,043	0,075	0,266	-0,084*	0,073	-	-	0,026	0,727	-0,070	0,339
σ$_{REV}$	-	-	0,442***	0,000	-	-	0,263*	0,087	-	-	-0,133	0,145
σ$_{CFO}$	-	-	0,302***	0,000	-	-	0,213*	0,068	-	-	0,032	0,617
IPO	0,005	0,967	0,247***	0,000	0,062	0,231	1,014***	0,000	-0,181*	0,044	-0,191***	0,007
Σ Sektor												

* Die Korrelation ist auf dem Niveau von 0,10 (2-seitig) signifikant.
** Die Korrelation ist auf dem Niveau von 0,05 (2-seitig) signifikant.
*** Die Korrelation ist auf dem Niveau von 0,01 (2-seitig) signifikant.

Anhang 4-3: Einfluss der Steuerberatung (StBA) bei Unternehmen des Sektors „Industrial"

EDWCAVAR Variablen	EDWCA n=107		EDWCA n=107		EDWCA+ n=32		EDWCA+ n=27		EDWCA- n=75		EDWCA- n=80	
Modell:	PAJ		DDM		PAJ		DDM		PAJ		DDM	
Bestimmtheitsmaß:	0,379		0,657		0,973		0,939		0,808		0,728	
Durbin-Watson-Koeffizient	2,134		2,515		1,542		2,094		2,104		2,333	
	β	p	β	p	β	p	β	p	β	p	β	p
F-Statistik	4,40***	0,000	15,48***	0,000	58,99***	0,000	31,85***	0,000	17,40***	0,000	16,12***	0,000
(Konstante)	0,121	0,158	-0,126	0,673	0,143**	0,032	0,377	0,363	-0,008	0,880	0,118	0,652
Sonst. Leistungen	0,244***	0,006	0,027	0,658	0,053	0,268	-0,040	0,506	-0,198***	0,002	-0,069	0,291
LNBilanzsumme	-	-	0,009	0,911	-	-	-0,050	0,545	-	-	-0,027	0,751
LNMarktkap.	0,027	0,782	-	-	-0,039	0,457	-	-	0,001	0,993	-	-
RevGrowth	-0,080	0,467	0,340***	0,000	-0,381***	0,000	-0,374*	0,080	-0,628***	0,000	-0,599***	0,000
Market-to-Book-R.	0,406**	0,010	-	-	-0,154	0,347	-	-	0,026	0,766	-	-
ROA	-0,084	0,519	-	-	-0,024	0,926	-	-	-0,236***	0,001	-	-
Loss	-0,055	0,595	-	-	-0,074	0,419	-	-	-0,089	0,237	-	-
CFO/A_{it-1}	0,222	0,146	0,181**	0,019	-0,492***	0,005	0,067	0,698	-0,399***	0,000	-0,190**	0,020
WCA/A_{it-1}	0,593***	0,000	-	-	0,767***	0,000	-	-	0,672***	0,000	-	-
Altman-Z-Score	-0,535**	0,010	0,041	0,617	0,199	0,340	0,069	0,602	-0,045	0,696	-0,086	0,297
LEV	-0,242**	0,033	-	-	0,028	0,694	-	-	-0,073	0,483	-	-
ΔLEV	-0,128	0,213	-	-	-0,010	0,842	-	-	0,205***	0,006	-	-
ΔNoShares	-0,020	0,848	-	-	0,068	0,384	-	-	0,094	0,183	-	-
VarVergütung	-0,001	0,991	-0,059	0,425	-0,074	0,103	-0,062	0,442	0,159*	0,061	0,113	0,164
OperatingCycle	0,141	0,131	0,055	0,400	-0,021	0,707	-0,088	0,241	-0,097*	0,098	-0,003	0,966
CorpGov.	-0,049	0,636	-0,021	0,777	-0,164***	0,009	-0,108	0,252	0,134	0,130	0,020	0,786
Big4	-0,178*	0,066	0,048	0,496	-0,203***	0,009	-0,045	0,548	0,049	0,418	-0,121	0,101
Tenure	0,095	0,279	0,042	0,505	-0,021	0,615	-0,020	0,737	0,008	0,892	-0,103	0,164
Testat	-0,197**	0,029	0,068	0,314	-0,105**	0,036	-	-	0,063	0,377	-0,059	0,410
σ_{REV}	-	-	0,441***	0,000	-	-	0,259*	0,080	-	-	-0,113	0,221
σ_{CFO}	-	-	0,304***	0,000	-	-	0,219**	0,050	-	-	0,024	0,711
IPO	-0,010	0,924	0,243***	0,001	0,075	0,142	1,027***	0,000	-0,155*	0,062	-0,183***	0,009
Σ Sektor												

* Die Korrelation ist auf dem Niveau von 0,10 (2-seitig) signifikant.
** Die Korrelation ist auf dem Niveau von 0,05 (2-seitig) signifikant.
*** Die Korrelation ist auf dem Niveau von 0,01 (2-seitig) signifikant.

Anhang 4-4: Einfluss Sonstigen Leistungen (SLA) bei Unternehmen des Sektors „Industrial"

Anhang 5: Veränderung der Honoraranteile zur Vorperiode (t-1)

EDWCAVAR Variablen	EDWCA				EDWCA+				EDWCA-			
	n=213		n=213		n=107		n=120		n=106		n=93	
Modell:	PAJ		DDM		PAJ		DDM		PAJ		DDM	
Bestimmtheitsmaß:	0,234		0,214		0,812		0,298		0,844		0,300	
Durbin-Watson-Koeffizient	2,038		1,904		2,046		1,810		1,925		1,824	
	β	p	β	p	β	p	β	p	β	p	β	p
F-Statistik	3,02***	0,000	3,13***	0,000	16,78***	0,000	2,95***	0,000	19,35***	0,000	2,79***	0,000
(Konstante)	0,027	0,659	0,231**	0,034	0,143**	0,019	0,252*	0,081	-0,053	0,143	-0,171	0,352
ΔBLA (t-1 zu t)	-0,069	0,301	0,080	0,223	-0,045	0,349	0,061	0,474	-0,087*	0,083	-0,109	0,291
LNBilanzsumme	-	-	-0,139	0,137	-	-	-0,147	0,245	-	-	0,118	0,457
LNMarktkap.	-0,146	0,108	-	-	-0,081	0,247	-	-	0,007	0,909	-	-
RevGrowth	0,069	0,313	0,059	0,387	-0,093*	0,089	-0,173	0,110	-0,103*	0,053	-0,279**	0,016
Market-to-Book-R.	0,053	0,525	-	-	0,241**	0,010	-	-	-0,107**	0,036	-	-
ROA	-0,322***	0,001	-	-	-0,056	0,668	-	-	-0,206***	0,001	-	-
Loss	-0,047	0,560	-	-	-0,011	0,890	-	-	-0,088	0,173	-	-
CFO/A$_{it-1}$	0,394***	0,000	0,214***	0,005	-0,121	0,147	0,380***	0,000	-0,137	0,129	0,036	0,770
WCA/A$_{it-1}$	0,599***	0,000	-	-	0,835***	0,000	-	-	0,870***	0,000	-	-
Altman-Z-Score	-0,095	0,248	-0,156**	0,044	-0,288**	0,013	-0,246**	0,024	0,181***	0,002	-0,018	0,873
LEV	0,054	0,553	-	-	-0,136*	0,076	-	-	0,064	0,327	-	-
ΔLEV	0,079	0,239	-	-	0,023	0,669	-	-	0,020	0,682	-	-
ΔNoShares	0,038	0,564	-	-	0,067	0,207	-	-	0,052	0,256	-	-
VarVergütung	0,120	0,168	-0,117	0,151	0,035	0,598	-0,182*	0,082	0,035	0,580	-0,023	0,862
OperatingCycle	0,057	0,447	-0,046	0,539	-0,095	0,119	0,033	0,746	-0,016	0,774	0,172	0,123
CorpGov.	0,180**	0,013	0,091	0,205	-0,019	0,739	0,079	0,404	-0,056	0,352	-0,164	0,127
Big4	0,053	0,479	0,030	0,686	-0,022	0,696	0,006	0,951	-0,051	0,346	-0,122	0,260
Tenure	0,036	0,595	-0,022	0,745	0,003	0,957	-0,142	0,105	0,001	0,988	-0,130	0,247
Testat	0,003	0,963	-0,033	0,611	a.	a.	a.	a.	0,050	0,342	0,036	0,714
σ$_{REV}$	-	-	0,378***	0,000	-	-	0,351***	0,000	-	-	-0,215	0,108
σ$_{CFO}$	-	-	0,052	0,423	-	-	0,058	0,491	-	-	-0,114	0,239
IPO	-0,039	0,542	-0,024	0,705	a.	a.	-0,057	0,494	0,076	0,109	a.	a.
∑ Sektor												

* Die Korrelation ist auf dem Niveau von 0,10 (2-seitig) signifikant.
** Die Korrelation ist auf dem Niveau von 0,05 (2-seitig) signifikant.
*** Die Korrelation ist auf dem Niveau von 0,01 (2-seitig) signifikant.
a. Alle Unternehmen mit positiven (negativen) diskretionären Accruals weisen einen uneingeschränkten Bestätigungsvermerk (bzw. keinen IPO) aus.

Anhang 5-1: Einfluss der Veränderung der Bestätigungsleistungen ΔBLA (t-1 zu t)

EDWCAVAR Variablen	EDWCA				EDWCA+				EDWCA-			
	n=213		n=213		n=107		n=120		n=106		n=93	
Modell:	PAJ		DDM		PAJ		DDM		PAJ		DDM	
Bestimmtheitsmaß:	0,229		0,229		0,811		0,318		0,840		0,308	
Durbin-Watson-Koeffizient	2,035		1,924		2,030		1,840		1,933		1,832	
	β	p	β	p	β	p	β	p	β	p	β	p
F-Statistik	2,97***	0,000	3,33***	0,000	16,72***	0,000	3,13***	0,000	18,78***	0,000	2,86***	0,000
(Konstante)	0,035	0,562	0,213**	0,047	0,145**	0,018	0,261*	0,089	-0,054	0,145	-0,131	0,469
ΔStBA (t-1 zu t)	0,003	0,965	0,147**	0,025	0,040	0,418	0,155*	0,080	-0,054	0,297	-0,134	0,161
LNBilanzsumme	-	-	-0,129	0,161	-	-	-0,152	0,222	-	-	0,086	0,579
LNMarktkap.	-0,144	0,113	-	-	-0,078	0,268	-	-	0,026	0,690	-	-
RevGrowth	0,072	0,294	0,033	0,630	-0,099*	0,076	-0,209*	0,055	-0,082	0,129	-0,259**	0,023
Market-to-Book-R.	0,062	0,460	-	-	0,252***	0,007	-	-	-0,099*	0,056	-	-
ROA	-0,324***	0,001	-	-	-0,051	0,697	-	-	-0,213***	0,001	-	-
Loss	-0,056	0,484	-	-	-0,016	0,849	-	-	-0,106	0,107	-	-
CFO/A$_{it-1}$	0,381***	0,000	0,230***	0,002	-0,129	0,123	0,399***	0,000	-0,153*	0,092	0,028	0,820
WCA/A$_{it-1}$	0,587***	0,000	-	-	0,829***	0,000	-	-	0,877***	0,000	-	-
Altman-Z-Score	-0,096	0,245	-0,144*	0,062	-0,294**	0,011	-0,226**	0,036	0,177***	0,003	-0,015	0,892
LEV	0,037	0,682	-	-	-0,143*	0,061	-	-	0,036	0,582	-	-
ΔLEV	0,077	0,250	-	-	0,013	0,806	-	-	0,021	0,667	-	-
ΔNoShares	0,033	0,624	-	-	0,056	0,291	-	-	0,065	0,174	-	-
VarVergütung	0,119	0,172	-0,117	0,147	0,039	0,566	-0,177*	0,086	0,051	0,427	-0,003	0,982
OperatingCycle	0,058	0,444	-0,041	0,579	-0,092	0,136	0,034	0,736	-0,012	0,826	0,153	0,169
CorpGov.	0,181**	0,013	0,106	0,138	-0,018	0,750	0,082	0,385	-0,022	0,708	-0,193*	0,070
Big4	0,048	0,523	0,031	0,667	-0,029	0,593	0,019	0,839	-0,058	0,288	-0,128	0,228
Tenure	0,049	0,461	-0,012	0,856	0,018	0,735	-0,109	0,216	0,027	0,562	-0,096	0,367
Testat	-0,009	0,888	-0,022	0,723	a.	a.	a.	a.	0,018	0,717	0,015	0,878
σ$_{REV}$	-	-	0,369***	0,000	-	-	0,339***	0,000	-	-	-0,194	0,142
σ$_{CFO}$	-	-	0,064	0,325	-	-	0,074	0,376	-	-	-0,123	0,196
IPO	-0,044	0,497	0,000	0,995	a.	a.	-0,027	0,747	0,033	0,507	a.	a.
Σ Sektor												

* Die Korrelation ist auf dem Niveau von 0,10 (2-seitig) signifikant.
** Die Korrelation ist auf dem Niveau von 0,05 (2-seitig) signifikant.
*** Die Korrelation ist auf dem Niveau von 0,01 (2-seitig) signifikant.
a. Alle Unternehmen mit positiven (negativen) diskretionären Accruals weisen einen uneingeschränkten Bestätigungsvermerk (bzw. keinen IPO) aus.

Anhang 5-2: Einfluss der Veränderung der Steuerberatung ΔStBA (t-1 zu t)

Ergänzende Unterlagen 451

EDWCAVAR Variablen	EDWCA		EDWCA+				EDWCA-			
	n=213		n=213		n=107		n=120		n=106	n=93
Modell:	PAJ		DDM		PAJ		DDM		PAJ	DDM
Bestimmtheitsmaß:	0,232		0,215		0,810		0,301		0,841	0,310
Durbin-Watson-Koeffizient	2,031		1,888		2,014		1,784		1,917	1,849
	β	p	β	p	β	p	β	p	β	p	β	p
F-Statistik	2,99***	0,000	3,15***	0,000	16,55***	0,000	2,97***	0,000	18,89***	0,000	2,88***	0,000
(Konstante)	0,036	0,548	0,223**	0,040	0,151**	0,013	0,250*	0,083	-0,049	0,181	-0,119	0,513
ΔSLA (t-1 zu t)	0,047	0,456	-0,086	0,169	-0,002	0,973	-0,074	0,367	0,055	0,227	0,141	0,140
LNBilanzsumme	-	-	-0,133	0,153	-	-	-0,144	0,252	-	-	0,073	0,637
LNMarktkap.	-0,146	0,108	-	-	-0,084	0,237	-	-	0,010	0,875	-	-
RevGrowth	0,074	0,279	0,053	0,436	-0,092	0,100	-0,181*	0,096	-0,098*	0,069	-0,252**	0,027
Market-to-Book-R.	0,061	0,464	-	-	0,250***	0,008	-	-	-0,097*	0,061	-	-
ROA	-0,330***	0,001	-	-	-0,052	0,692	-	-	-0,221***	0,000	-	-
Loss	-0,057	0,478	-	-	-0,016	0,848	-	-	-0,100	0,125	-	-
CFO/A$_{it-1}$	0,386***	0,000	0,219***	0,004	-0,133	0,111	0,385***	0,000	-0,151*	0,095	0,035	0,771
WCA/A$_{it-1}$	0,591***	0,000	-	-	0,834***	0,000	-	-	0,863***	0,000	-	-
Altman-Z-Score	-0,099	0,230	-0,153**	0,048	-0,297**	0,010	-0,241**	0,027	0,178***	0,003	-0,024	0,826
LEV	0,036	0,689	-	-	-0,143*	0,063	-	-	0,037	0,566	-	-
ΔLEV	0,070	0,303	-	-	0,020	0,717	-	-	0,014	0,775	-	-
ΔNoShares	0,036	0,593	-	-	0,060	0,253	-	-	0,056	0,229	-	-
VarVergütung	0,116	0,183	-0,110	0,176	0,034	0,618	-0,174	0,776	0,038	0,548	-0,016	0,901
OperatingCycle	0,059	0,434	-0,046	0,538	-0,098	0,111	0,029	0,453	0,001	0,984	0,166	0,133
CorpGov.	0,180**	0,013	0,094	0,193	-0,026	0,646	0,072	0,988	-0,042	0,477	-0,191*	0,071
Big4	0,053	0,480	0,022	0,770	-0,029	0,607	-0,001*	0,091	-0,044	0,421	-0,112	0,298
Tenure	0,051	0,437	-0,038	0,565	0,009	0,862	-0,147**	0,000	0,016	0,733	-0,098	0,357
Testat	-0,008	0,902	-0,028	0,665	a.	a.	a.	a.	0,029	0,566	0,028	0,770
σ$_{REV}$	-	-	0,379***	0,000	-	-	0,349***	0,000	-	-	-0,238*	0,078
σ$_{CFO}$	-	-	0,049	0,446	-	-	0,053	0,526	-	-	-0,105	0,278
IPO	-0,046	0,471	-0,017	0,793	a.	a.	-0,050	0,542	0,054	0,242	a.	a.
∑ Sektor												

* Die Korrelation ist auf dem Niveau von 0,10 (2-seitig) signifikant.
** Die Korrelation ist auf dem Niveau von 0,05 (2-seitig) signifikant.
*** Die Korrelation ist auf dem Niveau von 0,01 (2-seitig) signifikant.
a. Alle Unternehmen mit positiven (negativen) diskretionären Accruals weisen einen uneingeschränkten Bestätigungsvermerk (bzw. keinen IPO) aus..

Anhang 5-3: Einfluss der Veränderung der Sonstigen Leistungen ΔSLA (t-1 zu t)

Anhang 6: Veränderung des Beratungsanteils zur Folgeperiode (t+1)

EDWCAVAR Variablen	EDWCA		EDWCA+		EDWCA-	
	n=219	n=219	n=113	n=114	n=106	n=105
Modell:	PAJ	DDM	PAJ	DDM	PAJ	DDM
Bestimmtheitsmaß:	0,355	0,425	0,746	0,539	0,329	0,709
Durbin-Watson-Koeffizient	2,041	2,012	2,123	1,873	1,924	1,830
	β	p	β	p	β	p	β	p	β	p	β	p
F-Statistik	4,75***	0,000	6,96***	0,000	11,26***	0,000	6,08***	0,000	2,66***	0,000	11,54***	0,000
(Konstante)	0,123**	0,037	0,365***	0,006	0,130**	0,050	0,088	0,578	-0,104	0,225	-0,178	0,333
ΔBA (t zu t+1)	-0,078	0,399	-0,070	0,217	0,035	0,565	-0,106	0,147	-0,022	0,818	0,018	0,784
LNBilanzsumme	-	-	-0,140*	0,087	-	-	0,000	0,999	-	-	0,069	0,464
LNMarktkap.	-0,264***	0,002	-	-	-0,243***	0,007	-	-	0,109	0,378	-	-
RevGrowth	-0,040	0,522	0,435***	0,000	-0,080	0,189	0,356***	0,000	-0,233**	0,052	-0,624***	0,000
Market-to-Book-R.	0,265***	0,001	-	-	0,296***	0,003	-	-	-0,093	0,439	-	-
ROA	-0,206**	0,020	-	-	-0,400***	0,001	-	-	-0,164	0,164	-	-
Loss	-0,017	0,827	-	-	-0,045	0,607	-	-	-0,073	0,600	-	-
CFO/A_{t-1}	0,049	0,538	0,157**	0,011	0,032	0,714	0,242***	0,005	-0,100	0,450	-0,140**	0,043
WCA/A_{t-1}	0,486***	0,000	-	-	0,829***	0,000	-	-	0,345**	0,011	-	-
Altman-Z-Score	-0,157**	0,033	-0,116*	0,062	-0,180**	0,035	-0,312***	0,000	0,124	0,242	-0,010	0,896
LEV	-0,031	0,711	-	-	-0,109	0,233	-	-	0,070	0,596	-	-
ΔLEV	0,000	0,997	-	-	0,050	0,502	-	-	-0,061	0,561	-	-
ΔNoShares	0,051	0,432	-	-	0,082	0,196	-	-	0,024	0,818	-	-
VarVergütung	0,163**	0,026	-0,089	0,166	0,173**	0,021	-0,117	0,182	-0,052	0,657	0,097	0,197
OperatingCycle	0,044	0,536	-0,028	0,662	-0,045	0,551	-0,111	0,180	-0,012	0,918	0,100	0,167
CorpGov.	0,085	0,198	0,018	0,766	0,082	0,203	-0,042	0,626	-0,005	0,961	0,013	0,837
Big4	0,043	0,520	0,037	0,545	0,030	0,643	-0,003	0,970	0,027	0,800	-0,124*	0,070
Tenure	-0,015	0,801	-0,009	0,874	0,040	0,501	-0,029	0,695	0,032	0,730	-0,003	0,965
Testat	-0,093	0,123	-0,078	0,165	-0,063	0,251	a.		0,013	0,890	0,009	0,887
σ_{REV}	-	-	-0,044	0,456	-	-	0,715***	0,000	-	-	0,043	0,606
σ_{CFO}	-	-	-0,088	0,124	-	-	0,102	0,194	-	-	0,092	0,139
IPO	-0,027	0,679	0,249***	0,000	-0,128**	0,041	-0,017	0,805	-0,209	0,102	-0,283***	0,000
Σ Sektor												

* Die Korrelation ist auf dem Niveau von 0,10 (2-seitig) signifikant.
** Die Korrelation ist auf dem Niveau von 0,05 (2-seitig) signifikant.
*** Die Korrelation ist auf dem Niveau von 0,01 (2-seitig) signifikant.
a. Alle Unternehmen mit positiven diskretionären Accruals gem. DDM-Modell weisen einen uneingeschränkten Bestätigungsvermerk aus.

Anhang 6-1: Einfluss der Veränderung des Beratungsanteils ΔBA (t zu t+1)

EDWCAVAR	EDWCA		EDWCA+				EDWCA-			
Variablen	n=219		n=219		n=113		n=114		n=106	n=105
Modell:	PAJ		DDM		PAJ		DDM		PAJ	DDM
Bestimmtheitsmaß:	0,353		0,423		0,745		0,545		0,332	0,709
Durbin-Watson-Koeffizient	2,017		2,007		2,128		1,848		1,934	1,820
	β	p	β	p	β	p	β	p	β	p	β	p
F-Statistik	4,71***	0,000	6,92***	0,000	11,21***	0,000	6,20***	0,000	2,68***	0,000	11,55***	0,000
(Konstante)	0,124**	0,038	0,350***	0,009	0,155**	0,032	0,017	0,913	-0,094	0,278	-0,196	0,299
ΔBLA (t zu 1+1)	-0,019	0,744	-0,055	0,317	0,013	0,815	-0,126*	0,071	0,053	0,589	0,018	0,764
LNBilanzsumme	-	-	-0,133	0,107	-	-	0,029	0,800	-	-	0,070	0,457
LNMarktkap.	-0,265***	0,002	-	-	-0,241***	0,008	-	-	0,101	0,416	-	-
RevGrowth	-0,041	0,507	0,437***	0,000	-0,081	0,187	0,371***	0,000	-0,237**	0,047	-0,625***	0,000
Market-to-Book-R.	0,261***	0,001	-	-	0,304***	0,002	-	-	-0,088	0,462	-	-
ROA	-0,209**	0,018	-	-	-0,402***	0,001	-	-	-0,166	0,157	-	-
Loss	-0,020	0,794	-	-	-0,043	0,621	-	-	-0,092	0,509	-	-
CFO/A_{it-1}	0,051	0,524	0,157**	0,011	0,026	0,770	0,258***	0,002	-0,100	0,449	-0,139**	0,044
WCA/A_{it-1}	0,486***	0,000	-	-	0,824***	0,000	-	-	0,339**	0,011	-	-
Altman-Z-Score	-0,151**	0,041	-0,106*	0,089	-0,181**	0,037	-0,286***	0,001	0,111	0,306	-0,009	0,909
LEV	-0,035	0,682	-	-	-0,105	0,249	-	-	0,058	0,664	-	-
ΔLEV	0,008	0,912	-	-	0,044	0,552	-	-	-0,056	0,594	-	-
ΔNoShares	0,059	0,353	-	-	0,075	0,227	-	-	0,021	0,843	-	-
VarVergütung	0,164**	0,025	-0,090	0,161	0,174**	0,021	-0,144*	0,098	-0,055	0,639	0,095	0,208
OperatingCycle	0,044	0,532	-0,024	0,706	-0,043	0,566	-0,115	0,162	-0,002	0,989	0,099	0,165
CorpGov.	0,083	0,208	0,018	0,763	0,083	0,198	-0,032	0,704	-0,018	0,858	0,013	0,829
Big4	0,045	0,504	0,041	0,509	0,028	0,670	-0,006	0,940	0,025	0,811	-0,126*	0,062
Tenure	-0,018	0,773	-0,007	0,896	0,037	0,533	-0,030	0,682	0,014	0,884	-0,004	0,946
Testat	-0,084	0,158	-0,067	0,229	-0,071	0,199	a.	a.	0,027	0,776	0,005	0,935
σ_{REV}	-	-	-0,034	0,568	-	-	0,725***	0,000	-	-	0,037	0,654
σ_{CFO}	-	-	-0,085	0,136	-	-	0,103	0,189	-	-	0,092	0,138
IPO	-0,025	0,702	0,248***	0,000	-0,135**	0,029	-0,024	0,730	-0,185	0,150	-0,282***	0,000
$\sum$ Sektor												

* Die Korrelation ist auf dem Niveau von 0,10 (2-seitig) signifikant.
** Die Korrelation ist auf dem Niveau von 0,05 (2-seitig) signifikant.
*** Die Korrelation ist auf dem Niveau von 0,01 (2-seitig) signifikant.
a. Alle Unternehmen mit positiven diskretionären Accruals gem. DDM-Modell weisen einen uneingeschränkten Bestätigungsvermerk aus.

Anhang 6-2: Einfluss der Veränderung des Anteils der Bestätigungsleistungen ΔBLA (t zu t+1)

EDWCAVAR	EDWCA		EDWCA+		EDWCA-						
Variablen	n=219		n=219		n=113		n=114		n=106		n=105	
Modell:	PAJ		DDM		PAJ		DDM		PAJ		DDM	
Bestimmtheitsmaß:	0,358		0,422		0,745		0,531		0,330		0,712	
Durbin-Watson-Koeffizient	2,019		2,004		2,113		1,888		1,937		1,855	
	β	p	β	p	β	p	β	p	β	p	β	p
F-Statistik	4,80***	0,000	6,91***	0,000	11,2***	0,000	5,92***	0,000	2,67***	0,000	11,7***	0,000
(Konstante)	0,121**	0,039	0,358***	0,007	0,127*	0,055	0,056	0,731	-0,102	0,233	-0,198	0,279
ΔStBA (t zu t+1)	0,076	0,193	0,050	0,366	-0,012	0,827	0,058	0,421	-0,028	0,770	-0,062	0,305
LNBilanzsumme	-	-	-0,141*	0,086	-	-	-0,001	0,996	-	-	0,072	0,446
LNMarktkap.	-0,271***	0,002	-	-	-0,242***	0,008	-	-	0,111	0,371	-	-
RevGrowth	-0,044	0,472	0,435***	0,000	-0,083	0,174	0,367***	0,000	0,224*	0,064	-0,624***	0,000
Market-to-Book-R	0,264***	0,001	-	-	0,308***	0,002	-	-	-0,095	0,430	-	-
ROA	-0,215**	0,015	-	-	-0,402***	0,001	-	-	-0,159	0,185	-	-
Loss	-0,018	0,809	-	-	-0,043	0,618	-	-	-0,074	0,590	-	-
CFO/A_{t-1}	0,052	0,518	0,159**	0,010	0,023	0,790	0,274***	0,001	-0,100	0,451	-0,129*	0,061
WCA/A_{t-1}	0,484***	0,000	-	-	0,825***	0,000	-	-	0,335**	0,012	-	-
Altman-Z-Score	-0,148**	0,044	-0,107*	0,084	-0,187**	0,030	-0,296***	0,001	0,126	0,234	-0,015	0,841
LEV	-0,031	0,710	-	-	-0,106	0,247	-	-	0,066	0,619	-	-
ΔLEV	0,008	0,910	-	-	0,044	0,556	-	-	-0,058	0,578	-	-
ΔNoShares	0,055	0,382	-	-	0,074	0,233	-	-	0,028	0,791	-	-
VarVergütung	0,166**	0,023	-0,088	0,171	0,177**	0,019	-0,142	0,114	-0,053	0,647	0,091	0,227
OperatingCycle	0,051	0,468	-0,013	0,834	-0,046	0,548	-0,099	0,237	-0,008	0,941	0,092	0,190
CorpGov.	0,083	0,203	0,015	0,810	0,084	0,192	-0,044	0,612	-0,009	0,929	0,013	0,830
Big4	0,045	0,501	0,038	0,533	0,030	0,646	-0,013	0,873	0,024	0,824	-0,136**	0,047
Tenure	-0,014	0,824	-0,011	0,838	0,039	0,515	-0,043	0,564	0,026	0,780	0,002	0,981
Testat	-0,082	0,163	-0,064	0,247	-0,069	0,209	a.	a.	0,019	0,843	0,000	0,996
σ_{REV}	-	-	-0,034	0,568	-	-	0,720***	0,000	-	-	0,044	0,590
σ_{CFO}	-	-	-0,077	0,179	-	-	0,100	0,206	-	-	0,086	0,160
IPO	-0,032	0,622	0,246***	0,000	-0,134**	0,029	-0,023	0,741	-0,200	0,109	-0,273***	0,000
Σ Sektor												

* Die Korrelation ist auf dem Niveau von 0,10 (2-seitig) signifikant.
** Die Korrelation ist auf dem Niveau von 0,05 (2-seitig) signifikant.
*** Die Korrelation ist auf dem Niveau von 0,01 (2-seitig) signifikant.
a. Alle Unternehmen mit positiven diskretionären Accruals gem. DDM-Modell weisen einen uneingeschränkten Bestätigungsvermerk aus.

Anhang 6-3: Einfluss der Veränderung des Anteils der Steuerberatung ΔStBA (t zu t+1)

EDWCAVAR Variablen	EDWCA n=219		EDWCA n=219		EDWCA+ n=113		EDWCA+ n=114		EDWCA- n=106		EDWCA- n=105	
Modell:	PAJ		DDM		PAJ		DDM		PAJ		DDM	
Bestimmtheitsmaß:	0,357		0,420		0,746		0,529		0,330		0,709	
Durbin-Watson-Koeffizient	2,039		2,019		2,106		1,922		1,945		1,819	
	β	p	β	p	β	p	β	p	β	p	β	p
F-Statistik	4,79***	0,000	6,85***	0,000	11,26***	0,000	5,88***	0,000	2,66***	0,000	11,55***	0,000
(Konstante)	0,124**	0,035	0,362***	0,007	0,130*	0,050	0,066	0,681	-0,104	0,226	-0,206	0,261
ΔSLA (t zu t+1)	-0,069	0,226	0,005	0,930	0,033	0,576	0,040	0,565	0,023	0,812	-0,020	0,746
LNBilanzsumme	-	-	-0,141*	0,086	-	-	0,010	0,933	-	-	0,071	0,451
LNMarktkap.	-0,270***	0,002	-	-	-0,248***	0,007	-	-	0,112	0,370	-	-
RevGrowth	-0,046	0,457	0,438***	0,000	-0,083	0,171	0,364***	0,000	-0,221*	0,076	-0,630***	0,000
Market-to-Book-R.	0,264***	0,001	-	-	0,302***	0,002	-	-	-0,086	0,483	-	-
ROA	-0,211**	0,017	-	-	-0,405***	0,001	-	-	-0,163	0,169	-	-
Loss	-0,023	0,764	-	-	-0,043	0,615	-	-	-0,081	0,554	-	-
CFO/A$_{it-1}$	0,058	0,465	0,160***	0,009	0,032	0,716	0,275***	0,001	-0,111	0,425	-0,137**	0,046
WCA/A$_{it-1}$	0,491***	0,000	-	-	0,833***	0,000	-	-	0,329**	0,017	-	-
Altman-Z-Score	-0,149	0,042	-0,109*	0,080	-0,192**	0,027	-0,290***	0,001	0,125	0,238	-0,005	0,944
LEV	-0,031	0,709	-	-	-0,107	0,241	-	-	0,062	0,643	-	-
ΔLEV	-0,002	0,978	-	-	0,055	0,475	-	-	-0,058	0,578	-	-
ΔNoShares	0,052	0,411	-	-	0,081	0,198	-	-	0,021	0,842	-	-
VarVergütung	0,166**	0,023	-0,087	0,177	0,175**	0,020	-0,127	0,148	-0,052	0,656	0,096	0,204
OperatingCycle	0,048	0,498	-0,016	0,796	-0,050	0,514	-0,110	0,187	0,000	0,998	0,091	0,201
CorpGov.	0,084	0,202	0,014	0,822	0,083	0,201	-0,035	0,688	-0,013	0,902	0,017	0,777
Big4	0,041	0,544	0,039	0,521	0,034	0,601	0,000	0,996	0,027	0,797	-0,128*	0,061
Tenure	-0,020	0,745	-0,016	0,771	0,044	0,461	-0,047	0,532	0,028	0,761	0,002	0,971
Testat	-0,092	0,122	-0,064	0,248	-0,064	0,248	a.		a.		0,021	0,825	0,000	0,994
σ$_{REV}$	-	-	-0,034	0,570	-	-	0,729***	0,000	-	-	0,033	0,694
σ$_{CFO}$	-	-	-0,082	0,152	-	-	0,096	0,228	-	-	0,089	0,149
IPO	-0,030	0,647	0,253***	0,000	-0,128**	0,042	-0,015	0,832	-0,198	0,118	-0,285***	0,000
Σ Sektor												

* Die Korrelation ist auf dem Niveau von 0,10 (2-seitig) signifikant.
** Die Korrelation ist auf dem Niveau von 0,05 (2-seitig) signifikant.
*** Die Korrelation ist auf dem Niveau von 0,01 (2-seitig) signifikant.
a. Alle Unternehmen mit positiven diskretionären Accruals gem. DDM-Modell weisen einen uneingeschränkten Bestätigungsvermerk aus.

Anhang 6-4: Einfluss der Veränderung des Anteils der Sonstigen Leistungen ΔSLA (t zu t+1)

Literatur

Abbott, Lawrence J. / Parker, Susan / Peters, Gary F. (2006): Earnings Management, Litigation Risk, and Asymmetric Audit Fee Responses, in: Auditing: A Journal of Practice & Theory, Vol. 25, Nr. 1, S. 85-98.

Abbott, Lawrence J. / Parker, Susan / Peters, Gary F. (2007): Agency-based Demand for Audit-quality: The Impact of Disclosure-Imposed Agency Costs on Non-Audit-Services, Working Paper, American Accounting Association, Annual Meeting (2007), Chicago.

Abidin, Shamharir / Beattie, Vivien / Goodacre, Alan (2008): Audit Market Structure and Choice: Further Evidence from the UK, Working Paper, University of Glasgow, Online verfügbar unter: http://papers.ssrn.com/ sol3/papers.cfm?abstract_id=1096464, Zuletzt abgerufen am 28.11.2008.

Acemoglu, Daron / Gietzman, Miles B. (1997): Auditor independence, incomplete contracts and the role of legal liability, in: The European Accounting Review, Vol. 6, Nr. 3, S. 355-375.

ADS (2007): Rechnungslegung und Prüfung der Unternehmen - Kommentar zum HGB, AktG, GmbHG, PublG nach den Vorschriften des Bilanzrichtlinien-Gesetzes, (hrsg.) Adler / Düring / Schmalz, 6. Aufl. inkl. Ausgabe 11, 6. Teillieferung, Dezember 2007, Schäffer-Poeschel, Stuttgart.

Agacer, Gilda M. / Doupnik, Timothy S. (1991): Perceptions of Auditor Independence: A Cross-cultural Study, in: The International Journal of Accounting, Vol. 26, S. 220-237.

Agrawal, Anup / Chadha, Sahiba (2005): Corporate Governance and Accounting Scandals, in: Journal of Law & Economics, Vol. 48, Nr. 2, S. 371-406.

Ahmed, Anwer / Duellman, Scott / Abdel-Meguid, Ahmed (2006): The Sarbanes-Oxley-Act, Auditor Independence and Accounting Accruals: An Empirical Analysis, Working Paper, Mays Business School.

AICPA (1978): The Cohen Commission: Report, Conclusion and Recommendation of the Commission on Auditors' Responsibilities; New York (Zusammenfassung abgedruckt, in: Journal of Accountancy, Vol. 45, S. 92-102.)

AICPA (2008): The American Institute of Certified Public Accountants - Code of Professional Conduct - updated for all Official Releases through June 2008, Online verfügbar unter: http://www.aicpa.org/about/code/index.html, Zuletzt abgerufen am 10.6.2009.

AICPA (2009): AICPA Mission – The Fundamental Purpose of the AICPA, Online verfügbar unter: http://www.aicpa.org/About+t he+AICPA/AICPA+Mission/, Zuletzt abgerufen am 14.6.2009.

Akerlof, George (1970): The market for lemons, Quality uncertainty and the market mechanism, in: Quarterly Journal of Economics, Vol. 84, Nr. 3, S. 488-500.

Alcarria Jaime, José / de Albornoz Noguer, Belén (2004): Specification and Power of Cross-sectional Abnormal Working Capital Accruals Models in the Spanish Context, in: European Accounting Review, Vol. 13, Nr. 1, S. 73-104.

Alchian, Armen A. (1965): Some Economics of Property Rights, in: Il Politico, Vol. 30, S. 816-829, abgedruckt in: Alchian A.A. (1977): Economic Forces at Work, Indianapolis.

Alchian, Armen A. / Demsetz, Harold (1972): Production, Information Costs, and Economic Organisation, in: The American Economic Review, Vol. 62, Nr. 5, S. 777-795.

Alchian, Armen A. / Woodwards, Susan (1988): The Firm is dead; Long Live the Firm. A Review of Oliver E. Williamson's, The Economic Institutions of Capitalism, in: Journal of Economic Literature, Vol. 26, Nr. 1, S. 65-79.

Aldhizer, George R. / Miller, John R. / Moraglio, Joseph F. (1995): Common attributes of quality audits, in: Journal of Accountancy, Vol. 179, Nr. 1, S. 61-68.

Al-Najjar, Nabil I. (1997): Incentive contracts in two-side moral hazards with multiple agents, in: Journal of Economic Theory, Vol. 74, Nr. 1, S. 174-195.

Altman, Edward I. (1968): Financial Rations, Discriminate Analysis and the prediction of Corporate Bankruptcy: in: Journal of Finance, Vol. 23, Nr. 4, S. 589-609.

Ang, Andrew / Hodrick Robert J. / Xing, Yuhang / Zhang, Xiaoyan (2006): The Cross-Section of Volatility and Expected Returns, in: The Journal of Finance, Vol. 61, Nr. 1, S. 259-299.

Antle, Rick (1982): The Auditor as an Economic Agent, in: Journal of Accounting Research, Vol. 20, Nr. 2, S. 503-527.

Antle, Rick (1984): Auditor Independence, in: Journal of Accounting Research, Vol. 22, Nr. 1, S. 1-20.

Antle, Rick / Gordon, Elizabeth / Narayanamoorthy, Ganapathi / Zhou, Ling (2006): The joint determination of audit fees, non-audit fees, and abnormal accruals, in: Review of Quantitative Finance and Accounting, Vol. 27, Nr. 3, S. 235–266.

Arbeitskreis Bilanzrecht der Hochschullehrer Rechtswissenschaft (2002): Zu den Vorschlägen der EU-Kommission zur Prüferunabhängigkeit, in: Betriebs-Berater, 57. Jg., Nr. 51-52, S. 2663-2664.

Arens, Alvin A. / Elder, Randal J. / Beasley, Mark S. (2006): Auditing and Assurance Services – An Integrated Approach, 11. Aufl., Prentice Hall.

Arrow, Kenneth J. (1985): The economy of agency, in: Principals and Agents, The Structure of Business, (hrsg.) Pratt, J. W. / Zeckhausen, R.J, Harvard University Press, Boston, S. 37-51.

Arrow, Kenneth J. (1986): Agency and the market, in: Handbook of Mathematical Economics, (hrsg.) Arrow, K. J. / Intriligator, M, D., 3. Aufl., Amsterdam u.a., S. 1183-1195.

Arrunñada, Benito (1999a): The Economics of Audit Quality, Boston.

Arrunñada, Benito (1999b): The provision of non-audit services by auditors. Let the market evolve and decide, in: International Review of Law and Economics, Vol. 19, Nr. 4, S. 513-531.

Ashbaugh, Hollis / LaFond, Ryan / Mayhew, Brian (2003): Do Nonaudit Services compromise Auditor Independence? Further Evidence, in: The Accounting Review, Vol. 78, Nr. 3, S. 611-639.

Assmann, Hans-Dieter (1985): Prospekthaftung als Haftung für die Verletzung kapitalmarktbezogener Informationsverkehrspflichten nach deutschem und US-amerikanischem Recht, Heymann, Köln.

Asthana, Sharad / Balsam, Steven / Krishnan, Jagan (2003): Audit Firm Reputation and Client Stock Price Reactions: Evidence from the Enron Experience, Working Paper, Temple University, Online verfügbar unter: http://papers.ssrn.com/sol3/papers.cfm?abstract_id=320327, Zuletzt eingesehen am 29.05.2009.

Atkinson, Robert K. / Renkl, Alexander / Merrill, Mary,M. (2003): Transitioning from Studying Examples to Solving Problems: Effects of Self-Explanation Prompts and Fading Worked-Out Steps, in: Journal of Educational Psychology, Vol. 95, Nr. 4, S. 774-783.

Audretsch, Davis B. / Weigand, Jürgen (2001): Corporate Governance, in: Die Spieltheorie in der Betriebswirtschaftslehre, (hrsg.) Jost, P.-J., Stuttgart, S. 83-134.

Auer, Ludwig v. (2005): Ökonometrie - Eine Einführung, 3. Aufl., Springer, Berlin et al.

Backhaus, Georg / Späth, Georg-Michael (1992): Unternehmensberatung durch Wirtschaftsprüfer: Eine Sortimentspolitische Grundsatzentscheidung, in: Die Betriebswirtschaft, 52. Jg., Nr. 6, S. 761-776.

Backhaus, Klaus / Erichson, Bernd / Plinke, Wulff / Weiber, Rolf (2006): Multivariate Analysemethoden – Eine anwendungsorientierte Einführung, 11. Aufl., Springer, Berlin.

Backhaus, Klaus / Meffert, Heribert / Bongartz, Michael / Eschweiler, Maurice (2003): Selbst- und Fremdbild der Wirtschaftsprüfer. Empirische Befunde zur Positionierung des Wirtschaftsprüfers in der Öffentlichkeit, in: Die Wirtschaftsprüfung, 56. Jg., Nr. 12, S. 625-637.

Baetge, Jörg / Brötzmann, Ingo (2004): Neue Regelungen des Regierungsentwurfs zum Bilanzrechtsreformgesetz zur Stärkung der Unabhängigkeit des Abschlussprüfers, in: Der Konzern, Nr. 11, S. 724-732.

Baetge, Jörg / Hense, Heinz (2006): Kommentierung zu § 319 HGB, in: Handbuch der Rechnungslegung, (hrsg.) Küting, K. / Weber C.-P, 6. Aufl., Schäffer-Poeschel, Stuttgart.

Baetge, Jörg / Kirsch, Hans-Jürgen / Thiele, Stefan (2004a): Bilanzanalyse, 2. Aufl., IDW, Düsseldorf.

Baetge, Jörg / Kirsch, Hans-Jürgen / Thiele, Stefan (2007): Bilanzen, 9. Aufl., IDW, Düsseldorf.

Baetge, Jörg / Maresch, Wien / Schulz, Roland (2008): Zur (Un-)Möglichkeit des Zeitvergleichs von Kennzahlen, in: Der Betrieb, 61. Jg., Nr. 9, S. 417-422.

Baetge, Jörg / Thiele, Stefan (2006): Kommentierung zu § 319 HGB, in: Handbuch der Rechnungslegung, (hrsg.), Küting, K. / Weber, C.-P., 6. Aufl., Schäffer-Poeschel, Stuttgart.

Baetge, Jörg / Thiele, Stefan / Matena, Sonja (2004b): Mittelbare Sicherung der Prüfungsqualität durch Enforcement geprüfter Jahres- und Konzernabschlüsse – Überlegungen aus ökonomischer Sicht, in: Betriebswirtschaftliche Forschung und Praxis, 56. Jg., Nr. 3, S. 201-218.

Baiman, Stanley (1979): Discussion of Auditing: Incentives and Truthful Reporting, in: Journal of Accounting Research, Vol. 17 (Supplement), S. 25-29.

Baiman, Stanley / Evans, John H. / Noel, James (1987): Optimal contracts with utility maximizing auditor, in: Journal of Accounting Research, Vol. 25, Nr. 2, S. 217-244.

Bajaj, Mukesh / Gunny, Katherine / Sarin, Atulya (2003): Auditor Compensation and Audit Failure: An Empirical Analysis. Working Paper, Santa Clara University.

Literatur

Baker, C. Richard / Bédard, Hean / Prat dit Hauret, Christian (2008): The regulatory response in France to accounting scandals, in: Auditing, Trust and Governance - Regulation in Europe, (hrsg.) Quick, R. / Turley, S. / Willekens, M., Routledge, London, S. 98-110.

Ball, Ray / Kothari, S. P. / Robin, Ashok (2000): The Effect of international institutional factors on properties of accounting numbers, in: Journal of Accounting and Economics, Vol. 29, Nr. 1, S. 1-51.

Ball, Ray / Shivakumar, Lakshmanan (2008): Earnings Quality at Initial Public Offerings, in: Journal of Accounting and Economics, Vol. 45, Nr. 2-3, S. 324-349.

Ballwieser, Wolfgang (1987a): Auditing an Agency Setting, in: Agency Theory, Information and Incentives, (hrsg.) Bamberger, G. / Spremann, K., Berlin, Heidelberg, S. 327-346.

Ballwieser, Wolfgang (1987b): Kapitalmarkt, Managementinteressen und die Rolle des Wirtschaftsprüfers, in: Kapitalmarkt und Finanzierung, (hrsg.) Schneider, , Duncker u. Humblot, Berlin et al., S. 351-362.

Ballwieser, Wolfgang (2001): Die Unabhängigkeit des Wirtschaftsprüfers – Eine Analyse von Beratungsverbot und externer Rotation. in: Der Wirtschaftsprüfer als Element der Corporate Governance, (hrsg.) Lutter, M., IDW, Düsseldorf, S. 99-115.

Ballwieser, Wolfgang (2008): Entwicklung und Problemfelder von Wirtschaftsprüfungsgesellschaften, in: Wirtschaftsprüfung im Wandel - Herausforderungen an Wirtschaftsprüfung, Steuerberatung, Consulting und Corporate Finance, (hrsg.) Ballwieser, W. / Grewe, W., Beck, München, S. 1-15.

Ballwieser, Wolfgang / Dobler, Michael (2003): Bilanzdelikte: Konsequenzen, Ursachen und Maßnahmen zu ihrer Vermeidung, in: Die Unternehmung, Nr. 6, S. 449-469.

Barber, Marc / Peswani, Tina (2005): Reforms come to the rescue for firms: Country Survey Germany, in: International Accounting Bulletin, 14. June 2005, S. 12-15.

Barkess, Lynn / Simnett, Roger (1994): The Provision of other Services by Auditors: Independence and Pricing Issues. in: Accounting and Business Research, Vol. 24, Nr. 94, S. 99-108.

Bartlett, Roger W. (1997): Auditor Independence: Five Scenarios Involving Potential Conflicts of Interest, in: Research on Accounting Ethics, Vol. 3, S. 245-277.

Barton, Frank M. (1985): Audit Clients' Perception of the Independence of their CPA, in: Mid-South business journal, Vol. 5, S. 20-22.

Barton, Jan (2005): Who Cares about Auditors Reputation? in: Contemporary Accounting Research, Vol. 22, Nr. 3, S. 549-586.

Bartov, Eli / Gul, Ferdinand / Tsui, Judy (2000): Discretionary-accruals models and audit qualifications, in: Journal of Accounting and Economics, Vol. 30, Nr. 3, S. 421-452.

Basioudis, Ilias G. / Francis, Jere R. (2007): Big4 audit fee premiums for national and office-level industry leadership in the United Kingdom, in: Auditing: A Journal of Practice & Theory, Vol. 26, Nr. 2, S. 143-166.

Basioudis, Ilias G. / Papakonstantinou, Evangelos / Geiger, Marshall (2008): Audit Fees, Non-Audit Fees and Auditor Going-Concern Reporting Decisions in the United Kingdom, in: Abacus, Vol. 44, Nr. 3, S. 284-309.

Bauer, Michael (2004): Die Unabhängigkeit des Abschlussprüfers im Zusammenhang mit dem gleichzeitigen Angebot von Beratungsleistungen beim Prüfungsmandanten – Eine empirische Analyse; Universität Würzburg, Online verfügbar unter: http://deposit.ddb.de/cgi-bin/dokserv?idn=978875001&dok_var=d1&dok_ext=pdf&_file_name=978875001.pdf, Zuletzt abgerufen am 7.7.2009.

Baumol, William J. (1959): Business Behaviour, Value and Growth, MacMillan, New York.

Bazerman, Max H. / Loewenstein, George / Moore, Don A. (2002): Why good accountants do bad audits, in: Harvard Business Review, Vol. 80, Nr. 11, S. 97-102.

BDU e.V. (2007): Berufsdefinition. Bundesverband Deutscher Unternehmensberater BDU e.V., Online verfügbar unter: www.bdu.de, Zuletzt abgefragt am 21.10.2007.

BDU e.V. (2008): Facts & Figures zum Beratungsmarkt 2007/2008, BDU-Studie, Bundesverband Deutscher Unternehmensberater BDU e.V. (hrsg.), Bonn, Online verfügbar unter: http://www.admin.bdu.de/docs/downloads/BDU_Online/Studien%20und%20Statistiken/FactsFigures2007_2008.pdf, Zuletzt abgefragt am 21.5.2009.

Beasley, Mark / Carcello, Joseph / Hermason, Dana (2000): Should you offer a Job to your External Auditor? in: The Journal of Corporate Accounting and Finance, Vol. 11, Nr. 3, S. 35-42.

Beattie, Vivien / Brandt, Richard / Fearnley, Stella (1999): Perceptions of Auditor Independence: U.K. Evidence, in: Journal of International Accounting, Auditing & Taxation, Vol. 8, Nr. 1, S.67-107.

Beattie, Vivien / Goodacre, Alan / Pratt , Ken / Stevenson, Joanna (2001): The determinants of audit fees – evidence from the volutary sector , in: Accounting ans Business Research, Vol. 31, Nr. 4, S. 243-274.

Beattie, Vivien / Goodacre, Alan / Fearnley, Stella (2003): And then there were four. A study of UK audit market concentration – causes, consequences and the scope for market adjustment, in: Journal of Financial Regulation and Compliance, Vol. 11, Nr. 3, S. 250-265.

Beck, Paul J. / Frecka, Thomas J. / Solomon, Ira (1988): A Model of the Market for MAS and Audit Services: Knowledge-Spillovers and Auditor-Auditee Bonding, in: Journal of Accounting Literature, Vol. 7, Nr. 1, S. 50-64.

Becker, Connie L. / DeFond, Mark L. / Jiambalvo, James / Subrammanyam, K. R. (1998): The Effect of Audit Quality on Earnings Management, in: Contemporary Accounting Research, Vol. 15, Nr. 1, S. 1-24.

Beeler, Jesse D. / Hunton, James E. (2001): Contingent economic rents: Precursors to pre-decisional distortion of client information. Working paper, University of South Carolina.

Beeler, Jesse D. / Hunton, James E. (2002): Contingent economic rent: Insidious Threats to Auditor Independence, in: Advances in Accounting Behavioral Research, Vol. 5, S. 3-17.

Behrens, Peter (1998): Corporate Governance, in: Festschrift für Ulrich Drobnig zum siebzigsten Geburtstag, (hrsg.) Basedow, J. / Hopt, K. J. / Kötz H., Mohr Siebeck, Tübingen, S. 491-506.

Bell, Timothy / Landsman, Wayne / Shackelford, Douglas (2001): Auditors' Perceived Business Risk and Audit Fees: Analysis and Evidence, in: Journal of Accounting Research, Vol. 39, Nr. 1, S. 35-43.

Bell, Timothy / Peecher, M. / Solomon, I. (2005): The 21st Century Public-Company Audit: Conceptual Elements of KPMG's Global Audit Methodology, Montvale, New Jersey.

Benckendorff, Andreas (1996): Anmerkungen zum Urteil des OLG Karlsruhe vom 23. November 1995, in: WPK-Mitteilungen, Nr. 2, S. 122-124.

Beneish, Messod (1998): Discussion of: "Are Accruals during Initial Public Offerings Opportunistic?", in: Review of Accounting Studies, Vol. 3, Nr. 1-2, S. 209-221.

Beneish, Messod / Vargues, Mark (2002): Insider Trading, Earnings Quality, and Accrual Mispricing, in: The Accounting Review, Vol. 77, Nr. 4, S. 755-791.

Benston, George J. (1969): The value of the SEC's accounting disclosure requirements, in: The Accounting Review, Vol. 44, Nr. 3, S. 515-532.

Bergstresser, Daniel / Philippon, Thomas (2006): CEO incentives and earnings management, in: Journal of Financial Economics, Vol. 80, Nr. 3, S. 511-529.

Berle, Adolf August / Means, Gardiner C. (1932): The Modern Corporation and Private Property, MacMillan, New York.

Bieg, Hartmut / Kußmaul, Heinz (2006): Externes Rechnungswesen, 4. Aufl., Oldenbourg, München.

Bigus, Jochen (2004): Limited Liability bounded Rationality and Auditors' Effort, University of Osnabrück, Working Paper.

Bigus, Jochen (2006): Reputation und Wirtschaftsprüferhaftung, in: Betriebswirtschaftliche Forschung und Praxis, 58. Jg., Nr. 1, S. 22-41.

Bigus, Jochen (2007): Die Sorgfaltsanreize des Wirtschaftsprüfers bei beschränkter Haftung, in: Schmalenbachs Zeitschrift für betriebswirtschaftliche Forschung, 59. Jg., Nr. 2, S. 61-86.

Bigus, Jochen / Schäfer, Hans-Bernd (2007): Die Haftung des Wirtschaftsprüfers am Primär- und am Sekundärmarkt - eine rechtsökonomische Analyse, in: Zeitschrift für Betriebswirtschaft, Jg. 77, Nr. 1, S. 19-49.

Bigus, Jochen / Zimmermann, Ruth-Caroline (2008): Non-Audit Fees, Market Leaders and Concentration in the German Audit Market: A Descriptive Analysis, in: International Journal of Auditing, Vol. 12, Nr. 3, S. 159-179.

Bigus, Jochen / Zimmermann, Ruth-Caroline (2009): Quasirentenmodelle und Honorare für Abschlussprüfungsleistungen in Deutschland – Eine empirische Analyse, in: Zeitschrift für Betriebswirtschaft, Jg. 79, Nr. 11, S. 1283-1308.

Bischof, Stefan (2006): Anhangsangaben zu den Honoraren für Leistungen des Abschlussprüfers, in: Die Wirtschaftsprüfung, 59. Jg., Nr. 11, S. 705-713.

Bischoff, Jörg (1993): Das Shareholder-Value-Konzept: Darstellung, Probleme/ Handhabungsmöglichkeiten, Dt.-Univ.-Verlag, Wiesbaden.

Black, Fischer (1976): The Dividend Puzzle, in: Journal of Portfolio Management, Vol. 2, Nr. 2, S. 5-8.

Literatur 461

Böcking, Hans Joachim (2003): Corporate Governance und Transparenz: Zur Notwendigkeit der Transparenz für eine wirksame Unternehmensüberwachung, in: Internationalisierung der Rechnungslegung und der Corporate Governance: Festschrift für Professor Klaus Pohle, (hrsg.) Werder, v. A. / Wiedmann, H., Schäffer-Poeschel, Stuttgart, S. 247-277.

Böcking, Hans Joachim / Löcke, Jürgen (1997): Abschlussprüfung und Beratung – eine ökonomische Analyse, in: WPK-Mitteilungen, Nr. 3, S. 178-184.

Böcking, Hans Joachim / Orth, Christian (1998): Kann das „Gesetz zur Kontrolle und Transparenz im Unternehmensbereich (KonTraG)"einen Beitrag zur Verringerung der Erwartungslücke leisten? – Eine Würdigung auf Basis von Rechnungslegung und Kapitalmarkt, in: Die Wirtschaftsprüfung, 51. Jg., Nr. 8, S. 351-364.

Böcking, Hans Joachim / Orth, Christian (2002a): Beratung und Prüfung, Vereinbarkeit von, in: Handwörterbuch der Rechnungslegung und Prüfung, (hrsg.) Ballwieser, W. / Coenenberg, A. / von Wysocki, K., 3. Aufl., Schäffer-Poeschel, Stuttgart, S. 257-267.

Böcking, Hans Joachim / Orth, Christian (2002b): Mehr Kontrolle und Transparenz im Unternehmensbereich durch eine Verbesserung der Qualität der Abschlussprüfung? in: Betriebswirtschaftliche Forschung und Praxis, 51. Jg., Nr. 4, S. 418-453.

Boritz, J. Efrim / Zhang, Ping (1997): The Implications of alternative litigation cost allocation systems for the value of audits, in: Journal of Accounting, Auditing & Finance, Vol. 12, Nr. 4, S. 353-372.

Bormann, Michael (2002): Unabhängigkeit und Abschlussprüfung: Aufgabe und Chance für den Berufsstand, in: Betriebs-Berater, 57. Jg., Nr. 4, S. 190-197.

Botosan, Christine A. (1997): Disclosure Level and the Cost of Equity Capital, in: The Accounting Review, Vol. 72, Nr. 3, S. 323-349.

Botosan, Christine A. / Plumlee, Marlene A. (2002): A Re-examination of Disclosure Level and the Expected Cost of Equity Capital, in: Journal of Accounting Research, Vol. 40, Nr. 1, S. 21-40.

Brandon, Duane / Crabtree, Aaron / Mahler John (2004): Nonaudit Fees, Auditor Independence, and Bond Ratings, in: Auditing: A Journal of Practice & Theory, Vol. 23, Nr. 2, S. 89-103.

Braun, Frank (1996): Gebührendruck und Prüfungsqualität bei Pflichtprüfungen mittelständischer Unternehmen, in: Betriebs-Berater, 51. Jg., Nr. 19, S. 999-1001.

Breid, Volker (1995): Aussagefähigkeit agencytheoretischer Ansätze in Hinblick auf die Verhaltenssteuerung von Entscheidungsträgern, in: Schmalenbachs Zeitschrift für betriebswirtschaftliche forschung, 47. Jg., Nr. 9, S. 821-854.

Breker, Norbert / Naumann, Klaus-Peter / Tielmann, Sandra (1999): Der Wirtschaftsprüfer als Begleiter der Internationalisierung der Rechnungslegung (Teil II), in: Die Wirtschaftsprüfung, 52. Jg., Nr. 5, S 185-195.

Briloff, Abraham J. (1966): Old Myths and New Realities in Accountancy. In: The Accounting Review, Vol. 41, S. 484-495.

Brosius, Felix. (2006): SPSS 14, mitp, Heidelberg.

Bruhn, Manfred (1999): Qualitätssicherung im Dienstleistungsmarketing – eine Einführung in die theoretischen und praktischen Probleme, in: Dienstleistungsqualität, (hrsg.) Bruhn, M. / Stauss, B., 3. Aufl., Gabler, Wiesbaden, S. 21-28.

Buchner, Robert (1997): Wirtschaftliches Prüfungswesen, 2. Aufl., Vahlen, München.

Bühner, Rolf (1993): Strategie und Organisation: Analyse und Planung der Unternehmensdiversifikation mit Fallbeispielen, 2. Aufl., Gabler, Wiesbaden.

Bühner, Rolf (1994): Unternehmerische Führung mit Shareholder Value, in: Der Shareholder-Value-Report: Erfahrungen, Ergebnisse, Entwicklungen, (hrsg.) Bühner, R, Moderne Industrie, Landsberg/Lech, S. 9-75.

Burgstahler, David / Dichev, Ilia (1997): Earnings management to avoid earnings decreases and losses, in: Journal of Accounting and Economics, Vol. 24, Nr. 1, S. 99-126.

Busse von Colbe, Walter (1993): Die Entwicklung des Jahresabschlusses als Informationsinstrument, in: Ökonomische Analyse des Bilanzrechts, (hrsg) Wagner, Franz, in: Zeitschrift für betriebswirtschaftliche Forschung und Praxis, Sonderheft 32, S. 11-29.

Butler, Marty / Leone, Andrew J. / Willenborg, Michael (2004): An empirical analysis of auditor reporting and its Association with abnormal accruals, in: Journal of Accounting and Economics, Vol. 37, Nr. 2, S. 139-165.

Cahan, Steven F. / *Emanuel*, David M. / *Hay*, David / *Wong*, Norman (2008): Non-Audit Fees, Long-Term Auditor client Relationships and Earnings Management, in: Accounting & Finance, Vol. 48, Nr. 2, S. 181-207.

Calagari, Michael J. / *Schatzberg*, Jeffrey W. / *Sevcik*, Galen R. (1998): An Experimental Evidence of Differential Auditor Pricing and Reporting Strategies, in: The Accounting Review, Vol. 73, Nr. 2, S. 255-275.

Callaghan, Joseph H. / *Parkash*, Mohinder / *Singhal*, Rajeev (2009): Going-Concern Audit Opinions and the Provision of Nonaudit Services: Implications for Auditor Independence of Bankrupt Firms, in: Auditing a Journal of Practice & Theory, Vol. 28, Nr. 1, S. 153-169.

Cameran, Mare (2005): Audit Fees and the Large Auditor Premium in the Italian Market, in: International Journal of Auditing, Vol. 9, Nr. 2, S. 129-146.

Caramanis, Constantinos / *Lennox*, Clive (2008): Audit effort and earnings management, in: Journal of Accounting & Economics, Vol. 45, Nr. 1, S. 116-138.

Carey, Peter / *Kortum*, Stuart / *Moroney Robyn* (2007): Auditors' going concern modified opinions post 2001: increased conservatism or improved accuracy. Working Paper, Monash University.

Carson, Elisabeth / *Ferguson*, Andrew / *Simnett*, Roger (2006): Australian Audit Reports: 1996-2003, in: Australian Accounting Review, Vol. 16, Nr. 40, S. 89-96.

Carson, Elizabeth / *Fargher*, Neil L. (2007): Note on Audit Fee Premiums to Client Size and Industry Specialization, in: Accounting and Finance, Vol. 47, Nr. 3, S. 423-446.

Chambers, Dennis J. (1999): Earnings Management and Capital Market Misallocation, Working Paper, University of Illinois, Online verfügbar unter: http://papers.ssrn.com/sol3/ papers.cfm?abstract_id =198790, Zuletzt abgerufen am: 28.07.2009.

Chan, Derek K. / *Pae*, Suil (1998): An Analysis of the Economic Consequences of the Proportionate Liability Rule, in: Contemporary Accounting Research, Vol. 15, Nr. 4, S. 457-480.

Chan, Li (2009): Does Client Importance Affect Auditor Independence at the Office Level? Empirical Evidence from Going-Concern Opinions, in: Contemporary Accounting Research, Vol. 26, Nr. 1, S. 201-230.

Chaney, Paul K. / *Philipich*, Kirk L. (2002): Shredded Reputation: the Cost of Audit Failure, in: Journal of Accounting Research, Vol. 40, Nr. 1, S. 1212-1245.

Chen, Chih-Ying / *Lin*, Chan-Jane / *Lin*, Yu-Chen (2008): Audit Partner Tenure, Audit Firm Tenure, and Discretionary Accruals: Does Long Auditor Tenure Impair Earnings Quality? in: Contemporary Accounting Research, Vol. 25, Nr. 2, S. 415-445.

Chien, Shu-Hua / *Chen*, Yahn-Shir (2005): The Provision of Non-Audit Services by Accounting Firms after the Enron Bankruptcy in the United States, in: International Journal of Management, Vol. 22, Nr. 2, S. 300-306.

Ching, Ken / *Firth*, Michael / *Rui*, Oliver M. (2002): Earnings Management, Corporate Governance and the Market Performance of Seasoned Equity Offerings, Working Paper, Online verfügbar unter: http://papers.ssrn.com/ sol3/papers.cfm?abstract_id=337880, Zuletzt eingesehen am 22.07.2008.

Cho, Seong Y. / *Han*, Jongsoo / *Brown*, Kevin F. (2007): Do Non Audit Services Enhance Value? Evidence from the Capital Markets, Working Paper, Rutgers University of Camdan, Version: August 2007.

Chung, Hyeesoo / *Kallapur*, Sanjay (2003): Client Importance, Nonaudit Services, and Abnormal Accruals. in: The Accounting Review, Vol. 78, Nr. 4, S. 931-955.

Clikeman, Paul (1998): Auditor Independence: Continuing Controversy, in: Ohio CPA Journal, Vol. 57, Nr. 2, S. 40-43.

Coase, Ronald H. (1937): The Nature of the firm, in: Economica, Vol. 4, S. 386-405.

Coase, Ronald H. (1984): The New Institutional Economics, in: Journal of Institutional and Theoretical Economics, Vol. 140, Nr. 1, S. 229-231.

Coenenberg, Adolf G. / *Marten*, Kai-Uwe (1993): Der Wechsel des Abschlussprüfers, in: Der Betrieb, 46. Jg., Nr. 3, S. 101-110.

Cohen, Daniel A. / *Dey*, Aiyesha / *Lys*, Thomas Z. (2008): Real and Accrual-Based Earnings Management in the Pre- and Post-Sarbanes-Oxley Periods, in: Accounting Review, Vol. 83, Nr. 3, S. 757-787.

Coles, Jeffrey, L. / *Hertzel*, Michael / *Kalpathy*, Swiminathan (2006): Earnings management around stock employee option reissues, in: Journal of Accounting and Economics, Vol. 41, Nr. 1, S. 173-200.

Commons, John R. (1934): Institutional Economics, MacMillan, New York.

Literatur

Conlon, Brian (2007): Germany posts encouraging growth; Country Survey: Germany, in: International Accounting Bulletin, 17. June 2007, S. 11-15.

Corless, John C. / Parker, Larry M. (1987): The Impact of MAS on Auditor Independence: An Experiment, in: Accounting Horizons, Vol. 1, Nr. 3, S. 25-29.

Craswell, Allen T. (1999): Does the provision of non-audit services impair auditor independence? in: International Journal of Auditing, Vol. 3, Nr. 1, S. 29-40.

Craswell, Allen T. / Francis, Jere R. (1999): Pricing initial audit engagements: a test of competing theories, in: The Accounting Review, Vol. 74, Nr. 2, S. 201-217.

Craswell, Allen T. / Francis, Jere R. / Taylor, Stephen (1995): Auditor brand name reputations and industry specializations, in: Journal of Accounting and Economics, Vol. 20, Nr. 2, S. 297-322.

Craswell, Allen T. / Stokes, Donald J. / Laughton, Janet (2002): Auditor Independence and Fee Dependence, in: Journal of Accounting and Economics, Vol. 33, Nr. 2, S. 253-275.

Darbyshire, David (1998): Role, Position and liability of the statutory auditor in the European Union, in: Bericht über die Fachtagung 1997 des Instituts der Wirtschaftsprüfer in Deutschland e.V., 1. und 2. Oktober 1997 in Hannover, Weltweite Rechnungslegung und Prüfung – Risiken, Chancen und Konsequenzen einer unaufhaltsamen Entwicklung, (hrsg.) IDW, IDW, Düsseldorf, S. 471-476.

Dart, Eleanor M. / Chandler, Roy (2007): UK Shareholders View of the Threat to Auditor's Independence, Working Paper, Cardiff University.

Datar, Srikant M. (1985): The Effect on Auditor Reputation in Moral Hazard and Adverse Selection Setting, Stanford University.

Datar, Srikant M. / Alles, Michael (1999): The Formation and Role of Reputation and Litigation in the Audior-Manager Relationship, in: Journal of Accounting, Auditing and Finance, Vol. 14, Nr. 4, S. 401-428.

Davidson, Ronald A. / Emby, Craig (1996): Should Auditors provide Nonaudit services to their Audit clients? in: Research on Accounting Ethics, Vol. 2, S. 1-20.

Davidson, Ronald A. / Neu, Dean (1993): A Note on the association between audit firm size and audit quality, in: Contemporary Accounting Research, Vol. 9, Nr. 2, S. 479-488.

Davis, Larry / Ricchiute, David / Trompeter, Greg (1993): Audit Effort, Audit Fees, and the Provision of Nonaudit Services to Audit Clients, in: The Accounting Review, Vol. 68, Nr. 1, S. 135-150.

Davis, Shawn M. / Hollie, Dany Y. (2004): An Experimental Investigation of Non-Audit Service Fees and Investors' Perceptions of Auditor Independence: Post-Enron Era, Working Paper, Georgia State University, Houston.

Dawes Philip L. / Dowling Graham R. / Patterson, Paul G. (1992): Criteria used to Select Management Consultants, in: Industrial Marketing Management, Vol. 21, Nr. 3, S. 187-193.

DCGK (2008): Deutscher Corporate Governance Kodex, i.d.V.v. 6. Juni 2008, Online verfügbar unter <http://www.corporate-governance-code.de/index.html>, Zuletzt abgerufen am 25.06.2009.

De Fuentes, Christina / Pucheta-Martinez, Maria (2007): The new Eighth Directive Rule about the Determination of Audit and Non-Audit Fees: Empirical Evidence, Working Paper, Universidad Jaume I de Castellón.

DeAngelo, Linda E. (1981a): Auditor Independence, "Low Balling" and Disclosure Regulation, in: Journal of Accounting and Economics, Vol. 3, Nr. 2, S. 113-127.

DeAngelo, Linda E. (1981b): Auditor Size and Quality; in: Journal of Accounting and Economics, Vol. 3, Nr. 3, S. 183-199.

DeAngelo, Linda Elisabeth (1986): Accounting Numbers as Market Valuation Substitutes: A Study of Management Buyouts of Public Stockholders, in: The Accounting Review, Vol. 61, Nr. 3, S. 400-420.

DeBerg, Curtis L. / Kaplan, Steven E. / Pany, Kurt (1991): An Examination of some Relationships between Non-Audit-Services and Auditor Change, in: Accounting Horizons, Vol. 5, Nr. 1, S. 17-28.

Dechow, Patrica M. / Skinner, Douglas. J. (2000): Earnings Management: reconciling the Views of Accounting Academics, Practitioners, and Regulators, in: Accounting Horizons, Vol. 14, Nr. 2., S. 235-250.

Dechow, Patricia (1994): Accounting earnings and cash flows as measures of firm performance. The role of accounting accruals, in: Journal of Accounting and Economics, Vol. 18, Nr. 1, S. 3-42.

Dechow, Patricia (2000): Earnings Management: Reconciling the Views of Accounting Academics, Practitioners, and Regulators, in: Accounting Horizons, Vol. 14, Nr. 2, S. 235-250.

Dechow, Patricia / Dichev, Ilia (2002): The Quality of Accruals and Earnings: The Role of Accrual Estimation Errors, in: The Accounting Review, Vol. 77, Nr. 4 (Supplement), S. 35-59.

Dechow, Patricia / Kothari, S. P. / Watts, Ross L. (1998): The relation between earnings and cash flows, in: Journal of Accounting and Economics, Vol. 25, Nr. 2, S. 133-168.

Dechow, Patricia / Richardson, Scott / Tuna, Irem (2003): Why Are Earnings Kinky? An Examination of the Earnings Management Explanation, in: Review of Accounting Studies, Vol. 8, Nr. 2-3, S. 355-384.

Dechow, Patricia / Sloan, Richard / Sweeney, Amy (1995): Detecting Earnings Management, in: The Accounting Review, Vol. 70, Nr. 2, S. 193-225.

Dee, Carol C. / Lulseged, Ayalew / Nowlin, Tanja S. (2006): Prominent audit clients and the relation between discretionary accruals and non-audit service fees, in: Advances in Accounting, Vol. 22, Nr. 1, S. 123-148.

DeFond, Mark L. / Francis, Jere R. (2005): Audit Research after Sarbanes-Oxley, in: Auditing: A Journal of Practice & Theory, Vol. 24, Nr. 1 (Supplement), S. 5-30.

DeFond, Mark L. / Jiambalvo, James (1993): Accounting accruals and auditor reporting conservatism, in: Contemporary Accounting Research, Vol. 9, Nr. 2, S. 135-165.

DeFond, Mark L. / Jiambalvo, James (1993): Factors related to Auditor-Client Disagreement over Income-Increasing Methods, in: Contemporary Accounting Research, Vol. 9, Nr. 2, S. 415-431.

DeFond, Mark L. / Jiambalvo, James (1994): Debt covenant violation and manipulation of accruals, in: Journal of Accounting and Economics, Vol. 17, Nr. 1-2, S. 145-176.

DeFond, Mark L. / Raghunandan, Kanan / Subramanyam, K. R. (2002): Do Non Audit Service Fees Impair Auditors Independence? Evidence from Going Concern Audit opinions, in: Journal of Accounting Research, Vol. 40, Nr. 4, S. 1247-1273.

DeFond, Mark L. / Subramanyam, K. R. (1998): Auditor changes and discretionary accruals, in: Journal of Accounting and Economics, Vol. 25, Nr. 1, S. 35-67.

Deis, Donald / Giroux, Gary (1996): The Effect of Auditor Changes on Audit Fees, Audit Hours, and Audit Quality, in: Journal of Accounting and Public Policy, Vol. 15, Nr. 1, S. 55-76.

Deloitte (2005): Pressemitteilung vom 14.12.2005: „Umsatzplus von 18 Prozent für die Wirtschaftsprüfung von Deloitte Deutschland", München/Frankfurt, Online verfügbar unter: http://www.deloitte.com/dtt/press_release/0,1014,sid%253D6272%2526cid%253D103798,00.html, Zuletzt abgerufen am 20.6.2008.

Deloitte (2006): Pressemitteilung vom 17.10.2006: „Deloitte durchbricht im Geschäftsjahr 05/06 erstmalig die 20-Mrd.-Dollar", München/Frankfurt. Online verfügbar unter: http://www.deloitte.com/dtt/press_release/0,1014,sid%253D6272%2526cid%253D132613,00.html. Zuletzt abgerufen am 20.6.2008.

Deloitte (2007): Pressemitteleilung vom 10.10.2007: „Deloitte übertrifft im Jubiläumsjahr Branchenwachstum", München/Frankfurt, Online verfügbar unter: http://www.deloitte.com/dtt/pressrelease/0,1014,sid%253D6272%2526cid%253D175014,00.html: Zuletzt abgerufen am 20.6.2008.

Deloitte (2008a): Pressemitteilung vom 19.10.2008: „Deloitte Deutschland erzielt Rekordumsatz", München/Frankfurt, Online verfügbar unter: http://www.deloitte.com/dtt/press_release/0,1014,sid%253D6272%2526cid% 253D231393,00.html, Zuletzt abgerufen am 23.1.2009.

Deloitte (2008b): Transparenzbericht 2007, Online verfügbar unter: http://www.deloitte.com/ dtt/cda/ doc/content/Transparenzbericht%202007.pdf, Zuletzt eingesehen am 29.5.2008.

Deloitte (2009a): „Dienstleistungen", Auf der Internetseite angebotene Dienstleitungen der Wirtschaftsprüfungsgesellschaft, Online verfügbar unter: http://www.deloitte.com/dtt/ section_home/ 0,1041,sid% 253D 6258,00.html, Zuletzt abgerufen am 22.1.2009.

Deloitte (2009b): Transparenzbericht 2008, Online verfügbar unter: http://www.deloitte.com/dtt/cda/ doc/content/Transparenzbericht_DT_300309_final.pdf, Zuletzt eingesehen am 29.5.2008.

Demme, Nicole (2003): Die Unabhängigkeit des Abschlussprüfers nach deutschem, US-amerikanischem und internationalem Recht, Nomos, Baden-Baden.

Deutsche Börse AG (2008a): Rangliste Aktienindizes zum 31.12.2007, Online verfügbar unter: http://deutsche-boerse.com/dbag/dispatch/de/notescontent/gdb_navigation/info_center/20Statistics/40_Ranking Equity_Indices/INTEGRATE/statistic?notesDoc=Rangliste+Aktienindizes&expand=1.1, Zuletzt abgerufen am 31. 05.2008.

Literatur 465

Deutsche Börse AG (2008b): Leitfaden zu den Indexkennzahlen der Deutschen Börse AG, Online verfügbar unter: http://deutsche-boerse.com/dbag/dispatch/de/binary/gdb_content_pool/imported_files/public-fes/10_downloads/50_informations_services/30_Indices_Index_Licensing/21_guidelines/10_share_indices/index_key_figures_guide.pdf, Zuletzt abgerufen am 30.06.2009.

DGMF (2007): Studie zu führenden Unternehmensberatern, (hrsg.) DGMF Deutsche Gesellschaft für Management-forschung; Auszüge und Zusammenfassung, in: Manager-Magazin, (8/2007), S. 28-37.

Dhaliwal, Dan / Gleason, Cristi A. / Heitzman, Shane / Melendrez Kevin D. (2008): Auditor Fees and Costs of Debt, in: Journal of Accounting, Auditing and Finance, Vol. 23, Nr. 1, S. 1-22.

Dickins, Denise (2007): Changes in Financial Reporting Quality and the Impact of Non-Audit Services, Working Paper, East Carolina University.

Diehl, Carl-Ulrich (1991): Strukturiertes Prüfungsvorgehen durch risikoorientierte Abschlussprüfung, in: Aktuelle Fachbeiträge aus Wirtschaftsprüfung und Beratung - Festschrift zum 65. Geburtstag von Prof. Dr. Hans Luik, (hrsg.) Schitag Ernst & Young Gruppe, Stuttgart, S. 187-215.

Dimsdale, Nicholas (1994): The Need to Restore Corporate Accountability: An Agenda for Reform – Postscript on the Draft Report of the Cadbury Committee, in: Capital Markets and Corporate Governance, (hrsg.) Dimsdale, N. / Prevezer, M., Oxford University Press, Oxford, S. 13-49.

Dimsdale, Nicholas / Prevezer, Martha (1994): Preface, in: Capital Markets and Corporate Governance, (hrsg.) Dimsdale, N. / Prevezer, M., Oxford University Press, Oxford, S. V-VI.

DiPiazza, Samuel A. / Eccles, Robert G. (2003): Vertrauen durch Transparenz – Die Zukunft der Unternehmens-berichterstattung, Wiley, Weinheim.

Doll, Rainer (2000): Wahrnehmung und Signalisierung von Prüfungsqualität, Lang, Frankfurt/Main u.a.

Dopuch, Nicholas / King, Ronald A. / Schwartz, Rachel (2003): Independence in Appearance and in Fact - An Experimental Investigation, in: Contemporary Accounting Research, Vol. 20, Nr. 1, S. 79-114.

Dopuch, Nicholas / Mashruwala, Raj / Seethamraju,Chandra / Zach, Tzachi (2007): The Impact of a Heterogeneous Accrual-Generating Process on Empirical Accrual Models, Working Paper, Online verfügbar unter: http://papers.ssrn.com/sol3/papers.cfm?abstract_id=986611, Zuletzt abgerufen am 22.07.2008.

Dörner, Dietrich (1997): Inwieweit schließen sich Erstellung, Beratung und Prüfung von Jahresabschlüssen aus? in: Steuerberatung im Spannungsfeld von Betriebswirtschaft und Recht, Festschrift zum 75. Geburtstag von Heinz Stehle, (hrsg.) Wagner / Boorberg, Stuttgart, München, Hannover.

Dörner, Dietrich (1998): Von der Wirtschaftsprüfung zur Unternehmensberatung, in: Die Wirtschaftsprüfung, 51. Jg., Nr. 7, S. 302-318.

Dörner, Dietrich / Oser, Peter (1995): Erfüllen Aufsichtsrat und Wirtschaftsprüfer ihre Aufgabe? in: Der Betrieb, 48. Jg., Nr. 22, S. 1085-1093.

Doyle, Jeffrey T. / Ge, Weili / McVay, Sarah (2007): Accrual quality and internal control over financial reporting, in: The Accounting Review, Vol. 82, Nr. 5, S. 1141-1170.

Dries, Folker (2000): Wirtschaftsprüfer werden in Amerika zu Reorganisation gedrängt – Wertpapieraufsicht will mögliche Interessenskonflikte ausschalten / Abspaltungen als Folge, in: Frankfurter Allgemeine Zeitung vom 10.07.2000, Nr. 157, S. 23.

Dutzi, Andreas (2005): Der Aufsichtsrat als Instrument der Corporate Governance: ökonomische Analyse der Veränderungen im Corporate-Governance-System börsennotierter Aktiengesellschaften, Dt. Univ.-Verl., Wiesbaden.

Dye, Ronald A. (1988): Earnings Management in an Overlapping Generations Model, in: Journal of Accounting Research, Vol. 26, Nr. 2, S. 195-235.

Dye, Ronald A. (1991): Informationally Motivated Auditor Replacement, in: Journal of Accounting and Economics, Vol. 14, Nr. 4, S. 347-374.

Dye, Ronald A. (1993): Auditing standards, legal liability, and auditor wealth, in: Journal of Political Economy, Vol. 101, Nr. 5, S. 887-914.

Dykxhoorn, Hans J. / Sinning, Kathleen E. (1981): Wirtschaftsprüfer perception of Auditor Independence, in: The Accounting Review, Vol. 56, Nr. 1, S. 97-107.

Dykxhoorn, Hans J. / Sinning, Kathleen E. (1982): Perceptions of Auditor Independence: Its Perceived Effect on the Loan and Investment Decisions of German Financial Statement Users, in: Accounting, Organizations and Society, Vol. 7, Nr. 4, S. 337-347.

Dykxhoorn, Hans J. / Sinning, Kathleen E. / Wiese, Mayk (1996): Wie deutsche Banken die Qualität von Prüfungsberichten beurteilen, in: Der Betriebs-Berater, Jg. 51, Nr. 39, S. 2031-2034.

Ebke, Werner F. (2001): Kommentierung zu §§ 318, 319 und 323 HGB, in: Münchner Kommentar zum Handelsgesetzbuch, (hrsg.) Schmidt, K., Bd. 4 Drittes Buch - Handelsbücher: §§ 238-342a HGB, München.

Ebke, Werner F. (2007): Haftung des Abschlussprüfers (§13), in: Handbuch Managerhaftung, (hrsg.), Krieger, G. / Schneider, Uwe. H, 1. Auflage, Schmidt, Köln, § 13 (S. 349-384).

Ebke, Werner F. / Paal, Boris P. (2005): Die Unabhängigkeit des gesetzlichen Abschlussprüfers: Absolute Ausschlussgründe und ihre Auswirkungen auf den Prüfungsvertrag, in: Zeitschrift für Unternehmens- und Gesellschaftsrecht, Jg. 34, Nr. 6, S. 894-912.

Eilifsen, Aasmund / Messier, William jr. / Glover, Steven / Prawitt, Douglas (2006): Auditing and Assurance Services, McGraw-Hill, New York.

Eilifsen, Aasmund / Willekens, Marleen (2008): In the Name of Trust - Some Thoughts about Trust, Audit Quality and Audit Regulation. in: Auditing, Trust and Governance - Developing Regulation in Europe, (hrsg.) Quick, R. / Turley, S. / Willekens, M, Routledge, London, New York, S. 1-18.

Eisenhardt, Kathleen M. (1989): Agency-Theory: An Assessment and Review, in: Academy of Management Review, Vol. 14, Nr.1, S. 57-74.

Elkart, Wolfgang / Schmusch, Matthias (1999): Stock Options und Shareholder Value vor dem Hintergrund der Reform der §§ 192, 193 AktG durch das KonTraG, in: Reform des Aktienrechts, der Rechnungslegung und Prüfung, (hrsg.) Körner, D. / Menodl, D. / Pfitzer, N., Schäffer-Poeschel, Stuttgart, S. 75-100.

Elliott, John A. / Shaw, Wayne H. (1988): Write-Offs as Accounting Procedures to Manage Perceptions, in: Journal of Accounting Research, Vol. 26, Nr. 3 (Supplement), S. 91-119.

Ellrott, Helmut (2006): Fünfter Titel: Anhang §§ 284- 289 HGB in: Beck scher Bilanzkommentar, (hrsg.) Ellrott, H. / Förschle, G. / Hoyos, M. / Winkeljohann, N., Beck, München.

Elschen, Rainer (1995): Methodologische Nostalgie und faustische Theorie-Kritik, Stellungnahme zum Beitrag von Christian Müller: Agency-Theorie und Informationsgehalt, in: Die Betriebswirtschaft, 55. Jg., Nr. 1, S. 123-125.

Emmerich, Gerhard (1988): Die Beratung auf der Grundlage der Abschlussprüfung, in: Die Wirtschaftsprüfung, 41 Jg., Nr. 22, S. 637-645.

Emmerich, Gerhard / Schaum, Wolfgang (2003): Auswirkungen des Sarbanes-Oxley Act auf deutsche Abschlussprüfer – Berufsaufsicht, Registrierung, Unabhängigkeit, in: Die Wirtschaftsprüfung, 56. Jg., Nr. 23, S. 677-560.

Erchinger, Holger / Melcher, Winfried (2009): Zur Umsetzung der HGB-Modernisierung durch das BilMoG: Neuerungen im Hinblick auf die Abschlussprüfung und die Einrichtung eines Prüfungsausschusses, in: Der Betrieb, 62. Jg., Nr. 23 (Beilage Nr. 5), S. 91-98.

Ehrhard, Olaf / Nowak, Eric (2002): Die Duchsetzung von Corporate Governance-Regeln, in: Die Aktiengesellschaft, 47. Jg, S. 336-345.

Ernst & Young (2005): Geschäftsbericht 2005, Online verfügbar unter: http://www.ey.com/Global/Assets.nsf/Germany/Geschaeftsbericht_EY_2005/$file/EY_GB_2005.pdf, Zuletzt abgerufen am 20.6.2008.

Ernst & Young (2007): Geschäftsbericht 2007, Online verfügbar unter: http://www.ey.com/Global/assets.nsf/Germany/Geschaeftsbericht_EY_2007/$file/EY_GB2007.pdf, Zuletzt abgerufen am 20.6.2008.

Ernst & Young (2008): Transparenzbericht 2008, Online verfügbar unter: http://www.ey.com/DE/de/About, Zuletzt eingesehen am 29.5.2009.

Ernst & Young (2009a): „Dienstleistungen" Auf der Internetseite angebotene Dienstleitungen der Wirtschaftsprüfungs-gesellschaft, Online Verfügbar unter: http://pwc.de/portal/pub/home, Zuletzt abgerufen am 22.1.2009.

Ernst & Young (2009b): Transparenzbericht 2009, Online verfügbar unter: http://www.ey.com/ Global/assets.nsf/Germany/Transparenzbericht_2009/$file/Transparenzbericht_2009.pdf, Zuletzt eingesehen am 29.5.2009.

Escher-Weingart, Christian (1999): Die gewandelte Rolle des Wirtschaftsprüfers als Partner des Aufsichtsrats nach den Vorschriften des KonTraG, in: Neue Zeitschrift für Gesellschaftsrecht, Vol. 2, Nr. 19, S. 909-964.

Europäischer Rat (2000): Schlussfolgerungen des Vorsitzes, Lissabon, 23. und 24. März 2000, Online verfügbar unter: http://www.europarl.europa.eu/summits/lis1_de.htm, Zuletzt abgerufen am 29.6.2008.

Everitt, Brian S. (2006): The Cambridge Dictionary of Statistics, 3rd ed. Cambridge University Press, Cambridge

Ewert, Ralf (1990): Wirtschaftsprüfung und Asymmetrische Information, Springer, Berlin et al.

Ewert, Ralf (1993): Rechnungslegung, Wirtschaftsprüfung, rationale Akteure und Märkte - Ein Grundmodell zur Analyse der Qualität von Unternehmenspublikationen, in: Zeitschrift für Betriebswirtschaftliche Forschung, 45. Jg., S. 715-747.

Ewert, Ralf (1999): Wirtschaftsprüfung und ökonomische Theorie - Ein selektiver Überblick, in: Theorie und Praxis der Wirtschaftsprüfung II: Wirtschaftsprüfung und ökonomische Theorie – Prüfungsmarkt-Prüfungsmethoden-Urteilsbildung, 2. Symposium der KPMG / Universität Potsdam zur Theorie und Praxis der Wirtschaftsprüfung am 9. und 10. Oktober 1998 in Potsdam, (hrsg.) Richter, M., Berlin, S. 35-99.

Ewert, Ralf (2002): Unabhängigkeit und Unbefangenheit, in: Handwörterbuch der Rechnungslegung und Prüfung, (hrsg.) Ballwieser, W. / Coenenberg, A. G. / Wysocki, K. v., 3. überarbeitete und erweiterte Aufl., Schäffer-Poeschel, Stuttgart, Spd. 2386-2395.

Ewert, Ralf (2003): Prüfung, Beratung und externe Rotation: Ökonomische Forschungsbeiträge zur aktuellen Regulierungsdebatte im Bereich der Wirtschaftsprüfung, in: Der Konzern, 1. Jg., S. 528-539.

Ewert, Ralf / Feess, Eberhard / Nell, Martin (2000): Prüfungsqualität, Dritthaftung und Versicherung, in: Betriebs-wirtschaftliche Forschung und Praxis, 52. Jg., Nr. 6, S. 572-593.

Ewert, Ralf / Stefani, Ulrike (2001): Wirtschaftsprüfung, in: Die Prinzipal-Agent-Theorie in der Betriebswirtschafts-lehre, (hrsg.) Jost, P.-J. Schäffer-Poeschel, Stuttgart, S. 147-182.

Ewert, Ralf / Wagenhofer, Alfred (2000): Neue Ansätze zur theoretischen Fundierung von Rechnungslegung und Prüfung, in: Investitionsorientierte Unternehmenspublizität: Neue Entwicklungen von Rechnungslegung, Prüfung und Jahresabschlussanalyse, (hrsg.) Lachnitt, L. / Freidank, C.-C. / Schulz, A., Gabler, Wiesbaden, S. 31-60.

Ewert, Ralf / Wagenhofer, Alfred (2003): Aspekte ökonomischer Forschung in der Rechnungslegung und Anwendung auf Ausschüttungsbemessung und Unabhängigkeit des Prüfers, in: Betriebswirtschaftliche Forschung und Praxis, 55. Jg., Nr. 6, S. 603-622.

Exner, Stefan (1994): Der Unternehmensberatungsvertrag, Schmidt, Köln.

Fachverband Unternehmensberatung und Datenverarbeitung (1996): Berufsbild des Unternehmensberaters, Wien.

Fama, Eugene F. (1970): Efficient capital markets: a review of theory and empirical work, in: Journal of Finance, Vol. 25, Nr. 2, S. 383-417.

Fama, Eugene F. / Jensen, Michael C. (1983): Separation of Ownership and Control, in: The Journal of Law and Economics, Vol. 26, S. 301-325.

Farag, Magdy (2005): Discretionary Accruals, Nonaudit Service Fees, and Earnings Persistence, Working Paper, Kent State University.

Fargher, Neil / Jiang, Liwei (2007): Changes in the audit environment and auditors "propensity to issue going concern opinions". American Accounting Association Annual Meeting-American Accounting Association, Chicago, 5 August - 8 August 2007, Working Paper.

Faulhaber, Karsten (2004): Beraterverträge mit Unternehmenskontrolleuren im deutschen und englischen Recht, Lang, Frankfurt/Main et al.

FEACO (2007): Survey of the European Management Consultance Market, (hrsg.) Fédération Européenne des Associations de Conseil en Organisation (FEACO), Brüssel, Online verfügbar unter: http:// www.mylib.be/projects/feaco/FCKeditor_project/feaco%20survey%_202006_2007%20final.pdf, Zuletzt abgerufen am 22.1.2009.

Feess, Eberhard (2004): Mikroökonomie - Eine spieltheoretische- und anwendungsorientierte Einführung, 3. Aufl., Metropolis-Verlag für Ökonomie, Marburg.

Fellingham, John C. / Newman, D. Paul (1985): Strategic Consideration in Auditing, in: The Accounting Review, Vol. 60, Nr. 4, S. 634-650.

Feltham, Gerald / Hughes John / Simunic, Dan (1991): Empirical Assessment of the Impact of Auditor Quality on the Valuation of New Issues, in: Journal of Accounting and Economics, Vol. 14, Nr. 4, S. 375-399.

Ferguson, Andrew / Francis, Jere R. / Stokes, Donald J. (2006): What Matters in Audit Pricing: Industry Specialization or Overall Market Leadership? in: Accounting and Finance, Vol. 46, Nr. 1, S. 97-106.

Ferguson, Michael, J. / Seow, Gim, S. / Young, Danqing (2004): Nonaudit Services and Earnings Management: UK Evidence, in: Contemporary Accounting Research, Vol. 21, Nr. 4, S. 813-841.

Ferlings, Josef / Lanfermann, Georg (2002): Unabhängigkeit von deutschen Abschlussprüfern nach Verabschiedung des Sarbanes-Oxley-Act, in: Der Betrieb, 55. Jg., Nr. 41, S. 2117-2122.

Fieten, Robert (1979): Der Einsatz externer Berater bei der organisatorischen Gestaltung, in: Zeitschrift Führung und Organisation, 49. Jg., Nr. 7, S. 395-401.

Filbert, Dirk / Kramarsch, Michael H. (2007): Aufsichtsratsarbeit im Wandel, in: Der Aufsichtsrat, 4. Jg., Nr. 12, S. 170-172.

Financial Reporting Council (FRC) (2006a): Choice in the UK Audit Market, Discussion paper, London, Online verfügbar unter: http://www.frc.org.uk/images/uploaded/documents/Choice%20paper_%208%20Sept%20Final%20WEB%20version.pdf, Zuletzt abgerufen am 28.11.2008.

Financial Reporting Council (FRC) (2006b): Promoting Audit Quality, Discussion paper. London. Online verfügbar unter: http://www.frc.org.uk/images/uploaded/documents/_Promoting%20_Audit%20_Quality%20paper%20_web%20optimised1.pdf, Zuletzt abgerufen am 28.11.2008.

Financial Reporting Council (FRC) (2007a): Choice in the UK Audit Market, Interim Report of the Market Participants Group, London.

Financial Reporting Council (FRC) (2007b): Choice in the UK Audit Market, Final Report of the Market Participants Group, London.

Financial Reporting Council (FRC) (2008): Choice in the UK Audit Market, Briefing Paper for Second Stakeholder Meeting. London. Online verfügbar unter: http://www.frc.org.uk/documents/_pagemanager/frc/FRC%_20Update%20Choice%20May%202008%208%20May.pdf, Zuletzt abgerufen am 28.11.2008.

Firth, Michael. (1980): Perceptions of Auditor Independence and Official Ethical Guidelines, in: The Accounting Review, Vol. 55, S. 451-466.

Firth, Michael (1981): Auditor-Client Relationships and their Impact on Bankers' Perceived Lending Decision, in: Accounting and Business Research, Vol. 11, S. 179-188.

Firth, Michael (1990): Auditor Reputation: The Impact of Critical Reports issued by the Government inspectors, in: Rand Journal of Economics, Vol. 21, Nr. 3, S. 374-387.

Firth, Michael (1997): The Provision of Nonaudit Services by Accounting firms to their Audit Clients, in: Contemporary Accounting Research, Vol. 14, Nr. 2, S. 1-21.

Firth, Michael (2002): Auditor-Provided Consultancy Services and their Associations with Audit Fees and Audit Opinions, in: Journal of Business Finance & Accounting, Vol. 29, Nr. 5, S. 661-693.

Fischer, Andrea / Haller, Axel (1993): Bilanzpolitik zum Zwecke der Gewinnglättung – Empirische Erkenntnisse, in: Zeitschrift für Betriebswirtschaft, 63. Jg., Nr. 1, S. 35-59.

Fischermann, Thomas / Klein Brockhoff, Thomas (2002): Der Totalausfall, in: Die Zeit vom 7.2.2002, Nr. 7, S. 9-12.

Flaming, Linda (2002): Do Non-Audit Services Affect Investor Judgments? Evidence Using Auditor Fee Proxy Disclosures, Working Paper, University of Oklahoma.

Fleischer, Holger (1996): Das Doppelmandat des Abschlussprüfers – Grenzen der Vereinbarkeit von Abschlussprüfung und Steuerberatung, in: Deutsches Steuerrecht, 34. Jg., Nr. 19, S. 758-764.

Fleischer, Holger (2003): Shareholder vs. Stakeholder: Aktien- und Übernahmerechtliche Fragen, in: Handbuch der Corporate Governance: Leitung und Überwachung börsennotierter Unternehmen in der Rechts- und Wirtschaftspraxis, (hrsg.) Hommelhoff, P. / Hopt, K.J. / Werder, v. A., Schmidt, Köln, S. 129-155.

Fockenbrock, Dieter (2008): Jobs fürs Renommee, in: Handelsblatt vom 10.09.2008, Nr. 176, S. 12.

Förschle, Gerhart (2001): Wirtschaftsprüfung in globalen Märkten, in: Die deutsche Rechnungslegung und Wirtschaftsprüfung im Umbruch: Festschrift für Wilhelm Theodor Strobel zum 70. Geburtstag, (hrsg.) Freidank, C.-C., Vahlen, München, S. 269-301.

Förschle, Gerhart / Schmidt, Stefan (2006): § 319 Auswahl der Abschlussprüfer und Ausschlussgründe, in: Beck'scher Bilanzkommentar, Handelsbilanz und Steuerbilanz, (hrsg.) Ellrott, H. / Försche, G. / Hoyos, M. / Winkeljohann, N., 6. Auflage, Beck, München, S. 1902-1939.

Forster, Karl-Heinz (1976): Gedanken zur passiven Sicherung der Unabhängigkeit des Abschlussprüfers, in: Bilanz-fragen. Festschrift zum 65. Geburtstag von Prof. Dr. Ulrich Leffson, (hrsg.) Baetge, J. / Moxter, A. / Schneider, D., IDW, Düsseldorf, S. 325-337.

Francis, Jennifer / LaFond, Ryan / Olsson, Per / Schipper, Katherine (2005): The market pricing of accruals quality, in: Journal of Accounting and Economics, Vol. 39, Nr. 2, S. 295-327.

Francis, Jere R. (1984): The Effect of Audit Firm Size on Audit Prices - A Study of the Australian Market, in: Journal of Accounting and Economics, Vol. 6, Nr. 2, S. 133-151.

Francis, Jere R. (2004): What do we know about audit quality? in: The British Accounting Review, Vol. 25, Nr. 4, S. 345-368.

Francis, Jere R. / Ke, Bin (2006): Disclosure of Fees Paid to Auditors and the Market Valuation of Earnings Surprises, in: Review of Accounting Studies, Vol. 11, Nr. 4, S. 495-523.

Francis, Jere R. / Richard, Chrystelle / Vanstraelen, Ann (2009): Assessing France's Joint Audit Requirement: Are two Heads Better than One? in: Auditing: A Journal of Practice & Theory, Vol. 28, November, S. 35-63.

Francis, Jere R. / Wang, Dechun (2005): Impact of the SEC's Public Fee Disclosure Requirements on Subsequent Period Fees and Implications for Market Efficiency, in: Auditing: A Journal of Practice & Theory, Vol. 24 (Supplement), S. 145-160.

Francis, Jere, R. / Krishnan, Jagan (1999): Accounting accruals and auditor reporting conservatism, in: Contemporary Accounting Research, Vol. 16, Nr. 1, S. 135-165.

Franck, Egon (1995): Die ökonomische Institutionen der Teamsportindustrie: Eine Organisationsbetrachtung, Gabler, Wiesbaden.

Frankel, Richard M. / Johnson, Merilyn / Nelson, Karen K. (2002): The relation between Auditors Fees' for Nonaudit Services and Earnings Management, in: The Accounting Review, Vol. 77, Nr. 4 (Supplement), S. 71-105.

Freidank, Carl-Christian (1998): Zielformulierungen und Modellbildungen im Rahmen der Rechnungslegungspolitik, in: Rechnungslegungspolitik – Eine Bestandsaufnahme aus handels- und steuerrechtlicher Sicht, (hrsg.) Freidank, C-C., Springer, Berlin, S. 85-153.

Frey, Dieter / Gaska, Anne (1998): Die Theorie der kognitiven Dissonanz, in: Theorien zur Sozialpsychologie, Band I, (hrsg.) Frey, D. / Irle, M., 2. Aufl., Bern, S. 275-324.

Fritsch, Michael / Wein, Thomas / Ewers, Hans-Jürgen (2007): Marktversagen und Wirtschaftspolitik: Mikroökonomische Grundlagen staatlichen Handelns, 7. Aufl., Vahlen, München.

Garza-Gómez, Xavier / Okumura, Masahi / Kunimura, Michio (1999): Discretionary Accrual Models and the Accounting Process, Working Paper, Nagoya City University.

Gaynor, Lisa M. / McDaniel, Linda / Neal, Terry (2006): The Effects of Joint Provision and Disclosure of Non-Audit Services on Audit Committee Decisions and Investors' Preferences", in: The Accounting Review, Vol. 81, Nr. 4, S. 873-896.

Geiger, Marshall A. / North, David S. / O'Connell, Brendan T. (2005a): The Auditor-to-Client Revolving Door and Earnings Management, in: Journal of Accounting, Auditing & Finance, Vol. 20, Nr. 1, S. 1-26.

Geiger, Marshall A. / Raghunandan, Kanan (2002): Auditor Tenure and Audit reporting Failures, in: Auditing: A Journal of Practice & Theory, Vol. 21, Nr. 1, S. 67-78.

Geiger, Marshall A. / Raghunandan, Kanan / Rama, Dasaratha V. (2005b): Recent Changes in the association between bankruptcies and prior audit opinions, in: Auditing: A Journal of Practice & Theory, Vol. 24, Nr. 1, S. 21-35.

Geiger, Marshall A. / Rama, Dasaratha V. (2003): Audit fees, Non Audit fees, and Audit Reporting Failures, in: Auditing: A Journal of Practice & Theory, Vol. 22, Nr. 2, S. 53-69.

Gelhausen, Hans / Heinz, Stephan (2005): Der befangene Abschlussprüfer, seine Ersetzung und sein Honoraranspruch – Eine aktuelle Bestandsaufnahme auf Grundlage des Bilanzrechtsreformgesetztes, in: Die Wirtschaftsprüfung, 58. Jg., Nr. 13, S. 693-703.

Gemser, Gerda / Wijnberg, Nachoem M. (2001): Effects of Reputational Sanctions on the Competitive Imitation of Design Innovations, in: Organization Studies, Vol. 22, Nr. 4, S. 563-591.

General Accounting Office (GAO) (2003): Public Accounting Firms: Mandated Study on Consolidation and Competition, General Accounting Office retrieved July 3rd, Online verfügbar unter: http://www.gao.gov, Zuletzt abgerufen am 28.11.2008.

Ghosh, Aloke / Lustgarten, Steven (2006): Pricing of Initial Audit Engagements by Large and Small Audit Firms, in: Contemporary Accounting Research, Vol. 23, Nr. 2, S. 333-368.

Ghosh, Aloke / Kallapur, Sanjay / Moon, Doocheol (2005): Audit and Non-audit Fees and Capital Market Perceptions of Auditor Independence, Working Paper, City University of New York, Purdue University, SUNY – Oldwestbury.

Giersberg, Georg (2008a): Viele Wirtschaftsprüfer leben von der Beratung, in: Frankfurter Allgemeine Zeitung vom 10.12.2008, Nr. 212, S. 16.

Giersberg, Georg (2008b): KPMG erwartet schwieriges Geschäftsjahr, in: Frankfurter Allgemeine Zeitung vom 19.02.2008, Nr. 42, S. 20.

Giersberg, Georg (2009a): KPMG greift Banken an, in: Frankfurter Allgemeine Zeitung vom 17.02.2009, Nr. 40, S. 14.

Gigler, Frank / Penno, Mark (1995): Imperfect Competition in Audit Markets and its Effect on the Demand for Audit-Related Services, in: The Accounting Review, Vol. 70, Nr. 2, S. 317-336.

Gillenkirch, Robert (1997): Gestaltung optimaler Anreizverträge, Gabler, Wiesbaden.

Gillmann, Jan-Phillip (2002): Performance Measurement in Professional Service Firms- Gestaltungsmodell am Beispiel Wirtschaftsprüfungs- und Beratungsunternehmen, Gabler, Wiesbaden.

Gilson, Ronald J. / Roe, Marc J. (1993): Understanding the Japanese Keiretsu: Overlaps between Corporate Governance and Industrial Organisation, in: Yale Law Journal, Vol. 102, Nr.1, S. 871-906.

Glaum, Martin / Thomaschewski, Dieter / Weber, Silke (2006): Auswirkungen des Sarbanes-Oxley-Act auf deutsche Unternehmen: Kosten, Nutzen, Folgen für US-Börsennotierung, im Auftr. des Arbeitskreises „Unternehmenswachstum und Internationales Management" der Schmalenbach-Gesellschaft für Betriebswirtschaft e.V. in: Studien des deutschen Aktieninstituts, Heft 33.

Gloßner, Veronika (1998): Eine Konzentrationsmessung von Pflichtprüfungsmandaten börsennotierter Aktiengesellschaften, in: Die Wirtschaftsprüfung, 51. Jg., Nr. 2, S. 223-233.

Glückler, Johannes (2004): Zur Internationalisierung von Unternehmensberatern – Eine relationale Theorie, Transcript, Bielefeld.

Goddard, G. K. (1998): ACCC Assessment of the Coopers and Lybrand and Price Waterhouse merger: analysis of competition in the provision of professional services by Big Six accounting firms, in: Australian Business Law Review, Vol. 26, S. 402-417.

Göhner, Frank (2000): Die Reform der Qualitätskontrolle im Berufsstand der Wirtschaftsprüfer, in: Deutsches Steuerrecht, 38. Jg., Nr. 33, S. 1404-1408.

Goldberg, Victor P. (1976): Regulation and Administered Contracts, in: The Bell Journal of Economics, Vol. 7, Nr. 2, S. 426-448.

Göllert, Kurt (2008): Auswirkungen des Bilanzrechtsmodernisierungsgesetzes (BilMoG) auf die Bilanzpolitik, in: Der Betrieb, 61. Jg., Nr. 22, S. 1165-1171.

Goncharov, Igor (2005): Earnings management and its determinants: closing gaps in empirical accounting research, Lange, Frankfurt/Main.

Goncharov, Igor / Zimmermann, Jochen (2006): Do Accounting Standards Influence the Level of Earnings Management? Evidence from Germany, Working Paper, Online verfügbar unter: http://papers.ssrn.com/sol3/papers.cfm?abstract_id=386521, Zuletzt abgerufen am 18.06.2008.

Goppelt, Wolf (2002): International Federation of Accountants (IFAC), in: Handwörterbuch der Rechnungslegung und Prüfung, (hrsg.) Ballwieser, W / Coenenberg, A. G. / Wysocki, K. v., 3. überarbeitete und erweiterte Aufl., Schäffer-Poeschel, Stuttgart, Sp. 1200-1207.

Gottschlich, Klaus J. (1996): Die Eigentümerkontrolle in der modernen Publikumsgesellschaft, Freiburg, Schweiz.

Graham, Lynford E. (1988): Discussion of a Model of the Market for MAS and Audit Services: Knowledge Spillover and Auditor-Auditee Bonding and an Empirical Analysis of the Reputation between MAS Involvement and Auditor Tenure: Implications for Auditor Independence, in: Journal of Accounting Literature, Vol. 7, Nr. 1, S. 92-94.

Granobs, Hein (1981): Die Unabhängigkeit des Abschlussprüfers, in: Betriebswirtschaftliche Forschung und Praxis, 33. Jg., Nr. 4, S. 531-549.

Graumann, Matthias (2002): Initiativen und Maßnahmen zur Harmonisierung der Abschlussprüfung in der EU, in: Steuern und Bilanzen, 4. Jg., Nr. 7, S. 313-323.

Graw, Henning/ Keller, Claus U. (2004): „Bilanzmanipulation – Risiko und Krisenfrüherkennung durch Jahresabschlussanalysen", in: Kredit & Rating Praxis, Nr. 1, S. 27-31.

Gregory, Alan / Collier, Paul (1996): Audit Fees and Auditor Change; an Investigation of the Persistence of Fee Reduction by Type of Change, in: Journal of Business, Finance & Accounting, Vol. 23, Nr. 1, S. 13-28.

Grieder, Stefan (2004): Die Frage der Vereinbarkeit von Prüfung und Beratung, Helbing/ Lichtenhahn, Basel.

Grothe, Jörn (2005a): Branchenspezialisierungen von Wirtschaftsprüfungsgesellschaften im Rahmen der Jahresabschlussprüfung: Ergebnisse einer empirischen Untersuchung des deutschen Prüfungsmarktes, IDW Verlag, Düsseldorf.

Grothe, Philip (2005b): Unternehmensüberwachung durch den Aufsichtsrat - Ein Beitrag zur Corporate-Governance-Diskussion in Deutschland, Lang, Frankfurt/Main.

Grotherr, Siegfried (2007): Steuerberatung; in: Vahlens Großes Auditing Lexikon, (hrsg.) Freidank, C.-C. / Lachnit, L. / Tesch, J., Vahlen, München, S. 1185-1289.

Guay, Wayne / Kothari, S. P. / Watts, Rose (1996): A Market-based Evaluation of Discretionary Accrual Models, in: Journal of Accounting Research, Vol. 34 (Supplement), S. 83-105.

Gugler, Klaus (2001): Corporate Governance and Performance: The Research Questions; in: Corporate Governance and Economic Performance, (hrsg.) Gugler, K., Oxford University Press, New York, S. 1-67.

Gul, Ferdinand A. (1987): Field Dependence Cognitive Style as a Moderating Factor in Subjects' Perceptions of Auditor Independence, in: Accounting and Finance, Vol. 27, May 1987, S. 37-48.

Gul, Ferdinand, A. (1989): Bankers' Perceptions of Factors Affecting Auditor Independence, in: Accounting, Auditing & Accountability Journal, Vol. 2, Nr. 3, S. 40-51.

Gul, Ferdinand, A. (1991): Size of Audit fees and perceptions of Auditor's ability to resist management pressure in audit conflict situations, in: Abacus- A Journal of Accounting, Finance and Business Studies, Vol. 27, Nr. 2, S. 162-172.

Gul, Ferdinand A. / Jaggi, Bikki L. / Krishnan, Gopal V. (2007): Auditor Independence: Evidence on the Joint Effects of Auditor Tenure and Nonaudit Fees, in: Auditing: A Journal of Practice & Theory, Vol. 26, Nr. 2, S. 117-142.

Gul, Ferdinand A. / Sun, Sunny / Tsui, Judy S. L. (2003a): Audit Quality, Earnings, and the Shanghai Stock Market Reaction, in: Journal of Accounting, Auditing and Finance, Vol. 18, Nr. 3, S. 411-427.

Gul, Ferdinand, A. / Chen, C. / Tsui, J. (2003b): Discretionary accounting accrual, managers' incentives, and audit fees, in: Contemporary Accounting Research, Vol. 20, Nr. 3, S. 441-464.

Gul, Ferdinand, A. / Tsui, Judy / Dhaliwal, Dan S. (2006): Non Audit Services, audit quality and the value relevance of earnings, in: Accounting and Finance, Vol. 46, Nr. 7, S. 797-817.

Gul, Ferdinand A. / Jaggi, Bikki L. / Krishnan, Gopal V. (2007): Auditor Independence: Evidence on the Joint Effects of Auditor Tenure and Nonaudit Fees, in: Auditing: A Journal of Practice & Theory, Vol. 26, Nr. 2, S. 117-142.

Gupta, Sraban / Romano, Richard E. (1998): Monitoring the principal with multiple agents, in: RAND Journal of Economics, Vol. 29, Nr. 1, S. 427-442.

Hachmeister, Dirk (2001): Wirtschaftsprüfungsgesellschaften im Prüfungsmarkt – Eine ökonomische Analyse zur Konzentration auf dem Prüfungsmarkt und zur Entwicklung großer Prüfungsgesellschaften, Schäffer-Poeschel, Stuttgart.

Hachmeister, Dirk (2008): Regulierung von Abschlussprüfern und Prüfungsgesellschaften im Spannungsfeld von Qualitätssicherung und Wettbewerb, in: Wirtschaftsprüfung im Wandel – Herausforderungen an Wirtschaftsprüfung, Steuerberatung, Consulting und Corporate Finance, (hrsg.) Ballwieser, W./ Grewe, G., Beck, München, S. 55-74.

Hackenbrack, Karl E. (2003): Mandatory disclosure and the joint sourcing of audit and management advisory services, Working Paper, University of Florida.

Hackenbrack, Karl E. / Knechel, Robert (1997): Resource Allocation Decisions in Audit Engagement. in: Contemporary Accounting Research, Vol. 14, Nr. 3, S. 481-499.

Hackl, Peter (2005): Einführung in die Ökonometrie, Pearson Studium, München.

Hafner, K. / Reineke, R.-D. (1992): Beratung und Führung von Organisation, in: Beratung von Organisationen. Philosophien – Konzepte – Entwicklungen, (hrsg.) Wagner, V. H. / Reineke, R.-D., Aufl., Verlag, Wiesbaden, S. 29-78.

Hagemeister, Christina (2002): Neue Anforderungen an die Unabhängigkeit des Abschlussprüfers durch die IFAC und die Europäische Kommission, in: Der Betrieb, 55 Jg., Nr. 7, S. 333-340.

Hakelmacher, Sebastian (2008): Wenn Spitzenmanager zu viel kriegen...- Ein Beitrag zur Entmythologisierung wirtschaftlicher Phänomene, in: Die Wirtschaftsprüfung, 61. Jg., Nr. 3, S. 97-104.

Hamilton, Jane / Li, Yang / Stokes, Donald J. (2008): Is the Audit Services Market Competitive Following Arthur Andersen's Collapse? in: Accounting & Finance, Vol. 48, Nr. 2, S. 233-258.

Harder, Nils (1996): Die Steuerberatung durch den Abschlussprüfer – Anmerkungen zu dem Urteil des OLG Karlsruhe vom 23. November 1995, in: Der Betrieb, 49. Jg., Nr. 14, S. 717-720.

Harris, Jared / Bromiley, Philip (2007): Incentives to Cheat: The Influence of Executive Compensation and Firm Performance on Financial Mispresentation, in: Organizational Science, Vol. 18, Nr. 3, S. 350-367.

Harris, Milton / Raviv, Artur (1979): Optimal incentive contracts with imperfect information, in: Journal of Economic Theory, Vol. 20, Nr. 2, S. 231-259.

Hartley, Ronald V. / Ross, Timothy L. (1972): MAS and Audit Independence: An Image Problem, in: The Journal of Accountancy, Vol. 134, S. 42-51.

Hartmann-Wendels, Thomas (1991): Rechnungslegung der Unternehmen und Kapitalmarkt aus informationsökonomischer Sicht, 2. Aufl., Physika, Heidelberg.

Hasa, T. (1970): Vereinbarkeit von Prüfung und Beratung, Wien.

Hax, Herbert (2003): Thünen-Vorlesung: Unternehmensführung und ökonomische Rationalität, in: Perspektiven der Wirtschaftspolitik, Vol. 4, S. 295-312.

Haubl, Rolf / Molt, W. / Weidenfeller, G. (1986): Struktur und Dynamik der Person, Westdeutscher Verlag, Opladen.

Hay, David / Knechel, Robert / Li, Vivian (2006a): Non-Audit Services and Auditor Independence: New Zealand Evidence, in: Journal of Business, Finance & Accounting, Vol. 33, Nr. 5/6, S. 715-734.

Hay, David / Knechel, Robert / Wong, Norman (2006b): Audit Fees: A Meta-analysis of the Effect of Supply and Demand Attributes, in: Contemporary Accounting Research, Vol. 23, Nr. 1, S. 144-191.

Hayn, Sven (2007): Bilanzpolitische Gestaltungsspielräume nach IFRS, in: Vahlens Großes Auditing Lexikon, (hrsg.) Freidank, C.-C. / Lachnit, L. / Tesch, J., C.H. Beck, Vahlen, München.

Healy, Paul / Wahlen, James (1999): A Review of the Earnings Management Literature and its Implications für Standard Setting, in: Accounting Horizons, Vol. 13, Nr. 4, S. 365-383.

Healy, Paul M. (1985): The Effect of Bonus Schemes on Accounting Decisions, in: Journal of Accounting and Economics, Vol. 7, Nr. 1-3, S. 85-107.

Healy, Paul M. / Palepu, Krishna G. (2003): The Fall of Enron, in: Journal of Economic Perspectives, Vol. 17, Nr. 2, S. 3-36.

Healy, Paul M. / Wahlen, James (1999): A Review of the Earnings Management Literature and its Implications for Standard Setting, in: Accounting Horizons, Vol. 13, Nr. 2, S. 365-383.

Healy, Paul M. (2005): The challenges facing auditors and analysts in U.S. capital markets. The Saxe Lecture, in Accounting. Delivered at Baruch College, New York, NY, April 4, 2005.

Heidfeld, T. (1998): Präsentation von Steuerberatern und Wirtschaftsprüfern im Internet, in: Neue Wirtschaftsbriefe, Fach 30, S. 1197-1200.

Heininger, Klaus (2008): Die Abschlussprüferrichtlinie und ihre Folgen – Berufsaufsicht quo vadis? in: Die Wirtschaftsprüfung, Jg. 61, Nr. 12, S. 535-541.

Heininger, Klaus / Bertram, Klaus (2006): Der Referentenentwurf zur 7. WPO-Novelle (BARefG), in: Der Betrieb, 59. Jg., Nr. 17, S. 905-911.

Heintges, Sebastian (2005): Bilanzkultur und Bilanzpolitik in den USA und in Deutschland – Einflüsse auf die Bilanzpolitik börsennotierter Unternehmen, 3. Aufl., Verlag Wissenschaft und Praxis, Sternenfels, München.

Helbling, Carl (1992): Revisions- und Bilanzierungspraxis, 3. Aufl., Haupt, Bern, Stuttgart.

Hellwig, Hans-Jürgen (1999): Beratungsverträge des Abschlussprüfers - Genehmigungspflicht analog § 114 AktG und Publizitätspflicht analog § 125 Abs. 1 S. 3 AktG, in: Zeitschrift für Wirtschaftsrecht, Vol. 20, S. 2117-2130.

Helmenstein, Christian (1996): Anbieterkonzentration auf dem Markt für Jahresabschlussprüfungen, in: Die Betriebswirtschaft, 56. Jg., Nr. 1, S. 389-401.

Heni, Bernhard (1997): Zur Risikolage des Abschlussprüfers bei Missachtung des Selbstprüfungsverbots – Zugleich eine Besprechung des BGH-Urteils vom 21.4.1997, II ZR 317/95, in: Deutsches Steuerrecht, 35. Jg., Nr. 31, S. 1210-1215.

Hennes, Marcus / Metzger, Susanne (2009): Banger Blick auf die Risken- Cash-Flow: Eine Analyse zeigt welche Unternehmen im Laufe der Krise stark unter Druck geraten könnten, in: Handelsblatt vom 27. Mai 2009, Nr. 100, S. 14.

Henssler, Martin (2007): M & A Beratung und Unabhängigkeit des Wirtschaftsprüfers, in: Zeitschrift für das gesamte Handelsrecht und Wirtschaftsrecht, Vol. 171, S. 10-36.

Herkendell, Anja (2007): Regulierung der Abschlussprüfung: eine Wirksamkeitsanalyse zur Wiedergewinnung des öffentlichen Vertrauens, Dt. Univ.-Verlag, Wiesbaden.

Herold, Christian (2006): Vermeidung des Earnings-Management der Umsatzerlöse: eine ökonomische Analyse der internationalen Rechnungslegungsnormen, Dt. Univ.-Verl., Wiesbaden.

Herr, Joachim (2007): KPMG muss um das Mandat von Siemens bangen, in: Frankfurter Allgemeine Zeitung vom 04.12.2007, Nr. 282, S. 15.

Hienek, Dirk (2007): Interne Revision und Abschlussprüfung; in: Vahlens Großes Auditing Lexikon (hrsg.) Freidank, C.-C./ Lachnit, L./ Tesch, J., Vahlen, München, S. 698-699.

Higgs, Julia L. / Skantz, Terrance R. (2006): Audit and Nonaudit Fees and the Market Reaction to Earnings Announcements, in: Auditing: A Journal of Practice & Theory, Vol. 25, Nr. 1, S. 1-26.

Hilber, Marc / Hartung, Jürgen (2003): Auswirkungen des Sarbanes-Oxley Act auf deutsche WP-Gesellschaften: Konflikte mit der Verschwiegenheitspflicht der Wirtschaftsprüfer und dem Datenschutzrecht, in: Betriebs-Berater, 58 Jg., Nr. 17, S. 1054-1060.

Hill, Cecil L. / Booker, Quinton (2007): State Accountancy Regulators' Perceptions of Independence of External Auditors when Performing Internal Audit Activities for Nonpublic Clients, in: Accounting Horizons, Vol. 21, Nr. 1, S. 23- 43.

Hill, Charles W. L. / Snell, Scott A. (1988): External Control, Corporate Strategy, and Firm Performance in Research- Intensive Industries, in: Strategic Management Journal, Vol. 9, Nr. 6, S. 577-590.

Hill, Wilhelm (1990): Der Stellenwert der Unternehmensberatung für die Unternehmensführung, in: Die Betriebs-wirtschaft, 50. Jg., Nr. 2, S. 171-180.

Hillegeist, Stephan A. (1999): Financial Reporting and Auditing under Alternative damage Appointment Rules, in: The Accounting Review, Vol. 74, Nr. 3, S. 347-369.

Hinz, Michael (1994): Sachverhaltsgestaltungen im Rahmen der Jahresabschlusspolitik, IDW, Düsseldorf.

Hobgood, George/Sciarrino, Joseph A. (1972): Management Looks at Audit Services, in: Financial Executive, Vol. 40, S. 26-32.

Hofmann, Christian (2008): Earnings Management and Measurement Error, in: Business Research, Vol. 1, Nr. 2, S. 149-163.

Hofmann, Christian / Arnegger, Martin / Kopitzke, Jochen (2007): Gewinnmanagement und Arbeitsanreize bei fehlerhaften Performancemaßstäben, in: Betriebswirtschaftliche Forschung und Praxis, 59. Jg., Nr. 2, S. 123-147.

Hoitash, Rani / Hoitash, Udi / Bedard, Jean C. (2008): Internal Control Quality and Audit Pricing under the Sarbanes-Oxley Act, in: Auditing, Vol. 27, Nr. 1, S. 105-126.

Hoitash, Rani / Markelevich, Ariel / Barragato, Charles A. (2007): Auditor Fees and Audit Quality, in: Managerial Auditing Journal, Vol. 22, Nr. 8, S. 761-786.

Holmström, Bengt (1979): Moral Hazard and observability, in: Bell Journal of Economics, Vol. 10, Nr. 1, S. 74-91.

Holthausen, Robert W. / Leftwich, Richard W. (1983): The Economic Consequences of Accounting Choice – Implications of Costly Contracting and Monitoring, in: Journal of Accounting and Economics, Vol. 5, Nr. 1, S. 77-117.

Hommelhoff, Peter (1997): Corporate Governance: Vertragen sich die deutsche Unternehmensverfassung und das Shareholder Value-Prinzip? in: Betriebswirtschaftslehre und Rechtsentwicklung, (hrsg.) Albach, H. / Brockhoff, K., ZfB- Ergänzungsheft, Nr. 4, Wiesbaden, S. 17-20.

Hope, Ole-Kristian / Langli, John Christian (2007): Auditor Independence in a private firm setting, (CAAA) 2008 Annual Conference Paper, Working paper, Online verfügbar unter: http://papers.ssrn.com/sol3/papers.cfm? abstract_id=1080665, Zuletzt abgerufen am: 24.05.2009.

Hribar, Paul / Collins, Daniel (2002): Errors in Estimating Accruals: Implications for Empirical Research, in: Journal of Accounting Research, Vol. 40, Nr. 1, S. 105-134.

Hribar, Paul / Nichols, D. Craig (2007): The Use of Unsigned Earnings Quality Measures in the Test of Earnings Management, in: Journal of Accounting Research, Vol. 45, Nr. 5, S. 1017-1053.

Huang, Hua-Wei / Mishra, Suchismita / Raghunandan, Kanan (2007): Types of Nonaudit Fees and Financial Reporting Quality, in: Auditing: A Journal of Practice & Theory, Vol. 26, Nr. 1, S. 133-145.

Huang, Hua-Wei / Raghunandan, Kanan / Rama, Dasaratha (2009): Audit Fees for Initial Audit Engagement Before and After SOX, in: Auditing: A Journal of Practice & Theory, Vol. 28, Nr. 1, S. 171-190.

Hucke, Anja (2007): Rechtsberatung, in: Vahlens Großes Auditing Lexikon, (hrsg.) Freidank, C.-C. / Lachnit, L. / Tesch, J., Vahlen, München, S. 1155-1157.

Hülsmannm, Christoph (2005): Stärkung der Abschlussprüfung durch das Bilanzrechtsreformgesetz - Neue Bestimmungen zur Trennung von Beratung und Prüfung, in: Deutsches Steuerrecht, 43. Jg., Nr. 4, S. 166-172.

Hüttemann, Rainer (2004): Internationalisierung des deutschen Handelsbilanzrechts im Entwurf des Bilanzrechtsreform-gesetztes, in: Betriebs-Berater, 59 Jg., Nr. 4, S. 203-209.

Hütten, Christoph / Strotmann, Hilke (2003): Umsetzung des Sarbanes-Oxley Act in der Unternehmenspraxis, in: Betriebs-Berater, 58. Jg., Nr. 42, S. 2223-2227.

Hunger, Joe R. (1980): Die Jahresabschlussprüfung im Meinungsbild der Wirtschaftsprüfer, ihrer Mandanten und der Öffentlichkeit - Ergebnisse einer empirischen Untersuchung, in: Betriebswirtschaftliche Forschung und Praxis, 32. Jg., Nr. 1, S. 21-33.

Husemann, Walter (1992): Die Reputation des Wirtschaftsprüfers in ökonomischen Agency-Modellen, Universität zu Köln.

Hussey, Roger / Lan, George (2001): An Examination of Auditor Independence Issues from the Perspectives of U.K. Finance Directors, in: Journal of Business Ethics, Vol. 32, Nr. 2, S. 169-178.

IAB (2006): Happier days in Germany; Country Survey Germany; in: International Accounting Bulletin, 24. May 2006, S. 11-15.

IDW (2002): Position des IDW zu den in der Diskussion befindlichen Vorschlägen zur Stärkung der Abschlussprüfung nach dem Enron Zusammenbruch, in: Die Wirtschaftsprüfung, 55. Jg., Nr. 13, S. 692-696.

IDW (2004): IDW Stellungnahme: Referentenentwurf eines Gesetztes zur Kontrolle von Unternehmensabschlüssen (Bilanzkontrollgesetz – BilKoG), in: Die Wirtschaftsprüfung, 57. Jg, Nr. 4, S. 138-151.

IDW (2006a): WP-Handbuch : Wirtschaftsprüfung, Rechnungslegung, Beratung, 13. Aufl., IDW, Düsseldorf.

IDW (2006b): Gemeinsame Stellungnahme der WPK und des IDW: Anforderungen an die Qualitätssicherung in der Wirtschaftsprüfungspraxis (VO 1/2006), in: Die Wirtschaftsprüfung, 59. Jg., Nr. 9, S. 629-646.

IDW (2009): Entwurf IDW Stellungnahme zur Rechnungslegung: Anhangangaben nach § 285 Nr. 17 HGB bzw. § 314 Abs.1 Nr. 9 HGB über das Abschlussprüferhonorar (IDW ERS HFA 36), in: IDW Fachnachrichten, S. 508-510.

IFAC (2005): International Federation of Accountants, Strategic Plan for the Years 2006-2009, New York.

IFAC (2006a): Code of Ethics for Professional Accountants, Online verfügbar unter: http://www.ifac.org/ Members/Dow nLoads/2005_Code_of_Ethics.pdf, Zuletzt abgerufen am 5.11.2008.

IFAC (2006b): IES 8 Competence Requirements for Professional Accounts Stand 7/2006, Online verfügbar unter: http://www.ifac.org/Members/DownLoads/IES_8_Final.pdf, Zuletzt abgerufen am 25.06.2008.

IFAC (2007a): „About IFAC - member bodies", Online verfügbar unter: http://www.ifac.org/About/Member Bodies.tmpl, *Zuletzt abgerufen am 7.06.2007.*

IFAC (2007b): „About IFAC", Online verfügbar unter: http://www.ifac.org/About/#Activities, Zuletzt abgerufen am 7.06.2007.

Ingersoll, Jonathan Jr. (1987): Theory of financial decision making, Rowman and Littlefield, Totowa, New Jersey.

Islam, Ainul / Karim, Waresul / Khaled, Mohammed / van Zijl, Tony (2006): Non-Audit Services and Auditor Independence: An Analysis Using the In formativeness of Earnings, Working Paper, Massey University, Wellington, Victoria University, Wellington, New Zealand.

Iyer, Venkataraman / Raghunandan, Kanan (2002): Auditors´ Employment with Clients and Interaction with their Former CPA Firm, in: Journal of Managerial Issues, Vol. 14, Nr. 4, S. 486-499.

Jäckel, Günther (1960): Die Unabhängigkeit des Abschlussprüfers bei der Pflichtprüfung von Aktiengesellschaften der öffentlichen Hand, Decker, Hamburg.

Jacobs, O. H. (1975): Zur Frage der Vereinbarkeit von Jahresabschlussprüfung und Beratung in: Der Betrieb, 28. Jg, Nr. 49, S. 2237-2241.

Jaffar, Nahariah / Selamat, Zarehan / Ismail, Nur Hayati (2003): Auditor Independence in Malaysia, in: Pakistan Journal of Social Sciences, Vol. 1, S. 178-182.

Jenkins, Gregory J. / Krawczyk, Kathy (2001): The Influence of Nonaudit Services on Perceptions of Auditor Independence, in: Journal of Applied Business Research, Vol. 17, Nr. 3, S. 73-78.

Jenkins, Gregory J. / Krawczyk, Kathy (2002): The Relationship between Nonaudit Services and Perceived Auditor Independence: Views of Nonprofessional Investors and Auditors, in: Journal of Business and Economic Perspectives, Vol. 16, Nr. 1, S. 25-36.

Jensen, J. G. / Krawczyk, K. (2003): Disclosure of Nonaudit Service Fees: Perception of Investors and Accounting Professionals, in: Journal of Applied Business Research, Vol. 19, Nr. 4, S. 73-80.

Jensen, Michael C. (1983): Organization and Theory and Methodology, in: The Accounting Review, Vol. 58, Nr. 2, S. 319-339.

Jensen, Michael C. (1998): Self-interest, Altruism, Incentives, and Agency—Foundations of Organisational Strategy, Harvard University Press, Cambridge, MA.

Jensen, Michael C. / Meckling, William H. (1976): Theory of the firm: Managerial Behaviour, Agency Costs and Ownership Structure, in: Journal of Financial Economics, Vol. 3, Nr. 4, S. 305-360.

Jeter, Debra / Shivakumar, Laksmanan (1999): Cross-sectional estimation of abnormal accruals using quarterly and annual data: Effectiveness in detecting event specific earnings management, in: Accounting and Business Research, Vol. 29, Nr. 4, S. 299-319.

Joe, Jennifer / Vandervelde, Scott (2007): Do Auditors Provide Non-Audit Services Improve Audit Effectiveness? in: Contemporary Accounting Research, Vol. 24, Nr. 2, S. 467-487.

Johnson, Van / Khurana, Inder / Reynolds, J. Kenneth (2002): Audit firm tenure and the quality of financial reports, in: Contemporary Accounting Research, Vol. 19, Nr. 4, S. 637-661.

Johnstone, Karla M. / Bedard, Jean C. (2001): Engagement Planning, Bid Pricing, and Client Response in the Market for Initial Attest Engagements, in: The Accounting Review, Vol. 76, Nr. 2, S. 199-220.

Jones, Frederick L. / Raghunandan, K. (1998): Client risk and recent changes in the market for audit services, in: Journal of Accounting and Public Policy, Vol. 17, Nr. 2, S. 169-181.

Jones, Jennifer (1991): Earnings Management During Import Relief Investigations, in: Journal of Accounting Research, Vol. 29, Nr. 2, S. 193-228.

Jones, Keith L. / Krishnan, Gopal V. / Melendrez, Kevin D. (2008): Do Models of Discretionary Accruals Detect Actual Cases of Fraudulent and Restated Earnings? An Empirical Analysis, in: Contemporary Accounting Research, Vol. 25, Nr. 2, S. 499-531.

Joshi, Prem Lal / Bremser, Wayne, G. / Al-Modhaki, Jawaher / Hemalatha J. (2007): Non-audit Services and Auditor Independence: Empirical Findings from Bahrain, in: International Journal of Accounting, Auditing and Performance Evaluation, Vol. 4, Nr. 1, S. 57-89.

Kamann, Hans-Georg / Simpkins, Martina (2003): Sarbanes-Oxley Act – Anlass zu verstärkter internationaler Kooperation im Bereich der Corporate Governance? in: Recht der internationalen Wirtschaft, 49. Jg., Nr. 3, S. 183-189.

Kaminski, Horst / Marks, Peter (1995): Die Qualität der Abschlussprüfung in der internationalen Diskussion, in: Internationale Wirtschaftsprüfung, Festschrift für Hans Havermann zum 65. Geburtstag, (hrsg.) Lanfermann, J., IDW, Düsseldorf, S. 247-282.

Kang, Sok Hyon / Sivaramakrishnan, K. (1995): Issues in testing earnings management and an instrumental variable approach; in: Journal of Accounting Research, Vol. 33, Nr. 2, S. 353-367.

Kasznik, Ron (1999): On the Association between voluntary disclosure and earnings Management, in: Journal of Accounting Research, Vol. 37, Nr. 1, S. 57-81.

Kelle, Holger (2002): Die Bilanzierung von Stock Options, IDW, Düsseldorf.

Keohane, Robert Owen (1984): After Hegemony. Cooperation and Discord in the World Economy, Princeton Univ. Press, Princeton, New York.

Kester, W. Carl (1992): Industrial Groups as Systems of Contractual Governance, in: Oxford Review of Economic Policy, Vol. 8, Nr. 3, S. 24-44.

Kicherer, Hans-Peter (1970): Grundsätze ordnungsmäßiger Abschlussprüfung, Erlangen-Nürnberg.

Kienbaum, Gerhard / Meissner, Dirk (1979): Zur Problematik des Effizienznachweises von Beratung, Ansätze im Beratungsprozess, in: Betriebswirtschaftliche Forschung und Praxis, Vol. 31, Nr. 2, S. 109-116.

Kinney, William R. / Palmrose, Zoe-Vonna / Scholz, Susan (2004): Auditor Independence, Non-Audit Services, and Restatements: Was the U.S. Government Right? in: Journal of Accounting Research, Vol. 42, Nr. 3, S. 561-588.

Kitschler, Roland (2005): Abschlussprüfung, Interessenkonflikt und Reputation: Eine ökonomische Analyse, Dt. Univ.-Verl., Wiesbaden.

Kleekämpfer, Heinz / Kuhlewind, Andreas-M. / Alvarez, Manuel (2002): Ziele, Organisation, Entwicklung und Bedeutung des IASB, in: Rechnungslegung nach Internationalen Accounting Standards, Kommentar auf Grundlage des deutschen Bilanzrechts, (hrsg.) Baetge, J. / Dörner, D. / Kleekämpfer, H. / Wollmert, P. / Kirsch, H.-J., 2. Aufl., Schäffer-Poeschel, Stuttgart, Abschnitt A.

Kleindiek, Detlef (2009): D. Grundlagen der IFRS- Rechnungslegung: Das Framework, in: Münchner Kommentar Bilanzrecht IFRS, (hrsg.) Hennrichs, J. / Kleindiek, D. / Watrin, Ch., Band 1, Stand: Juli 2008, C.H. Beck, München.

Knapp, Michael C. (1991): Factors that audit committee members use as surrogates for audit quality, in: Auditing: A Journal of Practice & Theory, Vol. 10, Nr. 1, S. 35-52.

Kocabiyikoglu, A. / Popescu, I. (2007); Managerial Motivation Dynamics and Incentives, in: Management Science, Vol. 53, Nr. 5, S. 834.

Koch, Hans-Dieter / Schmidt, Reinhard H. (1981): Ziele und Instrumente des Anlegerschutzes, in: Betriebswirtschaftliche Forschung und Praxis, Vol. 33, Nr. 3, S. 231-250.

Koch, Wolfgang (1983): Das Unternehmensinteresse als Verhaltensmaßstab der Aufsichtsratsmitglieder im mitbestimmten Aufsichtsrat einer Aktiengesellschaft, Lang, Frankfurt/Main et al.

Koecke, Amélie E. (2006): Die Bedeutung mittelständischer Wirtschaftsprüfungsgesellschaften in Deutschland - eine empirische Untersuchung, IDW, Düsseldorf.

Köhler, Annette G. / Marten, Kai-Uwe / Quick, Reiner / Ruhnke, Klaus (2008): Audit regulation in Germany – Improvements driven by internationalization, in: Auditing, Trust and Governance - Developing Regulation in Europe, (hrsg.) Quick, R. / Turley, S. / Willekens, M, Routledge, London, New York, S. 111-143.

Köhler, Annette G. / Strauch, Britta (2008): Behandlung von Special Purpose Entities im Konzernabschluss aktuelle Entwicklungen, in: Die Wirtschaftsprüfung, 61. Jg., Nr. 5, S. 189-195.

Köhler, Annette G. / Marten, Kai-Uwe / Ratzinger, Nicole / Wagner, Marco (2010): Prüfungshonorare in Deutschland – Determinanten und Implikationen, in: Zeitschrift für Betriebswirtschaft, Nr. 80, S. 5 - 29.

Kossbiel, Hugo (1995): Stellungnahmen zum Beitrag von Christian Müller: Agency-Theorie und Informationsgehalt, in: Die Betriebswirtschaft, Vol. 55, Nr. 1, S. 127-130.

Kothari, S. P. / Leone, Andrew / Wasley, Charles (2005): Performance matched discretionary accruals measures, in: Journal of Accounting and Economics, Vol. 39, Nr. 1, S. 163-197.

KPMG (2003): Rechnungslegung nach US-amerikanischen Grundsätzen: Grundlagen der US-GAAP und SEC Vorschriften, 3. überarbeitetet und erweiterte Aufl., IDW, Düsseldorf.

KPMG (2005a): Pressemitteilung v. 25.01.2005: „2004 war ein gutes Jahr für KPMG", Berlin/ Frankfurt, Online verfügbar unter: http://www.kpmg.de/Presse/3236.htm, Zuletzt abgerufen am 20.6.2008.

KPMG (2005b): Pressemitteilung vom 19.12.2005: „KPMG Deutschland wächst um zehn Prozent", Berlin/Frankfurt, Online verfügbar unter: http://www.kpmg.de/Presse/3141.htm, Zuletzt abgerufen am 20.6.2008.

KPMG (2007a): Pressemitteilung vom 8.01.2007: „KPMG wächst um mehr als sieben Prozent", Berlin/Frankfurt, Online verfügbar unter: http://www.kpmg.de/Presse/2860.htm, Zuletzt abgerufen am 20.6.2008.

KPMG (2007b): Figures & Facts, Darstellung des Unternehmensprofils, Online verfügbar unter: http://www.kpmg.de/ about/history/7898.htm, Zuletzt abgerufen am 14.6.2007.

KPMG (2008a): Pressemitteilung vom 11.02.2008: „KPMG wächst um rund neun Prozent", Berlin/Frankfurt, Online verfügbar unter: http://www.kpmg.de/6147.htm, Zuletzt abgerufen am 20.6.2008.

KPMG (2008b): Transparenzbericht 2007, Online verfügbar unter: http://www.kpmg.de/docs/ Transparenzbericht.pdf, Zuletzt abgerufen am 29.5.2008.

KPMG (2009a): "Was wir tun"; Auf der Internetseite angebotene Dienstleitungen der Wirtschaftsprüfungsgesellschaft, Online verfügbar unter: http://www.kpmg.de/9592.htm, Zuletzt abgerufen am 22.1.2009.

KPMG (2009b): Transparenzbericht 2008, Online verfügbar unter: http://www.kpmg.de/docs/ Transparenzbericht.pdf, Zuletzt abgerufen am 2.6.2009.

Kräkel, Matthias (1999): Organisation und Management, Mohr Siebeck, München.

Krapp, Michael (2000): Kooperation und Konkurrenz in Prinzipal-Agent-Beziehungen, Dt. Univ.-Verlag, Wiesbaden.

Krebs, Detlev (1980): Unternehmensberatung in der Bundesrepublik Deutschland. Eine statistische Untersuchung unter besonderer Berücksichtigung der Entstehung der Struktur, sowie des Wirtschaftsverständnisses und der Selbsteinschätzung eines betriebswirtschaftlichen Funktionsträgers, Dissertation, Ruhr Universität, Bochum.

Krinsky, Itzhak / Rotenberg, Wendy (1989): The Valuation of Initial Public Offerings, in: Contemporary Accounting Research, Vol. 5, Nr. 2, S. 501-515.

Krishnan, Gopal (2003): Audit Quality and the Pricing of Discretionary Accruals, in: Auditing: A Journal of Practice and Theory, Vol. 22, Nr. 1, S. 109-126.

Krishnan, Jagan / Rama, Dasaratha / Yinghong, Zhang (2008): Costs to Comply with SOX Section 404, in: Auditing: A Journal of Practice & Theory, Vol. 27, Nr. 1, S. 169-186.

Krishnan, Jagan / Sami, Heibatollah / Zhang, Yinqi (2005): Does the Provision of Nonaudit Services Affect Investor Perceptions of Auditor Independence? in: Auditing: A Journal of Practice & Theory, Vol. 24, Nr. 2, S. 111-135.

Krishnan, Jagan / Schauer, Paul (2001): Differences in quality among audit firms, in: Journal of Accountancy, Vol. 192, Nr. 2, S. 85.

Krishnan, Jagan / Schauer, Paul C. (2000): The Differentiation of Quality among Auditors: Evidence from the Non-for-Profit Sector, in: Auditing A Journal of Practice & Theory, Vol. 19, Nr. 2, S. 9-25.

Krishnan, Jagan / Zhang, Yinqi (2005): Auditor Litigation Risk and Corporate Disclosure of Quarterly Review Report, in: Auditing: A Journal of Practice & Theory, Vol. 24 (Supplement), S. 115-138.

Kudert, Stephan (1999): Steuerberatung - Betriebswirtschaftliche Grundlagen des Kanzleimanagements von Steuer-beratungsunternehmen, Erich Schmidt, Bielefeld.

Künnemann, Martin (2008): Risikomanagement in der multidisziplinären Wirtschaftsprüfungsgesellschaft, in: Wirtschaftsprüfung im Wandel - Herausforderungen an Wirtschaftsprüfung, Steuerberatung, Consulting und Corporate Finance, (hrsg.) Ballwieser, W. / Grewe, W., Beck, München, S. 287-303.

Küting, Karlheinz (2006): Der Stellenwert der Bilanzanalyse und Bilanzpolitik im HGB- und IFRS-Bilanzrecht, in: Der Betrieb, 59. Jg., Nr. 51/52, S. 2753-2762.

Küting, Karlheinz (2008): Geplante Neuregelungen der Bilanzansatzwahlrechte durch das Bilanzrechtsmodernisierungs-Gesetz, in: Betriebs-Berater, 63. Jg., Nr. 23, S. 1330-1334.

Küting, Karlheinz / Dawo, Sascha / Heiden, Matthias (2001): Anmerkungen zum Verhältnis von Internet und Wirt-schaftsprüfung, in: Betrieb und Wirtschaft, Nr. 20, S. 837-845.

Küting, Karlheinz / Weber, Claus-Peter (2009): Die Bilanzanalyse - Lehrbuch zur Beurteilung von Abschlüssen nach HGB und IFRS, 9. Aufl., Schäffer-Poeschel, Stuttgart.

Kuls, Norbert (2002): IBM übernimmt PwC Consulting, in: Frankfurter Allgemeine Zeitung vom 1.08.2002, Nr. 176, S. 11.

Kwon, Soo Young / Lim, Chee Yeow / Tan, Patricia M-S. (2007): Legal systems and earnings quality: The role of auditor industry specialization, in: Auditing: A Journal of Practice & Theory, Vol. 26, Nr. 2, S. 25-55.

Kwon, Sung S. / Yin, Qin Jennifer. (2006): Executive Compensation, Investment Opportunities, and Earnings Management: High-Tech Firms Versus Low-Tech Firms, in: Journal of Accounting, Auditing & Finance, Vol. 21, Nr. 2, S. 119-148.

Lachnit, Laurenz (2004): Bilanzanalyse, 1. Auflage, Gabler, Wiesbaden.

Lafeldt, Martin / Nikolay, Jörn (2004): Cash vs. Accruals, Unternehmensbewertung mit dem Residualeinkommensmodell VDM-Verlag, Düsseldorf.

Laffont, Jean-Jacques / Martimort, David (2002): The Theory of Incentives. The Principal-Agent Model, Princeton University Press, Princeton, New Jersey.

Lai, Kam-Wah (2007): Reduction of Non-audit Fees and Earnings management, School of Accounting and Finance, Hong Kong Polytechnic University, Working Paper, Hong Kong, China.

Lai, Kam-Wah / Yim, A. T. L. (2002): Non-Audit Services and Big5 Auditor Independence: Evidence from Audit Pricing and Audit Opinion of Initial Engagement, Working Paper, City University of Hong Kong.

Lanfermann, Georg (2005): Modernisierung der EU-Richtlinie zur gesetzlichen Abschlussprüfung, in: Der Betrieb, 59. Jg., Nr. 49, S. 2645-2650.

Lanfermann, Georg / Maul, Silja (2002): Auswirkungen des Sarbanes-Oxley Acts in Deutschland, in: Der Betrieb, 55. Jg., Nr. 34, S. 1725-1732.

Lanfermann, Georg / Maul, Silja (2003): Registrierung von deutschen Abschlussprüfern bei der neuen US-Berufsaufsicht PCAOB, in: Der Betrieb, 56. Jg., Nr. 23, S. 1237-1239.

Lanfermann, Josef (1995): Zur Internationalisierung der Wirtschaftsprüfung, in: Internationale Wirtschaftsprüfung, Festschrift zum 65. Geburtstag von Hans Havermann, (hrsg.) Lanfermann, J., IDW, Düsseldorf, S. 374-395

Lanfermann, Josef (2002): International Federation of Accountants (IFAC), in: Handwörterbuch der Rechnungslegung und Prüfung, (hrsg.) Ballwieser, W. / Coenenberg, A. G. / Wysocki, K. v., 3. Aufl., Schäffer-Poeschel, Stuttgart, S. 1208-1216.

Lange, Stefan (1994): Die Kompatibilität von Abschlussprüfung und Beratung, Lang, Frankfurt/ Main.

Larcker, David F. / Richardson, Scott A. (2004): Fees paid to Audit Firms, Accrual Choices, and Corporate Governance. in: Journal of Accounting Research, Vol. 42, Nr. 3, S. 625-658.

Lavin, David (1976): Perceptions of the Independence of the Auditor, in: The Accounting Review, Vol. 51, S.°41-50

Lee, Chi-Wen J. / Gu, Zhaoyang (1998): Low Balling, Legal Liability, and Auditor Independence, in: The Accounting Review, Vol. 73, Nr. 4, S. 533-555.

Lee, Chi-Wen J. / Liu, Chiawen / Wang, Taychang (1999): The 150-hour rule, in: Journal of Accounting and Economics, Vol. 27, Nr. 2, S. 203-228.

Lee, Picheng (2006): The Big Bath Hypothesis: Accruals Management in Response to Dividend Reduction and Omission, in: International Journal of Management, Vol. 23, Nr. 2, S. 281-288.

Lee, Suk Yee Dominica (2005): The Impact of the Big 8 Mergers on Market Power: Evidence from the Hong Kong Market; in: Journal of International Financial Management & Accounting, Vol. 16, Nr. 1, S. 69-96.

Leffson, Ulrich (1988): Wirtschaftsprüfung, 4. Aufl., Gabler, Wiesbaden.

Leippe, Britta (2002): Die Bilanzierung von Leasinggeschäften nach deutschem Handelsrecht und US-GAAP – Darstellung und Zweckmäßigkeitsanalyse, Lang, Frankfurt/Main.

LeMaux, Julien (2007): Nonaudit Fees and Earnings Management: Evidence from France, Working Paper, University Paris I Panthéon Sorbonne.

Lennox, Clive S. (1999a): Non-Audit fees, disclosure and audit quality, in: The European Accounting Review, Vol. 8, Nr. 2, S. 239-252.

Lennox, Clive S. (1999b): Audit Quality and Auditor Size: An Evaluation of Reputation and Deep Pockets Hypotheses, in: Journal of Business, Finance and Accounting, Vol. 26, Nr. 7/8, S. 779-805.

Lennox, Clive S. (2005): Audit Quality and Executive Officers´Affiliations with CPA Firms´, in: Journal of Accounting & Economics, Vol. 39, Nr. 2, S. 201-231.

Lenz, Hansrudi (1991): Der Low balling Effekt und die Unabhängigkeit des handelsrechtlichen Abschlussprüfers, in: Wirtschaftswissenschaftliches Studium, 20. Jg., Nr. 2, S. 181-184.

Lenz, Hansrudi (1996): Die Struktur des Marktes für Abschlussprüfungsmandate bei deutschen Aktiengesellschaften, in: Die Wirtschaftsprüfung, 49. Jg., Nr. 7/8, S. 269-279/ 313-318.

Lenz, Hansrudi (1997): Concentration in the German audit market for credit institutions, Working Paper, Universität Würzburg, Online verfügbar unter: http://www.wifak.uni-wuerzburg.de/bwl3/ download/engl04.pdf, Zuletzt abgerufen am 28.05.2008.

Lenz, Hansrudi (1999): Entwicklungstendenzen in der Wirtschaftsprüfung, in: Die Wirtschaftsprüfung, 52. Jg., Nr. 14, S. 540-549.

Lenz, Hansrudi (2001): Unabhängigkeit des Abschlussprüfers und Non-Audit Services – Neue Vorschriften der SEC, in: Betriebs-Berater, 56. Jg., Nr. 6, S. 299- 304.

Lenz, Hansrudi (2002): Sarbanes-Oxley Act of 2002 – Abschied von der Selbstregulierung der Wirtschaftsprüfer in den USA, in: Betriebs-Berater, 57. Jg., Nr. 44, S. 2270-2275.

Lenz, Hansrudi (2004): Beschränkung von Beratungstätigkeiten durch Abschlussprüfer: Mangelhafter Umgehungsschutz im Entwurf des BilReG, in: Betriebs-Berater, 59. Jg., Nr. 13, S. 707-712.

Lenz, Hansrudi / Bauer, Michael (2004): Prüfungs- und Beratungshonorare von Abschlussprüfern deutscher börsennotierter Aktiengesellschaften, in: Die Wirtschaftsprüfung, 57. Jg., Nr. 18, S. 985-998.

Lenz, Hansrudi / Möller, Manuela / Höhn, Balthasar (2006): Offenlegung der Honorare für Abschlussprüferleistungen im Geschäftsjahr 2005 bei DAX-Unternehmen, in: Betriebs-Berater, 61. Jg., Nr. 33, S. 1787-1793.

Lenz, Hansrudi / Ostrowski, Markus (1999): Der Markt für Abschlussprüfung bei börsennotierten Aktiengesellschaften, in: Die Betriebswirtschaft, Vol. 59, Nr. 3, S. 397-411.

Lev, Baruch (2003): Corporate Earnings: Facts and Fiction, in: Journal of Economic Perspectives, Vol. 17, Nr. 2, S. 27-50.

Levitt, Arthur (1998): The Number Game.- Rede in der New York University vom 28.09.1998 - Unpublished remarks. Online verfügbar unter: http://www.sec.gov/news/speech/speecharchive/1998/spch220.txt, Zuletzt abgerufen am 23.6.2008.

Levitt, Arthur (2000): SEC News Supplement: Remarks by Chairman Arthur Levitt at the Open Meeting on Proposals to Modernize Auditor Independence Rules: June 27, 2000, Online verfügbar unter: *http://www.sec.gov/news/ extra/audalvt.htm*, Zuletzt abgerufen am 22.1.2009.

Lim, Chee Yeow/ Tan, Hun Tong (2008): Non-audit service fees and audit quality: The impact of auditor specialization, in: Journal of Accounting Research, Vol. 46, Nr. 1, S. 199-246.

Lindemann, Jens (2005): Rechnungslegung und Kapitalmarkt: eine theoretische und empirische Analyse, Eul, Köln.

Lindsay, David W. (1990): An Investigation of the Impact of Contextual Factors on Canadian Bankers' Perceptions of Auditors' Ability to Resist Management Pressure, in: Advances in International Accounting, Vol. 3, S. 71-85.

Lindsay, David W. (1992): Auditor-client conflict resolution: An investigation of the perceptions of the financial community in Australia and Canada, in: The International Journal of Accounting, Vol. 27, Nr. 4, S. 342-365.

Linhardt, H. (1961): Wirtschaftsberatung und Wirtschaftsprüfung, in: Betriebswirtschaftliche Umschau, 31 Jg., Nr. 4, S. 97-110.

Link, Robert (2006): Abschlussprüfung und Geschäftsrisiko, Gabler, Wiesbaden.

Loitlsberger, Erich (2002): Das Münchhausen-Dilemma der Abschlussprüfung und die Bedingungen seiner Überwindung, in: Die Wirtschaftsprüfung, 55. Jg., Nr. 14, S. 705-716.

London Economics (2006): Study on the Economic Impact of Auditors' Liability Regimes (MARKT/2005/24/F), Final Report to EC-DG Internal Market and Services, by London Economics in association with Professor Ralf Ewert, Goethe University, Frankfurt am Main, Germany, September, Online verfügbar unter: *http://ec.europa.eu/internal_market/ auditing/docs/liability/ auditors-final-report_en.pdf*, Zuletzt abgerufen am 12.11.2008.

Lowe, Jordan D. / Pany, Kurt (1995): CPA Performance of Consulting Engagements with Audit Clients: Effects on Financial Statement Users' Perceptions and Decisions, in: Auditing: A Journal of Practice & Theory, Vol. 14, Nr. 2, S. 44.

Lowe, Jordan D. / Geiger, Marshall A. / Pany, K. (1999): The Effects of Internal Audit Qutsourcing on Perceived External Auditor Independence, in: Auditing: A Journal of Practice & Theory, Vol. 18, Supplement, S. 7

Ludewig, Rainer (1995): Abschlussprüfung und kriminelle Energie im Unternehmen, in: Internationale Wirtschafts-prüfung, Festschrift zur 65. Geburtstag von Hans Havermann, (hrsg.) Lanfermann, J., IDW, Düsseldorf, S. 397- 412.

Lünendonk (2006): Führende Wirtschaftsprüfungs-Gesellschaften in Deutschland, Umsätze - Märkte – Strukturen – Trendstudien, (hrsg.) Lünendonk GmbH, Bad Wörishofen.

Lukarsch, Michael (1998): Marktwertorientierte Überwachung der Unternehmensplanung durch den Aufsichtsrat: ein Informationskonzept auf Basis des Shareholder-Value-Ansatzes, Lang, Frankfurt/Main.

Magee, Robert P. (1980): Regulation and the Cost of Effectiveness of Independent Audits, in: Regulation and the Accounting Profession; (hrsg.) Buckley, J.W / Weston, J.F, Belmont, S. 163-177.

Maijoor, Steven / Vanstraelen, Ann (2006): Earnings Management within Europe: The effects of member state audit environment, audit firm, audit firm quality and international capital markets, in: Accounting and Business Research, Vol. 36, Nr. 1, S. 33-52.

Mandler, Udo (1995): Theorie internationaler Wirtschaftsprüfungsorganisationen: Qualitätskonstanz und Reputation in: Die Betriebswirtschaft, 55. Jg., Nr. 1, S. 31-44.

Mandler, Udo (1997): Kundenbindung und Vertrauen in der Beziehung zwischen Wirtschaftsprüfer und Mandant, in: Theorie und Praxis der Wirtschaftsprüfung. Abschlussprüfung - Interne Revision – Kommunale Rechnungs-prüfung, (hrsg.) Richter, M., Schmidt, Berlin, S. 97-108.

Markelevich, Ariel / Barragato, Charles / Hoitash, Rani (2005): The Nature and Disclosure of fees paid to Auditors, in: The CPA Journal (Supplement), S. 6-11.

Marks, Peter / Schmidt, Stefan (2000): Externe Qualitätskontrolle nach dem Regierungsentwurf eines Wirtschaftsprüfer-ordnungs-Änderungsgesetz (WPOÄG), in: Die Wirtschaftsprüfung, 53 Jg. Nr. 9, S. 409-425.

Marris, Robin (1963): A Model of „Managerial" Enterprise, in: Quarterly Journal of Economics, Vol. 77, Nr. 2, S. 185-209.

Marten, Kai-Uwe (1994): Der Wechsel des Abschlussprüfers, IDW, Düsseldorf.

Marten, Kai-Uwe (1995): Empirische Analyse des Prüferwechsels im Kontext der Agency- und Signalling Theorie, in: Zeitschrift für Betriebswirtschaft, 65. Jg, Nr. 7, S. 703-722.

Marten, Kai-Uwe (1999a): Der Markt für Prüfungsleistungen – Ausgewählte Forschungsbeiträge, theoretische Grundlagen, nationale und internationale Einflüsse, in: Theorie und Praxis der Wirtschaftsprüfung II: Wirtschaftsprüfung und ökonomische Theorie - Prüfungsmarkt - Prüfungsmethoden - Urteilsbildung / 2. Symposium der KPMG/Universität Potsdam zur Theorie und Praxis der Wirtschaftsprüfung am 9. und 10. Oktober 1998 in Potsdam, (hrsg.) Richter, M., Berlin, S. 101-165.

Marten, Kai-Uwe (1999b): Qualität von Wirtschaftsprüferleistungen: eine empirische Untersuchung des deutschen Marktes für Wirtschaftsprüferleistungen, IDW, Düsseldorf.

Marten, Kai-Uwe (2008): Entwicklung in der Abschlussprüferaufsicht. in: Wirtschaftsprüfung im Wandel - Herausforderungen an Wirtschaftsprüfung, Steuerberatung, Consulting und Corporate Finance, (hrsg.) Ballwieser, W. / Grewe, W., Beck, München, S. 121-139.

Marten, Kai-Uwe / Köhler, Annette G. (1999): Due Diligence in Deutschland - Eine empirische Untersuchung, in: Finanz Betrieb, Nr. 11, S. 337-348.

Marten, Kai-Uwe / Köhler, Annette G. (2000): 4. WPO-Novelle: Anstoß zu einer externen Qualitätskontrolle von Wirtschaftsprüfern in Deutschland, in: Betriebs-Berater, 55. Jg., Nr. 17, S. 867-870.

Marten, Kai-Uwe / Köhler, Annette G. (2001): Entwicklung und gegenwärtiger Stand der Assurance Services in den USA, in: Die Wirtschaftsprüfung, 54. Jg., Nr. 4, S. 435-440.

Marten, Kai-Uwe / Köhler, Annette G. (2002): Erwartungslücke, in: Handwörterbuch der Rechnungslegung, (hrsg.) Ballwieser, W. / Coenenberg, A. / Wyscocki, K. v., 3. Aufl., Schäffer-Poeschel, Stuttgart.

Marten, Kai-Uwe / Quick, Reiner / Ruhnke, Klaus (2007): Wirtschaftsprüfung: Grundlagen des betriebswirtschaftlichen Prüfungswesens nach nationalen und internationalen Normen, 3. Aufl., Schäffer-Poeschel, Stuttgart.

Marten, Kai-Uwe / Schmöller, Petra (1999): Das Image des Wirtschaftsprüfers, in: Zeitschrift für Betriebswirtschaft, 69. Jg., Nr. 2, S. 171-193.

Marten, Kai-Uwe / Schultze, Wolfgang (1998): Konzentrationsentwicklungen auf dem deutschen und europäischen Prüfungsmarkt, in: Zeitschrift für betriebswirtschaftliche Forschung, 50. Jg., Nr. 4, S. 360-386.

Marx, Susanne (2002a): Unabhängige Abschlussprüfung und Beratung, Nomos, Baden-Baden.

Marx, Susanne (2002b): Die Unabhängigkeit des Abschlussprüfers, in: Zeitschrift für Unternehmens- und Gesellschaftsrecht, Jg. 31, Nr. 2, S. 292-319.

Matsumoto, Dawn A. (2002): Management's Incentives to avoid negative Earnings Surprises, in: The Accounting Review, Vol. 77, Nr. 3, S. 483-514.

Mattheus, Daniela (2002): Kommentierung Tz §§ 318 u. 319 HGB, in: Bilanzrecht: Handelsrecht mit Steuerrecht und den Regelungen des IASB, (hrsg.) Baetge, J. / Kirsch, H.-J. / Thiele, S., Stollfuß, Bonn/Berlin.

Mauldin, Elaine G. (2003): Improving auditor Independence- the Principles vs. Standards Debate: Some Evidence about the Effects of Type and Provider of Non-audit services on Professional Investors' Judgement, in: Research in Accounting Regulation, Vol. 16, S. 159-169

Mautz, Robert K. / Sharaf, Hussein A. (1961): The Philosophy of Auditing, in: American Accounting Association, Monograph Nr. 6, Sarasota, Florida.

Mayhew, Brian W. (2001): Auditor reputation Building, in: Journal of Accounting Research, Vol. 39, Nr. 3, S. 599-617.

Mayhew, Brian W. / Schatzberg, Jeffrey W. / Sevcik, Galen R. (2001): The Effect of Accounting Uncertainty and Auditor Reputation on Audit Objectivity, in: Auditing: A Journal of Practice & Theory, Vol. 20, Nr. 2, S. 49-70.

McConnel, Donnald K. / Banks, George Y. (1998): A Common peer review problem, in: Journal of Accountancy, Vol. 185, Nr. 5, S. 39-44.

McKee, Thomas E. (2005): Earnings Management: An Executive Perspective, South Western, Mason et al.

McNichols, Maureen F. (2000): Research design issues in earnings management studies, in: Journal of Accounting and Public Policy, Vol. 19, Nr. 4-5, S. 313-345.

McNichols, Maureen F. (2002): Discussion of: The Quality of Accruals and Earnings: The Role of Accruals Estimation Errors, in: The Accounting Review, Vol. 77, Nr. 4 (Supplement), S. 61-69.

McNichols, Maureen F. (2003): Discussion of "Why are Earnings Kinky? An Examination of the Earnings Management Explanation", in: Review of Accounting Studies, Vol. 8, Nr. 2-3, S. 385-391.

Literatur

McNichols, Maureen F. / Wilson, Peter (1988): Evidence of Earnings Management from the Provision for Bad Debts, in: Journal of Accounting Research, Vol. 26, Nr. 3, S. 1-31.

Melcher, Winfried / Schaier, Sven (2009): Zur Umsetzung der HGB-Modernisierung durch das BilMoG: Einführung und Überblick, in: Der Betrieb, Nr. 23 (Beilage Nr. 5), S. 4-8.

Melumad, Nahum / Thoman, Linda (1990): On Auditors and the Courts in an Adverse Selection Setting, in: Journal of Accounting Research, Vol. 28, Nr. 1, S. 77-120

Menon, Krishnagopal / Williams, David D. (1994): The Insurance Hypothesis and Market Prices, in: The Accounting Review, Vol. 69, Nr. 2, S. 327-342.

Menon, Krishnagopal / Williams, David D. (2004): Former Audit Partner and Abnormal Accruals, in: The Accounting Review, Vol. 79, Nr. 4, S. 1095-1118.

Menzies, Christof (2004): Sarbanes-Oxley Act - Professionelles Management interner Kontrollen, Pricewaterhouse-Coopers (PwC), 1. Aufl. Schäffer-Poeschel, Stuttgart.

Merkt, Hanno (2001): Unternehmenspublizität: Offenlegung von Unternehmensdaten als Korrelat der Marktteilnahme, Mohr Siebeck, Tübingen.

Merkt, Hanno (2002): Securities and Exchange Commission (SEC), in: Handwörterbuch der Rechnungslegung und Prüfung, (hrsg.) Ballwieser, W. / Coenenberg, A. / Wysocki, K. v., 3. überarbeitetet und erweiterte Aufl., Schäffer-Poeschel, Stuttgart, Sp. 2182-2187.

Messier, William. F. / Glover, Steven. M. / Prawitt, Douglas F. (2006): Auditing & Assurance Services – A Systematic Approach, 5. Aufl., McGraw Hill, Boston.

Metthews, R. C. O. (1986): The Economics of Institutions and the Sources of Growths, in: The Economic Journal, Vol. 96, Nr. 384, S. 906-913.

Meuwissen, Roger / Quick, Reiner (2009): Abschlussprüfung und Beratung – Eine experimentelle Analyse der Auswirkungen auf Unabhängigkeitswahrnehmungen deutscher Aufsichtsräte, in: Zeitschrift für betriebswirtschaftliche Forschung, 59. Jg., Nr. 5, S. 382-415.

Meyer, Herbert (2009): Tätigkeitsbericht 2008, (hrsg.) Deutsche Prüfstelle für Rechnungswesen, Online verfügbar unter: http://www.frep.info/docs/jahresberichte/2008_tb_prufstelle.pdf, Zuletzt abgerufen am 29.5.2009.

Meyer, Max (1996): Thesen zur Unabhängigkeit der Revisionsstelle, in: Schweizer Treuhänder, Nr. 3, S. 159-162.

Michel, Uwe (1996): Wertorientiertes Management strategischer Allianzen, Vahlen, München.

Milgrom, Paul / Roberts, John (1992): Economics, Organization and Management, Englewood Cliffs, Prentice Hall.

Mishra, Suchismita / Raghunandan, Kanan / Rama, Dasaratha V. (2005): Do Investors' Perceptions vary with Types of Nonaudit Fees? Evidence from Auditor Ratification Voting, in: Auditing: A Journal of Practice & Theory, Vol. 24, Nr. 2, S. 9-25.

Miß, Holger (2006): Die Unabhängigkeit von Bundesrechnungshof und Abschlussprüfers vor dem Hintergrund paralleler Prüfung und Beratung – Eine vergleichende Untersuchung, Nomos, Baden-Baden.

Mitra, Santanu (2007): Nonaudit Service Fees and Auditor Independence: Empirical Evidence from Oil and Gas Industry, in: Journal of Accounting, Auditing & Finance, Vol. 22, Nr. 1, S. 85-107.

Mitra, Santanu / Hossain, Mahmud / Deis, Donald (2007): The empirical relationship between ownership characteristics and audit fees, in: Review of Quantitative Finance and Accounting, Vol. 28, Nr. 3, S. 257-285.

Moe, Terry M. (1990): Political Institutions: The Neglected Side of the Story, in: Journal of Law, Economics and Organizations, Vol. 6, (Special Issue), S. 213-253.

Möller, Manuela / Höllbacher, Alexander (2009): Die deutsche Börsen und Indexlandschaft und der Markt für Abschlussprüfungsleistungen, in: Die Betriebswirtschaft, Jg. 69, Nr. 6, S. 647-678.

Moore, Don A. / Loewenstein, George / Tanlu, Lloyd / Bazerman, Max H. (2002): Conflict of interest, and the Unconscious Intrusion of Bias, Working Paper, Carnegie-Mellon GSIA. Online verfügbar unter: https://littlehurt.gsia.cmu.edu/gsiadoc/wp/2002-19.pdf, Zuletzt abgerufen am 19. Mai 2009.

Moore, Michael L. (1973): Management Changes and Discretionary Accounting Decisions, in: Journal of Accounting Research, Vol. 11, Nr. 1, S. 100-107.

Moxter, Adolf (1996): Zur Abgrenzung von unzulässiger Mitwirkung und gebotener Einwirkung des Abschlussprüfers bei der Abschlusserstellung – Eine kritische Würdigung der Entscheidung des OLG Karlsruhe vom 23. November 1995 zu § 319 Abs. 2 Nr. 5, in: Betriebs-Berater, 51. Jg., Nr. 13, S. 683-686.

Müller, Christian (1995): Agency-Theorie und Informationsgehalt, Der Beitrag des normativen Prinzipal-Agenten-Ansatzes zum Erkenntnisfortschritt der Betriebswirtschaftslehre, in: Die Betriebswirtschaft, 55. Jg., Nr. 1, S. 61-76.

Müller, Katrin (2006): Die Unabhängigkeit des Abschlussprüfers: eine kritische Analyse der Vorschriften in Deutschland im Vergleich zu den Vorschriften der Europäischen Union, der IFAC und in den USA, Gabler, Wiesbaden.

Mutchler, Jane / Hopwood, William / McKeown, James (1997): The Influence of Contrary Information and Mitigating Factors on Audit Opinion Decisions on Bankrupt Companies, in: Journal of Accounting Research, Vol. 35, Nr. 2, S. 295-310.

Myers, James / Myers, Linda / Omer, Thomas (2003): Exploring the term of the auditor client relationship and the quality of earnings: A case for mandatory auditor rotation? in: The Accounting Review, Vol. 78, Nr. 3, S. 779-799.

Nagy, Ronald (2002): Corporate Governance in der Unternehmenspraxis: Akteure, Instrumente und Organisation des Aufsichtsrates, Dt. Univ. Verlag, Wiesbaden.

Narayanan, V. G. (1994): An Analysis of Auditor Liability Rules, in: Journal of Accounting Research, Vol. 32, Nr. 3 (Supplement), S. 39-64.

Naumann, Klaus-Peter (2003): Das IDW als Berufsorganisation für den gesamten Wirtschaftsprüferberuf, in: Die Wirtschaftsprüfung, 56. Jg., Nr. 1-2, S. 25-35.

Naumann, Klaus-Peter (2008): Regulierung und Deregulierung in den Bereichen Rechnungslegung und Abschluss-prüfung – Ein Wechselspiel der Gefühle? in: Wirtschaftsprüfung im Wandel - Herausforderungen an Wirtschaftsprüfung, Steuerberatung, Consulting und Corporate Finance, (hrsg.) Ballwieser, W. / Grewe, W., Beck, München, S. 97-120.

Naumann, Klaus-Peter / Feld, Klaus-Peter (2006): Die Transformation der neuen Abschlussprüferrichtlinie – Erwartungen des Berufsstands der Wirtschaftsprüfer an den deutschen Gesetzgeber, in: Die Wirtschaftsprüfung, 59. Jg., Nr. 14, S. 873.

Naumann, Klaus-Peter / Hamannt, Manfred (2007): Reform des Berufsrechts der Wirtschaftsprüfer durch das BARefG, in: Die Wirtschaftsprüfung, 60. Jg., Nr. 21. S. 901-911.

Nayyar, Praveen A. (1990): Information Asymmetries: A Source of Competitive Advantage for Diversified Service Firms, in: Strategic Management Journal, Vol. 11, Nr. 7, S. 513-519.

Needles, Belverd E. (1984): Comparative International Accounting Standards, Sarasota.

Nelissen, Heinz (1995): Beteiligungspraxis und Beteiligungsstrategie von Wirtschaftsprüfungsgesellschaften, in: Internationale Wirtschaftsprüfung, Festschrift für Hans Havermann zum 65. Geburtstag, (hrsg.) Lanfermann, J., IDW, Düsseldorf, S. 506-536.

Nelson, Forrest / Olsen, Lawrence (1978): Specification and Estimation of Simultaneous Equations Model with Limited Dependent Variables, in: International Economic Review, Vol. 19, Nr. 3, S. 695-710.

Nelson, Mark / Elliot, John / Tarpley, Robin (2003): How are Earnings Managed? Examples from Auditors, in: Accounting Horizons, Vol. 17, Nr. 1 (Supplement), S. 17-35.

Newman, Paul / Noel, James (1989): Error Rates, Detection Rates, and Payoff Functions in Auditing, in: Auditing: A Journal of Practice & Theory, Vol. 8, Nr. 2 (Supplement), S. 50-63.

Nguyen, Tristan (2005): Jahresabschlussprüfung aus spieltheoretischer Sicht, in: Die Wirtschaftsprüfung, 58. Jg., Nr. 1-2, S. 11-19.

Niehus, Rudolf J. (2002): Corporate Governance: Das Honorar und der Abschlussprüfer – Stärkung der Unabhängigkeit durch Offenlegung? in: Die Wirtschaftsprüfung, 55. Jg., Nr. 12, S. 616-625.

North, Douglass Cecil (1990/92): Institutions, Institutional Change and Economic Performance, Cambridge (auch in deutscher Sprache erschienen: Institutionen, institutioneller Wandel und Wirtschaftsleistungen, (aus dem amerikanischen übers. von Streissler, M.) Mohr Siebeck, Tübingen.

OFT (2002): Competition in Audit and Accountancy Services - A Statement by the OFT, November 2002, Office of Fair Trading, London.

Oser Peter / Holzwarth (2006): §§ 284-288 HGB, in: Handbuch der Rechnungslegung, (hrsg.) Küting, K; Weber C.-P, 5 Aufl. Stuttgart ab 2002.

Oser, Peter / Roß, Norbert / Wader, Dominic / Drögemüller, Steffen (2008): Ausgewählte Neuregelungen des Bilanzrechtsmodernisierungsgesetz (BilMoG), in: Die Wirtschaftsprüfung, 61. Jg., Nr. 2 u.3, S. 49-62 u. S. 105-113.

Ostermeier, Stefan (2009): Transparenzberichterstattung in Deutschland – Eine Untersuchung zum aktuellen Stand, in: Die Wirtschaftsprüfung, 62. Jag, Nr. 3, S. 133.

Ostrom, Elinor (1990): Governing the Commons. The Evolution of Institutions for Collective Action, Cambridge University Press, Cambridge.

Ostrowski, Markus / Söder, Björn H. (1999): Der Einfluss von Beratungsaufträgen auf die Unabhängigkeit des Abschlussprüfers, in: Betriebswirtschaftliche Forschung und Praxis, Jg. 51, Nr. 5, S. 554-564.

Palmrose, Zoe-Vonna (1986a): Audit Fees and Auditor Size: Further Evidence, in: Journal of Accounting Research, Vol. 24, Nr. 1, S. 97-110.

Palmrose, Zoe-Vonna (1986b): The Effect of Nonaudit Services on the Pricing of Audit Services: Further Evidence, in: Journal of Accounting Research, Vol. 24, Nr. 2, S. 405-411.

Palmrose, Zoe-Vonna (1988): An Analysis of Auditor Litigation and Audit Services Quality, in: The Accounting Review, Vol. 63, Nr. 1, S. 55-73.

Parkash, Mohinder (2005): Earnings Quality and Perceived Auditor Independence: The Case of Nonaudit Services, Working Paper, Oakland University 2005.

Parkash, Mohinder / Venable, Carol F. (1993): Auditee Incentives for Auditor Independence: The Case of Non Audit Services, in: The Accounting Review, Vol. 68, Nr. 1, S. 113-133.

Parret, William G. (2008): Global professional services today: building competencies and trust, in: Wirtschaftsprüfung im Wandel- Herausforderungen an Wirtschaftsprüfung, Steuerberatung, Consulting und Corporate Finance, (hrsg.) Ballwieser, W. / Grewe, W., Beck, München, S. 17-30.

Patel, Chris / Psaros, Jim (2000): Perceptions of External Auditors' Independence: Some Cross- cultural Evidence, in: British Accounting Review, Vol. 30, S. 312-338.

PCAOB (2003a): Briefing paper - Auditors Registration System - vom 23 April 2003 - Public meeting of the Board. Online verfügbar unter: http://www.pcaobus.org/Rules/Docket_001/2003-04-23_Briefing_Paper.pdf, Zuletzt abgerufen am 10.6.2007.

PCAOB (2003b): Proposal of Registration System for public Accounting Firms, PCAOB Release Nr. 2003-1, March 7, 2003. Online verfügbar unter: http://www.pcaobus.org/Rules/_Docket_001/2003-03-07_release_2003-001.pdf Zuletzt abgerufen am 10.6.2007.

PCAOB (2005a): Public Company Accounting Oversight Board: Annual Report 2005 - Dedicated to Protecting Inventors. Online verfügbar unter: http://www.pcaobus.org/About_the_PCAOB/_Annual_Reports/2005.pdf, Zuletzt abgerufen am 10.6.2007.

PCAOB (2005b): PCAOB Standard Nr. 2: An Audit of Internal Control over Financial reporting Performed in Conjunction with an Audit of Financial Statements. Online verfügbar unter: http://www.pcaobus.org/_Standards/Standards_and_Related_Rules/Auditing_Standard_Nr.2.aspx, Zuletzt abgerufen am 11.6.2008.

PCAOB (2006): Section 3. Professional Standards. Online verfügbar unter: http://www.pcaobus.org/_Rules/_Rules_of_the_Board/Section_3.pdf, Zuletzt abgerufen am 10.6.2007.

PCAOB (2008): Registered Public Accounting Firms with the Public Company Accounting Oversight Board, As of Friday, October 31, 2008, Online verfügbar unter: http://www.pcaobus.org/_Registration/Registered_Firms._pdf, Zuletzt abgerufen am 14.11.2008.

Peasnell, K. V. / Pope, P. F. / Young, S. (2000): Detecting earnings management using cross-sectional abnormal accruals models, in: Accounting and Business Research, Vol. 30, Nr. 4, S. 313-326.

Peek, Erik (2004): The Use of Discretionary Provisions in Earnings Management: Evidence from the Netherlands, in: Journal of International Accounting Research, Vol. 3, Nr. 2, S. 27-43.

Peemöller, Volker (2003): Bilanzanalyse und Bilanzpolitik – Einführung in die Grundlagen, 3. aktualisierte Aufl., Gabler Verlag, Wiesbaden.

Peemöller, Volker / Hofmann Stefan (2005): Bilanzskandale – Delikte und Gegenmaßnahmen, Schmidt, Berlin.

Peemöller, Volker H. / Obertse-Padtberg, Stefan (2001): Unabhängigkeit des Abschlussprüfers – Internationale Entwicklungen, in: Deutsches Steuerrecht, 39. Jg., Nr. 42, S. 1813-1820.

Pellens, Bernhard / Fülbier, Rolf / Gassen, Joachim (2006): Internationale Rechnungslegung, 6. Aufl., Schäffer-Poeschel, Stuttgart.

Pany, Kurt / Reckers, P.M.J. (1983): Auditor Independence and Nonaudit Services – Director Views and Their Policy Implications, in: Journal of Accounting and Public Policy, Vol. 2, S. 43-62.

Pany, Kurt / Reckers, P.M.J. (1984): Non-Audit Services and Auditor Independence – A Continuing Problem, in: Auditing: A Journal of Practice & Theory, Vol. 3, Spring, S. 89-97.

Peschke, Michael A. (1999): Strategische Ziele im Value Management: in: Praxis des strategischen Managements. Konzepte - Erfahrungen - Perspektiven, (hrsg.) v. Welge, M.K. / Al-Laham, A. / Kajüter, P., Gabler, Wiesbaden, S. 95-112.

Petersen, Karl / Zwirner, Christian (2007): Rechnungslegung –Prüfungspraxis in Deutschland – Konzentrations-befunde im deutschen Prüfungswesen, in: Deutsches Steuerrecht, 45. Jg., Nr. 39, S. 1739-1743.

Petersen, Karl / Zwirner, Christian (2008): Angabepflichten der Honoraraufwendungen für den Abschlussprüfer - Theoretische und empirische Betrachtung der Offenlegungserfordernisse zur Stärkung der Prüferun-abhängigkeit, in: Die Wirtschaftsprüfung, 61. Jg., Nr. 8, S. 279-290.

Petersen, Karl / Zwirner, Christian (2009): Besondere Ausschlussgründe für Wirtschaftsprüfer bei Unternehmen von öffentlichem Interesse - Anmerkungen zu § 319a HGB, in: Die Wirtschaftsprüfung, 62. Jg., Nr. 15, S. 769-779.

Pfaff, Dieter / Stefani, Ulrike (2003): Wertorientierte Unternehmensführung, Residualgewinne und Anreizprobleme, in: Zeitschrift für betriebswirtschaftliche Forschung, 55. Jg., Sonderheft, S. 51–76.

Pfitzer, Norbert / Oser, Peter / Hettich, Natalie (2004b): Stärkung der Unabhängigkeit des Abschlussprüfers? Kritische Würdigung des Referentenentwurfs zum Bilanzrechtsreformgesetz, in: Deutsches Steuerrecht, 42. Jg., Nr. 8, S. 328-336.

Pfitzer, Norbert / Oser, Peter / Orth, Christian (2004a): Offene Fragen und Systemwidrigkeiten des Bilanzrechtsreformgesetztes (BilReG) - erste Handlungsempfehlungen für eine normkonforme Umsetzung, in: Der Betrieb, 57. Jg., Nr. 49, S. 2593-2602.

Picot, Arnold (1991): Ein Neuer Ansatz zur Gestaltung der Leistungstiefe, in: Schmalenbaches Zeitschrift für betriebswirtschaftliche Forschung, 43. Jg., Nr. 4, S. 336-357.

Picot, Arnold / Dietl, Helmut / Franck, Egon (2005): Organisation - Eine ökonomische Perspektive - 4. Aufl., Schäffer-Poeschel, Stuttgart.

Picot, Arnold / Michaelis, Elke (1984): Verteilung von Verfügungsrechten in Großunternehmungen und Unternehmungsverfassung, in: Zeitschrift für Betriebswirtschaft, 54. Jg., Nr. 3, S. 252-272.

Picot, Arnold / Reichwald, Ralf / Wigand, Rolf T. (2003): Die Grenzenlose Unternehmung, 5. Aufl., Gabler, Wiesbaden.

Pindyck, Robert S. / Rubinfeld, Daniel L. (2005): Mikroökonomie, 6. Aufl., Pearson, München.

Piot, Charles (2007): Auditor Concentration in a Joint-Auditing Environment: The French Market 1997-2003, in: Managerial Auditing Journal, Vol. 22, Nr. 2, S. 161-176.

Pistor, Katharina (2003): Corporate Governance durch Mitbestimmung und Arbeitsmärkte, in: Handbuch der Corporate Governance: Leistung und Überwachung börsennotierte Unternehmen in der Rechts- und Wirtschaftspraxis, (hrsg.) Hommelhoff, P / Hopt, K.J. / Werder, v. A., Schmidt, Köln, Stuttgart, S. 157-175.

Pitt, H. L. (2002): Written Testimony Concerning Accounting and Investor Protection Issues Raised by Enron and other Public Companies Before the Committee on Banking, Housing and Urban Affairs United States Senate (March 21, 2002), Online verfügbar unter: http://ftp.sec.gov/news/testimony/032102tshlp.htm, Zuletzt abgerufen am 25.05.2007.

Pittman, Jeffrey A. / Fortin, Steve (2004): Auditor Choice and the Cost of Debt capital for Newly Public Firms, in: Journal of Accounting and Economics, Vol. 37, Nr. 1, S. 113-136.

Pohl, Ulf (2003): Haftung und Berufshaftpflichtversicherung der Wirtschaftsprüfer - Bestandsaufnahme und Ausblick, in: Die Wirtschaftsprüfung, 57 Jg., Nr. 9, S. 460-466.

Pong, C. K. M. / Burnett, S. (2006): The implications of merger for market share, audit pricing and non-audit fee income, in: Managerial Auditing Journal, Vol. 21, Nr. 1, S. 7-22.

Portisch, Wolfgang (1997): Überwachung und Berichterstattung des Aufsichtsrats im Stakeholder-Agency-Modell, Lang, Frankfurt/ Main.

Pott, Christiane / Mock, Theodore J. / Watrin, Christoph (2009): Review of empirical research on rotation and non-audit services: auditor independence in fact vs. appearance, in: Journal für Betriebswirtschaft, Vol. 58, S. 209-239.

Pottgießer, Gaby (2008): Neuerungen der Rechnungslegung durch die IFRS-Verordnung und das Bilanzrechtsreformgesetz. in: Corporate Governance und Interne Revision, (hrsg.) Freidank, C.-C. / Peemöller, V. H., Schmidt, Berlin.

Potthoff, Erich / Trescher, Manuel K. (2003): Das Aufsichtsratsmitglied - Ein Handbuch der Aufgaben, Rechte und Pflichten, 6. Aufl., Schaeffer-Poeschel, Stuttgart.

Pratt, J. W. / Zeckhausen, R. J. (1985): Principals and Agents: The Structure of Business, Boston (Harvard Business School Press), S. 187-212.

Literatur

PwC (2004): Pressemitteilung vom 24.11.2004: „PwC spürt Aufwärtstrend" Frankfurt, Online verfügbar unter: http://www.pwc.de/portal/pub, Zuletzt abgerufen am 20.6.2008.

PwC (2005): Pressemitteilung vom 1.12.2005 „ PricewaterhouseCoopers setzt starkes Wachstum in Deutschland fort" Frankfurt/Main, Online verfügbar unter: http://www.pwc.de/portal/pub, Zuletzt abgerufen am 20.6.2008.

PwC (2006): Pressemitteilung vom 1.11.2006: „PricewaterhouseCoopers wächst weiter zweistellig" Online verfügbar unter: http://www.pwc.de/portal/pub, Zuletzt abgerufen am 20.6.2008.

PwC (2007): Pressemitteilung vom 29.09.2007: „PricewaterhouseCoopers bleibt in Deutschland auf klarem Wachstumskurs", Online verfügbar unter: http://www.pwc.de/portal/pub/, Zuletzt abgerufen am 20.6.2008.

PwC (2008a): Pressemitteilung vom 1.10.2008 „PricewaterhouseCoopers legt in Deutschland stark zu und behauptet auch weltweit Führungsposition", Online verfügbar unter: http://www.pwc.de/ portal/pub/, Zuletzt abgerufen am 02.10.2008.

PwC (2008b): Transparenzbericht 2007, Online verfügbar unter: http://www.pwc.de/fileserver/ RepositoryItem/Transparenzbericht-2008-080310.pdf?itemId=5139018, Zuletzt eingesehen am 29.5.2008.

PwC (2009a): "Unsere Dienstleistungen" Auf der Internetseite angebotene Dienstleistungen der Wirtschaftsprüfungsgesellschaft, Online verfügbar unter: http://pwc.de/portal/pub/home, Zuletzt abgerufen am 22.1.2000.

PwC (2009b): Transparenzbericht 2008, Online verfügbar unter: http://www.pwc.de/portal/pub, Zuletzt eingesehen am 2.6.2009.

Quick, Reiner (1996): Die Risiken der Jahresabschlussprüfung, IDW, Düsseldorf.

Quick, Reiner (1997): Ziele und Instrumente der Bilanzpolitik, in: Betrieb und Wirtschaft, 51. Jg., Nr. 19, S. 726-729.

Quick, Reiner (2001): Externe Qualitätskontrolle im deutschen Prüfungswesen, in: Der Schweizer Treuhänder, 75. Jg., S. 25-32.

Quick, Reiner (2002): Abschlussprüfung und Beratung, in: Die Betriebswirtschaft, 62. Jg., Nr. 6, S. 622-643.

Quick, Reiner (2004): Gründung und frühe Entwicklung deutscher Wirtschaftsprüfungsgesellschaften, in: Vierteljahrschrift für Sozial- und Wirtschaftsgeschichte, Vol. 91, S. 281-309.

Quick, Reiner (2006): Prüfung, Beratung und Unabhängigkeit des Abschlussprüfers - Eine Analyse der neuen Unabhängigkeitsnormen des HGB im Lichte empirischer Forschungsergebnisse, in: Betriebswirtschaftliche Forschung und Praxis, 58 Jg., Nr. 1, S. 42-61.

Quick, Reiner (2009): IAS 16 Sachanlagen (Property, Plant and Equipment), in: Münchner Kommentar Bilanzrecht IFRS, (hrsg.) Hennrichs, J. / Kleindiek, D. / Watrin, Ch., Band 1, Stand: Juli 2008, C.H. Beck, München.

Quick, Reiner / Sattler, Matthias (2009): Zum Einfluss von Agency-Kosten auf die Nachfrage von Beratungsleistungen beim Abschlussprüfer, in: Die Unternehmung, 63. Jg., Nr. 2, S. 212-250.

Quick, Reiner / Solmecke, Henrik (2007): Gestaltung der Abschlussprüferhaftung – Implikationen theoretischer Modelle, in: Journal für Betriebswirtschaft, 57. Jg., S. 137-182.

Quick, Reiner / Warming-Rasmussen, Bent (2005): The Impact of MAS on Perceived Auditor Independence - Some Evidence from Denmark, in: Accounting Forum, Vol. 29, Nr. 2, S. 137-168.

Quick, Reiner / Warming-Rasmussen, Bent (2007): Unabhängigkeit des Abschlussprüfers - Zum Einfluss von Beratungsleistungen auf Unabhängigkeitswahrnehmungen von Aktionären, in: Zeitschrift für Betriebswirtschaft, 77. Jg., Nr. 10, S. 1007-1032.

Quick, Reiner / Wolz, Matthias (1999): Concentration on the German Audit Market - An Empirical Analysis of the Concentration on the German Market für Stock Corporation Audits, in: International Journal of Auditing, Vol. 3, S. 175-189.

Raab, Hermann (2001): Shareholder Value und Verfahren der Unternehmensbewertung, Herne, Berlin.

Raghunandan, Kanan (2003): Nonaudit Services and Shareholder Ratification of Auditors, in: Auditing: A Journal of Practice & Theory, Vol. 22, Nr. 1, S. 155-163.

Raghunandan, Kanan / Read, William J. / Whisenant, J. Scott (2003): Initial Evidence on the Association between Nonaudit Fees and Restated Financial Statements, in: Accounting Horizons, Vol. 17, Nr. 3, S. 223-234.

Rama, Dasaratha V. / Read, William J. (2006): Resignations by the Big 4 and the market for Audit Services, in: Accounting Horizons, Vol. 20, Nr. 2, S. 97-109.

Rappaport, Alfred (1999): Shareholder-Value: ein Handbuch für Manager und Investoren, (aus dem amerikan. von Klein, W.), 2. Aufl., Schäffer-Poeschel, Stuttgart.

Rasmusen, Eric (1989): Games and Information - An Introduction to Game Theory, Blackwell Publishing, Oxford.

Reckers, Philip M. J. / Stagliano Anthony J. (1981): Auditor Independence as Perceived by Financial Analysts, in: MSU Business Topics, Vol. 1, S. 30-34.

Rees, Ray (1985): The Theory of Principal and Agent, Part I, in: Bulletin of Economic Research, Vol. 37, Nr. 1, S. 3-26.

Reynolds, J. Kenneth / Deis, Donald R. / Francis, Jere R. (2004): Professional Service Fees and Auditor Objectivity, in: Auditing: A Journal of Practice & Theory, Vol. 23, Nr. 1, S. 29-52.

Richter, Martin (1977): Die Inkompatibilität von Jahresabschlussprüfung und Unternehmensberatung durch Wirtschaftsprüfer, in: Journal für Betriebswirtschaft, Jg. 27., S. 21-42.

Richter, Martin (1997): Theorie und Praxis der Wirtschaftsprüfung: Abschlussprüfung - interne Revisionkommunale Rechnungsprüfung, Schmidt, Berlin.

Richter, Martin (2005): Abschlussprüfungen als Vertrauensgüter - Konsequenzen für die Regulierung des Berufsstandes der Wirtschaftsprüfer, in: Reform bei der Abschlussprüfung - Umstrittene Rückstellungen, (hrsg.) Altern-burger, Linde, Wien, S. 35-72.

Richter, Rudolf / Furubotn, Eirik G. (1999): Institutions and Economic Theories: An Introduction to and Assessment of the New Institutional Economics, University of Michigan Press, Ann Arbor, (auch in deutscher Sprache erschienen: Neue Institutionenökonomik,- Eine Einführung und kritische Würdigung, (übers. von Streissler, M.), 3. Aufl., Mohr Siebeck, Tübingen.

Richter, Rudolf / Furubotn, Eirik G. (2003): Neue Institutionenökonomik: Eine Einführung und kritische Würdigung, (übers. von Streissler, M.), 3. Aufl., Mohr Siebeck, Tübingen.

Richter, Thomas (2002): Jahresabschlussprüfung und Prüfungsanforderungen in der Europäischen Union, Nomos, Baden-Baden.

Ridyard, D. / de Bolle, J. (1992): Competition in European Accounting, Dublin.

Ring, Harald (2002): Trennung von gleichzeitiger Prüfung und Beratung- Ein geeigneter Weg zur Überwindung der aktuellen Vertrauenskrise? in: Die Wirtschaftsprüfung, 55. Jg., Nr. 24, S. 1345-1354.

Ring, Harald (2005): Gesetzliche Neuregelung der Unabhängigkeit des Abschlussprüfers, in: Die Wirtschaftsprüfung, 58. Jg., Nr. 5, S. 197-202.

Roberts, Peter W. / Dowling, Grahame R. (2002): Corporate Reputation and Sustainability Superior Financial Performance, in: Strategic Management Journal, Vol. 23, Nr. 12, S. 1077-1093.

Robinson, Dahlia (2008): Auditor Independence and Auditor-Provided Tax Services: Evidence from Going Concern Audit Opinions Prior to Bankruptcy Filings, in: Auditing: A Journal of Practice & Theory, Vol. 27, Nr. 2, S 31-54.

Rohr, Martin / Wahl, v. Sebastian (2004): Corporate Governance aus unternehmerischer Sicht - eine kritische Bestands-aufnahme, in: Controlling, 16. Jg., Nr. 10, S. 545-549.

Röhricht, Volker (1998): Abschlussprüfung und Beratung, in: Die Wirtschaftsprüfung, 51. Jg., Nr. 4-5, S. 153-163.

Röhricht, Volker (2001): Beratung und Abschlussprüfung, in: Die Wirtschaftsprüfung, 54. Jg., Sonderheft, S. 80-90.

Ross, Stephen A. (1973): The Economic Theory of agency, The principal's problem, in: American Economic Review, Vol. 63, Nr. 2, S. 134-139.

Ross, Stephen A. (1974): On the economic theory of agency and the principle of similarity, in: Essays in economic behaviour under uncertainty, (hrsg.) Balch, M. S. / McFadden, D. L. / Wu, S. Y, North Holland, Amsterdam, S. 215-237.

Roychowdhury, Sugata (2006): Earnings management through real activities manipulation, in: Journal of Accounting and Economics, Vol. 42, Nr. 3, S. 335-370.

RRZN (2006): SPSS-Durchführung fortgeschrittener statistischer Analysen, (hrsg.) Regionalen Rechenzentrum für Niedersachsen (*RRZN*), Universität Hannover, 6. veränderte Aufl., Hannover,

Ruddock, Caitlin / Taylor, Sarah J. / Taylor, Stephen L. (2006): Non-audit services and earnings conservatism: is auditor independence impaired? in: Contemporary Accounting Research, Vol. 23, Nr. 3, S. 701-746.

Rudolph, Bernd (2003): Unternehmensfinanzierung und Corporate Governance – Entwicklungen und weiterer Anpassungsbedarf, in: Betriebs-Berater, 58. Jg., Nr. 39, S. 2053-2060.

Ruffert, Matthias (2002): Kommentierung zu Art. 249 EGV, in: Kommentar des Vertrages über die Europäische Union und des Vertrages zur Gründung der Europäischen Gemeinschaft: (hrsg.) EUV/EGV, Callies, C. / Ruffert, M., 2. Aufl., Neuwied.

Ruffner, Markus (2000): Die ökonomischen Grundlagen eines Rechts der Aktiengesellschaft: Ein Beitrag zur Theorie der Corporate Governance, Schulthess, Zürich.

Ruhnke, Klaus (1999): Bedeutung internationaler Prüfungsnormen für die Erbringung von Prüfungsdienstleistungen auf nationaler Ebene, in: Der Betrieb, 52. Jg., Nr. 5, S. 237-245.

Ruhnke, Klaus (2000): Normierung der Abschlussprüfung, Stuttgart.

Ruhnke, Klaus (2003): Nutzen von Abschlussprüfungen: Bezugsrahmen und Einordnung empirischer Studien, in: Zeitschrift für betriebswirtschaftliche Forschung, 55. Jg., Nr. 3, S. 250-279.

Ruhnke, Klaus (2006): Business Risk Audits: State of the Art und Entwicklungsperspektiven, in: Journal für Betriebswirtschaft, Vol. 56, Nr. 4, S. 189-218.

Ruhnke, Klaus (2009): Prüfungsdifferenzen - State of the Art und Ergebnisse einer empirischen Untersuchung deutscher Prüfungsaufträge, in: Die Wirtschaftsprüfung, 62. Jg., Nr. 13, S. 677-689.

Ruhnke, Klaus / Deters, Eric (1997): Die Erwartungslücke bei der Abschlussprüfung, in: Zeitschrift für Betriebswirtschaft, 67. Jg., Nr. 9, S. 923-945.

Sankaraguruswamy, Srinivasan / Whisenant, Scott (2005): Pricing initial audit engagements: Empirical evidence following public disclosure of audit fees. Working paper, National University of Singapore.

Schatzberg, Jeffrey W. (1987): A Theoretical and Empirical Examination of Independence and „Low Balling", Iowa City.

Schatzberg, Jeffrey W. (1990): A Laboratory Market Investigation of Low Balling in Audit Pricing, in: The Accounting Research, Vol. 65, Nr. 2, S. 337-362.

Schatzberg, Jeffrey W. (1994): A New Examination of Auditor „Low Ball" Pricing: Theoretical Model and Experimental Evidence, in: Auditing: A Journal of Practice & Theory, Vol. 13, Supplement, S. 33-55.

Schatzberg, Jeffrey W. / Sevcik, Galan R. (1994): A Multiperiod Model and Experimental Evidence of Independence and „Low-Balling", in: Contemporary Accounting Research, Vol. 11, Nr. 1, S. 137-174.

Scheld, Guido A. (1994): Konzernbilanzpolitik, Lang, Frankfurt/Main.

Schildbach, Thomas (1996): Probleme der Jahresabschlussprüfung und Reformansätze aus der Sicht rationalen Prüfungsverhaltens, in: Betriebswirtschaftliches Prüfungswesen in Österreich, Festschrift zum 65. Geburtstag von Karl Vodrazka, (hrsg.) Kofler, H. / Nadvornik, W. / Pernsteiner, H., Wien, S. 631-654.

Schindler, Joachim / Rosin, Udo (2001): Die Unabhängigkeit des Wirtschaftsprüfers nach Deutschem und Amerikanischem Recht – insbesondere: Beratungsverbot und Rotation-, in: Der Wirtschaftsprüfer als Element der Corporate Governance, (hrsg.) Lutter, M., IDW, Düsseldorf, S. 117-138.

Schipper, Katherine / Vincent, Linda (2003): Earnings Quality, in: Accounting Horizons, Vol. 17, Nr. 1, S. 97-110.

Schmid, Thomas C. (2007): Strategisches Controlling in Wirtschaftsprüfungsgesellschaften im Spannungsfeld zwischen öffentlichem Auftrag und erwerbswirtschaftlicher Orientierung, Kovac, Hamburg.

Schmidt, Achim / Pfitzer, Norbert / Lindgens, Ursula (2005): Qualitätssicherung in der Wirtschaftsprüferpraxis, in: Die Wirtschaftsprüfung, 58. Jg., Nr. 7, S. 321-342.

Schmidt, Bunney L. / Sennetti, John T. / Johnson, Steven D. / Islam, Farid (2007): Big four audit failures and the Reputation Hypothesis, Working Paper, Utah Valley State College, Nova Southeastern University.

Schmidt, Peter-J. (1996): Überlegungen zur Erweiterung der gesetzlichen Regelungen über die Abschlußprüfung, in: Betriebswirtschaftliche Forschung und Praxis, 48. Jg., Nr. 1, S. 52-75.

Schmidt, Peter-J. (1997): Diskussionsbeitrag zu Prüfungen im 21 Jahrhundert - Entwicklungen, Probleme, Visionen – Podiums- und Plenardiskussion, in: Theorie und Praxis der Wirtschaftsprüfung: Abschlussprüfung - Interne Revision - kommunale Rechnungsprüfung, (hrsg.) Richter, M., Berlin, S. 236-237.

Schmidt, Peter-J. (1998): Der Beruf des Wirtschaftsprüfers – quo vadis? in: Die Wirtschaftsprüfung, 51. Jg., Nr. 7, S. 319-325.

Schmidt, Reinhard H. (1997): Corporate Governance. The Role of Other Constituencies, in: Corporate Governance: Les Perspectives internationales, (hrsg.) Pezard, A / Thiveaud, J.-M., Montchrestien, Paris, S. 61-74.

Schmidt, Stefan (2003): Neue Anforderungen an die Unabhängigkeit des Abschlussprüfers: SEC-Verordnung im Vergleich mit den Empfehlungen der EU-Kommission und den Plänen der Bundesregierung, in: Betriebs-Berater, 58. Jg., Nr. 15, S. 779-786.

Schmoller, Gustav. v. (1900): Grundriss der Allgemeinen Volkswirtschaftlehre, Duncker & Humblot, München.

Schneider, Arnold / Church, Bryan K. / Ely, Kirsten M. (2006): Non-Audit Services and Auditor Independence: A Review of Literature, in: Journal of Accounting Literature, Vol. 25, S. 169-211.

Schneider, Sabine (2007): Die Unabhängigkeit des Wirtschaftsprüfers- Simulationen von Quasi-Rentenmodellen mit genetischen Algorithmen, Sierke, Göttingen.

Schrader, Markus C. (2003): Prüfungsgrundsätze des US-amerikanischen Wirtschaftsprüfers, Roderer, Regensburg.

Schruff, Lothar (1973): Der Wirtschaftsprüfer und seine Pflichtprüfungsmandate, Westfälische Wilhelms-Universität, Münster.

Schulte, Arthur A. (1965): Compatibility of Management Consulting and Auditing, in: The Accounting Review, Vol. 40, Nr. 3, S. 587-593.

Schwandtner, Christian (2002): Die Unabhängigkeit des Abschlussprüfers – Europäische und internationale Ansätze im Vergleich, in: Deutsches Steuerrecht, 40. Jg., Nr. 8, S. 323-332.

Schwarz, Günter C. / Holland, Björn (2002): Enron, Worldcom...und die Corporate-Governance-Diskussion, in: Zeitschrift für Wirtschaftsrecht, 23. Jg., Nr. 37, S. 1661-1672.

Sharma, Divesh S. / Sidhu, Jagdish (2001); Professionalism vs. Commercialism: The Association Between Non-audit Services (NAS) and Audit Independence, in: Journal of Business Finance & Accounting, Vol. 28, Nr. 5 & 6, S. 595-629.

Shockley, Randolph A. (1981): Perceptions of Auditors' Independence: An Empirical Analysis, in: The Accounting Review, Vol. 56, S. 785-800.

Siebart, Patricia (2003): Corporate Governance von Non-Profit-Organisational aus der Perspektive der Principal-Agent-Theorie, in: Rasche / Wagner (hrsg.), S. 224-244.

Sieben, Günter (1977): Formaltestat oder materielle Prüfung, in: Wirtschaftsprüfung heute: Entwicklung oder Reform? Ein Bochumer Symposium (hrsg) Busse von Colb, W. / Lutter, M., Gabler, Wiesbaden, S. 55-70.

Sieben, Günter (1998): Rechnungslegung als Instrument der Unternehmensführung - Ein Überblick über die Grundlagen, Ziele und Instrumente handelsrechtlicher Rechnungslegungspolitik, in: Rechnungslegungspolitik - Eine Bestandsaufnahme aus handels- und steuerrechtlicher Sicht, (hrsg.) Freidank, C.-C., Springer, Berlin, S. 3-36.

Sieben, Günter / Gatzen, Manfred / Husemann, Walter (1988): Die Abschlussprüfung als Beitrag zu einer Betriebswirtschaftlichen Unternehmensanalyse, in: Die Wirtschaftsprüfung, 41 Jg., Nr. 21, S. 606-661.

Sieben, Günter/ Russ, Wolfgang (1992): Unabhängigkeit und Unbefangenheit, in: Handwörterbuch der Revision, Coenenberg, A. G. / Wysocki, K. v., 2. Aufl., Poeschel, Stuttgart, Sp. 1973-1986.

Siebenmorgen, Marcus (2004): Der Wirtschaftsprüfer im Spiegel der Presse, in: Die Wirtschaftsprüfung, 57. Jg., Nr. 8, S. 394-403.

Simon, Daniel T. / Francis, Jere R. (1988): The Effect of Auditor Change on Audit Fees: Test of Price Cutting and Price Recovery, in: The Accounting Review, Vol. 63, Nr. 2, S. 255-269.

Simon, Herbert A. (1986): Rationality in Psychology and Economics, in: The Behavioural Foundations of Economic Theory, in: The Journal of Business, Vol. 59, (Supplement), S. 209-224.

Simunic, Dan (1984): Auditing, Consulting, and Auditor Independence, in: Journal of Accounting Research, Vol. 22, Nr. 2, S. 679-702.

Sloan, Allan (2002): Who Killed Enron, in: Newsweek vom 21.01.2002, S. 18-24.

Smith, Adam (1776): An Inquiry into the Nature and Causes of the Wealth of Nations (Nachdruck des Originals, London), Idion, München.

Spremann, Klaus (1987): Agent and Principal, in: Agency theory, information, and incentives, (hrsg.) Bamberg, G./ Spremann, K, Springer, Berlin, S. 3-37.

Spremann, Klaus (1988): Reputation, Garantie, Information, in: Zeitschrift für Betriebswirtschaft, 58. Jg., S. 613-629.

Spremann, Klaus (1990): Asymmetrische Information, in: Zeitschrift für Betriebswirtschaft, 60. Jg., Nr.5/6, S. 561- 586.

Spremann, Klaus (1995): Hilft die Agency-Theorie bei der praktischen Gestaltung von Arbeitsbeziehungen? Anmerkungen zu einem Aufsatz von C. Müller, in: Die Betriebswirtschaft, 55. Jg., Nr. 1, S. 130-134.

Spremann, Klaus (2002): Wirtschaft, Investition und Finanzierung, 5. Aufl., München, Wien.

Srinidhi, Bin N. / Gul, Ferdinand A. (2007): The Differential Effects of Auditors Nonaudit and Audit Fees on Accrual Quality, in: Contemporary Accounting Research, Vol. 24, Nr. 2, S. 595-629.

Statistisches Bundesamt (2007): Entwicklung von Erzeugerpreisindizes für Rechtsberatung, Steuerberatung und Wirtschaftsprüfung, (hrsg.) Statistisches Bundesamt, Wiesbaden.

Statistisches Bundesamt (2008): Deutsche Wirtschaft im Jahr 2007 mit robustem Wachstum. Pressemitteilung Nr. 15 vom 15.01.2008, Wiesbaden, Online verfügbar unter: http:// www.destatis.de/jetspeed/ portal/cms/Sites/destatis/Internet/DE/Presse/pm/2008/01/PD08_015_811,templateId=renderPrint.psm l, Zuletzt abgerufen am 29.5.2008.

Statistisches Bundesamt (2009): Bruttoinlandsprodukt, Bruttonationaleinkommen, Volkseinkommen ab 1950, Wiesbaden, Online verfügbar unter: http://www.destatis.de/jetspeed/portal/ cms/Sites/destatis/ Internet/DE/Content/Statistiken/VolkswirtschaftlicheGesamtrechnungen/Inlandsprodukt/Tabellen/Volkse inkommen1950.psml, Zuletzt angerufen am 25.01.2010.

Stefani, Ulrike (2002): Abschlussprüfung, Unabhängigkeit und strategische Interdependenzen- Eine ökonomische Analyse institutioneller Reformen zur Steigerung der Prüfungsqualität, Schäffer-Poeschel, Stuttgart.

Stefani, Ulrike (2006): Anbieterkonzentration bei Prüfungsmandanten börsennotierter Schweizer Aktiengesellschaften, in: Die Betriebswirtschaft, 66. Jg., Nr. 2, S. 121- 145.

Stegemeyer, Welf (2002): Vergleich der Abschlussprüfung und Unternehmensberatung aus Perspektive des Agency- und Signalling- Theorie, Tectum, Marburg.

Steiner, Bertram (1991a): Der Abschlussprüfer als externer Controller, in: Die Wirtschaftsprüfung, 44. Jg., Nr. 16, S. 470-482.

Steiner, Bertram (1991b): Der Prüfungsbericht des Abschlussprüfers – Bedeutung, Inhalt und Entwicklung eines „adressatsbezogenen" Prüfungsberichtes gemäß § 321 HGB als Grundlage für die Unternehmenskontrolle und -führung – zugleich ein Plädoyer für eine prüfungsbezogene Beratung durch den Abschlussprüfer, Köln.

Stevenson, Joanna (2000): Dodging the Rules, in: Accountancy, Vol. 125, Nr. 1280, S. 148.

Stewart, G. Bennett / Glassman, D. Mavid (1988): The motives and Methods of Corporate Restructuring, Part 1, in: Journal of Applied Corporate Finance, Vol. 1, Nr. 1, S. 85-99.

Steyer, Rolf (2003): Wahrscheinlichkeit und Regression, Springer Verlag, Berlin et al.

Storck, Sylvia (2004): Bilanzpolitische Handlungsspielräume im deutschen und amerikanischen Handelsbilanzrecht: eine rechtsvergleichende Analyse, Schmidt, Berlin.

Streim, Hannes (1988): Grundzüge der handels- und steuerrechtlichen Bilanzierung, Kohlhammer, Stuttgart u.a.

Strickmann, Michael (2000): Wirtschaftsprüfung im Umbruch: eine empirische Untersuchung zur Konzentration und Honorargestaltung im deutschen Prüfungswesen, Herne, Berlin.

Subramanyam, K. R. (1996): The pricing of discretionary accruals, in: Journal of Accounting and Economics, Vol. 22, Nr. 1-3, S. 249-281.

Sunder, Shyam (2003): Politisch-ökonomische Betrachtung zum Zusammenbruch der Rechnungslegung in den USA, in: Die Wirtschaftsprüfung, 56. Jg., Nr. 4, S. 141-150.

Swanger, Susan L. / Chewning Jr. Eugene G. (2001): The Effect of Internal Audit Outsourcing on Financial Analysts' Perceptions of External Auditor Independence, in: Auditing: A Journal of Practice & Theory, Vol. 20, Nr. 2, S. 115-129.

Szczesny, Andrea (2007): Der Zusammenhang zwischen Bilanzpolitik und Rechnungslegungsstandards – Meßmethoden und empirische Evidenz, in: Betriebswirtschaftliche Forschung und Praxis, 59. Jg., Nr. 2, S. 101-122.

Tanski, Joachim (2006): Bilanzpolitik und Bilanzanalyse nach IFRS – Instrumentarium, Spielraum, Gestaltung, Vahlen, München.

Teoh, Siew / Wong T. J. (1993): Perceived auditor quality and the earnings response coefficient, in: The Accounting Review, Vol. 68, Nr. 2, S. 346-366.

Teoh, H.Y. / Lim, C.C. (1996): An Empirical Study of the Effects of Audit Committees, Disclosure of Nonaudit Fees, and Other Issues on Audit Independence: Malaysian Evidence, in: Journal of International Accounting, Auditing & Taxation Vol. 5, S. 231-248.

Teoh, Siew / Wong, T. J. / Rao, Gita (1998): Are Accruals during Initial Public Offerings Opportunistic? in: Review of Accounting Studies, Vol. 3, Nr. 1-2, S. 175-208.

Terberger, Eva (1989): Neo-institutionalistische Ansätze: Entstehung und Wandel –Anspruch und Wirklichkeit, Gabler, Wiesbaden.

Thavapalan, Sumithira / Moroney, Robyn / Simnett, Roger (2002): The effect of the PricewaterhouseCoopers merger on auditor concentration in Australia: a note, in: Accounting and Finance, Vol. 42, Nr. 2, S. 153-167.

Theisen, Manuel R. (2004): Zwölf Hürden für eine „gute Unternehmensüberwachung" in Deutschland, in: Betriebswirtschaftliche Foschung und Praxis, 56. Jg., S. 480-492.

Theisen, Manuel R. (2008): Der Wirtschaftsprüfer als Element der Corporate Governance, in: Wirtschaftsprüfung im Wandel - Herausforderungen an Wirtschaftsprüfung, Steuerberatung, Consulting und Corporate Finance, (hrsg.) Ballwieser, W. / Grewe, W., Beck, München, S. 173-188.

Thiedje, Jürgen (2006): Die neue EU-Richtlinie zur Abschlussprüfung, in: Die Wirtschaftsprüfung, 59. Jg., Nr. 9, S. 593-605.

Thiele, Stefan (1997): Anmerkung zum Urteil des BGH vom 21 April 1997, in: Der Betrieb, 50. Jg., Nr. 27/28, S. 1396-1397.

Thomas, Jacob / Zhang, Xiao-jun (2000): Identifying unexpected accruals: A comparison of current approaches, in: Journal of Accounting and Public Policy, Vol. 19, Nr. 4-5, S. 347-376.

Thornton, John A. / Reinstein, John / Miller, Cathleen L. (2004): The Effect of Non-Audit Services on Perceived Auditor Independence. American Accounting Association Western Regional Meeting, Newport Beach, CA.

Thornton, John M. / Shaub, Michael K. (2006): Non-Audit Services, Consequence Severity, and Jurors' Judgments on Audit Failure, Working Paper, Washington State University – Saint Mary's University.

Thümmel, Manfred (1986): Die unterschiedliche Bedeutung des Begriffs „ Unabhängigkeit" im Rahmen prüfender und beratender Tätigkeit, in: Die Wirtschaftsprüfung, 39. Jg., Nr. 23, S. 643-650.

Titard, Pierre L. (1971): Independence and MAS – Opinions of Financial Statement Users, i: Journal of Accountancy, Vol. 132, S. 47-52.

Titman, Sheridan / Trueman, Brett (1986): Information quality and the valuation of new issues, in: Journal of Accounting & Economics, Vol. 8, Nr. 2, S. 159-172.

Tröller, Lars (2000): Möglichkeiten zur Schließung der Erwartungslücke bei der Prüfung deutscher Konzernabschlüsse, Lang, Frankfurt/Main.

Trompeter, Greg (1994): The Effect of Partner Compensation schemes and Generally Accepted Accounting Principles on Audit Partner Judgement, in: Auditing: A Journal of Practice & Theory, Vol. 13, Nr. 2, S. 56-68.

Tschopp, T. M. (1995): Was Topmanager über Berater denken, in: Unternehmensberatung und Management, (hrsg.) Wohlgemuth, A.C. / Treichler, C., Zürich, S. 315-326.

Turner, Lynn E. / Godwin, Joseph H. (1999): Auditing, Earnings Management, and International Accounting Issues at the Securities and Exchange Commission, in: Accounting Horizons, Vol. 13, Nr. 3, S. 281-297.

Utton, Michael A. (2003): Market Dominance and Antitrust policy, 2nd Edition, Edward Elgar, Cheltenham UK.

Van Tandeloo, Branda / Vanstraelen, Ann (2005): Earnings management under German GAAP versus IFRS, in: European Accounting Review, Vol. 14, Nr. 1, S. 155-180.

Varian, Hal R. (2007): Grundzüge der Mikroökonomie. Übersetzt aus dem Englischen von Buchegger, R., 7 überarbeitete Version, Oldenbourg Verlag, München, Wien.

Veltins, Michael A. (2004): Verschärfte Unabhängigkeitsanforderungen an Abschlussprüfer; in: Der Betrieb, 57. Jg., Nr. 9, S. 445-453.

Vogel, Gerhard (1988): Erwartungen an die Beratung durch den Wirtschaftsprüfer, in: Die Wirtschaftsprüfung, 41. Jg., Nr. 22, S. 633-637.

Vogelsang, Jürgen (1988): Wirtschaftsprüfung und Werbung im Rahmen einer internationalen Wettbewerbswirtschaft, Bergisch Gladbach, Köln.

Literatur 491

Vollmer, Lothar / Maurer, Torsten (1993): Beratung durch Aufsichtsratsmitglieder oder Abschlussprüfer aufgrund von Zusatzaufträgen, in: Betriebs Berater, 48. Jg., Nr. 9, S. 591-597.

Wagenhofer, Alfred / Ewert, Ralf (2007): Externe Unternehmensrechnung, 2. überarbeitete und erweiterte Auflage, Springer, Berlin et al.

Wagner, Marco (2009): Prüferhonorare - Eine empirische Untersuchung kapitalmarktorientier Unternehmen in Deutschland, Dissertation, Universität Ulm.

Wallace, Wanda (1980): The Economic Role of the Audit in Free and Regulated Markets, Monograph, New York, Touche Ross & Co.

Waller, William / Kizirian, Timothy (2004): Auditor judgement under the influence of Non-Audit incentives, Working Paper, Nanyang Technological University, Singapore.

Walsh, Paul / Craig, Russell / Clarke, Frank (1991): 'Big Bath Accounting' Using Extraordinary items Adjustments: Australian Empirical Evidence, in: Journal of Business Finance & Accounting, Vol. 18, Nr. 2, S. 173-189.

Warfield, Terry D. / Wild, John J. / Wild, Kenneth L. (1995): Managerial Ownership, Accounting Choices, and Informativeness of Earnings, in: Journal of Accounting and Economics, Vol. 20, Nr. 1, S. 61-92.

Watkins, Ann L. / Hillison, William / Morecroft, Susan E. (2004): Audit Quality: A synthesis of theory and empirical Evidence, in: Journal of Accounting Literature, Vol. 23, S. 153-193.

Watts, R. L. / Zimmerman, J. L.(1986): Positive Accounting Theory, Englewood Cliffs, N.J.

WCM AG (2006): Pressemitteilung vom 22.11.2006: Eröffnung Insolvenzverfahren, Online verfügbar unter: http://www.wcm.de/de/content/adhoc_wcm.php?jahr=2006, Zuletzt eingesehen am 30.05.2006

Weiber, Rolf / Adler, Jost (1995): Informationsökonomisch begründete Typologisierung von Kaufprozessen, in: Zeitschrift für Betriebswirtschaftliche Forschung, 47. Jg., Nr. 1, S. 43-65.

Weiland, Heiner (1996): Zur Vereinbarkeit von Abschlussprüfung und Beratung, Die Inkompatibilitätsvorschrift des § 319 Abs. 2 Nr. 5 HGB, in: Betriebs-Berater, 51. Jg., Nr. 23, S. 1211-1216.

Weizäcker v., C. Christian (1994): The Cost of Substitution, in: Econometrica, Vol. 52, Nr. 5, S. 1085-1116.

Welge, Martin K. / Al Laham, Andreas (2008): Strategisches Management: Grundlagen – Prozess – Implementierung, 5. Aufl., Gabler, Wiesbaden.

Wellner, Kai-Uwe (2001): Shareholder Value und seine Weiterentwicklung zum Market Adapted Sharholder Value Approach – Entwicklungslinien, Probleme und Lösungsansätze einer Shareholder Value orientierten Unter-nehmensführung, Tectum, Marburg.

Werder, Axel v. (2003): Ökonomische Grundfragen der Corporate Governance, in: Handbuch Corporate Governance: Leistung und Überwachung börsennotierter Unternehmen in der Rechts- und Wirtschaftspraxis, (hrsg.) Hommelhoff, P. / Hopt, K. L. / Werder, A. v., Schmidt, Köln, Stuttgart, S. 3-27.

Westhoff, André O. (2003): Glaubwürdigkeit des Jahresabschlusses: Brauchen wir eine Kontrolle der Kontrolleure bezogen auf die Abschlussprüfer und wenn ja, welche? in: Deutsches Steuerrecht, 41. Jg., Nr. 48, S. 2086-2092 (Teil I) und Nr. 49, S. 2132-2136 (Teil II).

Weston, J. Fred/ Siu, Juan, A. /Johnson, Brian, A. (2001): Takeovers, Restructuring, and Corporate Governance. 3. Aufl., Prentice Hall, Upper Saddle River, New Jersey 2001.

Whisenant, Scott / Sankaraguruswamy, Srinivasan / Raghunandan, Kanan (2003): Evidence on the Joint Determination of Audit and Non-Audit Fees, in: Journal of Accounting Research, Vol. 41, Nr. 4, S. 721-744.

Wiedmann, Harald (1996): Entwicklung internationaler Prüfungsstandards, in: Bilanzrecht unter dem Einfluss internationaler Reformzwänge, Bericht über die Göttinger Bilanztage 10 Jahre BiRiLiG: Bilanzrecht vor neuen Reformzwängen am 7. und 8. Dezember, (hrsg.) Schruff, L., IDW, Düsseldorf, S. 149-196.

Wiedmann, Harald (1998): Ansätze zur Fortentwicklung der Abschlussprüfung, in: Die Wirtschaftsprüfung, 51. Jg., Nr. 7, S. 338-350.

Wiemers, Burkhard (2001): Strategisches Controlling in Professional Services Betrieben- ein mehrdimensionaler und prozessorientierter Ansatz dargestellt am Beispiel von Revisionsunternehmen, Moderne Industrie, Landsberg/Lech.

Wießenberger, Barbara (1997): Kundenbindung und Vertrauen in der Beziehung zwischen Wirtschaftsprüfer und Mandant: Eine informationsökonomische Analyse, in: Theorie und Praxis der Wirtschaftsprüfung. Abschlussprüfung – Interne Revision – Kommunale Rechnungsprüfung, (hrsg.) Richter, M., Schmidt, Berlin, S. 71-95.

Willekens, Marleen (2008): De toegevoegde waarde van de audit (The Added Value of Audit), Brugge.

Williamson, Oliver (1985): Reflection on the New Institutional Economics, in: The Journal of Institutional Theoretical Economics, Vol. 141, Nr. 1, S. 187-195.

Williamson, Oliver (1985/90): The Economic Institutions of Capitalism, New York, Free Press (auch in deutscher Sprache erschienen: Die ökonomischen Institutionen des Kapitalismus, (aus dem amerikanischen. übers. von Streissler, M.) Mohr Siebeck, Tübingen.

Williams, Peter (2007): Accounting: Playing lowball. Accountancy Age (July 12). Online verfügbar unter: http://www.financialdirector.co.uk/financial-director/comment/2193827/playing-low-ball, Zuletzt ab-gerufen am 13.11.2009.

Wilson, Thomas E. / Grimlund, Richard A. (1990): An Examination of the Importance of an Auditors Reputation, in: Auditing: A Journal of Practice & Theory, Vol. 9, Nr. 2, S. 43-59.

Wind, Christian (1999): Die Unabhängigkeit der Revisionsstelle gemäß Art 727c Abs. 1 OR, Treuhand- Kammer, St. Gallen.

Windsor, C. A. / Ashkanasy, Neal M (1995): The Effect of Client Management Bargaining Power, Moral Reasoning Development, and Belief in a Just World on Auditor Independence, in: Accounting, Organisation and Society, Vol. 20, Nr. 8, S. 701-720.

Wines, Graeme (1994): Auditor Independence, Audit Qualifications and the Provision of Non-audit Services: A Note. in: Accounting and Finance, Vol. 34, Nr. 1, S. 75-86.

Winker, Peter (1997): Empirische Wirtschaftsforschung, Springer, Berlin, Heidelberg.

Winter, Stefan (2001): Empirische Untersuchungen zur Managemententlohnung, in: Die Prinzipal-Agenten-Theorie in der Betriebswirtschaftslehre, (hrsg.) Jost, P.-J, Schäffer-Poeschel, Stuttgart, S. 491-539.

Winter, Stefan (2003): Management- und Aufsichtsratsvergütung unter besonderer Berücksichtigung von Stock Options – Lösung eines Problems oder zu lösendes Problem? in: Handbuch Corporate Governance: Leitung und Überwachung börsennotierter Unternehmen in der Rechts- und Wirtschaftspraxis, (hrsg.) Hommelhoff, P. / Hopt, K. J. / Werder, v. A., Schmidt, Köln, Stuttgart, S. 335-358.

Wöhe, Günter (1997): Bilanzierung und Bilanzpolitik, 9. Aufl., Vahlen, München.

Wöhe, Günter / Döring, Ulrich (2008): Einführung in die Allgemeine Betriebswirtschaftslehre, 23. Aufl., Vahlen, München.

Wohlgemuth, Frank (2007): IFRS: Bilanzpolitik und Bilanzanalyse – Gestaltung und Vergleichbarkeit von Jahresabschlüssen, Schmidt, Berlin.

Woll, Helmut (1994): Menschenbilder in der Ökonomie, Oldenbourg, München, Wien.

Wolz, Matthias (1996): Die Krisenwarnfunktion des Abschlussprüfers, Mannheim.

Wolz, Matthias (1998): Die Erwartungslücke vor und nach der Verabschiedung des KonTraG: Zustandekommen, alte und neue Lösungswege vor dem Hintergrund des Gesetzes zur Kontrolle und Transparenz im Unternehmens-bereich, in: WKP-Mitteilungen, 37. Jg. S. 122- 135.

Wood, Peter (2002): European Consultancy Growth: Nature, Causes and Consequences. in: Consultancy and Innovation: the Business Service Revolution in Europe, (hrsg.) Wood, P., London, New York: Routledge, S. 35-71.

Wosnitza, Michael (1991): Das Agency-theoretische Unterinvestitionsproblem in der Publikums-gesellschaft, Physica, Heideberg.

WPK (1994): Das berufsrechtliche Stichwort- Unabhängigkeit und Besorgnis der Befangenheit, in: WPK-Mitteilungen, Nr. 1, S. 28.

WPK (2002): Stellungnahme zum Sarbanes-Oxley Act of 2002 gegenüber dem Bundesministerium für Wirtschaft und Technologie, Online verfügbar unter: http://www.wpk.de/pdf/wpk-stellungsnahme_19-08-2002.pdf, Zuletzt abgerufen am 17.11.2008.

WPK (2007): Ergebnisse der Honorarumfrage 2006/2007 der WPK; Düsseldorf, 2007-10-12, Online verfügbar unter: http://www.wpk.de/praxishinweise/honorarumfrage.asp#pdfdownload, Zuletzt abgerufen am 23.1.2009.

WPK (2009a): Statistische Informationen zu unseren Mitgliedern - Stand 1.1.2008, Berlin, Online verfügbar unter: http://www.wpk.de/beruf-wp-vbp/statistiken.asp, Zuletzt abgerufen am 20.5.2009.

WPK (2009b): Transparenzbericht gemäß § 55c WPO – Bestandsaufnahme und Gestaltungshinweise. Online verfügbar unter: http://www.wpk.de/praxishinweise/transparenzbericht.asp, Zuletzt abgerufen am 20.1.2009.

Literatur

Ye, Ping / Carson, Elizabeth / Simnett, Roger (2006): Threats to Auditor Independence: The Impact of Non-Audit Services, Tenure, and Alumni Affiliation. American Accounting Association, Auditing Section 2007 Midyear Conference, January 11-13, 2007, Charleston, South Carolina, Working Paper. Online verfügbar unter: http://aaahq.org/audit/midyear/07midyear/papers/Ye_ThreatsToAuditor Independence.pdf, Zuletzt abgerufen am 23.07.2008.

Young, Steven (1999): Systematic Measurement Error in the Estimation of Discretionary Accruals: An Evaluation of Alternative Modelling Procedures, in: Journal of Business Finance & Accounting, Vol. 26, Nr. 7 & 8, S. 833-862.

Zapf, Michael (2004): Das Dienstleistungsangebot einer Wirtschaftsprüfungsgesellschaft – Bedeutung für deren Auswahl als Abschlussprüfer und Bewertung ihrer Leistungsfähigkeit bei Nicht-Prüfungsleistungen, Diss., Universität Ulm.

Zempke, Corinna (1994): Inkompatibilität von Prüfung und Beratung - Interessenkonflikte des Wirtschaftsprüfers infolge seiner Doppelfunktion und deren Analyse anhand der Rechtsnormen, in: Der Steuerberater, 37. Jg., Nr. 3, S. 87-98.

Zeyer, Fred (2002): Beratung und Prüfung trennen – Selbstbeschränkung des Wirtschaftsprüfer-Berufsstandes gefordert, in: Frankfurter Allgemeine Zeitung vom 20.03.2002, Nr. 67, S. 16.

Ziegler, Fabian (1994): Internationale Wettbewerbsfähigkeit in der Wirtschaftsprüfungsbranche: Eine weltweite empirische Analyse, Forschungsbericht 3/1994 des wirtschaftswissenschaftlichen Zentrums der Universität Basel.

Ziesemer, Stefan (2002): Rechnungslegungspolitik in IAS Möglichkeiten ihrer Neutralisierung, IDW, Düsseldorf.

Zimmermann, Ruth-Caroline (2006): Gestaltungsspielräume bei Veröffentlichung von Abschlussprüferhonoraren im Rahmen des BilReG, in: Kapitalmarktorientierte Rechnungslegung, Nr. 4, S. 273-275.

Zimmermann, Ruth-Caroline (2008): Abschlussprüfer und Bilanzpolitik der Mandanten: eine empirische Analyse des deutschen Prüfungsmarktes, Gabler, Wiesbaden.

Zünd, André (1982): Revisionslehre, Schriftenreihe der Schweizerischen Treuhand- und Revisionskammer, Band 52, Zürich.

Gesetze, Verordnungen und Standards

APAG (2004): Gesetz zur Fortentwicklung der Berufsaufsicht über Abschlussprüfer in der Wirtschaftsprüferordnung (Abschlussprüferaufsichtsgesetz (APAG) vom 27.12.2004, in: BGBl. I, S. 3846-3851.

BARefG (2007): Gesetz zur Stärkung der Berufsaufsicht und zur Reform berufsrechtlicher Regelungen in der Wirtschaftsprüferordnung (Berufsaufsichtsreformgesetz - BARefG) vom 03.09.2007, in: BGBl. I, S. 2178.

BilKoG (2004): Gesetz zur Kontrolle von Unternehmensabschlüssen (Bilanzkontrollgesetz-BilKoG) vom 15.12.2004, in: BGBl. I. S. 3408-3415.

BilMoG (2009): Gesetz zur Modernisierung des Bilanzrechts- Bilanzrechtsreformgesetz – BilMoG vom 25.05.2009, in: BGBl. I, S. 1102-1137.

BilReG (2004): Gesetz zur Einführung internationaler Rechnungslegungsstandards und zur Sicherung der Qualität der Abschlussprüfung (Bilanzrechtsreformgesetz – BilReG) vom 4.12.2004, in: BGBl. I, S. 3166-3182.

BiRiLiG (1985): Gesetz zur Durchführung der Vierten, Siebten und Achten Richtlinie des Rates der Europäischen Gemeinschaft zur Koordinierung des Gesellschaftsrechts (Bilanzrichtlinien-Gesetz-BiRiLiG) vom 19.12.1985, in: BGBl. I, S. 2355-2433.

BMJ (2007a): Bundestag beschließt Reform der Rechtsberatung, Pressemitteilung vom 11.10.2007. Online verfügbar unter: http://www.bmj.bund.de/enid/7d6960e2acacc636721e607a619901d3,d19b31_706d635f6964092d0934373539093a0979656172092d0932303037093a096d6f6e7468092d093130093a095f7472636964092d0934373539/Pressestelle/Pressemitteilungen_58.html, Zuletzt abgerufen am 19.2.2009.

BMJ (2007b): Referentenentwurf eines Gesetztes zur Modernisierung des Bilanzrechts (Bilanzrechtsmodernisierungsgesetz (BilMoG). Online verfügbar unter: http://www.bmj.bund.de/files/-/2567/RefE%20BilMoG.pdf, Zuletzt abgerufen am 2.06.2009.

BT-Drucksache 10/317 (1983): Entwurf eines Gesetzes zur Durchführung der Vierten Richtlinie des Rates der Europäischen Gemeinschaft zur Koordinierung des Gesellschaftsrechts (Bilanzrichtliniengesetz), in: BT-Drucksache 10/317 vom 26.8.1983.

BT-Drucksache 10/4428 (1985): Änderungsantrag der SPD-Fraktion zur zweiten Beratung des Entwurfes eines Gesetzes zur Durchführung der Vierten, Siebenten und Achten Richtlinie des Rates der Europäischen Gemeinschaft zur Koordinierung des Gesellschaftsrechtes (Bilanzrichtliniengesetz – BiRiLiG) BT-Drucksachen 10/317, 10/3440, 10/4268, in: BT-Drucksache 10/4428 vom 4.12.1985.

BT-Drucksache 15/3419 (2004): Entwurf eines Gesetzes zur Einführung Internationaler Rechnungslegungsstandards und zur Sicherung der Qualität der Abschlussprüfung (Bilanzrechtsreformgesetz (BilReG), in: BT-Drucksache 15/3419 vom 23.06.2004.

BT-Drucksache 15/4054 (2004): Beschlussempfehlung und Bericht des Rechtsausschusses (6. Ausschuss) zu dem Gesetzesentwurf der Bundesregierung – Drucksache 15/3419 – Entwurf eines Gesetzes zur Einführung internationaler Rechnungslegungsstandards und zur Sicherung der Qualität der Abschlussprüfung (Bilanzrechtsreformgesetz - BilReG), in: BT-Drucksache 15/4054 vom 27.10.2004.

BT-Drucksache 16/10067 (2008): Entwurf eines Gesetzes zur Modernisierung des Bilanzrechts (Bilanzrechtsmodernisierungsgesetz – BilMoG vom 30.07.2008 in: BT-Drucksache 16/10067, Online verfügbar unter: http://www.bmj.bund.de/files/-/3152/RegE_bilmog.pdf, Zuletzt abgerufen am 19.2.2009.

BT-Drucksache 16/2858 (2006): Entwurf eines Berufsaufsichtsreformgesetzes, in: BT-Drucksache 16/2858 vom 4.10.2006.

BT-Drucksache 4/171 (1962): Begründung zum Entwurf eines Aktiengesetzes, in: BT-Drucksache 4/171 vom 03.02. 1962, S. 92-263.

D.C. Rules of Professional Conduct (2006): Online verfügbar unter: http://www.dcbar.org/new_rules_/rules.cfm, Zuletzt abgerufen am 22.2.2009.

DCGK (2008): Deutscher Corporate Governance Kodex, in der Fassung vom 6. Juni 2008. Online verfügbar unter: http://dcgk.de/HV-DATEN/D_Kodex%2006062008.pdf, Zuletzt abgerufen am 20.2.2009.

EG-Richtlinie (2006/43/EG) (2006): Richtlinie 2006/43/EG des Europäischen Parlamentes und des Rates vom 17. Mai 2006 über Abschlussprüfungen von Jahresabschlüssen und konsolidierten Abschlüssen, zur Änderung der Richtlinien 78/660/EWG und 83/349/EWG des Rates und zur Aufhebung der Richtlinie 84/253/EWG des Rates. in: Amtsblatt Nr. L 157/87 vom 09.06.2006, S. 87-107. Online verfügbar unter: http://eur-lex.europa.eu/LexUriServ/site/de/oj/2006/l_157/l_15720060609de00870107.pdf, Zuletzt abgerufen am 7.06.2009.

EG-Richtlinie (84/253/EWG)(1984): Achte Richtlinie des Rates vom 10. April 1984 aufgrund von Artikel 54 Absatz 3 Buchstabe g) des Vertrages über die Zulassung der mit der Pflichtprüfung der Rechnungslegungsunterlagen beauftragten Personen, in: Amtsblatt Nr. L 126 vom 12/05/1984, S. 20 -26, Online verfügbar unter: http://europa.eu.int/eur-lex/lex/LexUriServ/LexUriServ.do?uri=CELEX:31984 L0253:DE:HTML, Zuletzt abgerufen am 10.06.2007.

EG-Kommission (Grünbuch) (1996): Grünbuch der Europäischen Kommission: Rolle, Stellung und Haftung des Abschlussprüfers innerhalb der europäischen Union, in: WPK-Mitteilungen, Vol. 35, Nr. 4, S. 279-299, Online verfügbar unter: http://europa.eu/documents/comm/green_papers_/pdf/com96_338_de.pdf, Zuletzt abgerufen am 20.05.2009.

EG-Kommission (2000): Consultative Paper on Statutory Auditors Independence in the EU: A Set of Fundamental Principles, Brussels 15.12.2000; Online verfügbar unter: http://www.efaa.com/Repository/37/files/54_EUrev3.pdf, Zuletzt abgerufen am 10.8.2008.

EG-Kommission (2001/256/EG) (2001): Empfehlung der Kommission vom 15. November 2000. Mindestanforderungen an Qualitätssicherungssysteme für die Abschlussprüfung in der EU, in: Amtsblatt Nr. L 91 vom 31.3.2001, S. 91-97, Online verfügbar unter: http://eurlex.europa.eu/LexUriServ/site/de/oj/ 2001/l_091/l_09120010331de00910097.pdf, Zuletzt abgerufen am 10.6.2007.

EG-Kommission (2002/590/EC) (2002a): Empfehlung der Kommission vom 16 Mai 2002. Unabhängigkeit des Abschlussprüfers in der EU, in: Amtsblatt Nr. L 191 vom 19.07.2002, S. 22-57, Online verfügbar unter: http://eur-lex.europa.eu/LexUriServ/site/de/oj/2002/l_191/l_19120020719de00220057.pdf, Zuletzt abgerufen am 5.01.2009.

EG-Kommission (IP/02/723) (2002b): Abschlussprüfung: Kommission gibt Empfehlung zur Unabhängigkeit gesetzlicher Abschlussprüfer heraus (Pressemitteilung), Brüssel, 16.05.2002, Online verfügbar unter: http://europa.eu/rapid/pressReleasesAction.do?reference=IP/02/723&, Zuletzt abgerufen am 10.6.2007.

EG-Kommission (2002c): Kommission genehmigt Zusammenschluss zwischen Ernst & Young, Andersen Deutschland und Menold&Aulinger, Europäische Kommission (IP/02/1241), Brüssel, 27.08.2002. Online verfügbar unter: http://europa.eu/rapid/pressReleasesAction.do?reference=IP/02/ 1241&format=HTML&aged=1&language=DE&guiLanguage=de, Zuletzt abgerufen am 28.11.2008.

EG-Kommission (2004/0065 (COD)) (2004): Vorschlag für eine Richtlinie des Europäischen Parlamentes und Rates über die Prüfung des Jahresabschlusses und des konsolidierten Abschlusses und zur Änderung der Richtlinien 78/660/EWG und 83/349/EWG des Rates, Brüssel, 14.03.2004, Online verfügbar unter: http://europa.eu.int/eur-lex/de/com/pdf/2004/com2004_0177de01.pdf, Zuletzt abgerufen unter: 10.06.2008.

EuroBilG (2001): Gesetz zur Anpassung bilanzrechtlicher Bestimmungen an die Einführung des Euro, zur Erleichterung der Publizität für Zweigniederlassungen ausländischer Unternehmen sowie zur Einführung einer Qualitätskontrolle für genossenschaftliche Prüfungsverbände (Euro-Bilanzgesetz – EuroBilG) vom 10.12.2001, in: BGBl. I, S. 3414-3421.

Gesetz zur weiteren Fortentwicklung des Finanzplatzes Deutschland (viertes Finanzmarktförderungsgesetz) (2002): in: BGBl. I, S. 2010-2072.

IDW PH 9.140 (2007): Checklisten zur Durchführung der Qualitätskontrolle, IDW, Düsseldorf (Stand: 12.04.2007).

IDW PS 140 (2008): Prüfungsstandard: Die Durchführung von Qualitätskontrollen in der Wirtschaftsprüferpraxis, IDW, Düsseldorf (Stand: 22.02.2008).

IDW PS 210 (2006): Prüfungsstandard: Zur Aufdeckung von Unregelmäßigkeiten im Rahmen der Abschlussprüfung (IDW PS 210) vom 06.10.2006, IDW, Düsseldorf, in: Die Wirtschaftsprüfung, 59. Jg., Nr. 22, S. 1422-1433.

IDW PS 220 (2001): Prüfungsstandard: Beauftragung des Abschlussprüfer (IDW PS 220), IDW, Düsseldorf, in: Die Wirtschaftsprüfung, 54. Jg., Nr. 17, S. 895-898.

IDW PS 261 (2006): Prüfungsstandard: Feststellung und Beurteilung von Fehlerrisiken und Reaktionen des Abschlussprüfers auf die beurteilten Fehlerrisiken, IDW, Düsseldorf, (Stand: 06.09.2006).

IDW PS 270 (2003): Prüfungsstandard: Die Beurteilung der Fortführung der Unternehmenstätigkeit im Rahmen der Abschlussprüfung, IDW, Düsseldorf, (Stand: 08.05.2003).

IDW PS 320 (2002): Prüfungsstandard: Verwendung der Arbeit eines anderen externen Prüfers (IDW PS 320), IDW, Düsseldorf, in: Die Wirtschaftsprüfung, 55. Jg., Nr. 13, S. 682-686.

IDW PS 321 (2002): Prüfungsstandard: Interne Revision und Abschlussprüfung, IDW, Düsseldorf (Stand: 06.05.2002).

Gesetze, Verordnungen und Standards

IDW PS 340 (2000): Prüfungsstandard: Die Prüfung des Risikofrüherkennungssystems nach § 317 Abs. 4 HGB, IDW, Düsseldorf, (Stand: 11.09.2000).

IDW PS 400 (2005): Prüfungsstandard: Grundsätze für die ordnungsmäßige Erteilung von Bestätigungsvermerken bei Abschlussprüfungen (Stand: 28.10.2005).

IDW PS 450 (2005): Prüfungsstandard: Grundsätze ordnungsmäßiger Berichterstattung bei Abschlussprüfungen, IDW, Düsseldorf, (Stand: 08.12.2005).

IDW PS 470 (2003): Prüfungsstandard: Grundsätze für die mündliche Berichterstattung des Abschlussprüfers an den Aufsichtsrat (IDW PS 470), IDW, Düsseldorf, in: Die Wirtschaftsprüfung, 56. Jg., Nr. 11, S. 608-614.

IDW PS 890 (2001): Die Durchführung von WebTrust, IDW, Düsseldorf, in: Die Wirtschaftsprüfung, Vol. 54, Nr. 8, S. 458-463, (Stand: 08.03.2001).

IDW PS 900 (2001): Grundsätze für die prüferische Durchsicht von Abschlüssen, IDW, Düsseldorf, in: Die Wirtschaftsprüfung, Vol. 54, Nr. 19, S. 1078-1084., (Stand: 01.10.2002).

IDW PS 910 (2004): Grundsätze für die Erteilung eines Comfort Letter, IDW, Düsseldorf, in: Die Wirtschaftsprüfung, 57 Jg. Nr. 7, S. 342-357, (Stand: 04.03.2004).

IDW RH HFA 1.006 (2005): IDW Rechnungslegungshinweis: Anhangangaben nach § 285 Satz 1 Nr. 17 HGB bzw. § 314 Abs. 1 Nr. 9 HGB über das Abschlussprüferhonorar (IDW RH HFA 1.006) vom 18.10.2005, in: Die Wirtschaftsprüfung, 58. Jg., Nr. 22, S. 1232-1234.

IFAC (2006a): Code of Ethics for Professional Accountants, Online verfügbar unter: http://www.ifac.org/Members/DownLoads/2005_Code_of_Ethics.pdf, Zuletzt abgerufen am 5.07.2009.

IFAC (2006b): Institutional Standard IES 8 „Competence Requirements for Professional Accounts", Online verfügbar unter: www.ifac.org/Education/.../Basis_for_Conclusion_IES_8.pdf, Zuletzt abgerufen am 5.07.2009.

IFAC ISA 200 (2006): Objective and General Principles governing an Audit of Financial Statements, Effective Date: June 15, 2006.

IFAC ISA 220 (2005): Quality control for audits of historical financial information, Effective Date: June 15, 2005.

IFAC ISA 240 (2004): The Auditor's Responsibility to Consider Fraud in an Audit of Financial Statement (ISA 240 (Revised), IFAC Handbook 2004, New York; zur deutschen Übersetzung siehe: Die Wirtschaftsprüfung, 56. Jg., S. 1282.

IFAC ISA 315 (2004): Understanding the Entity and its Environment and Assessing the Risk of Material Misstatement, IFAC, NY, (Stand: 15.12.2004).

IFAC ISA 330 (2006): The Auditor's Procedures in Response to Assessed Risks, IFAC, NY, (Stand: 15.01.2006).

IFAC ISA 570 (2006): Going Concern, IFAC, NY, (Stand: 15.12.2004).

IFAC ISA 700 (2006): The independent Auditor's Report on a complete set of general purpose Financial Statements, IFAC, NY, (Stand: 31.12.2006).

KapCoRiLiG (2000): Gesetz zur Durchführung der Richtlinie des Rates der Europäischen Union zur Änderung der Bilanz- und der Konzernbilanzrichtlinie hinsichtlich ihres Anwendungsbereiches (90/605/EWG), zur Verbesserung der Offenlegung von Jahresabschlüssen und zur Änderung anderer handelsrechtlicher Bestimmungen (Kapitalgesellschaften- und Co-Richtlinie-Gesetz – KapCoRiLiG) vom 24.2.2000, in: BGBl. I, S. 154-162.

KonTraG (1998): Gesetz zur Kontrolle und Transparenz im Unternehmensbereich (KonTraG) vom 27.4.1998, in: BGBl. I, S. 786-794.

OWiG (2007): Gesetz über Ordnungswidrigkeiten (OWiG) vom 7.8.2007, in: BGBl. I S. 1786.

PCAOB (2003a): Briefing paper - Auditors Registration System - Public meeting of the Board- vom 23 April 2003. Online verfügbar unter: http://www.pcaobus.org/Rules/Docket_001/2003-04-23_Briefing_Paper.pdf, Zuletzt abgerufen am 10.6.2007.

PCAOB (2003b): Proposal of Registration System for public Accounting Firms, PCAOB Release No. 2003-1, March 7, 2003, Online verfügbar unter: http://www.pcaobus.org/Rules/Docket_001/2003-03-07_release_2003-001.pdf, Zuletzt abgerufen am 10.6.2007.

RBerG (2002): Rechtsberatungsgesetz (RBerG) vom 13.12.1935. BGBl. I S. 1478; zuletzt geändert durch Artikel 21a G. v. 21.06.2002, BGBl. I S. 2010; aufgehoben durch Artikel 20 G. v. 12.12.2007 in: BGBl. I S. 2840.

RDG (2007): Rechtsdienstleistungsgesetz - Gesetz über außergerichtliche Rechtsdienstleistungen (RDG) vom 12.12.2007, in: BGBl. I, S. 2840.

Regulation S-X (2007): 17 CFR Regulation S-X: Form and Content of and Requirements for Financial Statements, in: SEC (Hrsg.), SEC Guideline Rules and Regulation, New York. Online verführbar unter: http://ecfr.gpoaccess.gov/cgi/t/text/text-idx?c=ecfr&tpl=%2Findex.tpl&sfgdata=4, Zuletzt abgerufen am 20.2.2009.

SEC (2000a): Final Rules 33-7919: Revision of the Commission's Auditor Independence Requirements, Financial Reporting Release No. 56, Washington D.C. SEC, (vom 21. November 2000, korr. am 12. Oktober 2001, Online verfügbar unter: http://www.sec.gov/rules/final/33-7919.htm, Zuletzt abgerufen am 14.11.2008.

SEC (2000b) „Hearing on Auditor Independence." Public Hearing on proposed Auditor Independence Rules, vom 21 September 2000, Online verfügbar unter: http://www.sec.gov/rules/extra/audmin4.htm, Zuletzt abgerufen am 18.11.2008.

SEC (2000c) Proposed Rule: Revision of the Commission's Auditor Independence Requirements (vom 17. Juli 2000). Online verfügbar unter: http://www.sec.gov/rules/proposed/34-42994.htm, Zuletzt abgerufen am 14.11.2008.

SEC (2000d). Hearing on auditor independence. September 21, 2000. Online verfügbar unter: http://www.sec.gov/rules/extra/audmin4.htm, Zuletzt abgerufen am 20.5.2008.

SEC (2002a) Plaintiff, v. L. Dennis Kozlowski; Mark H. Swartz and Mark A. Belnick, Online verfügbar unter: http://www.sec.gov/litigation/complaints/complr17722.htm, Zuletzt abgerufen am 5.05.2009.

SEC (2002b) Plaintiff, v. Xerox Corporation, Online verfügbar unter: http://www.sec.gov/litigation/complaints/complr17465.htm, Zuletzt abgerufen am 5.05.2009.

SEC (2002c): Strengthening the Commission's Requirements Regarding Auditor Independence, Release No. 33-8154; 34-46934, Online verfügbar unter: http://www.sec.gov/rules/proposed/33-8154.htm, Zuletzt abgerufen am 23.7.2008.

SEC (2003a): Strengthening the Commissions Requirements Regarding Auditor Independence, Final Rule, February 5, 2003 Federal Register Vol. 68, No. 24 February 5, 2003, S. 6006ff, hier: Part 249-Forms, Securities Exchange Act of 1934, S. 6049 (korr. am 26. März 2003), Online verfügbar unter: http://www.sec.gov/rules/final/33-8183.htm, Zuletzt abgerufen am 14.6.2007.

SEC (2003b): Plaintiff v. Healthsouth Corporation and Richard M. Scrushy, Online verfügbar unter: http://www.sec.gov/litigation/complaints/comphealths.htm, Zuletzt abgerufen am 5.05.2009.

SEC (2003c): Litigation Release No. 17954, Online verfügbar unter: http://www.sec.gov/litigation/litreleases/lr17954.htm, Zuletzt abgerufen am 5.06.2009.

SEC (2007): About the Devision of Enforcement, Online verfügbar unter: http://www.sec.gov/divisions/enforce/about.htm, Zuletzt abgerufen am 21.2.2009.

SOA (2002): An Act to protect investors by improving the accuracy and reliability of corporate disclosures made pursuant to the securities laws, and for other purposes.(Sarbanes Oxley Act of 2002), Online verfügbar unter: http://thomas.loc.gov/cgi-bin/query/z?c107:H.R.3763.ENR: (The Library of Congress), Zuletzt abgerufen am 10.6.2007.

U.S. Supreme Court United States v. Arthur Young & Co., 465 U.S. 805 (1984): United States v. Arthur Young & Co. No. 82-687. Argued January 16, 1984, Decided March 21, 1984, 465 U.S. 805, Online verfügbar unter: http://supreme.justia.com/us/465/805/case.html, Zuletzt abgerufen am 22.2.2009.

VO-1/2006 (2006): Gemeinsame Stellungnahme der WPK und des IDW: Anforderungen an die Qualitätssicherung in der Wirtschaftsprüfungspraxis (VO 1/2006), in: Die Wirtschaftsprüfung, 59. Jg., Nr. 9, S. 629-646.

WPK Berufssatzung (2005): Satzung der Wirtschaftsprüferkammer über die Rechte und Pflichten bei der Ausübung der Berufe des Wirtschaftsprüfers und des vereidigten Buchprüfers (Berufssatzung für Wirtschaftsprüfer/vereidigte Buchprüfer - BS WP/vBP) ((Banz. S. 16872) (vom 25. November 2005), online verfügbar unter: http://www.wpk.de/pdf/bs-wpvbp.pdf, Zuletzt abgerufen am 7.06.2007.

WPOÄG (2000): Gesetz zur Änderung von Vorschriften über die Tätigkeit der Wirtschaftsprüfer (Wirtschaftsprüferordnung-Änderungsgesetz – WPOÄG) vom 19.12.2000, in: BGBl. I S. 1769-1781

Urteile

BGH (Urteil vom 18.05.1995) (1995): Aktenzeichen: III ZR 109/94, in: Der Betrieb, 48. Jg., Nr. 31, S. 1558-1590.
BGH (Urteil vom 21.04.1997) (1997): Aktenzeichen: II ZR 317/95, in: Der Betrieb, 50. Jg., Nr. 27/28, S. 1394-1396.
BGH (Urteil vom 04.07.1994) (1994): in: BGHZ, Band 126, S. 347.
BGH (Urteil vom 25.11.2002) (2002): Aktenzeichen: II ZR 49/01, in: Betriebs Berater, 58. Jg., Nr. 9, S. 462-467.
BGH (Urteil vom 30.04.1992) (1992): Aktenzeichen: III ZR 151/91, in: Der Betrieb, 45. Jg., Nr. 29, S. 1466-1468.
LG Konstanz (Urteil vom 13.01.1995) (1995): Aktenzeichen: 1 HO 87/93, in: WPK-Mitteilungen, 34. Jg., S. 102-103.
LG München I (Urteil vom 21.10.1999) (1999): Aktenzeichen: 5 HK O 9527/99, in: Der Betrieb, 53. Jg., Nr. 1, S. 35-36.
OLG Brandenburg (Urteil vom 10.07.2001) (2001): Aktenzeichen: 11 U 37/00, in; GmbHR, 92. Jg., Nr. 19, S. 865-872.
OLG Düsseldorf (Urteil vom 16.11.1990) (1990): Aktenzeichen: 22 U 147/90, in: Die Aktiengesellschaft, 36. Jg., Nr. 9, S. 321-323.
OLG Frankfurt/Main (Beschluß vom 4.12.2003) (2003): Aktenzeichen: 20 W 232/03, in: Der Betrieb, 57. Jg., Nr. 7, S. 369-371.
OLG Karlsruhe (Urteil vom 23.11.1995) (1995): Aktenzeichen: 9 U 24/25, in: Der Betrieb, 48. Jg., Nr. 50, S. 2514-2515.
OLG Köln (Urteil vom 1.7.1992) (1992): Aktenzeichen: 11 U 11/92. in: Betriebs Berater, 47. Jg., Nr. 30, S. 2108-2109.
OLG München (Urteil vom 8.11.2000) (2001): Aktenzeichen: 7 U 5995/99, in: Der Betrieb, 54. Jg., Nr. 5, S. 258-259.
OLG Stuttgart (Beschluss vom 3.12.2003) (2003): Aktenzeichen: 20 W 232/03; in: Der Betrieb, 57. Jg., Nr. 1/2, S. 60-64.

GABLER RESEARCH

„Auditing and Accounting Studies"
Herausgeber: Prof. Dr. Annette Köhler, Prof. Dr. Kai-Uwe Marten,
Prof. Dr. Klaus Ruhnke, Prof. Dr. Matthias Wolz, Prof. Dr. Reiner Quick
zuletzt erschienen:

Silke Adam
Das Going Concern Prinzip in der Jahresabschlussprüfung
2007. XXVI, 342 S., 17 Abb., 111 Tab., Br. € 55,90
ISBN 978-3-8350-0693-5

Julia Füssel
Lernstrategien des Wirtschaftsprüfers für die Fortbildung in IFRS
Eine theoretische und empirische Analyse
2010. XXVIII, 370 S., 63 Abb., 4 Tab., Br. € 59,95
ISBN 978-3-8349-2354-7

Christian Huschke
Immobilienbewertung im Kontext der IFRS
Eine deduktive und empirische Untersuchung der Vorziehenswürdigkeit
alternativer Heuristiken hinsichtlich Relevanz und Zuverlässigkeit bei der
Fair Value-Ermittlung von Investment Properties
2008. XXV, 364 S., 18 Abb., 10 Tab., Br. € 55,90
ISBN 978-3-8350-0957-8

Patrick Paulitschek
Aufsicht über den Berufsstand der Wirtschaftsprüfer in Deutschland
Eine agencytheoretische Analyse
2009. XXXI, 263 S., 16 Abb., 4 Tab., Br. € 49,90
ISBN 978-3-8349-1482-8

Matthias Sattler
Vereinbarkeit von Abschlussprüfung und Beratung
2010. XXXIII, 499 S., 11 Abb., 70 Tab., Br. € 69,95
ISBN 978-3-8349-2432-2

Änderungen vorbehalten. Stand: September 2010.
Erhältlich im Buchhandel oder beim Verlag.
Gabler Verlag . Abraham-Lincoln-Str. 46 . 65189 Wiesbaden . www.gabler.de